MITTELITALIEN

INHALT

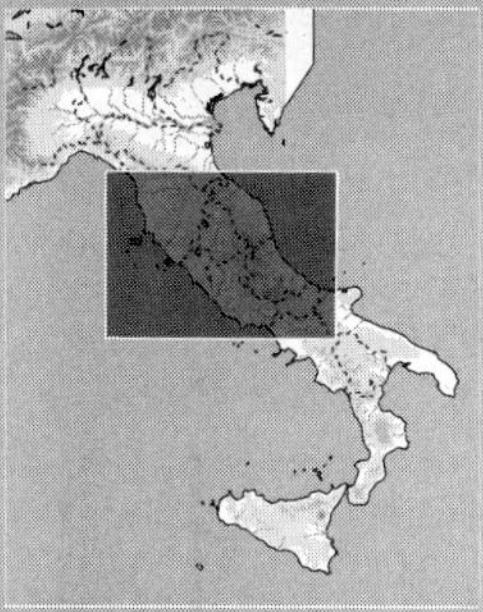

Allgemeines
Reisepraktisches

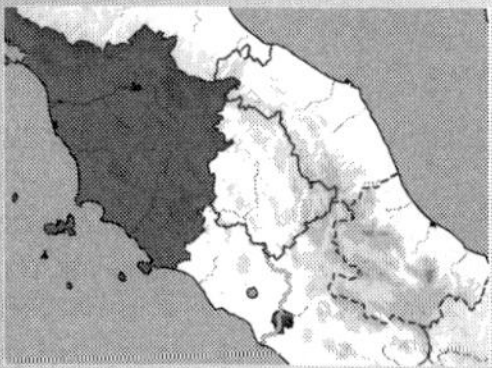

Toscana

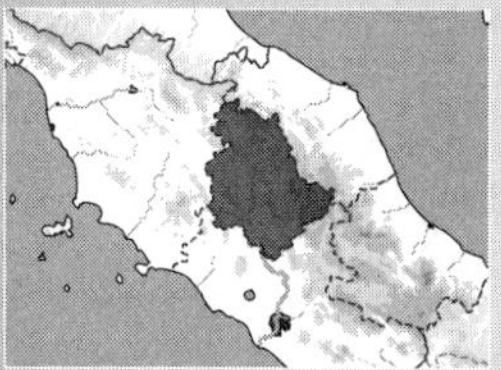

Umbrien

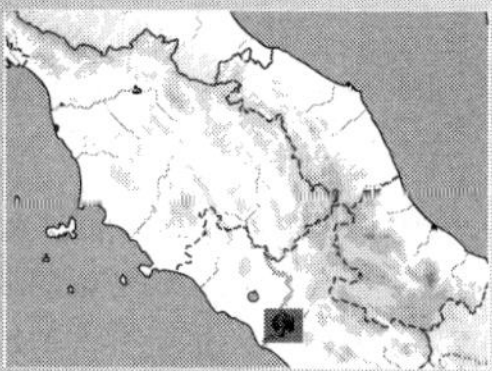

Rom

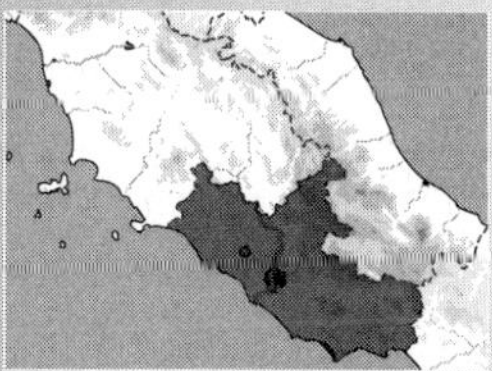

Latium

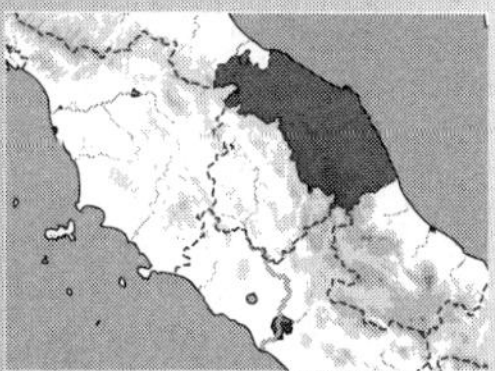

Marken

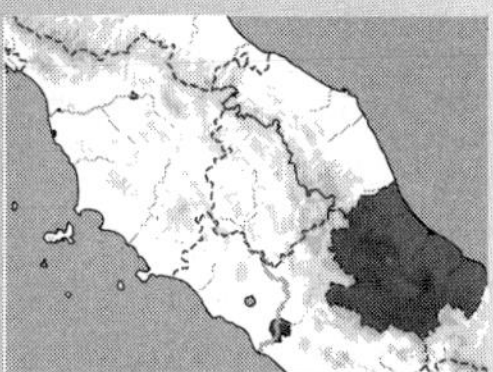

Abruzzen

Text und Recherche: **Allgemeines/Reisepraktisches**: Sabine Becht
Toscana: Michael Müller
Umbrien: Marcus X. Schmid
Rom: Sabine Becht, Hagen Hemmie
Latium: Hagen Hemmie
Marken: Sabine Becht
Abruzzen: Sabine Becht, Sven Talaron

Lektorat: Horst Christoph, Claudia Martins, Silke Möller, Jana Müller, Peter Ritter

Redaktion und Layout: Sven Talaron

Fotos: siehe Fotonachweis unten

Covergestaltung: Karl Serwotka

Covermotive: oben: Bagnoreggio
unten: Bolsena (beide Karl Serwotka)
Innentitel: Urbino (Sabine Becht)

Karten: Hana Gundel, Judit Ladik, Henning Marchfeld, Gárbor Sztrecska, Astrid Wölfel

Fotonachweis

Sabine Becht: 10, 12, 24, 41, 45, 48, 143, 145, 151, 157, 159, 163, 165, 171, 173, 177, 178, 183, 224, 228, 367, 375, 387,, 390, 395, 403, 407, 410, 417, 419, 423, 523, 533, 541, 545, 565, 571, 589, 590, 612, 623, 625, 629, 647, 649, 651, 659, 662, 668

Bessi: 123, 124

Fototeca ENIT: 291, 305, 319, 323, 331, 335, 345, 353, 359

Caroline Goltz: 43, 195, 232

Jan Negelen: 18, 33, 364, 379, 389, 398, 413, 425, 426, 431, 433, 437, 440, 443, 447, 453, 459, 462, 469, 477, 483, 495, 497, 503, 507, 511, 519

Klaus Vogt: 526, 553, 561, 567, 575, 580, 583, 592, 597, 606

Martin Müller: 199

Michael Müller: 31, 38, 58, 63, 73, 75, 79, 81, 84, 89, 90, 97, 102, 111, 113, 131, 132, 139, 141, 187, 193, 197, 205, 215, 221, 243, 246, 253, 257, 259, 261, 265, 269, 277, 281, 285, 289

Sven Talaron: 16, 57, 420, 608, 617, 619, 631, 633, 635, 639, 643, 655, 664, 666, 681

Die Fotos der Farbseiten stammen von:

Sabine Becht (sb), Fototeca ENIT (enit), Michael Müller (mm), Jan Negelen (jn), Klaus Vogt (kv), Sven Talaron (st)

ISBN 3-89953-218-X

1. Auflage 2005

Der Süden von Latium ... 492

Repubblica di San Marino ... 522

Die Marken ... 526

Das Montefeltro ... 527

Die Küste von Gabicce bis Ancona ... 546

Riviera del Conero ... 561

Der Westen der Marken ... 571

Mittelitalien erleben

Keine Gegend des Stiefels entspricht mehr unserem romantischen Italienbild: sanft gewellte Hügellandschaften mit Zypressenalleen, malerische alte Städtchen in Panoramalage auf einer Bergkuppe, traumhafte Badebuchten und endlose Sandstrände, die Kulturhochburg Florenz und natürlich Rom, die Ewige Stadt – die beiden faszinierendsten Kunstmetropolen Italiens wird wohl kein Reisender auslassen wollen.

Die „Mitte Italiens" erstreckt sich vom nordwestlichen Zipfel der Toscana fast auf Höhe von Genua bis hinunter nach Montecassino an der Südgrenze von Latium, im Osten verläuft die Grenze etwa auf Höhe des Zwergstaates Republicca di San Marino im Norden und dem Fluss *Trigno* im Süden, der die Grenze zwischen den Abruzzen und der Molise markiert. Von den *Apuanischen Alpen* mit fast 2000 Meter Höhe ganz im Nordwesten zieht sich der Apennin wie das Rückgrat Italiens nach Süden – und wird dabei immer mächtiger: Die *Monti Sibillini* des gleichnamigen Nationalparks in der Region Marken bringen es schon auf fast 2500 m, noch ein Stück südlicher ist dann der Höhepunkt erreicht: der mächtige *Gran Sasso d'Italia,* der „große Felsen Italiens", mit 2912 Meter Höhe die höchste Erhebung des Apennin. Das wuchtige Massiv des Gran Sasso ist weithin sichtbar und dominiert ganze Landstriche in den Abruzzen – eine oft menschenleere Gegend mit schier endlosen Weiten und halbverlassenen Dörfern, das Paradies für Ruhesuchende.

Die oft recht einsamen Landschaften mit endlos aneinander gereihten Hügeln und nur wenigen größeren Zentren machen einen großen Reiz des italienischen *Centro* aus. Ganz gleich in welcher Region Mittelitaliens man sich bewegt: Abgeschiedenheit gibt es überall, selbst in der so beliebten Toscana, nur hier eben ein Stück abseits der gut besuchten Küste.

Das Landesinnere überrascht mit einer ganzen Reihe wunderbarer Natureindrücke. Allein vier Nationalparks zählt die bergige Gegend des Apennin, darunter der *Parco Nazionale del Gran Sasso e Monti della Laga* in den Abruzzen – mit fast 150.000 Hektar der größte Nationalpark Mittelitaliens – wie auch der wohl berühmteste Nationalpark Italiens, der *Parco Nazionale d'Abruzzo, Lazio e Molise*, in dem heute Bären und Wölfe ein streng geschütztes Refugium finden. Doch auch an der Küste tut man – aller touristischer Ambitionen zum Trotz – einiges für den Erhalt der einmaligen Natur, gerade am Meer, wie der *Parco Nazionale Circeo* (südliches Latium) mit seiner herrlichen Dünenlandschaft und auch der *Parco Regionale della Maremma* an der südlichen Küste der Toscana eindrucksvoll unter Beweis stellen. Und nicht von ungefähr zählen die mittelitalienischen Küsten die meisten *Blauen Flaggen* Italiens (Bandiere Blu, die für die Umweltverträglichkeit und die Serviceausstattung vergeben werden), allen voran die sauberen Adriastrände der Abruzzen.

Badefreunde kommen in den Regionen des Centro bestens auf ihre Kosten: Fast tausend Küstenkilometer auf beiden Seiten des Stiefels lassen kaum Wünsche offen, und wem das alles noch nicht reicht, kann sich auch noch nach Elba aufmachen. Die Napoleon-Insel lockt sowohl mit schneeweißen Kieselbuchten mit türkisgrünem Wasser als auch mit endlosen Sandbuchten. Dass die *Isola d'Elba* eine Badeinsel par excellence ist, finden aber auch die italienischen Urlauber, die ihre Lieblingsinsel im Hochsommer regelrecht in Beschlag nehmen. Zweites Lieblingsziel in Sachen Baden ist in der Toscana der Monte Argentario (und hier besonders das mondäne Porto Ercole) mit seinem schroffen Vorgebirge und einsamen Felsbuchten. Dazwischen zieht es die Gäste natürlich auch in die renommierten und exklusiven Badeorte wie z. B. Forte dei Marmi, Viareggio oder Castiglione della Pescaia im Süden, die vor allem an Sommerwochenenden aus allen Nähten zu platzen scheinen. Auf der Adriaseite kann hier in puncto Exklusivität eigentlich nur die Riviera del Conero in den Marken (südlich von Ancona) mithalten, ein teures Pflaster mit winzigen Buchten zwischen dramatisch aufragenden Felsen.

In der Binnenregion Umbrien befindet sich der 128 km² große *Lago Trasimeno*, das umbrische „Meer", das aber zum Baden nicht optimal geeignet ist: Es ist sehr seicht, hat ungenügende Zuflüsse, sodass in den heißen Sommermonaten die Wasserqualität immer wieder mal leidet. Wunderschön sind dagegen die vielerorts unverbauten Ufer des *Parco Regionale del Lago Trasimeno*.

Das traditionsreiche Standbein des Mittelitalien-Tourismus ist neben den Badegästen selbstverständlich die noch immer wachsende Zahl an Kulturreisenden. Rom und Florenz mit ihren unzähligen Kulturschätzen muss eigentlich jeder gesehen haben, darüber herrscht Einigkeit. Auch Pisa, Lucca, Siena, Assisi, Orvieto und Urbino zählen mittlerweile zum Pflichtprogramm einer Mittelitalien-Rundfahrt. Abseits der gängigen Routen liegen unzählige weitere Kulturgüter, viele davon versteckt und kaum beachtet im Hinterland, manche aber auch in noch unentdeckten Kleinstädten.

Mit diesem Handbuch möchten wir Ihnen einige Anregungen für eine Reise durch Mittelitalien geben, sei es entlang der Küste und auf den Inseln, im endlosen Hügelland mit seinen reizenden kleinen Städtchen, im kargen Hochgebirge oder in den einzigartigen Metropolen des *Centro*.

Am Strand von Marina di Campo

Highlights in Mittelitalien – eine Auswahl

Die sehenswertesten Städte und Dörfer

In der Toscana

Florenz: Die toscanische Kulturmetropole schlechthin, nicht zuletzt dank Dom und Uffizien.

Siena: Dunkle Mittelaltergassen und das berühmteste Pferderennen Italiens.

Lucca: 99 Kirchen und viel Tradition in ruhigem und kompaktem *Centro storico*.

San Gimignano: Mächtige Geschlechtertürme bilden die bizarre Skyline des besterhaltenen Mittelalterortes der Toscana.

Montepulciano: Noble Adelspaläste und schmale Gassen am steilen Hang – dicht gedrängt innerhalb der Stadtmauern.

Pitigliano: Auf einem gewaltigen Tuffsteinfelsen gebaut, ruhig und beschaulich und vom großen Toscana-Tourismus noch nicht eingenommen.

In Umbrien

Perugia: Umbriens Hauptstadt hat internationales Flair – dank der beliebten Ausländeruniversität.

Assisi: Stadt des heiligen Franziskus, Pilgerrummel und Mystik.

Orvieto: Auf einem gewaltigen Tufffelsen thronend – weltberühmt für seinen Dom und den strohgelben Orvieto Classico.

Norcia: Komplett ummauertes Bergstädtchen – Heimat des heiligen Benedikts und der Norcini, der besten Würste Italiens.

In Latium

Rom: Der Nabel der Antiken Welt – eine der schönsten Städte überhaupt, an Sehenswürdigkeiten kaum zu überbieten.

Viterbo: Stadt der Päpste und des Mittelalters.

Sperlonga: Weiß gekalktes Altstadt-Labyrinth auf steilem Küstenfelsen.

Tarquinia: Mittelalterliche Wohntürme und bedeutendes etruskisches Museum.

Anagni: Einstige Zuflucht von Päpsten mit imposanter archaischer Zyklopenmauer.

Civita di Bagnoreggio: Sterbende Stadt hoch über zerklüfteter Landschaft.

In den Marken

Urbino: „Città ideale" der Renaissance, heute ein lebhaftes Studentenstädtchen auf zwei Hügeln.

Ascoli Piceno: Viel Mittelalter und einer der schönsten Plätze Italiens: die Piazza del Popolo, das große Wohnzimmer der Stadt.

San Leo: Winziges Dorfidyll im Schatten einer mächtigen Festung auf steilem Fels – der Ort wurde im 4. Jh. vom heiligen Leo aus Dalmatien gegründet.

Cingoli: Der „Balcone" der Marken, von hier hat man einen phantastischen Blick auf weite Teile der Region.

Matélica: Beschaulichkeit und Flair in der Provinz, inmitten von sanften Weinbergen.

In den Abruzzen

L'Aquila: Hauptstadt der Region mit sympathischem Kleinstadtflair, umgeben von mächtigen Zweitausendern.

Sulmona: Die Geburtsstadt Ovids auf einer Ebene inmitten der schroffen abruzzesischen Bergwelt.

Civitella del Tronto: Eine mächtige Festung auf steilem Berg, dazu ein beschauliches Dorf, enge Gassen und „Balcone" mit Weitblick.

Scanno: Abgeschiedenes Bergdorf in spektakulärer Lage auf 1000 m Höhe am Rand einer Schlucht – ein beliebtes Tagesausflugsziel.

Pescocostanzo: Barock pur auf einer schroffen und abweisenden Hochebene, einer der höchstgelegenen Orte Mittelitaliens.

Die schönsten Küsten, Badeorte und Seen

In der Toscana

Castiglione della Pescaia: Altes Fischerstädtchen und der unbestritten schönste Badeort der Maremma.

Marina di Campo (Elba): Lebhafter Inselhafen mit langem Sandstrand.

Populonia (Golfo di Baratti): Geschichtsträchtige Traumbucht – hier ließen sich schon die Etrusker nieder.

In Umbrien

Lago Trasimeno: „Umbriens Meer" mit guten Bademöglichkeiten an der Ost- und Nordküste.

In Latium

Nationalpark Circeo: Dünenlandschaft mit feinem Sandstrand und dem Felsmassiv der Circe.

Terracina: Bekanntester Badeort an der Tyrrhenischen Küste mit Strandparties unter dem Jupitertempel.

Lago di Bolsena: Größter Vulkansee Italiens mit schwarzen Stränden, Paradies für den aktiven Erholungsurlaub.

In den Marken

Portonovo: Schicke Hotels und edle Ristoranti in einer kleinen Bucht an der steilen Küste des Monte Conero.

Sirolo/Numana: An der Südseite des Monte Conero gelegen, zwei schöne alte Dörfer mit tollem Panorama, Fußwege führen hinunter zu den Badebuchten.

In den Abruzzen

Alba Adriatica: Gepflegtes Adriabad und einer der beliebtesten Orte an der nördlichen Abruzzenküste mit endlosem feinem Sandstrand.

Marina di Vasto: Reges Strandleben mit jeder erdenklichen Infrastruktur, darüber thront das sehenswerte Städtchen Vasto.

Die zauberhaftesten Landschaften

In der Toscana

Parco Regionale della Maremma: Streng geschütztes Gebiet mit dichten Pinienwäldern, am Meer gelegen und das letzte Rückzugsgebiet der frei lebenden Maremma-Rinder, außerdem Pferde, Rehe und Wildschweine.

Crete Senesi: Eine fast herbe Hügellandschaft südlich von Siena, endlose gelbe Getreidefelder, kaum Wald und dünn besiedelt.

Saturnia: Die schwefelhaltigen Wasserfälle laden Tag und Nacht zum heißen Vollbad.

In Umbrien

Isola Polvese: Nicht mehr bewohnte Insel im Trasimenischen See – eine Einladung für Spaziergänger.

Monte Cucco: Paradies für Wanderer, Kletterer, Höhlenforscher und Gleitflieger.

Hochebene um Castelluccio: Sagenumwobene Bergwelt, in der Wanderer auf ihre Kosten kommen und Gourmets die berühmten, zarten Linsen des Piano Grande vor Ort kosten.

In Latium

Sabiner Berge: Sanfte Hügel mit jahrhundertealten Olivenhainen.

Albaner Berge: Wo an Kraterseen der römische Hauswein gedeiht und man seit jeher die Sommerfrische genießt.

Pontinische Inseln: Karge Felsinseln, die erst vom Tourismus entdeckt werden und nicht nur Taucher faszinieren.

In den Marken

Gola del Furlo: Imposante Schlucht, durch die schon die Römer im 1. Jh. n. Chr. einen Tunnel gebaut haben.

Grotte di Frasassi: Das größte zugängliche Höhlensystem Italiens – so groß, dass man hier sogar den Mailänder Dom aufstellen könnte!

Nationalpark Monti Sibillini: Mächtige Buckel mit bis zu 2500 m Höhe, dazwischen beschauliche Bergdörfer, brettflache Ebenen und tiefe Schluchten.

In den Abruzzen

Campo Imperatore: Riesige Hochebene am Gran Sasso, Kuhherden und endlose Weiten.

Nationalpark Abruzzen: Hier sagen sich Wolf und Bär gute Nacht, dazu blühende Wiesen und dichte Wälder, ein echtes Naturparadies.

Die eindrucksvollsten Kulturdenkmäler

In der Toscana

Sovana: Etruskische Grabmäler in der südlichen Maremma, teilweise stammen sie aus dem 7. Jh. v. Chr.

Giardino dei Tarocchi (Capalbio): Niki de Saint-Phalles weltberühmte „Nanas" inmitten der kargen Landschaft der Maremma.

Monte Oliveto Maggiore: Das bedeutende Benediktinerkloster im Süden der Toscana beeindruckt vor allem durch die phantastischen Fresken von Sodoma.

In Umbrien

Assisi: Franziskus-Basilika mit dem weltberühmten Freskenzyklus von Cimabue und Giotto und dem Grab des heiligen Franziskus.

Orvieto: Der Dom ist ein Meisterstück gotischer Baukunst. Die Brizio-Kapelle wurde von Luca Signorelli mit Fresken ausgestattet, deren deftige Fleischlichkeit den Besucher überrascht.

In Latium

Tivoli: Villa d´Este, weltberühmte Wasserspiele erstaunen seit 400 Jahren, und Villa Adriana, Kaiser Hadrians Sommerresidenz für einen Hofstaat von 20.000 Personen.

Caprarola: Palazzo Farnese, eine der schönsten Fürstenresidenzen Europas.

Cerveteri: Etruskische Nekropole – die monumentalste vorchristliche Grabanlage außerhalb Ägyptens.

Montecassino: Mächtige Mutterabtei der Benediktiner auf hohem Bergkegel, Schauplatz schrecklicher Schlachten.

In den Marken

Loreto: Die Santa Casa, das Heilige Haus, kam der Legende nach aus Jerusalem angeflogen und zählt zu den wichtigsten Wallfahrtsorten ganz Italiens.

Basilica San Nicolà (Tolentino): Beeindruckendes Portal und ein prächtiger Freskenzyklus zum Leben des Stadtheiligen von Tolentino.

In den Abruzzen

Cattedrale Santa Maria Assunta in Atri: Im Chor grandiose Fresken von Andrea Delitio aus dem 15. Jh.

Rocca di Calascio: Halbverfallene Festung oberhalb des gleichnamigen Ortes am Rand des Campo Imperatore – gigantische Ausblicke.

Markante Hügelstädte sind typisch für Mittelitalien (hier: Loreto Aprutino)

Klima und Reisezeit

Im Prinzip herrscht in Mittelitalien das typisch mediterrane Klima mit warmen und trockenen Sommern und relativ milden, aber niederschlagsreichen Wintermonaten.

Spitzenreiter in puncto Regenwetter sind mit durchschnittlich 9–10 Regentagen die Monate November und Dezember, doch auch im Sommer ist mit ca. sechs Regentagen im Monat zu rechnen. Durch die Nähe zum Apennin kann sich schlechtes Wetter durchaus auch über einen längeren Zeitraum regelrecht „festhängen" – während in Rest-Italien die Sonne lacht, regnet es in einer der mittelitalienischen Regionen möglicherweise in Strömen. Ebenso kann allerdings auch der umgekehrte Fall eintreten. Richtig kalt wird es im Winter in den Monti Sibillini und um die Höhenzüge des Gran Sasso, wo sich die Skizentren Mittelitaliens befinden. Im Mai sind die Berge hier noch schneebedeckt, und bereits ab Oktober kann man nachts ins Frösteln geraten. In den Niederungen der Flusstäler ist besonders im Herbst (Oktober/November) mit Frühnebel zu rechnen.

Relativ stabil ist das Badewetter von Mitte Juni bis etwa Anfang/Mitte September, die durchschnittlichen Tagestemperaturen liegen dann bei 26–29 °C, die Wassertemperaturen bei 21–24 °C. Die durchschnittliche Sonnenscheindauer beträgt während der beiden Hauptsaisonmonate Juli und August neun bis zehn Stunden am Tag, im Mai und Oktober dagegen nur etwa sieben Stunden.

Beste Reisezeit für eine Tour durch Mittelitalien ist die Spanne von Ostern bis Mitte September, auch wenn man damit rechnen muss, dass weniger bedeutsame Sehenswürdigkeiten nur während der Hochsaisonmonate Juli und August ihre Pforten geöffnet haben. Besonders im Mai und Juni präsentieren sich die bergigeren Regionen ausgesprochen grün.

Klimadaten Rom

	Durchschnittstemperatur	Regentage
Januar	10 °C	8
Februar	12 °C	9
März	15 °C	8
April	19 °C	8
Mai	23 °C	7
Juni	27 °C	4
Juli	30 °C	2
August	31 °C	2
September	25 °C	5
Oktober	21 °C	8
November	16 °C	10
Dezember	12 °C	10

Wer einen Badeurlaub mit Ausflügen ins Hinterland plant, sollte nicht vor ca. Mitte Juni und nicht nach Anfang September anreisen: Noch im Mai herrscht in den Badeorten bedrückende Leere, viele Hotels sind noch gar nicht geöffnet, das Gleiche gilt für die Zeit ab Mitte/Ende September. Ganz wichtig: Für die Monate Juli und besonders August sollte man seine Unterkunft an der Küste rechtzeitig buchen! Im August nämlich fliehen auch die einheimischen Großstädter an die Küste, allen voran die Römer. In Rom herrscht nun eine drückende Hitze, die vor allem den Touristen zusetzt – nicht gerade der ideale Zeitpunkt, um die Ewige Stadt zu besuchen.

Italien macht Urlaub – Ferragosto

Mariä Himmelfahrt, der wichtigste Festtag der Italiener, findet mitten in den Ferien am 15. August statt. Niemand bleibt an diesem Tag in den heißen Städten, das öffentliche Leben liegt lahm, Behörden, Geschäfte und Restaurants sind geschlossen – ganz Italien tummelt sich am Meer oder entspannt in den Bergen. Der Sommerurlaub der Familie wird in der Regel um den 15. August herum geplant, besonders beliebte Ziele sind natürlich die Adria und die toscanische Küste, allen voran Elba. Stellen Sie sich darauf ein: Hotelbetten sind für diesen Zeitraum schon lange im Voraus ausgebucht, Restaurants und Cafés bis auf den letzten Platz besetzt, von Parkplatznöten und der drangvollen Enge an den Stränden gar nicht erst zu sprechen. Fazit: Wenn irgendwie möglich, sollte man an den Tagen um den 15. August die Küste meiden und sich vielleicht ein ruhigeres Plätzchen im Landesinneren suchen. Dafür spricht auch, dass die Zimmerpreise am Meer in der „Altissima Stagione“ im August noch mal kräftig nach oben schießen, was in einer abgelegenen Gegend im Landesinneren auf jeden Fall moderater ausfällt.

Ferragosto ist übrigens keine katholische Erfindung, auch wenn man das wegen des zeitgleichen Kirchenfestes Mariä Himmelfahrt annehmen könnte. Der Name leitet sich aus *feriae Augusti* („Ferien des Augustus“) ab: Bereits die alten Römer unter Kaiser Augustus feierten Mitte des Monats August ihre Volksfeste und fuhren ans Meer.

Die berühmteste Adoptivmutter Italiens: die Wölfin mit Romulus und Remus

Geschichte

Kaum eine Kulturlandschaft in Europa ist so geschichtsträchtig wie Mittelitalien. Hier entstand und fiel das mächtige Rom, und hier erblühte die italienische Renaissance.

ca. 1000 v. Chr.	Beginn der Einwanderung italischer Stämme wie der Umbrer, Sabiner oder Picener
ab dem 9. Jh.	Einwanderung der Etrusker in das Gebiet zwischen Tiber und Arno
753 v. Chr. (21. April)	Der Sage nach Gründung der Ewigen Stadt durch das Brüderpaar Romulus und Remus
6. Jh. v. Chr.	Ausdehnung der etruskischen Macht nach Norden und über Rom
ab 470	Gallische Stämme dringen bis nach Mittelitalien vor
um 510 v. Chr.	Die Römer vertreiben den letzten Etruskerkönig aus der Stadt
ca. 450 v. Chr.	Zwölftafelgesetz
ab dem 4. Jh.	Beginnende Ausdehnung der Macht Roms über Mittelitalien
387 v. Chr.	„Gallierkatastrophe" – vae victis! Vernichtende Niederlage der Römer gegen die Gallier
340–338 v. Chr.	Latinerkrieg

295 v. Chr.	Schlacht von Sentinum: Die Römer besiegen beim heutigen Sassoferrato die verbündeten Gallier, Umbrer und Sabiner und unterwerfen auch die Picener; Gründung der Kolonien *Ager Gallicus* und *Ager Picenus*
282 v. Chr.	Mit dem Sieg über die Senonen (Kelten) herrscht Rom über Mittelitalien
um 200 v. Chr.	Bau der *Via Flaminia* durch Umbrien und die Marken bis zur Adria und der Via Aurelia entlang der Tyrrhenischen Küste
217 v. Chr.	Hannibal in Italien (2. Punischer Krieg), die Schlacht am Trasimenischen See (23. Juni 217) und die Schlacht von Cannae (216) werden zur schwersten Niederlage der römischen Geschichte
149–146 v. Chr.	Der 3. Punische Krieg endet mit der Zerstörung Karthagos
133–121 v. Chr.	Reformen unter den Gracchen
91–89 v. Chr.	Bundesgenossenkrieg: Mittelitalienische Stämme erheben sich gegen Rom und gründen eine Art „Gegen-Staat“; Rom gibt nach und gewährt den Bundesgenossen das Bürgerrecht, Italien ist nun bis zum Po ein einheitliches Staatsgebiet.
15. 3. 44 v. Chr.	Die Iden des März: Ermordung Julius Caesars
27–23 v. Chr.	Konsulat des Augustus (ehemals Oktavian, Ziehsohn Caesars); in den folgenden Jahren baut Augustus seine Macht immer weiter aus und bereitet damit die Kaiserzeit vor.
19.8.14 n. Chr.	Tod des Augustus
54–68	Unter Kaiser Nero beginnt die Christenverfolgung (nach dem Brand Roms im Jahr 64)
98–117	Unter Kaiser Trajan erreicht das Römische Reich seine größte territoriale Ausdehnung.
3. Jh.	Einsetzender Niedergang des Reiches
ab 303	Christenverfolgung unter Diokletian
313	Kaiser Konstantin erkennt das Christentum an
4. Jh.	Einsetzende Völkerwanderung
391	Das Christentum wird Staatsreligion
395	Teilung des Imperium Romanum in ein Westreich (Hauptstadt nach 404: Ravenna) und ein Ostreich (Byzanz)
Ab 401	Westgoten fallen in Italien ein
410	Plünderung Roms durch die Westgoten
476	Zusammenbruch des Weströmischen Reiches
493–526	Ostgotenreich in Italien (Theoderich der Große)
529	Die Gründung des Klosters Montecassino durch Benedikt von Nursia gibt bedeutende Impulse für das abendländische Mönchtum

Mitte 6. Jh.	Byzanz erobert Teile der heutigen Marken
Ab 568–774	Langobardenreich in Italien
Mitte des 8. Jh.	Entstehung des Kirchenstaates, „Patrimonium Petri", der sich bald über weite Teile Mittelitaliens erstreckt
751	Ende der byzantinischen Herrschaft in Italien
773/774	Karl der Große erobert das Langobardenreich
800	Karl wird in Rom von Leo III. zum Kaiser gekrönt
	Durch die Karolinger wird die Grundlage für die historische Dreiteilung Italiens gelegt: ein Reichsitalien im Norden, ein von der Kirche dominiertes Mittelitalien und Süditalien, das nacheinander unter byzantinischer, sarazenischer, normannischer, französischer, spanischer und habsburgischer Herrschaft steht
887	Nach der Abdankung Karls III. (des Dicken) endet die karolingische Herrschaft in Italien; es beginnt die Zeit der so genannten italienischen Nationalkönige (888–962), de facto eine Zeit der Anarchie; Erstarken der Markgrafschaften, darunter Tuscien und Spoleto
887–962	Ungarn-Einfälle
962	Die Kaiserkrönung Ottos des Großen beendet die anarchischen Zustände in Italien
ab 1000	Aufstieg der mittelitalienischen Städte, vor allem Pisa und Florenz
Mitte 11. Jh.	Investiturstreit, Ringen zwischen Papsttum und Kaisertum über die Oberhoheit
1056–1106	Heinrich IV.
1073	Hildebrand wird Papst Gregor VII., der Investiturstreit eskaliert
1076	Gregor VII. exkommuniziert Heinrich IV.
1077	Heinrich IV. in Canossa: der König „tut Buße"; Gregor, zu Gast bei Mathilde von Canossa (der Markgräfin von Tuscien), ist gezwungen, den Kirchenbann gegen Heinrich aufzuheben
1080	2. Bannung Heinrichs IV., der daraufhin Rom erobert. Gregor ruft die Normannen aus Sizilien zur Hilfe, die unter Robert Guiscard 1085 Rom plündern
ab 1100	Konkurrenz zwischen Papsttum und Kaiserreich fördert die Entstehung unabhängiger Stadtrepubliken
1152–1190	Friedrich I. (Barbarossa) von Hohenstaufen, 1155 Kaiserkrönung; trotz insgesamt sechs Italienzügen kann Friedrich die Macht der italienischen Territorialfürsten nicht brechen
1190–1197	Heinrich VI. wird durch die Heirat mit Konstanze auch König von Sizilien

1194	„Öffentliche" Geburt des Sohnes von Heinrich und Konstanze, dem späteren Friedrich II., auf dem Marktplatz von Jesi/Marken
1197/1198	Nach dem frühen Tod Heinrichs übernimmt zunächst Konstanze (bis zu ihrem Tod 1198), dann Papst Innozenz III. die Regentschaft für den minderjährigen Friedrich
1198–1216	Unter Innozenz III. wird aus dem Patrimonium Petri ein „weltlicher" Kirchenstaat
1220	Kaiserkrönung Friedrichs II., der Konflikt zwischen Kaiser und Papst (Gregor IX., dann Innozenz IV.) flammt wieder auf
1250	Tod Friedrich II.
1254	Nach dem frühen Tod Konrad IV. macht Papst Urban IV. den Bruder des französischen Königs, Karl von Anjou, zum Herrscher über Sizilien
1265	Dante Alighieri wird in Florenz geboren
1266	Karl von Anjou besiegt in der Schlacht von Benevent Manfred, den illegitimen Sohn Friedrichs II.
1268	In der Schlacht von Tagliacozzo (Abruzzen) besiegt Karl auch das Heer des letzten Staufers; der junge Sohn Konrads IV., genannt Konradino, wird gefangen genommen und wenig später hingerichtet. Die Macht der Staufer in Italien ist beendet
ab der Mitte des 13. Jh.	Mit dem Ende der kaiserlichen Macht in Italien erstarken regionale Mächte
1282	Demokratische Verfassung in der Republik Florenz
1309–1377	Exil der Päpste in Avignon
1348	Die Große Pest; Rom am Abgrund: In der ehemaligen Millionenstadt leben nicht einmal mehr 25.000 Menschen
1378–1415	Großes Abendländisches Schisma
ab 1409	Aufstieg der Medici in Florenz
15./16. Jh.	Renaissance in Italien; Ober- und Mittelitalien sind der Mittelpunkt Europas; da Vinci, Michelangelo, Botticelli, Bramante und Raffael wirken u. a. in Rom und Florenz; Machiavelli verfasst seine Schrift „Der Fürst" (Il Principe); in Florenz, das seine Vorherrschaft über die Toscana ausdehnt (1409 über Pisa, 1421 über Livorno), entsteht unter den Medici das bedeutendste europäische Bank- und Handelshaus; in Mittelitalien ist die Kirche zur größten Territorialmacht avanciert
	Machtgleichgewicht bei wechselnden Bündnissen in Italien zwischen den fünf größten Staaten: Mailand, Venedig, Florenz, Neapel-Sizilien und dem Kirchenstaat
1527	*Sacco di Roma*: Kaiserliche Truppen plündern Rom, Ende des Renaissance-Papsttums

1545–1563	Konzil von Trient: Reorganisation der katholischen Kirche, Rom wird zum Zentrum der Gegenreformation
Ab dem 16. Jh.	Italien wird zum Schauplatz des Kampfes zwischen Frankreich und Spanien
um 1530	Der Pirat und Admiral Khayr al-Din, genannt Barbarossa, überfällt auch im Auftrag Franz I. von Frankreich die italienischen Küsten, darunter auch Elba und die Küste der Toscana
Ab ca. 1600	Ausgehend von Italien entwickelt sich das Barock; Borromini und Bernini wirken in Rom
1701–1713/14	Im Zuge des Spanischen Erbfolgekrieges wird Italien erneut zum Schlachtfeld
1712	Die Savoyer aus dem Piemont erhalten mit Sizilien die Königswürde (1720 Tausch gegen Sardinien)
1738	Nach dem Tod des letzten Medici geht die Toscana an Franz von Lothringen, dem späteren Gemahl Maria Theresias, und bleibt mit kurzer (napoleonischer) Unterbrechung über hundert Jahre habsburgisch
ab 1797	Napoleon in Italien
1800	Mit der Schlacht von Marengo gerät Italien unter Napoleonische Herrschaft
1802	Neuordnung Italiens, Napoleon macht sich zum König von Italien
1815	Neuordnung Europas auf dem Wiener Kongress; Restauration auch in den italienischen Staaten
Anfang des 19. Jh.	Risorgimento, die italienische Freiheitsbewegung
1831	Aufstände in Mittelitalien (resultierend aus der Julirevolution in Frankreich)
Mitte des 19. Jh.	Camillo Benso di Cavour wird 1852 unter Vittorio Emanuele II. Ministerpräsident Sardinien-Piemonts
1859/60	Krieg Piemonts gegen Österreich; Anschluss u. a. der Toscana an das Piemont (durch Plebiszite abgesichert); Guiseppe Garibaldi und der „Zug der Tausend" durch Süditalien
1861	Einheit Italiens (mit Ausnahme Venetiens und des Kirchenstaates) unter Führung des Königreichs Piemont-Sardinien, Vittorio Emanuele wird König von Italien; die Hauptstadt ist zunächst Turin, dann Florenz (1864–1870)
1866	Während des preußisch-österreichischen Krieges erhält Italien Venetien
1870	Nach Abzug der französischen Schutztruppen (im Zuge des deutsch-französischen Krieges) aus Rom werden Stadt und Kirchenstaat an Italien angegliedert, Rom wird zur Hauptstadt

1914	Beginn des ersten Weltkrieges; anfängliche Neutralität Italiens
1915	Londoner Abkommen: Italien tritt auf der Seite der Alliierten in den Krieg ein, zunächst gegen Österreich-Ungarn; 1916 Kriegserklärung gegen Deutschland
1915	Schweres Erdbeben in den Abruzzen
1919	Friede von Saint-Germain; Italien erhält Südtirol und Istrien, ist aber unzufrieden mit den Kriegsgewinnen
1922	Machtergreifung Mussolinis („Marsch auf Rom"); beginnender Aufbau eines faschistischen Systems
1939	Beginn des Zweiten Weltkrieges
1940	Italien tritt in den Krieg ein (Nordafrika, Balkan)
1943	Landung alliierter Truppen in Sizilien; Sturz des faschistischen Systems; Mussolini wird auf dem Campo Imperatore/Abruzzen gefangen gehalten, bis er von deutschen Truppen „befreit" wird; Gründung einer faschistischen „Gegenrepublik" in Norditalien (Republik von Salò)
1944	Befreiung Roms durch die Alliierten
1945	Kapitulation der deutschen Truppen in Italien; Mussolini wird von Partisanen gefangen genommen und erschossen
1946	Proklamation der Republik
1947	Pariser Friedensvertrag
1948	Inkrafttreten der neuen Verfassung
1949	Italien ist Gründungsmitglied der NATO und des Europarats
1955	Italien wird Mitglied der Vereinten Nationen
1957	Gründung der EWG („Römische Verträge")
1960–76	Mitte-Links-Koalitionen (Fanfani, Moro, Colombo)
1976–79	Andreotti-Regierungen durch Duldung der Kommunistischen Partei
1978	Ermordung Aldo Moros durch die Roten Brigaden
1981–93	Wechselnde Mitte-Links-Regierungen
1992/1993	Korruptionsskandale erschüttern die Republik; Wahlrechtsreform
1996	Mitte-Links-Bündnis („Ulivo")
1997	schweres Erdbeben in Umbrien
2001	Wahlsieg Berlusconis mit „Forza Italia"
29.11.2004	Unterzeichnung des EU-Verfassungsvertrages in Rom

Der Weg ist das Ziel: über das Piano Perduto durch die Monti Sibillini

Anreise

Die klassische Variante ist und bleibt das eigene Auto, trotz vorhersehbarer Staus in der Alpenregion (zumindest in der Hauptsaison) und Parkplatznot in den größeren Städten, besonders in Florenz und Rom.

Dank der frühbucherfreundlichen Tarife der Deutschen Bahn (vor allem die Nachttarife) kann man auf der Schiene möglicherweise am günstigsten nach Mittelitalien kommen. Wer seinen Aufenthalt auf die Metropolen Florenz oder Rom beschränken möchte, ist mit der Bahnanreise sicherlich am besten bedient, allen anderen fehlt jedoch das Fahrzeug vor Ort und somit die Flexibilität: Für ausgedehnte Streifzüge bis in die entlegensten Winkel der Hügel- und Berglandschaft ist das eigene Auto/Motorrad (fast) unverzichtbar. Eine Alternative könnte angesichts der zahlreichen Billigflieger auf dem Markt die Anreise mit dem Flugzeug sein, und Mietautos werden – teilweise sogar ziemlich günstig – an allen größeren Flughäfen angeboten, sodass man recht unkompliziert „umsteigen“ kann. Kaum noch eine Rolle in punkto Anreise spielen dagegen der Europabus und die Mitfahrzentrale, zumal in diesem Preissegment die Bahn bei entsprechend frühzeitiger Buchung deutlich komfortabler ist.

Mit dem eigenen Fahrzeug

Die gängigste und bequemste **Route durch Österreich** führt über die **Brennerautobahn** mit der 820 m langen und 190 m hohen **Europabrücke.** Hinter der österreichisch-italienischen Grenze schließt sich dann eine zügige Fahrt durch die lang ausgleitenden Südtiroler Täler an. Begleitet von schroffen Felshängen, Ritterburgen wie aus dem Bilderbuch, sonnendurchfluteten Weingärten und Obstbaumkulturen gelangt man über Bozen und Trento schnell nach Verona, wo die endlose Weite der Poebene beginnt. Bei Modena wechselt man von der A 22 auf die A 1 nach Bologna, die als berühmte **Autostrada del Sole** von Milano bis Rom führt.

Wer aus dem Westen Deutschlands kommt und **über die Schweiz** anreist, fährt durch den über 16 km langen **St.-Gotthard-Tunnel** oder den 6,6 km langen **San-Bernardino-Tunnel** und weiter auf malerischer Strecke mit bereits prächtiger mediterraner Vegetation auf einem Damm über den Luganer See zum schweizerisch-italienischen Grenzübergang Chiasso. Von dort geht es über Milano, Piacenza und Modena nach Bologna (A 1).

Bei **Bologna** muss man sich dann entscheiden: Für alle, die in die Marken und in die Abruzzen wollen, geht es nun auf der A 14 durch die völlig flache Ebene nach Rimini und von dort mehr oder minder an der Adriaküste entlang in die Marken und bei San Benedetto del Tronto ganz im Süden in die Abruzzen. Wer nach Florenz und in die Toscana, nach Umbrien, Rom oder Latium möchte, bleibt auf der A 1: Ab Bologna wird das Land unvermittelt wieder bergiger. Schroffe Felsen und grüne Bergrücken signalisieren den Beginn des Apennin. Über viele Brücken und durch kaum weniger Tunnels gelangt man schließlich nach Florenz.

Vignetten und Maut

Vignette Österreich: Für Pkw und Wohnmobile (bis 3,5 t) gelten folgende Preise: Jahresvignette 72,60 €, 2-Monats-Vignette 21,80 €, 10-Tages-Vignette 7,60 €. Motorräder: Jahresvignette 29 €, 2-Monats-Vignette 10,90 €, 10-Tages-Vignette 4,30 €. Für Anhänger (also auch Wohnwagen) muss keine eigene Vignette angebracht werden. Hinzu kommt die separate Streckenmaut für die **Auffahrt zum Brenner**, die für alle Kraftfahrzeuge bis 3,5 t für Hin- und Rückfahrt mit jeweils 8 € zu Buche schlägt (über 3,5 t zahlt man stolze 31 €!). Während die Streckengebühr für den Brenner vor Ort an der Mautstelle zu bezahlen ist, kann man sich die Vignette – oder das „Pickerl", wie die Österreicher sagen – bereits daheim bei einem der Automobilclubs besorgen; erhältlich ist sie aber auch an der Grenze und an grenznahen Raststätten.

Vignette Schweiz: Nur Jahresvignetten, Pkw/Motorrad 27 €, Anhänger bis 3,5 t ebenfalls 27 €. Gültigkeit: Dezember bis einschließlich Januar des übernächsten Jahres (= 14 Monate). Verkauf an allen grenznahen Tankstellen und an den Grenzübergängen in die Schweiz.

> **Achtung**: Wer mit dem Wohnwagen unterwegs ist, zahlt in Italien höhere Autobahngebühren! Gespanne mit drei Achsen müssen mit etwa 20 % Zuschlag zu den Standardgebühren rechnen, mit vier Achsen ist es fast der doppelte Preis.

In **Italien** werden die Gebühren nach gefahrenen Kilometern berechnet; pro hundert Kilometer sind für einen Pkw etwas über 5 € fällig. Kontrollstellen sind an jeder Autobahnauffahrt eingerichtet. Die Ticketausgabe erfolgt meist über einen Automaten. Beim Verlassen der Autobahn – und auch zwischendurch – wird man zur Kasse gebeten. Man kann entweder **bar**, mit der **Viacard** und an fast allen Mautstellen mittlerweile auch mit der **Kreditkarte** zahlen. Die Viacard funktioniert wie eine Telefonkarte: Man kauft zum Preis von 25,25 € oder 50,50 € ein Kontingent an Fahrkilometern, das sukzessive aufgebraucht wird; erhältlich sind die Viacards bei den heimischen Automobilclubs, an Grenzübergängen und an großen Raststätten.

Viacard-Besitzer können ebenso wie Barzahler an den mit Personal besetzen Kassenhäuschen zahlen, haben aber auch die Möglichkeit, eine eigens eingerichtete **Extraspur** zu benutzen („uscita riservata Viacard"), wo die Abfertigung automatisch erfolgt (für Kreditkarteninhaber ist diese Spur obligatorisch). Wer diese Variante bevorzugt, sollte darauf achten, dass auf der Magnetkarte noch genügend Kredit vorhanden ist bzw. eine weitere Viacard zur Verfügung steht. Bei der automatischen Abfertigung ist es nämlich anders als am Schalter nicht möglich, Fehlbeträge mit Bargeld zu begleichen.

Achtung: Falls Sie bar zahlen wollen, sich aber fälschlicherweise am Viacard-Schalter eingeordnet haben, stoßen Sie keinesfalls zurück – es drohen hohe Bußgelder –, sondern drücken Sie die Hilfstaste. Sie erhalten dann einen Quittungsstreifen, mit dem Sie die Gebühr bei einer anderen Mautstelle bezahlen bzw. nachträglich überweisen können. Die (fast immer freie) Fahrspur mit dem Schild TELEPASS ist italienischen Verkehrsteilnehmern vorbehalten, es handelt sich um ein vollelektronisches System der Gebührenerfassung.

Autobahngebühren bis Florenz: Für einen Pkw muss man ab Chiasso 19 € bezahlen, vom Brenner sind es 24,60 €, ab Tarvisio (Südostösterreich) 23,60 €.

Autobahngebühren bis Ancona (Pkw): ab Chiasso 24 €, ab Brenner 29,50 €, ab Tarvisio 27,60 €. Die Strecke **Florenz–Rom** kostet auf der A 1 13,90 €, einmal quer durch Mittelitalien auf der Strecke **Pescara–Rom** 12 € (Stand: Frühling 2005). Die jeweils aktuellen Tarife können Sie bei den Automobilclubs erfragen oder im Internet unter www.autostrade.it ermitteln.

Informationen zum Verkehr in Italien

Fahrzeugpapiere/Versicherung: Nationaler Führerschein (*patente di guida*) und Fahrzeugschein (*libretto di circolazione*) sind selbstverständlich immer mitzuführen, darüber hinaus empfiehlt sich die Grüne Versicherungskarte (*carta verde*), die zwar keine Pflicht mehr ist, bei Schadensfällen aber gute Dienste leistet. Ebenfalls empfehlenswert ist der Abschluss eines Auslandsschutzbriefes. Bei Panne, Unfall oder Diebstahl steht man Ihnen mit umfangreichen Leistungen zur Seite, die Jahresgebühr liegt bei etwa 40 € (genauere Informationen erteilen u. a. die Automobilclubs).

Kennzeichen D: Wer noch kein EU-Kennzeichen hat, muss ein Nationalitätenkennzeichen am Auto anbringen. Fehlt es, kassiert die italienische Polizei ca. 50 € (!). In der Schweiz und Österreich fällt die Strafe moderater aus (ca. 10 €).

Straßenkarten: Für die Anreise genügt – sofern man die gängigen Hauptrouten über die Alpen benutzt – jeder aktuelle Straßenatlas. Empfehlenswertes Kartenmaterial zu Mittelitalien finden Sie im Kapitel „Wissenswertes von A bis Z“ auf S. 52.

Tankstellen: Bleifreies Normalbenzin heißt in Italien *benzina senza piombo* oder *benzina verde*, an manchen Tankstellen gibt es allerdings nur *super senza piombo* (gleiche Oktanzahl). Die Tankstellen sind an italienischen Autobahnen Tag und Nacht geöffnet, an Landstraßen und in den Ortschaften gelten in der Regel folgende Öffnungszeiten: Mo–Sa 7–12.30 und 15.30–19.30 Uhr, So geschlossen. Vielerorts gibt es jedoch Self-Service-Tankstellen, an denen man mit (unzerknitterten!) Euro-Scheinen auch außerhalb der Öffnungszeiten tanken kann. Kreditkarten werden von Autobahntankstellen und anderen größeren Tankstellen akzeptiert.

Pannenhilfe: ✆ 116, Notrufsäulen stehen in Abständen von 2 km an den Autobahnen. Den Straßenhilfsdienst **ACI** (Automobil *Club d'Italia)* erreicht man rund um die Uhr unter ✆ 803116 (Festnetz) und mobil unter ✆ 800116800, darüber hinaus unterhält der **ADAC** in Milano einen deutschsprachigen Notrufdienst: ✆ 02/661591.

Polizeinotruf: ✆ 112
Unfallrettung: ✆ 118

Höchstgeschwindigkeit: Auf Autobahnen 130 km/h (bei dreispurigen Autobahnen auf der linken Spur 150 km/h), auf Schnellstraßen 110 km/h, auf Landstraßen 90 km/h, Wohnmobile außerorts 80 km/h (auf der Autobahn 100 km/h), Gespanne außerorts 70 km/h (auf der Autobahn 80 km/h), in geschlossenen Ortschaften 50 km/h für alle. Bei Regen auf der Autobahn 110 km/h, auf Schnellstraßen 90 km/h. Geschwindigkeitsüberschreitungen werden hart geahndet, die Bußgelder werden selbstverständlich auch im Heimatland des Verkehrssünders eingetrieben.

Promillegrenze: 0,5 Promille. Die Strafen bei Alkohol am Steuer sind ebenfalls sehr hoch, neben Bußgeldern bis ca. 2500 € (!) droht auch der sofortige Einzug des Führerscheins.

Sonstige Verkehrsvorschriften: Seit 2004 muss außerorts auch tagsüber das **Abblendlicht** eingeschaltet werden, ebenfalls seit 2004 ist eine fluoreszierende **Warnweste** mitzuführen und im Falle einer Panne anzulegen (erhältlich an Tankstellen), gilt seit 2005 auch für Österreich. **Telefonieren** während der Fahrt ist nur mit Freisprechanlage gestattet; **Abschleppen** auf Autobahnen ist verboten (mit Ausnahme der offiziellen Pannenhilfsdienste); Wenden, Rückwärtsfahren und Spurwechsel im **Mautstellenbereich** sind verboten, auch hier drohen drastische Bußgelder; Ladungen, die hinten über das Fahrzeug hinausragen, müssen mit einer besonderen Warntafel versehen sein (reflektierend, 50 x 50 cm).

Italienische Verkehrsschilder: *attenzione uscita veicoli* = Vorsicht, Ausfahrt; *divieto di accesso* = Zufahrt verboten; *lavori in* *corso* = Bauarbeiten; *parcheggio* = Parkplatz; *rallentare* = langsam fahren; *senso unico* = Einbahnstraße; *strada senza uscita* = Sackgasse; *zona pedonale* = Fußgängerzone; *zona rimorchio* = Abschleppzone; *deviazione* = Umleitung; *zona di silenzio* = Hupverbot; *tenere la destra* = rechts fahren; *sbarrato* = gesperrt; *tutte le direzioni* = in alle Richtungen; *inizio zona tutelata* = Beginn der Parkverbotszone.

Abweichende Bestimmungen Österreich/Schweiz

In **Österreich** beträgt die Höchstgeschwindigkeit auf Autobahnen generell max. 130 km/h, von 22–5 Uhr nachts auf der Inntalautobahn (A 10) und der Brennerautobahn (A 12) 110 km/h; eine Warnweste muss auch in Österreich mitgeführt werden. In der **Schweiz** liegt die Höchstgeschwindigkeit außerorts bei 80 km/h, auf Schnellstraßen bei 100 km/h, auf Autobahnen bei 120 km/h.

Tipp: Seit einigen Jahren tankt man in Österreich deutlich günstiger als in Deutschland, der Schweiz und Italien. Zuletzt (Frühling 2005) lag der Liter Bleifrei bei etwa 0,90 €, Diesel kostete ca. 0,85 €.

Mit der Bahn

Bei früher Buchung unter bestimmten Bedingungen durchaus günstig, die besten Tarife werden für die Nachtzüge angeboten: abends einsteigen, am nächsten Morgen ist man ausgeruht am Urlaubsziel.

Direktverbindungen der Nachtzüge starten abends in München. Der Nachtzug NZ 289 fährt um 23.40 Uhr in München ab und erreicht Bologna am frühen Morgen, hier muss man Richtung Florenz umsteigen. Günstiger, da ohne Umsteigen, ist der Europäische Nachtzug EuroNight EN 287, der in München abends um 21.03 Uhr losfährt, man erreicht Florenz am nächsten Morgen um 05.24 Uhr, Ankunft in Rom ist um 08.17 Uhr. Für beide Züge sind die SparNight-Angebote gültig, die man allerdings frühzeitig buchen sollte (s. unten). An die Adriaküste nach Ancona und Pescara gibt es im Sommer außerdem noch den UrlaubsExpress, wer mit dem normalen Nachtzug nach Ancona bzw. Pescara möchte, muss morgens in Bologna umsteigen. Selbstverständlich existieren auch eine Fülle von Tagverbindungen mit der DB nach Mittelitalien, für die man sämtliche „normalen" Frühbuchervergünstigungen ausschöpfen kann, und in Italien ist das Bahnfahren ja bekanntermaßen deutlich günstiger als in Deutschland. Allerdings ist Sitzfleisch gefragt, und nicht selten muss man in Verona und/oder Bologna umsteigen. Der Normalpreis für die Strecke von München nach Mittelitalien liegt im Schnitt bei etwa 120 €. Folgende Spartarife werden angeboten:

- DB-Preise Unschlagbar günstig ist das oben erwähnte **SparNight-Angebot**, mit dem man für die Strecke München–Florenz/Rom inkl. Platz im 6er-Liegewagen gerade einmal 39 € bezahlt (im 4er-Liegewagen 49 €, im 2er-Schlafwagen 69 €, Sitzplatz 29 €). Natürlich ist das Angebot kontingentiert, d. h. man sollte sich so früh wie möglich um einen Platz kümmern. Buchungen über das Servicetelefon 01805/141514 (0,12 € pro Minute, täglich von 6–24 Uhr), über alle Reisezentren der Deutschen Bahn und in Reisebüros mit DB-Lizenz.

Wer nicht auf diesen supergünstigen Tarif zurückgreifen kann, muss erheblich tiefer in die Tasche greifen: Der Normaltarif von München bis Florenz liegt bei etwa 95 € (oneway). Reduzieren kann man diesen Preis durch die beiden **BahnCard-Varianten 25 bzw. 50** und durch die beiden Frühbuchertarife, den **Sparpreis 25** und **Sparpreis 50**, mit jeweils 25 bzw. 50 % Rabatt auf den Normaltarif. Infos auch im Internet unter www.bahn.de.

- Fahrradmitnahme Wer sein Fahrrad im Zug nach Italien transportieren möchte, wende sich an die zuständige Radfahrer-Hotline der Deutschen Bahn: ✆ 01805/151415. Informationen erhält man außerdem beim Allgemeinen Deutschen Fahrrad-Club (ADFC): ✆ 0421/34629-0, 📠 0421/34629-50, www.adfc.de.
- Sondertarife in Italien Ab einem Mindest-

preis von 30 € pro Ticket (2. Klasse) können auch in Italien nach einem ähnlichen System wie dem deutschen Plan & Spar die Kosten reduziert werden.

Euro Domino: Netzfahrschein für Italien, innerhalb eines Monats an 3–8 Tagen auf dem gesamten italienischen Bahnnetz zuschlagsfrei gültig, im Wohnsitzland bekommt man einen Rabatt von 25 %, das Gleiche gilt für Transitländer (in diesem Fall also Österreich oder die Schweiz). Das günstigste Euro-Domino-Ticket (3 Tage gültig, 2. Klasse) gibt es schon für 35 €.

Informationen auch im Internet unter **www.trenitalia.com**.

Carta verde: Mit dieser ein Jahr gültigen Karte bekommen Reisende unter 26 Jahren 20 % Ermäßigung auf alle Bahnfahrkarten. Gegen Vorlage eines Ausweisdokuments an allen größeren italienischen Bahnhöfen zum Preis von 25,82 € erhältlich.

Carta d'argento: das Pendant zur „Grünen Karte" für Reisende über 60 Jahre.

Autoreisezug nach Verona, Livorno und Rimini

Die wohl stressfreieste Anreisevariante mit dem eigenen Fahrzeug, allerdings nicht eben günstig. Angefahren werden von Mai bis Oktober je mind. 1x wöchentlich **Verona** (ab Hamburg, Berlin, Düsseldorf, Frankfurt/Neu-Isenburg), **Livorno** an der toscanischen Küste (ab Hamburg, Hildesheim, Frankfurt/Neu-Isenburg) und **Rimini** an der Adria (ab München), Abfahrt ist abends, Ankunft am nächsten Morgen. Die Unterbringung erfolgt bei Einzelbuchung im Vierer/Fünfer-Liegewagen, Familien können auch ein ganzes Abteil belegen. Vor allem für die Hochsaison empfiehlt sich eine frühzeitige Buchung. Für eine Fahrt nach Italien darf das Fahrzeug die Höhe von 1,67 m nicht überschreiten!

Preisbeispiel Frankfurt/Neu-Isenburg–Livorno (oneway, in der Hochsaison): Auto 247 €, Motorrad 166 €, pro Person im Liegewagen ab 103 € (Kinder unter 11 Jahren zahlen die Hälfte), eigenes Liegewagen-Abteil 357 € (max. 5 Personen), eigenes Schlafwagen-Abteil 410 € (max. 3 Personen). In der Nebensaison ca. 20–30 % günstiger. **Achtung**: Verbilligte Rückfahrttarife bei gleichzeitiger Buchung von Hin- und Rückfahrt!

Information/Buchung: Alljährlich Ende November gibt die Deutsche Bahn den Katalog **DB Auto-Zug** für das folgende Jahr heraus, erhältlich bei der Bahn und allen Reisebüros mit DB-Lizenz. Informationen auch über das Servicetelefon unter 01805/241224 (tägl. 8–22 Uhr, 0,12 €/Min.) oder im Internet unter www.dbautozug.de.

Mit dem Flugzeug

Zielflughäfen in der Toscana sind **Pisa** und **Florenz**, in den Marken **Ancona**, in Latium natürlich **Rom** und in den Abruzzen **Pescara**. Sie werden von der *Alitalia* (www.alitalia1.biz) täglich angeflogen (teilweise jedoch mit Umsteigen); Pisa, Florenz und Rom werden auch direkt von *Lufthansa* (www.lufthansa.de) angesteuert. Abflughäfen sind Berlin, Frankfurt/M. und München. Die Flugzeit von München beträgt kaum mehr als eine Stunde, nach Rom sind es knapp eineinhalb Stunden. Darüber hinaus werden zurzeit (April 2005) folgende Charterflüge angeboten: mit *Airberlin* (www.airberlin.com) von fast allen deutschen Flughäfen nach Rom, mit *Ryanair* (www.ryanair.com) vom berühmten Frankfurt/Hahn nach Pescara und nach Bologna Forli, mit *Hapag Lloyd Express* (www.hlx.de) ab Berlin, Hannover,

Köln-Bonn und Stuttgart nach Pisa sowie von Hannover nach Rom, mit *Germania Express* (www.gexx.de) von München nach Florenz und Rom, außerdem mit *Germanwings* (www.germanwings.de) von Köln nach Bologna und von Stuttgart nach Rom.

Was die Preise betrifft, muss man angesichts der zahlreichen Anbieter und Sondertarife mit einer größeren Spanne rechnen. Als Faustregel gilt, dass ein Flug nach Florenz mit *Lufthansa* oder *Alitalia* zwischen 300 und 350 € kostet, etwas günstiger wird es, wenn man nach Pisa fliegt. In völlig anderen Dimensionen bewegt man sich, wenn man auf ein Billigstangebot der Fluglinien *Ryanair* oder *Hapag-Lloyd Express* zurückgreift – hier sind zu manchen Terminen (natürlich aber nie zur Hochsaison) extrem günstige Flüge zu ergattern. Sie sind kontingentiert, man sollte sich also möglichst frühzeitig darum bemühen.

• *Informationen/Buchungen* Nicht nur im Internet, sondern nach wie vor auch im Reisebüro. Die großen internationalen und italienischen **Autovermieter** sind an den meisten Flughäfen ansässig, Mietautos sind in der Regel auch im Reisebüro buchbar und müssen dann nur am Zielflughafen in Empfang genommen werden.

Mit dem Bus

Die *Deutsche Touring GmbH* bietet mit ihren Europabussen von verschiedenen deutschen Großstädten (u. a. Dortmund, Düsseldorf, Köln, Leipzig, Frankfurt/M. und Stuttgart) ein- bis zweimal wöchentlich Fahrten nach Florenz, Pesaro, Ancona, Teramo, L'Aquila, Pescara und Rom an (in der Hauptsaison gibt es auch Verbindungen nach Pisa). Preisbeispiel: Frankfurt/M.–Rom einfach 92 €, hin/rück 174 € (Open-Return-Ticket 179 €), Kinder unter 4 Jahren erhalten 80 % Rabatt, bis 12 Jahre fahren sie zum halben Preis, für Studenten und Jugendliche unter 26 Jahren sowie für Rentner über 60 Jahren gibt es 10 % Rabatt. Zwei Gepäckstücke werden kostenlos befördert, das dritte kostet 5 €.

• *Information* **Deutsche Touring GmbH**, Am Römertor 17, 60486 Frankfurt, ✆ 069/79030, www.deutsche-touring.com. Wichtig: Vergessen Sie nicht, sich die **Reservierung für die Rückfahrt** unter ✆ 055/357110 (in Florenz) bestätigen zu lassen, und zwar spätestens vier Tage vor der Rückreise. In Florenz können auch einfache Rückfahrttickets gebucht werden. **Eurolines Italia**, Via S.G. Mercadante 2/B, 50144 Firenze, ✆ 055/357110, 055/350565.

Mitfahrzentrale

Um von der preisgünstigsten Anreisevariante Gebrauch zu machen, wendet man sich an eine der Mitfahrzentralen, die es in allen größeren Städten gibt. Meist sind sie unter der bundeseinheitlichen Telefonnummer **Ortsvorwahl plus 19440** (in der Regel Mo–Fr 9–18 Uhr und Sa/So vormittags) oder im Internet unter www.citytocity.de zu erreichen (hier kann man ein Gesuch bzw. Mitnahmeangebot eingeben). Wer nach Italien will, sollte sich frühzeitig um eine Mitfahrgelegenheit bemühen und evtl. auch einen weiter entfernten Abfahrtsort in Kauf nehmen. Ebenso sollten Sie einkalkulieren, dass Sie nicht direkt an den Zielort gelangen, sondern vielleicht schon in Florenz aussteigen müssen, obwohl Sie eigentlich nach Rom wollen. Im Allgemeinen kann man Sonderwünsche anmelden, z. B. Mitfahrt nur bei Frauen/Paaren oder Nichtrauchern.

Der Preis für die Fahrt errechnet sich zum einen aus dem von der MFZ festgelegten **Benzinkostenanteil** (ca. 0,05 €/km), der an den Fahrer zu zahlen ist. Darüber hinaus ist eine von der Entfernung abhängige **Vermittlungsgebühr** an die MFZ zu zahlen. Mitfahrer können über die MFZ für nur 1 € eine **Pannen- und Unfallversicherung** abschließen. Gegen Vorlage der Quittungen wird damit die Bahnfahrt ab Unfall- bzw. Pannenort zum Reiseziel erstattet.

Unterwegs in Mittelitalien

Wer allein auf Bus und Bahn angewiesen ist, wird es in Mittelitalien nicht leicht haben – das Netz ist zwar dicht, man kommt aber kaum über die gängigen Routen hinaus. Zu den schönsten und abgelegensten Plätzen fährt in der Regel kein Bus, und wenn doch, so ist die Reise meist mit Mühe verbunden.

Das Bussystem ist in aller Regel zentral ausgerichtet, kleinere Orte sind untereinander nur selten verbunden – die Reise führt über die nächstgrößere Stadt. Die Nebenstrecken werden teilweise sehr selten befahren, sodass immer wieder Wartezeiten in Bahnhofscafeterien und an Busstopps in Kauf genommen werden müssen – was ja durchaus auch seine Reize haben kann. Relativ dicht ist auch das Bahnnetz, doch ist auch dieses zentral ausgelegt und erzwingt manchmal den einen oder anderen Umweg.

Fazit: Das eigene Fahrzeug ist von großem Vorteil, wenn man Mittelitalien entdecken will, vor allem, wenn man Rundfahrten in abgelegene Gegenden plant.

Mit dem Auto oder Motorrad

Das Straßennetz in Mittelitalien ist bestens ausgebaut, die Straßen selbst sind größtenteils in gutem bis teilweise hervorragendem Zustand. Durch das Gebiet verlaufen mehrere Autobahnen, von Nord nach Süd sind das die **A 1** (*Autostrada del Sole*, von Florenz über Rom nach Neapel), die **A 14** (*Adriatica*, von Rimini durch die Marken und die Abruzzen bis hinunter zum Stiefelabsatz), auf der Westseite die **A 11/A 12** entlang der toscanischen Küste bis hinunter nach Rosignano/Cecina, Verlängerung ist die *Via Aurelia* bis hinunter nach Rom (gebührenpflichtig nur das letzte Stück ab Civitavecchia). Die einzigen Querverbindungen via Autobahn bestehen zwischen Florenz und Lucca/Pisa (**A 11**) sowie auf der **A 24** bzw. **A 25** von Teramo, L'Aquila und Pescara in den Abruzzen durch den Apennin nach Rom.

Zügige Alternativen zu den gebührenpflichtigen Autobahnen sind die gebührenfreien, oft vierspurigen **Schnellstraßen** (*superstrade* oder *raccordi*), die die Regional- und Provinzhauptstädte wie auch andere größere Zentren miteinander verbinden. Sie sind zwar effektiv, ermöglichen aber nur selten das pure Fahrvergnügen, zu hoch ist die Durchschnittsgeschwindigkeit, kurz mal anhalten und die Landschaft bewundern unmöglich (und verboten). Was zur gemütlichen Sonntagsfahrt bleibt, sind die unzähligen Querverbindungen, die einspurigen **Staats-** und **Provinzstraßen** (*strade statale* bzw. *strade provinciale*), von denen Erstere noch gut ausgebaut und flott zu befahren sind, Zweitere jedoch meist kurvenreich über Berg und Tal führen. Zu den spektakulärsten Strecken in Mittelitalien zählt sicherlich die Panoramastraße hinauf auf den *Campo Imperatore* am mächtigen *Gran Sasso* (Abruzzen), Näheres hierzu s. S. 632 ff.

Hinweise zum Stadtverkehr

In allen größeren Städten ist die Stadtmitte mit Hinweisschildern gekennzeichnet. Achten Sie auf den Schriftzug *centro* und/oder das Zeichen ◉.

Man muss sich darauf einstellen, dass die historisch gewachsenen Stadtzentren (*centro storico*) zeitweise oder ständig für den Autoverkehr gesperrt sind *(zona blu*

Achtung, gefährliche Straße! – Auf den nächsten 6 km Straßenverengung und 10 % Gefälle, Höchstgeschwindigkeit 30 km/h, maximales Gewicht 4 t

bzw. *zona a traffico limitato).* Nur autorisierte Fahrer und Anwohner dürfen hineinfahren bzw. dort parken. Urlaubern ist es jedoch in der Regel gestattet, mit dem Pkw ein Hotel in der Altstadt zu suchen bzw. dort auch ein- und auszuladen. Oftmals sind die Gassen der Altstädte auch sehr eng und mit undurchschaubarem Einbahnstraßensystem versehen, sodass man sich ohnehin besser einen Parkplatz etwas außerhalb suchen sollte. Achtung: Der *Corso* einer Stadt wird abends nicht selten zur allgemeinen Flaniermeile, ungeschickt, wenn man sich hier im Schritttempo durchquälen und stolze *Mamas* bzw. *Nonnas* samt Kinderwagen von der Straße scheuchen muss.

Parken: Nur in den Zentren der großen Städte ein Problem, in kleineren Städten bestehen gute Parkmöglichkeiten, meist direkt am Rand der Altstadt. Parkverbot besteht an schwarz-gelb markierten Bordsteinen und an gelb gekennzeichneten (z. B. für Taxis und Busse reservierten) Parkflächen. Blau markierte Parkflächen sind gebührenpflichtig, frei Parken kann man dagegen in den weißen Markierungen. Man sollte sich unbedingt daran halten, die Strafen können drastisch ausfallen. Für den Fall, dass Ihr Fahrzeug wegen widerrechtlichen Parkens von der Polizei abgeschleppt wurde, setzen Sie sich am besten mit der Stadtpolizei *(vigili urbani)* in Verbindung; meist steht das gute Stück auf extra dafür eingerichteten Plätzen am Stadtrand und kann dort direkt freigekauft werden.

Gratis kann man sein Fahrzeug im Zentrum in der *zona disco* (mit Parkscheibe) abstellen, für Plätze mit Parkscheinautomaten zahlt man in der Regel 0,77–1,50 € pro Stunde. Bei längerem Aufenthalt ist es bequemer, die gebührenpflichtigen (und meist bewachten) Parkplätze zu nutzen, die fast jede Stadt in Fußentfernung zu den Sehenswürdigkeiten anbietet (ca. 1–2 € pro Std.). Wer in einem Hotel in der Altstadt untergekommen ist, erhält dort meist einen Anwohner-Parkausweis. Falls nicht, kann es sein, dass man den Pkw nach dem Entladen wieder aus dem Zentrum entfernen und außerhalb parken muss. Über eigene Garagen oder andere Parkmöglichkeiten verfügen in der Regel nur Hotels ab drei Sternen aufwärts.

Sicherheit in Großstädten

Die Situation in Florenz und Rom unterscheidet sich kaum von der anderer europäischer Großstädte, sämtliche Horrorgeschichten von Autodiebstahl und -aufbruch gehören mehr und mehr der Vergangenheit an. Dennoch sollte man Vorsicht walten lassen und möglichst in einem der zahlreichen Parkhäuser parken bzw. die vielen *Park-&-Ride*-Plätze nutzen (Näheres bei den jeweiligen Städten). Darüber hinaus sind die historischen Stadtzentren von Rom und Florenz für Ortsfremde ohnehin gesperrt – **Z.T.L.** (*zona a traffico limitato*), nur wer ein Hotel im Zentrum gebucht hat, darf hier hineinfahren.

Mit der Bahn

Das Bahnnetz ist gut ausgebaut, nur die Bergregionen des Apennin sind nicht auf dem Schienenweg zu erreichen. In diesen Gegenden liegen die Bahnhöfe meist ein gutes Stück unterhalb des Ortes/Städtchens im Tal, Stadtbusse und Taxis stehen in der Regel bereit. Die Verbindungen an der Küste sind auf beiden Seiten gut, die Regional- und Lokalzüge halten quasi in jedem Badeort. Zum besseren Verständnis beim Fahrplanlesen: Der *Locale* (L) ist ziemlich langsam, der *Regionale* (R) schon eine Spur schneller, er lässt auch die eine oder andere Station aus. Noch etwas zügiger ist man mit dem *Diretto* (D) unterwegs, ebenso mit dem *Interregionale* (IR). Der *Espresso* (E) – man ahnt es schon – ist noch etwas flotter. *Intercity* (IC) und *Eurostar* (ES) sind geschwind und zuschlagspflichtig, wobei Letzterer zwar der schnellste unter den italienischen Zügen, dafür aber deutlich teurer als die anderen ist. Die Möglichkeit zur **Fahrradmitnahme** besteht in den meisten Zügen.

Fahrplanlesen *feriale* = werktags, *festivo* = sonn- und feiertags, *estivo* = Sommerfahrplan, *invernale* = Winterfahrplan, *scolastico* = während der Schulzeit

Detaillierte Informationen zu den Bahnverbindungen sind im Informationsteil der einzelnen Orte zu finden. **Achtung**: Zugtickets müssen in Italien vor Fahrtantritt abgestempelt werden (gelber Automat), sonst gilt man als Schwarzfahrer!

Mit dem Bus

Nicht so praktisch wie mit der Bahn, außerdem etwas teurer, ist man mit dem Bus unterwegs. Die Busstationen (*Autostazione*) liegen manchmal etwas außerhalb vom Zentrum, oft auch am Bahnhof. Generell kann man davon ausgehen, dass von größeren Orten und Städten sämtliche Vororte angefahren werden, teilweise auch die nächstgrößeren Städte. Da es verschiedene Busgesellschaften gibt, muss man häufig zwischendurch umsteigen, d. h. die Gesellschaft wechseln. Busverbindungen sind im Reiseteil dieses Buches bei den jeweiligen Orten angegeben, Informationen zu bestimmten Zielen erteilen auch die Busstationen.

Das Hotel Forum in Rom – Zimmer mit direktem Blick auf die Antike

Übernachten

Zahlreiche Hotels und Pensionen fast aller Kategorien erschweren die Entscheidung, auch B & Bs, Ferienwohnungen, Agriturismo-Betriebe und Campingplätze findet man ausreichend. Das Preisniveau schwankt von Region zu Region: Während es im malerischen toscanischen Hügelland mit am höchsten liegt, zahlt man in ländlicher Abgeschiedenheit in den Marken oder Abruzzen gerade mal etwas mehr als die Hälfte der Toscana-Preise. Exorbitant teuer sind die Hotels in den Städten Florenz und Rom, zudem sollte man dort unbedingt frühzeitig buchen!

Generell gilt: Wer sich in der Hochsaison (ca. 10. Juli bis ca. 25. August) irgendwo an der Küste einquartieren will, sollte unbedingt rechtzeitig reservieren. Das gilt auch für die riesigen Camping-Anlagen am Meer sowie für einige kleinere Campingplätze in Bestlage wie z. B. auf den Inseln Elba und Giglio. Entspannt ist die Lage im Juli/August dagegen im Landesinneren, hier braucht man sich nach unserer Erfahrung keine besonderen Sorgen um eine Unterkunft zu machen. Trotzdem ist es ratsam, zumindest einen Tag vorher anzurufen und sich anzukündigen. Auch in Rom und Florenz sind die Chancen in der Hochsaison ein Zimmer zu finden, vergleichsweise hoch und die Preise im Ganzjahresvergleich am niedrigsten, die Städte aber auch am wenigsten attraktiv: drückende Hitze, menschenleere Plätze, die Restaurants verwaist (oder geschlossen, weil ihre Besitzer am Meer Urlaub machen), Museen in Betriebsferien. Lediglich zu größeren Festen und Veranstaltungen muss man mit Engpässen in Sachen Unterkunft rechnen.

Die Stadthotels sind in der Regel ganzjährig geöffnet, dagegen ist die Saison in den Küstenorten teilweise recht kurz: Wer z. B. im April oder ab Anfang Oktober einen reinen Badeort ansteuert, wird zahlreiche geschlossene Hotels vorfinden. Das Gleiche gilt für Unterkünfte, die ganz weit ab vom Schuss liegen: Auch hier sollten Sie mit einer sehr kurzen Saison von Mai bis Mitte September rechnen. Noch eingeschränkter sind die Öffnungszeiten der Berghütten (*Rifugi*) im Apennin: je höher gelegen, desto kürzer die Saison. Im ungünstigsten Fall dauert sie nur von Mitte Juni bis Ende August.

Bei den jeweiligen Orten im Reiseteil dieses Buches wird ausführlich auf **Unterkünfte** hingewiesen, alle mit Adresse, Telefonnummer, Öffnungszeiten und Preisen, wobei Letztere sich immer auf die Hochsaison beziehen. Die Preisangaben für Doppelzimmer (DZ) gelten stets für zwei Personen. Frühstück ist nur dann im Preis enthalten, wenn ausdrücklich darauf hingewiesen wird. Die Preise sind als Anhaltspunkte zu verstehen. In der Nebensaison fallen sie um ca. 20 %, in der Vor- und Nachsaison zahlt man in der Regel nur etwa 60–70 % des Hochsaisonpreises.

Reservierungen für Unterkünfte nimmt man am besten **per Fax** oder **per E-Mail** vor, hierbei wird oft die Kreditkartennummer und deren Ablaufdatum verlangt. Außerhalb der Hochsaison reicht auch eine kurzfristige telefonische Reservierung (mit Ausnahme von Rom, Florenz und anderen großen Städten, hier wird immer eine verbindliche Reservierung verlangt).

Achtung: Laut Gesetz müssen Sie die **Hotelrechnung** (*ricevuta fiscale*) aufbewahren. Bei Missachtung droht eine hohe Geldstrafe.

Hotels und Pensionen

In den zahlreichen Dörfern und Kleinstädten im Landesinneren (v. a. in den malerischen Dörfern der Toscana) finden sich teilweise überaus geschmackvolle Unterkünfte, die auch einen entsprechenden Preis haben. Sehr gewöhnungsbedürftig sind dagegen die Hotelkästen an diversen Küstenabschnitten besonders der Adria, aber auch des Tyrrhenischen Meeres.

Die Verteilung von Sternen durch die italienische Tourismusbehörde (und die damit verbundene Festlegung der Zimmerpreise) bleibt für Außenstehende oft nur schwer nachvollziehbar. Eine Rolle spielen dabei die Ausstattung des Hotels und der Zimmer, weniger dagegen deren Zustand und Alter bzw. Datum der letzten Sanierung, die Lage des Hauses oder der Service. Die Zimmerpreise müssen übrigens per Gesetz an der Rezeption und im Zimmer aushängen.

******* Luxusklasse**: Aircondition, Telefon, Farb-TV und Eisschrank/Frigobar auf dem Zimmer, ein angeschlossenes (gutes) Restaurant ist selbstverständlich. Außerdem: Swimmingpool, am Meer Privatstrand, Tennisplatz, Disko etc. Hotels dieser Kategorie sind rar gesät, meist trifft man sie nur in Großstädten und sehr bekannten Touristenorten an. Was das Preisniveau betrifft, sind sie eigentlich unbezahlbar: DZ ca. 500–900 €.

****** First-Class**: Für sehr gehobene Ansprüche, entsprechend hohe Preise. Zur Ausstattung gehören fast immer ein Restaurant, eine Bar, ein bewachter Parkplatz und komfortabelste Zimmer. Meist ist auch ein Pool vorhanden. Preise ab mindestens 180 € fürs DZ, meist aber 200–270 €.

***** bzw. ***S (= Superiore), obere Mittelklasse**: Zu den offiziellen Anforderungen an ein 3-Sterne-Hotel gehören ein eigenes Bad und TV. Gerade in dieser Kategorie gibt es aber riesige Unterschiede, denn was pro forma den behördlichen Standards entspricht, kann schon seit zehn Jahren auf Renovierung warten und dabei noch ungünstig an der Hauptdurchgangsstraße liegen. DZ ca. 75–180 €.

**** Untere Mittelklasse**: Auch hier deutliche Unterschiede, v. a. was den Zustand der Unterkunft betrifft. Ein eigenes Bad pro Zimmer ist nicht zwingend vorgeschrieben, dafür der Fernseher (aber nicht dessen Baujahr). Manchmal gleicht eine herzliche und persönliche Atmosphäre diverse Mängel aus, manchmal fehlt aber selbst das. DZ mit Du/WC ca. 60–90 €, ohne Dusche 40–60 €.

*** Einfache Unterkünfte**: Fast immer eine sehr bescheidene Herberge, entweder eine Billigabsteige in größeren Städten oder ein Haus in ganz abgelegener Gegend. Teilweise sind die Zimmer mit schlichter Dusche ausgestattet, das war's dann aber auch schon. DZ mit Du/WC ca. 60–80 €, mit Etagendusche meist ab 50 € aufwärts. In den ländlichen Gegenden zahlt man meist die Hälfte der hier genannten Preise.

Als unangenehm empfinden viele ausländische Hotelgäste die Pensionspflicht, die in vielen Küstenhotels zumindest in den Monaten Juli und August nicht zu umgehen ist. Obligatorische Halbpension (*mezza pensione*) ist die Regel, wobei man sich normalerweise aussuchen kann, ob man mittags oder abends im Hotel essen will. Ebenso ist zu beachten, dass man in der Hochsaison an der Küste mit einer **Mindestaufenthaltsdauer** von drei bis vier Tagen rechnen muss, es kann aber auch eine Woche sein.

Einzelzimmer sind nicht in allen Hotels vorhanden, gegebenenfalls muss man ein Doppelzimmer einzeln belegen, was etwa 75–80 % des Doppelzimmerpreises ausmacht. In den Städten verfügen allerdings fast alle Hotels über Einzelzimmer. Wird ein **drittes Bett** aufgestellt, erhöht dies den Doppelzimmerpreis in der Regel um etwa 35 %. Das zugestellte **Kinderbett** (*culla*) kostet etwas weniger, ist aber meist nur in Hotels höherer Kategorien zu bekommen. Eine vorherige Anfrage ist zu empfehlen.

Frühstück (*colazione*) ist in den meisten Strandhotels im Übernachtungspreis inbegriffen, ansonsten – vor allem in den schlichteren Unterkünften – nur auf Anfrage erhältlich. In der Regel ist die Bar ums Eck (die es wirklich in jedem noch so kleinen Ort gibt) dem kargen Hotelfrühstück aber ohnehin vorzuziehen; das nämlich besteht oft nur aus trockenem Weißbrot, abgepackter Butter und Marmelade sowie mittelmäßigem Kaffee.

• *Information* Die ENIT in Deutschland und die A.P.T. geben **Hotelverzeichnisse** zu allen Regionen Mittelitaliens (und gesondert zu Rom) heraus, in denen sämtliche Hotels der jeweiligen Region aufgelistet sind. Anzufordern schon vor der Reise beim italienischen Fremdenverkehrsamt ENIT (s. „Reisepraktisches von A bis Z", S. 51); unterwegs sind Unterkunftsverzeichnisse bei den Touristenbüros der jeweiligen Orte erhältlich.

Privatzimmer/Bed & Breakfast

Affitacamere, so die italienische Bezeichnung für Zimmervermietung, ist nicht besonders stark vertreten, die meisten Privatzimmer findet man an der Küste und deren Umgebung. Zu erkennen sind Angebote an Hinweisschildern mit der Aufschrift „Camere", man kann sich die Suche aber auch erleichtern und in den Touristeninformationen zumindest größerer Orte nachfragen. Gibt es in der Gegend Privatvermieter, bekommen Sie ein entsprechendes Verzeichnis, und mit etwas Glück rufen die hilfsbereiten Mitarbeiter der I.A.T./A.P.T. sogar für Sie beim Vermieter an und klären alles Wichtige.

Bed & Breakfast erfreut sich in ganz Italien großer Beliebtheit, sodass die regionalen Tourismusbehörden mittlerweile eigens Broschüren zu dieser Form der Unterkunft herausgeben, die alle Anbieter der jeweiligen Region (teilweise auch nach

Provinzen aufgegliedert auflisten. Die Broschüren liegen in gut sortierten Touristeninformationen vor Ort aus (in Italienisch/Englisch). Der italienweit wohl größte Anbieter ist *Bed & Breakfast Italia* mit Hauptsitz in Rom; die Unterkünfte sind im Internet zu besichtigen (und auch gleich zu buchen).

Information/Buchung www.bbitalia.it, ✆ 0039/06/6878618 (deutschsprachige Mitarbeiter), 📠 0039/06/6878619.

Jugendherbergen

Die *ostelli per la gioventù* bieten spartanische und die neben dem Campen günstigsten Übernachtungsmöglichkeiten; sie sind in folgenden Orten/Städten zu finden: **Toscana** – u. a. Arezzo, Cortona, Florenz, Livorno, Lucca, Marina di Massa, Massa Marittima, Pisa, Siena, San Gimignano und Volterra; **Umbrien** – u. a. Perugia, Terni und Assisi; **Latium** – u. a. Rom, Sperlonga, Tuscania; **Marken** – u. a. Ancona, Loreto, Recanati und Ascoli Piceno; in den **Abruzzen** gibt es keine offiziellen Jugendherbergen. Vorheriges Reservieren ist ratsam, der *Internationale Jugendherbergsausweis* wird meistens verlangt und kann in der Regel bei den einzelnen Herbergen zum Preis von ca. 15 € erworben werden. Die Übernachtung im Mehrbettzimmer kostet im Schnitt ca. 12–18 €.

Detaillierte Informationen zu den italienischen Jugendherbergen finden Sie im Internet unter **www.ostellionline.com**.

Agriturismo

Zu übersetzen als **„Ferien auf dem Bauernhof"**, erfreut sich der Agriturismo vor allem in der Toscana allergrößter Beliebtheit. Das ursprüngliche Konzept, dass sich nämlich ein landwirtschaftlicher Betrieb durch die Vermietung einiger Gästezimmer ein Zubrot verdient, findet man kaum noch. Oft handelt es sich um ein luxuriös um- und ausgebautes Anwesen, auf dem den meist zahlungskräftigen Gästen von Sat-TV über Jacuzzi bis hin zum Swimmingpool aller erdenkliche Komfort geboten wird. Die Zimmer sind meist im alten Stil, aber nach modernsten Wohnstandards ausgestattet. Allerdings gibt es auch noch den einfachen Hof mit Wein- oder Olivenanbau, Bienenzucht oder Viehhaltung. Auf den Frühstückstisch kommt dann selbstverständlich Honig aus eigenem Anbau, und zum gemeinsamen Abendessen (im Sommer oft obligatorische Halbpension) werden nicht selten die Weine des Hauses ausgeschenkt.

Offiziell darf der Betreiber eines agrarischen Betriebes nicht mehr als 49 % seiner Arbeitszeit mit dem Agriturismo-Betrieb ausfüllen, auch die Anzahl der Zimmer ist begrenzt, doch so eng wird das meist nicht gesehen. Die Unterschiede zwischen Agriturismo und Agriturismo können also immens sein, das Gleiche gilt auch für die Preise: In einigen „In"-Gegenden in der Toscana muss man mit ca. 150 € für ein DZ mit Halbpension rechnen, in abgelegenen Gegenden wird es deutlich günstiger: DZ mit Frühstück ab 50–60 €, mit Halbpension ab ca. 80 €. Neben Übernachtung, Frühstück und Abendessen werden oft auch Pferdetrekking, Wandern und Mountainbiken angeboten. Im Internet sind zahlreiche Betriebe detailliert aufgeführt, z. B. unter www.turismoverde.it und www.agriturist.it.

Appartements/Ferienhäuser

Die etwas preiswertere Alternative zum Hotel sind Appartements bzw. Ferienhäuser. Das größte Angebot findet man in der Toscana (v. a. am Meer), aber auch an der Adriaküste. Die ENIT (s. S. 51) bietet schon im Vorfeld kostenloses Informationsmaterial mit einer Auflistung der Anbieter (darüber hinaus kann man einen Blick ins Internet oder in die Reiseteile überregionaler deutscher Zeitungen werfen). Das Angebot an Appartements bzw. Ferienwohnungen übersteigt das der Ferienhäuser. Die Preise liegen je nach Größe und Ausstattung bei mindestens 300–400 € pro Woche, in der Hochsaison können sie aber auch doppelt so hoch ausfallen.

Der Standard der Objekte schlägt sich natürlich im Preis nieder, ein wichtiger Punkt ist hier auch die Lage. Wer kein eigenes Fahrzeug hat, sollte sich unbedingt bei Buchung erkundigen, wie weit es zum nächsten Laden, zum Ort, an den Strand usw. ist. In der Hochsaison liegt die Mindestmietdauer meist bei einer Woche, im August teilweise auch bei zwei Wochen (gilt hauptsächlich für die Unterkünfte an der Küste).

Camping

Die Bandbreite an Campingmöglichkeiten reicht vom idyllischen Wald- und Wiesencamping auf 1000 m Höhe bis zum voll durchorganisierten Riesenareal mit Disko. Als Faustregel gilt: Je weiter im Landesinneren und je weiter weg von den touristischen Zentren, desto weniger bis gar kein Komfort, aber umso mehr Ruhe und Natur sind vorhanden. Die Campingplätze an den Stränden von Tyrrhenischem Meer und Adria (hier besonders) haben dagegen nicht selten den Charakter eines „Villaggio Turistico“ (= Feriendorf): große Anlagen, meist in Strandnähe, mit Bungalowvermietung (in der Hochsaison nur wochenweise!), Pool, diversen Restaurants und Animation. Besonderer Beliebtheit erfreuen sich diese Einrichtungen bei italienischen Badegästen.

Die Klassifizierung der Campingplätze reicht von einem bis zu vier Sternen, wobei es sich bei der obersten Kategorie fast ausschließlich um besagte große Ferienanlagen handelt. Geöffnet sind die meisten Plätze am Meer etwa von Mai bis Mitte September, im Landesinneren fängt die Camping-Saison oft erst im Juni an. Die Preise variieren je nach Gegend und Ausstattung: Während man bei einem einfachen Campingplatz in den Bergen mit ca. 5–6 € pro Person und 8–12 € pro Stellplatz rechnen muss, kann es bei einem 4-Sterne-Platz an der Etruskischen Riviera auch das Doppelte sein.

Wer sich vorab umfassend über Campingmöglichkeiten in Mittelitalien informieren will, wende sich an die ENIT (s. S. 51), die Touristenbüros vor Ort halten aber ebenfalls Material zu Campingplätzen bereit. **Wildzelten** ist in ganz Italien verboten, es drohen drastische Geldstrafen!

Unterwegs mit dem Wohnmobil: Die Mitte Italiens ist wie geschaffen dafür – gut ausgebaute Nebenstraßen und wenig befahrene Panoramastraßen, alle in der Regel breit genug und bestens in Schuss. In vielen größeren Orten und Städten gibt es ausgewiesene Wohnmobil-Stellplätze, in den touristisch stark frequentierten Gebieten an der Küste kann es allerdings schwierig werden, einen Stellplatz zu finden. Hier sind die Parkplätze teilweise mit Höhenschranken gesperrt, man muss auf den (teuren) Campingplatz ausweichen. Informationen im Internet unter www.camperweb.it, hier sind die Stellplätze nach Regionen – und innerhalb derer nach Provinzen – aufgelistet.

Die Köchin nach getaner Arbeit

Essen und Trinken

Kulinarische Vielfalt aus ländlich-traditioneller, oft verfeinerter Küche, basierend auf besten und frischen Zutaten, abgerundet durch hervorragende Weine z. B. aus der Toscana – kurzum: allein des Essens wegen lohnt sich eine Reise nach Mittelitalien. Wer im Herbst kommt, sollte sich die frischen Trüffel nicht entgehen lassen.

Während die bergigen Inlandsregionen vor allem für Würste (z. B. die berühmten aus Norcia/Umbrien), Schinken und Käse bekannt sind, wird an der Küste natürlich überwiegend Fisch gegessen – sei es als *Brodetto* (Fischsuppe) oder *Baccalà* (Stockfisch). Ausnahmen im Landesinneren sind Fluss- und Süßwasserfische wie z. B. Forellen (*trota*) oder Aale (*anguilla*), Letztere aus dem umbrischen Lago Trasimeno oder dem Lago di Bracciano nördlich von Rom. Doch kommen natürlich auch an der Küste zahlreiche Fleischgerichte auf den Tisch, traditionell am liebsten *alla brace*, vom Holzkohlengrill. Trüffelspäne des *Tartufo nero* oder – kostbarer – *Tartufo bianco* werden von Spätherbst bis etwa Dezember über die Pastagerichte gehobelt, zu haben hauptsächlich in den bergigen Gegenden rund um den Apennin.

Auf das gemeinsame Mittag- und Abendessen (*pranzo* bzw. *cena*) legt man allergrößten Wert. Beides sind reichhaltige Mahlzeiten mit mehreren Gängen, wobei das Abendessen (zumindest im Restaurant) sicher noch eine Spur üppiger ausfällt. Ideal ist folgende Speisenfolge: Zum Studieren der Karte (*menu* oder *lista*) genießt man einen *aperitivo* und die *bruschette*, geröstete Brotscheiben mit Öl, Tomaten o. Ä. Es folgen *antipasti* (Vorspeisen) und *primo* (erster Gang), dieser entweder aus einer *zuppa* (Suppe) oder *pasta* (Teigwaren) bestehend. Der *secondo* (zweite Gang) kommt in der Regel als Fleisch- oder Fischgericht auf den Tisch, dazu reicht man *contorni* (Beilagen) und/oder *insalata* (Salat). Abgeschlossen wird das Mahl mit *frutta* (Obst) und/oder *dolce* (Dessert bzw. Süßspeise), danach helfen *caffè* und Schnaps (vorzugsweise *grappa*) bei der Verdauung.

Da der Pizzaofen oft erst abends angeschürt wird, ist man mittags gezwungen, im Ristorante, der Osteria oder Trattoria ein größeres Menü einzunehmen. Dabei wird es Ihnen sicher niemand übel nehmen, wenn Sie den einen oder anderen Gang auslassen, zumindest ein Antipasto oder Primo und der Hauptgang mit Beilage sollten aber schon dabei sein. Getrunken wird zum Essen eigentlich immer Wein (s. S. 43), oft Hauswein, und dazu ein Liter Wasser (*gassata* oder *frizzante* = mit Kohlensäure, *naturale* = still). Wem das alles immer noch zu viel des Guten ist, dem bleibt eigentlich nur ein Besuch in der *Rosticceria, Tavola Calda* oder *Pizza al Taglio.* In kleineren Orten ländlicher Gegenden finden sich diese Lokale jedoch nicht flächendeckend.

Die **Preisangaben** in diesem Buch beziehen sich auf ein durchschnittliches Menü (drei Gänge, Wasser und einfacher Hauswein) und sind als Anhaltspunkte gedacht. *Pane e coperto* (Brot und Gedeck) werden extra berechnet, *servizio* (Bedienung, 15 %) ist bereits im Preis enthalten. **Trinkgeld** geben nur zufriedene Gäste, der in Deutschland übliche Zwang besteht nicht. Aufrunden ist unüblich, höflich und angemessen ist es, beim Gehen ein paar Münzen auf dem Tisch zu lassen (ca. 5–10 %).

Achtung: Laut Gesetz müssen Sie die Rechnung (*ricevuta fiscale*), die Ihnen in jedem Restaurant ausgehändigt werden muss, mitnehmen und bis 50 m nach Verlassen des Lokals aufbewahren. Zwar haben wir noch nie von einer Rechnungskontrolle durch die Polizei gehört, dennoch: Sicher ist sicher.

Die Lokale: Vom teuren Ristorante bis zur einfachen Snack-Bar gibt es alles; hinter den Bezeichnungen verbirgt sich aber nicht immer das, was man eigentlich erwartet, denn die Grenzen verwischen sich zusehends.

Ristorante: Das (auch preislich) gehobene Speiselokal, in das man Freunde und Geschäftspartner ausführt. Reiche Auswahl an Antipasti, die oft fein säuberlich auf einer Theke in der Nähe des Eingangs aufgereiht sind. Geboten werden überregionale italienische Küche und regionale Spezialitäten, die je nach geographischer Lage ihren Schwerpunkt auf Fleisch oder Fisch haben. Das Ristorante gibt es auch in Kombination mit der Pizzeria (Pizza gibt es fast überall nur abends), in aller Regel ist diese Version des Ristorante die wesentlich preisgünstigere.

Trattoria: Ursprünglich die einfache, bodenständigere und auch preiswertere Variante. Typische Trattorie werden meist seit Generationen als Familienbetriebe geführt, auf dem Speisezettel stehen hauptsächlich Gerichte der regionalen Küche. Inzwischen hat sich manches geändert. So nennen sich viele Ristoranti Trattoria, sei es, um eine gewisse „Volkstümlichkeit" vorzuspiegeln, sei es, weil man sich wirklich dieser Tradition verpflichtet fühlt und entsprechend arbeitet. Dabei gibt es oft echte Volltreffer, was die Qualität der Speisen angeht! Wichtig jedoch: Die Bezeichnung Trattoria sagt nichts über die Preise aus, meist isst man dort genauso oder fast genauso teuer wie im Ristorante. Generell vorher einen Blick auf die Karte werfen, um vor unliebsamen Überraschungen sicher zu sein.

Osteria: Traditionell das Gasthaus um die Ecke, wo der kleine Angestellte seine Mittagspause verbringt und seinen *quartino* (Viertelliter Wein) trinkt. „Echte" Osterie haben oft nur mittags geöffnet (sonntags geschlossen) und sind immer ein Familienbetrieb. Doch ist diese Form von Lokal im Aussterben begriffen, und gerade hinter dem Begriff „Osteria" verbirgt sich nicht selten ein Luxusrestaurant, in dem einem beim Lesen der Speisekarte schwindelig wird. Daher sollte man auch hier am besten schon vor Betreten des Lokals prüfen, um welche Sorte Osteria es sich handelt.

Pizzeria: Wer auf Nummer sicher gehen will, preislich wie kulinarisch, kehrt hier ein. Das Angebot ist wenig exotisch, und es ist durchaus üblich, auf die Vorspeise zu verzichten und nur ein Gericht zu bestellen, sei es Pizza oder eine Nudelspeise mit Salat. Meist ungezwungene Atmosphäre, oft von jungen Leuten frequentiert.

Birreria: Der Name täuscht, denn man trifft sich hier nicht nur zum Biertrinken, sondern auch zum Essen. Es werden vollständige Mahlzeiten serviert.

Enoteca, Vineria oder Vinaio: Weinlokal mit großem Angebot an regionalen und überregionalen Weinen, in der edlen Variante der Enoteca werden zur Degustation eine Auswahl an Snacks und kleineren Gerichten angeboten.

Rosticceria/Tavola Calda: Günstige Garküche, in der die Speisen (Pasta, Hähnchen etc.) den ganzen Tag warm in der Vitrine warten. Meistens auch Salat, alles auch zum Mitnehmen.

Selfservice: In den Großstädten inzwischen weit verbreitet. Neben der internationalen Esskultur gibt es oft eine reichhaltige Salatbar und diverse italienische Gerichte, ansonsten auch Pizza vom Blech, Fassbier etc. Vergleichsweise gute Qualität bietet die Selfservice-Kette „Brek".

Pizza al Taglio: Pizza vom Blech, erfreut sich vor allem bei jüngeren Leuten großer Beliebtheit. Sehr günstiger, schneller Snack.

Bar: An jeder Straßenecke – hier kehrt man tagsüber im Vorübergehen ein, um an der Theke einen Kaffee, einen Cappuccino oder einen Grappa zu schlürfen, ein paar Worte zu wechseln und sich von der Arbeit zu erholen. Abends oft ein beliebter Treffpunkt der Nachbarschaft, meist geht es hoch her. Sitzgelegenheiten sind hier traditionell rar, man diskutiert im Stehen. Inzwischen haben viele Bars aber Stühle und Tische im Freien aufgestellt, an denen man oft deutlich mehr zahlt als am Tresen.

Caffè: Die Übergänge zur Bar sind fließend. Entspricht unserem Café, meist mit ausgedehnter Freiluftzone an exponierten Plätzen und Straßen. Wenn man Platz nimmt, sind die Preise stolz – ein kleines Bier (0,3 l) kostet beispielsweise um die 3,50–4,50 €, aber auch Dosengetränke wie Cola etc. machen auf Dauer arm. Besser fährt man manchmal mit einem Glas Wein, am günstigsten ist das Glas Mineralwasser – selten mehr als 0,50 €.

Spezialitäten der Regionen

Aus der Toscana:

Arista alla fiorentina: Deftige Scheiben Rinderlende (die würzigsten kommen aus dem saftig grünen Chiana-Tal), das Fleisch wird mit Öl und Knoblauch eingerieben und mit Rosmarin gewürzt und anschließend auf Holzkohle gegrillt. Serviert wird das Fleisch mit zerlassener Butter, Spinat, Gemüse oder Pilzen.

Bistecca alla fiorentina: Das wohl bekannteste toscanische Gericht. Das Beefsteak wird ohne Fett und ungesalzen auf den Holzkohlegrill gelegt, damit der Saft nicht verloren geht. Es soll mindestens 500 g schwer sein. Probieren Sie es einmal in einem Florentiner Restaurant, billig ist das allerdings nicht!

Cacciucco: Livorneser Fischsuppe – ein duftendes Allerlei aus Krabben, rosig-zarten Tintenfischchen, Aal, Langusten und Ähnlichem mehr in einem fein abgeschmeckten Sud.

Calamari ripieni: Tintenfische, gefüllt mit Ei, Knoblauch, Petersilie und Semmelbröseln, kräftig gewürzt und in Öl gebraten. Dazu Tomatensoße.

Finocchi in tegame: Fenchel, der mit Knoblauch und Zwiebeln in Öl gedünstet wird.

Lombatine di vitella con funghi: Kalbslende, in Butter gebraten und mit Champignons und Tomatensoße weich geschmort.

Polenta alla toscana: gerösteter Maisbrei mit Kalbfleischwürfeln, Zwiebeln, Petersilie, Rosmarin und schwarzen Oliven, überstreut mit geriebenem Parmesankäse.

Pollo alla fiorentina: gewürzte Hühnerfleischstückchen, in einem Ausbackteig goldbraun frittiert.

Polpette: Hackfleischbällchen mit Petersilie, Schinkenstückchen, Ei, Muskatnuss und geriebenem Parmesankäse.

Salsa d'erbe all'uso toscana: toscanische Kräutersoße mit in Olivenöl eingeweichtem Weißbrot, Knoblauch, Oliven, Estragon, Oregano und Essig.

Trippa alla fiorentina: gekochte Kutteln mit Zwiebeln, Tomatenmark, Petersilie, Salbei und geriebenem Parmesankäse.

Aus Umbrien:

Lenticchie: Norcia ist nicht nur für seine Würste berühmt, sondern auch für seine *lenticchie*, die kleinen Linsen aus der Hochebene von Castelluccio. Die Hausmannskost kombiniert sie mit *salsiccie* (Bratwürstchen).

Palombaccia alla ghiotta: In Assisi – die friedlichen Tauben des heiligen Franz lassen grüßen – kommt dieses Gericht auf den Tisch: eine am Spieß gebratene, mit einer Schinkenscheibe bedeckte Wildtaube.

Pici: Frische, hausgemachte *pasta* aus Città della Pieve – kürzer, dicker und unregelmäßiger als Spaghetti (auf deutschsprachigen Speisekarten oft unzutreffend mit „Spätzle" übersetzt). Die Stadt streitet sich mit dem benachbarten toscanischen Chiusi um die Vaterschaft.

Tartufo nero/Tartufo bianco: Die schwarze und die weiße Trüffel sind vor allem im Norden und im Osten Umbriens, an den bewaldeten Abhängen des Apennin, bekannt. Vom Spätherbst bis Dezember schmecken die Trüffeln am besten – sie finden Eingang in Pasta, Salate und Fleischsaucen. Doch der köstliche Pilz ist auch kostbar, und oft folgt dem getrüffelten Essen eine gesalzene Rechnung.

Tegamaccio: Der Fischeintopf aus dem Lago Trasimeno, u. a. mit den schmackhaften Felchen (*coregone*) und Aalen (*anguille*), zubereitet mit Tomaten.

Porchetta

Ob das gegrillte Spanferkel eine Spezialität Perugias oder ganz Umbriens ist, sei dahingestellt. Auch die Marken reklamieren die Vaterschaft für sich, und vielleicht noch andere Regionen Italiens. In Umbrien jedenfalls gehört die Porchetta auf jedes Dorffest und auf jeden größeren Markt.

Im besten Fall wird das Ferkel hauptsächlich mit Eicheln ernährt und bei einem Gewicht von 40–50 kg Gewicht geschlachtet. Die Innereien werden klein geschnitten und in den Bauch gestopft. Dann wird das Ferkel auf einen fünf Zentimeter dicken Holzstecken gepfählt und bei 200° C fünf Stunden lang gegrillt. Rosmarin, Thymian und andere Kräuter würzen die Sauce, die aus dem abtropfenden Fett entsteht. Darin lassen sich übrigens vorzüglich die vorher abgetrennten Füße, Schwanz und Ohren kochen.

• *Literatur* **Anna-Maria Picchi**, *Umbrien*, Herzhafte und raffinierte Rezepte aus Italiens Zauberküche, Hamburg, 1988. Leider längst vergriffen, aber antiquarisch noch aufzutreiben. Die Autorin stammt aus Norcia und ist bei ihrer Mutter und ihrer Großmutter in die praktische Lehre gegangen. Hier erfährt der Leser, wie das Schweinswürstchen in die Waldschnepfe oder ins Perlhuhn kommt *(becacce alla norcina)*, wie ein Peruginer Abt aus dem 18. Jahrhundert einen Wachtelgratin *(crostata di quaglie)* zubereitete, und natürlich fehlt auch der Klassiker aus Norcia nicht: *lenticchie con salsicce*.

Aus Rom und Latium:

Baccalà alla Romana: in Teig ausgebackener Stockfisch.

Bucatini all'amatriciana: dickere Spaghetti mit einer Tomaten-Speck-Soße und scharfen Peperoncini, darüber wird der würzige Hartkäse *pecorino romano* gerieben. Charakteristisch für Rom sind auch die *gnocchi* (aus Kartoffeln und Mehl), die meist mit kräftiger Tomatensoße serviert werden.

Carciofi alla Romana: Artischocken mit Minze, Petersilie und Knoblauch gekocht, **Carciofi alla giudea** sind in Olivenöl gebacken.

Coda alla vaccinara: Ochsenschwanz.

Coratella d'abbacchio con carciofi: Innereien vom Lamm mit Artischocken.

Fave al guanciale: mit Schweinebacke gegarte Saubohnen.

Fritto misto alla Romana: Hirn, Bries, Stockfisch, Gemüse und Mozzarella im Backteig, das auch in fleischloser Variante als **Fritto misto vegetario** zu haben ist. Als **Fritto misto di pesce** werden verschiedene Fischsorten (in Olivenöl ausgebacken) angeboten.

Saltimbocca alla Romana: das berühmte römische Kalbsschnitzel, mit Schinken und Salbei in Weinsoße.

Trippa alla Romana: in Weißwein und Gemüse gekochte Kutteln (Kalbsmagen).

Aus den Marken:

Brodetto: Die marchigianische Fischsuppe, ursprünglich aus Ancona stammend und aus 13 verschiedenen Arten Fisch bestehend, es existieren jedoch einige Varianten. Die Fischsuppe ersetzt locker ein Hauptgericht, wenn sie im Angebot ist, sollten Sie unbedingt zuschlagen.

Cappelletti: kleine, mit Fleisch gefüllte Teigtaschen in Brühe (*in brodo*), auf Deutsch „Hütchen".

Cavolfiore fritto: frittierter Blumenkohl.

Ciauscolo: geräucherte Schweinesalami.

Coniglio in porchetta: gefülltes Kaninchen mit Fenchel, kommt geschmort auf den Tisch.

Formaggio di fossa: ein sehr intensiver Käse, der in der Höhle reift.

Lonza: rohes geräuchertes Schweinefilet.

Merluzzo alla marchigiana: frittierter Kabeljau.

Olive all'ascolana: mit einer Mischung aus Schweinehack und Gewürzen gefüllte und frittierte, besonders große Oliven aus der Gegend um Ascoli Piceno.

Piccione ripieno: gefüllte Taube.

Quaglie al risotto: Wachteln mit Reis.

Stoccafisso (baccalà): Stockfisch, ebenfalls eine Spezialität aus Ancona.

Triglie al forno: gebackene Meerbarben mit Salbei.

Vincisgrassi: gehaltvolle regionale Variante der Lasagne, zubereitet mit Fleischsauce (Innereien von Lamm und Kalb), Huhn, Speck und Béchamelsauce.

Zucchine ripiene: mit Rinderhack gefüllte Zucchini.

Aus den Abruzzen:

Brodetto Vastese: die Fischsuppe aus Vasto, diverse Fische (am besten sieben verschiedene Sorten), Muscheln, Tomaten, Petersilie, Peperoni und Knoblauch. Gibt es auch als **Brodetto Pescarese** (mit grünen Paprikaschoten).

Le Virtú: Die 'Tugenden' sind ein kompliziertes Gericht mit Hülsenfrüchten, verschiedenen Gemüsen, Speck, Fleisch, Eiern, eine Art Gemüse-Eintopf, der aber so aufwendig in der Zubereitung ist, dass er nur zu besonderen Anlässen auf den Tisch kommt. Ursprünglich mussten die Tugenden von sieben Jungfrauen mit mindestens sieben verschiedenen Zutaten innerhalb von sieben Tagen zubereitet werden.

Maccheroni alla chitarra: benannt nach dem Holzrahmen mit dünnen Saiten (chitarra), durch die der Pastateig durchgedrückt wird.

Pancotto: „gekochtes Brot", also Brotsuppe, gibt es auch als **Ciautelle** mit Essig, Öl und Basilikum.

Pan Ducale: Gewürzkuchen mit Nüssen, Mandeln und Früchten.

Tacchino alla canzanese: ganzer geschmorter Puter mit Knoblauch, Rosmarin, Lorbeer und Pfeffer.

Tripette di agnello: Lammkutteln.

Scripelle: Crêpes aus der Gegend um Teramo, entweder mit Sauce oder Suppe, z. T. auch als Auflauf mit Artischocken und Käse.

Enoteca in Saturnia

Die Weine Mittelitaliens

An erster Stelle steht natürlich die Toscana mit ihren weltberühmten Spitzengewächsen – der Chianti Classico, Brunello di Montalcino und Vino Nobile di Montepulciano sind weltberühmt. Aber auch in den benachbarten Regionen werden einige gute Tropfen kultiviert.

Einer der Wegbereiter der toscanischen Weinherrlichkeit war neben den Traditionshäusern Biondi Santi, Ricasoli und Antinori der Marchese Mario Incisa della Rocchetta, der schon in den 1930er Jahren auf seinem Weingut Tenuta San Guido in Bolgheri Cabernet Sauvignon anpflanzte und seit 1968 den inzwischen weltberühmten *Sassicaia* produziert. Hochkompetenter Produzent dieses Weines und vieler weiterer Spitzenprodukte ist der Önologe Giacomo Tachis. Weinmacher seiner Statur – wie etwa auch die Gebrüder Riccardo und Renzo Cottarella – sind mit ihrem Können, das sie oft in Frankreich und Deutschland erworben haben, die fachkundigen Experten der Entwicklung.

Dazu kommen als großes Potential die phantastischen Böden und Pflanzgründe der Toscana (oft muschelkalkdurchsetzter *Gallestro*), eine große Vielfalt autochthoner Traubensorten (zuallererst *Sangiovese* in seinen verschiedenen Varietäten) und die Unternehmungs- und Innovationsfreude der Weingutbesitzer.

Entstanden sind dabei zweierlei Qualitätslinien: zum einen die nach dem neuen italienischen Weingesetz definierten DOC- und DOCG-Weine bestimmter Anbaugebiete und zum anderen die sog. *Supertoscaner*, die nach diesem Gesetz nur als VDTs (*Vini da Tavola*) eingestuft werden, weil sie aufgrund ihrer Rezepturen gegen die DOC- bzw. DOCG-Regeln verstoßen. Aber gerade die Supertoscaner sind in der Mehrheit Spitzenweine von internationalem Format geworden, z. B. der *Sassicaia* (Tenuta San Guido), der *Vigna L'Appartita* (Castell di Ama) und aus dem Hause der Marchesi Antinori der *Solaia*, der *Tignanello* und der *Guado al Tasso*.

Bei den DOCG-Spezifikationen sind allerdings ebenso Weine von größter Statur zu finden: großartige Vertreter des *Chianti*, des *Brunello di Montalcino*, des *Vino Nobile di Montepulciano*, des *Morrellino di Scansano* oder des *Vernaccia di San Gimignano* (um nur einige zu nennen). Seit ein paar Jahren ist in Bezug auf die Weine, die international Furore gemacht haben, eine nahezu hysterische Preisexplosion erfolgt. Der bisherige Höhepunkt war das Jahr 2001, in dem die Vermarktung des Jahrhundertjahrganges 1997 vonstatten ging. Der *Solaia '97*, als allergrößter italienischer Wein des vergangenen Jahrhunderts eingeordnet, ließ sehr schnell seinen Einstiegspreis von rund 60 € hinter sich – und das war erst der Anfang.

Ein wesentlicher Ratschlag für Weinfreunde mit normalem Budget ist daher, sich in kompetenten Weinhandlungen beraten zu lassen, und zwar bezüglich ähnlich hochwertiger, aber noch bezahlbarer Weine. Denn jedes Jahr kommen neue wunderbare Erzeugnisse dazu, oft von jungen und ambitionierten Winzern, die eben noch keinen großen Namen haben. Außerdem ist es sehr wohl lohnenswert, sich in der geographischen Nachbarschaft der Spitzenlagen umzusehen und dort Verkostungen vorzunehmen.

Kraftvoll, mit hohem Alkohol- und Tanningehalt versehen, ist der toscanische Rotwein körperreich und tief (Ähnliches ist, abgesehen vom Tanningehalt, auch von den weißen Sorten zu sagen). Der große Tannin-Anteil macht ihn gut lagerfähig: 10 bis 20 Jahre bei Spitzengewächsen; in dieser Zeit entwickelt er eine immer größere Komplexität und Tiefe des Geschmacks und des Bouquets.

Bekanntester Wein **Umbriens** ist sicher der strohgelbe *Orvieto*, der größte Exportwein der Region, der auch in deutschen Pizzerien serviert wird. Vor Ort findet man ihn meistens *secco* (trocken), seltener *abboccato* (süffig), *amabile* (mild) oder *dolce* (süß). In einem begrenzten Anbaugebiet darf sich der Tropfen *Orvieto Classico* nennen. Im Ausland zunehmend bekannter sind auch die Spitzenweine aus *Torgiano* (rot, rosé, weiß) und *Montefalco* (rot, weiß), zwei kleine Anbaugebiete, die sich mit dem Etikett DOCG *(Denominazione di Origine Controllata e Garantita)* schmücken dürfen. Weitere regionale Weine sind: *Colli Altotiberini* (oberes Tibertal), *Colli del Trasimeno*, *Colli Perugini* (südlich von Perugia, rechtsseitig des Tiber), *Colli Martani* (südlich von Perugia, linksseitig des Tiber), *Assisi*, *Colli Amerini* (Hügel um Amélia) und *Lago di Corbara*.

Auch die **Marken** wurden lange Zeit mit nur einem Wein assoziiert: dem weißen *Verdicchio* als dem regionstypischen Wein schlechthin, ein Massenwein von nur durchschnittlicher Qualität. Mittlerweile hat hier aber nicht nur der Verdicchio an Qualität gewonnen, man hat sich auch auf hochwertige Rotweine spezialisiert. Das bekannteste (und ertragreichste) Weinbaugebiet der Marken sind mit über 3.000 ha jedoch nach wie vor die Castelli di Jesi um die gleichnamige Stadt, aus denen der berühmte *Verdicchio* stammt. Viel Wein wird auch in der Gegend um Ancona produziert, weitere Anbaugebiete finden sich um Pesaro, Matélica und Serrapetrona sowie zwischen Fermo und Ascoli Piceno, wo mit mehr als 4.000 ha das größte Anbaugebiet für den *Rosso Piceno* liegt. Man legt großen Wert auf heimische Reben wie z. B. die Montepulciano-Rebe, die dem *Rosso Conero* und dem *Rosso Piceno* ihren Geschmack verleiht, oder aber die weiße Verdicchio-Classico-Rebe – Rebsorten, die sich auf den Lehmböden des Apennin und seiner Ausläufer bestens entfalten. Die beliebtesten „Importreben“ kommen mit dem roten *Sangiovese* und dem weißen *Trebbiano bianco* aus der benachbarten Toscana, doch ist man seit einiger Zeit dazu übergegangen, auch mit internationalen Rebsorten wie *Chardonnay, Cabernet Sauvignon* und *Merlot* zu verschneiden.

Den ersten Weinstock **Latiums** soll Götterchef Jupiter höchstpersönlich irgendwo in den Albaner Bergen gepflanzt haben, und noch heute bestehen die Weine der Region hauptsächlich aus den Weinen der „Castelli Romani“ (das Gebiet südöstlich von Rom) – schwere rustikale Weine, die bestens zur deftigen Küche der Hauptstadt passen. Doch hat sich auch in Latium einiges getan in Sachen Weinbau: Der wohl berühmteste Wein der Region, der *Frascati*, hat es mittlerweile durchaus zu einiger Anerkennung gebracht. 90 % der DOC-Anbaugebiete (es gibt in Latium insgesamt 26 DOC-Gebiete) sind dem Weißwein gewidmet, zumeist den Rebsorten Trebbiano und Malvasia del Lazio, doch sind es gerade die wenigen Rotweine, die für Aufsehen sorgen. Die Weine aus Latium sind – verglichen mit der Toscana – erstaunlich günstig, und wer in Rom ist, findet in einer der zahlreichen Enotheken sicher den passenden Wein, sei es aus den „Castelli Romani“ oder aus den anderen Regionen Italiens, die hier auch mit umfangreichem Angebot vertreten sind.

Im Chianti

Schließlich sind auch die **Abruzzen** in erster Linie für nur einen einzigen Wein bekannt: den DOC *Montepulciano d'Abruzzo*, gewonnen aus der roten Montepulciano-Rebe. Ihn gibt es sowohl als hochklassigen Spitzenwein (z. B. den DOCG *Montepulciano d'Abruzzo Colline Teramane*), häufiger aber als soliden und nicht allzu teuren Rotwein. Zu den DOC-Anbaugebieten zählen auch Controguerra ganz im Norden der Region an der Grenze zu den Marken. An Weißweinen wächst hier hauptsächlich der eher einfache *Trebbiano Toscano* bzw. *Trebbiano d'Abruzzo*, der in der Region einen Großteil der insgesamt produzierten Weine (über 3 Millionen Hektoliter) ausmacht. Er wird sowohl in den endlosen Hügeln im Hinterland der Küste nördlich und südlich von Pescara angebaut (hier wächst übrigen auch der *Montepulciano d'Abruzzo* auf großen Flächen), aber auch in kleineren Gebieten im Landesinneren (um Sulmona).

Reisepraktisches von A bis Z

Adressen

In italienischen Adressen tauchen gelegentlich die Abkürzungen *Fraz.* und *Loc.* auf. *Frazione* ist der Ortsteil, *Località* ein Weiler; beide liegen ein gutes Stück vom Zentrum des jeweiligen Ortes entfernt. Die Provinz steht bei den Postadressen immer in Klammern hinter dem Ort, z. B. sind dies: *FI* für *Florenz*, *GR* für *Grosseto*, *AQ* für L'Aquila, *AN* für *Ancona* und so weiter.

Die **piazza** ist der Platz, der **piazzale** dessen große Version, die **piazzetta** die kleine; **vicolo** heißt Gasse, **vicolino** ist das Gässchen; **strada** bzw. **via** bedeutet jeweils Straße, wobei mit Ersterer eher die Landstraße bzw. die thematische Route gemeint ist (etwa „Strada del Vino"), mit Letzterer die innerörtliche Straße; der **viale** ist das italienische Pendant zum Boulevard; **corso** ist die Hauptstraße einer Stadt bzw. eines Ortes (oft auch die Fußgängerzone); **lungomare** (bei Seen: **lungolago**) ist die Uferstraße; **circonvallazione** ist in der Regel die Ringstraße um das Stadtzentrum, manchmal auch eine weitläufigere Umgehungsstraße.

Ärztliche Versorgung

Der offizielle Weg zu ärztlicher Hilfe führt für gesetzlich Versicherte mit dem **Anspruchsschein E 111** für EU-Länder (muss bereits zu Hause bei der Versicherung besorgt werden) zur nächsten *Unità Sanitaria Locale* (U.S.L.), der örtlichen Niederlassung des staatlichen italienischen Gesundheitsdienstes. Dort bekommt man einen italienischen Krankenschein, mit dem man sich kostenlos behandeln lassen kann. Allerdings erkennen manche Ärzte den Krankenschein des staatlichen Gesundheitsdienstes nicht an, sodass man die Behandlung dann bar bezahlen muss (für privat Versicherte und Schweizer Staatsangehörige gilt ohnehin grundsätzlich Barzahlung). Gegen Vorlage einer detaillierten Quittung (*ricevuta fiscale*) mit Diagnose des Arztes sowie Art und Kosten der Behandlung werden die Auslagen zu Hause erstattet.

Bis 2006 soll die **EHIC** (European Health Insurance Card) die bisherigen Versicherungskarten und auch das Formular E 111 ersetzen. Gültig für alle EU-Länder, Infos bei den Krankenkassen.

Im akuten Fall ist für E-111-Bürokratie ohnehin keine Zeit und man ist gezwungen, die Kosten vorzustrecken. Erste-Hilfe-Behandlungen in staatlichen Krankenhäusern sind kostenlos. In größeren Touristenorten (v. a. an der Küste) gibt es in den Hochsommermonaten oft auch eine Erste-Hilfe-Station der **Guardia Medica Turistica**, bei der man Bagatellfälle gegen einen geringen Betrag behandeln lassen kann.

Wer ganz sicher gehen will, sollte eine – in der Regel sehr günstige – **private Auslandskrankenversicherung** abschließen. Sie deckt neben den Arzt- und Arzneimittelkosten auch den Rücktransport nach Hause ab.

Für **Notfälle** ✆ 118 (*pronto soccorso*) oder ✆ 112 (beides auch über Handy).

Apotheken

Die Apotheke (*farmacia*) kann in harmlosen Fällen den Arzt ersetzen. Viele Medikamente sind rezeptfrei erhältlich, darunter sogar einige Antibiotika. In größeren Orten ist nachts und an Wochenenden die *farmacia di turno* geöffnet; darüber hinaus gibt es an jeder Apotheke einen Aushang, wer gerade Notdienst hat. Übliche Öffnungszeiten für Apotheken sind Mo–Fr ca. 8.30/9.00–13.00 Uhr und ca. 15.30/16.00–18.30 Uhr, Sa 9–13 Uhr.

Baden

Mittelitalien bietet hunderte Kilometer endloser Sandstrände, 340 Kilometer Küstenlinie bringt allein die Toscana hervor (ohne Inseln) und noch einmal 300 Kilometer die südlich anschließende Küste von Latium. Auf der anderen Stiefelseite bieten die Marken 180 Kilometer breiten Adriastrand, die Abruzzen gut 130 Kilometer. Hinzu kommt noch Elba, die Badeinsel par excellence: 147 Kilometer Küstenlänge, darunter viele herrliche kleine Buchten.

Wem die endlosen breiten Sandstrände zu langweilig sind, sollte sich an der tyrrhenischen Küste für Elba, die kleinen Toscanischen Inseln oder den Monte Argentario, die Küste um Terracina, Sperlonga und Gaeta im südlichen Latium oder die Pontinischen Inseln entscheiden. An der Adriaseite fällt die Auswahl nicht ganz so groß aus: Hier ist es eigentlich nur das mächtige Vorgebirge des Monte Conero bei Ancona (Marken), der Abwechslung vom Sandstrand-Einerlei bietet – mit winzigen Buchten vor steiler Felskulisse, die teilweise nur in waghalsiger Kletterpartie oder per Boot zu erreichen sind.

Dabei sind es ausgerechnet die breiten Adriastrände der Abruzzen, die italienweit die meisten *Bandiere Blu* (Blaue Flaggen) für besondere Sauberkeit und Umweltverträglichkeit verliehen bekamen: Im Jahr 2004 waren es allein elf (Toscana und Marken je zehn, Latium vier). Sowohl am Tyrrhenischen wie auch am Adriatischen Meer überwiegen breite Sandstrände, die an einigen Orten nicht gerade romantisch sind, dafür aber in der Regel sehr sauber, gepflegt und professionell ausgestattet: Liegestuhl- und Sonnenschirmverleih gibt es quasi überall, alle paar Meter eine Bar, darüber hinaus Beachvolleyball-Plätze, Spielhöllen, Kioske, Strandrestaurants

Einer von zahlreichen Stränden auf Elba

etc. Bei all dem Entertainment bleiben kaum noch frei zugängliche Strandabschnitte. Wer sich ohne Service und kostenlos in die Sonne legen will, muss meist an den Ortsrand ausweichen (und hier lässt die Sauberkeit manchmal durchaus noch Wünsche offen). An vielen Orten der Adriaküste schützen große Felsblöcke im Wasser den Strand und seine Besucher vor größeren Wellen, die bereits bei mittlerem Seegang schon mal entstehen können und sich eindrucksvoll an den vorgelagerten Barrieren brechen. Für Kinder sind die meist sandigen breiten Strände ideal.

• *Strandbäder* **Stabilimento Balneare**, manchmal auch **Bagno** genannt, der zuständige Bademeister ist der **Bagnino**. Zum Strandbad gehören Umkleidekabinen und Toiletten, manchmal werden auch Wassersportgeräte verliehen. Die Preise für zwei Liegen und einen Sonnenschirm liegen bei ca. 15 € am Tag, an den beliebtesten Stränden der toscanischen Küste können es in der Hochsaison auch schon mal 20 € werden. Wer erst am Nachmittag kommt, kann in den meisten Fällen einen Rabatt aushandeln oder stundenweise zahlen. Da einige Liegen saisonweise gebucht und demnach freigehalten werden, lässt man sich am besten immer vom Aufsichtspersonal einen Platz zuweisen. Sich im Stabilimento Balneare ohne Liege und Schirm einen freien Zwischenraum zu suchen oder direkt am Wasser niederzulassen ist nicht gestattet.

• *Strandhändler* Süßes Gebäck, bewässerte Kokosnuss oder eisgekühlte Cola: Wer einen Tag am Strand verbringt, wird auf Wunsch von den vielen Strandhändlern rundum versorgt. Handeln ist insbesondere beim Kauf von Strandtüchern, Sonnenbrillen, Kleidungsstücken o. Ä. üblich.

• *Parken* Großes Problem, wer nicht schon um acht Uhr morgens da ist (v. a. am Wochenende), hat meist das Nachsehen. Selbst die bewachten und gebührenpflichtigen Strandparkplätze sind oft hoffnungslos überfüllt. Falschparker werden übrigens gnadenlos abgeschleppt!

• *Strand- und Wasserqualität* Folgende Strände Mittelitaliens wurden 2004 mit der **Bandiera Blu** („Blaues Band") für besondere Sauberkeit und Umweltfreundlichkeit ausgezeichnet: **Toscana**: Forte dei Marmi, Pietrasanta, Viareggio, Tirrenia, Castiglioncello e Vada di Rosignano Marittimo, Bibbona, Castagneto Carducci, Follonica, Castiglione della Pescaia, Marina e Prinicipina di Grosseto; **Latium**: Anzio, Sabaudia,

Sperlonga, Gaeta; **Marken**: Gabicce Mare, Fano, Senigallia, Sirolo, Numana Bassa, Civitanova Marche, Porto San Giorgio, Cupra Marittima, Grottamare und San Benedetto del Tronto; **Abruzzen**: Lago di Scanno, Martinsicuro, Alba Adriatica, Tortoreto, Roseto degli Abruzzi, Francavilla al Mare (Centro e Alcione), San Vito Chietino (Calata Turchina e Molo Sud), Rocca San Giovanni, Fossacesia Marina, Vasto, San Salvo. Bemängelt wird die Wasserqualität dagegen immer wieder im Großraum industriell geprägter Städte und an Flussmündungen, u. a. bei Rom (Lido di Ostia), Pesaro (Marken) und Pescara (Abruzzen).

Diplomatische Vertretungen

Im akuten Notfall (z. B. beim Verlust sämtlicher Reisefinanzen) helfen die Botschaften und Konsulate weiter, meist wird man jedoch aufgefordert, sich das nötige Geld für die Heimreise von zu Hause schicken zu lassen. Wenn allerdings gar nichts mehr geht, wird mit einem Bahnticket und etwas Verpflegungsgeld für unterwegs ausgeholfen. Die Auslagen sind unverzüglich zurückzuzahlen.

Deutsche Botschaft: Via San Martino della Battaglia 4, 00185 Roma, ✆ 06/492131, 📠 06/49213319.

Deutsches Honorarkonsulat: Viale Trieste 3/E, 47037 Rimini, ✆ 0541/27784, 📠 0541/54444. Lungarno Vespucci 30, 50123 Firenze, 📠 055/294722.

Österreichische Botschaft: Via Pergolesi 3, 00198 Roma, ✆ 06/8440141, 📠 06/8543286, rom-ob@bmaa.gv.at.

Schweizerische Botschaft: Via Barnaba Oriani 61, 00197 Roma, ✆ 06/809571, 📠 06/808-8510.

Eintrittspreise

Nicht gerade wenig, was man für Besichtigungen der hochkarätigen **Museen** und Sehenswürdigkeiten ausgeben muss: Das Kolosseum in Rom schlägt mit 10 € zu Buche, die Vatikanischen Museen ebenso. Die Uffizien in Florenz sind mit 6,50 € Eintrittspreis geradezu günstig. Erfreuliche Erfahrungen macht man dagegen bei den kleineren Museen in der Provinz: Sie verlangen oft nur 1–2 € Eintritt, eine Art Unkostenbeitrag. Manche der kleinen Museen oder weniger bedeutenden Ausgrabungen sind sogar kostenlos zu besichtigen. Generell unentgeltlich ist auch der Eintritt in **Kirchen**, teilweise wird hier aber für die Besichtigung von Krypta und/oder Kreuzgang ein Obulus erhoben.

Gesalzen sind die Eintrittspreise oft bei **Diskotheken**: Unter 10 € geht fast nichts, man sollte sich aber auf etwa 15–20 € einrichten, als schwacher Trost ist in dieser Summe meist ein Getränk enthalten.

In **Clubs** aller Art wird in der Regel eine Mitgliedskarte verlangt, die sog. *tessera*. Oft umgeht man damit bestimmte bürokratische Auflagen, die man als kulturelle Einrichtung nicht, als Restaurant, Kneipe, Disko etc. aber sehr wohl erfüllen muss. Die *tessera* ist also ein Pro-Forma-Mitgliedsschein, der meist gratis erhältlich ist, bei kulturellen Einrichtungen wie z. B. Jazzclubs u. a. kostet sie in der Regel ein paar Euro und ist ein Jahr lang gültig.

Erdbeben

Mittelitalien ist Erdbebengebiet, der letzte große Erdstoß erschütterte die Gegend im Oktober 2002. Das Epizentrum lag nahe Termoli in der Molise. 29 Menschen kamen hier, im Ort San Giuliano di Puglia, ums Leben, die meisten von ihnen Kinder, als die Decke der Grundschule des Ortes einstürzte. Ein besonders verheerendes Beben erschütterte im Januar 1915 die Piana del Fucino in den Abruzzen, damals kam es zu rund 30.000 Todesopfern.

In der Erinnerung der Öffentlichkeit bleibt hauptsächlich das Beben vom 26. September 1997, dessen Epizentrum in Umbrien lag – die Zerstörung der Oberkirche von Assisi mit Giottos weltberühmten Fresken ging durch die internationale Presse und hat im umbrischen Tourismussektor zwischenzeitlich zu Einbrüchen geführt. Wir möchten an dieser Stelle jedoch darauf hinweisen, dass die Wahrscheinlichkeit, bei einem Erdbeben zu Schaden zu kommen, deutlich geringer ist als bei einem Autounfall.

Ermäßigungen

Feste Regeln gibt es nur in staatlichen Museen: Kinder und Jugendliche unter 18 und Rentner über 65 haben freien Eintritt, alle zwischen 18 und 25 Jahren zahlen die Hälfte.

Feiertage

Neben den gesetzlichen Feiertagen gibt es in den einzelnen Städten und Orten diverse lokale Feste, Feierlichkeiten und Veranstaltungen, die bei den jeweiligen Ortsbeschreibungen im Reiseteil aufgeführt sind.

• *Gesetzliche Feiertage* **Capodanno** (Neujahr); 6. Januar: **Epifania** (Dreikönigstag); **Venerdì santo** (Karfreitag) ist *kein* Feiertag, dafür aber **Lunedì di Pasqua** (Ostermontag); 25. April: **Anniversario della Liberazione** (Tag der Befreiung von der deutschen Wehrmacht); 1. Mai: **Festa del Lavoro** (Tag der Arbeit); **Pentecoste** (Pfingsten) – nur der Sonntag; 2. Juni: **Fondazione della Repubblica** (Tag der Republikgründung); 15. August: **Ferragosto** (Mariä Himmelfahrt); 1. November: **Ognissanti** (Allerheiligen); 8. Dezember: **Immacolata Concezione** (Mariä Empfängnis).

Geld

Dank einheitlicher Währung im Prinzip wie zu Hause. Wer aus Sicherheitsgründen keine größeren Summen mit auf die Reise nehmen oder sich nicht ausschließlich auf die Geldautomaten verlassen will, sollte zu **Traveller-Cheques** greifen, die u. a. von American Express, Thomas Cook und Visa angeboten werden (die Kaufquittung ist aus Versicherungsgründen getrennt aufzubewahren, bei Auszahlung in der Bank wird ein Ausweisdokument verlangt).

Öffnungszeiten der Banken: Mo–Fr 8.30–13.30 Uhr und 14.45–16.30 Uhr.

Geldautomat (Bancomat): Mit EC-Karte oder Kreditkarte bekommt man Bargeld bis ca. 400 € rund um die Uhr (Gebühren pro Abhebung ca. 3,30 €, bei Kreditkarten 4 % des Betrags, mindesten aber 5 €). *Achtung*: Der Bancomat sollte nicht der letzte Notnagel sein – manchmal ist er kaputt oder einfach leer, und gerade in entlegenen Gegenden sind Geldautomaten nicht gerade an jeder Ecke zu finden.

Kreditkarten: Werden in den meisten Hotels, gehobeneren Restaurants und größeren Geschäften sowie an großen Tankstellen akzeptiert, z. B. Visa, Mastercard und – seltener – American Express.

Kartenverlust/-diebstahl: Sofort das Konto sperren lassen. Von Italien aus: ✆ 0049/69/740987 (24-Std.-Service).

Hunde

Die Akzeptanz für Hunde – zumal wenn sie wohlerzogen, gepflegt und freundlich sind – ist zwar höher als vielfach angenommen, doch kann es in Mittelitalien im Sommer ziemlich heiß werden und für den Hund somit zur Quälerei. Erlaubt sind Hunde in der Regel auf Campingplätzen und in Gartenrestaurants, allerdings nur in einigen Hotels und Appartements. An Stränden mit Strandservice sind Hunde verboten, hier muss man an einen „freien" Strand ohne Einrichtungen ausweichen. Ebenso verboten sind Hunde in edlen Restaurants. Maulkorb und Leine sind immer mitzuführen.

Bei der Einreise nach Italien braucht der Hund ein Tollwut-Impfzeugnis, das mind. 30 Tage und max. 12 Monate vor Einreise ausgestellt sein muss, ebenso einen EU-Heimtierausweis und seit 2004 auch eine **Identitätskennung**: entweder Mikrochip unter der Haut oder Tätowierung im Ohr.

Information

Informationen von zu Hause aus: Prospektmaterial zur gewünschten Region verschickt das staatliche italienische Fremdenverkehrsamt **ENIT** (*Ente Nazionale Italiano per il Turismo*) kostenlos. Auch der Anruf unter ✆ 0080000482542 (Mo–Fr 9–20, Sa/So 9–14 Uhr) ist in Deutschland **gebührenfrei.** Darüber hinaus unterhält die ENIT folgende Büros:

ENIT in Deutschland, Kaiserstr. 65, 60329 Frankfurt ✆ 069/237434, 📠 069/232894, enit.ffm@t-online.de.
Kontorhaus Mitte, Friedrichstr. 187, 10117 Berlin, ✆ 030/2478397/8, 📠 030/2478399, enit-berlin@t-online.de.
Goethestr. 20, 80336 München, ✆ 089/531317, 📠 089/534527, enit-muenchen@t-online.de.
ENIT in Österreich, Kärntnerring 4, 1010 Wien, ✆ 01/505163912, 📠 01/5050248, delegation.wien@enit.at.
ENIT in der Schweiz, Uraniastr. 32, 8001 Zürich, ✆ 01/2113031, 📠 01/2113885, enit@bluewin.ch.

Information im **Internet**: www.enit.de.

Informationen vor Ort: Die touristisch relevanten Orte und Städte unterhalten Touristeninformationsbüros (I.A.T. oder A.T.L./A.P.T.), die ausnahmslos hervorragend mit Prospektmaterial ausgerüstet sind, die Mitarbeiter sprechen in der Regel Englisch. Neben Stadtplänen, Landkarten, Veranstaltungshinweisen und Broschüren zu den Sehenswürdigkeiten sind hier auch Unterkunftsverzeichnisse erhältlich, die Mitarbeiter des jeweiligen Büros dürfen allerdings keine Empfehlungen aussprechen. Die Adressen und Öffnungszeiten der Informationsbüros sind in den Ortskapiteln dieses Buches unter dem Stichwort „Information" zu finden.

Öffnungszeiten In weniger bedeutenden Orten nur im Sommer (teilweise nur Mitte Juni bis Ende August), ansonsten etwa von Anfang Mai bis Ende Oktober, in größeren Orten ganzjährig. Meist Mo–Fr 9–13 und 15/16–19 Uhr, Sa nur vormittags, So oft geschlossen.

Internet

Auch hier gibt es eine Fülle von Informationen zu den Regionen Mittelitaliens, viele Seiten haben auch eine deutschsprachige, zumindest aber eine englischsprachige Version. U. a. sind dies:

• *Allgemeine Infos* **www.enit.de**: Ausführliche Infos zu den einzelnen Regionen, Provinzen und Kommunen Italiens, auch Unterkunftslisten. Für vertiefende Informationen ist eine Anmeldung erforderlich.

www.veronelli.it: Hotel- und Restaurantempfehlungen des renommierten italienischen Gastroguides, mit Preisangaben.

www.wetteronline.de: Wettervorhersage für die nächsten zwei Tage für verschiedene Standorte der Regionen.

www.museionline.it: Museen, Ausstellungen und Ausgrabungen in ganz Italien.

www.parks.it: Infos zu allen italienischen Naturschutzgebieten und Nationalparks, sortiert nach Regionen. Auch in Deutsch.

www.trenitalia.it: Infos zur italienischen Bahn, Fahrpläne und Preise können unkompliziert abgerufen werden.

www.aci.it: Italienischer Automobilclub, nur in italienischer Sprache.

• *Toscana* **www.regione.toscana.it**: Ausführliche Informationen rund um das Reisegebiet Toscana. Leider nur in italienischer Sprache.

www.turismoverde.com: Wer für den Urlaub in der Toscana (insbesondere Siena) gerüstet sein möchte, sollte unbedingt einen Blick auf diese Internet-Seite werfen: u. a. Informationen zu Transportmitteln, Sport, Kultur und Sehenswürdigkeiten.

www.volterratur.it: Gut gegliederte Seiten über Volterra (Consorzio Turistico Volterra Valdicecina). Alle Unterkünfte der Gegend sind mit aktuellen Preisangaben und Foto vertreten, auch in englischer Sprache.

www.rivieratoscana.com: Der Reiseführer der toscanischen Küste, mit im Programm sind darüber hinaus eine Liste der Unterkünfte und ein Bericht zur regionalen Gastronomie.

www.toskanababy.de: Auf den liebevoll gestalteten Seiten finden Sie jede Menge Fotos, Reisetagebücher, Rezepte, Weinempfehlungen etc. Die Mitgestaltung der Seiten durch begeisterte Toskana-Fans ist erwünscht.

www.toskana-ligurien.de: Der Seitenbetreiber hat seine Toscana-Erfahrungen in Rubriken wie „Städte", „Natur", „Meer", „Berge", „Landschaft", „Villen", „Kulinarisches" etc. zusammengefasst. Eine ständig aktualisierte Linksammlung, Tipps für den Autofahrer und eine Bildergalerie sind auch enthalten.

• *Umbrien* **www.umbria2000.it**: Offizielle Seite der Region, auch in deutscher Sprache, mit Informationen zu Landschaft und Kultur sowie einer Fülle an reisepraktischen Tipps. Auch eine Fotogalerie ist vorhanden.

www.umbriaonline.com: Online-Reiseführer mit Infos zum Thema Unterkünfte, Sehenswertes, Freizeitgestaltung etc., nach Gemeinden geordnet. Auch in englischer Sprache.

• *Rom* **www.romaturismo.com**: Offizielle Seite der römischen A.P.T., auch in Englisch.

www.romeguide.it: Ebenfalls in Englisch, sehr ausführliche Infos zu Sehenswertem, Hotels, Restaurants, Nightlife, aktuellen Ausstellungen etc.

www.romecity.it: Etwa wie romeguide.it, ebenfalls in Englisch.

www.roma-online.de: Ausführliche deutschsprachige Seite zu allen Fragen rund um die Ewige Stadt.

www.liveinrome.com: Wohnungs-, Zimmer- und Jobvermittlung, schwarzes Brett, v. a. für englischsprachige Ausländer, die in Rom leben, nur in Englisch.

www.inforoma.it: Allgemeine Infos, nicht sehr ergiebig.

www.comune.roma.it: Die offizielle Website der Stadtverwaltung.

www.enjoyrome.com: Hier auch günstige Unterkünfte, Ausflüge und allgemeine Infos überwiegend für jüngere Romreisende.

www.pilgerzentrum.de: Infos nicht nur für Rom-Pilger.

www.vatican.va: Alles rund um den Vatikan und die Vatikanischen Museen sowie neueste Infos zu Papst und katholischer Kirche.

www.adr.it: Flughafeninfos sowohl zu Fiumicino als auch zu Ciampino, auch in Englisch.

www.atac.roma.it: Die römischen Verkehrsbetriebe mit ausführlichen Infos, auch in Englisch.

• *Latium* **www.regione.lazio.it**: Allgemeine Infos zu den Hauptorten der Region und Links zu den jeweiligen Touristeninformationsbüros.

www.lazioturismo.it: Liebhaber der Region haben diese Seite mit reiserelevanten Informationen zusammengestellt. Adressen von Touristeninformationsbüros, Agriturismo-Betrieben, Restaurants, etc. sowie ein Ortsregister und Karten sind abrufbar. In italienischer und englischer Sprache.

• *Marken* **www.diemarken.com**: Vorbildlicher Web-Reiseführer in deutscher Sprache, viele Orte, viele praktische Infos, viele Bilder, sehr ansprechend.

www.regione.marche.it: Ebenfalls sehr umfangreiche Infos mit ausführlichem Kapitel zur Kulturgeschichte.

• *Abruzzen* **www.regione.abruzzo.it**: Die offizielle Seite der Region, viele Infos auch zu den Natur- und Nationalparks, Strände, Gastronomie etc. Auch in englischer Sprache.

www.abruzzoweb.it: Nach Provinzen und Orten sortiert, daher recht übersichtlich. Viele Links.

Kartenmaterial

Zu Mittelitalien und den benachbarten Regionen gibt es ausreichend Kartenmaterial. Man hat die Wahl, je nachdem, ob man sich eher im Westen oder im Osten des Gebietes aufhält.

Die Generalkarte Italien (Mairs Geographischer Verlag): Blatt 6 – Adria, Umbrien, Marken, 1:200.000.

Kümmerly & Frey: Umbrien – Italienische Adria, 1:200.000.

Michelin: Italien Mitte, 1:400.000, mit Ortsverzeichnis.

Kümmerly & Frey: Toscana, 1:200.000. Sehr genau, sogar die Bahnlinien mit allen Stationen sind verzeichnet. Die Karte stammt vom Touring Club Italiano und gehört mit zum Besten, was es über diese Region an Kartenmaterial gibt. Auflage 2003.

Kümmerly & Frey: Abruzzen-Molise, 1:200.000, ebenfalls vom Touring Club Italiano herausgegebene Karte, sehr detailliert und verlässlich, mit Ortsindex.

Kompass: Speziell für Wanderer in der Toscana sind die Karten Garfagnana-Alpi Apuane (646), Siena-Chianti/Colline Senesi (Nr. 661), Firenze-Chianti (Nr. 660), Siena-Chianti-Colline Senesi (661), Pienza-Montalcino-M.Amiata (653) und Maremma-Argentario-Grosseto (651) gedacht. Im Maßstab 1:50.000 bieten diese Pläne genug Detailinformation auch für selbst zusammengestellte Wanderungen.

Kirchen

Viele italienische Kirchen sind mit Kunstschätzen geradezu überladen – die mittelitalienischen Regionen machen hier keine Ausnahme. Die Besichtigung sämtlicher Kirchen ist kostenlos und in der Regel den ganzen Tag über möglich (mit Ausnahme der Siesta von ca. 12–16 Uhr), zu Gottesdiensten allerdings unpassend. Beachten Sie bitte, dass hier auf angemessene Kleidung allergrößter Wert gelegt wird: Frauen sollten Schultern und Bauch bedeckt haben und einen mindestens knielangen Rock tragen, Männer lange Hosen und ein Hemd oder zumindest ein T-Shirt.

Kriminalität

In ländlichen Gebieten – und das sind die meisten in Mittelitalien – fast gänzlich unbekannt, etwas problematisch kann es spätabends lediglich in einigen Ecken der Großstädte Florenz und Rom werden: Hier sollte man sich, vor allem, wenn man alleine unterwegs ist, spätabends nicht unbedingt in der Bahnhofsgegend und in einsamen Straßen oder an verlassenen Plätzen aufhalten.

Museen

In den Regionen gibt es unzählige Museen, die oft vorbildlich aufgebaut sind und mit viel Engagement geleitet werden. Während man sich bei den wichtigeren Museen meist auf ganzjährige Öffnungszeiten einstellen kann (das Gleiche gilt für die Museen in größeren Städten), sollte man bei kleinen Einrichtungen damit rechnen, dass nur in den Hochsaisonmonaten Juli und August (und auch hier manchmal nur an den Wochenenden) geöffnet ist. Die meisten Museen sind jedoch zumindest von April bis Oktober zugänglich; die Eintrittspreise halten sich im Rahmen. Bei einigen abgelegenen archäologischen Ausgrabungsstätten ist der Eintritt frei.

Notruf

Polizeinotruf in ganz Italien unter ✆ **112** (auch über Handy), Unfallrettung unter ✆ **118**. Für Pannenhilfe ist der italienische Automobilclub **ACI** (Automobil *Club d'Italia)* zuständig, landesweite Rufnummer ✆ **803116**, vom Handy die ✆ **800116800** wählen. Die deutschsprachige Notrufstation des ADAC in Milano ist unter ✆ **02/661591** ganzjährig und rund um die Uhr erreichbar.

Öffnungszeiten

Grundprinzip ist die Mittagspause, die Siesta. Dafür hat man abends oft länger geöffnet, wenn die Hitze nachgelassen hat.

Geschäfte: In der Regel Mo–Fr von ca. 8.30/9 Uhr bis 12.30/13 Uhr, nachmittags von ca. 15/16 Uhr bis 19.30/20 Uhr, Sa von 9 bis 13 Uhr. Vor allem Souvenirläden und andere Geschäfte mit touristischem Bedarf schließen ihre Pforten aber erst wesentlich später (je nach Kundeninteresse). Gerade in den Ferienorten werden abends die größten Umsatzzahlen erzielt.

Kirchen: Von 7 bis 12 Uhr mittags, dann wird unbarmherzig geschlossen und gegen 16 Uhr, manchmal erst gegen 17 Uhr wieder aufgemacht; bis etwa 19 Uhr bleiben die Kirchen dann geöffnet. Sonntags während der Messen ist keine Besichtigung möglich. Leider werden mehr und mehr Gotteshäuser nur noch zur Messe aufgeschlossen. Der Grund: vermehrt auftretende Kunstdiebstähle.

Museen: Nicht selten verwirrend, denn teilweise werden die Zeiten mehrmals jährlich geändert. Immerhin zeichnet sich neuerdings landesweit eine Tendenz zu durchgehenden Öffnungszeiten von 9 bis 19 Uhr ab. Allerdings werden staatliche Museen auch künftig immer einen Tag pro Woche, am Montag, geschlossen bleiben.

Post: Mo–Fr 8.30–14 Uhr, Sa 8.30–12 Uhr, die Hauptpostämter größerer Städte Mo–Fr durchgehend 8.30–18 Uhr, Sa nur vormittags, So generell geschlossen.

Polizei

Um den Verkehr sorgt sich die *Polizia Stradale*, die Stadtpolizei verbirgt sich hinter der Bezeichnung *Vigili Urbani*, und Verbrechen werden von den *Carabinieri* bekämpft. Bei Problemen aller Art wende man sich zunächst an die örtliche Polizeistelle, die Sie gegebenenfalls weiterschickt.

Post

Die italienische Post genießt nicht gerade den allerbesten Ruf – zumindest wenn es um die Beförderung von Postkarten an die Lieben zu Hause geht. Noch immer ist man nicht selten vor Ankunft der Urlaubsgrüße selbst schon wieder daheim. Die gute Nachricht: Eine Postkarte innerhalb der EU kostet nur 0,41 €, in die Schweiz 0,52 €.

Noch ein Hinweis: Die Möglichkeit einer telegrafischen Geldanweisung besteht seit einigen Jahren nicht mehr, man wende sich dafür an den **Western Union Service** (hohe Gebühren!). Weitere Infos und Adressen von Partnerbanken in Italien unter ✆ 0681/9333328 oder ✆ 0681/9333342.

• Öffnungszeiten Mo–Fr 8.30–14 Uhr, Sa 8.30–12 Uhr, die Hauptpostämter größerer Städte Mo–Fr durchgehend 8.30–18 Uhr, Sa nur vormittags, So generell geschlossen.

• Briefmarken (francobolli) Nicht nur bei der Post, sondern auch im Tabacchi-Laden zu kaufen.

Radio und Fernsehen

Die Zahl der privaten regionalen **Radiostationen** in Italien geht in die Hunderte, die Frequenzbereiche liegen entsprechend nah beieinander, die Reichweite ist in der Regel sehr gering, was besonders beim Autofahren wirklich ärgerlich sein kann. Im Kurzwellenbereich kann u. a. die *Deutsche Welle* auf 6075 kHz empfangen werden, das *Deutschland-Radio* auf 6005 kHz, *Bayern 1* auf 6085 kHz und *Radio Bremen* auf 6190 kHz.

Das italienische **Fernsehen** ist mittlerweile fest in Berlusconi-Hand, selbst in Deutschland erfährt man Beunruhigendes über die Einflussnahme auf Fernsehsender und -programme seit Amtsantritt des Ministerpräsidenten 2001. Regierungskritisches ist daher kaum noch zu sehen, was die italienische Fernsehlandschaft doch etwas eintönig erscheinen lässt.

Wer einen Fernseher auf dem Hotelzimmer hat, wird bei *RAI 1* mit Politik und Unterhaltung im weitesten Sinne versorgt, bei *RAI 2* mit Filmen und bei *RAI 3* mit Regionalprogrammen. Darüber hinaus empfängt man fast überall die privaten Sender *Italia 1*, *Canale 5* sowie *Rete 4*, die unter dem Namen *Mediaset* alle zu Berlusconis Medienkonzern *Fininvest* gehören.

Rauchen

Seit Januar 2005 ist in Italien das Unvorstellbare Realität geworden: Rauchen in öffentlichen Räumen ist strikt verboten. Zu öffentlichen Räumen zählen: Restaurants, Bars, Züge, Krankenhäuser, Post, Museen, Wartehallen aller Art (also auch Flughafen und Bahnhöfe), der Arbeitsplatz an sich und Büros mit Publikumsverkehr. Die Zigarette zur falschen Zeit am falschen Ort kann zwischen 27,50 und 275 € Strafe kosten, wer neben einer Schwangeren oder Kindern raucht, muss sogar mit dem doppelten Bußgeld rechnen. Einziger Lichtblick für Raucher sind Restaurants mit einem abgeschlossenen Nebenraum mit eigener Lüftung, über den allerdings nur die wenigsten Lokale verfügen. Übrigens: Wird ein Wirt mit rauchenden Gästen erwischt, zahlt er selbst ebenfalls ein Bußgeld, das zwischen 220 und 2200 € liegt.

Rechnungen

Was Sie auch kaufen, Sie bekommen immer eine Rechnung (*ricevuta fiscale*) oder einen Bon (*scontrino*). Den Beleg muss man laut Gesetz bis 50 Meter nach Verlassen des Geschäftes behalten. Kontrollen sind zwar selten, aber nicht grundsätzlich auszuschließen.

Reisedokumente

Für die Einreise nach Italien (besonders via Schweiz) sollte man unbedingt einen Personalausweis *(carta d'identità)* oder Reisepass (*passaporto*) dabeihaben, das Gleiche gilt für Schweizer. Kinder unter 16 Jahren benötigen einen *Kinderausweis* oder müssen im Pass der Eltern eingetragen sein. Kinder und Jugendliche, die ohne Erwachsene reisen, benötigen außer ihrem Ausweis eine schriftliche *Vollmacht* der Erziehungsberechtigten. Autofahrer brauchen Führerschein *(patente di guida)* und Fahrzeugschein *(libretto di circolazione)*, empfehlenswert ist auch die *Grüne Versicherungskarte (carta verde)*.

Sport

Diverse Möglichkeiten: Im Winter schwingt Mittelitalien auf Skiern die Hänge der *Monti Sibillini* (Marken) oder der *Monti Reatini* (Latium), am *Campo Felice* oder bei *Prati di Tivo* (beide Abruzzen) hinunter, im Sommer nutzt man die besondere Thermik am *Monte Cucco* (Umbrien) zum Drachenfliegen. Das Sportangebot im Überblick:

Wassersport: Kaum ein größerer Strand ohne Verleih von Tretbooten oder Kajaks, teilweise auch Wasserski, an Land sind fast überall Beachvolleyballfelder aufgebaut.

Tennis: Wer ein größeres Hotel (ab drei Sternen aufwärts) gebucht hat, wird dort unter Umständen auch einen Tennisplatz vorfinden. Die Plätze werden – bei mangelnder Auslastung – manchmal auch an Nicht-Gäste vermietet.

Drachenfliegen: Drachen sieht man bei entsprechenden Bedingungen in großer Zahl u. a. am Monte Cucco (Umbrien) und dem Piano Grande (Grenze Marken/Umbrien) gleiten.

Reiten: Einige Agriturismo-Betriebe bieten auch Ausritte und Reitstunden an. Informationen zu den entsprechenden Adressen gibt u. a. die ENIT heraus.

Wandern und Mountainbiking: Gerade in den Tourist-Informationen der Berggebiete wird immer öfter Kartenmaterial mit Routenvorschlägen für Wanderer und Mountainbiker herausgegeben. Hervorragende und anspruchsvolle Wandergebiete sind natürlich die Hochgebirgsgegenden von *Gran Sasso, Majella* (beide Abruzzen) und *Monti Sibillini* (Marken), außerdem auch weite Teile Umbriens und der Toscana.

Skifahren: Die wichtigsten mittelitalienischen Ski-Zentren liegen in den *Monti Sibillini* (Marken), am *Campo Felice* (südlich von L'Aquila) und bei *Prati di Tivo* (Nordseite des Gran Sasso) in den Abruzzen sowie in den *Monti Reatini* (Latium). Zahlreiche Pisten auf über 2.000 m Höhe und an den Winterwochenenden reger Andrang.

Segeln: Eines der schönsten italienischen Segelreviere ist die Insel Elba, zu den dortigen Anbietern und Segelschulen s. auch S. 161.

Sprachkurse

In Mittelitalien gibt es eine ganze Reihe von Sprachschulen (fast alle bieten sämtliche Lernstufen), man muss nur den passenden Ort auswählen. Bei den kleineren Städtchen könnten eventuell Urbino oder Assisi in Frage kommen, etwas großstädtischer geht es in Florenz oder an der renommierten Ausländer-Uni in Perugia zu. Wer sich nicht entscheiden kann, dem bleibt noch das Ewige Rom.

• *Infos zu Sprachreiseveranstaltern* Eine umfangreiche Informationsbroschüre über Sprachreiseveranstalter erhalten Sie bei der **Aktion Bildungsinformation (ABI)**, Alte Poststr. 5, D-70173 Stuttgart, ✆ 0711/220216-30, 📠 0711/220216-40, www.abi-ev.de. Die Broschüre heißt „Italienisch lernen in Italien" und kostet inkl. Versand 16 € (auf Rechnung oder Verrechnungsscheck).

Die meisten Italiener an der Küste sprechen Englisch, viele auch Deutsch. In einem abgelegenen Bergdorf sind dagegen zumindest elementare Kenntnisse der italienischen Sprache außerordentlich hilfreich. Etwas Unterstützung finden Sie in unserem kleinen Sprachführer am Ende dieses Buches (S. 670).

Telefonieren

Fast jeder in Italien hat ein Handy *(Telefonino* oder *Cellulare)*, mit dem auch pausenlos telefoniert wird. Funklöcher gehören in aller Regel der Vergangenheit an, nur in abgelegenen Berggegenden kann es mal passieren, dass man das Netz verliert. Ansonsten gibt es noch immer flächendeckend öffentliche Telefonzellen, die mittlerweile fast ausnahmslos mit **Telefonkarten** funktionieren. Die *Carta telefonica* kann man für 2,50 € in Tabacchi- und Zeitschriften-Läden und in Bars kaufen. Vor Gebrauch muss die obere perforierte Ecke abgebrochen werden.

Die **Tarife** für Gespräche von Italien nach Deutschland, Österreich und die Schweiz sind höher als umgekehrt, am günstigsten telefoniert man werktags nach 22 Uhr und sonntags. Wer mit dem Handy telefoniert: Die Gebühren für Gespräche ins heimische Mobil- und Festnetz sind horrend, man zahlt auch ankommende Gespräche mit.

Internationale Vorwahlen von Italien nach Deutschland: ✆ 0049, nach Österreich: ✆ 0043, in die Schweiz: ✆ 0041. Nach Italien aus dem Ausland: ✆ 0039. Die **italienische Auskunft** ist unter ✆ 12 erreichbar (Auslandsauskunft ✆ 176). Die Null der **italienischen Vorwahl** (z. B. 055 für Florenz) muss aus dem Ausland mitgewählt werden, und auch in Italien ist die Vorwahl immer obligatorisch, selbst bei innerörtlichen Gesprächen.

Zeitungen/Zeitschriften

Die meistgelesenen italienischen Tageszeitungen sind der Mailänder *Corriere della Sera* (konservativ), die römische *La Repubblica* (gemäßigt links) und *La Stampa* (politische Mitte) aus Turin; größte Sportzeitung ist der täglich erscheinende, rosafarbene *Corriere dello Sport.* In den Marken und den Abruzzen liest man außerdem

Einmal Arena, immer Arena – bei L'Aquila

den regionalen *Corriere Adriatico*, in Umbrien den *Corriere dell'Umbria*, an der Tyrrhenischen Küste den *Tirreno* usw.

Typische Boulevardblätter gibt es fast nicht (diesen Part übernehmen wöchentlich erscheinende Regenbogenblätter wie *Gente* und *Oggi*), und auch die Vertriebsstruktur unterscheidet sich erheblich von der nördlich der Alpen: Die meisten Zeitungen gehen per Straßenverkauf an ihre Leser, der Anteil der Abonnements liegt bei unter 10 %. Der traditionelle Zeitungskiosk (*edicola*) hat vor ein paar Jahren übrigens sein Monopol verloren, Zeitungen gibt es jetzt auch an Tankstellen, in Bars, Supermärkten und Buchhandlungen.

Überregionale deutsche Zeitungen wie die *Süddeutsche* und die *FAZ* gibt es in den meisten Küstenorten und größeren Städten, in der Regel am Erscheinungstag. Im Landesinneren bekommt man sie nur in größeren bzw. touristisch bedeutenden Orten, außerdem muss man hier mit Verzögerungen rechnen.

Zoll

Im privaten Reiseverkehr innerhalb der EU dürfen Waren zum eigenen Verbrauch unbegrenzt mitgeführt werden. Um diese vage Formulierung zu präzisieren und eine Abgrenzung zwischen privater und gewerblicher Verwendung vorzunehmen, gelten folgende Richtmengen pro Person:

800 Zigaretten, 400 Zigarillos, 200 Zigarren, 1 kg Rauchtabak, 10 l Spirituosen, 20 l Zwischenerzeugnisse bis 22 % Alkoholgehalt (z. B. Campari), 90 l Wein, davon max. 60 l Schaumwein und 110 l Bier.

Beim Transit durch die **Schweiz** ist eine freiwillige Deklaration der mitgeführten Waren fällig, wenn die geltenden Freimengen (200 Zigaretten, 50 Zigarren, 2 l Wein und 1 l Spirituosen) überschritten werden. Für Waren, die das Limit überschreiten, muss eine Kaution in Landeswährung hinterlegt werden, die man bei der Ausreise zurückerhält.

Monte Oliveto Maggiore

Toscana

Toscana – Olivenbäume, Weinberge und Meer. Eine weiche, hügelige Landschaft und mittendrin die Kunst- und Kulturhochburgen Florenz und Siena.

Generationen haben von den Reizen der Toscana geschwärmt. Millionen von Besuchern aus aller Welt haben die Säle der Uffizien durchwandert, haben mit ihren eigenen Augen gesehen, dass der Schiefe Turm von Pisa noch immer steht, haben sich am Strand von Elba einen Sonnenbrand eingehandelt. Doch die Toscana bietet noch mehr: Abseits der großen Touristenströme findet der Wanderer paradiesische Landstriche wie z. B. die Garfagnana.

Routen durch die Toscana

Die Badetour

340 km lang ist die Küste der Toscana! Wer möglichst rasch das Meer sehen möchte, zweigt auf der Autobahn vor Parma in Richtung La Spezia ab (bzw. steigt im Bahnhof von Parma um) und erreicht die toscanische Küste bei Carrara in der Versilia.

Zumindest wer mit dem eigenen Fahrzeug unterwegs ist, sollte sich die Gelegenheit nicht entgehen lassen und die Marmorbrüche von **Carrara** besichtigen. Weiter führt die Tour am Versilia-Strand entlang zum Badestädtchen **Viareggio** mit seinen Prunkfassaden aus der Zeit der Jahrhundertwende. Von hier aus bietet sich ein Abstecher in die komplett von einem Lehmwall umschlossene Stadt **Lucca** an. Das Schwemmland des Arno ist zum Baden nicht sehr günstig. Darüber tröstet ein Besuch von Pisa mit seinem Schiefen Turm hinweg. Hinter Livorno erreicht man wieder die Küste, die so genannte Etruskische Riviera mit mehreren Badeörtchen. Sie zieht sich bis zu Halbinsel von Piombino. Hier wartet die Fähre nach **Elba**, der vielfältigen Lieblingsinsel der Italiener (eine Stunde Überfahrt).

Zurück am Festland: Südlich von Piombino beginnt die hauptsächlich von italienischen Touristen aufgesuchte Küste der Maremma mit Castiglione della Pescaia als schönstem Städtchen. Im südlichsten Abschnitt der Maremma-Küste liegt der **Parco Naturale della Maremma**, ein Rückzugsgebiet für Maremma-Rinder, Wildschweine und Flamingos. Mehrstündige Wanderungen führen durch den Naturpark.

Der **Monte Argentario**, der die Maremma-Küste im Süden abschließt, ist eine Insel, die über drei Dämme mit dem Festland verbunden ist. Hier hat sich vor allem der italienische Geldadel niedergelassen. Von **Porto San Stefano** aus erreicht man nach einer Stunde Überfahrt die kleine **Isola del Giglio**.

Toscana
Karten S. 60/61 und S. 216/217

Der Kultur- und Chianti-Trip

Florenz, die Wiege der Renaissance, bietet mehr als nur die Uffizien, den Dom und den Palazzo Vecchio. Weitere Highlights der Kunstmetropole finden Sie im Reiseteil.

Eine gebührenfreie Autobahn führt von Florenz nach Siena. Weitaus interessanter aber ist eine Fahrt durchs hügelige **Chianti-Gebiet.** Erst auf die Autobahn bis zur Ausfahrt San Casciano, dann über Mercatale nach **Greve**, dem heimlichen Hauptort des Chianti. Von da weiter auf der alten Staatsstraße („Chiantigiana") über Castellina in Chianti nach Siena. Unterwegs laden unzählige Weingüter zur Degustation des berühmtesten Tropfens Italiens ein. Außerdem ist auch die Küche ausgezeichnet, sodass man im Chianti mit ein paar Abstechern ohne weiteres zwei oder drei Tage verbringen kann, um dann wieder aufnahmefähig für die Kulturstadt Siena zu sein.

Siena mit seinen mittelalterlichen Straßen, die sich dem hügeligen Profil anpassen, ist eine überaus beeindruckende Stadt. Am besten setzt man sich erst auf den berühmten „Campo", Italiens schönste Piazza, und nimmt diesen Reiseführer in die Hand. Dann folgt vielleicht ein Besuch des großartigen Doms, der Nationalen Pinakothek ...

Von Siena ist es nicht weit nach **San Gimignano**, wegen seiner zahlreichen mittelalterlichen Turmbauten das „Manhattan der Toscana" genannt. Im Dom und in der Kirche des Augustinerklosters sind einzigartige Fresken zu besichtigen. Dem Durstigen verschafft der berühmte „Vernaccia", ein trockener Weißwein, Linderung. Von San Gimignano führt eine Straße nach **Volterra**, der Stadt der Etrusker und des Alabasters und weiter nach **Cecina** an der etruskischen Riviera. Hier in der Nähe vielleicht einen Badetag einlegen, dann Richtung Norden über Livorno nach **Pisa**, wo es mehr als nur den Schiefen Turm zu sehen gibt.

Von Pisa führt eine gebührenfreie, autobahnähnliche Straße nach Florenz. Nördlich von Empoli lohnt das Dörfchen **Vinci** einen Abstecher, der Geburtsort des großen Leonardo – mit einem exzellenten Museum über die technischen Erfindungen des wohl genialsten Kopfes der Renaissance.

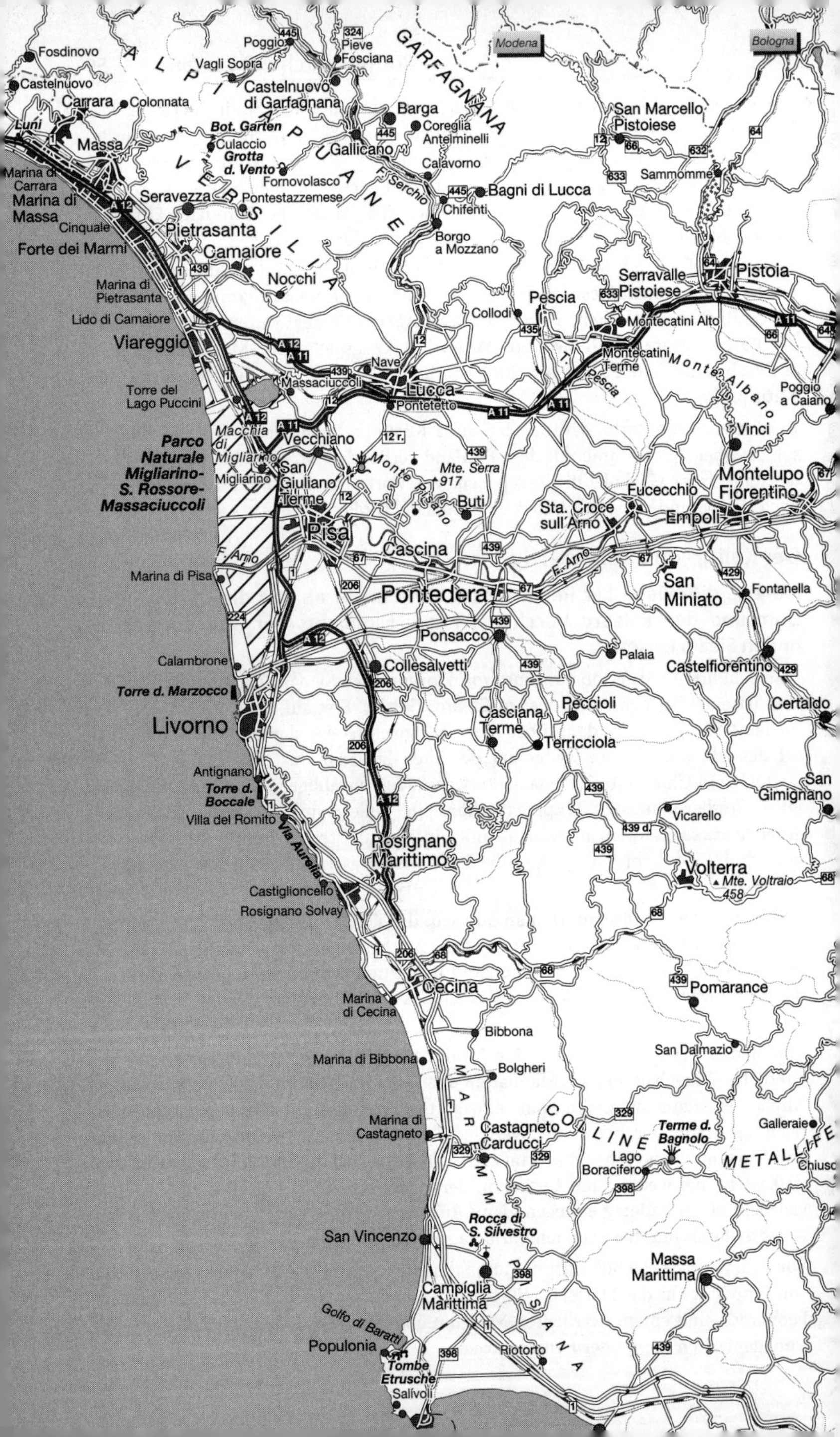

Modena
Bologna
Fosdinovo
Castelnuovo
Carrara
Colonnata
Luni
Massa
Poggio
445
324
Pieve
Fosciana
Vagli Sopra
Castelnuovo di Garfagnana
GARFAGNANA
ALPI APUANE
VERSILIA
Barga
Coreglia Antelminelli
Bot. Garten
Culaccio
Grotta d. Vento
Gallicano
Fornovolasco
F. Serchio
Calavorno
San Marcello Pistoiese
Sammommè
Marina di Carrara
Marina di Massa
Seravezza
Pontestazzemese
Bagni di Lucca
Chifenti
Cinquale
Pietrasanta
Forte dei Marmi
Camaiore
Borgo a Mozzano
Nocchi
Marina di Pietrasanta
Lido di Camaiore
Viareggio
Pescia
Collodi
Serravalle Pistoiese
Pistoia
Montecatini Alto
Montecatini Terme
T. Pescia
Monte Albano
Nave
Massaciuccoli
Lucca
Pontetetto
Torre del Lago Puccini
Macchia di Migliarino
Parco Naturale Migliarino-S. Rossore-Massaciuccoli
Vecchiano
Migliarino
San Giuliano Terme
Monte Pisano
Mte. Serra 917
Buti
Poggio a Caiano
Vinci
Montelupo Fiorentino
Fucecchio
Sta. Croce sull'Arno
Empoli
Pisa
F. Arno
Cascina
Marina di Pisa
Pontedera
San Miniato
Fontanella
Ponsacco
Palaia
Castelfiorentino
Calambrone
Collesalvetti
Torre d. Marzocco
Livorno
Casciana Terme
Peccioli
Terricciola
Certaldo
Antignano
Torre d. Boccale
Villa del Romito
Via Aurelia
San Gimignano
Vicarello
Rosignano Marittimo
Volterra
Mte. Voltraio 458
Castiglioncello
Rosignano Solvay
Cecina
Marina di Cecina
Pomarance
Bibbona
San Dalmazio
Marina di Bibbona
Bolgheri
MAREMMA PISANA
COLLINE METALLIFERE
Marina di Castagneto
Castagneto Carducci
Terme d. Bagnolo
Galleraie
Lago Boracifero
Chiusd
Rocca di S. Silvestro
San Vincenzo
Massa Marittima
Campiglia Marittima
Golfo di Baratti
Populonia
Tombe Etrusche
Riotorto
Salivoli
A 12
A 11

Bologna
Forlì / Rimini
Castiglione dei Pepoli
Firenzuola
Marradi
Barberino di Mugello
Scarperia
M U G E L L O
San Piero a Sieve
Borgo San Lorenzo
Vicchio
Civitella di Romagna
Santa Sofia
Parco Nazionale Delle Foreste Casentinesi-Monte Falterona-Campigna
Rimini
Vaglia
Dicomano
Bagno di Romagna
Sesto Fiorentino
Fiesole
F. Sieve
Pontassieve
F. Arno
Stia
Camaldoli
Firenze
Pelago
Pratovecchio
Scandicci
Bagno a Ripoli
C A S E N T I N O
Certosa
Poppi
Eremo da Verna
Impruneta
P R A T O M A G N O
Bibbiena
Pieve Santo Stefano
Casciano Val di Pesa
Incisa in Val d'Arno
Chiusi della Verna
Strada in Chianti
Caprese Michelangelo
Mercatale
Figline Valdarno
V A L D A R N O
Greve in Chianti
Subbiano
Sansepolcro
Sambuca
San Giovanni Valdarno
Terranuova Bracciolini
Città di Castello / Perugia
Panzano in Chianti
Monti del Chianti
San Donato
Cavriaglia
Laterina
Anghiari
Radda in Chianti
Montevarchi
Poggibonsi
Gaiole in Chianti
Indicatore
Arezzo
Castellina in Chianti
Lecchi
Castello di Brolio
Olmo
Colle di Val d'Elsa
Civitella in Val di Chiana
VAL DI CHIANA
Monteriggioni
Castelnuovo Berardenga
Morra
Monte San Savino
Castiglion Fiorentino
Siena
Sovicille
Rapolano Terme
Lucignano
Isola d'Arbia
Cortona
Asciano
Monteroni d'Arbia
Sinalunga
Tuoro sul Trasimeno
Abbazia di Monte Oliveto Maggiore
C r e t e
Perugia
Passignano sul Trasimeno
Vescovado
Chiusure
Lago Trasimeno
San Lorenzo a Merse
Casciano
Murlo
Monticiano
Buonconvento
Castiglione del Lago
Montepulciano
L. di Montepulciano
Torrenieri
Bagni di Petriolo
F. Ombrone
Pienza
Montalcino
L. di Chiusi
San Quirico d'Orcia
Tombe Etrusche
Chianciano Terme
Dolciano
Tomba d. Granduca
Roccastrada
Bagno Vignoni
Tomba d. Scimmia
Abbazia di S. Antimo
Castelnuovo dell'Abate
Monte Amiata
5 km
Toscana
Karte 1
(Anschlusskarte 2: siehe Seite 216/217)

Die Individualistentour (südliche Toscana)

Unberührt wirkende, dünn besiedelte Landschaften. Hier locken nicht die grandiosen kulturellen Highlights, sondern alte Klöster und beschauliche Weinbaustädtchen. Gute Küche, preiswerter als im Norden.

Ausgangspunkt ist **Siena**, das man über die SS 2 in Richtung Rom verlässt. Durch die **Crete Senesi**, eine herbe Lehmhügellandschaft, erreicht man **San Quirico**. Hier zweigt man ab nach **Pienza**, der am Reißbrett entworfenen Renaissance-Stadt. Dann geht es weiter über das für seine Weine berühmte mittelalterliche **Montepulciano** und den Thermalort **Chianciano** mit seinen Heilquellen nach **Chiusi**, das mit einem hervorragenden etruskischen Museum aufwartet.

Von San Quirico weiter in Richtung Rom erreicht man bald den **Monte Amiata**, einen bis spät ins Frühjahr mit Schnee bedeckten, erloschenen Vulkan. Wanderer umrunden ihn auf dem markierten Weg in zwei Tagen, Mountainbiker in einem halben Tag. Übernachtungsmöglichkeiten findet man am einfachsten in der alten Quecksilber-Stadt **Abbadia San Salvatore**.

Berg- und Wandertouren in der Toscana

Noch vor einem Jahrzehnt schien es fast abwegig, in der Toscana auf größere Wanderungen oder gar Bergtouren gehen zu wollen – Wanderwege gab es kaum. Heute stimmt das Klischee, dass Italiener in der Heimat vor allem dem Radsport frönen, nur noch bedingt. Längst haben sie auch das Wandern entdeckt.

In der Toscana bieten sich hierfür vor allem zwei Gegenden an: im Nordwesten die **Garfagnana** (Teil der Apenninkette) und die **Apuanischen Alpen** (Gebirgszug zwischen der Versilia und dem oberen Serchio-Tal).

Ausgangspunkt für sportliche Unternehmungen in der Garfagnana ist das einst weltberühmte Bäderstädtchen **Bagni di Lucca** – heute ein kleines Nest, doch sehenswert: Spuren von Glanz und Gloria finden sich allenthalben im Ort. Von hier aus führt eine Straße (auch eine Eisenbahnstrecke) ins obere Serchio-Tal nach **Castelnuovo di Garfagnana**, dem Hauptort des Tals. In Castelnuovo bekommt man ausführliches Kartenmaterial und Informationen über Touren und Schutzhütten in der Garfagnana sowie über die Ostseite der Apuanischen Alpen.

Auch der Westabhang der **Apuanischen Alpen** ist ein gutes Wandergebiet. Markierte Wege führen von **Carrara** (Marmorbrüche!) und **Massa** hoch zu den Schutzhütten im Gebirge. Auskunft in diesen beiden Städten.

Die Toscana auf einen Blick

Fläche: 23.000 km², mit einer Küstenlinie von 340 km Festlandsküste; hinzu kommen 147 km Küste der Insel Elba und noch einige Kilometer der kleinen toscanischen Inseln.

Hauptstadt: Florenz mit 380.000 ca. Einwohnern.

Einwohner: 3,6 Millionen.

Bevölkerungsdichte: 156 Einwohner pro km² (italienischer Durchschnitt: 190 Einw./km²).

Verwaltung: Die Region ist in zehn Provinzen unterteilt: Arezzo, Florenz, Grosseto, Livorno, Lucca, Massa-Carrara, Pisa, Pistoia, Prato, Siena.

Überschaubar, aber markant – die Skyline von Florenz

Toscana
Karten S. 60/61 und S. 216/217

Florenz Firenze

(ca. 380.000 Einwohner)

Der Kunst- und Kulturreichtum der Stadt ist überwältigend. Insbesondere bauliche Zeugnisse der Renaissance-Architektur begegnen dem Betrachter auf Schritt und Tritt: Von außen eher schlicht, sind sie innen umso prunkvoller ausgestattet.

Florenz liegt in einer weiten Flussniederung, die Altstadt drängt sich dicht an das Ufer des trüben Arno. Weiter außerhalb, in der grünen Hügellandschaft, stehen jahrhundertealte Sommervillen. Dem Besucher wird einiges geboten: Kammermusik in altehrwürdigen Palästen, Jazzkonzerte auf historischen Plätzen (Eintritt frei), und am Fluss unter den Gewölben des Uffizien-Palastes warten Kunststudenten auf Kundschaft, um Porträtzeichnungen anzufertigen. Ein Eldorado für Schmuckkäufer ist der Ponte Vecchio. Dicht an dicht reihen sich auf der ältesten Brücke der Stadt kleine Juweliergeschäfte aneinander und vereinigen sich so zu einer einzigen Ladenzeile.

Rom, Venedig und eben Florenz sind die wichtigsten Zentren der Geschichte und Kunst Italiens. Architektonisch verblasst Florenz ein wenig neben den beiden anderen Städten. Florenz ist nüchtern, seine Paläste wirken streng und ähneln oft mehr Festungen als Prunkbauten. Zweifellos gibt es lieblichere Orte in der Toscana.

Wer jedoch Sinn für Geschichte und Kunst mitbringt und darüber hinaus Hitze, Staub und Autos gewohnt ist, wird in Florenz immer wieder Interessantes kennen lernen. Fast ein Jahrhundert lang war die Stadt das geistig-kulturelle Zentrum des Abendlandes: Philosophie, Literatur, Wissenschaft und die Renaissance-Kunst blühten, das Bank- und Finanzwesen florierte, der Florin war die härteste Währung ganz Europas. Die Bankiersfamilie der Medici überspannte den Kontinent mit einem Netz von Bankfilialen und Handelsniederlassungen.

Über 600.000 Menschen leben heute im Großraum Florenz, die Bevölkerung in der Innenstadt nimmt aber – wie andernorts auch – ständig ab. Zählte man 1975 noch etwa 400.000 Einwohner in Florenz-Stadt, sind es heute nur noch 380.000 – genauso viele wie im Jahr 1952, als die Landflucht gerade begonnen hatte. Hohe Mieten, Smog und Straßenlärm treiben die Menschen wieder hinaus aufs Land. Zudem stehen und fallen die Arbeitsplätze in der Stadt mit dem Tourismus. Alljährlich zählt man hier über drei Millionen Gäste.

Information/Unterwegs in der Stadt/Diverses

• *Informationen* **Hauptbahnhof**, Piazza Stazione 4, gegenüber dem Südausgang (Hauptausgang). Im Sommer (1. März bis Ende Oktober) 8.30–19, Sonn- und Feiertage 8.30–14 Uhr. ✆ 055/212245, 📠 055/2381226.

Borgo S. Croce, ganzjährig Mo–Sa 9–19 Uhr, Sonn- u. Feiertage 9–14 Uhr. Borgo S. Croce 29r, ✆ 055/2340444, 📠 055/2340444.

Via Cavour 1r, nahe der Galleria dell'Accademia. Mo–Sa 8.15–19.15, Sonn- u. Feiertage 8.30–13.45 Uhr. ✆ 055/290832, 📠 055/2760382.

APT-Flughafenbüro, täglich 7.30–23.30 Uhr (keine Flugauskünfte!). ✆/📠 055/315874.

APT-Hauptbüro, Via A. Manzoni 16. Mo–Sa 8.30–13.30 Uhr. ✆ 055/23320 u. 055/2478141, 📠 055/2346286.

Hotelinformation/Reservierung: **Consorzio ITA**, Büro am Ostausgang des Hauptbahnhofs in der Haupthalle (direkt vor Bahnsteig 16). Täglich 8.30–19 Uhr. ✆ 055/282893, 055/283500, 055/219537.

Internet: www.firenze.turismo.toscana.it.

> Die Orientierung wird erschwert durch die unterschiedlichen Hausnummern: Die roten (für Gewerbebetriebe) und die schwarzen (für Privathäuser) laufen in dieselbe Richtung. In unseren Adressenangaben steht hinter der Ziffer ein „r", sofern es sich um eine rote Hausnummer handelt.

• *Taxis* Eine Fahrt vom Dom zum Campingplatz Michelangelo kostet etwa 10 €, vom Bahnhof zum Flughafen etwa 15 €. Pro Koffer, Reisetasche etc. wird 1 € zusätzlich verlangt. **Funktaxi**: ✆ 055/4242, 055/4798, 055/4499 oder 055/4390.

• *Mit dem Auto in die Stadt* Die erweiterte Innenstadt ist *Zona di Traffico Limitato* (*ZTL*), d. h. sie ist für Anwohner reserviert. Sie dürfen nur zum Hotel fahren, um ihr Gepäck unterzubringen (lediglich zwischen 20 und 8 Uhr kann die *ZTL* frei befahren werden). Die historischen Stätten von Florenz (*Piazza Signoria, Uffizien, Ponte Vecchio, Dom, Piazza S. Maria Novella, Piazza S. Croce, Piazza Pitti, Piazza S. Spirito, Piazza S. Lorenzo, Piazza SS. Annunziata*) sind ganz und gar für den Verkehr gesperrt und nur für Fußgänger zugänglich (*Zona pedonale)*.

• *Parken* Abgesehen von gebührenpflichtigen Parkplätzen (aufpassen, kann teuer werden, da inzwischen auch nachts kassiert wird) gibt es keine Parkmöglichkeit im Innenstadtbereich (dafür erhöhte Abschleppgefahr).

Es empfiehlt sich, den Wagen auf einem Parkplatz am Rand der Altstadt abzustellen. In der Regel wird dort eine Gebühr von je 1 € für die erste und von 1,50 € für jede zusätzliche Stunde erhoben. Diese Tarife gelten aber nicht überall, vor allem in der Nähe von Marktplätzen kann das Dauerparken ein Vermögen kosten; deshalb genau auf die Gebührentafeln achten.

Eine riesige **Tiefgarage** mit 2000 Stellplätzen gibt es am Hauptbahnhof. Hier sind die Tarife allerdings mit am höchsten, jede Stunde kostet 3 €, Preisnachlässe gibt es erst nach 4 Tagen!

Der Großparkplatz **Fortezza da Basso** liegt in der Nähe des Hauptbahnhofs. Von hier fahren häufig Busse in die Innenstadt, die in 10–15 Minuten aber auch zu Fuß erreichbar ist. Parkgebühren 1 € pro Stunde.

Die kleineren Parkplätze (z. B. Porta Romana, Piazza Beccaria) kosten ca. 1 € pro Std. (von 20–8 Uhr frei). An der Porta Romana Sonderpreis von 9 € für 24 Std.

Parkhaus Parterre: Hier zahlen Florenzbesucher einen Sonderpreis von 15 € pro 24 Stunden (sonst jede Stunde 1 €). Das Parkhaus liegt oberhalb der Piazza della Libertà, also noch relativ zentral am Stadtring (vom Dom die Via Cavour stadtauswärts). Samstags gratis Shuttle-Bus in die Innenstadt.

• *Autoverleih* **Italy by Car – Tristi**, Borgo Ognissanti 134r, ✆ 055/293021; **Avis**, Borgo

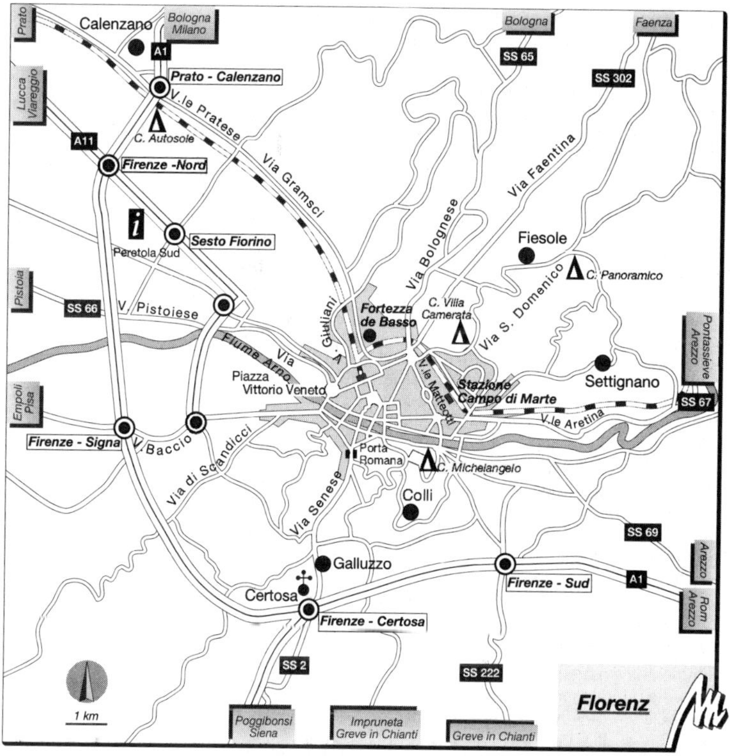

Toscana
Karten S. 60/61 und S. 216/217

Ognissanti 128r, ✆ 055/213629; **Hertz**, Via Maso Finiguerra 33r, ✆ 055/282260; Europcar, Borgo Ognissanti 53r, ✆ 055/290437. Verleihstellen auch am Flughafen.

• *Fahrräder/Mofas* **Alinari**, Via Guelfa 85r, auch Mountainbikes im Verleih, ✆ 055/280500; **Florence by Bike**, Via S. Zanobi 1r, ✆ 055/488992 (5.11. bis 11.3 geschl.).

• *Sprachkurse* Zu den bekanntesten Sprachenschulen der Stadt zählt das der Universität angeschlossene **Centro di Cultura per Stranieri**, Via V. Emanuele 64, ✆ 055/472139 (eine Auswahl aller Institute – auch Mode, Musik, Kunst etc. – ist übrigens beim APT-Büro erhältlich: "Studying in Florence, a guide").

Übernachten (siehe Karte S. 68/69)

• *Luxushotels* **** **Carolus (3)**, einige Schritte von der Piazza San Marco, DZ 355 €. Klassizistischer Palazzo. Einige Zimmer mit schönem Blick auf den Dom. Via XXVII Aprile 3, 50129 Firenze, ✆ 055/2645539, ℻ 055/2645550.

**** **Villa Belvedere (70)**, von der Porta Romana stadtauswärts auf die Via Senese, dann dem Schild auf der linken Seite folgen. DZ 207 €. Garten, Tennis, Pool und die Ruhe der Vorstadt. Via Benedetto Castelli 3, 50124 Firenze, ✆ 055/222501, ℻ 055/223163.

*** **Villa Betania (84)**, von der Porta Romana stadtauswärts, dann erste große Ampel links (Abzweigung zum Piazzale Michelangelo). DZ 152 €. Altes, hübsch renoviertes Landhaus. Ruhige Lage inmitten eines kleinen Parks. Große, helle Räume mit Stuckdecken und modernem Mobiliar. Viale del Poggio Imperiale 23, 50125 Firenze, ✆/℻ 055/222243.

**** **Torre di Bellosguardo (67)**, oberhalb der Piazza Tasso. Wer sich mal was ganz Besonderes leisten will, steigt in diesem

Erste-Klasse-Hotel mit vergleichsweise günstigen Preisen ab. Alte Villa mit Gewölbefresken, stilgerecht eingerichteten Zimmern und einer spektakulären Aussichtsterrasse (mit Swimmingpool) über den Dächern von Florenz. DZ 280 €. Via Roti Michelozzi 2, 50124 Firenze, ✆ 055/2298145, 055/2309046, ℻ 055/229008.

• *Hotels/Pensionen* *** **Beacci Tornabuoni (44)**, DZ 240 €. Im 3. und 4. Stock eines alten Stadtpalastes mit verwinkelten Treppen und Gängen. Frühstück auf einer bepflanzten Dachterrasse. Geräumige Zimmer. Via Tornabuoni 3, 50123 Firenze, ✆ 055/212645, ℻ 055/283594, www.bhotel.it.

*** **Golf (8)**, DZ 198 €. Hier ist man eher auf den Geschäftsreisenden eingestellt. Folge: auch außerhalb der Saison oft ausgebucht. Für Autofahrer gibt es Parkplätze hinterm Haus. Viale Fratelli Rosselli 56, 50123 Firenze, ✆ 055/281818, ℻ 055/268432, www.hotelgolf.it.

*** **Annalena (82)**, DZ 166 €, verwinkeltes Haus mit niedrigen Holzdecken. Die Zimmer meist mit Blick auf die Giardini dei Boboli oder den alten Klostergarten. Etwa 5 Min. vom Palazzo Pitti entfernt. Via Romana 34, 50125 Firenze, ✆ 055/222402, ℻ 055/222403, www.hotelannalena.it.

*** **Relais Il Cestello (50)**, insgesamt 10 Zimmer, davon drei mit tollem Blick auf den Arno. An der ruhigen, kleinen Piazza di Cestello gelegen. Renovierte Zimmer. Klimaanlage, Garage 15 € pro Tag. DZ ca. 150 €, EZ 90 €. Piazza di Cestello 9, 50124 Firenze, ✆ 055/280632, ℻ 055/280631, www.relaisilcestello.it.

*** **Porta Rossa (48)**, DZ 170 €. Mit die älteste Herberge der Stadt (14. Jh.). Relativ ruhig, aber dennoch zentral in einer engen Gasse gelegen. Via Porta Rossa 19, 50123 Firenze, ✆ 055/287551, ℻ 055/282179.

*** **Vasari (7)**, gehobenes Hotel in der Nähe des Bahnhofs, es gibt teurere, die weniger bieten. Parkmöglichkeit. DZ ca. 155 €, Auto ca. 8 €. Via B. Cennini 9–11, 50123 Firenze, ✆ 055/212753, ℻ 055/294246, hotelvasari@box.it.

*** **Sempione (14)**, DZ 180 €. Trotz Bahnhofsnähe ruhige Zimmer, hervorragend restauriert, elegant in altem Stil eingerichtet, mit vergilbten Fotos an den Wänden, Terrakottavasen, Keramikdekor. In der Hauptsaison unbedingt vorbestellen. In der Nebensaison gibt es bis zu 40 % Preisnachlass. Via Nazionale 15, 50123 Firenze, ✆ 055/212462, 055/283012, ℻ 055/212463, www.hotelsempione.com.

** **La Scaletta (68)**, DZ 135 €. Gleich hinter dem Ponte Vecchio. Mit Lift hinauf, oben liebenswert unaufgeräumte Rezeption, über verwinkelte Treppen steigt man hinauf zu den Zimmern sehr unterschiedlicher Größe. Vom Dachgarten herrlicher Blick auf die Boboli-Gärten. Die nette Besitzerin spricht Englisch. Via Guicciardini 13r, 50123 Firenze, ✆ 055/283028, ℻ 055/289562, www.lascaletta.com.

** **Alessandra (55)**, DZ 145 €. Zentrale Lage. Weiß gekalkte, große Zimmer in den oberen Etagen des Hauses. Schwere, geschmackvolle Holzmöbel. ✆ 055/283438, Borgo SS. Apostoli 17, 50123 Firenze, ℻ 055/210619, www.hotelalessandra.com.

** **Palazzo Vecchio (12)**, Nähe Fortezza da Basso, DZ 130 €. Einfache, etwas altmodische Zimmer. Parkmöglichkeit für einige Gästeautos im Vorhof. Via B. Cennini 4, 50123 Firenze, ✆ 055/212182, ℻ 055/216445, www.hotelpalazzovecchio.it.

** **Casci (18)**, gut geführtes Hotel in Domnähe. Die Inhaberin ist Schweizerin. Die meisten Zimmer nicht zur lauten Via Cavour hinaus. DZ 140 €. Via Cavour 13, 50129 Firenze, ✆ 055/211686, ℻ 055/2396461, www.hotelcasci.com.

** **Medici (32)**, gleich hinter der Piazza Repubblica. Die 4 DZ im 5. und 6. Stock bieten eine unvergleichliche Aussicht auf den Dom (der auch auf der Dachterrasse zum Staunen nah ist). DZ 180 €. Via de' Medici 6, 50123 Firenze, ✆ 055/284818, ℻ 055/216202.

** **Lorena**, gegenüber der alten Medici-Kapelle, DZ 108 €. Die Zimmer sind nicht besonders geräumig, aber nett eingerichtet. Auch preiswerte Zimmer ohne Bad. Via Faenza 1, 50123 Firenze, ✆ 055/282785, ℻ 055/288300, www.hotellorena.com.

** **Santa Croce (53)**, DZ 103 €. Ruhige Lage in einer mittelalterlich-düsteren Gasse des Santa-Croce-Viertels. Kleine Zimmer. Via Bentaccordi 3, 50122 Firenze, ✆/℻ 055/217000, www.hotelsantacroce.it.

** **Bretagna (49)**, DZ 115 €. Prächtige Lage, zentral am Arno-Ufer. Im wunderschön ausgestatteten Salon Kristallleuchter und dicke Plüschsessel. Lungarno Corsini 6, 50123 Firenze, ✆ 055/289618, ℻ 055/289619, www.bretagna.it.

** **Monica (5)**, DZ 140 €. Renoviert, klein, freundlicher Inhaber. Sogar eine Terrasse zum Draußensitzen gibt's im 1. OG. Klimaanlage. Mit Parkplatz. Via Faenza 66, 50123 Firenze, ✆ 055/283804, ℻ 055/281706.

****Il Granduca (10)**, Nähe Piazzale Donatello, DZ 110 €. 3-stöckiges Hotel, 10 Gehminuten von der Altstadt entfernt. Die 22 Zimmer wurden kürzlich renoviert. Kleiner Garten, eigene Garage. Via Pier Capponi 13, 50132 Firenze, ✆ 055/572230, 📠 055/572803, www.ilgranduca.com.

*** Le Sorelle Bandini (74)**, im obersten Stockwerk eines altehrwürdigen Palazzo aus dem 15. Jh. Phantastische Loggia mit kuscheligen Korbstühlen und Blick auf die belebte Piazza. Nachteil: der relativ hohe Preis: DZ 112 €. Piazza Santo Spirito 9, 50125 Firenze, ✆ 055/215308, 📠 055/282761.

*** Firenze (38)**, DZ 88 €. Kleine, renovierte Zimmer in zentraler Lage. In diesem Haus wurde vor über 700 Jahren Gemma Donati geboren, die spätere Ehefrau von Dante Alighieri. Sehr freundlicher Empfang. Piazza Donati 4, 50122 Firenze, ✆ 055/214203, 📠 055/212370.

*** Azzi – Locanda degli Artisti (11)**, 200 m vom Hauptbahnhof entfernt. DZ 77 €. Ruhige Lage, 12 in altem Stil eingerichtete Zimmer, im Aufenthaltsraum ein Kamin. Wegen seiner besonderen Atmosphäre bei Künstlern, Musikern, Sängern und Schauspielern beliebt. Mindestens einen Monat vorher reservieren! Via Faenza 56, 50123 Firenze, ✆ 055/213806, 📠 055/2648613. hotelazzi@hotmail.com.

• *Preiswerte Pensionen* *** Ottaviani (28)**, wenige Schritte von der Piazza Santa Maria Novella entfernt. DZ 70 €. Einfache, saubere Pension. Piazza Ottaviani 1, 50123 Firenze, ✆ 055/2396223, 📠 055/293355.

*** Mia Cara (4)**, DZ 60 €. ✆ 055/210053, 📠 055/2302601, www.albergomiacara.it. Im selben Haus einen Stock höher das *** Marcella**. Einige Zimmer mit schöner Aussicht. DZ 70 €, kein Frühstück! ✆ 055/213232. Adresse: Via Faenza 58, 50123 Firenze.

B&B Dei Mori (41), klein und gepflegt, nur sechs Zimmer, davon drei mit Gemeinschaftsbad. Einige Räume mit Deckenfresken. Beliebt bei Leuten aus der Gay-Szene. DZ mit Bad 150 €. Üppiges Frühstück! Wer will, kann sich in der Gemeinschaftsküche selbst etwas kochen. Via Dante Alighieri 12, 50122 Firenze, ✆ 055/211438, 📠 055/2382216. deimori@bnb.it.

Soggiorno Abaco (23), Lesertipp: „Das Hotel im alten Stil mit dunklem Holz und hohen Räumen ist einfach gemütlich." DZ ca. 90 €. Via dei Banchi 1, 50123 Firenze, ✆ 055/2381919 www.abaco-hotel.it.

• *Kirchliche Einrichtungen* Eine ganze Reihe von diesen oft ruhigen und behaglichen Unterkünften steht zur Auswahl. Der APT-Führer (www.toscanaeturismo.net/dovedormire/) führt sie interessanterweise unter *Case per Ferie*. Die Preise beginnen bei ca. 25 € pro Person, manchmal finden sich hier auch Drei- und Vierbettzimmer – also eine wirklich günstige Variante für Familien, die mit kleinem Budget reisen.

Istituto Gould (66), Via de Serragli 49, 50124 Firenze, ✆ 055/212576; **Istituto Pio X (77)**, Via de Serragli 106, 50125 Firenze, ✆ 055/225044.

• *Jugendherbergen* **Ostello Archi Rossi (9)**, Bahnhofsnähe. Private Jugendherberge mit 22 Zimmern und insgesamt 80 Betten. Preise ab 18 €. Via Faenza 94r, 50123 Firenze, ✆ 055/290804, www.hostelarchirossi.com.

Ostello Santa Monaca (61), Privatherberge in einem alten Kloster aus dem 15. Jh. Vorteil: nur etwa 10 Min. vom Zentrum entfernt. Leider oft überfüllt (am besten schon am Morgen in die Liste eintragen). Etwas teurer als die IYH, pro Person ca. 16 €. Kochmöglichkeit. Geschlossen von 9.30–16 Uhr, dann wieder geöffnet bis 1 Uhr. Via Santa Monaca 6, 50124 Firenze, ✆ 055/268338, 📠 055/280185, www.ostello.it.

Residence Salvemini (2), Unterkünfte für Studenten. ✆ 055/50741, Infos auch unter ✆ 055/22611. Im Stadtteil Varlungo (östlich vom Stadtzentrum, Richtung Autobahnauffahrt Firenze-Sud) gibt es eine Dependance mit Mini-Appartements und Kochgelegenheit, ca. 40 € pro Tag. Piazza dell'Indipendenza 15, 50142 Firenze, ✆ 055/50741.

• *Camping* **** Michelangelo**, ca. 20 Min. vom Zentrum entfernt. Verbindung vom Bahnhof (McDonald's) per Bus Nr. 12 und 13. Der städtische Campingplatz von Florenz liegt hübsch am Hang unterhalb des Piazzale Michelangelo, Nur wenig Schatten durch dünne Olivenbäume. Nachts dringt viel Verkehrslärm aus der Stadt hinauf, am frühen Abend dröhnt die Musikbox am Terrassencafé mit den neuesten Hits. Preise: 2 Personen plus Zelt ca. 19 €, Auto 4 € extra. Ganzjährig geöffnet. Viale Michelangelo 80, 50125 Firenze, ✆ 055/6811977, 📠 055/689348.

***** Internazionale**, Bottai, am Ortsausgang von Galluzzo (ca. 7 km südlich von Florenz, Straße nach Siena, nicht weit von der Autobahnausfahrt Firenze-Certosa). Etwa zweimal stündlich Bus Nr. 37 ins Zentrum. Großzügiges Gelände auf einem Hügel. Mit Restaurant. Von der einen Seite hört man den Autobahnverkehr. Geöffnet eine Woche vor Ostern bis Oktober. Via S. Cristoforo 2, 50029 Bottai-Impruneta, ✆ 055/2374704, 📠 055/2373412.

Weitere Campingmöglichkeit siehe Fiesole, S. 89.

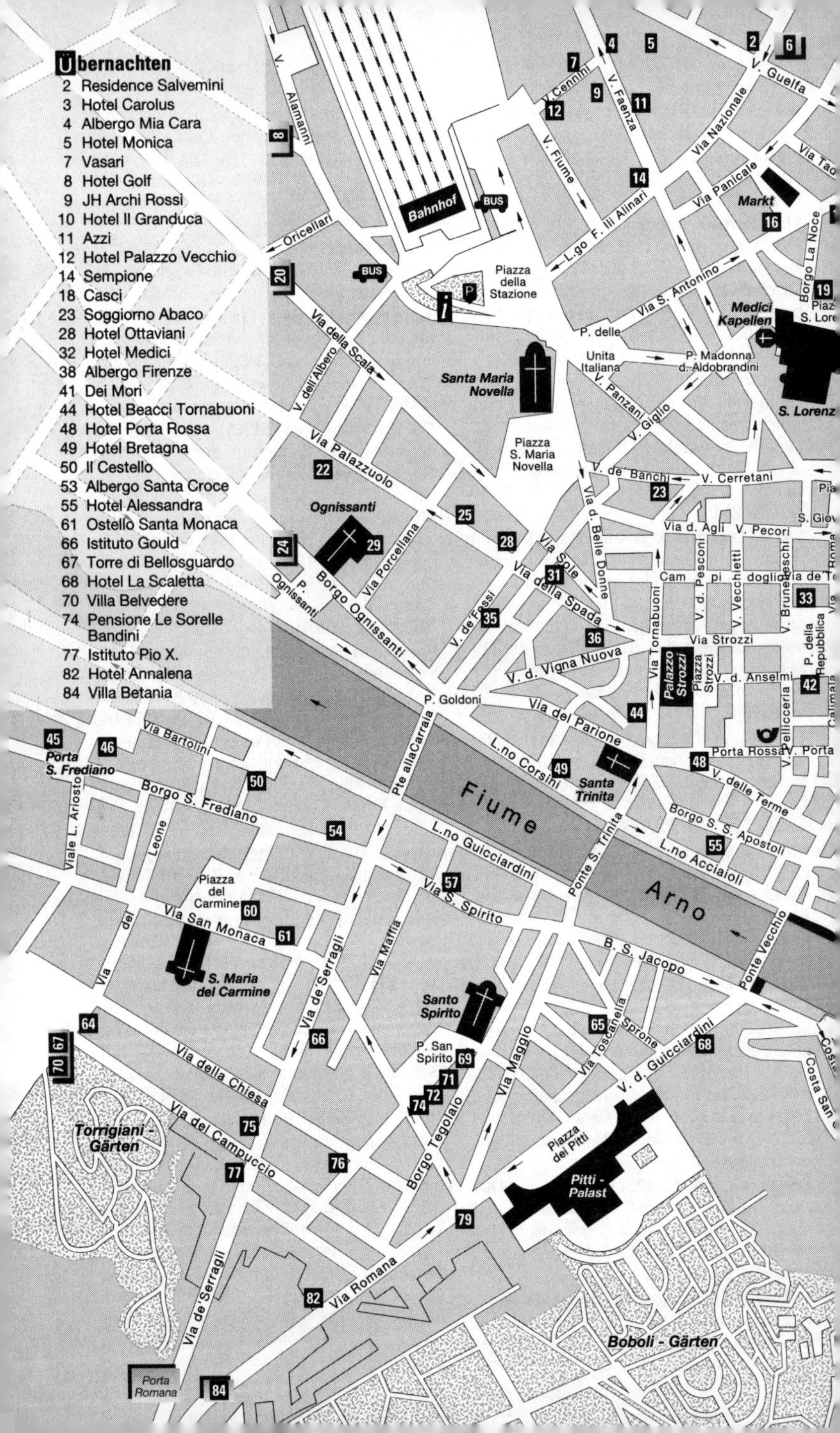
Übernachten
2 Residence Salvemini
3 Hotel Carolus
4 Albergo Mia Cara
5 Hotel Monica
7 Vasari
8 Hotel Golf
9 JH Archi Rossi
10 Hotel Il Granduca
11 Azzi
12 Hotel Palazzo Vecchio
14 Sempione
18 Casci
23 Soggiorno Abaco
28 Hotel Ottaviani
32 Hotel Medici
38 Albergo Firenze
41 Dei Mori
44 Hotel Beacci Tornabuoni
48 Hotel Porta Rossa
49 Hotel Bretagna
50 Il Cestello
53 Albergo Santa Croce
55 Hotel Alessandra
61 Ostello Santa Monaca
66 Istituto Gould
67 Torre di Bellosguardo
68 Hotel La Scaletta
70 Villa Belvedere
74 Pensione Le Sorelle Bandini
77 Istituto Pio X.
82 Hotel Annalena
84 Villa Betania
Bahnhof
BUS
Piazza della Stazione
Santa Maria Novella
Piazza S. Maria Novella
Medici Kapellen
S. Lorenz
Markt
Ognissanti
Palazzo Strozzi
Santa Trinita
Fiume Arno
Porta S. Frediano
S. Maria del Carmine
Piazza del Carmine
Santo Spirito
P. San Spirito
Piazza dei Pitti
Pitti - Palast
Torrigiani - Gärten
Boboli - Gärten
Porta Romana
V. Alamanni
Oricellari
Via della Scala
V. dell'Albero
Via Palazzuolo
Via Porcellana
Borgo Ognissanti
P. Ognissanti
V. de' Fossi
Via della Spada
Via d. Sole
V. d. Vigna Nuova
P. Goldoni
Via del Parione
L.no Corsini
Pte alla Carraia
V. Fiume
V. Faenza
V. Cennini
Via Nazionale
V. Guelfa
Via Panicale
L.go F. lli Alinari
Via S. Antonino
Borgo La Noce
P. delle Unita Italiana
P. Madonna d. Aldobrandini
V. Panzani
V. Giglio
V. de' Banchi
V. Cerretani
Via d. Belle Donne
Via d. Agli
V. Pecori
Via Tornabuoni
V. d. Pesconi
V. Vecchietti
V. Brunelleschi
Campidoglio
Via Strozzi
Piazza Strozzi
V. d. Anselmi
V. Pellicceria
P. della Repubblica
Porta Rossa
V. delle Terme
Borgo S. S. Apostoli
L.no Acciaioli
Ponte S. Trinita
Ponte Vecchio
Via Bartolini
Borgo S. Frediano
Viale L. Ariosto
Leone
L.no Guicciardini
Via S. Spirito
B. S. Jacopo
Via San Monaca
Via del Leone
Via de' Serragli
Via Maffia
Via Maggio
Via Toscanella
Sprone
V. d. Guicciardini
Costa San Giorgio
Via della Chiesa
Via del Campuccio
Borgo Tegolaio
Via Romana
Via de' Serragli

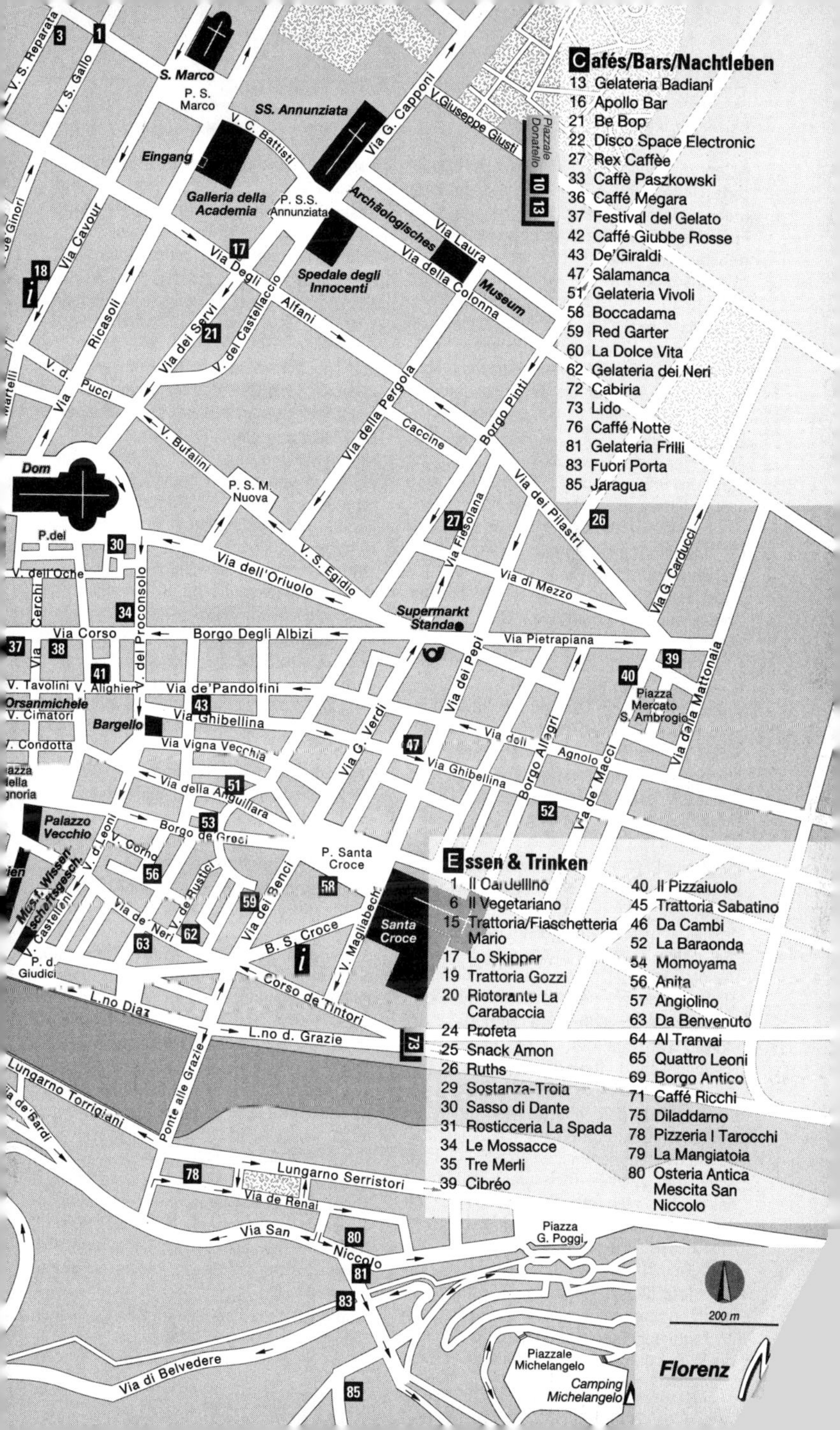
Cafés/Bars/Nachtleben
13 Gelateria Badiani
16 Apollo Bar
21 Be Bop
22 Disco Space Electronic
27 Rex Caffèe
33 Caffè Paszkowski
36 Caffé Megara
37 Festival del Gelato
42 Caffé Giubbe Rosse
43 De'Giraldi
47 Salamanca
51 Gelateria Vivoli
58 Boccadama
59 Red Garter
60 La Dolce Vita
62 Gelateria dei Neri
72 Cabiria
73 Lido
76 Caffé Notte
81 Gelateria Frilli
83 Fuori Porta
85 Jaragua
Essen & Trinken
1 Il Cardellino
6 Il Vegetariano
15 Trattoria/Fiaschetteria Mario
17 Lo Skipper
19 Trattoria Gozzi
20 Ristorante La Carabaccia
24 Profeta
25 Snack Amon
26 Ruths
29 Sostanza-Troia
30 Sasso di Dante
31 Rosticceria La Spada
34 Le Mossacce
35 Tre Merli
39 Cibréo
40 Il Pizzaiuolo
45 Trattoria Sabatino
46 Da Cambi
52 La Baraonda
54 Momoyama
56 Anita
57 Angiolino
63 Da Benvenuto
64 Al Tranvai
65 Quattro Leoni
69 Borgo Antico
71 Caffé Ricchi
75 Diladdarno
78 Pizzeria I Tarocchi
79 La Mangiatoia
80 Osteria Antica Mescita San Niccolo
S. Marco
P. S. Marco
SS. Annunziata
Eingang
Galleria della Academia
P. S.S. Annunziata
Spedale degli Innocenti
Archäologisches Museum
Piazzale Donatello
Dom
P. S. M. Nuova
Supermarkt Standa
Orsanmichele
Bargello
Palazzo Vecchio
Mus.f. Wissenschaftsgesch.
P. Santa Croce
Santa Croce
Piazza Mercato S. Ambrogio
P. d. Giudici
Piazza G. Poggi
Piazzale Michelangelo
Camping Michelangelo
200 m
Florenz
V. S. Reparata
V. S. Gallo
Via Cavour
Via Ricasoli
V. C. Battisti
Via G. Capponi
V. Giuseppe Giusti
Via Laura
Via della Colonna
Via Degli Alfani
Via dei Servi
V. del Castellaccio
V. d. Pucci
V. Bufalini
Via della Pergola
Caccine
Borgo Pinti
Via dei Pilastri
Via Fiesolana
Via di Mezzo
Via dell'Oriuolo
V. S. Egidio
Via G. Carducci
Via Corso
Borgo Degli Albizi
Via Pietrapiana
Via del Proconsolo
V. dell'Oche
Via Cerchi
V. Tavolini
V. Alighieri
Via de'Pandolfini
V. Cimatori
V. Condotta
Via Ghibellina
Via Vigna Vecchia
Via dei Pepi
Via G. Verdi
Via degli Agnolo
Borgo Allegri
Via de' Macci
Via della Mattonaia
Via della Anguillara
Borgo de Greci
V. d. Leoni
V. Corno
V. de' Rustici
Via de' Neri
Via dei Benci
B. S. Croce
V. Magliabechi
V. Castellani
Corso de Tintori
L.no Diaz
L.no d. Grazie
Ponte alle Grazie
Lungarno Torrigiani
Via de'Bardi
Lungarno Serristori
Via de Renai
Via San Niccolo
Via di Belvedere

Essen/Trinken (siehe S. 68/69)

• *Centro Storico/nördlich des Arno* **Trattoria Cibréo (39)**, Via A. Del Verrocchio 8r (neben dem Mercato S. Ambrogio). Das Florentiner Feinschmeckerlokal mit der bodenständigen Note hat im Nebenhaus die gleichnamige Trattoria eröffnet. Menü um die 36 €. So/Mo geschlossen; ✆ 055/2345853.

Trattoria Gozzi (19), Piazza S. Lorenzo 8. Viel Stammpublikum kommt mittags für 3–4 Primi und Secondi. Wenig Auswahl, aber beste Qualität. Wer bis 12.30 Uhr hier ist, kann noch Platz finden. So geschlossen.

La Carabaccia (20), Via Palazzuolo 190r. Auch hier treffen sich Feinschmecker mit dünnem Portemonnaie. Täglich nur eine kleine Auswahl an Hauptgerichten; Menü ca. 35 €, Wein aus eigener Fattoria! So und Montagmittag geschlossen. ✆ 055/213203.

Da Benvenuto (63), Via della Mosca 16r. Enge Tischreihen mit Bänken im kleinen Speisesaal neben der Küche. Gute Auswahl an Tagesgerichten für ca. 15 €. Eine köstliche Spezialität sind die *Rigatoni alla sorrentina*. So geschlossen. ✆ 055/214833.

Anita (56), Via del Parlascio 2r, etwas versteckt, nur ein paar Schritte von der Piazza Signoria entfernt. Die drei Gasträume, etwas düster im Stil der 30er Jahre eingerichtet, sind meist gut gefüllt. Durchschnittliche Preise, meist gut gelaunte Bedienungen. So geschlossen. ✆ 055/218698.

Il Pizzaiuolo (40), hier gibt's neapolitanische Pizzen mit dem dicken Teig (ab 6 €). Sehr gut besucht von florentinischen Studenten, deshalb besser vorbestellen, ✆ 055/241171. Spezialität: Pizza mit *Mozzarella di buffala*. Via de' Macci 113r. Abends bis 24 Uhr geöffnet, So geschlossen. ✆ 055/241171.

Sostanza-Troia (29), eine Trattoria, nostalgisch wie aus dem Kino. Etwas enge Räumlichkeiten, freundlich, preiswert. Via del Porcellana 25 r, ✆ 055/212691.

La Baraonda (52), in den zwei kleinen, gekachelten Gasträumen stehen 5 Gerichte zur Auswahl (wöchentl. wechselnd). Es gibt wohl kein zweites Restaurant in Florenz, das mit so vielen Erwähnungen in Fressführern aufwarten kann, zumindest in dieser Preisklasse. Hauptgerichte ca. 12 €. Via Ghibellina 67r. Mi geschl. ✆ 055/2341171.

Il Profeta (24), berühmt sind die frisch gemachten Suppen, dazu eine große Auswahl an Tagesgerichten. Menü ca. 27 €. Claudio, der Wirt, berät Sie in akzentfreiem Deutsch. Borgo Ognissanti 93r, So geschlossen. ✆ 055/212265

Sasso di Dante (30), Piazza delle Pallottole 6r. Unmittelbar beim Dom und vollkommen auf den Tourismus eingestellt. ✆ 055/282113.

Ristorante Il Cardellino (1), Via San Gallo 37r. Unprätentiöse, preiswerte Hausmannskost, z. B. *Bocconcini alla fiorentina* (Rindsgulasch in Tomatensoße). Menü ca. 20 €, aber auch à la carte sehr preiswert. Als Wein wird ein Chianti (La Quercia) oder ein leichter Hauswein serviert. Di geschlossen.

Le Mossacce (34), Via del Proconsolo 55r. Mitten im Zentrum, doch scheinbar unbeeindruckt von den vorbeiziehenden Touristenmassen: Schinken hängen an der Theke, die Korbflasche steht auf dem Tisch. Mittags ist Hochbetrieb, man bekommt einen freien Platz an einem der langen Tische zugewiesen. Menü ab 18 €, Sa/So geschlossen. ✆ 055/294361.

Rosticceria La Spada (31), Via della Spada 62r. Leckere Salate und gegrillte Hähnchen zum Mitnehmen (wie in einer Metzgerei). Im Hinterzimmer Trattoria. Relativ teuer. Die ganze Woche über geöffnet. ✆ 055/218757.

Trattoria/Fiaschetteria Mario (15), Via Rosina 2r. Stark frequentiert, einfach und bodenständig.

Snack Amon (25), Via Palazzuolo 28r. Kleiner ägyptischer Imbiss.

Lo Skipper (17), Via degli Alfani 70 (Seitenstraße der Via Cavour). Neues Lokal, das an die Kajüte eines Segelschiffs erinnert. Der Speiseplan wechselt jeden Monat und wartet mit Spezialitäten aus verschiedenen Ecken Italiens und fernen Ländern auf. Eine Seltenheit in der Toscana! Menü ca. 25 €. So u. Samstagmittag geschlossen. ✆ 055/284019.

Tre Merli (35), Via die Fossi 12r. Der Inhaber besitzt eine Fattoria in San Gimignano und setzt hier seine Ideen der ländlichen Küche um. Antipasti 6 €, Secondi 14 €. ✆ 055/287062.

Il Vegetariano (6), Via delle Ruote 30r (zwischen Piazza S. Marco und Piazza Indipendenza). Vegetarischer Selfservice, meist mit Bioprodukten. Zu ca. 14 € kann man sich hier satt essen. Mo geschlossen, Sa/So nur abends. ✆ 055/475030.

Ruths (26), Via Farini 2a (bei der jüdischen Synagoge). Gut gewürzte arabisch-vegetarische Küche. Köstliche Suppen. Freitagabends u. samstagmittags geschlossen. ✆ 055/2480888.

Salamanca (47), Via Ghibellina 80r. Tapas, Tostadas und spanische Leckereien. ✆ 055/2345452.

• *Oltrarno/südlich des Arno* **La Mangiatoia (79)**, Pizzen aus dem Holzofen, auch an der Bar (mit Sitzgelegenheit). Im Hinterzimmer Tische. Pizzen ab 5 €. Mo geschl. Piazza S. Felice 8–10r, gleich neben der Piazza Pitti. ✆ 055/224060.

Di Cambi (46), die empfehlenswerte Familientrattoria hat jeden Tag einen komplett neuen Speisezettel mit hausgemachten Nudeln als Primi und einer guten Auswahl typisch Florentiner Secondi. Menü ca. 25 €. Abseits der Touristenströme, obwohl eines der ältesten Wirtshäuser der Stadt. Via Sant'Onofrio 1r, am Eck des kleinen Platzes (Ponte Vespucci). So geschlossen. ✆ 055/217134.

Caffè Ricchi (71), preiswerte Mittagsgerichte (ca. 12 €), die man auch auf der Terrasse an der hübschen Piazza S. Spirito einnehmen kann. Piazza S. Spirito 9r. So geschlossen. ✆ 055/215864.

Quattro Leoni (65), Piazza della Passera (bei der Piazza Pitti in die Via dello Sprone einbiegen). Etwas versteckt liegendes Lokal mit gutbürgerlicher Küche. Menü ab 25 €. So geschlossen. ✆ 055/218562.

Antica Mescita San Niccolo (80), Via San Niccolo 60r. Inmitten einfacher Holzbänke, ungedeckter Tische, holzgetäfelter Wände und einer blank polierten Messing-Kaffeemaschine bekommt man hier so seltsame Dinge wie *Pappa ai pomodori* (Tomatenbrei mit Zwiebeln) oder *Lingua in salsa verde* (Zunge in grüner Soße) serviert. Die Preise sind der Einfachheit halber einheitlich: Vorspeisen oder Primi kosten 6 €, Hauptgerichte 7 €, der halbe Liter Rotwein ist für 4 € zu haben. So geschlossen. ✆ 055/2342836.

Diladdarno (75), Via de' Serragli 108r. Geräumiges Interieur mit langen Tischen. Für das Menü (22 €) relativ große Auswahl. Eine aparte Sache zur Abrundung des Mahls sind die *biscottini*, steinharte Mandelplätzchen, die man in Vinsanto eintaucht. Mo geschlossen. ✆ 055/225001.

Pizzeria I Tarocchi (78), Via de' Renai 14r. Preiswerte und gute Pizzeria. Pasta und Pizza ab 6,50 €. Dementsprechend meist überfüllt. Wartezeiten bis zu einer Dreiviertelstunde keine Seltenheit. Vorbestellung (fast) unmöglich. Tipp: Wer in Ruhe essen will, kommt lieber gleich erst um 22 Uhr. Bedienung immer im Stress, dabei aber erstaunlich gelassen. Abends bis 1 Uhr geöffnet, Mo geschlossen, Mittagstisch nur Di–Fr. ✆ 055/882391.

Sabatino (45), Via Pisana 2r (Porta S. Frediano). Äußerst preisgünstiges Restaurant mit leckeren Tagesgerichten. Sehr gemischtes Publikum. Einladender, geräumiger Speisesaal. Guter, freundlicher Service. So geschlossen. ✆ 055/225955.

Angiolino (57), Via S. Spirito 36r. Eine der charakteristischsten Trattorien von Florenz, wo man dem Koch noch auf die Finger schauen kann. Ein länglicher Saal mit Bullerofen, im hinteren Teil befindet sich die Küche. Es geht dementsprechend volksnah zu. Menü ca. 26 €. Mo geschlossen. ✆ 055/2398976.

Al Tranvai (64), Piazza Tasso 14r. Klitzekleines Lokal, das nicht umsonst „Straßenbahn" heißt. Mittags meist brechend voll. Traditionelle Speisen und gute Salate zu annehmbaren Preisen (Primi ab 6 €). Sa/So geschlossen.

Momoyama (54), Borgo San Frediano 10r. Sushi-Bar und Kunstraum. Gut und teuer, ✆ 055/291840.

Borgo Antico (69), Piazza S. Spirito 6r. Gutbürgerliches Lokal, im Sommer sitzt man draußen. Pizza oder Primo ab 6 €, ein Glas Bier vom Fass 4 €, Menü ab 18 €. ✆ 055/210437.

• *Enoteche* **De' Giraldi (43)**, Via de Giraldi 4r. In den alten Lagern mit Kreuzgratgewölben des Palazzo Borghese. Leckere Speisen, seltene Weine und gute Auswahl auch an Käsesorten kleiner Fattorien, ✆ 055/216518.

Boccadama (58), Piazza S. Croce 25. Enoteca mit hausgemachter Pasta und leckeren Kleinigkeiten. Angenehme Atmosphäre, gute Weinkarte. ✆ 055/243640.

Enoteca Fuori Porta (83), Via del Monte alle Croci 10r. Die ehemalige Studentenkneipe gleich hinter dem Stadttor San Miniato (Viertel San Niccolò) hat sich in den letzten Jahren sehr gemausert. Primi (ab 7 €) und eine Riesenauswahl an leckeren *crostini, crostoni, panini* und *focacce*. Man kann aber auch nur ein Glas Wein zu 1.50 € trinken, auch wenn die Auswahl aus 600 (!) verschiedenen Weinen sicher schwer fällt. So geschlossen.

• *Gelaterie* **Gelateria Vivoli (51)**, Via Isola delle Stinche 7r (in einer unscheinbaren Gasse hinter dem Teatro Verdi). Die traditionsreichste Eisstube von Florenz.

Toscana
Karten S. 60/61 und S. 216/217

Festival del Gelato (37), Corso 75r. Der Eispalast würde einer Disko alle Ehre machen: Es glitzert und blinkt zur musikalischen Dauerberieselung.

Gelateria dei Neri (62), Via dei Neri 22r. „Di M. Vivoli" prangt über dem Eingang. Doch hat das Lokal mit dem traditionsreichen Betrieb (s. o.) nichts zu tun. Trotzdem: hervorragendes Eis.

Gelateria Badiani (13), Viale dei Mille 20r (in der Nähe des Stadions Campo di Marte). Traditionsreiche Konditorei mit dem besten Eis und Gebäck in ganz Florenz, ein Muss für alle, die Süßes mögen. Besonders zu empfehlen: *Gelato alla Crema Buontalenti.* Mittags auch schmackhafte Primi und belegte Brötchen.

Gelateria Frilli (81), Via San Miniato 5r (Viertel San Niccolò, unterhalb des Stadttors San Miniato). Winzig, wenig Auswahl, aber gut, besonders das Semifreddo!

• *Café* Liebhaber nostalgischer Cafékultur sollten die Cafés an der Piazza della Repubblica besuchen. Dezenter Unterhaltungsmusik am Flügel lauscht der Besucher abends im matten Art-Déco-Glanz des **Paszkowski (33)**. An derselben Seite des Platzes liegt das 1733 gegründete **Gilli**, das zu den ältesten Cafés der Stadt zählt: Insbesondere die Terrasse lockt viele Gäste an. Gegenüber hat sich das ebenso elegante **Giubbe Rosse (42)** eingerichtet, das mit einem beachtlichen Angebot an Tageszeitungen aufwartet.

Nachtleben (siehe Karte S. 68/69)

Lidò, Teatro dell'acqua (73), zwei Open-Air-Lokale am Flussufer (Lungarno Pecori Giraldi 1). Während im *Teatro* mehr Disko-Sound und Salsa angesagt ist, wird im *Lido* Jazz, Reggae und House aufgelegt; man sitzt zusammen, süffelt sein Getränk und kann sich dabei sogar unterhalten. Geöffnet von Mitte Juni bis Mitte September. Die Clubmitgliedschaft (ca. 7 €) gilt für beide Lokale.

Apollo Bar (16), Via dell'Ariento 41. Nicht zum Abheben, aber in Ordnung

Astor, direkt am Domplatz. Großzügiger Gastraum mit Bar und Ristorante, trotzdem meist rammelvoll. Piazza del Duomo 20r.

Salamanca (47), Via Ghibellina 80r. Tapas, Tostadas und spanische Leckereien. Montags und dienstags lateinamerikanische Live-Musik.

Rex Caffè (27), Via Fiesolana 25r. Absolut hippe Gestaltung mit Spiegeln, Glasfragmenten, und Mosaiken. Anspruchsvolle Kunst und Happenings.

Caffè Megara (36), Via della Spada 11. Alles wird geboten: Brunch, Cafeteria, Satelliten-TV, Cocktails und Jazz.

Be Bop (21), Via dei Servi 28. Regelmäßig Live-Konzerte, vorwiegend Studenten.

Red Garter (59), Via dei Benci 33r. Eine rockige Musikkneipe, viele amerikanische Gaststudenten. Do, Fr und Sa Livemusik, es wird gerne wild getanzt. Eintritt ca. 7 €, erstes Getränk frei.

Jaragua (85), Via dell'Erta Canina 12r, unterhalb des Piazzale Michelangelo (bei der Porta S. Niccolò). Halb Bar, halb Disko. Südamerikanische Musik bis 3 Uhr in der Früh. Kein Eintritt, Mo geschlossen.

Dolce Vita (60), Piazza del Carmine 5. Hier trifft man sich, um seinen Cocktail oder Aperitif einzunehmen und die weitere Gestaltung des Abends vorzubereiten. Im Hinterraum und an den Tischen draußen auf dem Platz kann man auch essen. Bis 1.30 Uhr nachts geöffnet.

Cabiria (72), Piazza S. Spirito 4r. Café, Snackbar und Restaurant. Vor allem südamerikanische Klänge, im Sommer treten auch Gruppen auf.

Caffè Notte (76), Via delle Caldaie 28r. Hier treffen sich vor allem Künstler und Handwerker aus dem Viertel – in trauter Eintracht.

Space Electronic (22), Via Palazzuolo 37 – verrückte Einrichtung, junges Publikum, Acid und House, megalaut.

Universale, in der Via Pisana 77r. Altes Filmtheater, geschickt umgestaltet. Musik nach Tagesform und Laune der DJs.

Maramao, Via dei Macci 79r. Geöffnet von 23–2 Uhr. Die Innenausstattung erinnert an die amerikanischen Cave-Clubs, an kupferverkleideten Wänden hängen Werke junger florentinischer Künstler. Hip-Hop, House und Funk.

Meccanò, Viale degli Olmi 1, am Anfang des Cascine-Parks. Berühmteste Disko von Florenz, Tanzfläche unter freiem Himmel. Hip-Hop, House, Commerciale. Im ersten Stock befindet sich das **Planet Rock Café**, man speist bei Rhythm-and-Blues-Klängen.

YAB, Disko-Pub in der Via Sassetti 5r, zum Recherchezeitpunkt hochgradig „in".

Radrennen auf der Piazza della Repubblica – anschieben erlaubt

Sehenswertes

Die im Mittelalter gewachsene Stadt mit ihren immensen Kunstschätzen ist ein einmaliges Erlebnis. Besser als in überfüllten Gemäldegalerien lassen sich die Werke der großen Meister in „ruhigen" Klosterkirchen studieren.

Florenz wurde im ausgehenden Mittelalter geplant und systematisch angelegt; es gab keinen Wildwuchs. Gemeinsam wurde bestimmt, wie ein neues Bauwerk in die bestehende Bausubstanz integriert werden konnte und welches Material verwendet werden sollte. Die unterschiedlichen Berufsstände wie Schuster, Tuchhändler oder Metzger wurden in jeweils separaten Straßenzügen angesiedelt.

Gelockert wurde dieses Prinzip erst durch die *Medici* und andere Bankiersfamilien, die ihre Renaissancepaläste in der Stadt hochzogen. Dazu mussten oft halbe Straßenzüge niedergerissen und wieder aufgebaut werden, was der Stadt ein völlig neues architektonisches Gesicht verlieh. In dieser Zeit beriefen sich Baumeister wie Künstler auf antike Vorbilder und Traditionen.

Piazza della Signoria

Einer der berühmtesten Plätze Italiens mit einer großartigen Gebäudekulisse, dominiert vom Palazzo Vecchio (Rathaus) und der Loggia dei Lanzi. Im Florentiner Stadtgewühl ist die Piazza della Signoria eine Oase der Ruhe, da sie für den Autoverkehr gesperrt ist.

Der große Neptunbrunnen vor dem Palazzo wurde von *Ammannati* entworfen, ein beliebtes Fotomotiv. Rechts neben ihm hockt *Donatellos* berühmter Löwe „Marzocco" mit dem Stadtwappen, der florentinischen Lilie (es handelt sich allerdings um eine Kopie). Gleich daneben die ebenfalls von *Donatello* stammende Figurengruppe „Judith und Holofernes", auch eine Nachbildung, die allerdings weit weniger ausdrucksstark ist als das Original, das man heute im Inneren des Palazzo Vecchio bewundern kann. Vor dem Eingangsportal posieren links *Michelangelos* berühmter „David" (seit 1873 ebenfalls nur noch als Kopie, das Original ist in der Galleria dell'Accademia zu sehen) und rechts „Herkules und Cacus" von *Baccio Bandinelli*, allgemein als dessen Hauptwerk angesehen. Ganz links auf dem Platz erhebt sich das Reiterstandbild Cosimos I., das von *Giambologna* geschaffen wurde.

Loggia dei Lanzi (Loggia della Signoria)

Die Bogenhalle an der Piazza della Signoria stammt aus der Zeit des Übergangs von der Spätgotik zur Renaissance (Ende des 14. Jh.). Hier wurden die Stadtoberen gewählt und offizielle Empfänge veranstaltet. Im 16. Jh. diente die Loggia als Unterkunft für die Leibwache Cosimos I.

Heute befinden sich in der Loggia v. a. Skulpturen aus der römischen Antike und der Florentiner Spätrenaissance. Von *Giambologna* stammen „Der Raub der Sabinerin" und „Herkules ringt mit dem Zentauren". Neueren Datums ist „Der Raub der Polyxene" von *Pio Fedi* (1866).

Das populärste Werk der Loggia ist der „Perseus" von *Benvenuto Cellini*, eine Bronzearbeit aus dem Jahr 1554. Perseus hält in seiner Linken triumphierend den abgeschlagenen Kopf der Medusa – in dicken Trauben hängt noch das Blut daran...

Eintrittspreise

(C) – City-Museen: Kostenloser Eintritt für Kinder bis zu 12 J. und Preisnachlass von 25 % für Jugendliche bis zu 20 und Senioren über 60 J. Bei Erwerb des sog. *Carnets* erhält man den offiziellen Museen-Führer der Stadt und einen Preisnachlass von 50 % auf alle städtischen (im Text sind sie mit einem **C** markiert) und einige nichtstädtische Museen. Die Karte ist ein Jahr gültig.

(S) – Staatliche Museen: Der Eintritt für Jugendliche unter 18 und Senioren über 65 J. ist kostenlos (im Text sind die Museen mit einem **S** markiert). *Öffnungszeiten*: Tägl. außer Mo 8.15–18.50.

Telefonreservierung für die wichtigsten staatlichen Museen: In der Saison ist es inzwischen unmöglich geworden, ohne Voranmeldung eine Eintrittskarte zu ergattern. Nach telefonischer Anfrage unter ✆ 055/294883 wird jedem Interessenten eine Buchungsnummer zugeteilt (1,55 €). Erst damit erhält man bei einer der Kartenvorverkaufsstellen *(Biglietteria di prenotazioni)* seine Eintrittskarte. Die entsprechenden Stellen befinden sich links neben dem Eingang zu den Uffizien, im Vestibül des Palazzo Pitti (Hauptstelle, größere Gruppen nur dort) und in der Galleria dell'Accademia.

Nach der Autobiographie *Cellinis* lassen sich die näheren Umstände bei der Gestaltung des „Perseus" folgendermaßen beschreiben: Cellini hatte zuvor am französischen Hof gearbeitet und kam, von Heimweh getrieben, nach Florenz zurück. Bei den anderen Künstlern der Stadt fand er keinerlei Unterstützung, da er als Fürstengünstling galt. Kein Mensch traute Cellini das technisch äußerst schwierige Werk zu. Probleme ergaben sich besonders wegen der weit auseinander gezogenen Arme und Beine der Skulptur, denn dadurch konnten sich beim Guss leicht Luftblasen bilden. Als die Form endlich zum Guss fertig war und der Schmelzofen glühte, bekam der Künstler hohes Fieber und musste sich ins Bett legen. Seine Gesellen übernahmen die Verantwortung und vollendeten das Werk. Der Guss gelang, und Cellini war unversehens genesen.

Palazzo Vecchio

Das Rathaus. Hier wohnten zur Zeit der Florentiner Zunftdemokratie die zwölf Stadtoberen, die jeweils für 60 Tage gewählt wurden. Während ihrer kurzen Amtszeit mussten sie gemeinsam im Palast leben und durften ihn nur zur Erledigung ihrer Amtsgeschäfte verlassen. Auf diese Weise wollte man eine Einflussnahme von außen so weit wie möglich verhindern.

Der große, rechteckige Bau mit gotischen Fenstern und mittelalterlicher Brüstung entstand zwischen 1298 und 1314 und soll auf einen Entwurf *Arnolfo di Cambios* zurückgehen, der auch als erster Baumeister des Doms gilt. Bis 1588 wurde der Palast in mehreren Etappen erweitert. Nach der Zeit der zunftdemokratischen „Wohngemeinschaften" war der Palazzo Sitz *Cosimos I.* und weiterer Medici. Die Bezeichnung „vecchio" (alt) erhielt er erst, nachdem die Großherzöge in den neuen Herzogspalast, den Palazzo Pitti, umgezogen waren.

Innenhof: Auch wenn der Palazzo von außen sehr schlicht wirkt – im Inneren ist er äußerst aufwendig und prunkvoll gestaltet. Man betritt zunächst einen Innenhof mit Säulengang, geschmückt mit Fresken und Stuckarbeiten. Der Brunnen geht auf einen Entwurf *Vasaris* zurück. An den Innenhof grenzt der einzige Raum, der aus der Erbauerzeit noch unversehrt erhalten ist: der Waffensaal, der häufig für wechselnde Ausstellungen geöffnet ist. Der Freskenschmuck des Saals stammt ebenfalls von *Vasari.*

Erster Stock: Die berühmteste Räumlichkeit im ersten Stock ist der „Saal der Fünfhundert". Zu sehen ist Michelangelos Werk „Genius des Sieges", die Statue eines Jünglings, der einen Riesen bezwingt. Daneben steht eine ganze Serie von Herkules-Statuen, die amüsanteste vielleicht „Herkules und Diomedes" von *Vincenzo de Rossi*: Diomedes geht dem griechischen Helden recht handgreiflich ans Gemächt.

Vom „Saal der Fünfhundert" gelangt man ins „Studiolo", das Studierzimmerchen Francescos I. Wände und Decken sind dicht an dicht mit farbenprächtigen Gemälden überzogen. Gegenüber liegt der Eingang zu den großherzöglichen Gemächern, den sog. „Quartieri". Jeder Saal im „Quartiere Leone X", nach dem Medici-Papst Leo X. benannt, ist einem berühmten Mitglied der Familie gewidmet (zugänglich sind allerdings nur die ersten drei).

Neptun auf der Piazza della Signoria

Zweiten Stock: Hier sind zahlreiche Räume zu besichtigen, u. a. der „Saal der Elemente", dessen Ausschmückung unverkennbar von *Vasari* stammt. Der prunkvolle „Audienzsaal" ist mit großflächigen Schlachtenfresken versehen. Gleich daneben liegt der „Liliensaal", dessen Längswände mit goldenen Lilien auf blauem Grund verziert sind. An der Stirnwand sieht man Fresken von *Domenico Ghirlandaio*. Hier steht auch die zierliche Judithfigur von *Donatello*. In der Rechten hält sie drohend das Schwert, mit der Linken packt sie den Tyrannen Holofernes an den Haaren, um ihm die Kehle durchzuschneiden. Auch das „Quartiere di Eleonora" mit den Privatgemächern der spanischen Gemahlin Cosimos I. liegt im zweiten Stock. Im „Geographiesaal" kann man sich dem Studium alter Landkarten von Grönland bis zum Bosporus hingeben.

Öffnungszeiten Do 9–14 Uhr, sonst 9–19 Uhr, Eintritt 6 € **(C)**.

Uffizien (Palazzo degli Uffizi)

Die Uffizien, das „Museum der Superlative", wird gerne in einem Atemzug mit dem Louvre und dem Prado genannt. Hier sind derart viele Kunstwerke ausgestellt, dass man mit einer genauen Beschreibung ganze Bücher füllen könnte. Wer keine gezielten Interessenschwerpunkte hat, läuft Gefahr, sich zu verzetteln.

Am rechten Arno-Ufer liegt der von *Vasari* im 16. Jh. entworfene U-förmige Palastbau. Hier waren die wichtigsten Verwaltungsämter (ital. *ufficio*) des Stadtstaates untergebracht. Noch im selben Jahrhundert gründete Francesco I. im zweiten Stock des Gebäudes eine Galerie. Seine Nachfahren machten es sich zur Herzenssache, die Sammlung zu vergrößern. So entstand eine der berühmtesten Gemäldegalerien der Welt.

Mit dem Tod der letzten Medici, der Kurfürstin Anna Maria Luisa, ging die ursprüngliche Privatsammlung im Jahr 1737 als Geschenk vollständig in den Besitz der Stadt Florenz über. 1765 wurde sie der Öffentlichkeit zugänglich gemacht. Den Schwerpunkt der Sammlung bilden Werke der Florentiner und der Toscanischen Schule aus dem 13.–16. Jh.

Öffnungszeiten Di–So 8.15–18.50 Uhr. Eintritt 6,50 € **(S)**.

Rundgang durch die Uffizien

Saal **1 (Sala archeologica)**: Werke aus der Antike. Wenig spektakulär, vornehmlich Kopien hellenistischer Statuen.

Saal **2 (Duecento- und Giotto-Saal)**: Die „Thronende Muttergottes" von *Giotto* (um 1310). An den Nebenwänden sieht man Madonnendarstellungen aus dem späten 13. Jh. Die „Madonna Santa Trinità" von *Cimabue* ist noch ganz der byzantinischen Malerei verhaftet, während in *Duccios* „Madonna Rucellai" bereits erste gotische Stilelemente auftauchen.

Saal **3 (Saal des sienesischen Trecento)**: *Simone Martinis* „Verkündigung", *Ambrogio Lorenzetti* ist mit dem restaurierten Gemälde „Darbringung Jesu im Tempel" vertreten, auf dem das Jesus-Kind unbekümmert am Finger lutscht.

Saal **4 (Saal des florentinischen Trecento)**: Die florentinische Kunst der ersten Hälfte des 14. Jh. stand unter direktem Einfluss *Giottos*. Die Perspektivtechnik des großen Künstlers ist im Altarbild des *Meisters der hl. Cäcilie*, eines bisher nicht identifizierten Schülers von *Giotto*, gut erkennbar. Von *Giottino* stammt die „Beweinung Christi".

Saal **5/6 (Saal der Spätgotik)**: Besonders zu beachten ist die prunkvoll mit Gold und Stuck ausgestattete „Anbetung der Könige" von *Gentile da Fabriano*.

Saal **7 (Saal der Frührenaissance)**: Zu sehen sind u. a. die „Anna selbdritt" (An-

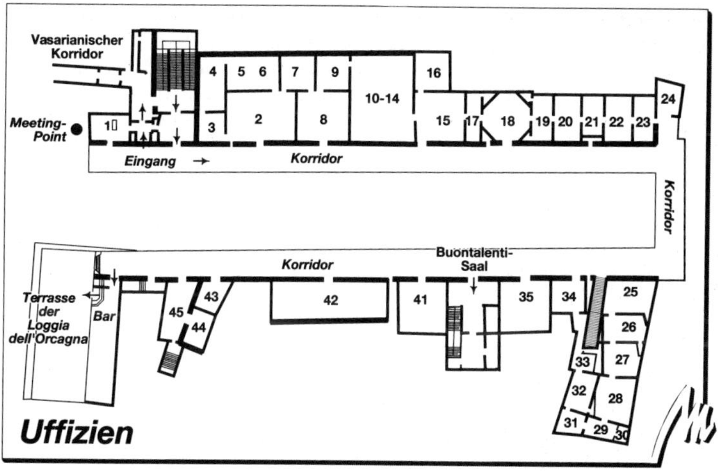

na, Maria und Jesus), eine Gemeinschaftsarbeit von *Masolino* und seinem damals 23-jährigen Schüler *Masaccio*, der als Vater der Renaissance-Malerei gilt.

Saal **8 (Saal Filippo Lippis)**: Vermutlich wegen seiner Schwäche für weibliche Reize malte *Fra Filippo* die schönsten Marien-Darstellungen. Auf dem Gemälde „Krönung Mariä“ hat sich der Künstler wahrscheinlich selbst dargestellt: der wohlgenährte Mönch links an der Balustrade, der, den Kopf auf die Hand gestützt, etwas gelangweilt aus dem Bild schaut, trägt seine Gesichtszüge. Das bekannteste Werk *Lippis*, die „Madonna mit Kind und zwei Engeln“, ist ebenfalls hier zu sehen. In der anmutigen Gestalt der Maria meint man die skandalumwitterte Geliebte des Künstlers, Lucrezia Buti, zu erkennen.

Saal **9 (Saal der Pollaiuolos)**: *Antonio Pollaiuolo* war wegen seiner Gold-, Silber- und Bronzearbeiten in den 60er Jahren des 15. Jh. der Lieblingskünstler der wohlhabenden florentinischen Auftraggeber. Neben seinen eigenen Gemälden, darunter auch Jugendwerke, werden sechs Bildnisse der Tugenden gezeigt, die von seinem Bruder *Piero* stammen. Die Darstellung der siebten Tugend, der Stärke, stammt von *Botticelli*.

Saal **10–14** (Botticelli-Saal): Mit seiner sanft-erotischen Malweise prägte *Botticelli* das 15. Jh. Weltberühmt sind seine „Allegorie des Frühlings“ und die „Geburt der Venus“. Diese Venus lebte wirklich, hieß Simonetta Vespucci, war stadtbekannt und vielbegehrt, starb aber schon in jungen Jahren an Tuberkulose.

Saal **15** (Leonardo-Saal): In diesem Raum sind neben zwei Bildern *Leonardo da Vincis* auch Werke anderer Künstler zu sehen, die in *Verrocchios* Werkstatt tätig waren. Die „Taufe Christi“ stammt von *Verrocchio* selbst, mit Ausnahme des linken Engels und der dunstigen Landschaft, die *Leonardo* als Schüler gemalt hat. Auch in der „Verkündigung“ ist der Einfluss seines Meisters noch sehr bestimmend, während die unvollendet gebliebene „Anbetung der Könige“ den individuellen Stil *Leonardos* zeigt.

Saal **16 (Saal der Landkarten)**: War ursprünglich eine offene Loggia, die später geschlossen wurde. An den Wänden Fresken von *Ludovico Buti* (nach Zeichnungen des Kartographen *Stefano Bonsignori*).

Saal **17 (Saal des Hermaphroditen)**: Die Hauptsehenswürdigkeit dieses Saals sind die römischen Marmorskulpturen „Liegender Hermaphrodit“ sowie „Amor und Psyche“.

Saal **18 (Tribuna)**: Der reich geschmückte, achteckige Raum war für die Meisterwerke aus der Sammlung der Medici gedacht und wurde dafür eigens beim Hofarchitekten *Buontalenti* in Auftrag gegeben. Unter den Statuen befindet sich die berühmte „Mediceische Venus", an die Napoleon sein Herz verloren hatte und die er deshalb nach Paris entführte. An den Wänden Arbeiten von *Pontormo, Rosso Fiorentino, Bronzino, Vasari* u. a.

Saal **19 (Saal Peruginos und Signorellis)**: *Perugino,* umbrischer Herkunft, lernte u. a. in der Werkstatt *Verrocchios.* Seine Fresken, insbesondere die bekannte Szene mit der „Schlüsselübergabe" in der Sixtinischen Kapelle in Rom, übten einen entscheidenden Einfluss auf die Entwicklung *Raffaels* aus. Auch *Signorelli,* der bekannte Schöpfer drastischer Weltuntergangsszenen (z. B. in Orvieto), ist hier mit einigen Rundbildern vertreten.

Saal **20 (Saal Dürers und der Deutschen)**: In diesem Saal sind Werke von *Dürer, Cranach* und anderen deutschen und flämischen Meistern des 15. und 16. Jh. ausgestellt.

Saal **21 (Saal Giovanni Bellinis und Giorgiones)**: Hier sind Werke der bekannten venezianischen Renaissance-Maler *Bellini* und *Giorgione* ausgestellt, z. B. *Bellinis* „Allegorie". Seine Heiligengestalten inmitten einer magisch wirkenden Landschaft haben recht Menschliches an sich.

Saal **22 (Saal der niederländischen und deutschen Meister)**: Zu sehen sind Werke deutscher und niederländischer Meister des 15. und 16 Jh., u. a. ein Selbstbildnis *Hans Holbeins d. J.* sowie zahlreiche Porträts von *Hans Memling.*

Saal **23 (Saal Correggios und Mantegnas)**: *Antonio da Allegri,* den man nach seinem Heimatort *Correggio* nannte, ist ein Meister der Licht- und Schatteneffekte. Außerdem sind Werke des norditalienischen Malers *Andrea Mantegna* ausgestellt (15. Jh.).

Saal **24 (Saal der Miniaturen)**: Miniaturensammlung der großherzöglichen Familie.

Saal **25 (Saal Michelangelos und der Florentiner)**: In diesem Saal ist das einzige gesicherte Tafelbild *Michelangelos* zu sehen. Der berühmte Tondo mit der Darstellung der heiligen Familie ist in Aufbau und Bewegung seiner Figuren ein revolutionäres Werk.

Saal **26 (Saal Raffaels und Andrea del Sartos)**: Neben *Raffaels* „Madonna mit dem Stieglitz" sind ein Selbstbildnis des Meisters sowie Porträts der Päpste Julius II. und Leo X., Letzterer mit seinen Kardinälen, zu sehen.

Saal **27 (Saal Pontormos und Rosso Fiorentinos)**: Mit Werken der Schüler *Andrea del Sartos. Pontormo* malte Fresken, die sogar bei Michelangelo Bewunderung auslösten. *Rosso Fiorentino* gilt als der Begründer des florentinischen Manierismus.

Saal **28 (Saal Tizians und Sebastiano del Piombos)**: Der Saal der venezianischen Renaissance mit ihrem großen Porträtisten *Tizian,* von dem u. a. die berühmte „Venus von Urbino" stammt. *Sebastiano del Piombo,* ein weiterer Vertreter der venezianischen Schule, ist u. a. mit dem Gemälde „Tod des Adonis" vertreten.

Saal **29 (Saal Parmigianinos und Dosso Dossis)**: Hier ist u. a. die „Madonna mit dem langen Hals" ausgestellt, eines der letzten Werke des berühmten Manieristen *Parmigianino,* das nach seinem frühen Tod (mit 37 Jahren) in seiner Werkstatt gefunden wurde. Rechts neben dem hl. Hieronymus ist ein herrenloser Fuß zu erkennen: Offensichtlich sollte an dieser Stelle noch eine andere Figur erscheinen, mit der Hieronymus im Zwiegespräch steht. *Dosso Dossi* ist mit seiner „Allegorie des Herkules" vertreten (auch „Liebeszauber" genannt).

Saal **30 (Kabinett der emilianischen Meister des 16. Jh.)**: Werke von Künstlern aus Ferrara, u. a. von *Mazzolino.*

Saal **31** (Veronese-Saal): *Paolo Veronese* ist als Meister spektakulärer Inszenierungen voller Leuchtkraft und Farbenpracht bekannt. Nicht von ungefähr geriet er wegen einer nicht unbedingt ehrerbietenden Abendmahl-Darstellung in die Mühlen der Inquisition.

Saal **32 (Saal Bassanos und Tintorettos)**: *Iacopo Robusti* war der Sohn eines Färbers, daher sein Spitzname *Tintoretto* (Färberlein). Kolportiert wird, dass *Tizian*

Die Uffizien am Arnoufer

Toscana Karten S. 60/61 und S. 216/217

ihn nach gerade einmal drei Tagen Lehrzeit wieder entließ, weil er in ihm einen großen Konkurrenten heranwachsen sah. Seine „Leda mit dem Schwan" braucht in der Tat keine Kritik zu fürchten!

Saal **33 (Korridor des 16. Jh.)**: Manieristische Werke verschiedener Schule und Künstler dekorieren die Wände des Durchgangsraums, u. a. „Die Schmiede des Vulkans", ein Gemälde von Vasari.

Saal **34 (Saal der lombardischen Meister des 16. Jh.)**: Besonders hervorstechend ist die „Susanna im Bade" von *Lorenzo Lotto*, die durch ihre für dieses Sujet unübliche Darstellungsweise überrascht. Auch Werke des großen Porträtisten *Moroni* sind in diesem Saal zu sehen.

Saal **35 (Saal Baroccis und der toscanischen Gegenreformation)**: *Federico Barocci* aus Urbino verwendete bereits Elemente, die das Barockzeitalter ankündigten. Seine revolutionäre „Madonna des Volkes" lockte viele zeitgenössische Künstler herbei, deren Werke zum Teil ebenfalls in diesem Saal zu sehen sind (u. a. *Cigoli, Santi di Tito* und *Alessandro Allori*).

Saal **41 (Rubens-Saal)**: Hier werden nach ihrer Restaurierung wieder die beiden großen Leinwände mit Szenen aus dem Leben Heinrichs IV. zu sehen sein. Auch das Porträt Isabelle Brandts, der ersten Frau von *Rubens*, hat hier seinen angestammten Platz.

Saal **42 (Saal der Niobe)**: Benannt nach der antiken Skulpturengruppe, die 1583 in einem römischen Weinberg gefunden wurde.

Saal **43 (Caravaggio-Saal)**: Wie bei der Bearbeitung seiner mythologischen Themen („Bacchus", „Medusa") zeichnet sich *Caravaggio* auch in der Darstellung biblischer Szenen durch genaue Beobachtung und erstaunliche Licht- und Schatteneffekte aus („Die Opferung Isaaks").

Saal **44** (Rembrandt-Saal): Werke nordeuropäischer Maler des 17. Jh. Von *Rembrandt* sind Selbstbildnisse aus seiner Jugend und einige Alterswerke ausgestellt.

Saal **45 (Saal der Malerei des 18. Jh.)**: Wie im Vasarischen Korridor dominieren auch hier Gemälde von italienischen und französischen Malern.

Der Vasarische Korridor: Der etwa eineinhalb Kilometer lange Korridor, der nur nach Voranmeldung zugänglich ist, verbindet die Uffizien überirdisch mit dem Palazzo Pitti. Gebaut wurde er unter Cosimo I., der damit inmitten des städtischen Trubels einen ruhigen Weg zwischen Regierungspalast und Residenz schaffen wollte. Die Idee, diesen Weg mit Kunstwerken auszuschmücken und ihn dadurch etwas kurzweiliger zu gestalten, machte den Vasarischen Korridor zu einer der frühesten Kunstgalerien.

Über 700 Arbeiten aus dem 17.–20. Jh. von Künstlern verschiedener Nationen sind im Korridor untergebracht, darunter eine Reihe von Selbstbildnissen, u. a. auch von *Chagall*. Zahlreiche Fenster bieten dem Besucher einzigartige Ausblicke.

Öffnungszeiten Jährlich veränderte Öffnungsmodalitäten: meist 15. Mai bis Dezember 2 bis 3 Tage pro Woche geöffnet.

Dom (Duomo di Santa Maria del Fiore)

Das Wahrzeichen der Stadt und die viertgrößte Kirche der christlichen Welt. Bis zum 14. Jh. war der innen relativ nüchtern gehaltene Bau Versammlungsort des Stadtparlaments. Mit seinen gewaltigen Ausmaßen – 153 m lang und 38 m breit – bietet er heute 4000 bis 5000 Menschen Platz. Trotzdem ist er wesentlich kleiner ausgefallen als zu Baubeginn geplant: Ursprünglich sollte der Dom die gesamte Florentiner Bevölkerung aufnehmen können – damals etwa 30.000 Menschen.

Der Bau wurde 1296 von *Arnolfo di Cambio* begonnen und nach dessen Tod von *Francesco Talenti* fortgeführt. *Brunelleschi* vollendete das Werk, indem er die imposante Kuppel aufsetzte. Der Baustil läutet bereits die Renaissance ein. Die Einweihungsfeier fand 1436 statt.

Die heutige, erst zwischen 1875 und 1887 nach dem Entwurf von *Emilio de Fabris* fertig gestellte **Fassade** ist farbenprächtig mit rotem, weißem und grünem Marmor verkleidet. Die Statuen in den Nischen unter dem Tympanon stellen Persönlichkeiten der Dombaugeschichte dar, über den Portalen thronen die Apostel. Weitere biblische Motive finden sich auf den kunstvollen vorderen Portalen.

Allein die Kuppel ist 35 m hoch, der gesamte Kuppelbau einschließlich der aufgesetzten Laterne erreicht eine Höhe von 107 m. Innen sind die Kuppelgewölbe mit Fresken bemalt, die das Jüngste Gericht darstellen. Der Kuppelbau wurde schon 1366 vom Stadtrat beschlossen, aber kein Baumeister wagte sich an das monumentale Werk. Erst nach einer Ausschreibung im Jahr 1418 legte *Brunelleschi* seine Pläne auf den Tisch. Die Arbeiten wurden allerdings erst 1436 abgeschlossen.

Es lohnt sich unbedingt, die Kuppel hinaufzusteigen, nicht nur wegen der berühmten Aussichtsplattform. Interessant ist schon allein die Konstruktion mit den auf verschiedenen Ebenen angeordneten Ziegelsteinen, die dazu dient, die immense Spannung auszugleichen. Der Baumeister ließ für diesen Zweck eine Art „Ur-Porotonziegel" herstellen: Der Lehm wurde mit Stroh vermischt, das beim Brennen verkohlte und feine Hohlräume verursachte; dadurch wurde viel Gewicht eingespart. Im Zweiten Weltkrieg diente das Labyrinth von Gängen und Treppchen zwischen der inneren und äußeren Kuppelschale einigen hundert Flüchtlingen als Versteck vor den Nazis.

Öffnungszeiten **Dom**: Mo–Sa 10–17, So 13.30–16.45 Uhr. **Kuppel**: Mo–Fr 8.30–19 Uhr, Sa 9.30–17.40 Uhr (am ersten Sa im Monat nur bis 16 Uhr). So geschlossen. Eintritt 6 €.

Der **Campanile** wurde von *Giotto* entworfen. Ursprünglich sollte der Turm 122 m hoch werden, aber schließlich begnügte sich die Bauleitung mit 84 m. Mit seiner

Verkleidung aus farbigem Marmor diente er als Vorbild für die Gestaltung der Domfassade. Einzigartig sind die dekorativen **Flachreliefs** des Glockenturms. Der größte Teil wurde durch Kopien ersetzt, da die Abgase dem Material stark zugesetzt hatten. Die Originale befinden sich heute im Dommuseum. Die untere Reihe der sechseckigen Reliefs stammt von *Andrea Pisano*. Hier werden zum ersten Mal in der Florentiner Baugeschichte die Künste der Handwerker dargestellt. An der Westseite beginnt der Zyklus mit der Erschaffung Adams und Evas (Feldarbeit); es folgen die ersten Viehzüchter, dann Kains Sohn Jubal (Erfinder von Musikinstrumenten) und Tubalkain (der erste Schmied), schließlich Noah, der erste Weinbauer. Die Reliefs zur Kirchenseite stammen von *Luca della Robbia* und wurden erst 100 Jahre später angefertigt. Die rhombenförmigen Reliefs weiter oben stellen die sieben Planeten, die sieben Tugenden und die sieben Sakramente dar. In den Nischen des dritten Geschosses sieht man Propheten-Statuen von *Donatello* und *Nanni di Banco*.

Öffnungszeiten Täglich 8.30–19.30 Uhr, Eintritt 6 €.

Wahrzeichen der Stadt – der Dom

Baptisterium (Battistero di San Giovanni)

Die Taufkirche, bis ins 19. Jh. die einzige der Stadt, entstand in der zweiten Hälfte des 11. Jh. Eine besondere Sehenswürdigkeit sind die drei Eingangstore mit ihren Bronzereliefs.

Obwohl Dom und Baptisterium so dicht nebeneinander platziert sind, war die Taufkirche ursprünglich die „Hauskapelle" des anliegenden Bischofspalastes; eine Häuserreihe trennte sie vom erst später errichteten Dom. Die Außenwände des achtseitigen Baus im Vorrenaissance-Stil, der später zu einem der Vorbilder der vorherrschenden Florentiner Architektur wurde, sind mit fünf Zentimeter dicken Platten aus weißem Carrara-Marmor und grünem Prato-Marmor verkleidet. Das Untergeschoss ist mit antikisierenden Wandpfeilern und das Kircheninnere mit alten römischen Säulen besetzt. Unter anderem wegen dieser Säulen hielten die Florentiner das Baptisterium noch bis ins 14. Jh. hinein für einen ursprünglich römischen Tempel. Die eindrucksvollsten Arbeiten des gesamten Baptisteriums sind sicher die Bronzetüren, die zwischen 1330 und 1452 gefertigt wurden:

Südportal: Es stammt von *Andrea Pisano* und zeigt Begebenheiten aus dem Leben Johannes des Täufers. In den unteren acht Feldern symbolisieren Frauengestalten die christlichen Tugenden.

Nordportal: Vom Bauauftrag bis zur Fertigstellung dauerte es 20 Jahre; erst dann konnte *Lorenzo Ghiberti* das Werk abliefern. Auch hier 28 Felder, oben Stationen aus dem Leben Christi, unten die vier Evangelisten und die vier Kirchenväter.

Paradiestor: Während bei den anderen Toren die Motive nur einzeln hervortreten, wirken hier die Reliefs bildhaft komponiert. Dargestellt werden zehn Begebenheiten aus dem Alten Testament – besonders beeindruckend die Opferung Isaaks. Sie ist das Meisterwerk von *Ghiberti*, in dessen Werkstatt auch *Donatello* lernte. Über 25 Jahre benötigte er zum Formen und Gießen der wuchtigen Torflügel mit ihren mehr als hundert Figuren.

Auch ein Selbstbildnis hat Meister *Ghiberti* in sein Werk geschmuggelt: auf der rechten Leiste des linken Flügels inmitten einer Reihe von Seherinnen und Propheten (dritter Kopf von unten).

Im **Inneren** glänzt das Baptisterium mit prachtvollen Mosaiken, die von venezianischen Steinschneidern angefertigt wurden. Phantastisch bis teuflisch wirkt das Deckenmosaik oberhalb der Chornische. Es zeigt einen menschenfressenden Satan; darüber thront Jesus auf einem schillernden Regenbogen. Der Marmorfußboden weist Tierkreiszeichen und orientalische Motive auf.

Das Grabmal des Gegenpapstes Johannes XXIII. (zwischen zwei Säulen) wurde von *Donatello* und *Michelozzo* angefertigt. Johannes XXIII. war vom Konstanzer Konzil abgesetzt worden und hatte danach bei seinem Sponsor Cosimo de' Medici fürstliche Gastfreundschaft gefunden.

Öffnungszeiten Mo–Sa 12–19 Uhr, So 8.30–14 Uhr, Eintritt 3 €.

Dommuseum (Museo dell'Opera del Duomo)

Es steht etwas unauffällig gegenüber der Ostseite des Doms und präsentiert neben Überresten romanischer Architektur eine Reihe von Kunstwerken (u. a. Skulpturen und Reliefs), die aus dem Dom, dem Kampanile und dem Baptisterium entfernt wurden, um ihren Erhalt zu sichern. Das bemerkenswerteste Kunstwerk ist eine „Pietà" Michelangelos, die für das eigene Grabmal des Künstlers bestimmt war. Die Skulptur war ursprünglich unvollendet, denn *Michelangelo* hatte sein Werk voller Wut zerstört, als ihm das linke Bein der Christus-Figur beim Meißeln abbrach. Sein Diener verkaufte es, und der spätere Besitzer ließ es von einem Michelangelo-Schüler restaurieren. Der Auslöser für Michelangelos Wutausbruch, das besagte Bein Christi, fehlt freilich immer noch ...

Beachtung verdient zweifellos auch die Holzfigur der ausgezehrten, in Lumpen gehüllten Büßerin Maria Magdalena von *Donatello*.

Öffnungszeiten Mo–Sa 9.30–19.30 Uhr, So 9–13.40 Uhr. Eintritt 6 € **(C)**.

Medici-Grabkapellen (Cappelle Medicee)

Das aufwendige Familiengrab der Medici an der nicht weit vom Dom entfernten Piazza Madonna lohnt einen Besuch schon allein wegen der Werke Michelangelos in der Neuen Sakristei.

Man betritt zunächst eine angenehm kühle und schlichte Krypta. In den Boden sind die Grabplatten der weniger bekannten Familienmitglieder eingelassen. Darüber liegt die prunkvolle, mit Marmor und Einlegearbeiten aus Halbedelsteinen ausgestattete Fürstenkapelle. Speziell für die Einlegearbeiten, die in ihrer Farbenpracht und absoluten Exaktheit fast wie gemalt wirken, wurde damals eine eigene Steinschneideschule, das *Opificio delle Pietre dure*, ins Leben gerufen, die noch heute existiert. Die riesigen, fast plump wirkenden Sarkophage waren für die Familie Cosimos bestimmt. In den kleinen Kapellen hinter dem Altar sind alte Goldschmiedearbeiten zu bewundern.

In der von *Michelangelo* gestalteten **Neuen Sakristei** drängt sich ständig eine dichte Menschentraube, darunter jede Menge Kunstprofessoren, die ihren versammelten Schülern wortreich das Werk des Meisters erläutern. Drei Jahre lang arbeitete er an der Sakristei, ohne sie vollenden zu können.

Die Grabskulpturen sind den beiden Medici Lorenzo und Giuliano gewidmet. Beide haben zu Lebzeiten wenig Bedeutendes vollbracht und sind eigentlich nur durch *Michelangelos* Grabmonumente zu einem gewissen Ruhm gekommen. Rechts die Skulptur Giulianos, der als Feldherr dargestellt ist, links die Skulptur Lorenzos, die den Herzog in nachdenklicher Haltung zeigt.

Öffnungszeiten Täglich 8.15–17 Uhr, jeden 2. und 4. Sonntag im Monat geschlossen. Eintritt 5 € **(S)**.

Bargello (Museo Nazionale del Bargello)

Das weltberühmte Museum für Bildhauerei ist von außen ein schlichter, festungsartiger Bau aus dem 13. Jh., der später immer wieder erweitert wurde. Ursprünglich war er Amts- und Wohnsitz des *Podestà*, des von den Bürgern gewählten Stadtoberhauptes; später tagte hier das Kirchengericht. 1574 zog der Polizeipräsident (im Volksmund *bargello* = „Büttel") in den altehrwürdigen Palast ein und verwandelte ihn in ein Gefängnis mit Folterkammern und Schafott. Damals wurden die Außenmauern des Gebäudes zur Abschreckung mit Schandbildern bemalt; sie zeigten überlebensgroße Hinrichtungsszenen der bekanntesten zeitgenössischen „Volksverräter".

In den einzelnen Sälen sind Skulpturen (Mittelalter bis zum 16. Jh.) zu sehen, darunter große Werke von *Michelangelo* („Bacchus", „Tondo Pitti", „Brutus" u. a.), *Benvenuto Cellini, Ammannati, Verrocchio* und *Giambologna*. Im ersten Stock sind Werke von *Donatello* ausgestellt („Heiliger Georg", „David" und „Johannes der Täufer"). Außerdem kann man sich Glas- und Bronzearbeiten, Elfenbeinschnitzereien, Terrakotten, Hieb- und Stichwaffen sowie Werke weniger bekannter Florentiner Künstler anschauen.

Öffnungszeiten Täglich 8.15–13.50 Uhr, geschlossen am 1., 3. und 5. Sonntag im Monat sowie am 2. und 4. Montag. Eintritt 4 € **(S)**.

Galleria dell'Accademia

Die von Cosimo I. 1562 gegründete Florentiner Kunstakademie beherbergt Gemälde und Skulpturen, die aus der Zeit zwischen dem 13. und 18. Jh. stammen. Darunter sind Werke toscanischer und umbrischer Künstler wie *Botticelli, Fra Bartolomeo, Filippino Lippi, Pontormo* und *Perugino* – aber auch russische Ikonen und die berühmte Hochzeitstruhe „Cassone Adimari". Doch werden sie alle von einem einzigen Werk in den Schatten gestellt, dem viel kopierten „David" von *Michelangelo*. Das 4,10 m hohe Meisterwerk entstand 1501 als Symbol der Demokratie und als Zeichen des (vorübergehenden) Sieges über die Tyrannei der Medici.

In der allgemeinen Begeisterung über den vom Licht überfluteten „David" wird häufig übersehen, dass in den Gängen rechts und links noch andere Skulpturen *Michelangelos* ausgestellt sind. Dazu zählen der „Matthäus" sowie die „Sklaven", die nach dem Tod des Künstlers in den Besitz Cosimos I. kamen, der sie in Buontalentis Grotte in den Boboli-Gärten aufstellen ließ; dort befindet sich heute eine wenig überzeugende Nachbildung.

Öffnungszeiten Di–Sa 8.15–18.50 Uhr, Mo geschl. Eintritt 6,50 € **(S)**.

Toscana
Karten S. 60/61 und S. 216/217

Der Ponte Vecchio

Ponte Vecchio

Der Ponte Vecchio ist die einzige noch erhaltene mittelalterliche Brücke in Florenz; die übrigen wurden kurz vor dem Ende des Zweiten Weltkriegs von der deutschen Wehrmacht zerstört, um den Vormarsch der alliierten Truppen zu stoppen. Ursprünglich waren hier ausschließlich Florentiner Handwerker mit ihren Verkaufsständen zu finden (vor allem Metzger). Erst im 16. Jh. zogen die Goldschmiede ein.

Palazzo Pitti

Der Palast, der so, wie er heute zu sehen ist, erst 1839 fertig gestellt wurde, liegt an der Verlängerung des Ponte Vecchio (auf der südlichen Flussseite). Seine Entstehung verdankt er den überbordenden Repräsentationsbedürfnissen der Patrizierfamilien des 15. Jh. Der reiche Kaufmann Pitti wollte den größten Bau der Stadt schaffen, um mit dem Glanz der Medici konkurrieren zu können. *Brunelleschi* entwarf den mittleren Gebäudeteil im Renaissance-Stil, das Innere prunkt mit aufwendigen Sälen. Doch die Pitti gingen bald Pleite, und so wurde der Palast von den Medici übernommen, die zeitweise hier lebten und herrschten. Heute sind in dem Gebäude mehrere Museen und Galerien untergebracht.

Galleria Palatina: Über 500 von den Medici gesammelte Arbeiten aus verschiedenen Kunstepochen dekorieren die Säle. Eine Ordnung ist nicht auszumachen. Fresken und Bilder hängen von der Decke bis zum Boden dicht beieinander – Kunst statt Tapete. Die Masse erschlägt den Besucher, das Auge findet kaum Halt. Trotzdem sei der Besuch empfohlen, allein schon wegen des guten Einblicks in den verschwenderisch-aufwendigen Lebensstil der Herrscherfamilie. Neben der Privatkapelle der Großherzogin Maria Magdalena von Österreich (Gemahlin Cosimos II.) ist auch ihr Badezimmer zu sehen – ein eher bescheidener Ort inmitten der prunkvollen Räumlichkeiten.

Wer sich Zeit nimmt, findet in der Masse Gemälde von *Raffael, Rubens, Tizian, Caravaggio, Perugino, Fra Bartolomeo, Vasari, Sodoma, Andrea del Sarto, Tintoretto, Luca Signorelli, van Dyck, Velazquez ...*

Galleria dell'Arte Moderna: In der Hauptsache Bilder des Klassizismus (19. Jh.), aber auch des Macchiaiolo-Stils (der Name kommt von ital. *macchia* = Farbklecks) – diesen Künstlern waren alle akademischen Malregeln ein Gräuel.

Silbermuseum: Die riesige Sammlung von Juwelen, Porzellan, Stoffen und Edelsteinen ist in Sälen mit prunkvollen Panoramafresken untergebracht (für manchen Geschmack etwas kitschig).

Darüber hinaus beherbergt der Palazzo eine Kostümgalerie und ein Porzellanmuseum. Wer Interesse hat, kann sich noch die **Appartamenti Monumentali** anschauen; in den „königlichen Gemächern" wohnten die Medici und eine Zeit lang auch die italienischen Könige.

• Öffnungszeiten **Galleria Palatina**: 8.15–18.50 Uhr, Mo geschlossen. Eintritt 6,50 € **(S)**.
Galleria dell'Arte Moderna und Kostümgalerie: 8.15–13.50 Uhr. Am 2. und 4. Sonntag im Monat sowie am 1., 3. und 5. Montag geschlossen. Eintritt 5 € **(S)**.
Silbermuseum und Porzellanmuseum: 8.15–18.30 Uhr, April/Mai/September bis 19.30; Juni/Juli/August nur bis 16.30; März und Oktober 1. und 4. Montag im Monat geschl. Eintritt 4 € **(S)**. Das Ticket gilt auch für die Boboli-Gärten.
Appartamenti Monumentali: 8.15–18.50 Uhr, Mo geschlossen.

Boboli-Gärten (Giardini di Boboli)

Hinter dem Palazzo Pitti erstrecken sich die Boboli-Gärten, eine kunstvoll gestaltete Parkanlage. Meterhohe Hecken, in denen Nischen für Büsten und kleine Skulpturen ausgespart sind, unterteilen das weitläufige Gelände. Hier findet man immer ein schattiges Plätzchen. Am besten, man durchstreift die Boboli-Gärten durch die kühlen, überwachsenen Bogengänge seitlich der Hauptwege. Sehenswert ist der *Bacchus-Brunnen* gleich am Eingang hinter dem linken Palastflügel. Das dicke Männchen auf der Schildkröte war der Hofzwerg Cosimos I.

Ein Stück von dieser skurrilen Figur entfernt liegt die *Grotte des Buontalenti*, eine künstliche Tropfsteinhöhle zum Entertainment der Blaublütigen. Hier standen früher die „Sklaven" von Michelangelo, die heute durch eine billige Tuffnachbildung ersetzt sind (Original in der Galleria dell'Accademia, s. o.). Im Original zu sehen ist hingegen eine schöne „Venus" von *Giambologna* in der letzten Grotte. Von den oberen Gartenanlagen genießt man einen herrlichen Ausblick auf die Dächer von Florenz.

• Öffnungszeiten 8.15–18.30 Uhr, April/Mai/September bis 19.30; Juni/Juli/August nur bis 16.30; März und Oktober 1. und 4. Montag im Monat geschl. Eintritt 4 € **(S)**. Das Ticket berechtigt auch zum Besuch des Porzellan- und Silbermuseums (s. o.).

Piazzale Michelangelo

Der berühmteste Aussichtspunkt von Florenz liegt am grün bewachsenen Berghang. Den riesigen asphaltierten Platz, gesäumt von einer niedrigen Balustrade, ziert eine weitere Kopie von *Michelangelos* „David". Tagsüber werden beim Betrachten der Stadt allerdings wenig romantische Anwandlungen aufkommen, denn dann ist der Platz voll von Reisebussen, Touristen und Souvenirläden. Schöner ist es hier in den Abendstunden.

Santa Croce

Kirche und Ruhmeshalle zugleich. Hier liegen neben *Michelangelo*, *Machiavelli* und *Galilei* noch weitere verdienstvolle Florentiner Bürger begraben.

Santa Croce wurde von den Franziskanern erbaut und ist die an Kunstschätzen reichste Kirche von Florenz. Der Bau der riesigen Hallenkirche (116 m lang) zog sich von 1295 bis 1385 hin. Mitte des 16. Jh. gestaltete *Vasari* das Kircheninnere

Toscana
Karten S. 60/61 und S. 216/217

drastisch um, ließ den Chor der Patres abreißen und in den Seitenschiffen Marmoraltäre aufstellen, hierbei fielen die gotischen Wandmalereien zum großen Teil zum Opfer. Das, was heute noch in den Querhauskapellen an Fresken erhalten ist, vermittelt nur eine Ahnung vom ursprünglichen Bilderschmuck, der vor Vasaris Eingriff alle Kirchenwände überzogen haben muss.

Das *Grabmal Michelangelos* im Hauptschiff ist kaum zu übersehen. Cosimo I. ließ den toten Meister aus Rom in seine Heimatstadt überführen, und *Vasari* baute die Grabstätte. Auf dem Sarkophag werden die Künste der Malerei, Bildhauerei und Architektur symbolisiert.

Eine Nische weiter wurde im 19. Jh. ein Denkmal für den in Florenz geborenen Dichter *Dante Alighieri* errichtet. Unweit davon steht eine fein skulptierte Marmorkanzel von *Benedetto de Maiano* (15. Jh.) mit fünf Flachreliefs, die aus dem Leben des hl. Franziskus erzählen. Als Nächstes gelangt man zum *Grabmal Machiavellis*, vor dessen Größe der Verfasser der Inschrift kapitulierte: „Für einen so großen Namen ist kein Lob groß genug", meint er in lateinischer Sprache.

Gleich daneben liegt der Opernkomponist *Gioacchino Rossini* begraben, kein Florentiner, nicht einmal Toscaner, sondern aus den Marken stammend und in Paris gestorben – aber eben doch ein berühmter Italiener.

An der linken Wand des Längsschiffs, gleich gegenüber dem Michelangelo-Grab, ruht *Galileo Galilei*.

Öffnungszeiten Tägl. 9.30–17.30 Uhr, Ostern bis Ende Okt. ab 9 Uhr, So 13–17 Uhr, Eintritt 4 €.

San Marco (Museo di San Marco)

Das überaus harmonische Dominikanerkloster ist vor allem für die Werke *Fra Angelicos* (1387–1455) bekannt. Nirgendwo finden sich so viele seiner Fresken und Bilder wie hier. Der malende Mönch lebte im nahen Dominikanerkonvent von Fiesole, als er den Auftrag erhielt, San Marco auszuschmücken. Gebaut wurde die Anlage als Erweiterung eines früheren Silvestrinerklosters. Das Kapital stellten die Medici zur Verfügung. Zum Kloster gehören zwei Kreuzgänge; der hintere ist den Mönchen vorbehalten. Die Kirche selbst ist wenig aufregend, umso mehr das **Museum**, das den Kreuzgang des hl. Antoninus mit den angrenzenden Räumlichkeiten sowie die darüber liegenden 44 Mönchszellen und eine Bibliothek umfasst.

Im **Kreuzgang des heiligen Antoninus** ist ein fast 10 m breites Kreuzigungsfresko von *Fra Angelico* die Hauptsehenswürdigkeit. Hinter dem Kreuzgang liegt das **Große Refektorium.** Es wird dominiert vom „Wundertätigen Mahl des heiligen Dominikus" mit der Kreuzigung darüber. Das Fresko stammt von *Giovanni Antonio Sogliani* und lehnt sich in seiner Komposition an die klassischen Darstellungen des letzten Abendmahls Christi an: Anstelle der zwölf Apostel sitzen zwölf Dominikaner zu Tisch, im Zentrum als älterer Mann der Ordensstifter. Das **Kleine Refektorium**, über eine Treppe vom Korridor aus erreichbar, zeigt das „Letzte Abendmahl" von *Ghirlandaio*.

Die **Sala degli Ospiti** (Pilgerherberge) ist das Kernstück des Museums. Hier sind u. a. einige Werke von *Fra Angelico* ausgestellt. Auf zwei monumentalen Tafelgemälden sieht man die „Thronende Maria mit Kind", umgeben von Heiligen. Eines von ihnen, mit Cosimus und Damian im Vordergrund, war für den Hochaltar von San Marco bestimmt. Im Obergeschoss befinden sich insgesamt 44 **Mönchszellen**, jede mit einem Fresko ausgestattet, einige stammen von *Fra Angelico* selbst, andere hat er nur konzipiert und die Ausführung seinen Schülern überlassen.

Zum Abschluss sollte man durch die langgestreckte **Bibliothek** wandeln, deren Eingang zwischen den Zellen Nr. 42 und 43 liegt – nach 44-maligem Bücken und Reinschauen in eine enge Mönchszelle eine wahrhafte Erholung.

Öffnungszeiten 8.30–13.50 Uhr, geschl. am 2. u. 4 Montag im Monat und am 1., 3. und 5. Sonntag. Eintritt 4 € **(S)**.

San Lorenzo

San Lorenzo ist die Familienkirche der Medici (hinter der Apsis befindet sich die sog. Fürstenkapelle, in der die Medici-Herzöge begraben liegen; siehe Medici-Grabkapellen, S. 82 f.). Sie wurde zwischen 1421 und 1469 nach Plänen von Brunelleschi erbaut. Auch wenn sie von außen nüchtern, ja fast abweisend wirkt (das liegt daran, dass sie nie eine Fassade bekam), gilt sie doch als wegweisendes Beispiel für die Baukunst der Renaissance. Im Inneren kann man Werke von Rosso Fiorentino, Desiderio da Settignano, Donatello und Bronzino bewundern.

Links der Kirche hat man vom doppelgeschossigen Kreuzgang aus Zugang zur **Biblioteca Laurenziana**, vermutlich eine der eigenwilligsten Raumgestaltungen, die je realisiert wurden. Der große *Michelangelo* hat hier alle Grenzen des architektonischen Formenkanons gesprengt. Die große Freitreppe im Vestibül, dem sog. Ricetto, bildet den Auftakt: Der Besucher fühlt sich wie magisch angezogen, die Stufen zum Lesesaal emporzusteigen und sich in einem der kunstvoll geschnitzten hölzernen Pulte ins Studium zu vertiefen.

Öffnungszeiten 9.30 –17 Uhr, Fr u. Sa erst ab 10 Uhr, So geschlossen. Eintritt 2,50 €.

Villen und Gärten in Florenz und Umgebung

Einen entspannten Blick auf das Leben der Medici bieten die teilweise recht imposanten Gärten und Villenanlagen im Raum von Florenz. Viele dieser Villen lagen in ihrer Entstehungszeit an der Peripherie der Stadt und waren Refugien, in die sich die Mächtigen zurückzogen – wie etwa jene Gruppe junger Städter, die Boccaccio im „Decamerone" beschreibt. Bildbände und weitere Literatur zum Thema (auch auf Deutsch) gibt es in der Buchhandlung Edison an der Piazza Repubblica.

Villa Medicea di Poggio Imperiale, Piazza Poggio Imperiale. Nur von außen zu besichtigen, da sich im Gebäude ein Gymnasium befindet.

Villa Medicea di Careggi, Viale Pieraccini 17. Mo–Fr 9–18 Uhr, Sa 9–12 Uhr, So geschlossen. ✆ 055/4279755.

Villa Medicea di Castello, Via di Castello 47. April–Sept. Mo–Sa 8.15–19 Uhr, Okt.–März Mo–Sa 8.15–17 Uhr, Mo geschlossen. Eintritt 3 €. Mit dem Bus 28 bis Via Sestese. ✆ 055/454791.

Villa Medicea La Petraia, Via della Petraia 40. April–Sept. täglich außer Mo 8.15–19 Uhr, Okt.–März 8.15–17 Uhr. ✆ 055/452691. Eintritt 3 €.

Villa Medicea in Cerreto Guidi (nahe Empoli, Buslinie Cobit), Via Ponti Medicei 7. Täglich außer Mo 8.15–19 Uhr. ✆ 0571/55707. Eintritt 3 €.

Villa Medicea in Poggio a Caiano, Richtung Pistoia (Autobahn Firenze Mare). Garten: 9–18.30 Uhr (sonn- u. feiertags bis 12.30 Uhr; im Winter bis 16.30 Uhr). Die Villa ist tägl. 9–13.30 Uhr geöffnet (sonn- und feiertags bis 12.30 Uhr). ✆ 055/877012. Eintritt 3 €.

Villa Demidoff, Vaglia, Loc. Pratolino, von der Via Bolognese (alte Verbindungsstraße nach Bologna) zu erreichen. April–Okt. Mo–Mi 10–20 Uhr. ✆ 055/409427. Eintritt 2,50 €.

Villa Gamberaia, Settignano, Via del Rosselino 72. Im Sommer tägl. 9–19 Uhr, im Winter bis 18 Uhr. ✆ 055/697205. Eintritt 8 €.

Umgebung von Florenz

Fiesole

Fiesole liegt eingebettet zwischen zwei Hügeln oberhalb von Florenz. Eine malerische, von Zypressen gesäumte Straße führt in vielen Serpentinen hinauf und bietet atemberaubende Ausblicke auf das im sommerlichen Dunst flimmernde Häusermeer der berühmten Schwester, in dessen Mitte die imposante Domkuppel wie eine Fata Morgana herüberwinkt.

Das Städtchen ist heute eine Art Villenvorort und „sommerliche Freilichtbühne" von Florenz. Wegen seiner zauberhaften Lage und seines, verglichen mit Florenz, angenehm kühlen Klimas war Fiesole immer schon ein idealer Ort für eine zeitweilige oder permanente Flucht aus dem Getümmel der nahen Großstadt. Bereits der Geldadel des Renaissance-Zeitalters ließ sich im grünen Umland des Städtchens seine stattlichen Sommerresidenzen bauen, und noch heute verstecken sich hier die hochherrschaftlichen Villen wohlbetuchter Florentiner und mehr oder minder berühmter Zugereister. Über Jahrhunderte hinweg war Fiesole darüber hinaus kontemplativer Zufluchtsort für Dichter, Schriftsteller und Künstler unterschiedlicher Couleur. Viele von ihnen haben diesem malerischen Fleck in ihren Werken ein Denkmal gesetzt und ihn dadurch weit über die Landesgrenzen hinaus bekannt gemacht. Man denke nur an *Boccaccio,* der hier seinen „Decamarone" schrieb.

Information/Verbindungen

• *Information* **APT-Büro**, Via Portigliani 3/5. Werktags 8.30–13.30 Uhr, in der Hauptsaison auch nachmittags. ✆ 055/598720, www.comune.fiesole.fi.it.

• *Verbindungen* **Stadtbus** Nr. 7 vom Hauptbahnhof, dem Domplatz und der Piazza S. Marco in Florenz.

Übernachten

*** **Bencistà**, etwa auf halber Höhe des rechten Fiesole-Hügels, DZ mit Halbpension 150 €, mit Vollpension 180 €. Riesiges altes Landhaus mit über 30 Zimmern. Abgeschirmte Lage, toller Blick auf die Stadt. Via Benedetto da Maiano 4, 50014 Fiesole, ✆/℻ 055/59163.

**** **Villa Aurora**, das erste Hotel am Platz mit einem verwunschenen Garten und überwältigendem Panoramablick über Florenz. DZ mit Panoramablick u. Whirlpool 190 €, die anderen 170 €. In der Nebensaison (Nov. bis Ostern) kann man sich in der Luxusvilla ab 110 € einmieten. Piazza Mino 39, 50014 Fiesole, ✆ 055/59100, ℻ 055/59587.

* **Villa Sorriso**, an der Hauptstraße. DZ mit Dusche/WC ca. 60 €, ohne 45 €. Große, modern eingerichtete, saubere Zimmer, im ersten Stock über einem Ristorante gelegen. Nachts trotzdem annehmbarer Geräuschpegel; Via Gramsci 21, 50014 Fiesole, ✆/℻ 055/59027.

Bed & Breakfast Le Cannelle, das Haus mit seiner rosafarbenen Fassade sticht sofort ins Auge. Die fünf Zimmer (alle mit Bad und TV) sind in Farbe und Einrichtung alle unterschiedlich gestaltet. DZ 113 €, EZ 80 €, Dreier 130 €, Vierer 150 €. Via Gramsci 54, 50014 Fiesole, ✆/℻ 055/5978336.

* **Villa Baccano**, einige Kilometer außerhalb von Fiesole (an der Auffahrt zum Camping Panoramico). DZ mit Bad 65 €, ohne 50 €. Großes Haus mit vielen geräumigen Zimmern, ältere Einrichtung, sauber. 50014 Fiesole, ✆ 055/59341.

Villa Le Scalette, ebenfalls B&B, DZ ab 80 €. Via delle Cannelle 1, 50014 Fiesole, ✆ 055/5978484, ℻ 055/5979970.

• *Außerhalb* *** **Dino**, etwa 10 km außerhalb von Fiesole in nördlicher Richtung gelegen, an der Kreuzung mit der Via Faentina nach links abbiegen. Preisgünstiges schönes Hotel mit empfehlenswertem Restaurant. DZ mit Bad 80 €, EZ 55 €. Ganzjährig geöffnet. Via Faentina 329, Loc. Olmo, 50014 Fiesole, ✆ 055/548932, 📠 055/548934.

• *Camping* **Panoramico**, etwa 8 km außerhalb von Fiesole (im östlichen Ortsteil der Via Francesco Ferrucci folgen, dann ausgeschildert). Sehr schöne Lage auf einer Hügelkuppe (mit Aussichtsplattform über Florenz). Hier weht ständig eine leichte Brise. Viel Schatten durch hohe Zypressen. Restaurant, Supermarkt. Auch Bungalowvermietung. Ganzjährig geöffnet. Via Peramonda 1, 50014 Fiesole, ✆ 055/599069, 📠 055/59186.

Essen/Trinken

Aurora, Piazza Mino 39, dem gleichnamigen Hotel angeschlossen. Menü ab 30 €. Mo geschlossen. ✆ 055/599020.

• *Außerhalb* **Le Cave di Maiano**, Via delle Cave 16, Maiano. Wunderschön gelegenes ehemaliges Bauernhaus mit mehreren kleinen Speiseräumen, sehr gediegen eingerichtet. Preise ab 40 € aufwärts. Typisch toscanische Küche, hauptsächlich Fleischgerichte. ✆ 055/59133. Mo geschl.

Graziella, Via delle Cave 20, Maiano. Im Sommer sitzt man im Freien unter einer grünen Laube und lässt sich die vorzüglichen Gerichte toscanischer und sardischer Provenienz munden. Zu den Spezialitäten gehört das Spanferkel auf sardische Art. ✆ 055/59963. Di geschlossen.

Quattro Strade, Via Faentina, etwa 8 km von Fiesole entfernt und direkt an der Kreuzung gelegen, wo es links runter nach Florenz und rechts in Richtung Borgo S. Lorenzo geht. Ein gut gehendes Gartenlokal mit Pizzeria. Im Sommer findet man kaum einen Platz.

Blick auf Fiesole

Da Dino all'Olmo, Via Faentina 329, Olmo, dem Hotel angeschlossen. Auch hier die deftige toscanische Küche. Man speist auf einer großen Terrasse mit wunderbarem Blick auf die Nordhänge der Hügel von Fiesole, ✆ 055/548932. Mi geschlossen.

Sehenswertes

Um die **Piazza Mino**, wo vermutlich in römischer Zeit das Forum lag, befinden sich die meisten Sehenswürdigkeiten des Städtchens. Im Sommer wimmelt der Platz von Menschen, ein Straßencafé reiht sich ans andere.

Dom San Romolo: Der Dom stammt ursprünglich aus dem 11. Jh., wurde aber im Laufe der Jahrhunderte mehrmals umgebaut; sein heutiges Aussehen erhielt er 1878. Der schlichte Bau aus Naturstein, dessen Längsseite die Piazza Mino im Norden begrenzt, sticht eigentlich nur wegen seines schlanken Glockenturms (1213) ins Auge, der dem Städtchen aus der Ferne sein typisches Panorama verleiht. Im Inneren sind u. a. Werke des hier gebürtigen Bildhauers *Mino da Fiesole* (Salutati-Kapelle) und der Florentiner Maler *Bicci di Lorenzo* und *Cosimo Rosselli* zu sehen. An die linke Kirchenflanke grenzen die Gebäude des Domstifts (1302) mit einem schönen Innenhof. Die Säule in seiner Mitte ist römischen Ursprungs.

Römisch-etruskisches Ausgrabungsgelände: Das Gelände erstreckt sich hinter der Apsis des Doms auf einer Fläche von 35.000 qm und ist damit fast so groß wie der Stadtkern von Fiesole. Anfang des 19. Jh. wurde die Fundstätte von einem Deutschen entdeckt, der sie prompt wieder zuschüttete, um sie vor Plünderungen zu bewahren. Erst 1873 wurde sie von italienischen Archäologen freigelegt.

Römische Reste in imposanter landschaftlicher Umgebung

Das imposante **römische Theater** aus dem 1. Jh. v. Chr. erfüllt jeden Sommer während der Veranstaltungen der *Estate fiesolana* wieder seinen ursprünglichen Zweck und bietet bis zu 3000 Besuchern Platz.

Rechts hinter dem Theater liegen die **Thermen** mit noch erhaltenem Schwimmbecken, Überresten der einzelnen Baderäume sowie Teilen der Heizungsanlagen. Das Wasser wurde über ein Aquädukt von Montereggi aus (etwa 4 km entfernt) zugeleitet.

Die Ausgrabung des **römischen Tempels** (1. Jh. n. Chr.) und seines etruskischen Vorgängers (3. Jh. v. Chr.) wurde erst 1960 abgeschlossen. Erhalten sind ein paar Säulensockel und der von Stufen umgebene Vorplatz mit zwei Altären (der größere ist römisch, der kleinere etruskisch). Am hinteren Ende des Geländes kann man noch einen Abschnitt der etruskischen Stadtmauer ausmachen.

Die Ausgrabungspläne und Funde werden im **archäologischen Museum** (Museo Civico oder Museum Faesulanum) präsentiert, einem klassizistischen Bau in Form eines etruskischen Tempels im Inneren des Geländes.

Palazzo Pretorio: An der Westseite wird die Piazza Mino vom Rathaus der Stadt abgeschlossen. Der relativ kleine, eher einer Villa ähnliche Bau stammt aus dem 14. Jh., Mitte des 15. Jh. erhielt er den dekorativen Säulenportikus und die darüber liegende Loggia. Fassade und Balustrade schmücken zahlreiche Wappen der Stadtoberen.

Kirche Sant'Alessandro: Rechts vor der Domfassade, zwischen Priesterseminar und Bischofspalast, führt ein steiles Gässchen auf einen der beiden Hügel von Fiesole. Auf halbem Wege liegt die Kirche Sant'Alessandro. Trotz ihres modern anmutenden Äußeren – Resultat umfangreicher Restaurierungsarbeiten im 19. Jh. – geht diese Basilika auf einen dem Weingott Bacchus geweihten römischen Tempel und dieser wiederum auf ein etruskisches Heiligtum zurück. Unter der Apsis befinden sich noch zwei Zisternen aus der Etruskerzeit. Das dreischiffige Innere mit sechzehn Säulen aus griechischem Marmor bildet heute die eindrucksvolle Kulisse für Kunstausstellungen und Konzerte.

Kloster San Francesco: Nachdem man schnaufend das letzte Stück des steilen Gässchens überwunden hat, gelangt man zum Kloster San Francesco, das seit 1399 im Besitz des Franziskanerordens ist. Tolles Panorama über Florenz und Umgebung.

Öffnungszeiten 9.30–12 und 15.30–18 Uhr. Eintritt frei.

Von Florenz nach Lucca

Prato

(170.000 Einwohner)

Die beschauliche Altstadt verbirgt sich hinter einer gut erhaltenen Festungsmauer: Mittelalter pur inmitten einer florierenden Industriestadt, deren wirtschaftliches Standbein seit jeher die Textilherstellung ist. Kunstliebhaber können sich neben bedeutenden Werken des Renaissance-Malers Filippo Lippi in einem hypermodernen Museumskomplex in der Neustadt auch zeitgenössische Meisterwerke anschauen.

Prato, seit 1992 Hauptstadt der gleichnamigen Provinz, liegt im Tal des Bisenzio, der bereits im Mittelalter für die Zwecke der Textilherstellung nutzbar gemacht wurde. Unzählige Wassermühlen zogen sich am Flusslauf entlang, und ein ausgeklügeltes System der Wasserverteilung sorgte dafür, dass die ansässigen Betriebe mit dem wichtigen „Rohstoff" für die Wässerung und Reinigung ihrer Produkte versorgt wurden. Der zunächst kleinräumig-lokale Handel wurde sukzessive ausgebaut, sodass das Prateser Tuch schon im 13./14. Jh. in vielen Teilen Europas zufriedene Abnehmer fand.

Der wirtschaftliche Erfolg, der es der Stadt auch ermöglichte, bedeutende Künstler wie *Filippo Lippi* für sich zu gewinnen, konnte trotz einiger herber Rückschläge im 16. und 17. Jh. bis in die Zeit der Industrialisierung hinübergerettet werden. Ab Mitte des 19. Jh. spezialisierten sich die hiesigen Fabriken auf die Verwertung von Altkleidern, was der Stadt später den zweifelhaften Ruf einer „Lumpenmetropole" einbrachte, den sie seit den 1970er Jahren durch eine verstärkte Produktion im Bereich hochwertiger Qualitätsware (mittlerweile höchst erfolgreich) zu korrigieren versucht.

Information/Verbindungen

• *Information* **APT-Büro**, Piazza S. Maria delle Carceri 15. Mo–Fr 9–13.30 und 14–18.30 Uhr, Sa 9–13.30 und 14–18 Uhr, So geschlossen. ✆/℻ 0574/24112, www.prato.turismo.toscana.it.

• *Verbindungen* **Bahn**: Prato liegt an den Strecken Bologna–Florenz und Florenz–Lucca. Stündlich meist mehrere Züge nach Florenz, per Express 10 Min. Fahrzeit. Die Züge nach Bologna halten an der Stazione Centrale, für die Richtungen Lucca und Florenz ist auch die nahe der Altstadt gelegene Stazione Porta al Serraglio zuständig.

Bus: Mit LAZZI von der Piazza Ciardi oder der Stazione Centrale in alle Richtungen, CAP ab der Stazione Centrale zu regionalen Zielen; Busse beider Firmen fahren mehrmals stündlich nach Florenz.

Übernachten

• *Hotels* *** **Flora**, in Pratos Altstadt die Nummer eins. Sauber und gepflegt, hoteleigene Garage, vegetarisches Restaurant. Klimatisiertes DZ mit Bad und TV 140 €. Gleich beim APT-Büro. Via Cairoli 31, 59100 Prato, ✆ 0574/33521, ℻ 0574/400289, www.prathotels.it.

*** **Giardino**, ebenfalls Altstadtlage mit eigener Garage. Direkt neben der Piazza del Duomo. Klimatisiertes DZ mit Bad 123 €. Via Magnolfi 2, 4 und 6, 59100 Prato, ✆ 0574/606588, ℻ 0574/606591.

** **Giglio**, an der verkehrsumtosten Piazza San Marco. DZ mit Bad ca. 72 €, Frühstück etwa 8,50 €. 59100 Prato, ✆ 0574/37049, ℻ 0574/604351.

• *Jugendherberge* **Ostello Villa Fiorelli**, neu renovierte Villa etwas außerhalb im Norden von Prato. Galceti, Via di Galceti 64, 59100 Prato, ✆ 0574/697611, ℻ 0574/6976256.

Toscana
Karten S. 60/61 und S. 216/217

Per Bus Nr. 13 ab Bahnhof, ca. 4 km außerhalb an der Stadtgrenze Richtung Figline (Beschilderung Richtung Centro de Scienze Naturali). Mehrbettzimmer mit Bad 14 €, Frühstück 1,55 €.

• *Außerhalb* *** **Villa S. Cristina**, von Florenz aus kurz vor Prato rechts den Hang hinauf (Via del Fontanaccio). Das Gebäude stammt aus dem 18. Jh., verfügt über einen Swimmingpool und liegt mitten in einem kleinen Park. Klimatisierte DZ mit Bad 144 €. Via Poggio Secco 58, 59100 Prato, ✆ 0574/595951, 📠 0574/572623.

** **Albergo il Villino**, 8 km Richtung Pistoia in Agliana, Ortsteil San Piero. Schöne Villa, angenehm familiäre Atmosphäre. Eigener Parkplatz. Gelegenheit zum Joggen und Relaxen bietet der Stadtpark hinter dem Haus. DZ mit Bad und TV 70 €. Via Vecchia Provinciale 374, 59100 Prato, ✆/📠 0574/675511.

Essen/Trinken

Tonio, hauptsächlich bekannt für frischen Fisch. Menü ca. 25 €. So und Mo geschlossen. Piazza Mercatale 161.

Solano, berühmt für die Spezialität der Stadt, die „Sellerierouladen". Exzellent auch die *crostini con funghi*. So geschl. Via Pomeria 23.

Bar Maracaibo, im Sommer sehr beliebt wegen seiner Außenbestuhlung auf der ruhigen Piazza Buonamici. Günstige Mittagsmenüs, Pasta ca. 4 €. Via Benedetto Cairoli 15.

King's Pub, urige Kneipe, zivile Preise, viele Jugendliche. Am Eingang zur Altstadt an der Piazza Mercatale. Via Giuseppe Garibaldi 148.

Porta al Serraglio, feine Fischgerichte in der Nähe des gleichnamigen Bahnhofs. Mi, Sa und So jeweils mittags geschlossen. Via Cavallotti 36.

L'Altra Calafuria, gemütliches Lokal zum Draußensitzen in einem pittoresken Altstadteck. Toscanische Küche. Piazza Lippi 9/10.

Baghino, gut, aber recht teuer. Gerichte der Region. Sonntagabends und montagmittags geschlossen. Via dell'Accademia 9.

Lapo, einfache und billige Trattoria. Großer Saal und lange Wartezeiten – ansonsten durchaus sympathisch. Im Sommer Betischung zum Platz. So geschlossen. Piazza Mercatale 141.

Sehenswertes

Castello dell'Imperatore (Kaiserburg): Die wuchtige Burg auf quadratischem Grundriss mit Eck- und Flankentürmen ist eines der wenigen Zeugnisse staufischer Architektur in Mittelitalien. Errichtet wurde sie unter Kaiser Friedrich II., dem sie als Stützpunkt und Station auf dem Weg zu seinen Herrschaftsgebieten in Süditalien diente. Von der Innenausstattung ist nichts mehr erhalten. Im Sommer stehen in der Kaiserburg Theateraufführungen und Open-Air-Kino auf dem Programm.

Öffnungszeiten April–September tägl. außer Di 9–13 und 16–19 Uhr, Oktober–März nur 9–13 Uhr. Eintritt 2 €.

Dom Santo Stefano: Prato wurde erst 1653 Bischofssitz, sodass der heutige Dom zu Beginn des 13. Jh. zunächst als einfache Pieve (Pfarrkirche) erbaut wurde. Die Fassade des Doms mit der grün-weißen Marmorstreifung war Mitte des 15. Jh. fertig gestellt, ebenso die berühmte Außenkanzel von *Michelozzo* mit dem durch eine mittige Säule gestützten Baldachin und den Puttenreliefs von *Donatello* an der Brüstung (Abgüsse nach den im Dommuseum aufbewahrten Originalen). Die Kanzel diente (und dient noch heute) der öffentlichen Präsentation des Heiligen Gürtels Mariens (s. u. „La Sacra Cintola").

Die bedeutendste Sehenswürdigkeit im Inneren des Domes sind die beiden Freskenzyklen von *Filippo Lippi* in der Hauptchorkapelle, die zwischen 1452 und 1466 unter Mitwirkung von *Fra Diamante* entstanden sind: An der linken Seitenwand ist die Vita des Kirchenpatrons dargestellt, rechts sieht man Stationen aus dem Leben Johannes des Täufers. Besonders eindrucksvoll ist die Gestaltung des „Gastmahls des Herodes" im Johannes-Zyklus, das der Künstler als höfisches Bankett mit biblischen Figuren in zeitgenössischen Gewändern darstellt.

• *Öffnungszeiten* April–Oktober Mo–Sa 7–12 und 15.30–19 Uhr, November–März auch So 7–13 und 15.30–20 Uhr.

La Sacra Cintola: Ein mit Goldfäden durchwirkter grüner Wollgürtel ist die wichtigste Reliquie der Prateser. Die Legende schreibt ihn der Gottesmutter zu, die ihn vor ihrer Himmelfahrt dem ungläubigen Thomas hinterließ. Im 12. Jh. ehelichte ein Prateser Kaufmann namens *Michele Dagomari* die Tochter eines Jerusalemer Priesters und bekam den heiligen Gürtel als Mitgift. An seinem Sterbebett vermachte der fromme Händler die Reliquie der Kirche San Stefano, die sie noch heute in Verwahrung hält. An Weihnachten, an Ostern, am 1. Mai, am 5. August und beim traditionellen Prateser Jahrmarkt am 8. September wird die Sacra Cintola von der Außenkanzel des Doms dem staunenden Publikum gezeigt.

Palazzo Pretorio/Museo Civico: Das markanteste Gebäude an der zentralen Piazza del Comune, an dem sich auch der im 14. Jh. erbaute Palazzo Comunale erhebt, ist der Palazzo Pretorio, der ab 1284 Sitz des *Capitano del Popolo* war. Im Inneren des Palazzo ist das *Museo Civico* untergebracht, dessen Wiedereröffnung zum Zeitpunkt der Recherche noch nicht absehbar war. Seine bedeutendsten Exponate sind seitdem in der Ausstellung *I tresore della Città* im **Museo di Pittura Murale** (s. u.) zu sehen, darunter auch *Filippo Lippis* „Madonna del Ceppo" (mit dem in Rot gewandeten Stifter des Bildes – besagtem Textilbaron *Datini* – und „vier guten Männern des Ceppo" ehrfurchtsvoll zu Füßen der thronenden Gottesmutter) oder die „Maria della Cintola", eine Darstellung der Legende vom Heiligen Gürtel. Demselben Thema ist *Bernardo Daddis* Predella-Tafel vom ehemaligen Hauptaltar des Doms gewidmet.

Museo dell'Opera del Duomo (Dommuseum): Ausgestellt sind u. a. Sakralgegenstände und Altargemälde aus dem Dom, darunter *Filippo Lippis* „Begräbnis des heiligen Girolamo" sowie ein von *Paolo Uccello* gemaltes Porträt des dichtenden Franziskanermönches *Jacopone da Todi*. Darüber hinaus kann man sich die reich verzierte Truhe, in der bis ins 17. Jh. der Mariengürtel verwahrt wurde, sowie das von *Donatello* stammende Originalrelief der Dom-Außenkanzel anschauen.

Öffnungszeiten Mo–Sa 9.30–12.30 und 15–18.30 Uhr, So 9.30–12.30 Uhr, Di geschlossen. Eintritt 5 €.

Museo di Pittura Murale (Museum für Wandmalerei): Das Museum ist im zwischen 1238 und 1322 errichteten Kloster San Domenico untergebracht. Derzeit ist hier die Ausstellung *I tresore della Città* zu sehen, in der neben den wichtigsten Ausstellungsstücken des in Restauration befindlichen Museo Civico auch die ureigenen Exponate des Wandmalereimuseums präsentiert werden: abgenommene Fresken aus Prato und Umgebung sowie die zugehörigen Sinopien (Vorzeichnungen). Vertreten sind u. a. Arbeiten von *Angelo Gaddi, Pietro* und *Antonio di Miniato* sowie *Niccolò di Pietro Gerini*.

Öffnungszeiten Mo–Sa 10–18 Uhr, So 10–13 Uhr, Di geschlossen. Eintritt 5 €. Der Eintrittspreis ersetzt das Sammelticket Museo Civico/Museo dell'Opera del Duomo/Museo di Pittura Murale – zumindest solange die wichtigsten Werke der beiden anderen Museen (wegen Restaurierung) hier gezeigt werden.

Museo del Tessuto (Textilmuseum): Seit kurzem ist das Museum standesgemäß in einer alten umgebauten Textilfabrik untergebracht. Archiviert sind 5000 Textilmuster aus allen Kontinenten (angefangen vom 5. Jh. v. Chr.), in den für Besucher einsehbaren Schubfächern befinden sich bedruckte Stoffe aus der Zeit vom 13. Jh. bis heute. Darüber hinaus kann man sich Webmaschinen aus verschiedenen Epochen anschauen und bekommt Einblicke in die unterschiedlichen Techniken der Textilfärbung.

Öffnungszeiten Täglich außer Di 10–18 Uhr. Eintritt 4 €. Via Santa Chiara 24.

Toscana
Karten S. 60/61 und S. 216/217

Pistoia

(90.000 Einwohner)

Der schmucke Marktplatz heißt Piazza della Sala, daneben liegt die kleine Piazzetta dell'Ortaggio (Gemüse) mit den Nebengässchen Sorucciolo dei Cipolloni (Zwiebeln) und Vicolo del Cacio (Käse). Gemüse, Käse, Fisch, knackig frischer Salat, alles appetitlich auf den Markttischen aufgereiht – so präsentiert sich das Herz Pistoias.

Schon bei der Anreise wirkt die Stadt offen, Vorstadtdickicht fehlt fast völlig. Im breiten, fruchtbaren Tal des Ombrone wird intensiv Landwirtschaft betrieben, und man sieht auffällig viele Baumschulen und Gewächshäuser, die auf die lange Tradition der Zierpflanzenzucht in der Gegend verweisen. Außer mit ihren Baumschulen hat sich die Stadt auf wirtschaftlichem Gebiet aber noch in zwei ganz anderen „Genres" einen Namen gemacht: in der Waffenproduktion, die ab dem 16. Jh. bedeutend wurde und noch bis ins 20. Jh. hinein florierte, und in der Herstellung chirurgischer Präzisionsinstrumente.

Das historische Zentrum Pistoias ist die Piazza del Duomo – weitläufig, aber ohne Geschäfte und Cafés. Die historischen Gebäude kommen dadurch umso mehr zur Geltung: Die gestreifte Marmorverkleidung des Baptisteriums bildet einen deutlichen Kontrast zu den Ton- und Natursteinfassaden der Palazzi. Besonders malerisch ist der ehemalige Bischofspalast mit seinen weit ausladenden Fensterflächen. Er sollte ebenfalls mit Marmor verkleidet werden, das Geld reichte jedoch nur für einige Quadratmeter.

Information/Verbindungen/Diverses

• *Information* Im Bischofspalast (Palazzo dei Vescovi) an der Piazza del Duomo. Mo–Sa 9–13 und 15–18 Uhr. ✆ 0573/21622, Fax 0573/34327.

• *Verbindungen* **Bahn**: Pistoia liegt an der Strecke Florenz–Pisa bzw. Viareggio. 2x stündlich fährt ein Zug nach Florenz. Eine interessante Anreisevariante aus dem Norden führt von Bologna direkt nach Pistoia: mit der Gebirgsbahn *Porrettana* über Serpentinen und durch zahlreiche Tunnels.

Bus: Nach Florenz (30 Min.), Lucca, Viareggio und nach Vinci. Der Busbahnhof befindet sich am Hauptbahnhof.

• *Feste* **La Giostra dell'Orso**, spektakulär wie der berühmtere Palio in Siena: Pferderennen auf dem Domplatz, bei dem die vier Stadtteile gegeneinander im Doppel antreten. Am 25. Juli.

Übernachten

• *Hotels* *** **Milano**, großzügiger, wenn auch etwas nüchtern-moderner Bau, Pistoias erste Adresse. Eigener Parkplatz. DZ mit Bad ca. 100 €. Viale Pacinotti 10/12, 51100 Pistoia, ✆ 0573/975700, Fax 0573/32657.

*** **Patria**, freundliche Rezeption, geschmackvolle Zimmer, Stofftapeten, teures Mobiliar. DZ mit Bad 114 €. Via F. Crispi 6/8, 51100 Pistoia, ✆ 0573/25187, Fax 0573/368168.

** **Firenze**, rustikal trotz Innenstadtlage: viele Zimmer mit Holzbalken an der Decke. DZ mit Bad ca. 80 €, ohne etwa 70 €. Via Curtatone e Montanara 42, 51100 Pistoia, ✆/Fax 0573/23141.

• *Außerhalb* *** **Il Convento**, an der Straße über Montale nach Prato (noch vor dem Ort Montale), in Santomato bei der Fina-Tankstelle den Berg hinauf. Altes, weiß gestrichenes Franziskanerkloster am Berghang, ruhig und abgeschirmt. Großes Schwimmbad im Park. DZ mit Bad 120 €. Via S. Quirico 33, Pontenuovo, 51100 Pistoia, ✆ 0573/452651, Fax 0573/453578.

*** **Lago Verde**, an der Straße von Pistoia nach Montecatini. Moderner Komplex an einem künstlich angelegten Teich, etwas abseits der Straße und in absolut ruhiger Lage. Swimmingpool. DZ mit Bad 113 €. Via Castellani 4, 51030 Serravalle Pistoiese, ✆ 0573/518262, Fax 0573/518227.

• *Agriturismo* **La Corte**, phantastische Lage am Berghang oberhalb von Pistoia. Nette Vermieter, Olivenanbau, eigene Marmelade, Pool im Bau. Drei geräumige Appartements ca. 450 €/Woche. Via delle Corti 24, 51030 Candeglia, ✆/℡ 0573/43307.

Le Colmate, in den Hügeln des Monte Albano südlich von Pistoia, auf halbem Weg nach Vinci (zwischen San Baronto und Quarrata). Nette Vermieter, auf Wunsch gibt es für die Hausgäste Menüs. Tagespreis 83 €. Via Leano 62, Loc. Montemagno, 51039 Quarrata, ✆/℡ 0573/735014, www.spazioweb.inwind.it/lecolmate.

• *Camping* **Barco Reale**, in S. Baronto, ca. 15 km südlich von Pistoia (Richtung Vinci) in den Hügeln des Montealbano. Hübsch terrassiertes Gelände auf einer mit Pinien und Eichen bewaldeten Hügelkuppe. Tennisplatz, Swimmingpool, Kinderspielplatz, Lebensmittelladen. Das Restaurant bietet abends gute Pizze und Pasta zu akzeptablen Preisen, im Sommer Barbecue. Weitere Restaurants im 1 km entfernten S. Baronto. Busservice nach Florenz, Lucca, Pisa. Geöffnet April–Sept. 51030 San Baronto, ✆ 0573/88332, ℡ 0573/856003, www.barcoreale.com.

Toscana
Karten S. 60/61 und S. 216/217

Essen/Trinken

Abbondanza, kleine, versteckt in einer engen Seitenstraße liegende Trattoria. Lokale Küche frisch auf den Teller. Einladende Plätze im Freien. Preiswert, das Menü ca. 18 €. Mi u. Do jeweils mittags geschlossen. Via dell'Abbondanza 10/14.

Liberty Café, der Hintereingang liegt unmittelbar neben der Trattoria Abbondanza. Eisdiele in der im Art-déco-Stil auftrumpfenden Galleria Vittorio Emanuele. Im Sommer kühlende Oase, viel junges Publikum. Via degli Orafi 54/56.

Life & Music Il Sipario, lokale Küche, Menü ca. 18 €, es gibt auch Pizza aus dem Holzofen. Eines der wenigen Restaurants mit Livemusik. Mo geschlossen. Corso Gramsci 159.

Pizzeria La Sala, nicht zu verwechseln mit u. g. Pasticceria. Gemütliches Lokal mit sehr guter Küche, die Pizza dünn und knusprig. Mi geschlossen. Via S. Anastasio 4.

Antico Caffè Gambarotto, Pistoias erste Adresse für eine lokale Schlecker-Spezialität: *bitonata* – leckere Eistorte mit Schokoüberzug, im Inneren karamellisierte Biskuits. Im Sommer Straßenbetischung, über Mittag auch Snacks und kleine Gerichte. So geschlossen. Via Montanara e Curtatone 12.

Pasticceria La Sala, nicht zu verwechseln mit o. g. Restaurant. *Focacce* und gefüllte *schiacciate* (Fladenbrot). Straßenbetischung. Geöffnet bis 20 Uhr, So geschlossen. Piazza della Sala 15.

• *Außerhalb* **Il Bucaniere**, inmitten herrlicher Natur: Restaurant und Bar in weitläufiger, moderner Anlage mit großem Swimmingpool. Südlich von Pistoia auf dem Weg nach Vinci am Fuße des Monte Albano. Im Sommer täglich geöffnet, am Wochenende auch Disko. Via Castelnuovo 24, Cantagrillo.

Ristorante La Cugna, an der Straße nach Bologna (8 km außerhalb). Es lohnt sich, von Pistoia extra hochzufahren. Solide Küche, regionale Spezialitäten kommen frisch auf den Tisch. Als Beilage bekommt man auch die in der toscanischen Gastronomie überaus raren Pellkartoffeln (patata lessa). Menü um die 23 €. Mi geschlossen. Viale Bolognese 236.

Sehenswertes

Dom San Zeno e San Jacopo: Der Dom mit der gestreiften Marmorverkleidung wurde ab 1108 an der Stelle eines niedergebrannten Vorgängerbaus errichtet. Die Vorhalle mit hufeisenförmigen Bögen auf schlanken Säulen wurde im 14. Jh. angebaut, der 67 m hohe Campanile unmittelbar links neben dem Dom datiert im Wesentlichen aus dem 13. Jh., die Turmspitze wurde allerdings erst im 16. Jh. aufgesetzt. In seinem Inneren birgt der Dom eine filigrane Kostbarkeit: den Silberaltar des heiligen Jakobus, der sich in der gleichnamigen *Cappella di San Jacopo* befindet und das Werk mehrerer Generationen von Gold- und Silberschmieden ist. Eingearbeitet sind Szenen aus dem Leben des Heiligen, aus der Schöpfungsgeschichte und aus dem Neuen Testament. Wer sich nicht mit dem Blick durch die Gittertür begnügen, sondern das Kunstwerk aus der Nähe betrachten will, muss 1,50 € Eintritt zahlen (geöffnet 7–12 und 16–19 Uhr).

Baptisterium San Giovanni in Conca: Das oktogonale, in eine grün-weiße Marmorverkleidung eingefasste Baptisterium gegenüber dem Dom wurde zwischen 1338 und 1359 nach Plänen von *Andrea Pisano* gebaut. Das Taufbecken aus mehrfarbigem Marmor im Inneren des Baptisteriums datiert aus dem Jahr 1226 und stammt aus einem Vorgängerbau.

Palazzo Comunale/Museo Civico: Der Bau des mächtigen Stadtpalasts zog sich über knapp hundert Jahre hin (1294–1385), die Verbindungsbrücke zum Dom wurde sogar erst 1637 angefügt. Über dem Mittelfenster im Zentrum der Sandsteinfassade sieht man das Wappen des Medici-Papstes Leo X., neben dem Fenster einen schwarzen Marmorkopf, der den 1114 von den Pisanern besiegten Maurenkönig Mugahîd von Mallorca darstellen soll. Der Palazzo Comunale beherbergt heute das *Museo Civico*, in dem neben Gemälden aus dem 15. und 16. Jh. vor allem Keramiken und Münzen ausstellt sind.

Öffnungszeiten Di–Sa 10–19 Uhr, So 9–12.30 Uhr. Eintritt 3 €, samstagnachmittags gratis.

Vinci

Auf halber Strecke zwischen Pistoia und Empoli erhebt sich der Heimatort von Leonardo da Vinci auf einem Hügel des Monte Albano. Gleich zwei Museen erweisen dem berühmten Sohn des Städtchens die Ehre, im Mittelpunkt beider Ausstellungen steht nicht der Künstler Leonardo, sondern der Naturwissenschaftler, Erfinder und Tüftler.

Das **Museo Leonardiano** ist in den drei Stockwerken des alten Castello von Conti Guidi (mitten im Städtchen) untergebracht. Auf der Grundlage der hinterlassenen Skizzen Leonardos wurden diverse Arbeitsgeräte und Fortbewegungsmittel nachgebaut. Zu Letzteren zählen ein Flugapparat, ein Fahrrad mit Kettenantrieb, das erste „Auto“ der Welt, ein „Hubschrauber“, ein „Panzer“ (der Schildkröte abgeschaut), Schwimmflossen sowie eine Taucherausrüstung. Seinem Wasserski scheint Leonardo selbst nicht recht getraut zu haben – gleich daneben sind die Skizzen für einen Rettungsring ausgestellt. Fast 100 auch in deutscher Sprache kommentierte Exponate sind in dieser Ausstellung zu sehen. In der Bibliothek neben dem Museum ist eine der bedeutendsten Sammlungen mit Werken über Leonardo untergebracht: Sie umfasst mehr als 7000 Publikationen in verschiedenen Sprachen.

Das **Museo Ideale Leonardo da Vinci** befindet sich in zwei Weinkellern unterhalb der Burg. Die Präsentation bedient sich zwar modernerer Mittel als die im Museo Leonardiano, alles in allem ist die Ausstellung aber eher enttäuschend.

Wer sein Leonardo-Erkundungsprogramm komplettieren möchte, kann noch einen Abstecher in den ca. 4 km nördlich von Vinci gelegenen Weiler **Anchiano** machen, wo das **Geburtshaus** des Universalgenies steht. Für Leonardo-Pilger ein Muss, der Laie schätzt mehr den Weg als das Ziel (Wanderung durch eine reizvolle Landschaft mit Olivenhainen).

- *Information* Das **Interkommunale Tourismusbüro** der Gemeinden Capraia e Limite Cerreto, Empoli, Montelupo und Vinci liegt gegenüber vom Museo Leonardiano. Geöffnet 10–19 Uhr. Via delle Torre 11, ✆ 0571/568012, 📠 0571/567930.
- *Museo Leonardiano* März–Oktober 9–19 Uhr, November–Februar 9.30–18 Uhr, Eintritt 3,50 €. Bibliothek: Di–Fr 15–19 Uhr.
- *Museo Ideale Leonardo da Vinci* Täglich 10–13 und 15–19 Uhr. Eintritt 3,50 €.
- *Geburtshaus Leonardos* März–Oktober 9–19 Uhr, November–Februar 9.30–18 Uhr.
- *Übernachten* *** **Hotel Alexandra**, modern eingerichtete Zimmer mit Klimaanlage in neuerem Haus am Ortsausgang in Richtung Empoli. DZ 70–80 €. Via dei Martiri 38, 50059 Vinci, ✆ 0571/56224, 📠 0571/567972.

Florenz – Blick vom Piazzale Michelangelo auf die Stadt (mm) ▲▲
Golf von Populonia – herrlich unverbaute Strandlandschaft (mm) ▲

▲▲ Siena – zinnenbewehrter Finger des Rathauses und eleganter, zebragestreifter Campanile des Doms (mm)

▲ Stadtfest in Campiglia Marittima (m

Lucca – der verspielte Garten des Palazzo Pfanner (mm) ▲▲
In der Scaglieri-Bucht – einer von unzähligen herrlichen Stränden auf Elba (sb) ▲

▲▲ Der Cotoncello-Strand bei Sant'Andrea/Elba (sb)
▲ Traumlage – Elbas Hauptstadt Portoferraio (sb)

Der Drahtesel von Leonardo da Vinci, nach neuesten Vermutungen die Fälschung eines Mönches

*** **Hotel Gina**, kürzlich renoviert. Elegante Eingangshalle, stilvolle Zimmerausstattung. DZ mit Frühstücksbuffet 95 €. MTB-Verleih. Via Lamporecchiana 27/29, 50059 Vinci, ✆ 0571/56266, ℻ 0571/567913.

• *Camping* **Barco Reale**, auf einer Anhöhe mitten im Wald gelegen, 12 km nördlich in Richtung Pistoia (siehe dort).

• *Agriturismo* **Podere Zollaio**, drei wunderschöne Wohnungen mit allem Komfort, 27–45 m² groß. Pool mit Blick auf das Kastell von Vinci. Bekanntes Weingut. Etwa 450 € pro Woche. Via Pistoiese 25 (am Stadtrand), 50059 Vinci.

• *Essen/Trinken* Leonardo, unter den Speiselokalen vor dem Kastell die Nummer eins. Im Sommer täglich geöffnet. Via Montalbano 16.

Casa di Monte, von Vinci aus (nicht über Lamporecchio!) kurz vor San Baronto versteckt im Wald gelegen. Rechts einige Kilometer bergauf. Das Panorama-Restaurant bietet einen großartigen Fernblick. Via del Madonnino 8–10.

Empoli

(44.000 Einwohner)

In die Schlagzeilen schafft es die Arno-Stadt heute höchstens, wenn ihre Erstliga-Kicker zur Abwechslung mal wieder gewinnen. Doch auch wenn die ganz großen Spektakel fehlen: Verschlafen ist Empoli keineswegs. Bedeutende Glas- und Textilfirmen bringen Geld in die Stadt, das in den Luxusboutiquen der Altstadt gern wieder ausgegeben wird.

Beherrscht wird das kleine mittelalterliche Stadtzentrum um die Piazza Farinata degli Uberti von der **Collegiata Sant'Andrea**, die im Laufe ihres beinahe 1000-jährigen Bestehens mehrmals massiv verändert wurde. Ungestört lässt sich der Anblick der zweifarbigen Marmorfassade genießen, die ganz im Stil der auf Harmonie bedachten florentinischen Romanik erbaut wurde. Rechts neben der Kirche befindet sich der Eingang zum **Museo della Collegiata**, einem der ältesten Kirchenmuseen Italiens (1859 gegründet). Ausgestellt sind zahlreiche Kunstwerke aus der

Collegiata, darunter zwei Heiligentafeln des Hochrenaissance-Malers *Jacopo Carrucci*, genannt *Pontormo*, eine eindrucksvolle Pietà von *Masolino* und etliche Terrakotten von *Andrea della Robbia.*

• *Information* Siehe Vinci. Ansonsten: In der Via Giuseppe del Papa 41 in der Altstadt mit allerdings eingeschränkten Öffnungszeiten: Mo–Sa 10–14 Uhr. ✆ 0571/757737, ✆ 0571/980033, turismo@comune.empoli.fi.it.

• *Verbindungen* **Bahn**: Zwei Hauptstrecken führen durch Empoli: Florenz–Pisa und Florenz–Siena. Der Bahnhof an der Piazza Don Minzoni ist nicht allzu weit von der Altstadt entfernt.

Bus: COPIT fährt über Vinci bis Pistoia, mit SITA kommt man in den Süden der Provinz Empolese Valdelsa, LAZZI ist für die Verbindungen nach Florenz bzw. Pisa verantwortlich.

• *Einkaufen* In den Altstadtstraßen links und rechts der Piazza Farinata degli Uberti findet man zahlreiche Boutiquen.

Ab Fabrik kann man Kristallgläser, -vasen etc. in allen Farben erstehen: in Vinci bei der Manufaktur **Fornace di Vinci** (Via Provincia di Mercatale 32, Mo–Fr 9–17.30 Uhr) und in Ponte a Elsa bei **Nuovo CEV Cristalleria** (Via Val d'Elsa 47/49, Mo–Fr 8.30–13 und 14.30–19 Uhr; südwestlich von Empoli an der SS 67 nach Pisa).

• *Feste* **Luci della città**, den ganzen Juli lang feiert Empoli dieses große Straßenfest, das sich über die gesamte Altstadt erstreckt. Museen und Geschäfte haben länger geöffnet, Ausstellungen, Open-Air-Kino und Straßentheater locken zusätzlich Publikum an.

• *Übernachten* *** **Il Sole**, dem Hauptbahnhof direkt gegenüber liegt dieses kleine Jahrhundertwende-Hotel mit nur 12 Zimmern. DZ um die 80 €. Piazza Don Minzoni 18, 50053 Empoli, ✆ 0571/73779, ✆ 0571/79871.

*** **Tazza d'Oro**, frisch renoviertes Haus mitten in der Altstadt (beim Informationsbüro). Etwas altmodische Einrichtung. DZ 65 €. Via Giuseppe del Papa 46, 50053 Empoli, ✆ 0571/72129, ✆ 0571/77370.

La Casa di Ruggero, 5 Appartements für bis zu 6 Personen in einem luftigen Stadthaus. Eigenwilliger, aber stimmiger Stilmix aus Klassizismus und Landhaus. Für Selbstverpfleger ist alles da: Küche, Mikrowelle, Waschmaschine, Bügeleisen, dazu Internet-Anschluss und Satellitenfernseher. 110 € für das kleinste Appartement. Via Salvagnoli 54, 50053 Empoli, ✆ 0571/72474 oder 335/5281329, www.lacasadiruggero.it.

• *Außerhalb* **I Massini**, großes, luxuriöses Anwesen mit Swimmingpool, See und Tennisplatz. Wochenpreis im Sommer: ab ca. 800 € für 150 m^2 (es gibt auch kleinere Appartements). 6 km vom Hauptbahnhof, in südlicher Richtung hinter Pozzale bei Paterno. Via Ormicello 53, 50053 Empoli, ✆ 0571/589631, ✆ 0571/589633, www.massini.it.

• *Essen/Trinken* **Café de l'Acadèmia**, trotz des Namens: kleines Restaurant in zentraler Lage (bei der Piazza della Vittoria), das bei den Gerichten stark auf Saisonprodukte der Region setzt. Mittlere Preisklasse. So geschlossen. Via del Gelsomino 28.

Cucina Sant'Andrea, bekannt wegen seiner guten Fisch- und Fleischgerichte. Nahe der Altstadt in Richtung Arno. Menü ca. 25 €. Mo geschlossen. Via Salvagnoli 43/47.

Il Tulipano, etwa 15 km südlich. Unprätentiöses Lokal, das mit liebevoll arrangierten Blumengebinden auffällt. Spezialität ist Fisch. Menü mit Getränken und Kaffee ca. 11 €. Di und im August geschlossen. Via San Antonio 35, Castelfiorentino.

San Miniato (ca. 5000 Einwohner)

Im Mittelalter war der schmal auf einer Hügelkette sich hinstreckende Ort eines der wichtigsten Verwaltungszentren des römisch-deutschen Kaiserreichs; der über der Stadt thronende Turm der von Friedrich II. errichteten Kaiserburg erinnert an diese Zeit. Heute genießt San Miniato Weltruhm als Stadt der weißen Trüffel.

In den 1950er Jahren wurde hier eine 2,5 kg schwere Knolle gefunden, die größte weltweit. Verarbeitet wird der teure *Tuber Magnatum Pico*, wie die Spezialität unter Fachleuten genannt wird, vor allem von Vier-Sterne-Köchen. 400 Familien zählt die lokale Vereinigung der *tartufai*, der Trüffelsammler, und jede von ihnen hat ihre eigenen streng geheimen Plätze in den Steineichenwäldern der Umgebung.

Dass die Burg Friedrichs II. sowie große Teile der „Altstadt" eigentlich nur wenige Jahrzehnte alt sind, bemerkt man erst bei genauerem Hinsehen: Viele Mauern tragen keinerlei Spuren der Verwitterung. Ende des Zweiten Weltkriegs hatten deutsche Truppen die Stadt vermint und in die Luft gesprengt. 1957 begann der mühsame, letztlich aber erfolgreiche Wiederaufbau.

• *Information* **Pro Loco** an der Piazza del Popolo 3 (rechts nach dem Eingang zur Altstadt). Geöffnet Mai–September Mo–Sa 9.30–13 und 15.30–19.30 Uhr sowie Oktober–April Mo–Sa 9–13 und 15–18.30, So ganzjährig 10–13 und 15–19.30 Uhr. ✆ 0571/42745, ℻ 0571/418739, www.cittadisanminiato.it.

• *Verbindungen* **Bahn**: Der Bahnhof liegt an der Strecke Pisa–Florenz (mit Stationen u. a. in Empoli, Montelupo und Pontedera) und befindet sich in der Unterstadt San Miniato Basso.

Bus: Ein Shuttle-Bus verbindet Unter- und Oberstadt, Abfahrt in San Miniato Basso am Bahnhofsplatz. Von dort fährt auch LAZZI nach Pisa, Livorno, Montecatini und Florenz.

• *Märkte* Dienstagvormittags **Wochenmarkt** an der Piazza Dante vor dem Eingang zur Altstadt. Jeden 1. Sonntag im Monat **Antiquitätenmarkt**, eine Woche später ist das **Kunsthandwerk** dran.

• *Feste* **La Luna ò Azzurra**, sieben Junitage stehen im Zeichen des Puppentheaters: Die farbenfrohen Darbietungen finden ab Einbruch der Dunkelheit bis nach Mitternacht auf den Treppen der Burg und in vielen Straßen der Altstadt statt.

Festa del Teatro, Italiens berühmteste Theaterregisseure inszenieren jeweils Ende Juni auf dem Domplatz ein noch unveröffentlichtes Religionsdrama. Der restliche Spielplan wird von der Europäischen Schule für Schauspielkunst bestimmt.

Palio di San Rocco, Wassermelonen-Zerquetschwettbewerb am 15. August: Kein Scherz, erwachsene Männer nehmen Anlauf und versuchen, mit ihrem Allerwertesten auf den Melonen zu landen.

• *Übernachten* *** **Miravalle**, geschichtsträchtiges Hotel in einem alten Palazzo: Papst Clemens VII. erteilte hier 1533 Michelangelo den Auftrag zur Ausgestaltung der Sixtinischen Kapelle. 18 modern eingerichtete Zimmer, von der Veranda des Restaurants hat man einen herrlichen Blick auf das Arno-Tal. DZ ca. 86 €. Piazza Del Castello, 56027 San Miniato, ✆ 0571/418075, ℻ 0571/401015.

Casa Romagnoli, zentral neben der Burg gelegenes einfaches Haus mit zweckmäßig eingerichteten Zimmern, einige mit großem Aussichtsbalkon. DZ 45 €. Via P. Maioli 79, 56027 San Miniato, ✆/℻ 0571/418229.

Dimora del Grifo, geräumige Pensionszimmer, jedes in einer anderen Farbe. DZ 60 €, wer die Küche benutzen will, zahlt 11 € extra. Gleich hinter der Piazza del Popolo in der Via C. Battisti 31, 56027 San Miniato, ✆/℻ 0571/42697.

Centro Turistico San Martino, Jugendgästehaus in einem kirchlichen Bau aus dem 14. Jh. Die Zimmer muten spartanisch an, haben aber alles, was man braucht. Auch eine Kochgelegenheit gibt es, ebenso einen kleinen Privatparkplatz. DZ mit Bad und TV 58 €, Frühstück 5 €. Via C. Battisti 70, 56027 San Miniato, ✆ 0571/401469, ℻ 0571/403712.

• *Essen/Trinken* **L'Antro di Bacco**, das gemütlich-rustikale Ristorante hat sich einen Namen mit exzellenten Trüffelgerichten gemacht: Es gibt sie als Salat, mit Tagliolini, in der Suppe, als Dessert. Mi und So geschlossen. Via IV Novembre 5.

Canapone, gute, unprätentiöse Küche. Mo geschlossen. Piazza Buonaparte 5.

Il Convio, unterhalb der Burg in San Maiano versteckt im Grünen gelegen. Idyllischer Gasthof mit hervorragenden vegetarischen Gerichten. Mi Ruhetag.

Sehenswertes

Rocca Federiciana: Bereits im 8. Jh. errichteten Langobarden auf dem Berg eine Kirche zu Ehren des Märtyrers und späteren Namenspatrons der Stadt Miniatus. Viele deutsche Kaiser bauten San Miniato danach wegen seiner vorteilhaften Lage zur Wehrburg aus, 1218 entstand unter Friedrich II. schließlich die Burg mit dem charakteristischen Turm. 1944 zerstörten abrückende deutsche Truppen die Anlage, 1957 wurde sie wieder aufgebaut. Lohnenswert ist der Aufstieg hinauf zur Spitze heute vor allem wegen der großartigen Sicht auf die Arno-Ebene.

Öffnungszeiten Di–So 10–17 Uhr.

▸ **Pontedera**: In dem kleinen Städtchen zwischen San Miniato und Pisa befindet sich der Geburtsort eines Fahrzeuges, das italienischer gar nicht sein kann: die Vespa. 1946 rollte das erste Modell der Firma Piaggio vom Band. Heute erinnert das *Museo Piaggio* an die Firmengeschichte, ausgestellt sind unter anderem die schönsten Vespas aus über 50 Jahren Produktion.

Öffnungszeiten Mi–Sa 10 Uhr, Eintritt frei. ✆ 0567/27171, www.museopiaggio.it.

Montecatini Terme

Ein gepflegtes Thermalbad mit weitläufigen, exotischen Parkanlagen und pompösen Thermalbauten. Neben Vichy, Baden-Baden und Marienbad war Montecatini eines der prestigeträchtigsten Reiseziele der vorletzten Jahrhundertwende.

Geld und Adel adieu – die verspielten Palasthotels und Fürstenvillen sind heute Dekoration für den Badebetrieb auf Krankenschein, das ehemalige Prachtgebäude mit dem deutschen Namen „Kursaal" ist zur Billigspielhölle mit Videogames verkommen. Der moderne Kirchenbau der Santa Maria Assunta an der zentralen Piazza del Popolo fügt sich nahtlos ins neue Erscheinungsbild der Stadt ein. Praktisch jedes zweite Haus beherbergt eine *Pensione*, insgesamt sind es über 400.

Nur der klassischen Schönheit des großen Thermalparks an der Viale Verde hat der Wandel der Zeiten bis heute nichts anhaben können. Die Anlage ist gepflegt, und die zahlreichen von Cafés besetzten Nischen, die herrlichen alten Bäume, die plötzlich sich öffnenden Ausblicke auf die Hügel über dem Val di Nievole verfehlen nach wie vor nicht ihre Wirkung.

• *Information* **APT-Büro**, Mo–Sa 9–12.30 und 15–18 Uhr, So 9–12 Uhr. Viale Verdi 66, ✆ 0572/772244, 📠 0572/70109, info@montecatini.turismo.toscana.it.

• *Verbindungen* **Bahn**: Der Ort liegt an der Strecke Florenz–Viareggio bzw. Pisa. Die Stazione Montecatini Centro ist der „Hauptbahnhof".

Bus: Gute Verbindung nach Lucca, Pistoia und Florenz. Die Busse starten vom großen Terminal an der Via E. Toti (parallel zur Bahnlinie).

• *Kurangebot/Thermen* Umfassende Informationen zu den Kurangeboten der Bäder liefert die Website www.termemontecatini.it, allerdings nur in Englisch. Telefonisch erreicht man die Thermenleitung (Terme di Montecatini, Direzione Generale, Viale Verdi 41, 51016 Montecatini Terme) unter ✆ 0572/7781, per Fax unter 📠 0572/778444.

Therme Excelsior: Ein Prunkstück im Liberty-Stil. Anfang des 20. Jh. erbaut, war die Therme ursprünglich als Café und Kasino geplant. Mitte der 60er Jahre wurde sie durch einen Erweiterungsbau ziemlich verunstaltet.

Therme Leopoldine: Nur noch der zentrale Säulengang aus dem Jahr 1775 ist original. Seit den Umbauten im Jahr 1920 wirkt der Bau wie eine römische Legionärskaserne.

Therme Tettuccio: Sie ist eindeutig die Perle von Montecatinis Thermalbädern – ein luftig-heller Travertinbau aus dem Jahr 1920 in einem barock anmutenden Stil. Im Inneren (an der Ostseite) ist die ursprüngliche Fassade aus dem Jahr 1781 zu sehen.

• *Übernachten* ***** **Grand Hotel E la Pace**, für 300 € nächtigen Sie hier im DZ ganz komfortabel. Geöffnet April–Oktober. Via della Torretta 1, 51016 Montecatini Terme, ✆ 0572/9240, 📠 0572/78451, www.grandhotellapace.it.

*** **Corallo**, gut geführtes Mittelklassehotel. Gepflegte Lobby, hoteleigener Parkplatz. DZ mit Bad 130 €. Viale Cavallotti 116. 51016 Montecatini Terme, ✆ 0572/78288, 📠 0572/79512, www.golfhotelcorallo.it.

*** **Granduca Leopoldo**, in puncto Komfort dem Corallo ebenbürtig. Dachterrasse. DZ mit Dusche/WC ca. 80 €. Geöffnet März–Oktober. Via Venezia 11, 51016 Montecatini Terme, ✆ 0572/767621, 📠 0572/767622.

** **Loren**, von einem freundlichen kalabresischen Ehepaar gemanagt. DZ mit Dusche/WC 45 €. Geöffnet März–Oktober. Viale Cavallotti 44, 51016 Montecatini Terme, ✆/📠 0572/770195.

** **Splendid**, Zimmer o.k., Restaurant mit Hausmannskost, in die ein Schuss Innovationsfreudigkeit eingeht. DZ mit Dusche/WC 47 €. Via Mazzini 36, 51016 Montecatini Terme, ✆/℡ 0572/70148.

• *Camping* Siehe Montecatini Alto, unten.

• *Essen/Trinken* **Ristorante Corsara Verde**, toscanische Küche, Straßenbetischung. Mittags preiswerte, aber leckere Tagesgerichte. Piazza XX Settembre 11.

Umgebung von Montecatini Terme

Montecatini Alto: Ein Bergnest wie aus dem Bilderbuch. Mit der Drahtseilbahn erreicht man nach einer 10-minütigen atemberaubenden Fahrt das Oberdorf von Montecatini, das mit einer äußerst pittoresken Piazza (Restaurants mit Straßenbestuhlung), steilen Gässchen und einer mittelalterlichen Burg aufwartet. Eine Straße führt natürlich auch hinauf, allerdings dauert es länger, wenn die Strecke auch kaum weniger beeindruckend ist.

• *Drahtseilbahn* Viale Armando Diaz (Verlängerung des Viale Verdi). Nov.–März 10–19.30 Uhr jeweils zur vollen und halben Stunde (mittags nur zur vollen Stunde), April–Okt. bis Mitternacht. 2,50 € für die einfache Fahrt, 4 € für Hin- und Rückfahrt.

• *Camping* **Belsito**, knapp nördlich von Montecatini Alto (von hier aus an der Kreuzung Richtung Pistoia). 100 Stellplätze und einige Bungalows. Sehr nüchterne Anlage mit wenig Schatten. Absolut großartig hingegen ist die Lage im Grünen! Besonderheit sind die Sanitär-Kabinen mit Dusche und WC, die man für seinen Stellplatz mieten kann; insgesamt stehen 64 zur Verfügung. Ganzjährig geöffnet. Via delle Vigne 1a, 51016 Montecatini Alto, Loc. Vico, ✆/℡ 0572/67373.

Collodi

Das am Hang gelegene Bergnest mit seinen engen Gässchen ist für zweierlei bekannt: für den bedeutendsten Barockgarten der Toscana und den Parco di Pinocchio, der dem berühmten Kinderbuchhelden mit der langen Nase gewidmet ist.

Besagte Gartenanlage gehört zur viergeschossigen, mit einem Belvedereturm versehenen **Villa Garzoni**. Sie wurde zwischen 1633 und 1652 erbaut. Der in Terrassen angelegte **Giardino Garzoni** mit einem Heckenlabyrinth, diversen Brunnen, Wasserläufen, Skulpturen etc. wurde in seiner heutigen Form sukzessive ab Mitte des 17. Jh. gestaltet. Blickfang ist die rautenförmig ansteigende zweiläufige Treppe. Das sich anschließende zweite Treppensystem mit Wasserspielen wurde erst Ende des 18. Jh. hinzugefügt.

Thema des **Parco di Pinocchio**, der zweiten Attraktion des Ortes, ist der gleichnamige hölzerne Lausbub, dessen literarischer Schöpfer *Carlo Lorenzini* einen Teil seiner Kindheit in Collodi verbrachte. Von Hause aus war *Lorenzini* Journalist und Theaterkritiker, sein inzwischen in über 80 Sprachen übersetzter Klassiker der Kinderliteratur entstand eher beiläufig: Um Spielschulden zu begleichen, schrieb er in den Jahren 1881 bis 1883 unter dem Pseudonym *Carlo Collodi* eine Reihe von Pinocchio-Episoden für eine italienische Kinderzeitschrift. Die Resonanz war so groß, dass sie schon bald zu einem Buch mit dem Titel „Le avventure di Pinocchio" zusammengefasst wurden. Um dem Autor ein Denkmal zu setzen, plante das Städtchen in der 50er Jahren, eine Parkanlage einzurichten. Zu diesem Zweck wurde ein nationaler Wettbewerb ausgerufen, an dem 84 Künstler teilnahmen. Das Ergebnis kann sich sehen lassen. Man kann durchaus sagen, dass die üppig grüne Parkanlage genauso phantasievoll und abenteuerlich ausgefallen ist, wie es das Leben Pinocchios war.

• *Öffnungszeiten* **Giardino Garzon**: geöffnet ganzjährig täglich von 8.30 Uhr bis Sonnenuntergang geöffnet. Erwachsene 8,50 €, Kinder (3–14 J.) 6,50 €. Die Villa ist wegen Restaurierungsarbeiten derzeit nicht zugänglich.

Parco di Pinocchio, geöffnet täglich 8–20 Uhr (Sonnenuntergang). Erwachsene 7 €, Kinder (3–14 J.) 4 €.

Lucca – der „kleine Vatikan"

Lucca

(ca. 89.000 Einwohner)

„Der kleine Vatikan in der Toscana", so wird Lucca gerne genannt. 99 Kirchen und Kapellen stehen in dieser mittelalterlichen Schatztruhe, wenn auch ein großer Teil davon schon lange als Boutique oder Pizzeria zweckentfremdet ist.

Der Name der Stadt leitet sich vom etruskischen *luk* ab, was so viel wie „Sumpf" bedeutet. Das Schwemmland des Serchio wurde später durch künstliche Kanäle entwässert. 180 v. Chr. wurde hier eine römische Kolonie gegründet. Das schachbrettartige Straßenmuster aus dieser Zeit ist bis heute erhalten geblieben. Im 13. und 14. Jh. war Lucca unter der Herrschaft von *Castruccio Castracani* zu einer gefürchteten Wirtschaftsmacht aufgestiegen. Man handelte mit schweren, blumengemusterten Seidenbrokatstoffen, aus denen Aristokratengewänder und Bezüge für Polstermöbel zugeschnitten wurden. Allerdings stand Lucca damals im Schatten des mächtigen Pisa, das sein Handelsmonopol für die hergestellten Stoffe ausnutzte und Extragewinne erwirtschaftete. Der direkte Export in den Nahen Osten war den Lucchesern verwehrt, auch das Projekt eines eigenen Hafens bei Viareggio durften sie nicht verwirklichen.

1805 wurde die Stadt durch die Truppen Napoleons besetzt, der seine Schwester *Elisa Bacciocchi* zur Herrscherin über das Fürstentum Lucca erhob, die daraus ein Musterländchen nach französischem Vorbild machen wollte. 1814, nach Napoleons Niederlage bei Leipzig, musste Elisa Lucca wieder verlassen, der Wiener Kongress schlug die Stadt *Marie Louise von Bourbon* zu, der ehemaligen Königin von Etrurien. Ihre Herrschaft über das Herzogtum dauerte bis zu ihrem Tod 1842. Ihr Sohn *Karl Ludwig* verschacherte Lucca 1847 für eine Jahresrente von 1,2 Millionen Franc an den Großherzog der Toscana.

Information/Verbindungen

• *Information* **APT-Büro** (und Buchhandlung), täglich 9–20 Uhr, im Winter 9–13 und 15–19 Uhr. Piazza S. Maria, ✆ 0583/919931, ℻ 0583/469964, www.luccaturismo.it.

Centro Accoglienza Turistica (CAT), im Sommer 9–19 Uhr, im Winter 9.30–16.30 Uhr. Piazzale G. Verdi, ✆ 0583/442944, ℻ 0583/312581, turismo@comune.lucca.it.

• *Verbindungen* **Bahn**: Lucca liegt an der Linie Florenz–Viareggio, in Richtung Florenz Halt in Montecatini, Pistoia und Prato. Eine Regionalbahn führt durch die Garfagnana nach Aulla und trifft dort auf die Verbindung Parma–Genova.

Bus: Mit LAZZI u. a. nach Pisa, Viareggio, Bagni di Lucca und Florenz, mit C.L.A.P. in die Garfagnana und nach Collodi. Abfahrt jeweils beim Informationsbüro am Piazzale G. Verdi.

• *Fahrradverleih* **Cicli Barbetti**, Via Anfiteatro 23. Einfache Räder, Mountainbikes, Tandems. Auch Reparaturwerkstatt. Sympathischer Laden. Im Winter geschlossen. ✆ 0583/954444.

Übernachten (siehe Karte S. 104/105)

*** **Universo (22)**, komfortable Bleibe mit Parkplatz in der Nähe. DZ mit Bad 150 €. Piazza del Giglio 1, 55100 Lucca, ✆ 0583/493678, ℻ 0583/954854, www.hoteluniversolucca.it.

*** **La Luna (11)**, geräumige Zimmer, oft ein Schreibtisch mit Extralampe. Viele Zimmer in einer gegenüberliegenden Dependance. Beschränkte Parkmöglichkeiten vor dem Haus. Zentrale Lage (Via Fillungo). DZ 100 €. Corte Compagni 12, 55100 Lucca, ✆ 0583/493634, ℻ 0583/490021, www.hotellaluna.com.

*** **Rex (29)**, in einem luftigen Bürgerhaus direkt am Bahnhofsvorplatz. Geräumige Gänge und ebensolche Zimmer. DZ 95 €. Piazza Ricasoli 19, 55100 Lucca, ✆ 0583/955443, ℻ 0583/954348, www.hotelrexlucca.com.

*** **Piccolo Hotel Puccini (17)**, Zimmer in einem Altstadthaus. Parkhaus nebenan. DZ 80 €. Via di Poggio 9, 55100 Lucca, ✆ 0583/55421, ℻ 0583/53487, www.hotelpuccini.com.

** **Stipino (28)**, Freundlichkeit wird hier groß geschrieben, der Kunde ist König. Hoteleigener Parkplatz. DZ mit Dusche/WC/TV ca. 70 €, 3 DZ ohne für 40 €. Via Romana 95, 55100 Lucca, ✆ 0583/495077, ℻ 0583/490309.

** **Bernardino (25)**, wenig interessante Lage, dafür renovierte Zimmer. DZ mit Dusche/WC 70 €. Via di Tiglio 109. 55100 Lucca, ✆ 0583/953356, ℻ 0583/491765, www.hotelbernardino.it.

** **Diana (24)**, Familienpension mit 9 Zimmern. Eine Dependance mit weiteren 6 Zimmern ist nur 40 Meter entfernt. Weiße Schleiflackmöbel, renovierte Badezimmer. DZ 52–114 €. Via del Molinetto 11. 55100 Lucca, ✆ 0583/492202, ℻ 0583/467795, www.albergodiana.com.

• *Privatzimmer* **La Colonna (21)**, an der Rezeption spricht man gebrochen Deutsch. 3 DZ mit Dusche/WC für 65 €, 2 DZ mit Bad auf dem Gang 50 €. Via dell'Angelo Custode 16, 55100 Lucca, ✆/℻ 0583/440170.

Residence Buonamici (2), Lesertipp, nur 5 Min. außerhalb der Stadtmauer, sauber und großzügig, mit Küche, Aufenthaltsraum, großer Terrasse. DZ 50 €. Via Buonamici 280, 55100 Lucca, ✆ 0583/584032, ℻ 0583/581786.

L'Arancio (27), der freundliche Signore Mauro vermietet 4 DZ mit Dusche/WC für 45 €, 2 DZ mit Etagendusche für 40 €. Via Romana 57, 55100 Lucca, ✆ 0583/496517, ℻ 0583/952261.

Centro Storico (13), Lage wie der Name, 7 sehr geräumige DZ für 60 € inkl. Frühstück und Parkticket. Dusche/WC auf Etage. Corte Portici 16, 55100 Lucca, ✆ 0583/490748, ℻ 0583/409665.

La Torre (18), gleich neben dem Marktplatz. 5 DZ für 40 €, Dusche/WC auf der Etage. Zusätzlich ein phantastisch gelegenes, nahezu historisch eingerichtetes Extrazimmer an einem anderen Altstadtplatz (Lesertipp). Via del Carmine 11. 55100 Lucca, ✆/℻ 0583/957044.

• *Jugendherberge* **Ostello San Frediano (7)**, in einem riesigen Palastgebäude mit Garten zum Stadtwall. Restaurantbetrieb mit preiswerten Menüs (auch abends). Übernachtung pro Person ca. 16 €. Via della Cavallerizza 12, 55100 Lucca, ✆ 0583/469957, ℻ 0583/461007, www.ostellolucca.it.

• *Außerhalb* Einfachste Ausweichmöglichkeit, wenn Lucca ausgebucht ist: Aus dem riesigen Hotelreservoir von Montecatini schöpfen!

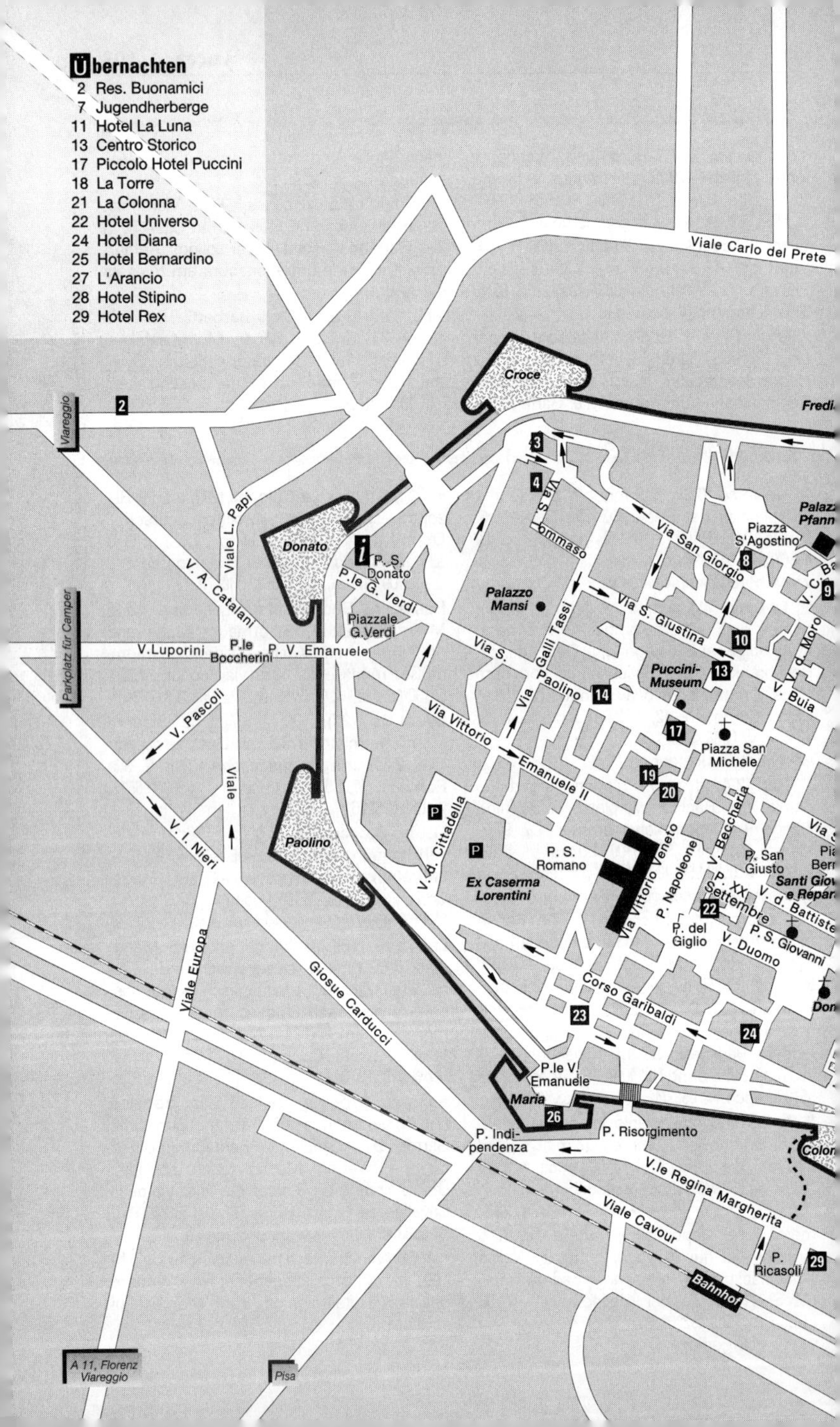

Übernachten
2 Res. Buonamici
7 Jugendherberge
11 Hotel La Luna
13 Centro Storico
17 Piccolo Hotel Puccini
18 La Torre
21 La Colonna
22 Hotel Universo
24 Hotel Diana
25 Hotel Bernardino
27 L'Arancio
28 Hotel Stipino
29 Hotel Rex
Viale Carlo del Prete
Croce
Viareggio
Donato
P. S. Donato
P.le G. Verdi
Piazzale G.Verdi
Viale L. Papi
V. A. Catalani
Parkplatz für Camper
V.Luporini
P.le Boccherini
P. V. Emanuele
V. Pascoli
Viale
V. I. Nieri
Paolino
Palazzo Mansi
Via S. Tommaso
Via San Giorgio
Piazza S'Agostino
Via S. Giustina
Via S. Paolino
Via Galli Tassi
Via Vittorio Emanuele II
Puccini-Museum
Piazza San Michele
V. Buia
V. d. Moro
V. C. Ba
Palazz Pfann
Fredi
V.d. Cittadella
P. S. Romano
Ex Caserma Lorentini
Via Vittorio Veneto
P. Napoleone
V. Beccheria
P. San Giusto
P. XX Settembre
V. d. Battiste
P. del Giglio
V. Duomo
P. S. Giovanni
Santi Giov e Repar
Via S
Corso Garibaldi
Viale Europa
Giosue Carducci
P.le V. Emanuele
Maria
P. Indipendenza
P. Risorgimento
V.le Regina Margherita
Viale Cavour
P. Ricasoli
Bahnhof
Colon
Don
A 11, Florenz Viareggio
Pisa

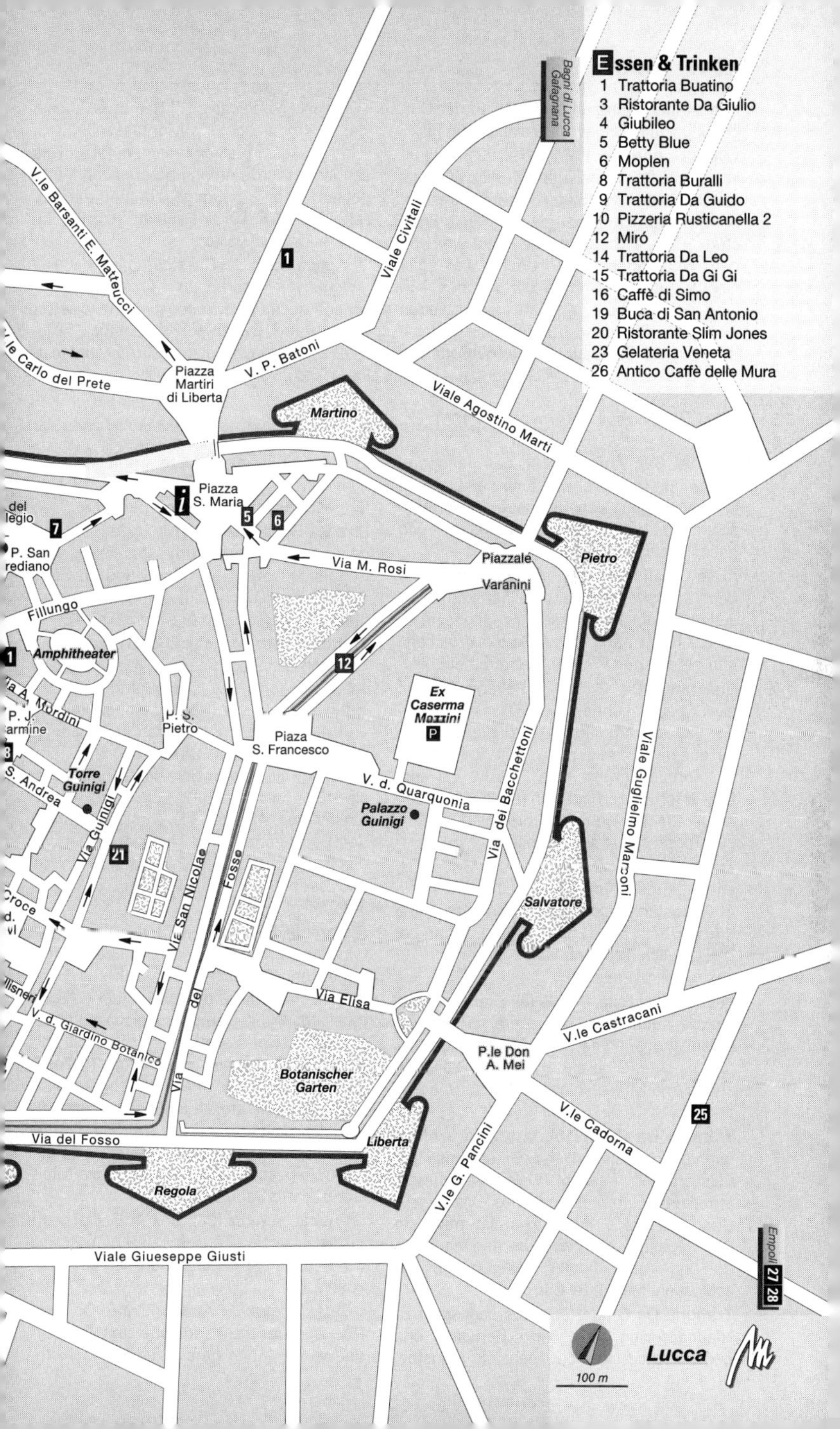
Essen & Trinken
1 Trattoria Buatino
3 Ristorante Da Giulio
4 Giubileo
5 Betty Blue
6 Moplen
8 Trattoria Buralli
9 Trattoria Da Guido
10 Pizzeria Rusticanella 2
12 Miró
14 Trattoria Da Leo
15 Trattoria Da Gi Gi
16 Caffè di Simo
19 Buca di San Antonio
20 Ristorante Slim Jones
23 Gelateria Veneta
26 Antico Caffè delle Mura
Bagni di Lucca Garfagnana
V.le Barsanti E. Matteucci
Viale Civitali
V.le Carlo del Prete
Piazza Martiri di Liberta
V. P. Batoni
Martino
Viale Agostino Marti
Piazza S. Maria
P. San Frediano
Fillungo
Amphitheater
Via A. Mordini
P. J. Carmine
Via M. Rosi
Piazzale Varanini
Pietro
Ex Caserma Mazzini
P. S. Pietro
Piaza S. Francesco
V. d. Quarquonia
Palazzo Guinigi
Torre Guinigi
S. Andrea
Via Guinigi
Via dei Bacchettoni
Viale Guglielmo Marconi
Via San Nicolao
Via del Fosso
Salvatore
Via Elisa
V. d. Giardino Botanico
V.le Castracani
P.le Don A. Mei
Botanischer Garten
V.le Cadorna
Via del Fosso
Liberta
Regola
V.le G. Pancini
Viale Giueseppe Giusti
Empoli
27 28
100 m
Lucca

Nachstehend einige Landhotels in der Umgebung von Lucca, weitere siehe unter Pisa.

Villa il Nonno, ein kleines Bed & Breakfast in traumhafter Hügellage mit Blick auf Lucca. Die netten Vermieter haben insgesamt nur 3 geräumige DZ zu ca. 100 € inkl. Frühstück. Etwa 4 km außerhalb, nicht weit von der Autobahnauffahrt nach Viareggio/Genua entfernt. Unmittelbar vor der Auffahrt rechts Richtung Gattaiola abbiegen (unter der Autobahn durch), dann beschildert. Via del Campaccio 26, 55050 Gattaiola, ✆/℻ 0583/512171, www.villailnonno.it.

• *Richtung Montecatini* *** **Hambros**, Lunata (ca. 4,5 km in Richtung Montecatini). Ländlicher Luxus in einem kleinen Park. Das Landhaus wurde Anfang der 60er Jahre umgebaut. Sehr geräumige Zimmer mit Dusche. DZ 110 €. Via Pesciatina 197, 55010 Lunata, ✆/℻ 0583/935355.

*** **Antica Casa dei Rassicurati**, im mittelalterlichen Bergstädtchen Montecarlo (zwischen Lucca und Montecatini). Renovierter Palast mit 8 DZ ab 65 € (Frühstück inklusive). Via della Collegiata 2, 55015 Montecarlo, ✆ 0583/228901, ℻ 0583/22498.

Essen/Trinken (siehe Karte S. 104/105)

Buca di San Antonio (19), das gehobene Restaurant in Lucca. Die rustikalen Deckenbalken biegen sich vor lauter Kupfergeschirr. Menü ca. 35 €, Sonntagabend u. Mo geschlossen. Via della Cervia 3.

Antico Caffè delle Mura (26), direkt auf dem Stadtwall. Ein ehemaliger Prachtbau aus dem Jahr 1885, gediegene Inneneinrichtung. Restaurant mit „Gartenwirtschaft" und gehobenen Preisen. Piazza Emanuele.

Ristorante Da Giulio in Pelleria (3), auf zwei Ebenen können hier 200 Gäste verköstigt werden, traditionell wird die schwere Luccheser Küche gepflegt. Mit der Vorspeise (Suppe) kommt eine Flasche Olivenöl zum Nachwürzen auf den Tisch. Menü ca. 20 € – für das Gebotene preiswert. So/Mo geschlossen. Via delle Conce 45.

Trattoria Da Leo (14), geräumiges Lokal, aber abends trotzdem schnell proppenvoll. Abwechslungsreiche, preiswerte regionale Küche. Auch Straßenbetischung. Menü ca. 20 €. Täglich geöffnet. Via Tegrimi 1, www.trattoriadaleo.it.

Vecchia Trattoria Buralli (8), preiswerte regionale Küche, hausgemachte Kuchen, vegetarische Gerichte, über Mittag auch Eintopfgerichte. Straßenbetischung. Dienstagabend und Mi geschlossen. Piazza S. Agostino 10.

Trattoria Da Gi Gi (15), preiswert, einfach und voll. Gerne von Handwerkern und Handelsvertretern besucht. Viele Meeresfrüchtegerichte, empfehlenswerte Vorspeise: „Riso con pesce". Menü komplett mit Wein und Nachtisch ca. 15 €. Zwischen Via Fillungo und Amphitheater gelegen. So geschlossen. Piazza del Carmine 7.

Trattoria Da Guido (9), Hausmannskost zu Niedrigpreisen. Die Wirte Bernardo und Leo Barsetti sind nicht mehr die jüngsten, ebenso die meisten Gäste. Touristen sieht man selten. Sehr sympathisch. Menü 11 €. So geschlossen. Via Cesare Battisti 28.

Pizzeria Rusticanella 2 (10), Pizze frisch aus dem Holzofen, auch zum Mitnehmen, kein Coperto. Kleiner Nebenraum und im Sommer ein paar Tische auf der Gasse gegenüber. So geschlossen. Via S. Paolino 32.

Trattoria Locanda Buatino (1), zu Fuß 5 Min. von der Stadtmauer. „Typisch toscanische Gerichte. Die Speisekarten werden jeden Tag neu von Hand geschrieben und enthalten keine Preise. Doch keine Sorge: Das Restaurant ist wirklich günstig. Das Publikum ist extrem gemischt. Es scheint, als träfen sich hier alle Luccheser – vom einfachsten Arbeiter bis zum wohlhabenden Bankbesitzer. Nur Touristen haben wir hier nicht angetroffen." (Lesertipp) So geschlossen. Via Borgo Giannotti 508, ✆ 0583/343207.

Ristorante Slim Joes (20), „... hier haben wir ganz vorzügliche frische Nudelgerichte gegessen, es werden aber auch sog. Hamburger angeboten, die jedoch ein vollständiges Mahl mit Gemüse, Fleisch und Brot darstellen. Das Lokal war gut besucht, die Preise sind im mittleren Niveau anzusiedeln; so zahlt man für ein Fleischgericht ca. 8 €, Nudelgerichte liegen bei 6 € und die sehr lecker aussehenden sog. Hamburger ebenfalls." (Leserbrief J. M. Auerbach, Leimen) So geschlossen. Bei der Piazza Napoleone. Corte Campana 3.

Gelateria Veneta (23), seit 1927 die beste Eisdiele Luccas. Täglich 10.30–1 Uhr. Oktober und Januar geschlossen. Via della Polveriera 13.

• *Cafés/Kneipen* **Antico Caffè Di Simo (16)**, aus der Zeit der vorletzten Jahrhundertwende – hier trafen sich Komponisten und Literaten (Giacomo Puccini, Giovanni Pascoli u. a.). Mehrere Räume (zum ungestörten Schachspiel), an den Wänden zeitgenössische Gemälde und Lithographien. Terrassencafé. Mo geschlossen. Via Fillungo 58.

Giubileo (4), die neueste Bar-Kreation eines früheren Mailänder Fotomodells. Täglich außer Mo bis 1 Uhr. Bereits um 19 Uhr ist das Lokal gut besucht, da zu den 3 € teuren Mixgetränken Snacks und belegte Brötchen serviert werden. Via S. Tommaso 29.

Miró (12), ein angenehmes Lokal abseits des touristischen Geschehens. Di und Do finden oft Konzerte (vorwiegend lateinamerikanische Folklore und Jazz) statt, dann erhöhte Preise fürs erste Getränk. Empfehlenswerte Nachtkneipe (bis 2 Uhr geöffnet). Mo geschlossen. Via del Fosso 215.

Im etwas vernachlässigten Stadtviertel Gonfalone (am östlichen Ausgang der Piazza S. Maria) haben sich in den letzten Jahren zwei „Alternativkneipen" etabliert:

Betty Blue (5), drinnen Heimat der Hardrock-Fraktion mit bunten Sitzwürfeln und 70er-Jahre-Design, draußen Gasthausbestuhlung. Das Essen ist nicht schlecht und günstig. Viel junges Stammpublikum, viel Trubel, keine Metal-Fundamentalisten. Via del Gonfalone 16/18.

Moplen (6), nicht weit davon, in der Via San Leonardo 19, sitzt die Konkurrenz: elektronische Musik von 19 bis 1 Uhr. Elegante Lounge Bar mit Außenbereich.

Toscana Karten S. 60/61 und S. 216/217

Sehenswertes

Die Stadt als Ganze – machen Sie einen Rundgang auf dem Stadtwall (4 km Umfang), um sich einen Überblick zu verschaffen. Unter den schattigen Platanen spielen Kinder, auf den Bänken hocken die Alten, und abends treffen sich hier gerne die Pärchen. Einmal pro Jahr findet auf der Luccheser Stadtmauer ein Radrennen statt.

Stadtmauer: Ein mächtiger Verteidigungswall aus Lehm, eingefasst von einer 12 m hohen Ziegelsteinmauer. In seinem heutigen Umfang entstand der Wall Mitte des 15. Jh., insgesamt wurde 150 Jahre daran gearbeitet. Sein parkähnliches Aussehen erhielt das Festungswerk erst im 19. Jh. Der unterirdische Teil ist ein durchdachtes System mit Pulverkammern, Verbindungsgängen, Zisternen und kleinen versteckten Ausgängen. Von Letzteren aus startete die Kavallerie zu Blitzangriffen, um gleich darauf in einem anderen rasch geöffneten Gang wieder zu verschwinden.

Torre Guinigi: Der 44 m hohe Backsteinturm aus dem 14. Jh. ist das Wahrzeichen von Lucca. Er gehört zu einer Hand voll Palästen, die die Guinigi ihr Eigen nannten. Ihr berühmtester Spross war *Paolo Guinigi*, der dreißig Jahre lang seine despotische Macht über Lucca ausübte. Im Krieg gegen Florenz wurde er schließlich gefangen genommen. Er starb 1432 im Gefängnis von Padua.

Es lohnt sich, den Turm zu besteigen. Nach 230 Stufen ist man oben bei den sieben Steineichen angelangt, wo sich ein großartiger Blick auf die Stadtanlage eröffnet. Eher bedenklich stimmen die zahlreichen sanierungsbedürftigen Dächer.

Öffnungszeiten März–September 9–20 Uhr, Oktober 10–18 Uhr, November–Februar 9–17.30 Uhr. Eintritt 3,10 €.

Palazzo Guinigi: Die ehemalige Landvilla der Guinigi ist heute ein nationales Museum. Bei Baubeginn (Anfang 15. Jh.) lag das Grundstück noch vor den Toren der Stadt in einem gepflegten Park. Im Erdgeschoss des langgestreckten, nüchternen Backsteinbaus sind römische Skulpturen und etruskische Fundstücke zu sehen; bemerkenswert ist ein Grabrelief mit Gastmahlszene aus dem 2. Jh. v. Chr. Im Obergeschoss ist eine Gemäldesammlung untergebracht, die u. a. Werke von *Fra Bartolomeo* präsentiert.

Öffnungszeiten Di–Sa 8.30–19 Uhr, So 8.30–13 Uhr. Eintritt 4 €.

Palazzo Mansi (Museo Nazionale): In den prunkvollen Sälen des Palastes aus dem 17. Jh. wurde eine staatliche Gemäldesammlung eingerichtet. Werke *Tintorettos* sind hier zu finden, daneben aber auch Utensilien Napoleons. Beeindruckend ist das aus dem 18. Jh. stammende Schlafgemach Luciala Mansis, der Gemahlin des wohlhabenden Patriziers. Der Raum ist reich ausgestattet mit Brokat und einem üppig vergoldeten Barockbett.

Öffnungszeiten Di–Sa 9–19 Uhr. Eintritt 4 €.

Puccini-Museum (Casa Puccini): Das Geburtshaus von *Giacomo Puccini* ist eher eine Wallfahrtsstätte für Spezialisten: Notenblätter des Maestro, der Steinway-Flügel, auf dem er „Turandot" komponierte, Kostümentwürfe für Puccini-Opern usw.

Öffnungszeiten Juni–September 10–18 Uhr, Oktober–Dezember und Mitte März bis Mai 10–13 und 15–18 Uhr (Mo geschlossen). Eintritt 3 €.

Die Kirchen von Lucca

Es lag an den reichen Kaufleuten, dass auf so engem Raum so viele Kirchen und Kirchlein entstanden. Üblicherweise übernahm der älteste Sohn das Geschäft, der Drittgeborene musste zum Militär, und den Zweitgeborenen steckte man ins Kloster. Für ihn stiftete die Familie eine Kirche. Bereits im 8. Jh. entstanden unter Bischof *Frediano* zahlreiche romanische Kirchen, auf deren Grundmauern viele der heutigen Gotteshäuser stehen.

Öffnungszeiten Dom: im Sommer 7–19 Uhr, im Winter 7–17 Uhr. Übrige Kirchen: meist 7.30–12.30 Uhr und 15–18 Uhr. Während des Gottesdienstes ist eine Besichtigung nicht statthaft.

Dom San Martino: Sein heutiges Aussehen erhielt der Dom zwischen dem 12. und dem 15. Jh. Die Fassade ist eine Mischung aus drei zierlichen Säulengalerien im oberen Teil und einer mächtigen romanischen Vorhalle. Fast jede der Säulen hat ein anderes Muster, dadurch wird der verspielte Charakter der Galerien noch unterstrichen. Die Vorhalle ist der einzige übrig gebliebene romanische Teil des Bauwerks und zeigt einige bemerkenswerte Skulptierungen, u. a. ein kreisförmig angelegtes Labyrinth am rechten Stützpfeiler.

Inneres: Im linken Kirchenschiff fällt ein oktogonales marmornes Tempelchen auf, der sog. *Volto Santo*. Die Legende besagt, dass das hier verwahrte Kreuz im Morgenland vom hl. Nikodemus geschnitzt wurde. Am 13. Sept. wird das Kruzifix in einer Prozession durch die Stadt getragen.

Weitere Kunstwerke: ein Gemäldezyklus aus dem 16. Jh. zur Mariengeschichte an der linken Wand sowie eine bemerkenswerte Abendmahlsszene von *Tintoretto* mit stillender Mutter im Vordergrund in einem Seitenaltar der rechten Wand.

Sakristei: Hier steht der Sarkophag von Ilaria del Carretto. Er gehört zu den Meisterwerken des sienesischen Bildhauers *Jacopo della Quercia*. Schlafend liegt Ilaria da, ihr Lieblingshund hält Totenwache und wärmt ihre Füße. Ilaria war die zweite von insgesamt fünf Frauen des fürchterlichen *Paolo Guinigi* (s. o. Torre Guinigi) und starb im Wochenbett.

• *Öffnungszeiten* April–Oktober täglich 10–18 Uhr, November–März Mo–Fr 10–15, Sa/So 10–18 Uhr. Eintritt 1,50 €.

Santi Giovanni e Reparata: In dieser Kirche schräg gegenüber dem Dom wurde der komplette Boden von Archäologen abgetragen und durch eine Zwischendecke ersetzt. Das darunter liegende Ausgrabungsgelände kann besichtigt werden. Von den ersten frühchristlichen Kirchenmauern bis zu den Resten einer römischen Badeanstalt wurde alles fein säuberlich freigelegt. Im Grab eines langobardischen Bischofs fand man eine bronzene Ente und ein Bischofskreuz als Grabbeigabe. Diese beiden Fundstücke sind im Palazzo Guinigi (s. o.) ausgestellt.

Öffnungszeiten 10–18 Uhr. Der Besuch der Kirche und des links anschließenden Baptisteriums mit Einblick von oben ins Ausgrabungsgelände kostet 1 €, der Besuch des Ausgrabungsgeländes (nur mit Führung) 1 € extra.

San Michele in Foro: Die zierlich geschmückte Kirche entstand im Gegensatz zum bischöflichen Dom im Auftrag der Bürgerschaft. Ursprünglich stand hier das römische Forum. Erbaut wurde San Michele im 13. und 14. Jh. Die Fassade ist mit viel Phantasie gestaltet. Mit ihren vier Säulengalerien übertrifft sie den Dom noch an Verspieltheit. Die Köpfe an den Kapitellen wurden im 19. Jh. durch staatstragende Häupter der Neuzeit ersetzt. Es finden sich die Konterfeis Napoleons III., Garibaldis und Cavours, des ersten italienischen Ministerpräsidenten.

Auf der Piazza San Michele steht ein Denkmal für *Francesco Burlamacchi*, einen Sohn der Stadt, der als Anhänger der Thesen Savanarolas gegen die absolutistische Herrschaft der Medici opponierte. 1548 wurde er in Mailand enthauptet.

Inneres: Ein mächtiges Kreuz dominiert über dem Hochaltar. Dem auf Holz gemalten Heiland wurde durch aufgetragene Gipsschichten Plastizität verliehen. Am Ende des rechten Seitenschiffes hängt eines der schönsten Bilder von *Filippino Lippi*.

Toscana
Karten S. 60/61 und S. 216/217

Garfagnana

Ein fruchtbares Flusstal mit unzähligen kleinen Ortschaften an den Hängen großer Bergketten: auf der westlichen Seite der Naturpark der Apuanischen Alpen mit Gipfeln bis knapp 2000 m Höhe, auf der östlichen die Berge des toscanisch-emilianischen Apennin.

Das obere **Tal des Serchio** mitsamt seinen vielen kleinen Seitentälern wird Garfagnana genannt. Wer nur die „klassische" Toscana mit ihren sanften Hügeln und malerischen Zypressenreihen kennt, wird sich hier angesichts der Gebirgspanoramen und der dichten, sattgrünen Wälder in einer völlig anderen Gegend wähnen. Entspannung, Naturerlebnisse und natürlich Aktivurlaub stehen hier auf dem Programm. Insbesondere Wanderer, Trekker und Mountainbiker haben sich das Gebiet in den letzten Jahren mehr und mehr erschlossen und können inzwischen auch vielerorts auf interessante Übernachtungsmöglichkeiten auf Höfen und Landgütern zurückgreifen. Hauptort des Gebietes und mittlerweile ein kleines Zentrum des Wandertourismus ist **Castelnuovo di Garfagnana**, von wo man gut zu Touren in den Apennin und die Apuanischen Alpen aufbrechen kann.

Bagni di Lucca (ca. 7500 Einwohner)

Der Kurort am Eingang zur Garfagnana war einst der berühmteste Europas. Seit dem Mittelalter werden die eisenhaltigen Thermen, die aus 19 Quellen mit Wassertemperaturen zwischen 37 und 54 °C gespeist werden, therapeutisch genutzt.

Den großen Aufschwung erfuhr Bagni di Lucca aber erst zu Beginn des 19. Jh., als Napoleons Mutter Laetizia und seine Schwestern Pauline und Elisa – Letztere war Großherzogin der Toscana und Fürstin von Lucca in Personalunion – zu Stammgästen wurden. In ihrem Gefolge traf sich hier bald alles, was in der Welt des Adels Rang und Namen hatte. Und als wenige Jahre später die englischen Dichter Lord Byron und Percy Shelley (zusammen mit seiner Ehefrau Mary, die eben ihren Schauerroman „Frankenstein" publiziert hatte) die Bäder von Lucca mit ihrem Besuch ehrten, gab es insbesondere für touristische Eroberer von der Insel kein Halten mehr.

Dem heutigen Besucher präsentiert sich der einstige Kurort von Weltrang als stilles Städtchen. An seine glorreiche Zeit erinnern noch Parkanlagen, alte Villen mit verzierten Fassaden und zahlreiche Gedenktafeln mit Namen der illustren Gäste. Von den vier Bädern, die an der Therme teilhaben, ist die Villa Ada im oberen Ortsteil zweifellos das schmuckste Gebäude. Die Straße führt weiter zur kleinen Piazza San Martino. Am Platz befindet sich ein moderner Kurkomplex, bestehend aus dem Stabilimento Jean Varraud und der Casa Boccella, Bagni di Luccas größtem Therapiezentrum. Wer im unteren Ortsteil dem Schild „Stazione" folgend die Straße parallel zum Bach einschlägt, sieht rechts das **Casino Municipale**. Geht man die Straße weiter, findet man linker Hand den Weg zur **Villa Demidoff** und von hier über eine kleine Brücke zum **Demidoff-Tempelchen**. Der anmutige Rundbau mit dem neoantiken Portikus stammt aus napoleonischer Zeit – ein von der Geschichte liegen gelassenes Juwel.

• *Information* **Chiesa Anglicana**, Juni bis Mitte September Mo–Sa 9–19 Uhr, im Winter Mo–Sa 9–14 Uhr. Via Evangeline Whipple, ✆ 0583/805745, ℻ 0583/809937.

• *Verbindungen* **Bahn**: Bagni di Lucca liegt an der Bahnlinie, die von Lucca durchs Serchio-Tal bis nach Aulla in der Lunigiana führt. Der Bahnhof befindet sich etwas außerhalb im Ortsteil Fornoli.

Bus: Direktverbindung ins Serchio-Tal nach Castelnuovo und nach Lucca (mit LAZZI ca. 5x tägl.).

• *Übernachten* *** **Corona**, altes Haus, renoviert, sonnige, blumenumrankte Terrasse mit Blick auf den Lima und die Berge. Unbedingt Räume zum Fluss buchen, die zur Hauptstraße sind recht laut. 20 Zimmer mit Bad, ganzjährig geöffnet. Angeschlossen ist ein hervorragendes, preiswertes Restaurant. DZ ab 60 €. Via Serraglia 78, 55021 Bagni di Lucca, ✆ 0583/805151, ℻ 0583/805134, www.coronaregina.it.

*** **Regina**, ehemaliger Palazzo aus dem 18. Jh., umgeben von einem gepflegten Park. Kürzlich restauriert. Puccini hat hier seine letzte Oper „Turandot" beendet. DZ ab 80 €. Viale Umberto I 157, 55021 Bagni di Lucca, ✆ 0583/805508, ℻ 0583/807877.

* **Roma**, ältlich, aber mit Charme. Hoteleigener Parkplatz inmitten einer Gartenanlage, dahinter liegt der kleine Park Contessa Casalini. Zimmer zum Garten hin nehmen. DZ mit Bad ca. 42 €, ohne 32 €. Via Umberto I 110 (Hauptstraße), 55021 Bagni di Lucca, ✆/℻ 0583/87278.

• *Camping* **Pian d'Amora**, ca. 12 km außerhalb, direkt unterhalb des alten Zentrums von Coreglia Antelminelli (Richtung Barga, bei Piano di Coreglia rechts abbiegen). Terrassenförmig angelegt, mitten im Grünen. Geöffnet April–Oktober. Loc. Pian d'Amora, 55025 Coreglia Antelminelli, ✆ 0583/78426.

• *Essen/Trinken* **Circolo dei Forestieri**, viel Platz im ehemaligen Ballsaal, aber auch einige Tische im Freien. Mi geschlossen. Piazza J. Varraud 10, am Eingang zum Ortsteil La Villa.

Del Sonno, zentral gelegen, rustikales Ambiente (Bogengänge aus Ziegel). Beliebt wegen der Steinofenpizza und der Ravioli mit Haselnüssen. Familiäre Atmosphäre. Do geschlossen. Viale Umberto I 146.

Da Bruno, an der Hauptstraße zwischen den Ortsteilen Ponte a Serraglio und La Villa: „toller Service (deutschsprachig), nettes Ambiente, famoses Essen (Spezialität: Steinpilze in verschiedenen Varianten) und zivile Preise" (Lesertipp Karola Althoff). Di geschlossen. Via Roma.

Barga (ca. 10.000 Einwohner)

Der alte Ort – einst ein Zentrum der Seidenweberei – liegt malerisch am Hang und hat sich noch einen Teil seines mittelalterlichen Stadtbildes erhalten können. Heute ist Barga vor allem wegen seiner sommerlichen Musikfestivals bekannt.

Am besten parkt man das Fahrzeug am „Großparkplatz" an der Straße und geht dann durch den mittelalterlichen Torbogen. Linker Hand führt eine enge, dunkle Gasse durchs Centro storico zur kleinen Piazza Angelio mit dem Pro-Loco-Büro. Geht man weiter, kommt man zum historischen Caffè Capretz, das 1870 von einem Schweizer gleichen Namens eröffnet wurde und heute eine lokale Institution ist.

Das Demidoff-Tempelchen in Bagni di Lucca

Am höchsten Punkt der Altstadt mit ihren verwinkelten Gässchen und Bogendurchgängen thront der **Dom San Cristofano** mit seinem auffälligen zinnengekrönten Turm, der zwischen dem 12. und 14. Jh. erbaut und nach Erdbebenschäden in den 1920er Jahren restauriert worden ist. Schmuckstück im Inneren ist die mit der Chorschranke verbundene Kanzel aus der ersten Hälfte des 13. Jh., deren quadratisches, mit gut erhaltenen Reliefs versehenes Becken auf vier roten, von Löwen und Atlanten gestützten Marmorsäulen ruht.

- *Information* **Ufficio Turistico Barga**, Via di Mezzo 47 (die Straße vor dem Caffè Capretz), Mo–Fr 16–18.30 Uhr. ✆ 0583/424743, 📠 0583/724745, www.barganews.com.
- *Musikfestivals* **OperaBarga**, auf Initiative eines englischen Emigranten-Ehepaars 1967 ins Leben gerufen: zweiwöchige Opernfestspiele ab Mitte Juli im barocken, kürzlich wiedereröffneten Teatro dei Differenti.
- *Verbindungen* Der Bahnhof liegt ca. 3,5 km weit unten im Tal (Fornaci di Barga), Anreise besser per Bus.
- *Übernachten/Essen* *** **Villa Libano**, kleiner Palazzo außerhalb der Altstadt. Meist geräumige, etwas altertümliche Zimmer mit Blümchentapete. Mit empfehlenswertem Restaurant. DZ ca. 60 €. Via del Sasso 6, 55051 Barga, ✆ 0583/723059, 📠 0583/724185.

*** **Alpino**, direkt an der zentralen Straßenkreuzung in Barga Guardino, DZ mit Dusche/WC ab 50 €, eine Suite mit Wohnzimmer und Kochecke gibt es auch. Via Giovanni Pascoli 41, 55051 Barga, ✆ 0583/723336, 📠 0583/723792, www.bargaholiday.com.

*** **La Pergola**, gepflegtes Familienhotel in der Neustadt mit Sonnenterrasse und großem Restaurant. DZ mit Bad 50 €. Via S. Antonio 1, 55051 Barga, ✆ 0583/711239, 📠 0583/710433.

Fontanamaggio, von der Brücke am Eingang zur Altstadt zu sehen: das gute und preiswerte Restaurant mit vielen Plätzen im Freien liegt in der Senke am Bach inmitten eines kleinen, liebevoll mit Blumen geschmückten Parks. Großer, gepflegter Kinderspielplatz. Parco Kennedy, ✆ 0583/724039.

Osteria Angelio, Künstlerrestaurant mit traditioneller Küche, das täglich eine Bühne für junge Maler, Fotografen und Musiker bietet. Piazza Angelio, ✆ 0583/724547.

Il Ponte, einfache Trattoria (Di geschl.). Viale Cesare Biondi 8, ✆ 0583/724242.

Umgebung von Barga

Grotta del Vento: Nach einer atemberaubenden Anfahrt durch die Gallicano-Klamm auf einer teils sehr engen Straße öffnet sich der Wald unvermutet zu einer von Menschenhand geschlagenen Lichtung: Ein Großparkplatz mitten in der Wildnis der Apuanischen Alpen. Doch hier macht er Sinn, denn die Grotta del Vento, eine riesige Tropfsteinhöhle, ist die Touristenattraktion Nummer eins in den Apuanischen Alpen. Zumindest in der Hauptsaison sollte man deshalb einen Besuch an Wochenenden vermeiden.

Jules Verne hätte sich die Höhle nicht spektakulärer ausmalen können: Flüsse, kleine Seen und „Siphons", in denen das Wasser verschwindet, Stalagmiten und Stalaktiten in einer Formen- und Farbenpracht, die ihresgleichen sucht. Und die Natur arbeitet ständig weiter, wenn auch im Schneckentempo. Die Grotta del Vento ist gut erschlossen. Der Besucher hat die Wahl zwischen drei Rundgängen: Der kürzeste dauert eine Stunde und ist leicht zu bewältigen (keine Steigungen), der längste drei Stunden und führt tiefer in die Märchenlandschaft hinunter.

• *Öffnungszeiten* April–September täglich alle drei Rundgänge, sonst eingeschränkt. Generell startet die erste Führung des Tages um 10 Uhr, die letzte um 18 Uhr. Die Temperatur in der Höhle beträgt ganzjährig 11°C. Preise: 6,50–15 €. ✆ 0583/722024, 📠 0583/722053, www.grottadelvento.com.

• *Anfahrt* Von Gallicano (gegenüber von Barga) führt eine Straße vorbei an der Eremo di Calomini in die Apuanischen Alpen. Nach 12 km findet man beim Ort Fornovolasco die Grotte (alles gut ausgeschildert).

Castelnuovo di Garfagnana (ca. 6.500 Einwohner)

Tief haben sich die beiden Flussarme des Serchio und des Torrente Turrite ums Zentrum eingegraben. Eine für den Besucher verwirrende Anzahl von Brücken verbindet das überschaubare Centro storico mit den neueren Ortsvierteln.

Castelnuovo ist Hauptort der Garfagnana und Zentrum des Wandertourismus. Die Lage ist günstig, von Castelnuovo aus führen zahlreiche Sträßchen beidseits des Tals ins Gebirge, Bahn- und Busreisende kommen problemlos hierher.

Dominiert wird das Städtchen von der **Rocca Ariostesca**, einer im Zweiten Weltkrieg zerstörten, inzwischen aber wiederaufgebauten mittelalterlichen Festung. Sie bildet gewissermaßen das Eingangstor zu einem überaus lebendigen Stadtkern, der allerdings keine ausgesprochenen Sehenswürdigkeiten zu bieten hat. In den Außenbezirken Castelnuovos wird etwas Holzindustrie und eine große Papierfabrik betrieben.

Ganz in der Nähe von Castelnuovo, bei San Romana auf der anderen Seite des Serchio, erhebt sich auf einem bewaldeten Hügel die über 1000 Jahre alte, von den Langobarden erbaute **Fortezza delle Verrucole**, die von weitem wie ein Teilabschnitt der Chinesischen Mauer erscheint.

Information/Verbindungen

• *Information* **Pro Loco**, Piazza delle Erbe, 9.30–12 und 15.30–18.30 Uhr. ✆ 0583/641007, 📠 0583/644354.

Parco Apuane – Centro Accoglienza e Visita, ✆ 0583/644242, 📠 0583/648435, www.garfagnanavacanze.it. Das Tourismuscenter schräg gegenüber dem Pro-Loco-Büro ist auf ländliche Ferien (Agriturismo) spezialisiert. Des Weiteren Informationen über Parks und Freizeit-, Wander- und Reitangebote der Region, MTB-Verleih. Verkauf von Wanderkarten zu Apuanischen Alpen und Garfagnana. Juni–Sept. täglich 9–13 und 15–19 Uhr, sonst nachmittags nur 15.30–17.30 Uhr. Mo geschl.

Tolles Gebirgspanorama auf dem Weg von Castelnuovo zur Küste nach Carrara

• *Verbindungen* **Bahn**: Castelnuovo liegt an der Strecke, die von Lucca aus durch das Serchio-Tal nach Aulla führt und dort auf die Linie La Spezia – Parma trifft. Der Bahnhof befindet sich nördlich des Zentrums (auf der anderen Seite des Flusses).

Bus: Mehrmals täglich (außer So) nach Lucca, 4x täglich über Barga nach Bagni di Lucca. Direktbusse an die Küste nach Forte dei Marmi bzw. Pietrasanta 2x täglich, im Sommer auch sonntags. Fahrzeit ca. 1 Std.

Übernachten/Essen/Trinken

• *Übernachten* *** **Da Carlino**, im Ortszentrum an der Straße von Lucca nach Aulla, DZ mit Bad/WC/TV ca. 57 €, gepflegte Zimmer. Schöne Terrasse mit Blick auf den Serchio, dessen Forellen im hoteleigenen Restaurant serviert werden. Via Garibaldi 13, 55032 Castelnuovo di Garfagnana, ✆ 0583/644270, ℻ 0583/62616.

* **La Vecchia Lanterna**, im Zentrum, eine Gasse von der Durchgangsstraße entfernt. Im Erdgeschoss gibt's ein Großraumrestaurant. DZ ca. 45 €. Via Nicola Fabrizi 26, 55032 Castelnuovo di Garfagnana, ✆ 0583/63331, ℻ 0583/639331.

• *Außerhalb* *** **The Marquee**, 2 km Richtung Aulla bzw. Modena. Ruhige Zimmer nach hinten raus, großer Balkon. Mit Restaurant. DZ ca. 90 €. Via Provinciale 14b, Fraz. La Costa, 55032 Castelnuovo di Garfagnana, ✆/℻ 0583/62198.

*** **La Lanterna**, ziemlich neuer Bau inmitten einer gepflegten Grünanlage. Auch die Zimmer sind gut, wenn auch ohne Balkon. Mit Restaurant. DZ ca. 85 €. Le Monache 300b, Fraz. Piano Pieve, 55032 Castelnuovo di Garfagnana, ✆ 0583/62272.

• *Camping* **La Piella**, im Ortsteil La Piella. Ca. 7 km Fahrt, erst in Richtung Pieve Fosciana, dann ausgeschildert. Auf einem Teil des auf einem Hügel über Castelnuovo gelegenen Besitzes wird Landwirtschaft und Viehzucht betrieben, ein anderer Teil des idyllischen Wald- und Wiesengeländes ist für Camper reserviert. Ganzjährig geöffnet. 55032 Castelnuovo di Garfagnana, ✆ 0583/62916.

• *Agriturismo/Camping* **Mulin del Rancone**, tolle Lage in der an dieser Stelle weit geöffneten Talsenke des Serchio zwischen San Romano und Camporgiano. Einige der Zimmer im ehemaligen Mühlengebäude direkt am rauschenden Fluss, die anderen im Gebäude des Restaurants etwas weiter oberhalb. Insgesamt nur 8 Zimmer und Appartements, DZ mit Frühstück ca. 65 €. Pferdehaltung und Reitunterricht, Kinderspielplatz, Pool. Im rustikalen Restaurant wird viel Eigenanbaugemüse verarbeitet. Vom Ortsausgang Camporgiano ca. 300 m in Richtung S. Romano. Vor der Brücke links. 55031 Camporgiano, ✆/📠 0583/618670.

• *Essen/Trinken* **Osteria Vecchio Mulino**, kleine und gemütliche Trattoria mit lecker zubereiteten Speisen. Abends sollte man vor 20 Uhr kommen, um einen der wenigen Plätze der gemütlichen Osteria zu ergattern. So geschl. Via Vittorio Emanuele 12, ✆ 0583/62192.

Il Ciulé, am Ortsausgang nach Massa: vielfältige Küche, angenehme Preise. Im Sommer sitzt man auf einer überdachten Terrasse. Parkplatz im Hof. Viale Giovanni Pascoli 1, ✆ 0583/62643.

Il Pozzo, im Nachbarort Pieve Fosciana, einen Abstecher wert! Gute Weinauswahl und interessante lokale Küche. Mi geschlossen. Via Europa 2°, ✆ 05836/66380, 📠 0583/666670.

Locanda Marchetti, gute, preiswerte Trattoria am Platz gegenüber vom Parco-Apuane-Infobüro. ✆ 0583/62643.

Versilia & Apuanische Riviera

Die Versilia umfasst das Gebiet um Viareggio, im Norden – hinter Forte die Marmi bis Marina di Carrara – schließt sich die Apuanische Riviera an. Beide Landstriche sind klimatisch privilegiert, denn kalte Nordwinde werden durch die fast 2000 m hohen Apuanischen Alpen abgeschirmt. Im Winter liegen die Durchschnittstemperaturen bei ca. 10 Grad Celsius!

Der Tourismus entwickelte sich entsprechend sehr früh. Bereits Anfang des 19. Jh. wurde hier das Bad im Meer als Therapie empfohlen – und das erste Spielkasino eröffnet. Adelige und Geldbürger kamen zuhauf, und es entstanden jene altehrwürdigen Luxushotels und Villen, die den Badeorten heute noch ihr exklusives Ambiente verleihen.

Die schachbrettartig angelegten Küstenorte gehen meist nahtlos ineinander über, zwischen Promenade und Meer liegen unzählige Badeanstalten, frei zugängliche Plätze gibt es an dem viele Kilometer langen, durchgehend breiten und feinsandigen Strand kaum. Entlang der Küste verläuft eine vierspurige „Autopromenade" – im Sommer herrscht hier das absolute Chaos, im Winter ist alles wie ausgestorben.

Viareggio

(ca. 60.000 Einwohner)

Aus dem einst trostlosen Fischernest im malariaverseuchten Sumpfland entstand im 19. Jh. ein mondäner Badeort. Maria Luisa von Bourbon, Großherzogin von Lucca, gab die Strände frei, und die luccesischen Kaufmannsfamilien bauten sich hier ihre Sommerhäuser.

Um das Wahrzeichen der Stadt, die Torre Matilde, liegt der eigentliche Altstadtkern, der auch Vecchia Viareggio genannt wird. Niedrige Häuschen aus dem 16. Jh. bestimmen hier das Bild. Ein paar Straßen weiter Richtung Meer führt die schmale Via Battisti (Fußgängerzone) zum zentralen Markt, der nur durch einen Cordon eng nebeneinander stehender Textil-, Handtaschen- und Haushaltswarenhändler zu betreten ist. Der eigentliche Mittelpunkt des Geschehens ist aber die Strandpromenade, die Passeggiata, die offiziell Viale Regina Margherita heißt.

Bekannt ist der Karneval von Viareggio, der erstmals 1873 stattfand und heute nach dem venezianischen der berühmteste ganz Italiens ist. Riesige, hydraulisch gesteuerte Pappfiguren bestimmen das Bild des Umzugs. Die Wagen und Figuren des Karnevals können in der Città del Carnevale nahe der Via S. Maria Goretti besichtigt werden. Hier kann man sich die Arbeit der Carristi anschauen, die nebenbei auch noch Bühnendekorationen und Effekte für Kinofilme herstellen. Der Bau der Figuren hat sich mittlerweile zu einem eigenen Handwerkszweig entwickelt (alles Wissenswerte findet sich im Internet unter www.viareggio.ilcarnevale.com).

Information/Verbindungen

• *Information* **APT-Büro**, Viale Carducci 10 (Strandpromenade), Mo–Sa 9–13 und 15–18 Uhr, Do 10–12 Uhr. ✆ 0584/962233, 📠 0584/47336, viareggio@versilia.turismo.toscana.it. Weiteres Info-Büro im Bahnhof (Piazza Dante). Öffnungszeiten: 9.30–12.30, Di geschlossen. ✆ 0584/46382, 📠 0584/430281.

Verbindungen **Bahn**: Der Bahnhof im Zentrum liegt an der Hauptlinie Genua–Rom (ca. 10x tägl. Pisa). Außerdem Nebenstrecke nach Lucca/Florenz, etwas längere Fahrzeiten, aber kein Umsteigen (Florenz ca. 17x tägl., Fahrzeit 1 Std.).

• *Bootsausflüge* Tagesausflüge nach Elba, Capraia und Cinque Terre. Bootsausflüge auch in die Sumpfgebiete des Lago Massaciuccoli mit ECOTOUR, Largo Risorgimento 24, ✆/📠 0584/48449. Der ca. 3-stündige Ausflug kostet etwa 9 €. Abfahrt 9 und 15 Uhr.

Übernachten

**** **Plaza e de Russie**, von den berühmten, alten Luxushotels von Viareggio das einzige, das sich die exklusive Aura eines wirklichen Grandhotels erhalten konnte. Von außen eher unscheinbar an die Piazza D'Azeglio angrenzend, ist es innen umso prunkvoller. Restaurant auf der Dachterrasse. DZ ab ca. 260 €. Piazza D'Azeglio, 55049 Viareggio, ✆ 0584/44449, 📠 0584/44031.

**** **Grand Hotel & Royal**, an der Strandpromenade, im Liberty-Stil zu Beginn des 20. Jh. erbaut. Das markante Luxushotel mit den beiden Dachtürmchen war jahrelang das Aushängeschild des Badeortes. 107 Zimmer, ab 200 € pro Nacht. Viale Carducci 44, 55049 Viareggio, ✆ 0584/45151, 📠 0584/31438.

*** **Katy**, geraumige Zimmer, moderner Standard, Lift. In einer ruhigeren Nebenstraße der Strandpromenade. 25 Zimmer, DZ ca. 104 € (inkl. Frühst.), HP pro Person ca. 80 €. Via Flavio Gioia 12, 55049 Viareggio, ✆ 0584/45518, 📠 0584/45519.

* **Villa Amadei**, picobello Zimmer, alle mit Dusche/WC, ruhigere Seitenstraße der Promenade. HP (in der Saison Pflicht) 43 € pro Person, DZ mit Frühstück 60 €. Via Flavio Gioia 23, 55049 Viareggio, ✆ 0584/45517.

* **Villa Cloy**, gleich ums Eck beim Tourismus-Büro, EZ ohne Dusche ca. 33 €, DZ mit Bad 46 €. Im Hinterhof kleiner Garten mit Hausrestaurant. Via Leonardo da Vinci 24, 55049 Viareggio, ✆ 0584/30968.

• *Camping* Neun Plätze in der Pineta di Levante (ca. 2 km südlich des Orts), die meisten geöffnet von April–September.

Empfehlenswert ist der Camping Paradiso mit toller Lage im fast undurchdringlichen Gestrüpp der Macchia Luccese. Unverbaute Strandlandschaft. Geöffnet April–September. Via dei Lecci, 55049 Viareggio, ✆ 0584/392005, 📠 0584/387206.

Essen/Trinken/Nachtleben

Außer den vielen Fastfood-Cafés an der Strandpromenade gehören die meisten Restaurants zur gehobenen Preisklasse.

Al Porto, sehr geschätztes Fischrestaurant, Reservierung nötig. Via Coppino. ✆ 05843/83878. So geschl.

Eden, an der Promenade das empfehlenswerteste Lokal. Auch gut zum Draußensitzen. Durchschnittliche Preise, auch Pizza. Viale Margherita 23.

La Rusticanella, Pizza vom Blech, direkt an der Promenade. Preiswert und extra dick belegt. Auch einige Tische. Viale Margherita 80, Mi geschl.

Sale e Peppe, Piazza Piave 215, gute und günstige Fischgerichte. Menüs ab 12 €, Mo geschl.

Vecchia Viareggio, die Calzone ist gewaltig und kaum zu schaffen. Rohkostsalate mit Öl-Essig-Soße zum Eintauchen. Via Regia 106, Mo geschl.

Rosticceria Sergio, am Markt, Via Zanardelli. Gute Auswahl an Tagesgerichten (Pasta 5 €), auch Salate (Fisch, Tintenfisch), gegrillte Hühnchen. Wer die Fischsuppenspezialität Cacciucco di Pesce ausprobieren will, kann das hier zum relativ günstigen Preis von 6 € pro 100 g tun. Unter den Weinregalen stehen auch einige Tische zum Hinsetzen.

Rosticceria La Campana, Pizza, Hähnchen, Fisch. Via Antonio Fratti 33, Ecke Via F. Cavallotti, Di geschl.

• *Cafés* **Liberty**, im ehemaligen Cinema Teatro Splendor (in der Vorderfront des Gebäudes das vielleicht schönste McDonald's Italiens). Innen toll renoviert. Auch die Bühne des Theaters ist noch vorhanden. Im Sommer finden hier auch ab und an Konzerte (Diskothek) statt.

• *Eis* **Galliano**, beste Gelateria am Ort, ziemlich weit außerhalb an der Promenade, Viale Marconi 127. Neu und trendy ist **Nilos** in der Via Antonio Fratti beim Ospedale.

Zentrumsnäher an der Promenade: **Da Mario**, gleich neben dem Eingang zum Flannery's Irish Pub, Via Petrolini 1.

Beliebt bei Einheimischen ist die Gelateria **Pinguino** in der Altstadt (nicht weit vom Markt). Via Battisti 147 (Fußgängerzone).

• *Nachtleben* **Flannery's, Irish Pub** mit täglicher Livemusik. Gleich am Anfang der Promenade im ersten Stock über dem Kino Politeama. Lungomolo del Greco.

Capannina del Marco Polo, geräumiger Diskoschuppen, der am frühen Abend (ca. 21.30) die gereifte Jugend anspricht. Ab 24 Uhr geht's dann richtig los. Mindestverzehr ca. 10 € . Geöffnet Fr–So, im Juli/August täglich. Via Marco Polo, im Pinienwäldchen Pineta di Penente. ✆ 05845/0344.

Baden: Auch hier reiht sich an der Promenade eine kostenpflichtige Badeanstalt an die andere. Freie Badestrände gibt es entlang der schattigen Pineta di Levante südlich von Viareggio. Während der Saison verkehren halbstündlich die orangefarbenen Stadtbusse Nr. 9 der Firma CLAP. Abfahrt: Piazza D'Azegli, angeschriebenes Fahrziel: Marina di Levante.

Torre del Lago Puccini

Ein beliebtes Ziel von Wochenendausflüglern, weshalb die Zufahrt zur Promenade für Nichtanwohner durch eine Schranke versperrt ist. Am Seeufer breitet sich ein kleiner Park aus, in dem der Opernkomponist Giacomo Puccini (1858–1924) mit einer Bronzestatue geehrt wurde. Vom Schiffsanlegesteg aus werden das ganze Jahr über Seerundfahrten mit Ausflugsbooten unternommen.

Bedeutendste Sehenswürdigkeit ist die Villa Puccini, eine hübsche zweigeschossige Jugendstilvilla, in der der Komponist seine zweite Lebenshälfte verbrachte. Bei den geführten Rundgängen in italienischer Sprache können sich die Besucher in den Räumlichkeiten des Erdgeschosses umschauen. Hier sind des Komponisten liebste Instrumente ausgestellt – neben dem Klavier waren dies vor allem seine Jagdflinten, mit denen er den Vögeln nachstellte. In einem kapellenartig umgebauten Raum mit üppiger Jugendstilornamentik liegt der Maestro neben Gemahlin Elvira und Sohn Tonio begraben.

• *Villa Puccini* März/April 10–12.30 Uhr und 15–17.30 Uhr, Mai–Oktober 10–12.30 und 15–18.30 Uhr, Dezember–Februar 10–12.30 und 14.30–17 Uhr. Führungen finden während der Öffnungszeiten ca. halbstündlich statt. Mo geschlossen. Wechselnde Kunstausstellungen. Eintritt 3,50 € (mit Ausstellung 5 €).

• *Festival* **Festival Pucciniano**, Opernfestspiele zu Ehren des Maestros auf einer Freiluftbühne am Seeufer. Ende Juli und August. Weitere Infos siehe www.versilia.turismo.toscana.it.

• *Übernachten* * **Butterfly**, ruhige Lage, viele Zimmer mit Blick zum See, DZ ca. 52 €. Im Haus ein gutes Restaurant. Belvedere Puccini 24. 55048 Torre del Lago Puccini, ✆/📠 0584/341024.

Zwei weitere Übernachtungsmöglichkeiten am anderen Ortsausgang (an der Straße, die durch die Pineta di Levante zum Meer führt):

* **Giuly**, auf halbem Weg zwischen Torre del Lago und der Strandzone (ca. 1 km). Halbpension 44 € pro Person. Insgesamt 20 Zimmer. Viale Marconi 400, 55048 Torre del Lago Puccini, ✆ 0584/341346.

* **Villa Rosy**, etwas näher an Torre del Lago. Die meisten Zimmer zum ruhigeren Garten. Im August Halbpension 50 € pro Person, sonst das DZ für ca. 45 €. Viale G. Marconi

315, 55048 Torre del Lago Puccini, ✆ 0584/341350, ℻ 0584/354141.

• *Camping* **Del Lago**, am Seeufer. Ganzjährig geöffnet. Viale Puccini 273, 55048 Torre del Lago Puccini, ✆ 0584/359702, ℻ 0584/359622.

• *Essen/Trinken* **Chalet Emilio und Da Cecco**, zwei gut geführte Lokale direkt am See.

Giacomo Puccini – Komponist zwischen Romantik und Moderne

Nach Verdi ist er der bedeutendste Opernkomponist des Landes. Als Sohn des Domkapellmeisters von Lucca war er eigentlich dafür vorgesehen, zu gegebener Zeit die Stelle des Vaters zu übernehmen. Aber nachdem er als Jugendlicher in Pisa eine Aida-Aufführung besucht hatte, wollte er unter allen Umständen Opernkomponist werden. 1884 beteiligte er sich an einem Opernwettbewerb eines Musikverlages. Sein Beitrag wurde abgewiesen, trotzdem kam es in Mailand zu einer Uraufführung, die das Publikum begeisterte. Seine neben La Bohème (1896) und dem Jahrhundertwende-Werk Tosca (1900) wohl berühmteste Oper ist Madame Butterfly (1904). Dort beschreibt er das problematische Aufeinandertreffen zweier fremder Kulturen, der japanischen und der amerikanischen. Protagonisten der Handlung sind der amerikanische Leutnant Pinkerton, der mit der jungen Japanerin Cio-Cio-San ein Kind zeugt und nach etlichen Irrungen und Wirrungen wieder zu seiner Familie nach Amerika zurückkehrt. Endgültig zu Weltruhm kam Puccini durch die Uraufführung seiner Oper La fanciulla del west (1910) an der New Yorker Metropolitan Opera. Sein letztes Werk, Tourandot, wurde erst zwei Jahre nach Puccinis Tod von F. Alfano vollendet. Übrigens: In seinen Anfangsjahren wurde Puccini bisweilen arg verunglimpft; überliefert sind wenig schmeichelhafte Bezeichnungen wie „Salonerotiker" oder „Brunftbrüller".

Toscana
Karten S. 60/61 und S. 216/217

Camaiore

(inkl. Lido 30.000 Einwohner)

Ein ruhiges Städtchen in einem weiten Talkessel, der von drei Seiten von den steil ansteigenden, dichtgrünen Hängen der Alpi Apuane begrenzt wird. Der Baderummel spielt sich in einer Entfernung von 10 km in Lido di Camaiore ab.

Der Putz bröckelt hie und da, doch das stört den urlaubenden Müßiggänger kaum. Fast zwangsläufig gelangt er zur Porta Lombricese, dem mächtigen Stadttor. Dann geht es weiter ins Zentrum zur etwas eingezwängten romanischen Kollegiatskirche **Santa Maria Assunta** aus dem 13. Jh. und der noch älteren kleinen Kirche **San Michele** (12. Jh.) an der Piazza Diaz. Wenig vom touristischen Trubel spürt man in der kleinen Geschäftsstraße, in der weder Supermärkte noch Luxusboutiquen Tante Emma vertrieben haben.

• *Information* Im Rathaus an der Piazza San Bernardino di Siena. Juni–August 16.30–19.30 Uhr. ✆ 0584/980551, ℻ 0584/9618696.

• *Übernachten* *** **Le Monache**, traditioneller Gasthof, renoviert, mit Lift. Das DZ ca. 72 €. Im Hausrestaurant gute Fleischgerichte und hausgemachte Nudeln. Mi geschl. Piazza XXIX Maggio, 55041 Camaiore, ✆ 0584/989258, ℻ 0584/984011.

*** **Villa Gli Astri**, tolle Villa aus dem 17 Jh. mit zum Teil bemalten Zimmerdecken. Die heutigen Besitzer sind Architekten, haben das Schmuckstück geerbt und hübsch renoviert. DZ ca. 100 €, auch Halbpension möglich (65 €). Im Garten gibt's einen Pool. Geöffnet April–Oktober. Kurz hinter dem Dorf Nocchi (erst Richtung Lucca, dann nach 2 km links abbiegen). 55041 Camaiore,

✆/℻ 0584/951590, www.villagliastri.it

• *Essen/Trinken* **Il Centro Storico**, ordentliche Trattoria, die älteste von Camaiore, mit einigen Tischen vorm Eingang. Via Battisti 68, Mo geschl. ✆ 0584/989786.

Emilio e Bona, Feinschmeckerlokal mit entsprechenden Preisen (Primi ca. 10 €, Secondi ca. 14 €). Die Spezialitäten des Hauses werden in erster Linie aus Fleisch und Pilzen zubereitet. Einige Kilometer oberhalb beim Weiler Lombrici (Richtung Casoli). Mo geschl. ✆ 0584/989289.

Lido di Camaiore

Das „arme" Hinterlandstädtchen Camaiore verfügt über ein einziges Hotel, die reiche Badesiedlung Lido di Camaiore weist über 120 auf. Vom halbmondänen Grand Hotel an der Küstenstraße bis zur familiär geführten Pension in einer der Nebenstraßen ist alles zu haben. Am Strand reihen sich vielfarbig, aber doch monoton die Badeanstalten aneinander.

• *Information* **APT-Büro**, Viale Cristoforo Colombo/Ecke Piazza Umberto. Mo–Sa 10–12 und 16.30–18.30 Uhr, So 10–12 Uhr. ✆ 0584/617397, ℻ 0584/618696.

• *Übernachten* Hotels gibt's im Überfluss, die billigeren meist in Seitengassen versteckt. Viele beschränken allerdings ihre Öffnungszeit auf die Monate Juni–September.

*** **Bacco**, nur drei Straßen vom Meer entfernt. Eine ruhige, grüne Oase mit viel persönlicher Atmosphäre, die der Besitzer Massimo Mannozzi gut rüberbringt. Die Zimmer sind geräumig und haben einen Balkon. Auch Fahrräder für die Gäste sind vorhanden. DZ 136 €. Via Rosi 24, 55043 Lido di Camaiore, ✆ 0584/619540, ℻ 0584/610897.

*** **Alba Sul Mare**, hübsche Jugendstilvilla mit 20 Gästezimmern an der verkehrsberuhigten Strandpromenade. Zimmer gerade so groß wie nötig. DZ 103 €. Viale E. Pistelli 15, 55043 Lido di Camaiore, ✆ 0584/67423, ℻ 0584/66811.

** **Eros**, kleines, vorwiegend von jungen Menschen frequentiertes Hotel. Halbpension 57 €, DZ 73 €. Via del Fortino 50, 55043 Lido di Camaiore, ✆ 0584/650173, ℻ 0584/67264.

Pietrasanta

(mit Marina di Pietrasanta 25.000 Einwohner)

Pietrasanta ist eine der wenigen strategisch geplanten Stadtgründungen der Toscana. Benannt wurde der Ort nach Guiscardo da Pietrasanta, dem Stadtvogt von Lucca. Während Carrara hauptsächlich auf die Gewinnung und den Export von Rohmarmor spezialisiert ist, entstand in Pietrasanta ein künstlerisch-industrielles Zentrum zur Veredelung des begehrten Steins.

Auf der Piazza del Duomo und in der ebendort befindlichen Kirche San Agostino werden den Sommer über großflächig die Werke verschiedener Bildhauer vorgestellt, darunter auch die so bedeutender Künstler wie Fernando Botero, der zeitweise in Pietrasanta gelebt und gearbeitet hat.

Das Zentrum des alten Ortskerns bildet die schon erwähnte Piazza del Duomo mit einigen Straßencafés und der hübschen Fassade des dreischiffigen Doms San Martino (13. Jh.). Den Berghang hinauf ziehen sich die alte Befestigungsmauer und grüne Olivenhaine. Ein 10-minütiger Spaziergang führt hinauf zur langobardischen Stadtbefestigung Rocca di Sala, die besonders am Abend, wenn sie in ihrer ganzen Länge effektvoll angestrahlt wird, ein traumhaft schönes Bild abgibt. Nach ungefähr einem Drittel des Weges hält man sich rechts und geht die Mauer entlang. Von oben genießt man einen schönen Blick auf die rechtwinkelig angelegte Altstadt.

Pietrasanta hat sich zu einer richtigen Künstlerkolonie entwickelt. Zumindest außerhalb der Saison trifft man amerikanische, deutsche oder englische Künstler und Kunsthandwerker – sie alle haben es geschafft, eine Praktikantenstelle in einem der kleinen Ateliers zu ergattern.

Kunst von Fernando Botero

Am Platz vor dem Rathaus dominiert „Il Guerriero" („Der Krieger") des weltbekannten kolumbianischen Malers und Bildhauers Fernando Botero. Wie alle seine Skulpturen wirkt auch er fett und ironisch überspitzt. Ursprünglich zeigte der „Krieger" sein Hinterteil allen ankommenden Besuchern. Nach längeren Diskussionen im Rathaus drehte man die Statue in eine etwas günstigere Position. Botero, der wie ein Kritiker in der FAZ einmal vermerkte, die „schönen Dicken" macht, ist Kosmopolit mit Hauptwohnsitz auf einer Hazienda in Kolumbien und Nebenwohnsitzen in New York, Paris und nicht zuletzt in Pietrasanta, „weil hier die besten Bronzegießer zu bekommen sind".

Sehenswertes

Museo dei Bozzetti: Im Museum der Gipsmodelle sind auch einige Kopien großer Meisterwerke der Bildhauerei ausgestellt. Ein Rundgang durch das besuchenswerte Museum vermittelt einen guten Eindruck von verschiedenen bildhauerischen Techniken. Da die Sammlung sehr umfangreich ist, wird ein weiterer Teil in der Via Marconi 5 ausgestellt.

Öffnungszeiten Oktober–Mai 14–19 Uhr, im August 18–20 Uhr und 21–24 Uhr. Im alten Augustinerkloster S. Agostino an der Piazza del Duomo. www.museodeibozzetti.com

Dom S. Martino: Ein frei stehender, aus rotem Backstein erbauter Campanile überragt den 1330 begonnenen Bau. Hübsche Fassade mit reliefgeschmückten Rundbogenportalen aus der Werkstatt *Pisanos* (14. Jh.). Im dreischiffigen Innenraum eine Marmorkanzel aus dem 17 Jh. und ein ca. 100 Jahre älteres Weihwasserbecken.

Information/Verbindungen/Diverses

- *Information* Piazza dello Statuto, 9.30–12.30 Uhr, Do geschl. ✆/℡ 0584/283284.
- *Verbindungen* **Bahn**: Regelmäßige Verbindungen nach Pisa, Livorno und La Spezia. Der Bahnhof liegt unweit vom Dom knapp unterhalb der Porta Pisana.
- *Ateliers/Verkaufsgalerien* **Arrighini**, vollgestopft mit hübschen Dekorationsstücken und Kunstwerken aus eigener Werkstatt. Via Sauro 48 (Umgehungsstraße um den Altstadtkern).

Studio Sem, moderne Skulpturen aus Marmor und Granit, Henry Moore ließ hier Arbeiten ausführen. Via S. Agostini 51.

Cervietti, Kopien klassischer Vorlagen (angeblich bester Betrieb), Via S. Agostino 53.

Übernachten

**** **Pietrasanta**, frisch renovierter Stadtpalast mit begrüntem Innenhof, entspannte Atmosphäre. DZ ca. 260 €. Via Garibaldi 35, 55045 Pietrasanta, ✆ 0584/793726, ℡ 0584/793728, www.albergopietrasanta.com.

*** **Palagi**, gepflegtes Hotel an der Durchgangsstraße. Geräumige Zimmer. DZ ca. 120 €. Piazza Carducci 23, 55045 Pietrasanta, ✆ 0584/70249, ℡ 0584/71198.

** **Da Piero**, fünf Fußminuten vom Ort. Ruhige Lage. 7 renovierte Zimmer, alle mit Bad/WC. DZ inkl. Frühstück ca. 56 €. Im Erdgeschoss ein preiswertes Restaurant, wo man auch schön im Garten sitzen kann. Via Traversagna 3, 55045 Pietrasanta, ✆ 0584/790031.

- *Agriturismo* **Da Pio**, modernes Landhaus, 10 Fußminuten vom Ort entfernt. Die 6 Zimmer sind sauber und geräumig, DZ mit Frühstück ca. 80 €. Im Juli/August ist Halbpension Pflicht (für 2 Pers. 100 €). Großer Pool (10 x 20 m) vorhanden. Im großen Garten auch Campingmöglichkeit, pro Person 12 €. Via Traversagna 54, 55045 Pietrasanta, ✆/℡ 0584/790266.

Essen/Trinken

Da Sci, gute Hausmannskost und relativ preiswert. Empfehlenswerte Tagesgerichte. Sonntags u. feiertags geschlossen (abends reservieren). Vicolo Porta a Lucca 3, ✆ 0584/790983.

La Guidea, gemütliche Trattoria in der Via Barsanti 4, ✆ 0584/71514.

Pizzeria Betty an der Piazza Duomo 32/33. Von einem älteren Ehepaar geführt, gute und preisgünstige Gerichte. Piazza Duomo 32/33.

Bar Michelangelo, die Nr. 1 auf dem Domplatz: schickes Publikum, hier muss man gesehen werden. Herrlicher Blick rauf zur Burg.

Il vicolo degli artisti, schmuckes Lokal mit idyllischen Wandgemälden und in zentraler Lage. Ideal, um es nach dem Einkaufsbummel anzusteuern. Focacce 2,50–4 €. Via Stagi 68. ✆ 0584/793719.

Il Gatto Nero, *das* Ausgehlokal in Pietrasanta: gut essen unter Kastanienbäumen zwischen der Rocchetta Arrighina und der Porta Pisa, die zum Domplatz führt. Wegen der stimmungsvollen Atmosphäre abends schnell voll. So geschlossen. Piazza Carducci 32, ✆ 0584/70135.

• *Außerhalb* **Da Beppino**, kurz hinter der Pieve S. Giovanni rechts. Ruhige Lage im Grünen. Spezialitäten vom Grill, Menü ab 25 €. Di geschl. Via Valdicastello Carducci 34, ✆ 0584/790400.

Antico Uliveto, man speist in entspannter Atmosphäre in einem großzügig verglasten Anbau mit Blick in den weitläufigen Olivengarten oder im Garten selbst. Menü ab 28 €. Im Nachbarort Pozzi di Seravezza (Richtung Querceta, Seravezza), Via Martiri di S. Anna 12, ✆ 0584/768882.

La Terrazza, in Capriglia, einem malerisch in den Bergen gelegenen Dorf (ca. 5 km nordöstlich). Berauschende Aussicht auf die Küste, relativ preiswert. Via Campetto 29, ✆ 0584/796074.

Marina di Pietrasanta

Sicherlich nicht so mondän wie das benachbarte Forte dei Marmi, dafür aber mit einem vielfältigen Kulturangebot. Im *Parco La Versiliana*, der 100 Hektar großen grünen Oase am Ortsausgang Richtung Forte dei Marmi, finden während der ganzen Saison Theater-, Operetten- und Ballettaufführungen statt. In der neben der Parkvilla gelegenen *Fabbrica dei Pinoli* (der ehemaligen Pinienkernmühle) werden Skulpturen, Gemälde und Fotografien ausgestellt.

• *Information* **Arte Mare**, Piazza America 2 (an der „Strandautobahn", dem Viale Roma), ✆ 0584/20331 oder 0584/746974, ℻ 0584/24555 oder 0584/20436, www.artemare.net. Mo–Sa 9.30–13 und 15–17.30 Uhr. Nehmen auch Buchungen vor, hilfreich ist der ausführliche Hotelführer (mit Fotos).

• *Übernachten* Fast ebenso viele Möglichkeiten wie in Viareggio oder Lido di Camaiore, darunter:

*** **Gemma del Mare**, sehr gepflegtes Haus in ruhiger Lage, großer Kieferngarten. DZ 82 €, Halbpension ca. 62 € pro Person. Via Leonardo da Vinci 158 (Ortsteil Tonfano), 55044 Marina di Pietrasanta, ✆ 0584/745403, ℻ 0584/745458.

** **Elizabeth**, strandnah und trotzdem relativ ruhig (im Ortsteil Tonfano). DZ mit Dusche/WC ca. 74 €. Via Tagliamento 36, 55044 Marina di Pietrasanta, ✆ 0584/20453, ℻ 0584/24546.

** **Villa Fiorita**, preiswertes kleines Hotel mit Garten, DZ ab 62 €. Via Palestro 41, 55044 Marina di Pietrasanta, ✆/℻ 0584/20397.

• *Essen/Trinken* **Da Riccá**, empfehlenswert sind die Tortellini sowie der *Riso alla marinara*. Viale Carducci 112 (Ortsteil Fiumetto).

• *Nachtleben* Mehrere Diskotheken befinden sich am Viale Roma, der breiten „Strandautobahn".

La Bussola, in Focette (zwischen Marina di Pietrasanta und Lido di Camaiore). Für das „ältere" Publikum, Livemusik und Piano-Bar. Do–Sa geöffnet. Viale Roma 44, ✆ 0584/22737.

La Canniccia, mehrere Tanzflächen und ein Garten machen diese Disko zur Nr. 1 der ganzen Gegend. An der Autobahnausfahrt „Versilia" (zwischen Marina die Pietrasanta und Forte dei Marmi). Nur Fr und Sa geöffnet. Viale Unità d'Italia 1, ✆ 0584/21948.

Forte dei Marmi

Nach Viareggio der älteste Ort an der Versiliaküste. Um das kleine Fort aus dem 18. Jh., das etwas landeinwärts der Küstenavenida liegt, hat sich ein kleines Zentrum mit zum Teil exklusiven Läden und Straßencafés gebildet. Kein Prestigename der italienischen Modebranche, der hier nicht anzutreffen wäre. Einen Besuch wert sind die wechselnden Ausstellungen im Obergeschoss des Festungsturmes (gratis), wo das kleine *Museo della Satira e della Caricatura* untergebracht ist.

Früher war der Badeort Verladestation für den in den Bergen abgebauten Marmor. Die lange Landungsbrücke (inzwischen aus Beton) ist ein Relikt aus dieser Zeit. Im ausgehenden 19 Jh. wurde der Ort zu einer beliebten Sommerfrische von Industriellen, denen es in Viareggio zu laut und trubelig zuging. Zu dieser Zeit besaß die Familie Siemens hier ein Feriendomizil, und auch die Agnellis (Fiat) hatten ihre Sommervilla an der Strandpromenade (inzwischen das 5-Sterne-Hotel Augustus Lido). Das noch heute existierende Café Roma galt als Künstlertreff, auch Thomas Mann war da und lässt in seiner Erzählung „Mario und der Zauberer" Szenen aus Forte dei Marmi aufleben.

• *Information* Viale Achille Franceschi 8 b, ✆ 0584/80091, ℻ 0584/83214. Täglich von 9–13 Uhr geöffnet, Sa auch 15–18 Uhr.

• *Übernachten* Forte dei Marmi hat die größte Dichte an Vier-Sterne-Hotels in der Toscana.

**** **Goya**, von deutscher Klientel bevorzugtes Hotel mit Garage, Internetservice, Babyservice etc. DZ ab 150 €, Halbpension ab 165 € pro Person. Via Carducci 69, 55042 Forte dei Marmi, ✆ 0584/787221, ℻ 0584/787269.

**** **Areion**, günstigstes Hotel seiner Klasse. DZ ab 108 €, Halbpension ab 75 € pro Person. Via Caio Duilio 3, 55042 Forte dei Marmi, ✆ 0584/787404, ℻ 0584/787055.

*** **Villa Rona**, kleines Hotel in einer ruhigen Seitenstraße, gute Preise. DZ ab 02 €, Halbpension ab 57 € pro Person. Via Crispi 11, 55042 Forte dei Marmi, ✆/℻ 0584/787222.

*** **Hotel Villa Fiorisella**, ca. 2 km nördlich des Zentrums, umgeben von den Villen des milanesischen Geldadels. Nettes Hotel unter deutsch-italienischer Leitung. Mit deutschen Zeitungen, Bibliothek und Sat-TV. DZ 105 € (frühzeitig reservieren). Via Giuseppe Verdi 37, Poveromo, 55042 Forte dei Marmi, ✆ 05842/40337, ℻ 05842/243022.

• *Essen* **Pizzeria Pretino**, hier gibt es nach Auskunft einer Leserin „die beste Holzofenpizza der Gegend". Via degli Olmi 39, ✆ 0584/876352.

Maitó, stilvolles Restaurant am Strand (einige Schritte südlich des Piers), in dem hervorragend zubereitete Fischgerichte serviert werden. Via Arenile 28, ✆ 0584/80940.

Massa

(ca. 65.000 Einwohner)

Die Zwillingsstadt von Carrara, doch weniger bekannt als ihr Pendant. Mittelalterliche Romantik sucht man vergebens, im Zweiten Weltkrieg wurde Massa arg gebeutelt. Das heutige Stadtbild ist von der Architektur des Wiederaufbaus bestimmt.

Massa ist nicht wie Carrara mit Marmor, Bildhauerschulen und Ateliers gesegnet, Massa beherbergt die Provinzregierung, und damit lässt sich weniger Reklame machen. Immerhin dürfen die Beamten im schönsten Gebäude der Stadt arbeiten: im **Palazzo Cybo Malaspina**, der die Ostseite der zentralen Piazza degli Aranci ziert. Im hinteren Teil des Palastes findet sich eine recht eigenartige Grotte mit dem bezeichnenden Namen *Il Grotesco*: manieristischer Barock, wo das Auge hinschaut, im Hintergrund thront Neptun mit dem Dreizack.

Toscana
Karten S. 60/61 und S. 216/217

• *Information* Kleines Infobüro im Rathaus an der Piazza Teatro 1, ✆ 0585/490259 oder -490214. Mo–Do 8.30–13 u. 15.30–17.30 Uhr.

• *Verbindungen* **Bahn**: Züge fahren nach Pisa, Livorno und Genua, täglich mehrmals nach Florenz und 1x nach Rom. Busse vom südlich gelegenen Bahnhof ins Zentrum.

• *Übernachten* * **Ricci**, kleine Pension mit Garten und Restaurant. DZ ohne Bad ab 45 €. Via Pontremoli 13, 54100 Massa, ✆ 0585/240302.

• *Essen/Trinken* **Taverna di Batti'**, lokale Gerichte, auch exzellenter Fisch. Mo geschl. Via Cavour 71, ✆ 0585/43160.

Osteria del Borgo, „hervorragende toskanische Küche zu erschwinglichen Preisen" (Lesertipp Ellen Ristig & Frank Ahrens aus Goslar). Di geschlossen. Im Centro storico, Via Beatrice 17, ✆ 0585/810680.

Il Calorino, Öko-Betrieb an einem Gebirgsbach der Apuanischen Alpen über Massa (Richtung San Carlo, kurz vor Castelnuovo di Garfagnana). Weit entfernt von jeder Ortschaft, aber sehr populär. Die Energie wird von einer Wassermühle erzeugt, Fischteiche liefern frische Gerichte. ✆ 0583/62696, geöffnet Fr–So.

Marina di Massa

Der Badeort ist von Massa durch Industriezone und Autobahn getrennt. Mit seinem langen Sandstrand und den unzähligen Hotels unterscheidet er sich nicht wesentlich von den anderen Tourismuszentren der Versilia-Küste; allenfalls geht es etwas weniger schick zu als im benachbarten Forte dei Marmi, will heißen: die Miete für Liegestuhl und Sonnenschirm ist etwas billiger (ca. 14 € pro Tag). Es gibt aber auch einige freie Strandabschnitte.

Am westlichen Strandabschnitt (an der Grenze zu Marina di Carrara) konzentrieren sich die insgesamt 33 (!) Campingplätze. Sie liegen etwas landeinwärts der Uferpromenade und sind durch Baumbestand einigermaßen abgeschattet.

• *Information* **APT-Büro**, Viale Vespucci 24 (Küstenstraße, in der Villa neben dem Hotel Tirreno). Man bekommt einen Ortsplan mit Hotelverzeichnis. ✆ 0585/240063, 📠 0585/869015.

• *Verbindungen* **Bus**: Von der zentralen Piazza Betti Verbindungen zum Bahnhof von Massa (7 km) und in die Stadt.

• *Jugendherbergen* **Ostello Turimar**, Privatherberge knapp 2 km westlich vom Zentrum von Marina di Massa. Übernachtung in größeren Zimmern mit Bad 22 €, Frühstück 4 €. Auch 3-Bett-Zimmer. Via Bondano a Mare, ✆ 0585/243282, 📠 0585/869925.

Ostello Apuano per la Gioventù, Via delle Pinete 237 (Ortsteil Partaccia, fast schon in Marina di Carrara), Übernachtung 8 € pro Person, Frühstück 1,50 €. An einem unbebauten Stück Küste direkt am felsigen Strand gelegen. Busse fast stündlich ab Bahnhof Marina di Massa. Geöffnet Mitte März bis Mitte September. Voranmeldung nötig. ✆ 0585/780034, 📠 0585/774266.

• *Camping* An der Küstenstraße (meerseitig) ist in einem Holzhäuschen das Infobüro **A.Ge.Par.C** untergebracht, das für Reservierungen auf den Campingplätzen des Ortes zuständig ist. Adresse: Via delle Pinete 77, 54037 Marina di Massa, in der Saison tägl. 9–12 u. 16–19 Uhr. ✆ 0585/633115, 📠 0585/633116.

*** **Italia**, der einzige Platz, der ganzjährig offen ist, die anderen Plätze haben von April bis Sept. geöffnet. Via delle Pinete 412, 54037 Marina di Massa.

*** **Linus**, hier treffen sich die jüngeren Leute. Vor dem Eingang zum Campingplatz täglich bis Mitternacht Markt. Klamotten, Schmuck, Lebensmittel. 2 Pers., Auto und Zelt in der Hauptsaison ca. 30 €. Via Partaccia, 54037 Marina di Massa.

*** **Partaccia II**, etwas ruhiger und mehr von Familien bevorzugt. Hier kostet der Platz ca. 32 €. Via del Cacciatore, 54037 Marina di Massa.

• *Essen/Trinken* **Farfarello**, nur abends geöffnetes Lokal mit wenig Platz und ausgezeichneter Pasta a Frutti di Mare. Via Colombo 30, ✆ 0585/869090.

Al Pontile, Menü ab 22 €, Mi geschl. Viale Vespucci 22 (Küstenstraße), ✆ 0585/243417.

Carrara

(ca. 12.000 Einwohner)

Wegen der zahlreichen Marmorsägereien, die das Wasser des Carrione als Kühlmittel und zum Spülen benutzten und so einen milchig-trüben Bach aus ihm machten, wurde Carrara früher die „Stadt am Milchbach" genannt. Behördliche Auflagen sorgen heute für sauberes Wasser.

Im Ortsbild mischt sich ein klein wenig Mittelalter mit pompösem Neoklassizismus. Letzteren hat Carrara der Verwandtschaft Napoleons zu verdanken, die hier im frühen 19. Jh. das Sagen hatte. Neben der Marmorverarbeitung hat die Verwaltungs- und Arbeiterstadt auch eine politische Tradition. Im 19. Jh. war Carrara eine Hochburg der Anarchisten; am 1. Mai halten sie noch heute ihre eigene Demonstration ab und feiern *Breschi*, der 1844 König Umberto I. erschoss.

• *Information* **Pro Loco**, im Rathaus an der Piazza Due Giugno. ✆ 0585/7690 oder 0585/71889.

• *Verbindungen* **Bahn**: Nächster Bahnhof in Carrara Avenza (zwischen Carrara und Marina di Carrara), Pendelbus alle 10 Min.

• *Übernachten* *** **Michelangelo**, Business-Hotel im Zentrum des kleinen Ortes. DZ 93 €. Corso Rosselli 3, 54033 Carrara, ✆ 0585/777161, ℻ 0585/74545.

** **Da Roberto**, am Rand der Altstadt, neben dem Milchbach. DZ mit Dusche ca. 47 €, ohne ca. 40 €. Leider an der Straße (mit Marmor beladene LKW brummen vorbei), trotzdem beliebt und oft ausgebucht. Via Apuana 3F, 54033 Carrara, ✆ 0585/70634.

• *Essen/Trinken* **Della Contrada**, sympathisch altertümliche Trattoria am Ende der Piazza Alberica. Secondo ca. 10 €. Mo geschl. Via Ulivi 2, ✆ 0585/776961.

Ristorante Capinera, preiswert und einfach, Menü ca. 18 €. Hier hocken mittags die Arbeiter im Blaumann. Sa geschlossen. Via Ulivi 8, ✆ 0585/74294.

La Saletta, Via Ghibellina 1 (vom Ende der Piazza Alberica Richtung Duomo). Freundliche Osteria mit gutem und preiswertem Menü (10 €) am Mittag. Samstag- und Sonntagmittag geschlossen. ✆ 0585/71990.

La Petite Cuisine, nettes Familienrestaurant in einer engen Seitenstraße, hervorragende Pasta, Menü für 13 €. Via Verdi 4. So geschlossen.

Im gleißenden Sonnenlicht wirken die Marmorfelsen wie Eis

Sehenswertes

Dom Sant'Andrea Apostolo: Er ist eingezwängt in den ältesten Teil von Carrara. Viel Marmor stand für den Bau nicht zur Verfügung, denn das angehäufte Kapital der Marmorbarone blieb nie in der Stadt. Der Bau entstand zwischen dem 11. und dem 14. Jh. Im unteren Teil klassisch pisanischer Stil und Rundbögen, im oberen

Wenige Sekunden vor der Sprengung

Teil gotische Spitzbögen und eine übergroße, bemerkenswert filigran skulptierte Rosette.

Eine originelle Augenweide am Domplatz ist der *Fontana del Gigante* aus dem 15. Jh. Auf zwei Wasser speienden Fischköpfen posiert der Genueser Admiral Andrea Doria. Geschaffen wurde der Brunnen von *Baccio Bandinelli*, allerdings nur unvollständig: Der Künstler floh, nachdem er seinen Vorschuss aufgebraucht hatte.

Museo del Marmo: Das Marmormuseum liegt unterhalb von Carrara beim Stadion (gegenüber der Fina-Tankstelle) am Viale XX Settembre. Im Vorgarten ist zwischen mächtigen modernen Marmorskulpturen neben einem „steinzeitlichen" Güterwaggon auch ein uralter Dampftraktor zu sehen, der später zur Straßenwalze umgebaut wurde. Im Gebäude selbst wird die Geschichte des Marmorabbaus dokumentiert. In einer zweiten Abteilung, der sog. *Marmoteca*, werden anhand von 310 Steintafeln die unterschiedlichen Farben und Musterungen von Marmor und Granit dargestellt. Am interessantesten ist vielleicht die umfangreiche Fotoausstellung am Ende des Rundgangs. Viele Fotos geben einen Einblick in den Marmorabbau von Beginn des 20. Jh. bis heute.

• *Öffnungszeiten* Juli/August Mo–Sa 10–20 Uhr, So 9.30–12 und 17–20 Uhr; Mai, Juni, September 10–18 Uhr, im Winter 8.30–13.30 Uhr. Eintritt ca. 3 €.

Professor Nicoli: Er führt das bekannteste Atelier in Carrara (Piazza XXVII Aprile). Hier arbeiten junge Bildhauer aus der ganzen Welt. Wenn Sie nicht gerade der zwanzigste Besucher an diesem Tag sind, kann der Meister sehr informativ und gesprächig werden.

Die Marmorbrüche

Michelangelo war oft hier, um sich einen Block auszusuchen – zuletzt im Jahr 1525. 1876 wurde eine Bahnlinie zu den Brüchen gebaut, deren Brücken und Tunnels noch heute stehen. Auf den alten Bahntrassen schleichen heute LKW mit 30-Tonnen-Blöcken auf dem Rücken den Berg hinunter. Auch eine Drahtseilbahn tat eine Weile gute Dienste. Der Transport der marmornen Ungeheuer – früher mit Ochsengespannen, heute mit dem Einsatz moderner Technik – war stets sehr gefährlich.

Die weißen Abraumhalden der Marmorbrüche liegen an steilen Berghängen, die mit dichten Kastanienwäldern bewachsen sind. Während an der Küste noch die Sonnenstrahlen wärmen, stecken die Berge meist schon im diffusen Dunst, und es ist herbstlich kühl.

Die meisten Marmorbrüche findet man im Carrione-Tal bei *Miseglia* und Colonnata. In der Regel sind sie als *Cave* ausgeschildert und nummeriert.

Pisa

(105.000 Einwohner)

Die Stadt ist nicht so fein herausgeputzt wie Florenz oder Siena. In der Altstadt bröckeln die Hausfassaden, an denen seit Generationen nichts mehr verändert wurde. Kleine Gässchen führen wie Tunnels zwischen den Häusern hindurch. Außer dem „Schiefen Turm" gibt es noch einige andere schräge Bauwerke auf dem sandigen Schwemmlandboden Pisas.

Toscana
Karten S. 60/61 und S. 216/217

Die Touristenfluten, die per Bus meist nur für einen Nachmittag kommen, sieht man in der Altstadt kaum. Dort ist Pisa noch typisch italienisch: Täglich findet ein betriebsamer Gemüsemarkt im Metzgerviertel statt, und abends, wenn die Buden abgebaut sind, tratschen die „Mammas" im Kreis zusammengerückter Stühle.

Pisa hat eine große Universität mit 40.000 Studenten. Gegründet wurde sie 1343; sie ist damit eine der ältesten des Landes. Daneben gibt es die von Napoleon gegründete *Scuola Normale Superiore* an der Piazza dei Cavalieri, eine naturwissenschaftliche Elite-Universität. Die *Piazza dei Miracoli*, die „Wunderwiese", liegt am Rande der Altstadt. Dort stehen sie, *die* Sehenswürdigkeiten von Pisa: der Dom und das Baptisterium, aber allen voran natürlich der Turm mit der eindrucksvollen Schieflage, der nach etwa zehnjähriger Sperrung für den Publikumsverkehr seit Ende 2001 wieder geöffnet ist.

Der interessanteste Teil der Altstadt mit seinen Bogengängen, Lebensmittelläden und Metzgereien befindet sich westlich neben der Einkaufsstraße Borgo Stretto um die Gassen *Omobono* und *Cavalca*. Die südliche Stadthälfte (Richtung Bahnhof) wird von den Einheimischen gerne „Mezzogiorno" genannt. Von der *Loggia di Banchi,* der mächtigen Loggia am Fluss, in der ehemals der Seiden- und Wollmarkt abgehalten wurde, zieht sich der etwas schäbig wirkende Corso Italia als Verlängerung des Borgo Stretto bis zur Piazza Emanuele. Hier liegt die Flaniermeile der Youngsters; entsprechend haben in den Seitengässchen in den letzten Jahren etliche Szenekneipen eröffnet.

Information/Verbindungen/Diverses

- *Information* **APT-Büro**, Piazza del Duomo (beim Schiefen Turm). Im Sommer Mo–Sa 9–19 Uhr, So 10–16 Uhr; im Winter Mo–Sa 9–16 Uhr, So 10.30–16 Uhr. ✆ 050/560464, www.pisa.turismo.toscana.it.
Filialen am Bahnhof (Mo–Sa 9–19 Uhr, So 9.30–15 Uhr, ✆ 050/42291) und am Flughafen (s. unter Flugverbindungen).

- *Verbindungen* **Bahn**: Pisa liegt an der Hauptlinie Genua–Rom. Gute Verbindungen auch nach Lucca, Viareggio, Florenz. Der Hauptbahnhof befindet sich im Süden der Stadt.
Bus: Mit LAZZI nach Florenz, Lucca, Arezzo, Montecatini, La Spezia, Viareggio, mit C.P.T. ins pisanische Umland. Abfahrt an der Piazza S. Antonio und nebenan von der Piazza Vittorio Emanuele II (beide Nähe Bahnhof).

- *Märkte* **Gemüsemarkt** rund um die Piazza Omobono; **Wochenmarkt** Mi und Sa in der Via Brennero; **Antiquitätenmarkt** jeden zweiten Samstag und Sonntag im Monat an in der Altstadt.

- *Feste* **La Luminaria**, 16. Juni. Der Brauch stammt aus dem 14. Jh. Zu Ehren des hl. Rainer werden in den Fenstern der Stadtpaläste längs des Arno Öllampen entzündet – eine beeindruckende Szenerie und viel Gedränge, die besten Plätze auf der Flussmauer.
Regata di San Ranieri, 17. Juni. Am Nachmittag kämpfen die Rudermannschaften der verschiedenen Stadtteile auf einer 2 km langen Strecke um den Sieg.
Il Gioco dell Ponte, letzter Sonntag im Juni. Auf der Ponte di Mezzo kämpfen Bewohner des Mezzogiorno (südlicher Stadtteil von Pisa) gegen die des Tramontana im Norden. Man kämpft um die Brücke und trägt alte Rüstungen und Waffen. Dabei geht es um Ruhm und Ehre, wie schön!

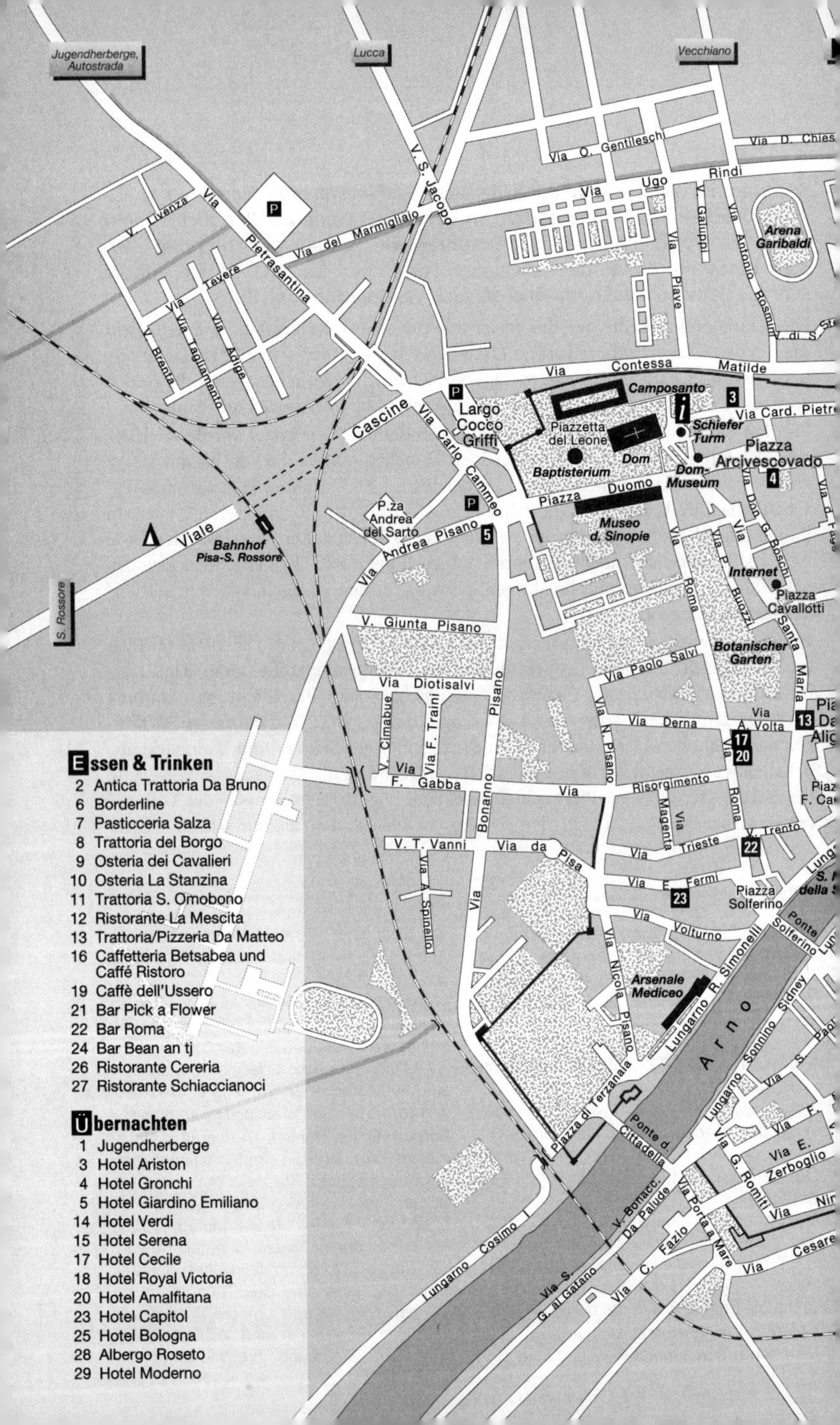

Essen & Trinken

2 Antica Trattoria Da Bruno
6 Borderline
7 Pasticceria Salza
8 Trattoria del Borgo
9 Osteria dei Cavalieri
10 Osteria La Stanzina
11 Trattoria S. Omobono
12 Ristorante La Mescita
13 Trattoria/Pizzeria Da Matteo
16 Caffetteria Betsabea und Caffé Ristoro
19 Caffè dell'Ussero
21 Bar Pick a Flower
22 Bar Roma
24 Bar Bean an tj
26 Ristorante Cereria
27 Ristorante Schiaccianoci

Übernachten

1 Jugendherberge
3 Hotel Ariston
4 Hotel Gronchi
5 Hotel Giardino Emiliano
14 Hotel Verdi
15 Hotel Serena
17 Hotel Cecile
18 Hotel Royal Victoria
20 Hotel Amalfitana
23 Hotel Capitol
25 Hotel Bologna
28 Albergo Roseto
29 Hotel Moderno

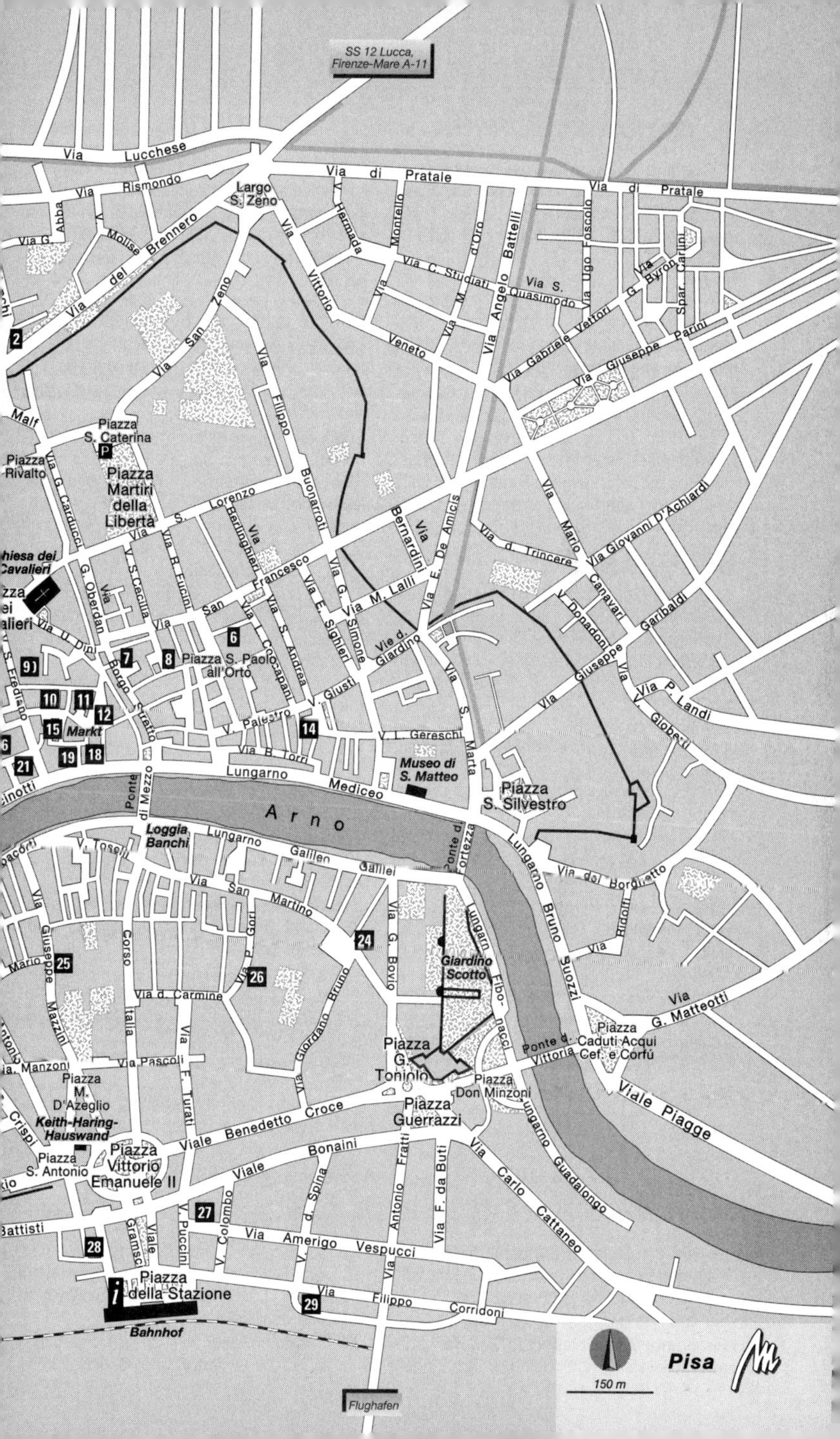
SS 12 Lucca, Firenze-Mare A-11
Via Lucchese
Via Rismondo
Largo S. Zeno
Via di Pratale
Via di Pratale
Via G. Abba
V. Molise
Via del Brennero
Via Vittorio Veneto
V. Harmada
Via Montello
Via C. Studiati
Via M. d'Oro
Via Angelo Battelli
Via S. Quasimodo
Via Ugo Foscolo
Via G. Byron
Spar. Carlini
Via Gabriele Vettori
Via Giuseppe Parini
Via San Zeno
Via Filippo Buonarroti
Malf
Piazza S. Caterina
P
Piazza Rivalto
Piazza Martiri della Libertà
Via G. Carducci
Via S. Lorenzo
Via Berlinghieri
Via Francesco San
Via Bernardini
Via E. De Amicis
Via Mario Canavari
Via d. Trincere
Via Giovanni D'Achiardi
hiesa dei Cavalieri
zza ei alieri
G. Oberdan
Via S. Cecilia
Via R. Fucini
Via M. Lalli
Via G. Simone
Via E. Sighieri
Via S. Andrea
Via L. Coccapani
V. Donadoni
Garibaldi
Via Giuseppe
Via U. Dini
6
7
8
Piazza S. Paolo all'Orto
Vie d. Giardino
Via S. Marta
9
Via S. Frediano
Borgo Stretto
10
11
12
V. Palestro
V. Giusti
14
15
Markt
Via P. Landi
V. Gioberti
V. L. Gereschi
Via B. Torri
19
18
21
Ponte di Mezzo
Lungarno Mediceo
Museo di S. Matteo
Piazza S. Silvestro
Arno
Loggia Banchi
Lungarno Galilei
V. Toselli
Ponte d. Fortezza
Lungarno Bruno Buozzi
Via del Borghetto
Via San Martino
Via Ridolfi
Via G. Bovio
24
Via Giuseppe Mazzini
25
Via Mario
Corso Italia
Via P. Gori
26
Giardino Scotto
Lungarno Fibonacci
Via d. Carmine
Via Giordano Bruno
Via G. Matteotti
Piazza Caduti Acqui Cef. e Corfù
Ponte d. Vittoria
Piazza G. Toniolo
Piazza Don Minzoni
Via Pascoli
Via Manzoni
Via F. Turati
Piazza M. D'Azeglio
Keith-Haring-Hauswand
Viale Benedetto Croce
Piazza Guerrazzi
Viale Piagge
Crispi
Piazza S. Antonio
Piazza Vittorio Emanuele II
Viale Bonaini
Via d. Spina
Via Antonio Fratti
Via F. da Buti
Via Carlo Cattaneo
Lungarno Guadalongo
Battisti
27
V. Colombo
V. Puccini
Viale Gramsci
28
Via Amerigo Vespucci
Piazza della Stazione
i
29
Via Filippo Corridoni
Bahnhof
Flughafen
150 m
Pisa

Übernachten (siehe Karte S. 126/127)

*** **Giardino Emiliano (5)**, gleich neben der Wunderwiese, aufwendig renoviert, Speiseterrasse zur Straße. DZ mit Bad ca. 115 €. Piazza Manin 1. 56126 Pisa, ✆ 050/562101, 📠 050/8310392.

*** **Verdi (14)**, in einem alten Stadthaus mit recht geräumigen Zimmern, DZ 110 €. Piazza della Repubblica 5, 56125 Pisa, ✆ 050/598947, 📠 050/598944.

*** **Royal Victoria (18)**, direkt am Arno-Ufer in der Altstadt. Viel Raum in den Gängen und Zimmern. Alleine die Badezimmer sind gelegentlich so geräumig wie ein durchschnittliches Hotelzimmer. Schwere, massive Holzmöbel mit vielen Rundungen, kalkweiße, ungeschmückte Wände – viktorianisch kühl? DZ mit Bad 115 €, ohne 72 €. Lungarno Pacinotti 12, 56126 Pisa, ✆ 050/940111, 📠 050/940180.

*** **Capitol (23)**, ruhige Lage in einem Neubauviertel, 10 Min. zu Fuß von der Altstadt. Gepflegte und geräumige Zimmer. Auch einige Parkplätze sind vorhanden. DZ mit Bad 88 €. Via E. Fermi 13, 56126 Pisa, ✆ 050/49597, 📠 050/27168.

*** **Ariston (3)**, lärmfreie Lage gleich hinter dem Schiefen Turm. Gefrühstückt wird auf einer kleinen Terrasse zur Straße. DZ mit Bad 95 €. Via C. Maffi 42, 56126 Pisa, ✆ 050/561834, 📠 050/561891.

*** **Bologna (25)**, im „Mezzogiorno" (Südstadt). Ein richtiges Hotel mit Séparée zum Briefeschreiben, Fernsehsaal und einer Rezeption, die was hermacht. Parkmöglichkeit hinter dem Haus. DZ 105 €. Via Mazzini 57, 56125 Pisa, ✆ 050/502120, 📠 050/43070.

** **Roseto (28)**, einen Katzensprung vom Bahnhof. Einige Zimmer zu den Gärten hinter dem Haus garantieren ungestörten Schlaf, aber auch sonst ist das Haus nicht allzu laut. DZ mit Dusche 67 €. Via P. Mascagni 24, 56100 Pisa, ✆/📠 050/42596.

** **Moderno (29)**, neu renoviertes Hotel nicht weit vom Bahnhof. Für das Gebotene preiswert. DZ ca. 67 €. Via Corridoni 103, 56125 Pisa, ✆ 050/25021, 📠 050/49208.

** **Cecile (17)**, in Domnähe. Funktionell und einfach. Parkmöglichkeit neben dem Hotel (3 € extra), DZ mit Dusche 62 €. Via Roma 54, 56126 Pisa, ✆ 050/29328, 📠 050/20360.

** **Amalfitana (20)**, gleich neben dem vorgenannten. Mit Lift und Klimaanlage. Auch in der Nebensaison oft ausgebucht. DZ 65 €. Via Roma 44, 56100 Pisa, ✆ 050/29000, 📠 050/25218.

* **Serena (15)**, Billigunterkunft in z. T. geräumigen Zimmern mitten im Marktviertel. DZ 47 €, Dusche/WC auf der Etage. Via Cavalca 45, 56100 Pisa, ✆ 050/580809.

* **Gronchi (4)**, in halbwegs ruhiger Seitengasse, 100 m vom Schiefen Turm entfernt. Riesige und saubere Zimmer mit Waschgelegenheit, Dusche/WC auf der Etage; besonders die Zimmer zum Garten sind beschaulich. DZ 35 €. Piazza Arcivescovado 1, 56126 Pisa, ✆ 050/561823.

• *Jugendherberge* **Centro Turistico Madonna dell'Acqua (1)**, in einem ehemaligen Kloster vor den Toren der Stadt. Bus Nr. 3 ab Bahnhof oder Wunderwiese (Via L. Bianchi). Zum Einkaufen großer Supermarkt (nicht weit zu Fuß). Wie der Name schon vermuten lässt, im sumpfigen Pisaner Umland (Entwässerungskanäle und Stechmücken). Pro Person 22 €, es gibt auch einige DZ für ca. 35 €. Abends erst ab 18 Uhr geöffnet! Via Pietrasantina 15, Loc. Madonna dell'Acqua, 56010 Pisa, ✆/📠 050/890622.

• *Camping* **Torre Pendente**, am Stadtrand, ca. 1 km vom Schiefen Turm entfernt. Mit Bus Nr. 6 ab Hauptbahnhof (letzter Bus um 22.30 Uhr). Relativ klein und wenig Bäume. Hübsche, schattige Laube mit Frühstücks- und Imbissmöglichkeit. Zeltplatz 15 €, Bungalow 100 €. Geöffnet April bis Mitte Oktober. Viale delle Cascine 86, 56122 Pisa, ✆ 050/561704, 📠 050/561734.

Internazionale, im Badeort Marina di Pisa (ca. 12 km außerhalb). Alternative zum vorgenannten. Mehr Schatten und nur etwa 200 m vom Meer entfernt. Geöffnet Mai–September. Via Litoranea 7, 56013 Marina di Pisa, ✆ 050/36553, 📠 050/500470.

Essen/Trinken (siehe Karte S. 126/127)

Osteria dei Cavalieri (9), berühmt für seine Fischgerichte. Klein und eher unscheinbar mit durchschnittlichen Preisen. Via San Frediano 16. So geschl. ✆ 050/580858.

Ristorante Schiaccianoci (27), in Bahnhofsnähe, klein und unscheinbar. Traditionelle Küche, gute Meerestiergerichte, z. B. Risotto mit Tintenfisch. Auch hausgemachte Tagliatelle. Menü ca. 25 €. So geschlossen. Via Vespucci 104. ✆ 050/21024.

Ristorante La Mescita (12), gutbürgerliches Lokal im Marktviertel. Die Gerichte kommen meist mit einer Fruchtsoße oder Fruchtbeilage auf den Tisch. Diverse Festpreismenüs ab ca. 20 € (auch vegetarisch). Mo geschlossen. Via Cavalca 2. ✆ 050/544294.

Antica Trattoria Da Bruno (2), Nähe Wunderwiese. Großes Speiselokal, das problemlos eine Busladung aufnehmen kann (und dies gelegentlich auch tut). Menü für ca. 20 €. Montagabend und Di geschlossen. Via Luigi Bianchi 12. ✆ 050/560818.

Ristorante Cereria (26), in Bahnhofsnähe, grüner Hinterhof hinter dem Teatro Redini. Einfache Einrichtung und reich mit Bildern dekorierte Wände. Was auf den Tisch kommt, ist gelungen, besonders der Fischliebhaber kommt auf seine Kosten. Exzellent ist auch die Fischsuppe. Für das Gebotene preiswert. Es gibt auch Pizza. Menü ca. 20 €. Di geschlossen. Via Gori 33.

Trattoria S. Omobono (11), im Marktviertel. Hier gibt es eher traditionelle Küche. So geschlossen. Piazza S. Omobono.

Osteria La Stanzina (10), im Marktviertel. „Immer noch erste Sahne", schreibt ein begeisterter Leser und rät, nach dem „Dolce della casa" zu fragen. Der Speisesaal ist eine gemütliche Wohnhöhle. Zu Mittag gibt es nur ein einziges Tagesgericht. Abends bietet die Speisekarte diverse Fisch- und Fleischgerichte in sizilianischer Zubereitung an. So geschlossen. Via Cavalca 30.

Trattoria del Borgo (8), im alten Stadtzentrum. Mit der verglasten Front ein heller Flecken im düsteren Borgo. Spaghetti in fast 20 Zubereitungsarten. Festpreismenü für 20 €. Via Case Dipinte 2.

Trattoria/Pizzeria Da Matteo (13), sympathische kleine und kinderfreundliche Pizzeria. Für Eilige gibt's die „Pizza im Flug": eine in die Hand gedrückte zusammengeklappte Margherita. Via L'Arancio 46.

Bar Roma (22), eine Cafébar mit kleinem Restaurant, in dem man problemlos auch nur ein Primo essen kann. Einige Tische auf dem schmalen Gehsteig. Via Roma 24.

Cafés/Bars (siehe Karte S. 126/127)

Caffè dell'Ussero (19), traditionelles Café am Arno-Ufer, viel Stuck, gegründet 1794. Süße Spezialität: Torta coi Bischeri – mit Schokoladenpulver, Rosinen und Pinienkernen. Lungarno Pacinotti 27.

Caffetteria Betsabea (16), schöner Platz zum Erholen nach dem Stadtspaziergang. An der Piazza Dante gelegen, dem lebendigen Studententreffpunkt. Gute und günstige Foccacias gibt es auf der anderen Seite des Platzes im **Caffé Ristoro (16)**.

Pasticceria Salza (7), unter den Arkaden im alten Stadtzentrum, Pisas traditionelle Feinbäckerei. Via Borgo Stretto 46.

Borderline Club (6), *der* Club in Pisa, oft Livemusik. In einem Hinterhausgebäude ums Eck vom Kino Odeon (Via Giuseppe Vernacchini 7). Da als Club lizenziert, muss eine Gebühr in Höhe von ca. 8 € gelöhnt werden. Geöffnet 21–1 Uhr, So Ruhetag.

Bar Bean an tj (24), im „Mezzogiorno" (Südstadt). Ein richtiger Irish Pub, allerdings wird es hier erst um 23 Uhr richtig voll (um 0.15 Uhr wird dann schon wieder geschlossen). So geschlossen. Piazza S. Martino.

Bar Pick a Flower (21), freundliche Neonkneipe in einem kühlen Palazzo-Gewölbe, auch zum Draußensitzen. Gute Snacks wie Salate und Antipasti. Via Serafini 14.

Sehenswertes

Pisas Altstadt ist sehr hübsch, aber natürlich ist der Schiefe Turm die Hauptattraktion. Er steht mit einer Reihe anderer imposanter Bauwerke auf der **Piazza dei Miracoli**, der großzügig angelegten Wunderwiese, die sich in der Hauptsaison in eine Art „Volkswiese" mit riesigem Gedränge, Eisverkäufern und Ähnlichem mehr verwandelt. An der Straße reiht sich ein Souvenirladen an den anderen.

Schiefer Turm

Einmal ganz abgesehen von seiner spektakulären Schieflage: der stark von der islamischen Baukunst beeinflusste Campanile gilt als der schönste Turm Italiens. 1173 begann *Bonanno Pisano* mit dem Bau des Turms, der schon von Anfang an seine absonderliche Neigung zeigte, weil er wie die gesamte Stadt auf Schwemmland steht. Doch allem Hohngelächter der umliegenden reichen Städte zum Trotz wurde verbissen weitergebaut – bis zum dritten Stockwerk. Dann stoppten die Pisaner den Bau vorerst. 1272 fassten sie erneut Mut und stockten auf. Durch Schaden klug geworden, versuchten sie, den Schwerpunkt wieder an die richtige Stelle zu rücken, indem sie die neuen Stockwerke in die Gegenrichtung versetzten. Vergeblich – der Boden gab weiter nach. Noch einmal 80 Jahre verstrichen, bis die Architekten den Glockenraum in Angriff nahmen. Immer noch um einen Ausgleich bemüht, hoben sie den Boden der obersten Etage auf der einen Seite an, sodass auf der Südseite sechs Stufen, auf der Nordseite nur vier Stufen zu ihm führen.

Der Turm aber kippte mehr und mehr. Im 20. Jh. betrug die Neigung schließlich 4,54 m – mit einer Steigerungsrate von jährlich etwa 0,7 Millimeter! Wissenschaftler berechneten einen maximal möglichen Überhang von 4,74 m – wonach der Turm in ca. 200 Jahren umstürzen würde. Erste Rettungsversuche fanden bereits in den 1930er Jahren statt. Damals spritzte man Beton ins Erdreich ein, um die Fundamente zu stabilisieren, jedoch ohne Erfolg. 1991 wurde endlich Ernst gemacht und der Turm gesperrt. In einer ebenso spektakulären wie aufwendigen Restaurierung (unter der Nordseite der Fundamente wurde Erdreich abgetragen, gleichzeitig Wasser abgesaugt und flüssiger Stickstoff zur Stabilisierung beigegeben, der Turm währenddessen mit riesigen Stahlkabeln gestützt) gelang es, seinen Neigungswinkel um fast 44 cm zu verringern. Damit war der Turm wieder in einen Zustand versetzt, wie er vor etwa dreihundert Jahren Bestand hatte.

Seit Ende 2001 ist die *Torre Pendente* nun wieder für Besucher geöffnet. Allerdings dürfen gleichzeitig nur noch maximal 30 Personen in Begleitung zweier Führer für die Dauer von 40 Minuten den Turm bis zu seiner Spitze in rund 60 m Höhe besteigen. Eintrittskarten kosten 15 € und können auch über das Internet bestellt werden (www.opapisa.it).

Dom Santa Maria Assunta

Die Vorderseite wurde von *Rainaldus* in der ersten Hälfte des 12. Jh. gebaut; er hatte dabei das Bild eines römischen Tempels vor Augen. Im unteren Teil wirkt das Ganze eher orientalisch. Wo Lang- und Querschiff sich kreuzen, befindet sich das **Tor des San Rainieri**, das einzige, das von den einst vier antiken Toren übrig geblieben ist. Es ist stark byzantinisch beeinflusst und von hübscher Einfachheit. Dargestellt sind die Flucht nach Ägypten sowie die Geburt und die Kreuzigung Christi.

Die **Kanzel** von *Giovanni Pisano* ist das großartigste Kunstwerk des Doms. Mit seiner realistischen Darstellungsweise gilt der Künstler als Wegbereiter der Renaissance. Der obere Teil der Kanzel besteht aus neun Reliefteilen mit Themen aus dem Neuen Testament. Die Säulen der Kanzel ruhen auf einschüchternden christlichen Symbolen – ein Löwe, Sinnbild der göttlichen Kraft der Kirche, frisst heidnische Esel.

Öffnungszeiten April–September 10–19.40 Uhr, So erst ab 13 Uhr; Oktober–März Mo–Sa 10–12.45 und 15–16.45 Uhr, So 15–16.45 Uhr. Eintritt 2 €.

Baptisterium

Auf der grünen Wiese steht die größte Taufkapelle der christlichen Welt. *Diotisalvi* begann 1153 mit dem Bau, in dem romanische, gotische (Außenfassade), byzantinische (innere Säulen) und sizilianische Architektur vereint sind. Das kühle Innere wird beherrscht vom achteckigen Taufbecken. *Bigarelli* dekorierte es in der Mitte mit einer Statue Johannes des Täufers. In das große Becken wurden früher die Erwachsenen eingetaucht, in die kleinen Becken die Kinder. Daneben steht die **Kanzel** von *Nicola Pisano* (1201–1278), einem der größten Bildhauer seiner Zeit. Mit

seinem Stil scheint er bereits nach neuen künstlerischen Wegen zu suchen und sich in seiner naturalistischen Lebendigkeit von der verklärenden Idealisierung der Gotik zu lösen (Beispiele hierfür sind sein „Herkules“ oder die drei Säulen tragenden Löwen unter der Kanzel).
Öffnungszeiten Im Sommer 8–19.40 Uhr, im Frühjahr/Herbst 9–17.40 Uhr, im Winter 9–16.40 Uhr. Eintritt 5 €.

Gewitterstimmung am wohl berühmtesten Turm der Welt

Camposanto

Der Bau des lang gestreckten, marmorummauerten Monumentalfriedhofs wurde von *Giovanni di Simone* 1278 begonnen. Viele berühmte Pisaner fanden hier ihre Grabstätte.

1944 wurde der Friedhof von einer Bombe getroffen, die einen Brand auslöste; das herabfließende Blei der Dächer richtete einen immensen Schaden an. Vor allem die Fresken, die den Camposanto so berühmt gemacht hatten, wurden zu einem großen Teil zerstört. Eine einzigartige Restaurierungsarbeit wurde in die Wege geleitet, und so kann der Besucher heute den Friedhof wieder in seiner ursprünglichen Gestalt bewundern. Bekannt ist die „Jungfrau des Lächelns“, eine Skulptur von *Giovanni Pisano* – eine familiäre Mutter-Kind-Darstellung, fast losgelöst von jeder idealisierenden Religiosität. Geradezu aufrührerisch ist das Kolossalgemälde „Triumph des Todes“: die Collage eines von Seuchen und Korruption geplagten Volkes im 14. Jh., im unteren Teil ein Leichenberg aus Nonnen, Pfarrern und Bischöfen, denen die Seelen entschlüpfen, Teufelchen und Engel kämpfen um sie.
Öffnungszeiten wie Baptisterium, Eintritt 5 €.

Dom-Museum (Museo dell'Opera del Duomo)

Im ehemaligen Dominikaner-Kloster und späteren Klausurkloster der Kapuzinernonnen sind Kunstwerke und Schätze des Domes ausgestellt. Das restaurierte Gebäude grenzt an die Piazza dei Miracoli. Im Parterre befindet sich der interessanteste Teil des Museums mit Skulpturen vom 11. bis zum 16. Jh. Sie spiegeln die verschiedenen Kunstrichtungen der pisanischen Seerepublik wieder.

Aus den zahlreichen Werken ragen neben dem arabischen *Hippogryphen* (Flügelpferd, 10./11. Jh.) aus Bronze in Raum 3 vor allem die Arbeiten von *Nicola* und *Giovanni Pisano* heraus. Vater und Sohn gelten als bedeutendsten pisanische Künstler des 13. Jh.
Öffnungszeiten im Sommer 8–19.20 Uhr, im Frühjahr/Herbst 9–17.20 Uhr, im Winter 9–16.20 Uhr. Eintritt 5 €.

Castiglioncello – südlich von Livorno

Etruskische Riviera

Im Allgemeinen wird behauptet, der Küstenabschnitt von Livorno bis Piombino sei noch relativ ruhig. Doch wer wirklich Ruhe sucht, wird sie nur außerhalb der Hauptreisezeit finden. Besonders während der italienischen Sommerferien herrscht hier viel Rummel: An den Straßen und vor vielen Strandbädern stehen lange Schlangen parkender Autos, die im grellen Sonnenlicht glitzern. Es ist schwierig, ein Hotelzimmer zu bekommen, und viele Strände sind heillos überfüllt.

Natürlich kann man auch schöne Plätze finden, sofern man einen längeren Fußmarsch zu einer schwer zugänglichen Bucht an einer Steilküste auf sich nimmt. Die Strände bestehen zum größten Teil aus Sand, doch dazwischen liegen immer wieder Steilküsten mit Kieselstränden.

Livorno

(ca. 170.000 Einwohner)

Wer auf Livorno zufährt, ist geneigt, die nach Florenz zweitgrößte Stadt der Toscana links (bzw. rechts) liegen zu lassen. Kilometerlange Raffinerieanlagen säumen die Küste und zeugen von der Bedeutung des Hafens. Er ist jedoch nicht nur Umschlagplatz für Öl und andere Handelsgüter, sondern auch Stützpunkt für die Fähren zu den Inseln Korsika, Sardinien und Sizilien.

Die Anwesenheit des Hafens manifestiert sich auch im Stadtbild. Abends und an Wochenenden flanieren Matrosen durch die Straßen, und nirgends findet man so viele fahrende Händler, die jeden Morgen mit neuem Optimismus ihre Ware, die eigentlich keiner kaufen will, auf dem Gehsteig ausbreiten. Ohnehin ist Livorno ein multikultureller Schmelztiegel, was sich auch an den zahllosen kleinen Läden mit exotischem Lebensmittelangebot zeigt.

Das Schöne an Livorno ist seine Alltäglichkeit. Wer eine Pause von Besuchermagneten wie Florenz, Siena und San Gimignano nötig hat, sollte hier ein oder zwei Tage einplanen. Ohne den geringsten Anflug von Langeweile kann man stundenlang an den Auslagen der Geschäfte vorbeischlendern, zwischendurch in einer der unzähligen Bars ein Gläschen trinken und sich dann auf dem wirklich sehenswerten *Mercato Centrale* die Zeit vertreiben. Mit ihren paar Kanälen macht die Altstadt zwar noch kein Venedig aus, doch tragen diese eindeutig zum angenehmen Stadtbild bei. Die Innenstadt ist verkehrsberuhigt; es ist deshalb empfehlenswert, die Blechkiste rechtzeitig stehen zu lassen und das gut ausgebaute Bussystem zu benutzen.

Information/Verbindungen

• *Information* **APT-Büro**, Piazza Cavour 6, zweite Etage. Hauptsitz der APT (Azienda di Promozione Turistica). Mo–Fr 9–13 u. 15–17 Uhr, Sa nur 9–13 Uhr. ✆ 0586/204611, www.livorno.turismo.toscana.it. Außerdem gibt es noch zwei kleinere Informationsstellen: eines in einem kleinen Pavillon auf der Piazza del Municipio (✆ 0586/898111), ein zweites an der Stazione Marittima.

• *Verbindungen* **Bahn**: Sehr gute Verbindungen nach Genua und Rom sowie über Pisa nach Florenz. Bummelzüge entlang der etruskischen Riviera (Richtung Grosseto). Der Hauptbahnhof befindet sich ca. 1,5 km östlich der Altstadt am Ende des Viale Carducci.

Bus: Mit ATL nach Cecina, Piombino, San Vicenzo und Pisa; mit ATM nach Baratti, Campiglia, Castagneto Carducci, Cecina, Follonica, Marina di Castagneto, Monterotondo und Monteverdi Marittima. Die Busse fahren an der Piazza Grande ab.

Fähre: Auskunft zu den Verbindungen nach **Korsika**, **Sardinien** und **Sizilien** erhält man bei den Fährgesellschaften am Terminal Passeggeri an der Stazione Marittima. Für Fahrten zu den **Inseln des toscanischen Archipels** wende man sich an den Fährhafen am Porto Mediceo. Capraia ist mit der Linie Toremar (www.gruppotirrenia.it) in 2,5 Stunden erreichbar. Gorgona kann nur in geführten Gruppen besucht werden (www.atelierdelviaggio.it). Weitere Informationen siehe auch www.islepark.it.

Übernachten (siehe Karte S. 134/135)

*** **Boston (11)**, DZ mit Bad ab 75 € Komforthotel in der Nähe des Hafens. Bewachter Parkplatz, guter Service. Piazza Mazzini 40, 57126 Livorno, ✆ 0586/882333, ✆ 0586/882044, www.bostonh.it.

** **Mini Hotel (7)**, DZ mit Dusche/WC/TV ab 70 €. Zentrale Lage (gleich am Mercato Centrale), Via Buontalenti 57, 57123 Livorno, ✆ 0586/887282, ✆ 0586/882530.

** **Giardino (10)**, DZ mit Dusche 70–75 €, ohne Dusche billiger. Gute Mittelklasseunterkunft an einer der Hauptverkehrsstraßen, trotzdem relativ ruhige Zimmer. Zu Fuß kann man Innenstadt und Hafen in 10 Minuten erreichen. Eigener Parkplatz im Innenhof. Piazza Mazzini 85, 57126 Livorno, ✆/✆ 0586/806330.

* **Goldoni (8)**, 11 renovierte DZ (ab 55 €), freundlich und mit kleinem Innenhof fürs Frühstück. Via E. Mayer, 57125 Livorno, ✆ 0586/898705.

* **L'Amico Fritz (2)**, DZ mit Dusche ab 72 €, ohne Dusche ab 59 €, Beim Bahnhof, Viale Carducci 180, 57124 Livorno, ✆ 0586/401149, ✆ 0586/429466.

• *Jugendherberge* *** **Villa Morazzana**, großzügige Villa aus dem 18. Jh. in toller Hügellage. Auch 10 DZ mit eigenem Bad, EZ ab 51 €, DZ ca. 72 € (inkl. Frühstück). Das Bett in den kleinen Schlafsälen kostet ca. 13 € inkl. Frühstück. Kein JH-Ausweis notwendig. Schwer zu finden, landeinwärts zwischen Monterodondo u. Livorno, 1 km zum Meer, 5 km ins Zentrum. Via Collinett 40, 57128 Livorno, ✆ 0586/500076, ✆ 0586/502426. Mit Bus Nr. 3 ab Piazza Grande.

Essen/Trinken (siehe Karte S. 134/135)

Osteria Da Carlo (4), gilt als *das* Fischrestaurant der Stadt. Relativ klein, durchschnittliche Preise. Reservierung wird empfohlen. Viale Caprera 43/45, ✆ 0586/897050, So geschlossen.

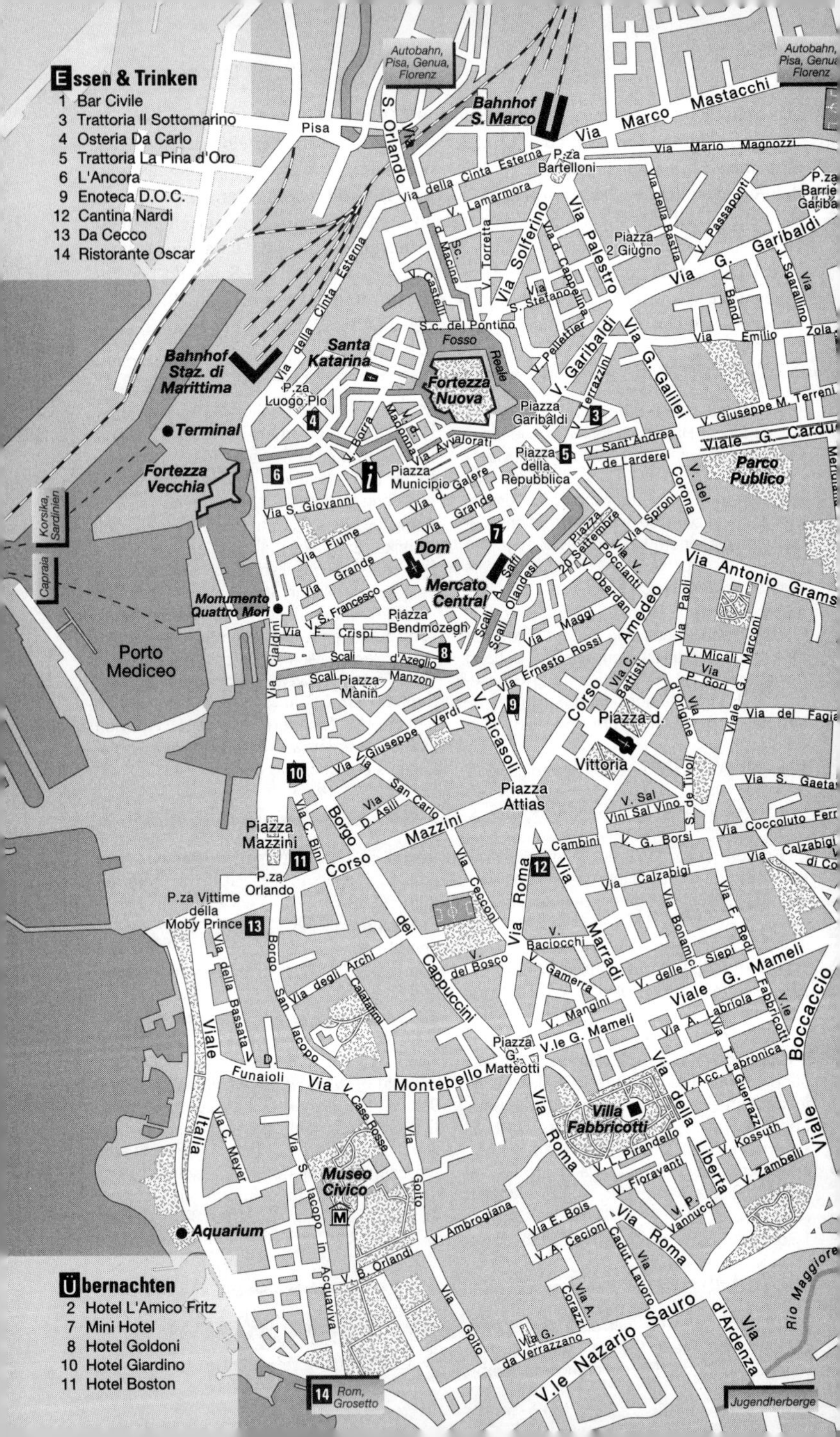
Essen & Trinken
1 Bar Civile
3 Trattoria Il Sottomarino
4 Osteria Da Carlo
5 Trattoria La Pina d'Oro
6 L'Ancora
9 Enoteca D.O.C.
12 Cantina Nardi
13 Da Cecco
14 Ristorante Oscar
Übernachten
2 Hotel L'Amico Fritz
7 Mini Hotel
8 Hotel Goldoni
10 Hotel Giardino
11 Hotel Boston
Autobahn, Pisa, Genua, Florenz
Bahnhof S. Marco
Bahnhof Staz. di Marittima
Terminal
Fortezza Vecchia
Fortezza Nuova
Santa Katarina
Korsika, Sardinien
Capraia
Monumento Quattro Mori
Porto Mediceo
Dom
Mercato Central
Piazza Municipio
Piazza Garibaldi
Piazza della Repubblica
Parco Publico
Piazza Attias
Piazza Mazzini
P.za Orlando
P.za Vittime della Moby Prince
Piazza d. Vittoria
Piazza G. Matteotti
Villa Fabbricotti
Museo Civico
Aquarium
Rom, Grosetto
Jugendherberge
Via Marco Mastacchi
Via G. Garibaldi
Viale G. Carducci
Via Antonio Gramsci
Corso Amedeo
Via Grande
Via Ricasoli
Corso Mazzini
Via Roma
Via Marradi
Viale G. Mameli
Viale Italia
Via Montebello
Via della Libertà
Viale Boccaccio
V.le Nazario Sauro
Via d'Ardenza
Rio Maggiore

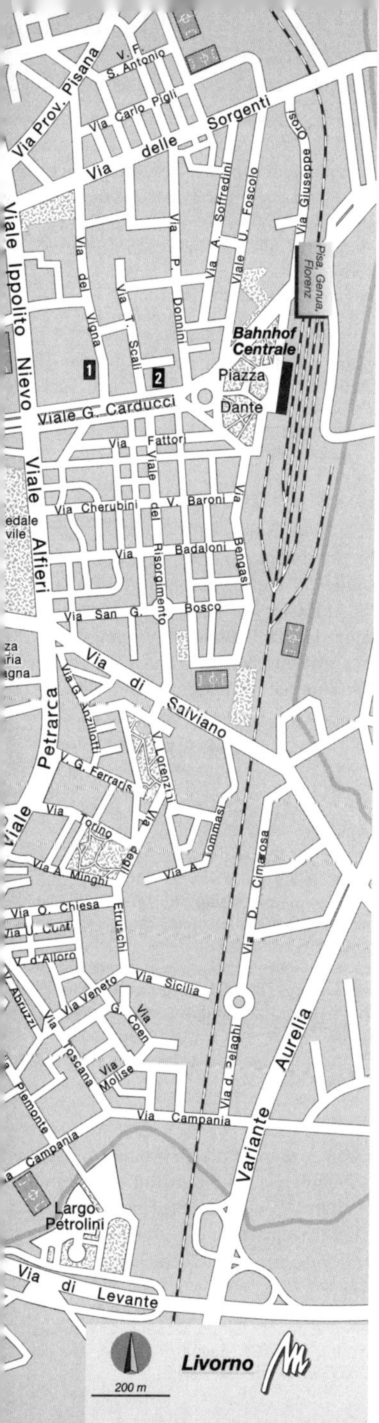

Trattoria La Pina d'Oro (5), Piazza della Repubblica (Nordseite). Durchschnittsküche à la carte, Pizzen oder Focaccine. Einladende, ruhige Atmosphäre und billig.

Trattoria Il Sottomarino (3), Via Terrazzini 48. Das volksnahe und preiswerte Lokal wird oft und gerne frequentiert. Ein Genuss der Guazzetto di Mare – Miesmuscheln, Krebse und Tintenfischchen in leichtem, gut gewürztem Sud (ca. 12 €). Unsere Empfehlung. Mo/Di geschlossen, ✆ 0586/887025.

L'Ancora (6), hübsch direkt im Viertel Venezia Nuova gelegen, Livorneser Spezialitäten bei Kerzenschein und gemütlichem Ambiente. Scale delle Ancore, ✆ 0586/881401.

Ristorante Oscar (14), Via Franchini 78, südlich der Stadt (auf halbem Weg nach Antignano). Gute Auswahl an Fisch, nicht zu teuer. Kleines, aber hübsch eingerichtetes Lokal. Mo geschlossen.

Cantina Nardi (12), Via Leonardo Cambini 8. Wird mittags von Livornesern wegen seiner leckeren, allerdings nicht ganz billigen Hausmacherkost aufgesucht. Abends genießt man in der Weinkellerei ausgezeichnete Tropfen. So geschlossen, ✆ 0586/808006.

Enoteca D.O.C. (9), elegante, ansprechende Aufmachung, allerlei Kostproben toscanischer Spezialitäten (z. B. gute Käseauswahl). Mo geschlossen. Via Goldono 40–44, ✆ 0586/887583.

Da Cecco (13), *cinque e cinque, torta di ceci*, die herzhafte Kichererbsentorte, sollte man hier probieren (ab 17 Uhr geöffnet). Ist billig und schmeckt köstlich! Via dei Cavaletti 2 (Ecke Borgo dei Cappuccini).

Bar Civile (1), man sollte sich nicht vom spärlichen Ambiente der Vereinswimpel abschrecken lassen. Die Bar zählt zu den Institutionen Livornos, und zwar vor allem wegen der heißen Spezialität, der Ponce alla Livornese, dem Punsch aus Kaffee und Rum. So geschlossen. Via del Vigna 55 (geht vom Viale Carducci ab).

Südlich von Livorno

Castiglioncello

Im Hochsommer bleibt auch hier kein Liegestuhl am schmalen Strand unbesetzt. Den mondänen Charme hat sich das Seebad mit seinen Jugendstilhotels und dem alten Küstenwachturm dennoch bewahren können. Der Turm ist zwar heute Bestandteil einer luxuriösen

Toscana
Karten S. 60/61 und S. 216/217

Ferienresidenz und nicht zu besteigen, doch an der felsigen Küste findet man immer wieder hübsche, kleine Buchten mit rötlich leuchtendem Sand. Im Zentrum der Ortschaft steht das *Castello Pasquini*, das von einem romantischen Park umgeben ist, in dem im Sommer viele Veranstaltungen und ein Festival stattfinden.

• *Information* Touristenbüro am zentralen Platz an der Durchgangsstraße (Via Aurelia 967). Juni–Sept. täglich geöffnet, außerhalb der Saison samstagnachmittags u. sonntagvormittags, ✆ 0586/754890.

• *Verbindungen* **Bahn**: Am Bahnhof im Ortszentrum hält der Bummelzug von Livorno nach Grosseto.

• *Übernachten* *** **Miramar**, geschichtsträchtiges Hotel deutlich älteren Datums, DZ ab 82 €. Via Marconi 7, 57012 Castiglioncello, ✆/℻ 0586/752435, seafield@interfree.it.

Villa Oasi, B&B im DZ mit Frühstück 65 €. Via Ticino 17, 57012 Castiglioncello, ✆/℻ 0586/752756.

Signorini, freundliche Pensione, DZ mit Frühstück 55 €. Via di Crepatura 8, 57012 Castiglioncello, ✆/℻ 0586/794393.

• *Bar* Im **Caffè Ginori**, dem großen Kaffeehaus mit Terrasse genau im Zentrum, kann man außer Kuchen, Eis und Snacks ab 18 Uhr in gediegener Atmosphäre einen Aperitif zu sich nehmen.

Rosignano Marittimo (3.000 Einwohner)

Hübsche Altstadt, die pittoresk am Berg klebt, dominiert von einer Zitadelle, deren älteste Teile aus dem 9. Jh. stammen. Die Fassade der imposanten Anlage ist schon seit Jahren für ihre Renovierung eingerüstet; es muss nur noch begonnen werden! Im *Palazzo Bombardieri* befindet sich ein kleines archäologisches Museum, das in der Hauptsache eine Sammlung hellenistischer, etruskischer und römischer Funde aus der Umgebung präsentiert. Prunkstück ist eine fein skulptierte Alabasterurne aus dem 2. Jh. v. Chr., vermutlich in den Produktionsstätten Volterras gefertigt.

• *Öffnungszeiten* **Museum**: täglich 9–13 Uhr, Eintritt 2,60 €.

• *Information* Das kleine **Info-Büro** in der Via Gramsci hat von Juni bis 15. September geöffnet (in der Vor- und Nachsaison nur gelegentlich). ✆ 0586/792973.

• *Verbindungen* **Busse** nach Rosignano Solvey (Bahnhof), Cecina und Livorno. Bustickets gibt es in der Bar La Piazza an der Piazza Gori.

• *Übernachten* **Locanda Al Castello**, unser Tipp. Einfache Pension mit 5 DZ (TV, teilweise Balkon) zu ca. 52 € (Juli/Aug. nur mit HP und ca. 55 € pro Person). Via Poggio S. Rocco 34, 57012 Rosignano Marittimo, ✆ 0586/799453.

Agriturismo Il Pogetto di Pieri Santi, freundliches Gut, 10 Min. außerhalb Richtung Aquabona gelegen. Appartements zu ca. 60 €. Loc. Il Pogetto 331, 57012 Rosignano Marittimo, ✆ 347/5548116.

• *Essen/Trinken* **La Gattabuia**, im kleinen, professionell geführten Restaurant bemühen sich die Wirtsleute um jeden Gast. Menü ab ca. 25 €. Im Sommer kann man auch draußen sitzen. In der kleinen Küche kann auch an Minikochkursen teilgenommen werden (ca. 77 € inkl. Essen und Wein). Di geschlossen. Im Zentrum, Via Gramsci 32, ✆ 0586/799760.

Il Pomidoro, Pizza aus dem Holzofen, Via Gramsci 52.

Marina di Cecina

Ab hier wird es wieder grüner – weite Pinienwälder säumen die Schwemmlandküste. Der Ort selbst ist ein typisch italienisches Fremdenverkehrszentrum, der Strand mit Liegestühlen und Sonnenschirmen gut gefüllt. An der kleinen Flussmündung der *Cecina* befindet sich der Yachthafen mit 750 Liegeplätzen.

• *Information* Zwei Büros: Viale Galliano, ✆ 0586/622844 (nur im Sommer geöffnet); Piazza S. Andrea 6, ✆ 0586/620678.

• *Verbindungen* Busse nach Cecina, dort Anschluss an die Bahnlinie Livorno–Grosseto.

• *Übernachten* *** **Mediterraneo**, ganzjährig geöffnetes, familiäres Hotel. Frühstücksbuffet, abends Bar mit Musik, Fahrradverleih und andere Extras. DZ ab 82 €. Via della Vittoria 40, 57023 Marina di Cecina, ✆ 0586/620035, www.chiscihotels.it.

** **La Lampara**, in der Pension mit Restaurant schlägt einem der Geist des klassischen Urlaubshotels aus den Siebzigern entgegen. Alle Zimmer dem Meer zugewandt, DZ 57–72 €. Via Siena 2, 57023 Marina di Cecina, ✆ 0586/620681, ℻ 0586/620418.

• *Camping* Plätze findet man vor allem südlich des Ortes, meist klinisch sauber angelegte Feriendomizile in Strandnähe, die insgesamt ca. 3000 Urlaubern Erholung bieten:

Le Gorette, ca. 350 Stellplätze, mit Swimmingpool und Tenniscourt. Mitte April bis September geöffnet. Via Campilunghi, 57023 Marina di Cecina, ✆ 0586/622460.

*** **Mareblù**, gleich hinter Le Gorette (s. o.), viel Schatten, 300 m zum Strand. Junges Publikum und Familien. Hunde erlaubt. 57023 Marina di Cecina, ✆ 0586/629191.

• *Essen/Trinken* **Il Delfino**, am Ende der Straße von Le Gorette gelegen. Auch Strandbad mit gutem Service. Hervorragende Küche, mittags auch mit Selbstbedienung. Kleine Gerichte ab 8 €.

Da Andrea, der Tipp am Strand von Cecina Mare, wo man elegant auch noch bis spät abends auf der Terrasse genau am Meer sitzt und Raffiniertes aus der Fischküche genießt. Di geschl. Viale della Vittoria, ✆ 0586/620143.

Al Solito Posto, kleine Pizzeria-Bar. Im Schatten unter windgebeugten Steineichen kann man auch leckere Salate in einer aus Pizzateig gebackenen Salatschüssel serviert bekommen. Am nördlichen Ende des Viale della Vittoria.

Da Bruno, unter der eingerankten Pergola sitzt man draußen. Unkompliziertes, billigeres Restaurant, Di geschlossen. Via della Repubblica.

• *Nachtleben* **Pino Solitario**, gute Musik und gekühlte Drinks, junges Publikum, Di geschlossen. Viale della Vittoria.

Il Delfino, auf der Terrasse mit postmodernem Touch wird in diesem Strandbad mittwochs und samstags nach Mitternacht gerockt. Donnerstags wird bei sanfteren Klängen Gegrilltes für 30 € angeboten, während sonntags bei Sonnenuntergang die neuesten Aperitife probiert werden können.

Toscana Karten S. 60/61 und S. 216/217

Bolgheri

Etwas südlich von Marina di Bibbona zweigt von der SS 1 landeinwärts eine etwa 5 km lange und schnurgerade Zypressenallee nach Bolgheri ab, sicher die bekannteste und schönste der gesamten Toscana. Der Ort bietet einen in sich wunderschön abgeschlossenen Kern, der um die Burg des grausamen pisanischen Herrschers *Gherardesca* entstand. Berühmt wurde Bolgheri durch den Dichter und Nobelpreisträger (1906) *Giosuè Carducci*, der hier einen Teil seiner Jugend verbrachte und später Hymnen auf die Zypressen anstimmte.

• *Übernachten* **La Mimosa**, Zimmer mit einfacher Ausstattung, dazu kleiner Gemeinschaftsraum mit Kühlschrank und Kochnische, ca. 41 €. Gleich neben der Osteria Vecchia an der Aurelia (s. unten), 57022 Bolgheri, ✆ 0565/749644.

• *Agriturismo* **Agriturismo Osteria Vecchia**, 2 Wohnungen in einem renovierten Haus, Pool, Pingpong und Liegewiese, ab 413 € pro Woche. An der Aurelia zwischen Castagneto u. Bolgheri (hinter den zwei großen Wellblechhallen der Schiffswerft Velmare), 57022 Bolgheri, ✆/℻ 0565/749643, www.agritourism.net/osteria.

Eucaliptus, nette Leute, die auch Gemüse und Obst anbauen. Insgesamt 4 Appartements zum Preis ab 350 € pro Woche (je nach Wohnung und Saison). An der kleinen Verbindungsstraße von Bolgheri nach Castagneto Carducci, Via Bolgherese 275 a, 57022 Bolgheri, ✆/℻ 0565/763511.

• *Essen/Trinken* **La Taverna del Pittore**, gemütliches, kleines Restaurant mit sieben Tischen im Innenraum und kleiner Terrasse. Mo geschlossen, ✆ 0565/762184.

• *Wein* Der in Bolgheri angebaute **Sassicaia** zählt zu den besten Rotweinen des Landes. 1944 pflanzte Mario Incisa della Rocchetta, der auf dem hiesigen Gut San Guido ursprünglich nur Pferde züchten wollte, auf einem steinigen Hang Cabernet Sauvignon an. Heute zählt der Rotwein, der 18 bis 22 Monate in Barriques ausgebaut wird, zu den Exportschlagern der Region.

Eine Besichtigungen des **Weinguts Tenuta San Guido**, wo der Sassicaia hergestellt wird, ist nur nach vorheriger Anmeldung möglich. Hier die einfachere Variante: www.sassicaia.com.

Marina di Castagneto

Dem Badeort vorgelagert ist ein 14 km langer Sandstrand, der zur Gemeinde Castagneto gehört. Davon ist nur ein Kilometer Privatstrand, wo das Anmieten von „ombrellone, sdraio, doccia" (Strandschirm, Liege, Dusche) obligatorisch ist. Der Rest ist „spiaggia libera", also freier Strand für alle. Außer zum Badespaß lädt der Strand, der nach Süden hin immer feinsandiger wird, auch zu ausgiebigen Spaziergängen ein.

• *Information* Via della Marina 8. Mai–Oktober täglich, sonst nur an Wochenenden. ✆ 0565/744276, 📠 0565/746012.

• *Übernachten* *** **I Ginepri**, mit 57 modernen Zimmern ein ziemlich großer Kasten (dreistöckig), quirliger Betrieb mit Restaurant, Pool, einem Garten mit uralten Wachholderbüschen am Meer und eigenem Strand, viel deutsches u. italienisches Stammpublikum, DZ ab 85 € (inkl. Frühstück). Viale Italia 13, 57024 Marina di Castagneto, ✆ 0565/744027, 📠 0565/744344, www.iginepri.it.

* **Miramare**, DZ mit Dusche ca. 52 €, in der Hauptsaison teurer. Zentrale Lage und direkt am Meer, deshalb oft ausgebucht. Via del Tirreno 21, 57024 Marina di Castagneto, ✆/📠 0565/744031.

• *Camping* ** **Camping Belmare**, über 500 Stellplätze. Restaurant und Lebensmittelladen vorhanden. Viele Dauercamper, Strandzugang. April bis Mitte Oktober geöffnet. Via del Forte 1, 57024 Marina di Castagneto, ✆ 0565/744092, www.campingbelmare.it.

• *Essen/Trinken* **Il Poeta**, Fischspezialitäten-Restaurant der gehobenen Klasse, abends kann man recht romantisch am Meer speisen. Eigener Badestrand. ✆ 0565/745859.

Shangri-là, tagsüber Strandbad mit Selfservice-Restaurant, am Abend wird auch am Tisch Fisch und Pizza serviert.

Sirena, Restaurant-Pizzeria direkt am Strand.

• *Diskothek/Bar* **La Zattera**, abendliches Vergnügen auch für ältere Semester in der Diskothek. In der Bar sitzt man auf der Terrasse direkt am Meer, Auswahl an Snacks, Blick auf den Sonnenuntergang inklusive (ideal für den Aperitif).

Castagneto Carducci

Das 6 km vom Meer entfernte Städtchen liegt inmitten immergrüner Macchia malerisch auf einem Hügel in 190 m Höhe. Für eine Erkundungstour durch das Straßenlabyrinth der mittelalterlichen Ortschaft sollte man nicht nur wegen der *Scala Santa* (ein enges, steiles Treppchen) gut zu Fuß sein. Bis zu Beginn des 20. Jh. hieß der Ort übrigens noch Castagneto Marittima; erst 1907 wurde er nach dem berühmten Dichter Giosuè Carducci (1835–1907), der in jungen Jahren in Castagneto wohnte, umbenannt. Ein kleines Museum und ein *Centro Carducciano* in seinem ehemaligen Wohnhaus erinnern an den Schriftsteller, der 1906 mit dem Literaturnobelpreis ausgezeichnet wurde.

• *Information* Via della Marina 6. ✆ 0565/744276.

• *Übernachten* *** **La Torre**, unterhalb der Turmruine gelegenes Landgasthaus mit Hotelbetrieb (11 einfache Zimmer). DZ inkl. Frühst. ca. 80 €, 57024 Castagneto Carducci, ✆ 0565/775268.

• *Agriturismo* **Oliveto Fonte di Foiano**, Straße zwischen Bolgheri und Castagneto, auf die Ausschilderung achten. Inmitten 300-jähriger Olivenbäume kann man sich in der Ölmühle in einem kleinen Häuschen einmieten (ab ca. 400 €). Auf Anfrage abends Essen auf der Terrasse. Loc. Fonte di Foiano, 57024 Castagneto Carducci, ✆ 0565/766043, 347/4340047 (Handy), 📠 0565/765826, www.fontedifoiano.com.

• *Camping* **Le Pianacce**, etwa 4,5 km von der Aurelia entfernt in Richtung Bolgheri (landeinwärts), dann ausgeschildert. Ca. 180 Stellplätze, bewaldetes Gelände, zwei Pools, Tennisplatz, Restaurant, Animation, Internetpoint, Supermarkt, auch kleine, komplett eingerichtete Häuser zu mieten. 6 km bis zum Meer. 1.4.–3.10. geöffnet. 57024 Castagneto Carducci, ✆ 0565/763667, www.campinglepianacce.it.

• *Essen/Trinken* **Ugo**, Top-Küche, besonders wenn man die durchschnittlichen Preise berücksichtigt. Große Fensterflächen mit Ausblick. Oben in der Altstadt, Via Pari 3 a. Mo geschl.

Il vecchio Frantoio, beliebtes Restaurant, typische Gerichte aus der Region mit nettem Service und zu moderaten Preisen. Do geschl. Via Gramsci 8, ✆ 0565/763731.

Ristorante Enoteca Giubbe Verdi, Küche der Maremma im charakteristischen Gewölbe. Nur abends geöffnet, Mi geschl. Salita San Lozenzo 1, ✆ 0565/765118.

La Gramola, Pizzeria (Holzofen), durchgehende Küche, Bar und Bruschetteria. Am oberen Ortsende, mit Panoramaterrasse. Via Marconi 18, ✆ 0565/763646.

• *Außerhalb* **Restaurant La Torre**, nettes Ausflugslokal in den Bergen (bei der Burgruine Donoratico), große Terrasse. Menü ca. 22 €. Mo geschlossen. Angeschlossen ein kleines Hotel (siehe Übernachten).

Bagnoli – nel bosco, idyllisch mitten im Wald gelegen. Etwas außerhalb auf der Straße nach Sassetta am Hinweisschild rechts abbiegen, nach 3 km Schotterpiste erreicht man das etwas exklusive Restaurant. Mi geschlossen. ✆ 0565/763630.

San Vincenzo

Die kleine Stadt liegt am Südende der bei Rosignano beginnenden Schwemmlandzone, die Hügel reichen hier schon fast an die Küste. Dass der 3 km lange Sandstrand gute Bademöglichkeiten bietet, hat auch die Tourismusindustrie gemerkt: Das einst um einen mittelalterlichen Wehrturm gruppierte Dorf mit kleinem Hafen hat sich zu einer zersiedelten Hotel- und Ferienhauslandschaft gewandelt. Der feine Sandstrand ist ideal für Kinder. Weitere schöne Badegelegenheiten findet man südlich des Ortes entlang der Via della Principessa, die St. Vincenzo mit Piombino verbindet.

• *Information* Via B. Alliata (Zentrum), 9–13 Uhr und 15.30–19.30 Uhr, ✆ 0565/701533.

• *Verbindungen* **Bahn**: Am Bahnhof (Zentrum) halten die Bummelzüge der Linie Livorno–Grosseto.

Bus: Stündlich nach Campiglia Marittima und Piombino.

• *Übernachten* *** **Villa Marcella**, im Norden des Orts, DZ 60–88 €, eigener Strandabschnitt. Via Palombo 1, 57027 San Vincenzo, ✆ 0565/701646, ✆ 0565/702154.

*** **Il Delfino**, DZ 70–103 € inkl. Frühstück. Doppelhäusige Anlage am Strand, Zimmer mit Klimaanlage. Via C. Colombo 15, 57027

Promenade und Sporthafen in San Vincenzo

San Vincenzo, ✆ 0565/701179, 📠 0565/701383, www.hotelildelfino.it.

** **Il Mulinaccio**, ca. 4 km südlich von San Vincenzo in Richtung Piombino (kleiner Weg neben dem Camping Park Albatros), DZ mit Dusche u. Frühstück ab 55 €. Landhaus in idyllisch-ruhiger Lage, zu Fuß 10 Min. zum Strand, auch einfaches Restaurant. Via Caldenelle, 57027 San Vincenzo, ✆ 0565/701556, 📠 0565/705512.

** **Privatzimmer Aurora**, die günstigste Art, im Ort unterzukommen. Waschbecken u. Kühlschrank im Zimmer (DZ 40 €), mit kleinem Gärtchen für ein Picknick, 2 Minuten zum Meer (hinter dem Gebäude des Kontiki-Hotels). Via Abruzzo, 57027 San Vincenzo, ✆/📠 0565/701868.

• *Camping* *** **Camping Park Albatros**, inmitten eines Pinienhains (ca. 5 km südlich von San Vincenzo in Richtung Piombino). Riesiges Gelände mit 700 Plätzen (viel Schatten) und 120 Bungalows (2 Pers. Ab 30 €, 4 Pers. ab 55 €), 5 Min. zum Strand. Juni bis Mitte Sept. geöffnet. 57027 San Vincenzo, ✆ 0565/701018, 📠 0565/703589, www.parkalbatros.it.

• *Agriturismo* **Poggio ai Santi**, edles Gut mit biologischem Anbau und Vertrieb von hochqualitativen Produkten der Region. Auf einem Hügel bei San Carlo (ca. 2 km landeinwärts). Via San Bartolo 100, 57027 San Vincenzo, ✆ 0565/798032, www.poggioaisanti.com.

S. Bartolo, unterhalb von Poggio al Santi. Etwas Schatten durch die neu angelegten Pinienreihen. Pool und Gemeinschaftsküche mit Kühlschränken. Zwei Wohnwagen und eine Holzhütte stehen ebenfalls zur Vermietung bereit. Stromanschlüsse für Camper. 500 m hinter dem Ortsausgang links Richtung Rom. Via S. Bartolo 35, 57027 San Vincenzo, ✆ 0565/704096.

• *Essen/Trinken* **Il Cantinone**, am nördlichen Ende der Fußgängerzone. Exzellente Küche, viele Fischgerichte zu erschwinglichen Preisen. Via V. Emanuele II 130.

Art Caffè Il Delfino, große, luftige Strandbar mit Ausstellungen und Livemusik im Sommer. Via Colombo (gegenüber dem Hotel Il Delfino).

Gambero Rosso, Feinschmeckerrestaurant, Menü ca. 100 € (ohne Wein). Mo/Di geschlossen, ✆ 0565/701021.

Venere, frischer Fisch auf der Terrasse direkt am Meer zu akzeptablen Preisen. Via Calabria (am exklusiven Strandhotel Sabbia d'Oro vorbei).

Rosso di Sera, Enoteca mit Kelleratmosphäre (auch mit Verkauf), abends ab 18.30 Uhr, Di geschl. Via del Castelluccio 105 (ausgeschildert).

Populonia

Populonia gliedert sich in eine Oberstadt (Populonia Alta) und eine Ansiedlung direkt am Golfo di Baratti, eine friedliche Bucht mit relativ seichtem Wasser, in der nur kleine Boote anlegen können.

Im Golf von Baratti wurden 1908 unter Metallschlacken die bedeutenden etruskischen Nekropolen von *Pupluna* entdeckt. Pupluna, die einzige Stadt des etruskischen Zwölf-Städte-Bundes, die direkt am Meer lag, entstand im 9. oder 8. Jh. v. Chr. und wurde zu einer regelrechten Industriestadt mit Bronze- und Kupferhütten. Die Etrusker holten die Erze von der Insel Elba, um sie hier zu schmelzen.

Archäologischer Park von Baratti und Populonia: Auf dem umzäunten Areal von ca. 80 ha kann man sich die Überreste *Puplunas* anschauen, insbesondere die Nekropolen und alte Handwerksstätten. Es wurden einige Rundwege angelegt (Dauer 1,5–2 Std.), des Weiteren werden Führungen durch das Gelände angeboten(„Eisenstraßenführung“, ca. 2 Std.); am Eingang befindet sich ein Besucherzentrum mit Bar.

• *Öffnungszeiten* März/April/Mai Di–So 9 Uhr bis Sonnenuntergang, Juni/Sept. Di–So 9–20 Uhr, Juli/Aug. (auch montags) tägl. 9–20 Uhr, Okt.–Feb. Di–Fr 9–14 Uhr, Sa/So 9–17 Uhr. Eintritt für den vorderen Bereich des Parks ca. 6,30 €, Kinder unter 6 J. frei, von 6–14 J. und Rentner ca. 3,80 €. Für den gesamten Park kostet der Eintritt 12 € (9 €), Familien mit max. 5 Personen zahlen pauschal 27 €. Mit dem Ticket 50 % Rabatt im Archäologiepark von San Silvestro und im Museo di Cittadella in Piombino. Der untere Eingang zum Park befindet sich an der Zufahrtsstraße nach Populonia Alta.

Populonia Alta

Die Oberstadt liegt 2,5 km entfernt auf einem 180 m hohen Hügel über dem *Golfo di Baratti* (direkt am Ortseingang kann man parken). Der Ort ist in den Sommermonaten ein beliebtes Ausflugsziel. Von hier aus hat man einen herrlichen Blick über den Golf und das offene Meer bis nach Elba (im Sommer täglich 9–19 Uhr geöffnet, Eintritt 1,50 €, Kinder die Hälfte, Mi geschl.).

Ein kleines **etruskisches Museum** ist an der unteren Dorfstraße zu besichtigen. Vor allem Grabbeigaben aus den Nekropolen, Blei- und Bronzearbeiten, aber auch von den Etruskern importierte attische Keramik sind in der Privatsammlung zusammengestellt (in der Saison tagsüber geöffnet; Eintritt ca. 2 €, Kinder ca. 1,20 €).

• *Verbindungen* **Bus**: 4x von der Baratti-Bucht nach Piombino. Außerhalb der Hochsaison Busverbindung bis nach Populonia Alta (Schulbus).

• *Übernachten* ** **Alba**, unser Tipp! Gemütliches Hotel, an der Zufahrtsstraße zum Golfo di Baratti rechts ab. Schöner Garten, nette Atmosphäre, ca. 100 m vom Strand. Das rote Haus mit Anbauten liegt versteckt zwischen Bäumen und Büschen, im Sommer meist ausgebucht, frühzeitig reservieren. DZ mit Bad, Balkon und Halbpension (obligatorisch) ca. 40 € pro Person. 57020 Populonia-Baratti, ✆ 0565/29521.

Nur fünf Zimmer vermietet das **Restaurant Canessa** an der Bucht im letzten Haus hinter dem Hafen. DZ mit Bad ab 40 €. Zimmer nur von Juni bis September, das Restaurant ist das ganze Jahr geöffnet, montags geschlossen. Loc. Baratti 43, 57025 Piombino, ✆ 0565/29530.

• *Camping* ****Sant'Albinia**, Via della Principessa, auf halber Strecke zwischen San Vincenzo und Piombino bei Populonia/Golfo di Baratti gelegen, ca. 800 m zum Strand. Sehr schattiger Platz mit hohen Pinien, ca. 100 Stellplätzen und heißen Duschen. Anfang Mai bis Mitte September geöffnet, pro Person ca. 8,50 €, Zelt ca. 7 €, Wohnmobil ca. 9,80 €. 57025 Piombino, ✆ 0565/29389, ✆ 0565/221310.

Mittelalterliche Geisterstadt San Silvestro

• *Essen/Trinken* **Restaurant Canessa**, an der Bucht, letztes Haus hinter dem Hafen, hauptsächlich Fisch, rundum verglaste Front. Parkplatz hinter dem Restaurant.

Bar La Pergola, neben dem Bootshafen an der Abzweigung nach Populonia Alta. Gemütliches, kleines Restaurant, Familienbetrieb, Spezialitäten aus dem Meer. Mehr Atmosphäre als das vorgenannte, aber mittlerweile sehr teuer geworden.

Ristorante Il Lucumone, in der Oberstadt Populonia Alta (an der „Hauptgasse"). Drei kleine Räume, familiär-feierlich betischt. Keine große Auswahl, aber gute regionale Küche zu gehobenen Preisen. Mo Ruhetag. ✆ 0565/29471.

Zia Seconda, versteckt weist ein Schild (ca. 1 km nach der Abzweigung von Baratti Richtung Piombino) auf dieses Kleinod zwischen Schrebergärten und altmodischen Sommerhäuschen. Livornesische Küche, gute Preise. Loc. Fabbricciane 12, ✆ 0565/29550.

Archäologiepark Rocca San Silvestro

Begehbare, kühle Bergwerksstollen und eine verlassene Stadt auf der Hügelspitze der Rocca San Silvestro lohnen den Besuch des erst 1996 eröffneten Archäologieparks. Im **Informationszentrum** kann man Mineralienfunde besichtigen sowie sich über die Bergbautechniken von den Etruskern bis heute informieren. Bei einer **Bergwerksführung** sind die horizontal in den Berg getriebenen Stollen zu besichtigen (nehmen Sie einen Pullover mit, die Temperatur beträgt nur 10 Grad). Der Besuch der **Rocca San Silvestro** ist ein Erlebnis: Der Ort entstand im 10. und 11. Jh. als Bergwerkstadt, der auch anhängigen Handwerkszweigen wie Metallgießern und Schmieden eine Heimat bot. Wenige Orte wurden so sorgfältig von Historikern untersucht wie San Silvestro. Es werden täglich fünf geführte Begehungen angeboten, z. T. mit deutschsprachigem Führer, sonst kann man auf einen Info-Walkman vertrauen.

Bus-Shuttle im Sommer ca. alle 30 Min. zwischen dem Zugangsweg zur Rocca und dem Informationszentrum. Zu Fuß würde es ca. 2 Std. dauern.

• *Öffnungszeiten* 1. Juni bis ca. 15. Okt. tägl. 9–20 Uhr, Mo geschlossen, sonst nur Sa/So. ✆ 0565/838680, www.parchivaldicornia.it.

• *Eintritt* Zwei Kombitickets werden angeboten: eines zu ca. 9 € (gültig für Museum und Rocca San Silvestro inkl. Bus-Shuttle dorthin) und eines zu 12 € (zusätzlich noch eine Bergwerksführung). Unter 14 und über 65 J. gelten um ca. ein Drittel ermäßigte Preise. Das Familienticket (für 5 Pers.) kostet ca. 27 €. Besucher des Archäologieparks von Populonia erhalten dort beim Vorzeigen eines hier erworbenen Tickets 50 % Ermäßigung.

Campiglia Marittima (2.500 Einwohner)

Das schmucke Städtchen mittelalterlicher Prägung ist heute ein Zentrum der Agrarwirtschaft und der Kleinindustrie, die sich in der unmittelbaren Umgebung angesiedelt hat. Auf einer der Terrassen der Bars auf der Piazza im Zentrum kann man gut die Mittagszeit verdösen. Die Piazza della Vittoria vor dem Tor zur Altstadt, der Porta a Mare, bietet hingegen einen spektakulären Blick auf den Golf von Follonica. Das Schlösschen mit den vier Türmen auf der Anhöhe ist der *Tavolino rovesciato* („der umgekippte Tisch“), ein kulturelles Zentrum, das sich in Privatbesitz befindet. Sehenswert ist der *Palazzo Pretorio* aus dem 13. Jh., dessen Fassade mit den Wappen der damaligen Stadtvorsteher geschmückt ist. Im Palazzo ist eine Enoteca untergebracht, die recht informativ die Weine der Region präsentiert.

• *Information* Piazza della Vittoria. Im Sommer normalerweise Mo–Sa 10–12.30 und 17–19.30 Uhr, So 10–12 Uhr. ✆ 0565/838958.

• *Verbindungen* **Bus** nach San Vincenzo und Piombino ca. 6x tägl.

• *Übernachten* **Castello di Magona**, man wohnt in den Suiten des einzigen Schlosses der Gegend (mit Pool und Park) und zahlt für das DZ ab 196 €. Zwischen Campiglia u. Venturina. Via Venturina 27, 57021 Campiglia Marittima, ✆ 0565/851235, www.castellodimagona.it.

Residence Oasis, am Ortsrand im Grünen (rechts der Straße nach S. Vinzenzo). Kleine Studios, jedes mit eigenem Terrassenanteil. Auch ein Minipool ist vorhanden. Pro Tag ca. 70 €., 57021 Campiglia Marittima, ✆ 0565/838455 oder 333/6909501 (Handy).

Tos' camere – Bed & Breakfast, der Tipp! Zimmer (eins davon mit Küche) mit Frühstück im Garten auf der tollen Panoramaterrasse mit schönstem Meerblick (70 €). Via Guerrazzi 11, 57021 Campiglia Marittima, ✆ 347/9715326 (Handy), toscamere@huff1.de.

• *Camping* **Blu Camp**, ca. 1 km außerhalb, tolle Lage, mit Pool. Terrassenförmig angelegt. Die Olivenbäume spenden nur mäßig Schatten. Mit ca. 70 Stellplätzen recht klein und sehr ordentlich. Supermarkt in der Nähe. Ab Mitte Mai bis Mitte Sept. geöffnet. 57021 Campiglia Marittima, ✆ 0565/838553, 📠 0565/574272, www.blucamp.it.

• *Essen/Trinken* **Tavernetta**, eine der diversen Terrassen auf der Piazza. Wenn das junge, sympathische Team in Form ist, kann man hier gut essen. Die Speisen werden in einer offenen Küche zubereitet. Mi geschlossen, ✆ 0565/838853.

Il Canovaccio, der junge Inhaber hat ein kleines, exquisites Restaurant mit hübscher Terrasse eröffnet, in dem es keine Secondi,

Piombino – nicht nur Industrieschlote

dafür raffinierte Antipasti, köstliche Primi (viele vegetarische Gerichte) und rare Dolci gibt. Alles zu moderaten Preisen. Di geschl. Via Vecchio Asilo, ✆ 0565/838449.

Pizzica, am unteren Ortsausgang. Man kann sich drauf verlassen: immer noch ausgezeichnete Küche und gut sortierte, übersichtliche Weinkarte (auch Enoteca). Menü ca. 34 €. Mo geschl. ✆ 0565/838383.

Az. Agricola Giomi Zannoni, kleine Cantina, in der die freundlichen Leute einen guten Sangiovese machen (3000 Flaschen pro Jahr), der für sechs Monate im Barriquefass reift und mit ca. 7,80 € im Direktverkauf sehr preisgünstig ist. Ein Häuschen zur Miete ebenfalls (1 Woche ab ca. 400 €). Mit den Fahrrädern, die hier bereitstehen, ist man in 10 Minuten am Meer. Aurelia Nord 63, 57021 Lumiere Campiglia Marittima, ✆ 0565/846416.

Piombino

(ca. 34.000 Einwohner)

Die meisten Reisenden haben nur ein Ziel: den Fährhafen, von dem fast stündlich Schiffe nach Elba ablegen. Da der Weg zum Hafen von nicht enden wollenden Industrieanlagen gesäumt wird, hat Piombino ein denkbar schlechtes Image. Wer die Stadt in besserer Erinnerung halten will, sollte vor dem Trip nach Elba einen Blick auf die Altstadt werfen.

Eisen hat Tradition in Piombino. Am *Falesia-Hafen*, dem Vorgänger des heutigen Handels- und Industriehafens, verarbeiteten schon die Römer das Eisenerz Elbas. Ende des 16. Jh. wurde Piombino Fürstentum. Im ausgehenden 18. Jh. siedelten sich hier Kleinbetriebe an, die Industrielle Revolution brachte dann die Großanlagen, die der Stadt im Zweiten Weltkrieg die weitgehende Zerstörung bescherten. Erhalten blieb allerdings die kleine Altstadt auf einem Plateau, das zum Meer hin abfällt.

An der *Piazza Giovanni Bovio*, auf einer kleinen Landzunge hoch über dem Fischerhafen gelegen, trifft man sich zum Flanieren. Vom Aussichtspunkt *Rocchetta* in exponierter Lage genießt man eine wundervolle Aussicht über das Meer – die

Silhouette Elbas ist zum Greifen nah. Knapp oberhalb der Piazza steht der *Palazzo Comunale*. Von hier führt die Hauptgasse, der Corso Vittorio Emanuele II, zum *Torrione*, einem wuchtigen Befestigungsturm aus pisanischer Zeit. Dahinter beginnt das moderne Piombino.

Information/Verbindungen

• *Information* APT-Büro im Turm des Palazzo Comunale (Altstadt, 9–15 u. 17–23 Uhr, Di geschl., ✆ 0565/225639 u. 0565/63111).

• *Verbindungen* **Bahn**: Mit der Stichbahn ab Piombino-Hafen und Piombino-Stadt (Stazione Centrale) stündlich Verbindungen nach Stazione FS Campiglia, dem zentralen Verkehrsknotenpunkt, von dem alle wichtigen Verbindungen abgehen. Von dort problemlos nach Livorno, Pisa, Grosseto, Florenz, Milano und Rom.

Bus: Etwa stündlich Busse zwischen dem Zentrum und dem Fährhafen, ebenfalls stündlich zur Stazione FS Campiglia. Ab der Busstation ATM in der Via Leonardo da Vinci Verbindung nach San Vincenzo (11x tägl.), Populonia Stazione (3x), zur Baratti-Bucht (4x), nach Follonica (5x), Campiglia Marittima (14x) und Siena (1x). ✆ 0565/260134.

Übernachten/Essen/Trinken/Nachtleben

• *Übernachten* **** **Hotel Central**, am Eingangstor zur Altstadt. Modere, helle Zimmer, EZ 90 €, DZ 150 €. Piazza Verdi 2, 57025 Piombino, ✆ 0565/220188, 📠 0565/220220.

*** **Albergo Italia**, einziges Hotel in der Altstadt (ausgeschildert). Freundlicher Empfang, die 13 DZ (ab 60 €) sind restauriert und im maritimen Stil eingerichtet. In der benachbarten Dependance kosten sie 46 €. Via XX Settembre 39, 57025 Piombino, ✆ 0565/220922, 📠 0565/228035, albergo-italia@libero.it.

*** **Collodi**, ordentliches Hotel mit 24 Zimmern in einer ruhigen Seitenstraße schräg gegenüber dem Bahnhof, beschildert. Alle Zimmer mit Bad und Aircon., EZ 42 €, DZ 57 €, Dreier 75 €, Vierer 91 €, Frühstück 5 € pro Person. Ganzjährig geöffnet, Via Collodi 7, 57025 Piombino, ✆ 0565/224272, 📠 0565/224382.

*** **Ariston**, Seitenstraße der Fußgängerzone, EZ 41,50 €, DZ 57 €, geräumige, modernisierte Zimmer. Via Ferrer 7, 57025 Piombino, ✆/📠 0565/224390.

** **Roma**, kleines Stadthaus in relativ ruhiger Seitenstraße, zentrumsnah, ganzjährig geöffnet. EZ ab 30 €, DZ mit Dusche ab ca. 42 €, Dreier ca. 70 €. Via San Francesco 43, 57025 Piombino, ✆ 0565/34341, 📠 0565/34348.

• *Camping* **** **Pappasole**, der Campingplatz, auf dem auch Bungalows gemietet werden können, ist wie eine Clubanlage konzipiert (z. B. mit Animation u. Veranstaltungen), bestens gepflegt und komplett durchorganisiert. Schöne, große Liegewiese am Pool mit Palmen, 400 Plätze, größtenteils mit eigener kleiner Küche, ab Pfingsten bis Mitte September geöffnet. 200 m zum Strand. Via di Carbonofera (ausgeschildert), Località Toremozza, 57025 Piombino, ✆ 0565/20420 oder 0130/824461, www.pappasole.li.it.

• *Essen/Trinken* **Bar Osteria Volturno**, nettes Restaurant am Palazzo Comunale in der Fußgängerzone (Corso Vittorio Emanuele II.). Auf Fisch und Meeresfrüchte spezialisiert, freundlicher Service, mittags und abends geöffnet. Mo Ruhetag, ✆ 0565/49081.

Enoteca di Via Mozza, kleines, rustikales Weinbar-Restaurant in einer Seitenstraße im Zentrum der Altstadt. Ein reichhaltiges Menü mit Carpaccio und gegrilltem Fisch ca. 25 €. Via Mozza 6, Mo Ruhetag, ✆ 0565/225322.

Il Garibaldi Innamorato, Chef Pippo ist einer derjenigen, dem es gelungen ist, mit viel Passion fürs Kochen ein ausgefallenes, kleines Restaurant mit Designer-Ambiente zu schaffen. Man wählt nicht aus der Karte, sondern bekommt für ca. 28 € diverse Kostproben der toscanischen Küche serviert. Unbedingt reservieren, da das Restaurant in Piombino sehr angesagt ist. Via Garibaldi 5 (Altstadt), ✆ 0565/49410.

• *Nachtleben* **La Baciocca**, gemütliches Kneipenrestaurant am alten Hafen mit Musik, Bier vom Fass, Salaten und Pizza (44 Sorten). An der Bar ab 18 Uhr leckere Häppchen zum Aperitif. Do/So Livemusik (im Winter freitags). Piazzetta del Mare 5 (am Porticciolo).

Bei Seccheto – einer der vielen einladenden Badestrände Elbas

Elba

Die Lieblingsinsel der Italiener steht auch bei Deutschen, Österreichern und Schweizern hoch im Kurs. Wen wundert's – keine italienische Insel ist vom Norden aus einfacher zu erreichen als Elba. Den sonnenhungrigen Besucher erwarten abwechslungsreiche Landschaften, eine vielfältige Vegetation, lebhafte Hafenorte und idyllische Bergdörfer, spektakuläre Buchten und traumhafte Strände.

Elba beeindruckt durch eine außerordentliche **landschaftliche Vielfalt**, die man auf so kleiner Fläche sicherlich nicht vermuten würde: flache Küstenlandschaft mit herrlichen Sandbuchten im Süden, als Kontrast der steile und kahle Granitgipfel *Monte Capanne* im Westen, uralte Esskastanienwälder mit dichtem Unterholz, felsige Küstenabschnitte, die nur durch wenige kleine Buchten unterbrochen werden, und immer wieder auch die typische mediterrane Macchia. Elba ist ausgesprochen grün, dafür sorgen die zahlreichen Quellen, die hier entspringen.

Abwechslungsreich auch die Inselorte: Wer mit der Fähre ankommt, sieht zuerst die Inselhauptstadt Portoferraio – mit seiner hektischen Neustadt (samt Fährhafen) und dem *Centro storico,* die ursprünglich von den Medici konzipierte Altstadt mit ihren beschaulichen Gassen. Neben den vom Tourismus geprägten Hafen- und Badeorten wie z. B. Marina di Campo und Porto Azzurro bietet die Insel auch idyllische Bergdörfer, in denen die Zeit noch immer langsamer abzulaufen scheint. Marciana Alta, Rio nell'Elba und Capoliveri sind Beispiele für die geschichtsträchtigen Orte abseits der Küste.

Kulturhistorisch und wirtschaftlich bedeutend war Elba schon unter den Etruskern, die hier Eisenerz abbauten. Die Römer taten es ihnen gleich, und dann kamen sie alle: Langobarden, Sarazenen, Pisaner, Genueser, Medici und schließlich auch der große Napoléon Bonaparte, von dessen kurzem Aufenthalt auf Elba die Insel noch heute zehrt. Mit ihm streifte der „Flügelschlag der Weltgeschichte die Insel", stellte ein Historiker fest – und dem ist uneingeschränkt zuzustimmen.

Auf Napoléons Spuren

Keine kaiserlichen Prunkbauten, eher Residenzen der bescheidenen Art findet man vor, wenn man auf den Spuren des großen Kaisers auf der Insel wandelt. Im oberen Bereich der Inselhauptstadt Portoferraio stößt man z. B. auf die **Villa dei Mulini**, die „Stadtwohnung" Napoléons. Im Garten des kleinen Palazzo wird gerne sein Lieblingsplatz gezeigt, eine Steinbank an einer kleinen Mauer, wo der Fels über 100 m steil abfällt. Hier soll er oft stundenlang gesessen und gebrütet haben. Weit reicht der Blick vom Garten übers Meer, im Westen fast bis nach Korsika, seiner Heimatinsel.

Die Zimmer der Stadtwohnung wurden dem Kaiser bald zu klein und zu dunkel und im Sommer vor allem zu heiß, sodass sich Napoléon auf die Suche nach einer angemessenen Sommerresidenz machte. Die **Villa San Martino** im gleichnamigen Tal bei Portoferraio wird eilig im Sommer 1814 gebaut, nachdem sich Napoléon für den Bau Geld von seiner Schwester geliehen hatte.

Erwähnung verdient an dieser Stelle noch die einsam und idyllisch gelegene Wallfahrtskirche **Madonna del Monte** im Westen Elbas. Auch hier soll der Kaiser oftmals gesessen haben und wehmütig den herrlichen Blick bis hinüber nach Korsika genossen haben. Bei Madonna del Monte traf er auch zum letzten Mal – und in aller Heimlichkeit – seine Geliebte Maria Walewska.

Die meisten Gäste kommen aber sicherlich nicht in erster Linie wegen der Geschichte, sondern aus völlig anderen Motiven hierher: Elba ist ein **Paradies für Wassersportler** – surfen, segeln, tauchen kann man an fast jeder Ecke der Insel. Daneben natürlich noch ein ausgeprägtes Strandleben, und wem das zu viel wird, kann auf den zahlreichen ausgewiesenen **Wanderwegen** das Inselinnere erkunden oder bei einem Ausritt in die elbanische Hügelwelt noch fast unberührte Natur erleben.

Anreise auf die Insel

- **Mit dem Flugzeug**: Der kleine **Inselflughafen** von Elba befindet sich nördlich von Marina di Campo beim Ort *La Pila*. Landen und starten können hier nur Maschinen bis zu vier Tonnen Gewicht. Entsprechend gering sind auch die Kapazitäten. Wer per Flugzeug anreisen will, muss sich frühzeitig um eine Buchung bemühen.

Fluggesellschaften: Direktflüge nach Elba werden von Mai bis Anfang Oktober je einmal wöchentlich ab München, St. Gallen/Altenrhein in der Schweiz und ab Wien mit Zubringerflug nach St. Gallen/Altenrhein angeboten. Veranstalter ist die **InterSky**, Preise ab 355 € (hin und zurück). Buchungen möglichst frühzeitig über VIP Touristik. Ansonsten gibt es weder Linien- noch Charterflüge auf die Insel!

• *Flughafeninformation Elba* Der Flughafen in La Pila ist für Auskünfte unter ✆ 0565/976011 erreichbar. Am kleinen Airport gibt es eine Bar und einen Souvenirshop, Reisebüros und Autoverleiher *(Madrugada Travel*, Kleinwagen ab ca. 45–50 €, ✆ 0565/977973, ✆ 0565/977150, Loc. La Pila).

VIP Touristik GmbH, Bahnhofstr. 10, A-6900 Bregenz, ✆ 0043/5574/48800, ✆ 0043/5574/4880076, www.viptouristik.com.

▸ **Fähre**: Einziger Fährhafen zur Insel ist Piombino, ca. 10 km von Elba entfernt. Von hier geht fast stündlich eine Autofähre zur Inselhauptstadt Portoferraio, außerdem bestehen noch einige Verbindungen nach Rio Marina, Porto Azzurro und Cavo.

Zwei Schifffahrtsgesellschaften, die staatliche *Toremar* (Fähren und Tragflächenboote) und die private *Moby Lines*, bedienen die Route nach Elba. Der Fährhafen ist von der Haupteinfallstraße nach Piombino großzügig ausgeschildert, auch fast alle Züge nach Piombino fahren durch bis zur *Stazione Marittima*. Am Hafen zahlreiche Ticketverkaufsbüros (Preise überall gleich), Snackbars, Cafeterias etc.

Wer in der Hochsaison (Juli/August), am Wochenende oder zu Ostern und Pfingsten mit dem eigenen Fahrzeug nach Elba reisen will, sollte das Fährticket unbedingt **rechtzeitig buchen** (über fast alle DER-Reisebüros oder im Internet, s. u.). Wichtig: Man sollte eine Stunde vor Abfahrt am jeweiligen Fährbüro sein uns sein Ticket abholen, sonst kann es passieren, dass ein reserviertes Ticket anderweitig vergeben wird!

Toremar, 57025 Piombino, Nuova Stazione Marittima, ✆ 0565/31100 oder 0565/226590, 📠 0565/35294, twww.toremar.it.

In der Hochsaison 15x tägl. auf der Strecke **Piombino–Portoferraio**, erste Abfahrt 5.30 Uhr, letzte Fahrt 22.30 Uhr, Fahrtdauer 1 Std. Preise (in der Hochsaison): pro Person 5,20–7 €, Auto 30,50–35,70 € (über 4 m Länge 35,70–40,90 €), Wohnwagen/-mobil 25,90 € oder 9,90 € pro Meter, Mopeds/Motorräder 10,40–11,40 €, Fahrrad ca. 4 €. Hinzu kommt jeweils noch die Hafentaxe von 0,54 € (Person) bzw. 0,97 € (Fahrzeug).

Nach **Rio Marina** 5–7x tägl., gleiche Preise wie Portoferraio; nach **Porto Azzurro** 2x tägl., ebenfalls gleiche Preise. Nach **Cavo** (6x täglich) nur mit dem *Aliscafo* (Tragflächenboot), Dauer 20 Min., nur Personenbeförderung, 4,70 € pro Person. Des Weiteren besteht eine Verbindung mit dem *Aliscafo* nach Portoferraio (30–40 Minuten, 9,30 € pro Person).

Moby Lines, 57025 Piombino, Piazzale Premuda (Stazione Marittima), ✆ 0565/221212, 📠 0565/220781, www.moby.it. Diverse Ticketbüros am Fährhafen.

Erste Abfahrt nach Portoferraio in der Hochsaison 5 Uhr, letzte Fahrt 21.30 Uhr oder 23.30 Uhr, bis zu 15x täglich, Fahrtdauer 1 Std. Diverse Spar- und Sondertarife, Normalpreis aber teurer als Toremar: pro Person 6,50–9,50 €, Auto 34–49 € (über 4 m 39,50–59 €), Wohnwagen/-mobil 11,50–13 € pro Meter, Moped/Motorrad 13–18 €, Fahrrad 5 €; die Hafentaxe ist bei Moby ebenfalls höher als bei Toremar.

Übernachten

Über 200 Hotels (Alberghi) und Residenzhotels (Aparthotels), zahlreiche Ferienwohnungen, 30 Campingplätze und eine geringe Anzahl von Privatzimmern stehen auf Elba zur Verfügung – das Preisniveau ist zumindest in der Hochsaison weit oben, auch bei bescheidenen Unterkünften.

▸ **Hotels**: Die Preise variieren im Lauf der Saison sehr deutlich: Von der *Altissima stagione* zur *Alta stagione* (Juli) können das 20 % sein, zur *Media stagione* (etwa Juni und Anfang bis Mitte September) noch mal ca. 20 % und in der *Bassa stagione* (ab Ostern bis etwa Ende Mai sowie Mitte September bis zum Saisonende) zahlt man in der Regel nur etwa die Hälfte des Hochsaisonpreises.

Elbas Herbergen auf einen Blick: Die *APT (Azienda di Promozione Turistica)* in Portoferraio gibt kostenlos ein Hotel-, Appartement- und Campingverzeichnis der Inseln Elba und Capraia heraus. Angaben aller Leistungen, Preisangaben jedoch nur zu den Hotels. Sinnvoll zur ersten Orientierung in der Nebensaison, in der Hochsaison hilft auch das Verzeichnis nicht mehr. Liegt bei der APT zum Mitnehmen aus.

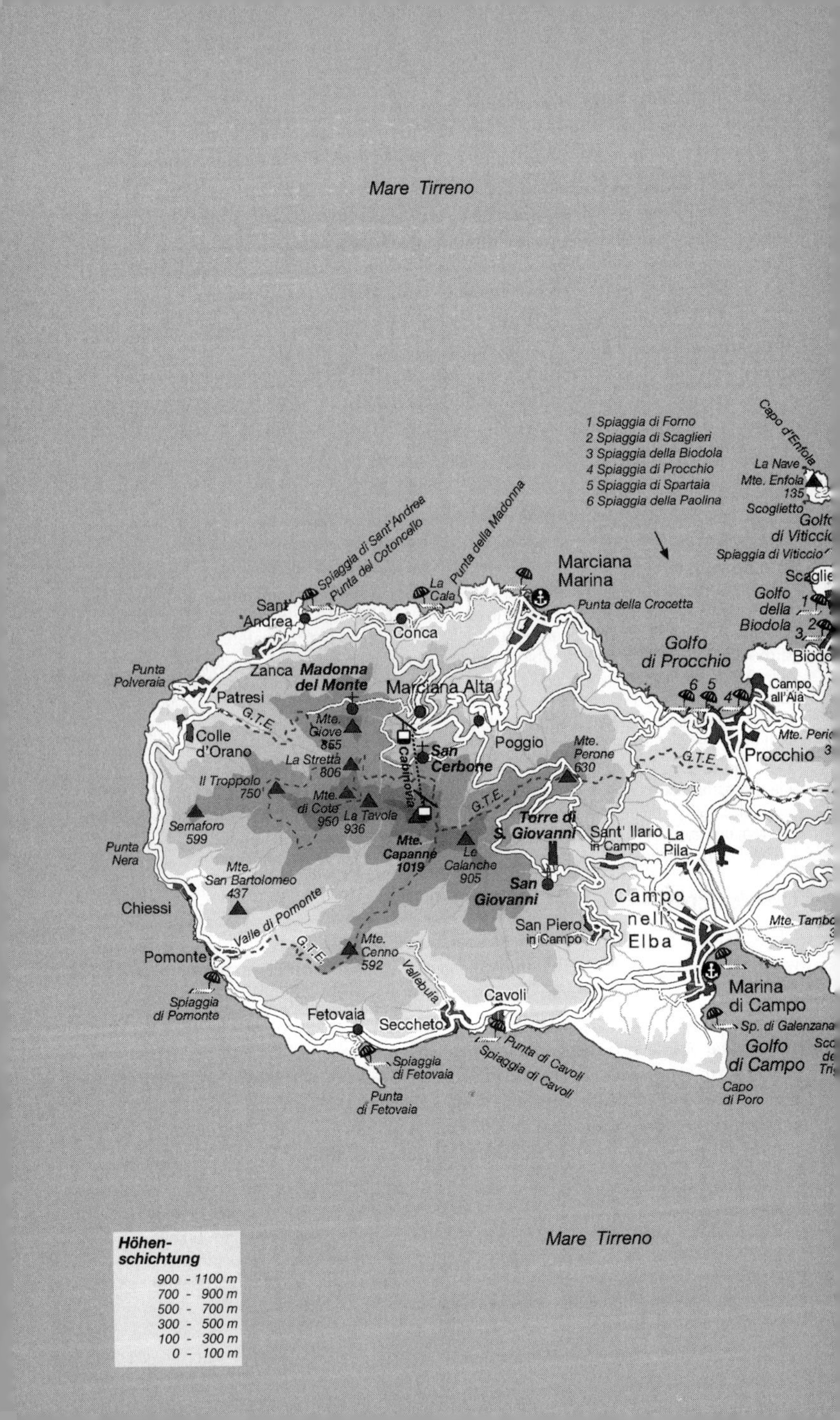

Mare Tirreno
1 Spiaggia di Forno
2 Spiaggia di Scaglieri
3 Spiaggia della Biodola
4 Spiaggia di Procchio
5 Spiaggia di Spartaia
6 Spiaggia della Paolina
Capo d'Enfola
La Nave
Mte. Enfola 135
Scoglietto
Spiaggia di Viticcio
Marciana Marina
Punta della Crocetta
Golfo della Biodola
Golfo di Procchio
Campo all'Aia
Procchio
Spiaggia di Sant'Andrea
Punta del Cotoncello
Punta della Madonna
La Cala
Sant' Andrea
Conca
Zanca
Madonna del Monte
Marciana Alta
Punta Polveraia
Patresi
G.T.E.
Colle d'Orano
Mte. Giove 855
La Stretta 806
Il Troppolo 750
Mte. di Cote 950
La Tavola 936
Cabinovia
San Cerbone
Poggio
Mte. Perone 630
Semaforo 599
Mte. Capanne 1019
Le Calanche 905
Torre di S. Giovanni
Sant' Ilario in Campo
La Pila
Punta Nera
Mte. San Bartolomeo 437
San Giovanni
Chiessi
Valle di Pomonte
Campo nell' Elba
San Piero in Campo
Pomonte
Mte. Cenno 592
Vallebuia
Spiaggia di Pomonte
Cavoli
Fetovaia
Seccheto
Marina di Campo
Sp. di Galenzana
Golfo di Campo
Punta di Cavoli
Spiaggia di Cavoli
Spiaggia di Fetovaia
Punta di Fetovaia
Capo di Poro
Mare Tirreno
Höhen-schichtung
900 - 1100 m
700 - 900 m
500 - 700 m
300 - 500 m
100 - 300 m
0 - 100 m

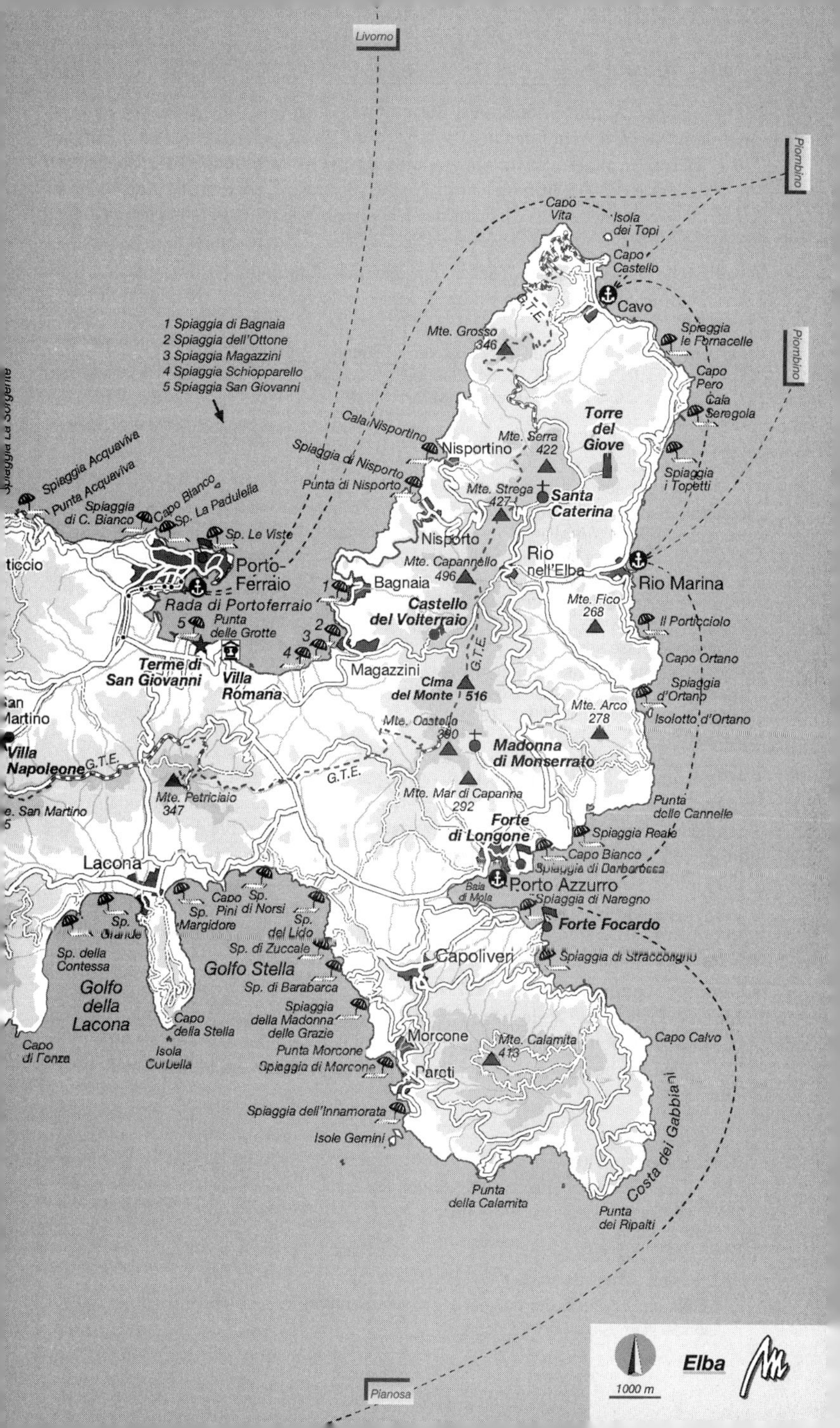
Livorno
Piombino
Piombino
Capo Vita
Isola dei Topi
Capo Castello
Cavo
G.T.E.
Mte. Grosso 346
Spiaggia le Fornacelle
Capo Pero
Cala Seregola
1 Spiaggia di Bagnaia
2 Spiaggia dell'Ottone
3 Spiaggia Magazzini
4 Spiaggia Schiopparello
5 Spiaggia San Giovanni
Cala Nisportino
Nisportino
Mte. Serra 422
Torre del Giove
Spiaggia di Nisporto
Punta di Nisporto
Spiaggia i Topetti
Spiaggia Acquaviva
Punta Acquaviva
Capo Bianco
Sp. La Padulella
Spiaggia di C. Bianco
Mte. Strega 427
Santa Caterina
Sp. Le Viste
Nisporto
Rio nell'Elba
Mte. Capannello 496
Porto-Ferraio
Bagnaia
Rio Marina
Rada di Portoferraio
Castello del Volterraio
Mte. Fico 268
Punta delle Grotte
Il Porticciolo
Terme di San Giovanni
Villa Romana
Magazzini
Capo Ortano
G.T.E.
Cima del Monte 516
Spiaggia d'Ortano
Mte. Arco 278
Isolotto d'Ortano
Mte. Castello 390
Madonna di Monserrato
Villa Napoleone
G.T.E.
G.T.E.
Mte. Petriciaio 347
Mte. Mar di Capanna 292
Punta delle Cannelle
Forte di Longone
Spiaggia Reale
Capo Bianco
Lacona
Porto Azzurro
Baia di Mola
Spiaggia di Naregno
Capo Pini
Sp. di Norsi
Sp. Margidore
Sp. del Lido
Sp. Grande
Forte Focardo
Sp. della Contessa
Sp. di Zuccale
Capoliveri
Spiaggia di Straccoligno
Golfo Stella
Golfo della Lacona
Sp. di Barabarca
Capo della Stella
Spiaggia della Madonna delle Grazie
Morcone
Mte. Calamita 413
Capo Calvo
Capo di Fonza
Isola Corbella
Punta Morcone
Spiaggia di Morcone
Pareti
Spiaggia dell'Innamorata
Isole Gemini
Costa dei Gabbiani
Punta della Calamita
Punta dei Ripalti
Elba
1000 m
Pianosa

- **Ferienhäuser, Appartements und Bungalows**: Auch hier eine große Bandbreite. Bei dem Preisniveau auf der Insel v. a. im Sommer manchmal eine echte Alternative, allerdings sollte man für ein Appartement (2–4 Personen) in der Hochsaison mit mindestens 700 € und mehr pro Woche rechnen. Appartements sind im Sommer nur wochenweise buchbar. In der Nebensaison kann man je nach Auslastung mit einer Mindestmietdauer von etwa drei bis vier Tagen rechnen.

  Zahlreiche Reisebüros der Insel bieten ebenfalls Appartements/Ferienwohnungen oder -häuser an, die Objekte sind z. T. auch im Internet ausgestellt; hier ein kleine Auswahl:

  Aki-tours Villen, Hotels und Ferienhäuser, Fremersbergstr. 109, 76530 Baden-Baden, ✆ 07221/2072, 📠 07221/2073, www.aki-tours-villen.de.

  Ciao Italia Reisen, Ferienwohnungen auf Elba, Kolumbastr. 5, 50667 Köln, ✆/📠 0221/2576608, www.ciao-italia-reisen.de.

  cultura Ferienhäuser u. Wohnungen, Kaiserdamm 95, 14057 Berlin, ✆ 030/30820408, 📠 030/30820410, www.cultura-online.de.

  E. Gries Individual-Reisen, Hotels an der Nordwestküste, Elisabethstr. 79, 40217 Düsseldorf, ✆ 0211/381045, 📠 0211/373721, www.Gries-Reisen.de.

  IHZ-Italia Hotel, Hotels, Appartements und Häuser, Wandsbeker Chaussee 33, 22089 Hamburg, ✆ 040/259041, 📠 040/2509026, www.ihz.net.

  Renate Drescher Travel Taverne, Hotels, Appartements und kleinere Häuser auf der Insel, Marienstr. 18, 80331 München, ✆ 089/222488, 📠 089/29160498, www.toscana-ala-carte.de.

  Siglinde Fischer, Appartements, Ahornweg 10, 88454 Hochdorf, ✆ 07355/93360, 📠 07355/433, www.siglinde-fischer.de.

  Toscana Reisedienst, relativ großes Angebot an Ferienhäusern und Appartements, Bahnhofstr. 94a, 82166 Gräfelfing, ✆ 089/8545521, 📠 089/8545522, info@toscana-reisedienst.de.

  Voyage Sud-Soleil, Ferienhäuser, Günterstalstr. 17, 79102 Freiburg, ✆ 0761/708700, 📠 0761/7087026, www.home.t-online.de/home/Voyage-Sud-Soleil.

- **Affittacamere (Privatzimmer) und Agriturismo**: Privatzimmer sind auf Elba eher unterrepräsentiert. Meist recht schlicht, nur selten mit eigenem Bad, dafür aber familiäre Atmosphäre. Das Preisniveau ist relativ moderat. Bei den Büros der APT in Portoferraio, Marina di Campo und Marciana Marina ist eine Broschüre erhältlich, in der sämtliche *Affittacamere* nach Orten sortiert aufgeführt sind. Ein weiterer Prospekt der APT listet alle *Agriturismo-Betriebe* der Insel (Aziende Agrituristiche), insgesamt sind dies knapp über 30. Mehr Infos und eine Auflistung einiger Mitglieder findet man im Internet unter www.agriturist.it.

- **Camping (Campeggio)**: Die Insel ist ein Eldorado für Campingfreunde, es gibt auf Elba 30 Plätze, und viele davon liegen wirklich sehr schön im Grünen *und* am Meer. Massenbetrieb findet man lediglich auf den dicht aneinander liegenden Plätzen in den Buchten im Süden der Insel. Allerding ist Campen auf Elba nicht gerade günstig.

Wochenmarkt

An jedem Wochentag an einem anderen Ort findet der umherziehende Markt in der Regel von 8–13 Uhr statt; Kleidung und Schuhe, Haushaltswaren und natürlich frische Lebensmittel.

Montag: Rio Marina
Dienstag: Marciana Marina
Mittwoch: Marina di Campo, Cavo
Donnerstag: Capoliveri, Procchio
Freitag: Portoferraio
Samstag: Porto Azzurro
Sonntag: Lacona (abends!)

Portoferraio – einst von den Medici befestigt

Toscana
Karten S. 60/61 und S. 216/217

Portoferraio

(ca. 11.000 Einwohner)

Die quirlige Inselhauptstadt liegt auf einer Landzunge im Nordwesten der großen Bucht von Portoferraio. Die sehenswerte Altstadt, das Centro storico, erstreckt sich hinter der Porta a Mare am alten Hafen Darsena den Hang hinauf. Auf der Nordseite der Landzunge laden saubere Kiesstrände zum Baden ein.

In der Stadt lebt mehr als ein Drittel der Gesamtbevölkerung der Insel. Portoferraio ist etwa stündlich mit der Hafenstadt Piombino an der etruskischen Küste verbunden, im Sommer herrscht reger Fährverkehr, aber auch Kreuzfahrtschiffe und Yachten legen hier an. Letztere ankern im romantischen, hufeisenförmigen alten Hafen *Darsena,* der durch einen von den Medici erbauten Torbogen, die *Porta a Mare,* mit der Altstadt verbunden ist. Die Grenze zwischen der modernen, wenig ansprechenden Neustadt und der **idyllischen Altstadt** mit ihren winkeligen Gassen bildet das ebenfalls von den Medici errichtete *Forte Falcone,* die Falkenfestung, mit deren Bau im Jahr 1548 begonnen wurde.

Zahlreiche schicke Geschäfte befinden sich an der lang gezogenen Hafenpromenade und in der Altstadt rund um die *Piazza Cavour*. Hier und am Yachthafen *Darsena* spielt sich auch das Nachtleben von Portoferraio ab. Und das heißt wie in ganz Italien: flanieren bis spät in die Nacht hinein. Die Straßen werden zu diesem Zweck abends für den Verkehr gesperrt, fliegende Händler bauen ihre Stände auf, Straßencafés und Bars sind bis auf den letzten Platz besetzt.

Information/Verbindungen

• *Information* **Azienda per il Turismo dell'Arcipelago Toscano (A.P.T.)**, Calata Italia 43 (nahe der Anlegestelle von Moby Lines). Umfangreiche Informationen über Elba, Broschüren, Inselkarten und Stadtplan zu Portoferraio kostenlos, englisch-

und deutschsprachig. Im Sommer Mo–Sa 8–20 Uhr, im Winter 8–14 Uhr und 15–18 Uhr, So geschlossen. 57037 Portoferraio, ✆ 0565/914671, 📠 0565/914672, www.aptelba.it.

• Zimmervermittlung **Associazione Albergatori Elbani**, Calata Italia 20 (Ilva-Reisebüro). ✆ 0565/91475-4/-5, 📠 0565/917865. Im Sommer Mo–Fr 9–13 Uhr und 15.30–19 Uhr, Sa 9.30–12.30 Uhr und 16–19 Uhr, So geschlossen. Im Winter eingeschränkte Öffnungszeiten.

• Reisebüros An der Calata Italia, z. B. **Tesi Viaggi** (Calata Italia 8). Flug- und Fährtickets, Hotelverzeichnis, Zimmervermittlung, Autoverleih (s. u.), hier können sämtliche auf der Insel angebotenen Ausflüge gebucht werden. Mo–Sa 9–13 Uhr und 15.30–19.30 Uhr (im Sommer auch sonntags), während der Sommermonate ist auch eine Filiale in Marina di Campo (Via Marconi 33) geöffnet. ✆ 0565/930222, 📠 0565/915368, www.elbatravel.com, tesi@elbalink.it.

• Inselbus Große Busstation der **A.T.L.** (Azienda Trasporti Livornese) auf dem Viale Elba 20 (beim Hochhaus), ✆ 0565/914392 oder 0565/914783. Der *Orario* (Busfahrplan) ist hier erhältlich und auch in einer Vitrine einzusehen. Von Portoferraio bestehen Verbindungen zu allen größeren Orten.

Darüber hinaus verkehrt während der Hochsaison (Juli bis Anfang September) die **Lineablu 2** alle eineinhalb Stunden zu den Stränden von Biodola und Viticcio.

Tipp! Mit der **Elba Card** können sämtliche Busse der Insel (auch Stadtbusse) benutzt werden, das Ticket kostet am Tag 6,50 €, für 6 Tage 18 €, Kinder unter 4 Jahren bzw. einem Meter Größe fahren umsonst, darüber gilt der Normaltarif. Dank hervorragender Busverbindungen auf der ganzen Insel eignet sich das Tagesticket der Elba Card auch für **Inselrundfahrten** auf eigene Faust.

• Taxi Taxistand am Molo Massimo (am unteren Ende des Viale Elba, beim Hochhaus), ✆ 0565/915112.

• Autoverleih Bei **TWN**, Fiat Panda für 45 € am Tag (9–19 Uhr), 24 Std. 50 €; bei **Rent Mondo** (s. „Mopeds & Motorräder") kostet ein Fiat Panda ab 50 € pro Tag. Jeweils ohne Kilometerbegrenzung, Preise inkl. Vollkasko mit 300 € Selbstbeteiligung. **Tesi Viaggi** (siehe „Adressen/Reiseagenturen") vermietet den Panda für 48–56 € pro Tag (300 € pro Woche), hier außerdem Cabriolets (Fiat Punto) für 60–71 €.

Übernachten (siehe Karte S. 154/155)

Die Auswahl an Unterkünften im Stadtzentrum ist bescheiden, empfehlenswert ist es, zu den Hotels an den beiden Stränden *Le Ghiaie* und *La Padulella* auszuweichen. Frühzeitige Reservierung für die Hochsaison ist auch bei Hotels in der Hauptstadt absolut notwendig.

** **L'Ape Elbana (6)**, das älteste Hotel Elbas, mitten im alten Zentrum. 24 renovierten Zimmer (alle mit Bad, die meisten auch mit Aircon.), z. T. netter Blick. EZ 40–70 €, DZ ab 75 € (je inkl. Frühstück), im August nur mit obligatorischer Halbpension (DZ 126 €). Empfehlenswertes Ristorante mit gemütlicher, überdachter Terrasse. Die exzellente Fischsuppe *Cacciucco* kostet nur 13 €. Salita Cosimo de'Medici (zwei Häuser neben dem Dom), ✆ 0565/914245, 📠 0565/945985, apelbana@elba2000.it.

** **Nobel Hotel (12)**, Via Manganaro 72. Bescheidene Zimmer, für das Gebotene teuer, für die Insel billig: EZ 40 €, DZ 60 €, alle Zimmer mit Bad. Einfache Bar im EG. ✆ 0565/915217, 📠 0565/915415, hotelnobel@tin.it.

*** **Massimo (16)**, Calata Italia 23, am Fährhafen. Alle Zimmer mit Bad, Aircon. und TV, teilweise auch mit Balkon und Hafenblick. EZ 80 €, DZ 142 € (mit Halbpension in der Hochsaison nur geringfügig teurer), in der Vorsaison bis zu 50 % billiger. ✆ 0565/914766-67, 📠 0565/930117, www.elbahotelmassimo.com.

• Außerhalb des Zentrums * **Albergo Le Ghiaie (1)**, direkt am gleichnamigen Stadtstrand, überdachte Terrasse, nebenan die *Bagni Elba* (Sonnenschirm- und Liegestuhlverleih). Recht schlicht, nette Atmosphäre, eher jüngeres Publikum, ca. 500 m vom Zentrum. Nur wenige Zimmer, alle mit Bad und Terrasse, oft ausgebucht. EZ 40 €, DZ 82 €, Preise inkl. Frühstück. ✆/📠 0565/915178. Loc. Le Ghiaie, in Portoferraio beschildert.

*** **Villa Ombrosa (3)**, oberhalb des Le Ghiaie, 30 m vom Strand (privater Abschnitt). Gepflegtes Haus mit gemütlicher Terrasse nicht mehr ganz neu. Komfortable Zimmer mit Bad, TV und Balkon, DZ mit obligatorischer Halbpension 182 €, EZ 104 €, in der Nebensaison erheblich günstiger. Ganzjährig geöffnet, Loc. Le Ghiaie, ✆ 0565/914363, 📠 0565/915672, www.villaombrosa.it.

*** **Acquamarina (2)**, unser **Tipp!** Im Ortsteil Padulella, ca. 1 km vom Zentrum, kurz nach der Villa Padulella rechts ab (Straße an der Nordküste Richtung Enfola). EZ 87–93 €, DZ 147–154 €, Dreier 190 €, jeweils inkl. Frühstück (in der Nebensaison etwa die Hälfte). Geschmackvoll eingerichtete Zimmer, alle mit Bad und Balkon. Schöne Terrasse, Fußweg (ca. 300 m) zum Padulella-Strand mit Bar und Strandservice. März bis Okt. geöffnet. Loc. Padulella, ✆/📠 0565/914057, www.hotelacquamarina.it.

Toscana Karten S. 60/61 und S. 216/217

Essen/Trinken (siehe Karte S. 154/155)

Trattoria La Barca (11), gediegenes Restaurant der etwas gehobeneren Preisklasse, in der ruhigen Via Guerazzi gelegen. Von den Bewohnern der Stadt sehr geschätzt, besonders für Fisch und Meeresfrüchte. Große Weinauswahl. Mittags und abends geöffnet, Mi Ruhetag. Reservierung empfohlen unter ✆ 0565/918036.

Da Lido (4), eines der besten Restaurants im Centro storico von Portoferraio, schöne, kleine Terrasse, gepflegter und überaus stilvoller Innenraum, zuvorkommender Service. Gehobene Preisklasse. Für abends dringend reservieren. Mittags und abends geöffnet, Salita Falcone 2, ✆ 0565/914650.

Stella Marina (10), was auf den ersten Blick nach überteuertem Touristenlokal aussieht, erweist sich als ausgezeichnetes und bei den Elbanern sehr beliebtes Fischrestaurant mit Tradition. Hervorragende Muschelsuppe mit Kräutern und frischer Petersilie, leckere Pasta, auch Pizza. Mittleres Preisniveau. Mittags und abends geöffnet, Via V. Emanuele II 1, für abends Reservierung unter ✆ 0565/915983 empfehlenswert. Mo geschlossen.

Trattoria Il Buchino (15), am Ende der Piazza Cavour, in der Via Corta 3 zwischen zwei Hauswänden. Nostalgisch-schlichte Einrichtung, nette Stimmung. Gute Salate als Hauptgericht (z. B. Käsesalat, Thunfischsalat), große Pasta-Auswahl, hervorragende knusprig-saftige Pizza (auch mittags), spritziger weißer Hauswein. Nicht teuer: Fleischgerichte ab 7–8 €, Pizza ab ca. 5 €. **Rundum-Tipp**. Mittags und abends geöffnet, dienstagmittags geschlossen, ✆ 0565/916791.

Il Castagnacciaio (5), Via Mercato Vecchio. Die beliebteste Pizzeria der Stadt – Pizza ab 4–5 €. Kleiner Verkaufsraum mit heißem Pizzabackofen. Rustikale Bänke und Tische auf einer kleinen Holzveranda in der engen Gasse davor. Jeden Abend brechend voll, man sollte sich daher auf etwas längere Wartezeiten einrichten. Mittags und abends geöffnet, Via Mercato Vecchio 5, ✆ 0565/915845.

• *Enoteche* **GustaVino (13)**, nicht sehr idyllisch liegt diese erst 2003 eröffnete Nichtraucher-Enoteca in der Via Carducci 70. Auch Panini, kalte Gerichte, Salate, dazu ein Glas Wein. ganztägig bis ca. Mitternacht geöffnet (So tagsüber geschlossen), ✆ 0565/918100.

• *Cafés/Gelaterie* Man trifft sich abends in den zahlreichen Cafés an der Flaniermeile Calata Mazzini und an der Piazza Cavour, z. B. im **Caffè Roma (8)**; Das Traditionscafé der Stadt mit Eingängen von der Calata Mazzini (vom Hafen) und von der Piazza Cavour aus. Cocktailbar, Gelateria und Café, zum Aperitif werden kleine Snacks gereicht. Morgens bis spät abends geöffnet.

Ebenso zentral liegt die **Bar Kursaal (9)** an der Piazza Cavour 48: schattige Terrasse mitten im Geschehen, überaus freundlicher Service.

• *Bars/Nachtleben* **Il Barello (7)**, Calata Mazzini 21, tagsüber Café, abends Cocktailbar. Bis spät nachts geöffnet, erfreut sich aber auch zum Aperitif allergrößter Beliebtheit. Draußen einige Tische, man sitzt gemütlich am Yachthafen, junges Publikum.

Sail Port (14), vor allem bei Seglern beliebt, im kleinen Hinterraum spielen oft Cover-Bands. Tägl. 18 Uhr bis ca. 3 Uhr morgens geöffnet, Happy Hour 22–23 Uhr.

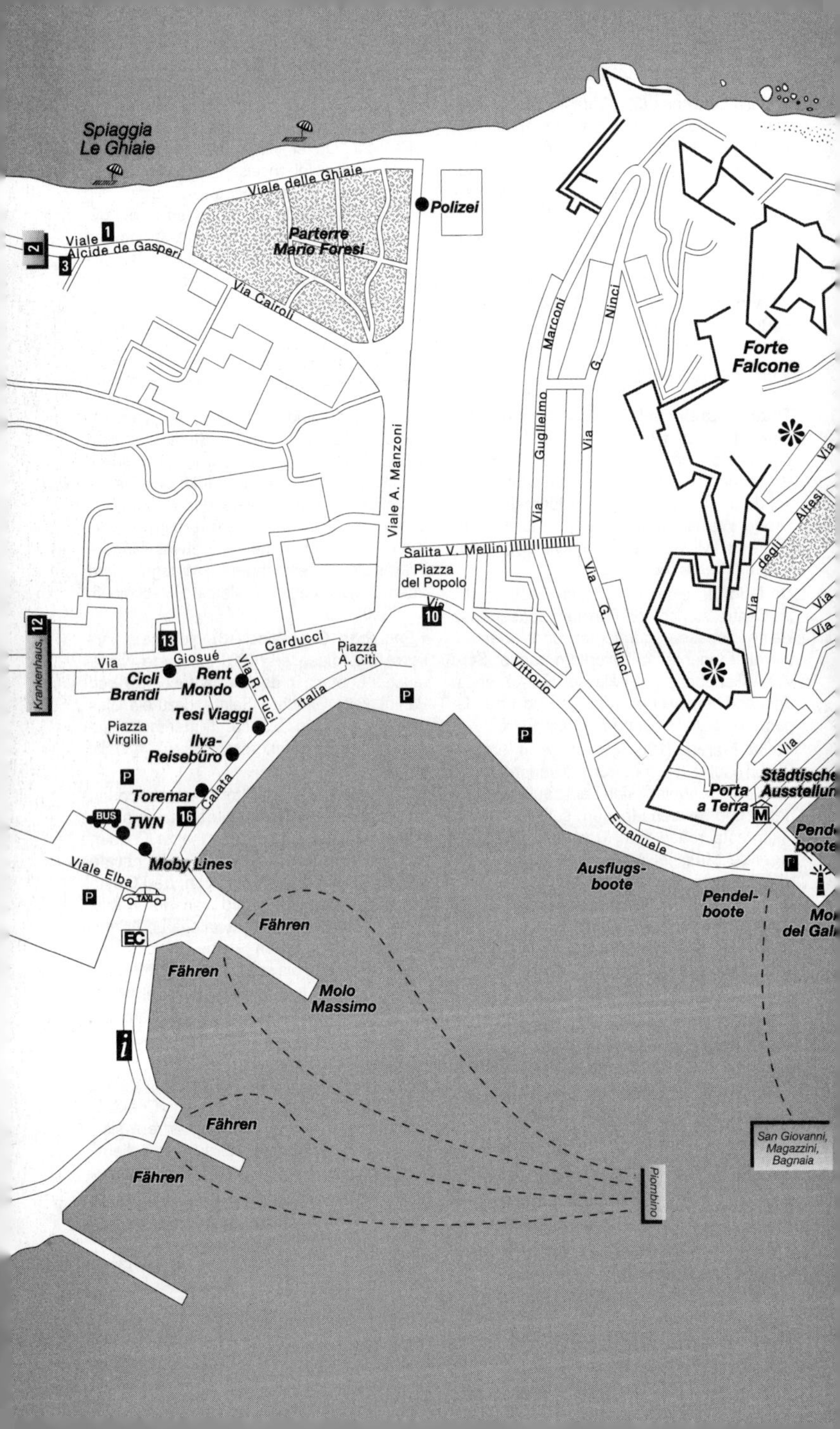
Spiaggia Le Ghiaie
Viale delle Ghiaie
Polizei
Parterre Mario Foresi
Viale Alcide de Gasperi
1
2
3
Via Cairoli
Viale A. Manzoni
Via Guglielmo Marconi
Via G. Ninci
Forte Falcone
Salita V. Mellini
Piazza del Popolo
Via Vittorio Emanuele
10
Krankenhaus
12
13
Via Giosué Carducci
Piazza A. Citi
Via R. Fuci
Calata Italia
Cicli Brandi
Rent Mondo
Tesi Viaggi
Ilva-Reisebüro
Piazza Virgilio
Toremar
16
TWN
BUS
Moby Lines
Viale Elba
TAXI
EC
Fähren
Molo Massimo
Ausflugs-boote
Pendel-boote
Porta a Terra
Städtische Ausstellun
Via degli Altesi
Piombino
San Giovanni, Magazzini, Bagnaia

Spiaggia Le Viste
Villa dei Mulini
Centro De Laugier (Pinacoteca Foresiana)
Piazza Gen. C. de Laugier
Via della Stella
Forte Stella
Chiesa della Misericordia
Teatro dei Vigilanti
Falcone
Regina
Via della
Carmine
Piazza A. Gramsci
Chiesa del SS. Sacramento
Via Garibaldi
Via Elbano
Via Gasperi
Rathaus
Piazza P. Gori
Piazza della Repubblica
Via del Mercato Vec
Roma
Fonderia
della
Guerrazzi
Piazza Cavour
Porta a Mare
Duomo
Markthalle
Via dell'Amore
Calata Matteotti
Calata Mazzini
Molo Mediceo
Darsena-Hafen
Hafenamt
Archäologisches Museum
La Linguella
Röm. Villa
Torre del Martello
San Giovanni, Magazzini, Bagnaia
Übernachten
1 Albergho Le Ghiaie
2 Acquamarina und Villa Padulella
3 Villa Ombrosa
6 Hotel L'Ape Elbana
12 Hotel Nobel
16 Hotel Massimo
Essen & Trinken
4 Da Lido
5 Pizzeria Il Castagnacciaio
6 L'Ape Elbana
7 Bar Il Baretto
8 Caffè Roma
9 Bar Kursaal
10 Ristorante Stella Marina
11 Trattoria La Barca
13 GustaVino
14 Sail Port
15 Trattoria il Buchino
100 m
Portoferraio

Sehenswertes in der Altstadt von Portoferraio

Mediceische Festungsanlagen (Fortezze Medicee): Im Jahr 1548 begann *Cosimo di Medici* damit, sein „Cosmopoli“, das spätere Portoferraio, zu errichten. Die Kernstücke der militärischen Stadtanlage waren die beiden Festungen Forte Stella (Sternenfestung) und Forte Falcone (Falkenfestung), die im gleichen Jahr begonnen wurden. Die Arbeiten waren nach nur rund zehn Jahren im Wesentlichen abgeschlossen; Ende des 17. Jh. fanden lediglich einige Erweiterungen statt.

Der **Forte Stella** in erhöhter Lage am östlichen Ende der Altstadt war durch eine in Teilen noch erhaltene Befestigungsmauer mit dem wesentlich größeren Forte Falcone verbunden. Ihren Namen erhielt die Sternenfestung durch den gezackten Grundriss, heute befinden sich innerhalb der Mauern private Wohnhäuser und der Leuchtturm von Portoferraio aus dem 18. Jh. Der Besuch lohnt nur bedingt – ein paar schöne Aussichtspunkte auf Portoferraio, auf Napoléons Villa Mulini und auf die Bucht, das war's.

Öffnungszeiten Von April bis Okt. müssen Auswärtige zwischen 9 und 19 Uhr 1,30 € Eintritt bezahlen (Kinder unter 12 Jahren frei), abends und nachts ist die Anlage ihren Bewohnern vorbehalten.

Die Besichtigung des **Forte Falcone**, der die Trennungslinie zwischen Alt- und Neustadt markiert, beschränkt sich auf den äußeren Verteidigungsring. Die Festung selbst ist nicht zu besichtigen; der Aufstieg zum ehemaligen Haupttor über die *Via del Falcone* lohnt nicht. Gut erhalten und durchaus besuchenswert sind hingegen die trutzigen Außenmauern der Festung. Auf dem Gelände befindet sich eine kleine Parkanlage, von der sich schöne Blicke über die Altstadt und den Hafen bieten.

Öffnungszeiten März–Okt. tägl. 9.30–19.30 Uhr, Eintritt 2 €, Kinder frei.

Museo della Misericordia: Das kleine Museum neben der gleichnamigen Kirche beherbergt vor allem Exponate, die an den Aufenthalt Napoléons erinnern. Hier hängt zum Beispiel eine der Drei-Bienen-Flaggen, die zu Ehren des Verbannten gehisst wurden. Sehenswert auch die Ausstellungsstücke, die nichts mit dem Kaiser zu tun haben, wie beispielsweise ein prächtiges *Antiphonar* (Liturgiebuch mit Wechselgesängen) von 1676.

Öffnungszeiten Von Ostern bis Ende September tägl. 11.30–13 Uhr und 17.30–19 Uhr. Eintritt 1,50 €, Kinder 12–18 Jahre 1 €, Kinder unter 12 Jahren frei.

Villa dei Mulini/Palazzina dei Mulini (Museo napoleonico): Napoléons Stadtresidenz in allerbester Lage zwischen den beiden Festungen beherbergt heute ein Museum. Neben dem Arbeitszimmer Napoléons und der Bibliothek mit über 2.000 Büchern ist auch das Schlafzimmer des Kaisers zu besichtigen. Eindrucksvollster Raum ist der große *Salon* im Obergeschoss, wirklich herrlich auch der schattige *Garten* der Napoleonischen Stadtresidenz: eine Terrasse hoch über der steil abfallenden Küste mit Blick auf den Leuchtturm des Forte Stella, das Inselchen Scoglietto und bis zum toscanischen Festland.

• *Öffnungszeiten* März bis Mitte Okt. tägl. 9–19 Uhr, an Sonn-/Feiertagen 9–13 Uhr, dienstags geschlossen. Im Winter eingeschränkte Öffnungszeiten. Eintritt 3 €, unter 18 und über 65 Jahren frei, Jugendliche zwischen 18 und 25 Jahren zahlen 1,50 €. Das **Kombiticket** für die beiden Napoléon-Museen Villa dei Mulini und Villa San Martino (s. S. 158) kostet 5 € (ermäßigt 2,50 €) und ist 3 Tage gültig. ✆ 0565/915846.

Archäologisches Museum (Museo Civico Archeologico): Auf dem Gelände der ehemaligen **Fortezza della Lingua** mit dem wuchtigen *Torre del Martello* (Hammerturm) befindet sich das großzügig auf zwei Etagen untergebrachte Museum. Hier sind

u. a. Funde aus der nahegelegenen zweiten römischen Villa *Le Grotte* ausgestellt, außerdem Mosaikfragmente und marmorne Dekorationsstücke sowie Amphoren aus dem 7.–5. Jh. v. Chr. aus der Gegend um Elba, Montecristo und Capraia.

• *Öffnungszeiten* Das Museum ist von Ostern bis 30. September geöffnet: Di–So 10–13 Uhr und 15.30–19 Uhr, Mo geschlossen. In der Hochsaison von 15. Juni bis 15. September täglich 9.30–14 Uhr und 18–24 Uhr. Eintritt 2 €, Kinder unter 12 Jahren 1 €. ✆ 0565/944024 oder 0565/917338.

Anglerglück am Hafen – mit Torre del Martollo im Hintergrund

Baden in Portoferraio

Portoferraio ist zwar nicht gerade ein Badeort, aber die beiden Stadtstrände an der Nordküste sind so schlecht nicht. Der Hauptstrand **Le Ghiaie** (nordwestlich der Stadt), heißt auf Deutsch „die Kiesel", und der Name ist durchaus zutreffend. Abends ist die breite Promenade ein beliebter Treffpunkt, der Strand liegt schließlich nur knapp 500 m vom Zentrum entfernt. Einladend ist auch der kleine Stadtstrand **Le Viste** (Sand und Kiesel) mit gemütlichem Ristorante, von der Altstadt aus zu erreichen über einen steilen Fußweg unweit der Villa dei Mulini.

Umgebung von Portoferraio

Museo Italo Bolano/Giardino dell'Arte

Eine Symbiose zwischen Kunst und Natur herzustellen ist die Idee, die hinter dem Open-Air-Museum des zeitgenössischen Künstlers *Italo Bolano* steht. In einem kleinen Park im Tal von San Martino hat der gebürtige Elbaner quasi sein gesamtes Lebenswerk ausgestellt: 19 große Keramik-Konstruktionen, deren mediterraner Charakter nicht zu übersehen ist und die sich kontrastreich und harmonisch zugleich in das verschwenderische Grün des schönen Kunstparks einfügen. Den bekannten Künstler selbst trifft man im Sommer meist in seinem Kunstgarten an.

• *Öffnungszeiten* 1. Juni bis 30. Sept. 10–12.30 und 16–19.30 Uhr, So geschlossen. Eintritt frei.

• *Anfahrt* Von Portoferraio kommend gleich nach der Abzweigung von der Straße nach Procchio zur Villa San Martino (Villa Napoléone) weist ein gelbes Schild zum Open-Air-Museum. Über kleine Feldwege geht es weiter (beschildert).

Napoléon-Villa in San Martino

Napoléon wurde es im Sommer 1814 in Portoferraio zu heiß, ein Landsitz musste her. Vermutlich beim Ausreiten entdeckte er den nur 6 km entfernten ehemaligen Bauernhof im kühlen und wasserreichen *Valle San Martino,* kaufte ihn für 180.000

Francs und ließ das Gebäude flugs zur repräsentativen Landvilla umbauen. Vom ehemaligen kaiserlichen Luxus ist heute beim Rundgang nicht mehr viel zu spüren. Beim Mobiliar handelt es sich größtenteils um Imitationen, da fast der ganze Besitz von den Erben verkauft wurde. Die einzige Überraschung ist das Speisezimmer, der etwas kitschige *ägyptische Saal.*

Weit prachtvoller als die Villa von San Martino ist – zumindest von außen – das ihr vorgelagerte Gebäude, die **Galerie Demidoff.** Anatoli Demidoff war ein glühender Verehrer des Kaisers. Der bedeutende Kunstsammler erwarb die Villa San Martino und ließ hier die Galerie im neoklassizistischen Stil errichten. Das Gebäude ist einem dorischen Tempel nachempfunden, sein einziger Schmuck am Fries ist ein skulptiertes Band aus lauter „N"s (für Napoléon) im Wechsel mit dem Bienenwappen (für die fleißigen Elbaner). 1859 wurde die Galerie nach achtjähriger Bauzeit eröffnet. Zu den ständigen Ausstellungsstücken der Galerie zählen heute alte Stiche aus der Zeit des Kaisers (Napoléon im Krönungsornat, aber auch bei der verheerenden Schlacht von Waterloo). Prachtstück der kleinen Ausstellung ist zweifelsohne die von *Antonio Canova* (1757–1822) aus weißem Marmor gearbeitete „Galatea", für die Napoléons Lieblingsschwester Paolina persönlich Modell saß.

• Verbindungen/Anfahrt Etwa stündlich **Busse** von und nach Portoferraio (Linea 1 bzw. Lineablu), Abfahrt an der Calata Italia.

• Öffnungszeiten **Villa & Galerie**: Di–Sa 9–19 Uhr, So 9–13 Uhr, Mo geschlossen. Eintritt 3 €, Kinder und Jugendliche unter 18 sowie Rentner über 65 Jahren frei, 18- bis 25-Jährige zahlen den halben Preis (gilt nur für EU-Bürger). Die kombinierte Eintrittskarte für beide Napoléon-Museen (siehe „Portoferraio/Villa dei Mulini") kostet 5 €.
In der Biglietteria kann man auch einen Museumsführer zu den Napoléon-Residenzen kaufen (ca. 9 €).

• Übernachten Gleich neben der Auffahrt zur Villa befindet sich das **** **Park Hotel Napoleone**, vermutlich würde Napoléon heute lieber hier nächtigen: wunderschöne Villa mit großem schattigem Garten, Pool, Salon mit Piano-Bar. 64 Zimmer, geschmackvoll eingerichtet, DZ mit Bad, Aircon., TV und Frühstück 210 €, EZ 115 € (in der Nebensaison nicht mal die Hälfte!). Geöffnet von Ostern bis Anfang Okt., 57037 San Martino di Portoferraio, ✆ 0565/9111111 oder 0565/918502, ℻ 0565/917836.

Capo d'Enfola/Viticcio

Wie ein grüner Kegel ragt die 8 km westlich von Portoferraio gelegene Landzunge aus dem Meer heraus. Außer zum Badeausflug etwas abseits des großen Rummels lädt das Capo d'Enfola auch zur Rundwanderung an der unzugänglichen Felsküste ein. Bereits auf dem Weg zum Capo d'Enfola kann man an sauberen Kiesbuchten vor der steil abfallenden Felskulisse der elbanischen Nordküste Zwischenstopps einlegen, z. B. am *Acquaviva-* und am kleineren *La-Sorgente-Strand* (*Acquavivetta)* sowie der besonders schönen *Sansone-Bucht.* An der Landenge des Capo d'Enfola befindet sich ein weiterer, größerer Kiesstrand mit herrlichem Blick auf die westelbanische Bergwelt.

Von der Straße zweigt eine kleine Stichstraße links ab nach **Viticcio**, einem kleinen, abgeschiedenen Badeort, der eigentlich nur aus drei Hotels und einer Hand voll Privathäusern besteht.

• Verbindungen Keine Busse direkt zum Capo d'Enfola, allerdings verkehrt die **Lineablu 2** in der Hochsaison ca. alle eineinhalb Stunden nach Viticcio, man kann an der Abzweigung nach Enfola aussteigen (ab hier ca. 1 km zu Fuß bergab auf der Straße).

• Übernachten *** **Acquaviva Park Hotel**, auf einer Anhöhe mitten im Wald gelegen, sehr ruhig. Kleine gemütliche Zimmer mit Bad und Balkon. DZ mit Halbpension 186 € (in der Nebensaison 104–155 €). 3 km von Portoferraio, auf der Straße nach Enfola links ab (beschildert), geöffnet Mai bis Anfang Okt., Loc. Acquaviva, ✆ 0565/915392, ℻ 0565/916903.

*** **Viticcio**, auf den ersten Blick ein unschöner Betonklotz, innen nobles Ambiente. Ausgezeichnete Küche, elegant eingerichtete Zimmer. Fußweg zur kleinen Kiesbucht. DZ mit obligatorischer Halbpension 220–250 €, EZ 110–125 €. Apr.–Okt. geöffnet. Loc. Viticcio, 57037 Portoferraio, ✆ 0565/939058, ℻ 0565/939032, www.hotelviticcio.it, mailbox@hotelviticcio.it.

** **Scoglio Bianco**, in Viticcio am Ende der Straße, günstigste Unterkunft des Orts. Hübsch gelegen, schöner Innenhof und Restaurant mit Blick aufs Meer. Alle Zimmer mit Bad und Terrasse oder Balkon, DZ (mit obligatorischer Halbpension) 136–170 €, in der Nebensaison 100–120 €. 57037 Portoferraio, ✆ 0565/939036, ℻ 0565/939031.

• *Camping* ** **Camping Acquaviva**, ca. 5 km westlich von Portoferraio in Richtung Halbinsel Enfola. Netter Platz, die gleichnamige Kiesbucht ist sehr schmal und nicht besonders attraktiv. Schattige Stellplätze. Tretboot- und Fahrradverleih, Mini-Market, Ristorante/Pizzeria und Bar am Platz. Pro Pers. 11 €, Zelt 10–12 €, Wohnmobil 14,50 €, Auto 2,50 €, es werden auch wochenweise Zimmer (DZ 420 €/Woche), Appartements (4–5 Pers., 840–990 €/Woche) vermietet. Von der Straße Richtung Enfola beschildert. 57037 Portoferraio, ✆/℻ 0565/915592, www.campingacquaviva.it.

** **Camping La Sorgente**, gepflegter, schattiger Platz, ca. 6 km von Portoferraio Richtung Capo d'Enfola rechts ab auf einen Schotterweg, beschildert, zwei schöne Kiesbuchten. Kein Ristorante, nur Bar und Supermarkt, etwas teurer als der Camping Acquaviva, auch Bungalows mit Aircon. für 4 Pers. (127 €/Tag), geöffnet 1.4.–30.10. 57037 Portoferraio, ✆/℻ 0565/917139, www.campinglasorgente.it.

*** **Camping d'Enfola**, am Ende der Straße, 8 km von Portoferraio. Sehr schattig, direkt bei der Kiesbucht von Enfola. Nur wenige Stellplätze – teilweise mit eigener Terrasse über dem Meer, mit Ristorante, Bar und Market. Tauchschule nebenan, gleiche Preise wie Camping Acquaviva (s. oben), auch Wohnwagen und Bungalows. Geöffnet 1.4.–31.10., Loc. Enfola, 57037 Portoferraio, ✆ 0565/939001, ℻ 0565/918613, www.campingenfola.it.

Weißer Strand an der Nordküste

• *Essen/Trinken* **Ristorante Emanuel**, am Ende der Straße. Angenehmes Strandrestaurant (tagsüber auch Bar) unter schattigen Bäumen mit Blick auf die Bucht. Ausgezeichneter Fisch vom Grill. Abends Cocktailbar, gehobenes Preisniveau, freundlicher Service, mittags und abends geöffnet. ✆/℻ 0565/939003.

Biodola-Bucht/Scaglieri-Bucht

Die traumhafte Nachbarbucht südlich von Viticcio ist mit dem Fahrzeug nur von Portoferraio aus zu erreichen, einzige direkte Verbindung entlang der Küste ist ein Wanderpfad. Die Biodola-Bucht mit ihrem breiten Sandstrand ist mehr oder weniger den Luxushotels vorbehalten. Neben der Asphaltstraße führt auch ein kurzer Fußweg in Richtung Osten über die Klippen nach **Scaglieri**. Durch eine vorspringende Felsnase hat sich hier eine winzige Bucht gebildet, die etwas ruhiger als die Hauptbucht ist. Knapp einen Kilometer weiter gelangt man nach **Forno** (Abzweigung von der Straße hinunter nach Biodola, beschildert).

• *Verbindungen/Parken* Nur im Sommer mit der **Lineablu 2** ca. alle eineinhalb Stunden von Portoferraio nach Biodola, Abfahrt in Portoferraio an der Calata Italia.

• *Übernachten* **** **Hermitage**, Luxushotel mit allen nur erdenklichen Einrichtungen, u. a. auch ein 6-Loch-Golfplatz, verschiedene Pools, gepflegte Liegewiese, traumhafter Sandstrand, verschiedene Restaurants und Piano-Bar. DZ mit obligatorischer Halbpension ab 360 €. La Biodola, 57037 Portoferraio, ✆ 0565/9740, 📠 0565/969984, www.hotelhermitage.it.

*** **Casa Rosa**, hübsche Lage oberhalb des Biodola-Strandes. Pool, zum hoteleigenen Strandabschnitt führt ein Fußweg. Halbpension ist Pflicht, DZ 174 €, EZ die Hälfte. La Biodola, 57037 Portoferraio, ✆ 0565/969919, 📠 0565/969857, www.elbasolare.it.

*** **Danila**, unser **Tipp!** Geschmackvolles Hotel in der Scaglieri-Bucht, nur wenige Meter vom Strand entfernt. Ruhige Lage in schönem Garten, DZ mit obligatorischer Halbpension (Juni–Sept.) 176 €, EZ 109 €, in der Nebensaison 110–140 € (EZ 76–91 €). Für die Hochsaison ist frühzeitige Buchung ratsam. Loc. Scaglieri 21, 57037 Portoferraio, ✆ 0565/969915, 📠 0565/969865, www.hoteldanila.it.

• *Camping* **Camping Scaglieri**, schattige, terrassenförmige Anlage, einer der schönsten Plätze der Insel, aber relativ teuer: pro Pers. 12,50 €, Zelt 10–15,50 €, Wohnmobil 17,50 €. Auch Bungalows und Appartements (um 140 € für 4 Pers. pro Nacht). Geradezu luxuriöse Sanitäranlagen, Market, Bar, Ristorante etc. Geöffnet von Ostern bis Mitte Okt. La Biodola, 57037 Portoferraio, ✆ 0565/969940, 📠 0565/969834, www.campingscaglieri.it.

• *Essen/Trinken/Nachtleben* **Da Luciano**, Scaglieri-Bucht. Reizendes Restaurant und Bar mit einer schattigen Terrasse direkt am Meer. Gute Nudelgerichte, Pizza, mittags und abends geöffnet, Mi Ruhetag. ✆ 0565/969952.

L'Ostrica, in der Nachbarbucht Forno, unser **Tipp!** Nur wenige, aber erlesene Gerichte, fast ausschließlich Fisch, sympathische kleine Trattoria mit besonders schöner Terrasse am Meer, mittags und abends geöffnet, leicht gehobenes Preisniveau. Für abends sollte man besser reservieren unter ✆ 0565/969922. Von der Straße nach Biodola rechts ab, beschildert.

San Giovanni/San Giovanni Terme

Die Ortschaft **San Giovanni** ist ein gemütliches, kleines Dorf am Meer geblieben, ohne Strand zwar, aber mit Hafen und einem kleinen Park an der Uferpromenade. Wenig Tourismus, schöner Blick auf das gegenüberliegende Portoferraio, empfehlenswerte Restaurants, Segelschule und Yachtcharter am Hafen *(Scuola Nautica Bartolini,* ✆/📠 0565/916957, www.bartoliniyachting.com).

Eine Eukalyptusallee führt von der Hauptstraße Portoferraio – Porto Azzurro zu den Kureinrichtungen von **San Giovanni Terme** (beschildert).

• *Information* Wer hier eine Kur unter medizinischen Gesichtspunkten machen möchte, wende sich an das **Kurzentrum** unter ✆ 0565/914680, 📠 0565/918791. Unterkünfte werden vermittelt, weitere Informationen unter www.termelbane.com.

• *Verbindungen* Mit dem **Stadtbus** (Linea 2) etwa stündlich von und nach Portoferraio (Calata Italia), einfache Fahrt 0,85 €.

Nur im Sommer verkehren tagsüber etwa stündlich **Personenfähren** vom Ort San Giovanni nach Portoferraio und retour.

• *Übernachten* **** **Airone Residential Hotel**, an den Thermalanlagen, moderne Zimmer und Appartements. Noble Ausstattung, zwei Pools mit Meerwasser, 8.000 qm großer Garten, eigene Thermalabteilung. DZ 170 €, EZ 128 € (inkl. Frühstück), im August mit obligatorischer Halbpension: DZ 268 €, EZ ca. 200 € (in der Nebensaison erheblich günstiger). Appartement im Nebengebäude ca. 600–1000 € pro Woche (2 Personen). Ganzjährig geöffnet. Loc. San Giovanni, 57037 Portoferraio, ✆ 0565/929111, 📠 0565/917484, www.hotelairone.info.

• *Essen/Trinken* **Pizzeria 2001**, im alten Ortskern von San Giovanni. Ausgezeichnete Pizza und obendrein preiswert und gemütlich. Der Holzofen wird nur abends angeschürt, mittags bietet sich dagegen eines der empfehlenswerten Fischgerichte an. Via Damiani 24, von der Durchgangsstraße beschildert. ✆ 0565/915903.

La Rada, gute elbanische Küche und leckere Pizza. Nette Lage am kleinen Hafen von San Giovanni, bei Elbanern geschätzt. Mittleres Preisniveau, mittags und abends geöffnet. ✆ 0565/915652.

Toscana
Karten S. 60/61 und S. 216/217

Le Grotte/Villa Romana

Auf der Anhöhe bei der *Punta delle Grotte* wurden im Jahr 1960 die Reste einer römischen Villa ausgegraben. Gebaut wurde das Anwesen am Ende des 1. Jh. v. Chr., vermutlich vom Präfekten *Publius Acilius Attianus*. Die Mauerfundamente lassen eine Rekonstruktion der ehemals luxuriösen „Villa rusticana" (Landvilla) zu, eine weitläufige Anlage mit vielen Wohnräumen, Dienstboten- und Vorratskammern – die Villa von Le Grotte war die größte auf dem Toscanischen Archipel. Zu sehen sind außerdem noch die spärlichen Überreste einer **römischen Badeanlage** mit Caldarium, Frigidarium und dem Wasserleitungssystem. Vom Areal aus genießt man einen herrlichen Blick auf Portoferraio und die westelbanische Bergwelt.

• *Öffnungszeiten* Im Sommer tägl. 9.30–13 Uhr und 14.30–19 Uhr, Eintritt frei.

• *Übernachten/Wassersport* ** **Le Grotte del Paradiso**, Zufahrt ab Ausgrabungsstätte durch ein parkähnliches Wäldchen. Schlichte, recht kleine Zimmer mit Bad und Terrasse, DZ mit Frühstück 68–78 €, in der Hochsaison mit obligatorischer Halbpension 114–132 €. In einem riesigen Park mit uralten Bäumen und direkt am Meer gelegen. Restaurant mit großer Terrasse. Loc. Le Grotte, 57037 Portoferraio, ✆ 0565/933057, 📠 0565/940754, www.elbarlink.it/hotel/grottedelparadiso.

Dem Hotel angeschlossen ist die **Yachtschule Elba des DHH – Le Grotte del Paradiso**. Alle Scheine, Grundkurse, Kinderkurse, Jollensegeln (ohne Schein), Skippertraining und 1- bis 2-wöchige Hochseetörns. Kurse werden von Ende März bis Ende Okt. veranstaltet. ✆ 0565/933329, 📠 0565/933178, in Deutschland: Deutscher Hochseesportverband „Hansa" e. V., Rothenbaumchaussee 58, 20148 Hamburg, ✆ 040/44114250, 📠 040/444534, www.dhh.de.

Magazzini

Nur wenige Häuser entlang der Durchgangsstraße und am Hang, das kleine Zentrum von Magazzini befindet sich an der befestigten Mole in der beschaulichen Bucht. Weniger schön ist allerdings der etwa 200 m lange Kiesstrand, der westlich vom kleinen Hafen anschließt – schmal und viele angeschwemmte Wasserpflanzen.

• *Verbindungen* **Busse** 5x tägl. auf der Strecke Portoferraio–Bagnaia mit Halt in Magazzini. Vom Hafen gibt es im Sommer außerdem einen **Bootstransfer** nach Portoferraio (ca. stündlich).

• *Übernachten* *** **Mare**, am Hafen von Magazzini, am schattigen Hang mit Blick zum Meer, mit Pool, Bar und Ristorante am Hafen. Alle Zimmer mit Aircon., Kühlschrank, Bad, TV, Terrasse oder Balkon. DZ mit obligatorischer Halbpension 196 €, das DZ mit Frühstück (außer August) 97–113 € (EZ 70–87 €). Loc. Magazzini, 57037 Portoferraio, ✆ 0565/933069, 📠 0565/933408, hotelmare@elba-on-line.com.

* **Santo Stefano**, gut 1 km landeinwärts von Magazzini, beschildert. Günstig: schlichte Zimmer, DZ mit Bad 98 €, im Neubau 134 €, Einzel (ohne Bad) 52 €, obligatorische Halbpension inklusive. Außerhalb der Hochsaison kostet das Doppel mit Frühstück 60–80 € (EZ 30–34 €). Empfehlenswertes Hotel-

restaurant. Geöffnet von Ende März bis Ende Okt. ✆ 0565/933161, 📠 0565/933452, www.elba-hotel-santostefano.de.

• *Camping* *** **Rosselba le Palme**, etwa auf halbem Weg zwischen Magazzini und Bagnaia gelegen, inmitten eines 2 ha großen botanischen Gartens (der gegen 1,50 € täglich von 8–20 Uhr besichtigt werden kann). Restaurant, Bar, zahlreiche Abendveranstaltungen. Mehrere Bungalow-Hütten für 4 Pers. (122–161 €/Tag), außerdem Zimmer und Appartements in der stilvollen Villa „Le Palme": für 2 Pers. 77 €/Tag, Mindestaufenthalt 1 Woche. Camping: pro Pers. 13 €, Zelt 13–16 €, Wohnwagen und Wohnmobil je 17,50 €. Geöffnet von April bis Ende Sept. Loc. Ottone 3, 57037 Portoferraio, ✆ 0565/933101, 📠 0565/933041, www.rosselbalepalme.it.

• *Essen/Trinken* **La Carretta**, preiswerte und gute Pizzeria. Aus Portoferraio kommend, rechts an der Straße gelegen (gegenüber der Einfahrt zum Weingut La Chiusa).

Essens-Tipp! Das gemütliche Restaurant des kleinen **Hotels Santo Stefano** in einer ehemaligen Klosteranlage, schöne Terrasse, gute Küche (ausgefallene Fischgerichte), hausgemachte Pasta. Mittleres Preisniveau, nur abends geöffnet, Tischreservierung ist zu empfehlen! Geöffnet Ende März bis Ende Okt., ✆ 0565/933161.

Weingut La Chiusa

Allein schon das imposante Anwesen aus dem 18. Jh. – inmitten der Weinberge und trotzdem fast direkt am Meer gelegen – lohnt einen Besuch. Neben dem Weingut beherbergt La Chiusa auch einen stilvollen Agriturismo: Hier kann man sich in einem der sechs Appartements des Anwesens einmieten und ruhige Urlaubstage in herrlicher Umgebung verbringen.

• *Öffnungszeiten* von Ende März bis Ende Okt. tägl. 8–12 Uhr und 15–19.30 Uhr, im Winter Mo–Sa 8–12 Uhr, So geschlossen. Tenuta „La Chiusa", Loc. Magazzini, 57037 Portoferraio, ✆ 0565/933046, 📠 0565/940782.

• *Übernachten* Zur Villa gehören 6 **Appartements** für 2–5 Pers., die Räume im EG verfügen zusätzlich über einen eigenen kleinen Garten/Terrasse. Die Preise sind für das Gebotene angemessen: in der Hochsaison für 2 Personen 620 € pro Woche, 5er-Appartement 980 €. Adresse s. oben unter „Öffnungszeiten".

• *Einkaufen* Hochwertige Weiß-, Rot- und Roséweine der Rebsorten *Trebbiano Toscano* und *Sangioveto* (um 10 €), außerdem der bekannte *Aleatico*, ein roter Dessertwein, Grappa und Olivenöl.

Castello del Volterraio

Hoch und mächtig thront die Ruine der Festung auf einem Felsklotz in 409 m Höhe am Rand der nordelbanischen Hügellandschaft, quasi als Wahrzeichen über der Bucht von Portoferraio. 1281 gründeten die Pisaner hier auf dem Fundament einer bereits bestehenden Burg aus dem 11. Jh. eine Festung, aus deren großartiger Panoramalage die feindlichen sarazenischen Piraten frühzeitig erspäht werden konnten. Von der ehemaligen Zugbrücke, den Unterkünften der Soldaten und der Kapelle im Inneren der Burg ist fast nichts mehr zu sehen, das alte Castello verfällt zusehends.

Rio nell'Elba

Auf knapp 180 m über dem Meer liegt das urelbanische Bergdörfchen mit seinem mittelalterlichen Kern. Wenn am Abend die letzten Tagesausflügler verschwundenen sind, gehört Rio nell'Elba wieder seinen Bewohnern.

Der Ort soll bereits in der Antike ein bedeutendes Zentrum des Eisenerzabbaus gewesen sein, der heutige Stadtkern mit der nach Überfällen mehrfach wieder aufgebauten Kirche *Santi Giacomo e Quirico* geht auf eine pisanische Gründung im

Von der Erzgrube zur Badebucht – die Strände im Osten Elbas

11. Jh. zurück. Rio war im Mittelalter überaus bedeutend, man verlegte sogar kurzzeitig die Inselverwaltung hierher.

Ein Ausflug nach Rio nell'Elba lohnt allein schon wegen der exponierten Lage, die einen reizvollen Gegensatz zu den umliegenden Badeorten bildet. Sehenswert die Kirche *Santi Giacomo e Quirico* an der Piazza mit ihrer Renaissancefassade und barocken Stilelementen im Inneren sowie die *Sorgente dei Canali*, das ehemalige Waschhaus an der unterhalb des Dorfes verlaufenden Verbindungsstraße nach Cavo (tagsüber geöffnet). In Rio gibt es außerdem ein sehenswertes **Mineralienmuseum** (geöffnet von April bis Ende Sept. tägl. 10–13 Uhr und 17.30–20.30 Uhr, Eintritt 3 €, erm. 2 €, ✆ 0565/939182) und neuerdings auch ein kleines archäologisches Museum (direkt unter der Terrazza Guiliano Cignoni, von April bis Ende Sept. tägl. 10–13 Uhr und 16.30–19.30 Uhr geöffnet, Eintritt 3 €, erm. 2 €, ✆ 0565/939182).

• *Verbindungen* 3x tägl. mit dem **Bus** nach Capoliveri, 12x über Rio Marina nach Cavo, 10x nach Porto Azzurro und weiter nach Portoferraio.

• *Übernachten* *** **Hotel Ginestra**, im gleichnamigen modernen Ortsteil (Località Ginestra) gelegen, 1 km außerhalb vom Zentrum an der Straße nach Porto Azzurro auf der rechten Seite. Ruhige Lage am Hang, mit Pool und Tennisplatz, wer hier absteigt, sollte motorisiert sein. Nicht mehr ganz neu, DZ mit Bad, Balkon/Terrasse (und kleinem Vorgarten) 150 € bei obligatorischer Halbpension, EZ nur in der Nebensaison, das DZ kostet in der Nebensaison ab ca. 80 €. 57039 Rio nell'Elba, ✆ 0565/943181, ℻ 0565/916172.

Sehr gemütliche und geschmackvoll eingerichtete **Ferienwohnungen** vermietet Frau Veronika Krömer. Die Wohnungen für 3–4 Pers. liegen im historischen Zentrum von Rio nell'Elba und kosten ab ca. 300–350 € pro Woche, ✆ 0565/939173.

• *Essen/Trinken* **La Cipolla**, die „Zwiebel" liegt an der Piazza del Popolo im Zentrum. Einladende Trattoria mit sehr großer Auswahl und guten Fischgerichten, mittleres bis gehobenes Preisniveau. Ganztägig geöffnet, auch Bar und Tabaccheria.

• *Feste/Veranstaltungen* **Festa dei Santi Giacomo Apostolo e Quirico**, am letzten Wochenende im Juli findet das traditionelle Dorffest zu Ehren der beiden Ortsheiligen statt.

Rio Marina (2.000 Einwohner)

Der Hafenort ist alles andere als eine Touristenhochburg – es mangelt an schönen Stränden. Rio Marina wirkt nüchtern, Fischerromantik sucht man am funktionalen Hafen, wo früher das Eisenerz verschifft wurde, vergeblich.

Der Eisenabbau in der Umgebung (v. a. am nördlich gelegenen *Monte Giove)* geht bis in die Antike zurück. Im 18. Jh. erlangte Rio Marina als Hafen von Rio nell'Elba größere wirtschaftliche Bedeutung – in Rio Marina befand sich auch der Verwaltungssitz des Eisenbergwerks – und erklärte sich 1882 schließlich zur unabhängigen Gemeinde. Das so entstandene Konkurrenzverhältnis zwischen den beiden Orten steigerte sich bis zur Feindseligkeit, sodass man untereinander nicht mehr heiratete und sich bei Kirchweihfesten mit Steinen bewarf.

Im *Palazzo del Burò*, dem ehemaligen Sitz der Bergbaudirektion, ist Rio Marinas neues und sehenswertes *Museo Minerali dell'Elba e Arte Mineraria* untergebracht., in dem eine gelungene Mischung aus Mineraliensammlung, Museum für Bergbaugeschichte und Ausstellung für zeitgenössische Kunst entstanden ist (März bis Juni und Sept. bis Okt. 9.30–12.30 und 15.30–19.30 Uhr, im Juli und August 9.30–12.30, 16.30–19.30 und 21–23 Uhr. Eintritt 2,50 €, Kinder bis 8 Jahre frei).

• *Information/Reisebüro* **Forti**, Via Palestro 26 (am kleinen Park im Zentrum). Gute Anlaufstation in Rio Marina. Mo–Fr 9–13 Uhr und 16.30–19.30 Uhr, Sa 9–13 Uhr. ✆ 0565/924087, 📠 0565/924091, www.forti.it,

• *Verbindungen* Im Sommer mind. 5x tägl. **Fähren** der *Toremar* nach Piombino, Tickets beim Reisebüro Forti oder bei Toremar am Hafen: Calata Voltoni 20, ✆/📠 0565/962073.

Busse, 3x tägl. nach Capoliveri, jeweils 12x nach Cavo und Rio nell'Elba, 10x über Porto Azzurro nach Portoferraio.

• *Übernachten* *** **Rio sul Mare**, Mittelklasse in Hafennähe, im Inneren etwas dunkel, hilfsbereiter Service. DZ 140 €, EZ 105 €, Frühstück inklusive, bis Mitte Juli und ab Anfang Sept. kostet das DZ hier 80 € (EZ 55 €). Alle Zimmer mit Bad und TV. April bis Anfang Nov. geöffnet, Via Palestro 31 (an der zentralen Piazza), ✆ 0565/924225, 📠 0565/924162, www.elbahotelrio.it

*** **Mini-Hotel Easy Time**, gepflegtes, noch relativ neues Haus am Hang oberhalb von Rio Marina, mit Bar und Ristorante. Toller Blick von der Terrasse, nur 8 Zimmer, alle mit Bad, TV und Balkon. DZ (mit Frühstück) 134 €, EZ ca. 100 €, ✆ 0565/962531. Anfahrt: vom Ort auf der Straße Richtung Rio nell'Elba, links abbiegen, Beschilderung „Via panoramica del porticiolo", nach 300 m rechts ab (Beschilderung Hotel).

• *Camping* **Camping Canapai**, etwa 5 km von Rio Marina, sehr abgeschieden am Rand der Bucht von Ortano gelegen (ca. 500 m vom Meer). Bescheidene, schattige Terrassenanlage inmitten üppigen Grüns, freundliche Leitung, aber doch recht weit abgelegen. Mit Bar, Ristorante und Mini-Market. Pro Person 11,50 €, Zelt 9–12,50 €, Wohnmobil 14,50 €, Bungalow für 4 Pers. ca. 110 € am Tag. Geöffnet Mitte April bis ca. Anfang Okt., ✆/📠 0565/939165, www.camping-canapai.it. Anfahrt: Von Rio Marina zunächst Richtung Rio nell'Elba, dann links ab zur Ortano-Bucht (beschildert).

• *Essen/Trinken* **La Canocchia**, Via Palestro 3. Zwei kleine Speiseräume im Souterrain, gepflegt-rustikales Ambiente. Bekannt für hervorragende und oft recht extravagante Fischgerichte, ein Tipp. Von diversen Restaurant-Guides gleich mehrfach ausgezeichnet. Leicht gehobenes Preisniveau, mittags und abends geöffnet, Mo Ruhetag. ✆ 0565/962432.

La Cantinetta – Ristorante da Uberti, ursprüngliche, kleine Trattoria an der Marktstraße (Via Appiani 29, gegenüber vom Rathaus die Stufen hinunter) mit guter *Cucina casalinga*, es wird auch ein Tagesmenü angeboten. ✆ 0565/962007.

• *Spezialitäten/Einkaufen* **Pasticceria Muti & Lupi**, Via Palestro 13. Als lokale Spezialität gilt die *Schiaccia briaca*, zu Deutsch „die Betrunkene" – ein Mürbteiggebäck, zu dessen Ingredienzen neben Pinienkernen, Rosinen und Nüssen vor allem der Süßwein Aleatico gehört.

Blick auf den Hafen von Porto Azzurro

Toscana
Karten S. 60/61 und S. 216/217

Porto Azzurro

Der vielleicht schönste Hafen der Insel. Zwischen zahlreichen Yachten dümpeln noch immer bunte Fischerboote, an der Uferpromenade mit der großen Piazza Matteotti herrscht in den vielen Cafés und Restaurant reges Leben. Der „Blaue Hafen" erfreut sich besonders bei italienischen Gästen allergrößter Beliebtheit.

Das Städtchen an der Nordseite der großen, geschützten *Bucht von Mola* ist mit rund 3.000 Einwohnern (bis zu 6.000 im Sommer) einer der größten Orte Elbas. Die Häuser ziehen sich zu beiden Seiten des Hafens fast wie ein Amphitheater die grünen Hänge hinauf. Überragt wird Porto Azzurro von der Festung *San Giacomo* aus dem 17. Jh., in der heute noch immer ein Gefängnis untergebracht ist. Hinter der großen Hafenpiazza befindet sich das *Centro storico* – das alte Viertel von Porto Azzurro mit teilweise recht verwinkelten Gassen und zwei- bis dreigeschossigen Häusern aus dem 17. und 18. Jh. Heute ist die Altstadt Fußgängerbereich für die flanierenden Touristen. Straßenhändler, Schnellporträtisten und Zukunftsdeuter finden sich allabendlich ein, die Geschäfte bleiben oft bis Mitternacht und länger geöffnet.

Von Porto Azzurro werden zahlreiche Bootsausflüge zu den umliegenden Inseln veranstaltet. Es bestehen Fährverbindungen nach Piombino und zur *Insel Pianosa*. Außerdem gibt es zwei Tauchschulen, diverse Bootsverleiher und eine Segelschule.

Information/Verbindungen

• *Information/Reisebüros* Das **Reisebüro Mantica** an der großen Piazza ist eine gute Anlaufstelle in Porto Azzurro. Bootsausflüge, Vermittlung von Hotelzimmern und Appartements, sowie Fährtickets für Moby Lines. Mo–Fr 9–13 Uhr und 16–19.30 Uhr, Sa 9.30–12.30 Uhr und 16–19 Uhr, So geschlossen. Piazza Matteotti 13, 57036 Porto Azzurro, ✆ 0565/95351, 📠 0565/95443, www.manticaviaggi.it.

Toremar-Agentur, gegenüber dem Fähranleger, Tickets nach Piombino (s. unten) und jeden Dienstag **Ausflüge auf die Insel Pianosa**, Abfahrt um 10.15 Uhr, retour ab Pianosa bereits um 13.30 Uhr, die Überfahrt dauert 1,5 Std. Das Büro ist jeweils vor Abfahrt der Fähren geöffnet, Fahrpläne hängen aus. Banchina IV Novembre 26, 57036 Porto Azzurro, ✆/℻ 0565/95004.

• *Verbindungen* 2x tägl. **Fähren** nach Piombino, Fahrtzeit 1 Std., pro Person 5,70–6,70 €, Auto 21–34,50 €, Motorrad 8,40 €, Wohnwagen/-mobil 7–11 € pro Meter. Tickets bei Toremar (s. oben).

Busse, 5x tägl. nach Capoliveri, 11x über Rio nell'Elba und Rio Marina nach Cavo, 13x nach Portoferraio.

Taxis, am Ende der Hafenpiazza (Richtung Fähranleger), ✆ 339/7161332, 338/8609896 oder 338/9250734 (alle mobil).

• *Autos und Zweiräder* Bei **Spazio Mare** gegenüber der Toremar-Anlegestelle am östlichen Hafenende. Mountainbike ab 12 €, Moped/Scooter ab 29 € (50 ccm), Kleinwagen ab 48 €. Geöffnet Anfang Mai bis Ende Dez., in der Hochsaison unbedingt einige Tage vorher reservieren! Banchina IV Novembre, ✆ 0565/95115 oder 348/6017862.

• *Boote* **Spazio Mare**, Bude gegenüber dem Hotel Arrighi am Dorfstrand. Motorboot (15 PS) für max. 6 Personen 70 € am Tag, auf Anfrage werden auch Yachten (Hurricane 315) verchartert. ✆ 0565/95112 oder 348/6017863/-64 (mobil).

Etwa das gleiche Angebot bei **Rent Boats Reale**, am Hafen neben dem Ristorante „Delfino Verde", für August ungefähr 4 Wochen vorher und am besten per Fax reservieren, ✆ 0565/921075, ℻ 0565/920175.

Übernachten

• *Hotels* *** **Cala di Mola**, ca. 1 km außerhalb (Straße Richtung Portoferraio), oberhalb der Mola-Bucht, rustikaler Stil, Pool. 44 Zimmer mit Balkon und eigenem Eingang. DZ/Halbpension 208 €, in der Nebensaison 120–150 €, Appartements für 2 Personen 137 €, für 4 Personen 176 €. Geöffnet Mitte Mai bis Ende Sept. Via Provinciale Ovest 131, 57036 Porto Azzurro, ✆ 0565/95225 oder 0565/95449, ℻ 0565/958395, www.elbalink.it/hotel/caladimola.

*** **Due Torri**, Via XXV Aprile (Nebenstraße des Viale Italia, beschildert), der **Tipp** für Porto Azzurro! Ruhige, aber zentrale Lage, gepflegte Mittelklasse, angenehme Einrichtung. DZ mit Bad, TV und inklusive Frühstück 92 €, EZ ca. 65 €, Appartements um 100 €. 57036 Porto Azzurro, ✆ 0565/95132 oder 0565/95076, ℻ 0565/957797.

*** **Belmare**, am südöstlichen Ende der Hafenpromenade. Netter Service, schlichte, aber gepflegte Zimmer mit Bad, TV und teilweise auch Balkon, relativ günstig: DZ 90–95 €, EZ 60 €, jeweils mit Frühstück. Frühzeitig reservieren. Banchina IV Novembre 21, ✆ 0565/95012 oder 0565/95181, ℻ 0565/958245, www.elba-hotelbelmare.it

** **Villa Italia**, DZ mit Bad und TV 80 € (inkl. Frühstück), keine EZ. Für Porto Azzurro eine der preisgünstigsten Übernachtungsmöglichkeiten, man sollte daher frühzeitig buchen. Direkt an der Hauptstraße in Richtung Rio nell'Elba. Vom Hotel werden auch Appartements (2 km außerhalb) vermietet, der Wochenpreis für 2 Personen liegt bei 720 €. Viale Italia 41, 57036 Porto Azzurro, ✆/℻ 0565/95119.

** **Baia Blu**, am westlichen Hafenende. DZ 83 € (mit Frühstück), keine EZ. Wegen des Preises und der Lage sind die 18 recht schlichten Zimmer (mit Bad und Balkon zum Hafen) trotz Straßenlärms schnell ausgebucht. Via V. Veneto 18, 57036 Porto Azzurro, ✆ 0565/95315.

Essen/Trinken

Paride – Il Delfino Verde, Traditionsrestaurant in Porto Azzurro – in den Hafen hineingebauter Pfahlbau, sehr beliebt. Bekannt ist das Lokal wegen seiner *Cacciucco.* Leicht gehobenes Preisniveau, mittags und abends geöffnet, für abends sollte man zumindest in der Hochsaison reservieren. ✆ 0565/95197.

La Caravella, gleich daneben, etwas günstiger. Sehr freundlicher Service, mittags und abends geöffnet, ✆ 0565/95066.

Osteria dei Quattro Gatti, an der ruhigen Piazza del Mercato im Centro storico. Wer sich in Porto Azzurro etwas gönnen will, kommt hierher. Ausgefallene Küche. Gemütliche, überdachte Holzveranda, nur abends geöffnet, Reservierung unter ✆ 0565/95240 empfohlen, Mo Ruhetag.

Rock Bar, weit über die Grenzen von Porto Azzurro hinaus bekannt für unschlagbar gute Pizza, außerdem große Auswahl an Pasta, Secondi überwiegend Fisch. Flotter Service, mittleres Preisniveau, mittags und abends geöffnet. Banchina IV Novembre 16, an der Hafenpromenade. ✆ 0565/920092.

Il Sottoscala, im Centro storico nahe der Piazza Matteotti. Kleines, nettes Kellerrestaurant (und Kneipe), ganztägig bis morgens um 6 Uhr geöffnet, hier kann man auch nach Mitternacht noch etwas zu essen bekommen (kalte Küche). Via Ricasoli 11, ✆ 0565/958006.

La Casa del Gelato, an der Hafenpiazza. Beliebte Eisdiele. Kleine, mittlere und gigantische Eiswaffeln. Anstehen lohnt sich! Dienstag geschlossen.

Toscana Karten S. 60/61 und S. 216/217

Madonna di Monserrato

Ein unbeschreiblich schön gelegener und stiller Platz, den man mit eigenen Augen sehen und vor allem auf sich wirken lassen muss. Madonna di Monserrato zählt sicherlich zu den stimmungsvollsten Orten auf ganz Elba. Die Wallfahrtskirche liegt auf einem Felsklotz über dem nach hinten immer enger werdenden grünen Tal vor den schroffen, steil aufragenden Felsen des *Monte Castello*. Unterhalb plätschert ein Bach, der steile Weg hinauf zur Kapelle ist von Agaven gesäumt, die Terrasse vor dem Gotteshaus wird von zwei eleganten Zypressen flankiert.

• *Öffnungszeiten* Von Mitte Juni bis Ende Sept. tägl. ca. 15.30–19 Uhr.

• *Anfahrt/Fußweg* Von Porto Azzurro Richtung Rio nell'Elba, nach ca. 1 km Abzweigung links (beschildert). Kurz darauf gelangt man zu einem **Parkplatz** mit riesiger Schirmpinie. Von hier zu Fuß auf dem Schotterweg weiter, das letzte Stück geht relativ steil in Serpentinen und Treppen bergauf (Kreuzweg). Die Kirche liegt insgesamt 1,6 km von der Hauptstraße entfernt.

Baden in der Umgebung von Porto Azzurro

Barbarossa-Bucht: Etwa ein Kilometer nordöstlich von Porto Azzurro gelegen, vor allem bei Campern und Wassersportlern sehr beliebt. Schöner und sauberer Sand-Kies-Strand mit Ristorante/Bar, Sonnenschirm- und Liegestuhlverleih, Surf- und Tauchschule am Platz. Der Name der Bucht kommt nicht von ungefähr: Hier soll der gefürchtete Pirat Khayr al-Din, genannt *Barbarossa*, an Land gegangen sein.

• *Übernachten* ** **Villa Rosa**, DZ mit HP 158 €, EZ 95 €. Alle Zimmer mit Bad und Balkon, ca. 300 m zum Strand. Loc. Barbarossa, 57036 Porto Azzurro, ✆ 0565/958128, Buchungen auch unter ✆ 0565/917395, ✆ 0565/930876.

Pension Barbarossa: 18 frisch renovierte Zimmer mit Bad und TV, in der Hochsaison mit obligatorischer Halbpension 92 € (für das DZ), außerhalb der Monate Juli/August schon für 45 € zu haben (mit Frühstück 52 €). Mit Restaurant und Bar. Geöffnet 1.4.–30.9. Loc. Barbarossa, 57036 Porto Azzurro, ✆ 0565/95087 oder 0565/95692.

• *Camping* ** **Camping Arrighi**, mit Ristorante, Strandbar, netter Service. Pro Person 10,80 €, Zelt 8,50–14 €, Wohnmobil 14 €. Es werden auch Appartements für 2–4 Pers. (65–100 €). Ganzjährig geöffnet. Loc. Barbarossa, 57036 Porto Azzurro, ✆ 0565/95568, ✆ 0565/957822, www.campingarrighi.it.

Camping Gabbiano, 400 m vom Meer. Klein, bescheiden, schattig, der günstigste Platz in der Barbarossa-Bucht: pro Person 9 €, Zelt 8,50–10,50 €, Auto 2 €, Wohnwagen/Wohnmobil 11 €. Ein echter Tipp fürs kleinere Budget ist die angeschlossene

• *Wassersport* Die **Surfschule** wird von einem ehemaligen italienischen Vizemeister geleitet, hier auch Brettverleih, außerdem Tretboote, Kanus, Sonnenschirme und Liegestühle (✆ 338/8999004).

Reale-Bucht: Etwas weiter östlich von der Barbarossa-Bucht gelegen, drei Kilometer von Porto Azzurro entfernt. Ruhiger, aber auch weniger attraktiv. Strand mit kleinen Kieselsteinen, Felsen zu beiden Seiten. Sonnenschirm- und Liegestuhlverleih sowie Surfbrett-, Tretboot- und Kajakverleih.

• *Übernachten* *** **Residence Capo Bianco**, unser **Tipp!** Die wunderschöne Anlage thront hoch über dem Meer. 2er-Appartement (Terrasse/Balkon, Bad, TV, Küchenecke) 850 € pro Woche, 4er 1000 €, außerhalb der Hochsaison deutlich günstiger.

Fußweg zum Strand. Geöffnet 1.3.–31.10. Loc. Reale, 57036 Porto Azzurro, ✆/℻ 0565/ 957781, www.capobianco.isoladelba.it.

• *Camping* **Reale**, kleiner, schattiger Campingplatz mit Palmen und Eukalyptusbäumen, direkt am Strand, Bar, Ristorante, Mini-Market. Pro Person 10 €, Zelt 7,50–14 €, Auto 3 €, Wohnmobil 14 €. Auch Appartements (für 2 Pers. 550 €/Woche, für 4 Pers. 800 €). Geöffnet Mitte April bis Mitte Okt. (die Appartements ganzjährig). Loc. Reale, 57036 Porto Azzurro, ✆ 0565/95678, ℻ 0565/ 920127, www.isolaelbacampingreale.com.

Capoliveri

Das malerische Bergdorf thront weithin sichtbar in traumhafter Lage auf einer lang gezogenen Terrasse 167 m hoch über dem Meer. Nicht minder malerisch das Zentrum mit seinen engen, oft durch steile Treppen miteinander verbundenen Gassen und der Piazza Matteotti mit herrlichem Blick auf die Umgebung.

Capoliveri zählt jährlich etwa 800.000 Besucher, und das bei gerade mal 2.600 Einwohnern. Auch wenn es alles andere als ein Geheimtipp ist, wirkt das Bergdorf beim abendlichen Spaziergang durch die Gassen trotz zahlreicher Souvenirshops sehr idyllisch. Viele schicke Restaurants und Cafés laden an der *Piazza Matteotti* und um die *Via Roma,* die „Hauptstraße" des Orts, zum Bleiben ein. In Capoliveri herrscht nobler Tourismus, viele Ausländer und Römer haben sich hier ein Haus zugelegt, fast 50 % dieser „Ferienhäuser" befinden sich in deutschem Besitz.

Im Kern bestand der Ort einst aus ca. 20 Häusern mit dazugehörigem Grundstück. Über Generationen wurde an die jeweiligen Elternhäuser angebaut. So entstanden die winklig ineinander verschachtelten Häuser und *Vicoli* (Treppengässchen), die den Charme Capoliveris ausmachen.

Information/Verbindungen/Diverses

• *Information/Reisebüro* **Reisebüro Della Lucia**, gute Anlaufstelle in Capoliveri, Fährtickets, Bootstrips, Hotel- und Ferienwohnungsvermittlung. Auf Anfrage werden auch Kataloge der Ferienwohnungen zugeschickt. Mo–Sa 9–12.30 Uhr und 15.30–19 Uhr geöffnet. Via Mellini 9, 57031 Capoliveri, ✆ 0565/935117, ℻ 0565/935184.

Reisebüro Pianeta Elba, ähnliches Angebot wie Della Lucia (Auskünfte auch auf Deutsch). Via Roma 93, 57031 Capoliveri, ✆ 0565/935482, ℻ 0565/935421, mobil 347/ 9480271, www.pianetaelba.it.

• *Verbindungen* **Busse**, 7x tägl. über Porto Azzurro, Rio nell'Elba und Rio Marina nach Cavo, 10x nach Portoferraio, davon 2x mit Umsteigen an der Abzweigung zur Hauptstraße Portoferraio – Porto Azzurro und 2x Umsteigen in Porto Azzurro. Abfahrt der Busse am Rathaus (Piazza del Cavatore), Tickets bei der Tabaccheria.

Strandbus, im Sommer Shuttle-Service zu den umliegenden Stränden.

• *Autos/Taxis* **Autonoleggio Roberto**, Via Menotti 6 (neben dem Ristorante La Soprana). Sehr günstig: Kleinwagen ab 35 € pro Tag (215 €/Woche), ✆ 0565/968533 oder (besser zu erreichen) mobil 335/5437706. Unter den gleichen Nummern kann man auch ein **Taxi** bestellen.

• *Zweiräder* Unter anderem bei **Rent Colombi** an der Shell-Tankstelle (Via V. Veneto). Scooter (50 ccm) für 1 Person ab ca. 20 € pro Tag. Tägl. 8–13 Uhr und 16–20 Uhr, ✆ 0565/968698 oder 347/1883650.

BW's Rent, Via Mazzini 7, im Zentrum neben dem COOP (bei der Piazza Garibaldi). Mountainbike 12 €/Tag, 50-ccm-Scooter 35 €/Tag, Kleinwagen ab 55 €. Im Sommer täglich 9.30–13 Uhr und 17–21 Uhr geöffnet, ✆ 0565/935287 oder mobil 348/2290707.

• *Feste/Veranstaltungen* Ende Mai feiert man in Capoliveri die **Festa del Cavatore**, das Fest der Minenarbeiter.

Festa dell'uva: Das traditionelle Fest der vier Stadtteile *Il Baluardo, La Torre, Il Fosso* und *La Fortezza* wird am letzten Sonntag im September veranstaltet.

Übernachten

Nur wenige Möglichkeiten in der unmittelbaren Umgebung von Capoliveri, und wenn, dann hauptsächlich Appartements. Viele Gäste reservieren sich ihre „Stammwohnung" bereits bei Abreise für das nächste Jahr – wegen der beschränkten Kapazitäten daher unbedingt frühzeitig buchen!

*** **Residence Fiorenzo**, kleines, gepflegtes Anwesen mit nur 12 Appartements in erhöhter Lage, im August hoffnungslos ausgebucht. 2er-Appartement mit Kochnische, Bad und herrlicher Terrasse ca. 800 € pro Woche, für 4 Personen um 1100 €. An der Zufahrtsstraße nach Capoliveri links ab, beschildert, 2 km vom Ort. ✆/℻ 0565/968631, mobil unter 347/5224252.

*** **Residenze Le Grazie Est**, ebenfalls sehr gepflegte Ferienanlage mit Bar, Tennisplatz und Pool (auf der anderen Straßenseite). Ziemlich ruhig, wer sich hier einmietet, sollte ein Auto dabeihaben. 2er-Appartement mit Küche, Bad und Terrasse 790 €/Woche, 4er-Appartement um 1200 €. An der Straße zur Kirche Madonna delle Grazie auf der linken Seite, ganzjährig geöffnet. Loc. Madonna delle Grazie, ✆ 0565/935161 oder 0565/939129, ℻ 0565/935161, www.legrazieest.com.

Empfehlenswert auch das **Albergo Santa Petronilla** mit gleichnamigem Ristorante. Nur wenige gepflegte und moderne Zimmer und Appartements mit Bad, TV, Kühlschrank. DZ mit Frühstück 93 €, keine EZ, es werden auch Appartements für 2 Personen angeboten (im August nur wochenweise). Ganzjährig geöffnet, ✆ 0565/968351. Von der Shell-Tankstelle in Capoliveri (Via V. Veneto) die Straße Richtung Naregno/Stracoligno nehmen, kurz darauf rechts ab, beschildert.

Toscana
Karten S. 60/61 und S. 216/217

Essen/Trinken/Nachtleben

Da Marina, Via della Fortezza 1. Hier sitzt man wahrhaftig im Herzen von Capoliveri. Genau an dieser Stelle befand sich die im Mittelalter erbaute *Fortezza* mit ihren vier Wachtürmen. Heute spannt sich zwischen den Überresten der Festungsmauern die Terrasse des Restaurants. Spezialität sind Fischgerichte und Filets vom Holzkohlengrill. Obere Preisklasse, zuvorkommender Service, mittags und abends geöffnet, ✆/℻ 0565/935022.

Osteria delle Grazie, in der Via delle Grazie, von der Piazza Matteotti die Treppen runter, ausgeschildert. Leckere Pasta (v. a. mit Meeresfrüchten). Zuvorkommender Service, sehr gemütlich zum Sitzen auf der Treppe in einer schmalen Gasse. Nur abends geöffnet. ✆ 0565/968044

Il Chiasso, gleich um die Ecke von obiger Osteria in der Via Cavour 32–34. Ebenfalls schön gelegen auf einer Minipiazza zwischen den Gässchen. Neben dem üblichen Angebot auch ausgefallenere Gerichte zu angemessenen Preisen (z. B. gefülltes Kaninchen für 13 €), ab 19.30 Uhr geöffnet, ✆ 0565/968709, mobil 335/332634.

Pizzeria Forno Vecchio, Vicolo Galliano (eines der Seitengässchen links der Hauptstraße). Ein klitzekleiner Familienbetrieb, nur wenige Tische. Freundliche Bedienung, saftige Pizzen und recht günstig. Abends geöffnet, in der Hochsaison manchmal auch mittags. ✆ 328/0726599 (mobil).

• *Nachtleben* Musikclub **Sugar Reef**, knapp 1 km außerhalb an der Straße nach Morcone. Seit vielen Jahren eine Garantie für gute Abendunterhaltung. Breites Programm, während der Saison täglich Livebands. Wem es im Sugar Reef zu langweilig wird, kann in die **Discoteca L'Ophir** nebenan gehen.

Nr. 1 im Nachtleben der Insel ist mittlerweile die brasilianische Disko **Morumbi**, die unterhalb von Capoliveri nahe der Straße nach Portoferraio liegt.

Umgebung von Capoliveri

Naregno-Bucht: Auf Luftlinie fast gegenüber von Porto Azzurro gelegen, das im Sommer (3x am Abend, hin und zurück 5 €) von hier aus bequem per Pendelboot erreichbar ist. Des Weiteren verkehren in der Hochsaison (Juli/August) etwa stündlich Busse nach Capoliveri. Naregno kann für die Lösung des Übernachtungsproblems in Erwägung gezogen werden. Ruhige Lage ist gewährleistet. Am Strand gibt es eine italienische Segel- und Surfschule.

• *Übernachten* *** **Frank's**, nettes Strandhotel mit Ristorante/Pizzeria, freundlicher Service. Recht komfortable Zimmer mit Bad, die meisten auch mit Balkon, DZ mit obligatorischer Halbpension 178–192 €, EZ 110–122 €. Anfang Mai bis Ende Sept. geöffnet. Loc. Naregno, 57031 Capoliveri, ✆ 0565/968144, 📠 0565/968405, www.frankshotel.com.

** **Villa Rodriguez**, sympathische und dabei recht günstige Familienpension mit 36 Zimmern. Halbpension (DZ 140 €, EZ 80 €) ist in der Hochsaison zwar Pflicht, bei der vorzüglichen Küche aber auch lohnenswert. Hoteleigener Strand. Geöffnet Ostern bis Anfang Okt. Loc. Naregno, 57031 Capoliveri, ✆ 0565/968423 oder 0565/968947, 📠 0565/935024, www.villarodriguez.it.

• *Wassersport* **Centro Velico Naregno**, im hinteren Bereich des Strands. Segelkurse ab 245 €, Surfkurse 93–130 €, jeweils pro Woche. Tauchschule angeschlossen, außerdem Bootsverleih ab 50 € pro Tag (15 PS). Geöffnet Ende März bis Ende September, ✆ 0565/968764, 📠 0565/935805, www.centroveliconaregno.it.

Morcone-Bucht: Etwa 3 km südwestlich von Capoliveri. Reizvolle kleine Bucht mit Sandstrand. Einige dezente italienische Residenz-Hotels, am Strand gemütliche Ristoranti und Bars, sowie eine deutschsprachige Surfschule und die Tauchschule „Aquanautic-Elba.de".

• *Verbindungen* Im Sommer pendelt der Strandbus ca. stündlich zwischen Capoliveri und Morcone.

• *Übernachten* ** **Camping Croce del Sud**, bestens gepflegtes kleines Areal, viel Grün, mit Mini-Market und Bar, ca. 100 m vom Strand, netter und deutschsprachiger Service. Pro Person 10,50 €, Wohnwagen und Zelt je 10 €, Wohnmobil 12 €, Auto 2,60 €. Geöffnet 1.4.–31.10. Loc. Morcone, 57031 Capoliveri, ✆/📠 0565/968640.

** **Albergo La Scogliera, Tipp!** an der Zufahrtsstraße nach Morcone auf der linken Seite. Gemütliche Zimmer, das DZ mit Bad, Kühlschrank, Terrasse oder Balkon mit Meeresblick kostet 88 €, das EZ 45 €, das Dreier 107 € (jeweils inkl. Frühstück), es werden auch einige Appartements angeboten: für 2 Pers. 80 €/Tag, für 4 Pers. 104 € – für Elba geradezu günstig. Treppen zum hoteleigenen Sandstrand. Anfang Juni bis Mitte/Ende September geöffnet. Loc. Morcone, 57031 Capoliveri, ✆ 0565/968424 oder 0565/968205, 📠 0565/935204, www.lascogliera.com.

• *Wassersport* **Surf & Fun**, Surfschule von Max Geri am Strand von Morcone, F2-Boards- und Neil-Pryde-Segel-Testcenter. Der Anfängerkurs kostet ca. 200 € (für 6 Tage), Brettverleih 10–20 €/Std., auch Motorbootverleih (ab 85 €/Tag, 30 PS) sowie Sonnenschirme und Liegestühle. Anfang Mai bis Mitte Okt. geöffnet, ✆ 0565/968174 oder 339/7787200 (mobil).

Aquanautic-Elba.de, in der deutschsprachigen Tauchschule werden Schnupperkurse (ab 79 €), aber auch höhergradige Kurse angeboten. ✆ 0565/935505 oder 339/6385979 (mobil). Die Internetadresse verrät der Name.

Monte Calamita (413 m): Der „Magnetberg" soll schon so manchen Yachtbesitzer in Ver(w)irrung gebracht haben. Sein magnetisches Feld ist so stark, dass Kompassnadeln verrückt spielen, wenn sie die Halbinsel passieren. Im großen Stil wirtschaftlich ausgebeutet wurde der Berg seit 1819, es ist allerdings wahrscheinlich, dass hier bereits die Etrusker und nach ihnen die Römer Eisengruben betrieben haben. Im Lauf der Zeit wurde der Monte Calamita völlig umgegraben, später hat man das Gebiet z. T. wieder aufgeforstet, aber die Vegetation ist nach wie vor überwiegend karg, im Kontrast mit der rot leuchtenden, aufgerissenen Erde.

Achtung Autofahrer: Eine Rundfahrt mit dem Auto um den Monte Calamita ist nicht möglich, da eine Schranke etwas südlich der Straccoligno-Bucht den Weg versperrt!

Herrlicher Sandstrand an der Lido-Bucht

Die Lido-Bucht (Golfo Stella)

Sehr schöne Sandstrände finden sich entlang des *Golfo Stella*, dessen größter Strand, der *Lido di Capoliveri*, zweifelsohne auch der attraktivste ist. Zwei kleine Sträßchen führen zum Strand, im Sommer herrscht hier oft Verkehrschaos, und die Parkplatzsuche kann zum echten Problem werden. Die Lido-Bucht, der eigentliche Hausstrand von Capoliveri, ist mehr als gut besucht und besonders bei jungen Leuten außerordentlich beliebt. Seichtes Wasser, ideal für Kinder, Surfschule (auch Brettverleih), italienische Tauchschule an der Hauptzufahrtsstraße zum Strand, außerdem diverse Bars, Sonnenschirm- und Liegestuhlverleih, Tretboote und Kajaks.

• *Übernachten* *** **Villa Giulia**, das Appartementhotel liegt ca. 000 m vom Strand oberhalb der Hauptstraße Portoferraio–Porto Azzurro. Relativ ruhig, Terrasse mit Meeresblick, Tennisplatz. DZ mit obligatorischer Halbpension 180 €, EZ die Hälfte, in der Nebensaison bis zu 50 % günstiger zu haben. 2- bis 3-Personen-Appartement 710–910 € pro Woche. Ende April bis Anfang Okt. geöffnet. Lido di Capoliveri, 57036 Porto Azzurro, ✆ 0565/940167, ℻ 0565/940110, www.villagiuliahotel.it,

*** **Hotel Antares**, sollte eigentlich noch einen Extrastern bekommen. **Tipp!** Herrlich oberhalb der Bucht gelegen, geschmackvolle Einrichtung, mit Pool, Privatstrand, Tennisplatz, Fahrradverleih, der Service ist freundlich und zuvorkommend. Alle Zimmer mit Bad, Balkon und TV. DZ 212–224 €, EZ 106–112 €, jeweils inkl. obligatorischer Halbpension. Frühzeitige Reservierung ratsam, geöffnet von Ende April bis Anfang Okt. 57031 Lido di Capoliveri, ✆ 0565/940131, ℻ 0565/940084, www.elbahotelantares.it.

• *Camping* *** **Europa**, an der Ostseite der Bucht, von der Hauptstraße ausgeschildert. Schöner Platz, terrassenförmig angelegt, schattig, wenige Schritte zum Strand. Mit Bar, Mini-Market, Ristorante, pro Person 12 €, Zelt und Wohnwagen je 14 €, Wohnmobil 15,50 €, Auto 3,10 €. Es werden auch einige Bungalows für 4 Personen vermietet, um 125 €/Tag. Geöffnet von Mitte März bis Ende Okt. 57031 Lido di Capoliveri, ✆/℻ 0565/940121 oder 0565/940134.

*** **Le Chalanchiole**, ebenfalls in der östlichen Ecke der Bucht und beschildert. Schattige Anlage mit Bar, Ristorante, Mini-Market, kleiner sandiger Privatstrand. Pro Person 12 €, Zelt 9,50–14 €, Auto 3,10 €, Wohnmobil 15,50 €. Es werden auch einige **Doppelzimmer** (65 €), **Appartements** (für 3–4 Personen

100–110 €/Tag) und **Bungalows** (160 € am Tag, max. 5 Personen) vermietet. Geöffnet vom 15.3. bis 31.10. Loc. Le Calanchiole, 57031 Capoliveri, ✆ 0565/933488, ✆ 0565/940001, www.lecalanchiole.it, calanchi@elbalink.it.

• *Essen/Trinken* **Baia del Sole**, großes und beliebtes Strand-Ristorante, flotter Service, hier gibt es ganz vorzügliche *Spaghetti vongole* (mit Muscheln) in Weißweinsoße, mittags und abends geöffnet.

• *Wassersport* **Aloha Surf School**, beim Camping Lido, Brettverleih 10 €/Std., Kurse 70 € (4-stündig). Auch **Motorboot-Verleih**, 80 €/Tag für 4 Personen. Mai bis Okt. geöffnet, ✆ 347/4969219.

Centro Sub Talas, italienische **Tauchschule** (Padi) an der Zufahrtsstraße zum Strand, Tauchgang ab ca. 30 €, Kurse ab ca. 80 €. Ganzjährig geöffnet, vermittelt auch Unterkünfte, ✆/✆ 0565/933572.

Die Lacona-Bucht (Golfo di Lacona)

Große, seicht abfallende Sandbucht, deren Strand *Spiaggia Grande* genannt wird, mit Pinienwäldchen an beiden Flanken. Im Sommer findet man eine richtige Zelt- und Caravansiedlung vor, sechs Campingplätze säumen die große Bucht, außerdem Restaurants, Bars, Souvenirshop, Verleih von Motor-, Tret-, Segelbooten und Surfbrettern. Einen Ort namens Lacona sucht man aber vergeblich, es handelt sich vielmehr um ein großes, flaches Areal ohne Zentrum – hier liegt eben der Badestrand der Insel.

• *Information/Reisebüro* **Terra XE'viaggi**, Via del Moletto, Fährtickets, Auto- und Zweiradverleih (Kleinwagen ab 40 €, Scooter ab 22 € pro Tag), auch Mountainbikes (10 €/Tag), Zimmer- und Appartementvermittlung, auch Bootsausflüge. Von Jan. bis Ende Okt. täglich 9.30–12.30 Uhr und 16.30–19.30 Uhr geöffnet, So nur vormittags. ✆ 0565/964396, ✆ 0565/964378, www.terraxe.it.

• *Verbindungen* 6x tägl. per **Bus** von und nach Portoferraio. Haltestelle z. B. beim Hotel Capo di Stella und beim Hotel Lacona. Im Sommer außerdem 4x täglich nach Capoliveri.

• *Übernachten* *** **Capo Di Stella**, schöne Lage am Hang, oberhalb des Golfo di Lacona im Wald (Ostende der Bucht, beschildert), mit Pool und Ristorante. DZ mit Frühstück 154 €, EZ 97 €, in der Hochsaison Mindestaufenthalt 1 Woche. Komfortable Zimmer mit Bad, Balkon (Meeresblick) und TV. Anfang April bis Ende September geöffnet. Loc. Lacona, 57031 Capoliveri, ✆ 0565/964052, ✆ 0565/964220, www.capodistella.com.

** **Giardino**, 32 Zimmer, sympathisches und kinderfreundliches Haus, ca. 200 m vom Strand, etwas zurückversetzt von der Hauptstraße Richtung Marina di Campo gelegen. Sympathisch auch die Preise: DZ inkl. obligatorischer Halbpension 136 €, Kinder erhalten bis zu 50 % Rabatt. Alle Zimmer mit Bad und TV. Loc. Lacona 142, 57037 Portoferraio, ✆ 0565/964059, ✆ 0565/964363, hotelgiardino@elbalink.it.

• *Appartements* **Villette Giuliana e Evandro Tallinucci**, nur wenige Minuten zum Strand. Alle Appartements mit Küche, Bad und Terrasse. In der Hochsaison nur wochenweise: für 4 Personen 870–950 €, ein kleineres Appartement ohne Küche ist für 550 € (2 Personen) zu haben. Frühzeitige Buchung ratsam, April bis ca. Okt. geöffnet. Anfahrt: Beim Hotel Giardino von der Hauptstraße in den Feldweg einbiegen, beschildert. Via del Piano 166/B, 57036 Lacona – Porto Azzurro, ✆/✆ 0565/964179, www.tallinucci.it.

*** **Residence Mini Hotel, Tipp!** 20 komfortable und gepflegte Appartements mit Küche, Bad, TV und Terrasse oder Balkon, für 2–4 Personen, günstig: 2er-Appartement 75 €, für 4 Pers. 108–118 €. Sehr nette deutsch-italienische Leitung, ruhig am Berghang, tolle Aussicht auf die Bucht. Ca. 1,5 km vom Strand entfernt (Straße Richtung Porto Azzurro, dann links ab, beschildert), schattiger Privatparkplatz am Strand. Frühzeitig buchen! Ganzjährig geöffnet. Via del Canale 603, 57031 Capoliveri, ✆ 0565/964041, ✆ 0565/964278, www.minihotelelba.it.

• *Camping* *** **Stella Mare**, in bester Lage, auf der dicht bewaldeten Landzunge am östlichen Ende der Bucht (Zufahrt über Via Moletto, beschildert). Viel Schatten, Bar, Restaurant und Market, Stufen hinunter zur eigenen kleinen Bucht. Pro Person 12 €, Zelt 9,50–12 €, Wohnmobil 15,40 €, Auto 2,25 €, Geöffnet von April bis Mitte Okt. Loc. Lacona 237, 57031 Capoliveri, ✆/✆ 0565/964007, www.stellamare.it.

Der Traumstrand Laconella – bei klarer Sicht mit Blick auf Montecristo

Toscana
Karten S. 60/61 und S. 216/217

** **Laconella**, terrassenförmiger Platz auf der kleinen Landzunge *Punta della Contessa.* Schatten unter den Eukalyptusbäumen und noch jungen Pinien. Großer Vorteil: Vom Platz führen ein direkter Zugang über Treppen zur Spiaggia Grande und ein kurzer Weg zu der herrlichen Laconella-Bucht. Etwas günstiger als die anderen Plätze. Mini-Market, Café-Bar mit schöner Terrasse. Pro Person 11,20 €, Zelt 9–11,70 €, Wohnwagen 11,70 €, Auto 3,30 €, 15.3.–31.10. geöffnet. Straße Richtung Marina di Campo, dann links ab, beschildert. Loc. Lacona, 57031 Capoliveri, ✆ 0565/964228, 📠 0565/964080, www.campinglaconella.it.

*** **Lacona Pineta**, gemütlicher und vor allem nah am Meer (Lacona-Strand). Kleiner Supermarkt, Restaurant und Bar, Bojen für Boote, großer Kinderspielplatz. Pro Person 11,60 €, Zelt 7,50–12 €, Wohnmobil 12 €, Auto 3,10 €. Nette Bungalows für 2 Personen 90 €/Tag, für 4 Personen 180 €/Tag, diese aber frühzeitig buchen! Geöffnet von April bis Ende Okt. Cas. Post. 186, 57037 Portoferraio, ✆ 0565/964322, 📠 0565/964087, www.campinglaconapineta.com.

• *Essen/Trinken* **Pirata**, riesige Portionen und üppige Salate, hier kommt schon ab 18 Uhr das Abendmenü auf den Tisch. Riesenpizza aus dem Holzofen ab ca. 6 €. Freundlicher Service, der über den etwas trostlosen Speisesaal hinwegtröstet. An der Straße zum Camping Stella Mare (auf der rechten Seite), mittags und abends geöffnet, ✆ 0565/964225.

▸ **Laconella-Strand**: Der Strand-Tipp für die Südküste! Wer es ruhig, aber nicht allzu abgelegen mag, dem sei dieser kleine Beach am westlichen Ende der Bucht empfohlen, der auch unter dem Namen *Spiaggia della Contessa* bekannt ist. Feinster Sand auch im Meer, flacher Zugang, türkisblaues Wasser, dank der abseitigen Lage auch nicht allzu voll, allerdings auch ohne Bar und Strandservice.

• *Anfahrt* Auf der Straße von Lacona nach Marina di Campo an der Abzweigung zum Campingplatz Laconella (beschildert) links ab, nach einer weiteren Abzweigung (Zufahrt zum Campingplatz) zunächst ca. 200 m auf Asphalt, dann auf einer Sandpiste, von hier führt ein Fußpfad links hinunter zum Strand.

Marina di Campo

Das Fischerstädtchen mit seinem idyllischen alten Hafen ist der älteste und größte Ferienort der Insel – schließlich befindet sich hier auch der längste Sandstrand Elbas.

Rund 1,5 km lang erstreckt sich der breite und feine Sandstrand vom eigentlichen Ort in östliche Richtung bis zur schwer zugänglichen *Costa di Segagnana.* Entlang der *Viale degli Etruschi,* die parallel zum Strand verläuft, haben sich viele Hotels angesiedelt, im Osten schließt dann die „Straße der Campingplätze" an. Das moderne Zentrum von Marina di Campo wirkt hektisch; viel Verkehr und neuere Zweckbauten vermitteln nicht gerade Idylle. Das Bild ändert sich jedoch schlagartig, wenn man die großen Hauptverkehrsstraßen des Orts verlässt und sich durch die Fußgängerzone in Richtung alter Hafen begibt: schmale Gassen, sorgsam restaurierte Häuser und malerische *Piazzette.* Der alte Ortskern von Marina di Campo um den Fischer- und Yachthafen strahlt noch immer viel Charme aus.

Neben zahlreichen Hotels fast aller Preisklassen befinden sich hier auch ausreichend Campingplätze. Der Ort eignet sich hervorragend als Ausgangspunkt für Ausflüge in die westelbanische Bergwelt, und auch die herrlichen Strände der Südwestküste sind nur einen Katzensprung entfernt. Nur wenige Kilometer entfernt liegt der **Inselflughafen** im Ortsteil La Pila.

Information/Verbindungen/Diverses

• *Information* **Azienda di Promozione Turistica (A.P.T)**, Piazza dei Granatieri 5. Offizielles Informationsbüro, sehr freundliches Personal – bei der Einfahrt von Osten bzw. Norden (Via Donizetti) am großen Parkplatz. Inselkarten, Stadtpläne, Hotellisten und Hilfe bei der Zimmersuche. Von April bis Ende September tägl. 8–20 Uhr, montags geschlossen. ✆/℻ 0565/977969, www.arcipelago.turismo.toscana.it.

• *Verbindungen* Etwa stündlich fährt der **Bus** über Procchio (hier Richtung Marciana Marina umsteigen) nach Portoferraio, 12x tägl. über Fetovaia und Pomonte nach Marciana Alta, 8x nach San Piero und Sant'llario.

• *Auto- und Zweiradverleih* Bei **Baby Rent**, Via Donizetti 27, halblinks gegenüber der Tourist Info. Mopeds (ab 25 €/Tag, 155 €/Woche) und Autos (Kleinwagen ab 35 €/Tag, 225 €/Woche), auch MTBs (ab 10 €/Tag, für 24 Std. 25 €, 60 €/Woche). ✆ 393/3325256. Über das Hauptbüro in Portoferraio (Piazza del Popolo 9) kann man sich ebenfalls informieren oder ggf. auch weiterverbinden lassen, ✆ 0565/918883, ℻ 0565/934379, mobil 338/7597181.

• *Feste/Veranstaltungen* Am 7. August feiert man in Marina di Campo das Fest des **Ortspatrons Gaetano** mit Konzerten, allerlei Kulinarischem und Feuerwerk.

• *Wassersport* Umfangreiches Angebot. Empfehlenswert der **Tauchclub Spiro Sub (Padi)** an der Abzweigung zu den Campingplätzen. Probetauchgang 36 €, 6 Tauchgänge (inkl. Ausrüstung) 180 €, Open Water Diver ca. 350 €. Loc. La Foce 27, 57034 Marina di Campo, ✆ 0565/976102, ℻ 0565/976424, mobil 335/333345, www.spirosub.isoladelba.it.

Surfschule Tropical, am Strand des *Bagni Tropical*, Anfängerkurs 130 € (5 Unterrichtsstunden), Brettverleih 11 €/Std., auch Tretbootverleih (8 €/Std.) und Sonnenschirme/Liegestühle (17–21 €/Tag). ✆ 0565/976006, geöffnet 1.5.–1.10. Von der Viale degli Etruschi kurz nach dem Hotel Meridiana rechts ab, beschildert.

Übernachten

• *Hotels* **** **Montecristo**, zentrumsnahes, sympathisches Hotel der oberen Preisklasse, wenn auch nicht mehr ganz neu, direkt am Strand, Pool und Snackbar, DZ 196–212 €, EZ 114–122 €. Alle Zimmer mit Bad, Balkon, Aircon. und TV. Vom Viale degli Etruschi in die Via Giannutri zum Meer einbiegen, beschildert. Geöffnet Ostern bis

Mitte Okt. Viale Nomellini 11, 57034 Marina di Campo, ✆ 0565/976861, ℻ 0565/976597, www.hotelmontecristo.it.

*** **Meridiana**, ist einen **Tipp** wert, gut geführtes Hotel mit deutschsprachiger Leitung. Alle Zimmer mit Bad, Terrasse/Balkon und TV, DZ 140–168 €, EZ ca. 100 €, je inkl. Frühstücksbuffet, ca. 1,5 km vom Zentrum. Viale degli Etruschi 465, 57034 Marina di Campo, ✆ 0565/976308, ℻ 0565/977191, www.infoelba.it/meridiana, meridi@elbalink.it.

*** **Punto Verde**, 100 m vom Strand, zentrumsnah, sehr gepflegtes und modernes Hotel, für das Gebotene nicht zu teuer: moderne, gut eingerichtete DZ (mit Bad und teilweise Balkon) 128 €, EZ 99 €, je inkl. Frühstück. Viale degli Etruschi 207, 57034 Marina di Campo, ✆ 0565/977482, ℻ 0565/977486, www.hotelpuntoverde.it.

• *Privatzimmer* **Camere Baldetti**, gepflegte Zimmer mit Balkon im ersten Stock einer Villa in der Via Mascagni. Zimmer mit Bad und Kühlschrank. Einziges Manko: direkt an der Durchgangsstraße, teilweise laut, dafür echt günstig: DZ 65 €, Dreier 70 €, keine Einzel. Via Mascagni 44 (gegenüber vom Hotel Elba), 57034 Marina di Campo, ✆ 0565/976200 oder 349/3725656 (mobil).

• *Camping* *** **La Foce**, östliches Ende der Bucht. Gepflegter Platz mit viel Grün direkt am Meer, Bars und Restaurants in unmittelbarer Nähe. Gute Ausstattung, aber ziemlich teuer: pro Person 12,50 €, Zelt 12–15 €, Wohnwagen 15 €, Wohnmobil 17 €, Auto 3,50 €. Ganzjährig geöffnet. Loc. La Foce, 57034 Marina di Campo, ✆ 0565/976456, ℻ 0565/977385, www.elbalink.it/camping/lafoce.

*** **Ville degli Ulivi**, am östlichen Ende der Bucht gelegen, etwas vom Strand entfernt. Sehr gepflegter Platz mit bescheidener Grasnarbe, dafür aber vielen schattigen Stellplätzen. Fahrradverleih. Auch einige Bungalows (135–160 € pro Tag für max. 4 Personen) und Zimmer (DZ 85 €). Camping-Preise wie La Foce (s. o.). Geöffnet von Mitte April bis Mitte Sept.. Von der Hauptstraße beschildert. Via della Foce 89, 57034 Marina di Campo, ✆/℻ 0565/976048, www.villedegliulivi.it.

Essen/Trinken

La Triglia, Via Roma 58, Ecke Via Genova. Restaurant mit gutem Ruf – klein, betont schlichte Einrichtung. Wechselnde Tagesgerichte, Cacciucco (Fischsuppe), Pilzspezialitäten, Nudelgerichte mit Fisch, gehobenes Preisniveau. Mo–Fr nur abends, Sa/So auch Mittagstisch, von April bis Nov. geöffnet, ✆ 0565/976059.

Due Stelle, in einer Seitengasse der Via Marconi, empfehlenswerte Pizzeria, gute Fischgerichte, das Preis-Leistungs-Verhältnis ist o. k., gemütlich zum Sitzen, auch mittags geöffnet, ✆ 0565/977375, 347/7624148 (mobil).

L'Aragosta, Piazza Cavour, schön gelegen im alten Zentrum, eines der schicksten Restaurants in Marina di Campo, Meeresblick. Als besondere Spezialitäten werden Fischgerichte und v. a. Cacciucco (Fischeintopf) serviert. Gehobenes Preisniveau, von März bis Okt. mittags und abends geöffnet, ✆/℻ 0565/977131.

• *Außerhalb* **Osteria Al Moro**, nobles Restaurant 1,5 km außerhalb von Marina di Campo (Straße Richtung Cavoli auf der linken Seite), der Garten ist eine Oase, ausgezeichnete und viel gelobte Küche, gehobenes Preisniveau, ganztägig geöffnet, Pozzo al Moro 10, ✆ 0565/976358 (Reservierung für abends empfohlen).

Cavoli

Cavoli ist kein Ort im eigentlichen Sinn, sondern vielmehr eine Ansammlung von Hotels und Appartementanlagen, Privathäuser gibt es kaum. Feiner Sandstrand und glasklares Wasser. Im Sommer ist die traumhafte Bucht hoffnungslos überlaufen. Kajaks, Tretbootverleih und Umkleidekabinen, Sonnenschirm- und Liegestuhlverleih. Boote bringen die Gäste zur nahegelegenen **Grotta Azzurra.**

• *Verbindungen* Ca. stündlich **Busse** zwischen Marina di Campo und Fetovaia/Marciana Alta (bzw. retour), der Bus hält oben an der Straße, sagen Sie dem Fahrer Bescheid und erkundigen Sie sich über Rückfahrzeiten. Hinunter zum Strand ca. 10 Minuten zu laufen.

• *Übernachten/Essen/Trinken* *** **Baia Imperiale Beach Hotel**, herrlich am Hang oberhalb der Bucht gelegen, Aussichtsterrasse, Bar, Ristorante. DZ/Halbpension ab 196 €, EZ ab 114 €. Für gehobene Ansprüche. Alle Zimmer mit Bad, Balkon, TV und Aircon., etwa 100 m hinunter zum reservierten Strand. Loc. Cavoli, 57030 Seccheto, ✆ 0565/987055, 📠 0565/987020, www.hotelbaiaimperiale.it.

** **Lorenza**, angenehmes Haus direkt am Strand, sympathischer Besitzer, Sonnenterrasse, gemütliches Restaurant – sehr nett und dabei vergleichsweise günstig: DZ mit Frühstück 110 €, EZ 72 €, Halbpension pro Person ca. 15 € Zuschlag. Alle Zimmer mit Bad, Balkon oder Terrasse, TV und Aircon. Loc. Cavoli, Campo nell'Elba, ✆ 0565/987054 oder 0565/987004, 📠 0565/987080.

Seccheto/Vallebuia

Seccheto besitzt noch echten Dorfcharakter: An der Piazza im Zentrum an der Durchgangsstraße herrscht Leben, man trifft sich zum Plausch. Zum Ort gehört auch ein kleiner, gepflegter **Sandstrand** mit gemütlicher Bar. Allerdings sind die Bademöglichkeiten hier nicht ideal: So herrlich der sandige Strand selbst ist, so steinig (und glitschig) wird es im Wasser. Einen Abstecher lohnt das **Vallebuia**, eines der wenigen grünen Täler an der steinigen Westküste. Die Straße führt von Seccheto aus zunächst sehr steil bergauf ins „dunkle Tal“, auf dem Weg sind einige Granitbrüche zu sehen.

• *Verbindungen/Parken* Der **Bus** auf der Strecke von Marina di Campo nach Fetovaia/ Marciana Alta und retour hält im Zentrum, von 6–18.30 Uhr etwa stündlich. Schattiger **Parkplatz** im Zentrum an der Hauptstraße.

• *Übernachten* *** **La Stella**, gepflegtes Mittelklassehotel am Ortsausgang (Straße Richtung Fetovaia). Relativ kleine Zimmer mit Bad, TV, Aircon., teilweise auch Balkon, DZ mit obligatorischer Halbpension 170 €, EZ die Hälfte. Geöffnet Anfang März bis 30.9. 57030 Seccheto, ✆ 0565/987013, 📠 0565/ 987215, www.hotellastella.it.

• *Übernachten/Essen im Vallebuia* Unser **Tipp** ist die ** **Locanda dell'Amicizia**, sehr ruhig gelegen, mit gemütlicher Terrasse und empfehlenswertem Ristorante. Alle Zimmer mit Bad, Aircon., Balkon oder Terrasse. Günstig: DZ mit Halbpension 126 €. Loc. Vallebuia, 57030 Seccheto, ✆ 0565/987051, 📠 0565/ 987277, www.elbahome.com/locanda.

• *Einkaufen* **Agricoop**, im Laden der kleinen Kooperative gibt es hervorragenden Aleatico und Idromele (Apfellikör, 14 %) zu kaufen, darüber hinaus gute Weine, Honig und Olivenöl, alles aus eigener Produktion. Es werden auch einige **Appartements** vermietet, 2 km vom Meer, einfach der Straße ins Vallebuia folgen. Ganzjährig geöffnet, im Sommer 8.30–12.30 Uhr und 16–19.30 Uhr, im Winter eingeschränkt. Loc. Vallebuia 10, 57030 Seccheto, ✆/📠 0565/987035, www.agricoopelba.it.

• *Tauchen* **Diving Service Center**, beim Hotel La Stella am Meer. Getaucht wird hauptsächlich an der Südwestküste der Insel, Tauchgang 32 €, mit Leih-Equipment 55 €, Probetauchgang 43 €, Anfängerkurs 315 €. Geöffnet Anfang März bis Ende Nov. Via del Mare, 57030 Seccheto, ✆/📠 0565/ 987082, mobil 335/6103592, www.divingservicecenter.com.

Die Bucht von Fetovaia

Die Traumbucht der Westküste! Breiter Sandstrand, unverbaut, die Bucht ist zur Westseite hin durch eine Landzunge geschützt. In Küstennähe und im bewaldeten Hinterland vereinzelt Häuser, eine Hand voll Hotels und einige Strandbars, Sonnenschirm- und Liegestuhlverleih, ein kleiner Supermarkt – mehr nicht. Die Küste bei Fetovaia gilt als hervorragendes Tauchrevier.

• *Verbindungen* Von 6–18.30 Uhr ca. stündlich **Busse** nach Marina di Campo und nach Marciana Alta.

• *Übernachten/Essen/Trinken* *** **Lo Scirocco**, im Zentrum, ca. 400 m vom Strand, mit Ristorante, gediegenes Ambiente. DZ mit obligatorischer Halbpension 164 €, 1.4.– 15.10. geöffnet. Loc. Fetovaia, 57034 Campo nell'Elba, ✆ 0565/988033, 📠 0565/988067, www.fetovaia.it.

*** **Montemerlo**, eines der besten Hotels von Fetovaia, im oberen, ruhigen Ortsteil gelegen, von der Hauptstraße beschildert, 300 m vom Strand, schicker Pool, Fahrradverleih. DZ mit Bad, Terrasse/Balkon und obligatorischer Halbpension 161 €, keine EZ. Geöffnet Mitte April bis Mitte Okt. Loc. Fetovaia, 57030 Seccheto, ✆ 0565/988051, 📠 0565/988036, www.welcometoelba.com.

Fetovaia: Traumbucht mit schützender Landzunge

** **Da Alma**, bei der Ortseinfahrt (aus Seccheto kommend) auf der linken Seite. Nettes und familiär geführtes Hotel über der Bucht, schöner Blick. DZ mit Bad und obligatorischer Halbpension 146 €, EZ 85 €, das DZ mit Frühstück kostet im Juli 80 €. Via Barbatoja 74, Loc. Fetovaia, 57030 Seccheto, ✆ 0565/988040, ✆ 0565/988074, www.hotelalma.com.

Chiessi

Im westlichsten Ort der Insel ist vom Tourismus im großen Stil noch immer nichts zu bemerken – Chiessi ist sicherlich eines der schönsten Dörfer an der abgelegenen Westküste. Wenn überhaupt irgendwo auf der Insel, dann kann man hier noch einen einigermaßen günstigen Urlaub verbringen. In der Bucht ein netter kleiner Kiesstrand, beidseitig eingerahmt von flach abfallenden Felsen, auf denen es sich unter aufgespanntem Sonnenschirm (selbst mitbringen) herrlich aushalten lässt. Typisch für die Gegend um Pomonte und Chiessi sind die angelegten **Terrassenfelder**, auf denen wie seit Jahrhunderten Wein angebaut wird.

• *Verbindungen* Von 6–18.30 Uhr ca. stündlich per **Bus** nach Fetovaia und Marina di Campo, genauso oft nach Marciana Alta und weiter nach Portoferraio.

• *Übernachten/Essen/Trinken* *** **Hotel Il Perseo**, aus Pomonte kommend auf der rechten Seite. Gepflegtes Hotel der oberen Mittelklasse mit Ristorante, Bar und Tabak-Zeitschriftenladen. Nur 21 Zimmer, zum Teil im Nebengebäude (mit Garten), alle Zimmer mit Bad, TV und Heizung, einige auch mit Balkon, 100 m vom Kiesstrand. Relativ günstig: DZ mit Frühstück 108 €, keine EZ. März bis ca. Mitte Okt. geöffnet. 57030 Chiessi, ✆ 0565/906010, ✆ 0565/906109, www.htperseo.it.

** **Albergo Aurora**, ebenfalls sehr empfehlenswert, an der Durchgangsstraße links, mit Ristorante, DZ mit obligatorischer Halbpension 120 €, DZ in der Nebensaison um 70 €. Alle Zimmer mit Bad. Angenehme Bar, nur knapp 50 m vom Meer. Mitte April bis Anfang Okt. geöffnet. Via Provinciale, 57030 Chiessi, ✆/✆ 0565/906129, hotelaurora@infoelba.it.

Albergo dei Fiori, ein weiterer **Tipp** für die Gegend. Am Hang oberhalb der Durchgangsstraße. Alle Zimmer mit Bad, die meisten auch mit Balkon. Sehr günstig: DZ ab 45 €, EZ ab 25 €, Dreier ab 60 €, mit Halbpension kostet das DZ 86 €. Auskünfte im übrigens äußerst empfehlenswerten **Ristorante L'Olivo** an der Hauptstraße bzw. unter ✆ 0565/906013. Infos auch unter ✆ 0565/906071.

Cotoncello – einer der schönsten Strände der Insel

Sant'Andrea

Der Ort an der Nordwestspitze der Insel liegt steil am Hang inmitten einer verschwenderischen Vegetation. In der Bucht ein etwa 150 m langer Sandstrand, in westlicher Richtung schließt ein traumhaft schöner Felsstrand am Capo Sant'Andrea an. Ebenso traumhaft der östlich gelegene Cotoncello-Strand.

Diese wunderschöne Ecke der Insel blieb natürlich nicht unentdeckt, und es haben sich neben einer Hand voll Hotels auch ein paar Bars und Restaurants etabliert. Dennoch, die Hotelsituation in Sant'Andrea ist eine besondere: Es sind fast ausschließlich kleine, persönlich geführte Familienunternehmen, Tourismus im großen Stil mit der dazugehörigen Massenabfertigung ist in dem kleinen Ort fremd, das Preisniveau ist allerdings auch eher gehoben.

Während der Sommermonate Motorbootverleih, am eher schmalen Strand werden außerdem Sonnenschirme und Liegestühle, Tretboote, Kajaks und Surfbretter (auch Unterricht) verliehen. Nach Osten hin erstreckt sich der malerische **Cotoncello-Strand**: überwiegend Granitfelsen (als Badeplätze gut geeignet) in teilweise bizarrer Formation, über Stufen und kleine Brücken gelangt man zu einem winzigen sandigen Abschnitt.

• *Verbindungen* Leider keine direkte Verbindung hinunter nach Sant'Andrea, man nimmt den **Bus** ab Portoferraio nach Fetovaia (ca. stündlich von 7.30–17.30 Uhr) oder von Marina di Campo nach Marciana Alta (ca. stündlich von 8–18 Uhr), der Bus hält in Zanca an der Hauptstraße, hier umsteigen in den **Marebus**, der Sie zum Strand hinunterbringt, Verbindungen stündlich. Achtung: nach 18.30 Uhr keine Busse mehr nach Portoferraio oder Marina di Campo!

• *Bootsverleih* Bei **Daniele Rent** am Strand, Schlauchboot mit 40-PS-Außenborder 65–85 € (halber Tag), ganztägig 110–140 €, Surfbrettverleih 8 €/Std., Kanu 5 €/Std. Auch Surfkurse (180 €/8 Tage). Geöffnet Mitte Mai bis Anfang Okt., ✆ 0565/908173 oder 339/1033741 (mobil).

• *Übernachten/Essen/Trinken* *** **Ilio**, sehr schönes Hotel am Hang, nur wenige Meter vom Meer. Bereits 1989 hat man sich hier einer ökologisch verträglichen Hotelführung verschrieben. Komfortable Zimmer. DZ mit Halbpension 156–168 €, in der Nebensaison bis zu 40 % niedriger. Das Hotel ist von der Straße zum Strand beschildert, geöffnet 15.4.–15.9. Capo Sant'Andrea 24, 57030 Marciana, ✆ 0565/908018, 📠 0565/908087, www.ilio.it bzw. www.elbatuttanatura.com.

* **Oleandro**, ebenfalls sehr empfehlenswert, etwas östlich des Kaps hoch über dem Meer gelegen, gemütlich und kinderfreundlich, mit einladendem Ristorante/Bar. DZ mit Bad, Balkon oder Terrasse (zum Meer) und obligatorischer Halbpension 144 €, EZ 90 €, in der Nebensaison (alles außer Juli/August) auch Zimmer mit Frühstück: DZ 72–88 €, EZ 45–55 €. Von der Hauptstraße zum Strand rechts ab, beschildert, ca. 1,5 km vom Ort. Geöffnet 1.4.–30.9. Cotoncello di Sant'Andrea, 57030 Marciana, ✆ 0565/908088.

*** **Cernia, Tipp!** Sehr angenehme Atmosphäre, zum Wohlfühlen, ein Hotel, das sein Geld wert ist. 10.000 qm großer botanischer Garten bis zum Meer hinunter mit allerlei exotischem Grün und unbekannten Früchten, Terrasse, herrlicher Pool. Der Besitzer Nello Anselmi ist zugleich Sommelier und führt sein Haus in sehr persönlichem Stil. Empfehlenswertes Restaurant. Nur DZ mit obligatorischer Halbpension für 184 €, an der Straße zur Bucht auf der rechten Seite. Geöffnet Anfang April bis Mitte Okt. Capo Sant'Andrea, 57030 Marciana, ✆ 0565/908210, 📠 0565/908253, www.hotelcernia.it.

Toscana
Karten S. 60/61 und S. 216/217

Marciana Alta

Marciana Alta, auf 375 m Höhe in den üppigen Esskastanienwäldern der nördlichen Hänge des Monte Capanne gelegen, ist von rauer Schönheit. In dem Bergdorf mit seinen verwinkelten Gassen und kleinen Piazzas findet sich noch immer ein Stück ursprüngliches Elba fernab vom großen Rummel der Küstenorte.

Man betritt Marciana Alta durch die mittelalterliche *Porta di Lorena* und gelangt sogleich auf die *Piazza Santa Caterina* mit der gleichnamigen Kirche aus dem 16. Jh. Von hier führen unzählige Treppen und kleine Gässchen durch das Dorf nach oben, und auch der planloseste Spaziergang endet in der Regel an der pisanischen Festung, die den Ort noch immer dominiert und Zeugnis von seiner früher Bedeutung ablegt. Bei diesem Bummel stößt man auf die *Piazza Cantone*, einen idyllischen Kirchplatz, oberhalb davon geht es zum kleinen *Archäologischen Museum* und schließlich zur *Casa Appiani* aus dem 14. Jh. und der nahen kleinen *Chiesa San Francesco*, die ebenfalls von den Appiani, den Fürsten von Piombino, errichtet wurde.

• Verbindungen sehr gute Busverbindungen, 11x täglich über Fetovaia und Pomonte entlang der Westküste nach Marina di Campo, 12x tägl. über Poggio, Marciana Marina und Procchio nach Portoferraio.

• Essen/Trinken **Birreria-Bar La Porta**, bei der Porta di Lorena. Spezialität sind hier die Bruschette, belegt mit Knoblauch, Räucherlachs, Steinpilzen etc., außerdem leckere Salate und Panini. Die Auswahl an Bieren ist enorm. Tägl. von 7 Uhr morgens bis spät nachts geöffnet.

Ristorante/Pizzeria Bellavista, fast nebenan, das mit dem schönen Blick trifft zu, günstige Pizza, Primi ab ca. 6 €, Secondi 8–10 €, Meeresfrüchte etwas teurer. Mittags und abends geöffnet, Do Ruhetag.

Osteria del Noce, unser **Tipp!** Im Dorf bergauf Richtung Festung (rechts halten). Gemütliche Terrasse mit phantastischem Blick, herausragende Pasta, hervorragender Fisch, relativ kleine Auswahl, die Tageskarte erklärt Ihnen Wirt Alberto Chiappara in drei Sprachen. Leicht gehobenes, aber durchaus angemessenes Preisniveau. Von April bis Ende Sept. mittags und abends geöffnet, ✆ 0565/901284.

• Feste/Veranstaltungen Am 18./19. August findet hier die **Festa Medioevale** (Mittelalterliches Fest) mit Umzug und großem Bankett in der pisanischen Festung statt.

Am ersten Sonntag im Nov. begeht man hier und in Poggio das **Kastanienfest** (Sagra della Castagna).

Sehenswertes in und um Marciana Alta

Pisanische Festung (Fortezza Pisana): Die viertürmige Anlage stammt aus dem 12. Jh. – den einstigen Glanz der Festung kann man auch aus den Ruinen noch herauslesen. Im Sommer finden im Innenhof Veranstaltungen und Open-Air-Konzerte (v. a. klassische Musik) statt. Zu sehen gibt es in der Fortezza Pisana nicht allzu viel, von der Südseite der Anlage kann man einen kostenlosen Blick ins Innere werfen. Vor der Festung eine Aussichtsterrasse, daneben die gemütliche *Paninoteca Monili.* Die Festung ist auch über eine Fahrstraße zu erreichen, ab Marciana beschildert.

Öffnungszeiten April–Juni und September 9.30–12.30 Uhr und 16.30–19.30 Uhr, Di geschlossen; im Juli/August täglich 9.30–12.30 Uhr und 18–23 Uhr. Im Winter geschlossen. Eintritt 2 €, Kinder unter 12 Jahren frei. Kombiticket mit Archäologischem Museum 3 €.

Archäologisches Museum: Funde aus der Umgebung, aus der Bronze-, der etruskischen und römischen Zeit. Nicht sehr aufregend, eher ein liebevoll zusammengestelltes Heimatmuseum, hier finden sich Schädel neben Vasen.

Öffnungszeiten/Eintritt Wie Pisanische Festung (s. oben), Kombiticket 3 €.

Wallfahrtskirche Madonna del Monte: Die Wallfahrtskirche aus dem 16. Jh. liegt in aller Abgeschiedenheit inmitten von uralten Esskastanienbäumen. Bereits im 15. Jh. haben hier Eremiten gelebt, Ende des 18. Jh. wurde die Kirche umgebaut und erhielt ihr heutiges Aussehen. Sehenswert im Inneren der schlichten Kirche sind die reiche Deckenausmalung und der Altar im antikisierenden Stil. Es ist jedoch weniger die Kirche selbst als vielmehr der Aufstieg, zeitweise durch Esskastanienhaine, auf einem Kreuzweg mit 14 Wegkapellchen, und die hübsche Lage, die den Spaziergang hinauf lohnen.

Aufstieg Von der pisanischen Festung von Marciana aus gut beschildert, ca. 45 Min. auf einem gut begehbaren breiten Steinweg (Wanderweg Nr. 3, auf dem man von hier aus weiter zur Westküste nach Pomonte wandern kann).

Mit der Kabinenbahn zum Monte Capanne: *Cabinovia* ist hierfür ein eher irreführender Begriff, von der Talstation bei Marciana (800 m vom Ort an der Straße nach Poggio) geht es in gelben Stehkäfigen steil aufwärts – möglichst nicht schaukeln! In etwa 15 Min. überwindet die einzige Bergbahn der Insel 660 Höhenmeter.
An der Talstation befinden sich eine Bar sowie das einzige vegetarische Restaurant der Insel, außerdem ein großer Parkplatz. Der Bus von und nach Marciana Marina hält bei der Bergbahn.

• *Abfahrtszeiten* Sie ändern sich mitunter auch während der Saison. Grundsätzlich gilt jedoch: von Anfang April bis Ende Sept. (bei gutem Wetter bis Ende Okt.) tägl. 10–12.15 Uhr und 14.30–18 Uhr, im Hochsommer bis 18.30 Uhr, im Okt. bis 17 Uhr. Erste und letzte Talfahrten jeweils ca. 30 Minuten später. Hin und zurück 12 €, Kinder 7 €, einfache Fahrt 7,50 €. Informationen unter ✆ 0565/901020.

Poggio

Wie das benachbarte Marciana ist auch Poggio von dichten Esskastanienwäldern umgeben. Das kleine Bergdorf, auf 350 m Höhe am Fuß des Monte Capanne gelegen, ist aber fast noch romantischer. Von der malerischen *Piazza Castagneto* genießt man einen herrlichen Panoramablick auf Marciana Marina und das Capo d'Enfola in der Ferne. Unbedingt lohnend ist der Spaziergang die Treppen hinauf und durch die schmalen Gassen des alten Orts.

• *Verbindungen* Poggio liegt auf der Strecke von/nach Marciana Alta. 12x tägl. fährt der **Bus** über Marciana Marina und Procchio nach Portoferraio, genauso oft nach Marciana Alta, dort umsteigen nach Marina di Campo und zu den Orten der Westküste.

• Essen/Trinken **Ristorante Monte Capanne**, im unten genannten Haus, auch Bar. Vorzügliche Küche, herrlicher Blick auf den Ort und die Küste. Mittags und abends geöffnet.

Ristorante Da Publius, ebenfalls mit Panoramablick, im unteren Ortsteil. Vornehmes Publikum an exzellenten Speisen. Bekanntes Feinschmeckerlokal der Insel. Gehobenes Preisniveau, Secondi ab ca. 12–15 €, aber auch Pizza, mittags und abends geöffnet, in der Hochsaison sollte man für abends reservieren, Piazza del Castagneto 11, ✆ 0565/99208.

** **Monte Capanne**, Übernachtungs-Tipp! Im oberen Teil des Orts an der Durchgangsstraße, DZ mit obligatorischer Halbpension 92 €, EZ die Hälfte, DZ mit Frühstück 51 €, EZ 28 €. Alle Zimmer mit Bad (jedoch auf dem Gang), nicht luxuriös, aber geräumig. Angenehme und preiswerte Alternative zu den Hotels im Küstenort Marciana Marina; das angeschlossene Ristorante ist empfehlenswert. Reservierung für die Hochsaison empfehlenswert. Via dei Pini 1, Loc. Poggio, 57030 Marciana, ✆ 0565/99083.

Toscana Karten S. 60/61 und S. 216/217

Sehenswertes in der Umgebung von Poggio

Fonte di Napoleone: Der eher unspektakuläre Brunnen liegt ungefähr 500 m außerhalb des Orts in Richtung Marciana. Das inseleigene Mineralwasser findet von hier den Weg in zahlreiche elbanische Restaurants. Elbaner und Durchreisende füllen das Wasser am Straßenrand gleich literweise ab – gratis, kühl und gesund.

San Cerbone: Die Einsiedelei wurde im 6. Jh. gegründet und bot dem seinerzeit berühmten Bischof von Populonia *Cerbone* Zuflucht vor den Langobarden. Im 15. Jh. wurde die Kapelle von den Appiani neu aufgebaut. San Cerbone liegt am Wanderweg Nr. 1, der von Marciana Alta zum Monte Capanne führt.

Monte Perone (630 m): Durch einen wunderschönen lichten Pinienwald schlängelt sich die Straße (ab Poggio beschildert) hinauf zum weitläufigen Parkplatz am Monte Perone – ein beliebtes Ausflugsziel und schattige Sommerfrische. Tische und Bänke laden zum Picknicken ein, zwischen den Bäumen des bewaldeten Areals eröffnet sich ein schöner Blick auf die Bucht von *Marina di Campo.*

Marciana Marina

Eine gelungene Mischung aus traditionellem Hafenstädtchen und Touristenzentrum. Der lebhafte Ort mit seinen schönen Plätzen und dem geschlossenen Ortsbild hat trotz regen Zulaufs viel von seinem Charakter bewahrt.

2.000 Menschen leben ganzjährig in Marciana Marina, im Sommer steigt die Zahl sprunghaft auf gut 5.000 an. Hauptattraktion im Zentrum ist die *Piazza Vittorio Emanuele* mit der abends illuminierten Pfarrkirche *Santa Chiara,* nicht minder reizvoll präsentiert sich die kleinere *Piazza della Vittoria* an der Uferpromenade mit ihren zahlreichen Cafés und Restaurants und dem kleinen Park am Meer. Östlich von der Hafenpiazza befindet sich das historische Viertel *Cotone* mit dem gleichnamigen großen Felsen, dessen Einbuchtungen den Fischern früher als natürlicher Hafen dienten. In westliche Richtung erstreckt sich von der Piazza della Vittoria eine ca. 1 km lange Uferpromenade mit vielen Bars, Restaurants und kleinen Läden bis zum geschützten Yacht- und Fischerhafen am Ende der Bucht. Er wird von der zylindrischen *Torre Pisana* (Pisanerturm) überragt, die im 12. Jh. als Wachturm gegen die Sarazenen erbaut wurde. Daneben befindet sich der **Strand La Fenicia**: glasklares Wasser und große glatte Kieselsteine (auch Sonnenschirm- und Liegestuhlverleih). Eine Alternative findet man etwas östlich davon: kleiner Strand mit Felsen.

Information/Verbindungen/Diverses

• *Information/Reisebüros* **A.P.T.**, offizielles Informationsbüro im Pavillon an der Piazza della Vittoria, nur im Sommer Di–So 17–23 Uhr geöffnet. Freundlicher Service, gut sortiertes Infomaterial.

ABV Agenzia Brauntour Viaggi, informativ, und hilfsbereit, bei der Piazza Vittorio Emanuele. Zimmer- und Appartementvermittlung sowie Fährtickets, als Paket werden auch Unterkunft und Tauchkurse (mit dem Elba Diving Center, s. unten) angeboten, Bootsausflüge. Ganzjährig geöffnet, im Sommer tägl. 9–13 Uhr und 16–20 Uhr. Via Cavalotti 10, 57033 Marciana Marina, ✆ 0565/996873, ℻ 0565/996824, www.abviaggi.it.

• *Verbindungen* Von 8–19 Uhr stündlich **Busse** nach Marciana Alta und weiter nach Pomonte. Von 7–21 Uhr etwa stündlich über Procchio nach Portoferraio; in Procchio Umsteigemöglichkeit nach Marina di Campo.

• *Taxis* In Marciana Marina unter ✆ 0565/99108 oder 0565/99447 zu erreichen. Die Fahrt nach Portoferraio kostet 28,50 €.

• *Autos und Zweiräder* Bei **Mazzei Bibi** in der Via XX. Settembre (beim Übergang der Piazza della Vittoria zur Via G. Mazzini in die Gasse hinein) auf der linken Seite. Kleinwagen ab 40 € pro Tag (inkl. Teilkasko 55 €), Scooter (50 ccm) 22 €, auch MTBs für 12 €. ✆ 0565/99447 oder 0565/996662 (abends), mobil unter 333/6147165 oder 338/7607389 zu erreichen.

• *Motorboote* Bei **Elba Yacht Assistance** am Dorfstrand gegenüber dem Hotel Marinella, kleine Boote für 3–4 Personen (25 PS) ab ca. 45 € pro Tag, für 6 Personen (ebenfalls 25 PS) 60–80 €, 40-PS-Boote um 120 € am Tag. Es werden auch Segelboote (ca. 30 Fuß) für 200 € pro Tag angeboten (max. 6 Personen). 20. Mai bis Ende Sept. geöffnet, ✆ 338/7433696 oder 338/2637254 (mobil), ℻ 0565/998047.

• *Bootsausflüge* Im Sommer 2x tägl. mit dem **Glasbodenboot** zur Westküste, 14.30 und 17 Uhr, Dauer ca. 2 Std., pro Person 15 €, Kinder unter 12 Jahren 8 €, Tickets an Bord, eine Tafel mit weiteren Informationen hängt aus, Abfahrt vom östlichen Steg des Hafens. ✆ 328/7095470 (mobil).

Des Weiteren legen die meisten Ausflugsschiffe von Portoferraio zur **Insel Capraia** in Marciana Marina einen Zwischenstopp ein. Fahrten mind. 1x wöchentlich, pro Person 35 €, Kinder unter 12 Jahren 20 €; ebenfalls ganztägige Fahrten werden während der Saison nach Giglio angeboten (ca. 3x wöchentlich, Preise wie nach Capraia). Weitere Infos unter ✆ 328/7095470 oder bei *Brauntour Viaggi*.

• *Wassersport* Die italienische Tauchschule **Elba Diving Center** vermietet auch Taucherausrüstungen und ist um Flaschenfüllungen besorgt. Tauchgang 31 €, 6 Tauchgänge 168 €, Open Water Diver 310 € (Kurse in englischer Sprache). Ganzjährig geöffnet, nahe Hotel Yacht Club in der Via Aldo Moro 42 gelegen (hinter dem Friedhof). 57033 Marciana Marina, ✆ 0565/904256, mobil 348/7045202, ℻ 0565/904363, www.elbadiving.it. Infos und Buchungen auch bei *Brauntour Viaggi*.

• *Veranstaltungen* Alljährlich am 12. August begeht man in Marciana Marina das Fest der Ortspatronin **Santa Chiara**.

Übernachten

*** **Yacht Club**, unser **Tipp!** Gut ausgestattete und geräumige Zimmer, sehr freundlicher und hilfsbereiter Service, DZ mit Bad, TV und Frühstücksbuffet 134 €, EZ 94 €. In einer Seitengasse der Promenade (in Hafennähe beim pisanischen Turm). Die meisten Zimmer ohne Balkon, dafür sorgt eine Klimaanlage für kühle Frischluft. Ostern bis ca. Ende Okt. geöffnet. Via Aldo Moro, 57033 Marciana Marina, ✆ 0565/904422, ℻ 0565/904465, www.hotelyachtclub.it, yachtclub@elbalink.it.

*** **Marinella**, Viale Margherita 38. Bestlage am wenig attraktiven Dorfstrand. Großer Swimmingpool und Tennisplatz. Alle Zimmer mit Bad, TV und Aircon., z. T. mit Balkon, DZ mit obligatorischer Halbpension 170 €, in der Nebensaison ca. 40 % günstiger. Ostern bis ca. Ende September geöffnet. Viale Margherita, 57033 Marciana Marina, ✆ 0565/99018, ℻ 0565/996895, hotelmarinella@elbalink.it.

*** **Gabbiano Azzurro**, die bescheidenere Ausgabe des noblen und schier unbezahlbaren **Gabbiani Azzurro Due** nebenan. Schon älteres Hotel mit 40 Zimmern, netter Garten mit Pool, DZ mit Bad 130 €, EZ 110 € (je inkl. Frühstück), es werden auch 6 Appartements angeboten (um 140 €/Tag). Ca. 500 m von der Uferpromenade an der Straße Richtung Marciana Alta auf der rechten Seite, geöffnet Anfang März bis Anfang

Am Hafen von Marciana Marina – im Hintergrund die Torre Pisana

Nov. Viale Principe Amedeo, 57033 Marciana Marina, ✆ 0565/99226, ✉ 0565/99497.

** **Imperia**, Viale Principe Amedeo (Seitenstraße der Uferpromenade), angenehmes kleines Mittelklassehotel in zentraler Lage, sympathischer Service, günstig: DZ 90 €, EZ 65 €, Frühstück inbegriffen. Zimmer mit Bad, Kühlschrank, TV und z. T. Balkon. Ganzjährig geöffnet. Viale Principe Amedeo 12, 57033 Marciana Marina, ✆ 0565/99082, ✉ 0565/998742, imperia@elbakink.it.

• *Außerhalb* ** **Andreina**, in der westlichen Nachbarbucht La Cala, ca. 3,5 km auf Asphaltstraße von Marciana Marina entfernt. Abgelegenes Hotel mit empfehlenswertem Ristorante, familiäre Atmosphäre. DZ mit Bad 80 €, mit Halbpension 130 €, das DZ ohne Bad kostet 70 € (110 €). Geöffnet April bis Ende Okt. Von der Torre Pisana am Hafen führt die schmale Straße zunächst steil bergauf und dann durch den Wald nach La Cala. Loc. La Cala, 57033 Marciana Marina, ✆/✉ 0565/908150.

Essen/Trinken

Capo Nord, am pisanischen Turm (Hafen), eine der ersten Adressen, nicht nur in Marciana Marina, sondern auf ganz Elba. Nobles Ambiente, geschulter Service, herrliche Lage am Meer, ausgezeichnete Küche zu entsprechend gehobenem Preisniveau. Mittags gibt es auch schnelle Snacks (nicht ganz so teuer), zum abendlichen Dinieren auf der Terrasse sollte man reservieren. ✆ 0565/996983.

La Scaletta, unser **Tipp!** Hervorragende Pizzeria und ausgezeichnetes Ristorante, sehr günstig. Sehr freundlicher Service, der auch die Nerven behält, wenn es sehr voll wird – und wartende Gäste die kleine Seitengasse bei der Piazza Vittorio Emanuele bevölkern. Nette Atmosphäre, auch bei den Bewohnern von Marciana Marina überaus beliebt. Nur abends geöffnet, Via della Fossa 6, ✆ 0565/997071.

La Gritta, ein weiterer **Tipp!** Am östlichen Ende des Hafens sitzt man gemütlich und ruhig direkt bei den Felsen von Il Cotone. Exzellente Pizza, dazu äußerst günstig, Spezialität sind frische Meeresfrüchte (natürlich etwas teurer). Freundlicher Service, mittags und abends geöffnet, Via del Cotone 23, ✆ 0565/904390.

RendezVous, direkt neben La Gritta, ausgezeichnete Küche, mittlere bis gehobene Preisklasse, Reservierung erwünscht, mittags und abends geöffnet, Piazza della Vittoria, ✆ 0565/99251 oder 0565/99298.

Bar La Perla, exzellentes selbst gemachtes Eis in der schönen Bar an der Piazza della Vittoria.

Bar La Torre, leckere Sandwiches und Panini, auch Gebäck und Gelato, gemütliche, überdachte Holzterrasse am Hafen nahe dem pisanischen Turm.

Insel Capraia

Der Schulatlas zeigt nur einen kleinen Fleck zwischen Italien, Korsika und Elba. Das ca. 19 km² große Capraia diente bis 1986 als streng bewachte Gefängnisinsel.

Nach der Schließung des Gefängnisses wurde Capraia zum Naturpark erklärt, sodass die einmalige Landschaft mit vielen endemischen Pflanzen- und Tierarten erhalten blieb. Größere bauliche Veränderungen dürfen nicht mehr durchgeführt werden, und so platzen im Sommer die wenigen Hotels, Pensionen und Appartements aus allen Nähten. Der Fischerhafen ist dicht belegt mit Yachten aus Elba oder Korsika, und die einmal täglich eintreffende Fähre aus Livorno bringt zusätzlich noch Tagesbesucher auf die Insel. Trotzdem ist Capraia auf jeden Fall einen Besuch wert – mit Ausnahme der Hauptferienzeit.

Schroff ins Meer abfallende Steilküsten, kristallklares Wasser und die herbe Wildheit der mediterranen Landschaftsform zeichnen die Insel aus. Es gibt kaum Strände, sodass der Badewillige fast alpinistische Fähigkeiten beweisen muss, wenn er sicher das Meer erreichen will – immerhin befindet er sich auf einer ehemaligen Gefängnisinsel („Papillon" lässt grüßen).

Die Insel hat noch nicht mal 300 Einwohner. Die Häuser stehen am Hafen und im etwa 2 km entfernten Ort *Capraia Isola*, wohin auch die einzige Straße der Insel führt.

Für Naturliebhaber, Wanderer, Taucher und natürlich für Ruhe suchende Urlauber ist Capraia noch so etwas wie ein kleines Paradies – eben ein Naturpark mitten im Meer.

• *Information* Die **Touristeninformation** (in Hafennähe) ist unregelmäßig geöffnet, meist jedoch vormittags (✆ 0586/905138).

• *Geographie* 19 km² groß, 8 km lang, 4 km breit, 27 km Küstenlinie, größtenteils aus schwer zugänglicher Steilküste. Die Berge sind 300 bis 400 m hoch. Die Quellen und der Gebirgssee sind ausgetrocknet.

• *Anreise* Von Livorno aus mit Toremar 1x täglich (samstags 2x), 2,5 Stunden, pro Person 10,40 €. Alternative: Mit Ausflugsbooten ab Portoferraio, pro Person 36–40 € (hin und zurück).

• *Diverses* **Tauchschule Capraia Diving** am Hafen (✆ 0586/905137, www.capraiadiving.it), hier außerdem ein **Motorbootverleiher** (✆ 0586/905071), der auch Inselrundfahrten mit dem Boot organisiert.

• *Preise* Allgemein etwas höher als auf Elba und in der Toscana.

• *Übernachten* Während der italienischen Ferien (Mitte Juli bis Ende Aug.), dem Ferragosto, ist Capraia hoffnungslos ausgebucht.

**** **Hotel Saracino**, beim oberen Dorf (etwas außerhalb Richtung Steilküste). 35 komfortable Zimmer mit Bad, TV, Kühlschrank, DZ mit Frühstück 185 €, EZ 105 €, es werden auch einige Appartements vermietet. ✆ 0586/905018, 📠 0586-905062. Etwas günstiger die angeschlossene **Residence Milano**, hier kostet ein Vierer-Appartement 500 € pro Woche. Via L. Cibo 40, ✆ 0586/905032, 📠 0586-905062.

*** **Pensione Da Beppone**, am Hafen, mit Restaurant, DZ mit Bad und obligat. Halbpension 114 €. ✆/📠 0586/905001.

• *Essen/Trinken* **Il Vecchio Scorfano**, von italienischen Gastroführern mehrfach ausgezeichnetes Feinschmeckerlokal am Hafen. 1953 eröffnet, viel frische Pasta, meist mit Meeresfrüchten in verschiedenen Varianten, sehr köstlich z. B. die Spaghetti mit Scampi in Zitronensauce. Gute Weinauswahl, gehobenes Preisniveau, aber absolut angemessen, unser uneingeschränkter Tipp! Mittags und abends geöffnet (donnerstagmittags geschlossen), ✆ 0586/905132.

Am Hafen weitere Restaurants (**Da Beppone**) und Bars, z. B. die **Bar Massimo**, hier hängen alte Fotos von Capraia aus den 50er Jahren.

Küste der Maremma

Der flache Landstreifen südlich von Piombino zählt zu den ärmsten Regionen der Toscana. Landwirtschaft und Tourismus sind ihre wirtschaftlichen Standbeine. Der seit den Etruskern über Jahrtausende betriebene Bergbau ist während der letzten zwei Jahrzehnte fast gänzlich aufgegeben worden.

Die Maremma war Teil des etruskischen Stammlandes. Die Etrusker machten sich den Erzreichtum dieser Gegend zunutze, bauten schöne und reiche Städte mit Mauern und Festungen und errichteten die ersten Entwässerungssysteme. Die Römer besannen sich auf die fruchtbaren Böden, machten sie durch aufwendige Kanalsysteme urbar und verwandelten die Maremma so zur Kornkammer der Toscana. Zu ihrer Zeit war der Küstenstrich vom heutigen Livorno bis nach Tarquinia eine blühende Gegend. Mit dem Niedergang Roms verwilderte die Maremma, das kunstvoll angelegte Drainagesystem verfiel, das Land versumpfte, bis schließlich die Malaria wütete. Beschleunigt wurde der Verfall durch billige Getreideimporte aus Ägypten und Sizilien, die den Anbau in der Maremma unprofitabel machten.

Am gesamten Küstenstreifen der Maremma wechseln lange Sandstrände mit felsigen Abschnitten und Sanddünen ab. Das Hinterland ist durch immergrüne Vegetation geprägt: Korkeichen, Pinien und wuchernde Macchia.

Toscana
Karten S. 60/61 und S. 216/217

Follonica (ca. 25.000 Einwohner)

Eine ehemalige Industriestadt und Badeort. Bereits im 19. Jh. wurde unter der Herrschaft der Großherzöge der Toscana eine Eisenhütte angelegt, und heute noch befindet sich in Follonica die Verwaltung der im Hinterland gelegenen Gruben der Colline Metallifere, die aber inzwischen praktisch stillgelegt wurden.

Von Norden kommend, erblickt man hinter Baustellen und Neubauten die moderne Silhouette des stark auf den Fremdenverkehr zugeschnittenen Ortes. Am Stadtrand produziert eine große Industrieanlage aus Mineralgestein Titanoxid-Pigmente für Farben und Zahnpasta. Im Stadtzentrum dagegen ist noch der Charakter des alten, lebendigen Geschäfts- und Handelszentrums zu spüren – vor allem um die Pfarrkirche mit ihrem massiven gusseisernen Portal herum.

Baden: Der Strand des Golfo di Follonica fällt flach ab und ist so besonders für Kinder geeignet. Der südliche Strand (*Spiaggia Levante*) ist mit seinen ehemaligen Fischerbaracken der idyllischere Teil.

• *Information* **APT/Proloco**, Mo–Sa 9–12.30 Uhr u. 16–19.30 Uhr, So 10–12 Uhr. Via Roma 51, ✆ 0566/52012, 📠 0566/53833, www.prolocofollonica.it.

• *Verbindungen* **Bahn**: gute Verbindung nach Livorno und Grosseto.

• *Wein* **Vini Moris**, Via Lamarmora 30, kleine Kelterei, die den bekannten roten Avoltore herstellt. Die Flasche kostet ca. 25 €. Es wird auch Fasswein verkauft.

• *Übernachten* *** **Piccolo Mondo**, am Strand auf Pfählen gebaut. DZ ab 70–102 €. Auch Restaurant mit großer Tortenauswahl, die sich bereits am Eingang auftürmt. Viale Carducci 2, 58022 Follonica, ✆ 0566/40361, 📠 0566/44547, www.piccolomondohotel.it.

*** **Hotel Lampada di Aladino**, im ruhigeren Altstadtviertel gelegen, eigener Strand und Restaurant mit schönem Garten, DZ mit Frühstück 68–90 € (nebenan im Sommer auch Disko-Pub). Via Firenze 10, 58022 Follonica, ✆ 0566/53535, 📠 0566/53558.

** **Il Boschetto**, Familienbetrieb im Norden der Ortschaft am Strand in einem Pinienhain. 20 DZ, alle neu renoviert, ab 72–88 €. Zona Prato Ranieri (nördlich vom „Villagio

Svizzero", einer großen Hotelanlage), Viale Italia 308, 58022 Follonica, ✆ 0566/260123, 📠 0566/260096.

** **Miramare**, DZ mit Frühstück ab ca. 58–86 €, ebenfalls am Strand gelegen. Viale Italia 84, 58022 Follonica, ✆/📠 0566/41521.

• *Camping* **Pineta del Golfo**, am Ortsausgang nach Punta Ala. Relativ kleiner, schattiger Platz mit eigenem Strand. In der Hochsaison sehr voll. Ca. 100 Stellplätze. April–September geöffnet. Via della Collacchie, 58022 Follonica, ✆ 0566/53369, 📠 0566/844381.

Camping Tahiti, an der Ausfallstraße zur SS 1. Größer (ca. 250 Stellplätze) und komfortabler als der vorgenannte. Mitte Mai bis September geöffnet. Viale Italia 320, 58022 Follonica, ✆ 0566/260255.

• *Essen/Trinken* **Spaghetteria Da Ciro**, Viale Carducci. Auf dem Pfahlbau hoch über dem Wasser kann man im Freien sitzen und bekommt u.a. auch Fisch serviert (links neben Hotel Piccolo Mondo).

Trattoria Santarino, Piazza XXIV Maggio (hinter dem Mercato Coperto). Bekannt für seine gute Fischküche (Pasta con Polpo), die hier noch nicht mal teuer ist. Di geschlossen. Unbedingt reservieren, ✆ 0565/41665.

L'Osteria, Via Santini 4, gemütliches, kleines Lokal mit ein paar Tischen vorm Haus, Mo geschl.

Trattoria Il Cacciatore, Via Bicocchi 25, vor allem Fischgerichte, kleine Terrasse zur Straße, Di geschl., ✆ 0566/55924.

Massa Marittima

Von Follonica führt die alte Strada Massetana nach Massa Marittima, das von einem fast 400 m hohen Berg über die Maremma wacht.

Bedeutsam wurde die Stadt, als sich der Bischof von Populonia um 840 in die malariafreie „Höhenluft" Massas zurückzog und der Bischofssitz hierher verlegt wurde. Seine Blütezeit erlebte Massa Marittima im 12. und 13. Jh. unter der Herrschaft der Pisaner, als es zum Zentrum des toscanischen Erzbergbaus avancierte.

Die Unterstadt (Città Vecchia) wurde zwischen dem 11. und 13. Jh. um den Dom herum angelegt, die Oberstadt (Città Nuova) entstand in den folgenden Jahrhunderten und wurde vornehmlich von den Bergarbeitern bewohnt. Seitdem die letzte Erzmine der Stadt geschlossen wurde (1994), ist der Tourismus die einzige nennenswerte Einnahmequelle Massa Marittimas.

Information/Verbindungen/Diverses

• *Information* Info-Büro in der Via Todini 3. ✆ 0566/902756, 📠 0566/940095.

• *Verbindungen* nächster **Bahnhof** in Follonica.

Busse von Follonica (fast halbstündlich), auch Verbindungen nach Siena (2x tägl.).

• *Weine* Massa Marittima ist der Hauptort der **Strada del Vino**. Der *Monteregio di Massa Marittima* ist 1994 als DOC-Wein qualifiziert worden. Meist Rotwein mit 80 % Sangiovese-Trauben, der im Eichenfass reift. Auch Weißweine aus Trebbiano-Trauben. Infos über Routen und Weingüter der Region unter ✆ 0566/902756 bzw. im Internet unter www.stradavino.it.

Vecchia Cantina, Weinverkauf (auch vom Fass). Empfehlung: Monteregio 2002 – für ca. 10 € pro Flasche ein hervorragender Wein.

Übernachten

• *Übernachten* *** **Duca del Mare**, 28-Zimmer-Haus an der Ausfallstr. nach Follonica, modern und angenehm eingerichtet und mit kleinen Balkons ausgestattet (Blick bis zum Meer). Pool, zu Fuß 5 Min. ins Zentrum. DZ in der NS ab 83 €. Via D. Alighieri 1/2, 58024 Massa Marittima, ✆ 0566/902284, 📠 0566/901905.

*** **La Fenice Residence**, elegant und stilvoll restaurierte Herberge in der Città Nuova (kleine Kochgelegenheit im Zimmer). Via A. Diaz 63, 58024 Massa Marittima, ✆ 0566/903941, www.lafeniceresidence.it.

** **Il Girifalco**, Familienbetrieb mit Terrasse, Pool und Parkplatz (Ausfallstraße nach Siena). Etwas kühle Atmosphäre, 30 geschmackvoll möblierte Zimmer, zur Altstadt ca. 5 Min. DZ ab 61 €. Via Massetana Nord 25, 58024 Massa Marittima, ✆/📠 0566/902177.

Pinien und Meer – dahinter wartet der Sandstrand

Toscana Karten S. 60/61 und S. 216/217

• *Fewos/Appartements/Agriturismo* **Il Cicalino**, ein riesiges Landgut im weiten Tal unterhalb von Massa, 350 ha groß, davon 44 ha mit Olivenbäumen bewirtschaftet. Die 6 Ferienhäuser mit insgesamt 24 Fewos (toscanische Einrichtung) in unterschiedlicher Größe liegen in Grüppchen bis zu 1,5 km voneinander entfernt. 4 Pools, Fitnessraum, Sauna, Fahrradverleih und Restaurant (Menü 18 €), wochenweise Einmietung pro Tag/ Pers. 32 €. Geöffnet von Febr. bis Nov. Deutschsprachige Rezeption, von der SS 439 ausgeschildert, 58024 Massa Marittima, ✆ 0566/902031, 📠 0566/904896, www.ilcicalino.it.

Etwas kleiner und bescheidener ist der **Agriturismo La Colombaia** neben dem zuvor genannten Betrieb. 7 Appartements in einem Haus, auch ab 2, 3 Tagen zu mieten, Pool und Spielwiese. 58024 Massa Marittima, ✆ 0566/58617.

Il Belvedere, 3 km außerhalb, rechts der Straße nach Siena. Insgesamt 8 Apartments und 6 Zimmer, Pool. Abendessen in eigenem Restaurant. Die Inhaberin spricht gut deutsch. Località Pian di Mucini, 58024 Massa Marittima, ✆/📠 0566/52611; www.agribel.too.it

• *Jugendherberge* **Ostello Massa Marittima**, schöne, helle Räume mit 4–8 Betten im ehemaligen Nonnenkloster, pro Pers. 12,50 €. Via Gramsci, 58024 Massa Marittima, ✆ 0566/901115, leclarisse@libero.it.

Essen/Trinken

Taverna del Vecchio Borgo, das kleine Kellerrestaurant gilt als beste Adresse im Ort, Mo geschl., Via Norma Parenti 12. ✆ 0566/ 903950.

Osteria da Tronca, urige Wirtschaft mit guter Küche. Empfehlung: Baccalà alla maremmana – Stockfisch in Tomaten-Kräutersud. Mi geschl. (reservieren!). Vicolo Porte 5, ✆ 0566/901991.

Ristoro Il Gatto e la Volpe, in der Altstadt verstecktes Restaurant mittlerer Preisklasse mit lauschigem kleinem Hof. Mo und Dienstagmittag geschl. Vicolo Ciambellano 12

Enoteca Balestracci, etwas edlere Weinbar, in der gute Weine auch glasweise ausgeschenkt werden, kleine feine Gerichte, Via Ximenes 5 (am Domplatz).

Rist./Pizzeria Le Mura, mit kleinem Garten und Panoramablick, Di geschl., Via N. Parenti 7.

Spaghetteria Barbablu, Piazza Giacomo Matteotti. Unter den Arkadenbögen sitzen und das Treiben auf dem Platz beobachten.

Sehenswertes

Piazza Garibaldi: Das malerische Zentrum der *Città Vecchia* und das vollkommene Beispiel für die Harmonie des Asymmetrischen. Eingerahmt wird der Platz von dem um 1230 in Travertin erbauten romanischen *Palazzo Pretorio* und dem *Palazzo Comunale*, einem von Sienesen geschaffenen Palast mit zweistöckigen Arkadengängen. Etwas weiter unten schließt der kleinere *Palazzo del Podestà* an.

Das untere Ende des schräg abfallenden Platzes dominiert der **Duomo S. Cerbone.** Der Bau der frühromanischen Kirche datiert aus dem 11. Jh., im 13. Jh. kamen bei der Erweiterung gotische Elemente hinzu. Besondere Sehenswürdigkeiten sind neben zahlreichen Fresken und Freskenresten ein größeres vorromanisches Flachrelief mit einer Gruppe von Heiligen an der Rückwand und ein aus Travertin gehauenes Taufbecken von *Giroldo da Como* (1267) im rechten Seitenschiff.

Punta Ala

In pinienbeschatteten Gärten liegen Villen und Appartements versteckt, diverse Hotels prunken – ein exklusives Touristenzentrum der gehobenen Klasse. Geprägt wird das gepflegte Bild in der Saison von betuchten Italienern.

Der quasi komplett zubetonierte Yachthafen mit gediegener Clubatmosphäre ist privat und verfügt über 900 Anlegeplätze. Die Hafenpromenade ist motorisiert nur mit Plastikkarte (members only!) zugänglich. Wenn man seinen Wagen ordnungsgemäß draußen abstellt, kann man den Hafenbereich aber auch zu Fuß betreten. Man spürt nicht zuletzt an den häufigen Personenkontrollen an den Zufahrtsstraßen, dass hier zahlreiche italienische Prominente ihr Sommerdomizil eingerichtet haben. Ist die Saison dann vorbei, reist der Jetset wieder ab, und der ohnehin sterile Ort fällt in den Winterschlaf.

• *Information* Siehe unter Castiglione della Pescaia, S. 189.

• *Camping* 4-Sterne-Paradies **Punta Ala** unter Leitung des Touristikunternehmens Solemar. Schöne Lage inmitten eines schattigen Pinienhaines am Meer in einer ansonsten unbebauten Bucht. Das riesige Areal von 30 ha hat knapp 700 Stellplätze. April–Oktober geöffnet. Loc. Punta Ala, 58040 Castiglione della Pescaia, ✆ 0564/922294, 📠 0564/920379.

** **Baia Verde**, ebenso groß wie der vorgenannte, über 1000 Stellplätze. Mit eigenem Sandstrand, Läden, Friseur etc. Schön und etwas teurer. Mitte April bis Mitte Oktober geöffnet. Loc. Punta Ala, 58040 Castiglione della Pescaia, ✆ 0564/922298, 📠 0564/923044.

• *Nachtleben* Kurz vor Punta Ala ist die Diskothek **Black Sun** in einer gläsernen Pyramide untergebracht. Fr u. Sa ganzjährig ab 24.00 Uhr geöffnet , Eintritt ca. 15 €.

Castiglione della Pescaia

Das Fischerstädtchen an der Bruna-Mündung ist unumstritten der schönste Badeort der Maremma. Hinzu kommt, dass das Meer um Castiglione seit einigen Jahren die besten Noten in Sachen Wasserqualität bekommt.

Im Sommer herrscht italienischer Familientrubel an der Strandpromenade, in der etwas ruhigeren Vor- und Nachsaison ist der Ort in deutscher Hand, und Anfang Oktober fallen dann die Schweizer ein. Schade, dass die SP 158 (ehemals SS 322) direkt durch den Ort führt. Am Flusshafen wird täglich gegen 17 Uhr frischer Fisch angelandet. Nicht versäumen sollte man den kurzen Spaziergang durch das mittelalterliche Castiglione hoch zur *Rocca Aragonese.* Der Weg führt an der *Kirche Santa Giulia* vorbei, deren altes Holzportal mit verrosteten Nägeln und Eisenbeschlag noch zur Hälfte erhalten ist. Spätestens hier, kaum fünf Minuten vom geschäftigen Ortszentrum entfernt, hat man vom modernen Badeort Abschied genommen und taucht ins Mittelalter ein.

Information/Verbindungen/Diverses

• *Information* **APT-Büro**, Piazza Garibaldi. Zuständig auch für das luxuriöse Tourismuszentrum von Punta Ala. Viel Material, u. a. auch Wandervorschläge. Mo–Sa 9–13 und 16–19.30 Uhr, So 10–13 Uhr. ✆ 0564/933678, ℻ 0564/933954, www.lamaremmafabene.it.

• *Verbindungen* nächster **Bahnhof** in Grosseto.

Busse ca. 10x tägl. Grosseto (über Marina di Grosseto), 7x Follonica (von dort weiter nach Massa Marittima).

• *Bootsausflüge* Ab Castiglione verkehrt im Sommer das Ausflugsboot Marinella V zu den Inseln Elba, Giglio und Giannutri (Erwachsene 30 €/Kinder 20 €), Abfahrt morgens im Hafen um 9.00 Uhr/Rückkehr 18.30 Uhr, Infos im Reisebüro Junipero, Via Camaiori, oder unter ✆ 335/1232927.

• *Fahrradverleih* **Saletti**, Via degli Scalpellini (etwas außerhalb Richtung Grosseto). Neben Fahrrädern werden auch Roller vermietet, ✆ 0564/935494.

Übernachten

• *Übernachten* **** **Hotel L'Approdo**, bestes Hotel im Zentrum, direkt am Hafen, 50 Zimmer mit Blick auf denselben zu 86–146 € (inkl. Frühstück). Via Ponte Giorgini 29, 58043 Castiglione della Pescaia, ✆ 0564/933466, ℻ 0564/933086.

*** **Hotel Miramare**, zwischen Küstenstraße und Strand, einziges Hotel genau am Meer, mit Preisen je nach Saison von 57–91 € (ohne Frühstück). Frühstück auf der Terrasse am Meer! Auch Appartements. Via Vittorio Veneto 35, 58043 Castiglione della Pescaia, ✆ 0564/933524, ℻ 0564/933695.

*** **Piccolo Hotel**, südliche Flussseite, DZ ca. 100 € (Frühstück inkl.), ab Mitte Juni bis Mitte Sept. nur mit Halbpension. Kleines, gepflegtes Haus mit 20 Zimmern. Mai–September geöffnet. Via Montecristo 7, 58043 Castiglione della Pescaia, ✆/℻ 0564/937081.

*** **Mirella**, südliche Flussseite, DZ mit Bad u. Frühstück ca. 62 €, in der Hauptsaison nur mit Halbpension (62–72 € pro Pers.). Ruhige, familiäre Atmosphäre. Ausgezeichnete Küche, Obst und Gemüse größtenteils aus eigenem Anbau. Via Sardegna 7, 58043 Castiglione della Pescaia, ✆/℻ 0564/933068.

** **Rossella**, dreigeschossiger Bau in der „Neustadt" (5 Min. vom alten Zentrum). Ruhige Lage, zwei Straßen landeinwärts der Durchgangsstraße. DZ ca. 70 € (ab Juni bis Mitte Sept. Halbpension 40 € pro Pers.). Via F. lli Bandiera 18, 58043 Castiglione della Pescaia, ✆ 0564/933832, ℻ 0564/939388.

** **Hotel Aurora**, schräg gegenüber, in der Nebensaison DZ mit Frühstück ca. 65 €, ansonsten obligator. Halbpension. 58043 Castiglione della Pescaia, ✆ 0564/933718, ℻ 0564/934358.

Pension La Scogliera, südliche Flussseite, freundlicher Familienbetrieb, DZ ab ca. 65 €. Via delle Formiche 7, 58043 Castiglione della Pescaia, ✆/℻ 0564/933504.

* **Bologna**, DZ ab 40–44 €, Dusche/WC auf der Etage. Billighotel am Hafen mit TV-Dauerberieselung im klitzekleinen Aufenthaltsraum bei der Rezeption. Piazza Garibaldi 8, 58043 Castiglione della Pescaia, ✆ 0564/933740.

• *Camping* **Camping Santapomata**, sehr beliebt, weil am Meer gelegen, daher immer voll, auch gutes Restaurant, 58043 Castiglione della Pescaia, ✆ 0564/941037.

Camping Village Rocchette, gepflegte, ruhige Anlage, ideal für Familien. Die neuen Bungalows sind komfortabel und sehr geschmackvoll eingerichtet, stehen von viel Grün umgeben zwar relativ eng, aber man kommt sich trotzdem nicht ins Gehege. Der Platz für Zelte bietet unter Eukalyptusbäumen viel Schatten. Freundliche, deutschsprachige Rezeption; Mitte März bis Ende Okt. geöffnet, 58043 Castiglione della Pescaia, ✆ 0564/941123, Preise unter www.camping.it/toscana/rocchette.

Essen/Trinken/Nachtleben

• *Essen/Trinken* **Nel Buco**, auf dem Weg hoch zur Burg, klein und gemütlich, sehr zu empfehlen ist die Suppe „Minestra del Fattore" – ein maremmanisches Geschmackserlebnis! Mo geschl. Via del Recinto, ✆ 0564/934460.

Toscana
Karten S. 60/61 und S. 216/217

La Pescaia, einfaches, preisgünstiges Fischrestaurant. Di geschl. Piazza Garibaldi, ✆ 0564/934037.

Für eine Bistecca Fiorentina sollte man im unkomplizierten Ristorante **Il 13** einkehren, auf dem Weg in Richtung Altstadt, Via Montebello 13, ✆ 0564/935477.

Für frischen Fisch sitzt man schön auf der Terrasse im Ristorante **Da Antonietta** (Hafennähe), Di geschl. Via Colombo 24, ✆ 0564/933661.

La Scaletta, Ristorante-Pizzeria, terrassenförmig im Garten angelegt (in der Altstadt). Pizza ca. 6 €. Mo geschl. Via Montebello (auf dem Weg zur Burg). ✆ 0564/934296.

• *Bars* **Il Granaio**, im ehemaligen Wein- und Getreidespeicher (riesiges Tonnengewölbe) trifft sich die Jugend im Sommer im Garten.

Enoteca Bar Porrini, im Ortskern. Bar mit gutem Sortiment an toscanischen Weinen, das Degustierglas zu 2 € (auch große Grappaauswahl).

Posto Pubblico, Weinbar auf dem Weg zur Rocca mit romantisch gelegener Terrasse und Kerzchen auf den Tischen, auch kleine Speiseauswahl.

• *Außerhalb* **Pizzeria La Corte**, das einfache Gasthaus mit guter Pizza aus dem Holzofen ist in einem ehemaligen Gutshof untergebracht. Schöner Garten, abseits vom Touristenrummel in einem Weiler gelegen. Località Pian di Rocca, von Castiglione auf der SP 158 (ehemals SS 322) in Richtung Norden, am Abzweig Le Rocchette vorbei und nach ca. 500 m beim Hinweisschild zum Agriturismo Val di Nappo links abbiegen. ✆ 0564/941219.

• *Nachtleben* **Disco La Capannina**, ca. 4 km im Hinterland in Poggiodoro. Nur Juni bis Mitte September geöffnet, Openair-Tanzvergnügen auch für nicht mehr ganz Junge, Fr u. Sa ab 24 Uhr, Eintritt 20 € (inkl. Freigetränk).

Grosseto (ca. 70.000 Einwohner)

Der heutige Hauptort der Maremma schaut auf eine mindestens 1.200-jährige Geschichte zurück, zeigt sich dem Reisenden an seiner Peripherie heute eher als eine gesichtslose, geschäftige Großstadt. Im Zentrum aber trifft man auf eine kleine, gepflegte Altstadt. Ein Großteil des Straßenverkehrs ist vor die mediceischen Festungsmauern verbannt worden.

Grosseto ist wie andere Städte der Umgebung aus einer Etruskersiedlung hervorgegangen. Bedeutung erlangte der Ort, nachdem 1138 der Bischofssitz aus dem nahegelegenen Roselle hierher verlegt wurde. Nach der Eroberung durch die Sieneser gelangte Grosseto 1559 an das Herzogtum der Toscana. Heute ist Grosseto das wirtschaftliche, politische und kulturelle Zentrum der gleichnamigen Provinz, die ungefähr mit dem Gebiet der Maremma identisch ist.

Viele der Altstadtgassen sowie auch der Hauptplatz am Dom wurden erst im Jahre 2002 restauriert und bieten ideale Möglichkeit zum Einkaufsbummel. Als Ausgangspunkt für die Besichtigung der etruskischen Ausgrabungsstätte der Umgebung eignet sich die Stadt ebenfalls. Repräsentative Stadtpaläste und herrschaftliche Bauwerke fehlen in der Stadtarchitektur. Dem Centro storico verleiht das eine angenehm ungekünstelte Atmosphäre.

Information/Verbindungen

• *Information* **APT-Büro**, Via Monterosa 206, ✆ 0564/462611, 📠 0564/454606, Mo–Fr 8.30–13.30 und 15–18 Uhr, Sa 8.30–12.30 Uhr. www.lamaremma.info. Ein kleiner *Infopoint* für Touristen ist in einem Kiosk in der Via Gramsci, gleich außerhalb der Altstadtmauer untergebracht. ✆ 0564/462639.

• *Verbindungen* **Züge** nach Livorno, Rom (ca. 2 Std.), Siena (5 x tägl. – 1 ½ Std. Panoramastrecke durch die Landschaft südlich von Siena!). Für viele Verbindungen ins Landesinnere ist eher der Bus zu empfehlen.

Busse fahren direkt vor dem Hauptbahnhof praktisch in alle Städte der Provinz ab, z. B. nach Massa Marittima, Castiglione, Pitigliano, Saturnia usw., auch nach Florenz sei die Busvariante (ca. 2½ Std.) empfohlen.

Übernachten/Essen/Trinken

• *Übernachten* **** **Bastiani Grand Hotel**, in der besten Adresse vor Ort wohnt man in der Altstadt ruhig und gediegen, DZ 138–160 € (Frühstück inkl.), Piazza Gioberti 64, 58100 Grosseto, ✆ 0564/20047, ℻ 0564/29321.

*** **Leon d'Oro**, an der Innenseite des Stadtwalls, großes Haus mit Tradition und 70er-Jahre-Charme, Bäder aber modernisiert, DZ ca. 88 €. Via San Martino 46, 58100 Grosseto, ✆ 0564/22128, ℻ 0564/22578.

*** **San Lorenzo**, knapp außerhalb der Altstadt gelegen. Feudale Eingangshalle, 35 schöne, große DZ 57–68 €, alle Zimmer mit Dusche/WC. Via Piave 22, 58100 Grosseto, ✆ 0564/27918, ℻ 0564/25338.

Von den beiden Hotels am Bahnhof sei eher das *** **Hotel Nuova Grosseto** empfohlen, komplett renoviert, im komfortablen DZ ab 75 €, Piazza Marconi 26, 58100 Grosseto, ✆ 0564/414105.

* **Appennino**, zwischen Bahnhof und Altstadt (5 Min. zu Fuß vom Bahnhof), DZ mit Dusche 49 €, ohne 41 €, Viale Mameli 1, 58100 Grosseto, ✆ 0564/23009, ℻ 0564/416134.

• *Essen/Trinken* Der Tipp in der Altstadt ist **Il Canto del Gallo**, für regionale Spezialitäten (aus biolog. Anbau) sollte man in der kleinen gemütlichen Taverne (in der Stadtmauer) einkehren, So geschl. (Reservierung empfohlen!). Via Mazzini 29, ✆ 0564/414589.

Ristorante La Maremma, Via Fulceri de Calboli 5 (Altstadt). Alteingesessenes Familienrestaurant, nicht teuer. Alle Speisen sind nach Art der Maremma zubereitet. Menu fisso ab 12,90 €. Sonntagabend und Montag geschlossen.

Ristorante l'Italiana, schön eingedeckte Tische im Gewölberestaurant in der Altstadt, wo der Chef mit gesteifter Kochmütze Feinstes aus der Fischküche serviert, guter Service, entsprechende Preise, So geschl., Via Mazzini 80, ✆ 0564/22452.

La Buca di San Lorenzo, im schönen, etwas stickigen Gewölbekeller (in der Stadtmauer) isst man von versilberten Platztellern, teurer. So geschl. Viale Manetti 1, ✆ 0564/25142.

• *Bar* **Bar Perugina**, an der Ecke gegenüber dem Grand Hotel Bastiani gibt es wirklich guten Cappuccino. Zu fortgeschrittener Stunde ist der Aperitivo della Casa zu empfehlen. Piazza Gioberti.

Enoteca Canapino, für ein Glas Wein aus der Region mit Blick auf die Piazza von einem der Tischchen unter den Arkaden (auch für einen Imbiss geeignet), So geschl., Piazza Dante Alighieri.

• *Eis* **Gelateria Caffè Italiano**, in der ältesten Eisdiele gibt es immer noch das beste Eis (auch Frappé von Kaffee mit Sahne!), Piazza Dante Alighieri .

Toscana
Karten S. 60/61 und S. 216/217

Sehenswertes

Stadtmauer: Sie wurde Ende des 16. Jh. im Auftrag der Medici erbaut. Ähnlich wie in Lucca umschließt der Wall die Altstadt in Form eines Sechsecks, was Grosseto den Beinamen *Piccola Lucca* eingebracht hat. Unter Leopold II., dem letzten Großherzog der Toscana, wurde die Befestigungsanlage 1835 zu einem Wallgarten umgestaltet. Bei einem Rundgang auf der Mauer stößt man im Nordosten der Anlage auf die *Fortezza Medicea*, einen Bau aus dem 16. Jh. mit trutzigen Mauern.

Piazza Dante Alighieri: Der schönste Platz der Altstadt ist beliebter Treffpunkt der Grossetaner. Im angrenzenden *Palazzo degli Aldobrandeschi*, dem imposantesten mittelalterlichen Bauwerk Grossetos, residiert heute die Provinzregierung.

Dom San Lorenzo: Er wurde um 1300 vom Sieneser Architekten *Sozzo di Rustichini* im gotischen Stil erbaut und später mehrmals umgestaltet. Zuletzt wurde Mitte des 19. Jh. die Frontfassade neoromanisiert. Das Portal ist reich dekoriert und fällt wegen seiner gestreiften Fassade aus rotem und weißem Marmor auf. Die Fassade der Südseite ist noch original erhalten und kann von der Piazza Dante Alighieri bewundert werden. Sehenswert sind ein großes Taufbecken von *Antonio di Ghino* (1470) sowie ein Altarbild von *Matteo di Giovanni* (ebenfalls 15. Jh.).

Museo Archeologico e d'Arte della Maremma: Das in Sachen Archäologie und Kunstgeschichte bedeutendste Museum der Maremma befindet sich an der Piazza

Baccarini. Die Ausstellung zeigt viele Fundstücke wie Grabbeigaben, Schmuck, Münzen und Keramik. Die berühmte schwarze *Bucchero*-Keramik der Etrusker kann hier in ihrer Entwicklung bis hin zur römischen Keramikherstellung verfolgt werden. Im obersten Stock ist das Diözesanmuseum, eine Sammlung von Kirchenkunst mit Silberschmiedearbeiten und Gemälden, untergebracht.

Öffnungszeiten März/April Di–So 9–13 und 16–18 Uhr, Mai-Okt. 10–13 und 17–20 Uhr (im Winter nur vormittags), Eintritt 5 €.

Roselle

Der auf einem etwa 300 m hohen Hügel gelegene Ort war eine der bedeutendsten etruskischen Städte. Im 7. Jh. v. Chr. noch lag Roselle an dem See, den die Bruna gebildet hatte. Den Etruskern folgten die Römer, die hier eine blühende Stadt aufbauten.

Die Stadt, eine der insgesamt 12 etruskischen *Dodecapoli*, zu denen u.a. auch Vetulonia, Populonia und Chiusi zählten, lag damals noch am Wasser des Sees Prile. Die Ausgrabungen zählen zu den ältesten Etruriens und gehen auf die Zeit 700 v. Chr. zurück. Um 500 v. Chr. zählte die Stadt 5000 Einwohner. Unter der römischen Herrschaft erlebte Roselle in den drei folgenden Jahrhunderten einen erheblichen baulichen Aufschwung. Erst die Verlandung des Sees Prile leitete den wirtschaftlichen Niedergang der gesamten Ebene zwischen den Flüssen Bruna und Ombrone ein. In den küstennahen Sumpfgebieten breitete sich die Malaria aus, und als 1138 der Bischofssitz offiziell nach Grosseto verlegt wurde, führte dies schließlich zur endgültigen Entvölkerung Roselles.

• Öffnungszeiten Ausgrabungsgelände: Mai-Sept. 9–20.30 Uhr; März/April/Sept./Okt. 9–19.30 Uhr, Nov.–Febr. 9–17.30 Uhr. Eintritt 4 € (inkl. Info-Blatt in deutscher Sprache).

• Essen/Trinken **Trattoria/Ristorante La Parolaccia**, (der Tipp in Bagno Roselle) von Einheimischen viel gelobte Trattoria mit überzeugendem Preis–Leistungs-Verhältnis, wirklich hervorragende Primi zu 5,50 €, Secondi 6,50 €. Zur Mittagszeit ist es in dem einfachen Gasthaus daher auch oft brechend voll, Fr geschl. Località Canonica, Via Batignanese, ✆ 0564/402205.

Parco Naturale della Maremma

Der Parco Naturale della Maremma erstreckt sich über 70 Quadratkilometer rund um die Monti dell'Uccellina, die mit 417 m die höchste Erhebung darstellen. Begrenzt wird der Park durch die Via Aurelia im Osten und das Tyrrhenische Meer im Westen.

Am Rand des Naturparks, der ein letztes großes Rückzugsgebiet für frei lebende Maremma-Rinder, Pferde, Rehe und Wildschweine ist, liegt der kleine Ort **Alberese** und das ihm vorgelagerte **Marina di Alberese**. Nur lange, beschwerliche Fußwege führen in die dichten Pinienwälder im Inneren des Naturparks und zur Ruine des Klosters *San Rabano*, das schon Dante in der „Göttlichen Komödie" erwähnte.

Marina di Alberese: Damit die Ruhe der hier weidenden Pferde und Maremma-Rinder nicht über Gebühr gestört wird, ist die einzige Zufahrt nach Marina di Alberese mit einer Barriere versehen, die sich automatisch schließt, sobald sie von ca. 250 Fahrzeugen passiert worden ist. Die einzige Parkmöglichkeit unter den Schirmpinien hinter dem Strand ist gebührenpflichtig.

• Öffnungszeiten Zufahrt: An Wochenenden im Frühjahr und im Sommer ist der Zählmechanismus der Schranke in Betrieb. Zwischen dem 15. Juni und dem 20. September ist die Zufahrt sogar nur mit einem Ticket möglich, das man sich vorher in Alberese bei der Parkverwaltung geholt hat. Ganztagesticket 4,20 €, Halbtagesticket 2,60 €.

Fischeralltag (mm) ▲▲

Abseits der gängigen Routen (sb) ▲▲

Porto S. Stefano/Monte Argentario – noch ▲
etwa 40 Fischtrawler sind gemeldet (mm)

▲▲ San Galgano – ein roter Rundbau zu Ehren des Heiligen (mm)
▲ Saturnia – warme Wasserfälle, ein Badespaß mit Heilwirkung (mm)

Herbststimmung in Bevagna (enit) ▲▲
Pilgerziel: San Francesco in Assisi (enit) ▲

▲▲ Idyllisch: Lago Trasimeno (enit)
▲ Die Fontana Maggiore in Perugia (enit)

Butteri – Maremma-Cowboys beim Pferdetreiben

• *Verbindungen* Vom 15. Juni bis zum 15. Sept. ca. stündlich **Busse** vom Dorf Alberese nach Marina di Alberese (8–20 Uhr).

• *Information* **Centro Visite di Alberese**, rechts kurz vor dem Dorfeingang von Alberese gelegen (gegenüber vom Parkplatz für Camper). www.parco-maremma.it, www.provincia.grosseto.it (auch in deutsch), täglich geöffnet Mitte: März bis Ende Oktober 8–17 Uhr, November bis Mitte März 8–14 Uhr. Umfangreiche Infos, auch zu Wanderwegen. ✆ 0564/407098, 📠 0564/407278.

Talamone

Das hübsche Fischerdorf mit üppigem Yachthafen liegt einsam auf einer Halbinsel an den südlichen Ausläufern der Monti dell'Uccellina.

An sommerlichen Wochenenden ist die 200-Seelen-Gemeinde ein von italienischen Ausflüglern heiß umkämpfter Fleck – wie schon in früheren Zeiten, denn Etrusker, Gallier, Römer, Umbrier und Venezianer stritten sich um den Ort.

Der Name des Ortes geht der Sage nach auf *Telamon,* einen der Argonauten, zurück. Erwiesen ist, dass auf dem Hügel auf der anderen Seite der Bucht das etruskische *Tlamu* lag, bei dessen Ausgrabung Teile eines größeren Tempels, einige Terrakotten und Grabbeigaben aus dem 6.–5. Jh. v. Chr. gefunden wurden. Außerdem konnte das berühmte Giebelfries von Talamone geborgen werden, das heute in Orbetello ausgestellt ist.

• *Information* den Sommer über Fr, Sa u. Sonntagnachmittags in einem Wohncontainer gegenüber der Stadtmauer. ✆ 0564/887410.

• *Verbindungen* **Bahnhof** im 3 km entfernten Fonteblanda (Linie Genua–Rom).

Busse nach Grosseto u. Orbetello.

• *Übernachten* *** **Baia di Talamone**, am Hafen, DZ inkl. Frühstück ab 85–123 € (Hauptsaison). 16 helle Zimmer im modernen Styling, zur Straße hin laut. Via della Marina 23, 58010 Talamone, ✆ 0564/887310, 📠 0564/887389.

*** **Capo d'Uomo**, oberhalb des Orts, rechts an der Stadtmauer hoch, DZ 93–114 €, EZ 73–88 €. Komfortable, aber kleine Zimmer mit spektakulärem Blick von den kleinen Zimmerterrassen auf die Burg und das Meer. Modernes, kleines Hotel mit Flair! April bis Mitte Oktober geöffnet. Via

Cala di Forno 7, 58010 Talamone, ✆ 0564/887077, 📠 0564/887298.

• *Camping* **Village Camping Talamone**, Via Talamone, 1 km vor dem Ort. 350 Stellplätze und Bungalows, die in den Hang (schöner Blick) integriert wurden. Freundliche Mitarbeiter an der Rezeption, Swimmingpool und nette Bar – allerdings teuer. April–September geöffnet. 58010 Talamone, ✆ 0564/887026, 📠 0564/887170, www.talamonecampingvillage.com.

Mehr als ein halbes Dutzend Campingplätze findet man weiter südlich im schmalen Pinienwaldstreifen zwischen der Via Aurelia und der Küste, z. B. **Camping Gabbiano**: wunderschöne, schattige Plätze. Grillmöglichkeit, Bistro und Lebensmittelladen. 200 Stellplätze. April–Sept. geöffnet. 58010 Talamone, ✆/📠 0564/870202.

• *Essen/Trinken* **Ristorante Da Flavia**, Via Garibaldi. Bekannt für Fisch und Meeresfrüchte, gehobene Preise. Di geschlossen. Gegenüber die **Pizzeria**

Da David, wo die belegten Teigfladen aus dem Holzofen kommen. Mo geschl.

Trattoria La Buca, Nähe Via Garibaldi (in einem kleinen Seitengässchen). Rustikale Atmosphäre mit hohen Preisen. Mo geschlossen.

Pizza al taglio, billige Alternative vom Blech, Do geschl., Via Porta Garibaldi 6 (gegenüber *La Buca*).

Monte Argentario

Die heutige Halbinsel war einst wie die Inseln Giglio und Giannutri komplett vom Meer umgeben. Durch angeschwemmte Sandablagerungen bildeten sich aber mit der Zeit drei schmale Verbindungen zum Festland, dazwischen breitet sich die Lagune von Orbetello aus.

Der Argentario ist ein felsiges Vorgebirge; macchiabewachsene Hänge bestimmen das Aussehen des südlichsten Teils der Maremma. Fast der gesamte Baumbestand fiel 1981 einem Brand zum Opfer, eine Rundfahrt um das Felsmassiv lohnt dennoch. Die Küste bietet abwechslungsreiche Ausblicke auf kleine Inseln und einsame Sandbuchten, die jedoch meist sehr schwer erreichbar sind, da das Gebirge zum Meer hin steil abfällt. Versteckt in die Hänge gebaute Villen sind deutliche Zeichen dafür, dass der Argentario vor allem Urlaubsziel gut betuchter Gäste ist – Rom, Pisa und Florenz liegen relativ nah. Große Hotels wird man daher auch nicht finden, denn der „durchschnittliche" Sommergast des Argentario bevorzugt sein eigenes privates Feriendomizil. Empfehlenswert ist die Rundfahrt auf der kurvenreichen *Strada panoramica* entlang der Küste.

Porto Santo Stefano (ca. 9.000 Einwohner)

Der Hauptort des Argentario liegt an einem schönen Naturhafen. Am lang gezogenen Kai machen Fischerboote und schnittige Luxusyachten fest. Auf der Hafenpromenade flaniert man abends Eis essend an den Fischerbooten entlang, vor denen die Fischer ihre Netze flicken – so etwas wie eine Vergnügungsmeile gibt es nicht. Die kleine Hafenstadt mit ihrem nostalgisch-eleganten Stil hat ihren Charme bewahren können.

Information/Verbindungen/Diverses

• *Verbindungen* Nächster Bahnhof *Orbetello Scalo*, regelmäßige Busverbindungen. Im Sommer täglich Bootsverbindung nach Giglio (auch als Tagesausflug).

• *Information* **APT-Büro**, Corso Umberto 55, im 1. Stock über der Post. Auch Zimmervermittlung. 9–13 u. 16–18 Uhr, So geschl. ✆ 0564/814208, 📠 0564/814052, www.grosseto.turismo.toscana.it, www.ilmioargentario.com.

• *Bar* **Giulia** Treffpunkt für Alt und Jung mit großer Terrasse genau an der Hafenmeile, reichhaltiges Buffet zum abendlichen Aperitif und gute Eisauswahl) Via del Molo 16.

Harem Café ist die Cocktailbar mit karibischem Charme, Via del Molo 4.

• *Baden* Ca.2 km vor Santo Stefano, auf der Höhe des *Hotels Baia d' Argento* gibt es ein Stück schmalen, freien Kiesstrand.

Monte Argentario – einsame Felsbuchten, aber oft nur schwer zugänglich

Toscana
Karten S. 60/61 und S. 216/217

• *Bootsausflug* Minikreuzfahrt durch die Gewässer des toscanischen Archipels mit zwei Landgängen auf der Insel Giannutri und Giglio und opulentem Frutti-di-Mare-Mittagessen an Bord des 33 Meter langen Minikreuzers. Die Aufenthalte auf den Inseln dauern jeweils ca. 1½ Stunden. **Vega Navigazione** Abfahrt 10 Uhr, Ankunft 18 Uhr jeweils im Hafen Santo Stefanos. Preis inkl. Essen 43 € (Kinder von 5–11 J. 21 €). Anmeldung unter ✆ 0564/918022.

• *Gelateria* Hervorragendes Eis in der rosafarbenen Bude **Le Rose**, genau an der Fährstation, Piazzale Candi.

Übernachten/Essen/Trinken

• *Übernachten* *** **Belvedere**, knapp vor der Ortseinfahrt, 16 einfache, schöne DZ zu 85–90 € (Frühstück inkl.). Einladendes Haus in Hanglage, umgeben von Olivenbäumen und Palmen. Betischte Terrasse, kleiner Park, ein kurzer Spaziergang führt zum Strand hinunter. Ohne Restaurant. Unsere Empfehlung! April bis Mitte Oktober geöffnet. Via Fortino 51, 58019 Porto Santo Stefano, ✆ 0564/812634.

*****Villa Domizia**, ehemalige Privatvilla direkt am Meer. Fast alle Zimmer mit Terrasse zum Meer. Eine Treppe führt zum Baden ins tiefe Wasser zwischen den Klippen. DZ mit Frühstück 108–157 €. Kurz nach der Tombolo di Giannella, der nördlichsten Landverbindung. 58019 Porto Santo Stefano, ✆/℻ 0564/812735.

*****La Caletta**, am südlichen Molenende, familiäres, ganzjährig geöffnetes Haus mit Strand, DZ mit einfacher Ausstattung in der Nebensaison 88 €, Via Civinini 10, 58019 Porto Santo Stefano, ✆ 0564/812939, ℻ 0564/817506.

*****Vittoria**, 28-Zimmer-Haus mit frischem Ambiente, das 150 Meter oberhalb der Ortschaft liegt und den schönsten Blick bietet, DZ (teilweise mit Terrasse) 110–124 € (mit Pool), Via del Sole 65 (gut ausgeschildert), 58019 Porto Santo Stefano, ✆ 0564/818580.

** **Hotel Da Alfiero**, über dem Hafen, DZ zwischen 60 und 70 € (Frühstück inkl.). Bescheidener, aber freundlicher Familienbetrieb. Für Hotelgäste wird abends auch gekocht. Via Cuniberti 12, 58019 Porto Santo Stefano, ✆ 0564/814067, ℻ 0564/813094.

* **Week End**, im Zentrum dem Schild „Panoramica" folgen, 15 DZ 60–70 €, EZ 30–35 € (inkl. Frühstück), alle Zimmer mit Bad. Nette Pension inmitten der Altstadt. Familiäre, sehr wohnliche Atmosphäre. Ganzjährig geöffnet. Via Martiri d'Ungheria 3, 58019 Porto Santo Stefano, ✆/℻ 0564/812580.

• *Außerhalb* ****Torre di Cala Piccola, das charmante Hotel liegt an der Westseite der Halbinsel, hat einen schönen Garten mit Blick auf das Meer, Pool, eigenen Strand und einen alten Wachturm, DZ ab 155 € (Nebensaison), 58019 Porto Santo Stefano, ✆ 0564/825111, www.torredicalapiccola.com.

• *Essen/Trinken* Jede Menge Fischrestaurants und Trattorien rund um den Hafen.

Da Siro, oberhalb des Lungomare (Eingang Corso Umberto 104). Sympathischer Service, frischer Fisch und liebevoll angemachte Salate – das alles allerdings zu den ortstypisch hohen Preisen, Mo geschlossen. ✆ 0564/812538.

Trattoria Da Orlando, etwas abseits vom Trubel gelegen, gilt als eine gute Adresse für frischen, auf Holzkohle gegrillten Fisch (100 g frischer Fisch kosten allerdings ca. 5 €!) Hervorragend sind auch die Calamari al Curry. Renommiertes altes Restaurant, Mi geschlossen, Via Breschi 3, ✆ 0564/812788.

Immer voll ist es in der **Pizzeria Da Zirio** an der Hafenmole, lebhafter Betrieb mit Tellergeklapper und guter Holzofen-Pizza, Via del Molo.

Al Marinaio, Bar-Birreria direkt am Meer. Auf der Speisekarte vor allem frischer Fisch. Via del Molo 48.

• *Außerhalb* Das **Ristorante La Fontanina di San Pietro** liegt ca. 3 km von Santo Stefano entfernt im Landesinneren und lohnt seiner guten Küche wegen (schöne Terrasse), zu erreichen über die Via del Campone, Mi geschl., ✆ 0564/825268.

La Sorgente, der Ausflug ins Inselinnere lohnt sich – nicht nur zur Einkehr in die hier oben auf ca. 280 m Höhe idyllisch gelegene Waldschänke. Die beim netten Wirt am Tresen bestellten Gerichte genießt man hier an Holztischen im Freien (entsprechend preiswert). Das Gasthaus ist von Ostern bis Ende Sept. außer Mi tägl. durchgehend geöffnet. Strada Provinciale 77, ✆ 0564/818770. Anfahrt: über die Verbindungsstraße von Orbetello rechts auf die SS 440 in Richtung Porto Santo Stefano, dann bis zum Abzweig Richtung Convento dei Padri Passionisti, hier links auf die Strada Provinciale ins Inselinnere abbiegen.

Porto Ercole (ca. 4.000 Einwohner)

An der Ostküste des Monte Argentario liegt der zweite wichtige Ort der Halbinsel. Beidseitig eingefasst von spanischen Festungsanlagen, die einst die Bucht kontrollierten, wirkt Porto Ercole noch idyllischer als Porto Santo Stefano. Vom Hafen, wo nicht wenige Nobelyachten dümpeln, führen steile Treppen hinauf zur südlichen Festung; dann geht es weiter auf einem schmalen Weg an den kleinen Gärten der Dorfbewohner vorbei zum Leuchtturm. Der Weg ist teilweise anstrengend, aber die tolle Aussicht beim Leuchtturm versöhnt!

In der *Kirche Sant'Erasmo* wurden die sterblichen Überreste des berühmten Barockmalers *Caravaggio* beigesetzt. Der Künstler war am 31. Juli 1610 am Strand von Feniglia bei Porto Ercole unter mysteriösen Umständen gestorben. Er befand sich auf der Rückreise nach Rom, das er vier Jahre zuvor fluchtartig hatte verlassen müssen, weil er einen Mann im Streit erschlagen hatte.

• *Information* **Ufficio informazioni**, ✆ 0564/831019

• *Baden* Ein überaus schöner Sandstrand befindet sich am Tombolo di Feniglia. Die Straße bis zur Absperrung beim Camping Feniglia fahren.

• *Bar* Auf der *Strada panoramica* am Hotel Don Pedro vorbei, gelangt man zu Fuß nach ca. 10 Min. an die **Bar Le Viste**, wo man für eine Erfrischung u. den tollen Blick einkehren sollte.

Baretto, gestylter Treffpunkt am späteren Abend. Mi geschl., Lungomare.

• *Übernachten* **** **Il Pellicano**, etwas außerhalb von Porto Ercole an der Strada panoramica. Eines der luxuriösesten Hotels der Toscana in Traumlage am Meer. Das billigste DZ kostet in der Nachsaison ca. 288 €, in der Hauptsaison 461 €. Wellness-Center und eigene Badebucht versteht sich von selbst. Località Scarbatello, 58018 Porto Ercole, ✆ 0564/858111, ℻ 0564/833418, www.pellicanohotel.com.

*** **Don Pedro**, altmodischer Stil, freundlicher Empfang, DZ in der Nebensaison ca. 87–113 € (viele Zimmer mit Meerblick), 10 Minuten zu Fuß vom Hafen auf der Strada panoramica. 58018 Porto Ercole, ✆ 0564/833914, ℻ 0564/833129.

*** **Marina**, DZ ca. 103 € (Frühstück inkl.). Kleines, gepflegtes Albergo direkt an der Hafenpromenade. Auf der Hotelterrasse kann man mit herrlichem Blick auf Stadt und Meer frühstücken. Lungomare A. Doria 30, 58018 Porto Ercole, ✆ 0564/833055, 📠 0564/836057.

* **La Conchiglia**, kleines Hotel im Zentrum mit 12 Zimmern/Bad, kleinem Kühlschrank u. teilweise mit Terrasse (DZ 52–62 €, EZ 42 €, Dreier 75–85 €), Via della Marina 4, 58018 Porto Ercole, ✆ 0564/833134.

Villa Azzurra, kleine Zimmervermietung im Zentrum, DZ mit Bad ab 40–60 €, ohne Bad ca. 36 € (ohne Frühstück). Via Caravaggio 93, 58018 Porto Ercole, ✆ 0564/833037.

• *Essen/Trinken* **La Pinta**, fangfrischer Fisch zu höheren Preisen am Hafen, Di geschlossen, Lungomare.

Pizzeria Lampara, neben anderen Gerichten abends gute Pizza aus dem Holzofen (Pizzabäcker aus Neapel!). Günstig. Di geschlossen, Lungomare.

• *Nachtleben* **King's Club**, erst in Richtung Orbetello, dann in Richtung Cala Galera rechts abbiegen, Straßenverlauf folgen, am roten „K" links.

Teils karg – der Monte Argentario

Tombolo di Feniglia

Die südlichste der drei Verbindungen zwischen dem Festland und dem Monte Argentario ist die schmale Sanddüne, die unter Naturschutz steht und trotzdem frei zugänglich ist. Von hier aus in Richtung Campingplatz die erste Weggabelung nach links in den unasphaltierten Weg in Richtung *Le Dune* abbiegen. Spätestens hier am Tor zur *Riserva Naturale Duna Feniglia* den Wagen stehen lassen. Der Spaziergang auf dem federnden Boden durch die schöne, schattige Pineta ist eine Wohltat. Mit dem Fahrrad kann man die gesamte Nehrung bequem abfahren und zwischendurch an einem der zum Baden idealen Strände eine Pause einlegen.

• *Camping* **Camping Feniglia**, sehr bescheidene Einrichtung, aber einladendes Plätzchen. Hinter dem Pinienhain beginnt gleich der Sandstrand. 140 Stellplätze, geöffnet ab Anfang April bis Mitte Oktober. ✆ 0564/831090, 📠 0564/867175.

Isola del Giglio (ca. 1.700 Einwohner)

Die „Insel der Lilie" ist mit 21 km² nach Elba die zweitgrößte Insel des Toscanischen Archipels. Auf den ersten Blick ist sie ein einziger großer Fels im Meer, doch gedeihen hier über 700 verschiedene Pflanzenarten.

Nur 2 km sind es vom idyllischen Hafen **Giglio Porto** mit seinen bunten Häusern, wo die Fähren aus Porto Santo Stefano ihre Ladung an Menschen und Autos ausspucken, bis hinauf nach **Giglio Castello**, doch überwindet die Straße in engen Serpentinen über 400 Höhenmeter. Der Ort, der einen herrlichen Ausblick auf das Tyrrhenische Meer und bei gutem Wetter bis Montecristo bietet, ist mit einem Labyrinth von engen Gassen durchzogen; die eindrucksvollen Festungsmauern stammen aus der Herrschaftszeit der Pisaner. Steil geht es von Castello hinab zum Touristenort **Campese**, der an einer schönen Bucht mit einem lang gezogenen Sandstrand liegt – überragt von einem Rundturm der Medici aus dem 18. Jh.

Information/Verbindungen/Diverses

• *Information* An der Hafenpiazza Via Umberto I in Giglio Porto. Neben allerlei Infos auch Bustickets und nützliche Broschüren. ✆/✆ 0564/809400, www.isoladelgiglio.artec.it, www.isoladelgigliooufficioturistico.com.

• *Immobilienagentur* **Brandaglia**, Signora Brizzi spricht Deutsch und kennt die Insel sehr gut. Via T. de Revel 20, ✆ 0564/809245, www.emmeti.it/brandaglia.

• *Inselverbindungen* In Giglio Porto gibt es Wassertaxis, die die entlegenen Strände anlaufen. Darüber hinaus Taxis und der Inselbus, der mehrmals täglich zwischen den drei Inselorten pendelt. Ebenfalls vorhanden ist ein Boots- und Zweiradverleih (s. unter Reisebüro).

• *Fährverbindungen* Zwei Reedereien verkehren zwischen Porto Santo Stefano und Giglio Porto. In der Saison ca. 8 Hin- und Rückfahrten täglich. Autos werden zwar mitgenommen, doch kann man sich den teuren Preis wegen der guten Busverbindungen auf der Insel sparen und den Wagen in Porto S. Stefano zurücklassen. Wer dennoch in der Hochsaison mit dem Auto übersetzen will, sollte unbedingt reservieren (**Toremar** am Hafen in Giglio Porto, ✆/✆ 0564/809349, www.toremar.com, oder **Maregiglio/Navagiglio** ebenfalls am Hafen, ✆ 0564/812920 oder 0564/809309, www.maregiglio.it). Die 1-stündige Überfahrt kostet hin und zurück pro Person ca. 12,50 €, für das Auto zahlt man je nach Länge 57–78 €. An Wochenenden der Hochsaison erhöhen sich die Preise geringfügig.

• *Ausflüge* **Maregiglio/Navagiglio** veranstaltet in der Hochsaison Ausflugsfahrten nach Giannutri (ca. 11 €), außerdem Inselrundfahrten um Giglio und Montecristo (ca. 8 €).

• *Reisebüro* **Giglio Multiservizi** (GMS), das einzige auf der Insel, gegenüber der Anlegestelle links neben der hellblau angestrichenen Marcelleria die Treppe hoch. Boots- und Zweiradverleih (in der Hochsaison vorbestellen) sowie Appartementvermietung. Im Sommer tägl. 9–12.30 und 15–18.30 Uhr, ✆ 0564/809056, ✆ 0564/809447, gms@nevib.it.

Übernachten/Camping

Ohne frühzeitige Buchung hat man auf der Insel während der Hochsaison keine Chance auf eine Unterkunft.

• *In Giglio Porto* *** **Castello Monticello**, Via Provinciale, unser Tipp! Schönes und komfortables Haus. Hoteleigener Tennisplatz, Bocciabahn. Restaurant mit Fischspezialitäten, nette Terrasse. 1,5 km oberhalb von Giglio Porto (Straße nach Castello), an der Abzweigung zum 1,5 km entfernten Arenella-Strand. DZ 77–120 € (inkl. Frühstück). Ostern bis Ende September geöffnet. 58012 Giglio Porto, ✆ 0564/809252, ✆ 0564/809473.

*** **Demo's Hotel**, beigefarbenes Haus am nördlichen Hafenende, kaum zu übersehen. 52 Zimmer mit allen Extras, DZ 90–124 € (mit Frühstück), eigener Strand. Ostern bis 1.11. geöffnet. Via Thaon de Revel, 58012 Giglio Porto, ✆ 0564/809235, ✆ 0564/809319.

*** **Il Saraceno**, direkt am Meer hinter dem Hafen, 48 komfortable Zimmer mit allen Extras, DZ 73–114 € (inkl. Frühstück). Eines der schönsten Hotels auf der Insel, terrassenförmig in den Fels gebaut. Ostern bis Ende September geöffnet. Via del Saraceno 69, 58012 Giglio Porto, ✆ 0564/809006, ✆ 0564/809007.

** **Hotel Bahamas**, freundliches 27-Zimmer-Haus oberhalb des Hafens, ab 80 € im DZ inkl. Frühstück, Via C. Oreglia 22, 58012 Giglio Porto, ✆/✆ 0564/809254.

** **Pardini's Hemitage**, inmitten der noch völlig unberührten Macchia liegt dieses Hotel, welches nur zu Fuß oder per Boot zu erreichen ist (Abholung von Giglio Porto). Ein Zentrum für Naturfreunde, Vogelbeobachter, Aquarellmaler usw. Halbpension im DZ 79–132 € pro Pers. 58012 Giglio Porto, ✆ 0564/809034, ✆ 0564/8091177, www.finalserv.it/hermitage.

** **La Pergola**, EZ 50 €, DZ 83 € (inkl. Frühstück), alle Zimmer mit Bad. Kleine Pension am Hafen (neben dem Demo's), Ostern bis 31.10. geöffnet. Via Thaon de Revel 30, 58012 Giglio Porto, ✆ 0564/809051.

• *In Castello* Keine Hotels, aber gleich zweimal **Privatzimmer**, nebeneinander ober-

Isola del Giglio – Strand von Campese

Toscana
Karten S. 60/61 und S. 216/217

halb der modernen Piazza Gloriosa gelegen. Schilder hängen aus: 1. bei **Angelo Landini**, DZ mit Bad 60 €, ✆ 0564/806074, ℻ 0564/809447; 2. **Camere Airone**, DZ mit Bad 60–72 €, ✆ 0564/806070.

• *In Campese* *** **Campese**, DZ 57–78 € pro Pers. (mit obligatorischer Halbpension), EZ 80 €. Direkt am Sandstrand, nicht mehr das neueste Modell. Mitte April bis September geöffnet. Via della Costa 1, 58012 Giglio Campese, ✆ 0564/804003, ℻ 0564/804093.

** **Giardino delle Palme**, gegenüber dem Medici-Turm beim kleinen Fischerhafen. DZ 58–80 € (mit Frühstück), alle Zimmer mit Bad. Kleines Haus im Palmengarten. Via della Torre, 58012 Giglio Campese, ✆/℻ 0564/804037.

Camping Baia del Sole, an der Straße kurz vor Campese. Einziger Campingplatz der Insel und im Hochsommer meist restlos belegt. Der kleine Platz (nur 45 Stellplätze!) ist schön terrassenförmig angelegt und bietet ausreichend Schatten. Manche Stellplätze liegen herrlich über dem Meer. Außerdem gibt es einige kleine Holzbungalows zum Mietpreis von ca. 35–40 € pro Tag (im Sommer nur wochenweise). Mit eigenem Felsstrand, Bar, Mini-Market und Snack-Bar. 400 m von Campese. Ganzjährig geöffnet, absolutes Hundeverbot. 58012 Giglio Campese. ✆ 0564/804036, ℻ 0564/804101.

Essen/Trinken

• *In Giglio Porto* Einige schicke Restaurants am Hafen, das Preisniveau liegt allgemein hoch. Beispiele: das beliebte **La Vecchia Pergola** oder die beiden Restaurants **Doria** und **La Margherita** (quasi nebeneinander am Hafen). Wer es günstiger mag, geht zu **L'Archetto** bzw. **L'Angolo di Napoli** nahe der Anlegestelle zum Pizzaessen.

• *In Castello* **Arcobalena**, urgemütliches Ristorante in der Festung, keine Speisekarte, gekocht wird jeden Tag vom Chef persönlich. Viel Fisch und Meeresfrüchte, auch Cacciucco (Fischsuppe), gehobenes Preisniveau. Via Cavour 48, im Gassenlabyrinth der Festung, Sie müssen sich durchfragen. Mittags und abends geöffnet, in der Hochsaison abends unbedingt reservieren. ✆ 0564/806106.

L'Isolana, Pizzeria an der Piazza IV. Novembre, gehobenes Preisniveau. Von der modernen Piazza Gloriosa durch das Festungstor, nach ca. 30 m auf der linken Seite.

• *In Campese* **Ristorante/Pizzeria da Tony**, direkt beim Medici-Rundturm. Bei Tauchern sehr beliebte Pizzeria, ✆ 0564/806453.

Trattoria da Mario di Meino, Familienbetrieb mit wenigen Tischen, die meisten im Freien unter einem idyllischen Vordach. Relativ wenig Auswahl.

Die Inseln Montecristo und Giannutri

Die beiden kleinen Inseln Montecristo und Giannutri gehören wie Elba und Giglio zum toscanischen Archipel, einer Inselgruppe, die der Maremma vorgelagert ist.

Montecristo, die kleinste toscanische Insel, verdankt ihre Berühmtheit der Literatur. *Alexandre Dumas* (der Ältere), so heißt es, sei zu seinem Roman „Der Graf von Montecristo“ durch einen in Livorno lebenden französischen Kaufmann angeregt worden. Dieser hatte Dumas von dem geheimnisvollen Felsbrocken 29 Meilen westlich von Giglio erzählt und ihm so einen idealen Schauplatz für seine abenteuerlichen Phantasien geliefert. Auf dem von Meer und Sonne zerfurchten Granitfelsen hatten sich Eremiten und Piraten getummelt, bis 1889 mit *Marchese Carlo Ginori* ein echter Graf kam und die Insel mietete. Ginori war ein Exzentriker: Er fuhr das erste Auto in Italien, umsegelte mit seiner Yacht die Welt und schenkte Montecristo schließlich dem italienischen König Vittorio Emmanuele III., nachdem sich dieser bei einem Jagdausflug in die Insel verliebt hatte.

Seine Unwirtlichkeit hat Montecristo bis heute vor Besiedlung oder Tourismus bewahrt. Seit 1971 ist das Eiland Naturschutzreservat und gehört jetzt zum *Parco Nazionale dell'Arcipelago Toscano.* Es ist verboten, die Insel zu betreten; Boote dürfen sich nur auf eine Distanz von höchstens 1000 m nähern. Einzig ein Ehepaar wohnt auf der Insel. Dieses wacht über den Frieden der Natur und führt die jährlich rund 1000 Besucher, die es geschafft haben, bei der Forstbehörde in Follonica eine Erlaubnis zu ergattern, über die Insel. Geplant ist jedoch, die Insel im Sommer tägl. etwa 100 Besuchern zugänglich zu machen. Infos bei der Corpo Forestale dello Stato, Ufficio Amministrazione, Via Bicocchi 2, 58022 Follónica, ✆ 0565/40019.

Auch **Giannutri** hat eine Besonderheit. Als einzige der toscanischen Inseln befindet sie sich in Privatbesitz. Für die halbmondförmigen 2,6 Quadratkilometer im Tyrrhenischen Meer war dies ein Glücksfall, denn nur einige Villen, ein paar zu mietende Häuschen und zwei Restaurants liegen in der Macchia versteckt. Ansonsten blieb die Insel vom Tourismus verschont.

Im 2. Jh. n. Chr. errichteten reiche römische Familien auf der damals „Dianum“ genannten Insel eine prächtige Sommerresidenz. Überreste bei *Cala Maestra* (Villa, Wohnungen der Diener, Thermen und Lagerhaus) wurden jüngst freigelegt und können jeden Tag am frühen Nachmittag besichtigt werden. Informationen im *Ristorante Granduca* (✆ 0564/898890) in der Cala-Maestra-Bucht. Boote der Fährgesellschaft Maregiglio (siehe Isola del Giglio, Fährverbindungen) veranstalten im Sommer täglich sowohl von Porto Santo Stefano als auch von Giglio Porto Ausflugsfahrten nach Giannutri (ca. 11 €).

Orbetello

(ca. 7.000 Einwohner)

Das lebendige Städtchen liegt auf dem mittleren der drei schmalen Landstreifen, die den Monte Argentario mit dem Festland verbinden.

Orbetello wurde bereits im 8. Jh. v. Chr. von den Etruskern besiedelt und blieb wegen des Fischreichtums und der Salzgewinnung auch für die Römer und Sienesen interessant. Mitte des 16. Jh. wurde der Ort von den Spaniern zum Flottenstützpunkt ausgebaut. Aus dieser Zeit stammt auch die Stadtmauer mit ihren drei Torbauten, durch die man heute noch in den Ort gelangt, sowie der *Palazzo di Spagna*, der mit seinem wuchtigen Glockenturm die Piazza Garibaldi ziert. Erst 1824 wurde der kurze Verbindungsdamm zum Monte Argentario erbaut. An der Stelle, wo er Orbetello verlässt, stehen noch die Reste der alten etruskischen Hafenmauer aus dem 4. Jh. v. Chr., die aus mächtigen Steinquadern errichtet wurde.

Der **Dom** mit seinem eindrucksvollen gotischen Portal ist 1376 auf den Grundmauern einer älteren Kirche errichtet worden. Im Inneren befindet sich ein Hochrelief aus dem 8. Jh. Die insgesamt 21 Bildtafeln zeigen vor allem biblische Motive.

• *Information* Gegenüber dem Dom, Piazza della Repubblica 1, ✆ 0564/860447, Mo–So 10–12.30 u. 16–20 Uhr, www.proloco-orbetello.it

• *Übernachten* *** **Sanbiagio Relais**, das ehemalige Stadthaus einer Adelsfamilie aus der Mitte des 19. Jh. ist in ein kleines, vornehmes Hotel umgebaut worden, das viel noblen Charme versprüht. Komfortable DZ in der Nebensaison ab 124 €. Via Dante 34, 58015 Orbetello, ✆ 0564/860543, ℻ 0564/867787, www.sanbiagiorelais.com,.

*** **I Presidi**, an der Promenade zur südlichen Lagune, erst vor kurzem im englischen Kolonialstil geschmackvoll renoviert (tolle Bäder!). DZ je nach Saison ab ca. 119 €. Via Mura di Levante 34, 58015 Orbetello, ✆ 0564/867601, ℻ 0564/860432.

*** **Hotel Sole**, im Zentrum in der Fußgängerzone, DZ 65–105 € (inkl. Frühst.), Via Colombo, 58015 Orbetello, ✆ 0564/860410, ℻ 0564/860475.

** **Pensione Verdeluna**, Nähe Piazza Garibaldi, 9 DZ mit Dusche/WC ca.80 €. Kleine freundliche Rezeption, neue Besitzer. Unser Tipp in Orbetello! Via Banti 1, 58015 Orbetello, ✆/℻ 0564/867495.

* **Piccolo Parigi** in der Fußgängerzone, DZ mit Bad ca. 62 € (je nach Saison), ohne Bad 54 €. Klein und einfach. Corso Italia 169, 58015 Orbetello, ✆ 0564/867233, ℻ 0564/867211.

* **Toni und Judi**, 6 DZ ab 50–70 €, der Tipp für junge Leute mit kleinerer Reisegeldbörse. Corso Italia 112, 58015 Orbetello, ✆ 0564/867109.

• *Essen/Trinken* An Lokalen besteht kein Mangel. Gut speist man im Zentrum unter den Arkaden in der **Trattoria da Rosa**: Antipasto di Mare, Fische in Alufolie. Mo geschl., Piazza dei due Mondi.

Wer frischen Fisch mag, sollte für 7 € pro Familie Mitglied der **Cooperativa – I Pescatori**, der Genossenschaft der Fischer Orbetellos, werden, die den Fisch in der Lagune Orbetellos fischen. Scharf links nach Verlassen der Ortschaft durch den Torbogen östlich der Altstadt. Via Leopardi 9. ✆ 0564/860611.

Trattoria/Pizzeria La Taverna, u. a. mit der besten Pizza im Ort, Di geschlossen, Via Roma (im Zentrum).

Vecchia Cantina, Via Roma 6, kleine Enoteca/Osteria mit Terrasse zur Fußgängerzone mit raffinierter Speisenauswahl und Weinen.

Ansedonia

Der südlichste Badeort der Maremma ist eher eine Ansammlung eleganter Villen, die sich gut versteckt hinter Gartenmauern auf einem Vorgebirgshang der felsigen Halbinsel verteilen. Ein Ortszentrum ist nicht auszumachen.

Am Strand von Ansedonia befindet sich hinter dem mittelalterlichen Puccini-Turm (der Komponist lebte hier kurze Zeit) der einstige Hafen und die *Tagliata Etrusca*, ein technisches Meisterwerk etruskischer Ingenieure: ein in den Felsen geschlagener Kanal, der die Wasserzu- und -rückfuhr regeln sollte, um das Hafenbecken vor dem Versanden zu schützen. Über einen kleinen Steg des parallel zum Meer verlaufenden Kanals kommt man zum Eingang einer engen, tiefen und dunklen Felsschlucht. Die *Sparco della Regina* ist eine teils natürliche, teils von Menschenhand erweiterte Felsspalte von 260 m Länge, deren Funktion weitgehend ungeklärt ist. Der Legende nach soll diese Spalte von den Etruskern in den Fels gehauen worden sein, um der Königin einen ungestörten Blick aufs Meer zu sichern, damit sie rechtzeitig vor potenziellen Feinden fliehen konnte.

Toscana
Karten S. 60/61 und S. 216/217

Strand: Der Strand an der kleinen Bucht an der Tagliata Etrusca ist frei, seicht und flach. Links und rechts vom Puccini-Turm gibt es ebenfalls freie, flache Sandstrände. Im Strandrestaurant *La Strega* sitzt man genau am Meer.

• Übernachten **Hotel Vinicio**, 8 kleine, ordentliche Zimmer um die 78 € (inkl. Frühstück). Ristorante/Pizzeria (Holzofen) gleich angeschlossen. Via delle Mimose 86, Loc. Ansedonia, 58015 Orbetello, 0564/881220 oder 0564/881250, ✆ 0564/881604.

*** **La Palma**, etwa 10 km östlich von Ansedonia beim Bahnhof von Chiarone Scalo. DZ mit Bad je nach Saison 65–95 € (inkl. Frühstück). Knapp 500 m zum wunderschönen Sandstrand, ruhige Lage. Loc. Chiarone Scalo, 58010 Capalbio, ✆/✆ 0564/890341.

• Camping **Campeggio di Capalbio**, direkt an einem weiten, weißen Sandstrand, 10 km östlich von Ansedonia. Ein überaus gut organisierter Platz mit Bar, Pizzeria, Minimarkt, Tennis, Segelschule und Spielplatz. Über 200 Stellplätze. Mai–September geöffnet. Loc. Chiarone Scalo, 58010 Capalbio, ✆ 0564/890101, ✆ 0564/893241.

• Essen/Trinken **Il Pescatore**, unter einer Schilfdachhütte mitten im Grünen am Meer gelegen. Teuer und zwielichtig! ✆ 0564/88120.

Capalbio

Eine gut erhaltene Mauer umgibt das gepflegte, auf einer Hügelkette gelegene mittelalterliche Städtchen. Es lohnt sich, auf der z. T. begehbaren Stadtmauer entlangzuschlendern. Viele Römer haben das Kleinod entdeckt, sich eines der alten Häuser gekauft und es liebevoll zum Feriendomizil umgebaut. Capalbio ist dennoch ein beschaulicher Ort geblieben, der Ruhe verspricht. Das *Castello dei Collacchioni*, das den Ort überragt, beherbergte einige Male den Komponisten Giacomo Puccini. Etwas südlich (schon in der Nachbarregion Latium) ragt das monströse Kraftwerk Montalto in den Himmel. Ursprünglich war es als Atomkraftwerk konzipiert, wurde dann aber nach einer Volksabstimmung zum Öl-Gas-Kraftwerk umgerüstet.

• Information Ende Juni bis Mitte Sept. oben in der Burg. 10–13 u. 18–24 Uhr. ✆ 0564/896611.

• Übernachten *** **Valle del Buttero**, nur 6 DZ zu ca. 70–75 € (ohne Frühstück). Die Studios (ca. 80–110 €) haben einen Balkon mit unverbauter Sicht auf die grünen Hügel. Im unteren Ortsteil. 58011 Capalbio, ✆ 0564/896097, ✆ 0564/896518, www.valledelbuttero.it.

** **La Mimosa**, im Borgo Carige (ca. 4 km unterhalb von Capalbio in Richtung Via Aurelia, ausgeschildert). DZ mit Bad 55–80 €. Kleine, aber saubere Zimmer. Via Torino, 58011 Capalbio, ✆/✆ 0564/890220.

• Privatzimmer Kurz vor dem Ortskern (noch vor dem Parkplatz) prangt an der Straße das Schild „Camere“. Im unteren Stockwerk des Hauses werden Zimmer vermietet, teilweise mit Balkon. DZ mit Dusche und WC auf der Etage 42 €, mit Bad 52 €, ein großes Dreibettzimmer mit Dusche und WC ca. 62 €. Anmeldung bei der Trattoria Da Maria am Ortseingang. 58011 Capalbio, ✆ 0564/896014.

• Agriturismo **Renaioli**, außerhalb von Capalbio in einer gepflegten Anlage zwischen Oliven und Weinanbau. 7 Zimmer (82–93 €) bzw. Appartements für 2–4 Pers. (103–130 €), originelle Ausstattung. Frühstück im Garten, Hunde willkommen, ca. 6 km vom Meer entfernt, ganzjährig geöffnet. Via Pian del 40, Località Torre Palazzi (zwischen Aurelia und Capalbio), 58011 Capalbio, ✆ 0564/896687 oder 339/5022033, www.capalbio.it/AgriturismoRenaioli.

• Camping **Palazzosta d'Argento Club**, gepflegter Platz an der Küste mit schattigen Stellplätzen. Via Aurelia (Kilometer 134). 1.4–30.9. geöffnet. 58011 Capalbio, ✆ 0564/893007, ✆ 0564/893107.

• Essen/Trinken Die **Trattoria Da Maria** ist seit Jahren berühmt für ihre Wildschweingerichte. Viel Prominenz (entsprechend teuer).

Ristorante La Porta, Via Vittorio Emanuele 1. An der Wand hängen die Jagdtrophäen, im offenen Holzofen der Gaststube wird das Wildschwein gegrillt. Traditionelle maremmanische Küche. ✆ 0564/896311. Außer Juli/August Di geschl.

Trattoria Toscana, ebenfalls in der Via Vittorio Emanuele. Etwas günstiger als La Porta.

Bruschetteria al Pozzo, ab 15 Uhr die günstigere Alternative, zu einem Imbiss zu gelangen. Mo geschl. Via V. Emanuele 17.

Osteria Enoteca Le Mura, im unteren Teil des Ortskerns, mit Ausgang zur Stadtmauer. In dem kleinen Restaurant, in dem einst das Brot von ganz Capalbio gebacken wurde, sind nicht nur die Preise der eigenwilligen Gerichte exklusiv, auch das Besitzerpärchen, beide Sommeliers, legt Wert auf den besonderen Stil. ✆ 0564/896692, www.osterialemura.it.

• *Außerhalb* **Trattoria La Vallerana**, wer Appetit auf ein gutes Stück Fleisch verspürt, dem wird dieses einfache Landgasthaus gefallen. Von Capalbio auf der Landstraße SP 101 nach Norden in Richtung Sgrillozzo fahren. Nach ca. 10 km taucht links die Trattoria auf. Mi geschl. ✆ 0564/896050.

Eine passende Bleibe gibt es gleich in der Nähe: In der **Azienda agrituristica Rosaspina** (mit Pool und vielen herumspringenden Tieren) werden tageweise moderne DZ ab 77 € in gepflegtem Ambiente vermietet. Die Besitzerin spricht sehr gut Deutsch und bereichert das ausgiebige Frühstück mit frisch gebackenem Kuchen. Strada della Sgrilla, Località Vallerana, 58011 Capalbio, ✆ 0564/892014, 333/6495511 (Handy) www.agriturismo-rosaspina.com.

Toscana
Karten S. 60/61 und S. 216/217

Giardino dei Tarocchi

Etwa 10 km von Capalbio entfernt auf einem kleinen Hügel gelegen. *Niki de Saint-Phalle*, berühmt für ihre „Nanas“ (riesige, fast bedrohlich wirkende, bunt bemalte weibliche Polyester-Skulpturen), stellte hier zusammen mit befreundeten Künstlern ein auf 22 Stationen verteiltes plastisches Tarot-Spiel aus überlebensgroßen Figuren mitten in die Maremma-Landschaft. Mit den Arbeiten wurde bereits 1979 begonnen, 1994 wurde die Eröffnung des Giardino dei Tarocchi gefeiert.

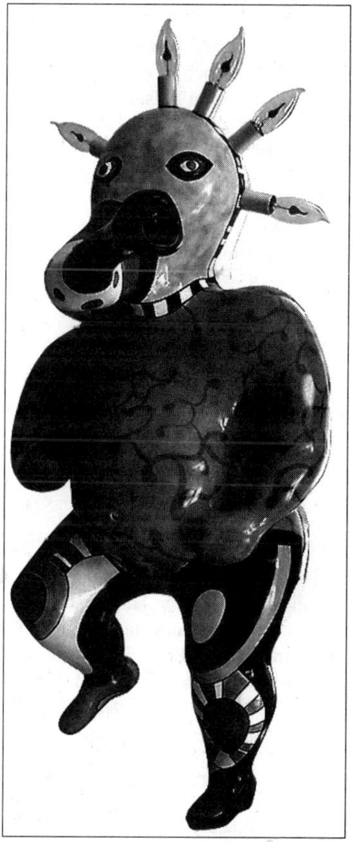

• *Öffnungszeiten* Ab ca. 14. Mai bis ca. 20. Okt. tgl. 14.30–19.30 Uhr; Eintritt ca. 10,50 €, Kinder bis 7 J. gratis, zwischen 7 und 16 J. 6 €. Außerhalb der Saison (ab Mitte Okt. bis Mitte Mai) ist der Park jeden 1. Samstag im Monat von 9–13 Uhr bei freiem Eintritt zu besichtigen. ✆ 0564/895122, www.nikidesaintphalle.com.

• *Anfahrt* Der Park ist ausgeschildert, dennoch nicht ganz einfach zu finden. Von Capalbio aus Richtung Pescia Fiorentina, dort rechts nach Garavicchio abbiegen. Nach ca. 1,5 km sieht man rechts auf dem Hügel die Skulpturen.

Einfacher ist die Anfahrt von der Via Aurelia aus: Ausfahrt Chiarone Scalo, dann Richtung Pescia Fiorentina. Knapp hinter der Abzweigung nach Carige den Hügel links beachten. Im Sonnenlicht glitzern die Kunstwerke.

• *Essen/Trinken* Der Trattoria-Tip für die maremmanische Raviolispezialität *Tortelli* (gefüllt mit Spinat und Ricotta-Käse, mit einer Wildschwein- oder Pilzsoße serviert) sowie für herzhaft gegrillte Fleischgerichte ist **Il Tortello** – unweit vom Park, Mi mittags geschlossen, Dorfplatz von Pescia Fiorentina, ✆ 0564/895133.

Von Florenz nach Arezzo

Zwischen Florenz und Arezzo zieht sich der Flusslauf des Arno wie eine große Schleife durch die toscanische Landschaft. Er entspringt an den Hängen des Monte Falterona etwa 40 km nordöstlich von Florenz, schlängelt sich dann durchs **Casentino** Richtung Süden, um kurz vor Arezzo einen Bogen hinauf durchs **Valdarno** Richtung Medici-Metropole zu schlagen. Die reizvolleren Routen Richtung Arezzo führen durchs Casentino (SS 70) und an den Ausläufern des Pratomagno entlang. Wer zügiger unterwegs sein will, ist mit der Fahrt durchs Valdarno auf der parallel zur Autobahn verlaufenden SS 69 besser bedient. Viel zu sehen gibt's hier allerdings nicht, man kann von der SS 69 aber immer wieder problemlos nach Osten auf die Pratomagno-Route ausscheren.

San Giovanni Valdarno

Die lebendigste Stadt im oberen Arnotal zählt ca. 20.000 Einwohner. Im Zentrum des schachbrettartig angelegten Ortes überrascht eine großzügige Piazza, die von einem harmonischen Gebäudeensemble umsäumt ist.

Genau genommen besteht sie aus zwei Plätzen, der Piazza Cavour und der Piazza Masaccio, die aber so eng miteinander verbunden sind, dass sie wie eine Einheit wirken. Die Piazza Masaccio ist nach dem berühmtesten Sohn der Stadt benannt, der hier 1401 als *Tommaso di Ser Giovanni di Simone Guidi Cassai* geboren wurde. Das Geburtshaus des Malers, der einer der Wegbereiter der italienischen Renaissance war, sich später *Masaccio* nannte und bereits im Alter von 27 Jahren unter mysteriösen Umständen in Rom starb, steht am Corso Italia 83.

• *Information* **Ufficio turistico**, Piazza Cavour 3 (vor dem Palazzo Comunale), ✆ 055/943748, ✆ 055/9121123, prolocosgv@val.it. Mo–Fr 9–13 und 15.15 Uhr, Sa 9–12.45 Uhr.

• *Verbindungen* **Züge** mehrmals täglich nach Florenz und Arezzo.

• *Übernachten* *** **La Bianca**, neueres Haus direkt an der Durchgangsstraße, etwas steril, mit Restaurant und Garage, DZ 85 €. Viale Don Minzoni 38, 52027 San Giovanni Valdarno, ✆ 055/943860, ✆ 055/9121423.

• *Camping* **Norcenni Girasole Club**, ca. 3 km außerhalb Richtung Figline. 2 Swimmingpools, 2 Restaurants, Disko. Geöffnet April–Oktober. Via Norcenni 7, 52027 San Giovanni Valdarno, ✆ 055/915141, ✆ 055/9151402.

• *Essen/Trinken* **Osteria dell'Angelo**, hinter einem Durchgang rechts der Basilika. San Giovannis beste Küche serviert u. a. Florentiner Steaks. Samstagabend und So geschlossen. Via della Madonna 5, ✆ 055/943799.

Da Giovannino, Ristorante und Pizzeria, ca. 100 m vom Palazzo Comunale entfernt. Schnörkellose toscanische Hausmannskost, große Pizzaauswahl, kleine Preise. Mi geschlossen. Piazza della Libertà 24, ✆ 055/9122726.

Stia

Dieses hübsche Casentino-Städtchen am Fuße des Monte Falterona beeindruckt vor allem durch seine lang gestreckte, leicht ansteigende Pflasterstein-Piazza Tanucci in der Altstadt, die links und rechts von schmalen Bogengängen gesäumt wird. Am unteren Ende der Piazza befindet sich die romanische **Kirche Santa Maria Assunta** (12. Jh.), die in der linken Seitenkapelle ein glasiertes Tonrelief (Madonna mit Kind) von *Andrea della Robbia* beherbergt.

• *Information* **Pro Loco**, Piazza Tanucci. Tägl. 10.30–12.30 Uhr, ✆ 0575/504106.

• *Verbindungen* **Bahn**: Endstation der Lokalbahnlinie Arezzo–Stia; die Fahrtzeit von Arezzo beträgt ca. 1 Std.

• *Übernachten* *** **Albergo Falterona**, komfortable Herberge mit Charme in einem altehrwürdigen Palazzo am unteren Ende der Altstadtpiazza, tipptopp in Schuss, ohne Restaurant, DZ 80 € (inkl. Frühstück). Piazza

Das Zentrum von San Giovanni

Tanucci 85, 52017 Stia, ✆ 0575/504569, ✆ 0575/504982, albergo.falterona@technet.it.

• _Essen/Trinken_ **Da Filetto (Trattoria Falterona)**, alteingesessenes Ristorante an der Piazza Tanucci (Nr. 28), rustikal eingerichtet, schnörkellose casentinesische Küche, dazu Rotwein aus Fiesole. Gutes Preis-Leistungs-Verhältnis, stimmungsvolle Speiseterrasse. Leider nur mittags geöffnet und Sa ganz geschlossen. ✆ 0575/583631.

Pratovecchio

Die Geburtsstadt des Renaissancemalers *Paolo Uccello* (1397–1475) hat eine bildhübsche Altstadt. Nahezu alle Plätze und Straßen des verzweigten Centro storico werden von Arkadengängen gesäumt. Am Freitagvormittag lohnt sich ein Besuch ganz besonders: Dann ist Wochenmarkt, und Pratovecchio zeigt sich von seiner stimmungsvollsten Seite.

Schon weithin sichtbar ist das **Castello di Romena**, eine der schönsten Burgen, die die einstigen Feudalherren des Casentino, die *Conti Guidi*, errichten ließen. Mit drei Mauerwällen und 14 Türmen befestigt, konnte sie die feindlichen Florentiner lange Zeit abwehren und fiel erst 1357 in deren Hände. Eine lange Zypressenallee führt zum Parkplatz am Burgeingang. Der einzige unversehrte Turm des Castello ist leider nur nach telefonischer Voranmeldung zu besichtigen, ebenso das angeschlossene **Burgmuseum** (✆ 0575/581353).

• _Essen/Trinken_ **Gliaccaniti**, über die Grenzen des Casentino hinaus bekanntes Feinschmeckerlokal, mehrfach für seine gute toscanisch-casentinesische Küche ausgezeichnet. Stilvoll eingerichteter Speiseraum und lauschige Veranda am Arno-Ufer, gehobene Preise. Via Fiorentina 12 (an der Brücke), ✆ 0575/583345, Di Ruhetag.

Poppi

(ca. 6.000 Einwohner)

Wahrzeichen von Poppi ist die schon von weitem sichtbare Burg der Grafen Guidi, die einst den gesamten Casentino beherrschten. Arnolfo di Cambio, der Erbauer des Florentiner Doms, soll am Bau dieser prächtigsten und besterhaltenen Guidi-

Burg mitgewirkt haben. Eine Brücke über den Burggraben führt zum wappenverzierten Castello, dessen kostbar ausgestattete Wohnräume besichtigt werden können. Kunstgeschichtlich besonders wertvoll sind die Fresken der kleinen Burgkapelle, die der Giotto-Schüler *Taddeo Gaddi* 1330 angefertigt hat. Die Bibliothek des Castello besitzt ca. 1400 Manuskripte und Inkunabeln. Im Erdgeschoss kann eine große Auswahl an Büchern über Kunst und Kultur der Region erworben werden (tägl. 10-18 Uhr, Eintritt 4 €).

• Verbindungen **Züge** über Bibbiena nach Arezzo und in nördlicher Richtung bis zur Endstation Pratovecchio-Stia. Der Bahnhof befindet sich unterhalb des Orts in Ponte a Poppi.

• Übernachten/Essen *** **Casentino**, gegenüber dem Castello in den ehemaligen Wirtschaftsgebäuden der Burg. DZ mit Bad 62 €. Im Sommer wird im Hof und unter der Pergola gefrühstückt. Piazza della Repubblica 6, 52014 Poppi, ✆ 0575/529090, 📠 0575/529067, albcasen@ats.it.

** **Campaldino**, in Ponte a Poppi. Freundliches älteres Albergo, gut ausgestattete Zimmer, gemütliches Hotelrestaurant mit hochgelobter Küche. Einziger Nachteil ist die Lage an der Durchgangsstraße. DZ 52 €, EZ 57 €. Via Roma 95, 52014 Poppi, ✆ 0575/529008, 📠 0575/529032, priccica@virgilio.it.

La Pace, Privatzimmer, DZ 33 €. Via Roma 77, 52014 Poppi, ✆ 0575/529086, claudio14@technet.it.

• Camping **La Pineta**, direkt an der Landstraße von Poppi nach Camaldoli. Kleiner, gepflegter Platz, schönes Bergpanorama, von April bis Sept. geöffnet. 52014 Poppi, ✆ 0575/529082, 📠 0575/529712, pineta@aruba.it.

• Essen/Trinken/Snacks **Ristorante Casentino**, im gleichnamigen Hotel (s o.). Das Restaurant befindet sich im alten Pferdestall des Schlosses und serviert deftige casentinesische Küche. Hier unbedingt mal die casentinesische Primo-Spezialität *Ravioli con patate* (Kartoffelpüreefüllung) mit Fleischsoße probieren. Mi geschlossen. ✆ 0575/529090.

Osteria del Tempo Perso (Caffè Merende), im Zentrum von Ponte a Poppi, an der Hauptstraße, der Via Roma. Der schnauzbärtige Barkeeper macht die besten Panini weit und breit. Daneben Verkauf von Käse, Salami und Schinken, regionalen Spezialitäten, Nüssen und Eingemachtem aus Apulien.

Kloster La Verna

Der Franziskanerkonvent liegt 1129 m hoch auf einem trostlosen Felsgrat des Monte Penna. Dorthin zog sich der heilige Franz von Assisi 1214 zurück, nachdem er den Berg vom Grafen Orlando Cattani geschenkt bekommen hatte. Berühmt ist La Verna als der Ort, an dem Franziskus die Stigmatisierung empfing und Abschied von seinen Mitbrüdern nahm.

Die **Stigmatisierungskapelle** zeigt ein prunkvolles Chorgestühl und einen *Andrea della Robbia* zugeschriebenen gekreuzigten Christus aus Terrakotta über dem Altar. In der heutigen **Bonaventura-Kapelle** wohnte im 13. Jh. zeitweise der gleichnamige Ordensgeneral der Franziskaner und Franziskus-Biograph. Man darf annehmen, dass er nicht von allzu großer Statur gewesen ist; andernfalls hätte er sich bestimmt jedes Mal den Kopf am Gemäuer angestoßen, bevor er in sein asketisches Bett fand. Die **Antonius-Kapelle** war 1230 das Zimmer des berühmten Heiligen aus Padua, der für einige Monate hier zu Besuch weilte.
Die älteste Kirche des Klosters ist die kleine **Chiesa Santa Maria degli Angeli**, deren Grundstein Franziskus 1216 höchstselbst legte. Nebenan steht die Hauptkirche **Chiesa Maggiore**, mit deren Bau 1348 begonnen wurde und in der zahlreiche Reliquien des heiligen Franz aufbewahrt werden.

• Anfahrt Von Bibbiena auf der S 208 über Chiusi della Verna.

• Verbindungen **Bus** von Bibbiena 8x täglich nach Chiusi della Verna; von dort führt ein Wanderweg (ca. 40 Min.) hinauf zum Kloster.

• Übernachten ** **Bellavista**, Durchschnittskomfort, Terrassenbar zur Straße,

Restaurant. Verkauf von Wanderkarten. DZ 52 €. Via S. Francesco 17, 52010 Chiusi della Verna. ✆ 0575/599029, 📠 0575/599022.

** **Da Giovanna**, modern eingerichtete Zimmer, DZ mit Bad 50 €. Im Restaurant gibt's Menüs ab 15 €, Snackbar mit Sonnenterrasse zur Straße. Ebenfalls Verkauf von Wanderkarten. Hinter dem Haus beginnt der alte Pilgerweg zum Kloster. Via S. Francesco 33, 52010 Chiusi della Verna, ✆ 0575/599275, 📠 0575/599378, giovanna@technet.it.

• *Camping* **La Verna**, ab Chiusi della Verna ausgeschildert. Im Laubwald, klein, modern, mit Swimmingpool. Geöffnet April–September. 52010 Chiusi della Verna, ✆ 0575/532121, 📠 0575/532041, campinglaverna@libero.it.

Arezzo

(ca. 95.000 Einwohner)

Moderne Zweckbauten und Wohnsilos an der Peripherie: Die Stadt ist weit in die hügelige Landschaft hineingewachsen, ihr mittelalterlicher Kern jedoch ist trotz schwerer Bombardierung durch die Alliierten im Zweiten Weltkrieg zum größten Teil noch gut erhalten.

Vom einstigen Kastell *(Fortezza Medicea)* am höchsten Punkt Arezzos stehen nur noch die Festungsmauern. Sie umschließen einen gepflegten Park mit einer monumentalen nationalistischen Skulptur; bisweilen ein beliebtes Ziel von Spraydosen-Attentätern. Leider sind deren Signaturen künstlerisch auch nicht wertvoller als das besprühte Objekt. Am besten, man missachtet die hier ausgetragene Kunstdebatte und genießt einfach den einzigartigen Blick über die Stadt.

In den zahlreichen Kirchen von Arezzo – so sagt man spöttisch – beten die Mütter für einen stabilen Goldkurs. Denn Arezzo ist als internationale Goldmetropole und reichste Stadt der Toscana berühmt-berüchtigt. An der Peripherie haben sich etliche Gold verarbeitende Betriebe angesiedelt. Über 10 Tonnen Reingold werden hier monatlich zu Goldschmuck verarbeitet, der dann weltweit exportiert wird. Neben der Schmuckherstellung ist auch die örtliche Bekleidungsindustrie von großer wirtschaftlicher Bedeutung.

Information/Verbindungen

• *Information* Piazza della Repubblica 28 (Bahnhofsvorplatz). Mo–Sa 9–13 und 15–18.30 Uhr, So 9–13 Uhr. ✆ 0575/377678, 📠 0575/20839, info@arezzo.turismo.toscana.it.

• *Verbindungen* **Bahn**: Arezzo liegt an der FS-Hauptlinie Florenz–Rom. Gute Verbindung auch nach Perugia (in Teróntola umsteigen).
Außerdem führt eine kleine Lokalbahn (LFI) ins Casentino (von Arezzo über Bibbiena und Poppi nach Pratovecchio-Stia).

Bus: Der Busterminal befindet sich am Bahnhofsplatz. LFI-Busse z. B. nach Siena und Cortona, SITA-Busse ins Valtiberina, Lazzi-Busse nach Florenz.

Übernachten (siehe Karte S. 208/209)

**** **Cavaliere (15)**, insgesamt 27 komfortable Zimmer, DZ 135 €, EZ 80 €. Ruhige Lage in einer Seitenstraße. Hotelgarage 15 € pro Tag. Via Madonna del Prato 83, 52100 Arezzo, ✆ 0575/26836, 📠 0575/21925, info@cavalierehotels.com.

**** **Minerva (11)**, moderner Neubau am Stadtrand, mit Hotelrestaurant und Garage, DZ 125 €, Via Fiorentina 4, 52100 Arezzo, ✆ 0575/370390, 📠 0575/302415, info@hotel-minerva.it.

** **Astoria (14)**, älterer Palazzo an der zentralen Kreis-Piazza Guido Monaco, DZ mit Bad 98 €, ohne 50 €, EZ mit Bad 60 €, ohne 30 €. Geräumige Zimmer und weite Flure schaffen eine einladende Atmosphäre. Via Guido Monaco 54, 52100 Arezzo, ✆ 0575/24361, 📠 0575/24362.

** **San Marco (19)**, DZ mit Bad 60 €. Etwas außerhalb des Zentrums gelegen, dafür keine Parkprobleme. Via G. Verga 4, 52100 Arezzo, ✆ 0575/903322, 📠 0575/903323.

** **Cecco (17)**, moderner Bau in der Fußgängerzone. DZ mit Bad 60 €, ohne 45 €, EZ mit Bad 40 €, ohne 30 €. Restaurant im Haus. Corso Italia 215, 52100 Arezzo, ✆ 0575/20986, 📠 0575/356730, info@hotelcecco.com.

• *Jugendherberge* **Villa Severi (1)**, ca. 3 km vom Bahnhof entfernt. Übernachtung 13 €/Person, mit Frühstück 16 €, auch 2-Bett-Zimmer. Herrliche Lage mit großer Terrasse, nur 15 Min. zu Fuß in die Altstadt. Via F. Redi 13, 52100 Arezzo, ✆/📠 0575/299047, mail@peterpan.it.

• *Agriturismo* **Barone Albergotti**, Richtung Bibbiena, ca. 3 km von Arezzo. Große Appartements für 4–5 Personen zu 130 €, kleine Appartements zu 110 € (Mindestaufenthalt drei Nächte). Loc. Ceciliano 78, 52100 Arezzo, ✆ 0575/320017, 📠 0575/20978, ilpoderaccio@interfree.it.

Azienda Pioggio Primo, ein 1997 behutsam saniertes Landhaus. Ein Appartement für 2–3 und zwei Appartements für 4–7 Personen. Das kleine Appartement kostet pro Tag 60 €, die beiden größeren 140 €, mit Pool. Anfahrt: ca. 12 km auf der Landstraße nach Castiglion Fibocchi, hinter dem Ort die Ausschilderung beachten. Via Setteponti 126, Loc. Poggio I, 52029 Castiglion Fibocchi. ✆/📠 0575/47061, info@poggioprimo.com.

Essen/Trinken

Buca di San Francesco (10), Via San Francesco 1. Durch ein unscheinbares schmiedeeisernes Türchen steigt man in den Keller hinunter. Lokale Spezialitäten in mittelalterlicher Umgebung. Preise etwas über dem Durchschnitt, üppiges Menü ab 35 €. Montagabend und Di geschlossen, Betriebsferien im Juli, ✆ 0575/23271.

Minerva (12), Via Fiorentina 2/4 (Ausfallstraße zur A 1). Oft empfohlenes Feinschmeckerlokal auf dem Dach des gleichnamigen Hotels. ✆ 0575/370390.

Ristorante Le Tastevin (13), Via de' Cenci 9. Ausgezeichnete toscanische Küche, kleine Karte, vernünftige Preise, Tische auch auf der schmalen Straße. Mo geschlossen, ✆ 0575/28304.

L'Agania (5), Via Mazzini 10. Antica Osteria, ungezwungene Atmosphäre und guter Service. Regionale Spezialitätenküche. Beliebt, also auch belebt. Mo geschlossen, ✆ 0575/295381.

Il Saraceno (6), Via Mazzini 6. Angenehme Atmosphäre, aretinische Spezialitäten, z. B. Pici-Nudeln mit Wildschweinsoße. Mi geschlossen, ✆ 0575/27644.

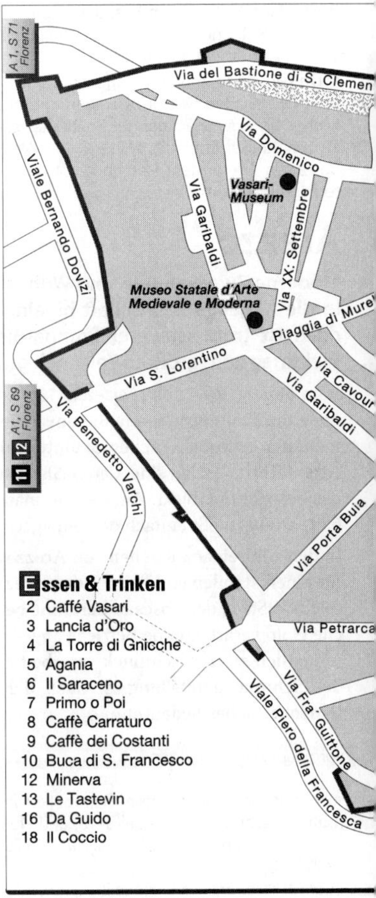

Da Guido (16), Via Madonna del Prato 85. Antica Trattoria, geschmackvoll renovierter kleiner Speiseraum, sympathischer Familienbetrieb, viele Stammgäste. So geschlossen, ✆ 0575/23760.

Il Coccio (18), Via Niccolò Aretino 4 (in der Stadtmauer). Klein und meist voll. Wenn man einen Platz ergattert hat, kann man hier bei Pizza und Bier einen ungezwungenen Abend verbringen. Mi geschlossen, ✆ 0575/357749.

La Torre di Gnicche (4), Enoteca und Tavola calda (oberhalb der Piazza Grande). Gemütliches Kellergewölbe, Wandregale mit ausgesuchten Weinen, man isst toscanische Snacks (Fette croccanti), Antipasti

Toscana
Karten S. 60/61 und S. 216/217

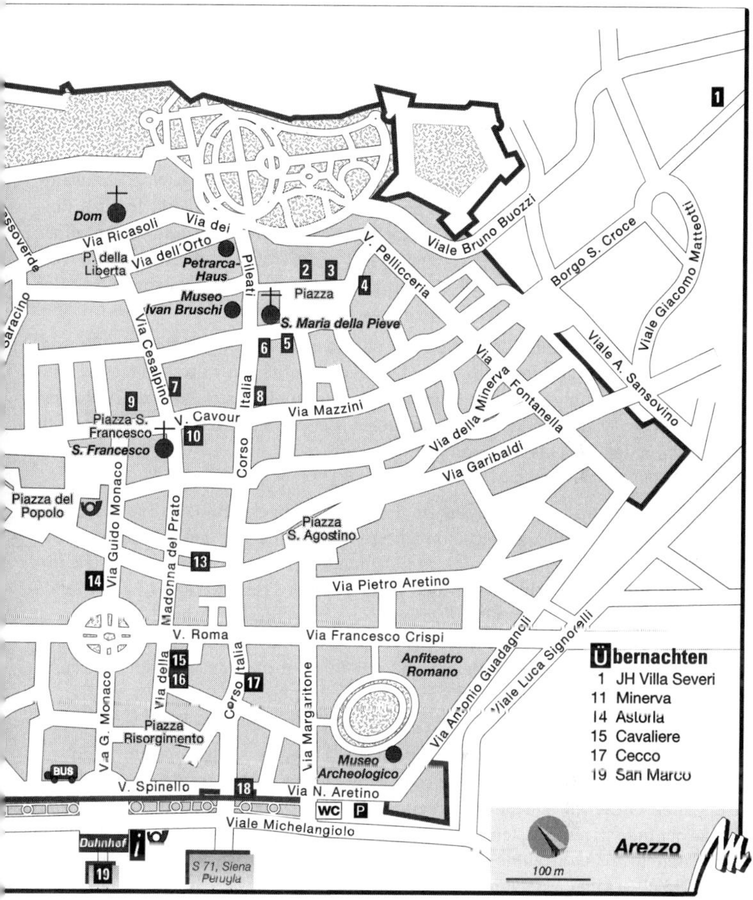

und Salate. Piaggia S. Martino 8. Mi geschlossen, ✆ 0575/352035.

Lancia d'Oro (3), gemütliches und absolut stilvolles Ristorante unter den lauschigen Arkaden der Piazza Grande, gehobene Küche, teuer. Sonntagmittag und Mo geschlossen, ✆ 0575/21033.

Prima o Poi (7), Piazza del Popolo 11, freundliches Ristorante mit vernünftigen Preisen unterhalb der Post. Mo geschlossen, ✆ 0575/357927.

Caffè dei Costanti (9), Piazza S. Franscesco. *Das* Café der Stadt: Hier trifft sich alles – vom Bücher schleppenden Schüler bis zur Signora im Pelz.

Caffè Vasari (2), Piazza Grande, Arkadencafé mit Jahrhundertwende-Charme und bester Aussicht.

Caffè Carraturo (8), Corso Italia 61, leckere neapolitanische Pasticceria in einer ehemaligen Drogheria.

Sehenswertes

Piazza Grande: Umgeben von einer Vielzahl historischer Bauten, ist sie der architektonisch zentrale Punkt der Stadt. An der Oberseite des abschüssigen Platzes stehen der von Vasari gebaute *Palazzo delle Logge* aus dem 16. Jh., an der Stirnseite der mit seinem „gedrechselten" Säulendekor fast barock wirkende *Palazzo della Fraternità de' Laici*, daneben der *Palazzo del Tribunale* mit der kegelförmigen Freitreppe und die Chorseite der *Kirche Santa Maria della Pieve.* Am ersten Wochenende eines jeden Monats belebt der größte Antiquitätenmarkt der Toscana die stimmungsvolle Piazza.

Kirche Santa Maria della Pieve: Die Kirche aus dem 13. Jh. zeigt eine überwältigende Fassade. Mit ihren unzähligen Säulen macht sie einen äußerst fragilen Eindruck. Der „Glockenturm der hundert Löcher", wie er im Volksmund wegen seiner vielen Doppelbogen-Öffnungen genannt wird, wirkt trotz seines Namens im Vergleich zur Fassade fast massiv. Die Säulenpracht wird über dem Eingang und an der Chorseite fortgesetzt.

Im Inneren ist ein mehrteiliges Altarbild von *Pietro Lorenzetti* zu sehen, der sog. „Altar von Arezzo" aus dem Jahr 1320. Um den dreistufigen Mittelteil („Maria mit Kind", „Verkündigung", „Mariä Himmelfahrt") gruppiert sich symmetrisch eine Reihe Heiliger. Man wundert sich, dass dieses Meisterwerk *Pietro Lorenzettis* nicht längst schon den Weg ins Museum gefunden hat.
Öffnungszeiten Mai–September 8–19 Uhr; Oktober–April 8–12 und 15–18 Uhr.

Kirche San Francesco: Von außen ist der gotische Backsteinbau (Bauzeit 1290–1377) schlicht; die einzige farbenprächtige Verzierung ist ein Rundfenster des französischen Meisters *Fra Guillaume* (siehe Dom). Ganz anders das Kircheninnere: Im Hauptchor befindet sich der weltberühmte Freskenzyklus „La Leggenda della Vera Croce" von *Piero della Francesca*, der zwischen 1452 und 1464 entstand. Auf ca. 300 qm wird die Geschichte des Kreuzes Christi erzählt, von der Pflanzung des Baumes, der das Material lieferte, bis zur Rückführung des geraubten Kreuzes nach Jerusalem im Jahr 615.
Öffnungszeiten Mo–Fr 9–18.30 Uhr, Sa 9–17.30 Uhr, So 13–17.30 Uhr. Eintritt 5 €.

Dom San Donato: Gotischer Bau in exponierter Lage, die riesige, erst im 19. Jh. angebaute Seitenkapelle verstört den Besucher geradezu, zumal er von einem schmiedeeisernen Gitter auf Distanz gehalten wird. Ausgesprochen schön hingegen sind die farbenprächtigen Glasfenster des Doms, die von dem französischen Dominikanermönch *Fra Guillaume de Marcillat* (1467–1529) stammen. Im Dom liegen die sterblichen Überreste von Papst Gregor X., auf den das noch heute gültige Verfahren der Papstwahl zurückgeht.
Öffnungszeiten Täglich 7–12.30 und 15–18.30 Uhr.

Museo Archeologico: Das archäologische Museum befindet sich auf dem Gelände des im Sommer für Open-Air-Veranstaltungen genutzten *Anfiteatro Romano* und besitzt eine stattliche Sammlung etruskischer und römischer Funde aus der Umgebung Arezzos. Ein Highlight ist sicherlich die bronzene Chimäre aus dem 4. Jh. v. Chr., die zum Wahrzeichen der Stadt avancierte. Eine Kopie davon findet man auf dem Bahnhofsvorplatz.
Öffnungszeiten Täglich 8.30–19.30 Uhr, Mo geschlossen. Eintritt 4 €.

Casa Petrarca: Der humanistische Dichter *Francesco Petrarca* kam 1304 in Arezzo zur Welt. Sein vermeintliches Geburtshaus, 1944 zerbombt und später wiederaufgebaut, steht knapp unterhalb des Doms in der Via dell' Orto 28. Die Petrarca-Akademie hat hier eine umfangreiche Bibliothek untergebracht und verleiht seit 1974 den begehrten Petrarca-Literaturpreis.

Gegenüber dem Eingang steht auf der Straße der *Tofano-Brunnen*, benannt nach einem reichen Herrn, der ebenso trunk- wie eifersüchtig war und dem seine Frau böse mitspielte. Welche Rolle der Brunnen dabei spielte, erfahren Sie bei Boccaccio, Decamerone, 7. Tag, 4. Geschichte ...

Öffnungszeiten Bei unserer letzten Recherche unklar. Zu den angegeben Zeiten war das Haus geschlossen.

Arezzo/Umgebung

Anghiari

Die mittelalterliche Kleinstadt am felsigen Talhang bietet einen großartigen Ausblick auf das weite Becken des oberen Tibertals. Die Hauptstraße führt wie eine Sprungschanze geradlinig in die Ebene von Sansepolcro hinunter. Vom terrassenförmig angelegten Hauptplatz mit dem Garibaldi-Denkmal gelangt man durch die *Galleria Magi*, eine wuchtig überwölbte Passage (19. Jh.), zur Piazza IV Novembre. Etwas unterhalb davon, in der Via Mazzini, produziert seit der Mitte des 19. Jh. die Tuchweberei *Busatti*.

• *Information* Direkt unterhalb des zentralen Terrassenplatzes finden Sie die freundlichste Touristeninformation der ganzen Toscana. Bus- und Zugfahrpläne für Fahrten ins Umland im Aushang. Tägl. 9.30–12.30 und 16–20 Uhr (ohne Gewähr!).

• *Verbindungen* **Bus** nach Sansepolcro, Città di Castello und Arezzo.

• *Übernachten* *** **La Meridiana**, hinter der Galleria Magi, DZ mit Bad 52 €. Modern eingerichtete, teils geräumige, teils kleine Zimmer – gepflegt auf jeden Fall. Piazza IV Novembre 8, 52031 Anghiari, ✆ 0575/788102, 📠 0575/787987, info@hotellameridiana.it.

Azienda Agricola Valle di Mezzo, in Toppole. Ein komfortables Haus wird an landfrohe Städter mit Kindern vermietet (113 € pro Tag). Loc. Toppole, 52031 Anghiari, ✆/📠 0575/788103.

• *Essen/Trinken* **Ristorante Da Alighero**, Via Garibaldi (Seitengasse zum Hauptplatz). Hervorragende Küche, liebevoll zusammengestellt. Der Wirt stammt aus Anghiari, die Wirtin aus Deutschland. So kommt man neben den regionalen Gerichten auch zu Ochsenschwanz und Entenbrust. Teigwaren alle hausgemacht. Di geschlossen.

Il Campino di Toppole, der Ausschilderung nach Toppole folgen. Ca. 4 km nach der Abzweigung liegt die Trattoria (kein Namensschild) direkt an der Straße. Im Sommer wird draußen am Kinderspielplatz gegessen. Leckere Küche und gute Preise. Mo geschlossen. ✆ 0575/788149.

Caprese Michelangelo

Kleiner Weiler mit Castello, einsam auf einer Hügelkuppe gelegen. Hier wurde *Michelangelo Buonarroti* am 6. März 1475 geboren, sein Vater war als Statthalter von Florenz hierher versetzt worden. Die Akten vermerken weiter, dass seine schwangere Mutter beim Umzug vom Pferd fiel und eine Weile mitgeschleift wurde, jedoch ohne Schaden an ihrer überlieferten Schönheit zu nehmen. Im **Geburtshaus** des Meisters sind Kopien und Fotos seiner wichtigsten Werke ausgestellt, eine Dokumentation illustriert seinen Werdegang. Einige Arbeiten von Florentiner Malern des 17. Jh. zeigen Michelangelo in schillernden Farben als beinahe göttliches Wesen.

• *Öffnungszeiten* Mitte Juni bis Oktober Mo–Sa 9.30–18.30 Uhr (August bis 19.30 Uhr), So 9.30–19.30 Uhr; November bis Mitte Juni Di–Sa 10–17 Uhr, So 10–18 Uhr. Eintritt 3 €.

• *Übernachten/Essen* ** **Buca di Michelangelo**, mitten im Ortskern, alteingesessen und gut geführt, modern eingerichtete Zimmer, teils mit schöner Aussicht, DZ 52 € (inkl. Frühstück). Das Hotelrestaurant serviert deftige Kost zu vernünftigen Preisen. Via Roma 51, 52033 Caprese Michelangelo, ✆ 0575/793921, 📠 0575/793941.

Camping Michelangelo, ca. 1,5 km außerhalb Richtung Anghiari. Einfacher Platz in schöner Lage. Geöffnet April–Oktober. Loc. Zenzano, 52033 Caprese Michelangelo, ✆ 0575/793886, 📠 0575/791183.

Cortona (ca. 23.000 Ein.)

Einer der schönsten Bergorte der Toscana: Von der meist dunstigen Höhe eines fast 500 m in den Himmel ragenden Bergkegels bewacht Cortona das Chianatal, vom Süden der Stadt aus erblickt man den Lago Trasimeno. In der Via Iannelli mit ihren überhängenden Häusern aus dem 13./14 Jh. zeigt sich der Ort am ursprünglichsten.

Cortona ist eine uralte Siedlung der Umbrer, die einige Zeit dem etruskischen Zwölfstädtebund angehörte. Im Mittelalter wurde die Stadt von Arezzo erobert, dann von Siena befreit, um schließlich an den König von Neapel zu fallen, der Cortona 1411 an die zahlungskräftigen Florentiner verschacherte.

Gern schmückt sich Cortona mit dem Titel „Stadt der Künstler", denn immerhin sind hier *Luca Signorelli* (1450–1523) und *Pietro da Cortona* (1596–1669) geboren. Signorelli hat seiner Geburtsstadt mehrere ausdrucksstarke Werke hinterlassen – zu sehen im Museo Diocesano. Pietro da Cortonas Werke sind heute in Rom zu besichtigen.

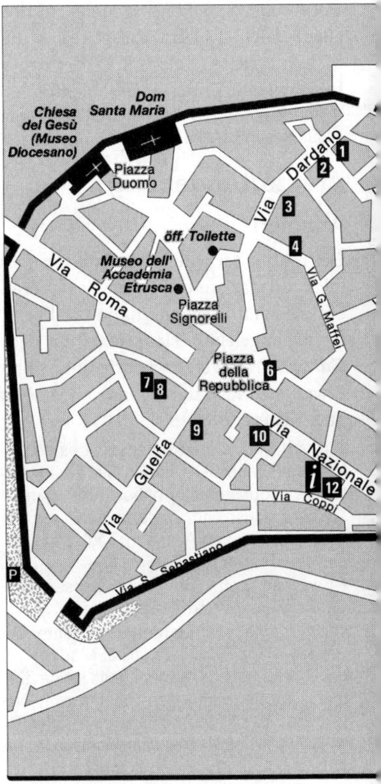

Information/Verbindungen

• *Information* **APT-Büro**, Via Nazionale 42. Mai–September Mo–Sa 9–13 und 15–19 Uhr, So 9–13 Uhr; Oktober–April Mo, Di, Do, Fr 9–13 und 15–18 Uhr, Mi und Sa 9–13 Uhr. Fahrkartenverkauf für LFI-Busse und FS-Züge. Geldautomat im Vorraum. ✆ 0575/630352, ℻ 0575/630656, info@cortonantiquaroa.com.

• *Verbindungen* **Bahn**: Cortona liegt an der Bahnlinie Florenz–Arezzo–Rom. Der Bahnhof Camucia-Cortona befindet sich ca. 4 km vom Zentrum entfernt; von 6–21 Uhr fährt alle 30 Minuten ein Bus zur Altstadt hinauf. 10 km südlich von Cortona liegt der Umsteigebahnhof Terόntola (Abzweigung nach Perugia).

Bus: 8x täglich (Sonntag 4x) Verbindung nach Arezzo. LFI-Busse mehrmals täglich auch nach Castiglione del Lago (Lago Trasimeno).

Übernachten

**** **Villa Marsili (14)**, am Stadtrand. DZ ab 135 €, De-luxe-Zimmer (mit Jacuzzi) 217 €. Phantastische Panoramasicht, großes Frühstücksbuffet, Aircondition. Februar geschlossen. Via G. Severini 48, 52044 Cortona, ✆ 0575/605199, ℻ 0575/605618, info@villamarsili.com.

**** **San Michele (9)**, DZ 150 €. 40 komfortable Zimmer mit Aircondition in einem herrschaftlichen Stadtpalazzo aus dem 17. Jh. Geöffnet Mitte März bis Dezember. Via Guelfa 15, 52044 Cortona, ✆ 0575/604348, ℻ 0575/630147, info@sanmichele.net.

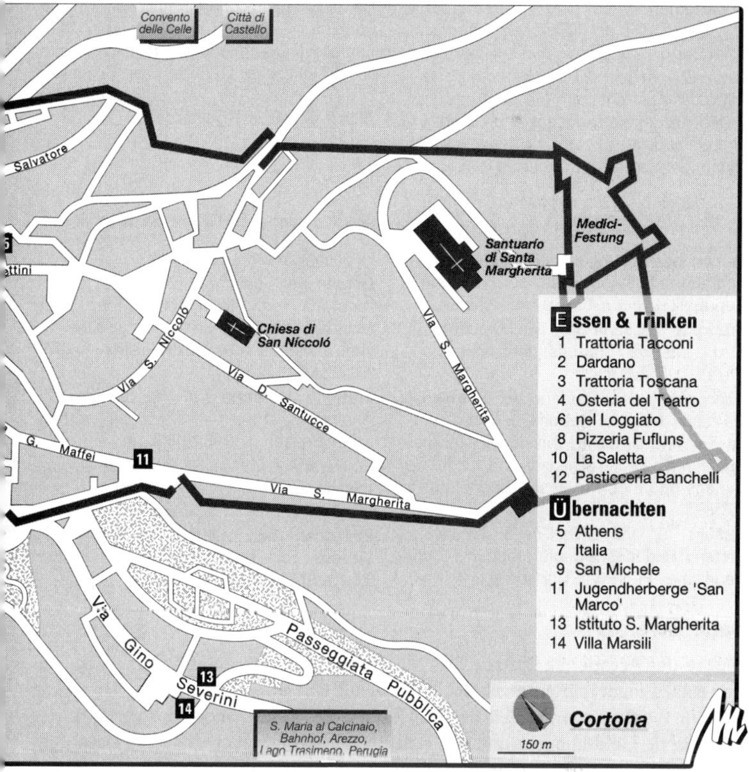

Toscana
Karten S. 60/61 und S. 216/217

***** Italia (7)**, Nähe Piazza Repubblica, DZ mit Dusche/WC 97 €, EZ 70 €. Solides Altstadthotel. Via Ghibellina 5, 52044 Cortona, ✆ 0575/630254, 📠 0575/605763, hotel.italia@technet.it.

*** Athens (5)**, DZ mit Bad 42 €, ohne 37 €. Hübsche Lage im oberen Teil der Altstadt – schöner Ausblick! Geräumige Zimmer, einige mit 4 Betten vollgestellt. Geöffnet Mitte März bis November. Via S. Antonio 12, 52044 Cortona, ✆ 0575/603508, 📠 0575/604457.

Istituto S. Margherita (13), DZ mit Bad 40 €, Mehrbettzimmer 15 € pro Pers., Frühstück 4 €. Saubere und teilweise sehr geräumige Zimmer. Jugendherbergsatmosphäre. Via C. Battisti 15, 52044 Cortona, ✆ 0575/630336, 📠 0575/630549.

• <u>*Außerhalb*</u> ***** Portole**, Albergo mit Ristorante, ca. 7 km von Cortona in Richtung Città di Castello. DZ mit Frühstück 93 €, besser gleich Halbpension für 62 € pro Kopf. In einer früheren Poststation auf 824 m Höhe in ländlicher Abgeschiedenheit. Panoramablick. Einfache Badezimmer. Mindestaufenthalt drei Tage. Loc. Portole, 52044 Cortona, ✆ 0575/691008, 📠 0575/691035, portole@technet.it.

• <u>*Jugendherberge*</u> **Ostello per la Goiventù „San Marco" (11)**, Ehemaliges Kloster an der südlichen Stadtmauer, Übernachtung mit Frühstück 10 €/Person, ca. 20 Leute pro Schlafraum. Geöffnet Mitte März bis Mitte Oktober. Via Maffei 57, 52044 Cortona, ✆/📠 0575/601392.

• <u>*Agriturismo*</u> **Villa Assunta**, Bagnolo, ca. 12 km von Cortona (ausgeschildert). DZ ca. 50 €, auch Appartements, im Hauptgebäude Gemeinschaftsküche. Kleiner Swimmingpool. Loc. Bagnolo, 52044 Cortona, ✆ 0575/690061, 📠 0761/924029.

Fattoria Landrucci, in Terontola (Richtung Lago Trasimeno), Großzügige Fattoria mit 6

Appartements, Pool und weiteren Freizeitangeboten. DZ ab 100 €. Loc. Landrucci, 52044 Cortona, ✆ 0575/67029, 📠 0575/407021.

Girifalco, vom Bergrücken des Monte Ginezzo mit toller Aussicht kann die Bergregion erlaufen werden. Im Angebot sind DZ ab 40 € und ein separates Haus für 6 Personen. Loc. Monte Ginezzo, 52044 Cortona, ✆ 0575/691014.

Cà de Carlichi, kinderfreundlicher Hof (u. a. Pool und Spielplatz) in Richtung Citta di Castello (27 km). Appartement für 4 Pers. ca. 723 €/Woche, DZ 52 €. Case Sparse 80, Loc. Teverina, 52044 Cortona, ✆ 0575/616091, 📠 0575/616900, info@carlicchi.it.

Essen/Trinken (siehe Karte S. 212/213)

La Locanda nel Loggiato (6), Piazza Pescheria 3, unmittelbar oberhalb der Piazza della Repubblica. ✆ 0575/630575. Mo Ruhetag.

Trattoria Toscana (3), Via Dardano 12. Kleine, rustikale Trattoria, durchschnittliche Preise. ✆ 0575/604192.

Tacconi (1), Via Dardano 46. Vermutlich Cortonas billigste Trattoria. Ein Fernseher im Eck und 5 Tische, von denen aus man direkt in die Küche schauen kann. Leider nur mittags geöffnet, Mo geschlossen. ✆ 0575/603588.

Fufluns (8), Via Ghibellina 3. Preiswerte Pizzeria und deshalb oft proppenvoll. Jugendliches Publikum. Nur abends geöffnet, Di geschlossen. ✆ 0575/604140.

Osteria del Teatro (4), Via Maffei 2. Vielleicht das gemütlichste Lokal der Stadt. Mehrfach ausgezeichnete toscanische Küche zu wirklich akzeptablen Preisen. ✆ 0575/630556, Mi Ruhetag.

Trattoria Dardano (2), Via Dardano 24. Aretinische Hausmannskost zu verträglichen Preisen. ✆ 0575/601944.

La Saletta (10), Via Nazionale 26. Sympathische Enoteca. Am Wochenende Livemusik im Keller. ✆ 0575/603366.

Pasticceria Banchelli (12), Via Nazionale 64. Vielleicht die beste Pasticceria zwischen Rom und Florenz.

Sehenswertes

Museo dell'Accademia Etrusca: Das Museum ist im imposanten Palazzo Casali an der Piazza Signorelli untergebracht und bietet eine außergewöhnliche Sammlung an Kunstwerken von der Zeit der Etrusker bis zur Renaissance. Einzigartig ist der etruskische Goldschmuck und ein etruskischer Bronzeleuchter (75 kg!) aus dem 5. Jh. v. Chr., der mit Satyrn und Sirenen verziert ist. In seiner Mitte prangt der Kopf von Gorgone, einer mythologischen Figur, die gleichzeitig das Gute und das Böse symbolisiert. Darüber hinaus ist hier die *Tabula Cortonensis* ausgestellt, eine der umfangreichsten erhaltenen Schriftzeugnisse in etruskischer Sprache aus dem 2. oder 3. Jh. v. Chr.

Öffnungszeiten April–Oktober täglich 10–19 Uhr; November–März Di–So 10–17 Uhr. Eintritt 4,20 €.

Museo Diocesano: Das Museum befindet sich in einer ehemaligen Jesuitenkirche an der westlichen Stadtmauer (gegenüber der nicht sonderlich interessanten Kathedrale) und präsentiert eine überaus bemerkenswerte Gemäldesammlung. Besonders stark vertreten sind der in Cortona geborene *Luca Signorelli* und seine Schule; eines der eindruckvollsten Bilder des Meisters selbst ist die „Kreuzabnahme".

Öffnungszeiten April–Oktober täglich 10–19 Uhr; November–März Di–So 10–17 Uhr. Eintritt 4,20 €.

Fortezza Medicea: Die Medici-Festung wurde Mitte des 16. Jh. unter Cosimo I. auf den Grundmauern einer älteren Anlage erbaut. Die noch beeindruckenden Überreste lohnen einen Besuch.

Öffnungszeiten April–Juni 10–13 und 16–19 Uhr, Juli–September 10–18 Uhr (August bis 20 Uhr).

Badia a Passignano – im waldreichen westlichen Teil des Chianti

Chianti

Malerische Weinbauerndörfer, weiches Landschaftsbild und, für die Toscana typisch, nach ein paar Hügelkuppen der Horizont. Ölbäume, grünschwarze Zypressenreihen, etwas Ackerbau und natürlich viel Wein. Viele Weingüter (Fattoria) können besucht werden.

Schon die Etrusker haben in der Region Wein angebaut, und auch der „Chianti", ein Verschnitt aus vier verschiedenen Rebsorten, kann auf eine immerhin 600-jährige Geschichte zurückblicken. Hauptsorte ist die rote *Sangiovese*, der bis zu 30 % die weißen Trauben *Trebbiano* und *Malavasia* beigemischt werden.

Die Region des „einfachen" Chianti erstreckt sich von Pistoia im Norden bis Arezzo im Südosten der Toscana. Der *Chianti Classico* kommt aus dem Kernland zwischen Florenz und Siena. Hier haben sich die Winzer 1924 im *Consorzio del Vino Chianti Classico* zusammengeschlossen und sich ein Kontrollorgan geschaffen, das über die Qualität ihrer Weine wacht. Erkennungszeichen dieser Genossenschaft ist der **Schwarze Hahn**.

Die 1967 eingeführte DOC-Norm und die später fixierte DOCG-Norm sollen für Qualität sorgen: Mindestens zwei Jahre muss der Wein gelagert werden. Nach drei Jahren erhält er das Prädikat „riserva". Auch der Hektarertrag ist limitiert; beim DOCG-Wein dürfen höchstens 52 Hektoliter pro Hektar anfallen. Durch extremes Düngen und eng stehende Reihen ist eigentlich das Dreifache machbar!

Ein paar der im Chianti abgefüllten Spitzenweine tragen allerdings nicht das Gütesiegel des Schwarzen Hahns. Die traditionelle Firma *Antinori* (siehe San Casciano) z. B. vertraut auf ihren Weltruf (mit Recht) und kann mit ihrem Marktanteil locker auf die genossenschaftliche Unterstützung verzichten.

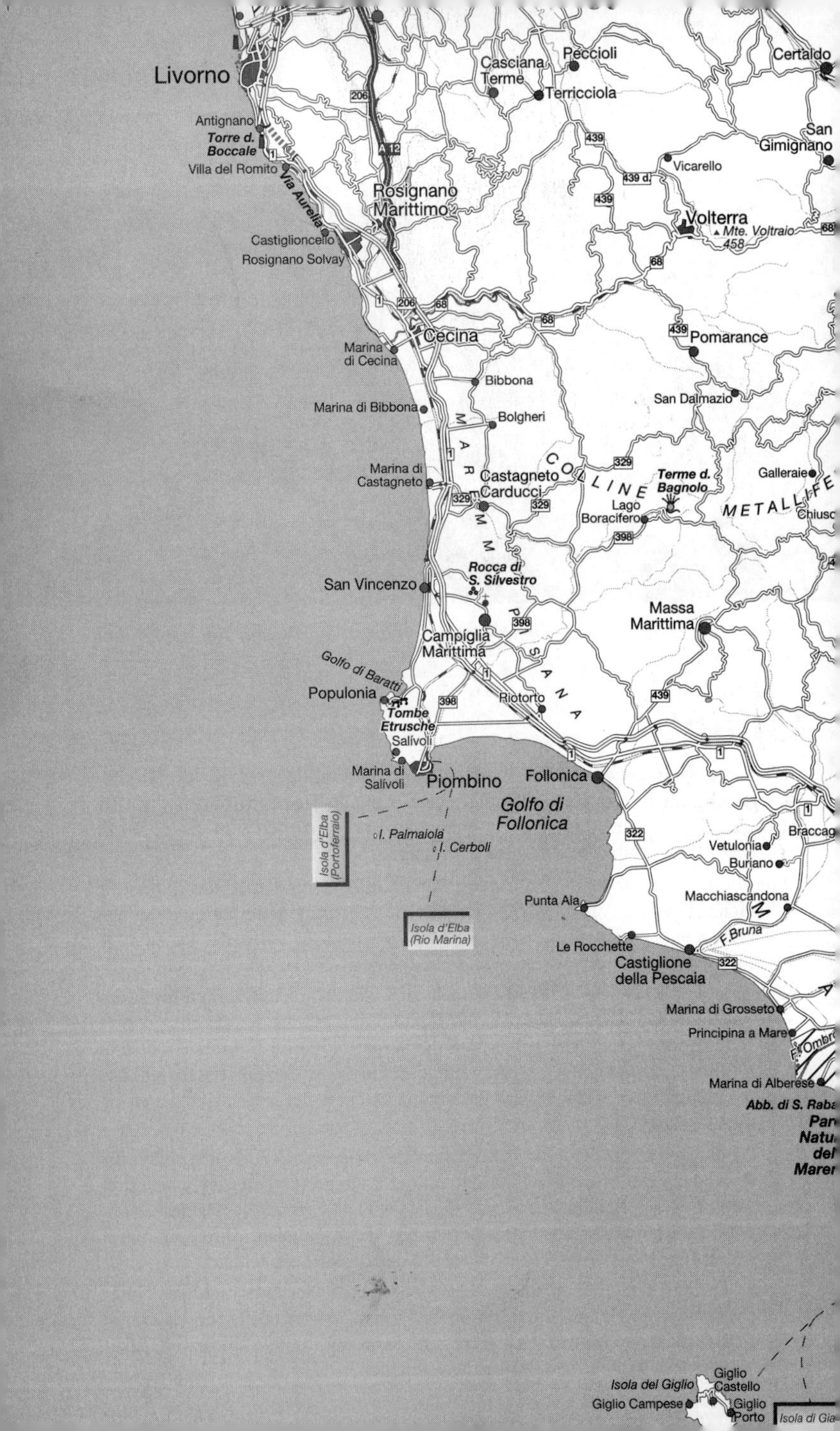

Livorno
Antignano
Torre d. Boccale
Villa del Romito
Via Aurelia
Castiglioncello
Rosignano Solvay
Rosignano Marittimo
Casciana Terme
Peccioli
Terricciola
Certaldo
San Gimignano
Vicarello
Volterra
Mte. Voltraio 458
Cecina
Marina di Cecina
Pomarance
Bibbona
San Dalmazio
Marina di Bibbona
Bolgheri
Marina di Castagneto
Castagneto Carducci
Colline Metallifere
Terme d. Bagnolo
Lago Boracifero
Galleraie
Chiusd
Maremma Pisana
Rocca di S. Silvestro
San Vincenzo
Campiglia Marittima
Massa Marittima
Golfo di Baratti
Populonia
Tombe Etrusche
Riotorto
Salivoli
Marina di Salivoli
Piombino
Follonica
Golfo di Follonica
Isola d'Elba (Portoferraio)
I. Palmaiola
I. Cerboli
Isola d'Elba (Rio Marina)
Vetulonia
Braccag
Buriano
Punta Ala
Macchiascandona
Le Rocchette
F. Bruna
Castiglione della Pescaia
Marina di Grosseto
Principina a Mare
F. Ombr
Marina di Alberese
Abb. di S. Raba
Par Natu del Marer
Isola del Giglio
Giglio Castello
Giglio Campese
Giglio Porto
Isola di Gia
206
A12
1
439
439 d.
68
329
398
322

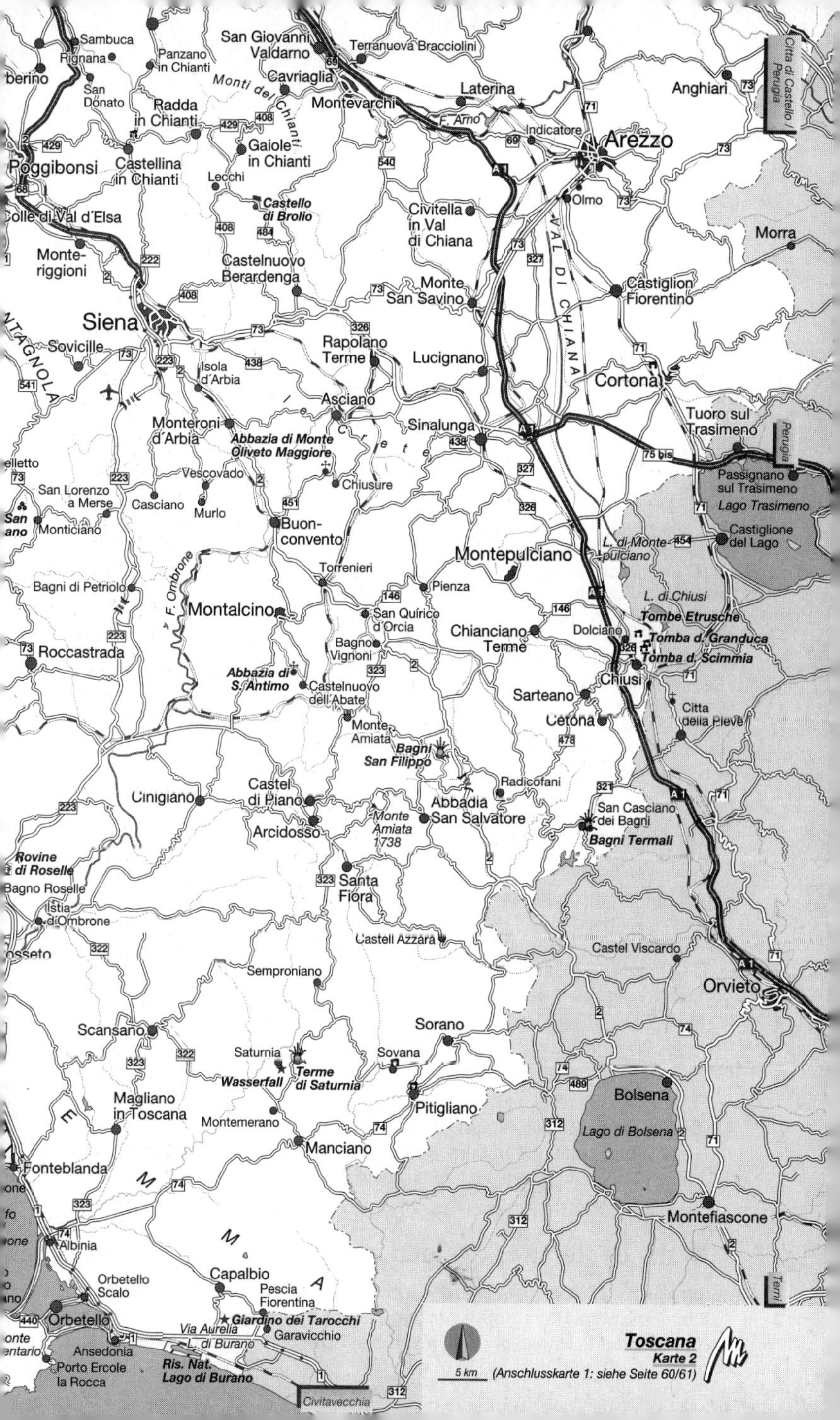
Sambuca
Rignana
berino
San Donato
Panzano in Chianti
Radda in Chianti
Monti del Chianti
San Giovanni Valdarno
Terranuova Bracciolini
Cavriaglia
Montevarchi
Laterina
F. Arno
Anghiari
Citta di Castello / Perugia
Indicatore
Arezzo
Poggibonsi
Castellina in Chianti
Gaiole in Chianti
Lecchi
Castello di Brolio
Olmo
Colle di Val d'Elsa
Civitella in Val di Chiana
Morra
Monteriggioni
Castelnuovo Berardenga
VAL DI CHIANA
Monte San Savino
Castiglion Fiorentino
Siena
MONTAGNOLA
Sovicille
Rapolano Terme
Lucignano
Isola d'Arbia
Cortona
Asciano
Tuoro sul Trasimeno
Perugia
Monteroni d'Arbia
Sinalunga
Abbazia di Monte Oliveto Maggiore
Le Crete
elletto
Vescovado
Chiusure
Passignano sul Trasimeno
San Lorenzo a Merse
Casciano
Murlo
Lago Trasimeno
San ano
Monticiano
Buonconvento
L. di Montepulciano
Castiglione del Lago
Montepulciano
Torrenieri
Bagni di Petriolo
Pienza
L. di Chiusi
F. Ombrone
Montalcino
San Quirico d'Orcia
Tombe Etrusche
Chianciano Terme
Dolciano
Tomba d. Granduca
Bagno Vignoni
Tomba d. Scimmia
Roccastrada
Abbazia di S. Antimo
Castelnuovo dell'Abate
Chiusi
Sarteano
Citta della Pieve
Cetona
Monte Amiata
Bagni San Filippo
Radicofani
Cinigiano
Castel di Piano
Abbadia San Salvatore
San Casciano dei Bagni
Monte Amiata 1738
Bagni Termali
Arcidosso
Rovine di Roselle
Bagno Roselle
Santa Fiora
Istia d'Ombrone
Castell Azzara
osseto
Castel Viscardo
Semproniano
Orvieto
Scansano
Sorano
Saturnia
Sovana
Wasserfall
Terme di Saturnia
Bolsena
Magliano in Toscana
Pitigliano
Montemerano
Lago di Bolsena
Manciano
MAREMMA
Fonteblanda
Montefiascone
Albinia
Orbetello Scalo
Capalbio
Pescia Fiorentina
Terni
Orbetello
Giardino dei Tarocchi
Via Aurelia
Garavicchio
L. di Burano
Ansedonia
Porto Ercole
la Rocca
Ris. Nat. Lago di Burano
Civitavecchia
A1
2
69
71
73
74
75 bis
146
222
223
312
321
322
323
326
327
408
429
438
451
454
478
484
489
540
541
5 km
Toscana
Karte 2
(Anschlusskarte 1: siehe Seite 60/61)

Mercatale

Der mittelalterliche Marktflecken liegt bereits mitten in den Weinbergen. Am zentralen Platz, der einst dem Warenumschlag diente, laden heute zwei Cafés zum Cappuccino ein. Am Ortsrand sind neue Häuser gebaut worden, doch trübt dies den Gesamteindruck kaum. In der Umgebung liegen einige empfehlenswerte Weingüter und Restaurants.

• *Verbindungen* **Bus**: Alle 1,5 Std. nach Florenz. Abfahrt an der Piazza Vittorio Veneto, Tickets in der Bar Italia oder in der Bar Briciolo.

• *Übernachten* * **Paradise**, am Dorfplatz. DZ mit Bad 54 €. Unsere Empfehlung. Piazza Vittorio Veneto 28, 50024 Mercatale, ✆/℡ 055/821327.

• *Agriturismo* **Salvadonica**, Richtung San Casciano, hinter der Agip-Tankstelle links hoch. Ein klitzekleines, restauriertes Borgo aus dem 15. Jh. Hauseigener Wein und Olivenöl. Einladender Swimmingpool, Tennis- und kleiner Golfplatz. DZ 108 €, Appartements ab 140 € pro Tag. Via Grevigiana 82, 50024 Mercatale, ✆ 055/8218039, ℡ 055/8218043, www.salvadonica.com.

• *Essen/Trinken* **Trattoria il Gabbiano**, in Ponte Gabbiano (Mercatale oberhalb des großen Platzes verlassen, immer geradeaus, bis man auf die Straße Greve–Impruneta trifft; gegenüber der großen Kellerei Grevepesa). Großes Lokal mit ausgezeichneter Küche und obendrein preiswert. Toscanische Spezialitäten, nicht schick, sondern eher laut und fröhlich – gute Atmosphäre. Fr geschlossen, ✆ 055/821127.

• *Wein* **Fattoria Le Corti**, zum Schloss führt eine hübsche Zypressenallee (auf halbem Weg nach San Casciano). Die ist allerdings den Corsini vorbehalten, die seit 1427 hier residieren. Normalsterbliche Weineinkäufer finden knapp hinter der Kuppe links eine Zufahrt. Gute und preiswerte Weine sowie Olivenöl. Mo geschlossen, ✆ 055/820123.

Castello di Gabbiano, knapp 3 km von Mercatale entfernt (das Dorf oberhalb des großen Platzes verlassen). Ein anmutiges Schlösschen, dessen Weingut floriert. In eines der Bauernhäuser kann man sich wochenweise in einem Appartement (2/4 Pers) einmieten. ✆ 055/821053, www.castellogabbiano.it.

Die Legende vom Schwarzen Hahn

Nach der Legende machten sich die Florentiner Bürger das arme Federvieh auf äußerst heimtückische Weise zunutze, um alte Grenzstreitigkeiten mit Siena zu ihren Gunsten zu entscheiden: In den beiden Städten sollte jeweils ein Reiter auf den ersten Hahnenschrei warten und dann so schnell wie möglich in Richtung der gegnerischen Stadt losgaloppieren. Dort, wo sich ihre Wege treffen würden, sollte die zukünftige Grenze zwischen den jeweiligen Einflussbereichen gezogen werden.

Während die Sienesen ihren Gockel nach allen Regeln der Kunst verwöhnten, ließen die Florentiner ihren schwarzen Hahn tagelang Hunger leiden. Wie geplant krähte das verstörte Tier in der Schicksalsnacht viel früher als gewöhnlich, sodass es dem Florentiner Boten ein Leichtes war, seinen Kontrahenten schon kurz vor den Stadttoren Sienas abzufangen und so einen für Florenz günstigen Grenzverlauf herauszuschlagen.

„Off the beaten track" – jetzt auf asphaltierten Pfaden

Alternativ zur Hauptroute Florenz–Greve (Chiantigiana) bietet sich die landschaftlich interessantere **Höhenroute** von San Casciano über Mercatale nach Panzano an – ein sehr alter Fahrweg, der schon von den Etruskern benutzt wurde. Zu unserer

Überraschung war er 1997 plötzlich geteert. Von Einheimischen erfuhren wir, dass Daimler-Benz die Strecke als Kulisse für einen Werbefilm auserwählt hatte und den Gemeinden die Asphaltierung sponserte. Die Route lässt sich jetzt bequemer befahren, hat aber viel von ihrem alten Reiz verloren.

• *Essen/Trinken* **Trattoria Da Pordo**, erst auf die Straße Mercatale–Panzano, dann ein paar Kilometer Richtung Mercatale, bis ein Schild links zum noch 100 m entfernten Gehöft weist (Località Valigondoli). Innen relativ klein, sehr gemütlich. Geführt von einem italienisch-englischen Duo, zählt es noch zu den preiswerten Geheimtipps. Spezialitäten: frittiertes Kaninchenfleisch und frittiertes Gemüse. Mo geschlossen, ✆ 055/821038.

Badia a Passignano

Die wunderschön gelegene, dicht von Zypressen umrahmte Abtei (gegündet 1049) mit zinnengekröntem Kirchturm wird bis heute von Mönchen des Vallombrosaner-Ordens bewohnt. Bereits im Mittelalter wurde hier Wein angebaut, heute befinden sich die Weingüter des Klosters größtenteils im Besitz der weltbekannten Firma Antinori, die unterhalb des Klosters zum Einkauf und zur Verkostung einlädt.

• *Informationen zum Kloster* ✆ 055/8071622 oder www.passignano.org.

• *Wein* Das bekannte **Weingut Antinori** unterhält am Kloster eine Verkaufsstelle (mit Weinverkostung), in der es seine guten und teuren Weine anbietet (tägl. 10–23 Uhr, So geschlossen). Nach telefonischer Anmeldung kann man auch an einer Kellerführung teilnehmen (Mo/Do/Sa um 16 Uhr) ✆ 055/8071278.

• *Essen und Trinken* **La Scuderia**, gegenüber dem Kloster Passignano. Das kleine, empfehlenswerte Restaurant serviert Hausmannskost und Pizzen (nur Sa und So abends) zu akzeptablen Preisen. Einige Tische auch im einladenden Garten. Ganztägig geöffnet, Do geschlossen, an Wochenenden wird Tischreservierung empfohlen. ✆ 055/8071623.

Cantinetta di Rignana, wunderschöne Terrasse mit toller Aussicht, das Restaurant wird u. a. auch vom „Feinschmecker" empfohlen. Tägl. 12.30–14 und 19.30–22 Uhr zum Essen geöffnet (Getränke werden auf der Terrasse jederzeit serviert). Man sollte für abends reservieren, Di geschlossen, ✆ 055-852601.

• *Übernachten* **Fattoria di Rignana**, das weiße Gebäude neben der Cantinetta di Rignana. Deutsche Leitung, hier kostet die Übernachtung in einem der 7 DZ 95 € (mit Bad) bzw. 85 € (ohne Bad), jeweils inkl. Frühstück. Es gibt auch 2 Appartements. Gepflegtes Anwesen mit Pool, sehr ruhig gelegen, für den Sommer frühzeitig reservieren. ✆ 055/852065, www.rignana.it, www.fattoriadirignana.com.

Barberino

(ca. 10.000 Einwohner)

Eindrucksvoll auf einem Plateau zwischen den Tälern Val d'Elsa und Val di Pesa gelegen, bietet Barberino nicht nur ein herrliches Panorama, sondern auch einen gut erhaltenen mittelalterlichen Ortskern, der von einer Stadtmauer und den beiden Toren Porta Fiorentina im Norden und Porta Romana im Süden eingerahmt wird.

Barberino findet beim Chianti-Tourismus nur wenig Beachtung. Zu Unrecht: Der kleine Ort aus dem 13. Jh. mit seinen schmalen Gassen präsentiert sich äußerst malerisch. Im Zentrum stößt man auf die Piazza Barberini, an deren Ostseite der wappengeschmückte **Palazzo Pretorio** aus dem 15. Jh. zu bewundern ist. Auf der Rückseite des Palazzo befindet sich die **Pieve di SS. Bartolomeo e Stefano** aus dem 14. Jh. (nicht zugänglich) mit ihrem weithin sichtbaren Campanile.

• *Information* **Pro Loco**, beschildert. Mo–Sa 9–13 und 15–19 Uhr, sonntags geschlossen, ✆ 055–8075622, www.barberinovaldelsa.net, ufficioturistico@barberinovaldelsa.net.

• *Verbindungen* **Bus**: Haltestelle am Parkplatz an der Via Cassia, Ticketverkauf bei der Bar Sport an der Piazza Mazzini. 9x tägl. via San Casciano nach Florenz, 10x über Poggibonsi (umsteigen) nach Siena.

Toscana Karten S. 60/61 und S. 216/217

• *Übernachten* **Agriturismo La Spinosa**, ca. 2 km westlich von Barberino (beschildert). Herrliches Landgut mit biologischem Anbau von Wein, Oliven, Obst u.a., in dem großzügige Zimmer vermietet werden. Pro Person 75 € inkl. Frühstück. Mit Pool und Restaurant für die Gäste. ✆ 055/8075413, ✆ 055/8066214, www.laspinosa.it.

• *Camping* **Camping Semifonte**, einer der raren Campingplätze der Gegend. Recht schöner Platz, nicht allzu viel Schatten, mit Pool. Pro Person 6,50 €, Zelt 5–6 €, Wohnwagen/-mobil 9 €, Auto 2 €. Geöffnet Mitte März bis Ende Oktober, man sollte für die Sommermonate frühzeitig reservieren. Via U. Foscolo 4. Anfahrt: Von Norden kommend, muss man gleich in die erste Straße in Barberino links einbiegen (Via U. Foscolo) und der Beschilderung folgen. Etwa 300 m vom Zentrum. ✆/✆ 055/8075454, Im Winter: ✆ 055/705790, www.semifonte.it.

• *Essen/Trinken* Im Centro storico von Barberino gibt es nur ein Restaurant, die **Pizzeria/Spaghetteria L'Archibugio** (neben der Kirche S. Bartolomeo). Von der Terrasse herrlicher Blick auf die Hügellandschaft. Tägl. ab 19 Uhr geöffnet, mittwochs geschlossen. Via Vittorio Veneto. ✆ 055/8075209.

Bustecca, nettes Gartenrestaurant auch mit einigen Fischspezialitäten (auf dem Weg zum Camping auf der linken Seite). Oft nur abends geöffnet, Mo geschlossen. ✆ 055/8075562.

La Sosta del Papa, in dem alten Gasthof rechts an der Via Cassia nach Poggibonsi hat einst ein Papst genächtigt. Schön zum Draußensitzen. So und Mittwochabend geschl. ✆ 055/8075626.

• *Wein* In der **Enoteca Il Canto di Bacco** an der Piazza Barberini kann man die biologisch angebauten Weine von La Spinosa (s. o.) und andere Erzeugnisse des Gutes kaufen.

San Donato in Poggio

Das mittelalterliche Dorf mit seiner gut erhaltenen Stadtmauer aus dem 13. Jh. liegt weithin sichtbar auf einem Hügel nahe der Autobahn Florenz–Siena. Eindrucksvollstes Gebäude im Zentrum von San Donato ist der im Renaissancestil gebaute **Palazzo Pretorio di Malaspina** an der gleichnamigen Piazza, der sich im Privatbesitz befindet und nur von außen besichtigt werden kann (s. auch Übernachten).

• *Information* In der Dorfstraße (Via del Giglio 47). Mo–Sa 9–12.30 und 16–19 Uhr, So 9–12.30. Auch Internetzugang, ✆ 055/8072338, www.sandonatoinpoggio.it.

• *Verbindungen* **Bus**: 9x tägl. nach Florenz. Ticketverkauf in der Bar an der Piazza Orlandini im Zentrum (beim oberen Stadttor). Hier auch Abfahrt der Busse.

• *Übernachten* **Bed & Breakfast Palazzo Malaspina**, 5 Zimmer (teilweise mit schönem Panorama) im alten Palast direkt im Zentrum. DZ ab 85 €, Via del Giglio 35, 50020 San Donato in Poggio, ✆ 055/8072946, ✆ 055/8092047, www.palazzomalaspina.it.

• *Essen/Trinken* **Antica Trattoria La Toppa**, im historischen Zentrum nahe der Piazza Malaspina. Gemütliches Ambiente, bei Touristen und Einwohnern gleichermaßen beliebt, mittleres Preisniveau, mittags und abends (im Sommer nur abends) geöffnet, montags geschlossen. ✆ 055/8072900.

La Taverna di Ciccino, direkt an der Piazza Malaspina, die günstigere Variante. Große Pizza-Auswahl (ab 5 €). Nur abends geöffnet, Mi geschlossen. ✆ 055/8072307.

Greve

(12.700 Einwohner)

Das Zentrum der Region ist nicht so alt wie die anderen Orte, hat aber städtischen Charakter. Hübsch ist die zentrale Piazza Matteotti, auf der jeden Samstag ein überaus attraktiver Markt abgehalten wird.

Mitten auf dem Platz thront eine Statue von *Giovanni Verrazzano*. Der Seefahrer, dessen Familiensitz im Ortsteil Greti liegt, erreichte 1524 die Hudson-Mündung an der amerikanischen Ostküste. In New York erinnert heute die Verrazzano-Bridge zwischen Brooklyn und Staten Island an ihn.

Die 170 Bauern der Genossenschaft von Greve gehören zu den größten Chianti-Produzenten. Auf insgesamt 850 Hektar reifen die Trauben für 2,5 Millionen Fla-

Ort der Begegnung – unter den Arkaden am Hauptplatz von Greve

Toscana
Karten S. 60/61 und S. 216/217

schen Wein! Entsprechend groß ist die Auswahl in den Enoteche von Greve, z. B. in der **Enoteca del Chianti Classico „Gallo Nero"** (Mittwoch geschlossen) am oberen Ende der Piazza Matteotti.

Eine weitere Enoteca mit glänzender Auswahl ist **Le Cantine** in den ehemaligen Weinkellern von Greve an der Piazza delle Cantine 2 (Eingang hinter dem COOP-Supermarkt an der Durchgangsstraße; täglich 10–19 Uhr durchgehend geöffnet). In den weitläufigen Räumlichkeiten können über 120 verschiedene Weine probiert werden, viele im Selfservice-Verfahren: Mit einer vorher erworbenen Chipkarte kann das Probierglas per Schankautomat gefüllt werden. Nicht aufgebrauchte Guthaben werden rückerstattet (Kartenwert 10, 15 oder 25 €).

• *Information* **Chianti & Chianti**, halb privates, halb öffentliches Büro, am Ortseingang rechts (kurz vor der Esso-Tankstelle). Auch Auskunft zu Kochkursen, Weinseminaren und Weingutbesichtigungen. Mo–Sa 10–13 und 14.30–19 Uhr. Viale G. da Verrazzano 59, ✆ 055/8546287, 📠 055/8544149, www.chiantislowtravel.it.

• *Verbindungen* **Bus**: Stündlich nach Florenz (letzter Bus um ca. 19 Uhr), alle 90 Minuten nach Panzano und zweimal täglich nach Radda.

• *Übernachten* *** **Del Chianti**, im Zentrum. Nach hinten Garten mit Zitronenbäumchen, außerdem gibt's einen einladenden Swimmingpool. DZ mit Bad 95 €. Piazza Matteotti 86, 50022 Greve in Chianti, ✆/📠 055/853763.

*** **Giovanni da Verrazzano**, im Zentrum. DZ mit Bad 89 €, ohne 77 €. „Aber das Überragende an diesem Haus ist die Küche, ich habe in meinem ganzen Urlaub nicht besser gegessen." Leserbrief R. Möller, Augsburg. Piazza Matteotti 28, 50022 Greve in Chianti, ✆ 055/853189, 📠 055/853648.

• *Außerhalb* Die traumhafte Villa **Vignamaggio** bietet natürlich auch Unterkünfte, allerdings der Luxusklasse. Die Preise für ein einfaches DZ beginnen bei 150 €. 50022 Greve in Chianti, ✆ 055/854661, www.vignamaggio.com.

Agriturismo/Bed & Breakfast Le Muricce, unser Tipp auf dem Land unweit von Greve (ca. 2 km entfernt). Das Haus liegt schön, und man wird von netten Besitzern empfangen. DZ ab 78–85 €, außerdem ein kleines Appartement. Für Gäste wird auch gekocht (Abendessen 24 €). Zunächst in Richtung Panzano, dann am Abzweig nach

Lamole links abbiegen und noch etwa 1,2 km. 50022 Greve in Chianti, ✆ 055/8544522, 055/39031195, www.muricce.it.

Agriturismo Castello di Lamole, rustikales Mittelalter im etwa 9 km von Greve entfernten Weiler Lamole. Am steilen Hang unterhalb der Appartements findet sogar ein Pool noch Platz. Ein kleines Restaurant gibt es auch. 9 Appartements, jeweils mit Terrasse ab 105–115 € (2 Pers., mit Frühstück 10 € mehr). Loc. Lamole, 50022 Greve in Chianti, ✆ 055/8547006, 055/630498 oder 055/8547115 (Restaurant).

• *Essen/Trinken* **Giovanni da Verrazzano**, siehe gleichnamiges Hotel. Speiseterrasse über dem Platz. Mo geschlossen.

La Torre delle Civette, einfache Pizzeria, von Einheimischen und von Touristen besucht. Das Pizzabrot und auch die im Steinofen gebackenen Pizzen sind sehr gut, die Preise akzeptabel. Oberhalb vom Parkplatz (neben dem Palazzo Torre), Fr geschl.

• *Außerhalb* **Ristoro di Lamole**, Restaurant im malerischen, aber einsamen Weiler Lamole (ca. 9 km von Greve entfernt). Mit schöner Terrasse, von der man einen herrlichen Blick auf die Chianti-Hügel genießt. Gute Küche, aber relativ teuer. Mittags und abends geöffnet, am Wochenende kann es Platzprobleme geben. Mi geschlossen. ✆ 055/8547050 oder 055/8547034.

Locanda Borgo Antico, 15 km von Greve entfernt. Trattoria mit nettem Wirt und Florentiner Spezialitäten zu noch akzeptablen Preisen. Die mit uraltem Efeu eingerankte Terrasse mit entsprechendem Blick ist der Tipp sowohl fürs Mittag- als auch fürs Abendessen (Di geschlossen). Auch Zimmervermietung pro Nacht ab 52 € (ohne Frühstück). Località Dimezzano, Lucolena, 50022 Greve in Chianti, ✆ 055/851024.

Greve/Umgebung

Castello di Montefioralle

Dieser wirklich schöne Weiler liegt knapp 2 km westlich von Greve und thront eindrucksvoll auf einem Hügel. Von hier zogen die Bewohner im späten Mittelalter ins Tal, um den Marktflecken Greve auszubauen. Der Ort selbst soll angeblich die Geburtsstätte des weltberühmten *Amerigo Vespucci* gewesen sein – eine These, die zwar heute kaum mehr haltbar ist, das Image von Montefioralle jedoch bedeutend hebt. Fest steht, dass hier im Mittelalter zahlreiche Adelsfamilien residiert haben, unter ihnen auch die bekannte Familie Ricasoli und die besagten Vespuccis.

Im Inneren der ehemals oktogonal angelegten Festung (mit vier Toren) gibt es nur eine einzige Gasse, die als Rundweg um die romanische Chiesa Santo Stefano am höchsten Punkt des Weilers herumführt. Die Kirche ist leider meist verschlossen.

• *Essen/Trinken* **Taverna del Guerrino**, in der einzigen Gasse von Montefioralle (Hausnummer 39/43). Hier gibt es die leckersten gegrillten Steaks der Gegend (vom Holzkohlengrill). Das Restaurant mit Terrasse ist weit über die Grenzen von Greve hinaus bekannt. Mo/Di geschlossen. ✆ 055/853106 (im Sommer besser reservieren).

Castello di Verrazzano

An der Stelle einer etruskischen, später römischen Siedlung befindet sich heute eine der Top-Adressen für Chianti-Wein: Das Castello di Verrazzano, in dem seit Ende des 12. Jh. Wein produziert wird, war nicht nur Gründungsmitglied des „Consorzio del Gallo Nero“ im Jahr 1924, sondern liefert noch heute äußerst hochwertige, aber auch relativ teure Chianti-Weine.

Der Geburtsort des Lokalhelden *Giovanni di Verrazzano* (s. auch unter Greve) präsentiert sich als festungsartiges Anwesen mit zinnengekröntem Turm (1427). Im Besitz der Familie Verrazzano war das Castello jedoch schon im 7. Jh. Von hier genießt man einen herrlichen Blick auf das Chianti-Gebiet.

• *Anfahrt* Von Greve in nördliche Richtung in den 3 km entfernten Nachbarort Greti fahren, an der Verrazzano-Probierstube (gleiches Angebot und Preise wie im Castello) links abbiegen (beschildert), dann noch 2 km bergauf, zunächst Asphalt, dann Schotter.

• *Wein* Das Schloss mit Garten und Weinkeller kann von Mo bis Fr um 11 Uhr in Form einer etwa 2-stündigen Führung besichtigt werden (Reservierung erforderlich). Degustation auch ohne Führung ganztägig möglich (kostenlos). ✆ 055/854243, 📠 055/854241, www.verrazzano.com.

• *Übernachten* In einem der Bauernhäuser des Anwesens in großzügigen DZ (90 €) oder im Appartement (2/4 Pers.). ✆ 055/853211 oder 055/854243.

Panzano

Das malerische Festungsdorf erhebt sich auf einer Hügelkuppe, und zwar an der Stelle, wo der alte etruskische Fahrweg von San Casciano auf die Chiantigiana (S 58) trifft. Die imposante Burg aus dem 12. Jh. mit ihren hübschen Ecktürmen ist nicht zu besichtigen.

Fast gradlinig führt die Dorfstraße von der Piazza Bucciarelli hoch zur **Chiesa Santa Maria**, einem wuchtig gemauerten Kirchenbau aus der Zeit der Jahrhundertwende. Dahinter sind noch gut erhaltene Teile der Befestigungsmauer zu sehen, dann folgt ein dichter Hain mit uralten, schrumpeligen und bereits mehrfach „verarzteten" Steineichen. Auf dem Weg zur Kirche kommt man an Keramikwerkstätten und anderen kleinen Handwerksbetrieben vorbei, u. a. an einem Schuhmacherladen, wo Lederwaren nach individuellen Wünschen gefertigt werden.

Information/Verbindungen/Diverses

• *Verbindungen* **Bus**: Alle 1,5 Std. Greve, 4x tägl. Florenz.

• *Wochenmarkt* sonntagvormittags treffen sich die Einheimischen auf der Piazza Bucciarelli, um inmitten von Gemüse, Schuhen und gegrillten Hähnchen alles zu besprechen, was sich in der vergangenen Woche so ereignet hat.

• *Einkaufen* **Antica Macelleria Cecchini**, hier wird Fleisch und Würsten ordentlich mit Kräutern zugesetzt! 9–14 Uhr, Fr/Sa bis 19 Uhr, Mi geschlossen. Mittags gibt's Snacks und aus dem Röhrenverstärker klassische Arien, die gelegentlich vom Metzgermeister live untermalt werden. Via XX Luglio. ✆ 055/852020.

Übernachten

*** **Relais Fattoria Valle**, toscanische Villa aus den ersten Jahren des 19. Jh., von einem Park umgeben und in traumhafter Lage. Aus dem ehemaligen Wohnsitz florentinischer Adliger ist heute eine elegante, komfortable Ferienresidenz geworden. Schön eingerichtet, teilweise mit tollem Ausblick, mit Swimmingpool und Restaurant für die Gäste. DZ 100 € (inkl. Frühstück). Kurz vor Ortseingang (aus Greve kommend) auf der rechten Seite, ausgeschildert. Via Case Sparse 56, 50020 Panzano, ✆ 055/852482, 📠 055/852716.

La Piazzetta, Bed & Breakfast, modernes, aber familiär-freundliche Haus im Zentrum Panzanos. Sieben geschmackvoll eingerichtete DZ, alle mit TV, Bad und großer Panoramaterrasse. Alles sehr gepflegt zum Zimmerpreis ab 65 €. Via il Mascherone 45 (ausgeschildert), 50020 Panzano, ✆/📠 055/852933.

*** **Villa Sangiovese**, am Dorfplatz. Herrenhaus mit 19 Gästezimmern, Swimmingpool und Garten mit schöner Aussicht. DZ 103–153 € (Frühstück inbegriffen). Restaurant Mi geschlossen. Piazza Bucciarelli 5, 50020 Panzano, ✆ 055/852461, 📠 055/852463.

• *Agriturismo* Ferien in der herrlich restaurierten Villa **Il Palagio**, umgeben von einem sehr gepflegten Garten mit Pool und hauseigener Cantina. Alles vom Feinsten, trotzdem rustikal und sehr familiär. Entsprechend hohe Preise, Näheres unter www.villailpalagio.com. Via Case Sparse 38, 50020 Panzano, ✆ 055/852933. Mit dem Auto ca. 3 Minuten vom Zentrum in Richtung Mercatale.

• *Außerhalb* **Villa Rosa**, 4,5 km südlich von Panzano gelegen, gepflegte, rosafarbene Villa aus dem 19. Jh. mit Pool und Restaurant für die Hotelgäste. Stilvolles Ambiente, geschmackvoll eingerichtete Zimmer, alle mit Bad und TV, DZ mit Frühstück 90 €, mit Terrasse 120 €. Man sollte etwa einen Monat vor Anreise buchen. Von Panzano auf der SS 222 in südl. Richtung, nach 3,5 km halblinks ab nach Radda, genau 1 km nach der Abzweigung liegt das unübersehbare Gebäude auf der linken Seite. 50020 Panzano, ✆ 055/852577, ✆ 055/8560835, www.resortvillarosa.com.

Essen/Trinken

Ristorante Il Vescovino, knapp vor der Chiesa Santa Maria. Hübsche, noch nicht ganz zugewachsene Terrasse mit großartigem Blick in die Chianti-Landschaft. Dezente Stimmung, raffinierte Küche, gehobene Preise. Di geschlossen, ✆ 055/852464.

Ecken und Kanten in La Piazza

Trattoria Oltre il Giardino, unterhalb des kleinen Hauptplatzes (Richtung Mercatale). Originelle toscanische Gerichte, der Eigentümer ist Florentiner. Nicht zu teuer, dafür sind die Portionen übersichtlich! Tolle Terrasse mit Fernblick, Mo geschlossen, ✆ 055/852828.

Fattoria di Montagliari, man kann sich hier auch in den neu ausgebauten Zimmern einmieten (DZ 85 €). Rustikal-gemütliches Restaurant, allerdings ziemlich teuer. Mo geschlossen, ✆ 055/852014 bzw. 055/852184, www.montagliari.it.

Pizzeria Conca d'Oro, die erschwinglichere Variante im Zentrum an der Hauptstraße, Via Chiantigiana.

Wein

Es gibt ungefähr ein halbes Dutzend Vinotheken vor Ort, darunter **Il Vinaio** im letzten Haus an der Dorfstraße (direkt vor der Chiesa Santa Maria) mit einer hübschen Panorama-Terrasse an der Rückseite.

L'Enoteca del Chianti Classico, schöne Aufmachung und große Weinauswahl sowie kleine Speisen in der Via Chiantigiana (Hauptstraße).

Enoteca Baldi, die direkt an der Piazza Bucciarelli gelegene Enoteca lockt ebenfalls mit einer großen Auswahl an Weinen, einem einladenden Ambiente und einer kleinen Speisekarte.

La Piazza

Es gibt einen wirklich gewichtigen Grund, den winzigen Ort südlich von Panzano zu besuchen: die **gleichnamige Osteria**, schön gelegen und mit gemütlicher Terrasse. Ansonsten bietet der Weiler auf einer Anhöhe nur wenig Sehenswertes. Einen Abstecher wert ist allerdings die romanische **Chiesa di San Giorgio a Piazza** (beschildert, tagsüber geöffnet) aus dem 11. Jh. mit Gemälden aus dem 15. Jh. In der **Fattoria San Giorgio alla Piazza** kann man – nach vorheriger Terminvereinbarung unter ✆ 0577/733560 – Wein, Olivenöl und Honig kaufen.

• *Übernachten* **Residence Borgo Sicelle**, 2 km von La Piazza entfernt im Weiler Sicelle (Straße Richtung San Donato). Gepflegte Appartementanlage mit Pool, allerdings ohne Restaurantbetrieb, auch kein Frühstück. 2 DZ mit Bad und einer Gemeinschaftsküche 50–75 €, Appartement (2 Pers., mit Küche und Bad) 55–80 €. Loc. Sicelle 60, 53011 Castellina in Chianti, ✆ 0577/749737, ✆ 0577/8077193, www.borgosicelle.it, sicelle@inwind.it.

• *Essen/Trinken* **Osteria Alla Piazza**, der Tipp für die Umgebung von Panzano und Radda! Empfehlenswertes Ristorante mit Terrasse, unübersehbar an der Straße in La Piazza gelegen. Jeden Abend bis auf den letzten der 100 Plätze besetzt, man sollte unbedingt einen Tisch reservieren. Sehr gute toscanische Küche, die Weinauswahl ist hervorragend. Für ein Menü (3–4 Gänge) ohne Wein muss man allerdings mit ungefähr 40 € pro Person rechnen. Tägl. 12.30–15 und 19.30–22 Uhr, montags geschlossen. ✆ 0577/733580.

Il Torrino, eine Art Bar, herrlich abgelegen zwischen Weinbergen (ca. 200 m vom Borgo Sicelle in Richtung La Piazza/Castellina). Auch nachmittags kann man bei einem Glas Wein im Garten sitzen. Es gibt Kleinigkeiten wie Panini, Bruschette und im Ofen zubereitetes Gemüse. Von 9–20 Uhr durchgehend geöffnet, Mi geschlossen.

Toscana
Karten S. 60/61 und S. 216/217

Castellina in Chianti

Der Ort liegt im lange umstrittenen Grenzgebiet zwischen Florenz und Siena und hatte häufig wechselnde Besatzer zu ertragen. Gut erhalten ist die alte Burganlage, die heute die Gemeindeverwaltung beherbergt.

Unter einem kleinen Hügel oberhalb des Hotels Colombaio liegt ein **etruskisches Schachtgrab**, dessen vier Eingänge an den Himmelsrichtungen orientiert sind. Gleich am Eingang des Geländes steht ein Kästchen, das auf Knopfdruck für die Beleuchtung der Grabkammern sorgt (Eintritt frei). *Filippo Buonarotti*, einem Nachfahren *Michelangelos*, verdanken wir die Überlieferung der Entdeckungsgeschichte: „Gegenüber dieser Stadt ist ein kleiner Hügel, wo im Jahre des Herren 1507, am 29. Januar, ein gewisser Lando Reben anbaute und dabei, indem er mit dem Eisenpfahl ein Loch machte, um die Reben einzupflanzen, mit dem Pfahl auf ein altes Grab der Etrusker stieß, und aus dem Loch entstieg ein Modergestank, und der Straße zugewandt fanden sie einen mit Kalksteinplatten verschlossenen Eingang, und der Raum war kreuzförmig."

Information/Verbindungen

• *Information* **Tourist-Info** zentral in der Fußgängerzone, hilfsbereit und gut organisiert (deutschsprachig). Zimmervermittlung, Fahrradvermietung (15 € inkl. Helm). März bis Anfang Dez. tägl. 10–13 und 14–18 Uhr, Via Ferruccio 40, ✆ 0577/741392, 📠 0577/741393, www.essenceoftuscany.it.

• *Verbindungen* **Bus**: Tickets nach Siena und Florenz gibt es im Tabakladen am Ende der Via Ferruccio. Nach Siena 7x tägl., nach Florenz 2x, nach Radda 5x.

Übernachten

**** **Villa Casalecchi**, ca. 1,5 km außerhalb, etwas abseits der Straße nach Siena. Mitten im Wald, sehr ruhige Lage. Das alte Gutsherrenhaus ist luxuriös mit Stilmöbeln und Holztäfelungen ausgestattet. Familiäre Atmosphäre, großer Park mit Schwimmbad und Tennisplatz. DZ 130–220 €. 53011 Castellina in Chianti, ✆ 0577/740240, 📠 0577/741111.

*** **Girasole**, 100 m vom Zentrum. Angenehme Bleibe in schönem Altstadthaus. DZ 90–99 € (Frühstück inkl.). Via Trento e Trieste 45, 53011 Castellina in Chianti, ✆ 0577/741327, 📠 0577/741347, www.girasol.it.

*** **Salivolpi**, 1 km in Richtung San Donato. Bestens renovierter Bauernhof, geschmackvoll eingerichtet, ruhig gelegen. Garten mit kleinem Swimmingpool. DZ mit Bad 93 €. 53011 Castellina in Chianti, ✆ 0577/740484, 📠 0577/740998.

*** **Palazzo Squarcialupi**, Palazzo aus dem 15. Jh., im Zentrum (Fußgängerzone). Telefon, Klimaanlage und TV machen den Aufenthalt in einem der 15 DZ der gepflegten Herberge sehr komfortabel. 85–110 € (einfaches DZ). Via Ferruccio 22, 53011 Castellina in Chianti, ✆ 0577/741186, 📠 0577/740386, www.chiantiandrelax.com.

San Martino, Zufahrt schräg gegenüber dem Albergo Salivolpi, DZ 60 € (kein Frühstück). Die meisten Zimmer mit eigenem Bad, außerdem Gemeinschaftsküche und Pool. 53011 Castellina in Chianti, ✆ 0577/740902.

Bed & Breakfast Villa Cristina, freundliche Zimmer mit Bad (unbedingt nach dem Turmzimmer mit Panoramablick fragen), DZ 65–73 €. An der Straße Richtung San Donato, Via Fiorentina 34, 53011 Castellina in Chianti, ✆ 0577/741166, ✆ 0577/742936, www.villacristina.it.

• *Außerhalb* *** **Belvedere di S. Leonino**, ca. 7 km außerhalb, erst Richtung Siena, nach ca. 6 km der Beschilderung folgend rechts abbiegen. Großzügig renoviertes Bauernhaus aus dem 15. Jh., herrliche Umgebung, Pool. DZ 130 €. 53011 Castellina in Chianti, ✆ 0577/740887, ✆ 0577/740924.

Casa Vacanze Poderi Val Verde, ca. 2 km außerhalb Richtung San Donato liegt das schöne alte Landgut, 6 Wohnungen, mit Pool – besonders für Familien mit Kindern geeignet. Auch Kochkurse. Appartements in der Saison nur wochenweise, auf vorherige Anfrage auch ab 3 Tagen möglich, Loc. Casanova di Ricavo 41, 53011 Castellina in Chianti, ✆/✆ 0577/740266, www.poderivalverde.it.

• *Camping* **Luxor**, Anfahrt von Castellina aus: erst Richtung Siena, nach ca. 6 km rechts nach San Leonino abzweigen, weiter bis Lornano, von da noch ein Stück Schotterpiste. Geöffnet Juni–August. 53011 Castellina in Chianti, ✆ 0577/743047.

• *Camper* können ihr Wohnmobil auf dem Camperparkplatz abstellen, der an der Straße Richtung Florenz/Greve ein paar hundert Meter vom Zentrum entfernt liegt.

Essen/Trinken

Antica Trattoria La Torre, gleich neben der Burg. Gehobenes Mittelklasserestaurant (Menü ca. 30 €). Probieren sollten Sie die Risotto- und Pastagerichte und die Auswahl an Geflügel- und Fleischgerichten. Fr und erste Septemberhälfte geschlossen. ✆ 0577/740236.

Albergaccio di Castellina, etwas unterhalb des Hotels Salivolpi (s. o.). Sehr feine und leichte Hausmannskost. Menü inkl. Wein ca. 45 €. So geschlossen, ✆ 0577/741042.

Pizzeria Il Fondaccio, hervorragende Pizza aus dem Holzofen und Vorspeisenbuffet, auch draußen sitzt man hier gemütlich. Immer voll, daher viel Zeit mitbringen, reservieren zwecklos. Im autofreien Zentrum (ab 19 Uhr).

Caffetteria/Enoteca Il Cantuccio, gleich daneben. Die Bar mit ein paar Tischen draußen für den Kaffee oder den Drink nach dem Abendessen. Auch für einen Imbiss geeignet (Sandwiches, Salate, Crostini, Bruschette). Geöffnet 11–1 Uhr, Di geschlossen. Via IV Novembre 25.

Pizzeria Chiantigiana, Pizza vom Blech. Ein paar Stühle gibt es auch, ansonsten kann man seine Pizza auf der Bank an der Piazza Roma verzehren.

• *Gelateria* **l'Antica Delizia**, es gibt einfach keine besserer Eisdiele in der Umgebung. Di Ruhetag.

• *Außerhalb* **Pestello**, ca. 6 km außerhalb (an der Straße nach Poggibonsi). Besonders an Wochenenden, wenn die Florentiner in Scharen einfallen, ist trotz der gehobenen Preise (Menü ca. 30 €) kaum ein Platz zu bekommen. Stilvolle mittelalterliche Räumlichkeiten. Gute Vorspeisen und Grillgerichte. Mi geschlossen, ✆ 0577/740215.

Osteria di Fonterutoli, zur guten Küche werden in der gemütlichen Osteria die renommierten Weine des Weinguts gereicht (Di und sonntagabends geschlossen). Ca. 7 km an der Straße in Richtung Siena, Località Fonterutoli, ✆ 0577/740212.

Wein

Das Weingut **La Castellina** hat seinen Direktverkauf im angenehm rustikalen Ambiente eines alten Palazzo. Via Ferruccio 26 (im Zentrum Castellinas). Weinproben sind nach Anmeldung möglich (7 € bzw. 12 €). Auf Anfrage kann auch an Weinseminaren (8 €) teilgenommen werden. Infos unter ✆ 0577/740454. Reservierung auch in der Tourist-Info.

Mit auffallend nobler Präsentation stellt sich das Weingut **Dievole** im Zentrum Castellinas dar (Weindegustation möglich). Das schöne Weingut mit perfektem Marketing bei Vagliagli kann auch besichtigt werden. Führungen mit Weinverkostung 10 € (Anmeldung erbeten). ✆ 0577/322632, www.dievole.it.

Le Volte, kleine Enoteca in der Via Ferruccio mit guter Auswahl an Chianti-Weinen.

Castellare, renommiertes Weingut, das sowohl für seine Chianti-Classico-Weine als auch für die charakteristische Gestaltung seiner Etiketten bekannt ist. Von Castellina in Richtung Poggibonsi geht es nach 1 km zum Weingut links ab (ausgeschildert). ✆ 0577/740490.

Rocca delle Macie, auf der Straße nach Monteriggioni sieht man das große Weingut nach ca. 7 km auf der linken Seite. Kellerführungen auf Deutsch dienstags um 10 Uhr auf Anfrage (10 €), Weinverkauf und Weinverkostung täglich 9–19 Uhr. ✆ 0577/7321 oder 0577/732221.

Lilliano, auf derselben Straße Richtung Monteriggioni geht rechts (ausgeschildert) eine wunderschöne Lindenallee zu diesem Weingut mit Direktverkauf ab. Besichtigung mit Degustation nur nach Vereinbarung zum Preis von 11 €. ✆ 0577/743070.

Aiola, großzügig angelegter Weinverkauf mit der Möglichkeit, ausgiebig zu probieren (sehr guter Grappa). Vagliagli, ✆ 0577/322615.

Nittardi, in Richtung S. Donato in Poggio bzw. Richtung Autostrada Siena–Firenze geht nach ca. 9 km die Schotterpiste rechts ab (ausgeschildert). ✆ 0577/740269, ℻ 0577/741080, www.chianticlassico.com, fattorianittardi@chianticlassico.com.

Castello di Fonterutoli, auf der Chiantigiana ca. 7 km in Richtung Siena (SS 222). Feine Adresse für diverse Weinspezialitäten. ✆ 0577/740476 oder 0577/740522.

Toscana
Karten S. 60/61 und S. 216/217

Radda in Chianti

Radda ist vielleicht der einnehmendste Ort des Chianti. Inmitten des ummauerten Städtchens befindet sich ein kleiner Marktplatz und das Rathaus aus dem 15. Jh. mit einer rustikalen Loggia.

Die erste urkundliche Erwähnung Raddas datiert aus dem Jahr 1002. Gut 400 Jahre später (1415) erhielt der Ort die höchste Gerichtsbarkeit im Chianti. Als Papst Sixtus IV. im 16. Jh. gegen die Florentiner kämpfte, wurde das Städtchen arg in Mitleidenschaft gezogen. Trotzdem ist das mittelalterliche Ortsbild weitgehend erhalten geblieben.

An manchen Tagen in der Hochsaison geht es recht international zu; vor allem deutsche und englische Urlauber tummeln sich in großer Zahl in den Gassen des kleinen Ortes. Dennoch ist der Charme des mittelalterlichen Städtchens keineswegs verloren gegangen. Folgt man z. B. dem **Camminamento medioevale**, einem Gewölbegang aus dem 12. Jh., kommt man an der alten Backstube Raddas vorbei, die dem Besucher wirklich einen Eindruck vom Leben „di una volta" („von einst") vermittelt. Wie in alter Zeit backt Bäckermeister Semplici in den frühen Morgenstunden mehlbestäubt in alten Kellern das leckere toscanische Brot (ohne Salz!).

Information/Verbindungen/Diverses

• *Information* **Pro Loco**, Piazza del Castello (oberhalb der Fußgängerzone Via Roma), geöffnet von März bis Okt Mo–Sa 10–13 und 15–19 Uhr. ✆/℻ 0577/738494, proradda@chiantinet.it.

ChiantiMania, Reisebüro im Zentrum. Organisiert u. a. Besichtigungstouren von Weingütern und Kochkurse. Auch Internetzugang, Via Trentro e Trieste 12, ✆ 0577/738979, ℻ 0577/739989, www.chiantiservices.com.

• *Verbindungen* 3x tagl. **Busse** nach Florenz, 5x nach Siena. Tickets im Zeitungsladen in der Via Roma.

• *Einkaufen* **Porciatti**, große Auswahl an lokalen Spezialitäten (Wein, Wurst, Käse). Piazza IV Novembre 1 (Ende der Via Roma, Richtung Florenz).

Via Roma, in der gleichnamigen Straße hält der kleine Laden Straßen- und Wanderkarten bereit.

Übernachten

**** **Vignale**, am Ortsausgang (Richtung Castellina). Das erste Haus am Platz. Stilvoll renoviertes Herrenhaus, Pool im Garten. DZ 165–300 €. Via Pianigiani 8, 53017 Radda in Chianti, ✆ 0577/738300, ℻ 0577/738592.

Palazzo Leopoldo, stilvolles Ambiente in herrschaftlicher Villa im Zentrum. Großzügiges Frühstücksbuffet in der uralten Küche, im Sommer auf der schönen Terrasse. DZ leider um die 165 €, 53017 Radda in Chianti, ✆ 0577/735605, ℻ 0577/738031, www.palazzoleopoldo.it.

*** **Hotel Villa Miranda**, 1 km außerhalb von Radda an der SS 429 gelegen. DZ 60–140 €. Ausstattung und Zustand der Zimmer variieren sehr. Mit Restaurant. 53017 Radda in Chianti, ✆ 0577/738021, 📠 0577/738668.

• *Privatzimmer/Appartements* Schräg gegenüber dem Hotel Girarrosto vermietet **Pistolesi** DZ mit Dusche/WC und TV für 55 €. Außerdem Appartements in einer Villa am Ortsrand. 53017 Radda in Chianti, ✆ 0577/738556, www.lodginchianti.it.

Die Piazza von Radda mit dem Gewölbebrunnen

Die **Bottega di Giovannino** hat sich zu einer stattlichen Herberge mit 15 DZ gemausert (DZ 62 € inkl. Frühstück in der Bar). Es gibt auch Mini-Appartements (pro Woche 455 €). Direkt im Zentrum in der Via Roma. 53017 Radda in Chianti, ✆/📠 0577/738056.

L'Angolino, 1 km von Radda entfernt im Ortsteil La Villa vermieten nette Leute ein DZ (60 €, 75 € mit Frühstück) in einem Bauernhaus mit kleinem Pool und schöner Terrasse. 53017 Radda in Chianti, ✆ 0577/738428, 349/3135944 (mobil).

• *Außerhalb* **** **Relais Vescine**, in Vescine, auf halber Strecke nach Castellina in Chianti. Luxusrenoviertes Landgut mit 45 Betten und Pool, DZ ab 175 €. 53017 Radda in Chianti, ✆ 0577/741144, 📠 0577/740263, vescine@chiantinet.it.

• *Agriturismo* **Podere Canvalle**, im Ortsteil La Villa (Richtung Montevarchi). Auf dem Grundstück, umgeben von 6 ha Wein und Oliven, steht ein renovierter mittelalterlicher Turm, der zum Feriendomizil umfunktioniert worden ist. Im Erdgeschoss befindet sich die Küche mit Kamin. Über eine Wendeltreppe erreicht man die beiden oberen Stockwerke, dort jeweils ein Raum mit 2 Betten. Vermietung nur wochenweise ab 800 €. 53017 Radda in Chianti, ✆/📠 0577/738321.

Val delle Corti, Azienda Agricola, auf der Straße in Richtung Lecchi in Chianti, keine fünf Minuten von Radda entfernt (am Holzfass links runter). Der Weinbauer Roberto Bianchi vermietet wochenweise ein renoviertes Häuschen für 4 Personen und kann Tipps für die Erkundung der Umgebung geben, als Winzer erklärt er in seiner kleinen Cantina auch gern die Geheimnisse des Wein- und Olivenanbaus. Pro Woche 670 €. 53017 Radda in Chianti, ✆ 0577/738215, 📠 0577/739521, gbianchi@chiantinet.it.

Essen/Trinken

Ristorante La Taverna del Vignale, hier sitzt man entweder in den Gewölben der alten Weinkeller oder auf der wunderschönen Terrasse. Speisekarte mit kleiner und feiner Auswahl zu entsprechenden Preisen. Do geschlossen, ✆ 0577/738094.

Le Vigne, mitten in den Weinbergen, knapp außerhalb des Orts, Abzweigung (Schotterstraße) von der Straße nach Montevarchi. Mäßige Preise, angenehme Atmosphäre. Ohne Reservierung ist kaum ein Platz zu bekommen. Außerhalb der Saison Di geschlossen. ✆ 0577/738640.

Ristorante-Pizzeria da Michele, die unkompliziertere Alternative zu den anderen Restaurants in Radda. Michele hat immer gute Laune und backt an manchen Abenden bis zu 100 Pizzen mit superdünnem

Teig. Im Zentrum unterhalb der Bar (mit großem Parkplatz). Mo geschlossen. ✆ 0577/738491.

Pizzeria Pizza Pie, Pizza vom Blech, Di geschlossen. An der Hauptstraße von Radda (neben der Bar Dante).

• *Außerhalb* **L'Osteria Rifugio del Chianti**, eines von den einfachen, alten toscanischen Gasthäusern mit Barbetrieb, Lebensmittelverkauf und soliden Preisen. Freundlicher Familienbetrieb abseits vom Radda-Rummel in einem idyllischen kleinen 35-Seelen-Dorf. Das Dorf liegt auf dem Weg von Radda in Richtung Cavriglia/Lucolena. Località Montemuro (Badiaccia Montemuro). Di geschlossen. ✆ 0577/738036.

Osteria Le Panzanelle, an der SS 222 in Richtung Florenz, Ortsteil Lucarelli. Unkomplizierte, rustikale Osteria mit einfacher, guter Küche, die von jungen Leuten geführt wird. Von Einheimischen und Reisenden gelobt. Mo geschlossen. ✆ 0577/733511.

• *Bars* **Bar Dante**, der Treffpunkt für Cappuccino und Aperitivo auf der Terrasse mit Blick auf das Dorfgeschehen. Schließt schon gegen 20 Uhr.

Wein

Arte Vino, Enoteca mit guter Weinauswahl, auch Snacks. 700 m außerhalb, Richtung Florenz/Volpaia.

Castello di Ama, ca. 8 km südlich von Radda (den Ort Richtung Castellina verlassen, nach knapp 1 km links abzweigen, von da ab ausgeschildert). Eines der namhaftesten Weingüter des Chianti. Dementsprechend gut, aber auch teuer sind die Spitzenweine des Hauses: Vigna L'Apparitat (Merlot) und Vigna Il Chiuso (Pinot Nero). Hervorragende Verkostung mit verschiedenen Oliven, Brot. Bei Weinkauf kostenlos, sonst 4,50 € pro Person. (Lesertipp Claudius Mierswa, Troisdorf u. Ulf Stosch, Amtsberg). ✆ 0577/746031.

Fattoria Poggerino, knapp 3 km hinter La Villa, rechts hoch; gut ausgeschildert. Besitzer sprechen gut englisch, exzellenter Rosso di Toscana „Il Labirinto". Es werden auch zwei herrliche, rustikale, 110 qm große Wohnungen vermietet. ✆ 0577/738958

Volpaia

Der kleine Weiler, auf einem Bergrücken nördlich von Radda gelegen, ist ein Juwel – das pure Mittelalter.

Hinter den Gemäuern aus dem 12. Jh. verbergen sich allein sieben Weinkeller des **Weingutes Castello di Volpaia**, aber auch die Wohnungen der insgesamt 42 Bewohner des Ortes, die zum Großteil in der Wein- und Olivenölproduktion der Familie Mascheroni, den Besitzern des Weingutes, beschäftigt sind.

Volpaia, genau an der Grenze zwischen den einstigen Einflussbereichen von Florenz und Siena gelegen, entstand wahrscheinlich bereits im 10. Jh. als Schutzfestung. 1172 wurde der Ort erstmals offiziell erwähnt, 1250 wurde Volpaia Mitglied der „Lega del Chianti". Volpaia war jahrhundertelang in die militärischen Auseinandersetzungen zwischen Florenz und Siena verwickelt, bis es im 16. Jh. in die Bedeutungslosigkeit versank. Mittlerweile wurden die meisten Gebäude originalgetreu renoviert; entsprechend schön und gepflegt ist das Ortsbild.

Neben den wuchtigen Mauern der Burg sticht aber auch ein weiterer Bau ins Auge: die **Commenda di San Eufrosino**, eine burgähnliche, turmlose Kirche aus dem Jahr 1456. Mittlerweile finden hier Kulturveranstaltungen und Weinproben statt.

• *Übernachten* **Castello di Volpaia**, die Familie Mascheroni bietet 5 Appartements in historischem Gemäuer. Neu renoviert, jeweils mit Küche und Bad, außerdem Tennisplatz und Pool. 2er-App. 940 € pro Woche, 6er-App. 2080 €, Loc. Volpaia, 53017 Radda in Chianti, ✆ 0577/738066, ℻ 0577/738619, www.volpaia.com.

Podere Vergelli, (aus Radda kommend) am Ortseingang von Volpaia das erste Haus auf der linken Seite (handbemaltes Schild). Ein Appartement (75 € pro Tag) und ein DZ (78 €). Loc. Volpaia, 53017 Radda in Chianti, ✆ 0577/738382.

Fattoria Castelvecchi, auf der Straße von Radda nach Volpaia (zunächst Straße Richtung Florenz), dann rechts ab nach Volpaia, dann links (ausgeschildert); an der Abzweigung nach Volpaia halblinks ab (beschildert) nach Castelvecchi. Auf neu asphaltierter Straße zum großen, alten Weingut mit Villa und den umliegenden Bauernhäusern, in denen ca. 15 DZ und 7 Appartements untergebracht sind. Zwei Swimmingpools, ein schöner, alter Park und ein Restaurant eigens für die Gäste sind die touristischen Einrichtungen dieses Weilers. 53017 Radda in Chianti, ✆ 0577/738050, 📠 0577/738608, www.castelvecchi.com.

• *Essen/Trinken* **La Bottega** an der Piazza von Volpaia. Man sitzt unter Sonnenschirmen an der idyllischen Piazza. Gute toscanische Küche. Di geschl. ✆ 0577/738001.

Osteria Volpaia, gehobene Gastronomie und damit auch eher für den dickeren Geldbeutel konzipiert. Mi geschlossen. ✆ 0577/738905.

• *Wein* **Az. Vinicola Castello di Volpaia**, in der Enoteca an der Piazza von Volpaia kann man sich mit Chianti Classico (auch Riserva), Vin Santo di Volpaia und diversen anderen Weinen eindecken. Die Preise liegen bei 10,50–17 €.Tägl. 10–18 Uhr geöffnet (außer Jan./Febr.), ✆ 0577/738066, 📠 0577/738619, www.volpaia.com.

Gaiole in Chianti

Der in einer Talsenke an der Straße ins Valdarno gelegene Ort ist ein alter Marktflecken und noch heute ein Zentrum der Landwirtschaft.

Richtig schöne Bauten sucht man vergebens, allenfalls die Häuserzeile, deren Balkone über dem Wildbach hängen, ist ein Foto wert. Ansonsten ist Gaiole ziemlich zersiedelt. Der Tourismus beschränkt sich auf einige renommierte Weinschlösser der Umgebung, und selbst in der Hauptsaison sind die Gaioleser weitgehend unter sich.

Immerhin beginnt in Gaiole die nach Süden verlaufende Burgenstraße des Chianti, die **Strada dei Castelli**. An der SS 408, der alten Chiantigiana, liegen einige der bedeutendsten und besterhaltenen Burgen und Schlösser im südlichen Chianti-Gebiet, z. B. das **Castello di Meleto** und – etwas abseits – das **Castello di Brolio**, die wohl eindrucksvollste Burg der Gegend.

• *Information* **Pro Loco**, am Ortseingang links (aus Richtung Siena kommend). Im Sommer Mo–Sa 9.30–13 und 15.30–18.30 Uhr. Via Galileo Galilei 1, ✆/📠 0577/749411, prolocogaiole@libero.it.

• *Verbindungen* **Bus**: 2–3x tägl. nach Siena.

• *Übernachten* **** **Castello di Spaltenna**, knapp 1 km außerhalb, Abzweig von der Straße nach Vertine. DZ ab 240 €. Es handelt es sich um einen wuchtigen Komplex aus Pfarrkirche und Klostergebäuden. Anstelle asketischer Mönche bewohnen heute betuchte Touristen die Zellen und schwelgen im Luxus. Loc. Spaltenna, 53013 Gaiole in Chianti, ✆ 0577/749483, 📠 0577/749269.

Le Fonte del Cieco, neue, kleine Herberge im Zentrum von Gaiole, mit idyllischem Gärtchen. Die 8 Zimmer sind größtenteils geräumig, DZ mit Balkon 100 €, ohne 90 €. Via Ricasoli 18, 53013 Gaiole in Chianti, ✆ 0577/744028, 📠 0577/74407.

• *Außerhalb* **** **L'Ultimo Mulino**, auf halben Weg nach Radda. Die kleine, exklusive Landherberge liegt romantisch im Grünen und wurde um eine alte Mühle herum gebaut. Jedes der 13 Zimmer hat seine kleine Terrasse. Über dem Hotel liegt am Waldrand versteckt ein großer Swimmingpool. DZ 175–232. 53013 Gaiole in Chianti, ✆ 0577/738520, 📠 0577/738659.

* **La Pineta**, im Ortsteil Monteluco. Das preiswerte Gegenstück, aber 12 km von Gaiole entfernt und völlig ab vom Schuss. DZ 46 €, Frühstück gibt's in der Bar. Loc. Monteluco, 53013 Gaiole in Chianti, ✆ 0577/734051.

• *Essen/Trinken* **Lo Sfizio di Bianchi**, die Institution auf dem Marktplatz von Gaiole. Freundlicher Familienbetrieb, seit Jahren mit eigener Eisproduktion, Konditorei und Bäckerei sowie Feinkost. Große Terrasse auf der Piazza, abends wird auch bedient, allerdings wird recht früh zugemacht. Di geschlossen. ✆ 0577/749501.

La Romita, Trattoria-Pizzeria im Zentrum Gaioles (oberhalb des Parkplatzes). Toscanische Küche (auch eine Auswahl an Fischgerichten) und abends Pizza. Do geschlossen. ✆ 0577/749290.

• *Außerhalb* **Il Poggio da Giannetto**, an der Straße zwischen Radda und Lecchi. Bekannter Familienbetrieb mit Tradition, im Sommer mit großer Terrasse, auf der toscanische Hausmannskost serviert wird. Lustig wird's, wenn Giannetto sein Akkordeon auspackt. Mo geschlossen. Località Poggio San Polo, ✆ 0577/746135 oder 0577/746176.

Trattoria Il Carlino, bodenständige Hausmannskost. Leider nur Mittagstisch. Località San Regolo. Mo geschlossen, ✆ 0577/747136.

La Grotta della Rana, familienbetriebenes Landgasthaus mit toscanischer Hausmannskost. Es ist schön, hier im Sommer draußen auf der Terrasse zu sitzen. Località San Sano. Mi geschlossen. ✆ 0577/746020.

Osteria del Castello, unterhalb der Burg Brolio mit idyllischem Garten, wo man tagsüber im Schatten der Zypressen raffinierte toscanische Küche serviert bekommt. Abends speist man im geschmackvoll eingerichteten Restaurant. Die Preise sind dem Ambiente entsprechend gehoben. Do geschlossen. Località Brolio. ✆ 0577/747194.

• *Wein* **Enoteca Montagnani**, Via Baccio Bandinelli (im Zentrum). Von den ortsansässigen Vinotheken eine der empfehlenswertesten. Gute und teure Gallo-Nero-Produkte. Hier sind praktisch alle Weingüter der Umgebung vertreten. Als besonders gut gelten die Tropfen aus dem Castello di Ama, aus dem Castello di Cacchiano und der Badia a Coltibuono.

Toscana Karten S. 60/61 und S. 216/217

Castelnuovo Berardenga

Das Dorf, ursprünglich einer der ersten Weinorte des Chianti, liegt bereits südlich der heutigen Chianti-Classico-Gebietsgrenzen.

Wenn man sich dem Ort von Norden nähert, fällt seine Randlage auch geographisch auf: Keine Hügel bis zum Horizont, nur weite und beinahe flache Landschaft mit entsprechendem Weitblick prägt die Gegend. Castelnuovo Berardenga selbst wirkt aus der Ferne größer, als es ist. Das Dorf wird von der Piazza Marconi dominiert, an der sich ein großer Teil des Lebens abspielt. Im gesamten Gemeindegebiet leben rund 7.000 Menschen.

Eindrucksvollstes Gebäude des Ortes ist heute die **Villa Chigi Saracini**, die sich im Besitz der Bank Monte di Paschi di Siena befindet und als Altersheim für ehemalige Mitarbeiter dient. Sonst ist Berardenga mit Sehenswürdigkeiten kaum gesegnet, sieht man einmal von der neoklassizistischen Fassade der **Chiesa S.S. Giusto e Clemente** ab (im Zentrum). Am Ortseingang (von Norden kommend) wartet das bescheidene **Museo del Paessaggio** auf Besucher. Zu sehen sind eine Fotoausstellung und einige archäologische Funde aus der Gegend um Castelnuovo.

• *Information* Am Ortseingang rechts (aus Richtung Gaiole kommend). Apr.–Okt. Di–Sa 10–13 u. 15–18, So 9–13 Uhr, Nov.– März Di–Sa 10–13 Uhr. Im selben Gebäude ist das Museo del Paesaggio untergebracht. Eintritt 3 €. Via del Chianti 61. ✆/℻ 0577/355500, www.vacanzesenesi.it.

• *Verbindungen* **Busse** fahren an der Via Chianti (nördl. Einfallstr.) ab, Tickets in der Bar/Trattoria della Berardenga (Via del Chianti 70). 8x tägl. nach Siena.

• *Übernachten* Einzige Unterkunftsmöglichkeit im Ort sind die **Camere La Foresteria dell'Aia** im Zentrum. Schlichte Zimmer, nette Terrasse, DZ 44 €, Frühstück 5 € pro Person. An der Piazza Marconi gegenüber der Tankstelle durch den Torbogen gehen, dann gleich links, erstes Haus auf der rechten Seite. Via dell'Aia 9, 53019 Castelnuovo Berardenga, ✆/℻ 0577/355565 oder 0577/355546.

• *Essen/Trinken/Wein* **Trattoria La Berardenga**, gute, bodenständige Küche in netter, ungekünstelte Atmosphäre und noch dazu bezahlbar. Fr geschlossen. Via del Chianti 70, ✆ 0577/355547.

Enoteca Bengodi, an der Piazza Marconi, mittags und abends geöffnet, zum Wein gibt es diverse Snacks, aber auch magenfüllendere Gerichte. Gleich an der Piazza, Mo geschlossen. ✆ 0577/355116.

• *Außerhalb* **La Bottega del 30**, chiantiweit bekanntes und geschätztes Restaurant mit nur zehn Tischen bzw. 30 Sitzplätzen im idyllischen Innenhof. Ohne vorherige Reservierung (im Sommer ca. 4–5 Tage im Voraus) geht hier gar nichts. Nur abends geöffnet, Di und Mi geschlossen. Es gibt auch Kochkurse. Infos unter www.labottegadel30.it, ✆/℻ 0577/359226.

Anfahrt: Aus Norden kommend, muss man gleich am Anfang von Villa a Sesta von der SS 484 rechts abbiegen in die Via S. Caterina (beim Spielplatz), dann das erste Haus auf der rechten Seite.

Der Dom von Siena – vornehm schwarz-weiß gestreift

Siena

(ca. 50.000 Einwohner)

Ruhig, beschaulich. Rotbraune Backsteinbauten, enge, schummrige Straßenschluchten, die sich gekrümmt den Hügelprofilen anpassen, auf denen Siena erbaut wurde. Die Altstadt ist durch und durch mittelalterlich und nur Fußgängern sowie nichtmotorisierten Fahrzeugen zugänglich.

Die Stadt ist nicht in das grüne Hügelland der Umgebung hineingewuchert, und ihre Einwohnerzahl hat sich seit ihrer Blütezeit nicht erheblich verändert. Die Silhouette wird geprägt durch die vollständig erhaltene Stadtmauer und dem bis zur Plattform 88 m (!) hohen **Torre del Mangia**, dem Rathausturm.

Zu Füßen des Turms erstreckt sich muschelförmig der **Campo**, Italiens berühmtester mittelalterlicher Platz. Fast sämtliche Gebäude wurden aus Backstein erbaut, auch die Adelspaläste. Eine Ausnahme bildet das Prunkstück Sienas, der grelle, mit Marmor verkleidete **Dom**. Auffällig sind auch die vielen geschmiedeten Ösen an den Häuserwänden – fast schon kleine Kunstwerke aus Eisen –, an die einstmals die Pferde angebunden wurden. Siena ist ein einziges Ausstellungsstück der italienischen Gotik.

Der 4. September 1260 ging in die Stadtgeschichte ein. An diesem Tag brachten die Sieneser Florenz in der Schlacht von Montaperti (einige Kilometer südlich von Siena) eine vernichtende Niederlage bei. Tausende gefangener Florentiner wurden im Freudentaumel durch Siena getrieben. Das finanzielle Opfer des Patriziers *Salimbeni,* der seine gesamten Geldmittel für die Anwerbung von Söldnern eingesetzt hatte, um Sienas militärische Schlagkraft zu stärken, war belohnt worden. In der Folgezeit kam es noch des Öfteren zu militärischen Auseinandersetzungen zwischen den beiden Stadtrepubliken.

Seine wirtschaftliche Blütezeit erlebte Siena unter dem „Rat der Neun“ *(Consiglio dei Noveschi)*, einem Regierungsbündnis aus neun wohlhabenden Kaufleuten, das die Geschicke der Stadt unter Ausschluss des Adels zwischen 1287 und 1355 lenkte. Zu dieser Zeit muss die Stadt in ihrem Reichtum förmlich erstickt sein; einen Abglanz davon sieht man noch heute auf Schritt und Tritt.

Das jähe Ende des Wohlstands kam 1348, als die Pest in der Stadt ausbrach. Die Seuche raffte 80 % (!) der Stadtbevölkerung dahin. Von diesem schweren Schlag erholte sich Siena nie mehr ganz. Die Feinde der Stadt nutzten die Schwäche sofort aus, allen voran Kaiser Karl IV., dem die unabhängigen Stadtrepubliken in Italien schon lange ein Dorn im Auge waren. 1355 schürte er einen Volksaufstand in Siena, danach kam die Stadt nicht mehr zur Ruhe. Kämpfe der mächtigen Adelsgeschlechter untereinander, Kämpfe gegen die umliegenden Städte und Kämpfe gegen den Kaiser wechselten einander ab.

Der Schlussakt folgte 1555: Kaiser Karl V. zog mit seiner Streitmacht gegen die Stadt. Unterstützt wurde er von Cosimo de Medici, dem damaligen Herrscher von Florenz. Nach einjähriger Belagerung fiel Siena, die kaiserlichen Truppen marschierten ein, und das Ende der freien Stadt war besiegelt.

Der Palio

Das größte Fest in Siena ist der Palio, ein Pferderennen, dessen Tradition bis ins 13. Jh. zurückreicht. Es findet jährlich am 2. Juli und am 16. August auf dem Campo statt. Wild entschlossen, das Seidenbanner zu gewinnen, machen sich die Reiter auf den Weg. 10 der insgesamt 17 Stadtteile nehmen an dem Wettkampf teil. Das Fiese dabei: Die Jockeys dürfen den Gegner durch Peitschenhiebe aufs feindliche Pferd behindern. Besonders in der Rathauskurve wird gepeitscht, geschoben und gedrückt, was das Zeug hält. Die professionellen „Rodeo-Künstler“ werden übrigens von den Contrade eingekauft und kommen aus ganz Italien, mittlerweile auch viele Toscaner. Die Teilnehmer tragen Kostüme aus dem 15. Jh. Jedes Stadtviertel wird von zwei Pagen, einem Oberpagen und einem Duce (Herzog) repräsentiert und verfügt über ein eigenes Symbol (Giraffe, Schildkröte, Schnecke etc.).

Das Wettrennen auf den ungesattelten Pferden, das zwischen 17 und 19 Uhr abends beginnt, dauert nur 70 bis 80 Sekunden, ist aber von komplizierten Zeremonien umrahmt, die schon vier Tage vorher beginnen. Unmittelbar vor dem Rennen findet der **Corteo Storico** statt, ein festlicher Umzug in historischen Kostümen aus dem 15. Jh. Den Kopf des Zuges bilden die Steuereintreiber, es folgen der Träger des städtischen Wappens, die Musiker, die verschiedenen Bannerträger und ganz zum Schluss der reich verzierte, von stattlichen Maremma-Bullen gezogene Kriegswagen, der sog. „Carroccio“ (Karren), der das Banner der Stadtverwaltung und den „Palio“ trägt. Dies ist das Seidenbanner, das der Gewinner bekommt und das zu jedem Rennen von einem anderem berühmten Künstler gestaltet wird. Nach dem Rennen werden die Gewinner gefeiert, und in den Straßen gibt es oft Wein für alle. Einige Wochen später, im September, findet die eigentliche große Feier, ein abendlicher Festschmaus der Sieger unter freiem Himmel, statt, der bis tief in die Nacht dauert – das glückliche Siegerpferd ist auch mit von der Partie!

Information/Verbindungen/Diverses

• *Information* **A.P.T.-Büro**, Il Campo 56. Ganzjährig und auch an Feiertagen von 9–19 Uhr durchgehend geöffnet. ✆ 0577/280551, 📠 0577/270676, www.terresiena.it.

• *Zimmervermittlung* **Siena Hotels Promotion**, Piazza S. Domenico. Im Sommer 9–20, im Winter 9–19 Uhr (So geschlossen). ✆ 0577/288084, 📠 0577/280290, www.hotelsiena.com.

Coptur, relativ neues Konkurrenzunternehmen; Reservierungsbüro im Parkhaus Il Campo. www.protur.it.

• *Verbindungen* **Bahn**: Die Stadt liegt an der Nebenstrecke Florenz–Empoli–Poggibonsi–Siena. Außerdem fahren mehrmals täglich Züge nach Orvieto (umsteigen in Chiusi). Der Bahnhof liegt 2 km außerhalb. Die Gepäckaufbewahrung ist rund um die Uhr geöffnet. Regelmäßige Busverbindung ab Viale Tozzi oder Piazza Gramsci.

Bus: Ungefähr stündlich fahren Busse nach Florenz, San Gimignano (umsteigen in Poggibonsi) und Volterra (über Colle Val d'Elsa), 4x täglich nach Arezzo, 2x täglich nach Rom. Ab Piazza Gramsci. Busunternehmen für Stadt- und Überlandfahrten: *TraIn* Loc. Due Ponti, ✆ 0577/204111, www.trainspa.it.

Stadtbusse fahren ab der Piazza A. Gramsci. Die Tickets erwirbt man im Tabakladen.

• *Einkaufen/Wein* **Consorzio Agrario**, Via Pianigiani 9 (Nähe Piazza Matteotti). Alles, was die Sieneser Erde hergibt: Wein, Olivenöl, Honig etc. Dachverband der Produzenten.

Enoteca Italiana, Fortezza Medicea. Über 600 verschiedene italienische Qualitätsweine. Siehe auch „Kneipen".

• *Italienischkurse für Ausländer* **Università per Stranieri di Siena**, Via Pantaneto 45 (Studentensekretariat und Information). Im Angebot ist eine breite Palette an Italienischkursen, u. a. dreimonatige Grund- und Aufbaukurse für Lernwillige aller Nationalitäten mit Hochschulreifezeugnis, einmonatige Kurse Handelsitalienisch, Fachitalienisch für Mediziner, für Musiker etc. Unterstützung bei der Zimmersuche. ✆ 0577/240185, 📠 0577/281030.

Übernachten (siehe Karte S. 236/237)

Die meisten Hotels liegen innerhalb der Stadtmauer. Trotz der zentralen Lage sind sie relativ ruhig, da die Altstadt autofrei ist. Mit einer Hotelreservierung dürfen Sie Ihr Gepäck zur Unterkunft fahren. Ob dies angesichts der vielen Fußgänger, Einbahnstraßen und völlig gesperrten Straßen sinnvoll ist, müssen Sie selbst entscheiden. Am bequemsten ist sicherlich das Taxi.

*** **Palazzo Ravizza (44)**, First-Class-Pension in alter Stadtvilla (17. Jh.) mit Terrassengarten hinter dem Haus. Schöner Blick über die Mauer. DZ mit Dusche 250 € (inkl. Frühstück). Pian dei Mantellini 34, 53100 Siena, ✆ 0577/280462, 📠 0577/221597.

*** **Villa Liberty (12)**, toprenovierte Villa im italienischen Jugendstil. Die Böden wurden aufwendig mit Marmor (in den Gängen) und Parkett (in den Zimmern) neu gestaltet. Blick auf die Fortezza Medici, Garten um das Haus. DZ mit Bad 104 €. Viale V. Veneto 11, 53100 Siena, ✆ 0577/44966, 📠 0577/44770.

*** **Chiusarelli (11)**, stilvoller neoklassizistischer Bau, zentral gelegen, einige Parkplätze im Garten. Insgesamt 50 Zimmer, sehr ruhig die Zimmer zum parkähnlichen Stadion von Siena. DZ 104 €. Via Curtatone 9, 53100 Siena, ✆ 0577/280562, 📠 0577/271177.

*** **Santa Caterina (46)**, knapp außerhalb der Porta Romana. Toller Garten mit Blick ins Umland (Frühstück wird auch dort serviert). Zur Straße hin Schallschutzfenster. Einige Parkplätze vorhanden. Via E.S. Piccolomini 7, 53100 Siena, ✆ 0577/221105, 📠 0577/271087.

*** **La Toscana (19)**, ca. 50 Zimmer, über mehrere Stockwerke verteilt. Hübsche Holzmöbel. Von den oberen Zimmern Blick über das Dächergewirr. DZ mit Bad 67 €, ohne 52 €. Via Cecco Angiolieri 12, 53100 Siena, ✆ 0577/46097, 📠 0577/270634.

MiniResidence Il Casato (40), in einem alten Palast aus dem 18 Jh., erst seit 2000 zu einer geschmackvollen Herberge umgebaut. Steile Treppen führen zu den meist geräumigen Zimmern. Tolle Deckenfresken, auch ein kleiner Terrassengarten ist für Gäste zugänglich. DZ 83 €. Zwei Eingänge: Via Dupré 126 und über die darüber liegende Via Casato di Sobra 33, 53100 Siena, ✆ 0577/236001, 📠 0577/226997.

*** **Moderno (5)**, mit 56 Zimmern zählt es zu den größten Hotels der Stadt. „Moderno" wirkt der Backsteinbau nicht. Da das Hotel knapp außerhalb der Mauer liegt, sind Anfahrt und Parkmöglichkeiten weniger prekär. Kehrseite der Medaille: Straßenlärm in den Zimmern nach vorn. DZ mit Bad 78 €. Via Baldassarre Peruzzi 19, 53100 Siena, ✆ 0577/288453, ℻ 0577/270596.

*** **Minerva (2)**, das Hotel hat den außerordentlichen Vorteil, dass man (obwohl es innerhalb der Stadtmauer liegt) mit viel Glück einen Parkplatz vor dem Haus ergattern kann. Knapp dahinter beginnt das Fahrverbot. Modern ausgestattete Zimmer mit großzügigem Bad. DZ 86 €. Via Garibaldi 72, 53100 Siena, ✆ 0577/284474, ℻ 0577/43343.

** **Piccolo Hotel Il Palio (4)**, Vorteil: Man kann mit dem Auto direkt vor den Eingang fahren, muss es allerdings nachher „entsorgen". Da an der Hauptverkehrsader der Altstadt gelegen, werden die Nächte wegen der vielen Vespas laut. DZ mit Bad 89 €. Piazza del Sale 19, 53100 Siena, ✆ 0577/281131, ℻ 0577/281142.

** **Lea (25)**, alte, gepflegte Villa in ruhiger Lage, kleiner Garten ums Haus. Einige Zimmer mit schönem Blick auf die Altstadt mit dem Dom. DZ 83 €, alle mit Bad. Viale XXIV Maggio 10, 53100 Siena, ✆ 0577/283207.

** **Centrale (20)**, helle Zimmer im 3. Stock (kein Lift). Eines der kleinsten Hotels der Stadt, nur 7 Zimmer, die meisten sind jedoch groß, haben Telefon und Minibar. DZ mit Bad 65 €, ohne 50 €. Via Cecco Angiolieri 26, 53100 Siena, ✆ 0577/280379, ℻ 0577/42152.

** **Cannon d'Oro (9)**, altes, verwinkeltes Haus mit vielen Zimmern. Gänge und Räume weiß und ohne jeglichen Schmuck. DZ mit Bad 78 €. Via Montanini 20, 53100 Siena, ✆ 0577/44321, ℻ 0577/280868.

** **Piccolo Hotel Etruria (22)**, sympathisch, wenn auch etwas eng. Das hoteleigene Restaurant ist preiswert und wird gerne von Rucksacklern besucht. DZ mit Dusche 68 €. Via Donzelle 3, 53100 Siena, ✆ 0577 /288088, ℻ 0577/288461.

Villa Fiorita (1), Villa im Jugendstil direkt am Vortor der Porta Camollia mit wunderschönem Garten und familiärer Leitung, 10 Doppelzimmer, ein 2er-Appartment, alles sehr stilvoll und gepflegt. DZ mit Bad 80 €, in der Nebensaison weniger. Zentrum zu Fuß zu erreichen, 53100 Siena, ✆ 0577/44877.

* **Bernini (16)**, beliebte, familiäre Pension, Zimmer mit herrlichem Blick auf den Dom. Reservierung empfehlenswert. DZ mit Dusche 83 €, ohne 63 €. Via della Sapienza 15, 53100 Siena, ✆ 0577/289047.

* **La Perla (24)**, immerhin 13 Zimmer, alle mit enger Dusche, alles etwas renovierungsbedürftig. DZ 63 €. Via delle Terme 25, 53100 Siena, ✆ 0577/47144.

* **Tre Donzelle (21)**, großzügiges Altstadthaus, sauber. DZ mit Dusche 57 €, ohne 42 €. Via Donzelle 5, 53100 Siena, ✆ 0577/280358, ℻ 0577/223933.

** **Locanda Garibaldi (34)**, die einst beliebte Billigabsteige wurde 1999 totalrenoviert, seitdem höhere Preise (DZ 63 €). Im kleinen Restaurant billige Menüs. Via Giovanni Dupré 18, 53100 Siena, ✆ 0577/284204.

Casalbergo (13), freundliche Bleibe mit 3 DZ (63 €), einem 3-Bett-Zimmer (76 €) und einem 4-Bett-Zimmer (104 €), Dusche/WC teils auf der Etage. Den Gästen steht eine Küche zum Kochen zur Verfügung! Via del Paradiso 54, 53100 Siena, ✆ 0577/281458, ℻ 0577/280619.

• *Außerhalb* **** **Villa Scacciapensieri**, ca. 3 km außerhalb, knapp hinter dem Campingplatz Siena Colleverde. Hübsch restaurierte Landvilla, umgeben von einem Park. Zimmer recht geräumig, alle mit einem kleinen Balkon. Mit Bar, Restaurant und kleinem Swimmingpool. DZ 220 €. Via Scacciapensieri 24, 53100 Siena, ✆ 0577/41441, ℻ 0577/270854.

Podere il Pero, Ausfahrt Siena-Ovest, Richtung Zentrum, U-Turn Richtung Montalbuccio. Kleines Landhaus, nicht kaputt saniert, mit vier Doppelzimmern und einer Wohnung für 2–4 Person, wunderschön im Grünen gelegen und doch nur 10 Min. von der Piazza del Campo entfernt, DZ ca. 80 €. Strada di Montalbuccio 29, 53100 Siena, ✆ 0577/236361, ℻ 0577/205021, www.podereilpero.it.

• *Jugendherberge* **Guidoriccio**, im Ortsteil Stellino (vom Bahnhof mit Bus Nr. 10 erreichbar, von der Piazza Gramsci mit Bus Nr. 15, ab Piazza Sale mit Bus Nr. 4). Übernachtung mit Frühstück 13 €/Person; ca. 120 Betten. Die Jugendherberge wurde komplett renoviert und umgebaut, jetzt fast nur noch Doppelzimmer, noch zwei Schlafsäle mit jeweils 8 Betten. Via Fiorentina 89, 53100 Siena, ✆ 0577/52212.

• *Camping* **Siena Colleverde**, ca. 3 km nördlich der Stadt. Mit Bus Nr. 3 ab Via Tozzi oder Bus Nr. 8 ab Piazza del Sale, letzter Bus um ca. 22.50 Uhr. Swimmingpool-Benutzung (geöffnet ab Juli) wird extra berechnet. In der Kantine preisgünstiges Menü. Letzte Märzwoche bis erste Novemberwoche geöffnet. Strada di Scacciapensieri 47, 53100 Siena, ✆ 0577/280044, ℻ 0577/333298.

SS 2 Florenz, 1
Jugendherberge, Bahnhof
V. V. Emanuele II
Porta Camollia
Piazza C. Saracini
Viale Sardegna
Viale G. Mazzini
Via Nino Bixio
Viale D. G. Minzoni
Via S. Martini
Piazza G. Amendola
Viale G. Amendola
Via Ricasoli
Via Biagio di Montluc
Via Malta
Via Campansi
Via d. Pignattello
Via di Camollia
V. Vitt. Tassi
Via C. Pisacane
V. N. Sauro
Strada di Pescaia
Viale A. Diaz
Via G. Garbaldi
2
Barriera S. Lorenzo
3
Piazza d. Sale
4
Porta Ovile
Rom, Florenz
V. Rin. Franci
WC
La Lizza
6
Piazza Gramsci
V. C. Maccari
BUS
Viale Cesare Battisti
Viale V. Veneto
7
Fortezza Medici
Viale d. Stadio
Stadio Comunale
V. Federico Tozzi
Via d. Montanini
Via d.Stufa Secca
Via dei Pian d. Ovile
Via di Vallerozzi
Via d. Comune
Via d. Ort
V. Malavolti
P. d. Abbadia
8
Oratorio di San Bernardino
9
10
Piazza G. Matteotti
Piazza Salimbeni
Via d. Rossi
Via d. Giglio
V. d.Baroncelli
P. Prov. Salvani
12
11
Viale V. Veneto
Viale Trento
V. Trieste
V. d. Mille
V. Curtatone
Via d. Paradiso
13
14
15
Via d. Sapienza
Banchi
Via d. Termini
Viale F. Corridoni
Viale XXIV Maggio
Via Bruno Bonci
17
16
18
Haus d. hl. Katharina
S. Domenico
Via S. Caterina
Via d. Terme
Piazza Tolomei
19
20
21
22
Via Sall. Bandini
Piazza d. Indipendenza
Fonte Branda
Via d. Fontebranda
25
24
Via d. Diacceto
Città
Banchi di Sotto
Loggia del Papa
Il Campo
Porta Fontebranda
V. d. Costone
27
26
Palazzo Pubblico
29
Via d. Porrione
32
Via Franciosa
Via d. Poggio
Synagoge
33
P
Piazza d. Selva
Rolltreppe
Dom
WC
34
Pizza d. Mercato
Strada d.Grotte
Via Esterna D. Fontebranda
37
Via del Capitano
Ospedale di S.M. della Scala
Internet
Casato d. Sotto
V.d.Lombarde
V. d. P. Giustizia
38
Piazza d. Postierla
39
Pinakothek
41
40
V. d. Stalloreggi
Casato d. Sopra
42
Via P. Mascagni
Via S. Quirico
Via S. Pietro
43
SS 2 Siena-Ovest
44
Via E. Bastianini
Via Mantellini
V. T. Pendola
Via d. Laterino
Porta Laterina
Via del nuovo Asilo
Cimitero Laterino
V. d. Cerchia
Orto Botanico
Via Fontanella
45
P
il Campo
Via Pier Andrea Mattioli
Porta S. Marco
Via S. Marco
Via delle Sperandie
Stada d. Giuggiolo
Via Massetana
Porta Tufi
S. d. Tufi

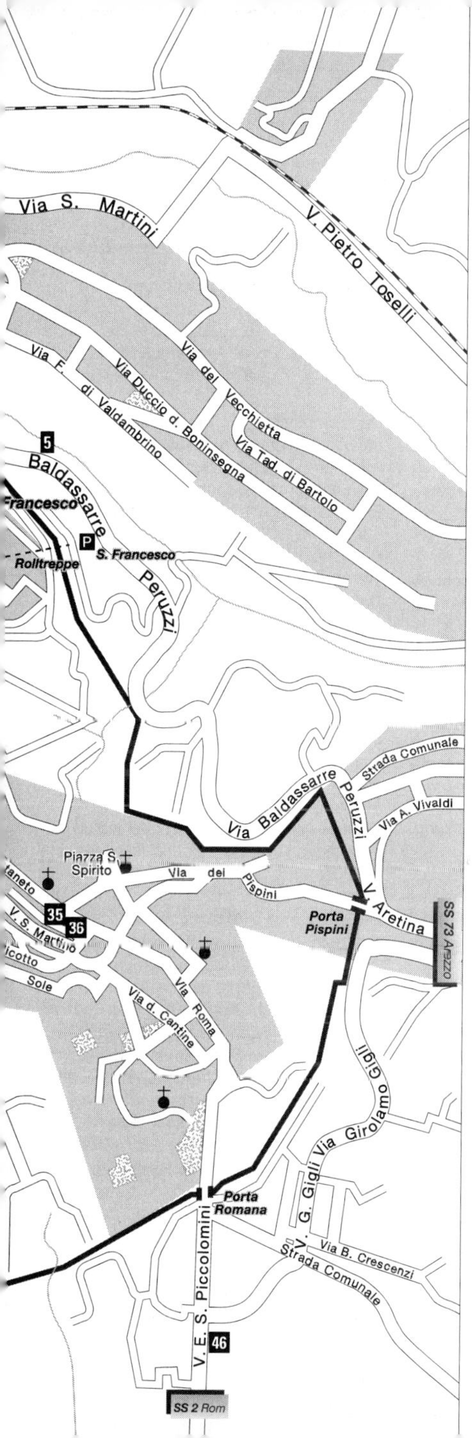

Übernachten

1 Villa Fiorita
2 Minerva
4 Piccolo Hotel Il Palio
5 Moderno
9 Cannon d'Oro
11 Chiusarelli
12 Villa Liberty
13 Casalbergo
16 Bernini
19 La Toscana
20 Centrale
21 Tre Donzelle
22 Piccolo Hotel Etruria
24 La Perla
25 Lea
34 Garibaldi
40 Il Casato
44 Palazzo Ravizza
46 Hotel Santa Caterina

Essen & Trinken

10 Rosticceria Vitti
15 Rest. Da Trombicche
18 Osteria La Chiacchiera
23 Mensa
26 Ristorante Ciao
27 Ristorante Mugolone
28 Osteria del Coro
29 Ristorante La Torre
31 Ristorante Grotta del Gallo Nero
32 Osteria Enotheca Sotto le Fonti
34 Garibaldi
35 Rest. Da Gano
36 Ristorante Cane e Gatto
37 La Taverna del Capitano
38 Ristorante Papei
39 Osteria Il Tamburino
41 Castelvecchio
42 Osteria Nonna Gina
43 Mensa
45 Osteria del Gatto

Nachtleben

3 Bar L'Officina
6 Dublin Post
7 Enoteca Italiana
8 Caffè 115
14 Bar Scorpios
17 Caffè Novo
30 Al Cambio Music Hall
33 Bar La Casa da Boia

200 m

Siena

La Montagnola, in Sovicille, ca. 12 km westlich von Siena, erst 8 km entlang der SS 73 (Richtung Roccastrada). Großer, einladender Platz im schattigen Wald. Gepflegte Sanitäranlagen, absolute Ruhe. Busse nach Siena halten direkt im Campingplatz. Unsere Empfehlung. Geöffnet April–September. 53100 Siena, ✆ 0577/314473, 📠 0577/349286.

Essen/Trinken (siehe Karte S. 236/237)

Mugolone (27), alteingeführtes gutbürgerliches Speiselokal mit traditioneller Küche und flotter Bedienung. Viele Einheimische und Handelsreisende, besonders beim Mittagstisch. Do geschlossen. Via dei Pellegrini 8–10, ✆ 0577/283039.

Cane e Gatto (36), wer sich etwas Luxus leisten möchte, der es sicher auch wert ist, muss dieses kleine Lokal mit nur 8 Tischen besuchen. Täglich nur ein Menü zur Auswahl, 6 Minigänge werden serviert, alles vom Feinsten, ca. 57 €, Wein extra. Do geschlossen. Via Pagliaresi 6. ✆ 0577/287545

Castelvecchio (41), vielfach ausgezeichnet, trotzdem erschwingliche Preise, Primi ab 6 €, Secondi ca. 9.50 €. Die moderne Möblierung steht im angenehmen Kontrast zu den rustikalen Räumlichkeiten. Di geschl. Via Castelvecci 65. ✆ 0577/49586.

La Taverna del Capitano (37), preiswerte und gute Gerichte und ein freundlicher Service machen die Taverne empfehlenswert. Sogar so untouristische Gerichte wie Stockfisch stehen des Öfteren auf dem Speiseplan. Via del Capitano 6/8, Di Ruhetag. ✆ 0577/288094.

Papei (38), schöne Lage am Marktplatz, Piazza del Mercato 6, etwas abseits des Trubels, Betischung auch im Freien. Für die Qualität preisgünstig: das Menü zu ca. 21 €. Mo geschlossen.✆ 0577/280894.

Osteria Il Tamburino (39), preiswerte, solide Küche: Pici, Ossobuco oder Kaninchen, zubereitet mit Vernaccia di S. Gimignano. So geschlossen. Via di Stalloreggi 11, ✆ 0577/280306.

Osteria Nonna Gina (42), kleine, sympathische Osteria mit preiswerter sienesischer Küche. Gute Hausmannskost ohne Schnickschnack. Mo geschlossen. Pian dei Mantellini 2. ✆ 0577/287247.

La Torre (29), Trattoria in zentraler Lage, ganz und gar vom Tourismus bestimmt. Küche ohne besondere Raffinesse, Menu turistico für 16 €. Via di Salicotto 7. ✆ 0577/287548.

Osteria La Chiacchiera (18), unkompliziert, man kann auch nur ein Secondo zu sich nehmen. Ursprünglich mehr auf studentisches Publikum zugeschnitten, wird die Osteria inzwischen auch gerne von Familien besucht. Preiswert und in der Regel proppenvoll. In der Nebensaison Di geschlossen. Costa S. Antonio 4, ✆ 0577/280631.

Da Trombicche (15), kleine Osteria mit nur etwa 5 Gerichten zur Auswahl, alle sind links vom Eingang in der Vitrine auszuwählen und kommen dann in die Mikrowelle. Es handelt sich meist um gut zubereitete Suppen und Eintopfgerichte (z. B. leckeren Bohneneintopf). Gericht ca. 5 €. Via delle Terme 66. ✆ 0577 288089.

Da Gano (35), jeden Tag wechselnde lokale Gerichte, einfach und preiswert. Viel jugendliches Publikum. Di geschl. Via Pantaneto 146. ✆ 0577 221294.

Grotta del Gallo Nero (31), hübsch renovierte Innenräume. Hier kann man auch schnell ein Primo mit einem Teller Salat zu sich nehmen, ohne vom Wirt schief angeschaut zu werden. Via del Porrione 67, ✆ 0577/284356.

Osteria del Gatto (45), bodenständige Küche, jeden Di und Fr frische Fischgerichte aus der Pfanne oder aus dem Backofen. Relativ preiswert, mit einigen Tischen auf der Straße. Via S. Marco 8. ✆ 0577/287133.

Garibaldi (34), eines der preiswertesten Lokale in Siena, dementsprechend voll. Von der Renovierung des Hotels wurde das Restaurant nicht betroffen. Klein und gemütlich. Sa geschlossen. Via G. Dupré 18.

Osteria del Coro (28), entweder die schnelle Schnittpizza im Stehen oder eine richtige im Sitzen oder das Tagesmenü – stets billig. Empfehlung für den schnellen Mittagsstopp. Via di Pantaneto 85, ✆ 0577/222482.

Osteria Enoteca Sotto le Fonti (32), etwas abgelegen im Viertel der Hl. Caterina gelegen, vielleicht auch deshalb gute Preis-Leistung-Verhältnis, sehr geschmackvoll eingerichtet, viele einheimische Gäste. 200 Weinsorten, die man zu einem sehr fairen Preis auch direkt kaufen kann. ✆ 0577/226446, Via Esterna Fontebranda 114 (gegenüber dem neuen Parkplatz St. Caterina-Fontebranda).

Rosticceria Vitti (10), Schnellküche mit Betischung auch in einem sich seitlich anschließenden Hof. Gegrillte Hähnchenteile etc. (Speisen auch zum Mitnehmen). Sa geschlossen. Via dei Montanini 16. ✆ 0577/289291.

• *Fast Food* **Ciao (26)**, geschmackvoll eingerichtetes Selfservice-Restaurant. Die Qualität des Essens ist allerdings mäßig. Hier kann man allenfalls ein schnelles Primo zu sich nehmen. Il Campo.

• *Uni-Mensen* In beiden Mensen herrscht großer Andrang, ca. 20 Min. anstehen.

Via S. Agata 1 (43), Gäste zahlen ca. 6 €, Mittagessen bis 14 Uhr, abends 18.45–21 Uhr.

Via S. Bandini 47 (23), Studentenausweis war nicht notwendig, ebenfalls ca. 6 € für das einfache Menü, das sich aufstocken lässt.

Kneipen/Diskos (siehe Karte S. 236/237)

Caffè Novo (17), renovierte Kellerbar, weit verzweigte Räumlichkeiten, hell und gemütlich. Auch Bestuhlung auf der Straße. Ein zusätzliches Plus: diverse Spiele im Regal (u. a. Schach). Geöffnet 12–1 Uhr, im Sommer So, im Winter Mo geschlossen. Via Camporegio.

La Casa da Boia (33), in der ehemaligen Heimstatt des Henkers von Siena! Das Bemerkenswerte sind die insgesamt 8 Internet-Computer, die die Gäste kostenlos benutzen können. Das sorgt schon früh für genügend Kundschaft. Hinter dem Rathaus (an der Piazze del Mercado).

Al Cambio Music Hall (30), Underground-Atmosphäre, laute Musik, viele Studenten, oft auch Livemusik (es wird auch getanzt). Via del Pantaneto 48.

Caffe del Corso, am Abend wird dieses Café mit einigen Sitzplätzen gesteckt voll. Via Banchi di Sopra 25.

Bar Scorpios (14), leckere und günstige Snacks, die auf 2 Etagen serviert werden. So geschlossen. Via della Sapienza 78.

Dublin Post (6), original Irish Pub, auch zum Draußensitzen. Piazza Gramsci.

Bar L'Officina (3), öfter Livemusik, viele verschiedene Biersorten. Geöffnet 18–3 Uhr, So geschlossen. Piazza del Sale 3 a.

Caffè 115 (8), gemütlich – viel Holz, Spiegel, fast wie ein English Pub, für Bayern gibt's Maßkrüge. Via dei Rossi 115.

Barone Rosso Pub, Ausschank von Guiness-Bier, Livemusik, geöffnet 21–3 Uhr. Via dei Termini 11.

Enoteca Italiana (7), großzügig angelegte Weinprobierstube in den mächtigen Gewölben der Fortezza. Über 600 verschiedene Qualitätsweine Italiens zur Auswahl! Geöffnet 12–1 Uhr (Mo nur bis 20 Uhr), So geschlossen. Fortezza Medicea.

Sehenswertes

Kartenreservierungen/Sammeltickets (Biglietto cumulativo)

Telefonisch können unter der Nummer 0577/41169 Eintrittskarten reserviert werden. Abholung am Palazzo Comunale.

- Libreria Piccolomini, Museo dell'Opera Metropolitana, Battistero di San Giovanni 7,50 €.
- Libreria Piccolomini, Museo dell'Opera Metropolitana, Battistero di San Giovanni, Oratorio di San Bernardino und Museo Diocesano 9.50 €.
- Palazzo Comunale und Torre del Mangia 9.50 €.
- Palazzo Comunale, Santa Maria della Scala, Palazzo delle Papesse 9 €.

Il Campo

Der Platz, der sein heutiges Gesicht 1347 erhielt, ist sicher der schönste der Toscana und noch immer der Mittelpunkt des öffentlichen Lebens. Muschelförmig breitet er sich in der Senke der drei Hügel aus, auf denen Siena erbaut wurde. Rundum erhebt sich eine einzigartige Kulisse mittelalterlicher Paläste, die heute Restaurants und Cafés beherbergen. In den kühlen Abendstunden herrscht oft eine berauschende Atmosphäre: spontane Aktionen, Gaudi, Straßenmusik. Wer das Treiben auf

Toscana
Karten S. 60/61 und S. 216/217

dem Campo aus der Distanz betrachten will, sollte sich in das kleine Café an der Via di Città 33 begeben; vom Balkon aus hat man einen wunderschönen Blick über den gesamten Platz.

Palazzo Pubblico (Palazzo Comunale)

Die Bauarbeiten am gotischen Rathaus mit seinem mächtigen Turm wurden Ende des 13. Jh. begonnen. 1327 standen der Mittelteil und der untere linke Teil. Bis 1680 folgten der Erker und die obere Fensterreihe. Mit seinen schlichten Verzierungen, den Zinnen und sienesischen Bögen über den Fenstern diente er vielen später erbauten Palästen als Vorbild.

Torre del Mangia: Der schlanke, 102 m hohe Glockenturm des Palazzo Pubblico wurde nach einem Glöckner mit dem wenig schmeichelhaften Namen *Mangiaguadagni* (etwa „Geldfresser") benannt. Wenn Sie den Turm besteigen, erwartet Sie eine Schwindel erregende Aussicht und eine tonnenschwere Bronzeglocke über dem Kopf!

• *Öffnungszeiten* 10–19 Uhr (im Sommer, im Winter 10–16 Uhr). Es werden jeweils 30 Personen eingelassen. Besonders zu Stoßzeiten steht man u. U. eine Stunde lang an, obwohl ein Schild die Besucher ermahnt, sich nicht länger als 20 Min. auf dem Turm aufzuhalten. Am besten Ticket vorher reservieren. Oft ist der Turm gegen Mittag schon bis 16 Uhr ausverkauft. Eintritt 5,50 €.

Museo Civico: Prachtvolle, von den besten Künstlern der damaligen Zeit gestaltete, mit Fresken geschmückte Repräsentationsräume im 1. Stock des früheren Stadtpalasts:

Saal der Balia und der Prioren: Fresken aus dem frühen 15. Jh., darunter Episoden aus dem Leben Papst Alexanders III., eines erbitterten Gegners des Kaisers und Verbündeten der lombardischen Städte. Die Fresken vermitteln einen plastischen Eindruck vom Leben in der Renaissance-Gesellschaft.

Sala del Concistoro: Die außerordentlich hell leuchtenden Fresken an der in regelmäßige Felder aufgeteilten Decke stammen von *Domenico Beccafumi*, dem bedeutendsten sienesischen Vertreter des Manierismus. Dargestellt sind die Tugenden des bürgerlichen Lebens.
Die Cappelle del Consiglio ist vollständig mit Fresken von *Taddeo di Bartolo* ausgeschmückt. Im Vorraum sind heidnische Gottheiten und die politische Prominenz des antiken Rom dargestellt.

Mappamondo – Saal des Erdballs: Benannt nach einer allerdings nicht mehr vorhandenen drehbaren Weltkarte von Ambrogio Lorenzetti. Hier ist das berühmte Reiterbildnis des Guidoriccio da Fogliano bei der Belagerung von Montemassi zu sehen. Es stammt von Simone Martini, dem neben Giotto bedeutendsten italienischen Maler des Trecento (14. Jh.). An der gegenüberliegenden Wand ein Frühwerk um 1315 von Martini: die Maesta, eine thronende Madonna, umgeben von Engeln und Heiligen als Stadtpatronin Sienas.

Sala di Nove (oder auch *Sala della Pace* – Saal des Friedens): Das war der öffentliche Sitzungsraum der „Regierung der Neun" aus der Blütezeit Sienas (1292 – 1355). Allegorien von Ambrogio Lorenzetti stellen „die gute und die schlechte Regierung" und die jeweiligen Auswirkungen für Stadt und Land dar. Das Fresko rechts zeigt die Folgen der guten Regentschaft: Friedlich und in Harmonie begegnen sich die verschiedenen Gesellschaftsschichten in Stadt und Land. Ganz anders an der gegenüberliegenden Wand die Folgen der „Schlechten Regierung", die Tyrannei durch den Alleinherrscher: die Gerechtigkeit liegt in Ketten, es herrschen Gier, Grausamkeit, Betrug und Zerstörung.

Loggia: Ein Stockwerk höher hat man von der großen Loggia einen weiten Blick über den Markt hinaus ins Land.

Öffnungszeiten 10–19 Uhr (im Winter etwas kürzer). Eintritt 6.50 €.

Dom

Er ist Sienas ganzer Stolz, und das nicht zu Unrecht. Denn mit seiner aufwendigen gotischen Zuckerbäckerfassade kann er ohne weiteres mit dem Florentiner Dom konkurrieren.

Früher stand an der Stelle des Doms eine Kapelle, doch als Siena im 13. Jh. zu großem Wohlstand kam, wollte man ein gewaltiges Werk zu Ehren der heiligen Maria errichten. Teile des alten Baus wurden abgerissen, das neue Werk wurde in Angriff genommen, doch bald erschien auch dieses – vor allem im Vergleich zum Florentiner Dom – zu klein. Der bis dahin gebaute Teil sollte nun das Querschiff bilden, das riesige Längsschiff sollte folgen. *Lando Di Pietro* und die Brüder *Agostino* machten sich um das Jahr 1339 ans Werk. Pest und Wirtschaftskrise zwangen jedoch 1348 zur Einstellung der Arbeiten. Erst 1376 vervollständigte *Giovanni di Cecco* den oberen Teil der Fassade. Die Glasmosaike wurden im 19. Jh. angebracht. Wer von dem gigantischen, letztlich aber gescheiterten Vorhaben einen Eindruck bekommen will, betrete das Domareal vom Baptisterium her: Das wunderschöne gotische Portal ist Teil des nicht vollendeten Bauabschnitts. Die Piazza Jacopo della Quercia ist Teil des Längsschiffs, die Mauer mit dem Eingang zum Dommuseum bildet die linke Seitenwand.

Das **Innere** ist von Säulen in gestreiftem Dekor unterteilt, vom Deckengewölbe leuchten aufgemalte Sterne. Auffallend schön ist die mit Flachreliefs mit Motiven aus dem Leben Jesu geschmückte Marmorkanzel von *Nicola Pisano*, deren Säulen auf zwei weiblichen und zwei männlichen Löwen ruhen. Sie entstand 1268 und zählt zu den Hauptwerken *Pisanos*. Neben dem Altar von *Peruzzi* gibt es hier noch einige andere Sehenswürdigkeiten: Im oberen Teil der Wandfresken entdeckt man *Beccafumis* Darstellung der Himmelfahrt Marias. Das außerordentlich hübsche, neunteilige Fenster ist eine Arbeit aus dem 13. Jh. Das Chorgestühl datiert aus dem 14. Jh., die großartigen Intarsien von *Liberale Da Verona* (16. Jh.) wurden erst Anfang des 19. Jh. eingefügt.

Öffnungszeiten 7.30–19.30 im Sommer, 7.30–17.00 im Winter, So ab 14 Uhr, Eintritt frei.

Libreria Piccolomini (Dombibliothek): Sie befindet sich links in einem Nebenraum des Doms Unter den dekorativ bemalten Gewölbebögen stellen farbenprächtige Fresken von *Pinturicchio* zehn Episoden aus dem Leben Pius II. dar. Im Gewölbe prangt das Wappen der Piccolomini, ein Kreuz mit fünf Halbmonden.

Öffnungszeiten Mitte März bis Oktober 9–19.30 Uhr; November bis Mitte März 10–13 und 14–17 Uhr, So nur am Nachmittag. Eintritt 1.50 €.

Domboden: Der größte Teil des einzigartigen Dombodens mit seinen 52 Bildern entstand zwischen dem 14. und 16. Jh. Bei den ältesten Teilen erzeugen eingeritzte, mit Teer gefüllte Fugen das Bild. Die neueren Bildwerke sind wertvolle Einlegearbeiten aus verschiedenfarbigem Marmor. Erzählt werden Episoden der Menschheitsgeschichte. Um den „Marmorteppich" zu schützen, wurde ein Großteil mit Holzplatten abgedeckt (zu wechselnden Terminen, alle zwischen dem 23. August und 3. Oktober, sind alle Bildteile frei zu betrachten).

Dommuseum (Opera Metropolitana): Der Eingang zum Museum ist Teil des neuen Doms, der unvollendet blieb. Neben Messgewändern, Gold- und Schmiedearbeiten sind einige Skulpturen von *Pisano* zu bewundern. Im Erdgeschoss befinden sich die Originalfiguren der Domfassade. Im ersten Stock wird das wichtigste Werk der Sieneser Schule aufbewahrt, die „Maestà" von *Duccio di Buoninsegna.* Vom dritten Stock führt eine Treppe hinauf zur *Facciatone,* der großen Fassade des unvollendeten Domschiffes.

Öffnungszeiten Mitte März bis September 9–19.30 Uhr; Oktober 9–18 Uhr; November bis Mitte März 9–13.30 Uhr. Eintritt 5,50 €.

Baptisterium (Battistero di San Giovanni): Es liegt im Unterbau des Doms: Drei Portale führen in das Innere mit Kreuzgewölbe. Die Fresken in der Apsis und im Gewölbe stammen von *Il Vecchietto* und seinen Schülern (16. Jh.).

Das unbestrittene Prunkstück des Baptisteriums ist das Taufbecken (15. Jh.) mit Szenen aus dem Leben Johannes des Täufers. Mehrere Künstler haben an den Bronzereliefs gearbeitet, unter ihnen die bekanntesten ihrer Zeit: *Donatello, Lorenzo Ghiberti* und *Jacopo della Quercia.*

Öffnungszeiten Mitte März bis September 9–19.30 Uhr; Oktober 9–18 Uhr; November bis Mitte März 10–13 und 14–17 Uhr. Eintritt 2,50 €. Im September und in der ersten Oktoberwoche, wenn alle Fußbodentafeln freigelegt sind, werden Dombesucher mit 3 € zur Kasse gebeten.

Pinacoteca Nazionale

Die rund 700 Bilder vermitteln einen guten Überblick über die toscanische und speziell die sienesische Malerei des 13.–16. Jh. Der Rundgang beginnt in der zweiten Etage.

Vom frühesten Meister Sienas, von *Duccio di Buoninsegna,* ist die „Madonna dei Francescani" (teilweise zerstört) zu sehen. Den Namen hat das Bild wegen der drei knienden Franziskanermönche erhalten, die – beschützt vom weiten Mantel der thronenden Maria – im Gebet verharren: eine sehr eindrucksvolle Komposition. Der Saal 6 zeigt eine ganze Reihe Madonnen mit Kind, darunter auch einige von *Simone Martini,* der – anfänglich stark von *Duccio* beeinflusst – später zu einem dekorativeren Stil gefunden hat, wie der berühmte „Guido Riccio" im Palazzo Pubblico zeigt. Ebenso berühmt wie *Simone* waren in der ersten Hälfte des 14. Jh. die Brüder *Pietro* und *Ambrogio Lorenzetti.* Von *Pietro* ist u. a. der „Karmeliter-Altar" zu sehen, ein großflächiges Gemälde in Gold- und Grüntönen. *Ambrogio* ist u. a. mit einer ausdrucksstarken „Beweinung Christi" und einer „Verkündigung" vertreten. Vermutlich ebenfalls von *Ambrogio* stammt die „Città sul Mare", ein Miniaturbild, das ein märchenhaftes Städtchen mit Festung, Ziegeldächern und Geschlechtertürmen zeigt. *Giovanni di Paolo* vertritt das 15. Jh., im Saal 14 ist sein „Weltgericht" mit böse quälenden Teufelchen zu sehen.

Öffnungszeiten Di–Sa 8.15–19 Uhr, So und Mo 8.30 –13 Uhr, Eintritt 4 €.

Weitere Sehenswürdigkeiten in der Stadt

Ospedale di Santa Maria della Scala: Der mächtige Palast gegenüber dem Hauptportal des Doms ist eines der ältesten kirchlichen Hospize Europas.

Die Verkündigungskirche *(Chiesa della Santissima Annunziata)* gleich im Eingangsbereich ist ohne Eintrittskarte zu besichtigen, im Chor zeigt ein Fresko aus dem 18. Jh., wie Kranke zum heilenden Quellbecken getragen werden.

Prunkstück ist der Pilgersaal (Raum 7, *Sala dei Pellegrini*), der mit recht realistisch wirkenden weltlichen Motiven ausgemalt ist.

Die alte Sakristei (Raum 2, *Capella del Sacro Chiodo*) ist komplett mit Fresken von *Lorenzo Vecchietta* ausgestattet.

Öffnungszeiten Im Sommer 10–18, im Winter 10.30–16.30 Uhr. Eintritt 5,20 €.

Basilika San Domenico: Der hohe gotische Bau aus dem 13. Jh. hebt sich mit seiner kahlen Backsteinfassade von den übrigen Bauwerken Sienas ab. Sehenswert ist die Cappella di Santa Caterina mit *Sodomas* „Die Ohnmacht der Heiligen Katharina". In der Cappella delle Volte ist eine weitere Darstellung der Katharina zu sehen. Das Fresko stammt von *Andrea Vanni*, der Sienas Stadtheilige persönlich gekannt hat, die Gesichtszüge gelten als authentisch.

Haus der heiligen Katharina: Hier wurde Katharina als 25. (!) Kind eines Färbers geboren. Das „Haus" ist ein richtiger kleiner Gebäudekomplex geworden, mit Pilgerunterkünften und kleinem Kloster. Besonders schön ist der Eingangsbereich mit seinem doppelten Portikus.

Öffnungszeiten 9–12.30 und 15–18 Uhr. Eintritt frei.

Das Rathaus mit der hohen Torre del Mangia

Synagoge: Die einst starke jüdische Gemeinde Sienas zählt heute nur noch rund 50 Mitglieder und wird vom Florentiner Rabbi betreut. Die Synagoge im alten Judenghetto Sienas wurde erst nach einer Renovierung in den 1990er Jahren, die das Innere wieder hell und feierlich erstrahlen lässt, öffentlich zugänglich gemacht. Sie stammt aus Rokoko und Klassizismus. Ein Schmuckstück ist der im Vorraum ausgestellte „Stuhl von Elias" mit seinen feinen Intarsienarbeiten.

Öffnungszeiten So von 10–13 und 14–17 Uhr. Eintritt 3 €.

Fortezza Medicea: Die westlich der Altstadt gelegene Stadtfestung ist wegen ihrer Lage einen Spaziergang wert. Die Verteidigungsanlage wurde 1560 von Cosimo I. in der Übergangszeit in Auftrag gegeben und an der Stelle erbaut, an der die Florentiner nach dem Sieg über die Sieneser ihr Hauptquartier aufschlugen. Sie ist noch immer das Symbol der Niederlage und wird vielleicht deshalb von den Sienesern gelegentlich auch Forte Santa Barbara genannt – nach der Schutzheiligen der Artillerie.

Palazzo Salimbeni: Am gleichnamigen Platz. Hier wurde 1472 die erste Bank der Welt gegründet, die noch heute aktive „Monte dei Paschi". Siena war berühmt für seine stabile Währung – Fürsten und Kardinäle kamen hier zum Geldpumpen vorbei. Im 19. Jh. wurde der Palast umgebaut.

Westlich von Siena

Castello di Monteriggioni

Schon der Blick von der Superstrada Florenz–Siena macht neugierig: Mitten aus den Weinbergen ragt märchenhaft eine Mauer mit Türmen in regelmäßigen Abständen heraus.

Beim Besuch erweist sich das 1203 zur Verteidigung Sienas errichtete Kastell als ein hochkarätiges mittelalterliches Schmuckstück. Die Rundmauer (570 m) mit ihren 14 Wehrtürmen ist komplett erhalten. Im Inneren findet der Besucher eine winzige Dorfgemeinschaft vor, die sich daran gewöhnt hat, dass Touristen um die paar Häuser streifen. Um den Hauptplatz mit dem Dorfbrunnen gruppieren sich ein Lebensmittelladen, ein Bioladen mit allerhand Kräutern in der Vitrine, ein Souvenirshop, eine Bar und die Kirche. Außerdem gibt es hier zwei Restaurants, das „Castello“ und das „Pozzo“, die beide eine gute, aber recht teure Küche pflegen (s. u.).

• *Information* **Touristen-Info** innerhalb der Burgmauern an der Kirche. März–Okt. 8–12 und 13–19 Uhr, sonst 11–12 und 13–17 Uhr. Piazza Roma 23, ✆ 0577/304834, 📠 0577/304810, prolocomonteriggioni@libero.it.

• *Feste* Das berühmte Mittelalterfest Monteriggionis findet jährlich am zweiten Juliwochenende statt. Gaukler, Handwerker, Feuerschlucker und Wahrsager tummeln sich in den Gassen der Festung, sogar sein Geld tauscht man gegen die Mittelalterwährung „scudi“ ein. Am überzeugendsten ist ein in Lumpen gehüllter, von der Pest befallener Bettler, der seit Jahr und Tag auf diesem Fest durch die Straßen humpelt und die Leute erschreckt. Abgerundet wird das sehenswerte Spektakel durch Tanz- und Musikvorführungen.

• *Übernachten* **** **Hotel Monteriggioni**, 12 komfortable Zimmer und ein Swimmingpool inmitten der Mittelalterszenerie Monteriggionis. DZ 220 €. Via 1° Maggio, 53035 Monteriggioni, ✆ 0577/305009, 📠 0577/305011.

Il Piccolo Castello, 6 schöne DZ, teilweise mit noblem Wohnzimmer (Kamin!) und Blick auf Castellina in Chianti bzw. auf die Piazza. 100 € (ohne Frühstück). Auskünfte bei Mauro Maestrini im gleichnamigen Restaurant. 53035 Monteriggioni, ✆ 0577/304370.

• *Camping* **Camping Luxor**, Loc. Trasqua. Nah und doch nicht ganz einfach zu finden: von Monteriggioni erst auf der Landstraße ein Stück Richtung Siena, dann Abzweig Richtung Busano–Lornano, nach der Unterquerung der Superstrada links (ausgeschildert). Der relativ preiswerte Platz (mit Swimmingpool) liegt abseits auf einer dicht bewaldeten Hügelkuppe und gehört zum Areal der **Fattoria di Trasqua**, die einen Chianti Gallo Nero produziert. Ausgezeichneter Ausgangspunkt für Ausflüge nach Siena, San Gimignano und Volterra. Ende Mai bis Mitte September geöffnet. 53035 Monteriggioni, ✆ 0577/743047, info@luxorcamping.com.

• *Essen/Trinken* **Il Pozzo**, renommiertes, gutes, aber auch recht teures Restaurant mit idyllischer Terrasse zum Draußensitzen. Sonntagabend und Mo geschlossen. ✆ 0577/304127.

Il Piccolo Castello, zweite sehr gute Adresse für toscanische Küche in schönem Ambiente zu entsprechenden Preisen. Täglich selbst gebackenes Brot und frische Pasta, umfangreiche Weinkarte. Auch Zimmervermietung (siehe Übernachten). ✆ 0577/304370, www.ilpiccolocastello.com.

• *Bars* **Antico Travaglio Bar**, Borgo Monteriggioni, täglich bis Mitternacht geöffnet, schönes Gärtchen zum Verweilen.

Il Feudo, Borgo Monteriggioni, Barservice auch draußen auf der Piazza. Pizza vom Blech, Kuchen und Panini. Auch Zimmervermietung im antiken Turm (siehe Übernachten).

• *Außerhalb* **La Leggenda dei Frati (Antica Osteria)**, in Abbadia Isola. Auch heute noch lohnt sich die „Pilgerfahrt“ in den kleinen Ort, der seit dem 11. Jh. nur aus einer Klosteranlage bestand. Auf dem Weg nach Rom kehrten hier die Pilger ein und machten letzte Station vor dem Halt in Siena. Heute ist in den alten Gemäuern der Klosterruine eine kleine, vornehme Osteria untergebracht, die mit ihrer raffinierten Küche, der exzellenten Weinkarte und gutem Service hervorsticht. Mo geschlossen. ✆ 0577/301222. Von Monteriggioni Richtung Colle Val d'Elsa, dann links ab (beschildert).

• *Wein* Castello di Monteriggioni heißt der lokale Tropfen. Die **Fattoria di Monteriggioni** unterhält innerhalb der Mauern einen Direktverkauf. Die Spezialität ist der Rotwein „Il Cigolino", drei Jahre im Barriquefass ausgebaut.

Colle di Val d'Elsa (ca. 18.000 Einwohner)

Die zweigeteilte Oberstadt erstreckt sich auf einem Bergrücken über dem Elsa-Tal: Im Castello dominiert das Mittelalter mit dem Dom im Zentrum, im Borgo die Renaissance mit ihren Prachtpalästen.

Colle di Val d'Elsa, der „Hügel am Elsa-Tal", ist seit Jahrhunderten als die Stadt des Kristalls und der Glasherstellung bekannt. Dokumente bezeugen, dass das Gewerbe schon im 14. Jh. ausgeübt wurde und dass ab dem 15. Jh. Trinkgefäße aus Glas für den Export hergestellt wurden. Noch heute sind fünf Betriebe mit der Herstellung von Tafelkristall beschäftigt. 95 % der italienischen Kristallwaren werden in Colle Val d'Elsa hergestellt, die größte Fabrik, Calp, hat über 800 Mitarbeiter.

Einen guten Eindruck von diesem alten Handwerk kann man sich im September verschaffen, wenn in der Oberstadt, also im alten Teil Colles, das Kristallfest **Cristallo tra le mure** veranstaltet wird. Der gesamte Altstadtbereich mit seinen eher düster und ernst wirkenden Hausfassaden verwandelt sich dann in eine interessante Verkaufsausstellung, im Rahmen derer das Handwerk demonstriert wird.

• *Information* **Pro Loco**, Borgo (Oberstadt), direkt an der Campana-Brücke, Via del Campana 43. Ostern–Mai 10–12 und 15–18 Uhr, Juni–Okt. 10–13 und 15.30–19 Uhr, im Winter 15–17 Uhr. So geschlossen. ✆ 0577/922791, 📠 0577/922621.

Punto Città heißt die Touristeninfo in der Unterstadt, gleich an der Piazza Arnolfo Nr. 9 (in Kombination mit dem Busticketverkaufsschalter). April bis Mitte Nov. 10–13 und 16–19 Uhr. Im Winter bekommt man auch am Fahrkartenverkauf Auskunft. ✆/📠 0577/921334.

• *Verbindungen* **Bus**: Täglich ca. 30x nach Siena (Fahrzeit ca. ½ Stunde), ca. 25x nach Florenz (Fahrzeit ca. 1 Stunde), 4x nach Volterra und ca. 20x nach San Gimignano (in Poggibonsi umsteigen). Abfahrt an der zentralen Piazza Arnolfo in der Unterstadt. Fahrkartenverkauf beim Reisebüro Arnolfo an der Piazza.

• *Übernachten* *** **La Vecchia Cartiera**, Unterstadt, Nähe Piazza Arnolfo. Colles erste Adresse liegt in einer umgebauten Papierfabrik aus dem 13. Jh. Alle Zimmer mit TV, einige mit tollem Blick auf die Oberstadt. DZ ab 97 €. Via Oberdan 5, 53034 Colle di Val d'Elsa, ✆ 0577/921107, 📠 0577/923688, www.chiantiturismo.it.

*** **Arnolfo**, Borgo. Einziges Hotel in der Altstadt. Steht dem Vecchia Cartiera in nichts nach. DZ 76 €. Via F. Campana 8, 53034 Colle di Val d'Elsa, ✆ 0577/922020, 📠 0577/922324.

**** **Relais della Rovere**, Luxusherberge in einer ehemaligen Abtei aus dem 11. Jh. Am Ortsausgang Richtung Siena (neben der Glasfabrik). DZ ab 208 €. 53034 Colle di Val d'Elsa, ✆ 0577/924696.

Bed & Breakfast Le Tre Perle, unser Tipp in der Unterstadt. Die quirlige Wirtin, die nach 20 Jahren Australien wieder nach Italien zurückgekehrt ist, empfängt ihre Gäste sehr freundlich und vermietet 3 schöne Zimmer. DZ 60 € /Dreier 70 €. Ganzjährig geöffnet, Via Pieve in Piano 23 (hinter der Piazza Agostino), 53034 Colle di Val d'Elsa, ✆ 0577/921489 oder 347/8302033, www.letreperle.com.

• *Essen/Trinken* **Ristorante Arnolfo**, Borgo, in einer Parallelstraße unterhalb des gleichnamigen Hotels (hat mit diesem nichts zu tun). Gediegener Empfang für Liebhaber raffinierter Küche in einem der 2 kleinen, hellen Räume des renommierten Restaurants. Sehr intim und vornehm. Feinste Speisen sowohl à la carte als auch als Degustationsmenü, kreiert von Chef Gaetano Trovato (60–80 € ohne Wein). Di u. Mi geschlossen. ✆ 0577/920549, Via XX Settembre 50.

L'Antica Trattoria, Unterstadt, altes, gediegenes Haus mit Tradition, das für seine innovative toscanische Küche von Michelin

Unbedingt einen Abstecher wert – Colle di Val d'Elsa

mit drei Gabeln ausgezeichnet wurde. Sehr gute Weinkarte. Genau an der Piazza Arnolfo, auch zum Draußensitzen. Di geschlossen. ✆ 0577/923747.

La Nostra Osteria, Unterstadt. Die Fassade des Hauses wurde offenkundig schon mehrfach ausgebessert und übertüncht, was dem Ganzen einen gewissen Charme verleiht. Geboten wird toscanische Küche zu zivilen Preisen. Terrasse in den Sommermonaten auf der Piazza. Nur Abendessen. Mo geschlossen. Piazza S. Agostino. ✆ 0577/920231.

Bacco, Unterstadt. Etwas edlere Pizzeria (Holzofen), in der es auch andere italienische Spezialitäten gibt. Ein paar Terrassenplätze in der Fußgängerzone sind vorhanden. Via Garibaldi, Di geschlossen. ✆ 0577/924018.

Ristorante Vittorio, Unterstadt, Nähe Piazza Arnolfo. Mehrere Fischspezialitäten und über 20 verschiedene Pizzen erschweren die Auswahl, die Spaghetti allo scarpaio sind etwas für Kräuterfreaks. Di geschlossen. Via dei Bagni 8, ✆ 0577/922525.

Certaldo

Ganz aus rotem Ziegelstein gebaut, thront das befestigte mittelalterliche Städtchen auf einem Hügel, während unten im Tal die moderne Neustadt den schweren Durchgangsverkehr erduldet. Zwischen den beiden Welten pendelt seit 1999 eine Drahtseilbahn.

In der Oberstadt dominiert der alte **Palazzo Pretorio** aus dem 12. Jh. (9.30–13 und 14–19.30 Uhr geöffnet). Außen bringen die Familienwappen vergangener Nobilitäten etwas Abwechslung in das monotone Ziegelrot, innen sind einige restaurierte Fresken zu bewundern. Seit die Stadtverwaltung nach Neu-Certaldo umgezogen ist, wird der Palast vor allem für Ausstellungen genutzt.

Certaldo ist vor allem für Giovanni Boccaccio (1313–1375) bekannt, der hier seine letzten Lebensjahre verbrachte. Der große italienische Dichter war zu Lebzeiten ein armer Mann der sich mit den verschiedensten Tätigkeiten über Wasser hielt – eine Zeit lang war er Gesandter in Mailand und Avignon, wo die meisten seiner Werke entstanden. Sein „Decamerone“ (von Pier Paolo Pasolini verfilmt), eine Sammlung von 100 schriftlich überlieferten oder bei Gesprächen erlauschten Geschichten, wurde zum Wegbereiter der europäischen Novellendichtung. Hintergrund und Rahmenhandlung dieses streckenweise frivolen Werks ist die große Pestepidemie von 1348, die in der Toscana über die Hälfte der Bevölkerung dahinraffte.

Das **Wohnhaus Boccaccios** (Via Boccaccio 18) kann besichtigt werden (April–Oktober täglich 10–19 Uhr, November–März 10.30–16.30 Uhr, dienstags geschlossen, Eintritt 3,10 €). An den Wänden im Erdgeschoss hängen Illustrationen aus dem „Decamerone“, im Obergeschoss hat das „Internationale Zentrum für Boccaccio-Studien“ seinen Sitz.

• *Information* **Pro Loco**, Certaldo Alto, Via Boccacio 16. Im Sommer 10–13 und 14–19 Uhr, im Winter 10–12.30 und 14–17 Uhr. Eher ein Souvenirshop als ein Informationsbüro. ✆/℻ 0571/652730.

Ufficio Turistico, Unterstadt. Im Sommer Mo–Do 9.30–12.30 und 15.30–19 Uhr, Fr/Sa/So 9–12.30 und 15.30–19 Uhr; im Winter Mo–Fr 9.30–12.30 und 15.30–18.30 Uhr. Viale Fabiani (Hauptstraße Richtung Poggibonsi), ✆/℻ 0571/656721, info.turismo@comune.certaldo.fi.it.

• *Drahtseilbahn* Sie pendelt im Viertelstundentakt zwischen Ober- und Unterstadt. Hin und zurück zahlt man 1 €.

• *Übernachten* *** **Il Castello**, in einem uralten Palast am unteren Ende der Via Boccaccio. Altmodische, aber sympathisch eingerichtete Zimmer. DZ 100 €. Restaurant angeschlossen. Di geschlossen. Via G. della Rena 6, 50052 Certaldo, ✆/℻ 0571/668250.

*** **Del Vicario**, rechts vom Palazzo Pretorio. Wenige Zimmer über einer historischen Osteria, die einst zum kleinen Klosterkomplex San Tommaso gehörte, von dem noch die kleine Kirche nebenan erhalten ist. DZ ab 85 €. Via Rivellino 3, 50052 Certaldo, ✆ 0571/668228, ℻ 0571/668676.

Linando II, unser Tipp. Ein paar DZ in einem ganz außergewöhnlichen Ambiente: dunkle und angenehm kühle Räume mit antikem Mobiliar, einer etruskischen Münzsammlungen (wohl eher unecht), alten Teppichen und allerlei Kuriosem. Untergebracht ist das Ganze in einem ehemaligen Stall aus dem 13. Jh. Außerdem gibt es einen kleinen Innenhof zum Draußensitzen und einen winzigen Kellerraum, eine Art Grotte aus Tuffstein, zum Kartenspielen und Ähnlichem mehr. DZ mit Bad/Frühstück 80 €. Via Valdracca 13/15, 50052 Certaldo Alto, ✆ 0571/652961, ℻ 0571/666806, www.lindano2.it

• *Camping* **Toscana Colliverdi**, 12 km in Richtung San Casciano fahren, dann Abzweigung in Richtung Fiano, kurz vor dem Dorf Marcialla auf der rechten Seite. 60 Stellplätze und saubere sanitäre Anlagen in hübscher Hanglage. Relativ neu, deswegen mangelt es noch etwas an Schatten. Nächste Einkaufsmöglichkeit im nahen Marcialla (1 km). Schade nur, dass gerade hier eine Hochspannungsleitung vorbeiführt. Geöffnet April bis Oktober. ✆/℻ 0571/669334, www.camping.it/toscana/colliverdi.

• *Essen/Trinken* **Osteria del Vicario**, im gleichnamigen Hotel. Toscanische Küche zu gehobenen Preisen, mit Terrasse, Mi geschlossen, ✆ 0571/668228.

Dolci Follie, in der Neustadt. Bar, Enoteca, Pasticceria und Osteria. Die „Mama“ kocht, der Inhaber bedient: komplette Menüs, aber auch Bruschette, Panini, Parmaschinken und Käse. Piazza Boccacio.

Trattoria Bruchi, der Bar anschlossen, die genau an der Piazza Macelli liegt (Neustadt). Gute Hausmannskost. Sa geschlossen. Via Romana.

La Cantina, ganz gemütliche Pizzeria mit Pizza aus den Holzofen und Gegrilltem vom Holzkohlengrill. Nur abends ab 18 Uhr. Mo geschlossen. Borgo Garibaldi 24 (Neustadt). ✆ 0571/667057.

• *Außerhalb* **Il Piviere**, toscanisches Landgasthaus mit Terrasse und zwei Räumen, einer für Raucher und Gäste mit Hunden, einer für Nichtraucher und Gäste ohne Hunde! Einfach und nicht teuer. Mi geschlossen. Ca. 9 km von Certaldo in Richtung Fiano (an der Straße). Via Case Nuove. ✆ 0571/669080.

• *Bar* **Boccaccio**, die einzige in der Oberstadt. Auch ein paar Tische am Brunnen zum Draußensitzen

San Gimignano

(ca. 7.100 Einwohner)

Die besterhaltene mittelalterliche Stadt der Toscana. Schon von weitem wirkt San Gimignano wie ein Miniatur-Manhattan: Schlanke, hoch aufragende Türme (bis 50 m) beherrschen das Stadtbild. Dagegen nimmt sich der mittelalterliche Kirchenbau eher bescheiden aus.

Der Grund für die sonderbare Architektur: Die herrschenden Familien lieferten sich einen erbitterten Wettstreit um das höchste und damit prestigeträchtigste Gebäude der Stadt. Nur das Rathaus durfte nicht überragt werden. Allerdings waren die Türme nicht nur Statussymbole, sondern dienten gleichzeitig als kleine Festungen. Sie sollten in erster Linie vor Übergriffen rivalisierender Familien schützen, denn wie in vielen anderen toscanischen Städten kam es auch in San Gimignano häufig zu blutigen Auseinandersetzungen zwischen papsttreuen Guelfen und kaisertreuen Ghibellinen.

Die seit dem Mittelalter nahezu unverändert gebliebene (autofreie) Altstadt wurde von der UNESCO zum Weltkulturerbe erklärt. Anders als in den großen toscanischen Städten, bei deren Gestaltung viel Wert auf einheitliches Baumaterial gelegt wurde, präsentiert sich das städtebauliche Gepräge San Gimignanos als bunter Mix: Sandstein, rötlicher Klinker, feine Travertin-Quader, bisweilen in ein und demselben Gebäude neben- bzw. aufeinander.

San Gimignano steht Siena und Florenz in puncto Tourismus in nichts nach, im Gegenteil: In den engen Gassen können sich die Besuchermassen nicht so gut verteilen, sodass die Stadt im Sommer tagsüber aus den Nähten zu platzen scheint, besonders an Wochenenden. Erst nach Einbruch der Dunkelheit wird es ruhiger. Dann sind die Tagesausflügler mit den Reisebussen wieder in Richtung Florenz abgefahren, und man kann sich hier richtig wohl fühlen.

Information/Verbindungen

• *Information* Piazza del Duomo 1. Information, Verkauf von Bustickets. Hier auch Zimmer- und Agriturismovermittlung (keine Hotels). März–Oktober 9–13 und 15–19 Uhr; November–Februar 9–13 und 14–18 Uhr. ✆ 0577/940008, ℻ 0577/940903, prolocsg@tin.it; www.sangimignano.com.

• *Verbindungen* **Bahn**: Der nächste Bahnhof liegt in Poggibonsi. Fahrplanauskunft auch im Tourist-Info.

Bus: Von und nach San Gimignano bestehen hervorragende Busverbindungen: ständig ab/nach Florenz, mind. 10x tägl. ab/nach Siena, fast stündlich ab/nach Poggibonsi. Busbahnhof an der Porta San Giovanni (Piazzale Montemaggio).

Übernachten

*** **L'Antico Pozzo (4)**, hübsch restauriertes Stadthaus aus dem 15. Jh., jedes Zimmer hat seine spezielle Einrichtung, alle sehr einladend. In Nr. 14 schlafen Sie unter einem blütenweißen Baldachin. In der ersten Etage liegt ein sehr schöner „Innenhof", in dem auch gefrühstückt werden kann. DZ 130 € (Frühstück inklusive). Via San Matteo 87, 53037 San Gimignano, ✆ 0577/942014, ℻ 0577/942117.

*** **La Cisterna (6)**, sehr schöne Lage im Zentrum der Altstadt. Oft mit Balkon und Blick über die Dächer ins toscanische Umland. Im Haus auch ein empfehlenswertes Restaurant. DZ ab 90 € (ohne Frühstück). Piazza della Cisterna 24, 53037 San Gimignano, ✆ 0577/940328, ℻ 0577/942080.

*** **Bel Soggiorno (8)**, seit 1886 von derselben Familie geführt. DZ 90–120 €. Via S. Giovanni 91, 53037 San Gimignano, ✆ 0577/940375, ℻ 0577/943149.

*** **Graziano (14)**, 10 Fußminuten von der Altstadt entfernt. Über dem gleichnamigen Restaurant werden 6 geräumige, neu eingerichtete Zimmer vermietet, jedes mit hübschem Bad und eigenem Balkon. Schräg

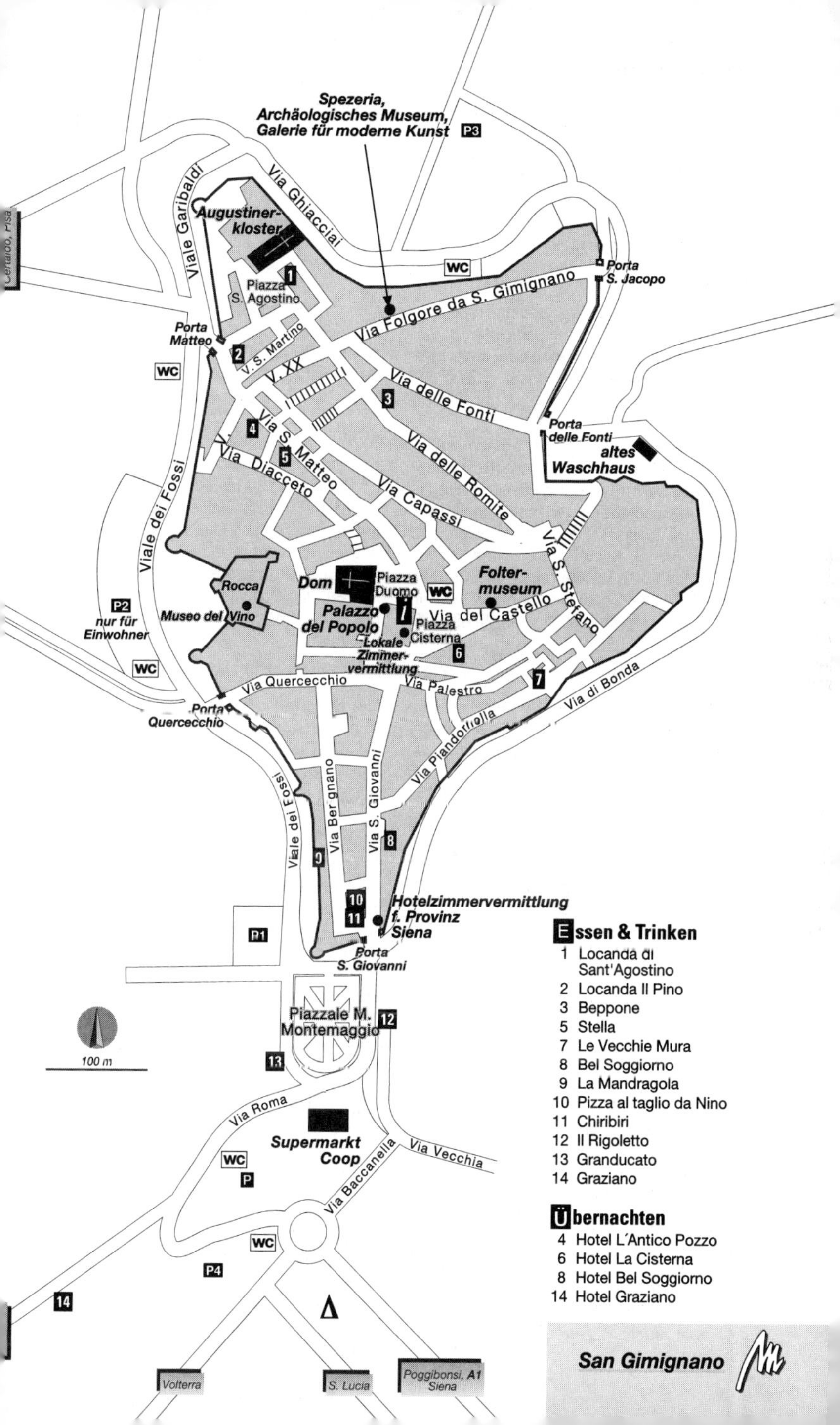

Spezeria, Archäologisches Museum, Galerie für moderne Kunst
P3
Via Ghiacciai
Viale Garibaldi
Augustinerkloster
Piazza S. Agostino
WC
Porta S. Jacopo
Via Folgore da S. Gimignano
Porta Matteo
V. S. Martino
V. XX
Via delle Fonti
Porta delle Fonti
altes Waschhaus
Via S. Matteo
Via Diacceto
Via delle Romite
Via Capassi
Viale dei Fossi
Via S. Stefano
Folter-museum
Rocca
Museo del Vino
Dom
Piazza Duomo
Palazzo del Popolo
Piazza Cisterna
Via del Castello
Lokale Zimmervermittlung
P2
nur für Einwohner
Via Quercecchio
Via Palestro
Via di Bonda
Porta Quercecchio
Via Piandornella
Via Berignano
Via S. Giovanni
Hotelzimmervermittlung f. Provinz Siena
P1
Porta S. Giovanni
Piazzale M. Montemaggio
100 m
Via Roma
Supermarkt Coop
Via Vecchia
Via Baccanella
P
P4
Volterra
S. Lucia
Poggibonsi, A1 Siena
Certaldo, Pisa
Essen & Trinken
1 Locanda di Sant'Agostino
2 Locanda Il Pino
3 Beppone
5 Stella
7 Le Vecchie Mura
8 Bel Soggiorno
9 La Mandragola
10 Pizza al taglio da Nino
11 Chiribiri
12 Il Rigoletto
13 Granducato
14 Graziano
Übernachten
4 Hotel L'Antico Pozzo
6 Hotel La Cisterna
8 Hotel Bel Soggiorno
14 Hotel Graziano
San Gimignano

gegenüber in einer Dependance weitere 6 Zimmer mit Blick auf S. Gimignano. DZ 68–84 €. Via Matteotti 39/A, 53037 San Gimignano, ✆ 0577/940101, 📠 0577/940655.

Auch einige Restaurants vermieten Zimmer: in der Via Cellolese 4 die **Locanda Il Pino (2)** (DZ 55 €) und das Restaurant **La Stella (5)**; an der Via Piandornella das Restaurant **Le Vecchie Mura (7)** (DZ 50 €).

• *Außerhalb* *** **La Cappuccina**, tolle Villa (mit Pool) in privilegierter Lage (Panoramablick auch auf S. Gimignano), ca. 2 km außerhalb Richtung Larniano (Pisa). DZ 87,50–124 €. 53037 San Gimignano, ✆ 0577/940381, 📠 0577/942031.

*** **Le Renaie**, ruhige Lage, 6,5 km außerhalb von San Gimignano, mit Restaurant und Pool, sehr idyllisch im Grünen. Gediegenes Ambiente, Zimmer mit Aircon., Telefon und TV, das DZ mit Bad, Balkon und inkl. Frühstück kostet 134 €, ohne Balkon 110 €. Man sollte mindestens 2 Monate vorher reservieren. Località Pancole, 53037 San Gimignano, ✆ 0577/955044, 📠 0577/955126, lerenaie@iol.it. Anfahrt: Von San Gimignano zunächst auf der Straße nach Certaldo, nach ca. 4 km geht es links ab und den Berg hinauf, der Beschilderung folgen.

• *Agriturismo* **Il Rosolaccio**, ca. 8 km in Richtung Certaldo, dann rechts abbiegen (ausgeschildert). Schöne Lage auf einer Anhöhe. Großer Swimmingpool. Von Mai bis Oktober wird draußen vor dem Haus abends ein Menü serviert. Man spricht auch Deutsch. Appartements für 2–5 Personen (ab 3 Tagen), DZ mit Dusche/WC für 94–102 € (Frühstück inklusive). San Benedetto 34, Loc. Capezzano, 53037 San Gimignano, ✆ 0577/944465, 📠 0577/944467, www.rosolaccio.com.

• *Camping* * **Il Boschetto di Piemma**, ca. 2,5 km außerhalb in Richtung S. Lucia (neben dem Fußballplatz). Die steile Hanglage mit dem harten und staubigen Boden macht das Zelten nicht gerade zu einem Vergnügen. Cafébar (mit preiswerten Standardgerichten) und Schwimmbad am Platz. Geöffnet April bis Mitte Oktober. ✆ 0577/940352.

Essen/Trinken (siehe Karte S. 249)

Le Vecchie Mura (7), in einem liebevoll restaurierten Gewölbebau. Etwas abseits gelegen, mit schöner Terrasse mit Fernblick, nur abends geöffnet. Di geschlossen. Primi ca. 7 €, Secondi ca. 9 €. Via Piandornella 15.

Chiribiri (11), die kleine Trattoria liegt eine halbe Etage unter der Erde und serviert in angenehmer Atmosphäre eine gute Küche zu vernünftigen Preisen. Piazza della Madonna 1, ✆ 0577/941948.

Graziano (14), ein Leser schreibt: „Selten haben wir zu einem so günstigen Preis so gut gegessen. Ebenfalls suchen die nur abends erhältlichen Pizzen ihresgleichen." Bleibt zu erwähnen, dass der Wirt und sein junges Personal überaus freundlich sind. Adresse siehe gleichnamiges Hotel. Mo geschlossen.

Beppone (3), Kellerrestaurant im touristischen Abseits. Toscanische Küche und Pizzen, z. B. die mit Peperoncini geschärfte Pizza atomica – alles zu vernünftigen Preisen. Mi oder Do geschlossen. Via delle Romite 13. ✆ 0577/943135.

Pizza al taglio da Nino (10), Pizzastücke frisch vom Ofen an der Stehbar für ca. 1.50 €. Mi geschlossen. Via S. Giovanni 38.

Locanda di Sant'Agostino (1), beim Augustinerkloster. Großes Angebot an Bruschette, aber auch Pizzen und Panini. Piazza Sant'Agostino.

Bel Soggiorno (8), toscanische Küche mit Variationen, etwas teurer. Mi geschlossen. Via San Giovanni 41. ✆ 0577/940375.

Il Pino (2), im rustikalen Ambiente wird traditionell gekocht. Do geschlossen. Via Cellolese 6 (neben gleichnamiger Locanda), ✆ 0577/940415.

Ristorante/Pizzeria Granducato (13), bei Touristen wie Bewohnern von San Gimignano beliebtes Lokal mit Terrasse am Piazzale M. Montemaggio. Leckere Pizza für 6 €, ganz hervorragende Gamberoni in Zitronensoße. Gute, vielfältige Küche, netter Service, nicht zu teuer. Einziges Manko: direkt an der Straße. Mittags und abends geöffnet.

Ristorante La Mandragola (9), gehobenes Niveau, der ganz hervorragende Hauswein stammt aus der Fattoria Paradiso (s. u.), auch ansonsten stimmt die Weinauswahl. Leckere selbst gemachte Pasta, gute Bruschette. Gediegenes Publikum, viele Touristen, guter Service, oberes Preisniveau. Via Berignano 58, ✆ 0577/940377 oder 0577/942110. Mittags und abends geöffnet.

Il Rigoletto (12) winzige Trattoria außerhalb der Porta S. Giovanni, Via Roma 23, ✆ 0577/941981. Mo geschlossen.

Gelateria di Piazza, Piazza della Cisterna. Der Meister Sergio Dondoli bedient oft selbst, auch gern in deutscher Sprache.

Wein

Convento San Francesco, ein ehemaliges Kloster aus dem 12. Jh. dient als Weindepot und Verkaufsstelle des Weinguts „Azienda Agricola Tollena". In den Rundbögen der Räume sind Tausende von Flaschen Vernaccia, Chianti der Colli Senesi sowie Chianti Superiore aufgestapelt, im Innenhof hat man einen schönen Blick auf die „Skyline" von San Gimignano. Via S. Giovanni 71.

Azienda Agricola Il Paradiso, bei dem herrlich gelegenen, traditionsreichen Weingut von Vasco Cetti und seiner Frau Graziella Cappelli Cetti kann man ganz hervorragenden Vernaccia di San Gimignano (D.O.C.G.) kaufen. *Anfahrt:* Das Weingut liegt ca. 3,5 km außerhalb von San Gimignano. Zunächst fährt man auf der Straße Richtung Certaldo, kurz nach der Abzweigung, bei der es links nach Gambassi geht, weist ein Schild nach rechts zum Podere Paradiso. Ab hier noch 1 km auf Schotter (beschildert). Mo–Fr ganztägig geöffnet. Località Strada 21/A, ✆ 0577/941500 oder 0577/940213, ℻ 0577/941500, www.telematicaitalia.it/ilparadiso,

Tipp: Die Azienda Agricola Il Paradiso unterhält in San Gimignano eine Cantina (Verkaufsstelle mit Probierstube), gleiche Preise wie beim Weingut selbst. Tägl. 10–20 Uhr geöffnet. Am unteren Ende der Via S. Giovanni.

Toscana Karten S. 60/61 und S. 216/217

Sehenswertes

Piazza della Cisterna: Zusammen mit dem Domplatz, der nebenan liegt, bildet die Piazza della Cisterna das Zentrum von San Gimignano. Mit ihrer dreieckigen Grundform, dem gewölbten Profil und den riesigen Hausfassaden stellt sie ein Stück Mittelalter in reinster Form dar. Die Zisterne in der Mitte des Platzes datiert aus dem Jahr 1273.

Piazza del Duomo: Hier sind die vielfältigen Bauformen hübsch vertrackt – bogenförmige Loggia, Treppen, der Dom und ein hoch aufragender Turmkoloss. Tagsüber wird auf dem Platz ein Gemüsemarkt abgehalten.

Rocca: Vom Turm der alten Burgruine westlich vom Dom hat man den schönsten Überblick über San Gimignano.

Palazzo del Popolo: Der links oben an der Piazza del Duomo gelegene Bürgermeisterpalast mit seinem 54 m hohen Turm wurde 1310 fertig gestellt und ist neben dem Dom das am meisten besuchte Bauwerk der Stadt. In den Obergeschossen befindet sich das Museo Civico (s. u.). Auf eine Besteigung des Turms *(Torre Grossa)* sollte man trotz des hohen Preises (4 €) nicht verzichten, denn der Blick über die Stadt ist phantastisch. Ein architektonischer Leckerbissen ist der Innenhof des Palazzo mit seinem überdachten Treppenaufgang, seinen Rundbögen und den ausgebleichten Wandfresken. Hier wurde im Mittelalter öffentlich Recht gesprochen; ob es dabei immer mit rechten Dingen zuging, sei dahingestellt. Jedenfalls wurde das Fresko mit dem heiligen Ivo (Schutzpatron der Advokaten) schon im 16. Jh. mit dem folgenden Spruch verunziert: „Ich verspreche, dass du siegen wirst, wenn du dich mit dem Geldbeutel beeilst".

Museo Civico: In den nüchternen, kahlen Sälen des ersten Obergeschosses kann man sich Fresken anschauen, u. a. von *Benozzo Gozzoli*. Im sog. Dante-Saal ist die „Maestà" bemerkenswert; sie stammt von *Lippo Memmi*, einem Schüler, Mitarbeiter und Schwager *Simone Martinis*, des großen sienesischen Künstlers aus dem 14. Jh. Im Nebenzimmer, dem „geheimen Sitzungssaal", ist ein wertvolles Gestühl ausgestellt. In den oberen Stockwerken wird die Sammlung fortgesetzt. Besonders beeindruckend sind hier zwei Rundbilder von *Filippo Lippi*, die „Verkündigung" und der „Engel" – schöne Farbgebung und bei der „Verkündigung" eine im flämischen Stil gemalte Landschaft.

Im Rückgebäude findet man den Eingang zu einer kleinen etruskischen Sammlung mit Fundstücken aus der Gegend von San Gimignano: Öl- und Weinamphoren, Urnen aus dem 2. und 3. Jh. v. Chr., etc.

Torre Grossa: Der einzige Turm, der bestiegen werden kann, Zugang durch das Museo Civico. 200 Stufen führen durch den ausgehöhlten Turm zur Plattform mit der stillgelegten Glocke.

Öffnungszeiten Museum März–Oktober 9.30–19 Uhr; Nov.–Februar 10–17.30 Uhr. Eintritt 5 €, erm. 4 € (beinhaltet Besichtigung des Palazzo Comunale, der Pinakothek und des Torre Grossa). Das Kombiticket (biglietto cumulativo) kostet 7,50 € (erm. 5,50 €) und schließt die Besichtigung der Spezieria, der Galerie für moderne Kunst und des Archäologischen Museums ein.

Dom

Das außen schmucklose romanische Bauwerk aus dem 12. Jh. ist innen über und über mit Wandfresken bemalt.

Linkes Seitenschiff: Szenen aus dem Alten Testament, sehr realistische Darstellungsweise von *Bartolo di Fredi*, einem Schüler *Ambrogio Lorenzettis*. Der Bilderzyklus beginnt mit der Erschaffung der Welt. Nach den Pflanzen und Tieren folgt Adam und schließlich – im 4. Bild ganz plastisch aus seiner Rippe hervorsteigend – Eva. Etwas aus dem Rahmen fällt der „Durchzug durchs Rote Meer“ (4. Bild der unteren Reihe): Das Heer des Pharaos trudelt ertrinkend auf der Bildfläche.

Rückwand: Oben sieht man eine grandiose Darstellung des „Jüngsten Gerichts“ von *Taddeo di Bartolo*, beeindruckend ist vor allem die Illustration der Hölle. Die Details kann man besser auf den Postkarten der Kioske erkennen: die Unmäßigen, die Unzucht, viel Mord und Totschlag, gierige Teufel. Die öffentlichen Hinrichtungen und Torturen der damaligen Zeit bildeten die Vorlage für den Künstler. Über dem Eingang ist ein großflächiges Fresko von *Benozzo Gozzoli* zu sehen, das „Martyrium des heiligen Sebastian“, der im Pfeilhagel stirbt.

Rechtes Seitenschiff: Szenen aus dem Neuen Testament von *Barna di Siena*. Die letzten Bilder wurden erst Mitte des 14. Jh. fertig gestellt, allerdings nicht mehr vom Meister selbst: Der verunglückte tödlich bei einen Sturz von seinem Arbeitsgerüst.

Kapelle Santa Fina: Die am Ende des rechten Seitenschiffs im Renaissancestil angebaute Kapelle bricht völlig mit dem Rest der Kirche. Die Hochkultur dieser Epoche zeigt sich in den Wandfresken von *Ghirlandaio:* Die Gesichtszüge mit ihrer individuellen Mimik verraten Porträtmalerei.

Öffnungszeiten März 9.30–17 Uhr; April–Oktober Mo–Fr 9.30–19.30, Sa 9.30–17, So 13–17 Uhr. Eintritt 3,50 €, zusammen mit dem Museo d'Arte Sacra (einer bescheidenen Ausstellung zur Kirchenkunst) 5,50 €.

Augustinerkloster

Der Spaziergang durchs mittelalterliche San Gimignano endet beim Augustinerkloster aus dem 13. Jh. im Norden der Stadt. Die ziemlich schmucklose einschiffige Kirche bietet eine einzige nennenswerte Sehenswürdigkeit: den großartigen Bilderzyklus von *Benozzo Gozzoli* und seinen Schülern. Er befindet sich im Chor und erzählt in 17 Szenen die Lebensgeschichte des heiligen Augustinus (354–430), zu lesen von links unten nach rechts oben:

Im ersten Bild (linke Wand, unten links) bringen die Eltern den kleinen Augustinus in die Schule. Die Szene spielt in Tagaste (im heutigen Algerien). Im Vordergrund wird gerade einem ungezogenen Schüler der Hintern versohlt... Es folgen u. a. die

Übersiedlung nach Italien, der Rhetorik-Unterricht in Rom, das Treffen mit Ambrosius (neben Augustinus der zweite große Kirchenlehrer der Epoche), der ihn drei Bilder später taufen wird. Im zwölften Bild (rechte Wand, Mitte links) wird die Parabel von der Unzulänglichkeit des menschlichen Verstandes erzählt: Augustinus weilt am Meeresufer und versucht, die Heilige Dreieinigkeit zu verstehen. Da erscheint ihm Jesus als Kind und macht sich mit einem Löffel daran, das gesamte Meer in sein Eimerchen zu füllen – Augustinus begreift, dass der menschliche Verstand nicht ausreicht, die unendliche Weisheit Gottes zu erfassen. Auf einem weiteren Fresko segnet Augustinus als Bischof von Hippo Regius (wieder in Nordafrika) die Gläubigen, das letzte Bild (rechte Wand, oben) zeigt die Begräbnisfeierlichkeiten.

Zum Abschied werfe man noch einen Blick in den doppelstöckigen Kreuzgang mit dem gepflegten Garten, der um einen alten Ziehbrunnen angelegt ist.

Toscana
Karten S. 60/61 und S. 216/217

Volterra

(ca. 12.000 Einwohner)

Inmitten einer waldlosen, sanften Hügellandschaft erstreckt sich auf einem Bergrücken Volterra. Die südliche Stadtmauer wird von der gewaltigen Medici-Festung abgeschlossen, an die sich eine größere Grünanlage anschließt – eine Oase in der sonst düsteren, durch und durch mittelalterlichen Stadt.

„Velathri", das heutige Volterra, spielte im Zwölfstädtebund der etruskischen Fürstentümer wegen seiner zentralen Lage und der Kupfervorkommen eine wichtige Rolle. Im 4. Jh. v. Chr. wurde ein 7,3 km langer Mauerring um die Stadt gezogen, der den 25.000 Einwohnern Schutz bot; doch war zu dieser Zeit die etruskische Macht bereits im Niedergang begriffen. Dem mächtig gewordenen Konkurrenten aus dem Süden konnte auch Volterra nicht mehr lange standhalten. Anfang des 3. Jh. v. Chr. wurde die Stadt römisch.

Volterra – grau ummauerte Etruskerstadt

An die große etruskische Zeit Volterras erinnern die *Porta all'Arco*, durch die man noch heute die Stadt betritt, und die *Porta Diana* im Norden, die seit der mittelalterlichen Befestigung weit außerhalb der Stadt gelegen ist. Eine wichtige Erwerbsquelle der Etrusker war der Alabaster, ein weicher Stein, der zu Urnen, Vasen und Schmuck verarbeitet wurde. Das Handwerk hat sich bis heute gehalten und ist noch immer ein Hauptwirtschaftszweig der Stadt. Zahlreiche Läden verkaufen die Produkte; neben Kitsch gibt's auch Geschmackvolles.

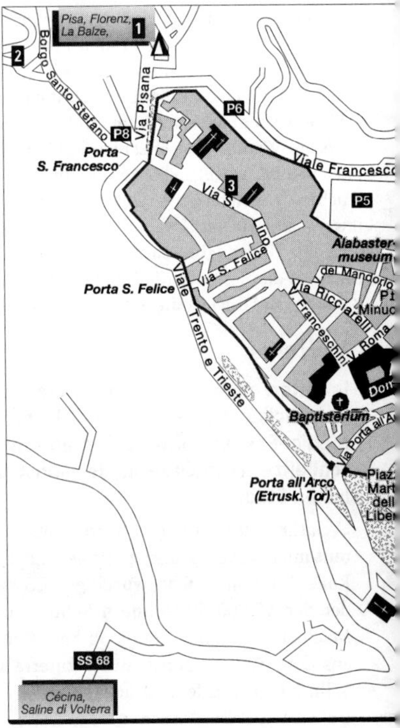

Information/Verbindungen

- *PLZ* 56048
- *Information* **Ufficio Turistico**, Piazza dei Priori 19–20. Im Sommer tägl. 10–13 und 14–19 Uhr, im Winter Mo–Sa 10–13 und 14–17 Uhr, So 10–13 Uhr. ✆/📠 0588/87257, www.sirt.pisa.it/volterratur. Das Büro befand sich z. Zt. der Recherche im Umbau, um Anfang 2004 seinen Betrieb wieder aufzunehmen.

Pro Volterra, Via G. Turazza, ✆ 0588/86150, 📠 0588/90350, www provolterra it. April–Okt. 9–13 und 14–19 Uhr, Nov.–März 9–12 und 15–18 Uhr. Auch Verkauf von Busfahrkarten und Bahntickets.

- *Verbindungen* **Bus**: Über Colle Val d'Elsa geht's nach Siena, S. Gimignano und Florenz; über Larderello nach Massa Marittima; über Pontedera nach Pisa. An Sonntagen meist keine Verbindungen.

Bahn: Die nächste Bahnstation befindet sich in Saline di Volterra (ca. 10 km vom Zentrum). Von dort fahren 3–6x täglich Züge zur Küste nach Cecina.

Übernachten

**** **Hotel San Lino (3)**, ehemaliges Kloster mit 43 Zimmern. Innen renoviert, die Zimmer einfach mit Holz ausgekleidet, etwas eng. Pool vorhanden. DZ 73–99 € (Frühstück inklusive). Via S. Lino 26, 56048 Volterra, ✆ 0588/85250, 📠 0588/80620.

*** **Villa Nencini (2)**, außerhalb der Stadtmauer. Sehr ruhige Lage in einem rustikalen Gebäude aus unverputzten Steinquadern. Von den meisten der 15 Zimmer weiter Blick ins Umland. Swimmingpool im Garten. Zu Fuß ins Zentrum ca. 10 Min. DZ mit Bad 68–83 €, ohne 42–50 €. Borgo S. Stefano 55, 56048 Volterra, ✆ 0588/86386, 📠 0588/80601.

*** **Albergo Nazionale (6)**, in der Altstadt. Ein Albergo mit guter Tradition, und das seit 1890. Einige Zimmer mit Balkon. Restaurant mit regionaler Küche. DZ 63–69 € (Frühstück 6 €). Via dei Marchesi 11, 56048 Volterra, ✆ 0588/86284, 📠 0588/84097.

- *Außerhalb* *** **Hotel Africa**, in Saline di Volterra. Freundliches, kleines Hotel mit 11 gepflegten Zimmern. Empfehlenswertes Restaurant (siehe Essen). DZ ohne Bad 42 €, mit Bad 63–78 €. Borgo Lisci 8, 56048 Volterra, ✆/📠 0588/44193.

Locanda Prato d'Era, ca. 7 km von Volterra entfernt (nach 3 km in Richtung Siena links dem Abzweig Richtung Pontedera/Pisa weitere 4 km folgen, dann auf Ausschilderung achten und links abbiegen). 6 DZ mit Frühstück ab 56 € in einem freundlichen Familienbetrieb, die Besitzerin kommt aus Deutschland und kocht für die Gäste (auch vegeta-

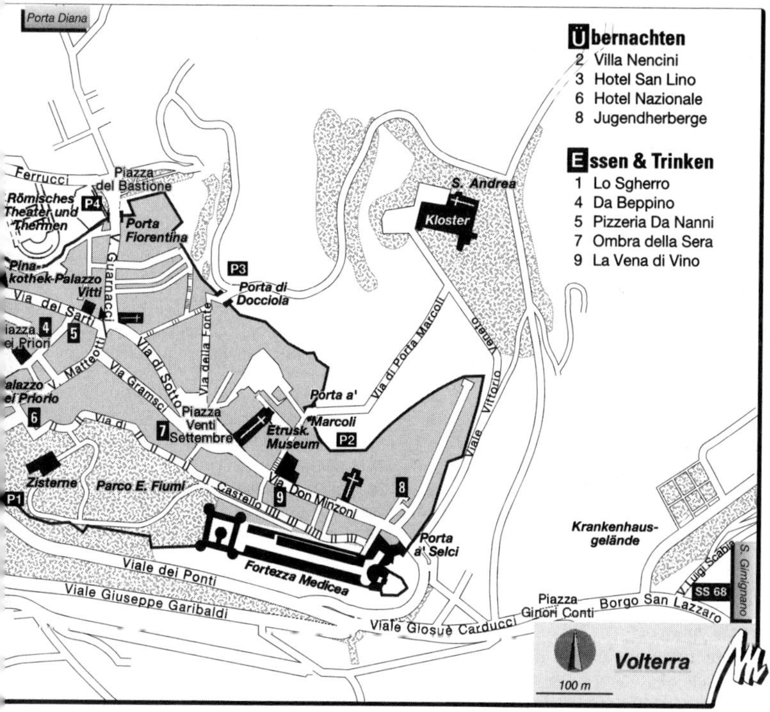

Toscana
Karten S. 60/61 und S. 216/217

risch). Das Haus liegt an der alten römischen Salzstraße, auf der man in einer 1,5-Std.-Wanderung nach Volterra gelangt. Torrione S. Michele 67, 56048 Volterra, ✆/📠 0588/42000, www.locandapratodera.com.

• *Jugendherberge* **(8)**, 76 Betten, 11 € pro Person, Frühstück 3 €, Mittag- oder Abendessen 9 €. Kein JH-Ausweis notwendig. Rezeptionszeiten: 15.30 und 23.30 Uhr. Geöffnet März bis September. Via del Poggetto, 56048 Volterra, ✆ 0588/85577.

• *Camping* **Le Balze**, ca. 1 km außerhalb (bei den Steinbrüchen). Der städtische Platz ist relativ klein und bietet wenig Schatten, aber gute Aussicht. Eigener Swimmingpool. Auch einige Caravans werden vermietet. Geöffnet April bis Mitte Oktober. Via di Mandringa 15, 56048 Volterra, ✆ 0588/87880.

• *Agriturismo* **Villa Palagione**, das ambitionierte Projekt einer Hand voll Deutscher und Italiener, es werden auch Sprach-, Mal- und Bildhauerkurse angeboten. DZ 55–85 € (Frühstück 9 €), auch drei Appartements sind zu mieten (3–4 Pers. zahlen 80–88 € pro Tag). Anfahrt: erst Richtung S. Gimignano, nach ca. 2 km zweigt links die Straße nach Pisa/Pontedera ab, ca. 800 m weiter zweigt rechts der beschilderte Schotterweg ab. 56048 Volterra, ✆ 0588/39014, www.villa-palagione.com.

Podoro San Lorenzo, 3 km außerhalb der Stadt (auf halbem Weg zum Monte Voltraio). Sieben toprenovierte Appartements für 80–105 € pro Tag. DZ mit Etagentoilette 75 €, mit eigenem Bad 80 € (inkl. Frühstück). 56048 Volterra, ✆ 0588/39080, 📠 0588/39090.

Essen/Trinken

Ristorante Ombra della Sera (7), frisch zubereitetes, deftiges Wildschweinragout in einer leichten Olivenölsoße mit Gewürzen. Liebevoll angemachte Salate. Menü ca. 26 €. Via Gramsci 70. Mo geschl. ✆ 0588/86663.

Trattoria del Sacco Fiorentino, gleich neben dem Ombra della Sera **(7)**. Erst seit ein paar Jahren geöffnet, hat es sich einen vorzüglichen Ruf erworben. Gute Weinauswahl mit entsprechender Beratung. Primi ca. 7 €, Secondi ca. 8.50 €. Piazza XX Settembre 18, Mi geschl. ✆ 0588/88537.

Ristorante Da Beppino (4), beliebtes Altstadtrestaurant mit durchschnittlicher Küche zu mäßigen Preisen. Pizzen und über Mittag auch ein Menu turistico für 13 €. Leider gibt's keinen offenen Wein, was die Rechnung dann doch wieder teuer macht. Via delle Prigioni 17, ✆ 0588/86051.

Ristorante Lo Sgherro (1), Richtung Le Balze. Trotz der versteckten Lage hat man sich auf ausländische Gäste vom nicht weit entfernten Campingplatz schon eingestellt (deutschsprachige Speisekarte). Je nach Saison häufig Wildgerichte, am Abend auch Pizzen. Menü ca. 18 €. Mo geschlossen. Borgo di S. Giusto 74, ✆ 0588/86473.

Pizzeria Da Nanni (5), man sitzt neben dem Backofen (Holzofen) an zwei langen Tischreihen. Die Pizzen sind riesig. Mo geschlossen. Via delle Prigioni 40.

La Vena di Vino (9), im winzigen Kellergewölbe der Weinbar kann man täglich außer Di durchgehend gut auf ein Gläschen Wein einkehren. Die „Weinvene" ist an die Slow-Food-Vereinigung angeschlossen, und so bereitet der engagierte Wirt auch kleine Speisen zu. Via Don Minzoni 30.

• *In Saline di Volterra* **Ristorante Il Vecchio Mulino**, am Ortseingang. Recht gehobene Küche mit verschiedenen Menüs ab 34 € (vegetarisch) bis 42 € (Degustationsmenü). Dafür lässt sich der Wirt auch einmalige Spezialitäten einfallen, z. B. „gefüllte Mehlsäcke". Auch Vermietung von 10 Zimmern (ca. 84 €). ✆ 0588/44060.

Ristorante Africa, Ortszentrum. Riesige Spaghetti-Portionen, knackige Salate, regionale Secondi. Die beiden Schwestern Eva und Lorella bieten eine gute, preiswerte Küche und obendrein einen überaus freundlichen Service. Unsere Empfehlung! So geschlossen.

La Vecchia Pizzeria, am Ortsende. Die besten Pizzen der Gegend. Im Sommer kann es sehr hektisch zugehen. Mo geschlossen.

Sehenswertes

Porta all'Arco: Das alte etruskische Tor, das später von den Römern umgebaut wurde, bildet einen Teil der Stadtmauer aus dem 4. Jh. v. Chr. Noch heute ist die Porta all'Arco der Haupteingang zur Stadt. Von hier genießt man einen herrlichen Blick auf das Umland. Im Zweiten Weltkrieg wollten die deutschen Besatzer das Tor zerstören, doch die Bürger Volterras bewahrten es vor der Sprengung, indem sie den gesamten Torbogen mit Steinen ausfüllten.

Piazza dei Priori: Der düstere mittelalterliche Hauptplatz, der von hohen Palazzi gesäumt wird, bildet das Zentrum der Stadt. Man sollte erwarten, dass sich hier ganz Volterra trifft. Doch die einheimische Jugend hat anders entschieden: Sie drängt sich allabendlich in der benachbarten engen Via Matteotti.

Der mächtigste Bau am Platz ist der **Palazzo dei Priori**, das älteste Rathaus der Toscana aus dem frühen 13. Jh. Das Gebäude diente einigen anderen Palastbauten als Vorbild, u. a. dem Palazzo Vecchio in Florenz. Der Turm wurde erst später an Stelle einer früheren Holzkonstruktion errichtet. Der Ratssaal im ersten Stock ist zu besichtigen: 10–13 und 14–17 Uhr, im Winter nur vormittags.

Dom: Direkt an der Piazza dei Priori steht der Dom. Wer die Tür im zebragestreiften Mauerwerk neben dem Palazzo dei Priori betritt, findet sich unversehens neben dem Altar. Das Hauptportal liegt an der Piazza S. Giovanni.

Gegenüber dem Dom steht das **Baptisterium** mit einem berühmten Taufbecken von *Andrea Sansovino* rechts an der Wand. Es wurde 1502 geschaffen und zeigt an der Frontseite die Taufe Christi. Nicht minder eindrucksvoll das Taufbecken aus dem 18. Jh. mit einer Statue, die Johannes den Täufer darstellt.

Museo Etrusco Guarnacci: Die nach dem Gründer Mario Guarnacci (1701–1785) benannte Sammlung im bedeutendsten etruskischen Museum der Toscana zeigt einen Querschnitt durch die jahrtausendealten Überreste der Geschichte.

Erdgeschoss: Wenn man eintritt, sieht man zuerst Fundstücke aus der von den Etruskern verdrängten Villanova-Kultur (800 Jahre v. Chr.): u. a. prächtigen Goldschmuck und die Imitation eines Metallschöpfgefäßes aus Ton, bei dem sogar die Nieten gefälscht wurden. Bekanntestes Stück ist die Urne des A. Caecina („Reise eines Paares ins Jenseits") mit der lateinischen Inschrift auf dem Urnendeckel (übersetzt: „Der Verstorbene wurde nur 12 Jahre alt.").

• *Öffnungszeiten* Mitte März bis Oktober 9–19 Uhr; November bis Mitte März 9–14 Uhr. Sammelticket (Museo Etrusco Guarnacci, Pinakothek, Museo di Arte Sacra) für 7 €; Familien (max. 4 Personen) bekommen das Familien-Sammelticket für 16 €. In Planung war, dass man in Zukunft die Museen auch einzeln besuchen und dafür dann entsprechend Eintritt bezahlen kann.

Toscana
Karten S. 60/61 und S. 216/217

Fortezza Medicea: Lorenzo de Medici ließ die Burg (heute ein Gefängnis) Ende des 15. Jh. errichten, nachdem Volterra 1472 im sog. „Alaunkrieg" den Kürzeren gezogen hatte. Ziel der Gebietsausweitung der Medici waren die neu entdeckten Alaunminen beim Ort Castel des Sasso, die sich auf Volterraner Gebiet befanden.

Römisches Theater: Im Norden der Stadt wurden die beeindruckenden Überreste eines römischen Theaters aus der Zeit des Kaisers Augustus (1. Jh.) freigelegt. Von der Stadtmauer aus hat man einen großartigen Blick in das nicht zugängliche „Open-Air-Museum".

Colline Metallifere

Das Gebirge zwischen Massa Marittima und Siena ist ein wellenförmiges Gebilde aus rostig roter Erde und grüner Macchia mit vulkanischen Aktivitäten. Höchste Erhebung: Le Cornate mit 1060 m.

Unter der kargen Hügellandschaft der Colline Metallifere finden sich hauptsächlich Kupfererze

Die Colline Metallifere lieferten bereits den Etruskern und Römern wertvolle Erze zur Eisen-, Silber- und Kupfergewinnung, aber auch Kohle zum Betreiben der Schmelzöfen. Später wurden die Gruben von den Pisanern weiterbetrieben und waren eine der wichtigsten wirtschaftlichen Grundlagen ihrer Vormachtstellung während des 12. Jh. Inzwischen sind die Erzflöze erschöpft. Im 19 Jh. begann man, Borsalze aus den Dampfquellen zu destillieren. Weithin sichtbar sind heute in der Landschaft die mächtige Kühltürme des Kraftwerkes von Larderello.

Das Klima in den Colline ist rauer als an der nahen Küste, und die Temperaturen sind oft bis zu zehn Grad niedriger. Vor allem im Frühjahr kann das Wetter schnell umschlagen.

Südlich von Siena

Das an Siena südlich angrenzende Gebiet ist sehr vielseitig. In der Montagnola und den Colline Metallifere nach Westen ist es waldig und wenig besiedelt. Bergbau war hier für lange Zeit der wichtigste Wirtschaftsfaktor, für eine landwirtschaftliche Nutzung war das Gebiet zu hügelig und zu wenig fruchtbar.

Von Siena gehen alte Pilger- und Handelswege aus und durchziehen das Gebiet Richtung Süden. Die mittelalterliche Massetana zieht sich von der Porta San Marco in Siena und an der Abtei San Galgano vorbei bis in die Maremma, und die Frankenstraße, die aus dem Norden Europas kommt, führt direkt nach Rom, zum damaligen Nabel der Welt. An dieser Strecke entstanden deshalb einige wichtige Klöster und Einsiedeleien.

Ganz im Süden der Toscana, fast an der Grenze zum Latium, wird das Landschaftsbild vom kegelförmigen Monte Amiata dominiert, an dessen Hängen einige beschauliche und bisher wenig entdeckte Orte liegen. Im Schatten des erloschenen Vulkans sprudeln heiße Quellen und laden zum Baden ein: am eindrucksvollsten zweifelsohne im ausgewachsenen Warmwasserfall von Saturnia, der mit seinen großzügigen Becken Tag und Nacht zum Baden einlädt.

Die Abtei San Galgano

Etwas abseits der Route von Siena nach Massa Marittima steht eine Kirchenruine wie im Traum versunken auf einer grünen Wiese. Errichtet wurde San Galgano, eine der ältesten gotischen Kirchenbauten Italiens, von Mönchen des Zisterzienserordens.

Mit dem Bau wurde 1218 begonnen, und schon bald war die Abtei ein wichtiger Wirtschaftsfaktor für die Region. Die geschäftstüchtigen Mönche, die in den Diensten der Stadt Siena standen, legten Sümpfe trocken und schafften neue landwirtschaftliche Nutzflächen. Außerdem bauten sie Mühlen und Walkereien, in denen Wolle veredelt wurde. Der wirtschaftliche Abstieg begann aber bereits im 14. Jh., als durch Hungersnöte und Pestepidemien viele Mönche und Laienbrüder starben und marodierende Söldnerheere aus Florenz die Gegend unsicher machten.

Jahrhundertelang wurde mit der Abtei dann Schindluder getrieben – ein gewissenloser Abt verschacherte sogar das Bleidach der Abtei, was zum Verfall des Gewölbes führte. Nach und nach trugen die Bauern der Umgebung Steine vom Mauerwerk ab, um sich damit ihre Häuser zu bauen. Erst in jüngerer Zeit wurden die Außenmauern der Ruine wieder vollständig aufgerichtet. Für das Kirchendach und die Fenstergläser hat es allerdings nicht gereicht. Und statt eines feierlichen Altars hat man sich mit einem nackten Steinbänklein begnügt. Nachts wird die Kirche mit Bodenstrahlern eindrucksvoll illuminiert. Geöffnet ist sie täglich zwischen 8 und 20 Uhr (Eintritt frei).

• *Information* Im ehemaligen Skriptorium von San Galgano, einem kühlen Kreuzkuppelgewölbe mit alten Fresken, ist ein **Pro-Loco-Büro** untergebracht. Mai–Sept. 10.30–18.30 Uhr, Okt.–Dez. 11–16 Uhr, im März und April nur an den Wochenenden und Feiertagen (11–17.30 Uhr) geöffnet, Januar bis Ende März geschlossen. ✆ 0577/756738.

• *Verbindungen* **Bus**: San Galgano liegt an den Busstrecken Siena – Massa Marittima. San Galgano ist nur Bedarfsstopp, deshalb sollten Sie dem Busfahrer rechtzeitig Be-

Erosionsfördernder Ackerbau – Getreidefelder in der Crete

scheid sagen. Busse nur 2x täglich ab Siena, Dauer ca. 40 Min. Die Busse halten an der Straße, etwa 500 m zur Kirche.

• *Übernachten* **Cooperativa Agricola San Galgano**, im renovierten Bauerngehöft vor der Kirche werden 7 DZ vermietet, alle mit modernem Bad. Schlichte, aber angenehme Einrichtung mit gefliesten Böden und altem Mobiliar, DZ 44 €, EZ 28 €, 3-Bett-Zimmer 54 €. In der Bar im Erdgeschoss kann man auch ein kleines Frühstück einnehmen. Zur Bar (ganztägig von 8–19 Uhr geöffnet) gehört ein schattiger Garten, drinnen auch Souvenirshop. ✆ 0577/756292.

Die Lehmhügel – Crete Senesi

Eine fast herbe Hügellandschaft, keine Wälder, nur ab und zu unterbrechen Zypressenreihen und Weingärten die gleichförmigen Getreidefelder.

Eine von Bodenerosion geprägte Landschaft (*creta* = Tonerde), in der die winterlichen Sturzbäche die Hänge durchfurchen. Ursprünglich war das Gebiet völlig dem Bischof von Arezzo untergeordnet, das erstarkte Siena übernahm aber schon früh die Gerichtsbarkeit. Der feudale Großgrundbesitz, meist in der Hand Sieneser Bürgerfamilien, schürte soziale Spannungen. Bis in die 1960er Jahre hielt sich hier die Halbpacht, die „mezzadria". Erst wegen der starken Abwanderungsrate der Bauern in die Industriegebiete wurde sie durch das System der Lohnarbeit ersetzt. In dieser Zeit des Umbruchs, als ganze Dörfer aufgegeben wurden, kamen Kleinbauernfamilien mit ihren Schafherden aus Sizilien und später auch aus Sardinien, um sich hier eine bessere Existenz aufzubauen.

Der dünn besiedelte Landstrich hat einige der wichtigsten toscanischen Touristenattraktionen zu bieten: *Montepulciano* mit seiner Kleinstadteleganz, *Pienza* mit seiner Renaissance-Architektur und dem weiten Val d'Orcia und *Montalcino* mit seinen edlen Weinen. Nicht zu vergessen schließlich *Chiusi*, das auf den Überresten einer legendären Etruskerstadt gebaut wurde.

Asciano

(ca. 6.300 Einwohner)

Verschlafenes Städtchen mit einigen Straßencafés an der Hauptgasse Corso Matteotti und der Piazza Garibaldi. Auf dieser Hauptachse des *Centro storico* findet jeden zweiten Sonntag im Monat der *Mercatino delle Crete* statt, ein Markt, auf dem hauptsächlich landwirtschaftliche Produkte der Umgebung angeboten werden. Herausragend ist der Schafskäse *Pecorino delle Crete Senesi.*

Am oberen Ende des Corso Matteotti steht die besonders von außen hübsch anzuschauende *Kirche S. Agata.* Das Gemäuer aus hellem Travertin gibt zusammen mit der Umfriedung ein imposantes romanisches Bauwerk ab. Das Freskenfragment einer Kreuzabnahme im Kircheninneren (links) wird *Sodoma* zugeschrieben. Im Kirchenboden sind Streifen aus rotem Travertin zu erkennen – das Ganze wirkt wie gemalt. Von der wenig einladenden Architektur der Carabinieri-Kaserne an der großen Straßenkreuzung sollte man sich bei der Ankunft im Hauptort der Crete nicht abschrecken lassen.

• *Information* **Ufficio Turistico**, Corso Matteotti 18. U.a. Vermittlung von Unterkünften in Agriturismi (5 % Vermittlungsgebühr). Geöffnet 10–13 und 15–18 Uhr, Mo geschlossen. ✆ 0577/719510, www.cretesenesi.com.

• *Verbindungen* **Bahn**: Der Bahnhof Asciano Centro liegt am Rand des Zentrums, 11x tägl. Züge nach Siena und Chiusi.

Bus: Die TRA.IN–Busse fahren vor dem Bahnhof ab, Verbindungen nur nach Siena.

• *Übernachten* *** **Il Bersagliere**, schon im neuen „Standard" mit Minibar, TV und Haartrockner. Ruhige Zimmer nach hinten raus, Lift. Empfehlenswerte Unterkunft, wenn auch direkt an der Ausfallstraße nach Rapolano/Arezzo gelegen. DZ 65 €, EZ 40 €. Via Roma 41, 53041 Asciano, ✆ 0577/718629, 📠 0577/710028.

• *Agriturismo* **Podere Fineri**, großzügig renoviertes Landgut mit herrlichem Panoramablick auf die Crete bis nach Siena. Drei komfortable Appartements. 53041 Asciano, ✆ 338/4420767, malayres@yahoo.com. Von Asciano zunächst Richtung Rapolano, dann Richtung Trequanda bis Poggio Pinci. Hier ca. 2 km weiße Straße (den Schildern folgend).

Il Paradiso, angenehm eingerichtete Appartements, gepflegtes Anwesen mit Pool, sympathische Besitzerin. Alle Appartements mit Küche, Bad, TV und Terrasse, kinderfreundlich. Je nach Saison 2 Pers. 413–516 €, 6 Pers. 620–723 €. Im Juli/August Mindestaufenthalt 3 Nächte, in der Nebensaison auch tageweise (78 bzw. 104 €). 53041 Asciano, ✆ 0577/718586, 📠 0577/710014, agrparadiso@ftbcc.it. Anfahrt: Noch vor Asciano (auf der Straße von Siena kommend) links ab, beschildert, dann noch 1,3 km auf Schotterstraße.

• *Essen/Trinken* Für Zwischendurch war die Auswahl an Crêpes, Panini, Eis und Pizza in der Bar **L'Angolo dello Sfizio** am besten. Corso G. Matteotti 35/37. Mo geschlossen.

La Mencia, gehobene Mittelklasse in netter Atmosphäre, Menü ca. 25–30 €. Hübsch der lauschige, schattige Garten hinterm Haus. Mittags und abends geöffnet, abends auch Pizza, Mo geschlossen, Corso Matteotti 77 (im Zentrum), ✆ 0577/718227.

• *Außerhalb* 6 km in Richtung Siena/Taverne d'Arbia (SS 438) liegt direkt an der Straße das Landgasthaus **Osteria La Pievina**, das seit Jahren für seine opulenten Menüs bekannt ist (u.a. Fisch). Ein „bekannter Insider" inmitten der einzigartigen Crete-Landschaft. Reservieren! Mo und Di geschlossen, ✆ 0577/718368.

Monte Oliveto Maggiore

Eines der wichtigsten Benediktinerklöster des Landes, ein wuchtiger Ziegelsteinbau inmitten einer grünen Zypressen-Oase. Ein Genuss ist der Besuch besonders wegen der phantastischen Fresken im Kreuzgang, die von Sodoma und Signorelli stammen.

Als „Wüste von Accona" wurde die Einöde bezeichnet, in die sich der sienesische Adlige *Giovanni Tolomei* 1313 mit zwei Gefolgsleuten zurückzog, um in der Abgeschiedenheit ein gottesfürchtiges Leben zu führen. Schon nach wenigen Jahren

Monte Oliveto Maggiore

scharte sich eine größere Gemeinschaft von Mönchen um Tolomei, der sich inzwischen Bernardo nannte (nach Bernhard von Clairvaux). Auch dem Areal hatte man einen neuen Namen gegeben: *Monte Oliveto* (= Ölberg), der Ordensname *Olivetaner* ist von dieser Bezeichnung abgeleitet. Bis zum 15. Jh. entwickelte sich das Kloster zu einem wichtigen religiösen Zentrum – gefördert von Papst Pius II., der mit Ambrogio Piccolomini einen Verwandten unter den ersten Mitgliedern der Klostergemeinschaft hatte.

Klosterkirche: Gebaut wurde die Kirche zwischen 1400 und 1417. Sie entstand an der Stelle, an der Tolomei seine Vision hatte, in der Jesus und Maria ganz in Weiß gekleidet am oberen Ende einer silbernen, in den Himmel emporragenden Treppe standen. Im Kircheninneren, das 1772 im barocken Stil erneuert wurde, kann man sich ein wertvolles Chorgestühl mit feinen Einlegearbeiten von Fra Giovanni da Verona aus dem 16. Jh. anschauen, das erst im Jahre 2002 restauriert wurde.

Der Höhepunkt des Klosterbesuchs ist der **Kreuzgang** mit seinen 36 Freskenszenen, die das Leben des hl. Benedikt illustrieren. Die Darstellungen beruhen auf den „Dialogen" Papst Gregors des Großen, in denen sich die entsprechenden Hinweise zur Lebensgeschichte des Heiligen finden.
Den Rundgang sollten Sie neben dem Eingang zur Sakristei beginnen, denn dort sind die Illustrationen zu den Jugendepisoden zu sehen. Danach geht es im Uhrzeigersinn chronologisch weiter bis in die späteren Phasen der Lebensgeschichte (entstanden sind die Fresken dagegen in umgekehrter Reihenfolge).

• *Öffnungszeiten* 9.15–12 und 15.15–18 Uhr (im Winter nur bis 17 Uhr). Eintritt frei. In das Refektorium, das noch heute den 40 Mitgliedern der Klostergemeinde als Speisesaal dient, kann man hineinschauen. Beim Besuch des Klosters wird generell um angemessene Kleidung gebeten: also keine Shorts oder Miniröcke und nichts Schulterfreies. Handys müssen ausgeschaltet werden, Ruhe ist erwünscht. Fotografieren nur ohne Blitz.

• *Information* **Pro Loco**, in einem Gebäude kurz vor der Kirche links. Tägl. außer montags 10–12.30 und 14–17.30 Uhr. ✆ 0577 /707262. Hier auch kostenloses Info-Material.

• *Einkaufen* **Klösterliche Bottega**, hier werden Broschüren, Schönheitscremes und Duftwässerchen hergestellt (aus Kräutern) und auch Musikkassetten mit den gregorianischen Gesängen der Mönche verkauft. Tradition hat der Kräuterlikör *Flora dei Monte Oliveto*, dem herzstärkende und verdauungsfördernde Wirkung zugeschrieben wird. Geöffnet täglich 10–12 und 15.45–18 Uhr, sonntags 9.30–10.45 und 15.45–18 Uhr.

• *Essen/Trinken* **Restaurant/Café La Torre**, am Torhaus. Mittags und abends geöffnet, mit Terrasse und Bar. Gehobenes Preisniveau, aber auch für Snacks zu empfehlen. Di geschlossen. ✆ 0577/707022.

• <u>Essen/Außerhalb</u> **Locanda Paradiso**, in Chiusure Asciano: „Eine äußerst liebenswerte kleine Trattoria in dem wunderbar gelegenen mittelalterlichen Dorf Chiusure. Der Ausblick – u. a. auf das Kloster Monte Oliveto – ist großartig" (Tipp von Antognetta Seiler-Grund aus Basel). Mo geschlossen, ✆ 0577/707016. Vom Kloster Monte Oliveto ca. 1 km auf der Straße Richtung Asciano, dann rechts ab nach Chiusure.

Montalcino

(ca. 1.500 Einwohner)

Die grünen Weinberge um Montalcino beleben das Landschaftsbild der gleichförmigen, von Hügeln und Getreidekulturen geprägten Crete. Auf dem steinigen Boden gedeihen die Trauben für den roten Brunello, einen Nobelwein, von dem mehr als die Hälfte exportiert wird.

Der Ort selbst, auf einem schmalen Hügel gelegen und umschlossen von Verteidigungsanlagen, ist mittelalterlich und provinziell zugleich. An der *Piazza del Popolo* steht das handtuchschmale Rathaus, mehr Platz hatte man beim Bau einfach nicht zur Verfügung. Schauen Sie am Platz auch mal in die *Fiaschetteria Italiana* hinein: Das 1888 eröffnete Café mit seinen roten Plüschsesseln und Spiegelwänden könnte auch in Paris stehen (und auch die Preise haben Pariser Niveau).

Am obersten Punkt der Stadt erhebt sich die Festung (*Rocca di Montalcino*), ein symbolträchtiger Ort: Nach dem Fall von Siena (1555) riefen die vertriebenen Sieneser hier die „Republik von Siena in Montalcino" aus. Bis 1559 konnte die letzte freie und demokratisch regierte Stadt der Toscana noch ihre Unabhängigkeit bewahren, bevor sie der absolutistisch regierende Medici Cosimo I. aus Florenz unterwarf. Heute beherbergt die Festung eine kleine Enoteca, die Tische im Innenhof eignen sich hervorragend für ein Picknick.

<u>Öffnungszeiten</u> Tägl. 9–20 Uhr, Eintritt 3 €. Vor der Festung befindet sich ein gebührenpflichtiger Parkplatz, rechts unterhalb davon kann man auch umsonst parken.

Museo Civico: Eine der wichtigsten Kunstsammlungen im Umkreis von Siena ist im ehemaligen Kloster S. Agostino untergebracht. Das wohl wertvollste Stück der Ausstellung ist die „Madonna mit Kind" von *Simone Martini* gleich links beim Eingang in Saal B. Ebenfalls erwähnenswert ist die im selben Saal ausgestellte Holzskulptur „San Pietro" von *Francesco di Valdanbrino*.

<u>Öffnungszeiten</u> 10–13 und 14–17.40 Uhr, montags geschlossen. Eintritt 4,50 €, ermäßigt 3 €. Via Ricasoli.

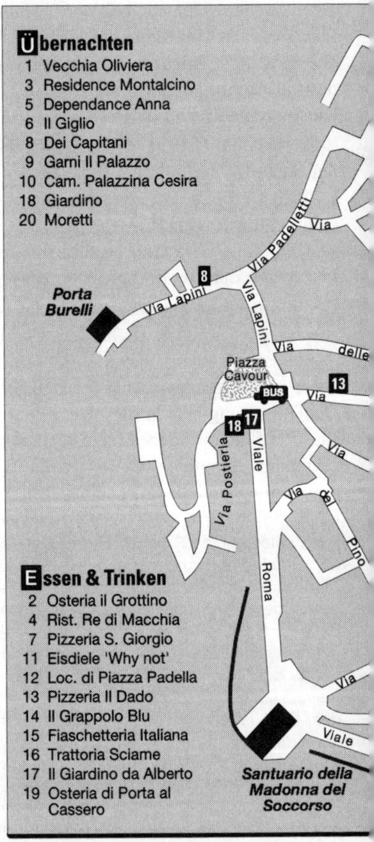

Information/Verbindungen

- *Information* **Pro Loco**, im Municipio (Via Costa del Municipio 1), freundlich und kompetent, auch kostenlose Zimmervermittlung sowie Verkauf von Parktickets. 10–13 und 14–17.40 Uhr, im Winter Mo geschlossen. ☏/℻ 0577/849331, www.prolocomontalcino.it.
- *Verbindungen* **Bus**: Ab Piazza Cavour 11x tägl. nach Siena. Des Weiteren unregelmäßige Verbindungen nach Sant'Antimo und zum Monte Amiata im Süden (Privatbus ca. 4x tägl. außer So, Tickets im Bus). Wer nach Montepulciano will, muss in Torrenieri (auf der Strecke nach Siena) umsteigen. Tickets und Fahrplan in der Bar Prato (sonntags im Zeitschriftenladen in der Via Mazzini) verkauft.

Übernachten

Camere Palazzina Cesira (10), stilvolles Ambiente in einem Stadtpalast aus dem 13. Jh., zur Palazzina gehören ein großzügiges Wohnzimmer mit kleiner Bibliothek sowie ein stilvoller Frühstücksraum mit großer Tafel. Leider nur vier Zimmer, alle mit Geschmack eingerichtet, DZ 78 €, Mini-Suite 103 €. Frühzeitige Buchung ist ratsam, die Zimmer sind auch im Internet unter www.montalcinoitaly.com zu besichtigen.

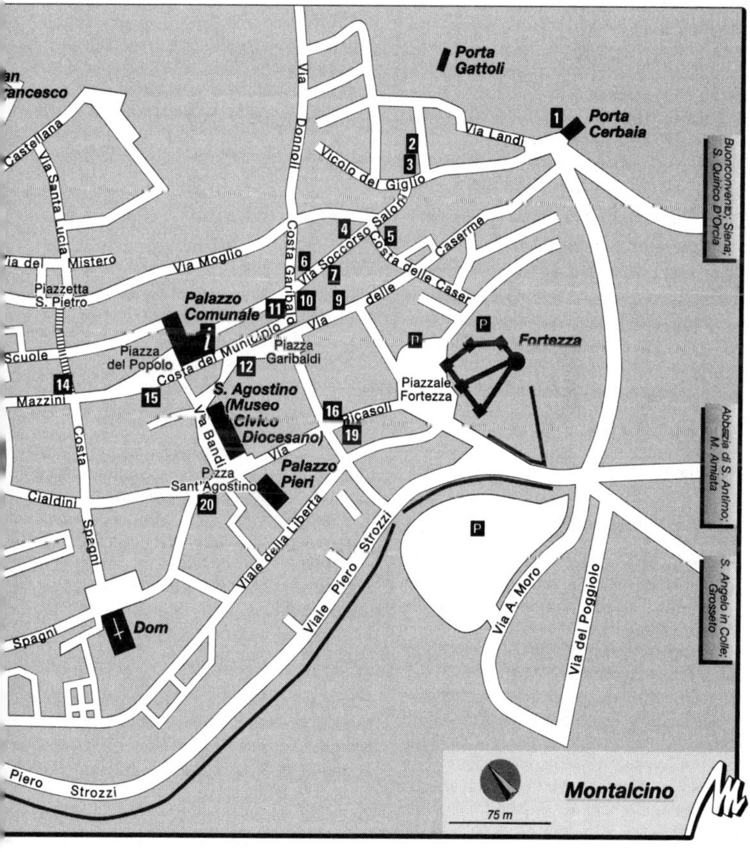

Via S. Saloni, 53024 Montalcino, ✆/℡ 0577/846055.

*** **Vecchia Oliviera (1)**, klein und fein, in der ehemaligen Ölmühle neben dem alten Stadttor nach Siena. Nur 12 Zimmer, die meisten mit Panoramablick, was allerdings seinen Preis hat: DZ 135–175 €, EZ 80 € (je inkl. Frühstück), alle Zimmer mit TV und Aircon. Schwimmbecken im Garten. Porta Cerbaia, 53024 Montalcino, ✆ 0577/846028, ℡ 0577/846029, www.vecchiaoliviera.com.

*** **Dei Capitani (8)**, tolle Lage an der unteren Stadtmauer. 18 Zimmer mit ungetrübtem Blick in die weitläufige Landschaft. Kleines, terrassenartiges Gärtchen mit Minipool zum Abtauchen. Auch einige Parkplätze. DZ 103 €, EZ 88 € (inkl. Frühst.). 53024 Montalcino, ✆ 0577/847227, ℡ 0577/847239, deicapitani@tin.it.

*** **Il Giglio (6)**, mitten im Zentrum. Gepflegte Zimmer mit TV und Telefon, die Rückfront mit Ausblick. DZ 85 €, EZ 58,50 €. Via S. Saloni 5, 53024 Montalcino, ✆/℡ 0577/848167, hotelgiglio@tin.it.

** **Giardino (18)**, DZ mit Dusche 53 €. Einfache, meist geräumige Zimmer. Der Wirt Mario Caselli ist ein Weinkenner. Piazza Cavour 4, 53024 Montalcino, ✆ 0577/848257.

Garni Il Palazzo (9), der freundliche Signore Sestili führt zusammen mit seiner Frau diese empfehlenswerte Pension. Ein tolles verwinkeltes Haus, jeder Raum liebevoll und individuell eingerichtet. Die insgesamt 10 Zimmer sind groß bis riesig. Im Haus auch eine kleine Bibliothek mit Literatur zur Gegend. Das Frühstück spendet viele zuckersüße Kalorien. DZ 78–94 €. Hunde erlaubt, Fahrrad- und Mopedverleih, es werden auch Ausflüge organisiert. Ganzjährig geöffnet, frühzeitige Reservierung ist zu empfehlen. Via Panfilo dell'Oca 23, 53024 Montalcino, ✆ 0577/847251, ℡ 0577/846900, mobil 389/6166914, www.ilpalazzo.tuscany.nu.

Residence Montalcino (3), gepflegte Atmosphäre wie in einem Privathaus. Großer Garten und einige Parkplätze hinter dem „Stadtpalast". Netter Service, DZ 80 €, Appartement 88 € (400 €/pro Woche). Via S. Saloni 31, 53024 Montalcino, ✆/℡ 0577/847188 oder 347/3454103 (mobil), www.residencemontalcino.it.

• *Privatzimmer* Fragen Sie im Pro-Loco-Büro, ob noch Zimmer frei sind. Wer es auf eigene Faust versuchen will: Zimmer werden vom Ristorante **Grappolo Blu (14)** angeboten; Adresse s. unten, fragen Sie nach Signore **Moretti (20)**. Die schlichten DZ mit Bad gegenüber der Kirche S. Agostino kosten 42 €. Außerdem: **Dependance Anna (5)**, DZ mit Bad 52 €, Infos im Hotel Giglio (s. o.), 53024 Montalcino, ✆/℡ 0577/848167.

• *Außerhalb* ***** **Castello di Velona**, in 5 Jahren Renovierung wurde Mittelalter auf Hochglanz poliert. Die Burg aus dem 12. Jh. bietet heute 20 Suiten zwischen 350 und 500 € pro Nacht, ca. 9 km in Richtung Castelnuovo dell' Abate, 53024 Montalcino, ✆ 0577/800101, www.castellodivelona.it.

Essen/Trinken (siehe Karte S. 262/263)

Il Grappolo Blu (14), eines der besten Mittelklasserestaurants im Ort, freundliche Stimmung, nettes Ambiente, durchschnittliche Preise. Obwohl es versteckt in einer Seitengasse (bzw. Seitentreppe) der Via Matteotti liegt, ist es schwer, ohne Reservierung einen Tisch zu bekommen. Leckere Spezialität ist der „Sauerbraten" mit einer Soße aus Balsamico-Essig. Via Scale Moglio, mittags und abends geöffnet, Fr geschlossen, ✆ 0577/847150.

Re di Macchia (4), edles Ristorante im Untergeschoss eines Palazzos. Hervorragende Weinauswahl (Flasche ab 16 €, es geht natürlich auch wesentlich teurer). Gehobenes Preisniveau mit entsprechendem Service und Ambiente. Mittags und abends geöffnet, außerhalb der Saison freitags geschlossen. Via S. Saloni 21, ✆ 0577/846116, ℡ 0577/847834, www.redimacchia.it.

Il Giardino da Alberto (17), an der Piazza Cavour mit Tischen zum Draußensitzen, mittleres bis gehobenes Preisniveau. Nicht in derselben Hand wie das gleichnamige Hotel. Mittags und abends geöffnet, Mi geschlossen, ✆ 0577/849076.

Pizzeria S. Giorgio (7), in einem doppelräumigen Magazingewölbe. Leckere Pizze für ca. 5–7 €, auch À-la-carte-Gerichte. Mittags und abends geöffnet, mittwochs geschlossen. Via S. Saloni 64, ✆ 0577/848507.

Pizzeria Il Dado (13), Pizza ab ca. 5 €. Via Mazzini 18. Nur abends ab 19 Uhr geöffnet, Mo geschlossen. ✆ 0577/847070.

Locanda di Piazza Padella (12), gemütliches Ristorante an der Piazza Garibaldi im Zentrum. Meist junges Publikum, angenehme, lockere Atmosphäre, man sitzt auf

Toscana Karten S. 60/61 und S. 216/217

Fiaschetteria Italiana – städtische Eleganz mitten in der Provinz

der Terrasse an der Piazza. Relativ günstig, mittags und abends geöffnet, Mo geschlossen, ✆ 0577/846054.

Trattoria Sciame (16), sympathisches Lokal etwas abseits der Hauptrouten. Gute und günstige Hausmannskost, wahrscheinlich die besten Menüs in der preiswerten Klasse, in der Regel proppenvoll. Mittags und abends geöffnet (Achtung: die Küche schließt bereits um 21.30 Uhr), Di geschlossen, Via Ricasoli 23 (Nähe Fortezza), ✆ 0577/848017.

Osteria di Porta al Cassero (19), kleine Gerichte auf etwas beengtem Raum, Mi geschlossen, ✆ 0577/847196, Via della Libertà/Via Ricasoli.

Osteria Il Grottino (2), günstigere, gemütliche Osteria, etwas versteckt um die Ecke vom Hotel Residence Montalcino, Di geschlossen.

• Außerhalb **Poggio Antico**, unser Tipp in der oberen Preisklasse! Ausgezeichnetes Feinschmeckerlokal in herrlicher Lage (5,5 km außerhalb von Montalcino). Gediegene, noble Atmosphäre, Fischmenü 47 €, toscanisches Menü mit 7 Minigängen 42 €. Reservierung empfehlenswert, mittags und abends geöffnet, sonntagabends und montags geschlossen, ✆/℻ 0577/849200. Anfahrt: von Montalcino 4 km auf der Straße Richtung Grosseto, dann rechts ab (beschildert) und 1,5 km auf einer Schotterpiste, das letzte Stück durch eine malerische Zypressenallee.

Boccon di Vino, ca. 1 km außerhalb an der Straße Richtung Siena, beschildert, rechter Hand das auffällig große, weiße Haus. Spezialität des Hauses ist die Zwiebelsuppe, auch Pizza, Menü um die 26 €. Die Küche hat oft noch bis 23 Uhr geöffnet, während manche Stadtlokale bereits um 21 Uhr schließen. Mittags und abends geöffnet, Di geschlossen, ✆ 0577/848233, ℻ 0577/846570.

Pieve di San Sigismondo, tolles Anwesen bei *S. Angelo Scalo* (ca. 10 km südwestlich von Montalcino), über eine 1,5 km lange Schotterstraße von Poggio alle Mura zu erreichen (beschildert, *Osteria del Vecchio Castello*). Menü ca. 30 €. Es werden auch 4 Appartements vermietet (78 € für 2 Personen). Dienstags geschlossen, ✆ 0577/816026.

• Cafés **Fiaschetteria Italiana (15)**, Piazza del Popolo. Montalcinos Nobelcafé mit Tradition und Ambiente. Zur Weindegustation ebenso wie zum teuren Cappuccino empfohlen. Auf der Terrasse an der Piazza lässt es sich stundenlang aushalten. Tägl. ca. 8–23 Uhr geöffnet.

• Gelato Auf der kleinen Terrasse der Eisdiele **Why not (11)** schmeckt es lecker, unterhalb der Piazza Garibaldi, Via Costa Garibaldi.

Brunello – des Weinliebhabers roter Himmel

Dieser kräftige Rotwein mit dem weltbekannten Namen und dem vollmundigen Bouquet wird ausschließlich im Gebiet um Montalcino angebaut, und auch hier ist die Anbaufläche limitiert. Zwar röhrten im Sommer 1999 erstmals wieder seit zwanzig Jahren die Caterpillars, aber die Erweiterung der Anbaufläche fiel eher gering aus (lediglich 15 % auf jetzt ca. 1600 ha). Die stabil hohen Preise des edlen Rebensaftes werden dadurch sicher nicht beeinflusst.

Der Brunello wird aus der Sangiovese-Grosso-Traube gekeltert, die ursprünglich aus der Romagna stammt. Veredelt wurde sie um 1880 von dem Montalciner Winzer Ferrucio Biondi-Santi, der resistente Sorten gegen den aus Amerika eingeschleppten Mehltaupilz und die Reblaus suchte.

Um ihren Wein „Brunello" nennen zu dürfen, werden den Weinbauern strenge Auflagen gemacht. So darf der Ertrag pro Hektar nicht mehr als 80 Doppelzentner betragen, und der Wein muss vier Jahre in einem Eichenfass reifen, bevor er in den Handel gelangt. Um ihn noch begehrenswerter zu machen, haben clevere Marketingstrategen dem Brunello übrigens aphrodisierende Wirkung zugeschrieben.

Die Preise eines aktuellen Jahrgangs liegen bei 13–18 €, und von Kennern wird der bis zu 100 Jahre alte Wein wie eine teure Antiquität behandelt. Preiswerter ist der aus den Trauben zweiter Wahl gekelterte Rosso di Montalcino, ein einfacherer Wein, der in der Regel jung getrunken wird. Mitte Februar eines jeden Jahres wird der neue Brunello getestet, um ihn mit Sternchen zu prämieren. Damit diesem Event die notwendige Publizität erwächst, wird für jeden Jahrgang ein „Pate" gewonnen, mit Vorliebe ein international bekannter Modemacher oder Sportler. Verewigen darf sich jeder „Jahrgangsonkel" (bzw. jede „Jahrgangstante") in Form einer kunstvoll gestalteten Keramikkachel, die dann neben den uralten Bürgermeisterwappen an der Fassade des alten Rathauses (schräg gegenüber dem Touristenbüro) angebracht wird. Im Jahr 2000 hatte Gianelli, Karikaturist des Mailänder *Corriere della Sera,* die Ehre und verewigte sich – selbstverständlich – mit einer Karikatur: die ziemlich beschwipste Mona Lisa. 2002 beehrte die Stadt erneut eine Persönlichkeit aus der Modewelt: diesmal fungierte Stardesigner Roberto Cavalli als *Padrino.*

Die Qualitätsstufen der letzten 16 Jahrgänge: ** 1989, ***** '90, **** '91, ** '92, **** '93, **** '94, ***** '95, *** '96, ***** '97, **** '98, **** '99, *** 2000, ****2001, (** 2002), (**** 2003), (***** 2004).

Kloster Sant'Antimo

„Wenn die Menschen nicht sprechen, dann sollen die Steine schreien." Die Steine schrien ganze 530 Jahre, bis wieder Mönche nach Sant'Antimo zurückkehrten. Eindrucksvoll sind die gregorianischen Gesänge, mit denen die Padres mehrmals am Tag ihre Messen und Andachten untermalen.

Die herrlich gelegene Benediktinerabtei unterhalb des kleinen Dorfes Castelnuovo dell'Abate (10 km südlich von Montalcino) wurde bereits im 8. Jh. gegründet und in den folgenden Jahrhunderten stetig erweitert. Die mächtige Kirche, im 12. Jh. aus cremefarbenem Travertin errichtet, ist ein stattliches Beispiel des italienisch-romanischen Baustils. Sie wurde nie ganz fertig gestellt, da der aufwendige Bau wahrscheinlich den finanziellen Rahmen der Abtei überstieg.

• *Öffnungszeiten* tägl. 10.30–12.30 Uhr und 15–18.30 Uhr.

• *Anfahrt* Am Ortseingang von Castelnuovo dell'Abate (aus Montalcino kommend) steil rechts ab, die Abbazia Sant'Antimo ist bestens beschildert.

• *Verbindungen* **Bus**: Unregelmäßige Verbindungen von und nach Montalcino (Privatbus, nur im Sommer). Erkundigen Sie sich in der Touristeninformation in Montalcino.

• *Übernachten/Essen/Trinken* **Locanda Sant'Antimo**, oberhalb der Abtei gibt es eine Zimmervermietung mit 5 einfachen Zimmern (DZ 57–62 €), ✆ 0577/835615; auch Restaurant und Holzofenpizza (mit Terrasse), Di geschlossen.

Gegenüber kann man für einen Imbiss und ein Gläschen bis auf montags in die **Osteria Bassomondo** einkehren.

Pienza

(ca. 3.000 Einwohner)

Die erste am Reißbrett entworfene Musterstadt (Città Ideale) der Toscana entstand auf Wunsch von Papst Pius II. (1405–1464) in dessen Geburtsort Corsignano. In nur zwei Jahren Bauzeit sollte der nunmehr Pienza genannte Ort zur „Perle der Renaissance" werden. Doch Pius starb noch vor der Vollendung des gigantischen Projektes.

In Pienza wurde zum ersten Mal versucht, die Ideale der Humanisten städtebaulich umzusetzen. Mit dem Bau von Rathaus, Palast und Kathedrale wurde der Baumeister *Il Rosselino* beauftragt. Ferner wurden die Kardinäle angehalten, hier einen Palast zu bauen, aber nicht jeder hatte das Geld dazu.

In Pienza spielt sich hauptsächlich Tagestourismus ab. Pro Jahr zählt das schöne Renaissance-Städtchen bis zu 1 Millionen Besucher. Nach Möglichkeit sollte man Pienza daher nicht an Wochenenden aufsuchen, da es hier im Sommer dann besonders voll sein kann. Erst abends wird es hier ruhiger. Auf dem Corso finden sich zahlreiche touristisch aufbereitete (und meist teure) Enotheken und Feinkostläden. Bei einem Spaziergang durch das Städtchen sollten Sie es auf keinen Fall versäumen, einen Abstecher zur Stadtmauer (hinter dem Dom) zu machen: Von hier eröffnet sich ein toller Weitblick auf die toscanischen Hügel bis hinüber zum über 1700 m hohen Monte Amiata.

Die **Kathedrale Santa Maria Assunta (Duomo)**, deren Fassade im Renaissancestil gehalten ist, präsentiert sich im Innern als typisch gotische Hallenkirche – eine ansonsten in Italien eher selten vorkommende Sakralarchitektur. Links vom Chorraum zieht das Altarbild „Mariä Himmelfahrt" von *Il Vecchietta* (1412–1480) die Aufmerksamkeit auf sich. Dieses Meisterwerk der Frührenaissance zeigt Pius, wie er die abgeschnittenen Brüste der hl. Agata segnet – eine schockierende Darstellung von physischer Grausamkeit.

Öffnungszeiten tägl. 8–13 und 15–19 Uhr.

Palazzo Piccolomini: Im Stil des Florentiner Palazzo Rucellai gehalten, mit Kreuzgang und Hängegärten, von denen sich eine tolle Aussicht auf das Orcia-Tal bis zum Monte Amiata bietet. Die erste Etage mit Speisesaal, Waffenraum und kleiner Bibliothek ist zu besichtigen. Gleich links vom Eingang das Musikzimmer, in dem vergilbte Fotos der letzten adeligen Bewohner zu sehen sind. Das Ganze wirkt authentisch: löchrige Polstermöbel, abgewohnt, speckig. 1962 verstarb der letzte Piccolomini, seitdem ist der Palast unbewohnt.

Öffnungszeiten 10–12.30 und 16–19 Uhr (im Winter 15–18 Uhr), Mo geschlossen. Die Führung dauert ca. 30 Min., Eintritt 3 € (erm. 2 €).

Information/Verbindungen

• *Information* Piazza Pio II, gegenüber der Kathedrale. Man kann sich hier einen Audioguide (auch in Deutsch) für den Stadtspaziergang ausleihen (5,16 €), Dauer der Führung ca. 1 Std. Tägl. 9.30–13 und 15–18.30 Uhr. ✆/℻ 0578/749071, www.infinito.it/utenti/ufficio.turistico.

• *Verbindungen* 7x tägl. **Busse** der Gesellschaft TRA.IN von und nach Siena und Montepulciano. Abfahrt in der Via della Madonnina (nahe der Piazza Dante Alighieri), Tickets beim Zeitschriftenladen im Eckhaus an der Piazza Dante Alighieri.

Übernachten

*** **Il Chiostro**, DZ 176 €, EZ 113 € (je inkl. Frühstück). Im ehemaligen Stadtkloster S. Francesco hat 1993 diese Nobelherberge ihre Tore geöffnet. Von der Ausstattung, den geräumigen Zimmern (ca. 20 qm) und nicht zuletzt auch vom freundlichen Service her hätte das Hotel eigentlich ein Extra-Sternchen verdient. Im gepflegten Garten befinden sich Pool und Liegewiese. Vornehmes Hotelrestaurant. Corso Rossellino 26, 53026 Pienza, ✆ 0578/748400, ℻ 0578/748440.

*** **Corsignano**, DZ 99 €, EZ 73 €, Preise inkl. Frühstück. Kompetente u. freundliche Rezeption. Moderner Bau an der Straße nach Siena, 3 Min. außerhalb der Altstadtmauern. Mit Restaurant für die Hotelgäste. Via della Madonnina 11, 53026 Pienza, ✆ 0578/748501, ℻ 0578/748166.

Residence/Camere San Gregorio, nur wenige Meter vom Dal Falco entfernt. 1999 eröffnet, moderne DZ für 68 €, Appartement für 2 Personen 85–96 € (in der Saison nur wochenweise). Via della Madonnina 4, 53026 Pienza, ✆ 0578/748175 oder 0578/748059, ℻ 0578/748354.

• *Privatzimmer* Unser Tipp sind die **Camere Oliviera** von Nello Ciacci in ruhiger Lage in einer Seitengasse des Corso Rossellino. Sig. Ciacci vermietet 3 Appartements (2–4 Personen) für 62–78 €, eines der 4 DZ mit Bad kostet 50 € (inkl. Frühst.). Alle Appartements mit Küche, Bad und TV, angenehm eingerichtet. Ab 5 Tagen Aufenthalt gibt es ca. 10 % Rabatt. Via Condotti 4b, 53026 Pienza, ✆/℻ 0578/748274 oder ✆ 0578/748205.

L'Affittacamere del Corso, 3 DZ in einem alten Palazzo, alle mit eigenem Bad, ca. 60 €. Zimmer eher klein, dafür aber mittendrin an der Hauptgasse von Pienza. Corso Rossellino 99, 53026 Pienza, ✆/℻ 0578/748550.

Camere in Pienza, 4 stilvolle DZ in einem Renaissance-Palast schräg gegenüber vom Dom ab 53–70 € (3-Bett ab 94 €), für Infos in der Bar „La Posta" fragen, Corso Il Rossellino 23, 53026 Pienza, ✆ 0578/748500 oder 0578/748349.

• *Agriturismi* **Podere Lamone**, sehr freundlicher Familienbetrieb mit 2 großzügigen Appartements. Pro Woche ab 350–500 €. Monticchiello, 53026 Pienza, ✆ 0578/755074, ℻ 0578/755749, www.cretedisiena.com.

Podere Il Casale – Agricampeggio, auf einem Hügel bei Monticchiello. Seit 1999 steht den Gästen ein kleiner „Agricampeggio" zur Verfügung (Stellplatz 5,50 €, pro Person 8,50 € inkl. Frühstück). Das Restaurant bekocht nur Schlafgäste, gegessen wird allabendlich gemeinsam an großer Tafel auf der wunderschönen Terrasse des Anwesens. Anfahrt: An der SP 146 von Pienza nach Montepulciano rechts dem Wegweiser nach Monticchiello folgen (Schotterstraße), nach ca. 3 km taucht das Il-Casale-Schild auf, dort links hoch). 53026 Pienza, ✆/℻ 0578/755109, podereilcasale@libero.it.

Essen/Trinken

Latte di Luna, Via San Carlo 2–4. Täglich wechselnde Gerichte, typisch toscanische Küche, gerne von Einheimischen besucht. Benannt nach einer Erosionszone vor der Stadt, die wegen ihrer weißen Erde „Milch des Mondes" genannt wird. Mittleres bis leicht gehobenes Preisniveau, mittags und abends geöffnet, Di geschlossen. ✆ 0578/748606.

La Cucina di Fiorella, Via Condotti 11. Exzellente Küche, Spezialität sind die handgemachte Pici und Risotto mit Brennnesselspinat. Gehobenes Preisniveau. Mittags und abends geöffnet, Mi geschlossen, ✆ 0578/749095.

Il Prato, Viale S. Caterina 1–3. Gediegennobles Ambiente mit gutem Service, schöner Blick von der Terrasse, obere Preisklasse. Mittags und abends geöffnet, Di geschlossen. ✆ 0578/749924.

Osteria Sette di Vino, Piazza di Spagna 1, nett zum Draußensitzen. Serviert werden Crostini, Käse, Fladenbrot, Sardellen in Pesto, Rucola-Salat, leckeres Gemüse und andere Gaumenkitzler – eine raffinierte Auswahl an Snacks. Mittags und abends geöffnet, Mi geschlossen, ✆ 0578/749092.

Birreria Sperone Nudo, im Zentrum (ebenfalls Piazza di Spagna). Snacks, dazu Bier vom Fass. Mittags und abends geöffnet, Mo geschlossen. ✆ 0578/748641.

Caffè la Posta, Piazza Pio II. Hinter dem hübschen Schild der ehemaligen Poststation von Pienza gibt's süße Köstlichkeiten aus der Gegend, außerdem Zigaretten, Zeitungen und Landkarten der Umgebung.

Dolce Sosta, Bar, Pasticceria und Gelateria, hier gibt's das beste Eis der Stadt (Mo geschlossen).

Toscana
Karten S. 60/61 und S. 216/217

Montepulciano

(ca. 15.000 Einwohner)

Der Ort an einem Steilhang am Rande des Chianatals ist bis heute über die Grenzen der alten Stadtmauern nicht hinausgewuchert – ein Stück ländliches Mittelalter, vermischt mit dem Renaissancestil der Adelspaläste.

Montepulciano galt als beliebter Ruhesitz für Kaufleute aus Florenz und Siena, denen die städtische Konkurrenz zu schaffen machte und die sich hier ein Landgut aus Kirchenbesitz erwarben. Die Einwohner werden „Poliziani" genannt. Auch der bekannteste Sohn der Stadt nannte sich so: *Angelo Poliziano* (1454–1494), ein Humanist und Dichter, der am Hof in Florenz Lorenzo di Medicis Söhne unterrichtete.

Bei vielen Touristen erfreut sich Montepulciano vor allem wegen seiner hervorragenden Weine großer Beliebtheit – allen voran der berühmte **Vino Nobile di Montepulciano.** Dazu kommen das ganz besondere Flair, das das historische Städtchen ausstrahlt, sowie die zahlreichen komfortablen Hotels und empfehlenswerten Restaurants, die Montepulciano zu einem wirklich lohnenden Ziel in der südöstlichen Toscana machen.

Montepulciano – eines der höchstgelegenen Städtchen der Toscana

Bravìo delle Botti

Der „Palio" der Stadt findet jedes Jahr am letzten Sonntag im August statt. Um 10 Uhr morgens startet der Wettstreit der acht *Contrade* (Stadtteile) von Montepulciano, jedes Viertel schickt zwei kräftige junge Männer ins Rennen, die von der *Piazza Savonarola* (Palazzo Avignonesi) den 1650 m langen Weg zur *Piazza Grande* zurücklegen müssen – und dabei ein 80 kg schweres Weinfass die steile Straße hochzurollen haben. Die begehrten Startplätze in erster oder zweiter Reihe werden ausgelost, die durchschnittliche Zeit des Rennens liegt bei etwa 8 Minuten (!). Wer sich das Spektakel anschauen will, sollte frühestmöglich an Ort und Stelle sein (Eintritt ca. 5 €). Eröffnet wird das traditionelle Stadtfest schon in der vorhergehenden Woche mit einer Reihe von Veranstaltungen: u. a. am Sonntag zuvor mit einer historischen Prozession und am Donnerstag mit einer Kerzenprozession. Infos und ein Programm der Veranstaltungen erhalten Sie bei der Pro Loco oder unter www.braviodellebotti.it.

Information/Verbindungen/Diverses

• *Information* **Pro Loco**, Via di Gracciano nel Corso 59 a (im Seitengebäude der Chiesa Sant'Agostino). Viel Info-Material über die Stadt und Internetnutzung. Tägl. 9.30–12.30 und 15–19 Uhr geöffnet, im August durchgehend 9–20 Uhr, ✆ 0578/757341, www.prolocomontepulciano.it.

• *Verbindung* **Bahn**: 10 km entfernt liegt der Minibahnhof Montepulciano Stazione, die Lokalzüge auf der Strecke Siena–Chiusi halten hier. Buszubringer zur Busstation Piazzale Pietro Nenni.

Bus: Große Busstation mit Bar und Ticketverkauf unterhalb der Ringstraße beim Hotel Granducato. 5x tägl. Pienza und Siena, 3x Florenz, fast stündlich nach Chiusi und Chianciano Terme.

Stadtbusse: Wem's zu heiß ist – ca. alle 30 Minuten fahren von der Via Sangallo bzw. vom Busbahnhof kleine Busse hoch zur Piazza Grande (7–20 Uhr). Tickets am Busbahnhof, beim Pro Loco oder bei verschiedenen Tabaccherie.

• *Sprachschule* **Il Sasso**, Via di Gracciano nel Corso 2. Ein zweiwöchiger Sprachkurs kostet 340 €, Unterkünfte werden auf Wunsch vermittelt (ca. 32 € pro Pers. und Nacht). ✆ 0578/758311, 📠 0578/757547, www.ilsasso.com.

Übernachten

*** **Granducato (1)**, DZ mit Balkon und Blick auf das kommunale Fußballstadion 94 €, EZ 62 €, jeweils mit Frühstück. Großes, modernes und komfortables Hotel aus den 1990ern, professionell-freundlicher Service. Von der Ringstraße beschildert. Via delle Lettere 62, 53045 Montepulciano, ✆ 0578/758610, 📠 0578/758597.

*** **Il Borghetto (6)**, DZ mit Dusche 95 €, EZ 85 € (ohne Frühst). Klein, aber fein – 11 Zimmer in einem komfortablen Etablissement in der Altstadt. Borgo Buio 7, 53045 Montepulciano, ✆ 0578/757535, 📠 0578/757354, www.ilborghetto.it.

*** **Marzocco (3)**, DZ mit Bad 88 €, EZ 60 €. Teils hübsch renovierte Zimmer. Unser Tipp: Nr. 25 und Nr. 26, beide mit ausladendem Balkon und Aussicht. Piazza Savonarola 18, 53045 Montepulciano, ✆ 0578/757262, 📠 0578/757530.

*** **Albergo Duomo (18)**, modern-rustikal eingerichtetes Haus beim Dom (und somit ganz oben am Berg), 13 z. T. recht große Zimmer mit Bad und TV, DZ inkl. Frühstück 98 €, EZ 82 €. Parkmöglichkeit in der Nähe. Via San Donato 14, 53045 Montepulciano, ✆/📠 0578/757473.

***__La Terrazza (15)__, ganz in der Nähe des Doms (unterhalb davon), mit Dachterrasse. Nur wenige, aber gepflegte, jüngst renovierte und sehr ansprechende Zimmer, wenn auch etwas klein. Stilvoll mit altem Mobiliar eingerichtet, alle Zimmer mit Bad und TV. DZ 92 € (inkl. Frühstück). Via Piè al Sasso 16, 53045 Montepulciano, ✆/📠 0578/757440.

Ü bernachten

1 Granducato
3 Marzocco
5 L'Agnolo Meublè
6 Il Borghetto
10 Bellavista
14 Meublé Il Riccio
15 La Terrazza
18 Albergo Duomo
21 Panoramic

E ssen & Trinken

2 Trattoria Diva
4 Il Cantuccio
7 Borgo Buio
8 Le Logge del Vignola
9 Caffè degli Archi
11 Caffè Poliziano
12 Trattoria Cittino
13 Rosticceria di Voltaia
16 Ai 4 Venti
17 Trattoria di Cagnano
19 Osteria Acquacheta
20 La Grotta

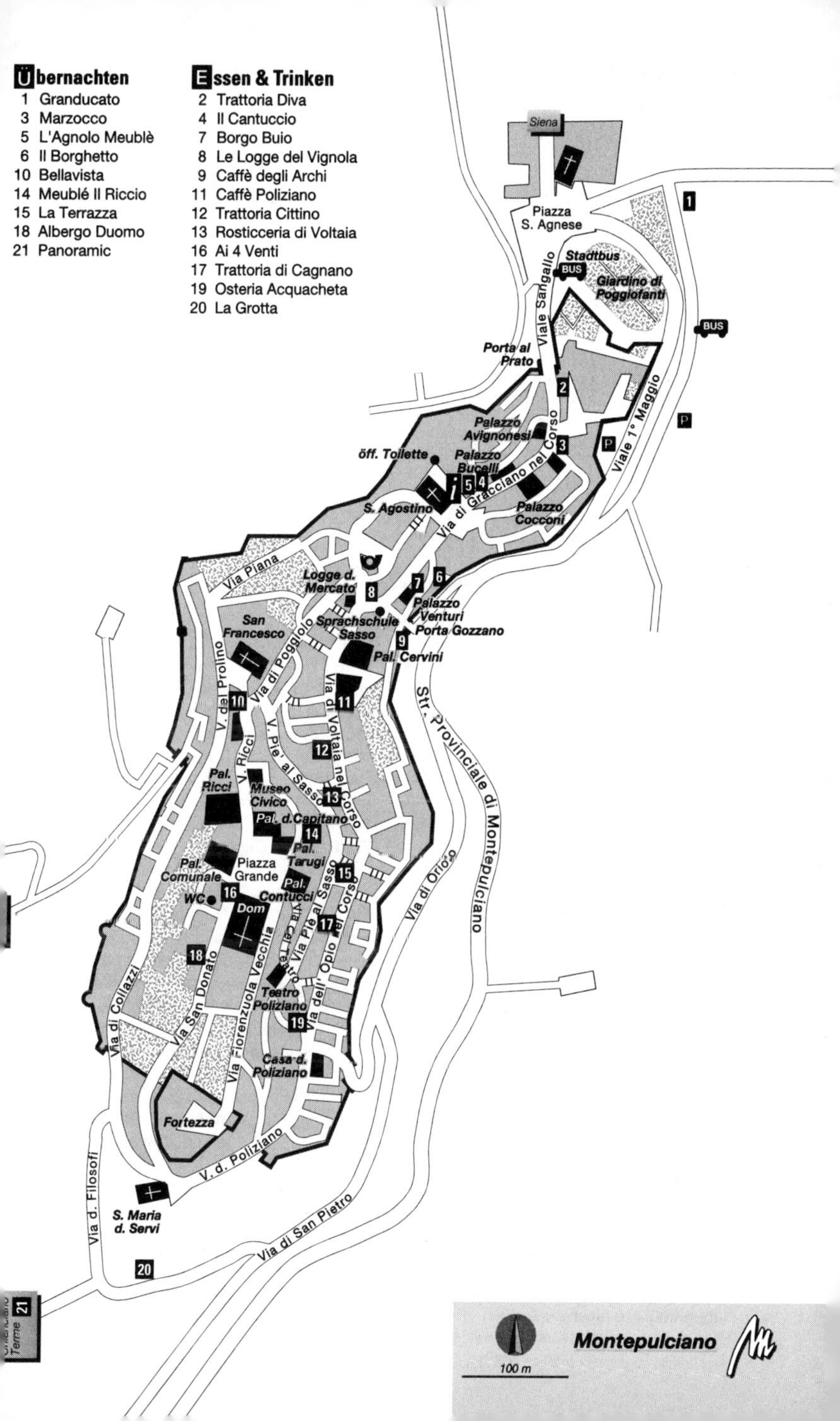

L' Agnolo Meublè (5), im Zentrum gleich neben dem Proloco vermietet Signora Cinzia in einem alten Renaissance-Palazzo ganzjährig 5 schöne und große DZ (83 €, Dreier-Zimmer 110 €, EZ 57 € inkl. Frühstück in der Bar). Via di Gracciano nel Corso 63, 53045 Montepulciano, ✆ 0578/757095 oder 339/2254813.

Meublé Il Riccio (14), ganz oben im Ort (nahe dem Dom). Nur DZ (mit Bad, TV und Aircond.) für 96 €. 5 modern eingerichtete Zimmer mit Dusche und eigenem Kühlschrank. Herrliche Dachterrasse, im gemütlichen Wohnzimmer liegen für die Gäste Zeitungen und Zeitschriften aus. Via Talosa 21, 53045 Montepulciano, ✆/℻ 0578/757713.

Bellavista (10), vermietet sehr schlichte Camere, DZ 50–60 € (fragen Sie nach Zimmer Nr. 6 – mit Terrasse). Wenn niemand da ist, hartnäckig folgende Telefonnummer wählen: ✆ 0578/757348. Via Ricci 25, 53045 Montepulciano.

• *Außerhalb* *** **Panoramic (21)**, ca. 3 km außerhalb Richtung Chianciano, die Preise für ein DZ (keine EZ) variieren zwischen 60 und 90 € inkl. Frühstück. Gepflegtes Hotel mit Pool in Toplage auf einem Hügel. In den 1960er Jahren erbaut und immer noch komplett im damaligen Stil eingerichtet. Via di Villa Bianca 8, 53045 Montepulciano, ✆ 0578/798398, ℻ 0578/799205.

Podere Fontecastello, am unteren Stadtrand (ca. 500 m vom Stadio Comunale). Hübsch restauriertes Landhaus mit drei geschmackvoll eingerichteten Appartements mit Küche für 2–6 Pers., nur wochenweise für 468–572 € (HS) bzw. 390–494 € (NS). Von November bis April auch tageweise für 26–36 € pro Person. Via Acqua Puzzola 3, 53045 Montepulciano, ✆/℻ 0578/716831.

Essen/Trinken/Wein (siehe Karte S. 271)

• *Essen/Trinken* **Il Cantuccio (4)**, Via delle Cantine 1. Gute toscanische Küche zu gehobenen Preisen, begleitet vom relativ teuren Hauswein. Mittags und abends geöffnet, Mo geschlossen. ✆ 0578/757870.

Le Logge del Vignola (8), sehr schickes Ristorante seitlich der Via di Gracciano. Gehobenes Preisniveau, in kurzen Hosen und Sandalen sollte man nicht kommen. Mittags und abends geöffnet, Di geschlossen. Via delle Erbe 6, ✆/℻ 0578/717290.

Trattoria Diva e Maceo (2), Via di Gracciano 92, nicht weit von der Porta al Prato entfernt. Freundliche Bedienung, gemütliches Ambiente, normale Preise, hausgemachte Pici und Bistecca vom Holzkohlegrill. ✆ 0578/716951, Di geschlossen.

Trattoria Cittino (12), Vicolo della Via Nuova 2. Vermutlich das preiswerteste Restaurant von Montepulciano, TV inklusive. Die Wirtin hält nichts von der Cucina nobile, sondern pflegt Hausmannskost, die jedermann bezahlen kann, z. B. *Pici bianchi* mit Semmelbröseln (6 €). In der Nebensaison riskiert man Wartezeiten, die Wirtin ist dann oft allein für Küche, Bar und Service zuständig (ohne ihre Freundlichkeit zu verlieren). Hier werden auch einige DZ (ohne Bad) für ca. 34 € vermietet. ✆ 0578/757335.

Trattoria/Rosticceria di Voltaia (13), Via dell'Opio nel Corso 86. Sehr günstig, frisch zubereitete einfache Küche, niedriges Preisniveau, aufmerksamer Service, angenehm unspektakulär. Täglich 12–23 Uhr geöffnet, Sa geschlossen, ✆ 0578/757582.

Borgo Buio (7), Via Borgo Buio 10, gemütliches, großes Kellerlokal. Besteht aus zwei Speiseräumen, der Osteria mit ausführlicher Speisekarte und der Enoteca, wo auch Antipasti und Primi serviert werden. Gehobene Preise, angenehme Atmosphäre. Mittags und abends geöffnet, Do Ruhetag. ✆ 0578/717497.

Trattoria di Cagnano (17), lebhafter Betrieb, in dem es in mehreren Sälen vor allem Pizza gibt. Mo geschlossen, Via dell' Opio nel Corso 30, ✆ 0578/758757.

Osteria Acquacheta (19), der Tipp auch für kleinere toscanische Gerichte in gemütlichem Ambiente eines Familienbetriebes, Via del Teatro 22, ✆ 0578/717086.

Wer mit Blick auf die Piazza Grande speisen möchte, kann das im Restaurant **Ai 4 Venti (16)**, Do geschlossen, Piazza Grande, ✆ 0578/717231.

• *Außerhalb* **La Grotta (20)**, Edelristorante, unterhalb von Montepulciano gegenüber von San Biagio gelegen. Nobles Ambiente in zwei Speisesälen, kleiner Garten. Toscanische Spezialitäten, für ein Menü muss man mit 25–40 € pro Person rechnen, im Angebot selbstverständlich auch einige hervorragende Weine. Mittags und abends geöffnet, Mi geschlossen, Reservierungen unter ✆ 0578/757607.

Antico Caffè Poliziano (11), nobles Traditionscafé mit Verspiegelung auf zwei Etagen, 1868 eröffnet. Die grandiose Aussicht über die Landschaft hilft, die teuren Preise zu verdauen. Feines Restaurant im Kellergeschoss.

Caffè degli Archi (9), großes Café im Neon-Stil, etwas versteckt gelegen. Erst abends um 23 Uhr wird es knackig voll. Snacks, Bier, gelegentlich Livemusik (Jazz). 21–3 Uhr geöffnet.

• *Wein* Älteste Probierstube der Stadt ist der **Palazzo Contucci** an der Piazza Grande. Hier werden die Spitzenweine der Azienda Agricola Contucci angeboten: Vino Nobile ab ca. 10 €, ein einfacherer Montepulciano kommt auf ca. 6 €, der Riserva auf ca. 20 €. Geöffnet 8–12.30 und 14.30–18.30 Uhr, Via San Donato 15, ✆ 0578/757006, www.contucci.it.

Toscana Karten S. 60/61 und S. 216/217

Sehenswertes

Kurz hinter dem unteren Ortseingang, der *Porta al Prato* aus dem 13. Jh. (im 16. Jh. restauriert), gelangt man zur *Piazza Savonarola:* Hier wurde 1511 die **Colonna del Marzocco** mit dem florentinischen Löwen als eindrucksvolles Machtsymbol der Republik Florenz aufgestellt. Zu sehen ist heute eine Kopie aus dem Jahr 1856, das Original des Löwen befindet sich im Museo Civico (s. unten). Gegenüber stößt man auf den **Palazzo Avignonesi**, an dessen Architektur der Baumeister Vignola (1507–1573) maßgeblich beteiligt gewesen sein soll. Nur wenige Meter weiter fällt der **Palazzo Bucelli** (Nr. 73) ins Auge; sein Gebäudesockel ist fast vollständig mit Bruchstücken etruskischer Graburnen verziert.

Ein Stück weiter ragt die elegante Marmorfassade der **Chiesa Sant'Agostino** auf (außen Frührenaissance und innen Spätbarock). Auf dem gegenüberliegenden Glockenturm schlägt der in weißem Blech gewandete Commedia-dell'Arte-Clown *Pulcinella* die Stunden. Es heißt, ein verbannter neapolitanischer Bischof habe das Glockenspiel der Stadt überlassen, zum Dank dafür, dass er mehrere erfüllte Jahre hier verbringen durfte.

Piazza Grande: An dem von Palästen und Rathaus umgebenen Hauptplatz in der Oberstadt dominiert als neuestes Bauwerk der frühbarocke **Dom**. Um 1600, in einer Phase des wirtschaftlichen Niedergangs, begonnen, wurde die rohe Backsteinfassade nie ganz fertig gestellt. Der unförmige, bauklotzartige Turm stammt noch vom Vorgängerbau aus dem 15. Jh. Über dem Altar strahlt ein großartiges, farbenfrohes Triptychon von *Taddeo di Bartolo*, links neben dem Eingang ein Terrakotta-Altar von *Andrea della Robbia*, die Seitenaltäre sind den geldklammen Stiftern gewidmet.

Öffnungszeiten Der Dom ist täglich von 9.30–13 und von 15–19 Uhr geöffnet.

Museo Civico: Vier Abteilungen mit einer Vielzahl von Ausstellungsstücken: in der archäologischen Abteilung etruskische Urnen und Grabbeigaben sowie römische Funde aus der Umgebung, in der „Sezione Poliziano“ einige Travertin-Arbeiten aus dem 14.–17. Jh. (u. a. der florentinische Löwe *Marzocco*). In der Pinakothek warten zahlreiche Altar- und Madonnengemälde aus dem 13.–16. Jh. (das wertvollste Stück der Sammlung schuf *Sodoma* zwischen 1530 und 1535: die „Sacra Famiglia con San Giovannino“), außerdem Landschaftsansichten, Stillleben sowie Porträts aus dem 17.–18. Jh. Eine eigene Abteilung ist den Terrakottaarbeiten von *Andrea della Robbia* gewidmet.

Öffnungszeiten Di–So 10–13 und 15–18 Uhr, im Sommer durchgehend 10–19 Uhr. Montags geschlossen, Eintritt 4,13 € (2,58 € ermäßigt). Via Ricci 10, ✆ 0578/717300.

Chianciano Terme

(ca. 7.400 Einwohner)

Vom alten Zentrum ziehen sich die unzähligen Hotelbauten etwa drei Kilometer an einem sanften Talhang entlang nach Süden. Große Straßenzüge prägen das Bild, von Toscana-Flair ist hier nichts zu spüren.

Die Heilquellen müssen schon den Etruskern bekannt gewesen sein. In der Neuzeit wurden sie erst um die Wende zum 20. Jh. wiederentdeckt. Aus dieser Zeit stammt noch das noble Grand Hotel mit seinem luxuriösen Foyer. Den richtigen Boom erlebte der Kurort dann nach dem Zweiten Weltkrieg, besonders in den 1960er Jahren. 250 Hotels mit insgesamt 13.000 Betten wurden erbaut! Als Zentrum des neustädtischen Kurortes, in dem sich auch die Touristeninfo befindet, sei zur Orientierung die ausgeschilderte *Piazza Italia* angegeben. Nahezu unbehelligt vom Kurbetrieb liegt das beschauliche alte Zentrum von Chianciano mit seiner Häuserkrone auf dem Stadthügel. Einen Besuch wert sind auch die beiden prächtigen Kurparks: **Parco Acqua Santa** und **Parco Fucoli**.

• *Öffnungszeiten* **Parco Acqua Santa**, ganzjährig geöffnet. Von 8–12 Uhr 7,90 € inkl. Heilwasser und Eintritt in den Parco Fucoli (Nebensaison 6,30 €), nachmittags von 17–19 Uhr zum Spazierengehen kostenlos. Über Mittag geschlossen. Infos unter ✆ 0578/68111 (auch für Fucoli), www.termechianciano.it. **Parco Fucoli**, Mitte April bis Mitte Oktober. 7–12 Uhr mit dem Ticket des Parco Acqua Santa, nachmittags (16–19 Uhr) ca. 5,30 € (in der Nebensaison ca. 3,70 €). Beide Parks sind ausgeschildert und liegen (quasi nebeneinander) an der Straße Richtung Chiusi.

Wen jedoch wirklich schöne Gartenarchitektur interessiert, sollte *La Foce* besuchen, eine Pilgerstätte für Liebhaber italienischer Renaissancegartenkunst. Das Anwesen diente bereits im 15. Jh. als Herberge und ist heute im Privatbesitz der Familie Origo, die erst in den 20er Jahren des 20. Jh. diesen Garten anlegte. Einstündige Besichtigungstouren jeden Mittwoch Apr.–Sept. 15–19 Uhr, Okt.–März 15–17 Uhr, Eintritt: 10 €, ✆ 0578/69101, www.lafoce.com.

• *Information* Sitz des APT-Büros für die umliegenden Kommunen an der Piazza Italia 67. Mo–Sa 8–14 und 16–19 Uhr, So 9–12 Uhr, ✆ 0578/671122/23, 📠 0578/63277, www.terresiena.it.

• *Übernachten* **** **Grand Hotel**, das Hotel könnte trotz aller Nostalgie eine Renovierung vertragen. DZ 135 € inkl. Frühstück. Piazza Italia, 53042 Chianciano Terme, ✆ 0578/63333, 📠 0578/62014.

Palazzo dell' Opera, in der Altstadt (gleich rechts nach dem Torbogen). Schöne, aber nicht ganz billige Übernachtungsmöglichkeit in den 4 Appartements eines alten Palazzos, in dem sich alles um Giacomo Puccini dreht. Je nach Ausstattung pro Tag 104–155 €, pro Woche 620–930 €. Via Casini 28, 53042 Chianciano Terme, ✆ 05787/30344, 📠 0578/64675.

• *Essen/Trinken* ebenfalls in der Altstadt kann man ganz gemütlich im **Ristorante/Pizzeria La Tavernetta** essen, Mo geschlossen, ✆ 0578/31249, Piazza Gramsci (bevor man durch den Altstadtbogen fährt, links unterhalb).

Chiusi

(ca. 10.000 Einwohner)

Der auf einem kleinen Hügel erbaute Ort war Königssitz von Re Porsenna, dem wohl mächtigsten Führer der etruskischen Konföderation. Nach den Aufzeichnungen von Plinius dem Älteren, einem der ersten römischen Geschichtsschreiber, soll Porsenna im Jahre 507/506 v. Chr. Rom erobert und mit Tributpflicht belegt haben.

Plinius zitiert aus den Aufzeichnungen eines gewissen *Terenzio Varone*, nach denen sich unterhalb von Chiusi das mächtige pyramidenförmige Grab des Herrschers befinden sollte. Bei dessen letzter Ruhestätte handele es sich – so der Chronist – um eine pure Orgie in Gold: ein goldener Wagen, gezogen von zwölf goldenen Pferden, dazu ein goldenes Huhn und 5000 Küken, ebenfalls aus dem edlen Material gefertigt. Gesichert ist, dass ein Teil der Stollen zu Verteidigungszwecken erbaut wurde: Die Krieger konnten auf diesem Wege die Stadt verlassen und dem Feind dann in den Rücken fallen.

Der Tourismus hat für Chiusi nur eine geringe wirtschaftliche Bedeutung. Arbeitsplätze schaffen der Schlachthof, die Lederverarbeitung (Schuhe) und eine Möbelfabrik. Das ruhige Zentrum lädt zum Spaziergang ein. In der Hauptgasse Via Porsenna finden sich zahlreiche kleine Geschäfte, und von der *Piazza Olivazzo* (von der Via Porsenna in die Via Petrarca) mit ihren einladenden Steinbänken hat man einen herrlichen Panoramablick auf die Umgebung. Treffpunkt des Städtchens ist der kleine, schattige Park gegenüber dem Etruskischen Museum mit Bar/Kiosk.

Information/Verbindungen

• *Information* **Pro Loco**, direkt am Domplatz. Mo–Sa 9.30–12.30 und 15.30–18.30 Uhr, So und feiertags nur vormittags, ✆/📠 0578/227667, prolocochiusi@bcc.tin.it.

• *Verbindungen* **Bahn**: Chiusi liegt an der Bahnlinie Arezzo–Orvieto/Rom. Der Bahnhof befindet sich in der Neustadt Chiusi Scalo; von hier häufige Verbindungen (ca. stündl.) nach Siena und Florenz. Außerdem mehrmals tägl. nach Rom, Milano etc. Busverbindung zwischen dem Bahnhof und der Altstadt (Via Garibaldi) alle 30 Min.

Busse starten vor dem Bahnhof in Chiusi Scalo. 3x tägl. Siena, 9x Chianciano Terme und Montepulciano, 2x Cetona, 4x San Casciano dei Bagni, 4x Radicofani und weiter nach Abbadia San Salvatore. Fahrscheine am Zeitungskiosk in der Bahnhofshalle.

Übernachten

La Casa Toscana, gepflegtes Bed &Breakfast im Zentrum der Altstadt, mit fünf geschmackvoll eingerichteten Doppelzimmern. Das DZ mit Bad, TV und Kühlschrank kostet 100 €, Drei-Bett 130 €, EZ 80 € (reichhaltiges Frühstück). Via E. Baldetti 37, 53043 Chiusi, ✆ 0578/222227, 📠 0578/223812, www.valerianigroup.com.

** **La Sfinge**, Eckhaus am unteren Ende der zentralen Via Porsenna, 12 DZ mit Bad und unterschiedlicher Ausstattung ab 55–77 €, EZ 52 €. Gastfreundliche, nette Wirtsleute, gepflegte, größtenteils geräumige Zimmer. Via Marconi 2, 53043 Chiusi, ✆/📠 0578/20157, www.albergolasfinge.it.

• *In Bahnhofsnähe – Chiusi Scalo* *** **Centrale**, Piazza Dante 3, DZ 54–62 €, EZ 41 €, Zimmer mit Bad, kein Frühstück. Alteingesessen (seit 1910), aber gut in Schuss. ✆ 0578/20118.

• *Außerhalb – Lago di Chiusi* *** **La Fattoria**, traumhafte, mit wildem Wein umrankte Landherberge mit nur acht bequemen Zimmern, DZ 90–103 €, EZ 73–83 € (jeweils inkl. Frühstück). Von der großen Terrasse des beliebten **Restaurants La Fattoria** hat man einen schönen Blick auf den 500 m entfernten Lago di Chiusi. Das Restaurant ist mittags und abends geöffnet, Mo geschlossen. 53043 Chiusi, ✆ 0578/21407, 📠 0578/20644, www.la-fattoria.it.

• *Camping* **La Fattoria**, gehört zum gleichnamigen Albergo nebenan (Adresse und Telefonnummer siehe oben). Klein aber gut ausgestattet (nur für ca. 300 Pers.), elektrische Anschlüsse. Leicht abfallende Wiese und Nadelbäume. Pro Person und Zelt je 7–8 €, Auto 2 €.

Essen/Trinken

La Zaira, Via Arunte 12. Chiusis vornehmste Adresse. Im Familienbetrieb geführt, sehr gepflegte, etwas steife Atmosphäre. Ein Dutzend Gastronomieführer, die das Restaurant erwähnt haben, stehen auf dem Bücherbrett. Man sollte sich unbedingt den Weinkeller, der Teil des etruskischen Labyrinthsystems ist, zeigen lassen (siehe Sehenswertes). Hier lagern ca. 20.000 Flaschen Wein. Mittags und abends geöffnet, außerhalb der Saison Mo geschlossen, ✆ 0578/20260, www.zaira.it.

La solita Zuppa, Via Porsenna 21. Der Name („dieselbe Suppe") verrät Bescheidenheit. Hier wird modern aufgemachte traditionelle Küche serviert. Ein solches Angebot an Suppen (Vorspeise) findet man sonst selten in Restaurants. Viele einheimische Gäste bei zivilen Preisen. Di geschlossen, ✆ 0578/21006.

Il Duomo, an der Dompiazza (neben dem Infobüro). Gemütliches Ristorante mit Tischen an der Straße. Tägl. wechselnde Hauptgerichte, darunter oft Geflügel, aber auch Wildschwein. Faire Preise. Mittags und abends geöffnet, Mo geschlossen. Via Porsenna 70, ✆ 0578/222243.

Il Grillo è Buoncantore, ab 7.30 Uhr quasi durchgehend geöffnete Enoteca mit Pizza, selbst gebackenem Brot, Aufschnitt- und Käsespezialitäten sowie vielen kleinen Gerichten zu gutem Wein. Vom Neonlicht sollte man sich nicht abschrecken lassen; im Keller sitzt man abends gemütlich bei Kerzenschein. Mo geschlossen, ✆ 0578/20112, Piazza XX Settembre 10.

Il Kantharos, winziger Gastraum mit 3 Tischen und einem originellen Wirt, der in seiner winzigen Küche kleine Gerichte zubereitet. Auch gut für ein Glas Wein an der Theke! Geöffnet 11–16 und 18–22 Uhr, Mo geschlossen, Via Porsenna 37/39, ✆ 0578/21936.

• *Direkt am See* **Da Gino**, ein Ausflugslokal mit weit über 100 Sitzplätzen. Bodenständige Küche zu gemäßigten Preisen (Primi 6–7 €, Secondi ca. 7 €), auch einige Plätze auf der kleinen Terrasse. Bekannt ist Da Gino auch wegen seines Pesce Brustico. Mi geschlossen, ✆ 0578/21408.

Sehenswertes

Museo Archeologico Nazionale: Die umfangreiche Sammlung mit einer Fülle an kleinen und großen Exponaten bietet einen hervorragenden Einblick in die Kultur der Etrusker. Der rege Handels- und Ideenaustausch mit Griechenland zeigt sich deutlich an den Motiven der zahlreichen Tongefäße. Ausgestellt sind u. a. Toilettenartikel (Kämme), Haus- und Küchengeräte, Goldschmuck, Waffen, Masken, bemalte Graburnen und reliefverzierte Sarkophage aus Alabaster. Kurios sind die sog. Fälschungen: Da wurde eine bereits verwendete Graburne einfach entleert und mit dem ausgewechselten plastischen Porträt des Verstorbenen erneut benutzt.

• *Öffnungszeiten* Via Porsenna 17, tägl. 9–14 Uhr geöffnet, an Feiertagen 9.30–13 Uhr. Eintritt 4 € (unter 18 und über 65 J. frei). Im Eintrittspreis ist auch der Besuch der Etruskergräber (siehe unten) inbegriffen. Begleitete Führungen finden Di, Do und Sa statt (im Sommer 11 und 16 Uhr, im Winter 11 und 14.30 Uhr). Reservierungen unter ✆ 0578/227667.

Etruskergräber: Mehrere bedeutende etruskische Gräber befinden sich auf halbem Weg zum See (jeweils ausgeschildert).

Tomba della Scimmia: Die „Gruft des Affen" (5. Jh. v. Chr.) besteht aus einer Vorhalle und drei Grabkammern. Auf einem Wandfresko mit zahlreichen Sport-, Spiel- und Kampfszenen ist auch ein kleiner Affe zu sehen – daher der Name des Grabs.

Tomba della Pellegrina, Tomba del Leone: Diese Gräber enthalten kolorierte Urnen und reliefverzierte Sarkophage. Beim besser erhaltenen „Grab der Pilgerin" (Pellegrina) handelt es sich um ein sog. Ganggrab mit vier Grabnischen und drei Grabkammern. Auf einer der Graburnen sind Kampfszenen zwischen Griechen und Galliern zu sehen. Eine weitere Darstellung zeigt die Plünderung des Heiligtums von Delphi durch die Gallier. Eintritt siehe „Etruskisches Museum".

Porsenna-Labyrinth: Das weit verzweigte etruskische Gangsystem mit Wasserversorgung und Belüftungsschächten wurde bereits in den 20er Jahren des 20. Jh. erforscht. Heute ist ein 120 m langer Abschnitt der Öffentlichkeit zugänglich. Das legendäre Porsenna-Grab harrt weiterhin seiner Entdeckung.

Öffnungszeiten Dommuseum und Labyrinth: Juni bis Mitte Okt. tägl. 9.30–12.45 und 16–19 Uhr, den Rest des Jahres nur vormittags (an Sonn- und Feiertagen auch 15.30–18.30 Uhr). Dommuseum 2 €. Labyrinth 3 €, Führungen etwa alle 30 Minuten. ✆ 0578/226490.

Katakomben: *Santa Mustiola* (2 km nordöstlich von Chiusi) und *Santa Catarina* (in Chiusi Scalo). Im 17. Jh. entdeckten Mönche beim Graben eines Brunnens außerhalb von Chiusi die Santa-Mustiola-Katakomben aus dem 2./3. Jh.; auf die Santa-Catarina-Katakomben stieß man erst 1847. Es handelt sich um Grabstätten der Urchristen, die noch nach etruskischem Ritus bestattet wurden.

Öffnungszeiten Juni bis Mitte Okt. tägl. zwei einstündige Führungen um 11 und 17 Uhr, ansonsten nur vormittags (11 Uhr), sonn- und feiertags auch 16 Uhr, 5 €. Treffpunkt ist die Biglietteria am Dommuseum, hier erhält man auch eine Lagebeschreibung.

Monte Amiata

Der Gebirgszug um den 1738 m hohen (erloschenen) Vulkan bietet ein Kontrastprogramm zu den Kunst- und Kulturoasen der nördlichen Toscana. Dünn besiedelte Landschaft, über weite Strecken einsame Kastanien- und Buchenwälder und heiße Thermalquellen lohnen den Besuch.

Der Gipfel, *Vetta Amiata,* ist bis auf die letzten 200 m auch mit dem Wagen erreichbar. Hier oben hat man eine phantastische Aussicht auf die südliche Toscana bis hinüber zum Meer. Das eiserne Gipfelkreuz aus dem Jahr 1910 hatte schon einige Blitzschläge abbekommen, bevor es die Nazis bei ihrem Abzug aus der Region in die Luft sprengten. 1946 ließ es Papst Pius XII. wieder instand setzen (heute Bar und Souvenirstände). Wer den wenig anstrengenden Aufstieg vom obersten Parkplatz (Skilift und Hotels) zum Gipfel hinter sich gebracht hat, sollte noch ein Stück weiter der Beschilderung zur „Madonna degli Scouts" folgen: Nur etwa 5 Minuten vom Gipfelkreuz entfernt kommt man zu einer Felsengruppe mit erhöhtem Aussichtspunkt und Madonnenfigur. Vor allem morgens und abends bietet sich hier ein tolles Panorama.

Herbststimmung am Monte Amiata

• *Anfahrt* Der Gipfel des Monte Amiata liegt 12 km von Abbadia San Salvatore (s. unten) entfernt und ist bestens beschildert, die meiste Zeit führt die schmale Asphaltstraße durch dichten Wald. Gelegentliche Busverbindungen von Santa Fiora und Abbadia San Salvatore. Vom folgenden Hoteltipp sind es noch ca. 200 Meter zu Fuß empor, vorbei an den gigantischen Fernsehantennenanlagen.

• *Übernachten* *** **Albergo Sella**, am großen Parkplatz beim Gipfel, ein wenig Berghütten-Feeling auf knapp 1.700 m Höhe, schöne DZ mit Bad und TV 50–75 €, (Preise inkl. Frühstück). ✆ 0577/789747.

Albergo General Cantore, ein Berggasthof auf 1.600 m Höhe mit schöner Wiese davor, der von der sympathischen Wirtstochter Elisabetta geführt wird, DZ 60 € (inkl. Frühst.). II. Refugio, ✆ 0577/789789, ✆ 0577/789704.

Abbadia San Salvatore (ca. 6.000 Einwohner)

Die alte Bergarbeiterstadt ist der größte und höchstgelegene Ort am Amiata (830 m ü.d.M.). Der mittelalterliche Kern mit seinen ruhigen Gassen kontrastiert mit dem pulsierenden Leben in den Straßenzügen der Neustadt.

Die seit dem Mittelalter ausgebeuteten Quecksilberminen von Abbadia San Salvatore wurden in den 70er Jahren des 20. Jh. geschlossen. Seither sank die Einwohnerzahl von ehemals 9.000 um ein Drittel.

Sich in der relativ großen Neustadt zurechtzufinden ist nicht ganz einfach. Erschwert wird das Ganze durch ein trickreiches Einbahnstraßensystem. Der *Borgo Medioevale* (Altstadt) östlich der Neustadt ist ohnehin nur für Fußgänger zugänglich.

• *Information* **APT-Büro**, Via Adua 25 (im Zentrum nahe der Piazza Gramsci). Sitz des Fremdenverkehrsamts des Monte Amiata, Infos für Wanderer und Radfahrer. Mo–Sa 9–13 und 16–19 Uhr (im Winter bis 18 Uhr), So nur 9–13 Uhr. ✆ 0577/775811, www.amiataturismo.it.

Es gibt auch ein **Pro Loco** gegenüber dem Minenmuseum (Beschilderung „Area Mineraria") nach der Einfahrt auf das Gelände der ehemaligen Mine, nach ca. 100 m schräg rechts. Täglich von 9–13 und 15–19 Uhr geöffnet. Via Federico Hamman, ✆ 0577/778324.

• *Verbindungen* **Bus**: 3x tägl. nach Siena, 3x tägl. nach Chiusi (Bahnlinie Rom–Florenz). Zu den Bergorten Arcidosso und Santa Fiora 6x tägl., nach Grosseto 4x tägl. Abfahrt der Busse: vor 9 Uhr morgens in der Viale Roma 47 (Tickets in der *Agenzia Vale* oder in der *Bar Centrale* gleich an der Busstation), nach 9 Uhr in der Via Gorizia beim Stadion (Tickets beim Tabacchaio).

• *Übernachten* *** **Parco Erosa**, DZ 62 €, EZ 42 €, Preise inkl. Frühstück. Sehr ruhige Lage am Ortsrand (Str. Richtung Piancastagnaio), gut ausgestattete Zimmer, Garten und Pool, freundlicher Service. Via Remedi, 53021 Abbadia San Salvatore, ✆ 0577/776326, www.parcoerosa.it.

*** **Italia**, zentrales, angenehmes Hotel mit Gärtchen, großzügigen Zimmern mit Blümchentapete, DZ 42–52 €. Viale Roma 30, 53021 Abbadia San Salvatore, ✆ 0577/778007.

*** **Fabbrini**, in einer ehemaligen Villa 2001 neu eröffnetes 35-Zimmer-Haus, modern und komfortabel, dabei etwas steril. DZ 60–70 €, EZ 45–55 € (inkl. Frühstück), Via Cavour 53, 53021 Abbadia San Salvatore, ✆ 0577/779911, ✆ 0577/778048.

* **Cesaretti**, 150 m oberhalb der IP-Tankstelle, Ortsausgang Richtung Siena auf der linken Seite. DZ mit Bad und Frühstück 40–50 €, EZ 20–30 €. Mit beliebtem Ristorante (im Sommer durchgehend geöffnet, kein Ruhetag). Via Trento 37, 53021 Abbadia San Salvatore, ✆ 0577/778198.

• *Essen/Trinken* **Ristorante Il Cantinone**, gute Adresse lokaler Küche, nicht teuer. Die Tortelli mit Ricotta waren hervorragend. Mi geschlossen, Via Asmara 14/16, ✆ 0577/776552.

Ristorante Cesaretti, Adresse siehe oben. Beliebt und preiswert, exzellente Casalinga. Meist 4–5 Gerichte zur Auswahl. Sonntagnachmittag geschlossen.

Ristorante/Pizzeria Il Gatto & La Volpe, Via della Pace 44. Einfache Trattoria neben dem Fußballstadion. Im Vorraum eine kleine Bar, daneben das familiäre Speisezimmer. Di Ruhetag. ✆ 0577/778751

Ristorante Laccoria, oberhalb der Stadt liegt dieser gemütliche Gasthof mit guter bodenständiger Küche (auch Holzofenpizza) mitten im Grünen, Mi geschlossen. ✆ 0577/777107.

Sehenswertes

Klosterkirche: Am Ortsrand, etwas eingezwängt zwischen den Häusern, steht die Kirche des heute nicht mehr existierenden Klosterkomplexes, welcher dem Ort den Namen gab: **Abbadia San Salvatore** (von 7–20 Uhr geöffnet). Im Mittelalter war die Abtei ein bedeutendes Zentrum weltlicher Macht. Ausgestattet mit päpstlichen Privilegien beherrschten die Benediktineräbte das Gebiet bis zur Küste beim Monte Argentario. 1229 befand Papst Gregor IX., die Benediktiner frönten hier einem gar zu üppigen Leben, und übergab das Kloster den Zisterziensern. Das wahre Motiv lag wohl eher darin, dass die Benediktiner es mit Gregors Erzfeind, Kaiser Friedrich II., hielten. 1783 musste der letzte Zisterzienserabt sein Amt aufgeben, der Klosterbetrieb wurde per Dekret eingestellt. Erst 1939 hielten die Zisterzienser wieder Einzug.

Quecksilbermuseum: Auf dem großzügigen Minengelände am oberen Ortsrand von Abbadia San Salvatore (an der Straße zum Gipfel) wurde im Jahr 2000 das *Museo Minerario* eröffnet. In sechs Museumsräumen ist hier alles Wissenswerte rund um die ehemalige Mine zu erfahren (Geschichte des ehemaligen Bergbauzentrums, Abbaumethode, Arbeitsalltag der Minenarbeiter etc.). Eine eigene Abteilung ist den hiesigen Arbeiteraufständen gewidmet. Das Museum ist vom Zentrum aus beschildert (gegenüber der Pro Loco gelegen).

Öffnungszeiten tägl. 9–13.30 Uhr und 15–20.30 Uhr, Eintritt 2,60 €, ermäßigt 1,60 €.

Toscana
Karten S. 60/61 und S. 216/217

Santa Fiora

(ca. 2.800 Einwohner)

Der hübscheste Ort am Monte Amiata – Mittelalter inmitten üppigen Grüns.

Man betritt Santa Fiora über einen Durchgang im **Palazzo Sforza Cesarini** (oder Palazzo del Conte), der heute die Gemeindeverwaltung beherbergt. Von der zentralen Piazza Garibaldi gelangt man zu Fuß über die Via Carolina in den unteren Stadtbereich. Viele Hauseingänge im hinteren Gassengewirr (z. B. in der Via del Fondaccio, dem einstigen jüdischen Viertel) sind mit reliefgeschmückten Lavabalken eingefasst. Besonders sei auf das Relief einer Jagdszene über der Tür der Hausnummer 5 hingewiesen. Trotz der überwiegend grauen Häuser wirkt das kleine *Centro storico* von Santa Fiora recht idyllisch und ansprechend.

In der kleinen **Kirche Santa Flora e Lucilla** findet sich eine ganze Kollektion Terrakotta-Reliefs von *Andrea della Robbia*. Die charakteristische weiße Keramik auf blauem Hintergrund wird nach seinem Erschaffer *Robbiane* genannt. Auch die Kanzel ist eine Terrakotta-Arbeit des Künstlers, der hier gemeinsam mit seinem Bruder *Luca* 1465–1490 wirkte; die Flachreliefs zeigen das Letzte Abendmahl, die Auferstehung und Himmelfahrt Christi. Die Kirche ist normalerweise den ganzen Tag über geöffnet. Läuft man weiter, kommt man am idyllisch gelegenen Wasserbecken der *Peschiera* an.

• *Information* **Pro Loco**, Piazza Garibaldi 39 (rechts neben dem Uhrturm). Tägl. 10.30–12.30 und 17–19.30 Uhr. ✆ 0564/977142.

• *Verbindungen* **Bus**: Schön kompliziert: quasi jede Richtung hat ihre eigene Haltestelle, erkundigen Sie sich beim Ticketkauf (im Zeitschriftenladen an der Piazza Garibaldi), wo Ihr Bus losfährt. Es bestehen folgende Verbindungen: 10x tägl. nach Abbadia San Salvatore, 5x auf den Monte Amiata, 3x Chiusi und 6x Grosseto. Wer nach Siena oder Florenz will, muss in Paganico (dorthin 5x tägl. ab Santa Fiora) umsteigen.

• *Übernachten/Essen/Trinken* Zu beiden Seiten des Fosso del Carro, den eine hohe Brücke überspannt, befindet sich ein Hotel: *** **Fiora**, unser Tipp! DZ 62–74 €, EZ 42–48 € (jeweils inkl. Frühstück). Ein mächtiger Neorenaissance-Bau, der kürzlich renoviert wurde. Schönes und komfortables Hotel, auch bei Gruppen beliebt, alle Zimmer mit Bad und TV, z. T. auch mit Blick auf die Brücke. Restaurant im Neuanbau. Via Roma 8, 58037 Santa Fiora, ✆ 0564/977043, ℻ 0564/978154.

** **Eden**, auf der Altstadtseite der Brücke, DZ mit Bad 43 €, EZ 30 €, Frühstück ca. 4 € pro Person. Gut geführt, etwas kleinräumiger, mit Lift. Restaurant. Via Roma 1, ✆/℻ 0564/977033.

Al Barilotto, Via Carolina/Piazza 12 Giugno. Ob Wildschwein oder zartes Lamm – hervorragende Küche. Typische Gerichte: Pappardelle alla lepre, Acqua cotta. Menüs für 18–20 €. Mi geschlossen. Ab der Piazza Garibaldi im Centro storico beschildert, ✆ 0564/977089.

Al Ponte, Via Roma 16 (neben dem Hotel Fiora), sehr beliebtes Restaurant mit freundlichem Ambiente. Die preiswerte Variante zum Veronelli-gekrönten Barilotto. Die Pici gibt's „all'Amiata" (mit Pilzen) oder „al Ponte" (mit scharfer Tomatensoße). Auch tolle Holzofen-Pizzen. Di geschlossen, ✆ 0576/977295.

Hügelland der südlichen Maremma

Grüne Hügel, die sich von den Ausläufern des Monte Amiata bis zur Küste der Maremma ziehen. Etruskische Hohlwege und Nekropolen im Tuffstein sowie die berühmte Quelle von Saturnia sind die Hauptattraktionen dieses Landstrichs.

Das Gebiet südlich des Amiata an der Grenze zu Latium ist mit seinen von tiefen Schluchten unterbrochenen Felsplateaus landschaftlich überaus reizvoll. Zudem locken einige verwegen auf den Tuff gebaute Mittelalterstädtchen.

Touristisch erfuhr die Gegend in den letzten Jahren einen immer größeren Aufschwung – besonders beliebt ist die Maremma bei Italienern, zunehmend aber auch bei deutschen Urlaubern. Allerdings steht nur ein relativ begrenztes Angebot an Übernachtungsmöglichkeiten zur Verfügung, sodass man auf keinen Fall ohne vorherige Buchung hierher reisen sollte. Das gilt für die gesamte Saison (April–Oktober), besonders aber für Ostern, Pfingsten, die italienische Ferienzeit im August und für die Wochenenden.

Saturnia (ca. 280 Einwohner)

Spricht man von Saturnia, denkt man zuallererst an die Schwefelquellen und den traumhaften Wasserfall. Von den seit der Antike bekannten Thermen schwärmte schon Dante in seiner „Göttlichen Komödie". Wegen der konstanten Wassertemperatur (37 Grad Celsius) dauert die Saison das ganze Jahr; übers Wochenende kommen die Römer in Scharen.

Das Dorf Saturnia liegt knapp 4 km nördlich des berühmten Wasserfalles auf einem Hügel. Das Prädikat „nett" bekommt vielleicht die großzügige *Piazza Vittorio Veneto* im Zentrum: viele Schatten spendende Bäume und schöne Restaurants. Der Ursprung Saturnias verliert sich in grauer Vorzeit, genauer gesagt: in der Eisenzeit. Aus der etruskischen Epoche der Stadt sind noch Reste einer zyklopischen Ringmauer (neben der Porta Romana) erhalten. Die Römer nannten die Stadt erst *Auri-nia* („die Goldene"), dann *Saturniana Colonia*. Aus römischer Zeit stammen die Grundmauern, die hinter der Boccia-Bahn auf der zentralen Piazza Veneto freigelegt wurden. Das heutige Stadtbild wird jedoch im Wesentlichen von Mittelalterbauten bestimmt. Die **Burg** von Saturnia ist in Privatbesitz und daher nicht zu besichtigen. Unterhalb der Burg sieht man die *Porta Romana,* ein gut erhaltenes römisches Stadttor, von dem die antike *Via Clodia* (später in einen Trampelpfad übergehend) hinunter zu einer alten Mühle führt.

Badevergnügen der besonderen Art: Von den Cascate del Mulino stürzt das 37 Grad warme Wasser in die natürlichen Sinterbecken

• *Information* Touristenbüro und Sitz des touristischen Verbandes von Beherbergungsunternehmen und Restaurants **L'Altra Maremma** neben der Bar Centrale (Caffè Antico) an der Piazza Vittorio Veneto im Zentrum. Mo–Sa 10.20–13 und 15–19 Uhr geöffnet, im August auch sonntags. ✆ 0564/601280, www.laltramaremma.it.

• *Verbindungen* **Bus**: Es gibt tägl. ein halbes Dutzend Verbindungen nach Manciano, der Bus hält auch bei den Thermen und beim Wasserfall (fragen Sie den Fahrer). Tickets beim Tabacchaio an der Piazza V. Veneto (hier auch Abfahrt), Fahrplan bei der Touristeninformation.

• *Übernachten* **** **Terme di Saturnia**, DZ mit Frühstück 340 €, EZ 196 €. Das luxuriöse und exklusive Kurhotel, das angeblich zu den 10 besten Thermalanlagen der Welt zählt, liegt ca. 2 km außerhalb des Orts an den Thermalquellen (Straße Richtung Manciano). Via della Follonata, 58050 Saturnia, ✆ 0564/601061, ✆ 0564/601266, www.termedisaturnia.it.

*** **Villa Clodia**, im Ort, 8 DZ mit Frühstück 88 €, EZ 55 € (inkl. Frühstück), alle Zimmer mit Bad, TV, Aircond. und Kühlschrank. Renovierte Villa, geschmackvoll eingerichtet, ruhige Lage, schönes Gartenareal mit Swimmingpool. Fahrradverleih an die Gäste. Via Italia 43, 58050 Saturnia, ✆ 0564/601212.

** **Saturnia**, neben der Trattoria Saturnia und 50 m von der zentralen Piazza entfernt, 14 DZ mit Dusche und Frühstück 72–76 €, EZ 47–50 €. Saubere, gepflegte Zimmer mit TV, Kühlschrank und Ventilator. Via Mazzini 4, 58050 Saturnia, ✆/✆ 0564/601007.

*** **Hotel Bagno Santo**, modernes Haus an der Straße nach Semproniano, DZ ca. 75 €, Loc. Pian di Cataverna, 58050 Saturnia, ✆ 0564/601320, ✆ 0564/601346.

B&B Mazzini, neben dem Hotel Saturnia in der), schöne DZ 53–68 € (inkl. Breakfast natürlich!), Via Mazzini 10, 58050 Saturnia, ✆ 0564/601345.

L'Antica Locanda, Zimmervermietung bei der sympathischen Anna Maria mit ihrem Dackel. 6 DZ zu 50 €. Piazza V. Veneto 31, 58050 Saturnia, ✆ 0564/601271.

• *Agriturismo* **Il Cavallino** renoviertes Landhaus mit 6 DZ (52–60 € inkl. Frühstück) und einigen neuen Appartements. Schön gepflegte Anlage, wo immer eine frische Brise weht. An der Straße zwischen Saturnia und Semproniano. 4 km von den Thermen Saturnias entfernt. Località Fibbianello, 58050 Saturnia, ✆ 0564/984108.

• *Essen/Trinken* **Da Michele – I Due Cippi**, Piazza Veneto. Empfehlenswertes Speiselokal der gehobenen Kategorie, ausgezeichnete toscanische Küche, gemütliche Räume mit offenem Kamin, im Sommer wird

Toscana
Karten S. 60/61 und S. 216/217

auf der holzüberdachten Veranda auf dem Platz getafelt. Mittags und abends geöffnet, Di geschlossen, ✆ 0564/601074.

Zum selben Unternehmen gehört auch die **Enoteca Due Cippi** gleich nebenan. Die unkomplizierte Variante für einen Imbiss, allerdings ebenfalls ziemlich teuer. Viele gute offene Weine. Di geschlossen.

Bacco e Cerere, im ersten Stock über der gleichnamigen Enoteca. Kleines Restaurant mit nur ca. 30 Plätzen. Freundlicher Service, gute Nachspeisen, gehobenes Preisniveau. Nur abends geöffnet, Di geschlossen. Via Mazzini 4, ✆ 0564/601235. In der Enoteca werden Weine, Käse und andere Köstlichkeiten verkauft.

Da Mario, Via Mazzini 4, im gleichen Haus wie das Hotel Saturnia, aber unter anderer Leitung. Ordentliche Küche zu durchschnittlichen Preisen.

▸ **Wasserfall von Saturnia**: Wenn man aus Richtung Manciano kommt, ist der Wasserfall neben einer halb verfallenen Mühle von der Straße aus schon zu sehen. Wer von Saturnia aus anreist, nimmt die Straße nach Montemerano/Manciano, ca. 4 km nach dem Ort geht es an einer Linkskurve rechts ab. Auf dem Weg stößt man zunächst auf ausgewiesene Parkplätze (Achtung: an Wochenenden im Hochsommer brechend voll!), dann auf die Bar Cascate del Mulino. Gleich daneben stürzt das Wasser mit immenser Wucht die Felswand hinunter, sammelt sich in Strudeln in einem runden Naturbecken und fällt aus einer halb offenen Grotte wieder in die Tiefe, wo sich in stufenförmigen natürlichen Sinterbecken die Badenden aalen – zu jeder Tages- und Nachtzeit. Vor allem in Vollmondnächten erfreut sich das gemeinsame Bade-Happening großer Beliebtheit und gilt dann als ganz besonders „kultig", was zur Folge hat, dass sich hier vor allem nachts recht dubioses Badepublikum aufhält.

Die Thermen bieten eine hervorragende Möglichkeit für kräftige Wassermassagen. Darüber hinaus wird ihnen eine Vielzahl von Heilwirkungen zugesprochen (bei Rheuma, Bronchitis, Arthrosen u. v. m.). Manche Besucher kratzen die lehmigen, schwefelhaltigen Ablagerungen von den Felswänden und reiben sich Gesicht und Oberkörper damit ein. Nicht vergessen: Vorher die Juwelen in Sicherheit bringen, Silber läuft im Saturniawasser schwarz an!

Vorsicht: Das Baden im Thermalwasser beansprucht den Kreislauf mehr als üblich. Es sollten daher die Bäder nicht länger als 20 Minuten dauern. Nach einer halbstündigen Pause kann man sich jedoch unbesorgt erneut in die warmen Fluten stürzen. Auch auf Ihre Haut sollten Sie hier besonders Acht geben, da das Wasser einen natürlichen Peeling-Effekt verursacht. Die Haut ist daher intensiver der Sonneneinstrahlung ausgesetzt und bräunt sehr viel schneller als gewöhnlich. Gut eincremen und gegebenenfalls Lichtschutzfaktor erhöhen!

▸ **Thermalbad**: Das Bad liegt auf halbem Weg zum Wasserfall links in einer gepflegten Parkanlage. Es gehört zum 4-Sterne-Kurhotel Terme di Saturnia, kann aber auch von Nichthotelgästen besucht werden. Der Andrang an Hotelgästen und denen, die hier die komfortablere (und saubere) Variante des Badens dem sehr improvisierten Ambiente am Wasserfall vorziehen, hat in den letzten Jahren stark zugenommen. Der Nachfrage am schwefel- und kohlenstoffhaltigen Quellwasser, in dem sich bereits die Etrusker vergnügten, wurde nachgekommen. Nach Abschluss der aufwendigen An- und Umbauarbeiten der Anlage verfügt das Thermalbecken nunmehr über eine Gesamtwasseroberfläche von 3.000 qm². Das Schwimmbecken, in dem die Mutterquelle sprudelt, ist vornehmlich den Gästen des Hotels vorbehalten. Die Schwimmbecken für die Tagesgäste sind jedoch großzügig angelegt und erfüllen voll und ganz ihren wohltuenden Zweck. Es gibt Liegewiesen, Tennisplätze, sanitäre Anlagen und eine Snackbar.

Öffnungszeiten tägl. 9.30–17 Uhr, Eintritt Mo–Fr 12,50 €, Sa–So 14 €, Kinder ermäßigt 6 €, Liege zusätzlich 5,50 €, Parkplatz 3 €. ✆ 0564/601061, www.termedisaturnia.it.

Die Quelle von Saturnia und ihr Wasser

Spa – Salus per aquam („Heilkraft durch Wasser")

Seinen Ursprung findet der legendäre Jungbrunnen von Saturnia in der Etruskerzeit vor ca. 3.000 Jahren. Die Römer, für ihren ausgeprägten Bäderkult bekannt, wandelten die einfachen Thermalanlagen von Saturnia mit Marmor und Mosaiken in prächtige Stätten der Körperpflege und des Wohlbefindens um. Hier spielte sich unter Einbeziehung aller Sinnesfreuden das gesellschaftliche und politische Leben ab. Das aufkommende Christentum beendete zunächst mit seinen strengen Sitten- und Moralauffassungen den römischen Thermalkult, bis man schließlich im Mittelalter die heilende und gesundheitsfördernde Wirkung der Thermalbäder wiederentdeckte.

Die Quelle, aus der seit ca. 3.000 Jahren das 37,5° C warme Wasser sprudelt, befindet sich im großen Wasserbecken der Hotelanlage. Von hier gelangt das schwefelhaltige Wasser im Fluss *Gorello* bis hin zum Wasserfall. Wie Visionen kommen einem in diesem Flusslauf an kühleren Tagen die Erscheinungen zwischen Schilf und aufsteigendem Schwefeldampf vor, die sich dann aber doch nur als Köpfe von Badenden herausstellen. Schwefelwasserstoff und Kohlendioxyd sind die Hauptbestandteile des Saturnia-Wassers, das bereits vor 30–40 Jahren als Regenwasser in der Gegend um den Monte Amiata in die Erde eingedrungen ist. Beim Durchsickern der Erdschichten hat es sich mit wertvollen Mineralien angereichert, um dann aus einer Tiefe von ca. 700 Metern in einem natürlichen Vulkankrater an der Erdoberfläche durch winzige Felsspalten wieder hervorzutreten – und zwar mit 800 Litern pro Sekunde. Das Wasser gilt als absolut „wundertätiges" Heilmittel, das sogar getrunken wird. Bedauerlicherweise schmeckt es so wie es riecht. Bei den schwarzen Klumpen, die hin und wieder an die Wasseroberfläche steigen, handelt es sich um Thermalplankton, aus dem eine exklusive Kosmetikserie hergestellt wird. Und selbst dem penetranten Geruch nach faulen Eiern werden Heilkräfte zugesprochen. Ob im eleganten Kurhotel, im angeschlossenen Thermalbad, im Flüsschen Gorello oder am Wasserfall, - den Duft gibt es hier überall gratis dazu!

Manciano

(ca. 3.000 Einwohner)

Auf einem sanften Hügel (444 m), gekrönt vom 1424 errichteten sienesischen Kastell, liegt die Kleinstadt Manciano mit ihren dicht gedrängten Häusern. Das einstige Räubernest liegt in exponierter Lage und erlaubt einen herrlichen Rundblick vom Monte Amiata bis zum Bolsena-See und zur 25 km entfernten Küste.

Der Tourismus spielt in Manciano noch keine große Rolle, entsprechend ist das Centro storico nicht herausgeputzt wie im nahen Montemerano. Selbst im August bleiben die Bewohner des Städtchens weitgehend unter sich. Nur einige Römer unterhalten hier ihre rustikal ausgebauten Ferienwohnungen. Die Bevölkerung lebt in erster Linie von der Landwirtschaft und kleinen verarbeitenden Betrieben am Stadtrand. Im mittelalterlichen Castello an der Piazza Magenta, am höchsten Punkt des historischen Zentrums befindet sich heute die Stadtverwaltung. Von hier oben bietet sich ein schöner Blick auf die Hügel der Maremma. Das *Museo di Preistoria e della Protostoria della Valle del Fiora* (Museum für Vor- und Frühgeschichte) nebenan zeigt prähistorische Funde (Altsteinzeit bis Eisenzeit), die aus dem Tal des Flusses Fiora stammen (Via Corsini 1, Di–Fr 9–13.30/14.30–17.30 Uhr, an Wochenenden nur sporadisch geöffnet, Mo geschlossen, Eintritt 2 €.)

• Information **Pro Loco**, Via Roma 2, in der Hochsaison tägl. 10.30–12.30 und 17–19.30 Uhr, in der Nebensaison nur Fr, Sa und So 10.30–12.30 Uhr (wenn überhaupt, da man auch hier auf freiwillige Mitarbeit angewiesen ist). ✆ 0564/629218.

• Verbindungen **Bus**: 5x tägl. via Montemerano nach Saturnia, 4x nach Pitigliano und 4x nach Grosseto, Bustickets gibt es im Zeitungsladen an der Piazza della Pace, Abfahrt an der Piazza della Pace und an der Via Circonvallazione Nord (vor der Bank Monte dei Paschi di Siena).

• Übernachten **Locanda Il Poderino**, relativ neu, ca. 2 km außerhalb an der Straße nach Albinia auf der linken Seite. DZ mit Bad und Frühstück 90 €, im Nebenhaus (etwas weiter von der Straße entfernt und einfacher ausgestattet) ab 78 €. In der Locanda auch ein gutes Restaurant der gehobenen Preisklasse mit netter Terrasse. 58014 Manciano, ✆ 0564/625031, www.3querce.it.

*** **Rossi**, zentral am Kreisverkehr im unteren Ortsteil, alles neu renoviert und mit Klimaanlage. Aufgrund der geschmackvollen DZ und des schönen Frühstücksraums erschien uns die Übernachtung zu 68–78 € (inkl. Frühst.) nicht zu teuer. Via Antonio Gramsci 3, 58014 Manciano, ✆/℻ 0564/629248.

* **Miravalle**, DZ mit Dusche 47 €. Ruhige Lage am Ortsrand. Wenn niemand da ist, im violetten Haus gegenüber bei Meloni klingeln. So/Mo keine Rezeption! Via Antonio Gramsci 42, 58014 Manciano, ✆ 0564/620245.

• Privatzimmer **Le Camere di Paolino**, im Zentrum nahe der Touristeninformation. DZ mit Bad, TV und Kühlschrank 52 €. Sollte niemand da sein, wenden Sie sich am besten an die Trattoria da Paolino ums Eck (s. unten). Via Marsala 41, 58014 Manciano, ✆ 0564/629111, 0564/620205 oder 336/713893.

Zimmervermietung Le Piagge, 5 DZ in sehr familiärer Atmosphäre eines Wohnhauses mitten in der Altstadt. Man sollte die Signora unbedingt nach den 2 Zimmern mit Terrasse fragen. Insgesamt gibt es 5 DZ zu 52 €. Via delle Piagge 5, 58014 Manciano, ✆ 0564/625023 oder 339/8855741.

• Agriturismo **L'Antica Sosta**, 2 km außerhalb in Richtung Pitigliano, kleines Anwesen mit Mini-Appartements und 4 DZ mit Bad, TV und Kühlschrank 55 €, EZ 39 €. Frühstück ist im Preis enthalten. Vermietung im Prinzip wochenweise, gelegentlich fürs Wochenende, in der Nebensaison auch für nur eine Nacht. Kein Restaurant, nur Schafe, Olivenbäume und nette Wirtsleute. 58014 Manciano, ✆ 0564/629706, ℻ 0564/629626, www.anticasosta.com.

Agriturismo Poggio Foco, ca. 10 km außerhalb mit biologischem Getreideanbau, atemberaubendem Panorama in alle Richtungen und in absolut ruhiger Umgebung. Die Wohnungen für 2–8 Pers. im Bauernhaus des Landguts sind wochenweise zu mieten (ab 570 €), es gibt aber auch DZ (68–80 €). Viel Platz für Kinder. Hunde sind hier ebenfalls willkommen. Anfahrt von Manciano auf der SP 32 in Richtung Farnese bis zum Abzweig rechts auf die SP 67 in Richtung Vulci, dann rechts auf die Ausschilderung achten. Loc. Poggio Foco, 58014 Manciano, ✆ 0564/620970 oder 335/5348481, www.poggiofoco.com.

• Essen/Trinken **Trattoria Il Rifugio**, Via Trieste 9. Das Lokal heißt nicht nur „Zuflucht", sondern ist es auch: angenehme Atmosphäre und gute Küche, z. B. Wildschwein- und Steinpilzgerichte. Ca. 100 m von der Bar Centrale am Rand des Centro storico. Mittags und abends geöffnet, Do geschlossen.

Pizzeria Osée, übersetzt so viel wie „Wagen wir eine Pizza". Das Lokal ist in Zirkusmanier dekoriert, und der Wirt „Mr. Pizzaiola Italia '99" lässt schon mal den Bär tanzen. Ein Foto des Pizzakönigs zusammen mit Miss Italia bei der Preisverleihung hängt auch aus. Die Einrichtung ist eher Geschmackssache – über die gute Qualität der Pizza und deren frische Zutaten war man sich einig. Direkt an der Shell-Tankstelle, Via Circonvallazione Nord 35, ✆ 0564/628300.

• Außerhalb **Locanda Laudomia**, im kleinen Weiler Poderi di Montemerano (3 km Richtung Montemerano). Garten hinterm Haus. Auch 12 Zimmer zu vermieten (DZ mit Frühstück 52 €). ✆ 0564/620013, ℻ 0564/620062.

Pitigliano – ein Wildwuchs des Felsens

Pitigliano

(ca. 4.400 Einwohner)

Mitten im engen Tal ragt ein gewaltiger, steiler Tuffsteinfelsen in die Höhe, obenauf die Stadt. Man meint, sie nur mit riesigen Leitern erklimmen zu können. Die mittelalterlichen Häuser wirken wie ein Wildwuchs des Felsens, im östlichen Ortsteil sieht man die Reste eines Aquädukts aus dem 16. Jh., dahinter der mächtige Palazzo der Grafen von Orsini.

Den besten Blick auf Pitigliano hat man vom Kirchlein Madonna delle Grazie an der Straße nach Manciano. Falls man sich noch dazu abends der Stadt nähern sollte, kann man von hier die ganze einzigartige Kulisse in geradezu surrealistischer Illumination erleben. Erst in den letzten Jahren konnte der langsam bröckelnde Stadtfels, den die Etrusker einst als Nekropole nutzten, mit Stahlklammern gesichert werden. Die engen, an manchen Tagen ohne Sonne recht düsteren Gassen lassen keinen Autoverkehr zu. Selten hat man so viel *Ape*-motorisierte Verkehrsteilnehmer gesehen, die mit den knatternden Zweitakter-Pick-ups in den schmalen Gassen alles Mögliche hin und her transportieren. Schicke Geschäfte wie etwa in Montepulciano oder Montalcino gibt es hier nur wenige, und auch die bei Touristen beliebten *Enoteche* findet man nur vereinzelt – Pitigliano hat sich (noch) nicht herausgeputzt und dafür viel von seinem ursprünglichen Charme behalten. Die in den Felsen gehauenen Grabkeller unterhalb der Stadt werden heute noch zur Weinlagerung, als Ställe und Werkstätten genutzt. Auf einem Spaziergang in Richtung Altstadt gelangt man in den Teil, in dem sich einst das jüdische Viertel befand.

• Information **Ufficio turistico**, Piazza Garibaldi. 9.30–13 und 15.30–19 Uhr (Winter 9.30–13 und 14.30–18 Uhr), So und Montagvormittag geschlossen. ✆/℻ 0564/617111, collidimaremma@tin.it.

• Verbindungen **Bus**: 5x tägl. via Manciano nach Grosseto, 1x Saturnia, 6x Orbetello, 2x Sovana, 8x Sorano. Wer nach Siena oder Florenz will, muss in Grosseto umsteigen. Abfahrt der Busse gegenüber der Bar

Golosone in der Via S. Chiara (nahe der Fina-Tankstelle), Tickets und Fahrpläne in der Bar.

• Übernachten ** **Guastini**, gleich am ersten Platz, wenn man in den Ort hineinkommt. DZ mit Bad und TV 78 €, EZ 44 € (inkl. Frühst.). Halbpension ist manchmal Pflicht. Die Zimmer sind nicht sehr geräumig, liegen aber wunderschön direkt am Hang, toller Blick auf das Tal und die Altstadt. Piazza Petruccioli 16, 58017 Pitigliano, ✆ 0564/616065, 📠 0564/616652.

Locanda Il Tufo Rosa, sechs Zimmer, teilweise ziemlich klein, aber sehr gepflegt und nett eingerichtet, schöne, moderne Badezimmer. Nicht immer ganz ruhig. DZ mit Bad 52–62 €, EZ ab 42 €. Kein Frühstück. Gegenüber vom Hotel Guastini, kurz vor dem Tor zur Piazza Garibaldi. Piazza Petruccioli 97, 58017 Pitigliano, ✆ 0564/617019, 📠 0564/617784.

** **Corano**, ca. 3 km außerhalb Richtung Manciano (kurz nach Madonna delle Grazie). Alle Zimmer mit Bad und TV, DZ 49–54 €, EZ 29 €, Frühstück ca. 6 € pro Person. Zum Hotel gehört auch ein Swimmingpool. 58017 Pitigliano, ✆ 0564/616112, 📠 0564/614191.

*** **Valle Orientina**, 5 km außerhalb (nach 4 km Abzweig von der Straße nach Orvieto, beschildert, ab hier noch ca. 800 m). DZ 60–90 €, EZ 30–40 €, jeweils inkl. Frühstück. Halbpension wird empfohlen, pro Person zusätzlich 13 €. Großartige, einsame Lage im bewaldeten Orientina-Tal, mit Tennisplatz, Sauna, Fitness und Mountainbike-Verleih. Geräumige Zimmer mit Bad. Vom Hotel führt ein Weg zu den etruskischen Grabkammern, die sich weiter hinten im Tal befinden. 58017 Pitigliano, ✆ 0564/616611, 📠 0564/617728.

• Essen/Trinken **Del Grillo**, Via Cavour 9 (beim Aquädukt). Kleine Trattoria direkt im Centro storico. Gute Küche zu moderaten Preisen, Menüs ab ca. 15–20 €, mittags und abends geöffnet, Di geschlossen. ✆ 0564/615202.

Il Tufo Allegro, Vicolo della Costituzione 2 (in einem Seitengässchen der Via Zuccarelli in der Nähe der Synagoge). Kleines Lokal im Tufffelsen. Spezialität sind die Gnudi (große Gnocchi), gefüllt mit Ricotta-Käse. Oder als Hauptgericht Buglione d'Agnello, Lammbraten nach Pitiglianer Art. Gehobenes Preisniveau, mittags und abends geöffnet, Di geschlossen. Reservierung unbedingt erforderlich, ✆ 0564/616192.

Osteria La Tavernaccia, sympathisches Lokal in der Via Roma 92 (die mittlere Straße ab der Piazza della Repubblica). Rustikales Ambiente mit dunklem Holz, toscanische Küche zu mittleren Preisen, netter Service. Mittags und abends geöffnet, Mi geschlossen, ✆ 0564/617079.

Trattoria/Birreria dell'Orso, an der Piazza S. Gregorio VII, nette Terrasse am ruhigen Domplatz. Große Auswahl an Standardgerichten und typisch Toscanischem bei mittlerem Preisniveau. Ab 12 Uhr bis 2 Uhr nachts geöffnet, im Winter Do geschlossen, ✆ 0564/614273.

Trattoria La Chiave del Paradiso, der „Schlüssel zum Paradies" liegt versteckt in einem Seitengässchen der Dompiazza Gregorio VII. Sehr einfache Trattoria im ursprünglichen Sinn, rustikale und bodenständige Küche, vermutlich die günstigste Möglichkeit, in Pitigliano zu essen. Schlichte Einrichtung. Mittags und abends geöffnet, Mo geschlossen, ✆ 0564/616823. Von der Piazza Gregorio VII in die Via Orsini (rechts neben der Trattoria dell'Orso) einbiegen, dann gleich rechts. Via Vignoli 36.

• Weine Größere Mengen Wein kauft man am besten in der **Cantina Cooperativa** von Pitigliano (knapp 1 km außerhalb an der Straße nach Orvieto rechts ab). Geöffnet Mo–Fr 8–13/14–18 Uhr (Fr nur bis 17 Uhr), Sa 8–13 Uhr, sonntags geschlossen. Ein weiterer Verkaufsraum in der Via S. Chiara 70 ist regelrecht in den Fels gehauen, hier werden auch Salami, Schinken und Käse verkauft.

Sehenswertes

Palazzo Orsini/Diözesanmuseum: Der Palast der römischen Adelsfamilie Orsini, zu deren Grafschaft Pitigliano gehörte, überragt die zentrale Piazza della Repubblica. Auch heute noch ist er Sitz des Bischofs. Er wurde in den letzten Jahren des 14. Jh. erbaut und 1547 bei einem Volksaufstand geplündert. In etlichen Räumen herrscht gähnende Leere, andere sind mit Biedermeier-Möbeln oder sakralen Kunstgegenständen vollgestellt. Interessant allenfalls sind die alte Bibliothek und die originalen Holzkassettendecken in einigen Sälen.

Öffnungszeiten 10–13 und 15–19 Uhr (Winter 15–17 Uhr), Mo geschl., Eintritt 3 €, Kinder 2,50 € (unter 8 J. frei).

Museo Civico: In den drei Räumen des Museums im Innenhof des Orsini-Palastes (gegenüber dem Diözesanmuseum) ist eine kleine Sammlung etruskischer Fundstücke untergebracht.

Öffnungszeiten wie Palazzo Orsini, Eintritt 2,60 €, Kinder 1,55 €.

Synagoge: Im Jahr 1598 erbaut, wurde sie in der zweiten Hälfte des 18. Jh. im Rokoko-Stil renoviert und brach 1960 in Folge der gezielten und doch verfehlten Bombardierung im Zweiten Weltkrieg schließlich zusammen. Nach dem Wiederaufbau steht sie der Öffentlichkeit wieder zur Verfügung und es finden hier auch wieder jüdische Rituale statt. Schenkt man den aus den Trümmern geretteten Gedenktafeln im Inneren der Synagoge Beachtung, fallen einem die futuristischen Jahreszahlen auf. Die hebräische Zeitrechnung begann bereits 3.760 Jahre vor Christi Geburt. Folglich beehrte Leopold II. die jüdische Gemeinde Pitiglianos mit seinem Besuch am 20. April 5589, entsprechend unserer Zeitrechnung also im Jahre 1829. Gleich nebenan gibt es ein Museum für hebräische Kultur. Von der kleinen Terrasse neben der Synagoge hat man eine großartige Aussicht ins Tal.

• *Öffnungszeiten* Sommer: Di–Fr und So 10–12.30 und 16–19 Uhr, Winter 10–12.30 und 15–17.30 Uhr, Mo, Sa und an jüdischen Feiertagen geschlossen. Eintritt 2,50 € (Kinder 1,50 €). Im Eintrittspreis ist auch die Besichtigung der ehemaligen Bäder, der Weinkeller, der Bäckerei und der koscheren Metzgerei enthalten. Infos unter ✆ 0564/616006.

Toscana
Karten S. 60/61 und S. 216/217

Sovana (125 Einwohner)

Eine Museumsdorf aus braunrotem Tuffstein zwischen den Felsenschluchten der Flüsse Folonia und Calesina. Früher Hauptsitz der Adelsfamilie der Aldobrandeschi, die große Teile der Südtoscana und Teile des nördlichen Latium besaßen.

Die sorgfältig restaurierten Ziegelbauten des 125-Seelen-Ortes reihen sich an einer langgezogenen Straße auf. Ihr warmes Rotbraun findet sich im endlosen Zickzack-Ornament des Straßenbelags wieder.

Im Zentrum liegt die *Piazza del Pretorio* mit der *Kirche Santa Maria* an der südlichen, dem wappengeschmückten *Palazzo Pretorio* an der nördlichen Längsseite und dem *Palazzetto dell'Archivio* (heute Postamt) an der westlichen Kopfseite. Der östliche Ortseingang wird von einer gewaltigen Burgruine, der *Rocca Aldobrandeschi* (nicht zugänglich), beherrscht, neben der die kleinen Häuser Sovanas wie Miniaturen erscheinen. Im Westen liefert der mit seinem kurzen Turm ebenfalls wie eine Burg wirkende *Dom Pietro e Paolo* das Pendant.

• *Information* Bei der Rezeption des Dokumentationszentrums im Palazzo Pretorio, geöffnet von Mitte März bis Anfang November und im Dezember tägl. 9–13 und 15–19 Uhr, im Nov., Jan. und Febr. nur Fr, Sa und So 10–13 und 15–17 Uhr. ✆ 0564/614074. Hier wird auch das Sammelticket für die etruskischen Nekropolen (s. u.) sowie deutschsprachige Literatur zu Sovana und den Ausgrabungen verkauft. arethusa.par cotufo@katamail.com, www.sovana.com.

• *Übernachten* *** **Taverna Etrusca**, neben dem Palazzo Comunale, DZ mit Bad 77 €, EZ 42 €, Frühstück ca. 5 € pro Person. Kleines, gepflegtes Albergo im Zentrum mit ebenfalls kleinen Zimmern. Piazza del Pretorio 16, 58010 Sovana, ✆ 0564/616183, ℻ 0564/614193.

*** **Scilla**, gleich hinter dem Palazzetto dell'Archivio, DZ mit Bad und TV 92 €, EZ 67 € (inkl. Frühstück). Nur acht stilvoll renovierte Zimmer in historischem Gemäuer, in der Hauptsache lebt man hier vom großen Restaurant. Via Rodolfo Siviero 3, 58010 Sovana, ✆ 0564/616531, ℻ 0564/614329.

Zimmervermietung Roberto, in der Bar della Taverna nachfragen, DZ 60–65 € (inkl. Frühst.), Piazza del Pretorio, 58010 Sovana, ✆ 0564/614073.

Residenza dei Tigli, DZ mit Bad 60 €, mit Zustellbett 70 €, bei längerem Aufenthalt wird es günstiger. Drei komfortable Zimmer, Küchenbenutzung möglich. Besonders schön ist der angrenzende Privatpark direkt auf der Stadtmauer: sauber geschnittene Zierhecken und frische Grünflächen. Via del Pretorio 12, 58010 Sovana, ✆ 0564/616186 od. 328/6530679.

• Essen/Trinken **Taverna Etrusca**, im gleichnamigen Hotel, aber nicht im selben Besitz. Das Restaurant bietet alle typischen Gerichte der Maremma, z. B. Bistecca alla griglia. Stilvolles Ambiente, Garten, gehobenes Preisniveau, Mi geschlossen, ✆ 0564/616183.

Trattoria/Pizzeria La Tavernetta, hier geht's mit Sicherheit unkomplizierter zu. Der Pizzateig ist dünn und knusprig, ansonsten gibt es Hausmannskost, Do geschl. Via del Pretorio 3 (gleich am Platz).

Ristorante Scilla, gehört zum gleichnamigen Hotel. Auch hier stilvolles Dinieren bei gehobenem Preisniveau, Di geschlossen.

Pizzeria Il Sileno, Via del Duomo. Kleine Pizzeria und Trattoria mit gemütlicher Terrasse auf der Gartenseite des Hauses. Mi geschlossen.

Die etruskischen Grabmäler in der Umgebung von Sovana

Sovana ist berühmt für seine etruskischen Nekropolen, die teilweise bis auf das 7. Jh. v. Chr. zurückgehen. Auch einige tief in den Tuff gehauene etruskische Hohlwege *(vie cave)* liegen in der unmittelbaren Umgebung. Nur einige der etruskischen Grabmäler rund um Sovana sind ausgeschildert und problemlos zu Fuß zu erreichen. Der archäologische Park der Gegend steht seit 2001 unter der Leitung der Organisation *Arethusa*, die auch das Dokumentations- und Informationszentrum im Palazzo Pretorio in Sovana betreibt. Hier ist auch ein Sammelticket erhältlich, das zur Besichtigung der folgenden Grabstätten berechtigt: Tomba Ildebranda, Tomba della Sirena, Tomba di Tifone und Tomba Pola (beide erst kürzlich freigelegt), hinzu kommen die Via Cava di San Sebastiano und der Cavone Etrusco (im Sommer tägl. von 9–19 Uhr zugänglich, 5,50 €, Kinder bis 12 J. frei). Das erweiterte Sammelticket zu 6,50 € beinhaltet außerdem die Besichtigung der Orsini-Burg in Sorano, und der Ausgrabungen von Vitozza (in S. Quirico, 7 km von Sorano). Informationen unter ✆ 0564/633767. Hier auch Infos zu geführten Tagestouren (ca. 10 € pro Person). Die zum Archäologiepark gehörenden Grabstätten liegen westlich von Sovana und sind ausgeschildert. Sammeltickets werden auch bei der Tomba Ildebranda und der Tomba Sirena verkauft.

Tomba Ildebranda: Das nach Hildebrand, dem späteren Papst Gregor VII., benannte Grab ist das spektakulärste. Es handelt sich um ein etruskisches Tempelgrab im hellenistischen Stil aus dem 3. Jh. v. Chr. Vom reich verzierten Fries ist links oben noch ein Stück erhalten. Zwölf Säulen (eine noch vollständig erhalten) umgaben das Heiligtum über der Grabkammer, der sich seitlich eine weitere anschließt. In unmittelbarer Nähe der Tomba Ildebranda liegen die **Tomba Tifone** (rechts) und die **Tomba Pola** (links).

Beim Parkplatz unterhalb der Tomba Ildebranda nimmt rechter Hand der **Cavone Etrusco** seinen Anfang, ein langer Hohlweg; gelegentlich sieht man hoch oben im Tufffelsen etruskische Gräber.

Tomba della Sirena: Das Grab, ebenfalls aus dem 3. Jh. v. Chr. und im hellenistischen Stil, wird von einem kleinen Raum gebildet, dessen Vorderseite geheimnisvolle Inschriften zeigt und, wenn auch undeutlicher, mit der Figur einer Sirene und seitlich mit zwei geflügelten Wesen dekoriert ist. Die Tomba della Sirena bildet den Anfang einer ganzen Nekropole. Wer dem Waldweg weiter folgt, findet weitere Gräber. Eindrucksvoll sind die Zugangsschneisen zu den Grabkammern. Bei der Tomba Sirena beginnt die **Via Cava di San Sebastiano**.

Tomba Pisa: Die nach ihren Entdeckern vom Archäologischen Institut der Universität Pisa benannte Tomba wurde vom 3. bis zum 1. Jh. v. Chr. als Grabkammer benutzt. Sie ist das größte etruskische Kammergrab von Sovana. Nicht ausgeschildert, ein Fußweg führt von der Straße Richtung Saturnia (nach der ersten Brücke) rechts ab.

Pilger- und Touristenziel: Konstantinsbogen beim Kolosseum (sb) ▲▲

▲▲ Besuchermagneten: Trevi-Brunnen ...
▲ ... und die Spanische Treppe (sb)

Antike auf Schritt und Tritt (sb)

▲▲ Berninis fröhlicher Elefant auf der Piazza della Minerva (sb)
▲ Fotoshooting auf der Engelsbrücke (sb)

Die mächtige Tomba Ildebranda

Tomba del Sileno: Das Grabmal zeigt eine eigenartige Form: ein Zylinder mit sechs als Halbrelief herausgemeißelten Säulen. Es handelt sich um eines der wenigen Gräber, in der die Grabbeigaben noch in unberührtem Zustand gefunden wurden. Nicht ausgeschildert, das Grabmal liegt nordöstlich von Sovana.

Sorano

(ca. 1.000 Einwohner)

Von den Tuffsteinstädtchen im Hügelland der Maremma das höchstgelegene. Mit der Burg der Orsini im Süden konkurriert im Nordosten ein gewaltiger befestigter Tuffsteinblock, der Masso Leopoldino, um die optische Vorherrschaft.

Von den drei Tuffsteinorten Sorano, Pitigliano und Sovana scheint Sorano mit seiner spürbar strengen Ausstrahlung der Ort zu sein, der sich am meisten von den viel beschriebenen magischen Kräften bewahren konnte. Im Schatten der regionalen Tourismusmagnete Pitigliano und Sovana hat Sorano seine Ursprünglichkeit bewahren können. Souvenirläden sucht man vorläufig noch vergebens, und ein Hotel existiert erst seit 1998! Dafür lädt der Ort zu einem angenehmen Spaziergang ein. Er beginnt gleich mit der *Porta Ferrini* an der Via Giovanni Selvi, dem Eingangstor zur Stadt; dahinter erwartet den Besucher eine ganze Reihe fotogener steinerner Türeinfassungen. Wenn man ein Stück weitergeht, gelangt man zur *Nikolauskirche* im Zentrum und dann durchs düstere Mittelalter: vorbei am *Masso Leopoldino* zur antiken *Porta dei Merli.*

• Information An der Piazza Busatti (direkt vor der Porta Ferrini, dem Eingangstor zur Stadt). Tägl. 10–13 und 15.30–19.30 Uhr. ✆ 0564/633099.

• Geführte Besichtigungstouren zu den etruskischen Grabmälern und Hohlwegen organisiert **Arethusa**, ✆ 0564/614074 (s. unter Sovana), oder in der Orsini-Festung, ✆ 0564/633767. Ein Büro der Organisation befindet sich auch bei der Orsini-Festung.

• Essen/Trinken **Ristorante Fidalma**, beidseits der Porta Ferrini. Größeres Speiselokal mit regionaler Küche. Die Klimaanlage sorgt für eine kühle Atmosphäre, etwas gemütlicher sind die Tische in den Nebenräumen. Menü ab ca. 15–20 €, mittags und abends geöffnet, außerhalb der Hochsaison Mi geschlossen, ✆ 0564/633056.

Locanda dell'Arco, Via Roma 22 (im Centro storico). Überaus angenehmes Lokal, das neben einem langen Torbogen untergebracht ist. Auch Zimmervermietung. Lokale Spezialitäten, Primi und Panini. Mittags und abends geöffnet, am Wochenende durchgehend, Mo Ruhetag, ✆ 0564/633608.

• _Übernachten_ *** **Della Fortezza**, in der Orsini-Burg, grandiose Zimmer, toller Blick ins Tal. Die gediegene Atmosphäre, das stilvolle Ambiente und der Service entsprechen durchaus vier Sternen. DZ mit Bad kostet 100 €, EZ 57 €, jeweils inkl. Frühstück. Piazza Cairoli, 58010 Sorano, ✆ 0564/632010, 📠 0564/633209, www.fortezzahotel.it.

*** **Agnelli**, Landgasthof mitten im Dorf San Quirico (ca. 6 km außerhalb). Geräumige Zimmer und auch ein ordentliches Restaurant im Haus. 58010 Sorano, ✆ 0564/619015.

• _Agriturismo_ **Il Piccione**, 1 km von der Fortezza an der Straße Richtung S. Quirico, dann rechts ab (beschildert). Insgesamt 12 Zimmer in einem schönen antiken Gehöft aus dem 15. Jh., teilweise mit Benutzung einer Gemeinschaftsküche, Garten und Pool vorhanden. DZ 52–62 €, EZ 34–38 €. Località La Fratta, 58010 Sorano, ✆/📠 0564/633191 oder 0564/633398.

Sehenswertes

Chiesa di San Rocco (Parco Archeologico): Von dem Gelände bietet sich ein einmaliger Blick auf Sorano, welches sich auf der anderen Seite des tiefen Flusstales emporstreckt. Die Grabstätten, die den gesamten Südwesthang einnehmen, stammen aus dem 3. und 2. Jh. v. Chr. Ein kurzer Spazierweg führt durch den schattigen Eichenwald zur Aussichtsplattform. Die Chiesa San Rocco selbst ist leider meist geschlossen, von hier führt der etruskische Hohlweg *Via Cava di San Rocco* nach Sovana. Beim Aussichtspunkt laden Tische und Bänke unter Schatten spendenden Bäumen zum Picknick ein.

Anfahrt 2 km außerhalb von Sorano an der Straße nach Sovana auf der rechten Seite. Ganztags geöffnet, Eintritt frei.

Orsini-Burg: Oft belagert und nie eingenommen, gilt sie als die bestbefestigte Burg des Geschlechts Orsini in der gesamten Umgebung. Der Haupteingang liegt an der Straße nach San Quirico. Mit zwei Eckbastionen und einem Graben schützt sich die Festung gegen die offene Südseite. In einem der nördlichen Gebäudetrakte ist ein Mittelaltermuseum untergebracht, das auch Führungen durch das Gewirr von Gängen und Räumen im Untergeschoss der Burg anbietet. Unmittelbar neben den Museumsräumen befindet sich das „Laboratorium für angewandte Kunst" mit dem hübschen Namen „Pandora".

• _Öffnungszeiten_ tägl. 9–13 und 15–19 Uhr, Eintritt 2 €, nach vorheriger Anmeldung unter ✆ 0564/633767, auch mit deutschsprachiger Führung 3 €.

Masso Leopoldino: Der glatte Tuffblock, der wie ein gewaltiger Schiffsbug (mit einem hübschen Uhrturm und Glöcklein obendrauf als Gallionsfigur) aus den Häusern der Stadt herausragt, wurde Ende des 18. Jh. unter Großherzog Leopold II. bearbeitet. Ein großer Teil der Stadt stürzte im Jahre 1801 bei einem Erdrutsch in die Tiefe und begrub viele Frauen, Kinder und alte Menschen unter sich. Die Katastrophe ereignete sich am Nachmittag um 14 Uhr, als die Männer auf dem Feld waren.

Öffnungszeiten tägl. 10–13 und 15–19 Uhr, Eintritt 2 €, Kinder unter 12 J. frei.

Blick auf Gubbio

Umbrien

Umbrien ist das „grüne Herz" Italiens. Dunkelgrün sind die heiligen Wälder über Spoleto und die bewaldeten Abhänge des Valnerina, hellgrün sind die Hügel um Perugia, die Olivenhaine und Weinberge.

Mitten durch Umbrien fließt als Hauptader der Tiber, nicht mehr ganz so klar wie in seinem Oberlauf in der Toscana und noch nicht so trüb wie in der Metropole Rom. Im Nordwesten zeigt das grüne Herz einen blauen Fleck: Es ist der Trasimenische See, der den Umbriern das Meer ersetzt.

Umbrien (Umbria) auf einen Blick

Fläche: 8.457 km², Binnenland, größtes Gewässer ist der Lago Trasimeno mit 128 km² und 54 km Seeufer.

Einwohner: 815.000.

Hauptstadt: Perugia mit ca. 150.000 Einw.

Bevölkerungsdichte: 96 Einwohner pro km² (italienischer Durchschnitt: 190 Einw./km²).

Verwaltung: Die Region ist in zwei Provinzen unterteilt: Perugia und Terni.

Reiseziele in Umbrien

Perugia ist vielleicht nicht die schönste, sicher aber die lebendigste Stadt Umbriens; Einheimische, Touristen und Studenten der Ausländeruniversität flanieren auf dem hellen Corso Vanucci, an dessen oberem Ende die Fontana Maggiore steht, ein Meisterwerk mittelalterlicher Brunnenarchitektur. Von der umbrischen Hauptstadt kaum 20 km entfernt klebt an den Abhängen des Monte Subasio **Assisi**, die Stadt des heiligen Franziskus. Weiter südlich thronen auf den Hügeln die weniger bekannten mittelalterlichen Städte **Spello** und **Trevi**, letztere mit einem hochkarätigen kleinen Museum für zeitgenössische Kunst. Die Hill-Town-Tour schließt man in **Spoleto** ab, von wo aus ein mächtiger Aquädukt direkt in das satte Grün der heiligen Wälder von Monteluco führt.

An den Gestaden des **Trasimenischen Sees** ist gut aufgehoben, wer mit Kindern unterwegs ist, campen und baden will. Auch eine Seefahrt kann lustig sein: Die Isola Maggiore ist unbedingt einen Besuch wert.

Orvieto steht in traumhafter Lage auf einem Tuffhügel und lohnt allein schon seiner Domfassade wegen den Besuch; doch gibt es in der Stadt noch einiges mehr zu sehen.

Wanderer und Kletterer schließlich kommen im Apennin, der Umbriens Ostgrenze bildet, auf ihre Kosten: entweder im Naturpark des **Monte Cucco** oder im **Sibillinischen Gebirge,** das noch immer nicht ganz hexenfrei sein soll. Ebenfalls zum Wandern eignet sich das **Valnerina**, ein wildes und romantisches Tal, das zur Industriestadt Terni führt. Von hier aus ist es ein Katzensprung zur spektakulären **Cascata delle Marmore**, einem im 3. Jh. v. Chr. von römischer Hand geschaffenen Wasserfall.

Città di Castello

(ca. 38.000 Einwohner)

Das mittelalterliche Städtchen, heute das Handels- und Industriezentrum des oberen Tibertals, ist zwar kein touristisches Highlight, dafür pulsiert auf den Straßen und in den Bars noch unverfälschte Italianità.

Wie im nahen toscanischen Sansepolcro war auch in Città di Castello die Textilherstellung noch bis in die jüngste Zeit ein wichtiger Wirtschaftsfaktor. Die regionale Tradition wird heute in der *Webmanufaktur Tela Umbra* fortgesetzt, die in ihren Räumen ein schmuckes Museum eingerichtet hat.

Umbrien
MARKEN
ABRUZZEN
LATIUM
Fano
Ancona
Jesi
Pergola
Cagli
M. Nerone 1525
Candigliano
Cesano
Nevola
Misa
Esino
Arcévia
Burano
Parco del Monte Cucco
Sasso-ferrato
Genga
Musone
Pietra-lunga
Scheggia
Sentino
Mte. Cucco 1566
Cingoli
Costacciaro
Fabriano
Gubbio
Sigillo
Colle di Fossato
Assino
Saonda
Chiáscio
Mte. Urbino 836
Matélica
Potenza
Gualdo Tadino
Tolentino
Macerata
San Severino Marche
Castelraimondo
Tevere (Tiber)
Mte. Penna 1433
Chienti
Lago di Grazie
Valfábbrica
Passo Cornello 813
Camerino
RUGIA
Parco del Monte Subasio
Topino
Mte. Pennino 1571
Nocera Umbra
Muccia
Polverina
Fiastra
Assisi
Sta. Maria d. Angeli
Bastia
Mte. Subasio 1290
Lago di Polverina
Lago di Fiastra
San Lorenzo al Lago
Sarnano
Torgiano
Colfiorito
Bettona
Spello
Amandola
Deruta
Passo delle Fornaci
Mte. Fema 1575
Foligno
Bevagna
Menotre
Gualdo Cattaneo
Visso
Parco Nazionale dei Monti Sibillini
Tenna
Monte-monaco
Puglia
Teverone
Nera
Preci
Bastardo
Montefalco
Trevi
Mte. Serano 1428
Passo di Gualdo 1496
Mte. Vettore 2476
Corceto di Spoleto
Castelluccio
Mte. Martano 1094
Campello sul Clitunno
Marroggia
Arquata del Tronto
Ascoli Piceno
Norcia
Massa Martana
Todi
Vallo di Nera
Corno
Spoleto
Collevalenza
Mte. Coscerno 1685
Naia
Scheggino
Cáscia
Mte. Utero 1808
Acqua-spartá
Tronto
Dunarobba
Mte. Torre Maggiore 1121
Mte. Aspra 1644
Lago di Scandarello
Amatrice
Montecastrilli
Ferentillo
San Gémini
Mte. Boragine 1829
Amélia
Leonessa
TERNI
Piediluco
Lago di Piediluco
Montereale
L'Ala
Mte. Terminillo 2216
Narni
Stroncone
Velino
Lago Lungo
Aterno
Terminillo
L. di Ripa Sottila
Orte
L. di S. Liberato
Sant' Urbano
Calvi dell'Umbria
Otricoli
Rieti
Rom
Avezzano
Valnerina
Monti Martani
Appennino Umbro-Marchigiano
A1
3
3 bis
4
75
76
77
79
204
209
298
452

Einen Kontrapunkt zu diesem der soliden Tradition verbundenen Museum bildet die *Sammlung Alberto Burri*. Der Künstler mit internationalem Renommee hat seiner Heimatstadt zahlreiche Werke vermacht – zu sehen im Palazzo Albizzini und in den Trockenräumen einer ehemaligen Tabakfabrik.

Information/Verbindungen/Diverses

• *Information* **Ufficio Turistico**, Piazza Matteotti. Kompetentes Personal. Geöffnet Mo–Sa 8.30–13.30 und 15.30–18.30 Uhr, So 9.30–12.30 Uhr. ✆ 075/8554922, 📠 075/8552100, info@iat.citta-di-castello.pg.it.

• *Verbindungen* Busverbindung nach Arezzo, Gubbio, Perugia. Busbahnhof an der Piazza Garibaldi.

• *Parken* Problemlos und gratis an der Stadtmauer im Westen, von da mit der Rolltreppe (scala mobile) hoch zur Piazza Garibaldi.

• *Märkte* Wochenmarkt, Donnerstag und Samstag.

Trödelmarkt (Fiera del Rigattiere): Piazza Matteotti, jeden 3. Sonntag im Monat; Secondhand-Kleidung, Gebrauchtwaren, Bücher ...

• *Feste/Veranstaltungen* **Mostra Nazionale del Cavallo**, jährlich am zweiten Wochenende im September. Nach Verona Italiens zweitwichtigste Pferdeschau.

Fiera di S. Florido, 14.–16. November; bunter Jahrmarkt zu Ehren von St. Florido, dem Schutzpatron der Stadt.

Mostra del Tartufo, Anfang November; eine Messe der Trüffeln und anderer Waldfrüchte. Von sechs essbaren Trüffelsorten werden allein fünf in Umbrien geerntet! In einer großen Halle bekommt man die im oberen Tibertal weit verbreiteten weißen Trüffeln und andere Pilz- bzw. Trüffelsorten aus umbrischen Wäldern angeboten – frisch geerntet, getrocknet oder in bauchigen Gläsern in Olivenöl eingelegt. Schlaraffenland-Verhältnisse – doch muss, wer sich durch die Trüffelknollenberge essen will, schon ein kleines Vermögen hinlegen. Der Preis für weiße Trüffeln liegt derzeit bei ca. 200 € pro 100 g!

Übernachten

**** **Hotel Tiferno (2)**, seit 1895 die erste Adresse in der Stadt, diskret. Hoher Komfort in einem restaurierten Palazzo, in dem auch Alberto Burri (siehe Sehenswertes) mit einigen Werken vertreten ist. DZ 80–140 €. Piazza R. Sanzio 13 (Piazza San Francesco), 06012 Città di Castello, ✆ 075/8550331, 📠 075/8521196, info@hoteltiferno.it.

*** **Hotel Le Mura (7)**, geschmackvoller Neubau mit zwei Konferenzsälen und deutschkundigem Manager. Die große Mosaikwand im Innern ist übrigens das Werk einer Gruppe von Mongoloiden. DZ 52–78 €. Via Borgo Farinario 24, 06012 Città di Castello, ✆ 075/8521070, 📠 075/8521350, direzione@hotellamura.it.

** **Hotel Umbria (3)**, modernisierter Altbau in einer Seitenstraße der Via S. Antonio. Kleine Zimmer, aber alle mit Dusche/WC. Kleiner, hoteleigener Parkplatz gleich ums Eck. DZ 42–52 €. Via dei Galanti, 06012 Città di Castello, ✆ 075/8554925, 📠 075/8520911.

*** **Camping La Montesca**, ca. 4 km westlich von Città di Castello, an der kurvenreichen und steilen Straße nach Monte S. Maria (schlecht ausgeschildert). An einem Berghang gelegen, mit freiem Blick auf die Stadt. Schöner, terrassenförmig angelegter Platz mit Schwimmbecken, Feuerstelle, Bar, Laden und gepflegten sanitären Einrichtungen. Busverbindungen in die Stadt – der letzte fährt allerdings bereits um 19.30 Uhr zum Campingplatz zurück. Ca. 45 Stellplätze. Geöffnet Mai–September. Loc. Montesca, 06012 Città di Castello, ✆ 075/8558566, 📠 075/8520786.

Essen/Trinken

Ristorante Il Postale (1), bis 1998 verwöhnten Marco und Barbara die Gäste des Luxushotels Tiferno. Jetzt haben sie in einer alten Postkutschenstation ihr eigenes Lokal eröffnet. Stilvolles Ambiente mit Niedervoltbeleuchtung. Großer, ovaler Service-Tisch mitten im Raum, der an ein Loft erinnert. Im Anbau überdachte Veranda zur Eisenbahnlinie (nur 8 Züge pro Tag, die Chance, beim Tafeln gestört zu werden. ist also gering). An Auszeichnungen mangelt es der Küche nicht, das italienische Gourmet-Magazin

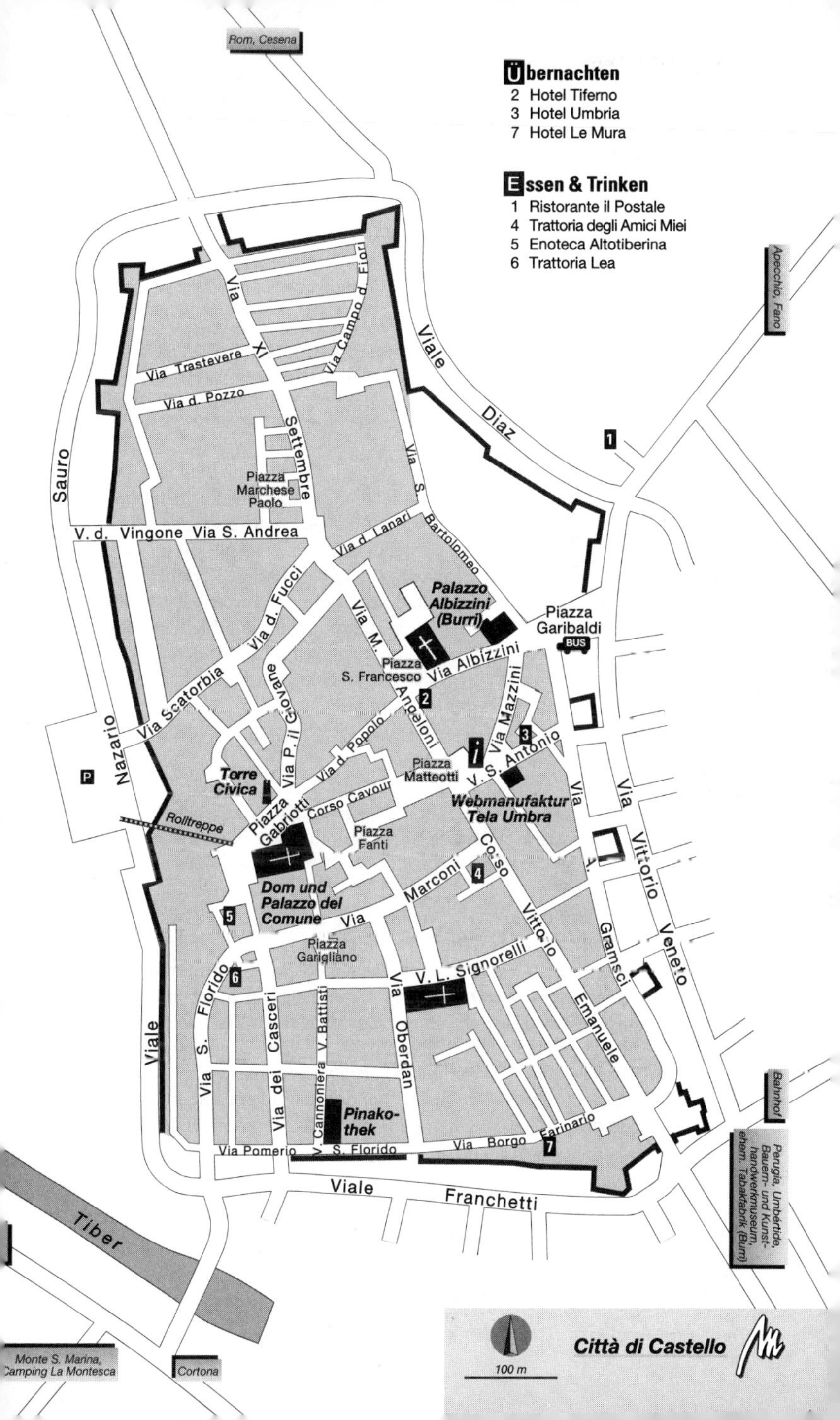
Übernachten
2 Hotel Tiferno
3 Hotel Umbria
7 Hotel Le Mura
Essen & Trinken
1 Ristorante il Postale
4 Trattoria degli Amici Miei
5 Enoteca Altotiberina
6 Trattoria Lea
Rom, Cesena
Apecchio, Fano
Bahnhof
Perugia, Umbértide, Bauern- und Kunsthandwerkmuseum, ehem. Tabakfabrik (Burri)
Monte S. Marina, Camping La Montesca
Cortona
Palazzo Albizzini (Burri)
Piazza Garibaldi
BUS
Torre Civica
Webmanufaktur Tela Umbra
Dom und Palazzo del Comune
Pinakothek
Piazza Marchese Paolo
Piazza S. Francesco
Piazza Matteotti
Piazza Gabriotti
Piazza Fanti
Piazza Garigliano
Rolltreppe
Tiber
Viale Diaz
Viale Nazario Sauro
Viale Franchetti
Viale Vittorio Veneto
Via XI Settembre
Via Campo d. Fiori
Via Trastevere
Via d. Pozzo
Via S. Bartolomeo
V. d. Vingone
Via S. Andrea
Via d. Lanari
Via d. Fucci
Via M. Angeloni
Via Albizzini
Via Mazzini
V. S. Antonio
Via Scatorbia
Via P. il Giovane
Via d. Popolo
Corso Cavour
Corso Vittorio Emanuele
Via Marconi
Via Gramsci
V. L. Signorelli
Via S. Florido
Via dei Casceri
V. Battisti
Cannoniera
Via Oberdan
Via Pomerio
V. S. Florido
Via Borgo Farinario
100 m
Città di Castello

„Gambero Rosso" widmete dem Postale eine größere Reportage. Der Gaumenkitzel hat allerdings seinen Preis: 31 € für das altotiberinische Menü, 42 € für das kreative Menü. Eine ausgediente Zapfsäule vor dem Haus informiert über weitere Alternativen: Lammlende an Ingwer, grüne Bohnen und mit Ziegenkäse gefüllte Ravioli oder Zickleinrücken aus dem Ofen mit geschmorten Zwiebeln oder ... Samstagmittags und Mo geschlossen. Via R. de Cesare 8.

Enoteca Altotiberina (5), erlesenes Angebot an DOC-Weinen der Gegend. Mittags bietet die Küche im stimmungsvollen Kellergewölbe ein einfaches Gericht an (z. B. Taglioni mit Bohnen, Gnocchi, Polenta oder Risotto mit Pilzen), für dessen Zubereitung nur frische einheimische Produkte verwendet werden, abends auch Pizze. Di geschlossen. Piazza Gabriotti.

Trattoria Lea (6), einfache, klassische Trattoria. Keine besonderen Spezialitäten. Sehr preiswert. Via S. Florido 38.

Trattoria degli Amici Miei (4), täglich frisch präparierte Spezialitäten zum Einheitspreis von 16 € (Wein und Wasser extra). Aus Prinzip (welches Prinzip?) Mineralwasser nur ohne Kohlensäure und kein Espresso. Davon abgesehen ein sehr sympathisches Kellerlokal. Mi geschlossen. Via del Monte 2.

Sehenswertes

Sammlung Alberto Burri: Eine Kunstausstellung ganz anderer Art ist im *Palazzo Albizzini* (Via Albizzini) zu sehen. Dort hat der berühmte Künstler *Alberto Burri* (1915–1995), geboren in Città del Castello, eine größere Kollektion seiner Werke der Öffentlichkeit zugänglich gemacht. Charakteristische Merkmale für Burris Plastiken sind die auf Weiß, Schwarz und Rot basierende Farbenpalette und die ungewöhnliche Wahl der Materialien: Säcke, Lumpen, einzelne Kleidungsstücke, angekohlte Hölzer, Metalle, Plastikfolien. Ausstellungen Burris fanden auf der ganzen Welt Beachtung, darunter auch auf der Documenta II in Kassel und 1980 zusammen mit Joseph Beuys im Haus der Kunst in München.

1990 schenkte Burri seiner Heimatstadt weitere 128 Werke, vor allem großformatige Bilder und Plastiken – Grund genug, um eine *ehemalige Tabakfabrik* zum Kunstmuseum umzufunktionieren. Das Gebäude liegt an der alten Straße nach Perugia und ist leicht zu übersehen; knapp nach der Esso-Tankstelle bestätigt links auf der Wiese eine rostrote abstrakte Burri-Skulptur, dass man angekommen ist.

Öffnungszeiten (für beide Ausstellungsorte): Di–Sa 9–12.30 und 14.30–18 Uhr, So 10.30–12.30 und 15–18 Uhr. Eintritt (für beide Ausstellungsorte zusammen) 5 €.

Webmanufaktur Tela Umbra: Die Textilmanufaktur an der Via S. Antonio hat eine stolze, bald hundertjährige Tradition. In den 1920er Jahren beschäftigte Tela Umbra bis zu sechzig Weberinnen, nach dem Zweiten Weltkrieg schrumpfte die Zahl rapide. Heute arbeiten im *Laboratorio* in der ersten Etage noch sieben Frauen an den Handwebstühlen. Sie verarbeiten reines Leinen zu feinen Tischdecken, Servietten und Handtüchern. Es sind Facharbeiterinnen – jede mit ihrem eigenen Spezialgebiet – die um den guten Ruf von Tela Umbra wissen und dafür sorgen, dass die kostbaren Tuche weiterhin in der Qualität auf den Markt kommen, für die der Name Tela Umbra bürgt. Die Werkstatt kann während der Arbeitszeiten besichtigt werden.

In der zweiten Etage hat Tela Umbra ein kleines Museum eingerichtet: Spinnräder, Webstühle, Klöppelarbeiten. In sieben Schaukästen mit Stoffmustern wird die ganze Palette der hier produzierten Stoffe gezeigt, ein Saal mit Gobelins aus den 1980er- und 90er Jahren. Fotos an den Wänden erinnern an die bewegte Geschichte der Werkstatt.

Öffnungszeiten April–September Mo–Sa 10.30–12 und 15–17.30 Uhr, So 10.30–13 und 15.30–18 Uhr; Oktober–März Mo–Sa 10.30–12 und 15.30–17.30 Uhr, So 10.30–13 und 15–17.30 Uhr. Eintritt 2,60 €.

Bauern- und Kunsthandwerksmuseum *(Centro delle Tradizioni Popolari)*: am Stadtrand von Città di Castello, an der alten Straße nach Perugia. Ein überaus sehenswertes Museum, in dem allerlei aus dem regionalen, rustikalen Leben des oberen Tibertals zusammengetragen ist: Weinpressen, Ölmühlen, mittelalterliche Rasiermesser und andere Mordinstrumente, urzeitliche Mausefallen, Webstühle, Spinnräder, das Ehebett mit Großmutters Pyjama usw. In der ersten Etage eine bäuerliche Kantine, in der sich Brueghel wohl gefühlt hätte. Kompetente Führung, allerdings nur in italienischer Sprache.

Öffnungszeiten Sommer 8.30–12.30 und 14–18 Uhr; Winter 8.30–12.30 und 15–19 Uhr. Mo geschlossen. Eintritt 3,50 €.

Gubbio

(ca. 30.500 Einwohner)

Langgestreckt am Abhang des Monte Ingino, zeigt die alte umbrische Stadt eine seltene architektonische Geschlossenheit: mittelalterliche Bauten und dunkle Kopfsteinpflastergassen, keinerlei Verunstaltungen durch moderne Bauten. Oben auf dem Monte thront, abends effektvoll angestrahlt, die Basilika San Ubaldo.

Umbrien
Karte S. 292/293

Neuzeitliche Gebäude – Wohnblocks, Tankstellen, eine Zementfabrik – mussten sich außerhalb der historischen Mauern ansiedeln. So bleibt Gubbio ein verschlafenes Städtchen, sobald die Touristen es verlassen haben. In den Sommermonaten kommen sie zwar zuhauf und durchstreifen die Gassen, doch meist nur für einige Stunden.

Berühmt ist Gubbio für seine Keramik und das Schmiedehandwerk. Überall in den Gassen stößt man auf kleine Läden mit den handgemalten Tellern und Untersätzen, sodass man bald nicht mehr näher hinsieht. Kostbare, alte Stücke der Gubbio-Keramik kann man im *Museum des Palazzo dei Consoli* besichtigen, ein prächtiges Exemplar hat dank seines Motivs den Weg ins berühmte Weinmuseum von Torgiano (siehe Perugia, Umgebung) gefunden: ein wundervoll bemalter Zierteller aus dem Jahr 1528 mit funkelndem Goldrelief, der die Lehrzeit des jungen Bacchus unter den Fittichen des Teufels zeigt.

Information/Verbindungen/Diverses

• *Information* **A.P.T.-Büro**, Piazza Oderisi 5. Geöffnet Mo–Fr 8.30–13.45 und 15–18 Uhr, Sa 9–13 Uhr, So 9.30–12.30 und 15–18 Uhr. ✆ 075/9220693, 📠 075/9273409, info@iat.gubbio.pg.it.

• *Verbindungen* Täglich **Busse** nach Perugia, Città di Castello (umsteigen in Umbértide), Assisi und über Fossato (Bahnlinie Rom–Ancona) nach Gualdo Tadino. Werktags früh am Morgen auch nach Florenz und Rom. Fahrkarten und Auskunft: Via della Repubblica 15. Abfahrt: Piazza 40 Martiri (an der Loggia dei Tiratori).

• *Einkaufen* **Kunsthandwerk/Keramik**: Kleine Keramikläden zieren praktisch jede größere Gasse der Stadt. Beim „Consorzio Artigianato Artistico" im Palazzo dei Consoli findet man etwas mehr als das übliche Angebot.

Spezialitäten/Trüffeln: La Buca del Tartufo, Via XX Settembre 33. Regionale Leckereien.

• *Märkte* **Trüffelmesse**, Ende Oktober/Anfang November. Die kostbaren weißen Trüffeln (tartufi bianchi) stehen im Mittelpunkt dieser gastronomischen Messe auf der Piazza 40 Martiri. Die Köche Gubbios wetteifern um die beste Trüffelküche, die mit der „goldenen Trüffel" ausgezeichnet wird.

Antiquitätenmarkt: jeden 2. Sonntag im Monat in der Via Baldassini.

Wochenmarkt: Di morgen an der Piazza 40 Martiri.

• *Feste* **Wettlauf der Ceri**, am 15. Mai. Gubbios spektakulärstes Stadtfest (siehe Kasten).

Palio della Balestra, am letzten Sonntag im Mai. Der folkloristische Wettkampf der Armbrustschützen wird begleitet von Damen, Rittern und Pagen in mittelalterlichen Trachten, von Posaunenklängen und Fahnenschwingern.

Übernachten

• *Übernachten* ****** Hotel Relais Ducale (4)**, nach 10 Jahren Umbauarbeit eröffnete 1999 die Mencarelli-Group die nobelste Herberge im Centro storico. Das Luxushotel zieht sich von der Piazza della Signoria (Piazza Grande) bis zum Palazzo Ducale hoch, letzterer ist durch den so genannten „Geheimtunnel der Grafen" direkt vom Hotel aus zugänglich. Wenn Sie schon mal hier sind, wählen Sie gleich die Suite des Duca di Montefeltro: Stilmöbel und ein traumhaftes Badezimmer. Von der obersten Etage Zugang zu einem schmucken Dachgarten mit Blick über die Dächer Gubbios – man befindet sich auf der Höhe der Zinnen des Palazzo dei Consoli. Rezeption im Caffè Ducale an der Piazza della Signoria 5 (Piazza Grande). DZ 150–185 €. Via Galeotti 19/Via Ducale 2, 06024 Gubbio, ✆ 075/9220157, 📠 075/9220159, info@relaisducale.com.

**** Hotel Dei Consoli (2)**, zentrale Lage im Centro storico. In der 4. Etage einige Zimmer, in denen man von der Dusche aus seinen Blick über Gubbios Dächer schweifen lassen kann. Der Geschlechterturm, der sich hinter dem Hotel erhebt, ist leider nicht zu besichtigen. Nachdem das vom Erdbeben 1997 beschädigte Hotel wieder repariert ist, wobei auch gleich einige Zimmer renoviert wurden: DZ 64–92 €. Via dei Consoli 59, 06024 Gubbio, ✆ 075/9273335.

**** Hotel Oderisi (8)**, an der Stadtmauer bei der Piazza 40 Martiri gelegen. Angenehmer Familienbetrieb. Zimmer zur Straße etwas laut. DZ mit Bad 35–51 €. Via Mazzatinti 2, 06024 Gubbio, ✆ 075/9220662, 📠 075/9220663.

Residence di Via Piccardi (5), auch Mini-Appartements. Verträumter, betischter Garten mitten in Gubbios Gemäuer. DZ mit Dusche/WC inkl. Frühstück 40–45 €. Via Piccardi 12, 06024 Gubbio, ✆ 075/9276108.

• *Wohnmobile* Für die Fahrzeuge gibt es einen Parkplatz vor dem Teatro Romano.

• *Camping* ****** Camping Villa Ortoguidone**, nur wenige Kilometer vom Zentrum entfernt, an der Straße nach Perugia. Kaum Schatten, dafür mit Swimmingpool. 14 Stellplätze. Geöffnet April – September. Loc. Ortoguidone, 06024 Gubbio, ✆ 075/9272037, 📠 075/9276620.

***** Camping Città di Gubbio**, gleich neben dem vorgenannten; gehört zum gleichen Betrieb. Gleichfalls wenig Schatten, aber etwas billiger. Das Zweiklassensystem gründet im fehlenden Swimmingpool. Wer sein Zelt hier aufschlägt, zahlt halbtags 3 € für den Sprung ins Wasser beim Nachbarn. 100 Stellplätze. Geöffnet April–September. Loc. Ortoguidone, 06024 Gubbio, ✆ 075/9272037, 📠 075/9276620.

Essen/Trinken

Taverna del Lupo (6), benannt nach dem legendären Wolf, den der heilige Franz in Gubbio gezähmt haben soll. Ein gehobenes Restaurant der Mencarelli-Group mit typisch eugubinischer (so das Adjektiv zu Gubbio) Küche: Polenta mit Bohnen und Knoblauchwurst, dicke Linsen- und Gemüsesuppen, gemischte Fleischspieße. Die Lasagne alla taverna ist mit frischen Pilzen und Schinken gefüllt. Mo geschlossen. Via Ansidei 21.

Trattoria/Pizzeria alla Balestra (7), ebenfalls in den Händen der Mencarelli-Group. Vorzügliche regionale Küche, in der die Trüffeln natürlich nicht fehlen. Exquisites Angebot an Vorspeisen. Großer Garten. Di geschlossen. Via della Repubblica 41.

Ristorante all'Antico Frantoio (1), nachdem das beliebte „Bargello" infolge des Erdbebens 1997 geschlossen werden musste, hat dessen umtriebiger Wirt hier eine neue Möglichkeit gefunden, seine Gäste zu verwöhnen. Hervorragende Küche. Mo geschlossen. Via Cavour 18.

Locanda del Duca (3), eine junge Crew hat 1999 ein ehemaliges Hotelrestaurant übernommen. Getrüffelte Küche, ambitionierte Pläne, leicht überfordertes Personal. Mi geschlossen. Via Piccardi 1.

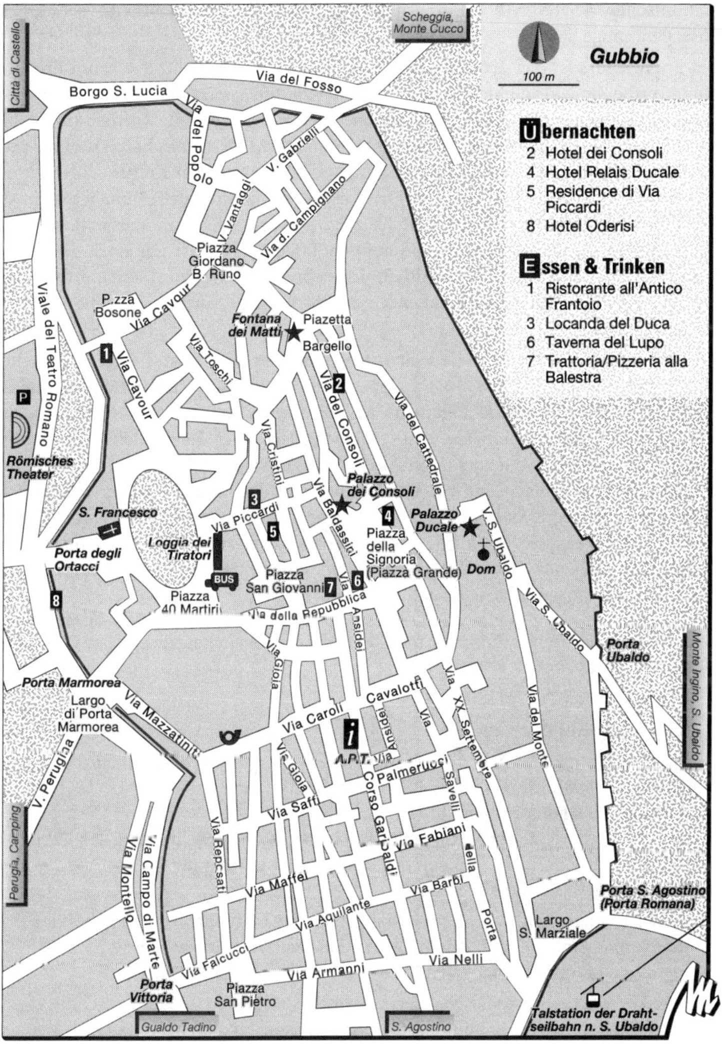

Umbrien Karte S. 292/293

Sehenswertes

Palazzo dei Consoli: Der wuchtige Bau aus der ersten Hälfte des 14. Jh. mit seinen hohen Stützpfeilern, Zinnen und eleganter Freitreppe zum Eingangsportal ist das Wahrzeichen Gubbios. Der Palazzo ist Teil eines größeren Komplexes von Palästen, in deren Mitte sich die **Piazza della Signoria** *(Piazza Grande)* erstreckt. Angesichts der starken Hanglage der Stadt ist allein schon die weitläufige Piazza ein architektonisches Meisterwerk. Im Innern des Palazzo herrscht Schlichtheit – schmucklose, geräumige Säle.

Im Erdgeschoss ist das **Archäologische Museum** untergebracht, das kaum Erwähnung verdiente, würden hier nicht die sog. *Eugubinischen Tafeln* (2. Jh. v. Chr.) aufbewahrt. Die sieben, teils beidseitig beschriebenen Bronzetafeln wurden im 15. Jh. von einem Bauern in den unterirdischen Kammern des römischen Theaters gefunden und gelten als das wichtigste Zeugnis der umbrischen Kultur schlechthin. Die Tafeln I–IV sind in einem vom Etruskischen abstammenden Alphabet verfasst (von rechts nach links zu lesen), Tafel V zeigt dieselbe Schrift und zusätzlich einen Abschnitt in lateinischem Alphabet, auf den Tafeln VI–VII ist nur noch das lateinische Alphabet vertreten. Inhaltlich handeln die Texte von Vorschriften für Rituale, Opfer und Gebete; und in welchen Schriftzeichen auch immer: die Sprache ist Umbrisch.

Die **Städtische Pinakothek** im zweiten Obergeschoss des Palastes zeigt umbrische Maler, größtenteils aus dem 16. Jh. Neben all der religiösen Kunst sticht ein heidnisch-fröhliches *Baccanale* angenehm hervor, ebenso das *Convivio di Baldessare*, ein perspektivisches Gemälde eines Massengelages bei Kerzenlicht. Insgesamt scheint die Pinakothek jedoch kein Ausstellungskonzept zu haben, man stellt einfach hin, was man hat. Die Museumsleitung sieht das natürlich anders. Sie weist darauf hin, dass die Sammlung 1913 in eine bestimmte Ordnung gebracht und 1933 erneut inventarisiert wurde – dass der Besucher somit in den Genuss einer Ausstellungsidee aus den Anfängen des 20. Jh. kommt. So kann man den Job eines Museumspädagogen natürlich auch verstehen.

Öffnungszeiten April–September 10–13 und 15–18 Uhr; Oktober–März 10–13 und 14–17 Uhr. 13.–15. Mai geschlossen (da ist man in Gubbio mit den Vorbereitungen des Ceri-Wettlaufs beschäftigt). Eintritt 3,60 €.

Der Wettlauf der Ceri

Jedes Jahr am 15. Mai, dem Todestag ihres Schutzpatrons Sant'Ubaldo, feiert die ganze Stadt die *Festa dei Ceri*. Ein „Cero" (Kerze) ist eine vier Zentner schwere Holzkonstruktion, die auf einer Bahre befestigt wird. Drei Ceri sind im Spiel, jeder von der Statue eines Heiligen gekrönt: Ubaldo ziert den Cero der Maurer-Zunft, Giorgio den der Handwerker und Kaufleute, der Abt Antonio schließlich den der Bauern.

Jährlich am ersten Sonntag im Mai ziehen die Statuenträger *(Ceraioli)* bei Sonnenaufgang die zwei Kilometer zur Basilika S. Ubaldo auf den Monte Ingino hinauf, um die dort verwahrten Ceri in die Stadt zu holen.

Am 15. Mai dann werden die Ceri von jeweils mehreren Trägern geschultert und feierlich durch Gubbio getragen. Den spektakulären Höhepunkt der Festivitäten bildet jedoch der Wettlauf am späten Nachmittag. Trotz ihres Gewichts werden die Ceri mit ihren Heiligen im rasanten Staffellauf – durch das Spalier der jubelnden Menschenmengen und surrender Kameras – die steilen Gassen hinauf auf den Berg zurückgebracht, wobei zwei kurze Rastpausen eingelegt werden. In 8½ Minuten schaffen die Cerioli mit ihrer beträchtlichen Last eine Strecke, für die der betuliche Spaziergänger eine knappe Stunde braucht. Dann ruhen die Ceri wieder für ein Jahr in der Basilika S. Ubaldo.

Loggia dei Tiratori: Die langgestreckte Loggia gegenüber dem Franziskanerkloster hat nichts mit einem Schützenhaus zu tun, wie der Name suggerieren könnte. Sie datiert aus dem Jahr 1603 und diente einst Gubbios Wollweberzunft als Trockenboden. Hier wurden die nach dem Einfärben feuchten Stoffe gespannt und zum Trocknen ausgebreitet.

Basilika San Ubaldo: Sie ist längst nicht so sehenswert, wie ihre Lage knapp unterhalb des Gipfels des Monte Ingino vermuten lässt. Im Kircheninnern sind die riesigen hölzernen Untersätze der Ceri (siehe Kasten „Der Wettlauf der Ceri") zu besichtigen. Hinter dem Altar ruht in einem gläsernen Sarg der mumifizierte Körper des Stadtheiligen – ein eher makabrer Anblick.

Aufregender als die Basilika ist der Spaziergang zu ihr hinauf (von der Porta S. Ubaldo, oberhalb des Doms, das Zickzack-Sträßchen hoch). Nach der mittelalterlichen Enge der Stadt kann der Ausflug eine erholsame Abwechslung sein. Zwei Lokale mit schöner Aussicht auf den umbrischen und den märkischen Apennin bieten einen zusätzlichen Anreiz. Schon Dante wusste die luftige Örtlichkeit zu schätzen, wie eine Gedenktafel mit einem Zitat aus der *Divina Commedia* erinnert. Bequeme nehmen die **Drahtseilbahn** (Funivia). Die Talstation befindet sich östlich der Stadtummauerung (Nähe Porta S. Agostino). In sechs Minuten schwebt man hinauf zur Basilika.

Fahrzeiten Mo–Sa 9.30–19 Uhr, So 9–19.30 Uhr; im Winter erste Bergfahrt später, letzte Talfahrt früher, im Sommer erste Bergfahrt früher, letzte Talfahrt später. Einfache Fahrt 4 €, hin und zurück 5 €.

Umbrien
Karte S. 292/293

Monte Cucco

Dichte Buchenwälder, karstige Weiden, tiefe Felsschluchten und ein hinreißender Panoramablick auf sanfte, gerundete Berge und weite Täler – das Bergmassiv des Monte Cucco, an der Ostflanke des Apennins, bietet einen erhebenden Anblick. Die Gegend ist ein Eldorado für Drachenflieger, Alpinisten, Wanderer und nicht zuletzt auch für die Speläologen – das Berg-Innere birgt eine der weitläufigsten Höhlen Europas.

Stützpunkte für sportliche Aktivitäten rund um den Monte Cucco sind das mittelalterliche Dörfchen *Costacciaro* und das vom Bergtourismus belebte *Sigillo*. Auch *Scheggia* ist als Basis geeignet.

Sport am Monte Cucco

Wanderungen: Dreißig gut markierte Wanderrouten gibt es rund um den Monte Cucco. Eine genaue Karte (1:16.000) mit ausführlicher (italienischer) Beschreibung des Gebiets ist im *Centro Escursionistico Naturalistico Speleologico* in Costacciaro, im kleinen Dorfbuchladen in Costacciaro, bei der Informationsstelle in Gubbio sowie im Albergo „Monte Cucco di Tobia" im Val di Ranco erhältlich. Gelegentlich allerdings scheint die Karte Mangelware zu sein. Am sichersten ist es, man kümmert sich bereits in Gubbio darum.

Kletterführungen durch die Felsenschlucht des *Rio Freddo* (= kalter Fluss): mehr als 20 Wasserfälle in der tief ausgewaschenen, 4 km langen Schlucht. Die sehr reizvolle Tour ist nur mit Seilsicherung möglich. Dauer: ca. 3½ Std. Auch ganztägige Führungen sind möglich. Ebenfalls bei CENS (s. u.) nachfragen.

Drachenfliegen/Paragliding: Wer möchte hier nicht wie ein Vogel die Flügel spreizen und losfliegen! Der Monte Cucco ist Italiens Drachenflugplatz Nummer eins. Zwei Startplätze, je nach Windrichtung: der Nordstartplatz *(I Piani)* mit Landeplatz in Bastia und der Südstartplatz *(Pian di Monte)* mit Landung in Scirca. Informationen bei „Il Sogno di Bacco" (s. u.).

• *Information* **Centro Escursionistico Naturalistico Speleologico (CENS)**, Via Galeazzi 5, 06021 Costacciaro (im unteren Dorfteil). Für Wanderer, Kletterer und Höhlengänger die zentrale Informationsstelle im Gebiet. Wenn man Glück hat: kompetentes, freundliches Personal. Auch Übernachtungen sind im Centro möglich (siehe weiter unten). ✆/℻ 075/9170400 oder ✆/℻ 075/9170601.

Il Sogno di Bacco, Villa Scirca, 06028 Sigillo (von Costacciaro kommend: im Ortsteil Villa Scirca links hoch). Anlaufstelle für Luftabenteurer. Paragliding-Kurse. Auch Übernachtungsmöglichkeit (siehe weiter unten). ✆/℻ 075/9170761.

• *Verbindungen* **Zug**: Sehr umständlich. Von Perugia nach Foligno, dort umsteigen in Richtung Ancona, bis Fossato di Vico. Von da aus mit dem Bus weiter nach Sigillo bzw. Costacciaro.

Bus: Verbindungen von Perugia (Piazza Partigiani) oder Gubbio nach Costacciaro bzw. nach Sigillo.

• *Feste* **Il Focaraccio**, am 9. Dezember in Sigillo.

• *Übernachten* *** **Hotel Dominus**, in Sigillo, am Ortsausgang Richtung Costacciaro. Die beste Adresse im Monte-Cucco-Gebiet. Große Zimmer mit Komfort – von der Zahnbürste bis zur Minibar. Gediegenes Restaurant. DZ 52–62 €. Via Matteotti 55, 06028 Sigillo, ✆ 075/9179074, ℻ 075/9178203, info@dominushotel.it.

** **Hotel La Pineta**, in Scheggia, ca. 700 m oberhalb des Dorfes. Wunderschöne Lage im Pinienhain. Etwas kleine Zimmer. Restaurant mit regionalen Spezialitäten. Etwas freundlicher geführt, und es hätte unsere Empfehlung. DZ mit Dusche/WC 52 €. Loc. Monte Calvario 40, 06027 Scheggia, ✆/℻ 075/9259142, h-r-lapineta@libero.it.

Ostello Il Sogno di Bacco, Villa Scirca, Sigillo (von Costacciaro kommend: im Ortsteil Villa Scirca links hoch). Die Anlaufstelle für Paraglider und Deltaflieger bietet auch Bodenverhafteten ein Bett an – im DZ, 4er-Zimmer oder im Schlafsaal. Pro Person 14 €, inkl. Frühstück. Im Winter wird nur für Gruppen geöffnet. Zum freundlichen Betrieb gehören eine „Enobirreria" (Wein- und Bierlokal) sowie ein Restaurant, letzteres Di geschlossen. 06028 Sigillo, ✆/℻ 075/9170761, info@univoli.com.

Centro Escursionistico Naturalistico Speleologico, in Costacciaro. Das Zentrum bietet in sehr schönen Räumlichkeiten Betten für ca. 50 Personen (im Herbergsstil). Angenehmer Aufenthaltsraum. Pro Nacht und Nase ca. 13 €. Frühstück extra, Abendessen ca. 12 €. Im Sommer Voranmeldung dringend empfohlen. Via Galeazzi 5, 06021 Costacciaro, ✆/℻ 075/9170400.

• *Im Val di Ranco (1566 m)* ** **Albergo Monte Cucco da Tobia**, freundlicher Familienbetrieb. Die Wirtsleute sprechen auch Deutsch. Im Restaurant (Mo geschlossen) wird Cucina casalinga serviert; die Nudelgerichte sind selbstgemacht und schmecken lecker. Im Speisesaal ein mächtiger Baum, dessen Krone durchs Dach ragt. DZ 45 €, ohne 35 €. Loc. Val di Ranco, 06028 Sigillo, ✆/℻ 075/9177194.

• *Camping* ** **Camping Rio Verde**, 3 km außerhalb von Costacciaro. Liegt mit seinen 50 Stellplätzen ganz versteckt in einer bewaldeten Flussebene, alter Fichten- und Pinienbestand. Es können auch Zimmer gemietet werden (DZ ca. 30 €). Geöffnet Ostern–September. Loc. Fornace, 06021 Costacciaro, ✆ 075/9170138, ℻ 075/9170181.

• *Essen/Trinken* **Ristorante Dal Lepre**, in Sigillo. Das Restaurant serviert tagsüber Pizze, abends durchschnittliche, billige Menüs. Der Hase (lepre) steht zwar nicht auf der Karte, dafür können Sie Penne alla wodka goutieren.

Rundwanderweg am Monte Cucco

Folgende Rundwanderung an der Nordseite des Monte Cucco ist nur ein Beispiel der zahlreichen markierten Wandermöglichkeiten. Dauer: ca. 4 Std.; Ausgangspunkt: Casa Il Sasso. (Das auf der Karte verzeichnete Rifugio beim Casa Il Sasso ist nur als Notunterkunft geeignet!)

Wegbeschreibung: Der Beginn der Wanderung (Wanderweg Nr. 5) führt vom *Casa Il Sasso* rechts am ersten Haus vorbei – anfangs eben am Fluss entlang, es folgt ein leicht ansteigender Pfad durch die Felsenschlucht *Valle delle Prigioni*. Ca. 30 m muss man in gebückter Haltung einen engen Felsentunnel passieren und geht dann weiter durch den Wald. An der Stelle, wo rechts der Wanderweg Nr. 22 einmündet, kommt man an einem Brunnen und einem Wasserreservoir vorbei. Dann steigt der Pfad stetig an – durch einen Wald und später über Wiesen, bis man auf eine breite Schotterstraße trifft. Die letzte Etappe führt auf Weg Nr. 4 – zum Teil steil abwärts – am *Eremo di Monte Cucco* vorbei, zurück zum Ausgangspunkt.

• *Anfahrt zum Casa Il Sasso* **Variante 1**, von Scheggia aus: Richtung Sassoferrato, nach ca. 11 km die Asphaltstraße rechts ab in Richtung Pascelupo. Kurz hinter Pascelupo das Auto stehen lassen und einen Schotterweg hinunter zu zwei leer stehenden Häusern (= Casa Il Sasso) am Rio Freddo gehen. **Variante 2**, von Sigillo aus: auf die Panoramastraße, die in Richtung Val di Ranco führt. Kurz unterhalb des Sendeturms rechts abbiegen in eine Schotterstraße Richtung Bastia (kein Hinweisschild). Durch die Ortschaften Bastia, Rucce und Perticano. Kurz unterhalb von Pascelupo das Auto stehen lassen – dann wie Variante 1.

Umbrien
Karte S. 292/293

Lago Trasimeno

Kaum mehr als 20 km westlich von Perugia erstreckt sich inmitten von grünen Hügeln der Lago Trasimeno, Umbriens „Meer". Im 128 Quadratkilometer großen See liegen drei Inseln: die Isola Polvese, die Isola Maggiore und die Isola Minore. Die ersten beiden werden regelmäßig von kleinen Dampfern angefahren, die dritte ist in Privatbesitz und nicht zugänglich.

Leider ist der Trasimenische See relativ seicht; mit nur sechs bis sieben Metern Tiefe ist er zum Baden und Angeln nur bedingt geeignet, da sich besonders im Sommer das Wasser zu sehr erwärmt („umkippt") – tote Fische am Strand sind keine Seltenheit.

Der heute so niedrige Wasserstand des Lago Trasimeno ist die Folge von wiederholten menschlichen Eingriffen. Bereits die Römer errichteten Deiche und unterirdische Abflüsse, um die häufigen Überschwemmungen zu verhindern. Vom 15. bis Ende des 19. Jh. wurden zwei Zuflüsse in den Tiber umgeleitet, ein weiterer unterirdischer Abflusskanal wurde gegraben. Mit diesen Baumaßnahmen bekam man das Problem der Überschwemmungen in den Griff. Allerdings wirkt sich heute die Absenkung des Wasserpegels auf Flora und Fauna aus, und in Rom hat man schon lange keinen Fisch aus dem Lago mehr gesehen ...

Baden: In den Sommermonaten steigt die Wassertemperatur bis auf 25° C, Badegelegenheiten findet man vor allem an der Ost- und der Nordseite des Sees sowie in Castiglione. Aber Vorsicht: Der Sage zufolge soll eine Seejungfrau sich in den Prinzen Trasimenus verliebt und ihn zu sich in die Tiefe gezogen haben!

• *Information* Das ganze Jahr über in Castiglione del Lago, Passignano und Città della Pieve (Details siehe dort). Während der Sommermonate auch in San Feliciano.

• *Verbindungen* **Bahn**: Castiglione di Lago (Westufer) liegt an der Strecke Florenz–Rom. Nach Tuoro und Passignano (Nordufer): in Terόntola (Strecke Florenz–Rom) in den Zug nach Perugia umsteigen.

Bus: Relativ häufige Verbindung zwischen Passignano und Castiglione; seltener verkehren Busse am Süd- und Ostufer.

• *Festivals* **Trasimeno Blues**, jährlich Ende Juli bis Anfang August. Zehn Tage lang Openair-Konzerte rund um den Trasimenischen See. Jazzgruppen mit internationaler Besetzung.

Castiglione del Lago

(ca. 14.000 Einwohner)

Das auf einer Halbinsel an der Westseite des Sees gelegene Castiglione ist ein ganz und gar malerischer Ort. Um den mittelalterlichen Kern, geprägt vom Palast der Herzöge della Corgna, zieht sich eine hohe Befestigungsmauer. Der Besuch des Palazzo mit seinen Renaissance-Fresken ist allein schon wegen des Rundgangs auf der Zitadellenmauer zu empfehlen: Von der Festung bietet sich eine traumhafte Aussicht auf den Lago.

Durch das Zentrum der Altstadt zieht sich die schmale *Via Vittorio Emanuele*, Treffpunkt und Marktplatz zugleich. Hier steht auch die *Chiesa Santa Maria Maddalena* mit klassizistischem Säulenvorbau und rot geziegeltem Turm. Sie stammt aus dem 19. Jh. und bietet kunsthistorisch nichts.

Eine einladende Promenade führt unterhalb der Zitadelle um die Halbinsel, mancher Einheimische angelt sich hier den Hauptgang zum Mittagessen. Badegelegenheiten finden sich sowohl nördlich wie südlich der Halbinsel.

• *Information* **A.P.T.-Büro**, Piazza Mazzini 10 (am Ende der Via V. Emanuele gegenüber der rottürmigen Kirche). Keine direkte Zimmervermittlung; das Büro hat aber eine Liste mit privaten Vermietern rund um den See. Geöffnet April–September: Mo–Fr 8.30–13 und 15.30–19 Uhr, Sa 9–13 und 15.30–19 Uhr, So 9–13 und 16–19 Uhr; in den übrigen Monaten reduzierte Öffnungszeiten. ✆ 075/9652484, ℻ 075/9652763, info@iat.castiglione-del-lago.pg.it.

Im Sommer unterhält die **Associazione Turistica Pro Castiglione del Lago** an der Porta Senese (unterhalb der Maria-Maddalena-Kirche) ein zusätzliches Informationsbüro. Sehr freundliches Personal.

• *Verbindungen* **Bahn**: täglich mehrere Züge nach Chiusi, Florenz und Rom. Der Bahnhof befindet sich 2½ km außerhalb des Orts.

Bus: täglich mehrere Verbindungen nach Perugia.

• *Fahrradverleih* **Marinelli Ferrettini**, Via B. Buozzi 26 (Richtung Bahnhof). Fahrräder, Mountainbikes und Mofas. Auch Reparaturen. ✆ 075/953126.

• *Markt* jeden Mittwoch.

• *Übernachten* *** **Hotel Miralago**, im Zentrum der Altstadt und mit über 60-jähriger Tradition das älteste Hotel im Ort. Gediegen-biederes Ambiente. Gartenrestaurant mit Seeblick. DZ 62–93 €. Piazza Mazzini 6, 06061 Castiglione del Lago, ✆ 075/951157, ℻ 075/951924, hotelmiralago@tin.it.

*** **Hotel La Torre**, mitten im historischen Kern gelegen. Modern, sehr sauber und für den Komfort (alle Zimmer mit TV, einige sogar mit Eisschrank) preiswert. Reichliches Frühstück mit Produkten aus der eigenen Bäckerei. Allerdings sind die 8 Zimmer schnell ausgebucht. DZ 47–75 €. Via Vittorio Emanuele 50, 06061 Castiglione del Lago, ✆/℻ 075/951666, latorre@trasinet.com.

** **Hotel Fazzuoli**, kleines, modernes Hotel unterhalb des alten Ortes. Zimmer mit Radio, Bad und kleinem Balkon. Die Hoteldirektion vermittelt auch Appartements für 3–4 Personen (mit Kochgelegenheit), die ca. 100 m vom Bootssteg entfernt liegen. DZ mit Bad 41–60 €. Piazza Marconi 11, 06061 Castiglione del Lago, ✆ 075/951119, ℻ 075/951112.

• *Camping* ** **Camping Listro**, knapp 1 km außerhalb, direkt am Seeufer, mit großen Bäumen und einer Wiese zum Strand. Blau-weiß gestreifter Sichtschutz zum Dorf hin. Kleiner Lebensmittelladen, Bar. 100 Stellplätze. Geöffnet April–September. Via Lungolago, Lido Arezzo, 06061 Castiglione del Lago, ✆/℻ 075/951193.

• *Essen/Trinken* **Ristorante La Fontana**, im Hotel Miralago. Spezialitäten des Restaurants: „Spaghetti al fumo", mit einem Sugo aus passiertem Räucherbauch, Tomaten und Sahne zubereitet, und „Carne in cartoccio" – Kalbfleisch mit frischen Pilzen, Schinken, Gemüse und Sahne in Alufolie gebacken. Terrassengarten mit schönem Seeblick. Mo geschlossen. Piazza Mazzini 6.

Ristorante/Pizzeria La Cantina, relativ preiswert. Große Auswahl, auch an lokalen Fischgerichten wie Schleien, Karpfen etc., große Portionen. Menus für 21 €. Mo geschlossen. Via Vittorio Emanuele 93.

Castiglione del Lago

Umbrien
Karte S. 292/293

Baden: Der Sandstrand beginnt gleich nördlich des Orts *(Lido Arezzo)*. Das Wasser ist extrem seicht, 20 m vom Ufer kann man noch immer stehen. Nach dem Camping Listro folgt ein kleines, dünnes Wäldchen mit einer Steinpromenade. Hier sitzen die Angler. Südlich des alten Stadtkerns setzt sich der Strand mehrere hundert Meter fort *(Lido Comunale)*. Nur am Wochenende, wenn die ganze Familie in der Sonne schmort, ist er überlaufen.

Sehenswertes

Palazzo della Corgna: Im äußerlich etwas heruntergekommenen Renaissance-Palast am Ende des Corso Vittorio Emanuele, teilweise von der Stadtverwaltung in Beschlag genommen, teilweise als Kunstgalerie genutzt, sind in mehreren Sälen noch die originalen Fresken aus dem 16. Jh. erhalten. Besonders beeindruckend sind die restaurierten Gemälde von *Niccolò Circignani, Il Pomarancio* genannt. Die gesamte *Sala dell'Investitura* ist von ihm dekoriert: Geschichten aus dem Leben der Familie della Corgna, denen Papst Julius III. im 16. Jh. die Herrschaft über Castiglione übertrug, Schlachten um Castiglione, Fechtszenen und mythologische Gestalten. Ebenfalls komplett mit Fresken ausgeschmückt, aber nicht restauriert ist die *Sala di Cesare*, in der der manieristische Stil dominiert: Cäsars Vita bis zu seiner Erdolchung, Cleopatra taucht in einer Lünette auf. In der *Sala d'Annibale* schließlich wird auf einem großflächigen Deckengemälde die Schlacht am Trasimenischen See nachgespielt – Inszenierung 16. Jh..

Ein langer Tunnel in der Mauer führt zur mittelalterlichen **Rocca del Leone** (Löwenburg). Der Rundgang auf der Festungsmauer – rund um den als Open-Air-Kino verwendeten Innenhof – ist einfach großartig: eine Vogelperspektive auf den Lago, wie sie die Herzöge della Corgna genossen haben.

Öffnungszeiten April: 9.30–13.00 und 15.30–19.00 Uhr; Mai/Juni: 10.00–13.30 und 16.00–19.30 Uhr; Juli/August: 10.00–13.30 und 16.30–20.00 Uhr; September/Oktober: 10.00–13.30 und 15.30–19.00 Uhr; November–März: Sa/So 9.30–16.30 Uhr. Eintritt 3 €. oder im Sammelticket „Museo Aperto" (Città della Pieve, Panicale, Castiglione del Lago, Isola Maggiore) für 6,20 €.

San Feliciano

Am verträumten Fischerhafen reicht das Wasser zum Teil bis zur Straße. Es lässt sich leicht ermessen, welche Ausmaße der Trasimenische See einst hatte und wie er zusehends verlandete und verschilfte. Südlich des Orts ist auf den „Feldern" das Schilf in großen Bündeln zum Trocknen aufgestellt. Eine lokale Werkstatt hat sich darauf spezialisiert, Matten zu flechten.

Die Macchia über dem Ort versteckt zahlreiche Villen und wenig romantische Appartementburgen. Vielleicht aus der Sorge heraus, dass die Tage des Fischereigewerbes am Lago gezählt sein könnten, wurde in der Via Lungolago (Uferpromenade) ein *Fischereimuseum* eingerichtet. Aber noch flicken die Fischer ihre Netze am Strand, nicht im Museum.

• *Information* **Pro Loco**, im Zentrum an der Durchgangsstraße. Nur im Sommer geöffnet: Mo–Sa 10–13 und 14.30–19.30 Uhr, So 10–12.30 Uhr, ✆/📠 075/8476027.

• *Übernachten* *** Hotel Da Settimio**, bei der Schiffsanlegestelle. Das Haus ist vor allem wegen seines Restaurants beliebt (s. u.). DZ mit Dusche/WC 62 €. Via Lungolago 1, 06060 San Feliciano, ✆ 075/8476000, 📠 8476275.

*** Camping Porto Cervo**, am südlichen Ortsrand – genügend Schatten, klein und gepflegt, am See gelegen! Morgens besorgen die Frösche den Weckdienst. 35 Stellplätze. Geöffnet April–September. ✆ 075/8479303.

• *Essen/Trinken* **Ristorante Da Settimio**, im gleichnamigen Albergo. Im geräumigen Speisesaal zeigt sich die Leidenschaft des Wirts – die Wände hängen voll mit ausgestopftem Federvieh vom See. Viele Fischgerichte frisch aus dem See (z. B. Coregone, Aal). Beliebt sind die frittierten Fische, auch die Fischsuppe ist nicht zu verachten. Do geschlossen. Via Lungolago 1.

Pizzeria/Ristorante Spiaggia del Giramondo, ca. 500 m nördlich des Orts. Moderner Pavillon, innen vom italienisch-deutschen Wirtspaar gemütlich eingerichtet. „Die Preise sind zivil. Das Speisenangebot: hausgemachte Tagliatelle mit verschiedenen, teils ausgefallenen Saucen (z. B. Trüffelsauce), über 20 verschiedene Pizze, wechselnde Fleischgerichte, diverse Nachspeisen (hervorragendes Tiramisu). Es gibt einen guten offenen Wein vom Fass. Sehr angenehm ist, dass man nicht, wie ja sonst üblich, ein komplettes Menü bestellen muss, sondern auch nur einen Teller Nudeln essen kann" (Lesertipp). Zur Pizzeria gehört eine gepflegte, pinienbestandene Liegewiese mit kleinem Strand, ein Kinderspielplatz sowie ein Volleyballfeld. Geöffnet April–September. Di geschlossen. Via Gandhi.

Sehenswertes

Fischereimuseum *(Museo della Pesca del Lago Trasimeno)*: ein sehr informatives und obendrein liebenswert aufgemachtes Museum, einige Erklärungen sind auch ins Englische übersetzt. Mit alten Fischerutensilien, Skizzen, Fotos und Texten werden die Geschichte der Fischerei im Trasimenischen See und die angewandten Fangtechniken dokumentiert. Das im 16. Jh. übliche *Tori*-Fischen, ein kompliziertes Manöver mit zwei Schiffen, wird heute nicht mehr praktiziert, ebenso wenig das Fischen mit der *Arèlla*, bei dem die Opfer quasi eingezäunt wurden. Der *Tofarello* hingegen, eine getarnte Reuse, wird gelegentlich noch verwendet. Auch der *Tofóne*, ein Fanggerät mit aneinander gefügten trichterförmigen Drahtgeflechten, in dem sich der Fisch heillos verliert und dann herausgeschüttelt wird, ist noch in Gebrauch, wie ein Spaziergang am Fischerhafen vor dem Museum zeigt. Selbst das moderne Nylonnetz in verschiedenen Ausführungen hat seinen Platz im Museum. Ein stimmungsvoller Video-Film, den man auch ohne Italienischkenntnisse genießen kann, schließt den Besuch ab.

Öffnungszeiten Februar/März und Oktober Do–So 10.30–12.30 und 14.30–17.30 Uhr; April–Juni und September Di–So 10–12.30 und 15–18 Uhr; Juli/August täglich 10.30–13 und 16–19 Uhr. Eintritt 2,60 €.

Isola Polvese

Die größte Insel im Lago weist eine Fläche von knapp 70 Hektar auf, sie ist weniger bewaldet als die Isola Maggiore, hat aber durchaus ihre Reize. Im Sommer bietet sich nach einem Spaziergang, vorbei an den Überresten menschlicher Siedlungen, ein erfrischendes Bad an der Spaggia an.

Die Insel-Chronik vermerkt im Jahr 1342 um die 500 Einwohner; aufgrund der Malaria im 17. Jh. schrumpfte die Zahl beträchtlich, und 1772 waren gerade noch 80 Einwohner registriert. Heute ist die Isola Polvese unbewohnt. Vom Landungssteg führt der Weg an einer Burgruine mit dem Kirchlein San Giuliano vorbei. Etwas weiter oben steht eine Ruine des 20. Jh., ein verlassener Bauernhof – Zeuge eines Landwirtschaftsprojekts, das sich als unrentabel erwies. Ebenfalls Relikte aus hoffnungsvolleren Zeiten sind eine zinnenbewehrte Villa, die aus den Olivenhainen hervorragt, sowie die Mauerreste des Klosters San Secondo im hinteren Teil der Insel; die letzten Mönche verließen den Ort während der Malaria-Epidemie von 1624.

Überfahrt 10x täglich ab San Feliciano, Retourticket 4,30 €.

Umbrien Karte S. 292/293

Passignano sul Trasimeno (ca. 5.000 Einwohner)

Neben Castigliano del Lago ist Passignano der zweite städtische Ort am Trasimenischen See. Der Seetourismus profitiert von der verkehrstechnisch günstigen Lage, die höher gelegene Altstadt dagegen schläft weiter ihren Dornröschenschlaf.

Der einstige Fischerort an der Hauptverkehrsstraße, die seit Jahrhunderten Umbrien mit der Toscana verbindet, war im Mittelalter ein Zankapfel zwischen Arezzo und Perugia, das sich letztlich die Herrschaft über das Gebiet des Lago Trasimeno erkämpfte – für die Bewohner Passignanos eine leidvolle Geschichte von Plünderungen, Bränden und Schlachten.

Fast gespenstisch wachen die ramponierten Türme der Oberstadt über das pulsierende Leben am Seeufer. Steile Treppen führen ins alte Passignano hinauf. Das Mauerwerk der von der Geschichte arg gebeutelten Häuser (ein Bombardement im Zweiten Weltkrieg inbegriffen) wird an vielen Stellen mit Ziegelsteinen ausgebessert – unschönes Flickwerk, aber besser als gar nichts. Einzig in ein paar Ecken im unteren Teil der Altstadt, bei der Piazza Garibaldi, zeigt sich Passignano von seiner vitalen Seite.

• *Information* **Pro Loco**, Piazza Trento e Trieste 6 (hinter dem rosafarbenen Rathaus). Das Informationsbüro wechselte seine Adresse mehrmals in den letzten Jahren. Vielleicht hat es jetzt die passenden Räumlichkeiten gefunden. Leider sehr reduzierte Öffnungszeiten: Do/Fr 16–18.30 Uhr, Sa 10–12.30 und 16–18 Uhr, So 10–12.30 Uhr.

• *Verbindungen* **Bahn**: gute Verbindungen nach Perugia und Assisi–S. Maria degli Angeli (Eisenbahnstrecke Terentóla–Foligno).
Bus: in beide Richtungen am See entlang. Häufiger wird die Nordstrecke (nach Castiglione del Lago) gefahren.

• *Markt* Samstag.

• *Fest* Meist am letzten Julisonntag findet der traditionelle **Palio delle Barche** statt. Der „Wettlauf der Boote" wird von den vier traditionellen Stadtteilen ausgetragen und macht seinem Namen alle Ehre: Die mittlere der drei Etappen führt quer durch die Altstadt, die Ruderboote werden geschultert und im flotten Lauf durch die Straßen getragen.

• *Übernachten* *** **Hotel Lido**, am See. Die von den Schwestern Borio geführte Nummer eins der Stadt ist oft von Gruppen ausgebucht. Zimmer teils mit Seeblick, Restaurant mit Pfahlbau-Seeterrasse. DZ 70–112 €. Via Roma 1, 06065 Passignano sul Trasimeno, ✆ 075/827219, ℻ 075/827251, lido@umbriahotels.com.

*** **Hotel Trasimeno**, Seestraße. Relativ neuer Bau, von der Hauptstraße etwas zurückversetzt und daher ruhig. Auch „erdbebensicher", wie der Hotelprospekt vermerkt. Mit hoteleigenem Parkplatz. Freundlicher Besitzer, der sich rund um den Lago Trasimeno hervorragend auskennt. DZ 55–75 €. Via Roma 16/A, 06065 Passignano sul Trasimeno, ✆ 075/829355, 📠 075/829267, info@hoteltrasimeno.com.

* **Del Pescatore**, Nähe Piazza Garibaldi. Relativ bescheidene Zimmer in schöner Altstadtlage. DZ mit Dusche 39–47 €. Via San Bernardino 5, 06065 Passignano sul Trasimeno, ✆ 075/8296063, 📠 075/829201, delpescatore@libero.it.

• *Essen/Trinken* **Trattoria del Pescatore**, gehört zum gleichnamigen Albergo. Hübsche Plätze unter dem dichten Blätterdach, das die Gasse überspannt. Fischspezialitäten vom Lago Di geschlossen. Via San Bernardino 5.

Tuoro (ca. 3.500 Einwohner)

Als Hannibals Truppen 217 v. Chr. hier in der Nähe die Römer hinmetzelten, war der Ort – obwohl vermutlich besiedelt – noch nicht aktenkundig. Und später, im Mittelalter, erging es Tuoro ähnlich wie dem benachbarten Passignano: Arezzo und Perugia stritten sich um das Gebiet.

Das Centro storico – auf einem Hügel etwas abseits des Sees – bietet nicht viel: etwas Geschäftsleben und einige Bars rund um die zentrale *Piazza Municipio*. Wer mittelalterliche Romantik sucht, wird enttäuscht sein.

Unterhalb des Orts, neben dem Landungssteg, wurde Mitte der 80er Jahre der **Campo del Sole** eröffnet, ein Skulpturenpark mit Werken in- und ausländischer Künstler, die Assoziationen zu Grabstelen der Frühgeschichte, Menhiren oder Obelisken wecken. Der verwendete Stein stammt ausnahmslos aus der Umgebung von Tuoro. Die Anlage soll – zumindest ist das die Absicht des Konzepts – eine Gedenkstätte für die Schlacht am Trasimenischen See sein.

• *Surfbretter* Verleih bei **Balneazione Tuoro** an der Punta Navaccia. ✆ 033/0646281.

• *Fahrräder* Verleih ebenfalls bei **Balneazione Tuoro** (s. o.).

• *Camping* *** **Camping Punta Navaccia**, beim Landungssteg. Komfortables, großes Gelände mit Aussicht auf Isola Maggiore und Isola Minore. Teilweise Dauercamper, die ihr Revier immer mehr wie zu Hause ausstatten: Gartenzäune, Gartenzwerge, Gladiolen ... Gleich daneben ein moderner Komplex mit Ristorante, Pizzeria, Bar, Diskothek. 186 Stellplätze. Geöffnet April–September. Via Navaccia 4, Loc. Punta Navaccia, 06069 Tuoro, ✆ 075/826357, 📠 075/8258147.

• *Essen/Trinken* **Ristorante Vecchio Mulino**, an der Durchgangsstraße, knapp westlich des Abzweigs zum Strand. Ein altes Landhaus (ehemalige Mühle) mit Atmosphäre. Wer sich nicht durch die Spezialitätenkarte hindurch essen will, kann sich im Nebensaal eine große Pizza bestellen. Mi geschlossen. Via Firenze 6.

Birreria Due Lune Pub, östlich von Tuoro der Beschilderung nach Vernazzano folgen, ab dort ausgeschildert. Wohl aus fiskalischen Gründen ist das Pub als Associazione culturale eingetragen. Mit 2 € Jahresbeitrag haben Sie Zutritt zur Bierkultur. Landhaus im Grünen mit einladendem Garten. Kleine Gerichte, leckere Panini und Birreria im englischen Pub-Stil. Mo/Di, außerhalb der Saison auch Mi geschlossen.

Isola Maggiore

Der Ausflug lohnt wirklich, auch wenn das beinahe schon legendäre Schloss Isabella nicht mehr zu besichtigen sein sollte. Die einzige noch bewohnte Insel im Lago Trasimeno ist von Tuoro nach 10-minütiger Überfahrt erreicht. Üppiges Grün empfängt den Besucher, weiter oben erstrecken sich Olivenhaine.

An der Anlegestelle liegt das einzige Dorf, eine Reihe einfacher Steinhäuser. Jedes hat seinen eigenen kleinen Kanal bis vor die Haustür – Autos gibt es keine. Vor den Häusern sitzen die Männer und flicken Fischreusen. Die Frauen fertigen Klöppelarbeiten, die im kleinen Pavillon am Landungssteg verkauft werden. Ihr Spitzenprodukt ist der *Pizzo d'Irlanda*, gefertigt in einer um die Jahrhundertwende von einer irischen Meisterin eingeführten Klöppeltechnik.

Wer mehr über die Geschichte der Insel erfahren will, sucht die **Casa del Capitano del Popolo** auf, erkenntlich an der Hausuhr. Eine Art Comicstrip dokumentiert das einstige Leben mitten auf dem Trasimenischen See, u. a. ist auch ein ganz und gar weltliches Abendmahl im Schloss Isabella zu sehen.

Ein schattiger Fußweg führt vom Süden des Dorfes zur **Klosterkirche San Francesco** aus dem 14. Jh., die naturliebenden Mönche haben vor dem Eingang Palmen und andere heute von Efeu umrankte Bäume gepflanzt. Hier, an der Nordseite, ist die Insel besonders üppig grün. 1890 wurde das Kloster mitsamt Kirche in das **Schloss Isabella** des Marchese *Giacinto Guglielmi* integriert. Seit 1999 ist das fürstliche Anwesen offiziell nicht mehr zugänglich.

Wem's nicht zu heiß wird, der wandert in die „höheren" Regionen der Insel und besucht dort die **Kirche San Michele Arcangelo** aus dem 12. Jh. mit doppeltem Glockenturm und gut erhaltenen Fresken. An die Kirche schließt sich der Dorffriedhof an – die Gräber der Armen mit einer Nummer auf dem Sandhügel, die der Bessergestellten als aufwendige Familiengruften gestaltet. An der Friedhofsmauer gibt's frisches Wasser.

Öffnungszeiten 10.30–13 und 15–18 Uhr. Das Kircheninnere (Fresken) ist eintrittspflichtig. Zusammen mit dem winzigen Museo Merletto (Spitzenklöppeleien) bei der Informationsstelle 2,60 € oder im Sammelticket „Museo Aperto" (Città della Pieve, Panicale, Castiglione del Lago, Isola Maggiore) für 6,20 €.

Umbrien
Karte S. 292/293

• *Überfahrt* 10x pro Tag ab Tuoro für 4,30 €; noch häufiger ab Passignano für 5,40 €, weniger häufig ab Castiglione für 5,90 € (Preise jeweils hin und zurück). Wer nicht sein Gefährt am Festland wieder abholen muss, kann selbstverständlich kombinieren, z. B. von Passignano auf die Insel und weiter nach Castiglione.

• *Übernachten/Essen* *** **Albergo/Ristorante da Sauro**, am Ende der Dorfstraße. Einziges Hotel auf der Insel, daneben gleich ein Badestrand. Ein überaus freundlicher Familienbetrieb in traumhafter Lage und obendrein preiswert. Im Erdgeschoss geräumiger Speisesaal mit historischen Fotos der Insel, u. a. eines von 1963, als der See zugefroren war. Im Sommer wird auf der Pergola gegessen oder im geräumigen Terrassenrestaurant auf der anderen Straßenseite – man nimmt in dieser romantischen Lage sogar die Mücken in Kauf. Spezialität sind Fischgerichte. Falls es nicht auf der Karte stehen sollte, fragen sie nach „Tegamaccio", Aal mit Tomaten zubereitet. DZ 60–65 €, auch 4-Bett-Zimmer im Angebot. Halbpension 45–50 €/Person. 12 Zimmer. Restaurant Mi geschlossen. Reservierung dringend empfohlen, an Wochenenden oft von Perugianern ausgebucht. Via Guglielmi 1, 06060 Tuoro s. T. – Isola Maggiore, ✆ 075/826168, ℻ 075/825130.

Baden: Um die Insel zieht sich ein breiter Schilfgürtel. Baden kann man an einigen Stellen, wo Felsen dem oft alles überwuchernden Schilf keine Chance bieten. Die besten Plätze findet man hinter dem Albergo da Sauro.

Borghetto

Eine kleine Häuseransammlung mit einem alten Wachturm am Nordwesteck des Lago Trasimeno. Noch bis vor wenigen Jahren stapelten sich Netze und Reusen am Weg zum Landungssteg. Die Fischer gibt's noch, aber es sind weniger geworden. Unvermindert geblieben sind die rege Landwirtschaft rund ums Dorf und die intensive Pflege des eigenen Gärtchens.

Der Verkehr rauscht auf der Schnellstraße vorbei und lässt Borghetto im Abseits liegen, also setzt man auf die Wasserwege. Mit dem neuen Landungssteg plant das

Dorf seinen Einstieg in das Netz der Kursschiffe. Die Fischer wurden dabei nicht vergessen, sie haben einen neuen Hafen bekommen.

• *Camping* *** **Camping La Badiaccia**, am westlichen Ortsausgang noch etwas in Richtung Castiglione. Großes Gelände mit ca. 150 Stellplätzen, Seestrand und Bootsanlegeplatz (auch Bootsverleih!). Ausreichend Schatten, teils Schattendächer, saubere sanitäre Anlagen mit Warmwasserduschen. Grillmöglichkeit. Swimmingpool, Minigolf- und schöner Kinderspielplatz. Im Spielsalon drängen sich Kicker, Pingpong, Billard und Videospiele. Sehr gefallen hat uns die Terrassenbar, auf der im Sommer kleine Gerichte serviert werden. Sehr freundliches Personal, z. T. auch englischsprachig. Geöffnet April–September. Via Trasimeno I 91, Loc. Badiaccia, 06061 Castiglione del Lago, ✆ 057/9659097, ℻ 075/9659019.

Città della Pieve

(ca. 6.700 Einwohner)

Landeinwärts, etwa 25 km vom Lago Trasimeno entfernt auf einer Anhöhe über dem Val di Chiana, liegt der alte Bischofssitz der trasimenischen Region. Die gesamte Altstadt besteht aus unverputzten, roten Ziegelsteinbauten – ein ungewohntes und überaus eindrucksvolles Bild.

In Città della Pieve wurde 1445 *Pietro Vannucci* geboren, der unter dem Namen *Perugino* Kunstgeschichte machte. Er war der große Meister der umbrischen Schule und Lehrer Raffaels, des Klassikers der Hochrenaissance.

Werke von Perugino sind nicht nur im *Dom*, sondern auch in der *Kirche Santa Maria dei Servi*, im *Oratorium Santa Maria dei Bianchi* sowie in der *Kirche San Pietro* zu sehen. Die Besichtigung der Gemälde lässt sich ideal mit einem kleinen Stadtrundgang verbinden – aber aufgepasst: Von 12.30–15.30 Uhr hält der Meister Siesta; sämtliche Kirchen sind dann geschlossen.

Der Spaziergang durch die Altstadt führt an einigen prächtigen Palazzi vorbei (16.–18. Jh.) – die meisten in rotem Ziegelstein gehalten. Besonders imposant sind zwei Paläste: der vierstöckige *Palazzo della Fargna* an der Via Garibaldi, in dem heute die Stadtregierung sitzt, und der *Palazzo della Corgna*, Sitz der kommunalen Bibliothek.

• *Information* Via Vittorio Veneto 4. Geöffnet Mai–Oktober: 9.30–13 und 16–19.30 Uhr; November–April: 10–12.30 und 15.30–18 Uhr. ✆ 0578/299375.

• *Verbindungen* **Bus** zum ca. 10 km entfernten Bahnhof von Chiusi-Scalo (Strecke Florenz–Rom).

• *Wochenmarkt* Sa früh in der Via Veneto.

• *Feste* **Infiorata**, am Sonntag, der dem 21. Juni am nächsten kommt. Die gesamte Via Vannucci wird zum Blumenteppich. Ganz verwegene Künstler schaffen mit den Farben der Flora sogar Perugino-Kopien.

• *Übernachten* ** **Hotel Vannucci**, preiswerte Landhaus-Bleibe in ruhiger Lage. Der Besitzer zeigt sich optimistisch und hat auf seiner Visitenkarte den zu erwartenden dritten Stern vorweggenommen. Das Restaurant (Fr geschlossen) serviert traditionelle Küche zu vernünftigen Preisen. Betischter Garten. DZ mit Dusche 39–49 €. Via Icilio Vanni 1, 06062 Città della Pieve, ✆ 0578/299572, ℻ 0578/298063, hvannucci@supereva.it.

• *Essen/Trinken* **Ristorante/Pizzeria Silvana**, Pizze und regionale Küche, z. B. Pici und Salsicce; von allen Bevölkerungsschichten gut besucht. Do geschlossen. Via Pietro Vannucci 26.

Pizzeria/Trattoria Serenella, Familienbetrieb, der mittags preiswerte Hausmannskost serviert, abends stehen Antipasti, Pasta, Pizze, Calzone und Schiaccoche auf der Karte. Und für die lieben Kleinen, die auf den berühmten Brotaufstrich nicht verzichten wollen, gibt´s – es graust den Gourmet – Pizza Nutella. Via Fiorenzuola 28.

Osteria del Duca, kleines Lokal an der Stadtmauer mit Aussicht über das Valdichiana. Keine Menus, nur Bruschette, Scamorza, hervorragende Salami- (auch Wildschwein) und Käseplatten zu einem billigen und guten trasimenischen Wein. Letzterer wird gegenüber der Osteria verkauft, das Tunnelsystem der Kellerei reicht bis unter den Palazzo della Fargna. Geöffnet Mi 10–16 Uhr, Fr–So 16–23 Uhr. Via Po' di Mezzo 3.

Sehenswertes

Kathedrale: Der lokale Tourismus-Prospekt beschreibt den Sachverhalt freundlich: „Von der Romanik bis zum Neoklassizismus sind hier alle wichtigen Baustile vorhanden." Uns scheint die heterogene Architektur eher ein Stilkarneval. Prunkstück der Kathedrale ist die über dem Hauptaltar thronende *Madonna mit Heiligen* von Perugino Auf einer Terrasse stehen Petrus und Paulus, flankiert von zwei Standartenträgern, Gervasius und Protasius, den Schutzheiligen der Stadt, denen die Kathedrale gewidmet ist. Über dem heiligen Quartett und über der angedeuteten umbrischen Landschaft schwebt auf einer zarten Wolke Maria mit Kind. An der Terrassenmauer ist das Gemälde datiert: 1504.

Ein weiteres Perugino-Gemälde findet man in der ersten Seitenkapelle links: die *Taufe Christi*; an der Wand daneben schaut unter der roten Mütze ein skeptischer Perugino den Besucher an. Das berühmte Selbstporträt ist hier lediglich Kopie, das Original ist Teil eines Freskos im Collegio del Cambio, Perugia.

Oratorium der Santa Maria dei Bianchi: Das kleine Oratorium beherbergt ein Meisterwerk von Perugino: *Die Anbetung der Könige*. Auf einem Schemel sitzt unter einer klassizistischen Holzüberdachung Maria, zu der das Volk, Hirten und Ritter, zusammenströmen. Die in sehr zarten Farben gehaltene Szene spielt vor dem Hintergrund der umbrischen Landschaft mit dem Trasimenischen See.

Öffnungszeiten Mai: Fr–So 9.30–13 und 15.30–19 Uhr; Juni–September: täglich 9.30–13 und 15.30–19 Uhr; Oktober–April: Fr–So 10–12.30 und 15.30–18 Uhr. Eintritt 2,60 € (Sammelticket Oratorium, Palazzo della Corgna, Augustinerkirche) oder im Ticket „Museo Aperto" (Città della Pieve, Panicale, Castiglione del Lago, Isola Maggiore) für 6,20 €.

Palazzo della Corgna: Der Palast der einflussreichen Familie ist wie sein Pendant in Castiglione del Lago (siehe dort) zu großen Teilen von *Niccolò Circignani* (auch *Il Pomarancio* genannt) ausgeschmückt. Die Renaissance-Malereien wurden an einer Decke im Erdgeschoss, dem Treppenaufgang entlang und in einem Saal der ersten Etage restauriert – dann ging der Kommune offensichtlich das Geld aus.

Öffnungszeiten Wie Oratorium der Santa Maria dei Bianchi (s. o.). Eintritt 2,60 € (Sammelticket Oratorium, Palazzo della Corgna, Augustinerkirche) oder im Ticket „Museo Aperto" (Città della Pieve, Panicale, Castiglione del Lago, Isola Maggiore) für 6,20 €.

Città della Pieve/Umgebung

Panicale: Das Städtchen im Hügelland zwischen Città della Pieve und dem Trasimenischen See ist ein Schmuckstück des Mittelalters. Ringförmig angelegte Straßen unterstreichen den wehrhaften Charakter des Orts, dessen Verteidigungsanlagen früher von einem Wassergraben ergänzt wurden.
Von der Stadtmauer im Norden genießt man ein phantastisches Panorama über den Trasimenischen See.

Für die **Kirche San Sebastiano** hat *Perugino* 1505 das in den 90er Jahren restauriertes Fresko „Das Martyrium des heiligen Sebastian" gemalt, das die klassischen Züge des umbrischen Meisters trägt: Zentralperspektive, symmetrische Anordnung, antiker Hof, der den Blick auf die umbrische Landschaft freigibt. Im Zentrum der Komposition steht der an eine Säule gefesselte, den Pfeilen der Bogenschützen ausgelieferte Märtyrer.

Eine weitere Attraktion hält Panicale mit dem **Teatro Cesare Caporali** bereit. Wohl um dem Einfluss des lokalen Klerus etwas Weltlichkeit entgegenzusetzen, gründeten im 18. Jh. einige reiche Familien des Orts eine Theaterakademie. Der heutige

Theaterbau stammt aus der Mitte des 19. Jh.s und ist ein seltenes Juwel: 32 samtbezogene Plätze im Parkett, mehr als doppelt soviel in den Logen, eine kleine Bühne, ein Orchestergraben – eine Scala en miniature.

• *Führungen* Sowohl die **Kirche San Sebastian** wie auch das **Teatro Cesare Caporali** sind nur mit Führung zu besichtigen: Mai–September: täglich 10.40, 11.10, 11.50, 16.10, 16.50, 17.30, 18.10 Uhr; Oktober: täglich 10.40, 11.10, 11.50, 15.10, 15.50, 16.30, 17.10 Uhr; November–März: Fr–So 9.40, 10.20, 11.00, 11.40, 15.00, 15.40, 16.20 Uhr. Wir betonen aus Erfahrung: ohne Gewähr! Eintritt 2,60 € oder im Sammelticket „Museo Aperto" (Città della Pieve, Panicale, Castiglione del Lago, Isola Maggiore) für 6,20 €. Tickets bei der Info-Stelle an der Piazza Umberto I.

• *Wandern* Eine kurze Wanderung von ca. 30 Min. führt auf einem Höhenweg zum Nachbarort Paciano. Auch für Mountainbiker empfehlenswert. Weitere Wanderwege sind in Planung. Auskunft bei A.I.O. in Paciano (s. o.).

• *Übernachten/Essen* *** **Albergo Le Grotte di Boldrino**, an der südlichen Stadtmauer. Komfortable Unterkunft und regionale Küche. DZ 52–62 €. Via V. Ceppari 30, ✆ 075/837161, ℻ 075/837166, grottedibol drino@libero.it.

Perugia

(ca. 150.000 Einwohner)

Die Hauptstadt Umbriens präsentiert sich als moderne Großstadt in uraltem Kleid. Dicht gedrängt stehen die Häuser des historischen Zentrums auf einer 500 Meter hohen Hügelgruppe: viel treppauf, treppab, tiefe Straßenschluchten, düstere Gassen. Ganz oben lockt die ausladende, sonnige Piazza IV Novembre mit dem Fonte Maggiore als Schmuckstück; sie geht über in die Flanierzone des Corso Vannucci mit seinen noblen Läden und Straßencafés. Am anderen Ende des Corso, an der Piazza Italia, öffnet sich ein weiter Blick ins Tibertal.

Perugia ist lebendig, jugendlich und hat dank der vielen ausländischen Studenten auch internationales Flair. Die Stadt ist Sitz der *Università per Stranieri,* in der Studienanfänger aus aller Herren Ländern Italienisch lernen und ein Sprachexamen ablegen können. Während der Sommerferien belegen zusätzlich mehrere tausend Gäste Kurse in Italienisch, aber auch in anderen Disziplinen wie Kunstgeschichte oder Etruskologie.

Durch die historische Altstadt zwängte sich bis vor kurzem noch erbarmungslos der Verkehr. Wer nicht gerade einen „Cinquecento" fuhr, musste befürchten, im Labyrinth der Einbahnstraßen, zwischen Häuserwänden links und rechts stecken zu bleiben – dahinter ein hupender Stau.

Heute ist der Individualverkehr teilweise aus der Innenstadt verbannt, und wer nicht riskieren will, für sein im Halteverbot abgestelltes Auto eine teure „Multa" zu bezahlen oder gar abgeschleppt zu werden, macht besser von seinen Beinen Gebrauch oder von den öffentlichen Verkehrsmitteln.

Information/Verbindungen/Diverses

• *Information* **A.P.T.-Büro**, Piazza IV Novembre 3. Ausführliches Informationsmaterial über Perugia und Umgebung. Öffnungszeiten: Mo–Sa 8.30–13.30 und 15.30–18.30 Uhr, So 9–13 Uhr. ✆ 075/5736458. Weiteres Info-Büro am Hauptbahnhof Fontivegge. Öffnungszeiten: 8.30–13.30 Uhr.

• *Verbindungen* **Bahn**: Züge nach Spoleto, Terni und Rom. Mit Umsteigen in Teróntola nach Orvieto und – z. T. ebenfalls mit Umsteigen in Teróntola – nach Arezzo und Florenz. Der Hauptbahnhof Fontivegge liegt an der Piazza V. Veneto, ca. 1 km außerhalb der Stadtmauer im Süden; von da aus gelangt man problemlos mit Stadtbussen ins Zentrum.

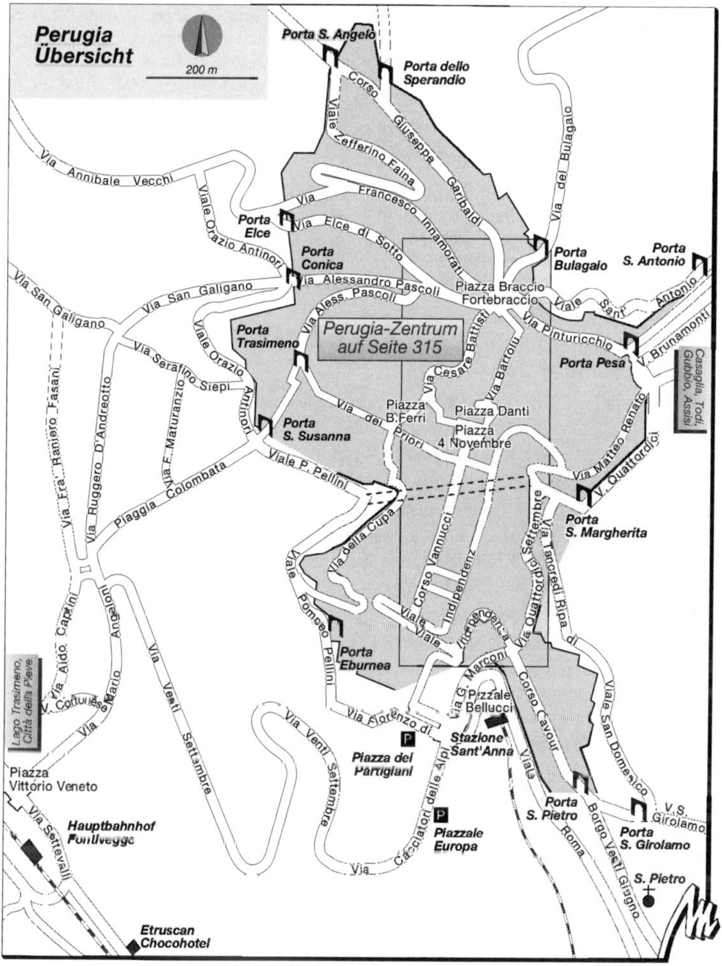

Bus: Für Fahrten nach Assisi (ca. 8x täglich) und nach Gubbio (ca. 10x täglich).
Fahrpläne im Info-Büro erhältlich. Eine elektronische Fahrplanauskunft befindet sich am oberen Ausgang der Rolltreppe unter den Arkaden des Palazzo della Provincia, eine weitere am Busterminal an der Piazza dei Partigiani.

• *Parken* Hotels geben ihren Gästen in der Regel eine Parkgenehmigung für ein begrenztes Revier. Damit ist man vor Strafzetteln und Abschleppwagen sicher, nicht aber vor Radio-Dieben. Ansonsten ist es sträflicher Unsinn, in die Innenstadt zu fahren, und dieser wird sinnvollerweise auch bestraft. Direkt außerhalb der Stadtmauer wurden an verschiedenen Stellen Parkplätze angelegt, teils unbewacht und gebührenfrei, mehrheitlich bewacht gegen Gebühren. Einige Plätze sind rund um die Uhr bewacht, andere nur von 6–22 Uhr. Empfehlenswert sind die Parkhäuser bzw. Parkplätze an der **Piazza Partigiani** im Süden (24-Std.-Bewachung) und am **Piazzale Europa**, da man von ihnen aus mit der Rolltreppe bequem ins Zentrum gelangt.

• *Feste/Veranstaltungen* **Estate a Perugia**, Ende Juli–Ende September. Jazz- und Theatervorführungen in Perugia, Torgiano und Deruta. In Perugia an der Piazza della Repubblica und in den Giardini del Frontone (von der Porta S. Pietro im Südostzipfel der Stadtummauerung noch ein Stück stadtauswärts). Eintritt frei.

Umbria Jazz, im Juli. Das bekannteste Jazzfestival Italiens. Eröffnungskonzert in Terni, alle anderen Abende in Perugia auf verschiedenen Bühnen und Plätzen, z. T. freier Eintritt. Das Festival-Büro findet man an der Piazza IV Novembre 28.

• *Märkte* **Fiera dei Morti**, Anfang November. Ein bunter Jahrmarkt beim Stadion (Richtung Lago di Trasimeno).

Mercato Coperto, Piazza Matteotti. Mo–Sa 7.30–13 Uhr, Do geschlossen. Auf 3 Etagen Verkauf von Kleidern und Schuhen, Lebensmitteln, Obst, Gemüse, Fleisch und Geflügel. Fr Fischmarkt.

Wochenmarkt, Scala di Sant'Ercolano (bei der gleichnamigen Kirche an der Via Ercolano). Di und Sa jeweils morgens: Kleider, Schuhe, Kurzwaren, Wolle und Stoffe, Pflanzen und auch Gemüse.

Die Ausländer-Universität

Die populärste Uni im Land für alle, die Italienisch lernen wollen. Das ganze Jahr über (außer im Januar) werden ein-, zwei- und dreimonatige Kurse angeboten. Der Unterricht umfasst 20 Wochenstunden.

Im Juli, August und September findet jeweils ein 4-wöchiger Intensivkurs statt. Möglichkeiten, seine frischen Sprachkenntnisse anzuwenden, gibt es gerade in Perugia zur Genüge. Es sei denn, man unterliegt der Verlockung, sich vorwiegend im Kreis deutscher Studenten zu bewegen.

Kosten: Im Vergleich zu anderen Universitätsstädten Italiens sind die Preise der Sprachkurse in Perugia mit die niedrigsten: ca. 235 € pro Monat; Intensivkurs ca. 310 €. Für Unterkunft in Familien, kirchlichen Häusern oder kleinen Wohnungen ist mit zusätzlich 200–400 € zu rechnen.

Information und Anmeldung Università Italiana per Stranieri, Palazzo Gallenge, Piazza Fortebraccio 4, 06122 Perugia, Italia, ✆ 075/57461, segrstu@unistrapg.it.

Übernachten

**** **Locanda della Posta (7)**, Perugias ehemalige Postkutschenstation – Heine und Goethe, Humboldt und Märchenautor Andersen haben hier genächtigt. Seither wurde der Palazzo aus dem 17. Jh. mehrmals renoviert, zum letzten Mal 1990. Stilvolle, ruhige Zimmer mit sehr luxuriösen Bädern, Frühstück unter historischem Gewölbedekor. DZ 134–170 €, inkl. Frühstück. Corso Vannucci 97, 06121 Perugia, ✆ 075/5728925, ✆ 075/5732562, novelber@tin.it.

*** **Hotel Fortuna (8)**, zentrale Lage. Vom dunklen Gässchen ins Entree und mit dem Lift hoch ins helle Zimmer, teils mit Balkon und Blick ins Grüne. Einzelne Terrässchen im verwinkelten Bau – kaum zu glauben, welch freundliche Seite sich hinter Perugias düsterstem Winkel auftut. DZ 55–133 €. Über Feiertage und während Festivals wird ein Mindestaufenthalt von 3 Nächten gefordert. Via Bonazzi 19, 06123 Perugia, ✆ 075/5722845, ✆ 075/5735040, fortuna@umbriahotels.com.

** **Hotel Iris (11)**, etwas oberhalb des Parkplatzes Piazza Partigiani; über Rolltreppen ist die Piazza Italia bequem zu erreichen. Stiche im Flur und eine Gedenktafel erinnern an die besseren Zeiten dieses Traditionshotels, der Bau vermag noch immer zu imponieren, besonders die weit geschwungene, betischte Terrasse über der Via Marconi. Hoteleigener Parkplatz. DZ mit Dusche/WC 53–70 €, Frühstück extra. Via Marconi 37, 06121 Perugia, ✆ 075/5720259, ✆ 075/5736882.

** **Hotel Rosalba (12)**, ebenfalls außerhalb der Stadtmauer und noch näher an der Rolltreppe zur Piazza Italia als das Iris. DZ mit Dusche/WC 65 €. Das rostrot-orange Haus ist ein ausgesprochen freundlicher

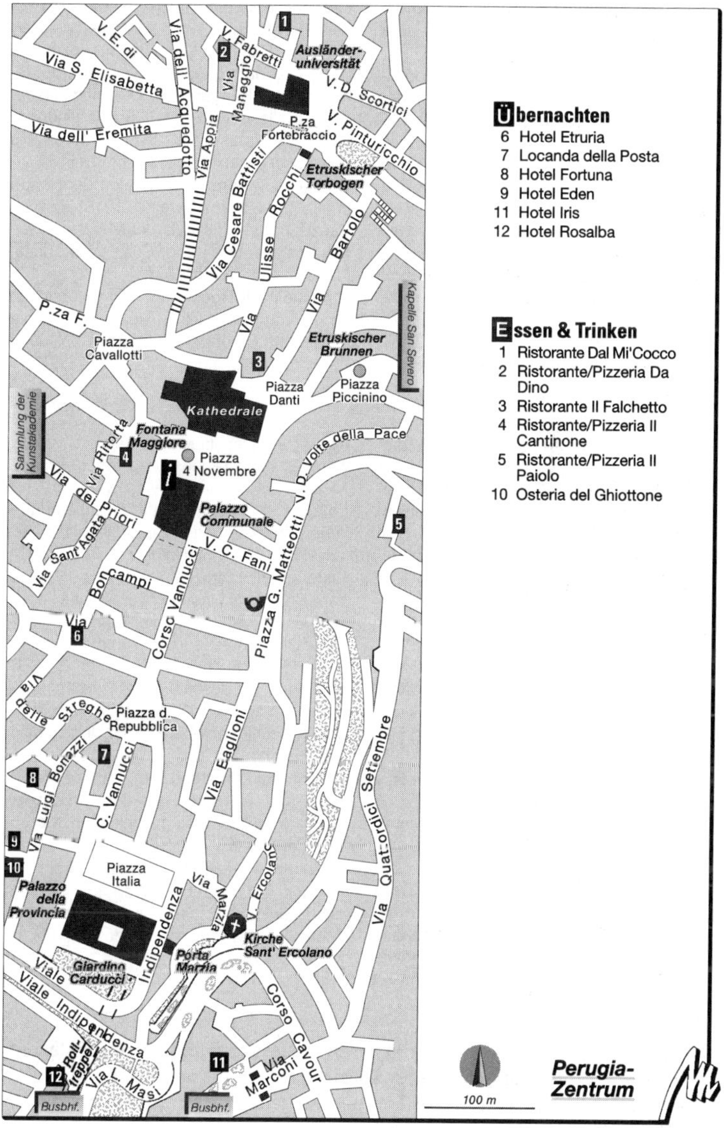

Umbrien Karte S. 292/293

Familienbetrieb. Via del Circo 7, 06121 Perugia, ✆/℻ 075/5720626.

**** Hotel Eden (9)**, unterhalb der Piazza Italia, in der 3. Etage. Angenehm eingerichtete Zimmer verschiedener Größe, alle mit Dusche/WC, die meisten mit TV. Freundlicher Empfang. DZ 57 €. Via Cesare Caporali 9, 06100 Perugia, ✆ 075/5728102, ℻ 075/5720342.

*** Hotel Etruria (6)**, saubere, preiswerte und obendrein geräumige Zimmer mit ebenso geräumigem Bad in zentraler Lage. DZ mit Dusche/WC 50 €, ohne 40 €. Via della Luna 21, 06121 Perugia, ✆ 075/5723730.

• *Jugendherberge* **Centro Internazionale di accoglienza per la Gioventù**, bei der Piazza Piccinino, Nähe Dom. In kirchlich-ökumenischer Regie. 120 Betten, Küche mit Kochmöglichkeit zur Selbstverpflegung. Die wegen mangelnder Sauberkeit lange Zeit verrufene Jugendherberge hat nach einer Totalrenovierung 1997 mit neuen Betten wiedereröffnet und wurde 1999 erneut renoviert. Männlein und Weiblein getrennt! Übernachtung 12 € pro Person. Mitte Dezember–Mitte Januar geschlossen. Via Bontempi 13, 06122 Perugia, ✆ 075/5722880, ℻ 075/5739449, ostello@ostello.perugia.it.

• *Camping* Zwei Plätze liegen ca. 8 km außerhalb, oberhalb von Fontana (westlich der Stadt, Richtung Lago Trasimeno). Beide in sehr schöner Lage, von viel Grün umgeben, an den Hängen des „Dreifaltigkeitshügels" (Colle della Trinità). Busverbindung: Nr. 36 ab Piazza Italia. Bus fährt nur bis Olmo; von dort noch ca. 2–3 km zu Fuß.

*** **Camping Paradis d'Eté**, von der Hauptstraße ca. 3,5 km bergauf. 50 Stellplätze. Ganzjährig geöffnet. Via del Mercato 29A – Str. Fontana, 06074 Loc. Colle della Trinità, ✆ 075/5173121, ℻ 075/5176056.

** **Camping Il Rocolo**, ca. 300 m oberhalb der Hauptstraße. 100 Stellplätze. Geöffnet April–Mitte Oktober. Str. Fontana 1/N, 06074 Loc. Colle della Trinità, ✆/℻ 075/5178550.

Essen/Trinken (siehe Karte S. 315)

Ristorante Il Falchetto (3), hinter der Kathedrale. Eines der empfehlenswerten Lokale der Stadt. Reiche Auswahl an vorzüglichen Spezialitäten – u. a. leckere Vorspeisen, z. B. Fischsalat mit kleinen Kraken, Muscheln etc. Das Menü ca. 25 €. Mo geschlossen. Via Bartolo 20.

Ristorante/Pizzeria Il Paiolo (5), etwas teurer, aber auch besser als der Durchschnitt. Im großen Gewölbekeller werden Pizze vom Holzfeuer serviert, die Pizza Norciana mit hauchdünnen Scheibchen getrüffelt. Regionale Küche à la carte. Großes Wein-, Bier- und Grappa-Angebot. Gepflegter Service. Via Angusta 11. Mi geschlossen.

Ristorante Dal Mi'Cocco (1), groß, relativ neu, mit rustikalem Touch. Hier werden ausschließlich traditionelle, zum Teil wieder entdeckte Peruginer Gerichte serviert. Das Tagesmenü besteht aus 4 reichlichen Gängen, die kaum zu bewältigen sind. Dazu wird warmes, selbst gebackenes Brot gereicht oder „la Schiacciata", eine spezielle Zwiebelpizza auf trasimenische Art, sowie ein guter roter Tischwein. Wenn das Essen etwas weniger lauwarm serviert würde, wäre unsere Begeisterung noch größer. Menü mit Getränken (Wein, Vinsanto und Café) ca. 13 €. Junges, studentisches Publikum. Reservierung empfohlen. Mo geschlossen. Corso Garibaldi 12, ✆ 075/5732511.

Ristorante/Pizzeria Il Cantinone (4), vor dem Dom links hinunter. Gemütliche Atmosphäre im Kellergewölbe. Aufmerksamer, unaufdringlicher Service. Durchschnittliche Preise. Die Portionen sind nicht groß, Heißhungrigen sei deshalb ein Antipasto empfohlen. Im Sommer Außenbetischung in angenehm ruhiger Nebenstraße. Di geschlossen. Via Ritorta 6.

Osteria del Ghiottone (10), nur wenige Tische. Mit Haut und Haar der umbrischen Küche verpflichtet. Di geschlossen. Via Cesare Caporali 12.

Ristorante/Pizzeria Da Dino (2), direkt hinter der Ausländer-Uni. Wen spät nachts noch der Hunger plagen sollte, der ist hier richtig: bis 4 Uhr morgens geöffnet. Via del Maneggio 19.

Sehenswertes

Natürlich die Stadt als Ganzes mit ihren mittelalterlichen Toren, Palästen, Kirchen und Bogengängen – jeder Spaziergang im romantischen, mittel-alterlichen Gewirr der Gassen und Treppen verheißt neue Entdeckungen.

Wer Perugia richtig kennen lernen will, sollte sich den illustrierten *Kunstführer* besorgen, der für knapp 6 €. an jeder Straßenecke zu haben ist, und sich bei der Touristeninformation einen *Stadtplan* besorgen, der dort gratis abgegeben wird. Damit ist man schon recht gut ausgestattet.

Große Kunstwerke wurden, mit Ausnahme der *Fontana Maggiore* und der Malereien von *Perugino*, in Perugia wenige geschaffen. Die Stadt war die meiste Zeit damit beschäftigt, die umliegenden Gemeinden und Burgherren unter dem Joch zu halten und sich gegen übermächtige Feinde zu verteidigen.

Dom San Lorenzo: ein gutes Beispiel für die typische halbfertige Bauart, die man in Perugia häufig antrifft – von 1345 bis 1490 (!) wurde am Kirchenbau gewerkelt. Die Fassade sollte ursprünglich vollständig mit Marmor verkleidet werden. Außer einem kümmerlichen Anfang wurde nichts daraus. Ein Schmuckstück hingegen ist die kleine Steinkanzel rechts vom Eingang. Sie wurde eigens für den heiligen Bernardin von Siena gebaut, der 1425 von hier aus die Bürger der Stadt segnete. Das Ereignis ist auf einem Glasfenster in der ersten Seitenkapelle rechts festgehalten. In einer weiteren Seitenkapelle, ebenfalls rechts, hat *Luca Signorelli* eine Madonna mit zwei Heiligen hinterlassen, einer – nur dürftig bekleidet, ausgemergelt und langhaarig – ist der Eremit Onofrius. Im weiteren ist im kahl wirkenden Innern noch eine fein geschnitzte Holzkanzel zu bewundern – viel mehr nicht. Rechts am Chor vorbei gelangt man in den nie fertig gestellten Kreuzgang.

Fontana Maggiore: Der prächtige, dreistöckige Marmorbrunnen vor der Kathedrale, der sich vom dunkelgrauen Stadtbild abhebt, wurde 1275 vom Architekten *Fra Bevignate* für den einstigen Marktplatz entworfen, die Reliefs stammen von *Niccolò Pisano* und seinem Sohn Giovanni, den berühmtesten Bildhauern seiner Zeit.
Das untere Becken ist ein von Säulen gegliedertes 25-Eck, wobei jede Seite durch eine weitere Säule halbiert wurde, sodass insgesamt 50 Felder für 50 fein gearbeitete Flachreliefs entstanden, die das Auge zur Entdeckungsreise anregen: Darstellungen aus der Bibel, aus der Literatur (Äsop), Zyklus der zwölf Monate, Allegorien auf Wissenschaft und Künste u. a. Das mittlere Becken basiert auf einem von Statuetten gegliederten 24-Eck, wobei jede zweite Ecke gleichsam nach innen geklappt ist. Der unterschiedliche Aufbau der beiden polygonalen Becken (25-Eck und 24-Eck) verhindert, dass die Statuetten des mittleren Teils exakt über den Säulen des unteren Teils zu stehen kommen und erzeugt damit eine gewisse Dynamik. Die Statuetten stellen schicksalsentscheidende Persönlichkeiten der Stadt dar, Gestalten aus dem Alten Testament sowie die Nymphen des Trasimenischen Sees. In der obersten Etage wird die Fontana Maggiore von drei in Bronze gegossenen Wasserträgerinnen gekrönt. Die Fontana Maggiore wurde 1948/49 und 1982/83 einer gründlichen Restaurierung unterzogen. Experten entdeckten jedoch noch immer haarfeine Risse im Gestein der unteren Reliefreihe sowie in der krönenden Bronzestatue. Damit das einmalige Kunstwerk ein leichtes Erdbeben überstehen kann, wurde 1991 beschlossen, eine dritte Restaurierung mit modernsten Techniken anzugehen. Nach Jahren der Verkleidung ist der berühmte Brunnen seit 1999 wieder in alter Pracht zu sehen. Teile des Originals sind heute in der Umbrischen Nationalgalerie geschützt.

Palazzo Comunale *(Palazzo dei Priori)*: ein beeindruckender, kolossaler Bau gegenüber der Kathedrale. Bemerkenswert ist die Fassade zum Corso Vannucci, 120 Meter lang, unterbrochen von einem reich verzierten Rundbogenportal. Eine großherzige Inschrift begrüßt den Fremden: *„Entra pure, movi securo"* (Tritt ein und beweg dich frei), und tatsächlich zahlt man keinen Eintritt.

Gebaut wurde der Palast von 1297 bis 1423. Auch innen wurde – im Gegensatz zum Bau der Kathedrale – wenig gespart. Eindrucksvoller Beleg dafür ist die **Sala dei Notari** (über eine Freitreppe vom Platz aus zu erreichen), in der einst die Volksversammlung tagte: ein prunkvoller, riesiger Saal mit reich verzierten Deckenbögen und Freskenmotiven aus dem Alten Testament.

<u>Öffnungszeiten</u> (Sala dei Notari): 9–13 und 15–19 Uhr. Mo geschlossen. Eintritt frei.

Umbrische Nationalgalerie *(Galleria Nazionale dell'Umbria)*: im 3. Stock des Palazzo Comunale. Hier ist die umfangreichste Sammlung umbrischer Kunst untergebracht. Während im 15. Jh. in Florenz die Renaissance erblühte, befand sich in Umbrien die Malerei noch im mystischen Mittelalter. Die größten Meister dieser Zeit waren *Piero della Francesca, Benozzo Gozzoli* und *Pietro Vannucci,* heute unter dem Namen *Perugino* bekannt, der Vorgänger und Lehrer von Raffael.

Öffnungszeiten 8.30–19.30 Uhr, in der Hochsaison Samstagabend bis 23 Uhr. Am 1. Mo im Monat geschlossen. Eintritt 6,50 €.

Basilika San Pietro: Sie liegt knapp vor den Toren der Stadt, genauer vor der *Porta San Pietro,* deren äußere Fassade wesentlich imposanter ist als die innere. Das Benediktinerkloster aus dem 10. Jh. mit drei Kreuzgängen und einem schlanken Campanile, der schon fast an ein Minarett erinnert, gehört zu den ältesten Kirchen der Stadt.

Das Innere der Kirche ist reich ausgestattet mit Bildern aus dem 15. bis 17. Jh.; an der Rückwand ist auch Perugino mit einigen Darstellungen von Heiligen vertreten. Der Chor zeigt zwei große Fresken: Petrus, der den Schlüssel in Empfang nimmt, und die Bekehrung des Paulus. Ein besonderes Augenmerk verdient das Chorgestühl: feinste Holzschnitzkunst aus dem 16. Jh..

Wo früher die Benediktiner ihrem frommen Leben nachgingen, drücken heute Studenten der agrarwissenschaftlichen Fakultät der Universität Perugia die Schulbank. Ihnen obliegt auch die Pflege des „mittelalterlichen Gartens" hinter dem Kloster. Das Wasser sprudelt an mehreren Stellen und hält die wissenschaftlich beschilderten Bäume grün.

Kapelle San Severo: in der Nähe des Etruskischen Brunnens (s. u.) und von dort aus ausgeschildert. Die Kapelle gehört zu einem ehemaligen Camaldulenserkloster und behütet Umbriens einziges Fresko von *Raffael,* die Trinität Gottes (Gottvater ist nicht mehr erhalten), von fünf Heiligen umgeben. Als dritter von rechts wird Romualdo porträtiert, Begründer des Camaldulenserordens und Auftraggeber des Freskos. Erst nach dem Tod des Meisters – er starb mit 37 Jahren – fügte 1521 sein damals bereits 76-jähriger Lehrer *Perugino* unten eine Reihe von weiteren sechs Heiligen hinzu.

Öffnungszeiten April–Oktober 10–13.30 und 14.30–18.30 Uhr; November–März 10.30–13.30 und 14.30–16.30 Uhr (Sa/So bis 17.30 Uhr). Eintritt 1,80 € oder Sammelticket (Etruskischer Brunnen/Kapelle S. Severo/Museum der Mauern und Tore) 2,50 €.

Etruskischer Brunnen: In der Nähe des Doms, auf der malerischen *Piazza Piccinino,* steht der vermutlich älteste Brunnen Perugias. Er ist etruskischen Ursprungs (4.–3. Jh. v. Chr.),36 m tief und wird von kräftigen Wasseradern gespeist. Der Eingang zur unterirdischen Besichtigung befindet sich an der Piazza Danti 18. Aus halber Höhe kann man hier die Einfassung des Brunnens (16. Jh.) betrachten. In antiker Zeit wurde das Wasserschöpfen durch an ein Seil geknüpfte Eimer durchgeführt. Der Brunnen zeigt deshalb an der Innenseite der Tuffsteinquader starke Schleifspuren.

Öffnungszeiten Wie Kapelle S. Severo (s. o.). Eintritt 1,80 € oder Sammelticket (Etruskischer Brunnen/Kapelle S. Severo/Museum der Mauern und Tore) 2,50 €. Maximal 8 Besucher dürfen sich gleichzeitig auf der nassen, unterirdischen Treppe aufhalten.

Etruskischer Torbogen: Bei der Piazza Fortebraccio steht Perugias wuchtigstes Zeugnis der Etruskerzeit. Von zwei mächtigen Wachtürmen flankiert – den einen krönt eine Loggia aus dem 16. Jh. – wirkt das Tor wie ein enger Schlitz in der Stadt-

Prachtvoller Brunnen vor der Kathedrale – die Fontana Maggiore

befestigung. Die Inschrift über dem Torbogen AUGUSTA PERUSIA ließ der römische Konsul *Octavian* (der spätere Kaiser Augustus) anbringen, der nach siebenmonatiger Belagerung 40 v. Chr. die Stadt einnahm.

Museum der Mauern und Tore von Perugia *(Museo delle Mura e delle Torre di Perugia)*. Das in der Porta Sant'Angelo untergebrachte Museum zeigt auf drei Etagen Modelle der verschiedenen historischen Stadtummauerungen (etruskisch, mittelalterlich, Renaissance) sowie Modelle einiger Stadttore, aus Toren und Mauern gerettetes Originaldekor sowie zahlreiche Fotos. Wesentlich interessanter als die Ausstellung ist das Panorama, das man oben von den Zinnen genießt – eine bessere Aussicht auf die Stadt und das hügelige Umland findet man nirgends in Perugia.

Öffnungszeiten April–Oktober 10.30–13 und 15.30–18.30 Uhr; November–März: 10.30–16.30 Uhr. Eintritt 1,80 € oder Sammelticket (Etruskischer Brunnen/Kapelle S. Severo/ Museum der Mauern und Tore) 2,50 €.

Ipogeo dei Volumni: Dieses größte etruskische Grab Umbriens wurde 1840 bei Straßenbauarbeiten entdeckt. Es birgt in ca. 10 m Tiefe neun Grabkammern mit sieben Urnen der damals vermutlich sehr einflussreichen und wohlhabenden Familie *Volumni*. Die Gruft ist wie ein Wohnhaus gebaut und mit einem spitz zulaufenden Dach versehen. Das Eingangsportal ist aus Travertin (Tuffgestein), ansonsten wurde meist Sandstein verwendet. Im oberen Ausstellungsbereich stehen über 100 steinerne Urnen und Grabbeigaben aus 39 Gräbern der Umgebung. Auf den Urnendeckeln sind die Verstorbenen in liegender Haltung dargestellt. Wo und auf welche Weise das Etruskervolk seine Toten verbrannte, ist bis heute unbekannt.

• Anfahrt Das Volumni-Grab liegt nicht sehr idyllisch – direkt an einer Durchgangsstraße von Ponte S. Giovanni, einem Knotenpunkt bei Perugia. Mit dem Wagen auf der Schnellstraße Richtung Assisi, Ausfahrt Ponte S. Giovanni.

• Öffnungszeiten Juli/August: 9–12.30 und 16.30–19 Uhr; September–Juni: 9–13 und 15.30–18.30 Uhr. Eintritt 2 €.

Perugia/Umgebung

Torgiano

(ca. 5.000 Einwohner)

Der Ort zwischen Perugia und Todi ist ein kleines, aber berühmtes Zentrum des umbrischen Weinanbaus. Die Verbesserung der Weinqualität und die Steigerung der Erträge in den letzten vier Jahrzehnten hat Torgiano dem Sachverstand des Gutsbesitzers Giorgio Lungarotti zu verdanken, der in den 1950er Jahren das Weingut der Familie in einen modernen Fachbetrieb umwandelte.

Die starke Exportorientierung der Lungarottis (50 % der Flaschen gehen ins Ausland) und der Weintourismus brachten Wohlstand in den Ort: Rund um den historischen Ortskern sind Eigenheime aus dem Boden geschossen. Die hochmoderne Cantina mit ihren über 60 Beschäftigten liegt etwas außerhalb und kann besichtigt werden.

Die Reben des Rubesco wachsen auf einem ca. 200 Hektar großen Anbaugebiet. Wesentlicher Klimafaktor sind die trockenen Winde. Der *Torgiano Rubesco* zählt zu den Verschnittweinen; er wird nach klassischer Methode aus verschiedenen Rebsorten gekeltert, weiß und rot gemischt. Hauptbestandteil ist mit 50 bis 70 % die Sangiovese-Traube. Dazu kommen die Trauben Canaiolo, Trebbiano, Toscano, Ciliegiolo und Montepulciano.

• *Wein* Beim Kauf sollte man darauf achten, dass der Rotwein die Bezeichnung „Riserva" trägt. Dann hat er 12 % Alkohol und wurde mindestens drei Jahre gelagert. Die Cantina Lungarotti führt neben dem Rubesco ein breit gefächertes Angebot, u. a. den weißen, spritzigen Tafelwein Buffaloro, die guten Tischweine Castell (rosé) und Torre di Giano (weiß), ein Vinsanto sowie den seltenen, sherryähnlichen, trockenen Aperitifwein Solleone.

• *Übernachten* ***** (!) **Hotel Le Tre Vaselle**, beim Weinmuseum ums Eck. Das Luxushotel der Lungarotti, in einem von außen unscheinbaren alten Castello untergebracht, ist vor allem wegen seines Restaurants berühmt. Highlights der umbrischen Küche in gediegener Atmosphäre zu Höchstpreisen. DZ 129–245 €. Via Garibaldi 48, 06089 Torgiano, ✆ 075/9880447, 📠 075/9880214, 3vaselle@3vaselle.it.

** **Hotel SI.RO**, im unteren Ortsteil. DZ mit Bad 50–55 €, inkl. Frühstück. Via G. Bruno 16, 06089 Torgiano, ✆ 075/982010, 📠 075/9880035.

Sehenswertes

Weinmuseum *(Museo del Vino)*: Mitten in Torgiano, im Palazzo Baglioni, errichtete 1974 die promovierte Kunsthistorikerin *Maria Grazia Lungarotti* ein Museum des Weins, das mit seinen Tausenden von sorgfältig inventarisierten Exponaten zur bacchantischen Wissenschaft und Praxis in Europa einzigartig ist. Die auf 20 Ausstellungsräume verteilte Sammlung belegt die Geschichte des italienischen Weinbaus und seine tief verwurzelten Traditionen von der vorrömischen Zeit bis heute. Das Museum versteht sich als interdisziplinär: Neben Winzergeräten, die man auch in anderen Weinmuseen sehen kann, haben hier Archäologie, Geschichte, Technik, Kunst und Mythologie ihren Platz.

Bereits die umfangreiche Handschriftensammlung aus dem 13. Jh. im zweiten Saal, z. T. aus den Archiven Perugias, dokumentiert die Seriosität des Unternehmens. In den Keramik-Sälen mit unzähligen Amphoren und Weinkrügen kann das Auge auf Entdeckungsreise gehen, besonders amüsant ist die Mittelalterabteilung mit ihren

Bilderbuchdarstellungen. In der mythologischen Abteilung ist die fröhliche Figur des Bacchus vorherrschend. In den unzähligen feinen Drucken und Stichen zum Thema verliert sich des Besuchers Auge schon wieder, die Abteilung Literatur und Wissenschaft reicht von Plato und Homer bis ins 20. Jh.. Auch Cocteau und Picasso sind im Museum vertreten – und neben all den Exklusivitäten auch das ganz praktische Handwerk mit Weinpressen, Spritzgeräten Verkorkungsvorrichtungen etc.

Öffnungszeiten Sommer 9–13 und 15–19 Uhr; Winter 9–13 und 15–18 Uhr. Eintritt 4 € oder im Doppelpack mit dem Ölbaum- und Olivenölmuseum 7 €.

Ölbaum- und Olivenölmuseum *(Museo dell'Olivo e dell'Olio)*, an der Via Garibaldi 10. Ebenso preziös wie das Weinmuseum ist dieses zweite von *Maria Grazia Lungarotti* eingerichtete Museum. Ursprung und Verbreitung des Olivenöls werden ebenso professionell dokumentiert wie Schnitt-, Sammel-, Press- und Mahltechniken. Alte Ölpressen und Ölmühlen belegen allein schon zwei der elf Räume. Es folgen – wie im Weinmuseum – thematische Abteilungen mit ebenso ausführlichen wie klugen Begleittexten (auf Italienisch und Englisch). Im Sektor „Das Öl und das Heilige" ist ein fein bearbeiteter marmorner Ölbehälter aus dem 7. Jh. v. Chr. das zentrale Schmuckstück, im Raum „Das Öl als Lichtquelle" sind unzählige Öllampen von der Antike bis heute ausgestellt, vom reich verzierten Silbergefäß bis zum schnörkellosen Öllicht. „Öl und Sport" ist eine weitere Abteilung, und natürlich fehlt auch nicht der Ölzweig als Symbol des Friedens – ein überzeugendes museographisches Konzept, in dessen Umsetzung enorm viel Arbeit und Sorgfalt investiert wurde.

Öffnungszeiten Sommer 10–13 und 15–19 Uhr; Winter 10–13 und 15–18 Uhr. Eintritt 4 € oder im Doppelpack mit dem Weinmuseum 7 €.

Umbrien
Karte S. 292/293

Deruta (ca. 7.600 Einwohner)

Umbriens Hochburg der Kachelkunst: Majolika-Kacheln haben in Deruta eine bis ins 14. Jh. zurückreichende Tradition. *Maioliche* ist in Italien der übliche Begriff für Fayencen, da diese Kunst über *Mallorca* nach Italien gelangte. Im Alpen-Nordraum ist der Begriff *Fayencen* heimisch geworden, weil man die begehrte Keramik aus der oberitalienischen Keramikstadt *Faenza* einführte.

Im Centro storico, das sonst ohne besonderen Reiz ist, findet man zahlreiche einschlägige Läden, die dem klassischen Deruta-Muster treu bleiben und sich deshalb wie ein Ei dem anderen gleichen. Eine Ausnahme bildet *Ars Artigiani Deruta*: der Laden bei der Franziskanerkirche zeigt in fröhlichen Farbtönen, wie man's auch anders machen kann.

Einkaufen Wer nur ein Souvenir kaufen will, braucht nicht unbedingt in den Stadtkern hochzufahren. An der Via Tiberina, der Durchgangsstraße unterhalb des Orts, reihen sich Keramikstände, -geschäfte und -fabriken.

Sehenswertes

Museo Regionale della Ceramica: Prunkstücke des Museums sind die hübschen Votivkacheln aus der Kirche San Francesco, ansonsten ist die lokale Sammlung aus der einheimischen Produktion etwas monoton. Die wertvollsten Deruta-Majoliken haben den Weg nach Paris und London gefunden.

Öffnungszeiten April–Juni: täglich 10.30–13.00 und 15–18 Uhr; Juli–September: täglich 10–13 und 15.30–19.00 Uhr; Oktober–März: täglich außer Di 10.30–13.00 und 14.30–17.00 Uhr. Eintritt 2,60 €.

Assisi

(ca. 25.000 Einwohner)

Hellrot liegt die Stadt des heiligen Franz an den Hängen des Monte Subasio. Den besten Blick hat man von unten, bei der Anfahrt von Santa Maria degli Angeli aus. Über der Stadt thront stolz die mittelalterliche Rocca Maggiore und vor ihr, auf riesigen Stützpfeilern, der Franziskanerkonvent mit der doppelten Basilika.

Vor fast 800 Jahren gründete Franz von Assisi den später nach ihm benannten Franziskanerorden. Dem Heiligen verdankt die Stadt ihre heutige Größe und einige Kirchen aus dem roten Subasiostein, die zu seinen Ehren gebaut wurden. Den mystisch-religiösen Hauch wird man in Assisi nicht so leicht los, der heilige Franziskus empfängt in seiner Gruft den katholischen Tourismus busladungsweise.

Doch gibt es in Assisi noch einiges mehr zu sehen – nicht zuletzt die mittelalterliche Altstadt selbst, die dem, der sich nicht scheut, die engen Seitengassen und Treppen bergauf, bergab zu gehen, immer wieder überraschende Ansichten und Ausblicke bietet.

Franz von Assisi

Der blutige Kampf um die Vorherrschaft in Umbrien zwischen den päpstlichen Guelfen und den kaisertreuen Ghibellinen war im 12. Jh. in vollem Gange. In einem der Kriegszüge gegen das benachbarte, guelfische Perugia zog auch der junge, 1182 geborene Giovanni di Bernardone mit, der wohl wegen seines Faibles zu den französischen Troubadours „Francesco" genannt wurde. Giovanni galt als einer der zügellosesten reichen Jünglinge Assisis, schmiss mit Geld um sich und hatte dementsprechend viel Anhang, männlichen wie weiblichen. Beim Kampf um Perugia wurde er 1198 gefangen genommen und wanderte darauf für ein Jahr ins Gefängnis. Heimgekehrt, erkrankte er schwer, und wieder gesund, war er ein anderer Mensch geworden. Er schwor seinem jugendlichen Treiben ab, entsagte allem irdischen Reichtum und verbrachte sein weiteres Leben in Armut und Enthaltsamkeit. Als Laienprediger zog er jahrelang durch ganz Italien und versuchte, in der Mundart des jeweiligen Landstrichs (statt mit Kirchenlatein) der Bevölkerung die Botschaft Christi näher zu bringen.

Seine hinreißenden Predigten fanden zahlreiche Anhänger, und 1209 bestätigte Papst Innozenz III. die Regeln des Franziskanerordens der Frati Minori (Minoriten). Vermutlich wollte die Kurie Franz von Assisi als Vermittler zwischen der Kirche und dem unzufriedenen Volk benutzen, zumal Franz auch ein Gegner der in dieser Zeit häufigen Kreuzzüge ins „Heilige Land" war und sich in eigener Mission nach Jerusalem begab.

1226 starb Franziskus, seine Anhänger gingen damals schon in die Tausende. Bereits zwei Jahre später wurde er heilig gesprochen, gleichzeitig wurde mit dem Bau der Basilica di San Francesco begonnen.

Information/Verbindungen/Diverses

• *Information* **A.P.T.-Büro**, Piazza del Comune. Öffnungszeiten: Mo–Fr 8–14 und 15–18 Uhr, Sa 9–13 und 15–18 Uhr, So 9–13 Uhr. ✆ 075/812534, ℻ 075/813727, info@iat.assisi.pg.it.

Saisonale Zweigstelle bei der Porta Nuova. Geöffnet Ostern–Oktober 10–19 Uhr; Mi geschlossen. ✆ 075/816766

• *Hotelreservierung* **Consorzio Albergatori ed Operatori Turistici di Assisi**, Via Cristofani. Öffnungszeiten: Mo–Fr 9–13 und 15–18 Uhr, Sa 9–12 Uhr, ✆ 075/816566, 📠 075/812315, caa@krenet.it.
Saisonale Zweigstelle in einer Baracke an der Viale Marconi (Zufahrt von Perugia her). Geöffnet Ostern–Oktober 10–19 Uhr; Di geschlossen. ✆ 075/813599.

• *Verbindungen* **Bahn**: Der Bahnhof liegt ca. 4 km weiter unten im Tal, in S. Maria degli Angeli, gute Bahnverbindung nach Perugia. Busse zum Bahnhof im 30-Minuten-Takt (Bushaltestellen Piazza Matteotti, Largo Properzio und Piazza Unità d'Italia).
Bus: Gute Verbindungen nach Perugia, Gubbio, Città di Castello. Abfahrt am Largo Properzio oder an der Piazza Unità d'Italia.

• *Parkplätze* Es gibt mehrere Parkplätze unterhalb der Stadt, zum Teil auch gebührenfrei, von den untersten fährt ein Pendelbus ins Zentrum. Gebührenpflichtig und zentrumsnah sind die Parkplätze unterhalb des Largo Properzio (Rolltreppe) und an der Piazza Matteotti.

• *Wochenmarkt* Samstag auf der Piazza Matteotti.

• *Feste und Veranstaltungen* Religiöse Feiertage sind oft besonders festliche Anlässe. An Ostern z. B. finden nicht nur lange Prozessionen, sondern auch Schauspiele statt.
Der Mai (erster Donnerstag bis Samstag) wird mit der **Festa di Calendimaggio** begrüßt: Alles macht sich fein, geht gut essen, und die Stadt wird mit Fahnen und Tingeltangel geschmückt. Wettspiele zwischen Ober- und Unterstadt, Umzüge in historischen Gewändern, Musik und Tanz. Nachts ist die Wiese vor S. Francesco voll mit kleinen flackernden Öllichtern.

Porta San Francesco in Assisi

Übernachten (siehe Karte S. 324/325)

Rund 50 Hotels, vor allem der unteren Kategorien, zählt die Stadt. Das ist viel, doch an Feiertagen, wenn besonders viele Pilger nach Assisi kommen, oft nicht genug. Wer sich der Mühe der Hotelsuche nicht selbst unterziehen will, fragt bei der Zimmervermittlung des *Consorzio Albergatori* nach (siehe „Information"). Im A.P.T-Büro (siehe „Information") liegt eine Liste mit privaten Zimmervermietern auf, eine weitere mit Unterkunftsmöglichkeiten in religiös geführten Häusern. Wer in Assisi kein Bett mehr findet, versucht sein Glück am besten in S. Maria degli Angeli, in Bastia oder bei einem der „Zimmer-frei"-Schilder auf dem Weg dorthin.

**** **Hotel Subasio (1)**, das Haus, direkt neben der Unterkirche der Franziskus-Basilika, hat schon so berühmte Leute beherbergt wie Marlene Dietrich und Charlie Chaplin. Auf der weinüberwucherten Terrasse isst man ausgezeichnet. DZ 150–233 €. Via Frate Elia 2, 06081 Assisi, ✆ 075/812206, 📠 075/816691, s.elisei.hotelsubasio@interbusiness.it.

*** **Hotel Umbra (6)**, unterhalb der Piazza del Comune. 25 Zimmer, zum Teil mit klei-

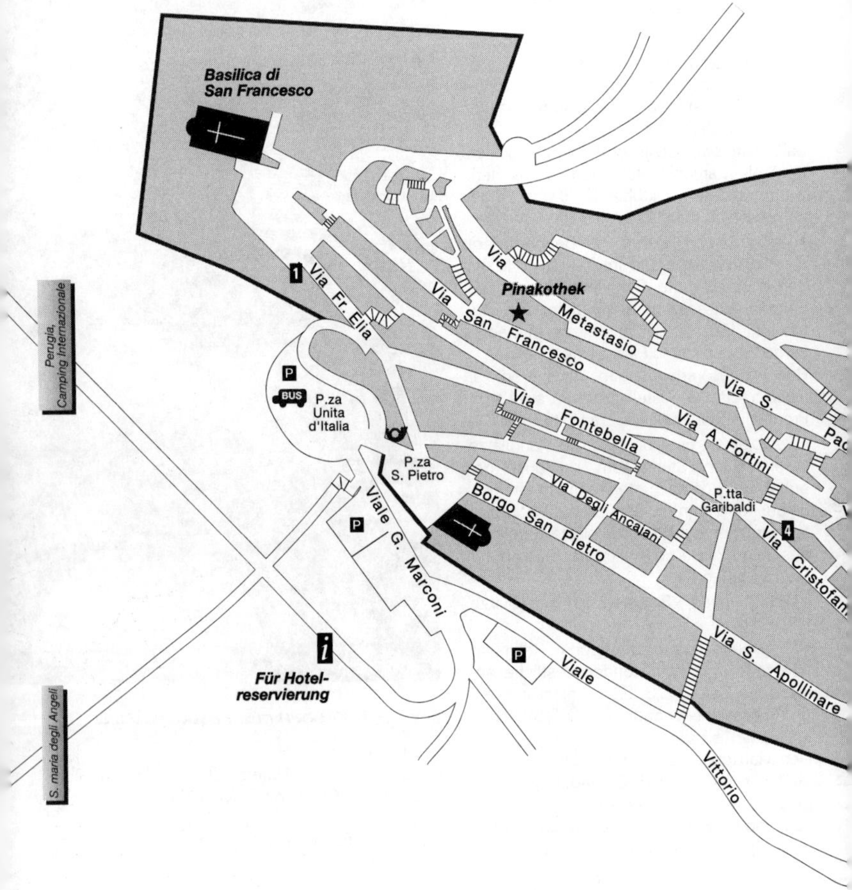

Übernachten

1 Hotel Subasio
2 Hotel Posta e Panoramic
3 Albergo Italia
6 Hotel Umbra
7 Hotel Anfiteatro Romano
10 Hotel Alexander

Essen & Trinken

4 Buca di S. Francesco
5 Taverna dell'Arco da Bino
8 Osteria Pozzo della Mensa
9 Pizzeria dal Carro

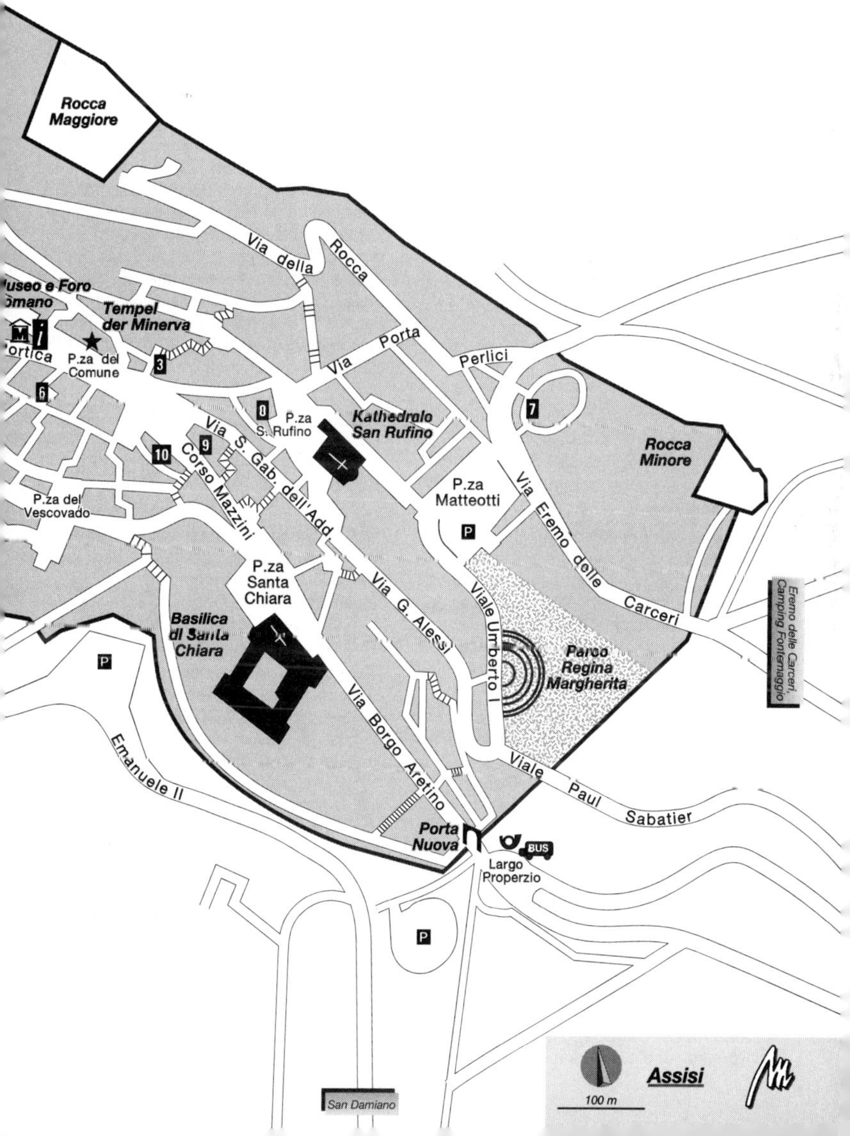
Rocca Maggiore
Via della Rocca
useo e Foro
omano
Tempel der Minerva
ortica
P.za del Comune
3
6
8
Via Porta Perlici
P.za S. Rufino
Kathedrale San Rufino
7
Rocca Minore
10
9
Corso Mazzini
Via S. Gab. dell'Add.
P.za del Vescovado
P.za Matteotti
P
Via Eremo delle Carceri
P.za Santa Chiara
Via G. Alessi
Viale Umberto I
Basilica di Santa Chiara
Parco Regina Margherita
Eremo delle Carceri, Camping Fontemaggio
Via Borgo Aretino
Emanuele II
Viale Paul Sabatier
Porta Nuova
BUS
Largo Properzio
San Damiano
Assisi
100 m

nem Balkon und Blick auf die Stadt. DZ 93–118 €. Via degli Archi 6, 06081 Assisi, ✆ 075/812240, 📠 075/813653, humbra@mail.caribusiness.it.

** **Hotel Alexander (10)**, unterhalb der Piazza del Comune. Im Haus daneben wurde der heilige Franz geboren. Vielleicht tröstet dies über die teils asketisch kleinen (aber gepflegten!) Zimmer hinweg. DZ mit Dusche/WC 40–120 €. Piazzetta Chiesa Nuova 6, 06081 Assisi, ✆/📠 075/816190, alexander@italyhotel.com.

** **Hotel Posta e Panoramic (2)**, restauriertes Gebäude in zentraler Lage. Nach hinten Panorama-Zimmer mit Ausblick auf die Ebene, zwei Häuser weiter das relativ preiswerte Hotelrestaurant. DZ 55–60 €. Via S. Paolo 17, 06081 Assisi, ✆ 075/816202, 📠 075/812558, postph@libero.it.

* **Hotel Anfiteatro Romano (7)**, etwas abseits vom Rummel, aber sehr hübsche und ruhige Lage in den Ruinen des römischen Amphitheaters – unsere Low-Budget-Empfehlung. DZ mit Dusche 44 €, ohne 34 €. Via Anfiteatro Romano 4, 06081 Assisi, ✆ 075/813025, 📠 075/815110.

* **Albergo Italia (3)**, direkt oberhalb der Piazza del Comune und wegen der zentralen Lage sehr schnell ausgebucht. Freundliche Besitzer. DZ mit Dusche 29–36 €. Vicolo della Fortezza 2, 06081 Assisi, ✆ 075/812625.

Jugendherberge Fontemaggio, gleich neben dem Campingplatz Fontemaggio und in selber Regie, von der Stadtmauer aus zu Fuß in ca. 10 Minuten über einen schön bewachsenen Weg erreichbar. Übernachtung ca. 12 €, kein IYHF-Ausweis nötig. Via S. Rufino Campagna 8, Loc. Fontemaggio, 06081 Assisi, ✆ 075/813636, 📠 075/813749.

** **Camping Fontemaggio**, Adresse wie Jugendherberge (s. o.), von der Stadtmauer aus zu Fuß in ca. 10 Minuten über einen schön bewachsenen Weg erreichbar. Schöne Hanglage mit Blick ins Tal, größtenteils schattig, terrassenförmig angelegt. Die sanitären Anlagen wurden 2002 komplett renoviert. Freundliches Personal und preiswertes Restaurant (siehe unter „Essen", La Stella). Ca. 250 Stellplätze. Ganzjährig geöffnet. Via S. Rufino Campagna 8, Loc. Fontemaggio, 06081 Assisi, ✆ 075/813636, 📠 075/813749.

Essen/Trinken (siehe Karte S. 324/325)

Eine Spezialität Assisis: *Palombaccia alla ghiotta*. Die Wildtaube wird – mit einer Schinkenscheibe bedeckt – am Spieß gebraten und dabei mit einem Gemisch aus Olivenöl und Rotwein eingepinselt.

Buca di San Francesco (4), Nähe Piazzetta Garibaldi, im Souterrain eines alten Palastes (12. Jh.). Eines der besten Lokale Assisis und für das Gebotene preiswert. Spezialitäten sind Agnello alla brace, Filetto al Rubesco di Torgiano, Asce francescano ... Bei einem mittleren Menü kommt man auf ca. 35 €. Mo geschlossen. Via Brizi 1.

Taverna dell'Arco da Bino (5), unterhalb der Via Portica. Hier gibt es solides, leckeres Essen in der Atmosphäre des 14. Jh. Deckengewölbe und Steinwände. Das Menü ist auf einige Spezialitäten begrenzt und kommt auf ca. 20 € pro Person. Di geschlossen. Via S. Gregorio 8.

Osteria Pozzo della Mensa (8), im Gemäuer versteckt, abends weisen Öllichter den Weg zum Lokal. Mittags empfehlenswerte Tagesgerichte. Jugendlich-dynamische Bewirtung in angenehmer Atmosphäre. Mi geschlossen. Via del Pozzo della Mensa 11b.

Pizzeria dal Carro (9), zwischen Piazza del Comune und S. Chiara. Preisgünstig und zentral. Wenn man sich einmal mit dem hellen Saal angefreundet hat, in dem jeder und jede jeden und jede sieht, lässt sich's ungeniert speisen. Geeignet auch für größere Gruppen (Biertische). Fröhliche Bewirtung. Mi geschlossen. Vicolo dei Nepis 2.

Ristorante La Stella, neben dem Camping Fontemaggio (s. o.). Sehr empfehlenswert, äußerst preiswert, wird auch gerne von Einheimischen besucht. Im Sommer sitzt man in einem schattigen Garten, Selbstbedienung am großen Salatbuffet, Holzkohlengrill, während der kühlen Monate sehr behaglich in einem ehemaligen Stall. Die Speisen werden vor den Augen des Gastes in der Glut des Kaminfeuers zubereitet: dicke Bohnen, Polenta, geschmolzener Käse mit Honig in Pfännchen (Coccio), Fleischspieße, Steaks und als Beilagen Kartoffeln und geschmorte Zwiebeln aus der Glut, heiße Knoblauchbrote oder Pizzafladen. Komplettes, umfangreiches Menü ca. 18 €. Mo und im Mai geschlossen. Via S. Rufino Campagna 8, Loc. Fontemaggio.

Sehenswertes

Assisi gehört zu den vom großen Erdbeben 1997 am meisten beschädigten Städten. Drei Jahre lang lag nahezu die gesamte Innenstadt im Korsett von Baugerüsten, die Oberkirche der Franziskus-Basilika, die Basilika der heiligen Klara, die Kathedrale San Rufino sowie die städtische Pinakothek waren nicht zugänglich. Wiederaufbau und Restaurierungsarbeiten wurden forciert betrieben, schließlich versprach Papst Johannes Paul II., im Jubiläumsjahr 2000 die Weihnachtsmesse in Assisi abzuhalten. Die Hauptsehenswürdigkeiten der Stadt sind seit 2002 wieder zugänglich, die Fresken der berühmten Oberkirche der Basilika zumindest im unteren Teil restauriert, doch die Spuren der Katastrophe sind noch allenthalben auszumachen.

Basilica di San Francesco

Die meistbesuchte Pilgerstätte Assisis war vom Erdbeben 1997 besonders schlimm betroffen. Das Deckengewölbe der Oberkirche stürzte ein, die weltberühmten Fresken lagen in Scherben. Vier Mönche, die darauf den Schaden begutachten wollten, wurden von einem Nachbeben überrascht und getötet.

Ende 1999 wurde die Oberkirche wiedereröffnet, die Restauratoren hatten mit Hilfe modernster Computertechnologie über 100.000 Freskenfragmente zusammengefügt. Kosten: ca. 40 Millionen Euro. Die Arbeiten wurden im Jahr 2000 abgeschlossen.

Die Franziskus-Basilika besteht aus zwei übereinander gebauten Kirchen. Obwohl dieser Aufwand dem Prinzip der Armut, das Franz predigte, widersprach, bestand *Fra Elia,* einer der frühen Gefolgsleute des Heiligen und angeblich Architekt der Basilika, auf der Errichtung des Doppelbaus. Die Grundsteinlegung fand 1228 statt, ein Tag nach der Heiligsprechung des Franz von Assisi.

Die **Oberkirche** war für Andachten geplant, ist reinste Gotik und birgt in ihrem Inneren Fresken der berühmten Maler *Cimabue* und *Giotto*. Eine Reihe von 28 Fresken, die das Leben des heiligen Franziskus schildern, wird Giotto zugeschrieben, doch wirken sie im Vergleich zu seinen anderen Werken etwas zu surrealistisch. Neueren Forschungen zufolge kommt auch Giottos Lehrer *Pietro Cavallini* als Urheber in Betracht. Die Predigt des heiligen Franz zu den Vögeln in der Nähe des Eingangs hingegen ist mit Sicherheit Giottos Werk. Über dem berühmten Freskenzyklus sind in der Fensterzone – jeweils zwei Darstellungen übereinander – an der rechten Wand Szenen aus dem Alten Testament, an der linken Wand Szenen aus dem Neuen Testament zu sehen. Beide Zyklen beginnen jeweils beim Querschiff, wobei zuerst die obere Reihe der ganzen Länge nach, erst dann die untere zu lesen ist, sofern man die Chronologie beachten will. Außerdem findet man in der Oberkirche zwei schöne Arbeiten von *Pietro Lorenzetti* („Madonna mit Kind", „Jesus verlässt das Kreuz").

Franziskanermönche arbeiten hier in italienischer, deutscher, französischer, polnischer, ja sogar japanischer Sprache als Kunstführer für die Pilger- und Touristengruppen und leuchten immer wieder mit Taschenlampen (oder vielmehr: Scheinwerfern) einzelne Stellen der Fresken an. Nicht übersehen sollte man darob das *Chorgestühl* aus dem 15. Jh.: sehr schöne Intarsien-arbeiten, im Mittelteil Porträts hoher kirchlicher Würdenträger in den Rückenlehnen.

Die **Unterkirche**, romanisch und wesentlicher dunkler als die Oberkirche, ist vollständig mit Fresken ausgeschmückt. Auch hier werden einige Fresken *Cimabue*, andere *Giotto* zugeschrieben. Bemerkenswert ist die *Kapelle des Antonius von Pa-*

Umbrien Karte S. 292/293

dua. Die Episoden aus dem Leben des Heiligen entstanden erst im 17. Jh. und zeigen den „Fortschritt“ in der Malerei: mehr Bewegung, plastische Darstellung.

Von der Mitte des Längsschiffs führen zwei Treppen hinunter zur *Krypta*. Gebetsgemurmel empfängt den Besucher beim Eintritt, sodass es ihm, je nach Veranlagung, mystisch oder mulmig zumute wird. Hier wurde 1230 der heilige Franziskus beigesetzt. Auf Veranlassung der Kurie wurden die Gebeine 1820 nochmals ausgegraben und deren Authentizität päpstlich bescheinigt, eine weitere päpstliche Echtheitsurkunde der Gebeine wurde 1978 ausgestellt. Die heutige schlichte Ausgestaltung der Krypta, in der neben dem Stadtheiligen in bescheidenen Grabnischen auch vier seiner Weggefährten ihre letzte Ruhe fanden, stammt aus den Jahren 1926–30.

Basilica di Santa Chiara

Neben Franziskus führt die zweite Stadtheilige von Assisi fast ein Schattendasein. Die ihr geweihte Basilika hat keine so großen Kunstwerke vorzuweisen wie der Franziskanerkonvent – eine stille, andachtsvolle Atmosphäre herrscht hier vor.

In einer Nebenkapelle hängt eine der meistverehrten Franziskus-Reliquien: das Christuskreuz, das mit Franz gesprochen und ihm den Auftrag übermittelt haben soll, die Kirche wieder auf den richtigen Weg zu führen (siehe Assisi/?Umgebung, San Damiano).
Die Reliquiensammlung der Krypta umfasst unter anderem neben einer Haarlocke das bescheidene Gewand der Heiligen sowie ein von ihr gefertigtes Kleid, dessen Trägerin unbekannt ist – jedenfalls eine recht korpulente Person.

Kathedrale San Rufino: Der Dom zu Ehren des ersten Bischofs von Assisi, der im 3. Jh. als Märtyrer starb, stammt aus dem 12. Jh.. Seine romanische Fassade verdient sowohl wegen der Skulpturen über dem Hauptportal als auch wegen ihrer Rosetten Beachtung. Im Inneren dominiert Barock, da der gesamte Komplex im 16. Jh. umgestaltet wurde und im 17. Jh. eine teilweise neue Ausstattung bekam.
Das Gewölbe der *Krypta* wurde in den 1990er Jahren saniert. Im Geviert über dem Sarkophag, in dem der heilige Rufinus begraben lag, sind noch Reste von Fresken auszumachen. Dargestellt sind die vier Evangelisten mit ihren Symbolen: Johannes mit dem Adler, Markus mit dem Löwen, Matthäus mit dem Engel und Lukas mit dem Stier (dieser gleicht hier jedoch eher einem Raubtier.) Vom Ende der Krypta führt ein Kanal zu einer *römischen Zisterne* aus dem 1. Jh. n. Chr. Bei der Restaurierung der vom Erdbeben 1997 lädierten Kirche hat man teilweise den Boden mit Glasplatten versetzt, um die römischen Reste sichtbar zu machen. Das viereckige antike Wasserreservoir befindet sich links des Eingangs.
Im Kirchenkomplex wurde ein kleines *Museum* eingerichtet: drei Säle mit Kapitellen einer früheren Basilika aus dem 11. Jh. und Fresken der Giotto-Schule.

Öffnungszeiten Krypta und Museum: Mitte März–Mitte November: 10–13 und 15–18 Uhr; Mitte November–Mitte März: 10–13 und 15–17 Uhr (Sonntagvormittag geschlossen. Eintritt inkl. Kreuzgang 3 €.

Tempel der Minerva: inmitten der mittelalterlichen Bauten an der *Piazza del Comune*. Neben dem Bürgerturm aus dem frühen 14. Jh. wirkt der kleine antike Tempel, von dem Goethe so begeistert war (siehe oben), leicht deplatziert. Der schmucke Heidentempel mit seinen sechs korinthischen Säulen wurde vermutlich bereits im 16. Jh. christianisiert – zur *Santa Maria Sopra Minerva*, der kleinen Barockkirche, wie sie sich dem Besucher Besucher heute präsentiert.

Museo e Foro Romano: Eingang Via Portica. Das Museum liegt unterhalb der Piazza del Comune. Das ausliegende Info-Blatt (auch deutschsprachig) ist sehr hilfreich zum Verständnis der Anlage des römischen Forums. Der hintere Teil ist direkt unter dem Minerva-Tempel gelegen. Wichtigstes Ausstellungsstück des Museums ist eine große Grabinschrift. Ansonsten sind Sarkophage, zahlreiche Statuenfragmente und Grabstelen lieblos aneinander gereiht und unkommentiert entlang der unterirdischen Straße platziert.

Öffnungszeiten Mitte März–Mitte Oktober 10–13 und 14–18 Uhr; Mitte Oktober–Mitte März 10–13 und 14–17 Uhr. Eintritt 2,50 €.

Rocca Maggiore: Nach umfangreichen Restaurierungsarbeiten vermittelt die Rocca heute einzigartige Einblicke in eine mittelalterliche Festungsanlage. Sie befindet sich am höchsten Punkt der noch sehr gut erhaltenen Befestigungsmauern aus dem späten 12. Jh. Auf Geheiß von *Friedrich Barbarossa* errichtet, wurde sie von späteren Herrschern mehrfach umgebaut. 1458 wurde der zwölfeckige Turm hinzugefügt und durch eine Mauer mit der Rocca verbunden. In dieser Mauer verläuft ein fast 100 m langer Verbindungsgang, der noch heute so lichtarm ist wie ehedem. Schon hier empfiehlt sich eine Taschenlampe, erst recht dann für den Aufstieg im stockdunklen Turm. Oben wird der abenteuerliche Maulwurfsgang mit einer phantastischen Aussicht gekrönt: bei klarem Wetter bis Perugia und Spoleto.

Öffnungszeiten 10 Uhr bis Sonnenuntergang. Eintritt 1,70 €.

Assisi/Umgebung

Eremo delle Carceri *(Einsiedelei)*: Ein Kleinod in idyllischer Lage – 3,5 km von Assisi in einem Bergeinschnitt, inmitten von viel Grün und Eichenwäldern. Ursprünglich war die verschachtelt gebaute Eremitage für 12 Padres angelegt, heute leben nur noch drei das ganze Jahr über hier. Im Garten steht der „Vogelbaum" – eine uralte, morsch gewordene Steineiche, die an die Predigt des Heiligen zu den Vögeln erinnert. Und tatsächlich hat sich in der Eremitage eine Kolonie weißer Tauben angesiedelt.

Der Wald ums Eremo bietet schöne Wandermöglichkeiten; hier liegen viele Grotten versteckt, einst Behausungen von Einsiedlern.

Öffnungszeiten Ostern–Oktober: 6.30–19.15 Uhr; November–Ostern: 6.30–17.30 Uhr.

San Damiano: Die etwas unterhalb von Assisi gelegene Kirche spielt in den Biographien der Heiligen von Assisi – Franz und Klara – eine große Rolle und ist deshalb Ziel zahlreicher Pilger. Christus soll hier Franziskus vom Kreuz aus aufgefordert haben, die Kirche wieder auf den rechten Weg zurückzuführen. San Damiano war aber vor allem das Zentrum der heiligen Klara und ihrer Anhängerinnen; die Heilige, die über 40 Jahre hier gelebt haben soll, starb 1253.
Ein kurzer Rundgang führt zur *Capella del Crocifisso*, wo eine Kopie des legendären Kreuzes zu sehen ist (das Original hängt in der Basilika Santa Chiara), zum *Oratorium Santa Chiara* und zu einem kleinen Kreuzgang. Wer mehr an Kunstgeschichte als an katholischer Legendenbildung interessiert ist, kommt vielleicht im Kellergewölbe auf seine Kosten. Die spätmittelalterlichen Fresken dort sind restauriert.

Basilica Santa Maria degli Angeli: Ein monumentales Bauwerk, halb Renaissance, halb Barock, erhebt sich wuchtig im Talgrund. Es dominiert den nach ihm benannten Ort Santa Maria degli Angeli (übrigens Partnerstadt von Los Angeles). 1569 wurde der Bau begonnen und erst 100 Jahre später fertig gestellt. Was man heute besichtigt, stammt zum größten Teil aus der Zeit des Wiederaufbaus, nachdem ein

Erdbeben 1832 große Schäden anrichtete. Im Inneren des mächtigen Hallenbaus steht das bunt bemalte Kapellchen *Porziuncola* (= kleine Portion). Das Heiligtum wurde der Legende nach im 4. Jh. von vier heim-gekehrten Jerusalem-Pilgern erbaut. Später war es ein beliebter Aufenthaltsort des heiligen Franz.

Um die Kapelle entstanden, damals noch von Wald umgeben, die ersten Klosterzellen des neu gegründeten Franziskanerordens. Erst später wurde die Basilika um die Kapelle erbaut.Ein Rundgang führt zum *Rosengarten* im Innenhof des Klosters, wo sich Franz in den Dornen gewälzt haben soll, und zur *Rosenkapelle:* geschmackvolle Fresken in leichten Farben und – durch die Ritzung der Umrisse – mit sehr plastischer Wirkung.

• *Übernachten/Essen* ** **Hotel Moderno**, in Bahnhofsnähe. Die Architektur versprüht nicht den geringsten Charme, das Haus hat aber freundliches Personal und geräumige Zimmer. DZ mit Dusche/WC 37–57 €. Via G. Carducci 37, Fraz. S. Maria degli Angeli, 06081 Assisi, ✆ 075/8040410, 📠 075/8040647.

* **Albergo da Elide**, nahe der Basilika. Beliebt ist vor allem das Restaurant (Mo geschlossen). Hervorragende Salate; versuchen Sie z. B. den Klostersalat mit geräuchertem Lachs, Orangen, Fenchel und rosa Pfeffer oder Rinderfleischstreifen mit Rucola und Aceto balsamico. Bescheidene DZ 40–50 €, teilweise ohne Dusche. Via Patrono d'Italia 48, Fraz. S. Maria degli Angeli, 06081 Assisi, ✆ 075/8040221, 📠 075/8049141.

Zwischen Assisi und Spoleto

Spello (ca. 8.000 Einwohner)

Das Städtchen, aus demselben hellen Stein des Monte Subasio gebaut wie Assisi, ist alten umbrischen Ursprungs. Die Römer unterhielten in Spello eine kleine Kolonie *(Hispellum)*, deren Stadtmauer fast vollständig erhalten ist.

Im Mittelalter war Spello wie die meisten Orte Umbriens in die päpstlich-kaiserlichen Auseinandersetzungen verwickelt. Das 15. und auch fast das ganze 16. Jh. hindurch war es das peruginische Geschlecht der *Baglioni*, das die Geschicke der Stadt bestimmte. Aus dieser Zeit stammt auch die einzige nennenswerte kunsthistorische Sehenswürdigkeit Spellos, die von *Pinturicchio* ausgestaltete *Baglioni-Kapelle* in der Kirche *Santa Maria Maggiore.*

In den letzten Jahren hat sich Spello stark herausgeputzt. Einige Vinotheken und Souvenirläden haben Einzug gehalten, offensichtlich profitiert man vom nahen Assisi-Tourismus.

• *Information* **Pro Spello**, Piazza Giacomo Matteotti 3. Geöffnet 9.30–12.30 und 15.30–17.30 Uhr. ✆/📠 0742/301009, prospello@libero.it.

• *Wochenmarkt* Samstag früh auf der Piazza Matteotti.

• *Feste* **Inflorate di Spello**, prachtvolles Stadtfest am Sonntag nach Fronleichnam. Die Tradition stammt aus Bolsena und ist in einigen umbrischen Städten bekannt, die Inflorate von Spello genießen einen besonders guten Ruf: Farbenprächtige Blumenbilder im Centro storico, zu denen nur Blüten und Kräuter verwendet werden. Beeindruckend.

• *Übernachten* **** **Hotel Palazzo Bocci (8)**, der Besitzer des Edellokals „Il Molino" (s. u.) gegenüber hat dem Palazzo Bocci (18. Jh.) eine Totalrenovierung verpasst und sich dabei nicht lumpen lassen. Geräumige und geschmackvoll eingerichtete Zimmer. Zur Ausstattung gehören nicht nur Klimaanlage, Minibar und Haartrockner, sondern auch ein Safe, in dem Sie Ihre Juwelen einschließen können. Alles gediegen, die Diener in Livree. Traumhafte Dachterrasse in der 1. Etage. DZ 130–150 €. Via Cavour 17, 06038 Spello, ✆ 0742/301021, 📠 0742/301464, bocci@bcsnet.it.

Blick auf Spello

*** **Albergo del Teatro (4)**, im oberen Ortsteil. 1997 eröffnete, gepflegte Herberge mit nur 11 Zimmern. DZ 93–98 €. Via Giulia 24, 06038 Spello, ✆ 0742/301140, 0742/301612, hoteldeltatro@mclink.it.

** **Hotel Il Cacciatore (5)**, im oberen Ortsteil. Einladende, helle Zimmer. DZ mit Dusche/WC 75–90 €. Via Giulia 42, 06038 Spello, ✆ 0742/651141, 0742/301603, ilcacciatore@mclink.it.

• *Wohnmobile* Finden an der Hauptstraße unterhalb des Centro storico einen Stellplatz.

• *Essen/Trinken* **Ristorante La Bastiglia (2)**, im gleichnamigen Hotel beim Klarissinnenkloster Vallegloria. Nach Meinung der Einheimischen, der sich auch Leser anschließen, Spellos beste Küche. Junges kreatives Team. Großes Angebot an umbrischen Spezialitäten, aber auch ein 4-gängiges Fischmenü sowie ein 4-gängiges vegetarisches Menu. Im Sommer Außenbetischung – in jeden Tisch ist eine Keramikplatte eingelassen, z. T. mit Darstellungen historischer Gebäude von Spello. Reservierung angebracht. Mi geschlossen. Via dei Molini 17, ✆ 0742/651277.

Ristorante Il Molino (6), teures umbrisches Spezialitätenrestaurant. Di geschlossen. Piazza Matteotti.

Ristorante/Pizzeria Il Trombone (3), im oberen Ortsteil. Alternative zu den vorgenannten für den etwas schmaleren Geldbeutel. Einladende Aussichtsterrasse. Di geschlossen. Via Fontanello.

Sehenswertes

Altstadt: Vorschlag für den Stadtbesuch: Fahrzeug unten stehen lassen, das Centro storico durch die römische Porta Consolare betreten und die Hauptgasse (Via Sant'Angelo, Via Cavour) zur Piazza Matteotti hochgehen. Auf dem Weg begegnet man rechts der **Kirche Santa Maria Maggiore** mit einem dekorativen holzgeschnitzten Portal. Die Kirche beherbergt die berühmte Baglioni-Kapelle von Pinturicchio, einem Zeitgenossen und zeitweiligen Mitarbeiter Peruginos. Um sich – von einer Glaswand auf Abstand gehalten – das Verkündigungsgemälde anzusehen, muss man allerdings erst für die Beleuchtung zahlen. Ein weiteres Pinturicchio-Gemälde – die „Madonna mit Heiligen" – befindet sich in der **Franziskanerkirche Sant'Andrea**: Der Knabe mit dem roten Umhang, der sich zum Schreiben auf dem Sockel des Madonnenthrons niedergelassen hat, ist Johannes der Täufer. Ins Gewand des heiligen Lorenz sind zwei Bilder eingelassen, unten sein Martyrium, oben die Auferstehung Christi. Eine weitere Madonnendarstellung befindet sich an der rechten Kirchenwand, ein Fresko, das mit den Mauern einer früheren Kirche freigelegt wurde.

Die Straße führt weiter zur Piazza della Repubblica, deren moderne Gebäude ganz und gar nicht ins sonst mittelalterliche Stadtbild passen. Vom oberen Ende des Platzes gelangt man über die Via dell'Ospedale hinunter zur eindrucksvollen **Porta Venere** aus römischer Zeit, flankiert von zwei mächtigen, zwölfeckigen Türmen.

Pinakothek: Die kommunale Gemäldesammlung an der Piazza Matteotti besteht vorrangig aus Fresken der umbrischen Schule (15. Jh.) sowie sakralen Bildern aus den Kirchen Santa Maria Maggiore und Santa Maria in Paterno. Einige der Gemälde sind restauriert, andere warten noch auf einen Sponsor. Beachtung verdient eine Madonna mit Kind von *Marco Antonio Grecchi* (17. Jh.): Im unteren Teil präsentieren zwei Personen ein Modell der Stadt Spello.

Öffnungszeiten 10.30–13.00 und 15.00–18.30 Uhr, Mo geschlossen. Eintritt 2,60 €.

Foligno

(ca. 54.000 Einwohner)

Neben Nocera Umbra ist Foligno das zweite große Opfer der Erdbebenkatastrophe von 1997. Noch im Jahr 2000 war der Kern des Centro storico um die Kathedrale, deren Turm auf die Piazza della Repubblica hinuntergedonnert war, eine einzige Baustelle. Inzwischen sind die meisten Häuser von ihrem Stützkorsett befreit.

Das moderne Foligno hat die mittelalterliche Ummauerung längst gesprengt – nach allen Seiten breitet sich die blühende Kleinstadt in die Ebene aus.

In Foligno ist richtig, wer nach den großen Touristenorten und den schmucken Mittelalterstädtchen Umbriens einfach mal wieder in den stinknormalen italienischen Alltag eintauchen will: Shopping ohne Souvenir-Schnickschnack, Abgasgestank, lärmende Schülergruppen ... Sehenswertes gibt es – mit Ausnahme vom *Palazzo Trinci* und seinem hervorragenden Museum (siehe unten) – wenig. Vielleicht macht man an der zentralen Piazza della Repubblica einen Halt, lässt den Blick über die eigenartige Fassade der *Kathedrale San Feliciano* wandern oder stört sich am *Palazzo Comunale* aus dem 15. Jh., den die Architekten nicht in Ruhe ließen, bis er im 19. Jh. seine klassizistische Gestalt bekam. Hie und da entdeckt man beim Streifzug durch das Centro storico bröckelnde Fassaden von Palazzi, die bessere Zeiten gesehen haben.

- *Information* **A.P.T.-Büro**, bei der Porta Romana (Südeingang zum Centro storico). Geöffnet Mo–Sa 8.00–13.30 und 16.00–19.00 Uhr, So 9.00–12.30 Uhr. Freundliches und kompetentes Personal. ✆ 0742/354459.
- *Verbindungen* **Bahn**: Foligno liegt an der Strecke Rom–Ascona, problemlos ist auch die Verbindung nach Perugia.
- *Markt* Dienstag und Samstag an der Via N. Sauro (beim Abzweig nach Montefalco).
- *Übernachten* *** **Hotel Italia**, hinter dem Palazzo Comunale. Zentral gelegen und doch ruhig. Komplett renovierte Komfortzimmer unterschiedlicher Größe. Restaurant angeschlossen. DZ 78–90 €. Piazza Matteotti 12, 06034 Foligno, ✆ 0742/350412, 📠 0742/352258, hotel.italia@libero.it.

  * **Hotel Bolognese**, Nähe Porta Romana, in einer Nebengasse des zentralen Corso Cavour. Ruhige Lage. DZ mit Bad 55–57 €. Via Istituto Denti 12, 06034 Foligno, ✆ 0742/351614, 📠 0742/352350, hotelbolognese@freemail.it.

Sehenswertes

Museo della Città: Das im renovierten *Palazzo Trinci* an der Kopfseite der Piazza della Repubblica 2000 neu eröffnete Museum ist unbedingt einen Besuch wert. Die über zahlreiche Räume auf drei Stockwerke verteilte Sammlung umfasst drei Abteilungen: die Pinakothek, zu der auch die Fresken des Palazzo gehören, das Archäologische Museum sowie eine Ausstellung der Geschichte des Hauses und der Trinci-Familie.

Pinakothek: Von den zahlreichen an Kirchen in Foligno und der Umgebung abgenommenen Fresken und den Altarbildern sind die bedeutendsten *Bartolomeo di Tommasos* „Martyrium der heiligen Barbara“ (die Heilige wird kräftig an den Haaren gezogen) sowie ein „verkündender Engel“, der *Benozzo Gozzoli* zugeschrieben wird. Spektakulärer in der Darstellung sind die Fresken der Loggia, die von der Gründung Roms und der Geburt der Zwillinge Romulus und Remus erzählen, teilweise sind nur noch die Sinopien erhalten, aber dies tut den Szenen keinen Abbruch.

Von der Loggia führt ein Treppchen zur *Trinci-Kapelle*, die mit ihrem reichen Freskenschmuck die Bibelkenntnis des Besuchers auf die Probe stellt. Gleich neben der Loggia schließt der von einem anonymen Meister ausgestaltete *Saal der freien Künste und Planeten* an. Im linken Teil verliert sich der Blick in den allegorischen Darstellungen der Grammatik, der Dialektik (sie strickt mit Schlangen!), der Musik und Geometrie, der Philosophie, Astronomie, Arithmetik und der Rhetorik. Ein Informationsblatt in italienischer Sprache hilft dem Betrachter, sich zurechtzufinden. Den weitaus größeren Teil des Saals beanspruchen die gewaltigen Fresken, die den Planeten gewidmet sind: Der Mondwagen wird von zwei weißen, der Sonnenwagen gegenüber von vier roten Pferden gezogen, neben Mars steht mit geflügelten Stiefeln Merkur; Jupiter, Venus und Saturn sind nur noch teilweise oder gar nicht mehr erhalten.

Archäologisches Museum: Die Sammlung von Epigraphen, Grabstelen und Büsten gehört zu den ältesten Italiens und befindet sich größtenteils bereits seit dem 16. Jh. im Palazzo Trinci. Zu den Schmuckstücken gehört ein Relief mit einer ausdrucksstarken Darstellung eines Wagenrennens im Circus Maximus von Rom; es ist Teil eines Sarkophags aus dem 3. Jh. n. Chr.

Geschichte der Familie Trinci: Sie ist in den unteren Geschossen des Palazzo dokumentiert. Zahlreiche Manuskripte belegen die Macht der Familie Trinci, die in Foligno von 1305 bis zum Sieg der Päpstlichen 1439 das Sagen hatte. Ein Inventar listet die Schätze minutiös auf, die dem Vatikan 1439 in die Hände fielen. Fortan diente der Trinci-Palast dem apostolischen Statthalter als Regierungssitz, bis 1860 die Einigung Italiens dem Kirchenstaat ein Ende bereitete.

Öffnungszeiten Di–So 10–19 Uhr. Eintritt 5 €.

Bevagna

(ca. 4.600 Einwohner)

Das mittelalterliche Kleinstädtchen inmitten der weichen Hügellandschaft nimmt den Besucher auf Anhieb für sich ein. Die Piazza Filippo Silvestri ist nach der Piazza del Popolo von Todi vielleicht der harmonischste mittel-alterliche Platz Umbriens. Um den Platz mit dem oktogonalen Brunnen gruppieren sich die drei Kirchen San Domenico, San Michele und San Silvestro sowie der Palazzo dei Consoli mit seiner fotogenen Freitreppe.

Auf Betreiben reicher Bürger wurde in den mittelalterlichen Palazzo, in dem einst das städtische Amtsgericht seinen Geschäften nachging, 1886 das **Teatro Torti** eingebaut, das noch heute bespielt wird: samtbezogene Sitze im Parkett, Logen auf drei Etagen, eine kleine Bühne mit einer Darstellung der Quelle von Clitunno auf dem Vorhang – ein Theater wie aus dem Bilderbuch.

Ursprünglich eine frühe umbrische Siedlung, erfuhr Bevagna im 1. Jh. v. Chr. unter den Römern, die den Ort *Mevania* nannten, eine Aufwertung. Aus dieser Zeit sind noch die Mauern des **Teatro Romano** sowie das großartige Mosaik in den **Thermen** zu sehen: Darstellungen von Seetieren, unter anderem Tintenfische und ein großer Hummer. Den Schlüssel für den Zugang zu den Thermen erhält man im Nachbar-

Umbrien
Karte S. 292/293

haus (Nr. 2). Die Mauern des römischen Theaters sind heute vollkommen ins Stadtbild integriert, allein die halbrunde Form verrät noch die antike Herkunft.

• *Übernachten* *** **Hotel Palazzo Brunamonti**, an der Hauptstraße im Centro storico. Der in den 1990er Jahren renovierte Palazzo ist Bevagnas einzige Herberge. Hoher Komfort unter Deckenmalereien und zwischen Stilmöbeln. DZ 57–110 €. Corso G. Matteotti 79, 06031 Bevagna, ✆ 0742/361932, 📠 0742/361948, hotel@brunamonti.com.

Montefalco (ca. 5.500 Einwohner)

Auch wenn der „Falkenberg" kein Adlerhorst ist: Vom Hochplateau Montefalcos (473 m) hat man einen großartigen Blick auf die Ebene zwischen Foligno und Spoleto – der Stadtslogan vom „Balkon Umbriens" ist durchaus zutreffend.

Im Zentrum des fast vollständig mauerumwehrten Städtchens liegt die kreisrunde Piazza del Comune mit dem Palazzo Comunale aus dem 13. Jh., der im 15. Jh. mit einem Säulenvorbau versehen und später mehrfach umgebaut wurde. Von hier führt die Hauptgeschäftsstraße zur **Porta Sant'Agostino**, dem eindrucksvollsten Stadttor Montefalcos mit wuchtigem, zinnenbewehrtem Wachturm; das Fresko im Torbogen, eine Madonna mit Kind und Heiligen verdient es jedoch, von den schwarzen Spuren der Abgase gereinigt zu werden.

Hauptattraktion Montefalcos ist die zum Museum erklärte **Kirche San Francesco.** Der Freskenzyklus in der Apsis, Stationen aus dem Leben des Heiligen Franziskus von *Benozzo Gozzoli*, einem Schüler Fra Angelicos, ist das Prunkstück der Kirche: leuchtende Farben, darunter ein Band mit Franziskanerporträts. Auch die anderen Fresken in der Kirche sind durchwegs gut ausgeleuchtet; ein kleines Informationsblatt führt durch die Themen, sodass auch der Laie nicht allzu ratlos dasteht.

Die kleine *archäologische Sammlung* im Kellergeschoss ist wenig interessant, die *kommunale Pinakothek* in der ersten Etage mit ihren sakralen Gemälden (13.–16. Jh.) ist immerhin liebevoll aufbereitet.

Öffnungszeiten Juni/Juli 10.30–13.00 und 15–19 Uhr; August 10.30–13.00 und 15–19.30 Uhr; März–Mai und September/Oktober 10.30–13.00 und 14.00–18.00 Uhr; November–Februar 10.30–13.00 und 14.30–17.00 Uhr. Mo geschlossen. Eintritt 6 €.

• *Einkaufen* **Wein**: Montefalco ist ein Zentrum des umbrischen Weinanbaus. Bekannt sind der dunkle Rosso di Montefalco (DOC), der Sagratino di Montefalco und der Grechetto di Montefalco, sie werden in etlichen Läden der Stadt angeboten; seltener findet man den Caprai, dessen 25-jähriger 1999 von Veronellis Önologen zum besten italienischen Wein erkoren wurde.

• *Übernachten/Essen/Trinken* *** **Hotel degli Affreschi**, Nähe Piazza Comunale. Renoviertes Stadthaus, moderne Zimmer mit gekacheltem Bad und Massagedusche – das freundliche Haus ist die Dipendenza des außerhalb der Stadtmauern liegenden, wenig attraktiven Hotels Nuovo Mondo. Der Swimmingpool des Nuovo Mondo kann von Juni–August benutzt werden. DZ 67 €. Corso G. Mameli 45. Reservierung über Hotel Nuovo Mondo, Via Vittoria 7, 06036 Montefalco, ✆ 0742/379243, 📠 0742/379643.

** **Hotel Ringhiera Umbra**, zwischen Kirche S. Agostino und Porta S. Agostino. Für unseren Geschmack hat die „umbrische Aussichtsterrasse" (wie sich der Name des Hotels übersetzen lässt) zu wenig Aussicht, dafür zu viele Madonnen und Kruzifixe in den Zimmern. Im Restaurant kann man billig und gut (Menu turistico) oder teuer und gut (à la carte) speisen. DZ mit Bad 60 €, ohne 45 €. Via G. Mameli 20, 06036 Montefalco, ✆/📠 0742/379166, ilverziere@tiscalinet.it.

Ristorante Coccorone, Montefalcos vorzüglichstes Speiselokal, in einem ruhigen Altstadtwinkel gelegen. Serviert wird regionale Küche – im großen Speisesaal, im kleinen mit Cheminée oder draußen auf der Terrazza. Mi geschlossen. Largo Tempestivi.

Olivenhain bei Trevi

Trevi

(ca. 7.500 Einwohner)

Auf einem steilen Hügel inmitten des weitläufigen Olivenanbaus thront Trevi, von der Straße zwischen Foligno und Spoleto ein beeindruckendes Bild. Wer von mittelalterlicher Romantik noch nicht genug hat, legt hier einen Stopp ein. Aber auch, wer nach all den mittelalterlichen Eindrücken das Bedürfnis nach Moderne verspürt: Das Trevi Flash Art Museum ist einzigartig.

Das ambitionierte Privatmuseum kontrastiert hart mit der alten Stadt, die im Gegensatz zum etwa gleich großen Spello noch wenig auf den Tourismus eingestellt ist. Das wird sich aber wohl bald ändern. Die Gründung eines städtischen Museumskomplexes im ehemaligen Franziskanerkloster sowie ein großer Parkplatz am Eingang zur Stadt sind erste Anzeichen dafür, dass die verantwortlichen Behörden die Zukunft Trevis nicht nur in der Olive sehen.

Der Stadtbesuch beginnt in der Regel bei der *Piazza Garibaldi,* wo man erst einmal das Gefährt abstellt. Über die *Piazza Matteotti,* das soziale Zentrum der Stadt, geht's dann hoch ins praktisch autofreie Mittelalter. Im Centro storico herrscht fast gespenstische Ruhe, noch rahmen keine Souvenirläden die Treppengassen ein. Und irgendwann gelangt der Spaziergänger zwangsläufig auf den höchsten Punkt des Stadthügels, zum *Dom Sant'Emiliano.*

• *Information* **Pro Loco**, Piazza Matteotti 5. Geöffnet 9–13 und 15–19 Uhr. ✆/℻ 0742/781150, protrevi@protrevi.com, www.protrevi.com.

• *Übernachten/Essen* *** **Trevi Hotel**, Trevis einzige Stadtherberge, gediegen. DZ 110–152 €. Via Fantosati 2, 06039 Trevi, ✆ 0742/780922, ℻ 0742/780772, trevihotel@tiscalinet.it.

Sehenswertes

Trevi Flash Art Museum (*Of CoNtEmPoRaRy ArT*): Das 1993 gegründete Museum sollte nicht versäumen, wer sich für italienische Gegenwartskunst interessiert.

„Flash Art“ gehörte zu den zentralen Begriffen der 14. Biennale von Venedig, und so stand diese Kunstrichtung Pate bei der Eröffnung des Museums. Dokumentationen über Flash Art findet man an der Rezeption. Das Ausstellungsprogramm in den strahlend weißen Räumen weist auf eine professionelle Leitung der Institution hin. Das Museum gibt ein eigenes Informationsblatt heraus und zusammen mit internationalen Museen auch Kataloge. Einzigartig in Umbrien!

Öffnungszeiten Mi–Fr 15.30–18.30 Uhr, Sa/So 10.30–12.30 und 15.30–18.30 Uhr, öfter wäre besser. Eintritt 3 €.

Museen von San Francesco: Im ehemaligen Franziskanerkloster hat die Stadt gleich drei Museen untergebracht, die *städtische Kunstsammlung*, ein *Heimatmuseum* (unbedeutend) sowie ein *Olivenöl-Museum* (eröffnet 1999).

Die **Pinakothek** *(Raccolta d'Arte di San Francesco)* versammelt die gesamte Kirchenkunst von Trevi und Umgebung. Die schönsten Werke kommen aus der heute geschlossenen Kirche Santa Croce: ein monumentales Kreuzigungs-Fresko aus dem 14. Jh., eingerahmt von Madonna mit Kind und einer Verkündigungsdarstellung, sowie ein golden leuchtendes Triptychon mit der Darstellung der Vita Christi (15. Jh.), das angeblich nach einem gescheiterten Kunstraub im 19. Jh. abgenommen und in Sicherheit gebracht wurde. Aus der Kirche San Martino außerhalb der Stadt stammt eine „Krönung Mariens“ (16. Jh.) mit einigen interessanten Details: Kinderköpfe lugen mit fast gequältem Blick unter der Wolke hervor, auf der Maria schwebt; über der Krone, die der Gottesmutter aufgesetzt wird, symbolisiert eine von zwei Engeln herbeigetragene Riesenkrone die Bedeutung des Ereignisses. Bestandteil des Museums ist auch die Klosterkirche – sehenswert sind die Freskenreste sowie eine wunderschöne Orgel mit bemaltem Holz, Baujahr 1509.

Das **Museum der Olivenölkultur** *(Museo della Civiltà dell'ulivo)* ist wohl eine Konzession an Trevis Landwirtschaft. Neben einer Ölpresse, einer Ölmühle, einer riesigen Amphore und landwirtschaftlichem Gerät ist wenig zu sehen. Wer zuvor das ambitionierte Lungarotti-Museum in Torgiano (siehe dort) gesehen hat, wird eher enttäuscht sein. Ein Schmankerl immerhin ist die Installation, die zur Degustation einlädt: Je nach Knopfdruck fließt nicht-fruchtiges, mittelfruchtiges oder ganz fruchtiges Öl in den Becher. Wir haben das Experiment gemacht und weisen daraufhin, dass der Geschmack auch ranzig sein kann.

Öffnungszeiten April/Mai und September: Di–So 10.30–13.00 und 14.30–18.00 Uhr; Juni/Juli: Di–So 10.30–13.00 und 15.30–19.00 Uhr; August: täglich 10.30–13.00 und 15.00–19.30; Oktober–März: Fr–So 10.30–13.00 und 14.30–17.00 Uhr Uhr. Eintritt 3 €.

Tempel von Clitunno: etwa 5 km südlich von Trevi, an der Straße nach Spoleto. Über das antike Tempelchen mit Säulenvorhalle und skulptiertem Tympanon weiß man recht wenig. Möglicherweise stammt die Kultstätte aus dem 4. Jh. n. Chr., vielleicht ist sie aber auch ein paar hundert Jahre jünger. Von späterem christlichen Einfluss zeugen die ziemlich heruntergekommenen Fresken über dem Steinaltar.

Öffnungszeiten April–Oktober: 9–20 Uhr; November–März: 9–14 Uhr. Mo geschlossen. Eintritt frei.

Quelle von Clitunno *(Fonti del Clitunno)*: etwa 1 km südlich des Tempelchens, ebenfalls direkt an der Straße. Reisebusse pflegen hier eine Rast einzulegen. In der Antike war die Quelle ein Heiligtum, heute ist ein kleines Biotop um den Teich entstanden. Einzig der unüberhörbare Verkehrslärm verhindert das Aufkommen romantischer Gefühle. Das klare Wasser fließt übrigens weiter in Richtung des Clitunno-Tempels, betreibt dort eine Mühle und ergießt sich später wie alle umbrischen Gewässer in den Tiber.

• *Öffnungszeiten* Erste Märzhälfte und Oktober: 9–13 und 14–18 Uhr; zweite Märzhälfte: 9–13 und 14–18.30 Uhr; erste Aprilhälfte: 9–19.30 Uhr: zweite Aprilhälfte: 9–20 Uhr; Mai–August: 8.30–20 Uhr; erste Septemberhälfte: 8.30–19.30 Uhr; zweite Septemberhälfte: 9–19 Uhr; November–Februar: 10–13 und 14–16.30 Uhr. Eintritt 2 €.

Spoleto

(ca. 38.500 Einwohner)

Pures Mittelalter zeigt sich hier gepaart mit der Moderne – düstere Winkel im Centro storico, Kunstgalerien und, wo sich ein Platz auftut, gelegentlich Skulpturen. Das Festival dei Due Mondi, Umbriens renommiertestes Kunstereignis, hat Spoletos Stadtbild leise, aber nachhaltig verändert.

Die mittelalterliche Stadt am Rande des breiten Valle Spoletina breitet sich auf einem Hügelrücken aus, obenauf die Burg aus dem 14. Jh., die später oft als Gefängnis diente, zuletzt in den 1980er Jahren als Hochsicherheitstrakt für Mitglieder der linksradikalen *Brigate Rosse*. Darunter gruppieren sich, aus düsterem schwarzgrauen Stein, die Kirchen und Häuser der Altstadt. Zahlreiche steinerne Bogen überspannen die engen Treppengässchen und stützen das uralte Gemäuer.

Die dunklen Gassen Spoletos, die im Besucher romantische Gefühle wecken, verbergen ein demographisches Desaster: Das Centro storico entvölkert sich. Zählte man 1948 noch 15.000 Altstadtbewohner, so waren es 1999 gerade noch 6.000. Außerhalb der Stadtmauern, unten im Tal, ist der Alltag eben bequemer: Man kann das Auto direkt vor die Haustür fahren, hat keine Heizungsprobleme und beim nächsten Erdbeben ein halbwegs sicheres Dach überm Kopf. Die leer stehenden Altstadtwohnungen werden zur Beute reicher Römer, die sich hier eine Wochenendbleibe einrichten.

• *Information* **A.P.T.-Büro**, Piazza della Libertà 7. Hier werden auch die künstlerisch wertvollen Festivalposter verkauft. Geöffnet 10–13 und 16–19 Uhr; ✆ 0743/220311, ✆ 0743/46241, turispo@mail.caribusiness.it.

• *Verbindungen* **Bahn**: Spoleto liegt an der häufig befahrenen Strecke Rom–Ancona, auch Züge nach Perugia (ca. 10x tägl.). Ein halbes Dutzend Züge nach Orvieto (umsteigen in Orte).

Busse nach Assisi und Perugia.

• *Parken* In der Altstadt gebührenpflichtig, sofern man überhaupt einen Platz findet. Hotels geben ihren Kunden eine für eine bestimmte Zone gültige Berechtigungskarte.

• *Festival* **Festival dei Due Mondi**: Spoletos renommiertes Tanz-, Theater- und Musikfestival. Informationen im Festivalbüro an der Piazza del Duomo 9. Programminfos unter www.spoletofestival.net.

• *Markt* **Fiera di Loreto**, jährlich 8./9. September. Riesiger Markt, der sich von der Piazza Garibaldi an der gesamten westlichen Stadtmauer (intra muros) entlang zieht.

• *Übernachten* *(Karte S. 339)* **** **Hotel San Luca (2)**, von Spoletos Nobelherbergen die reizvollste. Ein 1995 restaurierter Gebäudekomplex an der Stadtmauer mit wunderschönem Innenhof und einer Liegewiese auf dem Dach, leider kein Swimmingpool, dafür ein riesiger Rosenbusch. Die Zimmer sind hell und geräumig und überaus geschmackvoll eingerichtet. DZ 110–240 €, inkl. Frühstück. Preise saisonal stark schwankend und Verhandlungssache. Via Interna delle Mura 21, 06049 Spoleto, ✆ 0743/223399, ✆ 0743/223000, sanluca@hotelsanluca.com.

*** **Hotel Charleston (4)**, ebenfalls sehr zentrale Lage. Kleine, gepflegte Zimmer mit Mini-Bar und TV. Die Sauna kostet extra und wird auch von hotelfremden Gästen benutzt. Parkmöglichkeit am kleinen Platz davor. DZ 52–105 €. Piazza Collicola 10, 06049 Spoleto, ✆0743/220052, ✆ 0743/221244, info@hotelcharleston.it.

** **Hotel Aurora (8)**, gegenüber dem Touristbüro. Modern eingerichtet, im Flur Dauerausstellung mit Festivalplakaten. Kleiner

Umbrien Karte S. 292/293

eigener Parkplatz direkt vor dem Eingang. DZ mit Bad 52–80 €. Via Apollinare 3, 06049 Spoleto, ✆ 0743/220315, ℻ 0743/221885, info@hotelauroraspoleto.it.

** **Hotel Il Panciolle (3)**, kleines, 1992 eröffnetes Hotel in ruhiger Altstadtlage. Alle Zimmer renoviert. Vor dem Haus ein kleiner, von Linden beschatteter Platz mit Brunnen. Unser Tipp für die 2-Sterne-Kategorie. DZ mit Bad 45–55 €. Via Duomo 4, 06049 Spoleto, ✆/℻ 0743/45677

** **Hotel Dell'Angelo (7)**, in der Nähe des Marktes. DZ mit Bad 37–52 €. Via Arco di Druso 25, 06049 Spoleto, ✆ 0743/222385, ℻ 0743/207965.

** **Camping Monteluco**, gleich hinter der Kirche S. Pietro. Tolle Lage, terrassenförmig am Hang, viel Schatten. Neben dem Platz eine Pizzeria. Nur 35 Stellplätze! Geöffnet April–September. Loc. S. Pietro, 06049 Spoleto, ✆/℻ 0743/220358, primaver@caribusiness.it.

• *Essen/Trinken* **Ristorante Sabatini (6)**, für das dicke Portemonnaie. Dezente Atmosphäre, nach hinten traumhaft schöner Garten. Mo geschlossen. Corso Mazzini 56.

Trattoria La Barcaccia (5), hinter der Piazza del Mercato. Preislich etwas über dem Durchschnitt, dafür in wunderbar ruhiger Lage. Geräumiger Speisesaal, dekoriert mit Festival-Plakaten, und eine hübsche, überdachte Terrasse. Spoletinische Spezialitäten à la carte. Di geschlossen. Piazza Fratelli Bandiera.

Trattoria Pecchiarda (1), riesiger, vegetativ überdachter Innenhof, in dem sich preiswert speisen lässt. Ausgezeichnete Antipasti della casa. Für das Secondo ist das Angebot nicht besonders groß, das Restaurant ist trotzdem sehr populär. Unser Tipp für die heißen Sommernächte. Do geschlossen. Vicolo S. Giovanni 1.

Trattoria/Pizzeria del Festival (9), oberhalb der Piazza della Libertà. Menü ca. 20 € oder à la carte, Pizza oder auch nur Pasta. Angenehmes Lokal und freundliches Personal, sodass man hier ohne weiteres einen ganzen Abend verbringen kann. Fr geschlossen. Via Brignone 8.

Sehenswertes

Altstadt: Etwas oberhalb der zentralen Piazza della Libertà, in der Via Arco di Druso, präsentieren sich Bauten aus den vergangenen zwei Jahrtausenden: Auf den noch sichtbaren Grundmauern eines heidnischen Tempels (1. Jh.) steht die **Kirche Sant'Ansano** (18. Jh.), in deren Untergeschoss man die kleine **Krypta Sant'Isacco** mit teilweise noch erhaltenen Fresken (12. Jh.) findet – einziges Überbleibsel einer romanischen Vorgängerkirche. Der vom Verkehr geschwärzte, aus mächtigen Travertinquadern gefügte **Drususbogen**, der neben der Kirche die Straße überspannt, misst heute nur noch weniger als die Hälfte seiner ursprünglichen Höhe, so weit ist er in den Boden eingesunken. Er wurde im Jahre 23 zum Gedenken an die beiden römischen Konsuln *Drusus* und *Germanicus* errichtet. Beide waren Söhne des Kaisers *Tiberius* und kämpften siegreich gegen die Germanen am Rhein. Unweit des Triumphbogens liegt – mit einem auffallend schönen Brunnen aus dem 18. Jh. – die **Piazza del Mercato**, das pulsierende Herz des Centro storico. Am Ende des Platzes gelangt man über die Via del Municipio zum **Rathaus**, dessen Fassade gleich mit drei Uhren die Zeit zu bestimmen versucht. Neben einer komplizierten Sonnenuhr, die neben der Tages- auch die astronomische Zeit angibt, findet man eine allgemein verständliche Uhr und eine weitere, die den Tag des Monats anzeigen sollte und noch auf den Uhrmacher wartet. Auch ein Maurertrupp täte dem Rathaus gut, es ist ziemlich heruntergekommen.

Dom *(Santa Maria Assunta):* Der romanische Kirchenbau wurde im 12. Jh. begonnen. Für die Vorhalle und den Turm wurden zahlreiche römische Steinquader verwendet. Dann waren die Geldmittel ausgegangen, erst wesentlich später wurde der obere Teil im gotischen Stil angebaut.

Das Innere „modernisierte“ man 1640 in üppigem Barock. Vor allem die beiden Seitenkapellen der Apsis legen davon Zeugnis ab. Aus alter Zeit geblieben ist ein hübscher Mosaikfußboden (vermutlich aus alten römischen Villen gerettet bzw. ge-

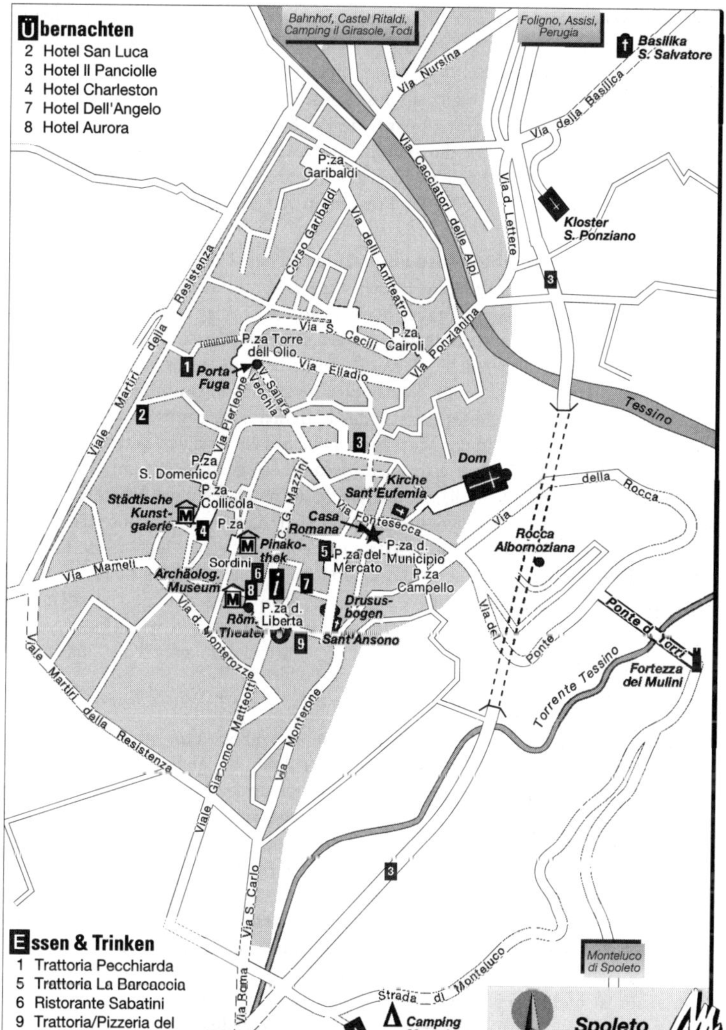

Umbrien Karte S. 292/293

stohlen) sowie – heute hinter Sicherheitsglas – ein restauriertes Holzkreuz aus dem 12. Jh. in kräftigen Farbtönen.

Die Fresken der Apsis, Szenen aus dem Leben Mariens, stammen vom berühmten Florentiner *Filippo Lippi* und seinen Schülern, sie sind Lippis letztes Werk, der Meister verstarb 1469, noch vor der Beendigung der Arbeiten. Sein Grabmahl findet sich im rechten Querschiff, die Gebeine allerdings sollen während der zahlreichen Umzüge verloren gegangen sein. Auch *Pinturicchio* hat im Spoletiner Dom ein Kunstwerk hinterlassen, sein Fresko „Maria mit Kind, Johannes der Täufer und Leonhard“ ziert die erste Seitenkapelle rechts. An sie schließt sich eine weitere Kapelle an, komplett mit Fresken ausgeschmückt und mit separatem Ausgang zum Portikus.

Kirche San Eufemia: Knapp oberhalb des Doms, der früheren Bischofsresidenz zugehörig, findet sich diese kleine romanische Kirche aus dem 12. Jh. mit einer dreiteiligen Apsis. Interessant ist die seltene zweigeschossige Architektur, der obere Arkadengang war für die Frauen reserviert. Mehrere Säulen aus römischer Zeit sind in den Bau integriert. Die beiden Fresken an den Säulen vorne rechts stammen vermutlich aus dem 15. Jh.

Nationales Archäologisches Museum und Römisches Theater: Wer buddelt, der findet! Als die Spoletiner 1982 das Becken für ein kommunales Schwimmbad ausheben wollten, stießen sie auf Gräber der Bronzezeit. Das ist aber das Geringste an diesem mit moderner Ausstellungstechnik arbeitenden Museum, das im einstigen Kloster Sant'Agata untergebracht ist. Der Parcours beginnt in der zweiten Etage mit den Grabfunden aus etruskischen Nekropolen im südlichen Umbrien, u. a. ein zierliches, aus Knochen gearbeitetes Bettstattdekor. In den beiden unteren Etagen dominieren die römische Zeit und das Mittelalter. Letzteres ist vor allem durch Funde vertreten, die während der Restaurierung der Rocca Albornoziana (siehe unten) gemacht wurden. Auf dem Hügel San Elia, wo sich heute die mächtige päpstliche Festung erhebt, stand früher ein bescheidenes romanisches Kirchlein – der religiöse Ort wurde zum militärstrategischen, der Kirchenstaat war eine politische Macht geworden.
Von der Galerie des Museums aus hat man einen schönen Blick auf das gut erhaltene römische Theater aus dem 1. Jh., das – etwas eingezwängt zwischen den mittelalterlichen Bauten – beim Stadtbesuch meist übersehen wird. Es bot einst Platz für 3000 Zuschauer, heute wird es einzig während des Festival dei Due Mondi wiederbelebt.

Öffnungszeiten Mo–Sa 9–19 Uhr, So 9–13 Uhr (mit Vorbehalt). Eintritt 2 € (ohne Vorbehalt).

Kloster San Ponziano: Ponzianus, der Stadtheilige von Spoleto, wurde im Jahr 175 enthauptet; die Gebeine des Märtyrers ruhen heute im holländischen Utrecht, einzig der Schädel wird in Spoleto verwahrt. Jährlich am 14. Januar, dem Festtag des Heiligen, wird die Reliquie von der Klosterkirche zum Dom gebracht und der Öffentlichkeit gezeigt. Das nach Ponzianus benannte Kloster ist ein ziemlich verwitterter Komplex, bestehend aus Kirche (12. Jh.), Augustinerkloster, in dem noch über ein Dutzend Mönche wohnen, und ein paar Häusern. Die Kirche ist – wenn nicht gerade Messe gefeiert wird – meist geschlossen. Es lohnt sich jedoch, im Haus links von ihr nach dem Schlüssel zu fragen oder das Angebot der möglicherweise herbeieilenden Führung anzunehmen.
Interessant ist nicht die barocke Kirchenausstattung, sondern vielmehr die Krypta: ein Gewölbe mit korinthischen Säulen sowie zwei kegelförmig zulaufenden Spitzsäulen aus grünem Marmor und zahlreichen Fresken aus dem 13.–15. Jh., die allerdings der Restaurierung bedürfen.

Basilika San Salvatore: Eine kurze, schnurgerade Allee mit uralten Steineichen auf der einen Seite, gepflanzt im Jahr 1225, führt am Friedhof entlang zur kleinen Basilika. Die Kunsthistoriker streiten sich um die exakte Datierung, aber zweifellos gehört San Salvatore zu den ältesten Kirchenbauten Umbriens. Nach dem Umbau im 9. Jh. galt die Kirche als architektonisches Vorbild für frühmittelalterliche Gotteshäuser. Möglicherweise ließ im Jahr 313 Kaiser Konstantin hier eine erste Basilika errichten, als Baumaterial wurden die Steinquader römischer Sommerhäuser benutzt. Syrische

Mönche, die sich länger in San Salvatore aufhielten, besserten den Bau später aus. In den beiden Dreiecksgiebeln der Fassade kann man das Kreuz erkennen, das als Initiale „C“ für Constantin interpretiert wird. Der Bogen des Fensters dazwischen zeigt eine in Europa einmalige Ornamentik – vermutlich ein Beitrag der Syrier.
Das Innere macht einen äußerst kahlen Eindruck. Die Säulen – im ionischen und korinthischen Stil – stammen allesamt aus römischen Villen. Die Fresken in der Apsis datieren aus der Zeit vor dem 14. Jh.

Kirche San Pietro: ein einzigartiges Juwel wegen seines phantasiereichen Reliefdekors aus dem 13. Jh. an der Fassade. Man findet die romanische Kirche, die vermutlich Spoletos frühere Kathedrale war, am Fuß des Berges San Giuliano, am Ortsende Richtung Terni. Einige Details der berühmten Fassade: oben links das Jüngste Gericht – Petrus schlägt dem Teufel, der die Seelenwaage zu seinen Gunsten zu manipulieren versucht, den Himmelsschlüssel auf den Kopf. Unten links macht sich ein Löwe daran, einen Soldaten zu verspeisen. In der Mitte rechts stellt sich ein schlauer Fuchs tot und lockt so zwei Raben an. Auf der rechten Hälfte sind einige Szenen aus dem Neuen Testament dargestellt. Die Motive sind oft schwierig zu deuten, nur einige Symbole wie der Löwe (Gott oder das Volk Juda), Drache und Schlange (Symbol der Sünde), Soldat (Elend und Übermacht) geben Anhaltspunkte zur Interpretation. Im Vergleich mit der großartigen Fassade verblasst die größtenteils barocke Innenausstattung ebenso wie die kümmerlichen Freskenreste.

Rocca Albornoziana: Die mittelalterliche Burganlage auf dem höchsten Punkt der Stadt wurde im 14. Jh. als wichtige Bastion der päpstlichen Macht errichtet, hier residierten die Statthalter des mächtig gewordenen Kirchenstaats. Berühmteste Statthalterin von Spoleto war die schlecht beleumdete *Lucrezia Borgia*, die von ihrem Vater, dem Renaissancepapst *Alexander VI.* 1499 hier eingesetzt wurde. Der Kirchenstaat war schon längst am Ende, als der Anlage (wohl im 20. Jh.) ein unansehnlicher Gebäudeteil hinzugefügt wurde – die Rocca hatte als Gefängnis eine neue Verwendung gefunden; in den 80er Jahren des 20. Jh. waren in einem mit vier Türmen versehenen Hochsicherheitstrakt sowohl Mitglieder der Brigate Rosse als auch Mafiosi eingekerkert.
Die Rocca ist nur mit Führung zu besichtigen; man lässt sich im Kleinbus hochfahren und genießt oben erst einmal die herrliche Aussicht auf den mittelalterlichen *Ponte delle Torri* und den dicht bewaldeten Abhang des *Monteluco* dahinter.
Die Burg, die sich von außen so trutzig-militärisch präsentiert, entpuppt sich in ihrem Inneren eher als Palast. Man kann sich ohne weiteres vorstellen, wie in der Renaissance die päpstlichen Höflinge sich hier den weltlichen Freuden hingaben. Der gesamte erste Innenhof ist auf zwei Geschossen von Arkaden eingesäumt. Päpstliche Wappen verzieren den Renaissance-Ziehbrunnen. In den oberen Arkaden sind zwischen den Fresken die Familienwappen der Gouverneure eingemeißelt. Von hier gelangt man zu einer großen Halle, heute Lucrezia-Borgia-Saal genannt. Freskenreste verraten, dass der Raum einst wesentlich weniger kahl war, vermutlich war er ähnlich ausgeschmückt wie der kleine Saal daneben. Dieser zeigt unter dem puttenverzierten Gewölbe einen großartigen Freskenschmuck: Szenen aus dem abenteuerlichen höfischen Leben. Komplett zugeblechte Ritter prügeln aufeinander ein, derweil friedlichere Zeitgenossen den Jungbrunnen austesten.

Öffnungszeiten Mitte März–Mitte Juni und Mitte September–Oktober: Mo–Fr 10–12 und 15–19 Uhr, Sa/So 10–19 Uhr; Mitte Juni–Mitte September: täglich 10–20 Uhr; November–Mitte März: Mo–Fr 14.30–17 Uhr, Sa/So 10–17 Uhr. (letzter Kleinbus jeweils eine Stunde vor Schließung). Eintritt 6 € (Fahrt im Kleinbus inkl.).

Ponte delle Torri und **Fortezza dei Mulini**: Der mächtige Aquädukt, der östlich der Altstadt das üppig-grüne Tessino-Tal überspannt, wurde von Goethe als „das dritte Werk der Alten" gepriesen. Der Bau der 230 m langen und 80 m hohen Brücke wurde im Jahre 1250 begonnen und erst ein Jahrhundert später fertig gestellt. Zu ihrem Namen kam die „Brücke der Türme" aufgrund der mittleren drei Pfeiler, die nicht massiv gemauert, sondern mit Räumen für die Stadtwache ausgestattet wurden. An der Nordseite des Aquädukts führt ein Fußgängerweg (nachmittags im Schatten) auf die andere Talseite zur **Fortezza dei Mulini** – Verteidigungsturm und Mühle zugleich. Das Wasser brachte mittels zweier mächtiger Rückhaltebecken das Mühlrad in Schwung und wurde anschließend in die Stadt geleitet. Leider verwehren eine schwere eiserne Kette und zwei Fratzen über dem Brunnen am Eingang dem heutigen Besucher den Zutritt zur Fortezza.

Das Valnerina

Allgemein steht die Bezeichnung „Valnerina" für den gesamten Südost-zipfel Umbriens mit Cáscia und Nórcia als einzigen größeren Orten. Im engeren Sinn versteht man darunter das wildromantische Nera-Tal, das man von Spoleto aus entweder auf der kurven- und landschaftlich abwechslungsreichen SS 395 bei Piedipaterno erreicht – oder, bequem, aber weniger schön, durch einen zur Jahrtausendwende fertig gestellten Straßentunnel bei Sant'Anatólia di Narco.

Die Nera entspringt dem gewaltigen Gebirgsmassiv der Sibillinen und hat einige Nebentäler, sodass man mit dem eigenen Fahrzeug das Valnerina, das zu großen Teilen zum Naturpark *Coscerno-Aspra* gehört, auf verschiedenen Routen erforschen kann.

Erst bei Umbriens Industriemetropole *Terni* öffnet sich die Landschaft, von da fließt dann die wesentlich breiter gewordene Nera weiter nach *Narni*, um sich bald darauf an der Grenze zum Latium in den Tiber zu ergießen.

Cáscia (ca. 3.700 Einwohner)

Einst römische Befestigung, im Mittelalter selbstständige Republik mit eigener Münzprägung, steht Cáscia heute im Zeichen der heiligen Rita. In punkto Pilgerscharen ist Cáscia nach Assisi die Nummer zwei in Umbrien. Im Unterschied zur Franziskus-Stadt gibt es hier jedoch kein mittelalter-liches Stadtbild, das auch nicht religiöse Touristen anzuziehen vermag.

Im Zentrum steht die Basilika zu Ehren der Stadtheiligen, ein Bau aus der Mussolini-Zeit. Nummerierte Großparkplätze, etliche mehrsternige Hotels, Souvenirläden mit unzähligen Miniatur-Ritas – wer nicht der Schutzpatronin der Hausfrauen wegen hierher gekommen ist, fühlt sich rasch fehl am Platz.

• *Information* **A.P.T.-Büro**, Piazza Garibaldi 1, direkt an die Kirche San Francesco angebaut (Ortszentrum, unterhalb der Basilika). Geöffnet Mo–Sa 9–13 und 15.30–18.30 Uhr, So 8.30–12.30 Uhr. ✆ 0743/71147.

• *Verbindungen* **Busse** nach Nórcia, Spoleto und Roccaporena.

• *Übernachten* ** **Hotel Cáscia**, direkt bei der Parkanlage unterhalb der zentralen Piazza Garibaldi. Eines der wenigen Hotels, das für die Busladungen von Pilgern zu klein ist. Gepflegte Mittelklasse, Restaurant mit regionaler Küche; die meisten Zimmer haben Zugang zu einem gemeinsamen Balkon. DZ 39–46 €. Viale Cavour 14, 06043 Cáscia, ✆ 0743/76961, ℻ 0743/76767.

Sehenswertes

Basilica di Santa Rita: Sehenswert ist der in der Mussolini-Zeit begonnene und 1947 vollendete zweigeschossige Monumentalbau nur für Pilger oder für Menschen, die eine unstillbare Neugier auf eine Mischung aus moderner Kirchenmalerei, Kitsch und Kult haben.

In der in byzantinischer Kreuzform konzipierten **Oberkirche** wird gezeigt, wozu moderne Freskenmalerei imstande ist. Im linken Flügel ruht – für die Pilger auf Distanz gehalten – Santa Rita. In der **Unterkirche** mit ihrer kalten, marmornen Nüchternheit wird ein Eucharistie-Wunder verehrt, wie es in der katholischen Kirchengeschichte häufiger vorkommt. Die Begebenheit soll sich zu Beginn des 14. Jh. zugetragen haben: Ein Landpfarrer wird an ein Krankenlager gerufen. Er steckt eine Hostie in sein Brevier und zieht los. Beim Kranken angekommen, öffnet er das Brevier – die Hostie ist blutdurchtränkt. Der Landpfarrer überreicht den Corpus Christi einem Augustinermönch, der ihn nach Cáscia bringt. Die blutige Hostie ist ausgestellt, ganz im Geschmack der Örtlichkeit bzw. im geschmacklosen Glanz einer Edelboutique. In einer Vitrine davor sind – effektvoll angestrahlt – die Knochen des Augustinermönchs verwahrt.

Chiesa di Sant'Antonio: im unteren Ortsteil und kunstgeschichtlich bedeutsamer als die moderne Basilika. Im Chor ist ein vollständig restaurierter Freskenzyklus eines umbrischen Meisters aus dem 15. Jh. zu sehen, der die Vita des heiligen Antonius erzählt. In der Apsis dahinter stellt ein weiterer Freskenzyklus aus derselben Zeit – er stammt von *Nicola da Siena* – die Passionsgeschichte dar, in der Christus auffallend weibliche Züge trägt.

Umbrien
Karte S. 292/293

Nórcia

(ca. 4.800 Einwohner)

In einer weiten Hochebene im Schutz der Sibillinischen Berge und eingefasst von einer rundum intakten mittelalterlichen Mauer liegt Nórcia. Italiener denken bei dem Namen zuerst an Würste und Linsen, für die die Stadt berühmt ist. Für Wanderer ist Nórcia vor allem eine Basis für ausgedehnte Touren in die Einsamkeit des umbrisch-märkischen Appenin.

In der Bergwelt von Nórcia kursieren noch viele mündlich überlieferte Hexengeschichten, die der Bevölkerung so vertraut sind wie die Vita des heiligen Benedikt. Dieser wurde im Jahr 480 in Nórcia geboren, verbrachte hier seine ersten zwölf Lebensjahre und ging später als Begründer des abendländischen Mönchstums in die Geschichte ein.

Nórcia wurde immer wieder von Erdbeben heimgesucht. Nach einem besonders heftigen Erdstoß 1859 erließen die kommunalen Behörden ein noch heute gültiges Gesetz, das für die Häuser eine maximale Höhe von 12,5 m festlegt. Seither besteht praktisch die ganze Stadt aus zwei-stöckigen Bauten, die ihr im Vergleich zu den Mittelalterstädten Umbriens eine hellere, freundlichere Ausstrahlung verleihen. Ein schweres Beben im Jahr 1979 beschädigte jedoch erneut zahlreiche Häuser. Im September 1997 war ein Teil der Stadt wieder aufgebaut – frisch verputzte Häuser neben solchen, die noch auf ihre Renovierung warteten – als Umbrien vom schlimmsten Erdbeben des Jahrhunderts überrascht wurde.

• *Information* **Casa del Parco**, Via Solferino (am Castellina links vorbei). Informationen zur Stadt und nützliche Adresse für Wanderer. ✆/℻ 0743/817090, cpnorcia@yahoo.it.

• *Verbindungen* **Busse** nach Cáscia, Castelluccio, Terni, Rom, Perugia, Spoleto, Foligno, S. Maria degli Angeli (Assisi).

• *Markt* **Mostra mercato del tartufo nero**, letztes Wochenende im Februar. Verkaufsmesse der schwarzen Trüffel und anderer typischer Produkte der Umgebung. Frisch geerntet (Januar/Februar) kosten 100 g schwarze Trüffeln ca. 100 €!

• *Rafting/Kajak* **Centro Rafting e Kayak**, in Serravalle, 6,5 km in Richtung Spoleto, an der Abzweigung nach Cáscia, direkt bei der Mündung des Sordo in den Corno; letzterer hat stets genug Wasser und genug Schnellen für beide Sportarten. Kajakverleih und Campingmöglichkeit (ohne jede Infrastruktur) gibt's direkt am Fluss. ✆ 348/3511798 (Handy).

• *Übernachten* *** **Hotel Grotta Azzurra**, in der Nähe des Casellina. Zimmer unterschiedlicher Größe in einem Palazzo des 18. Jh. Die Familie Bianconi unterhält unter dem Firmennamen „Bianconi Ospitalità" noch einen Sportkomplex mit Hotel außerhalb der Mauern. Der nächste Coup der Familienfirma wird die Wiedereröffnung (geplant im Sommer 2003) des ehemaligen „La Posta" im riesigen Palazzo Seneca (16. Jh.) sein – eine Luxusherberge mit Stilmöbeln. Preise für das Grotta Azzurra: DZ 42–120 €. Via Alfieri 12, 06046 Nórcia, ✆ 0743/816513, 📠 0743/817342, info-booking@bianconi.com.

*** **Hotel Europa**, außerhalb der Stadtmauer. Wenig attraktive Lage und oft von Reisebussen ausgebucht. Ein großes Plus hingegen ist der Swimmingpool. DZ 31–78 €. Viale Europa 7, Nórcia, ✆ 0743/816322, 📠 0743/817430, heuropa@caribusiness.it.

* **Grotta Azzurra (Dipendenza)**, die „Bianconi Ospitalità" hält hier 10 Zimmer für Minderbemittelte bereit, 3 davon mit Blick auf die Piazza Vittorio Veneto, wo man dem abendlichen Flanieren zusehen kann. DZ mit Bad 33–69 €. Corso Sertorio 22. Anmeldung beim *** Hotel Grotta Azzurra (s. o.).

• *Essen/Trinken* Im abgelegenen Nórcia lernt man die traditionelle Küche des Valnerina von ihrer besten Seite kennen. Eines der berühmtesten Gerichte sind die Lenticchie di Castelluccio. Die kleinen grünen Linsen werden in 1400 m Höhe angebaut; kurze Garzeit, viel Geschmack und frei von chemischen Rückständen, denn auf dem Piano Grande werden die Linsen von keinem Schädling befallen.

Landesweit bekannt sind auch die Würste aus Nórcia. Die kurzen, feisten Norcini werden in einem speziellen Pökel- und Räucherverfahren hergestellt. Norcineria nennen sich heute zahlreiche Wurstwarenläden in ganz Mittelitalien.

Trattoria dal Francese, zwischen Palazzo Comunale und Basilica di S. Benedetto hinauf. Feinschmeckerlokal mit Empfehlungen von Veronelli (1994), Pirelli (1994), Ristoranti d'Italia (1997, 1998) sowie vom Autor (1994, 1997, 1999, 2002). Ausgesuchte Trüffelgerichte, ein komplett getrüffeltes Menü kostet ca. 40 €. Tipp für den dünneren Geldbeutel: Würstchen mit Linsen. Via Riguardati 16.

Ristorante Il Granaro del Monte, im Hotel Grotta Azzurra (s. o.). Schwein, Lamm, Kalb oder Wildschwein – alles kommt hier auf den Tisch, und natürlich auch die berühmten Castelluccio-Linsen. Oder versuchen Sie den Scamorza-Käse! Großes Angebot zu breit gefächerten Preisen, hervorragend zubereitet.

Taverna Il Focolare dal Boscaiolo, nahe der Piazza Veneto. Focolare nennt man den häuslichen Herd, und so ist es: einfache Hausmannskost. Mo geschlossen. Via Bandiera 9.

Sehenswertes

Piazza San Benedetto: Der kreisrunde Platz mit dem Standbild des Stadtheiligen ist das Zentrum Nórcias. Auf der einen Seite steht **La Castellina**, ein schmuckes, quadratisches Kastellchen mit vorspringenden Ecktürmen, dessen Eingang von zwei freundlich blickenden Löwen bewacht wird. Es stammt aus dem 16. Jh. und findet als lokalhistorisches Museum Verwendung.

Nicht minder freundlich gesonnen scheinen die beiden Löwen, die auf der anderen Seite der Piazza auf den **Palazzo Comunale** (13. Jh., mehrfach umgebaut und kürzlich restauriert) mit seiner hübschen Freitreppe aufpassen.

Gleich daneben steht Nórcias touristische Attraktion Nummer eins, die **Basilica di San Benedetto**, an sie anschließend der **Palazzo Vescovile**.

Grandiose Landschaft – das Valnerina

Basilica di San Benedetto: Die Kirche stammt aus dem 14. Jh., wurde aber seither mehrere Male umgebaut. Sehenswert ist vor allem die gotische Fassade. Links und rechts über dem Portal in zwei Nischen der heilige Benedikt sowie seine ebenfalls heilig gesprochene Zwillingsschwester *Scholastica*; über dem Portal eine fein gearbeitete Rosette, umrahmt von den Symbolen der vier Evangelisten.

Im Innern lohnt die **Unterkirche** einen Besuch. An dieser Stelle, so wird vermutet, wurden 480 die heiligen Zwillinge geboren, und ihnen zu Ehren errichtete man hier im 6. Jh. – auf römischen Fundamenten aus dem 1. Jh. n. Chr. – eine kleine Kapelle. Im 14. Jh. führte der Bau der Oberkirche zur teilweisen Zerstörung der kleinen Anlage.

Hochebene um Castelluccio

Über eine steile Bergstraße erreicht man dieses wunderschöne, 30 Quadratkilometer große Wiesenplateau, umrahmt von den Sibillinen mit ihren 72 Berggipfeln. Mit über 2500 Metern Höhe ist das Gebirge nach dem Gran Sasso-Maiella das höchste des Apennins.

Der riesige weiße Fleck auf der Landkarte unterteilt sich in den so genannten *Piano Grande* (= Große Ebene, 8 km auf 4 km), den *Piano Piccolo* (= Kleine Ebene) und den *Piano Perduto* (= Verlorene Ebene, weil sie von Nórcia in einem Scharmützel an das märkische Visso verloren wurde) – sie alle bildeten in der letzten Eiszeit einen einzigen See, der später austrocknete.

Im Südosten erstreckt sich quer durch die Hochebene der sumpfige **Fosso di Mergari**– eine Erdspalte von 2,5 km Länge, 30 m Breite und 10 m Tiefe. Hier sammeln sich im Frühjahr die Wassermengen und verschwinden in einem trichterförmigen Abflussloch *(Inghiottitóio)*, etwa auf halber Strecke zwischen Castelluccio und

Force Canapine von der Straße aus sehr gut sichtbar. Speläologen drangen durch den Eingang des Abflusssystems, da sie darunter eine Höhle vermuteten. Erfolglose Suche! Wasserfärbungen ergaben jedoch, dass das verschwundene Wasser bei Nórcia wieder zum Vorschein kommt.

• *Information/Übernachten* ** **Hotel Canapine**, in Forca Canapine (11 km südlich von Castelluccio). Hier gibt es auch Informationsmaterial und Karten. Mit Restaurant. DZ mit Bad 50–66 €. Loc. Forca Canapine, 06046 Nórcia, ✆ 0743/823005, ℻ 0743/823006, info@hotelcanapine.it.

* **Hotel Sibilla**, am Dorfplatz von Castelluccio und einziges Hotel im Ort. Mit Restaurant und Bar. DZ mit Bad 44–55 €. Via Pianogrande 2, Loc. Castelluccio, 06046 Nórcia, ✆/℻ 0743/821113.

Rifugio Perugia, von Castelluccio in Richtung Nórcia, nach dem Piano Grande und noch vor der Abzweigung nach Forca Canapine. 1999 eröffnet und von einer überaus freundlichen jungen Dame geführt. Schön und sauber. Übernachtung mit geliefertem Bettzeug 16 € pro Person, im Schlafsack 13 €, Frühstück extra. Zimmer mit 2, 4, 6 und 12 Betten. Bad auf Etage. Möglichkeit zu Halb- oder Vollpension. Geöffnet Ostern–Oktober. Loc. Forca Canapine, 06046 Nórcia, ✆/℻ 0743/823019, rifugioperugia@libero.it.

Rifugio delle Guide, in Forca Canapine, allein stehendes, rotes Haus ein paar hundert Meter hinter dem Hotel Canapine. Der Chef ist Dottore der Soziologie, und wir würden ihm auch noch den Doktorhut für seine Küche verleihen. Übernachtung für ca. 15 € pro Person. Ganzjährig geöffnet! Loc. Forca Canapine, 06046 Nórcia, ✆ 0743/823012.

Campingmöglichkeit auf dem Piano Grande, bei der Verpflegungsstation. Eingezäuntes Wiesengelände für Zelte und Wohnmobile, daneben Container-WC, Bar, mehr nicht.

Sportliches

Wanderungen und Bergtouren: Wer Lust auf lange Wanderungen hat, findet in der Umgebung von Castelluccio Möglichkeiten zur Genüge. Über die ganze Bergkette verteilt gibt es *Rifugi*, allerdings in unterschiedlich gutem Zustand. Möglichkeiten für Touren von drei bis vier Tagen.

• *Information* **Parco Nazionale dei Monte Sibillini**, Informationspavillon am Dorfplatz von Castelluccio. Kompetent.

Auskünfte auch im **Hotel Canapine** in Forca Canapine und in den oben erwähnten **Rifugi** oder direkt beim **CAI** in Perugia (Kontaktperson: Francesco Porzi, Via della Gabbia 9, 00100 Perugia, ✆ 075/41106).

• *Wanderkarten* Parco Nazionale dei Sibillini, Carta dei Sentieri 1: 25000. Ed. Società Editrice Ricerche.

Kompass Karte (Nr. 666), Monti Sibillini, Maßstab 1:50.000. Beim Kauf der Karte darauf achten, dass ein Zusatzblatt mit dem aktuellen Stand der Neumarkierungen beigefügt ist! Leser fanden überdies Wege eingezeichnet, die nicht existieren.

Mountainbike: Das Mountainbike hat auch den Nationalpark der Sibillinen erobert. Gutes Kartenmaterial (siehe „Wanderungen und Bergtouren") ist unabdingbar.

Mountainbike-Vermietung **Associazione Pian Grande**, beim Verpflegungspunkt auf dem Piano Grande. ✆ 0743/817279.

Reiten: Über den Piano Grande wie über die Puszta preschen! Oder die weite Welt der Hochebene wie ein Marlboro-Held erleben.

Ausritte zu Pferd **Associazione Pian Grande**, beim Verpflegungspunkt auf dem Piano Grande. ✆ 0743/817279.

Drachenfliegen: Castelluccio ist ein beliebtes Ziel für Gleitschirm- und Drachenflieger. Mehrere Startplätze bieten sich an, Höhenunterschiede bis 1000 m!

Information **Prodelta** in Castelluccio. Die Organisation führt auch Kurse in Paragliding und Drachenfliegen sowie Flüge im Zweisitzer durch. Via delle Frate 3, ✆ 0743/821156, prodelta@rdn.it.

Castelluccio

Am nördlichsten Punkt des Piano Grande erhebt sich auf einem Berghügel das romantisch-raue Castelluccio. Es ist eines der höchsten und unzugänglichsten Dörfer im ganzen Apennin, mit schier endlos langen Wintern, die von November bis März dauern. Nicht selten werden die Bewohner von Schneestürmen heimgesucht oder durch heftige Schneefälle von der Außenwelt abgeschnitten.

Im Juni jedoch verwandeln die berühmten violetten Linsenblüten an den Berghängen und die blühenden Wiesen die Hochebene in ein Blumenmeer. Aus diesem Grund findet jedes Jahr in Castelluccio am 3. Sonntag im Juni die Fiorita statt, eines der schönsten traditionellen Feste Umbriens. Die Häuser werden geschmückt und die auf den Hausmauern schriftlich festgehaltenen „Untaten" einzelner Dorfbewohner mit Blumen überdeckt.

Im Juni ist auch Zeit für die Hirten und Schafe, ihre Winterquartiere zu verlassen und auf langen Pfaden über die Berge ihre Lagerplätze auf dem Piano Grande und dem Piano Piccolo zu erreichen.

Übernachten **Hotel Sibilla** siehe oben (Hochebene um Castelluccio).

Umbrien
Karte S. 292/293

Das Tal der Nera

Halb verlassene Ortschaften und steile, bewaldete Abhänge über dem rauschenden Fluss: Das wilde Nera-Tal ist eine landschaftlich bezaubernde Gegend, in die sich ausländische Besucher nur selten verirren.

Doch gibt es leise Anzeichen einer Änderung sind in den Dörfern des Valnerina. Wo jahrelang der Wind durch offene Fensterrahmen blies, sind heute wieder richtige Fenster zu sehen. Stadtmenschen aus Rom und Terni haben das Tal entdeckt.

Preci: Ein paar Kilometer oberhalb des Nera-Tals, über einem Zufluss zur Nera gelegen. Das charakteristische mittelalterliche Bergborgo bietet sich als Stützpunkt für Ausflüge in die Sibillinen an, zumal es ein äußerst angenehmes Hotel hat. Das Erdbeben von 1997 hinterließ auch in Preci Spuren. Bei unserer Recherche 2002 waren die Schäden jedoch weitgehend behoben. Einzig die Ortskirche und ein paar umliegende Häuser zeigten sich noch im Stützkorsett.

Übernachten ** **Hotel Agli Scacchi**, am Rand des Borgos. Empfehlenswerte Bleibe in einem Palazzo aus dem 16. Jh. Swimmingpool mit Terrassenbar darüber. Restaurant. DZ 44–50 €. Quartiere Scacchi 12, 06047 Preci, ✆ 0743/99221, ℻ 0743/937249, agliscacchihotel@libero.it.

Abbazia Sant'Eutizio: ungefähr 3 km südlich von Preci, beim Örtchen Piedivalle. Die Benediktinerabtei, berühmt für ihre Schule für Miniaturmalerei, war im 11. und 12. Jh. ein bedeutendes kulturelles und wirtschaftliches Zentrum, dessen Einfluss sich über das ganze Valnerina erstreckte. Im 15. Jh. gründeten die Mönche von Sant'Eutizio eine Schule für Chirurgie in Preci, die unter anderem Augenkrankheiten wie den Grauen Star behandelte und bis ins 18. Jh. fortbestand.

Die *Klosterkirche* zeigt über dem Eingangsportal eine mächtige Rosette mit den Symbolen der vier Evangelisten: Buch (Matthäus), Adler (Johannes), Löwe (Markus) und Stier (Lukas). Die Komposition ist klassisch für romanische Kirchenfassaden, man trifft sie in Umbrien an zahlreichen Orten, u. a. am Dom von Assisi. Das Kircheninnere überrascht durch eine zum Altar hochführende große Treppe. Ob damit die Distanz zwischen Klerus und Plebs unterstrichen werden sollte oder die rund zwei Meter Höhendifferenz der Architektur der darunter liegenden Krypta geschuldet sind, ist nicht auszumachen – vermutlich trifft beides zu.

Hinter der Abtei führt ein Weg hoch zu einem idyllischen *Friedhof,* dessen paar Totenhäuschen mit dem oberen Teil des auf den Felsen gebauten Glockenturms eine einzigartige architektonische Verbindung eingehen.

Vallo di Nera: Der auf einem Hügel über der Nera thronende Ort ist die „Hauptstadt" des Valnerina. Ein kleiner Palazzo a. D. (15.–17. Jh.) und die Stadtmauer aus dem 13. Jh. erinnern daran, dass Vallo di Nera einst mehr war als nur ein Bergdorf. Doch erlitt der Ort das übliche Schicksal: Abwanderung. Beim Spaziergang durch die Treppengassen des Borgo glaubt man sich in einen Geisterort versetzt. Zaghafte Versuche, den Ort wiederzubeleben, sind immerhin auszumachen. Einige Häuser haben neue Bewohner gefunden, Mitte August lädt Vallo di Nera zum *Festivallo* ein, einem mehrtägigen Dorffest, und vielleicht hat dereinst jemand den Mut, das neu erwachende, soziale Leben mit der Einrichtung einer Dorfbar zu unterstützen.

• *Übernachten/Essen* ** **Albergo/Locanda Cacio Re** (San Giovanni Battista), direkt außerhalb des Borgos, an ein Landhaus angebaut. 2000 eröffnet. Gepflegte Mittelklasse in sehr schöner Lage. Aussichtsterrasse, Kinderspielplatz, Tenniscourt und – Hängematte. Die Küche legt Wert auf regionale Erzeugnisse und wurde 2000 sowohl von Veronelli wie auch vom Gambero Rosso ausgezeichnet. DZ 55–68 €, inkl. Frühstück. Loc. Casali Vallo di Nera, 06040 Vallo di Nera, ✆ 0743/617003, 📠 0743/617214, caciore@tin.it.

Abbazia dei Santi Felice e Mauro: Der Benediktinerbau aus dem 12. Jh. zeigt die klassische Rosette mit den Symbolen der vier Evangelisten über dem Eingang. Darunter ist der heilige Felix gerade mit der Tötung des Drachens beschäftigt, der in dieser Gegend gehaust haben soll. Im einschiffigen Kircheninneren ist wie in Sant'Eutizio bei Preci (s. o.) der Altar auffällig erhöht. An der rechten Wand illustriert ein Fresko noch einmal die heldenhafte Tat des Kirchenpatrons: in ganz lockerer Haltung, scheinbar ohne jede Anstrengung wird hier das Monster erledigt. Im Fresko gleich daneben werden Menschen gewogen – die drastische Darstellung sollte einst fromme Christenmenschen daran erinnern, in ihrem Leben gute Taten statt Sünden zu akkumulieren.

• *Übernachten* Die Jakobsmuschel sowie ein paar Schuhe am Klostereingang unterhalb der Kirche zeigen dem Pilger an, dass er hier ein Bett vorfindet. Doch auch Wanderer, Durchreisende und Feriengäste sind im renovierten Gebäude willkommen. Schöne Zimmer für Singles, für Pärchen, Familien und Gruppen, alle mit Bad. DZ 45 €. Abbazia dei Santi Felice e Mauro, Via della Parocchia, Castel San Felice, 06040 Sant'Anatolia di Narco, ✆ 0743/613427, 📠 0743/613420.

San Pietro in Valle: Im Mittelalter eines der reichsten Klöster der Umgebung – heute, mit Ausnahme der Kirche, eine Nobelherberge mit Charme.

Die Legende schreibt die Klostergründung dem Langobardenfürsten Faroaldo II. zu, der im 8. Jh. Spoleto regierte. Im Traum soll ihm Petrus erschienen sein und – wenn Heilige sich an Erdenmenschen wenden, denken sie in der Regel auch an sich – einen Kirchenbau befohlen haben. Faroaldo II. gehorchte und ging sogar noch weiter: Er dankte als Herrscher von Spoleto ab, um den Rest seines Lebens als Mönch in dem von ihm gestifteten Kloster zu verbringen. Die machtpolitische

Wirklichkeit hinter der beschönigenden Darstellung: Der Sohn Faroaldos II. putschte sich an die Macht und steckte seinen Vater kurzerhand ins Kloster. Den Sarkophag des Klostergründers findet man rechts vor dem Hauptaltar.

Sehenswert sind vor allem die restaurierten Fresken aus dem ausgehenden 12. Jh.: Szenen aus dem Alten Testament an der linken Kirchenwand (besonders beeindruckend die Erschaffung der Eva), Szenen aus dem Neuen Testament an der rechten. Die Fresken an der Rückwand kamen erst im 16. Jh. hinzu: „Madonna von Loreto" und „Madonna mit dem heiligen Sebastian" (letzterer lebensgefährlich von drei Pfeilen getroffen, ein vierter erweist sich als Streifschuss am Oberschenkel).

Bestimmt schließt Ihnen die Dame, die sich der Besucher annimmt, das Portal zum Kreuzgang auf, um Ihnen Petrus und Paulus zu zeigen. Die beiden Reliefs stammen vermutlich aus dem 9. Jh., als das Kloster nach der Zerstörung durch die Sarazenen neu aufgebaut wurde.

Öffnungszeiten 10–12.30 und 14–18 Uhr.

• *Übernachten* **Residenza d'Epoca Abbazia San Pietro in Valle**, 19 sehr komfortabel eingerichtete Zimmer in der Abtei. DZ 110-125 €, für 145 € übernachten Sie in der Suite des Abts. Geöffnet März–Oktober. Via Case Sparse di Macenano 4, 05034 Ferentillo (TR), ✆ 0744/780129, ℻ 0744/435522, abbazia@sanpietroinvalle.com.

Ferentillo: Die zwei mittelalterlichen Burgruinen, die beiderseits der Nera den Ort bewachen, gehörten einst zum Verteidigungsdispositiv des Klosters San Pietro in Valle (s. o). Die Natur half zusätzlich bei der Abwehr allfälliger Eindringlinge.

Eine eher makabre Sensation in Ferentillo ist der **Friedhof der Mumien**. Dank der „besonderen chemischen Zusammensetzung der porösen Erde von Ferentillo" wurden die vor über 200 Jahren in der Krypta der Kirche San Stefano beerdigten Toten perfekt mumifiziert. Bei einigen Mumien sind noch die Haare auszumachen, bei anderen stecken noch die Augäpfel in ihren Höhlen. Und, was der Besucher nicht sehen kann, aber die Universität von Perugia bereits im 19. Jh. nachgewiesen hat: die inneren Organe sind noch vorhanden, wenn auch stark geschrumpft. Eine der ausgestellten Gestalten zeigt sich samt ihrer bäuerlichen Kleidung, eine andere, besonders große Mumie wird als Schweizergardist vorgestellt, und dann gibt's auch noch zwei leibhaftige Chinesen – angeblich auf der Pilgerreise nach Rom in Ferentillo gestorben.

Eine etwas unglaubliche Geschichte, aber die fernöstlichen Gesichtszüge der beiden Mumien sind tatsächlich nicht zu leugnen. Empfehlenswert!

• *Öffnungszeiten* März und Oktober: 9.30–12.30 und 14.30–18.30 Uhr; April–September: 9.00–12.30 und 14.30 19.30 Uhr; November–Februar: 10.00–12.30 und 14.30–17.00 Uhr. Eintritt 2,60 €.

• *Übernachten* *** **Hotel Monterivoso**, schick hergerichtete ehemalige Mühle an der Straße nach Monterivoso, 800 m vom „Friedhof der Mumien". DZ 48–79 €. Via Case Sparse 5, Loc. Monterivoso, 05034 Ferentillo, ✆ 0744/780772, ℻ 0744/780725, info@monterivoso.it.

• *Wohnmobile* finden einen ausgeschilderten Platz in der Nähe des „Friedhofs der Mumien" (was nicht den Schlaf rauben soll).

• *Essen/Trinken* **Ristorante Monterivoso**, im gleichnamigen Hotel (s. o.). Vom schicken Äußeren soll man sich nicht abschrecken lassen: Leser fanden eine überaus freundliche Bedienung vor, die ein preiswertes Essen oder auch nur eine Pizza serviert, ohne zu schauen, ob der Gast Wanderschuhe trägt oder lackierte Mokassins.

Terni

(ca. 110.000 Einwohner)

Terni ist nach Perugia zwar die zweitgrößte Stadt Umbriens, doch berühmte Sehenswürdigkeiten findet man hier nicht. Ganz gleich, von welcher Seite man sich Terni nähert: Industrieanlagen und Wohnsilos bestimmen das Bild schon bei der Einfahrt.

Bereits im 19. Jh. wurde die Stadt planmäßig industrialisiert. Eisen- und Stahlproduktion sollten in Umbrien Arbeitsplätze schaffen. Im 20. Jh. wuchs Terni zu einer der größten Rüstungsschmieden Italiens heran und war deshalb im 2. Weltkrieg eines der vorrangigsten Ziele der alliierten Bombardements. Von August 1943 bis Juni 1944 wurden über 100 Angriffe geflogen – mit dem Resultat, dass nicht nur militärische und zivile Produktionsanlagen zerstört wurden, sondern auch die historische Bausubstanz der Stadt.

Die weitgehende Zerstörung der Produktionsanlagen begünstigte in gewisser Weise den wirtschaftlichen Neuanfang, und so findet man anstelle eines italienischen Manchester aus dem 19. Jh. heute eine moderne Industriestadt vor. Einige Industriebauten, die die alliierten Angriffe überstanden haben, sind vielleicht für den von Interesse, der das Zeitalter der industriellen Revolution unter musealen Aspekten zu würdigen weiß. Die zerbombten Palazzi im Zentrum hingegen wurden größtenteils durch Neubauten ersetzt, denen wohl niemand etwas abgewinnen kann.

• *Information* **A.P.T.-Büro**, Viale Cesare Battisti 7 (vom Bahnhof Richtung Zentrum bis zur Piazza Tacito, dann rechts). Geöffnet Mo–Fr 9–13 Uhr, Di und Do zusätzlich 15–18 Uhr. ✆ 0744/423047, 📠 0744/427259.

• *Verbindungen* Hervorragende **Bahnverbindungen** nach Rom, Florenz, Orvieto (umsteigen in Orte), Spoleto und Foligno. **Busse** nach Todi und Amélia.

• *Übernachten* In Terni ist man eher auf Spesenritter als auf Touristen eingestellt. Eine befriedigende Bleibe ist nur schwer zu finden.

*** **Hotel de Paris**, vom Bahnhof Richtung Innenstadt. Auch das angeschlossene Nobelrestaurant gibt sich französisch: „La Lumière". DZ ca. 48–97 €. Viale della Stazione 52, 05100 Terni, ✆/📠 0744/58047, info@hoteldeparis.it.

* **Albergo Centrale Minerva**, an der Nera. Billigbleibe in lauter Lage. Der Empfang lässt zu wünschen übrig. Einziger Vorteil: die empfehlenswerte Pizzeria „Il Chiodo Fisso" (s. u.) gleich nebenan. DZ 29–34 €, alle Zimmer ohne Bad. Viale L. Campofregoso 50, 05100 Terni, ✆ 0744/402962.

Camping, siehe Terni/Umgebung, „Cascate delle Marmore" und „Lago di Piediluco".

• *Essen/Trinken* **Pizzeria Il Chiodo Fisso**, an der Nera. Populäres Lokal mit hervorragenden Pizze aus dem Holzofen, auch Primi Piatti. Den Straßenlärm muss man allerdings in Kauf nehmen. Viale L. Campofregoso 54. Mo geschlossen.

Sehenswertes

Pinakothek: Die städtische Kunstsammlung hat zwei Abteilungen – klassische Kirchenkunst und moderne Kunst. Die erste ist ziemlich klein, und einzig der Saal der Grandi Maestri lohnt hier den Besuch. Von *Benozzo Gozzoli* stammt ein Bild mit dem etwas umständlichen Titel „Die mystische Hochzeit der heiligen Katharina von Alessandria und der Heiligen Bartholomeus, Franziskus über den Finger streift, darüber halten die Engel Gabriel und Raffael eine Art Bühnenvorhang (man achte auf den feinen Faltenwurf), die Taube zwischen den Engeln symbolisiert den Heiligen Geist, und über der ganzen Szenerie thront Gottvater. Ebenfalls zu den Meisterwerken zählt „Der gekreuzigte Christus" von *Niccolò di Liberatore*, genannt *Alunno*, ein bis auf die Heiligenscheine von Franziskus und Bernhard äußerst naturalistisches Gemälde.

In der modernen Abteilung der Pinakothek dominieren zwei einheimische Künstler, die weit über Terni hinaus bekannt wurden: *Aurelio De Felice* (1915–1996) und *Orneore Metelli* (1872–1938). Vom Bildhauer De Felice, der in den 50er Jahren in den Künstlerkreisen um Picasso, Brancusi, Cocteau und Zadkine verkehrte, sind zahlreiche Skulpturen aus Bronze, Holz und Terrakotta ausgestellt, u. a. das Basisrelief „Kampf von Jugendlichen" und „Die Geburt des Tanzes", eine eindrucksvolle Bronzefigur. Dem farbenfrohen Metelli, der als Vater der italienischen Naiven Malerei gilt, ist ebenfalls eine eigene Abteilung gewidmet. Seine Themen fand er oft vor der Haustür, z. B. „Militärparade in Terni", „Die Stahlwerke von Terni" – oder in seiner eigenen Person: Das Selbstporträt zeigt einen distinguierten Herrn in einer Phantasieuniform, die einem Liftboy gut anstünde.

Öffnungszeiten Di–So 10–13 und 16–19 Uhr. Eintritt 4 €.

Kathedrale Santa Maria Assunta: Mit seinem auffällig breiten Portikus macht der Bau aus dem 17. Jh. von außen mehr her als von innen. Links des Hauptportals wurde ein Teil der Grundmauern einer Vorgängerkirche aus dem 12. Jh. freigelegt, ein Glasboden gibt den Blick darauf frei. Die Innere der Kirche bietet nichts Aufregendes. In der Krypta (12. Jh.) hat der heilige Anastasius, der Stadtpatron von Terni, seine letzte Ruhe gefunden.

Terni/Umgebung

Cascate delle Marmore: Die Kaskaden, in einer grünen, kühlen Oase gelegen, bieten ein einmaliges Schauspiel: In drei Stufen stürzt das Wasser 165 m tief ins Tal hinab. Im Jahre 271 v. Chr. wurde das eigenwillige Projekt von Menschenhand geschaffen, der Cavo-Curiano-Kanal leitete das Wasser des Velino hierher, um Überschwemmungen zu verhindern.

Vom obersten Aussichtspunkt bietet sich ein schöner Blick auf die *Cascate* und den kleinen See darunter, alles eingebettet in grün wuchernde Vegetation. Unterhalb des Hauptbeckens liegen noch mehrere kleine Wannen, von denen das glasklare, kalte Wasser in die tiefer gelegenen Bassins strömt. Ein kurzer Wanderweg führt den steilen Abhang entlang zum Fuß des Wasserfalls. Überall tropft es von den Felsen, schmale Bäche rauschen ins Tal. Werden die Schleusen geöffnet, verwandeln sich die Rinnsale in tosende, wirbelnde, gischtaufspritzende Wassermassen. Auf halbem Weg ein Tunnel im Fels: Nebelschwaden und angenehm kühle Luft wehen heraus. Der Tunnel endet an einem Balkon direkt unterhalb des Wasserfalls. Wenn die Wassermassen sich voller Kraft ins Tal ergießen, steht man hier inmitten der aufspritzenden Gischt – und wird klitschnass – ein erfrischendes Erlebnis!

• *Schleusen-Öffnungszeiten* Die Öffnung der Schleusen wird jeweils 15 Min., 10 Min. und 5 Min. vorher von einer nicht zu überhörenden Sirene angekündigt. Spätestens dann sollten Sie sich vom Wasserspiegel entfernen!!! Die Öffnungszeiten über das Jahr hinweg folgen einem sehr ausgeklügelten Stundenplan:

Mitte März–April: Mo–Fr 12–13 und 16–17 Uhr, Sa/So 10–13 und 16–21 Uhr.

Mai: Mo–Fr 12–13 und 16–17 Uhr, Sa 10–13 und 16–22 Uhr, So 10–13 und 15–22 Uhr.

Juni: Mo–Fr 16–17 und 21–22 Uhr, Sa 11–13 und 15–22 Uhr, So 10–13 und 15–22 Uhr.

Juli/August: Mo–Fr 12–13, 17–18 und 21–22 Uhr, Sa 11–13 und 15–22 Uhr, So 10–13 und 15–22 Uhr.

September: Mo–Fr 12–13, 16–17 und 21–22 Uhr, Sa 11–13 und 16–21 Uhr, So 10–13 und 15–21 Uhr.

Oktober: Sa 11–13 und 16–20 Uhr, So 10–13 und 15–20 Uhr.

November–Mitte März: So 15–16 Uhr.

Eintritt 3 €.

• *Anfahrt/Verbindungen* Es gibt zwei Zugänge zu den Wasserfällen, einen oberen und einen unteren.
Oberer Zugang: Von Terni führt die Straße in Richtung Rieti erst in ein Tal hinein und dann in Serpentinen den Berg hinauf. Im Tal ein Wasserkraftwerk und der Gestank von Industrie. Mittendrin – sehr malerisch – das Dorf *Papigno* auf einer Hügelkuppe gelegen. Nach wenigen Kilometern erreicht man den kleinen Ort *Marmore*, in dessen unmittelbarer Nähe das Schauspiel gegeben wird. **Busse** von Terni.
Unterer Zugang: Von Terni aus auf der Straße Nr. 209 ins Valnerina. Nach wenigen Kilometern sieht man rechts die Wasserfälle. Großer Eintrittspavillon direkt an der Straße.

• *Camping* ** **Camping Cascata delle Marmore**, in Marmore, am Ortsausgang Richtung Rieti. Sehr ruhig mitten im Wald. Dahinter ein Grillplatz, der besonders am Wochenende beliebtes Ausflugsziel der Städter aus Terni ist. Ca. 75 Stellplätze. Geöffnet April–Mitte Oktober. Loc. I Campacci, Fraz. Marmore, 05100 Terni, ✆ 0744/389792.

Carsulae: Die Ausgrabungen der römischen Stadt an der Via Flaminia haben zwar kein Pompeji zu Tage gefördert, die Gesamtanlage ist aber durchaus beeindruckend. Eine kleine Hinweistafel hilft dem Besucher bei der Orientierung in den Mauerresten: Basilika, Thermen, öffentliche Gebäude, Zisterne, Amphitheater, Theater. Hinter dem romanischen Kirchlein am Straßenrand kann man einen Spaziergang auf der originalen Via Flaminia machen.

• *Anfahrt* Von Terni auf der Schnellstraße Richtung Todi–Perugia. In San Gémini Fonte, beim großen Kurpark mit der Heilquelle rechts abzweigen. Am Park entlang hoch und oben dann links. Spaziergänger folgen der Beschilderung (Abzweigung von der Hauptstraße knapp nach dem Park) und erreichen 10 Min. später die Ausgrabungsstätte.

• *Öffnungszeiten* März und Oktober: 9–17 Uhr; April–September: 9–19 Uhr. Eintritt frei.

Narni (ca. 21.000 Einwohner)

Auf einem Bergrücken über der Nera drängen sich die Kirchen, Palazzi und Häuser der mittelalterlichen Stadt. Zahlreiche Verstrebungen und teils bewohnte Brückenbögen zwischen den Häusern halten die steinerne Architektur zusammen. Am Fluss unten stehen als Zeugnis römischer Brückenarchitektur die imposanten Überreste des Ponte d'Augusto aus dem Jahr 27 v. Chr.

Die einst 128 m lange Brücke aus hellem Travertin hielt den Fluten der Nera über tausend Jahre stand. Eine Hochwasserkatastrophe im Jahr 1053 besiegelte dann ihr Schicksal. Seither zogen die trutzigen Pfeiler und der noch erhaltene Brückenbogen Kupferstecher, Maler und Fotografen in ihren Bann.Heute überspannt auf hohen Pfeilern eine neue Betonbrücke die Nera, über die der Verkehr nach *Narni Scalo* rollt – eine unansehnliche Industriesiedlung mit der *Elettrocarbonium s.p.a.* als größtem Arbeitgeber.

• *Information* **Pro Narni** im Palazzo Comunale, Piazza dei Priori 3, ✆/℻ 0744/715362.

• *Verbindungen* **Bahn**: Gute Verbindung nach Terni, gelegentlich halten auch die Züge der Strecke Rom–Ancona. Der Bahnhof liegt in Narni Scalo; ab hier **Busse** zum Centro storico (Piazza Garibaldi).

• *Parken* Die Narnesen zeigen sich einsichtig mit den laufmüden Touristen: Gefährt unterhalb der Stadt auf dem gebührenpflichtigen großen Parkplatz abstellen, von da mit dem Lift schräg hoch zur Piazza Garibaldi. Ein weiterer Lift – diesmal senkrecht – führt zu einem zweiten Ausgang oberhalb des Doms.

• *Märkte* **Trödelmarkt** (Mercato del rigattiere), auf der Piazza dei Priori, jeweils am 3. Wochenende des Monats, 9–20 Uhr. **Wochenmarkt**: Samstag auf dem großen Parkplatz unterhalb der Stadt.

• *Feste* **Corsa all'Anello**, 2. Sonntag im Mai. Ein Wettkampf, bei dem jeder der drei Stadtteile einen Reiter stellt. Drei aufgehängte, kleine Ringe müssen von den ga-

Das Kastell von Narni

loppierenden Reitern mit einem Speer „geangelt" werden. Tempo ist ebenso gefragt wie Geschicklichkeit. Im Stadtteil des Siegers wird anschließend bis tief in die Nacht gefeiert. Dem Festtag geht eine Woche internationaler Folkloreveranstaltungen voran. 1994 war der Fanfarenzug Hockenheim e. V., Germania, mit von der Partie.

• _Übernachten_ *** **Hotel dei Priori**, oberhalb des Palazzo Comunale, Eingang Ristorante La Loggia. Ein überaus freundlicher Wirt sorgt für angenehmen Aufenthalt. Narnis beste Adresse, unauffällig in der Altstadt gelegen. DZ 55–75 €. Vicolo del Comune 4, 05035 Narni, ✆ 0744/726843, 📠 0744/726844.

** **Hotel Ponte d'Augusto**, in Narni Scalo, an der Straße nach Terni. Hat mit der Totalrenovierung zur Jahrtausendwende eindeutig an Qualität gewonnen: angenehme, klimatisierte Komfortzimmer, im Erdgeschoss eine lebendige Bar und ein Restaurant, das preiswerte Hausmannskost serviert. Autofahrer wissen den großen Parkplatz direkt über der Straße zu schätzen. DZ mit Bad 47–57 €, Frühstück incl. Via Tuderte 303, Loc. Narni Scalo, 05035 Narni, ✆ 0744/750635, 📠 0744/750974.

• _Essen/Trinken_ **Ristorante La Loggia**, im Hotel dei Priori (s. o.), mit schmuckem, kleinem Hinterhof. Ob Fasan, Wildschwein oder Lamm: preiswert und gut. Mo geschlossen.

Sehenswertes

Dom San Giovenale: Narni hat keinen Platz für große frei stehende Kirchenbauten, und so fällt der Dom mit seinem gedrungenen Turm dem Besucher, der meist von der Piazza Garibaldi kommt, kaum auf. Die Kirche ist vier-schiffig, wobei das vierte Schiff – durch Arkaden abgetrennt – erst später hinzugefügt wurde. Im Inneren wirkt sie sehr heterogen. Die nur teilweise erhaltenen Fresken überzeugen nicht.

Rechts findet man die von den Narnesen verehrte _Capella San Cassio_. Die Steinplatte über dem Eingang mit den Flachreliefs zweier Lämmer (die fast wie Pferde aussehen) stammt aus dem 6. Jh., links in einer Nische thront der heilige Juvenal, der im 4. Jh. Narni christianisierte – die 1991 restaurierte Holzstatue des Stadt- und Kirchenpatrons datiert aus dem 15. Jh. Über zwei Stufen gelangt man hinunter zu einer kleinen Grotte mit dem heute leeren Sarkophag Juvenals. Hier wurden im

Jahr 880 seine Gebeine versteckt. Sie wurden vom Markgrafen der Toscana zurückgegeben, der sie zwei Jahre zuvor geraubt hatte. Nach dem frevelhaften Diebstahl – auch die Überreste des heiligen Cassius, Juvenals Nachfolger als Bischof in Narni, und die seiner Gemahlin packte der adlige Räuber damals mit ein – wollte man erst einmal auf Nummer sicher gehen. Die versteckte Grotte wurde erst 1642 entdeckt; seither ruhen die Gebeine Juvenals in der Krypta, direkt unter dem Hauptaltar.

Piazza dei Priori: Oberhalb des Doms mündet die Via Garibaldi in eine langgestreckte Piazza, an deren Ende ein unauffälliger, kleiner bronzener Brunnen aus dem Jahr 1303 steht.

Die Ostseite des Platzes dominiert der *Palazzo dei Priori* mit großer Loggia und einer hübschen, kleinen Steinkanzel. Hier verkündete der städtische Ausrufer im Mittelalter der Bevölkerung die neuesten Nachrichten und Verfügungen (bei unserem letzten Besuch – 2002 – war die Kanzel wegen Restaurierungsarbeiten verhüllt). An den Palazzo, in dessen Erdgeschoss täglich Markt abgehalten wird, schließt sich der *Torre Civica* aus dem 13. Jh. an.

Gegenüber steht der *Palazzo Comunale* mit beachtenswerten Basisreliefs über dem Nebeneingang, u. a. die Darstellung eines Ritterturniers. Im Ratssaal (1. Etage) ist über dem Präsidentensitz *Ghirlandaios* „Krönung Mariens" zu sehen.

Öffnungszeiten des Ratssaals Fr und So 10–13 und 15–19 Uhr. Eintritt frei.

Abtei San Cassiano: Im Vergleich zur ummauerten Benediktinerabtei auf dem Hügel gegenüber Narni wirkt wie ein mittelalterliches Wehrdorf. Sie wird ins 12. Jh. datiert, vermutlich sind einige Gebäude aber noch älter. Andere wiederum sind jünger: an Stelle der heute dreischiffigen Kirche stand noch bis ins 14. Jh. eine einschiffige in Form eines lateinischen Kreuzes.

Die Abtei untersteht bis heute den Benediktinern und kann nur mit Führung besichtigt werden, täglich 10–12 und 16–18 Uhr, im Sommer wird sonntags von 16 bis 17 Uhr die Messe gehalten.

• *Anfahrt* Von Narni Scalo ein Stück in Richtung Narni, dann vor der Brücke rechts in Richtung Amélia. 100 m nach dieser Abzweigung weist links ein Schild zur Abtei hoch. Straße erst asphaltiert, dann Schotter. Am besten das Gefährt am Anfang des Schotterwegs abstellen und das letzte Stück in ca. 15 Min. zu Fuß zurücklegen. Das Schottersträßchen ist eng und der Platz zum Wenden bei der Abtei allenfalls für einen Cinquecento problemlos. Eindeutig schöner ist der oben beschriebene Spaziergang von Narni Scalo aus!

Amélia (ca. 11.500 Einwohner)

Das Städtchen ist umbrischen Ursprungs, doch mehr Spuren hinterließen die Etrusker und Römer. Amélia ist von einer mächtigen, „nachgedoppelten" Stadtmauer eingefasst: Auf den etruskischen Wall aus riesigen, mörtellos aneinander gefügten Steinblöcken (7. Jh. v. Chr.) bauten die Römer ihre Mauer, die im Mittelalter noch einmal verstärkt wurde.

Besonders fotogene Abschnitte dieser gedoppelten Stadtbefestigung findet man links und rechts der *Porta Romana*, des Hauptzugangs zum Centro storico. Das im oberen Ziegelwerk der Porta Romana eingelassene Madonnenbild ist übrigens der Dank der Stadt an die Barmherzigkeit der Muttergottes, die dafür sorgte, dass Amélia beim Erdbeben von 1703 verschont blieb – so jedenfalls erklärte man sich hier das unbegreifliche Glück, mit dem Schrecken davongekommen zu sein.

Rechts hinter der Porta Romana steht die *Kirche San Francesco,* deren graue, fast abweisende Fassade aus dem 13. Jh. eine hübsche Rosette zeigt. In einer größeren Seitenkapelle liegen mehrere Mitglieder der Familie Geraldini begraben. Die lokale Nobilität stellte mit *Alessandro Geraldini* um 1600 den ersten Bischof, der jenseits des Atlantiks in der frisch bekehrten Neuen Welt residierte – in Santo Domingo. Vom Kreuzgang neben Kirche gelangt man ins *Archäologische Museum* (siehe Sehenswertes).

Auf dem höchsten Punkt der Stadt steht der *Dom*, im 17. Jh. nach einem Brand neu aufgebaut und bis ins 19. Jh. mehrmals architektonisch verändert. Interessanter ist der *Torre civica* daneben. Der zwölfeckige Bürgerturm mit Sonnenuhr, der wie ein Campanile des Doms wirkt, stammt aus dem Jahr 1050, als Amélia eine freie Kommune war. Vom einstigen Dekor des Turmes ist wenig übrig geblieben, am beeindruckendsten ist ein Flachrelief mit drei menschlichen Gestalten.

• Information **A.P.T.-Büro**, Via Orvieto 1 (schräg gegenüber der Porta Romana), in der 1. Etage. Geöffnet 9–13 Uhr; So geschlossen.

• Übernachten *** **Albergo Anita**, rechts der Porta Romana, an der Straße nach Narni. Nicht mehr ganz modernes Haus im Stil der 60er Jahre und mit dementsprechendem Charme. DZ 50–60 €. Via Roma 31, 05022 Amélia, ✆ 0744/982146, ℻ 0744/983079.

Umbrien Karte S. 292/293

Sehenswertes

Archäologisches Museum: neben der Kirche San Francesco. Angeblich wurde Amélia um 1134 v. Chr. gegründet und ist somit vermutlich die älteste städtische Siedlung Umbriens. In und um die Stadt wurde viel gegraben, und zahlreiche Funde wanderten ins Umbrische Archäologische Nationalmuseum von Perugia, ins Nationale Etruskische Museum von Rom und ins Ausland. Doch blieb dem kleinen Amélia genug, und nicht nur Zweitklassiges. Der unumstrittene Star des Museums heißt *Nero Claudius Drusus Germanicus* und präsentiert sich leicht überlebensgroß in Generalsmontur, im Harnisch das Relief einer Kampfszene. Die Bronzestatue wurde 1963 gefunden, nicht so, wie sie heute zu sehen ist, sondern in unzähligen Bruchstücken. Diese wurden erst einen Monat lang im Rathaus ausgestellt, dann beschloss man höheren Orts, die Fragmente wissenschaftlich zu untersuchen und die Statue wieder zu rekonstruieren. Amélia hatte seinen sensationellen Fund schon so ins Herz geschlossen, dass der Abtransport nach Rom von den Carabinieri abgesichert werden musste. Doch die Stadt bekam ihren „Germanico“ wieder zurück – und obendrein fachgerecht zusammengesetzt. Germanicus (15 v. Chr.–19 n. Chr.) war übrigens ein beim Volk überaus beliebter Mann, im Gegensatz zu seinem Sohn Caligula, der als unberechenbarer Despot in die römische Kaisergeschichte einging.

Öffnungszeiten Januar–März und Oktober–Dezember: Fr–So 10.30–13.00 und 15.30–18.00 Uhr; April–Juni und September: Di–So 10.30–13.00 und 16.00–19.00 Uhr; Juli/August: Di–So 10.30–13.00 und 16.30–19.30 Uhr. Eintritt 4 €.

Todi

(ca. 17.000 Einwohner)

Die Piazza del Popolo von Todi wird mit Recht zu den schönsten mittelalterlichen Plätzen Italiens gezählt – die Kulisse ist filmreif. Regisseur Joseph L. Mankiewicz hatte dies erkannt, als er 1963 Elizabeth Taylor als Kleopatra die breite Freitreppe des Platzes hinabschreiten ließ.

Die Geschichte hat in der uralten umbrischen Stadt, die von ihrem pyramidenförmigen Hügel ins Tibertal hinabschaut, Spuren aus vielen Epochen hinterlassen.

Wer durch die *Porta Romana* (mittelalterlich) die Via Matteotti hinaufgeht, stößt auf die *Porta Catena* (römisch), dann auf die *Porta Marzia* (etruskisch) und hat somit – wenn auch gegen die Chronologie – einen kompakten geschichtlichen Parcours hinter sich gebracht. Oben, an der berühmten Piazza del Popolo, legt man am besten eine Verschnauf- oder Kaffeepause ein, bevor man die weiteren Sehenswürdigkeiten aufsucht.

• *Information* **Ufficio Turistico**, Piazza Umberto I 6 (beim Kloster S. Fortunato). Kompetentes Personal und viel Material über Todi und Umgebung. Geöffnet: Mo–Sa 9.30–13.00 und 15.30–19 Uhr, So 9.30–13.00 Uhr. ✆ 075/8943395, ℻ 075/8942406, info@iat.todo.pg.it.

• *Verbindungen* Die **Bahn** (Linie Perugia–Terni) fährt nicht auf den Hügel, hält aber an dessen Fuß. Von den beiden Stationen wählt man besser *Ponte Rio*, da von hier aus oft Busse in die Innenstadt (Piazza Jacopone) fahren.

Etwas näher ins Zentrum fahren **Busse** von Perugia und Orvieto aus. Haltestelle ist der Parkplatz beim Tempio di S. Maria della Consolazione.

• *Parken* Gebührenfreies Parken vor der Porta Romana, mehr Platz findet man beim Tempio di S. Maria della Consolazione, und ganz problemlos ist das Parken bei der Porta Orvietana: Man besorgt sich einen Green Chip und fährt mit der Drahtseilbahn hoch.

• *Feste/Veranstaltungen* **Todi Festival**, jährlich Ende August/Anfang September. Relativ junges, aber ziemlich ambitioniertes Festival (Theater, Film, Ballett, klassische Musik, Jazz, Literatur, Ausstellungen).

• *Übernachten* Für den dünnen Geldbeutel sieht's zappenduster aus: Drei 4-Sterne-Hotels und zwei 3-Sterne-Hotels sind alles, was Todi dem müden Gast zu bieten hat.

**** **Hotel Fonte Cesia**, einziges Hotel innerhalb der Stadtmauern. DZ 130–195 € inkl. Frühstück. Via Lorenzo Leoni 3, 06059 Todi, ✆ 075/8943737, ℻ 075/8944677, fontecesia@fontecesia.it.

*** **Hotel Villa Luisa**, vor der Porta Romana. Größerer Bau mit Parkanlage, oft von Gruppen ausgebucht. „Hotel sauber und gut, Essen ausgezeichnet", urteilt kurz und bündig eine Leserin. DZ 70–104 €. Viale Angelo Cortesi 147, 06059 Todi, ✆ 075/8948571, ℻ 075/8948472, villaluisa@villaluisa.it.

*** **Hotel Tuder**, vor der Porta Romana, in der Nähe des vorgenannten. Obere Mittelklasse. DZ 75–95 €. Via Maestà dei Lombardi 13, 06059 Todi, ✆ 075/8942184, ℻ 075/8943952, hoteltuder@libero.it.

• *Essen/Trinken* **Ristorante Umbria**, beliebt und populär. Regionale Küche. Großartige, teilweise vegetativ überdachte Speiseterrasse mit Ausblick auf die Ebene. Preise leicht über dem Durchschnitt. Di geschlossen. Via S. Bonaventura.

Ristorante/Pizzeria Cavour. Bei Einheimischen und Touristen gleichermaßen beliebtes Restaurant. Sowohl Pizze als auch à la carte zu vernünftigen Preisen. Nicht nur das Bier wird hier vom Fass gezapft, sondern – eine Seltenheit – auch der leicht perlende, frische Prosecco! Mittags preiswertes Menu turistico. Corso Cavour 23.

Trattoria Italia, ganz in der Nähe der berühmten Piazza und vom Tourismus kaum berührt (vielleicht liegt's an der fehlenden Außenbestuhlung). Ein älteres Paar serviert einfache Hausmannskost und dies zu erstaunlich niedrigen Preisen. Wenn „Agnello" auf der Karte steht, fragen Sie nicht, welcher Teil vom Lamm wie zubereitet wird, sonst bekommen Sie einen ganzen Vortrag zu hören. Via del Monte 27.

Sehenswertes

Piazza del Popolo: Am schönsten ist das Erlebnis, wenn man den längeren Aufstieg von der *Porta Romana* her wählt. Einfach immer der Hauptgasse entlang. Erst heißt sie *Via Matteotti*, dann *Via Romana*, dann *Corso Cavour*. Oben tut sich unvermittelt die spektakuläre Piazza auf: am Kopfende die **Kathedrale** mit einer breiten Treppe, ihr gegenüber der **Palazzo dei Priori** (größtenteils 13./14. Jh.), heute Verwaltungsgebäude, und ums Eck der **Palazzo del Popolo** mit der eingangs erwähnten filmreifen Freitreppe zur Piazza. Er stammt ebenso wie der angebaute **Palazzo del Capitano** aus dem 13. Jh. Vor allem das Gesamtbild dieser drei Paläste ist es, das der wunderschönen Piazza den Stempel aufdrückt: Keiner der drei stellt den anderen in den Schatten (und man bekommt sie sogar zusammen vors Objektiv).

Und von der *Piazza Garibaldi,* die sich an den Palazzo del Popolo anschließt, hat man eine überraschend schöne Aussicht auf das Umland im Nordosten.
Unter der Piazza, und noch größer als diese, lag einst das römische Forum (derzeit noch nicht zugänglich).

Pinakothek: im Palazzo del Popolo. Die Gemäldesammlung ist eher enttäuschend: Ausgestellt sind vor allem Fresken des 15. Jh. sowie groß-formatige Gemälde lokaler Provenienz aus dem 16./17. Jh.

Öffnungszeiten März und September: 10.30–13 und 14–17 Uhr; April–August: 10.30–13.00 und 14.30–18.30 Uhr; Oktober–Februar: 10.30–13.00 und 14.00–16.30 Uhr. Mo geschlossen (ausgenommen im April). Eintritt 3,10 €.

Kathedrale: Ihr Gründungsdatum ist ungewiss. Vermutlich stammt sie aus dem 11. Jh., einige Quellen deuten aber auch auf einen früheren Bau aus dem 9. Jh. hin. Im Jahr 1190 wurden große Teile durch einen Brand zerstört, der Wiederaufbau erfolgte im lombardischen Stil. Erneute Änderungen, vor allem an der Fassade, fallen ins 16. Jh..
Zu den Schmuckstücken im Innern gehört zweifellos das fein gearbeitete *Chorgestühl* (1530) mit seinen Intarsien – teils Trompe-l'œil-Technik – ein schier unbegrenzter Bilderreichtum. Leider ist das Gestühl nicht aus der Nähe zu betrachten; wer keinen Operngucker mit sich führt, muss sich an die Postkarten halten. Bevor der Besucher die Kathedrale verlässt, wird er noch aufgerufen, seinen Lebenswandel zu überdenken: Im *Jüngsten Gericht,* einem Fresko aus dem 16. Jh. an der Rückwand der Kirche, entschwinden die Geretteten nach oben – unten ächzen die Verdammten.In der *Krypta* (Eintritt 0,80 €), einer kompletten Unterkirche, ist eine etwas chaotisch präsentierte Sammlung archäologischer Funde untergebracht.

Kloster San Fortunato: Eine großzügig breit angelegte Treppe führt zum Kloster hinauf, das sich an Todis höchster Stelle erhebt. An der Fassade besticht einzig das reich verzierte gotische Portal, der obere Teil kam wesentlich später dazu und wirkt noch heute provisorisch. Im Innern überrascht die Helligkeit. Das Spiel mit dem Lichteinfall – die gotischen Architekten entwickelten darin eine Meisterschaft – wird hier exemplarisch vorgeführt.
In der Krypta ruht der um 1230 in Todi geborene Jacobus de Benedictis, *Jacopone da Todi* genannt. Jacopone war ein begüterter und sinnenfroher Rechtsanwalt, bevor er seinen Besitz an die Armen verteilte und Franziskaner wurde. Als solcher soll er dann das Leben eines Büßers geführt und körper-liche Selbstkasteiung in extremis betrieben haben. Berühmt geworden ist Jacopone da Todi vor allem als Verfasser von Satiren und geistlicher Poesie. Er gilt als einer der frühesten Vertreter der italienischsprachigen Literatur, die sich zu dieser Zeit neben der üblichen lateinischsprachigen zu entwickeln begann.

Tempio di Santa Maria della Consolazione: ein großes Bauwerk um ein kleines Madonnenfresko. Die Legende will, dass im Jahr 1508 ein auf einem Auge erblindeter Bauarbeiter im Schutt einer verfallenen Kirche das kleine Fresko entdeckte. Er zückte sein Taschentuch und säuberte es von Staub und Spinnweben. Dass er mit demselben Taschentuch danach den Schweiß von seiner Stirn wischte, war sein Glück. Fortan sah er die Welt wieder mit zwei Augen. Das Wunder sprach sich schnell herum, Pilger strömten herbei, um das Fresko zu sehen, und ein Jahr später hatten sich genug Spenden angehäuft, um mit dem Bau einer Kirche zu beginnen.
Die byzantinisch inspirierte Kirche ist zweifellos eines der faszinierendsten Bauwerke der italienischen Renaissance. Der außerhalb der Stadtmauer im Freien stehende

Umbrien Karte S. 292/293

„Tempel" zeigt vier kurze Apsiden, drei polygonal, die vierte halbrund, und über dem Mittelbau eine wuchtige Kuppel. Hundert Jahre lang (1509–1607) wurde an der gedrungenen Kirche gearbeitet. Ob der berühmte Renaissance-Architekt *Bramante* am Bau beteiligt war oder zumindest die Pläne vorgab, ist in Fachkreisen umstritten.
In drei der Apsiden wurden jeweils vier Apostelstatuen gestellt. Sie stammen aus dem Ende des 17. Jh. und wirken etwas zu mächtig. In den Altar aus polychromem Marmor ist das wundertätige Fresko eingelassen. Wie in den meisten klassischen Renaissancebauten findet der Betrachter auch hier den idealen Stand-Punkt, der ihn – dem Weltbild der Renaissance entsprechend – in den Mittelpunkt des Geschehens versetzt: Wer sich exakt in der Mitte der Kirche befindet, sieht über sich in der Kuppel eine Taube und vor sich das Madonnenfresko im Altar – in einer Linie mit den Gekreuzigten.

Orvieto

(ca. 22.000 Einwohner)

Auf der Autostrada del Sole sieht man schon von weitem die plastisch aus der Landschaft ragende Stadt auf dem hohen Tuffsteinblock. Im Frühsommer und im Herbst, wenn das Paglia-Tal noch von dickem Nebel bedeckt ist, scheint oben in Orvieto oft die Sonne. Mit ihren Türmen, Kirchen und dem Dom präsentiert sich die Stadt dann wie ein mächtiges Schiff, das lautlos auf schäumenden Wogen dahingleitet – ein zauberhafter Anblick!

Die mittelalterliche Altstadt mit ihren gewundenen, schmalen Gassen ist gut erhalten. Hinter Mauern und geschlossenen Portalen verbergen sich oft schöne Gärten und Innenhöfe. Die Auslagen der kleinen Lebensmittelläden präsentieren die Spezialitäten aus der Umgebung: geräucherte Schinken, kleine Salamis, Käse *(caciotta* und *scamorza)*, Olivenöl, getrocknete Waldpilze ... Von den Weinbergen rechts und links des Paglia-Flusses stammt (unbedingt probieren!) der vorzügliche *Orvieto classico*, ein strohgelber Weißwein, der in den Tuffkellern unter der Stadt reift.
Diese seit der Etruskerzeit gegrabenen Vorratsgrotten bereiten den Orvietanern immer wieder Sorgen: In Schlechtwetterperioden verwandeln sich die Stollen in unterirdische Wasserläufe, die bereits gefährliche Erdrutsche am Sockel des Tuffklotzes und oben an den Plateaurändern ausgelöst haben.

Information/Verbindungen/Diverses

• *Information* **A.P.T.-Büro**, Piazza del Duomo 24. Professionell geführt. Geöffnet Mo–Fr 8.30–15.30 und 16–19 Uhr, Sa 10–19 Uhr, So 10–18 Uhr. ✆ 0763/341772, 📠 0763/344433, info@iat.orvieto.tr.it.

• *Verbindungen* **Bahn**: direkte Anschlüsse nach Rom, Bologna, Mailand, Florenz, indirekte nach Perugia und Assisi (umsteigen in Terόntola), nach Terni und Spoleto (umsteigen in Orte), nach Siena (umsteigen in Chiusi).
Der Bahnhof liegt unten im Tal, in der Neustadt Orvieto Scalo. Er ist durch eine moderne, recht rasante **Drahtseilbahn** mit der Altstadt auf dem Tuffblock verbunden. Abbzw. Auffahrt alle 15 Minuten, Fahrtdauer 116 Sekunden, Preis 0,80 € (0,90 € mit anschließendem Busticket bis zum Dom). Letzte Talfahrt: 20.30 Uhr!
Busse: Nach Bolsena 2x tägl., um 13.10 und 18 Uhr, seltsamerweise fährt jedoch nach 16 Uhr von Bolsena kein Bus mehr zurück. Nach Todi 1x tägl. um 13.30 Uhr; Rückfahrt von Todi aus erst am nächsten Morgen um 6 Uhr . Wer sich das nicht antun möchte, verlässt sich aufs Trampen.

• *Parken* Es gibt einige kleinere gebührenpflichtige Parkplätze in Orvieto. Doch ist es sinnvoller – vor allem in der Saison – den Großparkplatz (gratis) am Bahnhof zu benutzen und mit der Drahtseilbahn hochzufahren.

• *Markt* Do und Sa vormittags auf der Piazza del Popolo.

• *Festivals* **Umbria Jazz Winter**, seit 1993 jährlich vor Silvester bis in die erste Januarwoche hinein. Jazzkonzerte von morgens bis abends an verschiedenen Orten der Stadt, u. a. auch im Teatro Mancinelli, einem klassischen Theaterbau aus dem 19. Jh. Das Festival ist das winterliche Pendant zu „Umbria Jazz" in Perugia (siehe dort) und von denselben Organisatoren veranstaltet.

Der Dom von Orvieto

Übernachten (Karte S. 360/361)

Wer ein *Privatzimmer, Bed & Breakfast*, ein *Appartement* oder eine *Übernachtung in religiöser Obhut* sucht, orientiert sich am besten im Informationsbüro (s. o.), die dortigen Anschläge listen zahlreiche Möglichkeiten in Orvieto und Umgebung auf.

*** **Hotel Duomo (7)**, zentrale Lage und doch ruhig. Hat nach einer Totalrenovierung 2001 zu Recht einen Stern dazugewonnen. Alle Zimmer geschmackvoll eingerichtet. Professioneller und freundlicher Empfang im großen Foyer. Unsere Empfehlung für die 3-Sterne-Klasse. DZ mit Dusche 80–100 €. Vicolo di Maurizio 7, 05018 Orvieto, ✆ 0763/341887, ℻ 0763/394973, hotelduomo@tiscalinet.it.

*** **Hotel Virgilio (10)**, kleines Luxushotel mit kleinen Zimmern. Deutschsprachige Rezeption. DZ 52–85 €. Piazza del Duomo 5, 05018 Orvieto, ✆ 0763/341882, ℻ 0763/343797, info@hotelvirgilio.com.

** **Hotel Posta (6)**, der kleine Stadtpalast aus dem 14. Jh. mit seiner hübschen Lobby war einst Orvietos Postkutschenstation. In viele Zimmer wurde nachträglich ein Bad eingebaut. Für Autofahrer wegen der Einbahnstraßen schwierig zu finden. DZ mit Dusche 51–56 €, ohne 40–44 €. Via Luca Signorelli 18, 05018 Orvieto, ✆/℻ 0763/341909.

** **Hotel Picchio (1)**, in Orvieto Scalo. Sehr preiswertes, familiär geführtes Hotel, abseits vom Straßenlärm und 5 Fußminuten von der Drahtseilbahn entfernt. Eigene Garage. Unser Tipp. DZ mit Dusche 25–48 €. Via G. Salvatori 17, 05018 Orvieto, ✆/℻ 0763/301144, dan_test@libero.it.

* **Hotel Virgilio Dipendenza (9)**, die Dependance des Virgilio ist praktisch beim Mutterhaus ums Eck, Eingang von der Treppe. Das einzige 1-Sterne-Etablissement im Centro storico schien uns doch recht teuer. DZ mit Dusche 39–57 €. Rezeption beim 3-Sterne-Hotel Virgilio. Via delle Scalette 2, 05018 Orvieto, ✆ 0763/341882, ℻ 0763/343797.

Essen/Trinken (Karte S. 360/361)

Ristorante/Enoteca I Sette Consoli (4), das Label „Jeunes Restaurateurs d'Europe" verspricht in der Regel innovative Küche zu hohen Preisen. Die sieben Konsuln empfehlen Fasanenbrust an Zwiebelsauce mit Kartoffelkroketten. Unser Tipp für Bemittelte, die sich auch gleich den passenden Wein zur extravaganten Küche leisten können. Seit 2003 wird auch im Gärtchen hinter dem Haus serviert. Mi geschlossen, von September bis Juni auch Sonntagabend geschlossen. Piazza S. Angelo 1/A.

Ristorante Antico Bucchero (5), klein und edel, aufmerksame und freundliche Belegschaft mit Fliege. Als Pasta empfehlen wir hausgemachte Lombrichelle (Regenwürmchen, was der Form nach die Sache trifft), zur Pilzzeit gibt's ein ausgezeichnetes Agnello ai funghi. Mi geschlossen. Via de Cartari 4.

Trattoria La Buca di Bacco (3), ausgezeichnete Küche in gepflegtem Ambiente. Gemütliches Gärtchen nach hinten. Degustationsmenü mit Bocconcini di Bacco als Hauptgang (Bocconcini = Leckerbissen) ca. 30 €, Menu Turistico ca. 15 €. Vom Restaurant aus führt eine Treppe tief hinunter in den Tuffkeller, wo die gelagerten Weine degustiert werden können. Di geschlossen. Corso Cavour 299-301.

Trattoria La Grotta (8), „Preise angemessen, angeboten werden Spezialitäten des Hauses, Wildschwein, Trüffel (zur Saison) und gute Weine zu erschwinglichen Preisen. Die Schau ist der Chef, der fast mit jedem ein Schwätzchen hält." (Lesertipp). Di geschlossen. Via Luca Signorelli 5.

Trattoria Pane e Cipolla (2), serviert nicht nur Brot und Zwiebeln, sondern klassische Küche zu Durchschnittspreisen. Die Zwiebel findet man – im Ofen gratiniert – als Contorno auf der Karte. Kleine überdachte Terrasse zur Piazza (leider Autoparkplatz). Wegen der etwas abseitigen Lage selten überfüllt. Mi geschl. Piazza Angelo da Orvieto 7.

Sehenswertes

Dom: Der Dom von Orvieto mit seinen aus schwarzem Basalt und grau-gelbem Kalkstein gestreiften Außenmauern und der reich verzierten Front in Form eines dreiteiligen Altarbildes gilt zu Recht als einer der schönsten in ganz Italien. Gotischer Baustil, jedoch mit außergewöhnlichen „Stilbrüchen", denn zahllose Umgestaltungen wurden während seines Baus (13.–17. Jh.) vorgenommen: weniger mystisch-fromm, sondern bunt und glänzend. *La nuvola d'oro* – die Wolke aus Gold – heißt dieses Prunkstück somit auch im Volksmund. Der über drei Jahrhunderte dauernde Bau soll 33 Architekten, 90 Mosaikkünstler, 152 Bildhauer und 68 Maler beschäftigt haben.

In den Flachreliefs an der Fassade verliert sich der Blick des eiligen Besuchers schnell. Man muss sich Zeit nehmen für diese plastische Bilderbibel von der Schöpfungsgeschichte (Eva wird förmlich aus der Rippe Adams hervorgezaubert) bis zum Jüngsten Gericht, wo die ewig Verdammten mit Schlangen und Drachen zu kämpfen haben. Auch der nicht Bibelfeste wird von der Vielfalt der Darstellungen fasziniert sein.

Die große Überraschung im Inneren ist die **Brizio-Kapelle** (rechts vorn). Der Freskenzyklus von *Luca Signorelli* über das Ende der Welt ist ein Meisterwerk. „Die

Umbrien
Karte S. 292/293

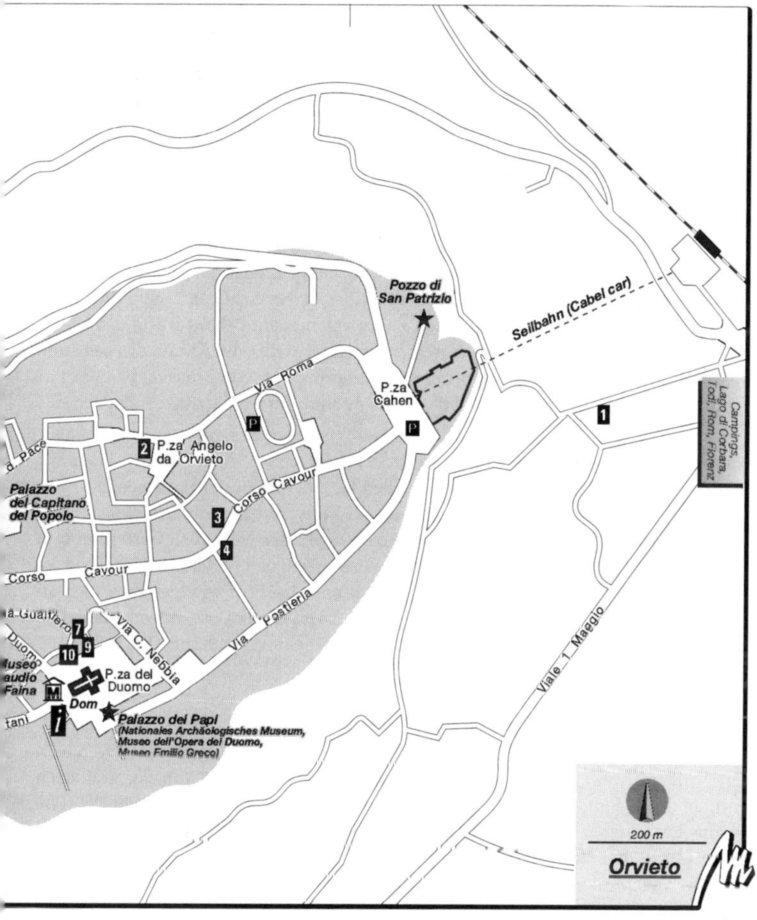

Taten des Antichrist“ an der linken Wand zeigen den Verderbten als Prediger, dem der Teufel die Worte einflüstert; wer sich verführen lässt, wird umgebracht. An der Wand gegenüber wird die „Auferstehung des Fleisches“ ist in aller Fleischlichkeit dargestellt, aus einer monoton grauen Fläche steigen die zu neuem Leben erweckten Leiber hervor. Im „Inferno der Verdammten“ an der Stirnwand saust ein beflügelter Teufel mit einer Sünderin durch die Lüfte, eine andere Verdammte wird mit einem Fuß auf dem Kopf zu Boden gedrückt, während ihr die Zehen ausgerissen werden. Die drastischen Darstellungen sind zweifellos eine Hommage an Dante, der wie Vergil, Homer und weitere Klassiker der Antike als Porträt im Werk Signorellis einen Platz gefunden hat.

• *Öffnungszeiten* (Brizio-Kapelle): Januar/Februar und November/Dezember: Mo–Sa 10–12.45 und 14.30–17.15 Uhr, So 14.30–17.45 Uhr; März und Oktober: Mo–Sa 10–12.45 und 14.30–18.15 Uhr, So 14.30–17.45 Uhr; April–September: Mo–Sa 10–12.45 und

14.30–19.15 Uhr, So 14.30–17.45 Uhr (Juli–September bis 18.45 Uhr). Maximal 25 Personen dürfen sich in der Kapelle aufhalten und zwar möglichst nicht länger als 15 Min. Eintritt 4,50 €. Die Tickets bekommt man – schließlich werden in Kirchen keine Geschäfte getätigt – bei der Informationsstelle gegenüber dem Dom.

Gegenüber der Brizio-Kapelle befindet sich die **Kapelle des Korporale.** Hier wird das vom „Wunder von Bolsena" blutbefleckte Messtuch aufbewahrt, das – wenn es nicht nur katholische Legende ist – zum Bau des Doms von Orvieto führte. Zweimal jährlich – am Osternachmittag und an Fronleichnam – wird der kostbare Reliquienschrein für die Augen der Gläubigen geöffnet.

Palazzo del Capitano del Popolo: An der *Piazza del Popolo,* dem größten Platz der Stadt, ragt dieser frei stehende Palast mit Arkaden im Erdgeschoss und einer seitlichen Freitreppe in den Himmel. Eine Bildstörung verursachen einzig die Autofahrer, die hier meist vergeblich einen Parkplatz suchen. Erbaut Mitte des 12. Jh. als Residenz des päpstlichen Vertreters in Orvieto, stellte die Kirche das Gebäude später dem *Capitano* (Stadthauptmann) zur Verfügung. Die Zinnen, die dem Palazzo einen wehrhaften Charakter verleihen, sind eine umstrittene Zugabe des 20. Jh.

Nationales Archäologisches Museum: Es befindet sich in einem an den Dom angebauten Flügel des *Palazzo dei Papi.* Neben Grabbeigaben der umliegenden Nekropolen *Porano, Settecamini* und *Crocifisso del Tufo* (Spiegel, Schmuck, Gefäße aus Bronze, Eisen und Ton) sind zwei Rekonstruktionen der Nekropole *Settecamini* in ihrer natürlichen Größe zu sehen. Wandmalereien zeigen charakteristische Kulturereignisse der etruskischen Zeit: ein Festbankett und eine Beerdigungszeremonie. Auf Farbfotos sind die verschiedenen Etappen der Ausgrabungsarbeiten festgehalten, u. a. der Fund des ersten menschlichen Skeletts in diesem Ausgrabungsfeld 1985.

Öffnungszeiten täglich 8.30–19 Uhr. Eintritt 2 € (Sammelticket Nationales Archäologisches Museum + Nekropole Crocifisso del Tufo: 3 €).

Museo Claudio Faina: gegenüber vom Dom. Kern des Museums ist die in den beiden Obergeschossen untergebrachte archäologische Sammlung, die im 19. Jh. von Graf *Mauro Faina* aus Perugia angelegt und nach seinem Tod von der gräflichen Familie durch Funde aus den Totenstätten rund um Orvieto erweitert wurde. 1954 vermachte *Claudio Faina* die Sammlung der Stadt Orvieto, die Betreuung liegt aber weiterhin in den Händen der Stiftung Faina. Schmuck, Münzen, Trinkgefäße, versilberte Vasen, Skulpturen aus gebranntem Ton – alles sehr besucherfreundlich ausgestellt. Eine Besonderheit sind die etruskischen *Buccheri*: metallen wirkende Gefäße aus schwarzer Keramik mit Flachreliefs. In den letzten Räumen wartet das Museum mit einer umfangreichen Amphorensammlung auf. Aus der etruskischen Zeit stammen die hübschen Exemplare aus der sog. *Vanth-Gruppe*: eines der Gefäße zeigt als Henkel zwei männliche „Nixen" mit einem Fisch in jeder Hand. Die attischen Amphoren mit ihren Darstellungen aus der griechischen Mythologie sind Zeugnisse des lebhaften Handels zwischen Etruskern und Hellenen. Im Erdgeschoss hat die Stadt ihre eigene kleine archäologische Sammlung untergebracht, die unserer Ansicht nach besser im Nationalen Archäologischen Museum (s. o.) aufgehoben wäre. Prunkstück der etruskischen Funde ist der aus Tuffstein gehauene „Kopf des Kriegers"; er stammt aus Orvietos berühmtester Nekropole, dem „Crocifisso del Tufo" (s. u.).

Öffnungszeiten April–September: täglich 9.30–18 Uhr; Oktober–März: Di–So 10–17 Uhr. Eintritt 4,20 €.

Brunnen des heiligen Patrick *(Pozzo di San Patrizio)*: eine genial durchdachte Brunnenkonstruktion! Papst Clemens VII., der während der Plünderung Roms 1527 in Orvieto Zuflucht suchte, ließ einen Quellbrunnen graben, um im Falle einer Belagerung der Stadt die Festung Albornoz mit ausreichend Trinkwasser versorgen zu können. Als Architekt und Baumeister beauftragte er Antonio Sangallo. Zehn Jahre dauerte es, bis die Bürger Orvietos den tiefen Schacht ausgehoben und mit Lehm und Ziegelsteinen sowie Tuffsteinblöcken hochgemauert hatten. Der Papst segnete 1534, noch vor der Fertigstellung, das Zeitliche, der Brunnen wurde in seiner eigentlichen Funktion nie genutzt. Fast 62 m tief und 13,4 m im Durchmesser ist der Patricksbrunnen. Von den beiden Eingängen führen zwei übereinander liegende Spiralen mit jeweils 248 abgeflachten Stufen hinab zur Quelle. Die Treppengänge sind so angelegt, dass sie sich nicht berühren. Nur durch einen kleinen Steg am Grund des Brunnenschachts, knapp über dem Wasserspiegel, sind sie miteinander verbunden – die zum Wasserholen vorgesehenen Esel (heute sind's die Touristen) sollten einander beim Ab- und Aufstieg nicht in die Quere kommen.

Seinen Namen erhielt der Brunnen vom heiligen Patrick, der in einer dem Brunnenschacht vergleichbar tiefen Höhle auf einer Insel bei Irland gelebt haben soll. An der Außenmauer ist zweimal die lateinische Inschrift angebracht: *QUOD NATURA MUNIMENTO INVIDERAT INDUSTRIA ADIECIT* (Was die Natur dem Ort nicht zugestand, fügte ihm menschlicher Fleiß hinzu).

Öffnungszeiten April–September: 10–18.45 Uhr; Oktober–März: 10–17.45 Uhr. Eintritt 3,50 €.

Umbrien
Karte S. 292/293

Nekropole Crocifisso del Tufo: die am besten erhaltene etruskische Totenstadt ganz Umbriens. Sie wurde 1830 bei Straßenbauarbeiten entdeckt. Die in mehreren Reihen gradlinig ausgerichteten, rechteckigen Kammergräber sind aus Tuffsteinblöcken gehauen. Über den meisten Eingängen ist noch der eingemeißelte Name des Bestatteten zu lesen – in der von rechts nach links laufenden etruskischen Schrift. Die Grabfunde sind im Nationalen Archäologischen Museum und im Museo Claudio Faina (beide s. o.) ausgestellt.

• *Öffnungszeiten* April–September: 8.30–19 Uhr; Oktober–März: 8.30–17.30 Uhr. Eintritt 2 €, (Sammelticket Nekropole Crocifisso del Tufo + Nationales Archäologisches Museum 3 €.)

• *Anfahrt* Die Nekropole liegt auf halber Höhe an der Straße zwischen der Stadt und dem Bahnhof. Gut beschilderter Weg – mit Auto oder Bus leicht zu erreichen (Buslinie Nr. 1 ab Dom).

Was haben Sie entdeckt?

Bitte schreiben Sie uns, wenn Sie Kritik, Anregungen, Verbesserungen oder Empfehlungen haben. Wo war Ihre Lieblingstrattoria, in welchem Hotel haben Sie sich wohl gefühlt, welchen Campingplatz würden Sie wieder besuchen?

Michael Müller Verlag
Stichwort Mittelitalien
Gerberei 19
91054 Erlangen
mmv@michael-mueller-verlag.de

Blick auf den Kapitolsplatz

Rom

(ca. 2,5 Mio. Einwohner)

Seit Jahrhunderten zieht die Ewige Stadt Reisende aus aller Welt in ihren Bann. Heute sind es jährlich etwa fünf Millionen Besucher, die eine Annäherung an diese faszinierende Stadt suchen, die man mit noch so vielen Worten wohl nie erschöpfend beschreiben kann.

Die Liste prominenter Rom-Reisender liest sich lang, und viele von ihnen haben der Nachwelt oft umfangreiche Zeugnisse ihrer Eindrücke hinterlassen. Goethe fand hier eine „Sehnsucht von dreißig Jahren" gestillt, und der Schweizer Historiker Jacob Burckhardt befürchtete gar, „außerhalb Roms nie wieder recht glücklich" werden zu können. Auf den Punkt gebracht hat es der Kunsthistoriker und Archäologe Johann Joachim Winckelmann: „Außer Rom ist fast nichts Schönes in der Welt."

In vielen historischen Reiseberichten ist von der Faszination der Ewigen Stadt die Rede, der einzigartigen Anziehungskraft, einer Aura, die wohl jeden Besucher gefangen nimmt: ein besonderes Lebensgefühl, das frühere und heutige Rom-Reisende gleichermaßen empfinden.

Den Reiz dieser Stadt machen sicher nicht nur die vielen Zeugnisse ihrer langen Geschichte aus, die man als Sehenswürdigkeiten aus Antike, Renaissance und Barock quasi an jeder Straßenecke findet. Rom strahlt heute vielmehr einen lebendigen und sehr lässigen Charme aus, zu dem die monumentalen Hinterlassenschaften vergangener Zeiten das passende Ambiente liefern, das ohne viel Aufhebens Eingang in den römischen Alltag gefunden hat.

Einen Blick auf die „Standards" des touristischen Sightseeing – z. B. Kolosseum, Forum, Kapitol, Pantheon, Vatikan, Spanische Treppe und Trevi-Brunnen – wirft sicher jeder Rom-Reisende, auch wenn der Besuch noch so kurz ist. Genügen wird dieser erste Blick den wenigsten. Denn die Stadt fordert ihre Besucher geradezu auf, immer wieder zurückkommen und dabei immer neue Facetten zu entdecken – und das sicher auch abseits der „großen“ Sehenswürdigkeiten.

Der beste Blick

Bei Nacht haben Sie den besten Blick auf Rom vom Gianicolo-Hügel (Trastevere) und dem Pincio (oberhalb der Piazza del Popolo): ein wahres Lichtermeer mit unzähligen Kuppeln und dem alles überragenden, eindrucksvoll illuminierten Nationaldenkmal Vittorio Emanuele II.

Stadtgeschichte im Überblick

Lässt man die Mythologie außer Acht, entstanden wahrscheinlich schon im 10. Jh. v. Chr. erste Ansiedlungen auf dem Palatin und bald darauf auch auf dem Esquilin und Quirinal. Ab ca. 600 v. Chr. wurde die Stadt für fast ein Jahrhundert von etruskischen Königen regiert. In dieser Zeit wurde mit dem Bau der **Cloaca Maxima** das sumpfige Gebiet um den Tiber trockengelegt, das **Forum** gebaut und die Stadt von einer ersten Mauer umgeben.

Das Jahr 753 – das mythologische Datum der Stadtgründung

Der Legende nach war es eine Wölfin, die bei der Stadtgründung Roms eine entscheidende Rolle spielte: Kriegsgott Mars hatte die Königstochter Rhea Silva geschwängert, die bald darauf Zwillinge zur Welt brachte. Deren Vater setzte die Neugeborenen auf dem Tiber aus, wo sie ins Meer hinaustreiben sollten. Der Korb mit den Zwillingen verfing sich jedoch im Schilf, eine Wölfin fand die beiden und säugte die Kinder, bis sie vom Hirten Faustulus aufgenommen wurden, der ihnen die Namen **Romulus** und **Remus** gab. Am 21. April des Jahres 753 v. Chr. entschlossen sich die mittlerweile herangewachsenen Brüder, eine Stadt zu gründen, deren zukünftiger Herrscher durch ein göttliches Zeichen bestimmt werden sollte. Als Romulus die Gunst der Götter auf seiner Seite sah und die Herrschaft auf dem Palatin für sich in Anspruch nahm, kam es zum Streit, bei dem er seinen Bruder Remus erschlug.

Rom zur Zeit der Republik: Nachdem der letzte Etruskerkönig vom römischen Volk aus der Stadt gejagt worden war, entstand 507 v. Chr. die römische Republik mit zwei patrizischen (adligen) **Konsuln** an der Spitze. Höchster Priester war der **Pontifex Maximus**, der über alle Bereiche des religiösen Lebens wachte. Mit dem **Zwölftafelgesetz** von 450 v. Chr., das auf dem Forum ausgehängt wurde, entstand eine erste verbindliche Gesetzgebung für alle Römer. Das Emblem des Zwölftafelgesetzes ist noch heute überall in Rom zu sehen: **S.P.Q.R.** – *Senatus Populusque Romanus* („Der Senat und das Volk Roms“).

Der verheerende Einfall der Gallier um ca. 380 v. Chr. veranlasste Rom zum Bau einer neuen Stadtmauer, die nun alle sieben Hügel der Stadt einbezog: Palatin, Kapitol, Aventin, Quirinal, Viminal, Esquilin und Celius. Außenpolitisch errang Rom auf dem Weg zur Weltmacht seine größten Erfolge vom 3. bis 1. Jh. v. Chr.: Nach dem Sieg über die Etrusker, Latiner und Samniten wurde bald ganz Mittelitalien beherrscht, es folgten Unteritalien und die ersten griechischen Städte. Dabei gestand

Rom
Karte S. 372/373

Rom den Besiegten eine gewisse Autonomie zu, einige Städte erhielten sogar das volle römische Bürgerrecht.

Im Streit um die Vorherrschaft auf Sizilien kam es zu den drei **Punischen Kriegen** gegen Karthago, aus denen Rom 146 v. Chr. siegreich hervorging. Eroberungsfeldzüge nach Griechenland und Kleinasien dehnten den Herrschaftsbereich der Römer dann auch nach Osten hin aus.

In den Jahren 136–132 v. Chr. kam es zu ersten Sklavenaufständen, die 73–71 v. Chr. unter der Führung von Spartacus erneut aufflammten und von Crassus blutig niedergeschlagen wurden. Zur Seite stand ihm Pompejus, der sich 60 v. Chr. mit Crassus und Julius Caesar zum ersten Triumvirat (Dreibund) zusammenschloss. Nach Crassus' Tod wurde das Triumvirat aufgelöst und Pompejus zum alleinigen Konsul über Rom erklärt. Diesen Machtverlust wollte Caesar nicht hinnehmen und sammelte seine Truppen zum Kampf gegen Pompejus, aus dem er 48 v. Chr. in der Schlacht bei Pharsalus siegreich hervorging. Im April 45 v. Chr. ließ sich Caesar zum Alleinherrscher des Römischen Reiches ausrufen. Die Herrschaft dauert jedoch nur ein knappes Jahr: Am 15. März 44 v. Chr. wurde er von Mitgliedern des Senats ermordet.

Rom in der Kaiserzeit: Erneut kam es zu Unruhen und Bürgerkrieg, bis der junge Octavian, der Neffe und Adoptivsohn Caesars, nach 17 Jahren Krieg den Frieden in Rom sicherte (Pax Romana) und als **Princeps** (erster Bürger) die alleinige Macht übernahm. Zwar verlieh Octavian, dem bald der Ehrentitel **Augustus** („der Erhabene") zuteil wurde, dem Senat zunächst neues Ansehen, gleichzeitig jedoch baute er seine eigene Stellung konsequent aus und legte so den Grundstein für eine Monarchie. In seiner 45-jährigen Regierungszeit sorgte Augustus nicht nur für stabile innenpolitische Verhältnisse, sondern sicherte auch die äußeren Grenzen des riesigen Reiches. In der mittlerweile zur Millionenstadt gewachsenen Metropole setzte eine rege Bautätigkeit ein; repräsentative öffentliche Gebäude und Tempel wurden nun erstmals in Marmor gebaut. Unter Augustus erfuhr Rom eine kulturelle Blüte, die sich z. B. in der Literatur in den Werken Vergils, Ovids und Horaz' niederschlug. Die Römer wurden großzügig mit Lebensmitteln versorgt und durch ein umfangreiches Unterhaltungsangebot bei Laune gehalten: „Brot und Spiele" hieß die Strategie, die spätere Kaiser übernahmen.

Als Augustus 14 n. Chr. starb, wurde er vom Senat zum Gott erhoben. Seinen Stiefsohn Tiberius hatte er noch zu Lebzeiten zum Nachfolger erklärt. Die darauf folgenden Herrscher des Julisch-Claudischen Kaiserhauses, unter ihnen auch Caligula (37–41) und Nero (54–68), zeichneten sich mehr durch exzessives Machtgebaren als durch besonnene Politik aus.

Geordneter waren die Zustände im Kaiserreich unter den Flaviern: Vespasian (69–79) trug zur innenpolitischen Stabilisierung bei, unter Trajan (98–117) erreichte das Reich seine größte territoriale Ausdehnung, und Hadrian (117–138) sicherte die ausgedehnten Grenzen (u. a. durch den Ausbau des Limes). Während seiner Herrschaft zählte Rom über eine Million Einwohner in einer inzwischen viel zu klein gewordenen Stadt – die meisten von ihnen lebten in engen sechsstöckigen **Insulae** (Mietshäusern) ohne sanitäre Einrichtungen. Die Oberschicht lebte dagegen in ihren weitläufigen Villen in purem Luxus. Trotz dieser Gegensätze erlebte Rom damals eine große politische Stabilität. Zu einem Krieg (gegen die Parther im Osten) kam es erst wieder unter Marc Aurel (161–180). Im Jahr 212 verlieh Caracalla (211–217) allen freien Bewohnern des Reiches das volle Bürgerrecht.

Relikte eines Weltreiches

Der Niedergang des Weltreichs: Zu einer ernsthaften Schwächung des Römischen Reiches kam es zur Zeit der **Soldatenkaiser** (235–284): Von Norden bedrohten die Germanen die Grenzen des Weltreiches, von Osten die Perser. Innerhalb des römischen Imperiums kam es zu schweren Wirtschaftskrisen, Hungersnöten, Aufständen und Seuchen, die die Bevölkerung der Hauptstadt dezimierten. Eine weitere Gefahr war das **Christentum**, das zunehmend mehr Anhänger fand. Ab ca. 250 reagierte der Staat mit groß angelegten Christenverfolgungen, die letzte – besonders grausame – fand unter Diokletian (284–305) im Jahr 303 statt. Diokletian war es auch, der die Herrschaft über das Reich erstmals aufteilte und drei Mitregenten ernannte. Konstantin, einer seiner Nachfolger, schlug seinen Mitregenten Maxentius 312 bei der Schlacht an der Milvischen Brücke und kehrte zur Alleinherrschaft (323–337) zurück. Ein Jahr später erkannte Konstantin mit dem **Toleranzedikt von Mailand** das Christentum an und verlegte 330 die neue, christliche Hauptstadt an den Bosporus nach Byzanz, das er in Konstantinopolis umbenannte. Rom blieb zwar weiter *Caput Mundi* (Hauptstadt der Welt), wurde aber zusehends entvölkert – hauptsächlich Christen siedelten in die neue Hauptstadt im Osten über. 391 erklärte Konstantins Nachfolger Theodosius (379–395) das Christentum zur Staatsreligion. Die endgültige Teilung in ein weströmisches und ein oströmisches Reich wurde im Jahr 395 vollzogen.

Die einstige Hauptstadt der Weltmacht Rom war in der Folgezeit schutzlos den einfallenden Westgoten (410) und bald darauf den Hunnen (455) ausgeliefert. Der endgültige Niedergang war mit der Absetzung von Romulus Augustulus, dem letzten weströmischen Kaiser, im Jahr 476 besiegelt.

Rom im Mittelalter: Nach dem Einfall der Langobarden im Jahr 568 wurde die Stadt erneut schwer gebeutelt. Ende des 6. Jh. hatte sich die Zahl der Einwohner auf ca. 50.000 reduziert, bald darauf grassierte die Pest. Unter Papst Gregor I. (590–604) wurde das Christentum erstmals durch Missionare in ganz Europa verbreitet, und bald darauf kamen zahlreiche Pilger in die Stadt, die ihr zu einem bescheidenen Wohlstand verhalfen. Antike Tempel und andere Bauten wurden in christliche Kirchen umgewandelt. Als Gregor starb, hatte er ein gut organisiertes Papsttum hinterlassen, das aus den Einnahmen durch die Pilger über ein beachtliches Vermögen verfügte und auch eigene Truppen finanzieren konnte.

Eine entscheidende Änderung brachte die **Pippinische Schenkung**: Als Rom 753 erneut von den Langobarden belagert wurde, bat Papst Stephan II. den Frankenkönig Pippin um Hilfe. Er salbte den König zum „Schutzherrn der Römer" und erhielt von ihm im Gegenzug Unterstützung beim Kampf gegen die Langobarden und die Zusicherung eines eigenen kirchlichen Territoriums, das weite Teile Mittelitaliens umfasste – die Basis für den späteren **Kirchenstaat.** Als Papst Leo III. an Weihnachten des Jahres 800 Karl dem Großen die Kaiserkrone aufsetzte, war die Verbindung zwischen geistlicher und weltlicher Macht zunächst gefestigt. Die folgenden Jahrhunderte waren dann allerdings von permanenten Konflikten zwischen Papst- und Kaisertum geprägt.

Während des sog. Großen abendländischen Schismas (1378–1417) standen sich zwei, zeitweise sogar drei Päpste gegenüber, die sich mit ihren jeweiligen Anhängerschaften unversöhnlich gegenüberstanden und gegen ihre Feinde Bannsprüche verhängten.

Rom in der Renaissance: Nach Beendigung des Schismas durch das **Konstanzer Konzil** wählte man 1417 erstmals wieder einen Römer zum Papst: Oddo (Ottone) Colonna, der sich Martin V. nannte. Unter ihm und seinen beiden Nachfolgern erfuhr Rom endlich den ersehnten Aufschwung, die Renaissance kam in die Stadt und mit ihr eine Aufbruchstimmung, die sich u. a. in der Errichtung zahlreicher prächtiger Bauwerke niederschlug. Unterbrochen wurde der stetige Aufstieg Roms (die Bevölkerung war bald wieder auf 100.000 Bewohner angewachsen) nur durch den **Sacco di Roma**, die Plünderung der Stadt in den Jahren 1527/1528 durch die Truppen Karls V. Unbeirrt ging im weiteren Verlauf des 16. Jh. der Ausbau der weltlichen Macht der Kirche weiter, zur Finanzierung bediente man sich der immensen Ablasszahlungen und Steuergelder.

Gegenreformation und Barock: Der neu gegründete **Jesuitenorden** stand voll im Dienste der Gegenreformation, seine Mitglieder waren in ganz Europa tätig. Zu den Opfern der Bewegung zählten zahlreiche Kirchenkritiker, die von der Inquisition als Ketzer verurteilt wurden. Der bekannteste unter ihnen war Giordano Bruno, der 1600 auf dem Campo de' Fiori auf dem Scheiterhaufen starb.

Unter Papst Sixtus V. (1585–1590) wurde eine neue Gestaltung der Stadt in Auftrag gegeben, bei der die Hauptkirchen Roms durch große Straßenzüge miteinander verbunden wurden. Eine Weiterführung der prestigeträchtigen Neugestaltung Roms fand mit den prachtvollen Bauwerken des Barock im 17. Jh. statt. Als Baumeister federführend waren **Francesco Borromini** (1599–1667) und vor allem der herausragende **Gianlorenzo Bernini** (1598–1680), die das Stadtbild Roms entscheidend prägten. Wichtigster Förderer Berninis war Papst Urban VIII.

Im 18. Jh. wurde zwar noch kräftig weitergebaut (z. B. die Spanische Treppe und der Trevi-Brunnen), doch erfuhr der über Jahrhunderte mächtige Kirchenstaat eine erste bedeutende Schwächung: 1798 wurde die Stadt von Napoleons Truppen besetzt und der Papst entmachtet. Erst mit der Wiederherstellung der alten Verhältnisse durch den Wiener Kongress von 1814/15 erhielt er seine Position zurück.

Rom während des Risorgimento: Die Autonomie des Kirchenstaates geriet allmählich stark unter den Druck des Risorgimento, der nationalen Einheitsbewegung Italiens. Zwar konnte sich der Kirchenstaat zunächst noch mit Hilfe französischer Truppen gegen die von **Giuseppe Garibaldi** (1807–1882) geführten Revolutionäre zur Wehr setzen; als die französischen Helfer jedoch ausblieben, marschierten die Revolutionäre am 20. April 1870 ungehindert in Rom ein. 1871 riefen sie das geeinte

Königreich Italien unter der Regentschaft von König Vittorio Emanuele II. aus. Dem Papst blieb nur der Vatikan als Rückzugsgebiet. Rom wurde zur Hauptstadt des jungen Königreichs und erlebte bald einen neuen Bauboom: Neben repräsentativen Straßenzügen wie der Via Veneto, der Via del Tritone oder der Via Nazionale entstanden staatliche Gebäude wie der Justizpalast (neben der Engelsburg) und natürlich das Nationalmonument Vittorio Emanuele II. (1885–1911) an der Piazza Venezia.

Roma Fascista: Ein maroder Staat mit rechten und linken Extremisten, Terrorakten und anarchischen Zuständen waren der Nährboden für die Machtübernahme Benito Mussolinis (1883–1945). Mit seinem „Marsch auf Rom" übernahm er 1922 die Regierungsgeschäfte. Durch die **Lateranverträge** von 1929 sicherte er der Kirche neue Autonomie zu – wenn auch auf das winzige Gebiet des Vatikans beschränkt. Den Höhepunkt seiner Macht erreichte das faschistische Regime Mussolinis Mitte der 1930er Jahre. In Rom ließ er große Straßenzüge wie die Via dei Fori Imperiali und die Via della Conciliazione bauen; aber auch das Stadion Foro Italico. Darüber hinaus plante er den Bau des Weltausstellungsgeländes E.U.R. (Esposizione Universale Romana) im Süden der Stadt. Im Juni 1940 trat Italien an der Seite Deutschlands in den **Zweiten Weltkrieg** ein. 1943 marschierten die Alliierten in Rom ein und nahmen den „Duce" gefangen. Die Deutschen befreiten ihn zwar wieder, doch zwei Jahre später wurden Mussolini und seine Geliebte am Comer See von Partisanen ermordet. Während des Zweiten Weltkriegs wurden unter der deutschen Besatzung ab September 1943 über 2000 römische Juden deportiert und in den Konzentrationslagern getötet. 1944 wurde die Stadt von den Alliierten kampflos eingenommen.

Rom ab 1945: Nachdem der italienische König Vittorio Emanuele III. 1946 abgesetzt worden war, wurde am 2. Juni die **Republik** mit der Hauptstadt Rom ausgerufen. Seitdem zählt man die mittlerweile 59. (!) Nachkriegsregierung, und politisch hat sich Rom in jüngerer Vergangenheit nicht immer mit Ruhm bekleckert. Anfang der 1990er Jahre kam ans Licht, was die italienischen Regierungen seit Ende des Zweiten Weltkrieges angerichtet hatten: Verbindungen zur Mafia und Bestechungsskandale in vielfacher Millionenhöhe, die Politiker aller Parteien betrafen. Verhaftungen im römischen Parlament waren bis Anfang der 1990er Jahre fast schon an der Tagesordnung.

Rom
Karte S. 372/373

Informationen/Unterwegs/Diverses

- *Information* Hauptbüro der **APT** (Azienda di Promozione Turistica) in der Via Parigi 5 (nahe Stazione Termini) und ist Mo–Sa von 9 bis 19 Uhr geöffnet, So geschlossen (✆ 06/488991). Größere Info-Büros gibt's auch im Hauptbahnhof Stazione Termini (tägl. 8–21 Uhr, ✆ 06/48906300) und am Flughafen Fiumicino (Terminal B, tägl. 8–19 Uhr), allgemeiner Touristen-Info-Service unter ✆ 06/36004399, www.romaturismo.it. Darüber hinaus gibt es an verschiedenen Punkten der Innenstadt Info-Pavillons, u. a. am Kolosseum, an der Engelsburg usw. (tägl. 9.30-19.30 Uhr geöffnet).
- *Unterwegs in Rom* **Mit der Metro**: zumindest tagsüber das schnellste Verkehrsmittel. Die Züge verkehren von 5.30 bis 23.30 Uhr etwa alle fünf bis zehn Minuten (samstagnachts fährt der letzte Zug um 0.30 Uhr). Nachts bedient die Buslinie 55 N die Route der Linea A und die Buslinie 40 N die der Linea B. **Linea A**: von der Station *Battistini* im Westen der römischen Peripherie über *Cipro* (Vatikanische Museen), *Ottaviano* (Peterskirche) und über den Tiber zu den Innenstadt-Haltestellen *Flaminio* (Piazza del Popolo), *Spagna* (Spanische Treppe), *Barberini* (Via Veneto) und *Repubblica* zum Hauptbahnhof *Stazione Termini* (Umsteigemöglichkeit zur Linea B). Von hier über *Vittorio E.* (Piazza Vittorio Emanuele II) und *San Giovanni* (Lateran) in die südöstliche Vorstadt und über *Cinecittà* zur Endstelle *Anagnina* (Terminal für Überlandbusse). **Linea B**: ab *Rebbibia* im Nordosten der Stadt über *Tiburtina* (Umsteigebahnhof Regional-

züge, Busse) zum Bahnhof *Termini* und weiter über *Colosseo, Circo Massimo, Piramide* (Umsteigebahnhof Ostiense) und *S. Paolo* (gleichnamige Basilika) zur Endstelle *Laurentina* (Stadtteil E.U.R.).

Fahrkartenautomaten gibt es an jeder Metrostation, Tickets werden aber auch in Zeitungsläden bzw. an Kiosken und in vielen Tabak-/Zeitschriftenläden verkauft: die **einfache Fahrkarte** kostet 1 €, ist 75 Minuten gültig und berechtigt in diesem Zeitraum zu einer Metrofahrt (inkl. Umsteigemöglichkeit von einer auf die andere Linie) und unbegrenzten Bus- und Straßenbahnfahrten; mit einer **Tageskarte** für 4 € kann man beliebig oft Metro-, Bus- und Straßenbahn fahren; die **Wochenkarte** kostet 16 €; darüber hinaus wird auch **ein Touristenticket** angeboten, das an drei aufeinander folgenden Tagen zu unbegrenzten Fahrten im Stadtgebiet und auf der Strecke nach Ostia (Lido) sowie nach Viterbo berechtigt, Preis: 16 €. Auch die Tages-, Mehrtages- und Wochentickets müssen bei Antritt der ersten Fahrt mit Bus, Tram oder Metro abgestempelt werden.

Mit Bus und Tram: Es gibt im römischen Stadtgebiet über 250 Buslinien, die von 5.30 Uhr bis Mitternacht verkehren, allerdings ohne festen Fahrplan. Hinzu kommen noch mal über 20 Nachtbuslinien. Die Zahl der Straßenbahnlinien ist dagegen bescheiden: Lediglich vier Linien, dafür kann man sich mit der Tram fast garantiert staufrei durch die Stadt bewegen. Das historische Zentrum mit seinen engen Gassen wird von drei Elektrobuslinien versorgt.

Mit dem Taxi: Taxistände gibt es in der Innenstadt z. B. an der Piazza del Popolo, der Piazza di Spagna, der Piazza Barberini, der Piazza della Repubblica, am Largo Goldoni in der Via del Corso, am Largo Argentina und natürlich am Bahnhof Termini, telefonisch unter Tel. 06/3570, 06/4994, 06/88177, 06/5551 oder 06/6645 zu bestellen.

• Parken Im gesamten Innenstadtbereich gebührenpflichtig (1 € pro Stunde). Am besten parkt man in einem der **Parkhäuser**: Teurer, aber bewacht sind: **Park SI – Villa Borghese** (Viale del Galoppatoio 33), mit 1800 Stellplätzen die größte Parkgarage der Innenstadt, Einfahrt an der Porta Pinciana (Via Veneto), 1,15 €/Std., 14,45 €/Tag, geöffnet 0–24 Uhr, ✆ 06/3225934; **Terminal Park** (neben Stazione Termini), Via Marsala 30, mind. 2 Std. für 5 €, Tagespreis 16,80 €, Wochenpreis 130 €, geöffnet 6–1 Uhr, ✆ 06/4441067. **Park & Ride (parcheggi di scambio)**: Möglich an den Metrostationen Ponte Mammolo (Linea B) oder Cinecittà und Anagnina (Linea A). Jeweils 1,50 € pro Tag, die Parkplätze (geöffnet 6–22 Uhr) sind unbewacht.

• Krankenhäuser (ospedale) *Policlinico A. Gemelli* (öffentlich), Largo Gemelli 8 (Via Pineta Sacchetti), ✆ 06/30154036, *European Hospital* (privat), Via Portuense 694, ✆ 06/65975, Internationales Krankenhaus *Salvator Mundi* (privat), Via Mura Gianicolensi 57, ✆ 06/588961.

• Märkte **Campo de' Fiori**, das schönste Gemüse (teurer als auf anderen Märkten) vor malerischer Kulisse in der Altstadt, auch Haushaltswaren und Kleidung.

Markthalle, Piazza dell'Unita an der Via Cola di Rienzo (Nähe Engelsburg).

Mercato di Testaccio, Piazza Testaccio im gleichnamigen Stadtviertel südlich des Aventin-Hügels. Einfacher, ursprünglicher Markt (kaum Touristen) mit sehr großer Auswahl an Früchten, Gemüsen, Käse, Salami und Fisch.

Der größte und bekannteste Flohmarkt der Stadt findet jeden Sonntag vormittag an der **Porta Portese** in Trastevere statt.

• Shopping/Kaufhäuser **Coin**, an der Porta S. Giovanni (Lateran). Modische, teilweise sogar trendige Bekleidung und Accessoires für Damen und Herren, nicht allzu teuer. In der Bar im obersten Stock gibt es zur Happy Hour (ab 18 Uhr) gute Cocktails und leckere Snacks für ca. 3 € (Mo–Fr 18–20 Uhr).

La Rinascente, Via del Corso (gegenüber der Piazza Colonna mit der Marc-Aurel-Säule). Großes Kaufhaus für Bekleidung.

• Mode Das Modeviertel der kaum bezahlbaren Spitzen-Couturiers befindet sich in dem Dreieck **Via del Corso, Via del Tritone** und **Via del Babuino** mit der **Via Condotti** als teuerster und vornehmster Einkaufsstraße. Hier sind von Armani bis Versace alle Götter des Modeolymps vertreten.

Bezahlbare Mode finden Sie in anderen Gegenden, z. B. im letzten Abschnitt der **Via del Corso** vor der Piazza del Popolo. Hier reihen sich Läden für junge Mode aneinander, darunter auch Ketten wie Benetton, Stefanel, Sisley, Diesel und Energie. Exklusivere Geschäfte befinden sich in den Gassen, die von der Via del Corso in Richtung Pantheon und weiter in Richtung Piazza Navona abgehen.

Erschwingliche **Designer-Mode** hauptsächlich für Damen ist außerdem in mehreren Geschäften der **Via del Governo Vecchio** zu finden (z. B. Luna e L'altra, Hausnummer

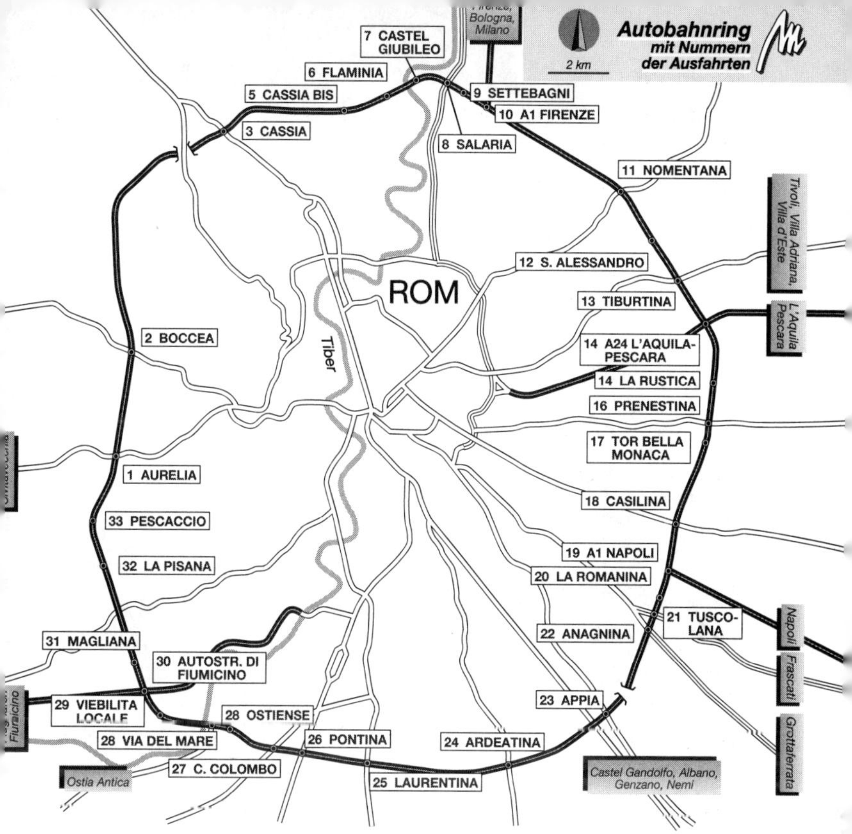

105). In dieser Straße gibt es auch einige ausgefallene Secondhand-Läden.

• *Bücher* **Herder**, bei der internationalen Buchhandlung an der Piazza Montecitorio 117–120 können Sie aus einem umfangreichen Sortiment an deutschsprachigen Büchern wählen: Belletristik, Sachbücher, Reiseführer zu Rom und Italien. Geöffnet Mo–Sa 9.30–13.30 Uhr und 15–19.30 Uhr, So geschlossen. ✆ 06/6795304, www.herder.it.

Übernachten (s. Karten S. 372/373, S. 376/377, S. 381 und S. 383)

Die Legendenpunkte **1–21** finden sich auf der Karte *Innenstadt* (S. 372/373); **22–62** auf der Karte *Centro Storico* (S. 376/377); **63–88** auf der Karte *Via del Corso* (S. 381); und **89–102** auf der Karte *Trastevere* (S. 383).

***** **L Hassler Villa Medici (75)**, spektakulärste Aussicht (auf Spanische Treppe und Peterskirche) und prominente Gäste, Dachterrasse und idyllischer Innenhof, Luxus in Vollendung. Dafür kostet das DZ auch ab 570 € pro Nacht, Suiten mit Aussicht sind um einiges teurer. Piazza Trinità dei Monti 6 (oberhalb der Spanischen Treppe), 00187 Roma, ✆ 06/699340, 📠 06/6789991; www.hotelhasslerroma.com.

***** **L De Russie (63)**, Luxusherberge nur wenige Meter von der Piazza del Popolo entfernt. Zum Hotel gehören ein herrlicher Garten und eine Terrasse. Ruhige Lage, sehr entspannend. EZ mit allem erdenklichem Komfort 500-550 €, DZ ab 720 €, Frühstück 30 € pro Person. Via del Babuino 9, 00187 Roma, ✆ 06/328881, 📠 06/32888888, www.roccofortehotels.com, reservations@hotelderussie.it.

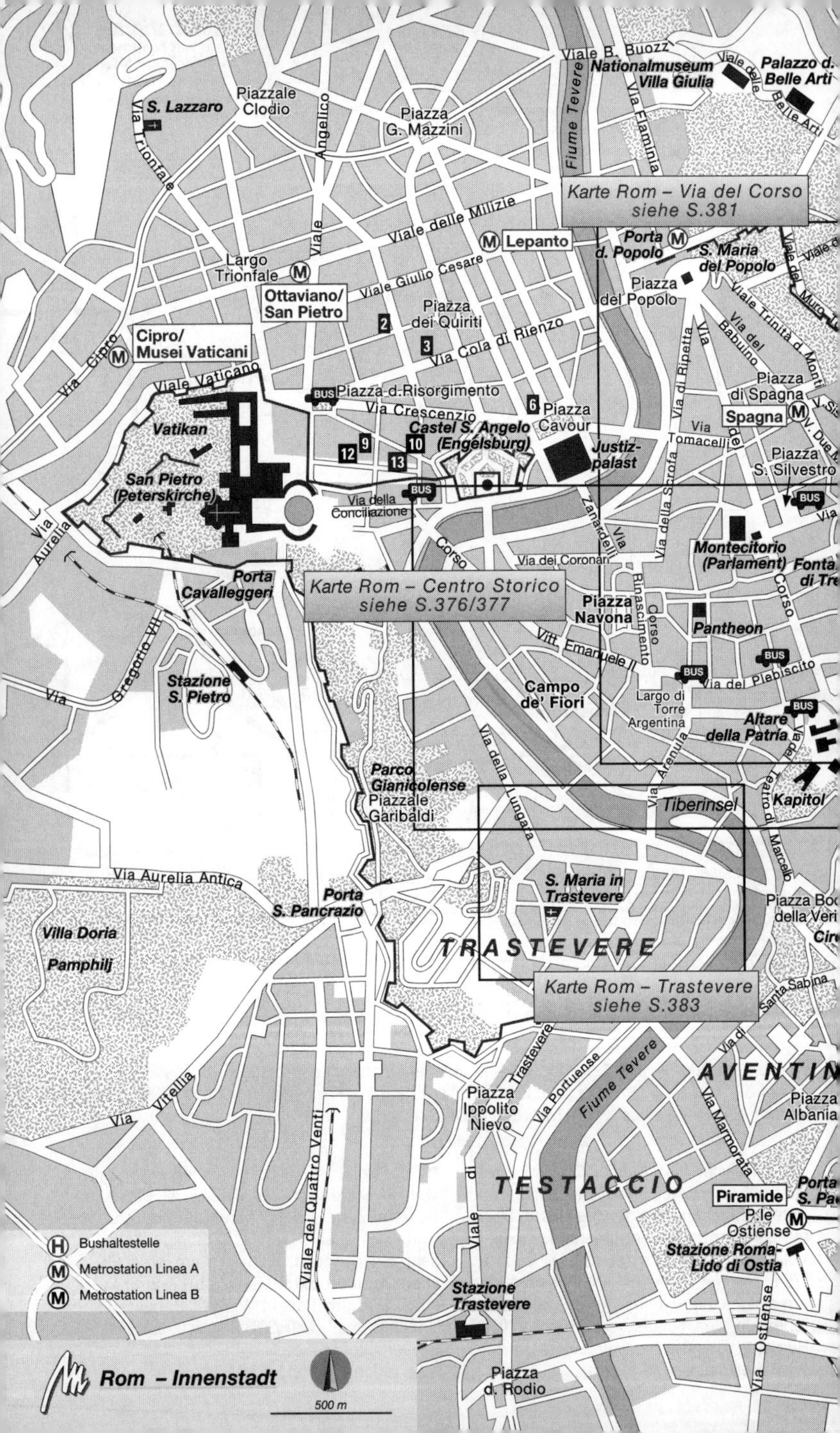

Rom – Innenstadt

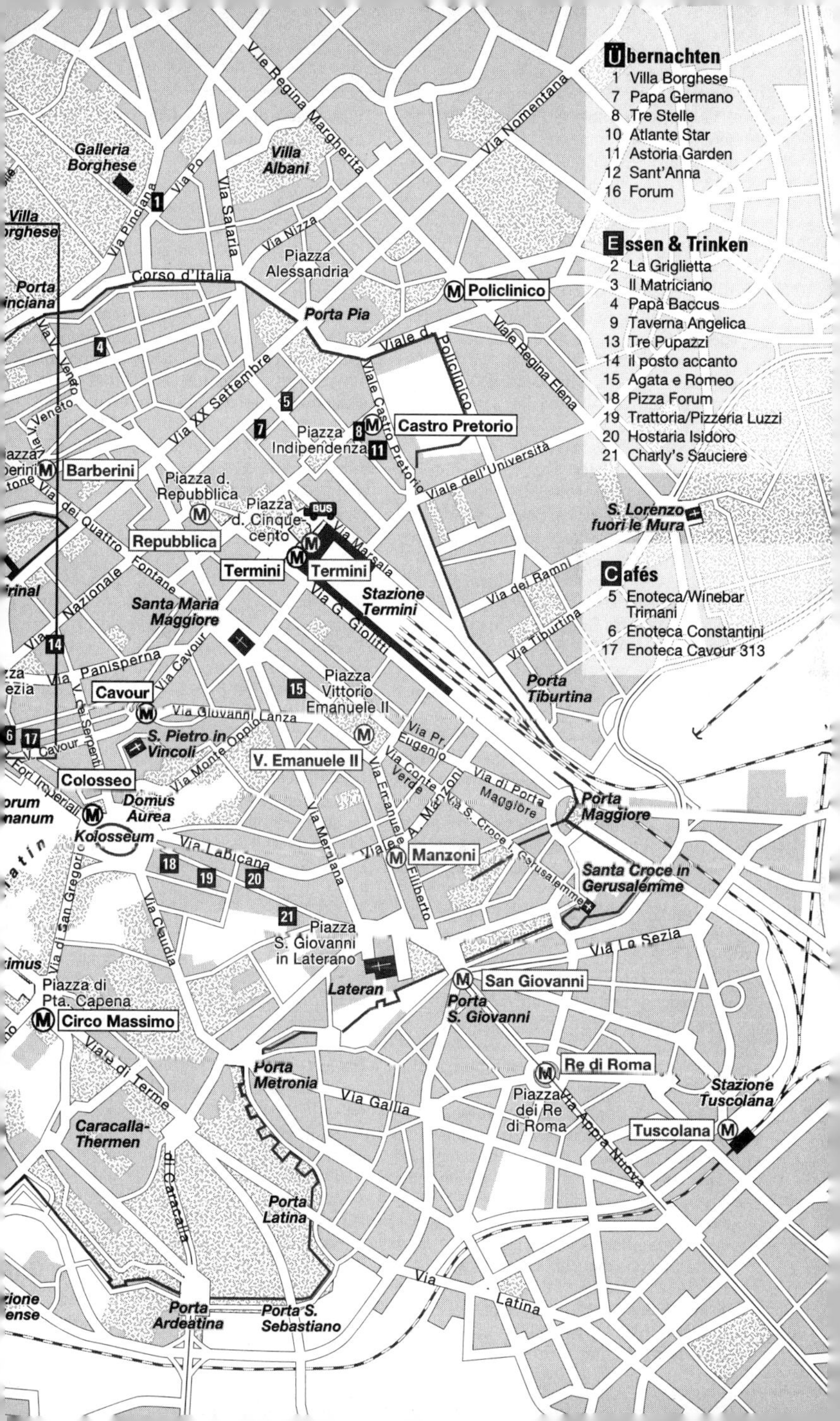
Übernachten
1 Villa Borghese
7 Papa Germano
8 Tre Stelle
10 Atlante Star
11 Astoria Garden
12 Sant'Anna
16 Forum
Essen & Trinken
2 La Griglietta
3 Il Matriciano
4 Papà Baccus
9 Taverna Angelica
13 Tre Pupazzi
14 il posto accanto
15 Agata e Romeo
18 Pizza Forum
19 Trattoria/Pizzeria Luzzi
20 Hostaria Isidoro
21 Charly's Sauciere
Cafés
5 Enoteca/Winebar Trimani
6 Enoteca Constantini
17 Enoteca Cavour 313
Galleria Borghese
Villa Albani
V.le Regina Margherita
Via Nomentana
Via Po
Via Pinciana
Via Salaria
Via Nizza
Piazza Alessandria
Corso d'Italia
Policlinico
Porta Pia
Viale d. Policlinico
Viale Regina Elena
Via XX Settembre
Via V. Veneto
Piazza Indipendenza
Castro Pretorio
Viale Castro Pretorio
Viale dell'Università
Barberini
Piazza d. Repubblica
Piazza d. Cinquecento
Repubblica
Termini
Via Marsala
Stazione Termini
Via G. Giolitti
Via dei Quattro Fontane
Via Nazionale
Santa Maria Maggiore
S. Lorenzo fuori le Mura
Via dei Ramni
Via Tiburtina
Porta Tiburtina
Via Panisperna
Via Cavour
Cavour
Via Giovanni Lanza
Via d. Serpenti
Piazza Vittorio Emanuele II
Via Pr. Eugenio
Via Conte Verde
V. Emanuele II
S. Pietro in Vincoli
Via Monte Oppio
V. Cavour
Fori Imperiali
Colosseo
Domus Aurea
Kolosseum
Via Labicana
Via Merulana
Viale Manzoni
Via Emanuele Filiberto
Manzoni
Via di Porta Maggiore
Via S. Croce i. Gerusalemme
Porta Maggiore
Santa Croce in Gerusalemme
Via di San Gregorio
Via Claudia
Piazza S. Giovanni in Laterano
Lateran
Via La Sezia
San Giovanni
Porta S. Giovanni
Piazza di Pta. Capena
Circo Massimo
Viale di Terme
Porta Metronia
Via Gallia
Re di Roma
Piazza dei Re di Roma
Via Appia Nuova
Stazione Tuscolana
Tuscolana
Caracalla-Thermen
Via di Caracalla
Porta Latina
Via Latina
Porta Ardeatina
Porta S. Sebastiano

****** Albergo del Sole al Pantheon (31)**, gegenüber dem Pantheon, 1467 eröffnet und damit das älteste Hotel der Stadt. EZ 230 €, DZ 350 € (inkl. Frühstücksbuffet). Piazza della Rotonda 63, 00186 Roma, ✆ 06/6780441, 📠 06/69940689; www.hotelsolealpantheon.com.

****** Forum (16)**, in Bestlage direkt neben dem Forum des Augustus, ursprünglich ein Kloster aus dem Mittelalter, das 1962 zur Luxusherberge umfunktioniert wurde. Einmaliger Blick von der Dachterrasse auf das antike Rom. 76 Zimmer mit Bad, TV und Aircon. EZ 165–240 €, DZ 235–340 €, Frühstück (Buffet) inklusive. Via Tor de' Conti 25, 00184 Roma, ✆ 06/6792446, 📠 6786479; www.hotelforum.com.

****** Atlante Star (10)**, ungewöhnliche Aussicht von der Dachterrasse auf die nahe Peterskirche samt Vatikanpalast. Komfortables Haus mit hervorragendem Service, alle Zimmer mit Bad, TV, Aircon., EZ ab 200 €, DZ ab 250 €, Frühstück inkl. (wird auf der Dachterrasse serviert). Zwischen Engelsburg und Piazza Risorgimento. Via G. Vitelleschi 34, 00193 Roma, ✆ 06/6873233, 📠 06/6872300; www.atlantehotels.com.

***** Portoghesi (24)**, in der schmalen Via dei Portoghesi 1 (wenige Meter nördlich der Piazza Navona). Äußerst malerische Ecke, ruhige Lage, einladendes Hotel in einem kleinen Palazzo neben der gleichnamigen Kirche. Herrliche Dachterrasse, gute Ausstattung, alle Zimmer mit Bad, TV und Aircon. EZ 130-150 €, DZ 1170-190 € (inkl. Frühstücksbuffet). 00186 Roma, ✆ 06/6864231, 📠 06/6876976; www.hotelportoghesiroma.com.

***** Due Torri (22)**, stilvolles und empfehlenswertes Haus in ruhiger Gasse nahe der Piazza Ponte Umberto I. Gepflegte Zimmer mit viel Rot, freundlicher Service, Zimmer mit Bad, TV und Aircon., EZ ca. 130 €, DZ 195 €, Frühstück inbegriffen. Vicolo del Leonetto 23, 00186 Roma, ✆ 06/68806956, 📠 06/6865442; www.hotelduetorriroma.com, hotelduetorri@interfree.it.

***** Teatro di Pompeo (52)**, winziges Hotel (nur 13 Zimmer), nur wenige Schritte vom Campo de' Fiori entfernt, sehr ruhig. Das Haus befindet sich auf einem Abschnitt der Zuschauertribüne des antiken Pompejustheaters (55 v. Chr.), wo Julius Caesar ermordet worden sein soll; im Hotel sind noch Reste des antiken Gemäuers erhalten. Alle Zimmer mit Bad und TV, EZ 150 €, DZ 190 € (je inkl. Frühstücksbuffet). Largo del Pallaro 8, 00186 Roma, ✆ 06/6872812, 📠 06/68805531; www.tiscali.it/hotel_teatrodipompeo.

***** Scalinata di Spagna (76)**, oberhalb der Spanischen Treppe, unscheinbarer Eingang gegenüber dem Hassler. Nur 15 elegante Zimmer, herrlicher Blick von der Terrasse. EZ 230–290 €, DZ 250–320 €, jeweils inkl. Frühstück. Piazza Trinità dei Monti 17, 00187 Roma, ✆ 06/6793006, 📠 06/69940598; www.hotelscalinata.com.

***** Locarno (66)**, wenige Schritte von der Piazza del Popolo, ruhige Lage, geschmackvolles Haus, z. T. noch im Art-déco-Stil der zwanziger Jahre, angenehme Atmosphäre, Dachterrasse, Fahrradverleih. 48 Zimmer, alle mit Bad, TV und Aircon., EZ um 120 €, DZ um 190 €, Frühstück jeweils inkl., Garage vorhanden. Via della Penna 22, 00186 Roma, ✆ 06/3610841, 📠 06/3215249; www.hotellocarno.com.

***** Villa Borghese (1)**, in diesem Palazzo wurde der Schriftsteller Alberto Moravia geboren. Zur Galleria Borghese sind es keine 100 m, die Via Veneto ist ebenfalls in wenigen Minuten zu erreichen, bis ins historische Zentrum ist es etwas weiter. Netter Service, kleine Terrasse nach hinten hinaus, 29 renovierte Zimmer mit Bad und Aircon., manche auch mit Balkon. EZ 117 €, DZ 160-195 €, je inkl. Frühstück. Via Pinciana 31, 00198 Roma, ✆ 06/85300919, 📠 06/8414100; www.hotelvillaborghese.it, villaborghese@tiscali.it.

***** Albergo Abruzzi (35)**, Traditionsherberge gegenüber dem Pantheon, die Zimmer sind mit TV und Aircon. ausgestattet. EZ ab115 €, DZ 135-195 €, kein Frühstück. Piazza della Rotonda 69, 00186 Roma, ✆ 06/6792021, 📠 06/69788076, www.hotelabruzzi.it.

***** Trevi (87)**, gepflegtes, kleines Hotel in einem alten Palazzo, nur wenige Schritte vom Trevi-Brunnen. Mit Dachterrasse, recht komfortablen Zimmern mit Bad, TV und Aircon., EZ 160 €, DZ um 220 €, Frühstück inkl., Garage ca. 20 € am Tag. Vicolo del Babuccio 20/21, 00187 Roma, ✆ 06/6789563, 📠 06/69941407.

***** Sant'Anna (12)**, nur wenige Schritte von der Peterskirche entfernt in einer ruhigen Straße, aber dennoch zentral. Angenehme Atmosphäre, komfortable Ausstattung, Zimmer z. T. mit Wandbemalung, Bad, TV, Aircon. und Kühlschrank, EZ 160 €, DZ 220 €, Frühstück inklusive. Borgo Pio 133, 00193 Roma, ✆ 06/68801602, 📠 06/68308717, www.hotelsantanna.com.

***** Astoria Garden (11)**, relativ ruhig nahe der Piazza Indipendenza beim Bahnhof gelegen, mit nettem Garten nach hinten hinaus. Gediegene Zimmer mit Bad, TV und Aircon., EZ 100 €, DZ 170 €,Frühstücksbuffet inkl., Garage gegen Aufpreis. Via Bachelet 8, 00185 Roma, ✆ 06/4469908, ℻ 06/4453329; www.hotelastoriagarden.it, astoria.garden@flashnet.it.

** **Campo de' Fiori (53)**, an einem der malerischsten Plätze im historischen Zentrum gelegen und vergleichsweise günstig, mit Dachterrasse. DZ 150 € (ohne Bad 100 €), EZ mit Bad 110 €, jeweils inkl. Frühstück. Via del Biscione 6, 00186 Roma, ✆ 06/68806865, ℻ 06/6876003, www.hotelcampodefiori.com.

** **Albergo del Sole al Biscione (56)**, ebenfalls in unmittelbarer Nähe des Campo de' Fiori, sehr ansprechendes, beliebtes Haus mit angemessenem Preis-Leistungs-Verhältnis. Familiäre Atmosphäre, mit Dachgarten und kleinem Innenhof, nette Zimmer. DZ mit Bad 110–125 € (mit Dachterrasse 150 €), ohne Bad 95 €. EZ 110 bzw. 65 €, Garage 23 € pro Tag. Via del Biscione 76, 00186 Roma, ✆ 06/68806873, ℻ 06/6893787, www.solealbiscione.it.

** **Suisse (79)**, nahe der Spanischen Treppe, am Rand der noblen Einkaufsviertel. EZ 87 €, DZ 134 €, Frühstück 8 € pro Person. Via Gregoriana 54, 00187 Roma, ✆ 06/6783649, ℻ 06/6781258, www.hotelsuisserome.com.

** **Margutta (69)**, günstiges, recht schlichtes Hotel in einer ruhigen Seitenstraße der Via del Corso (bei der Piazza del Popolo). EZ 115 €, DZ 125-145 €, alle Zimmer mit Bad, Frühstück inklusive. Via Laurina 34, 00187 Roma, ✆ 06/3223674, ℻ 06/3200395.

** **Cisterna (100)**, recht schlichtes, kleines Hotel im malerischen Trastevere. 20 Zimmer, alle mit Bad, TV und Aircon., EZ 98 €, DZ 130 €, Frühstück inbegriffen. Via della Cisterna 8, 00153 Roma, ✆ 06/5817212, ℻ 06/5810091.

** **Tre Stelle (8)**, recht komfortables Hotel nahe dem Hauptbahnhof, alle Zimmer mit Bad und Aircon., EZ 78 €, DZ 93 €, Frühstück 5 € pro Person. Via S. Martino della Battaglia 11, 00185 Roma, ✆ 06/4463095, ℻ 06/4468229; www.hoteltrestelle.

** **Papa Germano (7)**, familiär-freundliche Atmosphäre, das Hotel ist besonders bei Rucksackreisenden aus aller Welt beliebt. 17 einfache, saubere Zimmer (z. T. mit TV und Kühlschrank), überwiegend renoviert. Im EG Internet-Point und kleine Bibliothek. EZ ohne Bad 60 €, DZ ohne Bad ca. 80 €, mit Bad 90-110 €, Relativ ruhige Lage zwischen Piazza Indipendenza und Finanzministerium beim Bahnhof. Via Calatafimi 14 a, 00185 Roma, ✆ 06/486919, ℻ 06/47825202, www.hotelpapagermano.com.

Fontana del Moro, der Maurenbrunnen an der Piazza Navona

* **Mimosa (45)**, ideale Lage bei der Piazza Minerva (Pantheon), nur elf Zimmer: EZ mit Bad 93 €, ohne Bad 77 €, DZ 108 bzw. 93 €. Frühstück 9,50 € pro Person. Via di Santa Chiara 61, 00186 Roma, ✆ 06/68801753, ℻ 06/6833557; www.hotelmimosa.net, hotelmimosa@tin.it.

* **Navona (44)**, über 100 Jahre alte Traditionsherberge nahe der gleichnamigen Piazza, im ersten Stock eines Palazzo. Zimmer teilweise renoviert. DZ mit Bad und Frühstück 120 €. Via di Sediari 8, 00186 Roma, ✆ 06/6864203, ℻ 06/68803802; www.hotelnavona.com.

* **Boccaccio (83)**, eine der günstigsten Unterkünfte in relativ zentraler Lage, das Hotel befindet sich im 1. Stock eines Eckhauses

an der Via Rasella (bei der Piazza Barberini). DZ mit Bad 93 €, EZ ohne Bad 43 €. Via del Boccaccio 25, 00187 Roma, ✆/℻ 06/4885962.

• <u>*Außerhalb vom Zentrum*</u> ***** **L Cavalieri Hilton**, am Monte Mario. Mit einzigartigem Blick über die Stadt, herrlichem Garten, Pool und Fitnesszentrum. Weit über die Grenzen Roms hinaus berühmt ist das angeschlossene Restaurant *La Pergola* unter der Leitung von Heinz Beck. Luxusklasse: EZ 610–800 €, DZ 665–855 €, Frühstück 30 € pro Person. Mit Garage, der Hotelbus verkehrt etwa stündlich zur Piazza Barberini und retour. Via Cadlodo 101, 00136 Roma, ✆ 06/35091, ℻ 06/35092241; www.cavalieri-hilton.it.

*** **Marc'Aurelio**, vergleichsweise ruhig und mit guter Ausstattung (Tennisplatz, Garten, Aircon.), EZ 105 €, DZ 140 €, Frühstück inkl. Bewachter Parkplatz, zur Innenstadt geht es bequem mit dem Bus. Via Gregorio XI 141, 00166 Roma, ✆ 06/6637630, ℻ 06/6625269. Erreichbar ab der Autobahn über Via Aurelia, dann links halten, die Via Gregorio XI geht links von der breiten Via di Boccea ab.

• <u>*Bed & Breakfast*</u> **Casa Howard (80)**, äußerst gepflegte Herberge, persönliche Atmosphäre und individuelles, stilvolles Ambiente. Nur fünf Zimmer, alle mit eigenem Bad (z. T. allerdings auf dem Flur), TV, Aircon. EZ 130–160 € pro Nacht, DZ 160–190 €,

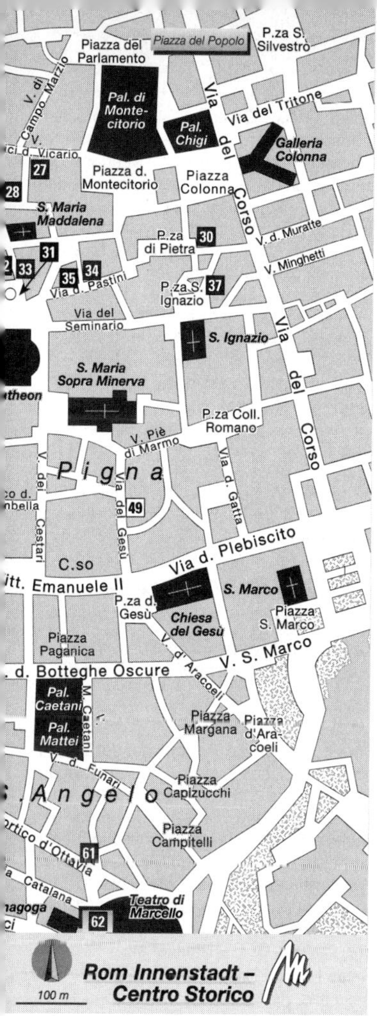

Frühstück 10 € pro Person. Postanschrift: Via Due Macelli 97, 00187 Roma, ✆ 06/69924555, 📠 06/6794644, www.casahoward.com,

Bed & Breakfast Italia (40), die größte Agentur in Italien, Büro am Corso Vittorio Emanuele II 282 (Palazzo Sforza Cesarini, beschildert). Angeboten werden drei Kategorien von Unterkünften: *due corone* (zwei Kronen), Zimmer mit Gemeinschaftsbad, EZ 32,90 €, DZ 53,60 €, Dreier 76,80 €; *tre corone*, Zimmer mit eigenem Bad, EZ 45,20 €, DZ 83,80 €, Dreier 112,50 €; *quattro corone*, Zimmer mit eigenem Bad in historischen Gebäuden (fast ausnahmslos Innenstadt), EZ 57,80 €, DZ 99,80 €, Dreier 133,50 €, Frühstück jeweils inklusive, + 5 % Vermittlungsgebühr. Corso Vittorio Emanuele II 282, 00186 Roma, ✆ 06/6878618 (auch deutschsprachig), 📠 06/6878619, www.bbitalia.it, info@bbitalia.it.

• *Jugendherberge* Es gibt in ganz Rom nur eine Jugendherberge, und die liegt außerhalb des Zentrums beim Foro Italico bzw. Stadio Olimpico (im Norden der Stadt): **Ostello per la Gioventù**, nichts für Anspruchsvolle, die Übernachtung kostet ca. 17 € pro Person (inkl. Frühstück), mit Halbpension 25,50 €. Man sollte unbedingt vorher anrufen, die 334 Betten in einfachsten Mehrbettzimmern sind oft belegt. Generell empfiehlt es sich allerdings, bereits von zu Hause zu buchen. In der Jugendherberge kann man maximal drei Nächte bleiben, ein Jugendherbergsausweis wird verlangt (und auch an der Rezeption verkauft). Viale delle Olimpiadi 61, 00194 Roma, ✆ 06/3236267, 📠 06/3242613, www.ostellionline.org. Anfahrt: Metro Linea A bis Ottaviano, dann ab Piazza Risorgimento weiter mit dem Bus Nr. 32 oder aber ab Largo Torre Argentina (Innenstadt) mit dem Bus Nr. 628.

• *Übernachten im Kloster* Die Preise für ein DZ mit Bad liegen bei ca. 65–85 €, ohne Bad bei ca. 55–65 €, Frühstück meist inbegriffen. Schließzeit der Häuser ist etwa 23 Uhr, in manchen Klöstern wird allerdings auf Anfrage ein Schlüssel herausgegeben. Generell sollte man auch diese Unterkünfte so früh wie möglich buchen. Informationen erhält man beim: **Deutschsprachigen Pilgerzentrum**, Via della Conciliazione 51 (beim Petersplatz), 00193 Roma, ✆ 06/6897197, 📠 06/6869490, www.pilgerzentrum.de. Geöffnet Mo–Fr 8.30–17.30 (Di bis 18.30 Uhr), samstags 8.30–12.30 Uhr. Im Internet hält das Pilgerzentrum eine Liste der Klöster und Einrichtungen bereit, in denen auch Touristen übernachten können.

• *Camping* Drei Campingplätze liegen innerhalb des Autobahnrings G.R.A., sodass man mit Stadtbussen das Zentrum relativ gut erreichen kann. Für zwei Personen, Stellplatz (Zelt) und Auto muss man mit 30 € pro Nacht rechnen. Eine Auswahl:

Roma Camping, günstiger, weitläufiger Platz an der stark befahrenen Via Aurelia, daher sind viele der 600 Stellplätze ziemlich laut, viel Schatten, Bad und WC o.k. Großer Supermarkt gegenüber. Ganzjährig geöffnet, Via Aurelia 831 (bei km 8200), ✆ 06/

Rom Karte S. 372/373

6623018. Vom Autobahnring Ausfahrt Nr. 1 auf die Via Aurelia, der Beschilderung folgen. Mit öffentlichen Verkehrsmitteln: vom Largo Argentina (Corso Vitt. Emanuele II) Bus Nr. 46 zum Largo Boccea, hier umsteigen in die 246, an der Via Aurelia gegenüber vom Supermarkt Panorama aussteigen.

Camping Flaminio, nicht allzu weit vom Zentrum, Stellplätze teilweise auf Terrassen eine Anhöhe hinauf, mit kleinem Pool, mittelmäßige Sanitäranlagen. Es werden auch einige Bungalows angeboten: für 2 Personen ab 58 €, für 3 Personen ab 91 €, 4er ab 107 €. März–Dezember geöffnet, Via Flaminia Nuova 821 (km 8200), ✆ 06/3332604, www.viallageflaminio.com. Vom Autobahnring Ausfahrt 6 (Via Flaminio), gute Beschilderung. Mit öffentlichen Verkehrsmitteln: ab Termini mit Bus 910 bis Piazza Mancini, dann Bus 200.

Seven Hills Camping, ausgesprochen schöner, ruhiger Platz außerhalb des Autobahnrings und sehr weit vom Zentrum. Gute Schattenplätze auf Terrassen zwischen Hügeln, zur Ausstattung des Platzes gehören Pool, Tennis- und Squashcourt und Restaurant. Auch hier Bungalows: für 2 Personen ab 55 €, für 3 Personen 85 €, 4 Personen zahlen ab 115 €. Nachteil: Die Anfahrt mit öffentlichen Verkehrsmitteln ist recht mühsam. Ganzjährig geöffnet, Via Cassia 1216 (bei km 8), ✆ 06/30310826; www.camping.it/lazio/seven_hills, sevenhills@camping.it. Autobahnring Ausfahrt 3, dann auf der Via Cassia in nordwestliche Richtung (La Giustiniana), beschildert. Mit öffentlichen Verkehrsmitteln: Metro Linea A bis Ottaviano, dann Bus Nr. 907 bis Giustiniana, dann ca. 1 km die Via Italo Piccagli entlanglaufen.

Essen/Trinken (s. Karten S. 372/373, S. 376/377, S. 381 und S. 383)

> Die Legendenpunkte **1–21** finden sich auf der Karte *Innenstadt* (S. 372/373); **22–62** auf der Karte *Centro Storico* (S. 376/377); **63–88** auf der Karte *Via del Corso* (S. 381); und **89–102** auf der Karte *Trastevere* (S. 383).

• *Restaurants/Trattorien* *In der Innenstadt:* **Fortunato al Pantheon (33)**, dieses Ristorante gehört zu den Klassikern Roms. Früher trafen sich hier fast nur Politiker. Schöne Holzmöbel und ein untadeliger Service. Die Speisekarte ist seit vielen Jahren dieselbe, was zwar etwas langweilig sein kann, doch dafür hat das bei den Köchen zur Perfektion der Gerichte geführt. Bringen Sie etwas Zeit mit, im Fortunato hat man es nicht eilig. Menü um 45–50 €. Via del Pantheon 55, ✆ 06/6792788. So geschlossen.

La Rosetta (32), die vielleicht kreativste und perfektionierteste Fischküche Roms. Teures Restaurant, die Preise sind durch die Frische und Qualität der Produkte aber gerechtfertigt. Wer es sich leisten kann und gerne guten Fisch isst, sollte die 80–100 € für ein Menü anlegen (mit Langusten und Hummer wird's natürlich teurer). Via della Rosetta 8/9, ✆ 6861002. So geschlossen.

Agata e Romeo (15), Agata beherrscht die Küche und Romeo den Service. Für ein Menü zahlt man etwa 70 €. Intime Atmosphäre, gehobenes Ambiente. Via Carlo Alberto 45 (Verbindungsstraße zwischen Maria Maggiore und Piazza Vitt. Emanuele II), ✆ 06/4466115. Mittags und abends geöffnet, Sa und So geschlossen.

Sora Lella (62), die Trattoria auf der Tiberinsel bietet neben einem einladend eleganten Ambiente (ein Schild am Eingang weist die Gäste auf angemessene Garderobe hin) auch eine hochklassige römische Küche und hervorragenden Service. Gehobenes Preisniveau, ein Menü kostet etwa 50–55 €. Via di Ponte Quattro Capri 16, ✆ 06/6861601. Mittags und abends geöffnet, So geschlossen. Bar und Gelateria nebenan.

Santa Lucia (29), sehr schickes und sehr angesagtes Restaurant, entsprechend teuer, Hauptgerichte kaum unter 20 €. Schöne Terrasse am idyllischen Largo Febo 12 (keine 5 Minuten von der Piazza Navona), abends auch Bar, ✆ 06/68802427, Die geschlossen.

Dal Bolognese (64), auf einem der schönsten Plätze Roms bekommen Sie hier noch hausgemachte Nudelgerichte und gute Saison- und Fischgerichte. Gehobenes Preisniveau, das Menü kommt auf ca. 40–45 €. Piazza del Popolo 1/2, ✆ 06/3611426. Mo Ruhetag.

Papà Baccus (4), römische Küche mit toscanischem Einschlag, feine Nudeln, Fisch- und Fleischgerichte. Die Küche ist bis nach 24 Uhr geöffnet. Gehobenes Preisniveau, Menü ca. 40–45 €. Mit kleiner Terrasse. Via Toscana 36, ✆ 06/42742808. Mittags und abends geöffnet, So geschlossen.

Römische Gastronomie mit besonderem Flair

Ristorante Nino (78), Nino bietet toscanische Küche auf hohem Niveau, Di und Fr gibt es frischen Fisch. Die Qualität rechtfertigt den Preis von etwa 40 € pro Menü. Via Borgognona 11, ✆ 06/6795676. So Ruhetag.

Il Bacaro (26), für einen gemütlichen Abend in schönem Ambiente sind Sie hier genau richtig. Den guten Service und die überzeugende Qualität der Küche schätzen viele Römer. Das Menü kostet gut angelegte 30 €. Via degli Spagnoli 27, ✆ 06/6864110. So geschlossen. Da das Restaurant nur 20 Plätze hat, ist eine Reservierung dringend zu empfehlen.

Ditirambo (51), zwischen Corso Vittorio Emanuele II und Campo dei Fiori, bietet rustikalen Schick und eine ausgezeichnete kreative Küche. Die täglich wechselnde Speisekarte ist überschaubar, die Weinkarte exzellent. Menü ca. 35 €. Piazza della Cancelleria 74, Mo mittags geschlossen, ✆ 06/6871626

Ristorante Pierluigi (48), gehobene römische Küche und durchweg empfehlenswerte Fischgerichte. Drinnen wie draußen nett zu sitzen. Reservierung empfehlenswert. Menü ca. 30–35 € (bei Fischgerichten etwas mehr). Piazza de' Ricci 144, ✆ 06/6861302. Mittags und abends geöffnet, Montagmittag geschlossen.

Trattoria Gino (85), achten Sie (vom Parlamentsplatz kommend) auf der rechten Seite der kleinen Gasse Vicolo Rosini auf das Schild „Bottiglieria". Dahinter verbirgt sich in zwei Räumen das alteingesessene Lokal der Familie del Grosso, das vor allem in der Mittagszeit immer bis auf den letzten Platz besetzt ist. Hauptsächlich Römer genießen hier die hervorragende Küche, Touristen sieht man kaum. Die Trattoria bietet eine große Auswahl an gut zubereiteten Gerichten, das Menü kostet ca. 20–25 €. Vicolo Rosini 4 (die kleine Gasse zweigt von der Piazza del Parlamento ab), ✆ 06/6873434. Mittags und abends geöffnet, So Ruhetag.

La Buca di Ripetta (70), die Tische sind hier so eng aneinander gerückt, dass sie sich fast berühren und die Kellner nur mit Akrobatik und etlichen Verrenkungen ihre Gäste erreichen. Davon abgesehen ist das angenehme Lokal mit seiner guten Küche bei akzeptablen Preisen empfehlenswert. Gute Weinkarte, Menü ca. 25 €. Via di Ripetta 36, ✆ 06/3219391. Sonntagabend und Mo Ruhetag.

Al 34 (74), in angenehmem Ambiente mit schnellem und freundlichem Service wird hier gute Küche bei vergleichsweise ausgewogenem Preis-Leistungs-Verhältnis geboten, in erster Linie für Touristen. Menü ca. 30 €. Via Mario de' Fiori 34, ✆ 06/6795091. Mo Ruhetag.

Trattoria Edy (68), eine der wenigen Trattorien im Centro storico, die traditionelle Gerichte zu noch akzeptablen Preisen bieten und die auch die Römer gerne aufsuchen.

Rom
Karte S. 372/373

Einfache und perfekt zubereitete römische Küche. Menü ca. 25–30 €. Vicolo del Babuino 4, ✆ 06/36001738. Mittags und abends geöffnet, So geschlossen.

Gino e Pietro (43), in der einfachen, guten Trattoria wird traditionelle römische Küche geboten. Menü ca. 18 €. Via del Governo Vecchio 106, ✆ 06/6861576. Do Ruhetag.

Trattoria La Campana (23), besonders gutes Vorspeisenbuffet. Vicoletto della Campana, in einer Seitenstraße der Via della Scrofa, nahe Ponte Umberto I. ✆ 06/6867820, Mo geschlossen.

Le Cave di Sant'Ignazio (37), das Restaurant am gleichnamigen Platz bietet gute Küche, relativ günstig, auf der Karte auch eine kleine Auswahl an Pizze, nette kleine Terrasse auf der Piazza Sant'Ignazio. Mittags und abends geöffnet, ✆ 06/6797821.

Il posto accanto (14), kleiner Familienbetrieb, das Essen ist vom Feinsten (ausgezeichnete Nudelgerichte und Desserts) – einfach ein guter Tipp. Menü um die 30–35 €. Via del Boschetto 36, ✆ 06/47433002. Samstagmittag und So geschlossen.

Colline Emiliana (82), diese im Viertel sehr beliebte Trattoria bietet traditionelle römische Küche und klassische *Cucina bolognese*. Etwa 25–30 € für ein Menü. Via degli Avignonesi 22 (verläuft parallel zur Via del Tritone), ✆ 06/4817538. Mittags und abends geöffnet, Fr Ruhetag.

Al Moro (86), einfaches Ambiente mit Stil, allerdings etwas laut und beengt. Menü ca. 45 €. Vicolo delle Bollette 13 (nur wenige Schritte vom Trevi-Brunnen entfernt zweigt diese kleine Gasse von der Via d. Muratte ab), ✆ 06/6783495. Mittags und abends geöffnet, So geschlossen.

Hostaria Romanesca (55), direkt am Campo de' Fiori. Trotzdem typisch römische Küche, und obwohl diese Hostaria bei Touristen sehr beliebt ist, sind die Preise noch nicht überzogen, und die Qualität stimmt. Für abends sollte man reservieren. Menü um die 25 €. Piazza Campo de' Fiori 40, ✆ 06/6864024. Mo Ruhetag.

Filetti di Baccalà (57), auf dem kleinen Platz erkennt man das Lokal allein schon an der Menschenmenge davor und darin. Wie der Name schon sagt, dreht sich hier alles um den *baccalà*, den Stockfisch. Bei der Bestellung muss man angeben, wie viele Stücke man vom Fisch haben möchte (serviert wird ohne Teller nur auf einer Serviette). Herrlich römisch! Man sollte allerdings etwas Geduld mitbringen und auch mal eine Weile anstehen. Man zahlt für das Essen ca. 13 €. Largo dei Liberari 88 (Ecke Via dei Giubbonare). Nur abends ab 17.30 Uhr geöffnet, So geschlossen.

Vecchia Locanda (50), Marco Oreggia, Teilhaber des Restaurants, gehört zu den besten Sommeliers Italiens. Neben hervorragenden Weinen wird hier traditionelle römische Küche auf hohem Niveau geboten Menü ca. 35 €. Vicolo Sinibaldi 2 (über Corso Vittorio Emanuele und Via Torre Argentina zu erreichen), Fackeln flankieren den Eingang in dem romantischen Gässchen. ✆ 06/68802831. So Ruhetag.

Il Pompiere (60), wie fast überall im ehemaligen Ghetto pflegt man hier eine ganz besondere, sehr traditionsreiche und speziell römisch-jüdische Küche. Das Lokal verfügt über 120 Plätze (im ersten Stock). Mittags werden mindestens drei verschiedene Primi und drei Secondi angeboten. Als schneller, vergleichsweise günstiger Mittagstisch ist das Lokal meist überfüllt. Abends wird es ruhiger, der Preis für ein Menü liegt um die 30 €. Via S. Maria dei Calderari 38 (zweigt gegenüber der Piazza B. Cairoli von der Via Arenuela ab). So Ruhetag.

Giggetto (61), direkt neben dem Tempel am Marcellustheater; im Sommer sitzt man draußen auf der Straße neben antiken Säulen. Das labyrinthartige Innere des Lokals ist riesig. Gepflegt wird die klassische römisch-jüdische Küche auf hohem Niveau. Angemessenes Preis-Leistungsverhältnis, Menü ca. 30 €. Via del Portico d'Ottavia 22, ✆ 06/6861105. Mo geschlossen.

Sora Margherita, diese urtümliche Trattoria ist eine Institution und fungiert als kulturelle Einrichtung, um mit diesem Trick die eigentlich erforderliche, teure Konzessionspflicht zu umgehen. Deshalb müssen Sie am Eingang auch eine Mitgliedskarte (*tessera*, kostenlos) für die „Associazione Culturale Sora Margherita" lösen. Im Lokal selbst fühlt man sich dann wie in alte Zeiten zurückversetzt, das moderne, hektische Rom bleibt weit draußen. Nur acht Tische im kleinen Gastraum, schlichte Einrichtung, die sich seit Jahrzehnten nicht verändert hat. Serviert werden jeden Tag wechselnde traditionelle Gerichte, darunter immer frische Pasta (6–7 €) und eine kleine Auswahl an Hauptgerichten (max. 10 €). Typischer Hauswein, sehr freundlicher Service, familiäre Atmosphäre, unser Tipp! Nur Mo–Fr jeweils mittags geöffnet. Piazza delle Cinque Scole 30 (erkennbar nur am roten Vorhang), ✆ 06/6874216.

Übernachten
63 De Russie
66 Locarno
69 Margutta
75 Hassler Villa Medici
76 Scalinata di Spagna
79 Suisse
80 Casa Howard
83 Boccaccio
87 Trevi
Essen & Trinken
64 Dal Bolognese
68 Trattoria Edy
70 La Buca di Ripetta
71 Fior-Fiore
74 Al 34
78 Nino
81 Pizza Ciro
82 Colline Emiliane
85 Gino
86 Al Moro
88 L'Archetto
Cafés/Gelaterie
65 Caffè Rosati
73 Babington's
77 Antico Caffè Greco
Enoteche/Winebars
67 Enoteca Buccone
72 L'Enoteca Antica di Via della Croce
84 Enoteca al Parlamento
150 m
Rom Innenstadt – Via del Corso

Charly's Sauciere (21), wohltuendes Ambiente und traditionelle italienisch-französische Küche, gute Weinkarte. Menü um die 35 €. Via San Giovanni in Laterano 270, ✆ 06/70495666. Mittags und abends geöffnet, So Ruhetag.

Hostaria Isidoro (20), große Auswahl an vorzüglichen Primi und durchweg empfehlenswerte Hauptgerichte. Da es vor allem abends meist sehr voll ist, sollten Sie möglichst reservieren. Für ein Menü zahlt man um die 20–25 €. Etwas düsteres Inneres, netter Service, hauptsächlich von Römern besucht, abends gibt es auch Pizza. Via San Giovanni in Laterano 59–63, ✆ 06/7008266. Mittags und abends geöffnet, Samstagmittag geschlossen.

In Trastevere: **Augusto (92)**, eines der empfehlenswertesten Restaurants in Trastevere. Besitzer Augusto, Sohn und Töchter arbeiten im Service, und die Mutter kocht einfache Spezialitäten, dazu gibt's schlichten weißen Hauswein. Das Lokal verfügt über einen großen Kundenstamm – der Lohn von 40 Jahren guter Arbeit. Entsprechend voll kann es werden, und besonders die Plätze draußen auf der malerischen Piazza de Renzi sind begehrt. Auch wegen des etwas chaotischen Service kann es zu langen Wartezeiten kommen. Menü ca. 20–23 €. Piazza de Renzi 15, ✆ 06/5803798. Samstagabend und So geschlossen.

Gino in Trastevere (95), in Claudio Angelonis einladender Trattoria wird ausgezeichnete Fischküche geboten, aber auch Pizza (ab ca. 5 €). Ein normales Fischmenü kostet um 30 €. Immer voll, deshalb sollte man besser reservieren. Via della Lungaretta 85, ✆ 06/5803403. Nur abends geöffnet, Mi geschlossen.

Da Lucia (93), die von den Römern geliebte Trattoria liegt in einer der dunkelsten Ecken von Trastevere. Gute römische Küche, bei der besonders die Suppen und der feine Baccalà zu empfehlen sind. Relativ günstig, ein Menü kommt auf ca. 20 €. Vicolo del Mattonato 2, ✆ 06/5803601. Mittags und abends geöffnet, Mo geschlossen.

Alberto Ciarla (102), Alberto Ciarla ist der Gentleman unter den Gastronomen Roms, mit seinem Lokal in Trastevere hat er schon große Erfolge gefeiert. Gute Fischküche und hervorragende Weinkarte. Elegantes Restaurant im oberen Preissegment, Menü ca. 70 €. Piazza San Cosimato 40, ✆ 06/5818668. Nur abends ab 20.30 Uhr geöffnet, So geschlossen.

Paris (98), Tipp! In dem von Dario Cappellanti und seiner Frau Lole familiär geführten Restaurant wird die gehobene römisch-jüdische Küche gepflegt, Spezialität des Hauses sind frittiertes Gemüse und Stockfisch. Das Preis-Leistungs-Verhältnis ist gut, Qualität und Frische der Produkte sind bemerkenswert. Gute offene Weine. Menü ca. 40 €, Reservierung empfohlen! Piazza San Calisto 7, ✆ 06/5815378. Sonntagabend und Mo geschlossen.

La Gensola (96), sehr gute sizilianische Fischküche, dazu eine große Auswahl an vegetarischen Vorspeisen und Nudelgerichten. Zum Fisch trinkt man am besten den offenen Weißwein aus den Castelli. Diese interessante Alternative zur römischen Küche kostet pro Menü ca. 25 €, Mittagstisch etwas günstiger. Piazza della Gensola 15, ✆ 06/5816321. Samstagmittag und So geschlossen.

Um den Vatikan: An der Verbindungsmauer vom Palast zur Engelsburg befindet sich das **Ristorante Tre Pupazzi (13).** Ganz so typisch römisch wie versprochen ist die Küche zwar nicht, doch ist das Angebot durchaus akzeptabel, außerdem gibt es hier gute Pizza. Menü ca. 20–25 €. Borgo Pio 183, ✆ 06/6868371. So geschlossen.

Taverna Angelica (9), dieses kleine, intime Restaurant ist eine hübsche Alternative zu anderen Lokalen des Viertels. In sehr elegantem Ambiente wird gute Fischküche geboten, die dann auch mal etwas teurer ausfällt: Menü um 35–40 €. Piazza Amerigo Capponi 6 (Nähe Piazza del Risorgimento), ✆ 06/6874514. Tägl. nur abends ab 19.30 Uhr geöffnet.

La Griglietta (2), alteingesessene Hostaria, etwas weg vom Rummel in der Via Germanico gelegen. Gemütlicher Innenraum, Spezialitäten vom Grill, viel Fisch, auch Pizza. Mittleres Preisniveau, bei den Bewohnern des Viertels sehr beliebt. Via Germanico 170c, ✆ 06/3211312. Mittags und abends geöffnet, So geschlossen.

Il Matriciano (3), von Lesern empfohlen, gleich hinter der Markthalle. Leicht gehobenes Preisniveau. Via dei Gracchi 55, ✆ 06/3213040. Mittags und abends geöffnet, Di geschlossen.

• Pizzerien *In der Innenstadt:* **Acchiappafantasmi (47)**, sehr gute Pizza und andere Leckereien, Menü ca. 20 €. Via dei Cappellari 66, ✆ 06/6873462. Nur abends geöffnet, Di geschlossen.

Trattoria/Pizzeria Luzzi (19), sympathisches, bodenständiges Lokal, immer voll,

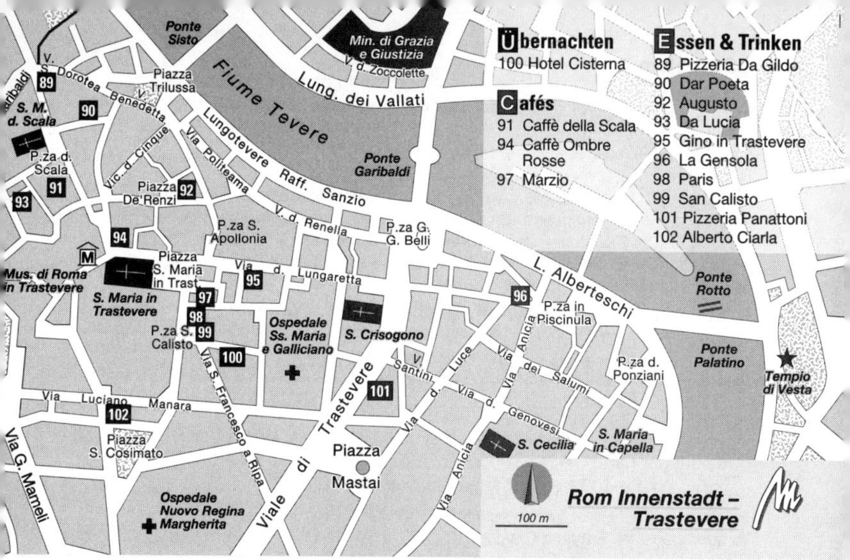

Rom
Karte S. 372/373

viele Römer verbringen hier ihre Mittagspause. Netter Besitzer, sehr günstig. Im Sommer kann man draußen sitzen. Pizza nur abends. Menü mit Hauswein ca. 15–18 €. Via S. Giovanni in Laterano 88, ✆ 06/7096332. Mittags und abends geöffnet, Pizza nur abends, Mi geschlossen.

Pizza Forum (18), hier bekommen Sie eine dünne Pizza mit hohem Rand und leckerem Belag, dazu gibt's Bier oder offenen Wein. Man zahlt etwa 12 €. Keine 5 Minuten vom Kolosseum entfernt. Via San Giovanni in Laterano 34/38, ✆ 06/7002515. Mo geschlossen, sonst auch mittags Pizza.

Il Baffetto (41), fast jeden Abend das gleiche Bild: Eine große Menschenmenge auf der Via del Governo Vecchio wartet geduldig auf einen Platz in der Pizzeria Baffetto. Dabei ist der Raum gar nicht so klein, und über eine schmale Stiege geht es in den ersten Stock mit weiteren Tischchen. Im Sommer gibt's auch noch draußen Platz. Die Nachfrage ist berechtigt, denn die Pizza ist großartig und noch dazu preiswert. Wenn Sie nicht lange auf einen Platz warten wollen, sollten Sie früh (19.30 Uhr) oder sehr spät (nach 22 Uhr) kommen. Via del Governo Vecchio 114, ✆ 06/68612617. Nur abends geöffnet (18.30–1 Uhr).

Fior-Fiore (71), selten findet man sonst eine so gute, knusprige und lecker belegte Pizza in Rom, z. B. mit Tomaten und Mozzarella, mit Kartoffeln, Gemüse, Schinken und Käse. Via della Croce 17/18. 8–15 Uhr und 16.30–20 Uhr geöffnet, So Ruhetag.

Pizza Ciro (81), großes, modernes und helles Lokal, umfangreiche Pizzaauswahl. Der Pizzateig ist hier dicker als sonst üblich und deswegen nicht jedermanns Geschmack. Bei jungen Römern und Touristen ist Ciro recht beliebt. Via della Mercede 43/44, ✆ 06/6786015.

Spaghetteria/Pizzeria L'Archetto (88), nur wenige Schritte vom Teatro Quirino und ca. 5 Minuten vom Trevi-Brunnen entfernt. Günstiges, gemütliches Lokal, gute Pasta, nur abends Pizza, Menü ca. 20–25 €. Via dell'Archetto 26, ✆ 06/6789064. Mittags und abends geöffnet (auch noch nach dem Theater).

In Trastevere: **Panattoni (101)**, die bei jüngeren Römern sehr beliebte Pizzeria in Trastevere ist fast immer bis auf den letzten Platz besetzt, man muss oft Wartezeiten in Kauf nehmen, was sich hier aber durchaus lohnt. Sympathische Preise (ca. 10 €). Viale Trastevere 53. Nur abends geöffnet, Mi Ruhetag.

Da Gildo (89), die Pizzeria gehört zu den traditionellen Lokalen von Trastevere und ist seit 35 Jahren in Familienbesitz. Pizza gibt es in allen Variationen, aber auch gute Nudelgerichte sowie verschiedene Salate. Gutes Bier und einige interessante Flaschenweine. Via della Scala 31. Mi geschlossen (im Sommer immer offen).

San Calisto (99), knusprige Pizze, riesig groß, dünn und einfach herrlich, besonders gut sind die mit Rucola belegten. Dazu trinkt man Bier vom Fass oder den süffigen weißen Hauswein. Etwa 10–12 € fürs Essen. In Trastevere, Piazza San Calisto 9 a (neben „Paris"), ✆ 06/5818256. Nur abends geöffnet, Mo Ruhetag.

Dar Poeta (90), ausgezeichnete Pizzeria im Herzen von Trastevere; gute Pizze (z. B. Campagnola, Salmone, Margherita), Bruschette in vielen Variationen, Calzoni usw. Etwa 12 € fürs Essen bei üppig bemessenen Portionen. Vicolo del Bologna 45, ✆ 06/5880516. Nur abends geöffnet, Mo Ruhetag.

• *Pizza al taglio/Rosticcerie* **M & M Volpetti (25)**, sehr gute Tavola calda; man isst vorbereitete Gerichte, die aufgewärmt werden. Die Preise variieren, eine Liste hängt aus. Via della Scrofa 31. 8.30–20.30 Uhr geöffnet.

Cafè Brek (54), im Erdgeschoss Bar mit Panini und Gebäck, im ersten Stock Selfservice-Restaurant – genau das Richtige für einen kleinen Snack am Mittag. Ziemlich günstig, viele Römer verbringen hier ihre Mittagspause. Largo Argentina, neben dem Teatro Argentina. Ganztägig bis 22.30 Uhr geöffnet.

Enotheken (s. Karten S. 372/373, S. 376/377, S. 381 und S. 383)

Die Legendenpunkte **1–21** finden sich auf der Karte *Innenstadt* (S. 372/373); **22–62** auf der Karte *Centro Storico* (S. 376/377); **63–88** auf der Karte *Via del Corso* (S. 381); und **89–102** auf der Karte *Trastevere* (S. 383).

In der Innenstadt: **Enoteca Cavour 313 (17)**, die seit 1978 geöffnete Enoteca ist eigentlich eher eine Winebar (einer Osteria vergleichbar), was schon an den Öffnungszeiten erkennbar ist: mittags 12.30–14.30, am Abend 19.30–1.30 Uhr. Angeboten werden viele kalte Gerichte (Schinken, Salami, Käse, Räucherfisch, Salate und Desserts), einige warme Suppen und ca. 500 Flaschenweine, von denen einige wenige auch im Ausschank sind. Für ein Mittag- oder Abendessen in diesem sympathischen Ambiente bezahlen Sie ca. 15–20 €. So Ruhetag. Via Cavour 313, ✆ 06/6785496.

Cul de Sac (46), die erste Enoteca, die vom Verkauf offener Weine und Öle aus Fässern abkam, Flaschenweine ins Sortiment aufnahm und auch glasweise verkaufte. Dazu wurden Kleinigkeiten zu essen angeboten. Aus dieser Idee sind die heutigen Winebars entstanden. Cul de Sac ist seiner Tradition treu geblieben und bietet noch immer verschiedene kleine kalte und warme Gerichte an. Umfangreiche, vielseitige Weinkarte. Preis für ein Essen ca. 20 €. Piazza Pasquino 73 (schräg gegenüber dem Palazzo Braschi), ✆ 06/68801094. Tägl. 12.30–16.30 Uhr und 19–0.30 Uhr geöffnet, Montagmittag geschlossen.

Trimani – Il Winebar, die elegante Winebar gehört zur Enoteca Trimani (gleich um die Ecke, s. u.). Jeden Tag sind ca. 20 verschiedene Weine im Ausschank, das Glas ab 3 €. Zum Essen werden Crostini, Quiche, Salate, Räucherfisch und verschiedene Käsesorten, aber auch Suppen, Austern, Filets und feine Desserts angeboten. Der Service ist überaus freundlich und zuvorkommend. Mo–Sa 11.30–0.30 Uhr geöffnet, So geschlossen. Via Cernaia 37b (gegenüber vom Finanzministerium, nördlich des Hauptbahnhofs), ✆ 06/4469630.

Enoteca Trimani (5), dieses seit 1821 existierende Weingeschäft (ohne Ausschank, dafür gibt es ja die Winebar gleich nebenan) ist heute eines der modernsten, vielfältigsten und größten ganz Italiens. Weinkenner und -liebhaber werden begeistert sein! Via Goito 20 (bei *Il Winebar* um die Ecke), geöffnet Mo–Sa 8.30–13.30 Uhr und 15.30–20 Uhr. So geschlossen. ✆ 06/4469661, 📠 06/4468351, www.trimani.com.

Enoteca Buccone (67), in den Regalen dieser alteingesessenen Enoteca finden Sie die besten Weine aus allen Regionen Italiens sowie internationale Tropfen (z. B. aus Griechenland, Chile und den USA). Angeboten werden auch verschiedene Delikatessen, Öle und Essigsorten. Weine und Sekt können Sie gleich am Tresen probieren. Via di Ripetta 19, Mo–Fr 9–20.30 Uhr geöffnet, Sa 9–13.30 Uhr, So geschlossen.

Enoteca al Parlamento (84), die Enoteca von Gianfranco Achilli liegt mitten im Herzen Roms. Die Auswahl reicht von in- und ausländischen Spitzenweinen über Sekt bis zu Champagner und diversen Bränden. Zusätzlich gibt es hier auch feine Öle, eingelegte Früchte und Süßwaren, zahlreiche Essigsorten und andere Spezialitäten, nicht zu vergessen die köstlichen Kanapees in der Vitrine. Mo–Sa 9–14 Uhr und 16–20.30 Uhr geöffnet, So geschlossen. Via dei Prefetti 15, ✆ 06/6873446, www.enotecaalparlamento.it.

L'Enoteca Antica di Via della Croce (72), diese große Enoteca existiert schon seit über 90 Jahren. Hier können Sie ausgezeichnete Weine probieren (die Preise liegen allerdings über dem sonst üblichen Durchschnitt) und vorzügliche Kleinigkeiten essen (auch Pizza). Via della Croce 76 b (an der Ecke zur Via Bocca di Leone). ✆ 06/6790896, www.enotecaantica.com.

Winebar L'Angolo Divino (58), die Enoteca besteht seit 50 Jahren. Die Flaschenpreise beginnen für einfache Weine bei ca. 4 €, bessere Weine kosten bis zu 35 €. Große Auswahl an Olivenöl aus den Regionen Latium und Toskana. Via d'Balestrani 12. Nur abends geöffnet, So geschlossen.

Enoteca Corsi (49), Via del Gesù 88, immer sehr voll und laut. Diese Osteria mit den wenigen, stets frischen, traditionellen Gerichten hat für viele Geschäftsleute der Umgebung die Funktion einer Kantine; bestes Preis-Leistungs-Verhältnis; sehr empfehlenswert! Menü um ca. 15 €. Nur mittags geöffnet, So geschlossen. ✆ 06/6790821.

Um den Vatikan: **Enoteca Constantini (6)**, Piazza Cavour (gleich bei der Engelsburg). Ausgezeichnete Weine – kein Wunder, denn dem Inhaber gehört auch das bekannte Weingut „Villa Simone di Constantini". Sehr stilvolles Ambiente, allerdings nicht ganz billig. Piazza Cavour (Eckhaus zur Via Tacito), schräg gegenüber des mächtigen Justizpalastes.

Cafés/Gelaterien (s. Karten S. 372/373, S. 376/377, S. 381 und S. 383)

Die Legendenpunkte **1–21** finden sich auf der Karte *Innenstadt* (S. 372/373); **22–62** auf der Karte *Centro Storico* (S. 376/377); **63–88** auf der Karte *Via del Corso* (S. 381); und **89–102** auf der Karte *Trastevere* (S. 383).

• *Cafés* *In der Innenstadt:* **Eustachio (42)**, bis Mitternacht ein beliebter Treffpunkt. Die Spezialität dieser Bar ist der *Gran Caffè Sant'Eustachio:* In einer großen Cappuccinotasse wird eine cremige Geheimmischung serviert. Es gibt auch frische Torten und gutes Eis. Piazza Sant'Eustachio 82.

La Caffèttiera (30), der Duft des Kaffees erfüllt den ganzen Platz. Zum Frühstück gibt es u. a. *plum cake* oder Brot, Butter und Marmelade (für römische Verhältnisse ungewöhnlich); gegen Mittag werden auch einige Snacks angeboten. Piazza di Pietra 65.

Tazza d'Oro (34), hier bekommen Sie alles, was die Kaffeebohne hergibt, z. B. arabischen Kaffee oder verschiedenste andere Mischungen (auch koffeinfrei). Es werden auch hochwertige Teesorten, Marmeladen und Schokoladen angeboten. An der Theke können Sie den vorzüglichen *Tazza d'oro* genießen oder sich im Sommer mit einer *Granita di café con panna* (halbgefrorener Kaffee mit Sahne) aufmuntern. Via degli Orfani 84, gleich beim Pantheon.

Caffè della Pace (36), in der gleichnamigen Via, sehr stimmungsvoll und nett zum Draußensitzen, abends Bar, hier lässt es sich Stunden aushalten. Teuer.

Noch idyllischer ist die **Bar Il Fico (39)** auf der malerischen Piazza del Fico. Tagsüber Café, in dem man sich zu Schach und Backgammon trifft, abends angesagte Bar

Antico Caffè Greco (77)

Das älteste und traditionsreichste Café der Stadt wurde erstmals in den Memoiren Casanovas 1742 erwähnt und erhielt seinen heutigen Namen, als es 1760 von dem leutseligen Griechen Georgios übernommen wurde. Er machte guten Kaffee, plauderte gern, und die Gäste kamen zahlreich. Das Caffè Greco wurde bald zum Treffpunkt berühmter Zeitgenossen wie Schopenhauer, Liszt, Wagner, Balzac und Lord Byron. Auch Goethe war hier Gast und schrieb an einem der runden Marmortische an seiner „Iphigenie". Heute sind in dem sehr teuren Café allerdings fast nur noch Touristen anzutreffen. Dennoch: Allein die Atmosphäre lohnt einen Besuch des traditionsreichen Hauses in der Via Condotti 86.

Babington's (73), der 1894 von der Britin Anna Maria Babington eröffnete Tea Room direkt an der Spanischen Treppe zeichnet sich auch nach über einem Jahrhundert durch vornehmes britisches Ambiente aus und wirkt dabei etwas altmodisch. Die Preise sind entsprechend hoch. Englisches und amerikanisches Frühstück, teurer Mittagstisch. Piazza di Spagna 23, ✆ 06/6786027. Geöffnet 9–20.15 Uhr, Di Ruhetag.

Rom
Karte S. 372/373

Caffè Rosati (65), schicke Terrasse, meist voll besetzt, das Publikum setzt sich hauptsächlich aus reichen amerikanischen Touristen und römischer Upperclass zusammen. Schöne Lage. Eckhaus in der Via Ripetta an der Piazza del Popolo, der Cappuccino ist hier für 4 € zu haben. Etwas günstiger ist das **Caffè Canova** auf der gegenüberliegenden Seite an der Piazza del Popolo (Anfang der Via del Babuino), hier sitzt man am Abend länger in der Sonne.

In Trastevere: **Marzio (97)**, die auf dem wunderschönen Platz in Trastevere gelegene Bar ist wegen des Ausblicks zwar teuer (besonders draußen am Tisch), doch einer der besten Plätze, um sich beim Aperitif auf ein gutes Abendessen einzustimmen. Pzza S. Maria in Trastevere 14 a.

Ziemlich angesagt sind derzeit auch das **Caffè Ombre Rosse (94)** an der Piazza Egidio 12 (gegenüber vom Museum): täglich 7.30–2 Uhr geöffnet, nettes Straßencafé, ideal auch für einen Aperitif.

Für den Drink nach dem Essen eignet sich dann das **Caffè della Scala (91)** in der gleichnamigen Straße (vom Museum geradeaus weiter).

• *Gelaterie* *In der Innenstadt:* **Giolitti (27)**, die wohl beste Eisdiele Roms. Im Sommer werden in diesem Familienbetrieb mit 40 Angestellten pro Tag neun Doppelzentner Eis (es gibt bis zu 60 Sorten!) hergestellt, wofür 9000 Eigelb (!) benötigt werden. In einem Nebenraum kann man in vornehmer Rokoko-Atmosphäre auch sitzen (sonst üblich). Via degli Uffici del Vicario 40 (nicht weit vom Parlament). Mo Ruhetag, sonst bis 2 Uhr nachts geöffnet.

Gelateria della Palma (28), die große, moderne Eisdiele ist für ihre gigantische Auswahl an ausgefallenen Eissorten (auch Süßigkeiten) bekannt. Hier ist auch noch spätabends etwas los, manchmal finden Musikveranstaltungen statt. Mit Bar. Via della Maddalena 20, nur wenige Schritte vom Pantheon entfernt.

Tre Scalini (38), probieren Sie hier unbedingt ein Tartufo-Eis (besser zum Mitnehmen, sonst wird es extrem teuer). Es gibt in Rom nichts, was mit dieser süßen Kalorienbombe aus Schokoladenstückchen und kandierten Kirschen in einem Klumpen Schokoladeneis vergleichbar ist. Piazza Navona, Mi geschlossen.

Alberto Pica (59), das angeblich einzig wahre Eis kredenzt nur Alberto Pica, *„il presidente del sindacato italiano gelatieri artigianali"* (der Präsident der italienischen Gewerkschaft selbst herstellender Eisverkäufer). Im Sommer hat der selbsternannte Eiskönig ungefähr 50 verschiedene Eissorten im Repertoire, darunter gelegentlich *Crema di fragoline di bosco* (Walderdbeereis), *Baileys* und Pinienkern-Eis, aber manchmal auch ganz andere, sehr eigenwillige Kreationen (lassen Sie sich überraschen). Auch Bar und Panini. Via della Seggiola 12 (zweigt beim Justizministerium von der Via Arenuela ab). So geschlossen.

Nachtleben

In der Innenstadt trifft man sich abends in den Cafés, Bars und Kneipen um die großen Plätze wie Piazza Navona und Campo de' Fiori. Zum „richtigen" Nachtleben zieht es das jüngere Publikum vor allem ins Viertel Testaccio (südlich vom Aventin), wo sich in der Via di Monte Testaccio eine Disko/Bar an die andere reiht. Diskotheken in der Innenstadt sind rar gesät und tendenziell sehr teuer. Veranstaltungs- und Konzerttermine stehen in der Donnerstagsbeilage (Trovaroma) der Tageszeitung *La Repubblica*. Um die Stadt in den Sommermonaten attraktiver zu machen, werden seit Jahren zu dieser Zeit aufwendige **Festivals** auf öffentlichen Plätzen veranstaltet. Hinweise darauf sind auf Plakaten oder ebenfalls im Veranstaltungsmagazin *Trovaroma* zu finden.

• *Bars/Kneipen in der Innenstadt* **La Vineria**, sehr „in", hier trifft man sich abends zum Wein, nicht allzu teuer, allerdings ist dank allergrößter Beliebtheit nur schwer ein Tisch an der Piazza zu bekommen. Bis 2 Uhr nachts geöffnet. Campo de' Fiori 15.

The Drunken Ship, Campo de' Fiori, Eckhaus am Vicolo del Gallo, vor allem junge Amerikaner und Engländer, auch römische Studenten. Ab und zu Live-Auftritte, Happy Hour am frühen Abend, ansonsten ist das Preisniveau hoch (aber das ist es überall in der Innenstadt). Tägl. 10–2 Uhr geöffnet. Campo de' Fiori 20-21.

Taverna del Campo, Campo de' Fiori 16, Cocktailbar, Enoteca und Pub gleichzeitig, erfreut sich größter Beliebtheit bei Römern und Touristen. Es werden auch kleine Gerichte serviert. Tägl. 8–2 Uhr geöffnet, ✆ 06/6874402.

Jazz Cafè, Via Zanardelli 11/12 (Straße von der Piazza Navona zum Ponte Umberto I.), American Bar & Ristorante. Schicke Cocktailbar, beliebt v. a. bei Römern zwischen 20–30 Jahren. Oft Livemusik, im oberen Stock Restaurant. Tägl. 12–15.30 Uhr und 22.30–3 Uhr, Mo geschlossen, ✆ 06/6869900.

Cafè/Bar della Pace, Via della Pace 5, eine der bekanntesten und beliebtesten Bars der Innenstadt, viele bestens gestylte Römerinnen und Römer. Wer von der stilvollen Einrichtung des Cafés etwas mitkriegen will, sollte tagsüber kommen. Tägl. 10–2 Uhr, ✆ 06/6861216.

Bar del Fico, an der malerischen kleinen Piazza del Fico 26/28, schöne Cocktailbar ganz in der Nähe der Bar della Pace. Angenehme Atmosphäre, tägl. 8–2 Uhr, ✆ 06/6865205.

Jonathan's Angels, Via della Fossa 16 (eine kleine Gasse in der Nähe der Piazza Navona). Hauptsächlich wegen der kuriosen Einrichtung einen Besuch wert: Selbstporträts des Besitzers zieren die Kneipe von oben bis unten. Gelegentlich Livemusik, der Gegend entsprechend hohes Preisniveau. Di–So 16–2 Uhr, im Mai geschlossen, ✆ 06/6893426.

The Black Duke, Via della Maddalena 29 (Nähe Pantheon), im Stil eines irischen Pubs mit irischem Essen und Getränken (z. B. Guinness). 17–2 Uhr (am Wochenende schon ab 16 Uhr), im Mai geschlossen, ✆ 06/68300381.

Trinity College, Via del Collegio Romano 6 (Via del Corso, hinter dem Palazzo Doria), sehr großer Pub nach irischer Art auf zwei Etagen, sehr beliebt, viele Studenten und Touristen, berühmt sind die zahlreichen Varianten des Irish Coffee. Happy Hour 16–20 Uhr, geöffnet 12–3 Uhr, im Mai geschlossen, ✆ 06/6786472.

• _Bars/Kneipen in Trastevere_ **Trastevere Cafè**, Via Cardinal Merry del Val 13 (winziges Gässchen, das vom Viale Trastevere abzweigt), Pub mit Livemusik (Fr und Sa bei Livemusik Verzehrzwang). So/Mo geschlossen, sonst 22.30–3.30 Uhr. Eintritt ca. 10 €. ✆ 06/4073528,

Besonders in der **Via della Scala** oder ihren Seitengassen reihen sich Kneipen und Bars aneinander, z. B. das **Caffè della Scala** (Piazza della Scala 4), fast noch beliebter ist hier in der Gegend das nahe Café **Ombre Rosse** an der Piazza Egidio 12. Hier auch Aperitivo mit Häppchen.

Big Mama, Vicolo S. Fancesco a Ripa 18 (ein Gässchen links vom Viale Trastevere), die Kellerkneipe ist ein Muss für jeden Jazzkenner, es gibt kaum eine Jazz-Größe, die hier noch nicht aufgetreten ist. Bier vom Fass und kleine Gerichte. Geöffnet 21–1.30 Uhr (es lohnt nicht, vor 22 Uhr herzukommen), Mo geschlossen, ✆ 06/5812551.

• _Diskos in der Innenstadt_ **Gilda**, Via Mario de' Fiori 97 (Nähe Spanische Treppe). In dieser feinsten und teuersten Disko mit bequemen Sofas und hohen Decken trifft sich hauptsächlich Roms Schickeria und Prominenz. Entsprechend sorgfältig wird das Publikum aus den am Eingang Wartenden ausgewählt (sofern Sie nicht zur Prominenz gehören: Sakko für Herren obligatorisch, Damen kommen bevorzugt in Schwarz und sehr hochhackig). Man kann hier auch Kleinigkeiten essen. Zum Gilda gehört eine der meistbesuchten Pianobars in Rom. Geöffnet Di–So 22.30–4 Uhr, von Mitte Juni bis Mitte September geschlossen, da zieht die Disko als „Gilda on the Beach" nach Fregene an den Strand.

• _Diskos in Testaccio_ **Alibi**, Via di Monte Testaccio 40/44, hauptsächlich Disko, schrillster Treffpunkt der römischen Schwulenszene, bei Heteros aber genauso beliebt. Am Wochenende finden oft Themenpartys oder Shows auf der kleinen Bühne statt. Drei Säle auf zwei Etagen mit jeweils unterschiedlichen Musikrichtungen, im Sommer wird die Dachterrasse geöffnet. Mo/Di geschlossen, sonst 23–4.30 Uhr geöffnet (im Sommer auch mal länger), Eintritt ca. 15 €, Do und So freier Eintritt.

AKAB, Via di Monte Testaccio 69, früher Fabrik, heute Konzertsaal, in den letzten Jahren sind hier schon hochkarätige Musiker aufgetreten. Einige der besten DJs von Rom spielen hauptsächlich schwarze Musik. Mo–Sa 22–4 Uhr, Eintritt ca. 15 €.

Caffè Latino, Via di Monte Testaccio 96. Fast jeden Abend Livemusik, danach oder ansonsten Disko (Musik variiert je nach Abend), die sehr populär ist. Drei Säle und Café nebenan. Mo geschlossen, sonst 22.30–2.30 Uhr, Eintritt 8 €, am Wochenende ca. 10 €, ✆ 06/57288556.

Radio Londra, Via di Monte Testaccio 65b, jüngeres Publikum, die Tessera kostet 5 €. Viele Waver.

Eto, erst im Herbst 2004 eröffnet, zurzeit sehr angesagt, entsprechend sortiert der Türsteher aus. Musikrichtung gemischt, mit Tendenz zu House. Via Galvani 46.

Zoobar, in der Via di Monte Testaccio 22 (beim Parkplatz), erkennbar an der Schlange davor.

Rom Karte S. 372/373

Sehenswertes

Die Ewige Stadt kann man in der Tat ewig erkunden und wird wahrscheinlich nie wirklich alles gesehen haben. Kaum eine Stadt bietet so viele Sehenswürdigkeiten wie Rom.

Die großen Sehenswürdigkeiten der Antike (Kolosseum und Forum Romanum) liegen dicht beieinander, sodass ein Besuch hier gut an einem Nachmittag zu bewältigen ist. Ebenfalls liegen die Highlights der Innenstadt – Trevi-Brunnen, Spanische Treppe, Piazza Navona, Pantheon und Campo de' Fiori – in bequemer Laufentfernung. Wer sich Richtung Vatikan und Vatikanische Museen auf der anderen Tiberseite aufmacht, sollte dafür einen ganzen Tag einplanen.

Um Kapitol, Forum Romanum und Aventin

Kapitolsplatz (Piazza di Campidoglio)

Der Kapitolshügel oberhalb der belebten Piazza Venezia und neben dem alles überragenden Nationalmonument Vittoriano (Altare della Patria) war vor 2000 Jahren das politische und geistige Zentrum des römischen Weltreiches. Alle wichtigen Staatshandlungen und auch jeder Triumphzug eines siegreichen Feldherrn fanden hier, am Tempel des Jupiter, ihren kultischen Abschluss. Heute wird Rom vom Bürgermeister der Stadt im Senatorenpalast am Kapitolsplatz regiert, das Standesamt befindet sich im Konservatorenpalast rechts daneben.

Der Kapitolsplatz hatte in der Antike eine entgegengesetzte Ausrichtung: Vor dem Bau des Senatorenpalasts (13. Jh.) am heute hinteren Ende der Piazza war der Blick frei auf das gesamte Forum Romanum. Hier stand einst der vermutlich größte und prächtigste **Jupitertempel** des Imperiums. Er war ebenfalls zum Forum hin ausgerichtet und nur von dort aus über einen schmalen Prozessionsweg zu erreichen. Daneben vermutet man den **trapeischen Felsen**, von dem Staatsverbrecher in die Tiefe gestürzt wurden.

Auf dem zweiten Gipfel des Hügels, der höher gelegenen **Arx**, befand sich der **Tempel der Juno Moneta** (heute die Kirche Santa Maria in Aracoeli, s. u.). In der Senke zwischen den beiden Gipfeln des niedrigsten der sieben Hügel hat man zu Zeiten des römischen Imperiums einen kleinen, dem Gott Asylius geweihten Tempel für Schutzsuchende gebaut, das **Asylum.**

Sein heutiges Aussehen erhielt das Kapitol Mitte des 16. Jh. durch Michelangelo, der 1538 von Papst Paul III. mit der Gestaltung des Platzes beauftragt wurde. Den Senatorenpalast ließ er mit einer symmetrischen Freitreppe versehen, davor entstand ein Brunnen mit den Statuen der Flussgötter **Tiber und Nil** (in der Antike stellte man Flüsse durch bärtige, halbnackte Männer dar).

Michelangelo wurde auch mit dem Umbau des **Palazzo dei Conservatori** auf der rechten Seite des Platzes beauftragt; außerdem sollte er einen neuen Palast, den **Palazzo Nuovo**, bauen, der das gegenüberliegende symmetrische Gegenstück bilden sollte. Beide Paläste wurden jedoch erst nach seinem Tod (1564) von seinem Schüler Giacomo della Porta und dessen Nachfolgern vollendet.

Zentraler Punkt der mit einer sternenförmigen Pflasterung versehenen Piazza Campidoglio ist die in der Mitte aufgestellte antike **Reiterstatue des Marc Aurel** (Kopie, das Original befindet sich in den Kapitolinischen Museen).

Kapitolinische Museen (Musei Capitolini)

Bereits 1471 wurde auf Veranlassung von Papst Sixtus IV. im **Palazzo dei Conservatori** eine kleine Ausstellung eingerichtet. Zweieinhalb Jahrhunderte später, im Jahr 1734, wurde hier auf Geheiß von Papst Clemens XII. das erste öffentliche Museum der Welt eröffnet.

Über einen unterirdischen Verbindungsgang gelangt man heute vom Palazzo Nuovo zum Palazzo dei Conservatori und kann dabei auch das seit kurzem zugängliche **Tabularium** besichtigen. Von hier bietet sich ein herrlicher Blick auf das benachbarte Forum Romanum.

Marc Aurel auf dem Kapitolsplatz

Die Kapitolinischen Museen bieten eine Fülle von sehenswerten Ausstellungsstücken, sodass Interessierte hier sicherlich einen ganzen Tag zubringen können. Man betritt die Ausstellungsräume über den Haupteingang des **Palazzo Nuovo.** Im Hof trifft man neben der riesigen antiken **Brunnenfigur des Marforio** auch auf das bereits erwähnte originale **Reiterstandbild Marc Aurels** (Nebenraum). Im oberen Stockwerk befindet sich eine Ausstellung hervorragend erhaltener antiker Kunstwerke; abgesehen von den Vatikanischen Museen (s. S. 421f.) gilt sie als die beste und eindrucksvollste Sammlung antiker Kunst in Rom. Besonders herauszuheben sind der **Sterbende Gallier**, eine Kopie nach griechischem Vorbild aus Pergamon in Kleinasien (Saal VIII), und die rote, marmorne **Faunstatue** aus der Hadriansvilla bei Tivoli (Saal VII); von dort stammen auch die beiden Mosaike (trinkende Tauben und Satyrmasken, Saal II).

Das Schmuckstück der ersten Etage ist zweifelsohne Saal IV: Neben der **Sitzenden Helena** in der Raummitte sind hier zahlreiche Porträts römischer Kaiser zu sehen, u. a. die von Nero, Caracalla, Marc Aurel und Augustus. Nicht übersehen sollte man auch die **Kapitolinische Venus** in der Galleria (Saal I).

Vom Palazzo Nuovo gelangt man über einen Durchgang im Untergeschoss (hier links ab zum Tabularium und einen Blick auf das Forum Romanum werfen) hinüber in den **Palazzo dei Conservatori.** Im Hof finden sich die Fragmente der größten Sitzstatue des antiken Rom (Kaiser Konstantin in riesigen Ausmaßen). Über eine gewaltige Treppe kommt man ins erste Obergeschoss. Hier wurden übrigens 1957 die sog. „Römischen Verträge“ zur Gründung der EWG unterzeichnet. Sehenswert im ersten Stock sind in jedem Fall die fünf großen Konservatorensäle mit dem **Spinario** („Der Dornauszieher“, griech. Original aus dem 1. Jh. v. Chr.) in Saal III.

In Saal IV stößt man auf die berühmte römische **Wölfin**, das Wahrzeichen der Stadt. Sie entstand wahrscheinlich bereits im 6. Jh. v. Chr. und ist etruskischen Ursprungs. Die Zwillinge Romulus und Remus wurden erst im Jahr 1490 vom Bildhauer *Pollaiuolo* hinzugefügt. Sehenswert ist auch Saal V, der **Saal der Gänse**.

Die Wölfin

La lupa ist seit jeher das heilige Wahrzeichen der Stadt. Schließlich war es eine Wölfin, die die Zwillinge Romulus und Remus im Ufergestrüpp des Tibers fand, sie säugte und ihnen so das Leben rettete. Am Kapitolsplatz ist links neben dem Senatorenpalast eine verkleinerte Kopie der berühmten Wölfin mit den beiden Säuglingen aufgestellt. Das Original der vermutlich etruskischen Bronzeskulptur aus dem 6. Jh. v. Chr. ist im Konservatorenpalast der Kapitolinischen Museen zu sehen. Ein Blitzschlag im Jahr 65 v. Chr. stürzte die Wölfin von ihrem Sockel, Spuren davon sind am linken Hinterlauf noch zu sehen. Romulus und Remus wurden übrigens erst Ende des 15. Jh. hinzugefügt.

Im zweiten Stock des Palazzo dei Conservatori ist die **Pinakothek** untergebracht, in der bedeutende Werke von Tiziano, Caravaggio, Rubens und van Dyck zu sehen sind.

- *Öffnungszeiten* Di–So 9–20 Uhr, Einlass bis 19 Uhr, Mo geschlossen. Eintritt 6,20 €, ermäßigt 4,20 € (EU-Jugendliche zwischen 18 und 24 J., Jugendliche unter 18 und Senioren über 65 J. frei), Kombiticket mit Museo Montemartini 8,30 €, ermäßigt 6,20 € (eine Woche gültig). Wer sein Eintrittsticket reserviert (an Sonn- und Feiertagen ratsam), zahlt eine zusätzliche Gebühr von 1,50 €. Führungen werden nur in italienischer Sprache angeboten (3,50 € pro Person), Audioguides in deutscher Sprache sind am Eingang für 4 € erhältlich. ✆ 06/39967800, www.museicapitolini.org.

Kirche Santa Maria in Aracoeli

Zu der Kirche mit ungewöhnlich schlichter Backsteinfassade führt vom Fuß des Kapitols neben der Cordonata (der Rampe) eine sehr steile Marmortreppe hinauf, die sog. „Himmelsleiter". Bequemer geht es allerdings vom Kapitolsplatz links ab einige Stufen hinauf zum Seiteneingang des Gotteshauses. Santa Maria in Aracoeli wurde auf dem höchsten Punkt des Kapitols, der Arx, an der Stelle des antiken **Tempels der Juno Moneta** (zugleich der Sitz der antiken römischen Münzpräge) gebaut. Sie stammt wahrscheinlich bereits aus dem 6. Jh. n. Chr. Von der ursprünglichen Klosteranlage ist allerdings nichts mehr übrig geblieben. Mitte des 13. Jh. übergab Papst Innozenz IV. das Gotteshaus an die Franziskaner, die sogleich mit dem Bau der heute noch erhaltenen Kirche begannen.

Ihr prunkvolles Inneres stellt einen starken Kontrast zur betont schlichten Fassade dar: Das Hauptschiff wird von antiken Säulen aus dem benachbarten Forum flankiert, der Hauptaltar birgt ein berühmtes **Madonnenbildnis.** Die vergoldete geschnitzte **Kassettendecke** entstand Ende des 16. Jh. und erinnert an die Seeschlacht von Lepanto. Attraktion der Kirche ist das hoch verehrte **Santo Bambino,** das „Jesuskind von Rom", dem man bis heute wundersame Heilkräfte nachsagt. Um den Altar stapeln sich Bittbriefe von Kindern aus aller Welt, die sich vom Jesuskind Hilfe erhoffen.

Öffnungszeiten Täglich 9–12.30 Uhr und 15–18.30 Uhr.

Piazza Venezia/Altare della Patria (Vittoriano)

Am meistbefahrenen Platz Roms herrscht Chaos rund um die Uhr. Hier treffen sich einige der wichtigsten Verkehrsadern der Stadt und halten zahlreiche Busse; außerdem befindet sich in der Mitte des Kreisverkehrs ein Taxistand. Den Verkehr regelt souverän ein unerschrockener Polizist auf einem kleinen Podest. Über dem hektischen Treiben prangt der **Altare della Patria** (Vaterlandsaltar) oder auch **Vittoriano,** wie das Monument genannt wird. Das Bauwerk beherrscht optisch nicht nur die Piazza Venezia, sondern auch das gesamte Stadtbild. Ihm musste ein Teil der benachbarten Kaiserforen weichen, und auch die Proportionen des direkt angrenzenden Kapitols wirken durch das überdimensionale, protzige Denkmal aufdringlich gestört. Die Römer haben ihrem Nationalmonument ganz ehrfurchtslos die Spottnamen „Schreibmaschine", „Hochzeitstorte" oder auch „Gebiss" gegeben – was so fern dann auch wieder nicht liegt. Einige Kunsthistoriker nennen den Vaterlandsaltar auch einen „Scherz des schlechten Geschmacks" und erheben immer wieder die Forderung, ihn abreißen zu lassen. Seit einigen Jahren ist das Vittoriano auch für die Öffentlichkeit zugänglich, man kann auf den Balkonen des Monuments herumspazieren und die schöne Aussicht vom oberen Säulengang genießen – der Blick reicht über die ganze Innenstadt und hinüber bis zum Piazzale Garibaldi (Gianicolo) in Trastevere.

Das 81 m hohe neoklassizistische Denkmal wurde zwischen 1895 und 1911 als Symbol für das geeinte Italien errichtet. Das 12 m hohe Reiterstandbild in der Mitte stellt Vittorio Emanuele II. dar, den ersten König des vereinigten Italiens aus dem Haus Savoyen. Unterhalb des Reiterstandbildes befindet sich seit 1921 das **Grab des Unbekannten Soldaten.** Davor halten zwei Soldaten rund um die Uhr Ehrenwache.

Mamertinischer Kerker (Carcere Mamertino)

Auf der heutigen Rückseite des Kapitols (gegenüber dem Septimius-Severus-Bogen) befindet sich unter der Kirche San Giuseppe dei Falegnami das antike römische Staatsgefängnis (Via San Pietro in Carcere). In den beiden Kerkern wurden politische Häftlinge gefangen gehalten. Der Legende nach soll auch Petrus hier eingesperrt gewesen sein.

Öffnungszeiten Täglich 9–12.30 und 14.30–17 Uhr. Eintritt gegen eine Spende.

Kaiserforen (Fori Imperiali)

Die Kaiserforen erstrecken sich beiderseits der nach ihnen benannten und von Mussolini erbauten Via dei Fori Imperiali. Die durch die Straße geschlagene breite Schneise zwischen den Foren verfälscht die ursprüngliche Optik, denn in der Antike wirkten die Kaiserforen wie ein geschlossener Komplex dicht aneinander gereihter Bauwerke.

Rom Karte S. 372/373

Schräg gegenüber dem Nationaldenkmal Vittoriano steht ganz am Anfang der Prachtstraße die 35 m hohe **Trajanssäule**, die im Mai des Jahres 113 n. Chr. hier aufgestellt wurde. Die hervorragend erhaltene Reliefdarstellung am Fries der Säule zeigt auf einem fast 200 m langen, sich spiralförmig nach oben windenden Band die Bildergeschichte der Feldzüge gegen die Daker unter Trajan (107–113 n. Chr.).

Trajansforum (Foro di Traiano)

Wenige Meter östlich der Trajanssäule befindet sich mit dem **Trajansforum** das letzte und größte Kaiserforum. Um das verbliebene noch unbebaute Areal zwischen Caesar- und Augustusforum nutzen zu können, ließ Trajan die etwa 30 m hohe Ostseite des Quirinalhügels abtragen; die Trajanssäule mit der exakt gleichen Höhe vermittelt noch heute eine Vorstellung von dieser Arbeit.

Nordwestlich des Forums schließen die **Trajansmärkte (Mercati Traianei)** aus dem 2. Jh. n. Chr. an. Sie sind noch so gut erhalten, dass sie ein anschauliches Bild einer antiken Ladenpassage vermitteln. In den damals etwa 150 Läden wurden hauptsächlich Lebensmittel umgeschlagen, angeschlossen waren auch staatliche Verwaltungseinrichtungen und Büros privater Firmen.

• *Öffnungszeiten* Der Eingang zu Trajansforum und -märkten befindet sich in der Via IV Novembre kurz vor dem Largo Magnanapoli (über Treppen von der Via Alessandrina zu erreichen). Geöffnet Di–So 9–19 Uhr (die Biglietteria schließt 1 Std. früher), Mo geschlossen, im Winter nur bis 17.30 Uhr. Eintritt 6,20 €, ermäßigt 4,20 € (EU-Bürger unter 25 J. und Studenten mit ISIC), unter 18 und über 65 J. freier Eintritt. Via IV Novembre 94, ✆ 06/6920501.

Augustusforum (Foro di Augusto)

Neben dem Trajansforum befindet sich das wesentlich kleinere **Forum des Augustus** (42 v. Chr.). Mittelpunkt dieser Anlage war der **Tempel des Mars Ultor**, der allerdings erst 40 Jahre nach dem Forum entstand und an den Mord an Julius Caesar erinnern sollte. Zu sehen sind noch einige Säulen und Teile der Treppe. Hier tagte der römische Senat in Kriegsangelegenheiten, links vom Tempel befand sich das Gericht, von dem noch die halbkreisförmigen Gänge zu sehen sind. Das Forum ist nur von außen einsehbar.

Forum des Julius Caesar (Foro di Cesare)

Schräg gegenüber dem Augustusforum (auf der anderen Seite der Via dei Fori Imperiali) liegt das **Forum des Julius Caesar.** Das älteste der drei Foren wurde im Auftrag Julius Caesars zwischen 54 und 46 v. Chr. nördlich des Forum Romanum gebaut. Heute noch sichtbar sind Reste der Säulenhallen, die den rechteckigen Platz des Forums umgaben. Am Nordende der Anlage befand sich der **Tempel der Venus Genitrix**, den Caesar als Dank für die gewonnene Schlacht von Pharsalos (48 v. Chr.) bauen ließ. Das gesamte Areal ist nur von der Straße einsehbar.

Forum Romanum (Foro Romano)

Das Forum liegt in einer Senke genau zwischen Kapitol und Palatin, den beiden ältesten Siedlungskernen der Stadt. Um ca. 500 v. Chr. begannen damals noch die Etrusker, das ehemalige Sumpfgebiet durch die **Cloaca Maxima** zu entwässern; dieser Abwasserkanal funktioniert noch heute und mündet in den Tiber. Das Forum, politisches und religiöses Zentrum, aber auch Markplatz des antiken Rom, wurde in der republikanischen Zeit angelegt und im Lauf der Jahrhunderte immer prachtvoller gestaltet – aus dem alten Marktplatz eines Hirten- und Bauernstaates wurde der Schauplatz monumentaler staatlicher Selbstdarstellung einer Weltmacht.

Der Rundgang auf dem Gelände führt vom Eingang am Largo Romolo e Remo (Via dei Fori Imperiali) zunächst zur **Basilica Aemilia** aus dem Jahr 179 v. Chr. Gleich links davon befindet sich die wesentlich kleinere **Curia**, in der der römische Senat tagte. Das vollständig erhaltene Gebäude entstand unter Diokletian im Jahr 303 n. Chr. auf dem Fundament der ersten Kurie, die bereits 29 v. Chr. von Augustus eingeweiht worden war. Vor dem Senat liegt unter einem unscheinbaren Wellblechdach der **Lapis Niger**. Dieser verehrte schwarze Marmorblock soll der Legende nach das Grab des Stadtgründers Romulus bedecken. Weiter rechts befindet sich der **Septimius-Severus-Bogen** (203 n. Chr.), mit 21 m Höhe einer der größten Triumphbögen der Antike.

Triumphbögen

Bereits im 2. Jh. v. Chr. wurden Ehrenbögen errichtet, die man im Lauf der Zeit immer prächtiger ausschmückte. Durch die Reliefdarstellungen erinnerten sie an die Triumphe der siegreich heimgekehrten Feldherren. In einer großen Prozession zogen damals vier weiße Pferde den Prunkwagen des Siegers durch die Stadt.

Mit Blick auf die Rückseite des Kapitols stößt man links vom Septimius-Severus-Bogen auf die **Rostra**, die Rednerbühne im antiken Rom. Daneben befindet sich das unscheinbare runde Fundament, auf dem der **Umbilicus Urbis Romae**, der „Nabel der Stadt Rom", als symbolischer Mittelpunkt der Welt ruhte.

Zwischen Rostra und **Tabularium**, dem antiken römischen Stadtarchiv am Fuß des Kapitolshügels, erstrecken sich u. a. die acht noch erhaltenen Säulen des **Saturntempels**, des ältesten Tempels auf dem Forum aus dem Jahr 498 v. Chr. Nebenan (gegenüber der Basilica Aemilia) befindet sich die fünfschiffige **Basilica Julia**, die 54 v. Chr. von Julius Caesar in Auftrag gegeben, aber erst unter Augustus vollendet wurde.

An der östlichen Schmalseite der Basilica Julia schließt der **Dioskurentempel** an, auch **Castor-und-Pollux-Tempel** genannt (484 v. Chr.). Seine drei noch erhaltenen korinthischen Säulen gelten heute als das Wahrzeichen des Forums. Der Tempel wurde den Götterbrüdern Castor und Pollux zum Dank gestiftet, nachdem sie der Legende nach hier den Sieg über die Latiner (499 v. Chr.) verkündet hatten.

Rechts vom Dioskurentempel liegt der kleine **Vestatempel**, in dem ständig ein Feuer brannte, das „Lebenslicht" der Stadt. Was in der Vorzeit des Römischen Reiches noch eine ganz praktische Funktion hatte, nämlich die Bewohner der Stadt jederzeit mit Feuer zu versorgen, wurde später zum Kult erhoben: Das nun „heilige" Feuer durfte von niemandem gelöscht werden, da man annahm, dass sonst der Untergang des Reiches drohe. Bewacht wurde es von den Vestalinnen, den Priesterinnen der Schutzgöttin Vesta. Gleich neben dem Tempel befand sich das prächtige **Wohnhaus der Vestalinnen.**

Zurück Richtung Forums-Eingang und vorbei an der **Regia**, dem Priestersitz, geht man frontal auf den **Antonius-und-Faustina-Tempel** zu. Die 17 m hohen Säulen der Eingangshalle sind noch erhalten. Antonius Pius ließ den Tempel 141 n. Chr. zum Gedenken an seine verstorbene Frau Faustina errichten, Mitte des 12. Jh. wan-

Rom
Karte S. 372/373

delte man den Tempel in eine Kirche um (San Lorenzo in Mirinda). Das Gleiche geschah mit dem runden **Romulus-Tempel** direkt nebenan. Dessen Name bezieht sich übrigens nicht auf den legendären Stadtgründer, sondern auf den 307 n. Chr. früh verstorbenen gleichnamigen Sohn des Kaisers Maxentius.

Von hier führt der Rundgang auf der **Via Sacra** leicht bergauf zum Titusbogen (und dem Ausgang am Kolosseum). Die „Heilige Straße", ein Prozessionsweg, verlief durch das ganze Forum bis hinauf zum Kapitol. Erkennbar sind noch tiefe Wagenspuren, die jedoch nicht aus der Antike, sondern aus der Renaissance stammen, in der das Forum als Steinbruch geplündert wurde. Zu Zeiten des Römischen Reiches war das Forum ausschließlich Fußgängern vorbehalten.

Auf der Via Sacra bergan gelangt man zur **Maxentius-Basilika**, einem der eindrucksvollsten Gebäude aus der Kaiserzeit. Das Kolossalbauwerk wurde von Maxentius 306 n. Chr. begonnen und später von Konstantin vollendet. Es hatte eine Grundfläche von über 6000 qm und eine Höhe von ca. 35 m. Geradeaus auf der Via Sacra folgt der **Titusbogen** aus dem Jahr 81 n. Chr. Der Triumphbogen wurde zur Erinnerung an den Sieg der Römer über die aufständischen Juden in Palästina und die Zerstörung des großen Tempels in Jerusalem 71 n. Chr. aufgestellt.

Neben dem Titusbogen gelangt man auf einer Terrasse zu den Resten des **Tempels der Venus und Roma**, mit einer Grundfläche von 145 mal 100 m der ehemals größte Tempel Roms. Kaiser Hadrian gab ihn nach eigenen Entwürfen 121 n. Chr. in Auftrag. Vom Titusbogen rechts gelangt man zum Aufstieg zum Palatin.

• *Öffnungszeiten* Es gibt vier Eingänge ins Forum Romanum: an der Rückseite des Senatorenpalastes, beim Carcere Mamertino, am Largo Romolo e Remo (Via dei Fori Imperiali, hier auch Bookshop) und am Kolosseum. Geöffnet täglich 9–18 Uhr (Auslass bis 19 Uhr), im Winter nur bis ca. 1 Std. vor Sonnenuntergang. Der Eintritt ist frei!

Für besonders Interessierte in Sachen Antike wird derzeit die **Carta Archeologica** angeboten. Zum Preis von 22 € (Gültigkeit: 7 Tage) hat man damit bei folgenden Sehenswürdigkeiten freien Eintritt: Kolosseum, Palatin, Caracalla-Thermen, Palazzo Altemps, Palazzo Massimo alle Terme, Diokletians-Thermen, Crypta Balbi, Tomba di Cecilia Metella (Via Appia Antica) und Villa dei Quintili (ebenfalls Via Appia Antica). Erhältlich z. B. im Palazzo Massimo alle Terme.

Palatin (Palatino)

Der älteste Siedlungshügel der Stadt (ab dem 10. Jh. v. Chr.) avancierte in der römischen Kaiserzeit zum nobelsten Wohnviertel der Stadt. Augustus erwarb sein Haus hier nicht ohne Hintergedanken: Durch die Lage des Palatin wohnte er erhöht über dem Forum, aber doch noch knapp unterhalb des gegenüber liegenden Kapitols, auf dem Götterchef Jupiter seinen Sitz hatte. Im Mittelalter wurden die kaiserlichen Paläste aus der Antike in Festungen verwandelt. Erst im 16. Jh. gewann der Hügel etwas von seinem alten Glanz zurück, als ein Neffe Papst Pauls III. hier die **Farnesischen Gärten** anlegen ließ. Den beliebten Gartenanlagen fielen allerdings zahlreiche Teile der antiken Kaiserpaläste zum Opfer.

Direkt südlich der Gärten befindet sich ein Bau, der für das **Haus der Livia** (der Ehefrau des Augustus) gehalten wird. Das Erdgeschoss des Gebäudes, das etwa aus dem Jahr 30 v. Chr. stammt, ist relativ gut erhalten, in den drei Räumen beeindrucken die besonders schönen Fresken. Südlich davon liegt das zeitgleich entstandene **Haus des Augustus.** Östlich davon ließ Domitian um 80 n. Chr. die **Domus Augustana**, sein Wohnhaus sowie ein **Stadion** errichten.

Blick vom Palatin

Rom
Karte S. 372/373

Lohnend ist ein Besuch im **Antiquarium Palatino** im südlichen Teil des Palatin: Die Exponate aus der Siedlungsgeschichte des Hügels sind in verschiedenen Sälen nach den jeweiligen Herrscherperioden geordnet.

• *Öffnungszeiten* Der Aufstieg zum Palatin ist vom Titusbogen im Forum Romanum oder von der Via di San Gregorio (Ostseite des Hügels) möglich. Geöffnet tägl. 9–18 Uhr (Auslass bis 19 Uhr), im Winter nur bis 1 Std. vor Sonnenuntergang. Das Antiquarium ist nur bis 17.40 Uhr geöffnet. Möglich ist eine Besichtigung nur mit einem Kombiticket, das auch für das Kolosseum gilt: 10 €, ermäßigt (EU-Bürger zwischen 18 und 25 J.) 6 €, EU-Bürger unter 18 und über 65 J. frei.

Circus Maximus (Circo Massimo)

In der größten Arena Roms ging es wahrhaftig zu, wie im Filmklassiker „Ben Hur“ 1959 mit monumentaler Kulisse nachempfunden: turbulent, spektakulär und äußerst blutig. Die zwischen Palatin und Aventin hoch aufgebauten Zuschauertribünen der Arena fassten nach mehrmaligen Umbauten in der Antike bis zu 200.000 begeisterte und sensationslustige Besucher. In den Untergeschossen der Tribünen befanden sich die Imbissstände und Wettbüros, in denen schwindelerregende Summen auf die Wagenlenker (meist traten vier Parteien gegeneinander an) gesetzt wurden. Wein floss beim Rennspektakel in Strömen, sodass es nicht selten zu gewalttätigen Ausschreitungen unter den Zuschauern kam. Dennoch: ein Besuch des Circus Maximus galt im alten Rom als Volksbelustigung Nummer eins. Erst mit dem Bau des Kolosseums verlor der Circus an Attraktivität.

Von der gigantischen Anlage sind nur einige spärliche Fundamentreste übrig geblieben. Der Circo Massimo ist heute nichts weiter als ein nur mäßig attraktiver Rasenplatz zwischen großen Straßenzügen, auf dem sich hin und wieder ein Jogger verirrt und Hunde ihr Geschäft verrichten.

Piazza della Bocca della Verità

Der viel befahrene Platz verdankt seinen Namen und seine Anziehungskraft dem „Mund der Wahrheit" – der **Bocca della Verità** am Eingang zur Kirche Santa Maria in Cosmedin. Bei Touristen ist dieser vermeintliche Lügendetektor äußerst beliebt, und oft bilden sich lange Warteschlangen vor dem furchterregenden Steinschlund, denn hier will schließlich jeder seine Unschuld beweisen.

Das antike Marmorrelief stammt vermutlich schon aus dem 4. Jh. v. Chr., der ursprüngliche Zweck der Steinplatte ist unklar. Später verwendete man sie jedenfalls zur Rechtsfindung (bzw. -beugung): Im Mittelalter musste jeder, der eine Aussage machte, die Hand in den Mund des Ungeheuers legen. Der düsteren Legende zufolge wurde Lügnern die Hand abgebissen, und gelegentlich frischte jemand mit einem Schwert hinter der Marmorplatte die abschreckende Wirkung des Höllenmauls wieder auf. In den 50er Jahren erfuhr das alte Steingesicht durch Audrey Hepburn und Gregory Peck in „Ein Herz und eine Krone" neue Popularität.

Kirche Santa Maria in Cosmedin

Hinter der Hauptattraktion Bocca della Verità verbirgt sich eine außerordentlich sehenswerte frühmittelalterliche Kirche aus dem 6. Jh. auf den Fundamenten eines antiken Gebäudes. Besonders sehenswert ist die wertvolle Ausstattung der Kirche durch die Cosmaten-Arbeiten aus dem 12. Jh.

Öffnungszeiten Im Sommer tägl. 9–19 Uhr, im Winter kürzer. Für die Bocca della Verità gelten die gleichen Öffnungszeiten.

Caracalla-Thermen

Die großen öffentlichen Badeanlagen hatten im gesellschaftlichen Leben der Stadt eine wichtige soziale Funktion. Sie dienten als Begegnungsstätte, in der man Körper und Geist pflegte. Darüber hinaus trugen sie erheblich zum Hygienestandard der Römer aller Schichten bei. Denn die geringen Eintrittspreise machten den Aufenthalt in einer der Badeanstalten Roms für jedermann erschwinglich. In der elf Hektar großen Badeanlage der Caracalla-Thermen wurde neben dem Kalt- und Warmbad auch ein attraktives Umfeld für die Freizeitgestaltung geboten: ein Garten zum Lustwandeln, diverse Läden und Restaurants, Palästren (Sportplätze), Konferenz- und Vortragsräume und sogar eine Bibliothek.

Die Caracalla-Thermen wurden 217 n. Chr. nach etwa zehnjähriger Bauzeit eingeweiht. Sie waren die luxuriösesten der antiken Welt und bis zum Bau der Diokletians-Thermen (beim Bahnhof Termini) etwa ein Jahrhundert später auch die größten. Die Wände waren mit Glas- und Marmormosaiken verkleidet, in den großzügigen Räumlichkeiten standen unzählige Bronze- und Marmorstatuen, und für die Fußwärme sorgten beheizte Mosaikfußböden. Die Zahl der Besucher wird auf bis zu 8000 pro Tag geschätzt; für den Badebetrieb wurden täglich etwa zehn Tonnen Brennholz benötigt.

In den Sommermonaten bildet die Ausgrabungsstätte immer wieder den eindrucksvollen Rahmen für Opernaufführungen.

• *Öffnungszeiten* Tägl. von 9 Uhr bis 1 Std. vor Sonnenuntergang (Einlass), Mo 9–14 Uhr. Eintritt 6 €, ermäßigt 3,50 €, EU-Bürger unter 18 und über 65 J. frei. Die Thermen liegen nur wenige hundert Meter vom Circo Massimo entfernt (an der Piazza Porta Capena in die Via di Terme di Caracalla, beschildert). **Metro B** bis Circo Massimo (Piazza Porta Capena) oder **Straßenbahn Nr. 3** ab Kolosseum (Richtung Trastevere) bis Piazza Porta Capena.

Um das Kolosseum

Kolosseum (Colosseo)

Das Wahrzeichen der Stadt am Ende der Via dei Fori Imperiali beeindruckt auch nach fast 2000 Jahren unverändert und ist zweifellos der wichtigste Touristenmagnet in der Ewigen Stadt. Mit einer Höhe von 54 m und Grundrissausmaßen von 188 mal 156 m ist der ovale Bau das größte Amphitheater der Antike. Seinen heutigen Namen erhielt es erst im Mittelalter, und zwar in Anlehnung an den *Colossos,* eine etwa 30 m hohe Statue des Nero, die sich ursprünglich hier befand und eigens für den Bau des Theaters versetzt wurde.

72 n. Chr. begannen unter Kaiser Vespasian die Arbeiten, acht Jahre später wurde die „kolossale" Arena von seinem Sohn Titus eingeweiht. Veranstaltet wurden hier blutrünstige Kämpfe auf Leben und Tod, die das Volk bei Laune halten sollten. Tatsächlich begeisterten die „Spiele" die Römer mehr als jedes andere Freizeitangebot, das die Stadt zu bieten hatte.

Brot und Spiele

Bei den „Spielen" im Kolosseum unterschied man zwischen den *venationes,* den Tierkämpfen, und den Gladiatorenkämpfen. Dazu kamen nachgestellte Seeschlachten, zu deren Zweck das Kolosseum geflutet wurde. Für die Tierkämpfe – sie fanden meist am Vormittag statt – hielt man sich im Untergeschoss eine Artenvielfalt, wie sie heute nur noch im Zoo anzutreffen ist: Dutzende von Löwen, Tigern, Leoparden, Braunbären und Hyänen, aber auch Elefanten, Wildpferde und Giraffen wurden im Lauf der Zeit aus ihren Käfigen über Aufzüge mitten in die Arena gehoben und mussten zum Kampf antreten – gegeneinander oder gegen einen eigens ausgebildeten Tierkämpfer. Nicht selten kämpften die Tiere auch gegen zum Tode verurteilte Gefangene. Über die etwaige Begnadigung eines besonders starken oder tapferen Kämpfers entschied der Kaiser, natürlich unter Berücksichtigung der Stimmungslage im Publikum.

Eingeleitet wurde das Spektakel mit harmlosen Schaukämpfen, am Nachmittag fanden dann die Gladiatorenkämpfe (von lat. *gladius* = Schwert) statt. Meist handelte es sich um professionelle Kämpfer, die es bei großen Erfolgen durchaus zu Ruhm und Vermögen bringen konnten.

Die ca. 50.000 Zuschauer hatten im Kolosseum freien Eintritt. Das Unterhaltungsprogramm war Bestandteil einer geschickten „Sozialpolitik", zu der auch die Verteilung kostenloser Lebensmittelrationen gehörte: panem et circenses, Brot und Spiele, wie es der zeitgenössischen Satirendichter Juvenal (etwa 55–127 n. Chr.) einmal genannt hat.

Rom
Karte S. 372/373

Da man glaubte, dass hier auch Christen umgebracht worden seien, weihte Papst Benedikt XIV. den Bau 1750 allen Märtyrern. Noch heute schreitet der Papst immer am Karfreitag den Kreuzweg im Kolosseum in einer feierlichen Prozession ab.

Vom dritten Rang der Zuschauertribüne eröffnet sich ein guter Blick auf das freigelegte Untergeschoss des Kolosseums. Hier befanden sich die Tierkäfige, die Ankleideräume und diverse Lagerräume. Am oberen Rand des Baus ragen einige Stütz-

Das Kolosseum

steine aus dem Mauerwerk. Sie dienten als Befestigung für das über Holzbalken gespannte Sonnensegel, das mittels Seilzügen und Winden ausgerollt werden konnte.

Im etwa jährlichen Wechsel finden im Kolosseum meist hochkarätige **Ausstellungen** statt.

• *Öffnungszeiten* Im Sommer täglich von 9 Uhr bis 19.30 Uhr, sonst bis 1 Std. vor Sonnenuntergang. Eintritt 10 € (nur als Kombiticket mit Palatin möglich), ermäßigt (EU-Bürger von 18 bis 24 J.) 5 €, EU-Bürger unter 18 und über 65 J. frei. Tipp: Kaufen Sie die Karten besser am Eingang zum Palatin (nur wenige Meter entfernt, links vom Titusbogen auf der Anhöhe beim Eingang zum Forum); hier gibt es selten längere Warteschlangen.

Konstantinsbogen (Arco di Constantino)

Der jüngste und besterhaltene der drei großen römischen Triumphbögen gleich neben dem Kolosseum wurde Kaiser Konstantin vom Senat zum Dank für seinen Sieg im Jahr 312 n. Chr. an der Milvischen Brücke über seinen Kontrahenten Maxentius gestiftet. Vorbild für den dreitorigen Bogen war der Septimius-Severus-Bogen. Durch den Konstantinsbogen führte der traditionelle Triumphweg.

San Pietro in Vincoli

Hinter der unscheinbaren Fassade nahe der technischen Fakultät der römischen Universität befindet sich im vergleichsweise spärlich ausgestalteten Inneren der Kirche eines der Meisterwerke Michelangelos: die **Statue des Moses** am Grabmal für Papst Julius II. im rechten Seitenschiff. Neben der Sitzstatue des Moses (1515), eingerahmt von den biblischen Schwestern Lea (rechts) und Rachel (links), stammt vermutlich auch die liegende Skulptur des Papstes im oberen Teil des Monuments von Michelangelo. Die eindrucksvolle Gestalt des Moses mit grimmigem Blick ist von zwei Hörnern gekrönt. Michelangelo hat damit einen Übersetzungsfehler in Stein gemeißelt: Im hebräischen Bibeltext heißt es, Moses' Gesicht habe bei seiner zweiten Sinaibesteigung nach der Unterredung mit dem Herrn „Strahlen geworfen", in der Vulgata, der lateinischen Bibelübersetzung des Hieronymus, ist aber nicht von *facies coronata (strahlen)*, sondern von *facies cornuta* (gehörnt) die Rede.

Die dreischiffige Basilika entstand bereits im 5. Jh. n. Chr. und sollte zum würdigen Aufbewahrungsort für die Ketten werden, mit denen angeblich Petrus gefesselt worden war; daher auch der Name „Sankt Peter in Ketten". Sie befinden sich in dem prachtvollen Renaissance-Tabernakel unter dem Hochaltar.

Öffnungszeiten Täglich 7–12.30 und 15.30–18 Uhr. Kirchensouvenirs im kleinen Shop nebenan. Piazza San Pietro in Vincoli.

Domus Aurea

Eines der eindrucksvollsten Beispiele für den Größenwahn Kaiser Neros: Der riesige Palast, der den Staatshaushalt ruinierte, wurde von Nero 68 n. Chr. in Auftrag gegeben, nachdem der große Brand von Rom (64 n. Chr.) hier ausreichend Platz für die Anlage geschaffen hatte.

Das **Goldene Haus** (= Domus Aurea) hatte mit allen Nebengebäuden eine Ausdehnung von 1,5 km Frontlänge. Zur gesamten Anlage gehörten auch ein künstlicher See, der später trockengelegt wurde und an dessen Stelle das Kolosseum entstand, sowie die 36 m hohe kolossale Statue von Nero selbst. Nach einem Brand im Jahr 104 n. Chr. verschwand die Domus Aurea aus dem Stadtbild. Man füllte die Innenräume mit Schutt auf und nutzte das so entstandene Plateau am Fuß des Esquilin-Hügels als Fundament für die Trajans-Thermen.

Noch heute sichtbar und zugänglich sind einige der unterirdisch gelegenen Räume des Haupthauses, das 1506 durch einen Zufall entdeckt wurde. Damals fand man hier auch die berühmte Laokoon-Gruppe. Erst 1907 begannen die Ausgrabungen des Palastes, von dem man vermutet, dass er an die 500 Räume zählte. 88 davon wurden freigelegt. Heute sind 29 Räume zu besichtigen, viele davon mit Stuckfragmenten und Fresken. Höhepunkt der Besichtigung ist der **oktagonale Kuppelsaal**, der in der Mitte des Palastes lag und nur durch eine Öffnung in der Decke beleuchtet werden konnte. Die Kuppel gilt als Vorbild für das später entstandene Pantheon.

• Öffnungszeiten Die Domus Aurea ist tägl. von 9 bis 19.45 Uhr geöffnet (Di geschlossen). Da nur kleine Gruppen mit Begleitpersonal (ohne Erläuterungen) eingelassen werden, sollte man v. a. für Sonn- und Feiertage unter ✆ 06/39967700 reservieren (Reservierungsgebühr 1,50 €). Eintritt 5 €, ermäßigt 2,50 €, EU-Bürger unter 18 und über 65 J. frei. Audioguide (auch in deutscher Sprache) 2 €, Führungen (in Englisch) 3,50 €, Dauer: ca. 40 Minuten.

Lateran (San Giovanni in Laterano)

Die Lateranskirche gehört zu den **Basilicae maiores** (bzw. Patriarchalbasiliken): Vier Kirchen der Stadt tragen diesen Ehrentitel: San Pietro in Vaticano (Peterskirche), San Paolo fuori le Mura, Santa Maria Maggiore und San Giovanni in Laterano.

Ursprünglich befand sich hier das prachtvolle Wohnhaus der Laterani, einer reichen römischen Familie, die unter Nero enteignet wurde. Als Kaiser Konstantin 312 n. Chr. auf wundersame Weise zum Christentum bekehrt wurde, schenkte er das inzwischen von seiner Familie genutzte Areal dem Papst. 326 entstand hier die erste große christliche Kirche, die auch als *caput et mater omnium ecclesiarum* (Haupt und Mutter aller Kirchen) gilt. Mehrere Jahrhunderte lang residierten hier die Päpste, bis der Papstsitz 1309 nach Avignon verlegt wurde. Nach ihrer Rückkehr im Jahr 1377 zogen die Päpste in den Vatikan um, der Lateran verlor an Bedeutung.

Rom Karte S. 372/373

Für das Heilige Jahr 1650 wurde die fünfschiffige Basilika im barocken Stil grundlegend renoviert. Baumeister war Francesco Borromini (1599–1667), der ewige Widersacher von Bernini. Die Lateranskirche ist bis heute die Kirche des Bischofs von Rom, also des Papstes. Hier wurden insgesamt acht ökumenische Konzile abgehalten.

Das mächtige **Eingangstor** aus Bronze wurde der antiken Kurie im Forum Romanum entwendet. Im **Inneren** dominiert der barocke Stil, den Borromini hier Mitte des 17. Jh. geschaffen hat: Er gab dem Mittelschiff eine stärkere Betonung als Hauptachse der Kirche, indem er die ursprünglich 14 Arkaden auf fünf je Seite reduzierte. In den Nischen der Pfeiler befinden sich Statuen der zwölf Apostel, die im 18. Jh. u. a. von Schülern Berninis geschaffen wurden. Die prachtvolle **Kassettendecke** des Hauptschiffes mit vergoldeten Schnitzereien stammt aus dem 16. Jh. Der **Hauptaltar** besteht aus einem gotischen Baldachin aus dem Jahr 1367, in dem sich angeblich in Goldgefäßen die Köpfe von Petrus und Paulus befinden; vor dem Altar, in der Confessio, ist Papst Martin V. (1417–1431) beigesetzt. In der Apsis des Hauptaltars schmückt die Kopie eines goldenen Mosaiks aus dem 13. Jh. die Wände. Im linken Querschiff sieht man die vergoldeten Säulen des antiken Jupitertempels.

Zum Gebäudekomplex des Lateran gehören neben der **Lateranskirche** auch der **Lateranspalast** (nicht zu besichtigen) und das **Sancta Sanctorum** mit der **Scala Santa**, der „Heiligen Treppe" (auf der gegenüberliegenden Straßenseite): Diese soll aus dem Jerusalemer Palast des Pontius Pilatus stammen und von Jesus mehrmals beschritten worden sein, u. a. auch am Tage seiner Verurteilung.

Öffnungszeiten Kirche tägl. 7–18.45 Uhr, Kreuzgang 9–18 Uhr. Eintritt 2 €, mit Audioguide 3 € (auch in Deutsch), Kinder und Studenten frei. Museum 9–18 Uhr, Eintritt 1 €, Kinder und Studenten frei.

Baptisterium: Verlässt man die Kirche durch den Hinterausgang (rechts des Hauptaltars), gelangt man hinter der Mauer links zum Baptisterium. Es handelt sich um die älteste christliche Taufkirche, die als Prototyp aller Baptisterien gilt. Der achteckige Bau geht auf einen der Baderäume im antiken Haus der Laterani zurück. Kaiser Konstantin selbst ließ ihn im 4. Jh. zur Kapelle umbauen, die acht Porphyrsäulen sind ein persönliches Geschenk von ihm.

Öffnungszeiten Täglich 7.30–12.30 Uhr und 16–19 Uhr.

Santa Croce in Gerusalemme

Die Kirche gehört zu den sieben Pilgerkirchen, die ein gläubiger Katholik am selben Tag besucht haben muss, um Sündenablass zu erhalten. Sie wurde vermutlich von Helena, der Mutter Konstantins, gestiftet, um die Kreuzreliquien hier aufzubewahren. Die drei Schiffe der barocken Basilika werden durch korinthische Säulen getrennt. Der Fußboden besteht aus Cosmatenarbeiten, die Apsis wird von einem Fresko von Romano geschmückt, das das Auffinden des Kreuzes durch die heilige Helena darstellt. Im rechten Seitenschiff führt eine Treppe zur St.-Helena-Kapelle, vom linken Seitenschiff gelangt man in die **Reliquienkapelle.** Hier befinden sich in einem Glaskasten hinter dem Altar u. a. Bruchstücke der Inschriftentafel des Kreuzes, ein Kreuznagel, zwei Dornen aus der Dornenkrone sowie der Zeigefingerknochen des Apostels Thomas, der mit jenem Finger die Seitenwunde Christi berührt haben soll.

Öffnungszeiten Mo–Sa 7–13 und 14–19 Uhr, sonntags ab 8 Uhr. Im angeschlossenen Geschäft werden Kosmetika auf Kräuterbasis, Honig, Marmelade, Liköre sowie allerlei heilsame Pillen und Kapseln verkauft (geöffnet tägl. 9–13 und 16–19 Uhr).

Um Largo Argentina, jüdisches Viertel und Campo de' Fiori

Ausgrabungen am Largo di Torre Argentina

Im Zentrum des verkehrsreichen Largo Argentina liegt unterhalb des Straßenniveaus die **Area Sacra**, der „heilige Bezirk“, in dem vier antike Tempel aus republikanischer Zeit ausgegraben wurden: drei rechteckige und ein runder Tempel aus dem 3. bzw. 2. Jh. v. Chr. Da nicht bekannt ist, welchen Göttern die Tempel geweiht waren, nannte man sie einfach A, B, C und D.

Von Tempel D ist nur ein kleiner Teil sichtbar, der Rest liegt unter der Via delle Botteghe Oscure, die das Areal im Süden begrenzt. Einige Historiker gehen davon aus, dass sich an der Stelle, wo heute zwei Zypressen zu sehen sind, die **Curia Pompeja** befand, in der am 15. März des Jahres 44 v. Chr. Julius Caesar ermordet wurde. Wahrscheinlicher ist allerdings, dass der Schauplatz des Geschehens am Pompejus-Theater beim Campo de' Fiori lag. Die Ausgrabungen sind nur von der Straße einzusehen, hilfreich ist die Schautafel an der Straßenbahnhaltestelle Via Torre Argentina, Ecke Via delle Botteghe Oscure.

Das von außen unscheinbare **Teatro Argentina** am Platz gibt es bereits seit 1731. Hier wurde 1816 Rossinis „Barbier von Sevilla“ uraufgeführt.

Largo Argentina 52, ✆ 06/6875445, www.teatrodiroma.net, Vorverkauf Mo–Fr 10–14 und 15–19 Uhr, Karten 10–26 €, Last-Minute 8 €.

Il Gesù

Die Mutterkirche des Jesuitenordens am gleichnamigen Platz liegt unmittelbar an der viel befahrenen Via del Plebiscito. Ihre prunkvolle Barockgestaltung diente vielen Kirchen als Vorbild und wurde so stilprägend für den Jesuitenbarock.

Die gegenreformatorische Kirche entstand ab 1568 dank der großzügigen Unterstützung durch Kardinal Alessandro Farnese. Um sich von der Schlichtheit des Protestantismus abzuheben, setzten die Jesuiten auf Reichtum und Pracht in der Ausgestaltung. Im Inneren von Il Gesù wird das besonders beim Altar des Heiligen Ignatius (dessen Grab sich unter dem Altar befindet) im linken Querschiff deutlich. Die Weltkugel oben am Altar besteht aus dem angeblich größten Lapislazuliblock der Welt, die versilberte Statue des Ordensgründers Ignatius steht lebensgroß in der Mitte des Altars. Zu beiden Seiten des Grabes sind allegorische Figurengruppen platziert: In der rechten Marmorgruppe vertreibt die personifizierte Wahrheit mit dem Kreuz die (protestantischen) Irrlehren.

Öffnungszeiten Tägl. 6–12.30 und 16–19.15 Uhr.

Crypta Balbi

Keine Krypta, sondern das kleinste von drei antiken Theatern auf dem Campo Marzio. Benannt ist es nach Lucio Cornelio Balbo, einem Militärberater von Kaiser Augustus, der es um 15 v. Chr. bauen ließ. Die Bezeichnung *Crypta* geht vielleicht auf die düsteren Arkaden mit Tavernen zurück, die sich einst in einem Hof unmittelbar hinter der Bühne befanden (sozusagen der antike „Gastronomiebereich“). Nach rund 20 Jahren Ausgrabungs- und Restaurierungsarbeiten befindet sich in der Crypta Balbi heute ein Teil des Römischen Nationalmuseums – äußerst sehenswert und in vorbildlicher Anschaulichkeit.

Öffnungszeiten Di–Sa 9–19.45 Uhr, Mo geschlossen, Eintritt 4 €, ermäßigt 2 € (EU-Bürger zwischen 18 u. 25 J.), unter 18 und über 65 J. frei. Siehe auch „Carta Archeologica“, S. 394. Via Botteghe Oscure 31, ✆ 06/6780167.

Rom Karte S. 372/373

Marcellus-Theater (Teatro di Marcello)

Das wohl einzige antike Theater der Welt, in dem heute Menschen wohnen! Das Gebäude mit dem halbrunden Zuschauerraum wurde von Julius Caesar begonnen und ca. 13–11 v. Chr. von Augustus zu Ehren seines früh verstorbenen Neffen und Schwiegersohnes Marcellus vollendet. Im Mittelalter baute man es zur Festung aus, heute sind hier sehr begehrte Privatwohnungen untergebracht. Ursprünglich bot das Theater ca. 15.000 Zuschauern Platz. Das Marcellus-Theater ist nur von außen einsehbar.

Das jüdische Ghetto

In der Antike lebten die römischen Juden meist in Trastevere. Nachdem Judäa im Jahr 71 n. Chr. zur römischen Provinz geworden war, kam eine erste größere Zahl von Juden als Sklaven in die Hauptstadt, einige freie Handwerker und Händler folgten und gründeten hier ihre erste Gemeinde in der Diaspora. Im 14. Jh. übersiedelten viele von Trastevere auf die andere Flussseite – in die Gegend, die sie ab 1555 zwangsweise zu bewohnen hatten. Antisemitische Stimmungen gegen Juden und Benachteiligungen waren in den vorhergegangenen Jahrhunderten in Rom zeitweise gang und gäbe, doch kam mit Papst Paul IV. 1555 ein Fanatiker an die Macht, der zu drastischeren Maßnahmen gegen die damals über 8000 Mitglieder zählende Gemeinde griff: Das nur etwa drei Hektar große Ghetto wurde mit einer Mauer umgeben, die Juden durften das Gelände nur bei Tag verlassen und mussten als Zeichen ihrer gesellschaftlichen Diskriminierung dabei einen roten Mantel bzw. roten Rock tragen. Der Zugang zu bestimmten Berufen wurde ihnen verwehrt, sie zahlten den höchsten Steuersatz und mussten sich jeden Freitag vollzählig in einer der vier Kirchen im Ghetto versammeln, um sich von frommen Franziskanern Predigten anzuhören, die sie zum Christentum bekehren sollten.

Nach der Einigung Italiens 1870 und der Entmachtung der Kirche zerstörte man die Ghettomauern und gab den Juden ihre vollen Bürgerrechte zurück. Die Freiheit hielt jedoch nur, bis Mussolini eine Reihe antijüdischer Gesetze verabschieden ließ. Das Ghetto, in dem die Juden unter den Faschisten wieder separiert waren, wurde in der Nacht des 16. Oktober 1943 von der Gestapo gestürmt; 2091 Juden wurden in die Konzentrationslager von Auschwitz und Bergen-Belsen deportiert. Von ihnen überlebten nur 15. Die Namen der Opfer sind auf einer Gedenktafel bei der Synagoge verzeichnet. Heute leben im ehemaligen Ghetto wieder etwa 500 jüdische Familien.

Tiberinsel (Isola Tiberina)

Die Insel in Form eines Schiffes war bereits im 3. Jh. v. Chr. Äskulap, dem Gott der Heilkunde, geweiht, und auch heute befindet sich hier ein Krankenhaus. Die Isola Tiberina erreicht man wie bereits in der Antike vom Marcellus-Theater über den Ponte Fabricio: Die Brücke aus dem Jahr 62 v. Chr. zählt zu den ältesten Steinbrücken über den Tiber; nach der Statue auf der linken Seite wird sie auch „Ponte dei Quattro Capi“ (Brücke der vier Köpfe) genannt. Der Ponte Cestio, die Brücke hin-

Blick auf die Tiberinsel

Rom
Karte S. 372/373

über nach Trastevere, ist ebenfalls teilweise noch antiken Ursprungs. Von der Tiberinsel bietet sich ein guter Ausblick auf das Bogenfragment des antiken Ponte Rotto (Pons Aemilius), die vermutlich älteste Tiberbrücke, die den Viehmarkt auf dem Forum Boarium mit Trastevere verband. Die Brücke wurde 1598 durch ein Hochwasser zerstört.

Sinagoga/Museo Ebraico (Jüdisches Museum)

Die prachtvolle Große Synagoge am Lungotevere dei Cenci entstand nach Auflösung des jüdischen Ghettos (1870) in den Jahren 1899–1904. Sie kann im Rahmen einer englischsprachigen Führung (nach telefonischer Anmeldung auch auf Deutsch, ✆ 06/68400661) vom Museum aus besichtigt werden.

Im **Museo Ebraico** sind in zwei Räumen neben Sakralgegenständen auch Dokumentationen zur Geschichte der jüdischen Gemeinde in Rom und ganz Italien sowie zur Verfolgung der Juden zu sehen.

• *Öffnungszeiten* Im Sommer Mo–Do 9–20 Uhr, Fr 9–14 Uhr, So 9–12.30 Uhr, samstags geschlossen; im Winter Mo–Do nur bis 17 Uhr. Eintritt 6 €, Kinder unter 10 J. 3 €; im Preis ist die Führung durch die Synagoge (findet alle 30 Minuten statt) inbegriffen. Fotografieren verboten! Strenge Sicherheitskontrollen am Eingang.

Piazza Farnese/Palazzo Farnese

Trotz relativ schlichter Fassade ein eindrucksvoller, mächtiger Palazzo, den Alessandro Farnese, der spätere Papst Paul III., hier bauen ließ. Die Arbeiten dauerten insgesamt ein dreiviertel Jahrhundert (1514–1589); beteiligt waren die bedeutendsten Baumeister ihrer Zeit, unter ihnen auch Michelangelo und Giacomo della Porta. Der Palazzo Farnese gilt als einer der schönsten Renaissancepaläste Roms und diente vielen ähnlichen Stadtpalästen als Vorbild. Vor allem das Innere mit der

Freskenausmalung von Annibale Carraci (ca. 1597) im ersten Stock beeindruckt beim Blick durch die Fenster, wenn im Palazzo abends das Licht angeschaltet ist. Heute hat hier die französische Botschaft ihren Sitz.

Auf der anmutigen Piazza Farnese, dem Vorplatz des gleichnamigen Palazzo, stehen heute in symmetrischer Anordnung zwei große, zu Brunnen umfunktionierte Wannen aus den antiken Caracalla-Thermen. Die Schale mit der Lilie aus dem Wappen der Fürsten Farnese wurde natürlich erst später als Schmuck angefügt.

Campo de' Fiori

Das „Blumenfeld" zählt heute zu den lebhaftesten Plätzen der Altstadt. Abends treffen sich hier überwiegend junge Leute, entweder in einer der Bars an der Piazza oder auf dem Platz selbst, wo man bei Bier, Wein und Gitarrenklängen zusammensitzt. Besonders nachts strahlt der Campo de' Fiori eine ganz besondere Atmosphäre aus.

Vormittags findet hier einer der schönsten Märkte Roms statt. Allerfrischestes Obst und Gemüse, aber auch Fisch und Fleisch werden angeboten, die besten Stücke gehen hier schon am frühen Morgen an die Einkäufer der Restaurants. Am Mittag wird der Platz geräumt und von Abfällen gesäubert, dann geht es in die zweite Schicht: Restaurants und Bars öffnen, der Platz füllt sich mit neuer Kundschaft, die zum Essen hierher kommt. Seinen Namen hat der Campo de' Fiori übrigens nicht etwa von den am Markt angebotenen Blumen (die halten sich in Grenzen), sondern von der Blumenwiese, die sich hier vor der Bebauung des Platzes im 15. Jh. ausbreitete.

Am südöstlichen Ende des Campo de' Fiori (am Anfang der Via dei Giubbonari) befand sich in der Antike das **Pompejus-Theater**, das vermutlich älteste der Stadt aus dem Jahr 55 v. Chr. Wenn man rechts in die Via di Grotta Pinta einbiegt, kann man am gekrümmten Straßenverlauf noch das Halbrund der Zuschauertribünen nachvollziehen. Zu sehen ist von dem Theater allerdings nichts mehr. Nach der vorherrschenden Meinung in Historikerkreisen wurde in der Kurie hinter dem Theater am 15. März des Jahres 44 v. Chr. Julius Caesar von seinen politischen Gegnern ermordet.

Giordano Bruno

In all der Geschäftigkeit steht mitten auf dem Platz das Denkmal für den Dominikanermönch und Freidenker Giordano Bruno (1548–1600).

Er wurde am 17. Februar 1600 hier als Ketzer auf dem Scheiterhaufen verbrannt, nachdem er sich geweigert hatte, seinen Ideen abzuschwören. Bruno stellte die Theorie auf, dass das Universum unendlich sei und Gott demnach nicht Schöpfer und Herrscher darüber sein könne.

Für diese Auffassung war er die meiste Zeit seines Lebens auf der Flucht vor der Inquisition, u. a. auch in Paris, Prag und Frankfurt. 1591 kehrte er nach Italien zurück, 1593 wurde er bis zu seiner Hinrichtung eingekerkert. Das Denkmal wurde 1887 – nach Auflösung des Kirchenstaates – aufgestellt. Giordano Bruno steht hier wie kurz vor seiner Hinrichtung mit gesenktem Kopf und düsterem Blick. Während der Inquisition wurden viele Menschen am volkstümlichen Campo de' Fiori verbrannt.

Um Pantheon und Piazza Navona

Pantheon/Piazza Rotonda

Das Pantheon, das der Gesamtheit der Götter geweiht war (daher der Name), ist eine der beeindruckendsten Sehenswürdigkeiten der Stadt und zudem das am besten erhaltene antike Bauwerk Roms. Hier wird römische Baukunst wirklich anschaulich, denn das Pantheon aus dem frühen 2. Jh. n. Chr. ist heute noch vollkommen erhalten. Der gute Zustand ist u. a. darauf zurückzuführen, dass das Bauwerk Anfang des 7. Jh. zur Kirche erkoren und entsprechend gepflegt wurde. Geweiht wurde **Santa Maria dei Martiri** an Allerheiligen des Jahres 609.

Kaiser Hadrian ließ hier von 118 bis 125 n. Chr. einen Tempel bauen, der alles Bisherige in den Schatten stellte: Der Rundbau mit einer Mauerstärke von über 6 m hat einen Durchmesser und eine Höhe von jeweils 43,3 m. Sein zylinderförmiger Unterbau ist genauso hoch wie die Kuppel. Sämtliche Kirchenkuppeln der Renaissance gehen auf die des Pantheons zurück; u. a. diente sie Bramante als Vorbild für die Kuppel der Peterskirche. Das Straßenniveau war in der Antike übrigens deutlich niedriger: Zur Vorhalle des Pantheons führte eine Treppe hinauf, die Kuppel war von vorne nicht sichtbar.

Man betritt das Pantheon durch die rechteckige Vorhalle mit 16 korinthischen Säulen. Das bronzene Eingangstor von der Vorhalle zum Rundbau ist 6,50 m hoch, in den beiden Rundnischen neben dem Portal standen einst Statuen der Kaiser Hadrian und Augustus. Das runde Innere des Pantheons beeindruckt besonders durch seine Schlichtheit und Größe. Die riesige Kuppel mit den vertieften Kassettenfeldern verstärkt diesen Eindruck. In der Antike war die Kuppel mit Bronze ausgekleidet und mit goldenen Sternen versehen: das perfekte Himmelsgewölbe. Die Öffnung in der Mitte mit einem Durchmesser von 9 m dient als einzige Lichtquelle und entlastet gleichzeitig die Statik. Hereinfallender Regen wird bis heute durch ein noch immer intaktes Entwässerungssystem unter den Fußboden geleitet. In den sieben Nischen der runden, mit farbigem Marmor inkrustierten Innenwand waren in der Antike die Statuen aller römischen Götter aufgestellt. Heute befinden sich hier die Gräber italienischer Könige (Umberto I. und Umberto II.), besondere Verehrung genießt jedoch der antike Sarkophag mit dem Grab des Renaissancemalers Raffael (1483–1520) zwischen der zweiten und dritten Nische auf der linken Seite.

Öffnungszeiten Täglich 8.30–19.30 Uhr, sonntags 9–18 Uhr, an Feiertagen 9–13 Uhr. Jeden Samstag um 17 Uhr und sonntags um 10.30 Uhr und um 16.30 Uhr findet hier eine heilige Messe statt. Wie bei allen anderen Kirchen der Stadt ist der Eintritt ins Pantheon frei!

Piazza della Minerva

Der Platz vor der gleichnamigen Kirche wird durch eine der schönsten Skulpturen Berninis dominiert. Im Klostergarten des hier ansässigen Dominikanerordens fand man 1665 einen kleinen ägyptischen Obelisken aus dem 6. Jh. v. Chr., der einst zu einem **Isis-Heiligtum** gehörte. Auf Veranlassung von Papst Alexander VII. wurde der Monolith auf der Piazza vor der Kirche aufgestellt.

Um dem nur 3,40 m hohen Obelisken etwas mehr Größe zu verschaffen, entwarf Bernini den Elefanten als Sockel, der trotz der schweren Last auf seinem Rücken überaus fröhlich wirkt. Ausgeführt wurde dieses Meisterwerk 1667 von Berninis bestem Schüler Ercole Ferrata. Bei der Planung der Statue soll es übrigens zu einem

Rom
Karte S. 372/373

hässlichen Streit zwischen Bernini und seinen Auftraggebern gekommen sein. So kommt es, dass der Elefant vor dem Gebäude der Dominikaner (links der Kirche) nicht – wie geplant – huldvoll sein Haupt neigt, sondern den Mönchen sein faltiges Hinterteil entgegenstreckt: Bernini hatte zur Genehmigung eine spiegelverkehrte Skizze der Skulptur vorgelegt.

Santa Maria sopra Minerva

Die einzige gotische Kirche Roms wurde über einem antiken Isistempel errichtet. Baubeginn der Kirche war 1280, vollendet wurde sie allerdings erst Ende des 15. Jh. Die schlichte Renaissancefassade stammt aus dem Jahr 1453, das für die damalige Zeit unübliche steinerne Kreuzgewölbe entstand 1450. Unter dem Hauptaltar liegt das Grab der heiligen Katharina von Siena (gest. 1380), hinter dem Altar sind rechts und links die prachtvollen Gräber der Medici-Päpste Leo X. und Clemens VII. zu sehen. Das wohl bedeutendste Kunstwerk der Kirche ist Michelangelos **Marmorstatue des auferstandenen Christus** (1519–1522) links vom Hauptaltar. Sehenswert auch die **Carafa-Kapelle** im rechten Querschiff. Kardinal Oliviero Carafa von Neapel ließ die Kapelle Ende des 15. Jh. zu Ehren des heiligen Thomas von Aquin von Filippo Lippi ausmalen.

Öffnungszeiten Mo–Sa 7–19 Uhr, sonntags 8–19 Uhr.

Piazza Navona

Diese wunderschöne Piazza gehört zu den wichtigsten barocken Platzanlagen Italiens und übt auch heute noch eine unverändert große Anziehungskraft auf Römer und Touristen aus. Hier am Abend zu flanieren macht einfach Spaß: Unzählige Römer machen eine *bella figura,* schlendern nach der Shoppingtour oder vor dem Essen über den weitläufigen Platz und lassen sich zum Aperitivo in einem der vielen – extrem teuren – Straßencafés nieder: Sehen und gesehen werden lautet hier das Motto wie an kaum einer anderen Piazza der Stadt. In der Mitte des Platzes haben Porträtmaler, Wahrsager, Souvenirverkäufer und Straßenkünstler aller denkbaren Richtungen ihre Stände aufgebaut.

Bereits in der Antike hatte der Platz seine Attraktion: Kaiser Domitian ließ 81–96 n. Chr. ein **Stadion** für sportliche Wettkämpfe (später auch Gladiatorenkämpfe) bauen. Die Anlage war 275 m lang und 106 m breit, 20.000 Zuschauer fanden auf der Tribüne Platz. Bis in die Renaissance blieb die Arena in Teilen erhalten. Ab 1477 wurde der Markt (vorher am Kapitol) hier abgehalten, 1485 ließ man den Platz pflastern und Wohnhäuser auf den Tribünenfundamenten bauen. Damals war die Piazza Navona der größte Platz der Stadt, das Wohngebiet drum herum wurde zu einem der bevorzugtesten in Rom.

Die Brunnen an der Piazza Navona

Am Südende der Piazza Navona befindet sich die 1652 von Bernini neu gestaltete **Fontana del Moro**: ein Maure (daher der Name) kämpft mit einem großen Fisch. Am Nordende des Platzes steht die **Fontana di Nettuno** (Neptunsbrunnen), die erst im 19. Jh. ihr heutiges Aussehen erhielt. Beide flankieren den Hauptbrunnen in der Mitte, die **Fontana dei Quattro Fiumi** (Vierflüssebrunnen) des Barockkünstlers Bernini. Der Brunnen sollte die päpstliche Weltherrschaft symbolisieren und in diesem Zusammenhang diskret auf den Phamphilj-Papst Innozenz X. hinweisen. Für diesen Auftrag musste der erfolgsverwöhnte Bernini übrigens hart kämpfen: Durch geschickt gestreute Gerüchte seiner Kontrahenten war er zwischenzeitlich bei Innozenz in Ungnade gefallen. Schlimmer noch: Sein Widersacher Borromini hatte bereits Entwürfe für den Brunnen gefertigt – der prestigeträchtige Großauftrag schien diesmal ohne Bernini über die Bühne zu gehen. Dank vieler einflussreicher Fürsprecher und dank seines grandiosen Gegenentwurfes konnte Bernini das Rennen schließlich aber doch noch für sich entscheiden.

Der Vierflüssebrunnen symbolisiert die vier damals bekannten Kontinente jeweils durch einen personifizierten Fluss: die Donau mit Papstwappen und Pferd steht für Europa, der Ganges mit Palme und Schlange für Asien, der Nil mit Löwe und verdecktem Haupt für Afrika und der Rio de la Plata mit Schlange und Münzen für Amerika. Über dem Brunnen erhebt sich der Obelisk (unter Domitian 81. n. Chr. in Rom angefertigt) als Symbol päpstlicher Weisheit und Vorherrschaft über die damals bekannte Welt. Ganz oben prangt das Wappen von Innozenz X., eine Taube.

Souvenirverkäufer auf der Piazza Navona

Sant'Agnese

Gleich neben ihrem Familiensitz, dem **Palazzo Pamphilj** (heute die brasilianische Botschaft) an der Westseite der Piazza Navona, ließ Papst Innozenz X. eine prachtvolle Haus- und Grabkirche erbauen. Die Arbeiten zogen sich ab 1652 über 20 Jahre hin. Bis 1657 war auch Borromini als Architekt am Bau beteiligt (v. a. an der Fassade), danach stieg er wegen Unstimmigkeiten mit dem Auftraggeber aus. Geweiht wurde die Kirche der heiligen Agnes. Die Märtyrerin sollte nackt in einem Bordell ausgestellt werden, weil sie sich geweigert hatte, einen heidnischen Römer zu heiraten. Doch plötzlich wuchsen ihre Haare so lang, dass ihr gesamter Körper verhüllt war.

Öffnungszeiten Tägl. 9–12 Uhr und 16–19 Uhr, sonn- und feiertags 10–13 Uhr und 16–19 Uhr, Mo geschlossen.

Museo di Roma/Palazzo Braschi

1790 kaufte Papst Pius VI. das baufällige Gebäude an der Südseite der Piazza Navona für seinen Neffen Luigi Braschi Onesti und ließ es von den bedeutendsten Architekten seiner Zeit umbauen, u. a. von Giuseppe Valadier. Der Palazzo Braschi ist eines der letzten großen Bauprojekte, mit dem Prestige und Machtfülle des Heiligen Stuhls dokumentiert werden sollten – entsprechend üppig ist die Ausgestaltung.

Wer sich für die Geschichte Roms ab dem Mittelalter interessiert, sollte die Besichtigung des Museo di Roma in den Räumlichkeiten des Palazzos gleich an den Anfang seines Besuches legen: Auf zwei Stockwerken finden Sie Stadtansichten en masse (viele aus dem 18./19. Jh.), dazwischen aber auch Porträts bedeutender römischer Familien sowie diverse Büsten. Ein guter Einblick in die topografische, soziale und kulturelle Entwicklung der Stadt.

Öffnungszeiten Di–So 9–19 Uhr (Einlass bis 18 Uhr), Mo geschlossen. Eintritt 6,20 €, ermäßigt 3,10 € (EU-Bürger zwischen 18–25 J.), unter 18 und über 65 J. frei. Audioguide (nur in Ital./Engl.) 3,62 €, Führungen nur in italienischer Sprache und nur am Wochenende (3,10 €). Via San Pantaleo, ✆ 06/67108346.

Palazzo Altemps/Museo Nazionale Romano

An der Piazza Sant'Apollinare nördlich der Piazza Navona stößt man auf den mächtigen, fast den ganzen Platz einnehmenden Palazzo Altemps mit Aussichtsturm. Seit 1901 ist das Gebäude im Besitz des italienischen Staates, der hier eine bedeutende Zweigstelle des Museo Nazionale Romano eingerichtet hat. Zu sehen sind neben der teilweise noch erhaltenen prachtvollen Ausgestaltung des Renaissancepalazzo selbst auch antike Statuen aus der Sammlung der Altemps und der Mattei sowie Teile der berühmten Ludovisi-Sammlung, die gemeinsam mit dem Gebäude vom italienischen Staat erworben wurden.

Öffnungszeiten Di–So 9–19.45 Uhr, montags geschlossen. Eintritt 5 €, ermäßigt 2,50 € (18–25 J.), EU-Bürger unter 18 und über 65 J. frei. Führungen (in italienischer Sprache) nur am Wochenende (3,50 €). Piazza di Sant'Apollinare 44, ✆ 06/6833759, Ticketreservierung unter ✆ 06/39967700.

Um die Via del Corso

Palazzo Venezia (Museum)

Das **Nationalmuseum** im Palazzo Venezia beherbergt in prachtvollen Räumen eine sehenswerte Sammlung an Kunstwerken aus dem 13.–18. Jh.; regelmäßig finden hier auch Sonderausstellungen statt. Neben spätmittelalterlichen Tafelbildern und Renaissance-Gemälden sind Gobelins, liturgische Gegenstände, Rokoko-Porträts und eine Porzellan-Sammlung zu sehen; außerdem kunstvolle Silber- und Bronzearbeiten und Skulpturen sowie Modelle und Detailstudien bekannter römischer Kunstwerke.

Öffnungszeiten Di–So 8.30–18.30 Uhr, Auslass bis 19.30 Uhr, montags geschlossen. Eintritt 4 €, ermäßigt (18–25 J.) 2 €, unter 18 und über 65 J. frei. Eingang in der Via del Plebiscito 118, ✆ 06/69994319.

Palazzo Doria Pamphilj (Galleria)

Der weitläufige Palazzo gleich neben dem Palazzo Venezia entstand Anfang des 16. Jh. durch die Zusammenlegung zweier Vorgängerbauten. Im 17. Jh. ging das Gebäude in den Besitz der Fürsten Doria Pamphilj Landi über, die mit Innozenz X. (Pontifikat 1644–1655) einen bedeutenden Papst stellten. Er bedachte die bekanntesten Architekten seiner Zeit mit großzügigen Aufträgen. Die hier untergebrachte **Gemäldegalerie** umfasst über 400 Kunstwerke, die meisten aus dem 13.–18. Jh.

Öffnungszeiten Tägl. 10–16.15 Uhr, Auslass bis 17 Uhr, donnerstags geschlossen. Eintritt 8 €, ermäßigt (18–25 J.) 5,70 €, Kinder unter 12, Studenten und Rentner über 65 J. frei. Piazza Collegio Romano 2, ✆ 06/6797323; www.doriapamphilj.it.

Piazza Colonna

Der zentrale Platz an der Via del Corso wird von der 42 m hohen **Triumphsäule des Marc Aurel** aus dem Jahr 193 n. Chr. dominiert. Auf einem sich spiralförmig nach oben windenden Band werden Kriegsereignisse dargestellt, u. a. der Krieg gegen die Germanen. Am Nordende der Piazza Colonna befindet sich der **Palazzo Chigi**, der Sitz der italienischen Regierung.

Piazza di Montecitorio/Parlament

Wenige Schritte hinter der Piazza Colonna gelangt man zur Piazza di Montecitorio, auf der einer der größten ägyptischen Obelisken der Welt steht. Dahinter befindet sich das Parlamentsgebäude, von Papst Innozenz X. Mitte des 17. Jh. ursprünglich als Strafgericht in Auftrag gegeben.

Casa di Goethe **(Goethe-Museum)**

Hier, in der Via del Corso 18, hat er gewohnt, der völlig unbekannte deutsche Maler Filippo Möller alias Johann Wolfgang von Goethe.

Die **Casa di Goethe** ist das einzige Goethe-Museum außerhalb Deutschlands. Zu den wenigen Originalen der Casa di Goethe gehört Andy Warhols Porträt des Künstlers. Eine Kopie von Tischbeins berühmtem Gemälde „Goethe in der Campagna" ist ungerahmt auf einer Staffelei zu sehen, außerdem wird ein Faksimile von Goethes Reisetagebuch gezeigt.

Öffnungszeiten Tägl. 10–17.30 Uhr, Auslass bis 18 Uhr, montags geschlossen. Eintritt 3 €, ermäßigt 2 € (Jugendliche unter 18 und Senioren über 65 J.), Kinder unter 10 J. frei. Via del Corso 18, ✆ 06/32650412, www.casadigoethe.it.

Rom Karte S. 372/373

Piazza del Popolo

Dieser herrliche Platz am Nordende der Altstadt war lange Zeit das Erste, was Besucher aus dem Norden von Rom sahen, wenn sie vom Monte Mario über die Milvische Brücke in die Stadt kamen. Durch die **Porta del Popolo** (das „Tor des Volkes"), dessen Innenfassade von Bernini gestaltet wurde, betrat man die gleichnamige ovale Piazza. Heute beeindruckt der elegante Platz durch die Symmetrie der beiden Kirchen **Santa Maria dei Miracoli** und **Santa Maria in Montesanto** (beide 17. Jh.), zwischen denen die Via del Corso schnurgerade auf das Nationaldenkmal zuführt. In der Mitte des Platzes thront der 24 m hohe **Obelisk**, den Augustus im Jahr 10 v. Chr. nach Rom bringen ließ und um den im 19. Jh. der symmetrische Brunnen mit vier Wasser spendenden Löwinnen gebaut wurde. Anfang des 19. Jh. hat der Baumeister Giuseppe Valadier den Platz im klassizistischen Stil vollendet.

Santa Maria del Popolo

Die von außen völlig unauffällige Kirche wurde im 17. Jh. von Bernini im barocken Stil restauriert. Der Innenraum ist – beinahe wie ein Museum – mit vielen bedeutenden Kunstwerken namhafter Meister ausgestattet; berühmt ist Santa Maria del Popolo vor allem für die prachtvoll ausgestalteten Kapellen, z. B. die **Cappella Chigi** im linken Seitenschiff sowie zwei Meisterwerke von Caravaggio. Martin Luther lebte während seines Aufenthaltes in Rom übrigens im angeschlossenen Kloster.

Öffnungszeiten Werktags 7–12 und 16–19 Uhr, an Sonn- und Feiertagen 8–13.30 und 16.30–19.30 Uhr.

Piazza di Spagna/Spanische Treppe

Auf der großzügigen Treppe (Scalinata di Spagna) hat wohl jeder Rom-Reisende schon einmal Platz genommen. Besonders abends treffen sich hier unzählige vor allem jüngere Touristen aus aller Welt. Mit Spanien hat die Treppe übrigens nichts zu tun, ihr Name rührt daher, dass sie vom Spanischen Platz (Piazza di Spagna) aufsteigt. Da es den französischen König störte, dass die **Kirche Trinità dei Monti** (s. u.) nur über eine steile Wiese zu erreichen war, erteilte er 1585 den Auftrag, hier eine monumentale Treppe anzulegen. Gebaut wurde sie aber erst 1723–1726, und zwar nach neuen Plänen des Papstes. Am oberen Ende der Treppenanlage platzierte man einen **Obelisken**, der, wie so viele andere in Rom, bereits in der Antike in die Stadt geschafft wurde. Der **Barcaccia-Brunnen** in Form eines Bootes (barca) am Fuß der Treppe ist das letzte Werke von Pietro Bernini, dem Vater des berühmten Gianlorenzo. Er erinnert an das verheerende Hochwasser von 1598.

Santissima Trinità dei Monti

Die Dreifaltigkeitskirche rundet das harmonische Bild der Treppe ab. Mit ihrem Bau wurde auf Veranlassung Karls VIII. von Frankreich 1495 begonnen, vollendet war sie Anfang des 16. Jh. Noch heute ist sie französische Stiftskirche, in der täglich (außer sonntags) ein Gottesdienst in französischer Sprache abgehalten wird. Der Innenraum ist durch Gitter versperrt (nur zu Gottesdiensten geöffnet), Besuchern bleibt nur ein Blick durch die Eingangstür. Vom Portal der Kirche hat man einen herrlichen Blick über die Dächer der Innenstadt bis hinüber zur Peterskirche.

Öffnungszeiten Tägl. 8.30–13 Uhr und 15.30–19.30 Uhr.

Die Spanische Treppe

Keats-Shelley-Memorial

In dem apricotfarbenen Haus rechts neben der Spanischen Treppe starb der englische Dichter John Keats im Alter von 25 Jahren an Schwindsucht. In den fünf liebevoll eingerichteten Räumen des kleinen Museums sind zahlreiche Bücher und Originalbriefe sowie Manuskripte von Keats, Shelley und Lord Byron ausgestellt. Letzterer wohnte gleich gegenüber auf der anderen Seite der Piazza.

Öffnungszeiten Mo–Fr 9–13 Uhr und 15–18 Uhr, Sa 11–14 Uhr und 15–18 Uhr, sonntags geschlossen. Eintritt 3 €, Kinder unter 6 J. frei. Piazza di Spagna 26, ✆ 06/6784235. Im kleinen Bookshop des Museums werden Poster sowie Bücher von Keats, Shelley und Lord Byron verkauft.

Um die Piazza della Repubblica

Palazzo Massimo alle Terme/Museo Nazionale Romano

Der **Palazzo Massimo alle Terme** beherbergt bedeutende antike Werke der republikanischen Zeit (ab dem 2. Jh. v. Chr.) und der Kaiserzeit bis zur Reichsteilung im 4. Jh. n. Chr. Dazu zählen auch die herrlichen Fresken aus dem Haus der Livia auf dem Palatin und aus anderen antiken Villen. Bei den Skulpturen handelt es sich überwiegend um römische Kopien, aber auch um importierte Originale griechischer Kunst (meist aus dem 5. Jh. v. Chr.).

Öffnungszeiten Di–So 9–19 Uhr, Auslass bis 19.45 Uhr, montags geschlossen. Eintritt 6 €, ermäßigt 3 € (18–25 J.), EU-Bürger unter 18 und über 65 J. haben freien Eintritt. Largo di Villa Peretti 1, ✆ 06/48903500.

Diokletians-Thermen/Thermenmuseum

Kaiser Diokletian erteilte 298 n. Chr. den Auftrag zum Bau dieser öffentlichen Badeanstalt, der größten der Stadt. Die Diokletians-Thermen boten ausreichend Platz für 3500 Badegäste. Nach nur acht Jahren Bauzeit war das 320 mal 370 m große Freizeitzentrum fertig; die Anlage war bis 537 in Betrieb.

Zu sehen sind in den großen Räumlichkeiten auf drei Stockwerken eines ehemaligen Kartäuserklosters zahlreiche römische Statuen, Büsten und Epigraphe. Darüber hinaus wird auf Schaubildern mit hervorragenden, ausführlichen Erläuterungen (nur in Englisch) das Alltagsleben der Römer in der Antike vorgestellt.

Öffnungszeiten Di–So 9–19 Uhr, Auslass bis 19.45 Uhr, montags geschlossen. Eintritt 5 €, ermäßigt 2,50 € (18–25 J.), unter 18 und über 65 J. frei. Audioguide in Englisch oder Italienisch 4 €. Via Enrico De Nicola 78.

Santa Maria Maggiore

Die mächtige Kirche auf dem Esquilin-Hügel gehört zu den vier Patriachalbasiliken der Stadt und soll die größte Marienkirche der Welt sein. Der Legende nach hatten Papst Liberius und ein reicher römischer Adliger namens Johannes am 4. August des Jahres 352 die gleiche Erscheinung: Im Traum wurden sie von Maria aufgefordert, an der Stelle eine Kirche zu errichten, an der am nächsten Morgen Schnee liegen würde. Tatsächlich hatte es in der Nacht geschneit, und zwar auf dem Esquilin – mitten im Hochsommer.

Die Kirche aus dem 4. Jh. wurde im Laufe der Jahrhunderte mehrfach um- und ausgebaut, Ende des 17. Jh. wurde die große Freitreppe mit der barocken Schauwand vorgesetzt. Vor der Hauptfassade (an der Piazza Santa Maria Maggiore) befindet sich eine antike Marmorsäule aus der Maxentius-Basilika (Forum Romanum), die nun eine Marienstatue trägt. Der Campanile wurde 1377 gebaut und ist der höchste Glockenturm Roms.

Im Inneren fällt im Hauptschiff sofort die kostbare geschnitzte **Kassettendecke** aus dem 16. Jh. auf, ihre Vergoldung stammt aus den ersten Beutezügen im gerade entdeckten Amerika. Der Fußboden besteht aus einem Marmormosaik aus dem 12. Jh. Rechts des Hauptaltars befindet sich im Seitenschiff die von Papst Sixtus V. in Auftrag gegebene, reich ausgearbeitete **Cappella Sistina** (Ende 16. Jh.); gegenüber davon die **Cappella Paolina** (1611), ebenfalls mit Stuck, Fresken und Statuen prächtig ausgeschmückt. Hier ist auch die Schneelegende der Kirchengründung dargestellt. Hauptsehenswürdigkeit der Kirche ist das kunstvolle **Apsismosaik** (13. Jh.) hinter dem Hauptaltar: Thema ist die Krönung Marias.

Rom Karte S. 372/373

In Santa Maria Maggiore wurde am 28. November 1680 der Barockkünstler **Gianlorenzo Bernini** in einem verhältnismäßig bescheidenen Grab beigesetzt.

Öffnungszeiten Tägl. 9–19 Uhr.

Um Piazza Barberini, Via Veneto, Trevi-Brunnen und Quirinal

Piazza Barberini

Der verkehrsreiche Platz am oberen Ende der Via Tritone steht ganz im Zeichen des genialen Baumeisters Bernini. Für Papst Urban VIII. konzipierte er hier 1642 die Fontana del Tritone mit einem von vier Delfinen getragenen Tritonen (halb Mensch, halb Fisch) in der Mitte. Durch eine Muschel bläst er einen mächtigen Wasserstrahl in die Luft. Die Tiara und die drei Bienen unter der großen Muschelschale verweisen auf den Barberini-Papst Urban VIII. als Auftraggeber und edlen Spender.

Am oberen Ende der Piazza – am Anfang der Via Veneto – befindet sich die **Fontana delle Api** (Bienenbrunnen) aus dem Jahr 1644, ebenfalls von Bernini für seinen wichtigsten Förderer Urban VIII. gebaut. Auch hier ist der Bezug zum Familienwappen der Barberini unverkennbar: Drei monströse Bienen am Muschelrand speien in dünnen Strahlen Wasser in das Becken. Der Brunnen war ein Geschenk von Urban an die römischen Bürger, und noch heute füllt man hier bestes Trinkwasser ab.

Palazzo Barberini/Galleria Nazionale d'Arte Antica

Der prachtvolle Palazzo liegt in einer Seitenstraße (Eingang in der Via Barberini 18), nur wenige Meter von der Piazza entfernt. 1625 kaufte die Familie Barberini hier den hässlichen alten Palazzo Sforza, ließ ihn umbauen und erweitern. Die Planung stammte vom renommierten Baumeister Carlo Maderno, die Bauarbeiten wurden nach dessen Tod von Bernini geleitet. Heraus kam 1633 einer der schönsten Paläste des römischen Barock, mit dem Bernini den Grundstein seiner großen Karriere legen konnte.

1949 kaufte der italienische Staat den Palazzo und brachte im linken Flügel des H-förmigen Gebäudes die **Galleria Nazionale d'Arte Antica** unter. Der andere Flügel ist dem italienischen „Club der Offiziere" vorbehalten, doch sollen deren Räumlichkeiten bald ebenfalls dem Museum zur Verfügung gestellt werden. Heute umfasst die Ausstellung der Galleria ca. 300 Exponate, zumeist aus dem 13.–18. Jh.

Der Palazzo wird schon seit Jahren restauriert, sodass Sie damit rechnen müssen, dass einige Räumlichkeiten geschlossen sind. Im Folgenden nur eine grobe Übersicht:

Im großen Saal (salone) des ersten Stocks beeindruckt allein schon das riesige, zwischen 1633 und 1639 geschaffene **Deckenfresko** von Pietro da Cortona (15 mal 25 m), das die Verherrlichung der Papstfamilie Barberini zum Gegenstand hat. In der Mitte des „Triumphes der göttlichen Vorsehung" schwirren die Bienen aus dem Familienwappen in einem gigantischen Lorbeerkranz.

Zwei Highlights der Gemäldesammlung bilden Filippo Lippis berühmte **Madonna mit Kind** aus dem Jahr 1437 (derzeit Saal II) und Raffaels **La Fornarina** aus dem Jahr 1518 (derzeit ausgeliehen): Das Porträt stellt vermutlich die für ihre Schönheit bekannte Tochter eines Bäckers und Geliebte Raffaels dar.

In Saal XIII beeindrucken die Bilder Caravaggios, z. B. die **Enthauptung des Holofernes** (1599), der **Heilige Franziskus** und der **Narcissus.** Zu sehen sind außerdem

Bilder aus Caravaggios Schule (auch Saal XIV). In Saal XVII stoßen Sie auf bekannte Porträts von Bernini: **Papst Urban VIII.** und **David** (hierbei soll es sich um ein Selbstporträt handeln). In der kleinen Kapelle befindet sich das berühmte Porträt des englischen Königs Heinrich VIII. von Hans Holbein. Sehr sehenswert ist auch das von Borromini entworfene **spiralförmige Treppenhaus,** das man im Rahmen einer Besichtigung der **Appartamenti** (18. Jh.) im zweiten Stock bewundern kann. Einen Blick von unten auf die Spiraltreppe können Sie auch von der Türe im rechten Trakt des Gebäudes werfen (rechts neben dem Eingang zum „Club der Offiziere").

• *Öffnungszeiten* Di–So 9–19.30 Uhr (Einlass bis 19 Uhr), montags geschlossen. Eintritt 6 €, ermäßigt 3,50 € (EU-Bürger von 18 bis 25 J. und Kunststudenten), EU-Bürger unter 18 und über 65 J. 1 €. Führungen durch die Appartamenti (in italienischer Sprache) werden nur bei entsprechender Nachfrage angeboten (9.30–18.45 Uhr, im Ticketpreis enthalten). Tickets können auch unter ✆ 06/32810 bestellt werden. Eingang in der Via Barberini 18 (beschildert). Bookshop und Getränkeautomat im UG (beim Ticketschalter).

Der Trevi-Brunnen

Santa Maria della Concezione

Die Kirche der Kapuzinermönche am Anfang der Via Veneto (Nr. 27) könnte Sie das Grausen lehren: Treppen führen auf halber Höhe zum Eingang der Gruft, die aus sechs aufeinander folgenden Kapellen besteht, in denen die Knochen von etwa 4000 Mönchen zur Raumgestaltung verwendet wurden! Schädel als Wandverzierung, aus Rippenbögen nachgebildete Stuckornamente, kunstvoll drapierte Kinderskelette und sogar Lampen aus Becken- und Wirbelknochen: gruselig. Die Mönche dokumentieren so ihre Einstellung zum hinfälligen Körper, der nur als sterbliche Hülle für den Geist angesehen wird. Weniger beeindruckend ist die düstere Kirche selbst, die Kardinal Antonio Barberini, Kapuzinermönch und Bruder von Papst Urban VIII., um 1626 hier bauen ließ.

Öffnungszeiten Tägl. 9–12 und 15–18 Uhr. Als Eintritt wird eine angemessene Spende erwartet. Fotografieren verboten!

Fontana di Trevi

Der Trevi-Brunnen, dem Anita Ekberg in Fellinis „La Dolce Vita" 1959 zu Weltruhm verhalf, ist heute in seiner letzten Gestaltung aus dem Jahr 1762 zu bewundern. Die Geschichte des Brunnens geht jedoch bis in die Antike zurück. Der Legende nach soll eine Jungfrau durstigen römischen Legionären eine versteckte

Quelle mit köstlichem Wasser gezeigt haben. Augustus befahl daraufhin, die Quelle anzuzapfen und eine Leitung bis nach Rom zu legen. Am 9. April des Jahres 19 v. Chr. wurde der 19 km lange Aquädukt Aqua Vergine (benannt nach der Jungfrau) eingeweiht. Auf den **Relieftafeln** ist die Legende von der Entdeckung der Quelle dargestellt.

1453 wurde die antike Wasserleitung unter Papst Nikolaus V. ausgebessert und wieder in Betrieb genommen. Papst Urban VIII. erschien der damalige Brunnen zu schlicht, und er beauftragte 1640 seinen Lieblingsarchitekten Bernini mit der Neugestaltung. Der riss den Brunnen ab und verlegte ihn an seine heutige Stelle. Als Urban 1644 starb, war gerade das Becken fertig; der neue Papst zeigte wenig Interesse an dem Projekt, sodass fast hundert Jahre vergingen, bis unter Clemens XII. 1732 ein Wettbewerb zur Neugestaltung ausgeschrieben wurde.

Von Nicola Salvi, dem Gewinner der Ausschreibung, stammte die Idee, den Brunnen auf der Rückseite des **Palazzo Poli** wie ein Barocktheater zu gestalten. Aus einem Bühnenbild hervorsprudelnd, sollte das Wasser hier seinen „Auftritt" haben – präsentiert vom Gott der Meere Ozeanos (in der Mitte) auf einer großen Muschel, die von zwei Pferden gezogen wird. Zwei Tritonen können die Tiere nur mit Mühe halten. Die Statue in der linken Nische des Triumphbogens symbolisiert den Überfluss, rechts sieht man die Personifikation der Heilkraft. Der Brunnen wurde nach 30 Jahren Arbeit im Mai 1762 von Papst Clemens XIII. eingeweiht.

Mit dem Kultfilm „La Dolce Vita" wurde die Fontana di Trevi in der ganzen Welt bekannt, und als Marcello Mastroianni 1996 starb und ganz Rom trauerte, verhüllte ein Tuch den Mittelteil des Brunnens, weiße Rosen schwammen auf dem Wasser.

Ein Bad im Trevi-Brunnen ist übrigens strengstens verboten – Polizisten passen auf, dass niemand auf die Idee kommt, es Anita Ekberg nachzutun. Ebenso verboten ist es, die Geldstücke aus dem Brunnen herauszuholen, die Touristen alljährlich in der Hoffnung auf eine Rückkehr nach Rom hier versenken. Vor einigen Jahren wurde ein illegaler „Angler" am Trevi-Brunnen noch freigesprochen, mittlerweile hat sich die Stadt Rom den Schatz von etwa 200.000 € jährlich angeeignet und peinlich genaue Vorschriften erlassen.

Um die Fontana di Trevi haben sich zahlreiche Souvenirhändler und teure Snack-Bars angesiedelt, tagsüber und selbst am späten Abend ist der Platz gedrängt voll von Touristen – der Brunnen zählt schließlich zu den größten Attraktionen der Stadt.

Piazza del Quirinale/Palazzo Quirinale

Unweit des Trevi-Brunnens gelangt man über die breite Treppe der Via Dataria hinauf zum Quirinal. 1520 kaufte Kardinal Ippolito d'Este das Gelände und ließ hier prachtvolle Gärten anlegen. Der Quirinalspalast als Sommersitz der Päpste wurde Ende des 16. Jh. von Papst Gregor XIII. in Auftrag gegeben. Die Päpste residierten hier bis 1870, später italienische Könige, und seit 1947 hat hier der Staatspräsident seinen Amtssitz.

Von der Terrasse der **Piazza del Quirinale** hat man einen sehr schönen Blick über die Dächer der Stadt bis hinüber zur Peterskirche. Auf dem Platz befindet sich der Brunnen mit den beiden Dioskuren **Castor und Pollux**, die hier seit der späten Antike ihren Standort haben. Der uralte Obelisk wurde 1783 hinzugefügt, 1820 schaffte man das Brunnenbecken her. Es hatte seit der Antike auf dem Forum gestanden und dort im Mittelalter als Viehtränke gedient. Gegenüber der Aussichtsterrasse befindet sich der **Palazzo della Consulta** (18. Jh.), in dem der italienische Verfassungsgerichtshof seinen Sitz hat.

• Öffnungszeiten Jeden Sonntag von 8.30 bis 12.30 Uhr ist der Quirinalspalast für die Öffentlichkeit zugänglich, besichtigt werden können die *saloni* bzw. das *piano nobile* (erster Stock) des Gebäudes. Eintritt 5 €. Am ersten Sonntag im Juni ist auch der herrliche Garten des Palastes zur Besichtigung offen. ✆ 06/46991.

Sant'Andrea al Quirinale

Die Andreaskirche am Quirinal war das Lieblingswerk Berninis, der oft zum Beten hierher kam. Der ovale Grundriss der Kirche, als spätes Meisterwerk Berninis in den Jahren 1658–1670 entstanden, erinnert nicht zuletzt durch die Säulen und Pilaster an das Pantheon. Die Kuppel wirkt im Vergleich zum massigen Unterbau leicht, wie allein durch die Rippen gehalten. Durch die Fenster über dem Gesims fällt das Licht auf die Darstellung des heiligen Andreas bei seiner Himmelfahrt, das Martyrium des Andreas ist am Hauptaltar dargestellt. Gebaut wurde die Kirche für die Novizen der Jesuiten, die im Quirinal auf der anderen Straßenseite untergebracht waren. Mit Sant'Andrea al Quirinale stand Bernini übrigens mal wieder in Konkurrenz zu seinem Erzfeind Borromini, der nur wenige Meter entfernt ebenfalls sein persönliches Meisterwerk geschaffen hat: San Carlo alle Quattro Fontane.

Öffnungszeiten Tägl. 8–12 und 16–19 Uhr, dienstags geschlossen.

San Carlo alle Quattro Fontane

Direkt an der viel befahrenen Piazza delle Quattro Fontane (benannt nach den Brunnen an jeder der vier Ecken) erbaute Berninis Intimfeind Borromini das nicht weniger gelungene Kirchlein San Carlo alle Quattro Fontane, auch „San Carlino" genannt. Das Grundstück war winzig, und Borromini schuf hier ab 1634 im Auftrag des Trinitarierordens eine anmutige kleine Kirche mit Kloster und Innenhof. Der Auftrag war der erste für Borromini, nachdem er seine Mitarbeit am Palazzo Barberini, wo Bernini statt seiner zum Baumeister ernannt worden war, gekündigt hatte. Bereits 1637 war die Kirche fertig und weist das für Borromini typische Wechselspiel konkaver und konvexer Flächen über einem ovalen Grundriss auf. Darüber scheint die ovale Kuppel mit den sich nach oben verkleinernden Kassetten zu schweben, da ihre durch Fenster unterbrochene Basis nicht zu sehen ist. Die ebenfalls Borromini-typische Fassade gestaltete der Baumeister in den Jahren 1665–1667 (kurz vor seinem Selbstmord).

Öffnungszeiten Mo–Fr 10–13 und 15–17 Uhr, Sa 10–13 Uhr, So 10.30–13 Uhr.

Villa Borghese

Der prächtige Landsitz eines Papstneffen ist heute der beliebteste Stadtpark Roms. Hier können Sie in aller Ruhe spazieren gehen, Sport treiben und überall auch ein stilles Plätzchen zum Ausruhen und Sonnen finden. An arbeitsfreien Tagen ist die Stille allerdings dahin, denn dann scheint sich hier ganz Rom zu treffen.

Kunstliebhaber werden von den drei großen Museen der Villa Borghese begeistert sein: dem etruskischen Museum in der Villa Giulia, dem nur wenige Meter entfernten Museum für moderne Kunst und der berühmten Galleria Borghese.

Der Park entstand Anfang des 17. Jh. zusammen mit der Landvilla (heute Galleria Borghese) unter Kardinal Scipione Borghese, dem Lieblingsneffen Papst Pauls V., der ihn im Alter von 26 Jahren zum Kardinal ernannte. Scipione war ein begeisterter Kunstsammler und häufte in seiner Villa unglaubliche Kunstschätze

Rom
Karte S. 372/373

an. Der zur Villa gehörende Park war etwa 80 Hektar groß und hatte damit solche Ausmaße, dass er sogar zur Jagd taugte. 1901 ging das Areal in den Besitz des Staates über.

Museo Nazionale di Villa Giulia

Das Renaissance-Bauwerk war früher die Sommerresidenz von Papst Paul III., heute ist hier das **Museum für etruskische Kunst** untergebracht. Ausgestellt sind unzählige bedeutende Fundstücke, von denen besonders die Exponate im rechten Flügel des Palazzo ausgesprochen sehenswert sind: z. B. der Terrakotta-Dachschmuck und Figurenfragmente des Merkurtempels bei Sassi Caduti. Besondere Aufmerksamkeit verdient auch die reiche Schmucksammlung (Castellani-Sammlung), aber auch der aufwendig gearbeitete **Sarcofago degli Sposi**, zu dem es ein Pendant im Pariser Louvre gibt.

Öffnungszeiten Di–Sa 8.30–19.30 Uhr, die Biglietteria schließt bereits um 18.30 Uhr. Montags geschlossen. Eintritt 4 €, ermäßigt (18–25 J.) 2 €, unter 18 und über 65 J. frei. Piazzale di Villa Giulia 9, ✆ 06/3201951.

Pallazzo delle Belle Arti (Galleria Nazionale d'Arte Moderna)

Über 4.000 Gemälde und Plastiken sowie über 12.000 Zeichnungen und Druckgrafiken umfasst die Sammlung in dem 1915 anlässlich der Weltausstellung errichteten Gebäude. Die Exponate dokumentieren anschaulich die ungeheure Wandlung der Malerei und Bildhauerei in den letzten 200 Jahren, natürlich mit besonderem Blick auf italienische Künstler, daneben sind auch einige wenige Werke von van Gogh, Cézanne, Klimt, Monet und Degas zu bewundern.

Öffnungszeiten Di–Fr 9–13.30 Uhr und 14–20 Uhr, Sa/So 8.30–19.30 Uhr, montags geschlossen. Eintritt 6,50 €, ermäßigt (18–25 J.) 3,25 €, unter 18 und über 65 J. frei. Viale delle Belle Arti 131, ✆ 06/322981.

Galleria Borghese

Als Lieblingsneffe von Papst Paul V. (Pontifikat 1605–1621) wurde Scipione Borghese von seinem Onkel früh zum Kardinal ernannt und konnte durch die so erschlossenen Geldquellen seine Kunstleidenschaft voll ausleben. Als der Kardinalspalast bei der Peterskirche zu klein geworden war für Borgheses umfangreiche Kunstsammlung, entschied er sich für eine Art „Landvilla" nach Art der Antike, die er sich im Jahr 1620 in den Weinbergen außerhalb der Porta Pinciana erbauen ließ. Anfang des 20. Jh. wurde das Gebäude an den italienischen Staat verkauft, und die Stadt Rom übernahm den Park. Als die Galleria 1997 nach 14-jährigen Renovierungsarbeiten und immensen Kosten wiedereröffnet wurde, war die Begeisterung groß. Viele sind sogar der Meinung, dass die Galleria Borghese eines der schönsten Museen der Welt ist.

In den Repräsentationsräumen des **Erdgeschosses** sind die wichtigsten Marmorskulpturen Berninis, mehrere Hauptwerke Caravaggios und die berühmte Statue der Paolina (das Wahrzeichen der Galleria) ausgestellt. Die Gemäldesammlung im **ersten Stock** umfasst etwa 350 bedeutende Werke, die meisten davon aus dem 16. und 17. Jh.

• Öffnungszeiten Di–Sa 9–19, So 9–20 Uhr, montags geschlossen. Einlass nur alle zwei Stunden (spätestens 17 Uhr), Tickets nur mit obligatorischer Reservierung und für feste Zeiten. Eintritt 8,50 € (Reservierungsgebühr und Garderobe inkl.), ermäßigt (18–25 J.) 5,25 €, unter 18 J. und über 65 J. 2 €. Audioguide (auch in Deutsch) 5 €, Ticketreservierung unter ✆ 06/32810 oder im Internet unter www.ticketeria.it.

Der Hafen von Formia vor den Aurunci-Bergen (jn) ▲▲
Die etruskischen Nekropolen von Cerveteri (jn) ▲

Im Hafen von Terracina (jn) ▲▲

Die Stadtmauer von Ferentino (jn) ▲▲

Ariccia (jn) ▲

▲▲ Am Strand von Sperlonga (jn)
▲ Der Hafen von Ponza/Pontinische Inseln (jn)

Dörfliches Trastevere

Trastevere

Ohne einen Spaziergang durch Trastevere (von „trans Tiberim", „jenseits des Tibers") ist ein Rom-Aufenthalt unvollständig. Kleine, verwinkelte Gassen, beschauliche Plätze, alte Kirchen und zünftige Trattorien beweisen, dass es auch in der Großstadt ein „Dorf" gibt.

Trastevere war in der Antike das Viertel der armen Leute vor den Toren der Stadt. Allerdings ergaben Ausgrabungen, dass speziell am Fuß des Gianicolo-Hügels auch einige prächtige Villen mit dazugehörigen Parkanlagen gebaut wurden, sogar Julius Caesar soll hier residiert haben. Ab dem 4. Jh. lebten in Trastevere auch Christen und bauten hier ihre ersten Kirchen (z. B. S. Maria in Trastevere und S. Cecilia). Im Mittelalter war Trastevere dicht besiedelt, aus dieser Zeit stammen auch die pittoresken alten Gassen, die noch heute den großen Reiz des Viertels ausmachen.

An der über Jahrhunderte bestehenden Bevölkerungsstruktur Trasteveres hat sich erst in letzter Zeit etwas geändert: Der ursprüngliche Charme des Viertels wurde entdeckt, viele Künstler ließen sich hier nieder, die Mietpreise schnellten in die Höhe und liegen heute an der oberen Grenze der städtischen Preisskala. Trastevere wurde zum Szene-Viertel und Touristenmagneten.

Villa Farnesina/Villa Chigi

Der päpstliche Bankier Agostino Chigi (1466–1520) war eine der schillerndsten Persönlichkeiten seiner Zeit, der sich vor allem auch als Mäzen und Kunstsammler einen Namen machte. Vom Architekten Baldassare Peruzzi, ließ er eine Villa im Stil der Antike bauen (vollendet ca. 1518). Die suburbane Villa Chigi mit dem riesigen Park galt als das Ideal einer Villa in der Hochrenaissance. An der Ausgestaltung wirkte u. a. Raffael mit.

Während der Bankier hier in den Jahren 1518 und 1519 noch opulente Bankette gegeben hatte, verwahrloste das Anwesen nach Chigis Tod im Jahr 1520 schnell und wurde zudem beim Sacco di Roma (1527) von Landsknechten geplündert. Als die Farnese 1580 die Villa kauften, benannten sie sie in Farnesina, die „kleine Farnese", um – eine Anspielung auf den Niedergang der Chigi.

Beim Rundgang in der Villa stößt man gleich im Erdgeschoss auf zwei Meisterwerke von Raffael: das Fresko **Triumph der Galatea** (1511–1512), das als Inbegriff reinster Renaissancemalerei gilt. Nebenan ist Raffaels **Loggia der Psyche** (1517–1518) zu sehen, die ehemalige Eingangsloggia mit Szenen aus dem Mythos von Amor und Psyche. Im ersten Stock ist u. a. *Sodomas* **Hochzeit Alexanders mit Roxane** (Szenen aus dem Leben Alexanders des Großen).

Öffnungszeiten Mo–Sa 9–13 Uhr, sonn- und feiertags geschlossen. Eintritt 4,50 €, ermäßigt 3,50 € (14–18 J. und Studenten), unter 14 und über 65 J. frei. Via della Lungara 230, ✆ 06/68027268.

Piazzale Garibaldi

Von hier genießt man wohl einen der schönsten Ausblicke auf die Stadt, bei klarem Wetter sogar bis hinüber zu den Castelli, den Bergen südlich von Rom. Vor allem abends lohnt es sich, hierher zu kommen, wenn die Stadt dem Betrachter in einem Lichtermeer zu Füßen liegt.

Santa Maria in Trastevere

Die romanische Kirche am gleichnamigen belebten Platz gehört zu den wichtigsten und aufwendigsten Bauten des 12. Jh. in Rom. Dieser romanische Bau ist noch erhalten, lediglich die Vorhalle darunter wurde 1702 hinzugefügt. In ihr sind zahlreiche Fragmente antiker Schrifttafeln ausgestellt. Im Inneren sind Haupt- und Seitenschiffe durch ionische Säulen antiken Ursprungs geteilt, die vergoldete Kassettendecke darüber geht auf eine Modernisierung im Barockstil des 17. Jh. zurück. Original aus dem 12. Jh. ist noch der Cosmaten-Fußboden erhalten. Besonders sehenswert sind die berühmten Mosaike der Apsis aus dem 12./13. Jh. mit leuchtenden Farben auf goldenem Hintergrund. Die Szenen aus dem Leben Marias zählen zu den schönsten Mosaiken in Rom.

Öffnungszeiten Tägl. durchgehend 8–20 Uhr.

Vatikan und Engelsburg

Engelsbrücke (Ponte Sant'Angelo)

Die schönste erhaltene antike Brücke der Stadt ließ Kaiser Hadrian 134 n. Chr. bauen, um so einen würdigen Weg über den Tiber direkt zu seinem Mausoleum zu schaffen. Ihren heutigen Namen erhielt der alte **Pons Aelius** erst im 17. Jh., als Bernini zehn marmorne Engelsfiguren zur Verschönerung der Brücke hinzufügte. Zwei der Figuren sollen dem Papst (Clemens IX.) so gut gefallen haben, dass er die Originale in der Kirche San Andrea delle Fratte aufstellen ließ und für die Brücke Kopien in Auftrag gab.

Engelsburg (Castel Sant'Angelo)

Das wuchtige Bauwerk entstand ab 130 n. Chr. ursprünglich als Mausoleum für Kaiser Hadrian, das er nach eigenen Plänen gestalten ließ. In späteren Krisenzeiten nutzten die Päpste die Engelsburg als Festung, zeitweise auch als ausbruchsicheres

Gefängnis und Folterkammer der Inquisition. Hier waren u. a. Giordano Bruno, Galileo Galilei, Caravaggio und Cagliostro inhaftiert. Das zylindrische Gebäude der Engelsburg hat einen Durchmesser von 65 m und ist 21 m hoch.

Als im Jahr 590 in Rom die Pest wütete, veranstaltete Papst Gregor der Große eine Bittprozession, um die Seuche mit göttlicher Hilfe einzudämmen. Als er am Hadriansmausoleum vorbeikam, sah er über dem Gebäude einen Engel, der ein Schwert in die Scheide zurücksteckte, was als Zeichen für das Ende der Plage gedeutet wurde. Tatsächlich war die Stadt danach vom Übel befreit. Nach dieser Legende erhielt die Festung ihren Namen.

Über die gewundene Rampe nach oben gelangt man durch den **Cortile dell'Angelo** zu den ehemaligen Gemächern der Päpste. Hier beeindruckt besonders die unter Papst Paul II. Mitte des 16. Jh. entstandene **Sala Paolina** mit prunkvollen Fresken. Über eine schmale Treppe geht es hinauf zur oberen Aussichtsplattform.

Öffnungszeiten Di–So 9–20 Uhr, Einlass nur bis 19 Uhr, montags geschlossen. Eintritt 5 €, 18–25 J. 2,50 €, unter 18 und über 65 J. frei.

Engelsbrücke und Engelsburg

Vatikan

Zum Gebiet des kleinsten Staates der Welt gehören die Peterskirche mit dem Vatikanischen Palast, seinen Nebengebäuden, den Gärten und Vatikanischen Museen. Umgeben ist der Vatikan seit 854 von der unter Papst Leo IV. entstandenen **Leoninischen Mauer**, einem Schutzwall gegen die einfallenden sarazenischen Piraten des 9. Jh. Die Mauer wird nur auf der Ostseite des Territoriums durch den Petersplatz mit seinen halbrunden Kolonnaden unterbrochen. Während Kirche und Museen der Öffentlichkeit zugänglich sind, gelangt man auf das übrige Gelände nur mit einer Sondergenehmigung.

Die etwa 500 Bürger des Staates zahlen übrigens keine Steuern. Alleiniger weltlicher Herrscher über den Vatikan ist der Papst. Der Vatikanstaat verfügt über eine eigene Post, eine leistungsstarke Radiostation (Radio Vaticano) und bereits seit 1861 über die Wochenzeitung L'Osservatore Romano, außerdem ist der Vatikan auch im Internet unter *www.vatican.va* zu besuchen. Zum Schutz des Vatikanstaates steht neben der Vigilanza, der Vatikan-Polizei, natürlich auch die 99 Mann starke Schweizer Garde bereit, die seit Anfang des 16. Jh. aus Schweizer Söldnern rekrutiert wurde. Ihre Uniformen stammen übrigens noch aus der gleichen Zeit. Heute stehen die Gardisten dem Papst auch als zivile Bodyguards zur Seite.

Das Herz der katholischen Kirche – Petersdom und Petersplatz

Petersplatz (Piazza San Pietro)

Die Idee für den ovalen Platz mit seinen harmonischen Proportionen stammt von Bernini: Die halbrunden Kolonnaden mit insgesamt 140 Heiligenstatuen sollten wie durch zwei ausgebreitete Arme die Gläubigen schützend aufnehmen. Den 340 mal 240 m großen Platz schuf Bernini nach der Fertigstellung der Kirche in den Jahren 1657–1665. Der ägyptische Obelisk befindet sich hier seit 1586, ebenso stand der rechte Brunnen bereits, als es den Platz noch nicht gab. Der linke wurde aus Gründen der Symmetrie hinzugefügt.

Peterskirche (San Pietro in Vaticano)

Die größte Kirche der Welt hat gigantische Ausmaße: eine Länge von 211 m, eine Fassadenbreite von 114 m und eine Gesamthöhe von 132 m. Bei ihrem Bau gaben sich fast alle bedeutenden Baumeister dieser Zeit quasi das Werkzeug in die Hand. Die 45 m hohe Fassade stammt von Carlo Maderno, sie wird von 13 jeweils 5,60 m hohen Statuen gekrönt. In der Mitte steht Jesus mit erhobenem Arm, umgeben von Johannes dem Täufer und elf Aposteln (Petrus steht unten). Im gewaltigen Innenraum (15.160 qm) finden sich 778 Säulen, 396 Statuen, 44 Altäre, 135 Mosaike und unzählige Gemälde und Fresken, über die im Folgenden nur ein kurzer Überblick gegeben werden kann:

Nach der Eingangshalle gleich im rechten Seitenschiff stößt man auf **Michelangelos Pietà** (1499–1500), eines der schönsten Kunstwerke der Kirche. Auf der rechten Seite im Mittelschiff befindet sich die besonders verehrte **Petrusstatue**, die schon in der alten Peterskirche aufgestellt war. Seit Jahrhunderten berühren oder küssen die Pilger den rechten Fuß der Statue.

Mittelpunkt der Kirche ist der 29 m hohe **Bronzebaldachin** über dem Papstaltar, den Bernini zwischen 1624 und 1633 im Auftrag seines Gönners Papst Urban VIII.

fertigte. Darüber wölbt sich die **Kuppel**, deren Durchmesser knapp unter dem ihres antiken Vorbildes, der Kuppel des Pantheons, liegt.

Vor dem Altar wird durch eine Balustrade die **Confessio** abgegrenzt, eine Öffnung im Boden mit der Treppe hinunter zum wertvoll geschmückten **Petrusgrab.** Rechts in der **Apsis** hat Bernini das Grabmahl für Urban VIII. geschaffen; im linken Seitenschiff befindet sich mit dem pompösen Grab Alexanders VII. ein weiteres Meisterwerk Berninis (sein letzter Auftrag, den er im Alter von 80 Jahren ausführte).

Zu den **Vatikanischen Grotten** im Untergeschoss der Peterskirche führt eine Treppe am linken hinteren Kuppelpfeiler. Vorbei an der reich geschmückten **Petruskapelle** erreicht man die **Krypta** mit zahlreichen Papstgräbern. Zur **Kuppel** gelangt man, wenn man die Vorhalle der Peterskirche auf der rechten Seite verlässt, die lange Schlange vor dem Aufzug ist nicht zu übersehen.

- *Information* Auf der linken Seite der Kolonnaden unterhält der Vatikan ein Informationsbüro, Mo–Sa 8.30–18.30 Uhr, So geschlossen, ✆ 06/69881662. Hier bekommt man Material über den Vatikan und kann Eintrittskarten für die Vatikanischen Gärten bestellen. Daneben die Post und öffentliche Toiletten.
- *Öffnungszeiten* Tägl. von 7 bis 19 Uhr (November–März bis 18 Uhr) geöffnet. Zutritt nur in angemessener Kleidung, Handys müssen ausgeschaltet werden. Strenge **Sicherheitskontrollen**, man sollte Taschenmesser oder andere metallene Gegenstände besser im Hotel lassen.
- *Eintritt für die Kuppel* 5 € mit dem Aufzug, zu Fuß 4 € (537 Stufen), geöffnet 9–18.30 Uhr, Einlass bis 17.30 Uhr (April–September), im Winter 8–17.30 Uhr, Einlass bis 16.30 Uhr. Achtung: Wer unter Platzangst leidet, sollte auf den Aufstieg vom Dach (bis hierhin Aufzug) zur Kuppel verzichten: sehr schmaler Weg im Einbahnstraßensystem, späteres Umkehren nicht möglich.

Vatikanische Museen (Musei Vaticani)

Für die Besichtigung der wichtigsten Museen Roms sollten Sie sich ein paar Stunden Zeit nehmen, denn es erwarten Sie 42.000 qm (!) Ausstellungsfläche. Damit die Tour durch die unzähligen Räume (bei einem ausgedehnten Rundgang legt man bis zu 7 km zurück) nicht zur Tort(o)ur wird, haben wir uns hier auf die wichtigsten Highlights beschränkt. Die Vatikanischen Museen gehören zum 1929 konstituierten Vatikanstaat. Über Jahrhunderte haben sich hier unter den verschiedenen Päpsten unglaubliche Kunstschätze angesammelt, die heute in dem Museumskomplex zu besichtigen sind. Als Gründer der Museen gilt Papst Julius II., der Anfang des 16. Jh. im Belvederehof eine erste Ausstellung antiker Statuen einrichten ließ.

Empfehlenswert ist Rundgang D (gelbe Schilder), der alle zugänglichen Räumlichkeiten der Museen einschließt. Die hierfür veranschlagten fünf Stunden beziehen sich auf eine sehr ausführliche Besichtigung.

Museo Egizio: Das Museum wurde 1839 eröffnet und beherbergt eine bedeutende Sammlung ägyptischer Kunst.

Museo Pio-Clementino: Die älteste Antikensammlung des Vatikans, hier beeindruck besonders die **Laokoon-Gruppe** aus dem 1. Jh. v. Chr.

Museo Gregoriano Etrusco: Das 1837 von Gregor XVI. eröffnete Museum beherbergt zahlreiche Funde aus den etruskischen Metropolen Todi und Cerveteri.

Stanzen Raffaels: Die einzigartigen Fresken Raffaels befinden sich in den ehemaligen Gemächern von Papst Julius II. und sind einer der Höhepunkte in den Vatikanischen Museen. An den Stanzen arbeitete der Künstler bis 1517. Die **Stanza della Segnatura** (1508–1511) mit dem berühmten Fresko der „Athener Schule" hat die neuplatonische Philosophie zum Thema. Hier hat Raffael auch seine Zeitgenossen

Rom Karte S. 372/373

Bramante (als Euklid) und Michelangelo (als Heraklit) porträtiert, Leonardo da Vinci ist in der Gestalt Platons zu sehen, sich selbst hat Raffael als zweite Person rechts hinter der Säule hervorschauend dargestellt. Es folgt die **Stanza d'Elidoro** mit der „Vertreibung Heliodors aus dem Tempel" sowie die „Messe von Bolsena"; auf eigenes Drängen hin ist auch Papst Julius II. auf beiden zu sehen. Die **Stanza dell'Incendio** schließlich widmet sich dem Thema „Konstantin der Große".

Cappella Sistina (Sixtinische Kapelle): Das berühmteste Gebäude der Vatikanischen Museen ist Ziel aller Besucher, sodass man nur selten mit Muße die weltberühmten Arbeiten des Universalgenies Michelangelo bewundern kann. Sixtus IV. della Rovere ließ die nach ihm benannte Kapelle 1474–1483 als seine Hauskapelle bauen. Besonders berühmt ist Michelangelos **Jüngstes Gericht**, das fast 200 qm große Gemälde an der Altarwand. Seine Darstellung des Weltendes erregte über Jahrhunderte hinweg die Gemüter und sollte des Öfteren übermalt werden – was glücklicherweise nur in Ansätzen (mit der Übermalung einiger nackter Stellen) gelang. Michelangelos **Deckenfresken** haben die Entstehung der Welt zum Thema – besonders berühmt hier die **Erschaffung Adams** mit den wohl bekanntesten Zeigefingern der Kunstgeschichte: Gott streckt seinen Arm aus, um dem schon vollendeten Leib Adams die Seele zu geben. Die anderen Deckenfresken stellen weitere Themen der Schöpfungsgeschichte dar.

• *Öffnungszeiten* Mo–Fr 8.45–12.20 Uhr (Auslass bis 13.45 Uhr), zwischen März und Oktober bis 15.20 Uhr (Auslass bis 16.45 Uhr), samstags immer nur bis 12.20 Uhr, sonntags und an kirchlichen Feiertagen geschlossen (außer am letzten Sonntag im Monat, dann freier Eintritt und endlose Warteschlangen). Eintritt 10 €, ermäßigt (Kinder und Jugendliche von 6 bis 14 J. sowie Studenten unter 26 J.) 7 €, Kinder unter 6 J. frei. Audioguide 5 €.

Außerhalb der Innenstadt

San Paolo fuori le Mura

Überlieferungen und archäologische Funde belegen mit einiger Sicherheit, dass der heilige Paulus hier beigesetzt wurde. Um das Jahr 62 wurde er in Rom zum Tode verurteilt und in **Tre Fontane** (heute im Stadtteil E.U.R.) hingerichtet. Mehrere frühchristliche Schriften berichten, wie Frauen den Leichnam auf dem Friedhof in der Via Ostiense beisetzten. Kaiser Konstantin ließ hier 314 einen Andachtsort für „Paulus, den Apostel und Märtyrer" einrichten. Ende des 4. Jh. wurde die Gedenkstätte Mittelpunkt einer fünfschiffigen Basilika, die in den folgenden Jahrhunderten im Wesentlichen unversehrt blieb. Bis zum Neubau von St. Peter war sie die größte Kirche Roms. Die fünf Schiffe der Kirche sind durch insgesamt 80 Granitsäulen getrennt. An der vergoldeten Kassettendecke des Mittelschiffs ist das Wappen von Papst Pius IX. zu sehen. Zwischen den Fenstern befinden sich Fresken mit Szenen aus dem Leben des heiligen Paulus. Original aus der alten Basilika erhalten ist noch der Triumphbogen vor dem Querschiff, der um 461 von der Kaiserin Galla Placida gestiftet wurde. Davor stehen die Statuen von Petrus und Paulus. Das **Paulusgrab**, das einst den Anlass zum Bau der Kirche gab, befindet sich unzugänglich unter dem Hochaltar.

Öffnungszeiten Tägl. 7.30–19 Uhr, im Winter nur bis 18 Uhr (September–März). **Metro Linea B** ab Innenstadt bis zur Station Basilica San Paolo. Der Weg zur Kirche ist beschildert.

Via Appia Antica und Katakomben

Die „Königin der Straßen" verband das antike Rom mit dem Hafen Brindisi. Benannt wurde sie nach ihrem Bauherrn Appius Claudius, der hier Ende des 4. Jh. v. Chr.

Die Via Appia Antica

gleichzeitig einen Aquädukt anlegen ließ. Die Straße wurde in der damaligen römischen Standardbreite von 4,10 m angelegt, beidseits befanden sich breite Gehsteige. Etwa alle 15 km gab es Rastplätze zum Pferdewechseln mit Herbergen und Schenken.

Da es im antiken Rom verboten war, die Toten innerhalb der Stadtmauern zu beerdigen, fanden die Beisetzungen außerhalb statt. Einer der bevorzugtesten Orte für ein Grab war die Via Appia. Später kamen zu den zahlreichen heidnischen Grabstätten (Erd- oder Feuerbestattungen) die frühchristlichen Katakomben hinzu, für die die Straße berühmt ist.

Einen Spaziergang auf der Via Appia Antica sollte man möglichst nicht schon an der Straßengabelung Via Ardeatina/Via Appia beginnen: Durch die schmale Straße donnert der Verkehr, einen Gehsteig gibt es nicht. Wesentlich ruhiger wird es ab der zweiten Gabelung (Via Appia Pignatelli).

Gleich zu Anfang der Via Appia Antica befindet sich auf der linken Seite die **Kirche Quo Vadis** (ursprünglich aus dem 9. Jh.), wo Petrus auf seiner Flucht Jesus begegnet ist – so die Legende. Petrus soll ihn gefragt haben *„Quo vadis, Domine?“* (Wohin gehst Du, Herr?), und Jesus antwortete: *„Venio Romam iterum crucifigi.“* (Ich komme nach Rom, um noch einmal gekreuzigt zu werden.) Daraufhin kehrte Petrus beschämt um und erlitt bald darauf den Märtyrertod.

Schräg gegenüber der Kirche Quo Vadis ist ein zylindrischer Bau zu sehen, das **Grab von Priscilla.** Dann folgen weitere Gräber, z. T. mit Resten von Standbildern. Nach dem Eingang zur **Calixtus-Katakombe** (Catacombe di San Callisto) gelangt man zur **Kirche San Sebastian** (mit den gleichnamigen Katakomben) und stößt kurz danach auf der linken Straßenseite auf das **Grabmal des Romulus** (der Sohn von Kaiser Maxentius), das dem Stil des Pantheons nachempfunden ist. Dahinter sind noch Reste des **Circus Maxentius** zu sehen. Unweit davon (gleiche Straßenseite) befindet sich das mächtige **Grab der Cecilia Metella** aus dem 1. Jh. v. Chr.

Die dritte der großen Katakomben, die **Catacombe di San Domitilla,** ist von die Via delle Sette Chiese zu erreichen.

Der nachfolgende, etwa 4 km lange Abschnitt der Via Appia Antica ist sicherlich der interessanteste und landschaftlich reizvollste. Etwa 2,5 km nach der links abgehenden Via C. Metella erreicht man – auf der Appia Antica weiter in südöstliche Richtung – auf der linken Seite das weite Areal der **Villa dei Quintili** aus der Zeit Kaiser Hadrians (2. Jh. n. Chr.). Von der einst sehr luxuriösen Landvilla zweier Brüder sind noch die mächtigen Grundmauern erhalten.

Verbindungen: Ab Piazza San Giovanni in Laterano mit dem Bus Nr. 218 zur Via Appia Antica. Alternativ: Metro Linea A bis Station Colli Albani, ab hier Bus Nr. 660.

Circus Maxentius und Grabmal des Romulus: Di–So 9–19 Uhr, im Winter bis 17 Uhr, montags geschlossen. Eintritt 2,58 €. Via Appia Antica 153.

Grabmal der Cecilia Metella: Di–So 9 Uhr bis eine Stunde vor Sonnenuntergang, montags geschlossen. Eintritt 2 €, ermäßigt 1 €. Via Appia Antica 161.

Villa dei Quintili: Di–So 9 Uhr bis ca. 1 Std. vor Sonnenuntergang, Mo geschlossen. Eintritt 4 €, unter 18 und über 65 J. frei. Via Appia Nuova 1092, ✆ 06/7182273.

Essen/Trinken: Quo Vadis, Via Appia Antica 38, eine der wenigen Möglichkeiten. Sehr großes Lokal, fast ausschließlich Touristen, das Essen ist o. k. Menü um 20–25 €. ✆ 06/5136795.

Calixtus-Katakombe (Catacombe di San Callisto)

Die Calixtus-Katakombe ist die älteste Katakombe Roms. Sie wurde um 150 n. Chr. begonnen und bis zum 4. Jh. weiter ausgebaut. Hier befinden sich mindestens 170.000 Gräber in vier Stockwerken mit einer Gesamtlänge von 20 km. Die längste Treppe führt 25 m hinab. Neun Päpste aus der Zeit von 236 bis 289 n. Chr. wurden hier beigesetzt, unter ihnen auch der heilige Calixtus, von dem die Katakombe ihren Namen hat.

Öffnungszeiten Tägl. 8.30–12 und 14.30–17.30 Uhr, im Winter nur bis 17 Uhr, mittwochs und im Februar generell geschlossen. Eintritt 5 €, Kinder bis 15 J. die Hälfte. Eingang an der Via Appia Antica 110, ✆ 06/51301580. Der Bus Nr. 218 hält quasi vor der Tür.

Domitilla-Katakomben

Die größte christliche Grabanlage Roms. Der Eingang liegt auf dem Grundstück, das Flavia Domitilla, eine Nichte des Kaisers Domitian, den Christen als Begräbnisplatz schenkte. Domitian, der besonders grausame Christenverfolgungen anordnete, verbannte seine Nichte dafür auf die Insel Ponza.

Öffnungszeiten 8.30–12 Uhr und 14.30–17.30 Uhr (im Winter bis 17 Uhr), dienstags und den ganzen Januar über geschlossen. Eintritt 5 €. Eingang an der Via delle Sette Chiese 283, ✆ 06/5110342 (die Straße mündet an der Sebastians-Katakombe in die Via Appia).

Katakomben des heiligen Sebastian

Die Grabanlage hat einen heidnischen Ursprung, wurde aber später mit christlichen Gräbern erweitert. Steile Treppen führen in die Tiefe zu dunklen, verwinkelten Gängen mit Nischen rechts und links. Manchmal öffnen sich Räume, die prächtig ausgemalt als Familiengräber dienten, in anderen (mit Altären) verehrte man Märtyrer. Zahlreiche Malereien und Inschriften sind noch gut zu erkennen

Öffnungszeiten Mo–Sa 8.30–12 und 14.30–17.30 Uhr (im Winter bis 17 Uhr). Sonntags und 10.11.–10.12. geschlossen. Eintritt 5 €. Eingang an der Via Appia Antica 136, ✆ 06/7850350.

Ostia Antica

Das Ausgrabungsgelände von Ostia Antica ist das wohl erholsamste und lohnendste Ausflugsziel in der näheren Umgebung. Die antike Hafenstadt und Handelsmetropole ist heute ein weitläufiger, mit Pinien und Zypressen begrünter archäologischer Park. Ursprünglich mündete der Tiber an dieser Stelle ins Meer. Schon im Jahr 338 v. Chr. gründeten die Römer hier eine Stadt, um die Schifffahrt besser kontrollieren zu können und um Rom vor überraschenden Pirateneinfällen zu schützen. Der Name leitet sich von lat. *ostium* (Mündung) ab. Hier starteten die Kriegsschiffe nach Karthago und später in den ganzen Mittelmeerraum zu Eroberungszügen.

Mit der Ausdehnung des Imperiums gewann auch der Hafen an Bedeutung. Zur Zeit des Augustus war Ostia bereits ein wichtiger Warenumschlagplatz. Im 1. Jh. lebten über eine Million Menschen in der nahen Hauptstadt, deren Versorgung durch Importe aus den Kolonien gesichert werden musste. Ein buntes Gemisch von Arbeitern und Kaufleuten aus der ganzen damals bekannten Welt muss Ostia bevölkert haben. Die Menschen brachten ihre zahlreichen Religionen mit, deren Kultstätten teilweise heute noch zu besichtigen sind. Zur Blütezeit Ostias lebten rund 80.000 Menschen hier, eine wahrhaft multikulturelle Gesellschaft. Die kleine Oberschicht römischer Beamter, Kaufleute und Spekulanten organisierte die Bestellungen, den Weitertransport und die anschließende Verteilung der riesigen Warenströme. Die soziale Mittelschicht von Handwerkern und Arbeitern überwog, wie es für eine antike Handelsstadt üblich war. Im 4. und 5. Jh. n. Chr. wurde die Hafenstadt verlassen und geriet bald vollkommen in Vergessenheit.

Berühmt sind Ostias Bodenmosaike, die fast ausschließlich aus schwarzen und weißen Steinen bestehen. Da die Mosaike durch Umwelteinflüsse bereits schwer geschädigt wurden, bedeckte man einige von ihnen mit Sand, um sie wenigsten notdürftig zu schützen.

• Anfahrt Ostia liegt ca. 25 km von Rom entfernt am Tiber und etwa 5 km vor der heutigen Küste mit dem modernen Badeort Lido di Ostia. Mit dem Auto über die Schnellstraße Via del Mare oder Via Ostiense zum Ausgrabungsgebiet. Es gibt ausreichend bewachte Parkmöglichkeiten (gebührenpflichtig).

Am einfachsten ist die Anfahrt mit Metro und S-Bahn: Metro Linea B bis zur Station Piramide. Gegenüber befindet sich der Bahnhof Ostiense. Von hier S-Bahn-Züge etwa alle 15 Minuten zum Meer. Aussteigen müssen Sie bei der Station Ostia Antica. Die Fahrt dauert ab der Pyramide etwa eine halbe Stunde.

• Öffnungszeiten Di–So 9–18 Uhr, im Winter 9–16 Uhr, Mo geschlossen. Eintritt 4 €. Da das Gelände sehr weitläufig ist (über 3 km lang, ca. 1 km breit), sollte man viel Zeit mitbringen. Für eine ausführliche Besichtigung braucht man drei bis fünf Stunden, die sich lohnen.

Rom
Karte S. 372/373

Beliebter Urlaubsort am Meer: Gaeta

Latium

> Ich habe die meisten Gefilde Italiens durchzogen, ich habe die berühmten Fluren von Agrigent und Syrakus durchwandert, aber trotz aller Farbenpracht jener südländischen Zone muss ich doch bekennen, dass mir die Campagna von Rom und Latium den mächtigsten Eindruck macht. Diese Landschaft bleibt immer neu und groß für mich ...
>
> Ferdinand Gregorovius, 1860

Obwohl viel Zeit vergangen ist, seit der Historiker Gregorovius von Latium schwärmte, müsste er seinen Eindruck heute nicht grundlegend revidieren: Latium ist noch immer eine der reizvollsten und vielfältigsten Regionen Italiens. Die Landschaft reicht von flachen, fruchtbaren Zonen am Meer, sanften Hügeln im Norden bis zu hohen Gebirgen mit malerischen, engen Tälern.

Die Begeisterung von Gregorovius teilte der Maler Franz Horny, der 1817 berichtete: „Das ist ein wahres Zauberland. Überhaupt ist die ganze Gegend so phantastisch, dass man es in Deutschland gar nicht glauben würde, wenn man Zeichnungen davon sähe." Das sahen auch viele andere Künstler im 19. Jh. so. Aus allen Teilen Europas ließen sich Schriftsteller, Poeten, Musiker, Zeichner und vor allem Maler von der Landschaft Latiums inspirieren. Fast jedes Museum, in dem Bilder der Romantik vertreten sind, besitzt heute Ansichten der römischen Campagna mit sanften Hügeln, Schafherden und antiken Ruinen in einem besonderen, fast glühenden Licht. Wenn man heute durch Latium fährt, kann man vieles davon noch entdecken. Die Landschaft ist wie geschaffen für Staffelei und Pinsel. Das Licht ist wirklich so wie in den Gemälden der Romantik eingefangen, und auch die Hügel und Schluchten mit Wäldern, aus denen der Dunst aufsteigt, findet man. Es gibt die Olivenhaine, die am frühen Morgen neblig graugrün, mittags flirrend silbrig und im Abendlicht fast golden schimmern. Auch auf Schafherden trifft man gelegentlich, wenn sie auf der Straße zu neuen Weideplätzen getrieben werden. Mancherorts muss man außerdem darauf gefasst sein, dass hinter einer Kurve eine gemächlich dahintrottende Büffelherde die enge, gewundene Landstraße blockiert. Massentierhaltung und Monokulturen sind seltene Ausnahmen.

Im Gegensatz zur Toskana oder weiten Teilen Umbriens ist Latium noch nicht fest in der Hand von Touristen und auf deren Geschmack und Bedürfnisse eingestellt. Fremde sind willkommen, bestimmen aber nicht das Leben der Bewohner. Anders als im 19. Jh. kommen aber auch nicht sehr viele Ausländer her. Die zieht es heute eher in die bekannten Urlaubsgebiete oder direkt nach Rom. Für das Land im Schatten der Hauptstadt bleibt dann keine Zeit.

Fast unberührt von den letzten Jahrhunderten scheinen die meisten Städtchen mit ihren oft intakten mittelalterlichen „Centri Storici", auf einer Hügelkuppe gelegen und beherrscht von dem mächtigen Gemäuer einer Kirche oder eines Kastells. Nur die sich selbst durch engste Gassen zwängenden Autos und knatternden Mopeds erinnern an die Gegenwart. Antike Fragmente sind ganz selbstverständliche Bestandteile der Häuser geworden, und recht respektlos dient ein uraltes Portal schon mal als Fußballtor oder eine antike Marmorsäule zur Warenpräsentation. In der Mittagszeit, wenn die Eisenrollläden vor den Geschäften heruntergelassen sind, scheinen die Orte ausgestorben zu sein. Man sieht nur noch träge Katzen, die unter geparkten Autos im Schatten dösen. Gelegentlich dringt Radiomusik oder Tellergeklapper aus dem Inneren der Häuser, sonst herrscht die fast gespenstische Ruhe der Siesta. Am späten Nachmittag erwacht dann das Leben wieder und die Orte wirken wie verwandelt. Plötzlich füllen sich die Straßen, auf der zentralen Piazza mit der Gedenktafel für die Gefallenen und Freiheitskämpfer streben die ersten in die Bars, Mopeds scheuchen Schwärme von Tauben auf, auf den Bänken nehmen die Alten Platz, überall wird in Gruppen lautstark diskutiert, meist geht es um Fußball, das Wetter oder die Politik. Scheppernd öffnen die Geschäfte, die Ware wird nach draußen geschleppt und auf der Gasse arrangiert. Später kommt noch die Jugend hinzu, die ein Grüppchen um den stolzen Inhaber eines motorisierten Fahrzeugs bildet oder sich flanierend um „bella figura" bemüht.

Dennoch hat es mit dem gestiegenen Wohlstand in den letzten Jahrzehnten auch Veränderungen gegeben: An den Stadträndern sind Neubauviertel entstanden, die Küste nördlich von Anzio wird über weite Strecken von Ferienappartements gesäumt, entlang der Autobahn A 1 in Richtung Süden hat sich Industrie niedergelassen und vor allem das Tal des Flüsschens Sacco ist von Einfamilienhäusern zersiedelt. Diese wohl unvermeidlichen modernen Erscheinungen sind aber eher die Ausnahme und prägen nicht das Bild.

Charakteristisch ist die abwechslungsreiche Landschaft. Der Norden Latiums ist eher hügelig, waldreich und wegen des Vulkanbodens besonders fruchtbar. Es gibt zwei große, saubere Kraterseen mit schwarzem Sandstrand und Luftkurorte in den Cimini-Bergen. Die Küste ist im Sommer überlaufen und weniger attraktiv als die im Süden.

Der Nordosten reicht bis in das Hochgebirge des Apennin. Mit 2216 Metern ist der Terminillo der höchste Berg Latiums. Hier befindet sich das beste mittelitalienische

Karte S. 428/429

Perugia
Perugia, Assisi
Foligno, Assisi
Umbrien
Toscana
Orvieto
Castiglione
Bolsena
Lago di Bolsena
Civita di Bagnoreggio
Terni
Valentano
Montefiascone
Bomarzo
Narni
Farnese
Piansano
Capodimonte
Ferento
Orte
S 204
S 313
Rieti
Contigliano
Viterbo
Bagnaia
Soriano nel Cimino
Tuscania
Vulci
S 312
Montalto di Castro
Lago di Vico
Caprarola
Vetralla
Ronciglione
Civita Castellana
Tiber (Tevere)
S 2
S 1 bis
Sutri
Nepi
Farfa
Fara in Sabina
Tarquinia
S 3
Quinzio
Trevignario Romano
Via Cassia
S 1
Tolfa
Rocca
Lago di Bracciano
Castelnouvo di Porto
Via Flaminia
A 1 dir
A 1
A 12
Bracciano
S 4
Civitavecchia
Mentana
Settebagni
Pyrgi
Cerveteri
S 493
S. Marinella
S. Severa
Via Aurelia
G.R.A.
S 5
ROMA
S 6
Ladispoli
Palidoro
Olbia, Arbatax, Golfo Aranci, Cagliari
Frascati
Fregene
Castel Gandolfo
Fiumicino
Ostia Antica
Albano Laziale
Lido di Ostia
S 148
Via Laurentina
Genzano di Roma
Pomezia
S 207
Via Pontina
Anzio

Ascoli Piceno
Pescara
Leonessa
Abruzzen
Chieti
S 4
L'Aquila
S 578
Flamignano
A 24
Lago di Salto
A 25
Avezzano
S 5
Licenza
Corvara di Roma
A 24
S 411
Subiaco
Monti Simbruini
S. Scolastica
Monte Livata
Olevano Romano
Palestrina
Fiuggi
Paliano
Valmontone
S 155
Sora
S 509
Veroli
A 1
Anagni
Alatri
Ferentino
Colleferro
Artena
Arpino
Molise
Atina
Frosinone
S 82
S 509
Carpinelo
Cori
Monte Lepini
Supino
S 6
Abbazia di Montecassino
Ceprano
Cassino
Ceccano
Cisterna di Latina
Sermoneta
A 1
S 156
Priverno
Latina
Abbazia di Fossanova
Via Appia
Monti Ausoni
Ausonia
Garigliano
S 82
Fondi
S 630
Foce Verde
Parco Naz. del Circeo
Lago di Fondi
Itri
Caserta
Sabaudia
Terracina
S 213
Formia
Sperlonga
Gaeta
Caserta
S. Felice Circeo
I. di Ponza
I. Ventotene
I. di Ponza
I. di Ponza
10 km
Latium

Skigebiet mit Liftbetrieb etwa von Dezember bis März. Herrliche Panoramastraßen führen kurvenreich durch malerische Täler, erklimmen beachtliche Höhen mit phantastischen Blicken in Täler und weite Ebenen oder schrauben sich mit halsbrecherischen Windungen zu Gipfeln hinauf, auf denen einsame mittelalterliche Ortschaften liegen. Zu den schönsten Gegenden Latiums gehören die sanfteren Hügel der Sabiner Berge mit jahrhundertealten Olivenbäumen.

Fast bis an den Autobahnring reichen im Südosten von Rom die Albaner Berge. Da die kleinen Ortschaften auf den vulkanischen Hügeln wie Burgen aussehen, nennt man sie auch Castelli Romani. Die Römer nutzen die luftige Gegend um die beiden Kraterseen Lago Albano und Lago di Nemi als Naherholungsgebiet und beziehen hierher ihren Hauswein. Der frische Frascati-Wein ist weit über die Region hinaus bekannt und beliebt.

Die Ebene an der Küste südlich von Rom war schon in der Antike ein malariaverseuchtes gefürchtetes Sumpfgebiet. Erst unter Mussolini gelang die Trockenlegung, neue Städte wurden gebaut und das fruchtbare Land für die Landwirtschaft gewonnen. Am Meer erstreckt sich im Nationalpark von Circeo eine Dünenlandschaft, an die sich weitläufige Sandstrände und weiter im Süden steile Felsen mit vielen Grotten und malerischen Badebuchten anschließen. Weiter im Landesinneren sind die Berge im Süden karg und bis auf das parallel zur Autobahn verlaufende Sacco-Tal eher dünn besiedelt.

Neben der herrlichen Landschaft bietet Latium auch einen unglaublichen Reichtum an Sehenswürdigkeiten und Kunstschätzen. Seit einigen Jahrzehnten bemühen sich die Provinzregierungen darum, Latium touristisch besser zu erschließen. Sogar in abgelegenen Orten entstehen kleine, sehr sorgfältig eingerichtete Museen. Die Ausgrabungen sind meist in hervorragendem Zustand. Es gibt zunehmend mehr Hotels und einige Campingplätze, Wanderwege werden angelegt, Trekking- und Klettertouren veranstaltet. Hochglanzbroschüren preisen die Attraktionen und weisen auf die vielfältigen Möglichkeiten für einen Erholungs-, Aktiv- und Bildungsurlaub hin.

Da Latium schon seit der Frühzeit besiedelt ist und Zivilisationsspuren bis jenseits vom 9. Jh. v. Chr. nachweisbar sind, kann beinahe jeder Ort irgendein Zeugnis seiner Geschichte vorweisen, das aus prähistorischer, etruskischer, römischer oder mittelalterlicher Zeit stammt. Der Norden gehörte zum Kernland der Etrusker, deren wunderbare Grabmalereien bei Tarquinia, monumentale Grabhügel bei Cerveteri und Felsengräber mit Scheinarchitekturen in den Tälern bei Viterbo von einer hochstehenden Kultur zeugen, die ihre Blüte hatte, als Rom noch aus armseligen Hüttendörfern bestand. Im Süden lebten in vorrömischer Zeit die Latiner, Sabiner, Volsker und Herniker. Die gewaltigen Zyklopenmauern gehen auf sie zurück. Unregelmäßige Steinblöcke von gigantischen Ausmaßen hat man passgenau zusammengefügt und an der Außenfläche glatt poliert. Ab dem 4. Jh. v. Chr. gelang es den inzwischen gut organisierten Römern die Vorherrschaft zu erringen. Seit dieser Zeit konnte keine der einst bedeutenden Städte mehr eine eigenständige Rolle neben Rom behaupten.

Die imposantesten Ruinen aus römischer Zeit sind im Osten Roms die Residenz Kaiser Hadrians bei Tivoli und das Orakelheiligtum bei Palestrina, das einen ganzen Berghang bedeckte sowie der mächtige Jupiter-Tempel auf dem Berg hoch über dem Meer bei Terracina im Süden. Überall existieren noch die antiken Konsularstraßen, von denen die Via Appia sicher die bekannteste ist. Bis heute sind sie wichtige Verbindungsstraßen geblieben. Im Mittelalter stellten sie die einzigen Verbindungswege dar, und so wurden die alten römischen Posten entlang der Straßen zu Städtchen mit wehrhaften Burgen ausgebaut.

Im frühen Mittelalter hauste der heilige Benedikt als Eremit in der Felsnische eines Tals bei Subiaco im Osten Latiums und ersann dort die Regeln für die erste Mönchsgemeinschaft des Abendlands. An der Stelle befindet sich heute eine sehenswerte Felsenkirche. Zu seinen Gründungen gehört auch das Kloster von Monte Cassino, wo er im Jahr 547 starb. Die mächtige Abtei auf einem Felsplateau an der wichtigsten Passage von Rom nach Neapel, ganz im Süden Latiums, ist bis heute das Mutterkloster des Benediktinerordens.

Als weiterer Ordensgründer wirkte später der heilige Franziskus im Norden Latiums. In den Bergen bei Rieti fand er in Höhlen und Felsspalten Ruhe zur Meditation. An den Schauplätzen der von ihm vollbrachten Wunder entstanden Wallfahrtsorte.

Aus dem Tuffstein gehauen – römisches Amphitheater bei Sutri

Die unruhigen Zeiten des Mittelalters waren von Auseinandersetzungen zwischen dem Papst, dem Kaiser und selbstbewussten, steinreichen Adelsfamilien geprägt. Nicht selten musste der Papst aus Rom fliehen und in den Provinzstädten Zuflucht suchen. So wurden z. B. Viterbo im Norden und Anagni im Süden vorübergehend Papstresidenzen mit noch heute eindrucksvollen Papstpalästen. Diese Zeit prägt bis heute das Bild der Städte mit ihren wehrhaften Befestigungsanlagen und den mächtigen Palästen der Adligen, die meist auf einem Bergkegel liegen und den Mittelpunkt eines Dorfes bilden. Rings um den Palast, am Hang des Hügels, wohnten in den schmalen Häusern der steilen, engen Gassen die Angestellten und Bauern der hohen Herren.

Als die Zeiten in der Renaissance ruhiger wurden und die Adligen sich mit dem Papst arrangierten, genoss man Reichtum und Luxus. Man machte es den antiken Römern nach und verließ im Sommer das stickig heiße Rom und zog aufs Land. Die einen ließen sich prachtvolle Villen in den Albaner Bergen bauen, um die nahe Hauptstadt rasch erreichen zu können und nichts zu versäumen, die anderen zog es in die Nähe ihrer Besitztümer, wo sie Platz hatten für weitläufige Gartenschlösser. Bis heute zählen die Villa d'Este bei Tivoli, die Villa Lante in Bagnaia und der Palazzo Farnese in Caprarola zu den schönsten Gartenanlagen Europas.

Latium (Lazio) auf einen Blick

Fläche: 17.203 km², mit einer Küstenlinie von 300 km am Tyrrhenischen Meer, hinzu kommen die Pontinischen Inseln vor der Südküste der Region.

Einwohner: 5,1 Millionen.

Hauptstadt: Rom mit ca. 2,5 Millionen Einwohnern.

Bevölkerungsdichte: 297 Einwohner pro km² (italienischer Durchschnitt: 190 Einw./km²).

Verwaltung: Die Region ist in fünf Provinzen unterteilt: Frosinone, Latina, Rieti, Rom und Viterbo.

Der Norden von Latium

Das an die Toskana und Umbrien angrenzende Gebiet der Provinz Viterbo im nördlichen Latium, zwischen dem Tyrrhenischen Meer und dem Tiber, nennt man auch **Tuscia.** Hier sind überall historische Spuren zu finden, die bis in die Bronzezeit zurückreichen. Am eindrucksvollsten sind die monumentalen Totenstädte der Etrusker. Mit pittoresken mittelalterlichen Städtchen, sehenswerten Schlössern und den sauberen Kraterseen ist der Norden Latiums für einen abwechslungsreichen Ferienaufenthalt geradezu ideal. Die Küste hat zwar langgezogene Sandstrand-Abschnitte, ist aber trotzdem weniger reizvoll als die im Süden (ab dem Nationalpark Circeo).

Viterbo

(ca. 57.000 Einwohner)

In der Stadt der Päpste und des Mittelalters, wie sich Viterbo stolz selbst bezeichnet, umschließt eine vollständig erhaltene Ringmauer aus dem 13. Jh. das Zentrum mit seinen vielen Plätzen, Brunnen, romanischen Kirchen sowie mittelalterlichen Palästen und Häusern. Besonders in den stimmungsvollen Vierteln San Pellegrino und Pianoscarno ist das mittelalterliche Stadtbild authentisch erhalten.

Die Provinzhauptstadt im Norden Latiums mit ca. 60.000 Einwohnern verdankt ihre Bedeutung der Lage an der antiken Via Cassia, die noch im Mittelalter für alle Reisenden aus dem Norden die wichtigste Verbindung nach Rom war. Auch heute eignet sich Viterbo wegen der günstigen Lage als idealer Ausgangspunkt für Touren zu den zahlreichen etruskischen Ausgrabungsgebieten, den Seen, reizvollen Ortschaften und zu einigen der interessantesten Renaissance-Schlössern Italiens. Etwas Zeit sollte man sich auch für die Stadt selbst nehmen. Heiter wirkt Viterbo selbst bei Sonnenschein kaum, die dunkelgraue Farbe des einheitlich verwendeten vulkanischen Baumaterials in den engen Gassen und Durchgängen passt aber zur düsteren Strenge des Mittelalters und lässt gar nicht erst den Eindruck eines zur Künstlichkeit restaurierten Museumsstädtchens aufkommen.

Geschichte

Welcher Volksstamm sich hier in grauer Vorzeit als Erster heimisch einrichtete, ist nicht bekannt. Durch Mauerreste auf dem Domhügel ist aber zumindest eine kleine etruskische Siedlung belegt. Die Römer kamen im Jahr 310 v. Chr. und nutzten den Ort als Vorposten bei der Besetzung des südlichen Etruriens. Mit dem Bau der Via Cassia Ende des 2. Jh. v. Chr. nahm die Bedeutung zu. Da Rom schnell und bequem zu erreichen war, errichteten in der Kaiserzeit Familien der reichen Oberschicht in dieser Gegend prachtvolle Landhäuser. Mit dem Niedergang des Römischen Reiches kamen auch die plündernden Invasoren aus dem Norden. Im 8. Jh. bauten die Langobarden im Kampf gegen den Papst Viterbo zu einer Grenzfestung aus. Karl der Große vertrieb 774 die Eindringlinge, und die Stadt fiel im Rahmen der Pippinschen Schenkung an die Kirche. Durch die günstige Lage an der wichtigsten Verbindungsstraße von Nord nach Süd wuchs ihre Bedeutung ab dem Jahr 1000 wieder. Bei den Auseinandersetzungen zwischen Kaiser, Papst und Gegenpäpsten im Mittelalter spielte sie eine wichtige Rolle. Zu Wohlstand gekommene Kaufleute und Handwerker übernahmen die Verwaltung in eigener Regie, während sich in Rom durch die Scharmützel der verfeindeten Adelsfamilien Chaos und Anarchie ausbreiteten. Im Jahr 1145 suchte mit Eugen III. zum ersten Mal ein Papst hier Schutz. 1160 verlieh dann Kaiser Friedrich Barbarossa Viterbo zum Dank für seine militärische Unterstützung die Stadtrechte. Die erste Hälfte des 13. Jh. war durch ständige Kämpfe zwischen dem Stauferkaiser Friedrich II. und dem Papst geprägt. In dieser Zeit stand die Stadt meist auf der Seite des Kirchenstaates, was aber eine bisweilen kritische Haltung gegenüber dem Papst nicht verhinderte, wofür zornige Päpste später bisweilen sogar alle Bürger kollektiv exkommunizierten.

Die Loggia des Papstpalastes

Als die Päpste sich wegen der wachsenden Unruhen in Rom nach einer sichereren Zuflucht umschauten, bewarb sich Viterbo mit mehreren anderen Städten um diese Ehre. Um die Chancen Viterbos zu verbessern, ließ der reiche Stadtkommandant Raniero Gatto zwischen 1255 und 1266 einen prachtvollen Palast auf dem Domhügel bauen. Die Investition sollte sich lohnen, denn gleich nach der Fertigstellung verlegte Clemens IV. den Papstsitz nach Viterbo. Nach dessen Tod kam es 1268–1271 zum längsten Interregnum (papstlose Zeit) der Kirchengeschichte. Das lag an den Kardinälen, die sich nicht auf einen Nachfolger einigen konnten, und auch an Kaiser Karl I., der die Anhänger der verschiedenen Parteien geschickt gegeneinander ausspielte, um so lange wie möglich ohne die Einmischung eines Papstes regieren zu können. Schließlich ergriff ein berühmter Kirchenlehrer, der heilige *Bonaventura,* die Initiative, um endlich eine Einigung zu erzwingen. Er ließ die hohen Würdenträger im Konklavesaal des Papstpalastes einsperren, nachdem er zuvor das Dach hatte abdecken lassen. Auch die Verpflegung reduzierte er auf ein Minimum. In dem zugigen Gefängnis bei strenger Diät fanden die zerstrittenen Kardinäle dann doch noch einen Ausweg aus ihren verfahrenen Beratungen und wählten in Abwesenheit den Bischof von Lüttich zum Papst, einen klugen Diplomaten, der sich Gregor X. nannte. Aus den gewonnenen Erfahrungen erließ er die bis heute geltenden Regeln für die Papstwahl. So werden die Kardinäle noch immer eingesperrt (mit Schlüssel – cum clave, daher leitet sich der Name Konklave ab), bis sie einen Nachfolger Petri bestimmt haben. Später wurden noch drei weitere Päpste, Johannes XXI. (1276–1277) sowie seine Nachfolger Nikolaus III. (1277–1280) und Martin IV. (1281–1285), in Viterbo gewählt.

Ende des 13. Jh. nahmen auch in Viterbo die Auseinandersetzungen zwischen einflussreichen Familien verschiedener politischer Richtungen zu und die Blütezeit der Stadt war vorbei. Als die Zustände während des Exils der Päpste in Avignon (1309–1377) unerträglich wurden, erhielt der spanische Kardinal Albornoz den Auftrag, für Ordnung zu sorgen. Er ließ 1354 den Grundstein für eine Festung, die Rocca, legen. Mit der Wiederherstellung päpstlicher Autorität in Rom fiel Viterbo an den Kirchenstaat und nahm nur noch Verwaltungsaufgaben wahr. Auch diese Funktion verlor die Stadt einige Jahrhunderte später mit der Besetzung des Kirchenstaats durch Napoleon. Erst am 1. Januar 1927 errang Viterbo durch die Ernennung zur Hauptstadt der gleichnamigen Provinz wieder eine gewisse Bedeutung. Im Zweiten Weltkrieg erlitt die Stadt 1943 und 1944 schwere Bombenschäden. Die zerstörten historischen Bauten im Zentrum sind inzwischen wieder aufgebaut und bei der Gelegenheit von späteren Zutaten befreit worden, sodass der Eindruck mancher Kirchen ohne barockes Stuckwerk heute oft authentischer ist als noch vor dem Krieg.

Information/Verbindungen/Diverses

• *Information* **Fremdenverkehrsamt für die Provinz** (EPT), Pzza. dei Caduti 16, ✆ 0761/304643, 📠 0761/308480, www.promotuscia.it. Mo–Fr 9–14 und 15.30–18 Uhr, Sa 9–14 Uhr.

• *Entfernungen* nach Rom 71 km, Florenz 198 km, Siena 144 km, Orvieto 45 km, Civitavecchia 58 km und zum Bolsena-See 31 km.

• *Anfahrt/Verbindungen* Über die Autobahn A 1, Abfahrt Orte und 25 km weiter über die Staatsstraße SS 204; der direkte Weg nach Rom führt über die Via Cassia (Staatsstraße SS 2).

Bus: Busbahnhof auf der Pzza. Martiri d'Ungheria. Es bestehen gute Busverbindungen nach Rom; außerdem gute Verbindungen ans Meer und in die meisten größeren Orte der Provinz (z. B. Tarquinia, Caprarola, Bolsena).

Bahn: Zugverbindungen, z. B. nach Rom (ab/bis Roma-Nord oder Stazione S. Pietro), Orvieto, Siena, Florenz.

• *Einkaufen* Die größeren **Supermärkte** und Warenhäuser befinden sich an den größeren Straßen außerhalb des Zentrums. Kleinerer zentral gelegener Supermarkt in der Via Marconi 36.

Im Stadtviertel San Pellegrino Geschäfte mit Kunsthandwerk. Haupteinkaufsstraße ist der Corso Italia.

Übernachten

• *Hotels im Zentrum* Empfehlenswert ist das **Hotel Tuscia**, nur wenige Schritte von der Pzza. dei Caduti zentral gelegen, dennoch ruhig, 39 gut ausgestattete Zimmer, in der Nähe Garage (8 € pro Tag); 3 Sterne, DZ 75–86 € inkl. Frühstücksbuffet. Via Cairoli 41, 01100 Viterbo, ✆ 0761/344400, 📠 0761/345976, www.tusciahotel.com.

Nahe der Porta Fiorentina (etwa 400 m vom Hauptbahnhof entfernt) befinden sich in der Via della Cava schlichte, aber ordentliche Hotels:

Albergo Roma, 2 Sterne, 28 Zimmer, Parkmöglichkeiten, DZ 45–60 €. Via della Cava 26, 01100 Viterbo, ✆ 0761/226474, 📠 0761/305507.

Einige Häuser weiter liegt das größere **Leon d'Oro** in einem Gebäude aus den 1960er Jahren, 3 Sterne, 39 einfach ausgestattete Zimmer, Parkgelegenheit, DZ ca. 50–65 €. Via della Cava 36, 01100 Viterbo, ✆ 0761/344444, 📠 0761/344447.

• *Bed &Breakfast* Diese Häuser sind deutlich preiswerter als Hotels. Empfehlenswert schon wegen der Lage im mittelalterlichen Kern sind:

B & B Arcobaleno, Via delle Piaggiarelle 25 (Verbindungsgasse zwischen S. Pellegrino und Pianoscarano), 01100 Viterbo, ✆ 0761/332956, DZ 38 €, oder das **B & B in der Via Valle Cupa** 15, 01100 Viterbo, ✆/✆ 0761/341156, DZ 32 €, mit Kochecke 38 €.

• *Außerhalb* Mehr Luxus mit einem phänomenalen Blick auf das nördliche Latium (bei gutem Wetter bis zum Meer) finden Sie 7 km entfernt in San Martino al Cimino (in Richtung Lago di Vico): **Baletti Park Hotel**, Via Umbria 2 (vor dem unteren Stadttor ca. 50 m nach links), 01030 San Martino al Cimino, ✆ 0761/3771, ✆ 0761/379496 (4 Sterne, 134 Zimmer, Garten, Tennisplatz, schöne Poolanlage, DZ 120–150 €). Eine funktionale Dependance des Hotels liegt in Viterbo nahe dem Bahnhof Stazione di Porta Fiorentina: **Balletti Palace Hotel**, Via Molini 8, 01100 Viterbo, ✆ 0761/344777, ✆ 0761/345060 (3 Sterne, 105 Zimmer, DZ 90–120 €).

Essen/Trinken

Ristorante Il Richiastro, von Do bis So-Mittag geöffnet (im Juli und August geschlossen); mit kleinem Innenhof. Die Atmosphäre ist familiär und rustikal. Menüpreis um 27 € – einfach fabelhaft! Via della Marrocca 16, ✆ 0761/228009.

Trattoria Porta Romana, Mutter und Tochter führen diese kleine traditionelle Trattoria. Es gibt der Jahreszeit angepasste, gut zubereitete Hausmannskost, durchweg empfehlenswert sind die Nudelgerichte. Menüpreis um 23 €. So Ruhetag. Via della Bontà 12, ✆ 0761/307118.

Enoteca La Torre, die im historischen Zentrum gelegene Enoteca bietet eine reiche Auswahl an Weinen aus dem In- und Ausland. Sie können hier aber auch vorzüglich essen. Menüpreis um 30 €. So geschlossen. Via della Torre 5, ✆ 0761/226467.

Ristorante Pizzeria Il Labirinto, Via S. Lorenzo 46, ✆ 0761/307026 bietet neben einer großen Pizzaauswahl auch andere recht ordentlich zubereitete Gerichte.

Rustikaler und lauter geht es in der immer voll besetzten **Pizzeria Il Monastero** zu. Die Pizza wird über dem Holzfeuer gebacken und dürfte wohl die größte sein, die Sie je bekommen haben. Es ist nämlich ein doppeltes Exemplar, das auf zwei Tellern nebeneinander serviert werden muss (und das zu einem Preis, der sonst für eine üblich ist). Reicht Ihr Hunger dafür nicht, können Sie auch eine halbe Portion bestellen. Dazu trinkt man Bier vom Fass (es gibt aber auch offenen Hauswein). Di Ruhetag. Via Fattungheri 10, ✆ 0761/324346.

• *Außerhalb* Mehrere gute Restaurants finden Sie auch in **San Martino al Cimino**, etwa 7 km außerhalb von Viterbo in Richtung Lago di Vico (Adressen siehe dort, S. 439).

Latium
Karte S. 428/429

Sehenswertes

Der hier beschriebene Rundgang beginnt auf der **Piazza del Plebiscito**, dem politischen Zentrum der Stadt seit dem Mittelalter. Die längere Platzseite mit dem Arkadengang wird fast ganz vom **Palazzo dei Priori** eingenommen, der ursprünglich aus dem 13. Jh. stammt und noch heute vom Bürgermeisteramt genutzt wird. Die prachtvollen Repräsentationsräume im ersten Stock können besichtigt werden.

• *Eingang/Öffnungszeiten* Eingang durch den Palazzo Comunale, Via Ascenzi 1 (durch den Arkadenbogen über der Zufahrtsstraße rechts), dort beim Pförtner melden; gegen Hinterlegung eines Ausweises erhält man einen Besucherausweis. Öffnungszeiten: Mo–Sa 9–13 und 15.30–18.30 Uhr; So Eintritt direkt vom Platz aus, 10–13 und 15.30–18.30 Uhr; Eintritt frei. Im ersten Stock führt eine Passage über der Zufahrtsstraße in die vier zur Besichtigung freigegebenen Säle).

Mit dem Bau des Palazzo del Podestà an der rechten Platzseite, in dem die Stadtverwaltung ihren Sitz hat (Palazzo Comunale), wurde schon 1247 begonnen, heute sieht man das Ergebnis zahlreicher Umbauten. Überragt wird der Palazzo vom 44 m hohen, schlanken **Uhrturm** (*Torre dell'Orologio*), der in seiner jetzigen Form aus dem Jahre 1487 stammt.

Folgen Sie der Via Lorenzo bis zur Piazza del Gesù (links) mit einem Brunnen aus dem 17. Jh. und dem mittelalterlichen Turm des Borgognone. Benannt ist dieser nach einem Mann, dessen Fußlänge als offizielles Längenmaß galt. Die Länge gibt der senkrecht an der Turmecke in den Sockel eingelassene Stein wieder. Der Turm ist ein typisches Beispiel für die Wohntürme Viterbos. Sie dienten im Mittelalter neben dem Schutz vor Eindringlingen auch der Repräsentation. Mit der Bedeutung einer Familie wuchs die Höhe ihres Turms. Umgekehrt funktionierte die Symbolik auch: Wenn eine Familie Missfallen erregte, konnte sie auch zum Kappen ihres stolz aufragenden Turms verpflichtet werden. Einige der Turmstümpfe in der Stadt zeugen noch heute vom Niedergang der einstigen Besitzer.

Biegen Sie gegenüber der Piazza rechts von der Via Lorenzo in die schmale Gasse unter dem Bogendurchgang ein. Sie erreichen nun **Santa Maria Nuova**, die älteste Kirche der Stadt. Eine Inschrift im Kircheninnern (links des Eingangs) nennt 1080 als Stiftungsjahr. Wohl auf den Resten eines Tempels erbaut, gehen einige Strukturen auf das 6. Jh. zurück. Von der kleinen Außenkanzel predigte 1266 der Heilige Thomas von Aquin, worauf eine Inschrift hinweist.

Zurück zur Via Lorenzo gelangen Sie links zur Pzza. della Morte mit einem für Viterbo typischen Bronzegussbrunnen (13. Jh.) und der Loggia delle Morte, einem gekappten, ehemals prachtvollen Wohnturm. Von der Piazza aus führt rechts die Dombrücke mit etruskischem Unterbau zum Domhügel. Rechts sehen Sie zunächst den *Palazzo Farnese*. Er ist der älteste Palast dieser einflussreichen Familie. Sehenswert ist der herrliche Innenhof. In diesem Gebäude, das Ranuccio Farnese errichten ließ, wurde wohl sein Enkel, der spätere Papst Paul III., geboren. Kurz darauf erreichen Sie auf der Pzza. San Lorenzo die **Kathedrale.** Erbaut wurde sie im 12. Jh. auf den Resten eines römischen Herkules-Tempels. 1369 fügte man den Campanile mit Streifenschmuck und gotischen Fensteröffnungen hinzu, zu dem die Fassade von 1570 nicht so recht passt.

Das Innere besteht aus drei Schiffen. Gleich am Eingang links sieht man wertvolle Fresken aus dem 12. Jh. Im linken Schiff befindet sich das Grabmal von *Johannes XXI.*, einem der in Viterbo gewählten Päpste, dem einzigen Portugiesen auf dem Stuhl Petri.

Öffnungszeiten **Cattedrale San Lorenzo**, 8.30–12 und 15.30–17.30 Uhr (Sommer bis 18.30 Uhr).

Das **Dommuseum** erreichen Sie durch den linken Eingang neben dem Campanile. Ausgestellt sind Reliquiare, prachtvolle liturgische Gewänder und antike Sarkophage.

Öffnungszeiten Dommuseum, Di–So 10–12.30 und 15.30–17.30 Uhr (im Sommer bis 18 Uhr), Mo geschlossen; Eintritt 3 €, reduziert 1 €.

Links am Fuß der Domtreppe befindet sich die Casa di Valentino della Pagnotta, die mit ihrer großen offenen Bogenhalle ein typisches Beispiel für ein elegantes Wohnhaus aus dem 13. Jh. darstellt. Im Zweiten Weltkrieg wurde es fast vollständig zerstört, inzwischen aber originalgetreu wieder aufgebaut. Die rechte Platzseite nimmt der gotische **Papstpalast** ein, der als eines der schönsten Gebäude Italiens gilt und dessen elegante Loggia mit den filigranen, sehr fein gearbeiteten Maßwerkbögen Wahrzeichen der Stadt ist. Erbaut hat ihn der Stadtkommandant Raniero Gatti zwischen 1255 und 1266 als Viterbos Einladung an die Päpste, in unruhigen Zeiten hier eine sichere und würdige Residenz zu finden. Erster Bewohner war direkt nach der Fertigstellung Clemens IV. (1265–1268). Sehr stabil war das eindrucksvolle Bauwerk allerdings nicht. Da die schlanken Säulchen der Loggia das Gewicht des Daches nicht tragen konnten, stürzte schon bald die Rückfront der Loggia ein. Bis heute steht nur die nachträglich gesicherte Schauseite.

Eine breite Treppe führt zum Palast hinauf, dessen Fassade mit sechs Doppelbogenfenstern und Zinnen geschmückt ist. Im großen Saal des Palastes, der die gesamte Front einnimmt, fand das erste Konklave der Kirchengeschichte statt, bei dem die Kardinäle sich nach drei Jahren immer noch nicht einigen konnten und Bonaventura 1271 zu den schon beschriebenen drastischen Maßnahmen griff. Auch die nächsten drei Papstwahlen fanden hier statt. Heute wird der Konklave-Saal für Ausstellungen und Musikveranstaltungen genutzt.

Öffnungszeiten Papstpalast, im Sommer tägl. 10–13 und 15–18 Uhr, im Winter nur So; Eintritt frei.

Mittelalterliches Wohnhaus an der Piazzetta San Pellegrino

Kehren Sie von der Pzza. San Lorenzo über die Brücke und die Pzza. della Morte zurück, erreichen Sie den nahezu unverfälscht erhaltenen mittelalterlichen **Stadtteil San Pellegrino** mit seiner Hauptstraße Via San Pellegrino. Die engen Gassen mit Bogendurchgängen und typischen Außentreppen zu den Eingangsbalkonen der Wohnhäuser, in denen einst Handwerker und Kaufleute wohnten, sind zweifellos die Hauptattraktion Viterbos. Man kann sich hier gut ins Mittelalter zurückversetzen, dementsprechend ist der Ort auch öfter Schauplatz von Filmen und historischen Volksfesten. Der kleine Platz im Zentrum, die *Piazzetta San Pellegrino,* gehört zu den stimmungsvollsten Orten von Viterbo.

Folgen Sie von der Piazzetta aus nun der Via S. Gemini ins Tal. Sie gelangen schließlich links zur Brücke in das benachbarte mittelalterliche Viertel Pianoscarano mit seinen sehr viel schlichteren Häuschen. Eindrucksvoll ist immer wieder der Blick auf das benachbarte San Pellegrino und die Wohntürme der Stadt. Durchqueren Sie Pianoscarano, gelangen Sie links hinunter zum Stadttor Porta San Pietro mit dem ältesten Abschnitt der Stadtmauer und von dort innerhalb der Mauer links die Via San Pietro hinauf, wieder am Viertel San Pellegrino vorbei über die Via d. Fabbriche bis zur zentralen Pzza. Fontana Grande. An dem recht bizarren mittelalterlichen Brunnen haben zwischen 1206 und 1279 mehrere Künstler gearbeitet.

Von hier aus folgen Sie der gegenüber mündenden Via Saffi mit mehreren sehenswerten mittelalterlichen Wohnhäusern (z. B. Nr. 102 Casa Poscia) bis zur Pzza. del Erbe. Hier beginnt der Corso Italia, die Haupteinkaufsstraße der Stadt. Berühmt ist das Caffè Schenardi (Corso Italia 11), das 1818 von einem Neapolitaner eröffnet wurde und sich ohne Einschränkung mit den großen, eleganten Kaffeehäusern in Venedig, Florenz und Rom vergleichen ließ. Zu den illustren Gästen gehörten Könige und bedeutende Künstler. Der Tiefpunkt des Niedergangs kam mit dem Einzug von McDonalds – ob es nach im Sommer 2004 begonnenen Renovierung bei Fast Food bleibt, war bei Redaktionsschluss noch unklar.

Von der Pzza. del Erbe aus führt der Rundgang rechts über die Via dell'Orologio und dann nach links in die Via Marrocca zur rein romanischen Kirche **San Giovanni in Zoccoli** (1. Hälfte 11. Jh.). In die schlichte Fassade ist eine elegante Fensterrosette eingelassen. Zum bedeutenden Schmuck des dreischiffigen Innenraumes gehören die Fresken und der Bischofsthron in der Apsis.

Folgen Sie der Via Mazzini ein kurzes Stück nach rechts, sehen Sie links die Porta della Verità. Ihr gegenüber außerhalb der Mauer befindet sich der Klosterkomplex von **Santa Maria della Verità**. Der Kirchenbau wurde im 12. Jh. begonnen, während der Renaissance erweitert und nach Bombenschäden im Krieg aufwendig restauriert. Sehenswert ist die 1469 mit Fresken dekorierte *Mazzatosta-Kapelle*. Beachtenswert ist zudem der gotische Kreuzgang.

Im ehemaligen Kloster befindet sich das städtische Museum (**Museo Civico**). Im Erdgeschoss sind antike Ausgrabungsfunde (teilweise etruskischen, teilweise römischen Ursprungs), darunter einige Sarkophage aus den etruskischen Gräbern der Umgebung, zu sehen. Die Sammlung im Obergeschoss beinhaltet Gemälde aus der Zeit vom Mittelalter bis zum 18. Jh. und Exponate zur Stadtgeschichte.

Öffnungszeiten **Museo Civico**, Mo geschlossen, sonst: 1. April bis 31. Okt. 9–19 Uhr; 1. Nov. bis 31. März 9–18 Uhr. Eintritt 3,10 €, reduziert (18–25 Jahre) 2,10 €, freier Eintritt für Personen unter 18 und über 65 Jahre (mit Ausweis).

Kehren Sie in die Via Mazzini zurück und folgen ihr links, bis Sie am Ende auf die Via Casa und dort rechts auf die Via di Santa Rosa stoßen. Die Kirche Santa Rosa ist der Stadtheiligen geweiht und wurde im 19. Jh. im klassizistischen Stil vollständig erneuert und mit einer Kuppel bekrönt. Ihr Sarg (1683) befindet sich in der Kapelle rechts.

Die erst 10-jährige **Rosa** setzte den Bürgern während der Belagerung durch kaiserliche Truppen im Jahr 1243 immer wieder zu, nicht aufzugeben und dem Papst die Treue zu halten. Wegen ihrer außerordentlichen Frömmigkeit ihrem Mut war das junge Mädchen bekannt und beliebt. Kaiser Friedrichs II. verbannte sie 1250 schließlich als Aufrührerin ins Exil. Erst nach seinem Tod konnte sie in ihre Heimatstadt zurückkehren, wo sie ein Jahr später starb. Unmittelbar nach ihrem Tod und ohne das bis heute nicht offiziell abgeschlossene Heiligsprechungsverfahren abzuwarten, wurde Rosa durch Volkes Stimme heilig gesprochen. In Anwesenheit des Papstes und einiger Kardinäle wurde die unverweste Leiche am 4. September 1258 in einer feierlichen Prozession in das Kloster San Damiano überführt. In Erinnerung hieran feiert man zu Ehren der Stadtheiligen Rosa noch heute alljährlich ein großes Fest. Höhepunkt ist am Abend des 3. September der Umzug der **Macchina di Santa Rosa**. Dabei tragen 100 Männer auf ihren Schultern einen 30 m hohen und 5 t schweren, beleuchteten Turm mit einer Statue der heiligen Rosa auf der Spitze auf ihren Schultern durch die verdunkelten Straßen. Der Turm wird alle fünf Jahre neu angefertigt (und dabei jeweils dem Zeitgeschmack angepasst).

Der ehemals religiöse Charakter der alljährlichen Erinnerungsprozession wandelte sich im Lauf der Zeit immer mehr zu dem eines Volksfestes, zu dem Besucher von überall her anreisen.

Von der Via di Santa Rosa gelangen Sie zur Pzza. Giuseppe Verdi mit der mittelalterlichen Kirche **San Marco** und dem klassizistischen Theater. Überqueren Sie die Piazza und folgen der Via Matteotti.

An der nahen Porta Fiorentina, die im vergangenen Jahrhundert umgestaltet wurde, gelangen Sie zur Festung **Rocca Albornoz**. Kardinal *Egidio Albornoz* gab sie 1354 in Auftrag, und Papst Paul III. ließ sie 1524 vollenden.

In der Burg ist heute das gerade restaurierte **Museo Nazionale** mit antiken Fundstücken aus der Umgebung untergebracht. Anschaulich sind Rekonstruktionen etruskischer Wohnhäuser, zum Teil im verkleinerten Modell, aber auch in Originalgröße.

Öffnungszeiten **Museo Nazionale**, Mo geschlossen, sonst 8.30–19.30 Uhr. Eintritt 2 €, reduziert (18 bis 25 Jahre) 1 €, für Personen unter 18 und über 65 Jahre (Ausweis erforderlich) ist der Eintritt frei.

Viterbo/Umgebung

San Martino al Cimino: Der kleine Ort am Hang der Cimini-Hügel oberhalb von Viterbo (ca. 7 km in Richtung Lago di Vico) wird von der mächtigen Zisterzienserkirche beherrscht und stellt eine der schönsten erhaltenen Dorfanlagen aus dem 17. Jh. dar.

Nach einer wechselvollen Geschichte schenkte Papst Innozenz X. das Dorf mitsamt Abtei und Kirche 1645 seiner machtgierigen Schwägerin Donna Olimpia, deren Palast (links neben der Kirche) den Ort überragt.

Noch im 17. Jh. wurde das Dorf nach einem einheitlichen Bebauungsplan komplett neu errichtet, und so zeigt es sich bis heute: Niedrige Häuserzeilen mit schräg abfallenden Dächern säumen die den Hang hinaufführenden breiten Straßenachsen, an deren oberen Ende sich die Kirche erhebt, die, auf diese Weise inszeniert, noch monumentaler wirkt. Im dreischiffigen Innenraum ist das Kreuzgratgewölbe typisch für die Zisterziensergotik. Die Kirche kommt ohne jeden weiteren Schmuck aus. Nur die Sandsteinarchitektur und das durch das breite Fassadenfenster mit Maßwerk einfallende Licht bewirken die feierliche Stimmung. Die beiden Zwillingstürme wurden 1651 bis 1654 aus statischen Gründen hinzugefügt. Von der Terrasse vor der Kirche erkennen Sie gut das Konzept der Dorfanlage und haben einen herrlichen Fernblick. An einem klaren Morgen sehen Sie hinter Viterbo in der Ebene den Kraterrand des Bolsena-Sees und links das Meer. Abends hat man Gegenlicht, doch dafür erstrahlt die Kirchenfassade golden in der Abendsonne, während der Ort bereits malerisch im Schatten der Dämmerung liegt.

Eingang zur Kirche: an der linken Seite von der Pzza. del Oratorio aus. Hier sind auch noch einige Reste der zerstörten Abtei zu sehen.

• *Information* Informationsbüro der Provinz Viterbo: Palazzo Doria Pamhilj, Pzza. Dell'Oratorio 1, ✆ 0761/375305.

• *Übernachten* Baletti Park Hotel (s. Viterbo, S. 435).

• *Essen/Trinken* **Ristorante Sale e Pepe**, wunderbares, gepflegtes Restaurant mit für die Region typischen, sorgfältig zubereiteten Gerichten. Wegen der verwendeten frischen Zutaten ist die Karte jahreszeitenabhängig. Man kann im Sommer auch draußen sitzen. Menüpreis à la carte um 30 €, Tagesmenü 25 €. Di Ruhetag. Via Abate Lamberto 2/4, ✆ 0761/379242.

Trattoria Il Moderno, familiär geführtes rustikales Restaurant mit vorzüglicher Küche, lecker ist die hausgemachte Salami als Antipasto, als Primo z. B. eine der ausgezeichneten Suppen oder die Gnocchi mit Kastanien, bei den Secondi sind besonders die Wildgerichte zu empfehlen; Menüpreis um 28 €. Di Ruhetag. Pzza. Buratti 22, ✆ 0761/379952.

Bagnaia/Villa Lante: Rund 6 km östlich von Viterbo (an der alten SS 204 in Richtung Orte) liegt dieser kleine Ort mit mittelalterlichem Kern und den Resten einer Burg, der durch die unbedingt sehenswerte Villa Lante aus dem 16. Jh. bekannt geworden ist. Sie ist eines der drei prachtvollsten Gartenschlösser Latiums. Der Gebäudetrakt besteht aus zwei Pavillons. Die wichtigste Rolle aber spielen der Garten und das Wasser. Durch verzweigte Leitungssysteme und komplizierte Mechanismen verbunden plätschern überall im Park Brunnen. Darunter befindet sich zum

Latium Karte S. 428/429

Beispiel der **wassergekühlte Tisch**: Durch eine steinerne Vertiefung floss das Wasser, kühlte Speisen und Getränke und erfrischte die tafelnden Gäste.

• *Öffnungszeiten* **Garten der Villa Lante**, Mo geschlossen, vom 1. Nov. bis 28. Febr. 8.30–16.30 Uhr, im März 8.30–17.30 Uhr; vom 1.–15. April 8.30–18.30 Uhr; vom 16. April bis 15. Sept. 8.30–19.30 Uhr; vom 16. Sept. bis 31. Okt. 9–18.30 Uhr. Einlass bis eine Stunde vor Schließung.

Der Garten ist nur im Rahmen einer Führung zu besichtigen. Führungen finden etwa alle halbe Stunde statt. Bis zum Beginn der Führung müssen Sie vor dem Tor warten.

• *Eintritt* 2 €, reduziert (18–25 Jahre) 1 €, für Personen unter 18 und über 65 Jahren Eintritt frei.

• *Übernachten* **Albergo Biscetti**, etwas antiquiertes Hotel mit Restaurant (s. u.), ordentliche Zimmer, familiäre Atmosphäre (2 Sterne, 13 Zimmer mit Bad, DZ 57 €). Via Gen. Gandin 11a, 01031 Bagnaia, ✆ 0761/288252, 📠 0761/289254, www.hotelbiscetti.it.

• *Essen/Trinken* **Ristorante Biscetti** (gehört zum Hotel, s. o.), Lokal mit gut zubereiteter traditioneller Hausmannskost; Do Ruhetag; Menü um 24 €.

Ristorante Beccorosso, gute einfache Küche; Menü ca. 26 €. Mi Ruhetag. Pzza. XX Settembre 26.

Bomarzo: Der kleine mittelalterliche Ort mit dem beherrschenden Kastell der Fürsten Orsini (1523–1583 erbaut, nicht zu besichtigen) liegt in einer waldreichen, reizvollen Landschaft auf einem Hügel mit Ausblick in das weite, fruchtbare Tibertal. Überall in der Umgebung finden sich Spuren der Etrusker. Die Tufffelsen der benachbarten Hügel sind durchlöchert von Grabkammern, zu denen aber selten beschilderte Wege führen.

Im Parco dei Mostri

Die Attraktion von Bomarzo ist ein verwilderter Park mit verwitterten, riesigen Steinskulpturen tief im dunklen, feuchten Tal unterhalb der Stadt (ca. 2 km vom Ort entfernt). Er ist eines der schönsten erhaltenen Beispiele für einen Park des Manierismus. Der zugkräftige Namen **Parco dei Mostri** („Monsterpark„) zieht die Touristen an, die wohl eine Art Geisterbahn der Renaissance erwarten. Viel treffender ist die alte Bezeichnung „Heiliger Wald“ oder „Zauberwald“, denn die Figuren, in denen Dalí eine Vorwegnahme des Surrealismus sah, stecken voll tiefer, heute kaum noch zu enträtselnder Symbolik. Dem Auftraggeber *Vicino Orsini* ging es wohl hauptsächlich darum, seine hohe Bildung durch Anspielungen auf die Mythologie unter Beweis zu stellen. Immer wieder auftauchende Wappenelemente und kryptische Inschriften, in denen schamloses Eigenlob aufscheint, sollen die überragende Bedeutung seiner Familie belegen.

In der üppig wuchernden Vegetation wirken die riesigen steinernen Figuren, die man im Dickicht manchmal erst auf den zweiten Blick überraschend erkennt, bedrohlich und alptraumhaft. Die Bildnisse mit erschreckenden Fabelwesen, Fratzen, merkwürdigen Arrangements und scheinbar brutalen Kampfszenen sind weitgehend unverständlich und erscheinen dadurch besonders unheimlich. Es ist, als würde man in eine bizarre Fantasiewelt eintreten, ins Unterbewusstsein blicken.

- *Öffnungszeiten/Eintritt* **Parco dei Mostri**, geöffnet täglich von 8 Uhr bis Sonnenuntergang, Eintritt 8 €, keine Ermäßigung, ✆ 0761/924029.
- *Verbindungen* Von Viterbo SS 204 in Richtung Autobahn/Orte, Abzweigung nach Bomarzo; von Rom Autobahn A 1 in Richtung Florenz (Abfahrt Orte und dann weiter über die SS 204 Richtung Viterbo oder Abfahrt Attigliano). Der Weg zum Park ist ausgeschildert. Entfernung nach Rom ca. 66 km, nach Orvieto 27 km, nach Viterbo 22 km.
- *Essen/Trinken* Im Schnellrestaurant des Monsterparks gibt es zu überhöhten Preisen die üblichen Snacks.

Rundfahrt zu etruskischen Felsengräbern

Das südliche Kernland Etruriens reichte bis nach Latium. Ein großer Teil der Ortschaften nördlich von Rom geht auf etruskische Gründungen zurück und die Landschaft ist durchsetzt von Nekropolen der Etrusker. Da nur die Gebäude der Toten für die Ewigkeit überdauern sollten und die Lebenden sich mit Häusern aus vergänglichem Holz und Lehm begnügten, sind es fast nur die Gräber, die uns Einblicke in die hochstehende Kultur dieses Volkes geben, das während seiner Blütezeit im 7. und 6. Jh. v. Chr. mit dem gesamten Mittelmeerraum Handel trieb. Ganz unterschiedliche Totenstädte sind erhalten. Während man bei Tarquinia (s. S. 465) auf den Wänden der unterirdischen Grabkammern alles malte, was der Verstorbene einst als Annehmlichkeiten schätzte und ihn im Tod begleiten sollte, findet man hauptsächlich in der Region um Cerveteri (s. S. 462) riesige Grabhügel, an deren Größe sich die Bedeutung einer Familie messen ließ. In den Tälern der Tolfaberge und der Region um Viterbo sägte man die Gräber in die leicht zu bearbeitenden Tuffstein-Felswände. Zu den eindrucksvollen Felsnekropolen von Norchia, Blera und San Giuliano bei dem sehenswerten Städtchen Barbarano führt die nun beschriebene Rundfahrt.

Latium Karte S. 428/429

Norchia: Von Viterbo aus fahren Sie die Via Cassia (SS 2) in Richtung Rom bis Vetralla, dort auf die SS 1 in Richtung Tarquinia. Nach ca. 8 km biegt rechts eine schmale Straße mit gelegentlichen Schlaglöchern zur Nekropole ab. Weiter geht es auf unbefestigter Straße zwischen Feldern bis zu einem unbewachten Parkplatz mit Informationstafel. Von hier aus führt ein schmaler Fußweg zwischen blühenden Viehweiden zu einem steil abfallenden Trampelpfad, der gelegentlich mit Geländern zum Festhalten ausgestattet ist. Feste Schuhe sind unbedingt empfehlenswert. Der schmale Weg führt die Felswand entlang durch die Grabanlagen hinunter in ein feuchtes Tal mit Bachlauf. Von hier aus hat man einen eindrucksvollen Blick auf die Kubusformen der Gräber, die mit glatter Fassade, Gesims und Scheinportal etwa im 4. Jh. v. Chr. aus dem Fels gehauen wurden, sodass sie zur Hälfte aus dem natürlichen Stein hervortreten und lediglich Front und Dachterrasse vollständig freigeben. Die eigentliche Grabkammer befand sich darunter und war durch einen engen Gang zu erreichen. Die Terrassen, die über Treppen zugänglich waren, dienten als Opferplätze. Aufwendigere Gräber haben eine zweigeschossige Fassade, unterhalb der Ebene mit dem Scheinportal befand sich bei diesen noch zusätzlich ein offener Raum mit Bänken zur Versammlung. Vieles ist verwittert und nicht im Detail zu identifizieren, aber der Gesamteindruck inmitten der üppig wuchernden Natur mit dem Zwitschern der Vögel und dem Summen der Insekten macht den Reiz aus. Unbedingt zu empfehlen ist ein Abstecher auf das gegenüberliegende Plateau, wo sich die etruskische Stadt befand. Selten kommen Besucher her, und man kann ganz ungestört die romantische „Landschaft mit Ruine" auf sich wirken lassen.

Blera: Fahren Sie auf der Via Cassia (SS 2) noch ein Stück über Vetralla hinaus bis nach Cura, wo die Abzweigung nach Blera (noch ca. 9 km, insgesamt 23 km von Viterbo entfernt) ausgeschildert ist. Die von drei Bögen getragene, hohe Teufelsbrücke aus der Römerzeit führt in den Ort. Hier lebt man auf ganz selbstverständliche Weise mit seiner Vergangenheit, schließlich ist Blera dank seiner strategischen Lage seit der etruskischen Gründung etwa im 8. Jh. v. Chr. ununterbrochen bewohnt. Die Felsgräber der Ahnen aus dem 7. bis 4. Jh. v. Chr. werden genutzt: früher als Verstecke der Straßenräuber, aber auch – und das bis heute – als Ställe und Scheunen, größere sogar als Garagen. Das Ortsbild erscheint beschaulich mittelalterlich und lädt zu einem Spaziergang ein. Zum Gräberfeld gelangen Sie, wenn Sie den Ort durchqueren und sich links halten.

Barbarano Romano: Kurz hinter Blera treffen Sie links auf die Abfahrt nach Barbarano Romano. Der gepflegte, pittoreske mittelalterliche Ort auf einem steilen Felsen mit teilweise erhaltenen Festungsmauern ist wohl einer der schönsten der Umgebung. Die Hauptstraße führt über den Dorfplatz am Rathaus vorbei, in dem sich ein kleines Museum mit Fundstücken aus den umliegenden Felsgräbern befindet.

Öffnungszeiten Do u. Fr 10–13 Uhr, Sa u. So 10–13 und 15–18 Uhr. Eintritt 2 €, frei für Kinder bis 6 Jahre.

Durch das Stadttor rechts hinter dem Rathaus führen Wege hinab ins Tal. Am Ortsende haben Sie einen weiten Blick in die waldreiche Hügellandschaft. Auch von hier aus können Sie einen Spaziergang hinunter ins Tal unternehmen.

• *Essen/Trinken* Ein Besuch von Barbarano lohnt bereits wegen der Bar **Trattoria La Pacchiona**. Von der Hauptstraße aus bemerkt man nur die Bar. Die Trattoria liegt dahinter. Der Zugang zu dem ansonsten fensterlosen Gastraum mit dem mächtigen Kamin und dem stets laufenden Fernseher erfolgt von der schmalen Gasse neben dem Eingang zur Bar. Die Tageskarte existiert nur im Gedächtnis des freundlichen Wirts, kein Kunststück bei nur zwei Primi und zwei bis drei Secondi. Die aber sind richtig gute, zünftige Lazio-Küche und dazu gibt's fabelhaften Hauswein. Menüpreis um 17 €. Di geschlossen. Via V. Emanuele II 37, ✆ 0761/414633.

San Giuliano: Die Nekropolen von San Giuliano sind nicht nur die abwechslungsreichsten der hier beschriebenen Tour, sie liegen auch besonders reizvoll, nämlich verstreut in einem herrlichen Waldgebiet, das sich hervorragend für Wanderungen eignet. Verschiedene Wanderwege sind ausgewiesen. Da die Grabkammern nicht beleuchtet sind, sollten Sie eine Taschenlampe mitnehmen, um die teilweise noch erhaltene Innengestaltung erkennen zu können.

Der Weg ist gut ausgeschildert. Fahren Sie von Barbarano in Richtung Bracciano und biegen bereits kurz nach dem Ortsausgang von Barbarano links ins Tal ab, dann erreichen Sie nach rund 2 km links der Straße die Nekropolen.

Kurz nach dem Eingang erreicht man das monumentale Hügelgrab **Tomba Cima** mit einem Durchmesser von 25 m. Es ähnelt den Tomben von Cerveteri (s. S. 462) und ist teilweise in den Fels geschlagen, teilweise gemauert. Hinter dem Grab führt der Weg ins Tal. Links sieht man mehrere Höhlengräber mit typischen Türrahmen.

Eindrucksvoll ist die **Tomba Costa** (ganz rechts, die letzte große Kammer) aus dem 5. Jh. v. Chr. mit Totenbetten und einer Scheintür auf der Rückseite, die den Übergang des Toten in das Jenseits symbolisiert.

Sutri

(ca. 5.000 Einwohner)

Das Städtchen Sutri zwischen den Seen Bracciano und Vico an der Via Cassia hat eine bewegte Vergangenheit, deren Zeugnisse heute seinen Reiz ausmachen.

Unklar ist, wann und von wem Sutri ursprünglich gegründet wurde. Fest steht nur, dass die Stadt wesentlich älter ist als Rom. Wegen seiner Lage an der Via Cassia war Sutri ein wichtiges Handelszentrum und von großer strategischer Bedeutung. Die Langobarden schenkten die Stadt im Jahr 728 dem Papst, Karl der Große machte hier im Jahr 800 auf dem Weg zu seiner Krönung in Rom Station, und während der Synode von Sutri im Jahr 1046 bestimmte Kaiser Heinrich III. einen neuen Papst und setzte gleichzeitig drei rivalisierende andere ab.

• *Information* Auf der zentralen Pzza. del Comune, links neben dem Torbogen; geöffnet Fr–So 10–13 und 16–19 Uhr.

• *Verbindungen* Sutri liegt direkt an der Via Cassia, etwa 50 km von Rom, 30 km von Viterbo entfernt.

• *Übernachten* **Hotel Sutrium**, das kleine Hotel (2 Sterne, 8 Zimmer mit Bad) bietet keinen Komfort, ist aber sauber, preiswert und hat eine Garage; DZ ca. 58 €. Pzza. S. Francesco 1, 01015 Sutri, ✆ 0761/600468, 📠 0761/600057.

• *Essen/Trinken* Sehr empfehlenswert ist **La Locanda di Saturno**. Das rustikale Lokal im ehemaligen Getreidespeicher des Palazzo Conti Cecconi bietet ausgezeichnete traditionelle, von der Jahreszeit abhängige Küche. Bei den Vorspeisen sind neben den lokalen Wurstspezialitäten die Bruschette mit verschiedenen Olivenölen der Region zu empfehlen, von den Primi sind Aquacotta aus Viterbo und die Papardelle mit Wildschwein (al cinghiale) besonders gut. Neben der interessanten Karte italienischer Weine wird auch ein sehr ordentlicher Hauswein (rot und weiß) angeboten. Menü ca. 25 €. Mo geschlossen, Di–Fr nur abends geöffnet, am Wochenende auch mittags. Via Agneni 37, ✆ 0761/608392.

• *Internet-Café* Via Roma 21.

Malerisch – Sutri

Einige der interessantesten Sehenswürdigkeiten liegen gegenüber von der Stadt direkt an der Via Cassia.

Einzigartig ist das **Amphitheater** (der Zugang ist von der Via Cassia aus durch die beiden hohen Zypressen gut zu erkennen; ca. 100 m weiter in Richtung

Viterbo ist ein Parkplatz). Es wurde nicht aufgemauert, sondern vollständig in den Tufffelsen geschlagen. Aus diesem Grund hielt man es lange für ein etruskisches Werk. Inzwischen ist aber belegt, dass es aus dem späten 1. Jh. v. Chr., etwa aus der Zeit des Augustus stammt und wohl von etruskischen Handwerkern nach deren traditionellen Methoden errichtet wurde. Das Theater ist 50 m lang, 40 m breit und 17 Sitzreihen hoch. Schon die Zugänge durch den Felsen sind eindrucksvoll.

Öffnungszeiten Mo geschlossen, Mi und Fr–So 8–14 Uhr, Di u. Do 8–17 Uhr, Eintragung ins Besucherbuch erforderlich, Eintritt frei.

Zweiter Höhepunkt ist die kleine **Kirche der Madonna del Parto** (Madonna der guten Niederkunft), die ebenfalls vollständig in den Tuffstein gehauen wurde und nur durch schmale Fensterspalten im Fels beleuchtet ist. Dieser Ort hat als Heiligtum schon einige Metamorphosen erlebt: im 6. Jh. als etruskisches Grab angelegt, zur Römerzeit im 2. Jh. n. Chr. in ein Mithräum verwandelt und ab dem 6. Jh. als christliche Kirche genutzt. Im Vorraum erkennt man auf den gut erhaltenen Fresken aus dem 10. Jh. den Hl. Christophorus. Der Kirchenraum besteht aus einem Gang, der durch grob aus dem Felsen geschlagene Säulen von den Seitenschiffen getrennt wird. Über dem Altar befindet sich das stark beschädigte Fresko der Madonna der glücklichen Geburt. Besser erhalten sind die Madonnendarstellungen im linken Seitenschiff (12. Jh.). Die Sitzreihen entlang der Felswände stammen aus dem Mithräum.

Eingang Der Eingang liegt an der steilen Tuffsteinwand, etwa 100 m rechts vom Theater. Zu besuchen nur in Begleitung, ab 9 Uhr zu jeder vollen Stunde; Eintritt frei.

Sehenswert ist auch der mittelalterliche Stadtkern von Sutri gegenüber vom Amphitheater und oberhalb der Via Cassia. Besonders malerisch ist die Gegend der **Porta Vecchia**, die zwischen Mauern und Türmen eingelassen ist und etruskisch-römische Bauelemente aufweist. Am Stadtrand in der Via dell'Anguillara befindet sich noch ein öffentlicher Waschplatz mit schönem Blick in das Tal. Einen Besuch wert ist auch der **Dom** von Sutri (Basilica Cattedrale di Santa Maria Assunta). Seit 16 Jahrhunderten wird dieser Ort für Gottesdienste genutzt. Die Ursprünge des Gebäudes reichen aber wohl noch weiter zurück. Einst soll an dieser Stelle der etruskisch-römische Tempel der Göttin Norzia gestanden haben. Die frühen Christen machten daraus eine der Jungfrau Maria geweihte Kirche. Im Jahr 908 erfolgte ein romanischer Neubau, aus dem heute nur noch der schöne Cosmatenfußboden und die Krypta erhalten sind. Von 1746–1753 erfolgte die Barockisierung des Innenraums. Sehenswert ist vor allem die alte Krypta. In drei Reihen tragen je sieben ganz individuell gestaltete Säulen das Kreuzgewölbe, mit den Halbsäulen an den Wänden ergeben sich sieben Schiffe.

Beleuchtung der stockdunklen Krypta: 1 € für 4 Min.

Lago di Vico

Der kleine idyllische Vico-See mit seinen dicht bewaldeten Hängen liegt in einem Naturschutzgebiet am Rand der Cimini-Berge. Die ruhige Gegend mit frischer Luft und herrlicher Landschaft eignet sich hervorragend zur Erholung, aber auch als Ausgangspunkt für interessante Ausflüge.

Der See ist vulkanischen Ursprungs. Heute liegt er tief in einem fast runden Krater und hat nur noch einen Umfang von 18 km. Bereits in der Antike und noch einmal im 17. Jh. hat man den Wasserstand durch einen künstlichen Abfluss gesenkt, um mehr fruchtbaren Boden zu gewinnen. Am sumpfigen Nordufer leben zahlreiche Vogelarten. Im Hintergrund erhebt sich der Monte Cimino, mit 1053 m der höchste Punkt der Cimini-Bergkette. Im Osten führt die Via Cimina, eine Panoramastraße von Viterbo nach Ronciglione, am Kraterrand entlang und bietet einige reizvolle Ausblicke. Trotz der herrlichen Landschaft ist es hier ruhig und nicht touristisch überlaufen. Das liegt wahrscheinlich auch daran, dass der See wegen seiner schwer zugänglichen Ufer kaum zum Baden geeignet ist. Nur wenige Hotels im Süden in Punta del Lago verfügen über kleine, schmale Strände mit schwarzem Sand.

• *Verbindungen* Von Viterbo über die Via Cimina (15 km); von Rom über die Via Cassia, mehrere Abfahrten möglich (ca. 60 km).

• *Übernachten* Die meisten Hotels am See sind recht teuer, heruntergekommen oder schlecht. In Punta del Lago gibt es aber eine ganz schöne Ferienwohnungsanlage mit Strand, Pool und Tennisplätzen (Via dei Cerri, 01012 Punta del Lago, ✆ 0761/612330).

Das Hotel **Il Cardinale** liegt an der Panoramastraße Via Cimina (bei km 19), 01012 Punta del Lago, ✆ 0761/624051, ℻ 0761/612377 (3 Sterne, 23 Zimmer, Garten, DZ 70–90 €).

• *Camping am See* Sehr ansprechend ist der **Campingplatz Natura** mit vielen Bäumen am Seeufer (4 km von Capodimonte und Ronciglione entfernt). 2 ha für max. 220 Personen, 10 Bungalows, geöffnet von Juni bis Sept., ✆ 0761/612347.

• *Sport* Sportzentrum in Punta del Lago mit Schwimmbad.

Ronciglione (6.400 Einwohner)

Der malerische, etwa 2 km vom See entfernt hinter einer Anhöhe liegende Ort war im Mittelalter wegen seiner strategisch günstigen Lage auf dem Weg nach Rom sehr begehrt. Die Familie Farnese baute die Stadt zu einer Industrie- und Verlagsstadt aus. Heute ist Ronciglione ein bekannter Ferienort und ein Handelszentrum. Die herrliche Landschaft lädt zu ausgedehnten Spaziergängen ein.

• *Verbindungen* Gut erreichbar über Landstraßen aus allen Richtungen; Entfernung nach Rom ca. 60 km. **Buslinien** nach Viterbo, Rom. **Bahnstation** an der Linie Capranica–Orte.

• *Essen/Trinken* Die Auswahl an Trattorien und Restaurants ist groß.

Antico Frantoio, gepflegtes Restaurant mit einer Jahreszeit abhängigen Karte, oft originellen, sehr gut zubereiteten Gerichten; Menü um 40 €. So und Mo mittags geschlossen. Via San Giovanni 4, ✆ 0761/650156.

Gute Pizza und andere ordentliche Gerichte bietet das Lokal **Turandot**. Von der schmalen Terrasse haben Sie einen wunderbaren Blick in das enge Tal und auf die Ruine. Menü um 20 €. Nur abends geöffnet. Im Vicolo del Montone 1, ✆ 0761/626693.

Am See: Die Lokale am See sind recht teuer. Spezialitäten: Fische aus dem See, vor allem Barsche und Hechte; Schinken, gefülltes Spanferkel (porchetta) und Weine aus der Gegend, während der Saison Steinpilzgerichte. Empfehlenswert sind z. B.:

Ristorante da Fioro, das direkt am See liegende Restaurant bietet eine bodenständige Küche, in der besonders die Bruschetta und die Lasagne zu empfehlen sind; Menü um 33 €. Mi Ruhetag. Lago di Vico, Punto del Lago, Via dei Nocciolotti 16, ✆ 0761/612036.

Ristorante Lido dei Pioppi, mit Blick auf den See isst man hier besonders gute „Zuppa di funghi porcini“ (Steinpilzsuppe) und „Piccione ripieno“ (gefüllte Taube) sowie natürlich die frischen Fische aus dem See; Menü um 35 €. Mo Ruhetag. Via del Lido dei Pioppi 14, ✆ 0761/612029.

Das Städtchen hat ein intaktes mittelalterliches Viertel mit engen Gassen, Bogendurchgängen und verschachtelten Häusern mit Außentreppen. Am oberen Rand der Altstadt liegen die Ruinen der verfallenen Kirche **Sant'Andrea** mit dem sehenswerten Campanile aus dem 15. Jh.

Der andere Teil der Stadt stammt aus dem 17. Jh. und ist barock gestaltet. Hier findet man elegante kleine Palazzi und hübsche Kirchen. Sehenswert ist die Ende des 17. Jh. erbaute barocke **Kathedrale.** Im Innern der Kirche befinden sich einige wertvolle Gemälde aus dem 18. Jh. Auf dem Platz vor der Kirche steht ein **Brunnen** mit den steinernen Lilien aus dem Familienwappen der Farnese. Er zählt zu den Meisterbrunnen Italiens.

Caprarola

(ca. 5.000 Einwohner)

In den Cimini-Bergen nahe des Vico-Sees liegt der beschauliche Kurort Caprarola. Die Gegend wird geprägt von der Landwirtschaft, vor allem Haselnussplantagen beherrschen hier das Bild. Caprarola lohnt auch eine längere Anreise wegen des großartigen **Farnese-Palastes.** Er gehört zu den schönsten Fürstenresidenzen Europas.

• *Verbindungen* Über Landstraßen vom Lago di Vico aus gut zu erreichen; von Viterbo 18 km, von Rom 57 km entfernt. **Busverbindungen** nach Viterbo und Rom.

• *Übernachten* Einziges Hotel am Ort ist das kleine (11 Zimmer), sehr schlichte **Il Farnese**. DZ ca. 45 €. Via Circonvallazione bei km 2, 01032 Caprarola, ✆ 0761/646029, ℻ 0761/646384.

• *Essen/Trinken* **Trattoria del Cimino**, gut zubereitete bodenständige Küche; Menüpreis um 20 €. Fr Ruhetag. Via Filippo Nicolai 44, ✆ 0761/646173.

Sehenswertes

Exponiert auf einer Anhöhe über dem Ort gelegen, beherrscht der **Farnese-Palast** das Stadtbild. Die lange, schnurgerade Hauptstraße des Ortes führt ansteigend auf die 42 m breite und 35 m hohe Hauptfassade zu, die dadurch noch mächtiger wirkt. Stilistisch ist der Palast in die Übergangsphase von der Renaissance zum Barock einzuordnen und bildet eine merkwürdige Mischung aus massiver Festung und prunkvollem Schloss. Pierluigi Farnese, der Sohn von Papst Paul III. (1534–1549), beauftragte 1546 den bedeutenden Architekten *Antonio da Sangallo den Jüngeren,* an dieser Stelle über dem Vico-See eine mächtige, fünfeckige Burg zu bauen. Zyklopische, bis zu 3 m dicke Mauern und tiefe Gräben waren bereits errichtet, als der Bauherr starb. Sein Sohn Kardinal *Alessandro Farnese* erbte die Baustelle und ließ ein repräsentatives Lustschloss auf das schon fertig gestellte, massive Fundament setzen. Es entstanden eine grandiose Treppenanlage zur Betonung der Hauptfassade, Loggien, Arkaden und 200 Räume mit 370 Fenstern.

Einzigartig ist auch die Ausstattung des Palazzo. Die meisten Räume sind mit plastisch wirkenden Fresken in leuchtenden Farben geschmückt. Nach der Fertigstellung kommentierte der Maler Federico Zuccari sein Werk: *„Weder in Italien noch außerhalb desselben gibt es einen Fürsten, der Wohngemächer hätte, die mehr malerischen Schmuck und anmutigere Malereien besäßen."*

Die Themen der Fresken entstammen meist der antiken Mythologie, die seit der Renaissance beliebtes Dekorationsthema war. Sie sollten einerseits die klassische Bildung des Auftraggebers belegen, andererseits die Bedeutung der Familie betonen, indem man sie in die Götter- und Heldensagen einbezog oder Ereignisse der Familiengeschichte mit solchen im Götterhimmel gleichsetzte. Daneben tauchen auch Szenen aus der zeitgenössischen Geschichte auf, in denen genau porträtierte Familienmitglieder und historische Gestalten beweisen, dass die Farnese bei allen wichtigen Ereignissen zugegen waren – was natürlich nicht immer der historischen Wahrheit entsprach, aber um die ging es hier auch nicht, sondern es ging um Macht und Selbstdarstellung.

• *Öffnungszeiten* Mo geschlossen, sonst 8.30–18.45 Uhr. Eintritt nur im Rahmen einer Führung (ausschließlich in italienischer Sprache, ein Besuch lohnt aber auch dann, wenn man die Führung nicht versteht), Führungen finden alle 15 oder 30 Minuten statt.

• *Eintritt* 2 €, reduziert (18 bis 25 Jahre) 1 €, unter 18 und über 65 Jahre Eintritt frei. Das Fotografieren und Filmen im Palast ist verboten (selbst ohne Blitz und Stativ).

Bolsena-See mit vulkanisch schwarzem Strand

Lago di Bolsena

Der annähernd kreisrunde Bolsena-See ist der größte See vulkanischen Ursprungs in Italien. Er ist 14 km lang, 12 km breit, hat eine Uferlänge von 43 km und erreicht eine maximale Tiefe von 146 m.

Die Landschaft strahlt eine wohltuende Ruhe aus, die man besonders genießen wird, wenn man aus Rom oder im Sommer von den überfüllten Stränden am nahen Meer kommt. Die Umgebung des Sees prägen landwirtschaftliche Kleinbetriebe. Ihre Gemüsegärten, Kiwiplantagen, Weinberge und Olivenhaine bieten mit vielfältigen Grüntönen ein hübsches Landschaftsbild. Immer wieder gibt es Strände mit feinem schwarzen Sand, aber auch Abschnitte mit sumpfigen Schilfgebieten. Da das Ufer recht flach ist und erst nach etwa 20 m steil abfällt, ist der See auch für Kinder zum Baden geeignet. Mehrere alte Ortschaften liegen malerisch am Ufer oder hoch darüber auf dem Kraterrand. Im südlichen Teil des Sees befinden sich zwei Inseln.

Obwohl der Bolsena-See ein sehr attraktives Ausflugs- und Ferienziel ist und in den Sommermonaten ein breites Angebot an Restaurants, Unterkünften und Sportmöglichkeiten bietet, wird es hier selbst zur Hauptsaison zwischen Juni und Mitte September nie unangenehm voll. Ab September wird es noch ruhiger. Da das Wetter oft bis in den November hinein schön ist, kann man sich prächtig erholen, allerdings sind dann einige Hotels, viele Restaurants und die Campingplätze geschlossen. Eine weniger ideale Reisezeit ist das oft verregnete und kühle Frühjahr. Beliebt ist Bolsena besonders bei deutschen Touristen, für die ein gutes Angebot, z. T. auch an deutschsprachig betreuten Freizeiteinrichtungen besteht.

• *Information* www.bolsenasee.com, www.bolsena.info; Touristenzeitung Corriere della Tuscia, internationale Reisezeitung rund um den Bolsena-See, in deutscher Sprache gratis in vielen Hotels und Restaurants zu erhalten.

Latium
Karte S. 428/429

• *Verbindungen* Von Orvieto über die Landstraße 71 bis zur Abzweigung Bolsena, 23 km; von Rom aus über die Via Cassia.

Buslinien nach Orvieto (zweimal täglich) und nach Viterbo; weitere Regionalbusse nach Montefiascone und Gradoli. Um nach Marta zu kommen, muss man in Montefiascone umsteigen.

• *Camping* In der Zeit von April bis September stehen zahlreiche Plätze rund um den See zur Verfügung, z.B.:

Wohl der beste und größte Platz am See ist **Lido Camping Village (einziger 4-Sterne-Platz)**, er wird vom deutschen Reiseveranstalter „Kölner Club" betreut. Es gibt schwarzen Sandstrand, eine Surf- und Badebucht, eine abgegrenzte, kindersichere, stehtiefe Badebucht, sehr gute Sportmöglichkeiten, Kurse in deutscher Sprache (z. B. Surfkurse, Sprachkurse), Café, Restaurant, Supermarkt, Kinderbetreuung, Disko, Animation. Via Cassia bei km 111,500, ca. 1,5 km südlich von Bolsena; 75 ha, max. 1200 Personen, 36 Bungalows, komplett eingerichtete Steinwandzelte in unterschiedlichen Größen. ✆/℻ 0761/799258; Buchung von Arrangements/Info unter www.koelner-club.de.

Einer der kleinsten Plätze (10 ha, max. 175 Personen) ist **Camping Massimo**, sehr sauber, nette, familiäre Atmosphäre, Bistro mit wechselnden Tagesgerichten zu moderaten Preisen. Via Cassia km 116,3, ✆ 0761/798738.

• *Ferienwohnungen, -häuser* Es gibt ein vielfältiges Angebot, deutschsprachige Vermittlung durch:

Agenzia Ombrellone, Via Cassia bei km 100,5, 01027 Montefiascone, ✆ 0761/830807, ℻ 0761/834112; in Deutschland: Scharfenberger Str. 2, 13505 Berlin, ✆ 030/43671417, ℻ 030/43671419 (auch Veranstaltung und Vermittlung von diversen Kursen und Touren, z. B. mit Mountainbike).

• *Agriturismo* Sehr großes Angebot, Vermittlung durch Agenzia Ombrellone (s. o.) oder unter www.bolsenaagriturismo.com.

• *Sport* **Schwimmen**: Das Wasser ist sehr sauber. Die Ufer sind fast überall zugänglich, es wechseln Schilf- und Strandabschnitte, deren feiner schwarzer Sand sich bei Sonne sehr aufheizt.

Wassersport: An warmen Frühjahrs- und Herbsttagen wehen der Tramontana oder der Scirocco mit Windstärke 4, 5 oder noch darüber. Selbst im Sommer kommt der Wind in Stärke 3 bis 4 (in Böen 5) regelmäßig spätestens am Nachmittag und entwickelt eine Thermik, die der des Gardasees vergleichbar ist. Der See ist daher bei Surfern und Seglern beliebt. Es gibt mehrere Surfschulen, z. B. auf dem Campingplatz Lido, s. o., oder Bolsena Yachting, Via Gramsci 1 A, www.bolsenayachting.com, dort auch Verleih von Segelbooten und Katamaranen; Bootsverleih auch im Segelclub von Capodimonte, La Bussola. Von Frühjahr bis zum Herbstanfang gibt es unterschiedliche Regatten.

• *Seerundfahrt* Ob Bootstouren von den Häfen in Bolsena, Capodimonte oder Marta möglich sind oder ob ein Bootsausflug von Bolsena zur Insel Bisentina stattfindet, erfahren Sie im Touristenbüro in **Bolsena**, Pzza. Matteotti, oder bei „Alto Lazio", an der Uferpromenade (✆ 0761/798033), bzw. in **Capodimonte** bei „La Bussola" (✆ 0761/870760).

Bolsena

(ca. 4.000 Einwohner)

Direkt am Nordostufer des Bolsena-Sees liegt das größte Städtchen dieser Gegend. Es ist bekannt wegen seines angenehmen Klimas, der Landwirtschaft, der Fischerei und nicht zuletzt wegen gleich mehrerer Wunder.

Bereits aus der frühen Eisenzeit vor dem 9. Jh. v. Chr. sind Siedlungsspuren rund um den See nachgewiesen. Die Römer zerstörten die Stadt, die sie Volsinii Veteres nannten, im Jahr 265 v. Chr. und zwangen die Bewohner, oberhalb des heutigen Bolsena eine neue Stadt zu gründen. Dieses Volsinii Novi wurde zu einem wichtigen Vorposten Roms. Nach Erhalt der Stadtrechte im Jahr 90 n. Chr. baute man Volsinii auf Terrassen mit Amphitheater, Thermen, Forum mit Basilika und luxuriösen Privathäusern bis an die Via Cassia am Seeufer aus (Teile dieser einst blühenden antiken Stadt sind inzwischen ausgegraben und können besichtigt werden). Am Rand der antiken Stadt entstand die mittelalterliche Burgsiedlung Bolsena. Im 14. Jh. wurde die Stadt Teil des Kirchenstaates.

• *Information* Auf der zentralen Pzza. Matteotti 25; Öffnungszeiten während der Saison: Mo–Sa 10–12.30 und 16.30–19.30 Uhr, So 9.30–13 Uhr.

• *Übernachten* Übersicht unter www.bolsenahotels.it.

Columbus Hotel sul Lago, zentral am unteren Platz wenige Meter vom Seeufer entfernt; 39 Zimmer; Seeblick nur von Zimmer 220; gepflegte Atmosphäre, gute Ausstattung (3 Sterne), passables Restaurant mit Seeblick, Garage, DZ ca. 60–90 €. Via Colesanti 27, 01023 Bolsena, ✆ 0761/799009, 📠 0761/798172.

Hotel Lorianda sul Lago (zwei Häuser), an der Uferpromenade (am Ende der Allee links), moderner, etwas unpersönlicher Backsteinbau mit kleinem Strand, Garten, Pool und Parkmöglichkeiten (3 Sterne). Die ordentlichen, großen Zimmer (Haus 1: 50 Zimmer, Haus 2: 23 Zimmer) verfügen teilweise über Terrasse oder Balkon. DZ 60–90 €, Frühstück inklusive. Viale Cadorna 33, 01023 Bolsena, ✆ 0761/799272, 📠 0761/799273.

• *Essen/Trinken* **Trattoria La Pietra**, wie in fast allen besseren Restaurants der Ortschaften um den Bolsena-See wird frischer Fisch aus dem See angeboten. Unter den Secondi dieses sympathischen Familienbetriebs ist besonders der Aal (anguille alla cacciatora) zu empfehlen. Ausgezeichnet sind aber auch die Fleischgerichte (z. B. Kaninchen – coniglio) und erst recht die hausgemachten Desserts; gute Karte italienischer Weine. Menü um 23 €. Do u. Freitagmittag geschlossen. Corso Cavour 75, ✆ 0761/798730.

Trattoria da Picchietto, dieser traditionsreiche Familienbetrieb mit dem überaus freundlichen Service, seinem stimmungsvollen Garten und den typischen Spezialitäten der Region ist sehr zu empfehlen (z. B. Pizzaiola, ein Fischgericht mit Tomatensauce oder „Coregone", ein Fisch aus dem See in süßlicher Sauce und der sehr gute Aal). Menü um 20 €. Mo Ruhetag. Via Porta Fiorentina 15, ✆ 0761/799158.

Birreria/Pizzeria Tanaquilla, bis spät in die Nacht kann man hier Kleinigkeiten und Pizza essen, dazu gibt's Bier vom Fass. Das Lokal ist besonders bei Jugendlichen beliebt, und samstags wird es sehr voll. Mi geschlossen, sonst von 19 bis 2 Uhr. Via Marconi 100, ✆ 0761/799686.

• *Eis* **Enoteca Gelateria Santa Cristina**, bietet wunderbares hausgemachtes Eis. Corso della Repubblica 8.

• *Markt* Jeden Di bis 13 Uhr auf der Pzza. Matteotti.

• *Internet-Cafés* Via IV Novembre und Corso della Repubblica.

• *Feste* **Fronleichnamsprozession**: Der Weg hinauf zur Burg wird über eine Länge von gut einem Kilometer mit Bildern und kunstvollen Ornamenten aus Blütenblättern geschmückt. Am Fronleichnamstag beginnt die Prozession mit Kardinal, Musikkapellen und Teilnehmern in historischen Gewändern um 18 Uhr.

Das wichtigste Volksfest wird zu Ehren der heiligen Cristina vom Abend des 23. Juli bis zum nächsten Mittag gefeiert. An diesen **Mysterienspielen** nimmt die ganze Stadt teil. Prozessionen führen an mehreren aufgebauten Bühnen vorbei, auf denen Bewohner von Bolsena in erstarrter Pose als lebende Bilder Stationen aus dem Martyrium der Cristina nachstellen.

• *Sprachschule* **Scuola Italiana Senzaparole**, bietet in der Zeit von Mai bis September in familiärer Atmosphäre Unterricht in 6 Kenntnisstufen für Kleingruppen von 3 bis 6 Personen. Nähere Informationen, Preise und Anmeldeunterlagen erhalten Sie bei Senzaparole, Lange Reihe 117, 20099 Hamburg, ✆ 040/243739, 📠 040/243122; die Kurse finden im Convento S. Maria del Giglio, Via Madonna del Giglio 49 in Bolsena statt, ✆/📠 0761/799066.

Latium Karte S. 428/429

Sehenswertes

Den unteren Ortsteil von Bolsena betritt man im Norden durch die Porta San Giovanni. Von hier führt der Corso Cavour über die Pzza. 1. Maggio mit einem prachtvollen Brunnen, den Giovanni de'Medici Anfang des 16. Jh. stiftete, bis zur Porta di San Francesco an der Pzza. Matteotti, dem Zentrum Bolsenas. In Verlängerung des Corso Cavour auf der anderen Platzseite führt der Corso della Repubblica, die Hauptgeschäftsstraße Bolsenas, zur Porta Romana und dahinter zur **Chiesa di Santa Cristina.**

Die Kirche, am 10. Mai 1078 von Papst Gregor VII. persönlich geweiht, birgt Zeugnisse gleich zweier Wunder: Im Mittelalter hieß der See noch wie die Kirche Lago di Santa Cristina, denn dort sollte im Jahr 304 die 11-jährige Cristina auf Befehl ihres Vaters, des Stadtpräfekten wegen ihres christlichen Glaubens den Märtyrertod durch Ertrinken sterben. Man band ihr einen schweren Stein um und warf sie in den See. Der Stein aber zog sie nicht in die Tiefe, sondern schwamm oben und trug sie wohlbehalten ans Ufer zurück. Der hartherzige Vater ließ sich von diesem Wunder nicht beeindrucken und schoss Cristina einen Pfeil mitten durch das Herz. Cristina starb und wurde in den Katakomben nahe der Stadt beigesetzt. Dort entstanden wohl schon bald ein Gedenkplatz mit vielen christlichen Gräbern und später die Kirche. Den wundertätigen Stein mit dem Fußabdruck der jungen Heiligen hat man in den Altar eingearbeitet.

Das Wunder von Bolsena

Ein weiteres Wunder, dem wir die Einführung des kirchlichen Feiertags Fronleichnam durch Papst Urban IV. verdanken, soll sich im Jahr 1263 ereignet haben: Als der böhmische Priester Peter von Prag die Messe in der Kirche Santa Cristina las und im heiligsten Augenblick den Vorschriften gemäß die Hostie über den Kelch hielt, quoll plötzlich Blut heraus und tropfte auf das Tuch, auf dem Kelch und Hostienschale standen. Bis heute wird das befleckte Tuch im Dom von Orvieto in einem kostbaren Reliquiar verwahrt und nur an Ostern und Fronleichnam den Gläubigen in der Messe feierlich gezeigt. Dem eigentlichen Ort des Geschehens, der Kirche der heiligen Cristina in Bolsena, blieben einige Blutstropfen auf dem Marmor des Altars. Eine kleine Andachtskapelle zwischen Kirche und Grotte erinnert an das Eucharistie-Wunder. Raffael stellte 1512 das Wunder von Bolsena in einem Wandfresko in den Stanzen des Vatikans dar.

Die Kirche **Santa Cristina** besteht aus drei Teilen: der romanischen Basilika mit Renaissancefassade und Glockenturm aus dem 13. Jh., der 1693 erbauten Kapelle des Blutwunders mit der neoklassizistischen Fassade (im Jahr 1863 fertig gestellt) links daneben und, im Berg, der Grotte der hl. Cristina mit den Katakomben. Durch das linke Seitenschiff gelangt man in die Cappella del Miracolo, wo hinter goldenen Türen drei Marmorplatten mit den Blutstropfen aufbewahrt werden, das Gemälde über dem Hauptaltar berichtet vom eucharistischen Wunder. Links neben dem Hauptaltar geht es zum Vorraum der aus dem Felsen gehöhlten **Grotte der heiligen Cristina.** Dort steht gleich rechts unter einem von vier antiken Säulen getragenen Überbau der Altar, an dem sich die wundersame Wandlung vollzogen haben soll. Eingearbeitet ist der schwimmende Stein mit dem Fußabdruck Cristinas. Durch den Bogen betritt man die mit Fresken aus dem 15. Jh. geschmückte Grotte, in deren Confessio einige Stufen hinunter zu einem großen Steinsarkophag aus spätkaiserlicher Zeit führen. An dessen Rückwand wurde ein Stück herausgebrochen und eine Marmorurne eingesetzt. Diese trägt die Inschrift „hier ruht der Leib der heiligen Märtyrerin Cristina". Rechts ist der Eingang zur **Katakombe**, die zwischen dem 3. und 5. Jh. von der frühchristlichen Gemeinde Bolsenas als Friedhof genutzt wurde.

Öffnungszeiten **Catacombe di S. Cristina**, 9–11.30 und 15–17 Uhr (im Sommer bis 18 Uhr); Eintritt 4 €, für Kinder 2 €.

Von der zentralen Pzza. 1. Maggio führt eine steile Gasse mit mittelalterlichen Bogendurchgängen über die Pzza. del'Orologio hoch zur **Monaldeschi-Burg**. Immer wieder eröffnen sich dabei wunderbare Blicke auf den See und die verschachtelten

Dächer des Ortskerns. In der Burg, die nur über eine Zugbrücke zu betreten ist, befindet sich das Heimatmuseum **Museo Territoriale del Lago di Bolsena.** Dort geht es um die Entwicklung dieses Gebiets und der Stadt. Ein Besuch lohnt bereits wegen des herrlichen Ausblicks von den Zinnen der Burg.

Öffnungszeiten **Museum**, Mo geschlossen, Di–Fr 10–13 und 15.30–19 Uhr; Eintritt 3,50 €, reduziert (6–14 und über 64 Jahre) 2 €.

Von der Pzza. del'Orologio aus führen die mittelalterlichen Gassen Via Adami und Via di Medici durch den oberen Ortsteil. Wenn Sie hinter der Burg der Straße links neben der Kirche San Salvatore in Richtung Orvieto folgen, erreichen sie nach ca. 200 m den Eingang von Volsinii Scavi, dem Ausgrabungsgebiet der antiken Stadt Volsinii (hinter dem grünen Zaun rechts der Straße).

Öffnungszeiten **Volsinii Scavi**, Mo geschlossen, Di–Sa 8– 13.30 Uhr.

Bolsena/Umgebung

Capodimonte: Der kleine Ort liegt reizvoll auf einem in den See ragenden Felsvorsprung und bietet einen herrlichen Ausblick. Beherrscht wird er vom **Farnese-Schloss,** das nach Entwürfen von Antonio da Sangallo dem Jüngeren im 15. Jh. erbaut wurde und als Sommerresidenz der Fürstenfamilie diente. Es ist eines der prachtvollsten Renaissancegebäude am See (Privatbesitz und leider nicht zu besichtigen).

Der Ort hat eine mittelalterliche Bebauung mit engen Gässchen, die immer wieder neue Perspektiven auf den See frei geben. Schön ist auch die Seepromenade am westlichen Ortsrand, die in einen breiten Sandstrand übergeht.

• *Verbindungen* Landstraße nach Tuscania (ca. 12 km), von Montefiascone ca. 10 km. **Busverbindungen** nach Montefiascone, Viterbo.

• *Übernachten* Das einzige Hotel **Riva Blu**, Via dei Pini 3, 01010 Capodimonte, ✆ 0761/870255, ist eigentlich ein Restaurant, das in 14 Zimmern auch Übernachtungsgäste aufnimmt. Die Zimmer sind zwar etwas kitschig, aber preiswert und sauber (2 Sterne, DZ ca. 55 €).

• *Essen/Trinken* **Riva Blu**, Restaurant mit angeschlossenem Hotel. Die Pizza ist in Ordnung und groß, es gibt gute Fischgerichte und einen Est! Est!! Est!!!. Do Ruhetag. Via dei Pini 3, ✆ 0761/870255.

• *Einkaufen* Auf dem Parkplatz am Seeufer montags von 7–14 Uhr **Markt**.

Latium
Karte S. 428/429

Die Inseln: Gegenüber von Capodimonte liegt die nur 3 km entfernte **Isola Bisentina** (in Privatbesitz, betreten nur im Rahmen einer Führung erlaubt). Die noch immer traumhaft schöne Insel mit ihrer weitgehend unberührten Natur ging im 15. Jh. in den Besitz der Fürsten Farnese über, die hier einen Palazzo und eine Kirche bauen ließen, später gründeten die Franziskaner ein Kloster und bauten eine Reihe winziger Kapellen. Die schönste steht an der Steilküste auf dem 56 Meter hohen Berg Tabor (Berg der Verklärung).

Noch wesentlich kleiner ist die **Isola Martana** mit einem Umfang von knapp einem Kilometer. Auf dem höchsten Punkt der Insel stehen Reste einer Burg. Dorthin soll im Jahr 535 Amalasuntha, die Tochter des Theoderichs, von ihrem Mann, dem Ostgotenkönig, erst verbannt und dann ermordet worden sein.

• *Bootstouren zur Isola Bisentina mit Führung* nur in den Sommermonaten bei einer Mindestteilnehmerzahl von 10 Personen, ab Bolsena oder ab Capodimonte; Mi und Do auch Führungen in deutscher Sprache für 12 € (einschl. Bootsfahrt). Ob eine Tour stattfindet, erfahren Sie bei der Touristeninformation in Bolsena, in den Häfen oder (auf Deutsch) unter ✆ 0761/798437.

Marta: Von Capodimonte aus gelangen Sie zum benachbarten Fischerdörfchen Marta, das den Namen einer Gotenkönigin trägt. Hier ist das Zentrum des Fischfangs. Es gibt eine hübsche Seepromenade, wo man ausgezeichnet essen kann. Malerisch sind auch die engen mittelalterlichen Gässchen, die über enge Treppen hinauf zu den spärlichen Resten der Burg aus dem 13 Jh. führen, nur der Turm ist noch erhalten. Von hier oben hat man einen besonders schönen Blick auf den See.

• *Essen/Trinken* **Trattoria Gino al Miralago**, ganz köstliche traditionelle Fischküche (See- und Meeresfische sowie ganz frische Krustentiere) genießen. Es gibt aber auch gute Fleischgerichte, und im Herbst werden zudem vorzügliche Wild- und Pilzgerichte angeboten. Besonders zu empfehlen ist die gute Auswahl an frischen Vorspeisen und die „Spaghetti al pesce del lago" (Spaghetti mit Soße von Seefischen); im Sommer sitzt man draußen auf der Terrasse vor dem Eingang. Menüpreis um 25 €. Di Ruhetag. Lungolago G. Marconi 58, ✆ 0761/870910 (Reservierung empfehlenswert).

• *Einkaufen* Täglich findet ein **Fischmarkt** in der Halle kurz hinter der Brücke am Ortsausgang in Richtung Montefiascone statt.

Gradoli: In dem kleinen Ort, ungefähr 8 km nördlich von Capodimonte gelegen, steht ein weiteres mächtiges Farnese-Schloss (erbaut von Antonio da Sangallo dem Jüngeren im 16. Jh.), das den Stadtkern steil überragt. Im kleinen, aber sehenswerten **Museo Civico** im Schloss sind die noch in Teilen erhaltenen Malereien an Wänden und Decken, einige nachgeschneiderte Renaissancekostüme, Keramiken (meist nur Scherben), Familienchroniken und Dokumente der Stadt aus der Zeit von 1500–1800 zu besichtigen. Dazu haben Sie phantastische Ausblicke auf den See und das Panorama der Volsini-Berge.

Öffnungszeiten Im Winter Di–Fr 10–13 Uhr, Sa 10–13 und 15–18 Uhr, So 10–13 Uhr. Mo geschlossen; im Sommer Mi 17–19 Uhr, Do 11–13 und 17–19 Uhr, Fr–So 10–13 und 17–19 Uhr, Mo und Di geschlossen. Eintritt 2,60 €, ermäßigt 1,30 €.

Bekannt ist Gradoli auch für das qualitätvolle Gemüse und seine Weine, den lieblichen *Grechetto* und den würzigen *Aleatico*.

• *Übernachten* **Hotel Restaurant La Ripetta**, das kleine Hotel verfügt über 16 schlichte, saubere Zimmer (3 Sterne), Parkmöglichkeit und ein empfehlenswertes Restaurant, DZ ca. 65–85 €. Via Roma 38, ✆ 0761/456100, ℻ 0761/456817.

• *Essen/Trinken* Gegenüber vom gleichnamigen Hotel liegt die feinere **Trattoria La Ripetta**. Zu empfehlen sind hier z. B. die „Ravioli di sigola con gamberi e fiore di zucca" (Ravioli vom Wolfsbarsch mit Garnelen und Zucchiniblüten). Bemerkenswert ist auch die Grappa-Auswahl. Mo Ruhetag. ✆ 0761/456100.

• *Einkaufen* In der **Cooperativa Comunale**, auf der Hauptstraße aus Richtung Bolsena rechts gegenüber der Tankstelle abbiegen, kann man landwirtschaftliche Erzeugnisse kaufen: Weiß- und Rotwein (leicht und trocken), den roten fruchtigen Dessertwein „Aleatico di Gradoli" (18 %!), Olivenöl und Gemüse nach Jahreszeit.

Montefiascone (ca. 12.000 Einwohner)

Von Bolsena führt die Via Cassia mit herrlichem Panoramablick den Hügel hinauf nach Montefiascone. Schon von Ferne ist auf der höchsten Stelle des Kraterrands das Wahrzeichen der Stadt, die Kuppel des Doms Santa Margherita, zu erkennen. Einige Päpste kamen im Sommer gerne her, vor allem wegen der schönen Landschaft und der entspannenden Ruhe, was man bis heute gut nachvollziehen kann. Bekannt wurde der Ort durch seinen Wein Est! Est!! Est!!!, der sich durch die hübsche Geschichte, die mit diesem Namen verbunden ist, so gut vermarkten lässt.

• *Information* Via Verentana 4, ✆ 0761/86040.

• *Verbindungen* Von Rom oder Viterbo aus über die Via Cassia (ca. 16 km nördlich von Viterbo); von Orvieto über die Landstraße Nr. 71, ca. 25 km; über die Autobahn A 1 in Richtung Florenz, Abfahrt Orvieto oder Abfahrt Attigliano und weiter über Viterbo bis zur Via Cassia, von dort aus noch 16 km. **Busverbindungen** nach Viterbo.

• *Übernachten* Im **Hotel Urbano V.**, ein gerade sehr aufwendig restaurierter Palazzo aus dem 16. Jh. mitten in der Altstadt, übernachten Sie sehr stimmungsvoll. Die Zimmer sind gut ausgestattet, Parkmöglichkeiten vorhanden. 3 Sterne, 6 Suiten, 16 Zimmer, DZ 70–80 €. Corso Cavour 107, 01027 Montefiascone, ✆ 0761/831094, 📠 0761/834152, www.hotelurbano-v.it.

Im winzigen **Gasthaus Dante**, in dem man auch recht gut essen kann, geht es familiärer zu. Die Ausstattung ist sehr einfach, aber ordentlich (2 Sterne, 10 Zimmer, DZ ca. 20–45 €). Via Nazionale 2, 01027 Montefiascone, ✆ 0761/826015.

• *Essen/Trinken* **Da Cesare alla Cavalla**, gutbürgerliches Restaurant und Pizzeria. Sehr schöne Aussicht auf das Tal mit dem See; typische Gerichte aus der Region, guter Fisch. Mo geschlossen. Via Bandita 25, ✆ 0761/826068.

Osteria Dante (s. o. Hotel), ist eines der wenigen Lokale, in dem der „Est! Est!! Est!!!" aus eigener Produktion ausgeschenkt wird. Empfehlenswert sind die selbst gemachten Nudeln und die Fischgerichte. Di Ruhetag. Via Nazionale 2, ✆ 0761/826015.

• *Spezialität* In der Fußgängerzone (Corso Cavour) bieten mehrere Metzgereien „Porchetta" an (nach Hausrezepten gefülltes Spanferkel, am Stück gegart und stolz in den Glaskästen der Norcerien ausgestellt); in dünne Scheiben geschnitten wird es im Brötchen direkt aus der Hand verzehrt – ein leckerer Imbiss, wenn die Zeit für einen Lokalbesuch nicht reicht.

• *Fest* Weinfest in den ersten beiden Augustwochen (Fiera del Vino). Neben dem begleitenden Musikprogramm und Kunstausstellungen ist der folkloristische Umzug zur Erinnerung an den Augsburger Bischof Johannes Fugger und die schöne Geschichte des Est! Est!! Est!!! ein Höhepunkt des Festes.

San Flaviano in Montefiascone

Sehenswertes

Die Römer und später auch die Päpste schätzten Montefiascone wegen der strategisch günstigen Lage auf dem Kraterrand über dem See an der wichtigen Nord-Süd-Verbindung der Via Cassia.

Eine steile Straße führt von der zentralen Pzza. Vitt. Emanuele hinauf zum Dom **Santa Margherita**, der 1519 begonnen und im 17. Jh. vollendet wurde. Die mächtige Kuppel, die den gesamten Innenraum überwölbt, stammt von dem bedeutendsten Schüler Berninis, Carlo Fontana.

Montefiascone wurde berühmt durch seinen Wein **Est! Est!! Est!!!**, dessen Namensgebung einem Bischof aus Augsburg zu verdanken ist. Sein Grab liegt in der Kirche **San Flaviano** an der Ausfahrt nach Orvieto. Gehen Sie von der zentralen Pzza. Vitt. Emanuele die Fußgängerzone (Corso Cavour) ganz hinunter, durch das Stadttor und kreuzen die große Straße. In der Verlängerung des Corso Cavour sehen Sie bereits San Flaviano. Der Grundstein dieser seltenen Doppelkirche wurde schon im Jahr 1032 gelegt. Sie zeigt romanische und gotische Stilelemente. Das Mittelschiff leitet in die obere Kirche über, in der Thron und Altar Papst Urbans IV. stehen. Hier befand sich einst die päpstliche Hofkapelle. In den Fußboden ist das Grab des Augsburger Bischofs *Johannes Fugger* eingelassen.

Der Bischof, der den Genuss des Weines seinen amtlichen Pflichten vorzog, war im Jahr 1111 eigentlich im Gefolge Kaiser Heinrich V. in Sachen Investiturstreit nach Rom unterwegs. Er persönlich nutzte diese Dienstreise aber eher, um gründliche Forschungen über die Qualität des italienischen Weins zu betreiben. Um den Gaumen nicht mit Minderwertigem zu belasten, schickte er seinen Diener Martin immer eine Tagesreise voraus. Der hatte den Auftrag, die Gasthäuser mit gutem Wein vorzusortieren: Sofern es einen guten Tropfen gab, schrieb er als Hinweis für seinen Chef „est" („hier ist er") an die Wirtshaustür. Schließlich gelangte der treue Diener nach Montefiascone, und als er den dortigen Wein schlürfte, war er derartig begeistert, dass er gleich drei Sterne verlieh und an die Tür des Lokals **„est! est!! est!!!"** schrieb. Sein Herr teilte diesen Enthusiasmus und ließ den Kaiser allein weiterziehen, um sich nur noch dem göttlichen Rebensaft hinzugeben. Das tat er dann auch gründlich bis zu seinem Lebensende.

Civita di Bagnoreggio (ca. 3.500 Einwohner)

Ein Erlebnis der ganz besonderen Art ist der Besuch von Civita di Bagnoreggio. Wunderschön liegt es hoch auf einem steil abfallenden Felsplateau inmitten einer zerklüfteten Felslandschaft. Jedoch das besondere und auf schaurige Art Faszinierende ist, dass Civita eine sterbende Stadt ist, und das seit Jahrhunderten.

Stadt und Umgebung sind von schwerer Erosion des vulkanischen Tuffsteingebirges betroffen, das sich vor einer Million Jahre auf nicht tragfähigen Ton- und Sandschichten aufgetürmt hat. Der Boden duldet keine Bebauung und keinen Bewuchs mehr. Zwei Flüsschen und Regenwasser schwemmen seit Tausenden von Jahren die unteren Schichten weg, was zu einem schleichenden Verfall, aber auch zu regelmäßig auftretenden, dramatischen Erdrutschen führt. Die Flüsse versuchte man schon zur etruskischen Zeiten zu bändigen, gegen Witterungseinflüsse aber war man machtlos.

Bagnoreggio ist heute der städtische Mittelpunkt der Gemeinde und eigentlich viel jünger als Civita. Dieser frühere Vorort ist nur dadurch zu eigener Bedeutung gekommen, dass die einstmals blühende Handelsstadt Civita bis auf den historischen Kern weggebrochen und eine Reihe von Stadtvierteln vollständig untergegangen ist.

Civita: Zu erreichen ist Civita nur über die schmale, 300 Meter lange, fragil wirkende Fußgängerbrücke über einem tiefen Taleinschnitt. Allein schon der Weg zu dem auf einem rundum steil abfallenden Felsen zusammengedrängten Städtchen ist unbeschreiblich schön: links und rechts der weite Blick in die von der Erosion zerrissene Landschaft, vor sich das Städtchen, das ebenso wenig festen Boden unter sich zu haben scheint wie man selbst. Die Brücke endet unterhalb des alten Stadttores aus dem 13. Jh. Nur noch wenige steile Rampen aufwärts und man steht schon inmitten von Gebäuderesten, Hauswänden mit Fenstern und Türen, hinter denen – wie bei Kulissen – gleich der Abgrund beginnt. Der verbliebene Kern des einstmals weit größeren, nach einer Ost-West-Achse ausgerichteten Plateaus beinhaltet die Reste der alten etruskischen Akropolis mit Tempel und Forum (heute Kirche und Piazza). Die darauf zuführende Straße folgt noch der Hauptstraße der antiken Stadt. Alles ist im Sommer durchaus belebt, es wohnen dann ständig etwa 200 Menschen hier, die in der Gastronomie und in Souvenirgeschäften arbeiten oder den Urlaub hier verbringen. Im Winter sind es dann nur noch etwa 30 Bewohner, die die Stellung halten.

• *Verbindungen* Von der Autobahn A 1, Abfahrt Orvieto über die Via Cassia (Staatsstraße 71) in Richtung Bolsena, Montefiascone bis zur Abzweigung nach Bagnoreggio; von Montefiascone über die Staatsstraße Nr. 71 in Richtung Orvieto, ca. 9 km nach Montefiascone rechts abbiegen und noch 5,5 km.

• *Essen/Trinken* **Hostaria del Ponte**, es ist ausnahmsweise nicht die Küche (obwohl die durchaus typischen Gerichte recht ordentlich zubereitet sind), sondern der phantastische Blick von der Terrasse, weshalb das Restaurant hier empfohlen werden soll: Auf der Anhöhe gegenüber erblickt man Civita, überragt von seinem kleinen Kirchturm, die fragile Brücke sieht man im Vordergrund. Mit dieser Aussicht ist kaum etwas vergleichbar. Loc. Mercatello 11, ✆ 0761/793565, www.hostariadelponte.it.

In Civita selbst gibt es eine Bar und zwei kleine Restaurants.

Lago di Bracciano

Der Bracciano-See, nur 33 km von Rom entfernt, ist mit einer Oberfläche von 57,5 km² (Umfang 31 km) etwas kleiner als der Bolsena-See. Der vulkanische Ursprung ist für die ungewöhnliche Tiefe von 170 m verantwortlich, das Wasser ist erfrischend kalt und sauber.

Das Nordufer ist bewaldet und steigt steil zum Kraterrand, den Monti Sabatini, an. Das südliche Ufer ist flacher und teilweise sumpfig. Rund um den See führt eine gut ausgebaute Straße, die *Circumlacuale*, die die drei Orte **Bracciano**, **Anguillara Sabàzia** und **Trevignano** verbindet. Diese haben mit ihren pittoresken, engen Gassen den mittelalterlichen Charakter bewahrt und bieten auch einige interessante Sehenswürdigkeiten. Da die Verbindungen von und nach Rom mit öffentlichen Verkehrsmitteln sehr gut sind, eignet sich der Bracciano-See auch als Ferienort für Familien, die nur Tagesausflüge in die Metropole unternehmen möchten. Während der Sommermonate ist die Umgebung des Sees besonders an Wochenenden oft sehr überlaufen.

Bracciano

(ca. 11.000 Einwohner)

Von der größten Stadt Bracciano hat der See seinen Namen. Sie liegt etwas oberhalb des Sees auf einem Hügel. Der mittelalterliche Stadtkern mit seinen engen Gassen wird von einer mächtigen, alles beherrschenden Burg überragt.

• *Information* Via Claudia 72, ✆ 06/9024451 oder 06/9023664.

• *Verbindungen* Nach Rom ca. 40 km. Mit dem **Auto** von Rom aus über die Via Cassia (Autobahnring, Ausfahrt Nr. 5) in Richtung Viterbo bis zur Abzweigung nach Bracciano oder bis zur Metrostation Flaminio (Linie A), weiter mit dem Zug nach Saxa Rubra und von dort aus mit dem CO.TRA.L-**Bus** nach Bracciano (ohne Stau in ca. 60 Min.) oder mit dem Zug ab Stazione Ostiense (Metrostation Piramide – Linie B) oder ab Metrostation Valle Aurelia (Linie A) direkt nach Bracciano (einfache Fahrt für 2,70 € oder für 9 € kombiniert mit einer Tageskarte für alle Busse und die Metro in Rom). Im Sommer bestehen **Fährverbindungen** nach Anguillara oder Trevignano Romano.

• *Übernachten* Die **Villa Clementina**, ruhig gelegen in einem schönen Garten mit Tennisplatz und Pool; 4 Sterne, nur 7 wunderbare Zimmer, DZ 130–270 €. Traversa Quarto del lago 12, 00062 Bracciano, ✆/℻ 06/9986268, www.charmerelax.it/villaclementina.

Latium Karte S. 428/429

Wesentlich preiswerter, aber ebenfalls sehr gut ist das **Alfredo Hotel**, das über einen schönen Garten und eigenen Seezugang verfügt; 3 Sterne, 48 Zimmer, DZ 82–110 €. Via Circumlacuale 7 A, 00062 Bracciano, ✆ 06/99802168, 📠 06/99805455.

Nicht schlecht für den Preis ist auch das **Casina del Lago** mit bescheidenen Zimmern und Parkmöglichkeit; 2 Sterne, 12 Zimmer, DZ 50–65 €. Lungolago Argenti 9, 00062 Bracciano, ✆ 06/99805475.

• *Camping* Ein empfehlenswerter Platz bei Bracciano (15 Minuten Fußmarsch entfernt, es fährt aber auch ein Minibus) ist **Camping Porticciolo**. Die baumreiche, gepflegte Anlage liegt direkt am See. Der Service ist freundlich und hilfsbereit; Sportmöglichkeiten, Segelkurse, Surfschule, Kinderbetreuung vorhanden. Es existiert ein Zubringerdienst zum Bahnhof (0,80 €), sodass man bequem Ausflüge nach Rom unternehmen kann. Fahrkarten und Fahrpläne sind auf dem Campingplatz erhältlich. Vom 1.4.–30.9. geöffnet; 28 ha für 350 Personen; Preisbeispiel: Zeltplatz und 2 Pers.: ca. 13 €/Tag. Via del Porticciolo, 00062 Bracciano, ✆ 06/99803060, www.porticciolo.it.

Weitere Campingplätze an der Straße von Bracciano nach Anguillara Sabàzia und bei Trevignano.

• *Essen/Trinken* Es gibt viele Trattorien, in denen man gut, aber meist auch teuer Fische aus dem See essen kann; außerhalb der Sommermonate sind einige Restaurants geschlossen.

Empfehlenswert ist das **Ristorante Al Fresco** im Zentrum, nahe der Pzza. del Castello. Im Sommer sitzt man auf der Terrasse mit phantastischem Seeblick; sehr gute Antipasti, leckere Primi (z. B. Risotto mit Steinpilzen und Trüffel oder Orecchiette mit Meeresfrüchten); bei den Secondi fühlt sich das Restaurant seinem Namen besonders verpflichtet: köstlich die frischen Fischgerichte (z. B. Pesce di paranza oder Aal aus dem See), aber auch die Fleischgerichte sind gut und zum Schluss eines der hausgemachten Desserts. Menü um 30 €. Di Ruhetag. Via Fioravanti 46, ✆ 06/99804536.

Ausgezeichnet essen Sie auch in der **Winebar Vino e Camino** in zentraler Lage nahe der Burg, im Sommer kann man draußen auf der Piazza sitzen. Dieses kleine, romantische Lokal in der historischen Altstadt bietet zu hervorragenden Weinen eine sehr gute, kreative Küche (z. B. Tintenfischsalat mit Couscous), aber auch Traditionelles (z. B. Tonnarelli cacio pepe). Preis pro Menü ca. 33 €. Mo geschlossen, nur abends geöffnet. Pzza. Manzzini 11, ✆ 06/99803433.

Guten Fisch bekommt man z. B. auch bei **Il Luccio d'Oro**, Via Argenti Giuseppe 12 b.

Gute Pizze und Nudelgerichte hat **Dolce e Salato**, etwas außerhalb an der Via Braccianese bei km 18,700, ✆ 06/99881005.

• *Spezialität* der weiße Wein von Bracciano (Castelbraccianese).

• *Märkte* Mittwochvormittag ist auf dem Platz an der Burg Wochenmarkt. An jedem zweiten Sonntag im Monat findet ein Flohmarkt statt.

• *Feste* Sehenswert ist das **Passionsspiel** am Karfreitag auf der Piazza vor der Burg. Die ganze Bevölkerung ist dann auf den Beinen. Die Kreuzigung findet auf der 15 m hohen Burgmauer statt.

• *Sport* Segel- und Surfschulen, Kanuverleih, Wasserski.

Das mächtige **Orsini-Odescalchi-Kastell**, mit dessen Bau in der zweiten Hälfte des 13. Jh. begonnen wurde, zeugt noch davon, dass Bracciano einmal ein bedeutendes Herzogtum war. Der Grundriss ist, etwa fünfeckig und von wehrhaften Mauern mit sechs stattlichen zinnenbekrönten Türmen umgeben. Das Gebäude ist das einzige Kastell in Latium, das seit seinem Bestehen bewohnt ist, zunächst von der über Jahrhunderte sehr einflussreichen Familie Orsini (seit 1560 Herzöge von Bracciano), ab 1698 durch Kauf von den nicht minder bedeutenden Odescalchi. Es befindet sich heute im Besitz der jungen Fürstin Maria Pace Odescalchi.

Der große Innenhof ist dreieckig und mit offenem, zweistöckigem Arkadenumgang fein gegliedert. Schöne Portale und eine großartige, überdachte Außentreppe führen zum oberen Stockwerk. Man kann 17 Säle der ursprünglichen drei Wohntrakte mit ihren luxuriösen Einrichtungen aus dem 15. und 16. Jh. besichtigen. Dort finden sich u. a. Gemälde von Antoniazzo Romano und Fresken von den Zuccari. Das Monumentalfresko im Haupthof zählt zu den größten Meisterwerken der Freskokunst. Ein Besuch der Burg lohnt auch schon wegen der herrlichen Ausblicke von den Wachgängen auf den Festungsmauern.

• *Führungen* Im Winter (von Oktober bis Ende März) Di, Mi und Fr 10, 11, 12 Uhr und 15, 16, 17 Uhr, Do und Sa jede halbe Stunde ab 10–12.30 Uhr und 15–17.30 Uhr, So und an Feiertagen alle 20 Minuten von 10–12.20 und 15–17.40 Uhr. Im Sommer beginnen die Führungen bereits um 9 Uhr und enden eine Stunde später als im Winter. Mo ist das ganze Jahr über geschlossen.

• *Eintritt* 6 €, für Kinder von 6–10 Jahren 5 €.

• *Informationen* ✆ 06/99804348, 📠 06/6792154.

In Bracciano sollten Sie auch einen Spaziergang durch die engen Sträßchen der **Altstadt** mit ihren schmalen Durchgängen, Plätzen und Brunnen unternehmen. Der größte Teil wurde im 15. Jh., etwa zur selben Zeit wie die Haupttrakte der Burg erbaut. Sehenswert sind auch die Kirchen **San Stephano** und **Santa Maria Novella** mit ihren bekannten Gemälden.

Trevignano Romano (2.700 Einwohner)

Fast gegenüber von Bracciano liegt am nördlichen Seeufer das malerische Örtchen Trevignano Romano. Die Straße führt um die direkt am See gelegene Altstadt herum, die glücklicherweise für den Verkehr gesperrt ist. An manchen Stellen sind die engen, gemütlichen Gassen nur knapp 3 Meter breit. Am Rathaus (Palazzo Comunale) mit seinem Portal aus dem 15. Jh. befindet sich ein kleines Heimatmuseum mit hauptsächlich etruskischen Fundstücken (um das 6. Jh. v. Chr.) aus der nahen Umgebung. Die Kirche **Santa Catarina** neben dem Palazzo Comunale steht auf den Resten eines römischen Tempels. Wahrzeichen des Ortes sind die Ruinen einer weiteren mittelalterlichen **Orsini-Burg**.

• *Übernachten* **Hotel Il Casale**, das ordentliche Hotel verfügt über 26 Zimmer und einen Pool (3 Sterne, DZ 73–80 €). Im Ortsteil Moscano, Via Trevignanese bei km 6,500, ✆ 06/9985003, 📠 06/9985151.

• *Camping* Empfehlenswert ist der schöne Platz **Smeraldo di Trevignano** an der Via Trevignanese bei km 5,200 (Via dell'Acquarolla 13, bei Acquarella), ✆ 06/9985180, 📠 06/-9985178. Vom 1.4.–30.9. geöffnet; 20 ha für 220 Personen; gute Ausstattung, Sportmöglichkeiten, reservierter Strand; Preisbeispiel für Stellplatz und 2 Pers.: ca. 16 €/Tag.

• *Essen/Trinken* **la Grotta Azzura**, gutes Fischlokal mit traditioneller Küche, z. B. Hecht mit frischen Kräutern (Luccio in salsa all'erbe fine) oder Aal in Tomaten (L'anguilla alla cacciatora), es gibt auch Fleischgerichte; im Sommer sitzt man draußen sehr schön; Menüpreis um 33 €. Di Ruhetag. Pzza. Vittorio Emanuele 4, ✆ 06/9999420.

Ristorante Il Palazzetto, wer einmal ausgefallen essen und trinken möchte, ist im Palazzetto bestens aufgehoben. Für Weinliebhaber wäre noch zu bemerken, dass die Weine (ca. 200!) im Vergleich außergewöhnlich günstig sind; Menü ca. 35 €. Mi Ruhetag. Pzza. Vittorio Emanuele 20, ✆ 06/9999254.

Guten Kuchen bekommen Sie in der unübersehbaren **Bar Pasticceria** direkt an der Hauptstraße.

• *Spezialitäten* marinierter Fisch in Dosen.

Anguillara Sabàzia (6.600 Einwohner)

Die kleine, alte Stadt liegt auf einem steilen Felsvorsprung am Südufer des Sees. Ihr Name stammt nicht von den Aalen („Anguille") ab, für deren würzige Zubereitung der Ort bekannt ist, sondern von einer antiken römischen Villa, die hier im rechten Winkel zur Küste stand. Die gut erhaltene **Altstadt** mit vielen engen, steilen Gassen und Treppen mit vielfältigen Perspektiven auf den See ist von mächtigen Mauern aus dem 15. Jh. umgeben. Das Tor mit der schönen Uhr ist das Wahrzeichen der Stadt. Über der Altstadt thront die mittelalterliche **Burg der Anguillara** mit bis zu 15 Meter dicken Mauern.

• *Übernachten* Es gibt mehrere Hotels: Empfehlenswert ist z. B. das **Poggio dei Pini** (3 Sterne, 33 Zimmer). Das Haus verfügt über einen Garten, einen Tennisplatz und einen Pool. DZ 70–90 €. Via Beethoven 10, bei Marchione, 00061 Anguillara Sabàzia, ✆ 06/9995609, 📠 06/9995603.

Latium Karte S. 428/429

• *Camping* In der Gemeinde von Anguillara Sabàzia gibt es zwei Plätze:

Camping Parco del Lago, liegt unter Bäumen landschaftlich reizvoll direkt am See. Preisbeispiel: Stellplatz und 2 Pers. für ca. 17 € pro Tag. Vom 1.4.–30.9 geöffnet. 30 ha für 600 Personen. Lungolago di Polline 75, kurz hinter Anguillara, 00061 Anguillara Sabàzia, ✆ 06/9982003, 📠 06/99802000.

Vigna di Valle, im Ortsteil Vigna di Valle an der Straße von Bracciano nach Anguillara Sabàzia. Es gibt Schattenplätze und Seezugang. In der Nähe Surf-, Segel- und Reitmöglichkeiten. Geöffnet vom 1.4.–30.9. 14 ha für 240 Personen. Lungolago delle Muse 12, 00061 Anguillara Sabàzia, ✆ 06/9968645, 📠 06/99609084.

• *Essen/Trinken* Es gibt viele Trattorien und Restaurants, in denen man Fisch essen kann. Spezialität: Spaghetti mit Muscheln, Broccoli mit Weißweinsoße und vor allem Aalgerichte.

Chalet del Lago, die Aussicht von der Terrasse direkt am See und die ruhige Lage außerhalb des Ortes sind herrlich, und die gehobene Küche steht dahinter nicht zurück. Vorzügliche Fischgerichte (z. B. cannelloni mit baccalà), zu den Spezialitäten des Hauses gehört die „torta di cioccolato all'arancia" (Schokoladentorte mit Orangen – unbedingt probieren); kleine, aber qualitätvolle Weinkarte; Menüpreis um 34 €. Do und So abends ist geschlossen. Viale Reginaldo Belloni (am Ende der langen Strandpromenade mit Blick auf die gegenüberliegende Altstadt von Anguillara), ✆ 06/99607053.

Ristorante Pizzeria Harvey, ist ein riesiges Lokal am Ortsausgang an der Straße nach Bracciano und bei Jung und Alt gleichermaßen beliebt. Im Sommer sitzt man angenehm draußen. Die Gerichte sind hervorragend und preiswert. Sehr zu empfehlen sind z. B. zahlreiche Varianten von Bruschetta, die Tonnarelli Harvey (mit Rughetta und Fischen aus dem See), die Fischplatte („grigliata mista") und vor allem die kleinen eingelegten Aale (anguille). Mi Ruhetag. Via Anguillarese 96.

Die Küste nördlich von Rom

Der nördliche Küstenabschnitt Latiums ist mit den schönen Sandstränden im Süden nicht vergleichbar. Dennoch ist die Region für die Römer ein wichtiges Erholungsgebiet, in dem sie gerne Wochenenden und ihre Ferien verbringen. Aus diesem Grund trifft man entlang der Küste auch auf zahllose Appartementbauten. Sehenswert sind vor allem die mittelalterliche Altstadt von Cerveteri, einschließlich der etruskischen Nekropolen am Ortsrand, und Tarquinia, früher eine der bedeutendsten Städte des antiken Etruriens. Die größte Stadt am nördlichen Küstenabschnitt ist heute Civitavecchia, gleichzeitig einer der wichtigsten Häfen Latiums.

Civitavecchia (ca. 47.000 Einwohner)

Die moderne Industrie- und Hafenstadt liegt direkt am Meer und ist bereits von weitem an ihrer Dunstglocke und einem hohen Schornstein zu erkennen. Reisende kommen hauptsächlich, um von hier aus mit der Fähre nach Sardinien (Olbia, Golfo Aranci oder Cagliari) überzusetzen.

Bereits Kaiser Trajan gründete hier im Jahr 106 n. Chr. eine gewaltige neue Hafenstadt, weil der Tiber Ostia zunehmend versanden ließ und größere Schiffe im römischen Hafen kaum noch anlegen konnten. Zwei Molen, die sich 400 Meter weit ins Meer erstreckten, wurden aufgeschüttet. Davor schützte ein künstlicher, 500 Meter langer Wellenbrecher das Becken. Über die gut ausgebaute Via Aurelia rollten dann die angelandeten Güter nach Rom, und in umgekehrter Richtung marschierten Soldaten zu den Kriegsschiffen der Flotte. Von Byzantinern und Sarazenen zerstört, wurde die Stadt erst im 16. Jh. als strategisch wichtiger Hafen des Kirchenstaats wieder aufgebaut. Im Zweiten Weltkrieg vernichteten Bomben den alten Stadtkern nahezu vollständig. Als moderne Hafen- und Industriestadt entstand Civitavecchia in den 1950er und 60er Jahren neu und ähnelt heute ohne individuellen

Die Trajansthermen in Civitavecchia

Charakter anderen italienischen Kleinstädten. Im Zentrum sind kaum Spuren der Vergangenheit zu finden, die einen Besuch lohnen.

• *Information* Mo–Sa 8.30–12.30 und 15.30–18.30 Uhr, Viale Garibaldi 42 (am Hafen), ✆ 0766/25348, 📠 0766/23078, iat.civitaveccia@tscali.it.

• *Verbindungen* Von Rom über die die gut ausgebaute Via Aurelia, 72 km. **Busverbindungen** z. B. nach Rom, Tarquinia und Viterbo. Es bestehen auch gute **Zugverbindungen**: Die Fahrtzeit nach Rom: etwa 90 Minuten, nach Tarquinia nur 15 Minuten.

• *Fährverbindungen nach Sardinien* Die Fähren legen mehrmals täglich nach Golfo Aranci, Cagliari und Olbia ab. Informationen bei der Società Tirrenia, Via Bissolati 41 in Rom (✆ 06/732141).
Karten gibt es direkt am Hafen (oder bei der angegebenen Adresse in Rom). Die Überfahrt nach Olbia dauert 3,5 Stunden.

• *Übernachten* **La Medusa**, 2 Sterne, kleines Hotel nahe am neuen Touristenhafen gelegen, hübsche Zimmer mit Meerblick, mit Parkmöglichkeit. Das Hotel hat einen Zugang zum Meer und ein passables Restaurant. DZ mit Bad 78–93 € (ohne Bad ab 68 €). Via Aurelia Sud 73c (bei km 68,300), 00053 Civitavecchia, ✆ 0766/24327, 📠 0766/22775.
Für diejenigen, die vor einer Überfahrt nach Sardinien noch in Civitavecchia übernachten wollen, bietet sich das Hotel **Traghetto** an. Es befindet sich an einer großen Kreuzung etwa 200 m von der Mole entfernt, von der die Fähre ablegt. Die 39 Zimmer sind sauber und haben fast alle einen Balkon; hoteleigene Garage und Parkplatz. 3 Sterne, DZ ca. 95–130 €. Via Braccianese Claudia 2, 00053 Civitavecchia, ✆ 0766/25920, 📠 0766/23692.

• *Camping* Der Campingplatz **Traiano** liegt einige Kilometer weiter im Norden direkt am Meer. 160 ha, ca. 1000 Stellplätze. Vom 1. Mai bis Mitte September geöffnet. Ortslage La Frasca, Via di Sant'Agostino, 00053 Civitavecchia, ✆/📠 0766/560248.

• *Essen/Trinken* **Ristorante La Bomboniera** bietet ausgezeichnete sardische Küche, sehr gute frische Fischgerichte und hausgemachter Nachtisch, Menü um 40 €. Mo geschlossen. Via Corso Marconi 50, ✆ 0766/25744.
Trattoria L'Angoletto, sehr gutes Fischrestaurant mit hervorragender Weinkarte. Empfehlenswert sind z. B. die hausgemachten Tagliolini mit Krustentieren und Gemüse, das Hummerrisotto, die Fischsuppe (muss meist vorbestellt werden), die frittierten Fischlein aus dem Schleppnetz (fritto dei paranza) und zum Abschluss die

Latium Karte S. 428/429

Sorbets; Menüpreis ca. 37 €. So abends und Mo geschlossen. Via Guglielmotti 2 (in der Nähe der Fußgängerzone), ✆ 0766/32825.

Ristorante La Scaletta, dies ist wohl das beste Fischrestaurant in Civitavecchia und eines der besten an der Küste Latiums. Die gehobenen Preise sind für diese Küche absolut gerechtfertigt (Menü um 44 €, große Weinkarte). Besonders empfehlenswert sind Fischsuppe, Spaghetti mit Scampi und Krustentiere in Olivenöl. Di Ruhetag. Lungoporto Gramsci 65, ✆ 0766/24334.

Die einfachen Pizzerien in der Hafengegend sind eher durchschnittlich; etwas besser ist die **Pizzeria da Baffone**, Viale Garibaldi 34.

Sehenswertes

Im Hafen liegt malerisch das *Forte Michelangelo,* eine Festung, die Bramante 1508 auf antiken Hafenfundamenten begann und Michelangelo 1558 fertig stellte. Sie besteht aus einer Burg und einer Umfassungsmauer mit Türmen. Leider gehört die Renaissance-Anlage zum Militärhafen und ist daher nicht zugänglich. So muss man sich mit dem Blick auf dieses Wahrzeichen der Stadt aus der Ferne begnügen.

Die kleine Kirche des heiligen Franziskus von Assisi aus dem 18. Jh. hat den Krieg überstanden und befindet sich an der Pzza. Vittorio Emanuele. Sehenswert ist das kleine **Archäologische Nationalmuseum** am Largo Cavour mit Fundstücken aus dem Umland.

Öffnungszeiten Mi, Sa und So 9.30–12.30 Uhr, im Aug. und Sept. täglich außer Mo 9–14 Uhr.

Oberhalb der Autobahnauffahrt Civitavecchia-Nord, vom Zentrum 4 km den steilen Hügel hinauf, liegen die Ruinen der **Thermen Taurine**. Sie wurden unter den Kaisern Hadrian und Trajan auf den Resten einer großzügigen Villa aus republikanischer Zeit erbaut. Einige Räume des Erdgeschosses, in denen sich Warmwasserbecken, eine Bibliothek mit Lesesaal und Aufenthaltsräume für männliche Badegäste befanden, sind noch gut erhalten.

Öffnungszeiten **Thermen**, 9–14 Uhr, Mo geschlossen.

Eine moderne Variante der einst luxuriösen Badeanlagen Trajans ist das **Erlebnis-Freibad** „Aqua Felix – Parco Acquarico", das auf dem Weg von Civitavecchia zur archäologischen Zone allein schon wegen der unzähligen Werbetafeln und der von weitem sichtbaren, riesigen Rutschbahn nicht zu übersehen ist (nur während der Sommermonate geöffnet).

Die Küste zwischen Civitavecchia und Rom

Die aus der Antike stammende Via Aurelia (SS 1) führt südlich von Civitavecchia bis hinter Santa Severa am Meer entlang und wird mit nur wenigen Unterbrechungen von eintönigen Appartementblocks und Strandbädern gesäumt. Im Winter sind wenige Menschen zu sehen, die verbarrikadierten Häuser wirken hässlich und abweisend, im Sommer dagegen ist die Küste total überlaufen und es herrscht gewaltiger Trubel. Die wenigen öffentlich zugänglichen Strandabschnitte sind dann besonders voll, laut und von Müll übersäht. Die Badeanstalten verlangen zwar Eintritt und hohe Mietpreise für Liegen und Sonnenschirme, doch dafür ist der Strand relativ sauber, es gibt Duschen, Umkleidemöglichkeiten und Toiletten. Für einen Badeurlaub ist dieser Abschnitt der Küste Latiums nicht zu empfehlen, kein Vergleich mit dem Meer im Süden zwischen San Felice Circeo und Formia und erst recht nicht mit der Dünenlandschaft im Nationalpark Circeo, südlich von Latina. Zu den hübscheren Badeorten zählten die Städtchen **Santa Marinella** und das 6 km südlicher liegende **Santa Severa** . Beide Orte wachsen langsam zusammen. Im kleinen Hafen von Santa Marinella herrscht zur Sommerzeit reger Schiffsverkehr. Auf etruskischen Resten steht das **Schloss der Fürsten Odescalchi** aus dem 15. Jh. (leider nicht zu besichtigen). Entlang des Sandstrands der sanften Bucht bis Santa Severa ist das Schnorcheln beliebt. Etwa 1 km weiter südlich von Santa Severa ragt eine Burg ins Meer. Sie wurde wohl schon um das Jahr 1000 erbaut und diente den Schiffen zur Orientierung. Innerhalb des Mauerrings der Burg liegt ein kleines malerisches Örtchen. Südlich des Kastells liegen die Reste von **Pyrgi**, dem Haupthafen des etruskischen Cisra (Cerveteri), der schon im 7. Jh. v. Chr. als der größte Hafen Etruriens galt. Die Ausgrabungen legten die Tuffsteingrundmauern der Anlage frei. Wahrscheinlich handelt es sich um die ältesten Tempel Latiums.

• *Essen/Trinken* **Ristorante Pino al Mare**, das sehr hübsche Restaurant mit guter Fischküche liegt direkt am Meer. Zu empfehlen sind die „Pasta e fagioli con gamberi" und die „Spaghetti alle vongole veraci"; Menüpreis um 35 €. Santa Severa, Lungomare Pirigi 32, ✆ 0766/74007.

▸ **Palo**: Noch weiter im Süden, 2 km hinter dem Ferienort Ladispoli, bevor die Via Aurelia ins Landesinnere nach Rom abbiegt, erreichen Sie den kleinen Ort Palo. Er war in der Antike ein weiterer Seehafen der etruskischen Metropole Cerveteri.
Der mittelalterliche Ort wirkt durch umfangreiche Restaurierungen heute etwas künstlich, eher wie ein Museumsdorf. Sie müssen Ihr Fahrzeug auf dem Parkplatz vor dem Ort abstellen. Sehenswert ist das gut erhaltene **Odescalchi-Schloss** aus dem 15. Jh. mit viereckigem Grundriss und mächtigen Türmen. Leider ist es für Besucher geschlossen. Sie haben aber von hier aus einen schönen Blick auf das Meer. Vom Schloss führt ein Fußweg zum (frei zugänglichen) Sandstrand.

Cerveteri (ca. 26.500 Einwohner)

Der kleine Ort mit der typischen mittelalterlichen Altstadt lässt nicht erahnen, dass sich hier lange vor den Römern eine der bedeutendsten Hauptstädte des ganzen Mittelmeerraums befand. Von hier aus unterhielten die Etrusker weitreichende Kultur- und Handelsverbindungen. Die unbedingt sehenswerten Nekropolen am Ortsrand gelten als eine der monumentalsten vorchristlichen Fundstätten außerhalb Ägyptens.

Während ihrer Blütezeit im 6. Jh. v. Chr. gehörte das etruskische *Cisra* auf dem Tuffstein Hochplateau zu den bedeutendsten Städten der etruskischen Föderation. Zwei Straßen führten hinunter zu den beiden Seehäfen in Alsium (heute Palo) und Pyrgi (heute Santa Severa), von denen aus etruskische Schiffe das ganze Mittelmeer befuhren. Schrifttafeln und Grabausstattungen zeugen von engen Handelsbeziehungen und einem regen Kulturaustausch mit den Griechen. Schriftsteller der ganzen antiken Welt erwähnten die bedeutende Stadt Cisra. Archäologen schätzen anhand der Grabfunde, dass hier zwischen 30.000 und 80.000 Menschen lebten.
Zu Beginn des 5. Jh. v. Chr. setzte der Niedergang ein. Die Römer, anfangs noch Bündnispartner, besiegten die Stadt, benannten sie in Caere um und machten sie zur römischen Kolonie. Nach mehreren Plünderungen gab man die Stadt schließlich ganz auf und sie geriet in Vergessenheit, bis man im 18. Jh. zufällig auf Grabanlagen stieß. Systematische Ausgrabungen finden erst seit Beginn des 20. Jh. statt.
Von den Häusern der Etrusker sind so gut wie keine Reste mehr erhalten. Dauerhaft baute man für die Toten, denn deren Gräber sollten für die Ewigkeit sein. Diese wurden nach dem Vorbild der Wohnungen in den Tuff gegraben. Heute liefern sie die aufschlussreichsten Erkenntnisse über dieses frühe, von den Römern so gründlich vernichtete Kulturvolk.

Latium
Karte S. 428/429

Die größte zusammenhängende Nekropole Cerveteris wird seit 1911 etwa 3 km vom Ort entfernt ausgegraben. Die dicht gedrängten Hügelgräber, die einen Durchmesser von bis zu 50 Meter haben, liegen in reizvoller Landschaft mit zwitschernden Vögeln zwischen Kiefern, Pinien und Oleanderbüschen. Das Grabungsgebiet ist 12 Hektar groß. Untersuchungen der letzten Jahrzehnte belegen, dass die Gräberfelder um Cerveteri insgesamt etwa eine Fläche von 450 Hektar bedeckten. Deshalb sieht man auch in der Umgebung immer wieder die typischen runden Grabhügel.

Die etruskischen Nekropolen

- *Verbindungen* Von Rom über die Via Aurelia oder über die Autobahn A 12 (Rom–Civitavecchia, Abfahrt Cerveteri-Ladispoli) erreichbar, 45 km. Busverbindungen z. B. nach Rom mit CO.TRA.L (Abfahrt in Rom bei der Metrostation Lepanto, Linie A) oder Bahn (Strecke Rom–Pisa, bis Ladispoli und von dort aus mit dem Bus ab der Via Cagliari weiter).
- *Informationen* Touristenbüro, Via delle Mura Castellane 2 (nur an Werktagen im Sommer geöffnet, 9–12 und 16–18 Uhr).
- *Essen/Trinken* **Antica Locanda Le Ginestre**, dieses empfehlenswerte, gehobene Restaurant am schönen Platz im Zentrum bietet verfeinerte traditionelle Küche und gute Fischgerichte; kleine Weinkarte. Menü ca. 40 €. Mo geschlossen. Pzza. Santa Maria 5, ✆ 06/9940672, www.le-ginestre.it.

  Preiswerter, aber ebenfalls sehr gut ist die **Trattoria Da Fiore** mit ausgesprochen freundlichem Service, die Gerichte sind von der Jahreszeit abhängig, nicht versäumen sollte man die wunderbaren hausgemachten Desserts; nur sehr bescheidene Weinauswahl. Di Ruhetag. Ca. 4 km entfernt im Ortsteil Procoio, Via San Paolo 4, ✆ 06/99204250.
- *Markt* jeden Freitag.
- *Spezialitäten* Bekannt sind Erzeugnisse aus den erstklassigen **Artischocken** der Gegend; auch die örtlichen **Weine** sind ordentlich.

Nationalmuseum Cerite: Das kleine Museum bietet eine ideale Einstimmung auf die Ausgrabungen am Stadtrand und ist seit 1967 in der Burg der Fürsten Ruspoli aus dem 16. Jh. untergebracht. Zwar sind die wertvollsten Fundstücke heute in der Villa Giulia in Rom und in den Vatikanischen Museen zu sehen, dennoch vermittelt die sorgfältig zusammengetragene, moderne Ausstellung eine gewisse Vorstellung von Kunst und Kultur der Etrusker und ihren Begräbnisriten

Öffnungszeiten **Nationalmuseum Cerite**, im Winter 9–12 Uhr, im Sommer 9–19 Uhr, Mo geschlossen. Eingang an der Pzza. Maria Maggiore; freier Eintritt.

▸ **Etruskische Nekropolen**: Vom Museum aus führt ein gut beschilderter Weg etwa 3 km außerhalb der Stadt zu den wohl bedeutendsten Nekropolen Italiens. Hier sehen Sie an einem Ort Gräber aus nahezu allen etruskischen Epochen – von primitiven Aschenurnen aus der Eisenzeit bis zu kunstvoll ausgestatteten Grabkammern. Freigelegte Straßen führen zu den interessantesten Gräbern. Für einen ausgedehnten Spaziergang sollten Sie sich mindestens zwei Stunden Zeit nehmen.

Öffnungszeiten Nekropolen, im Sommer: Di–So 9–19 Uhr, von Oktober bis April Di–Sa 9–16 und So 11–16 Uhr; Eintritt 4 €.

Kurzer Überblick über die etruskische Grabkultur

Ursprünglich verbrannten die Etrusker ihre Toten und setzten die Asche in Felslöchern, die mit einem Steindeckel verschlossen wurden, oder in grob gehauenen, hütten- oder eiförmigen Urnen aus Tuffstein bei. Ab dem 8. Jh. hat es wohl aus religiösen Gründen keine Einäscherungen mehr gegeben. Man legte den Leichnam nun in eine Grube und deckte diese mit Tuffsteinquadern ab („Fossagräber"). Anscheinend ordnete man dann mehrere Fossagräber, womöglich einer Familie, zu einer kreisförmigen Weihestätte an und häufte einen Erdhügel darüber. Dieser diente zugleich zur Fixierung der Felsblöcke, die treppenartig übereinander geschichtet die Gruben abdeckten. Man glaubt, dass die Tumulusgräber auch Wohnhütten imitieren sollten, um den Toten im Jenseits ein angenehmes Dasein in gewohnter Umgebung zu ermöglichen. Später baute man sie zu Kammern aus, die teilweise vollständig aus dem Fels gehöhlt wurden. Die Grabhügel darüber dienten dann nur repräsentativen Zwecken und hatten wohl auch traditionelle Bedeutung. Die unterirdischen Kammern erhielten zunehmend reichhaltigere architektonische Formen. Bei der Dekoration nutzten die etruskischen Baumeister bereits Wasserwaage und Lot. In den Kammern ahmte man die häusliche Atmosphäre der Lebenden nach und schnitzte dazu naturgetreu Dachbalken, Säulen und sogar Nachbildungen von Wohnungseinrichtungen in den weichen Tuffstein. Heute kann man deshalb die Entwicklung von den einfachen Rundhütten im 8. Jh. v. Chr. bis zu Häusern mit mehreren Räumen ab dem 6. Jh. v. Chr. nachvollziehen und sich einen Eindruck von etruskischer Wohnkultur verschaffen.

Auch das Äußere der Tumulusgräber wurde kunstvoll mit Ringen, Kehlungen und Rillen verziert. Um die Wirkung der Grabhügel noch zu verstärken, vertiefte man den Fels dazwischen und legte Straßen an. Tief eingeschliffene Spuren im Pflaster lassen auf regen Verkehr und schwer beladene Fahrzeuge schließen.

Da sich eine gerade Form besser an die vorhandenen Straßen anpasste, gab man später die Tumulus-Form auf und ging zu eckigen Grabhäusern über, die zum Teil mit Portalen geschmückt wurden.

Latium
Karte S. 428/429

Tarquinia

(ca. 15.000 Einwohner)

Die Stadt auf dem Hochplateau mit Meeresblick ist wesentlich älter als Rom und hat in ihrer bewegten Geschichte mehrere Blütezeiten erlebt, deren Zeugnisse unbedingt einen Besuch wert sind.

Tarquinia war eine der reichsten und mächtigsten etruskischen Städte. Ein Besuch der Nekropole am Stadtrand mit den berühmten, prachtvoll ausgemalten Grabkammern ist ein ganz besonderes Erlebnis. Im Zentrum befindet sich eines der bedeutendsten etruskischen Museen Italiens. Das Bild der Altstadt mit der weitgehend erhaltenen Stadtmauer, den romanischen Kirchen und den zahlreichen schlanken, hohen Wohntürmen wird weitgehend unverfälscht vom Mittelalter geprägt.

Tarquinia-Lido liegt 6 km entfernt unmittelbar am Meer und gehört zu den b[illegible] testen Badeorten Latiums. Der lange, feine Sandstrand ist nur über Bade[illegible] zugänglich und im Sommer hoffnungslos überlaufen.

Geschichte

Die Legende berichtet, dass Tarxon die Königsstadt **Tarxuna** auf der Hochebene La Civita gründete. Er hatte für die Etrusker die gleiche Bedeutung wie Romulus für die Römer. Die mächtige Stadt spielte wohl die dominierende Rolle in Etrurien, bis Cisra (Cerveteri) ihre Nachfolge antrat.

Reiche Grabbeigaben dokumentieren eine hochstehende Kultur und regen Handel mit Phönizien, Griechenland und Ägypten. Nach vielen Kämpfen gelang es den Römern im Jahr 308 v. Chr. die Stadt zu erobern. Da die Bewohner aufgaben und die neuen Machthaber akzeptierten, blieben sie von Zerstörungen verschont. Erst nach einer Reihe von Katastrophen und Plünderungen während der späten Kaiserzeit gab man Tarquinia auf.

Im Mittelalter kam es an der Stelle des heutigen Tarquinia, dem Nachbarhügel der einstigen Königsstadt, zur Neugründung. Die ursprüngliche etruskische Stadtanlage auf dem Nachbarhügel Civita ist von der Porta Nuova aus noch zu erahnen.

• *Information* Pzza. Cavour 13, ✆/℻ 0766/840479; Öffnungszeiten: Mo–Sa 8–14 und 16–19 Uhr.

• *Verbindungen* Von Rom (ca. 102 km) über die A 12 bis zum Ende der Ausbaustrecke (nördlich von Civitavecchia) und dann auf der Via Aurelia weiter. Bahnstation: 3 km außerhalb (ausgeschildert), an der Linie Rom–Pisa (ca. 90 Min.). **Buslinien** nach Rom. Abfahrt in Rom in der Via Lepanto (Metro Station der Linie A).

• *Übernachten* **Hotel Tarconte**, 3 Sterne, modernes Hotel mit weitem Blick bis zum Meer, Restaurant, gute Ausstattung und guter Service, Parkmöglichkeit; DZ ca. 60–95 €. Via Tuscia 19, 01016 Tarquinia, ✆ 0766/856141, ℻ 0766/856585.

• *Camping* mehrere Plätze am Strand in Tarquinia Lido.

• *Essen/Trinken* **Arcadia**, die Trattoria, befindet sich im Zentrum des etruskischen Städtchens, wenige Schritte von Dom und Museum entfernt. Es wird eine abwechslungsreiche Küche geboten, die von Meeresfrüchten über Fisch bis zu Pilz- und Wildgerichten reicht. Außerdem gibt es hausgemachte Desserts und einige sehr gute Weine der Region. Menüpreis um 37 €. Mo Ruhetag (im August geschlossen). Via Manzini 6, ✆ 0776/855501.

Trattoria Le due Orfanelle, in dieser einfachen Trattoria mitten in der Altstadt gibt es gute Fleisch- und Nudelgerichte, empfehlenswert ist das Carpaccio vom Fisch (di pesce); Menüpreis ca. 30 €. Di Ruhetag. Via di Porta Tarquinia 11a, ✆ 0766/856276.

Sehr schlichte, aber dennoch schmackhafte und vergleichsweise noch preiswerte Hausmannskost in einem Gastraum, der von einem riesigen Tresen (dient nur zu Ausstellungszwecken für allerlei Krempel) beherrscht wird, finden Sie nur wenige Schritte vom Museumseingang entfernt in der **Trattoria Campanari**, Pzza. Cavour 10, ✆ 0766/856418, Mo Ruhetag.

Wirklich empfehlenswert ist die **Pizzeria Etruschi** in der Via Mazzini, Mo Ruhetag, sonst nur abends geöffnet.

• *Veranstaltungen* Am ersten Sonntag im Mai finden in Erinnerung an mittelalterliche Sarazenenüberfälle Ritterspiele in historischen Gewändern statt. Das Fest heißt **La Giostra Saracino**.

Sehenswertes

Im Norden der heutigen Handels- und Industriestadt liegt das mittelalterliche Zentrum mit Mauerring, Wohntürmen, verwinkelten Gassen und malerischen Häusern. Wenn Sie der Beschilderung zum Centro storico folgen, gelangen Sie zu einem großen Parkplatz an der mittelalterlichen Stadtmauer bei der Piazza Cavour. Hier befindet sich auch gleich der **Palazzo Vitelleschi**. Seine Fassade aus der ersten Hälfte des 15. Jh. zeigt mit sehr schönen Maßwerkfenstern exemplarisch den Übergang von der Gotik zur Renaissance-Architektur.

Der Palazzo beherbergt das **Nationalmuseum** mit einer der bedeutendsten Sammlungen etruskischer Fundstücke. Der größte Teil stammt aus den Gräbern der Umgebung. Bekanntestes Stück ist die Terrakottaskulptur zweier geflügelter Pferde (Ende des 4. und Anfang des 3. Jh. v. Chr.). Sehenswert sind im zweiten Stockwerk auch die rekonstruierten bemalten Kammergräber.

• *Öffnungszeiten* Di–So 8.30–19.30 Uhr, Mo und am 1. Januar, 1. Mai sowie Weihnachten geschlossen.

• *Eintritt* nur Museum 4 €, zusammen mit den Nekropolen 6,50 €; für Personen zwischen 18 und 25 Jahren halber Preis; für Personen unter 18 und über 65 Jahren (Ausweis erforderlich) Eintritt frei.

Folgen Sie vom Museum aus der Hauptstraße (Corso Vittorio Emanuele), so kommen Sie zur Piazza Matteotti mit einem Brunnen aus dem Jahr 1721 und dem **Rathaus.** Das Gebäude geht auf einen romanischen Kern zurück, wurde aber mehrfach umgebaut. Im hinteren Teil gibt es einen schönen Säulengang. Von dort aus führt eine Straße zur Kirche **San Pancrazio** aus dem 13. Jh., die romanische, aber auch bereits gotische Elemente aufweist. Der Glockenturm mit zwei Bogenreihen und maurischer Kuppel überragt die Fassade mit schönem Portal und einer prächtigen, filigranen Rosette darüber. Daneben befinden sich die Türme des **Priorenpalastes** aus dem 12. Jh.

Eine weitere Sehenswürdigkeit ist die Kirche **Santa Maria in Castello** in der burgartig ausgebauten Anlage am Rand der Altstadt. Es handelt sich um einen romanischen Bau, der 1121 auf den Fundamenten eines antiken Gebäudes errichtet wurde. Im Inneren befinden sich wertvolle Marmormosaike der Cosmatenschule, darunter die besonders schön ausgearbeitete Kanzel (1209). Die ersten Rippengewölbe Italiens künden von zaghaften gotischen Einflüssen.

▸ **Das Ausgrabungsgebiet**: Empfehlenswert ist es, die Eindrücke aus dem Nationalmuseum mit einem Besuch der etruskischen Nekropole zu ergänzen. Sie befindet sich direkt an der Landstraße in Richtung Viterbo (SS 1), etwa 3 km vom Stadtzentrum entfernt (gute Beschilderung dorthin). In den Grabkammern, die unter der Erde liegen und im Gelände kaum auszumachen sind, sieht man prachtvolle Wandmalereien. Dargestellt sind Türen, Säulen, Giebel, geometrische Wandverzierungen, aber auch Gegenstände des täglichen Lebens. Man sieht Bankette mit Tanz und Musik, Jagdszenen, Gladiatorenkämpfe, Sportveranstaltungen und Beerdigungsriten.

Im Besichtigungsgebiet sind derzeit leider nur acht Gräber zugänglich. Die anderen sind zum Schutz vor Umwelteinflüssen zur Zeit geschlossen. In der kargen Landschaft weisen nur schlichte, kleine Häuschen, die man über die Eingänge gemauert und mit einer Blechtür gesichert hat, auf die unterirdischen Gräber hin. Es gibt deshalb nicht sehr viel zu sehen, doch allein die wenigen zugänglichen Gräber sind schon einen Besuch wert.

• *Öffnungszeiten* Di–So 8.30 Uhr bis eine Stunde vor Sonnenuntergang., Mo und am 1. Januar, 1. Mai sowie Weihnachten geschlossen.

• *Eintritt* nur Nekropolen 4 €, zusammen mit Museum (im Vitelleschi-Palast im Zentrum) 6,50 €; für Personen zwischen 18 und 25 Jahren halber Preis; für Personen unter 18 und über 65 Jahren (Ausweis erforderlich) Eintritt frei.

▸ **Tarquinia-Lido**: Der im Sommer überfüllte Badeort mit langgestrecktem Sandstrand liegt 6 km von Tarquinia entfernt und ist mit dem Bus vom Bahnhof Tarquinia aus alle 30 Min. erreichbar. Hier wurden Reste eines bis 1969 unbekannten etruskischen Hafens freigelegt.

• *Übernachten* **Hotel Velca Mare**, 3 Sterne, 20 Zimmer. Das Haus liegt in einem Park, nur wenige Schritte vom Strand entfernt. Die Ausstattung ist gut, die Zimmer sind recht modern eingerichtet, es gibt einen Pool und Parkplätze. Die Zimmer im ersten

Karte S. 428/429

Stock haben Balkone. DZ ca. 110 €. Via degli Argonanti 1, 01016 Tarquinia, ✆ 0766/864380, 📠 0766/864024.

Hotel La Torraccia, 3 Sterne, 18 Zimmer. Modernes Gebäude am Meer mit Strandzugang, gut ausgestattete Zimmer mit Balkonen; DZ ca. 75–95 €. Viale Mediterraneo 45, 01016 Tarquinia, ✆ 0766/864375, 📠 0766/864296.

• *Camping* Der größte Platz der Umgebung (25 ha, bis zu 2500 Personen; 2 Restaurants, Geschäfte, Pool, Minigolf, viele Sportmöglichkeiten und Surf-Schule) ist **Europing**, Via Aurelia bei km 102,00, am Meer gelegen. 01016 Tarquinia, ✆ 0766/814010, 📠 0766/814075, www.eurocamping.it.

• *Essen/Trinken* jede Menge mittelmäßige, teure Restaurants und Trattorien.

Direkt am Strand befindet sich das **Ristorante Pizzeria Gradinoro**, ein typisches Ausflugs- und Veranstaltungslokal. Die Gerichte und auch die Pizze sind passabel; von März bis November geöffnet. Lungomare dei Tirreni 17, ✆ 0766/864045.

Tuscania

(ca. 7.500 Einwohner)

Die kleine Provinzstadt mit mittelalterlichem Zentrum befindet sich im Süden der Volsini-Berge auf einem Tuffsteinplateau in zauberhafter Landschaft zwischen dem Bolsena-See, Viterbo und dem Meer.

Die Stadt selbst und ihre unmittelbare Umgebung sind ideal geeignet für erholsame Spaziergänge. Im sehr gepflegten Zentrum finden sich überall zahlreiche Reste der etruskischen, römischen und mittelalterlichen Vergangenheit. Eine Stadtmauer, verfallene Türme, Stadttore, enge Gässchen mit Treppendurchgängen, kleine Plätze, Brunnen und Paläste mit Loggien schaffen eine romantische Atmosphäre, obwohl einige Erdbeben (zuletzt 1967 und 1971) schwere Schäden angerichtet haben. Schon die Fahrt von Tarquinia über die kurvenreiche Landstraße durch die abwechslungsreiche Gegend ist lohnenswert.

• *Verbindungen* Von Viterbo über die Landstraße in Richtung Meer 23 km nach Westen, von Rom über die Via Aurelia, in Tarquinia abzweigen (117 km) oder über die Via Cassia, vor Viterbo abzweigen (90 km). **Busverbindungen** nach Viterbo, Rom, Tarquinia und Civitavecchia.

• *Übernachten* **Hotel Al Gallo**, 3 Sterne, 13 Zimmer (im Mai geschlossen). Das schöne Hotel in einem alten Gebäude mitten im historischen Zentrum ist sehr gepflegt, und die Zimmer sind komfortabel und individuell ausgestattet. Ausgezeichnet ist auch das Restaurant. DZ 90–125 €. Via del Gallo 22, 01017 Tuscania, ✆ 0761/443388, 📠 0761/443628, www.algallo.it.

Gerade renoviert wurde das **Hotel Tuscania**, vom Restaurant auf der Dachterrasse hat man einen großartigen Blick auf die Stadt; die Zimmer sind gut ausgestattet, Parkmöglichkeiten vorhanden (3 Sterne, 25 Zimmer, DZ 65–85 €). Via dell'Olivo 53, 01017 Tuscania, ✆ 0761/444080, 📠 0761/444380, www.tuscaniahotel.it.

• *Essen/Trinken* **Ristorante Al Gallo** (auch Hotel, s. o.), ausgezeichnete Küche, bezauberndes Ambiente, freundlicher Service ausgesuchte Weinkarte – es stimmt einfach alles. Ganz besonders gut sind die Nudelgerichte und die Desserts; Menüpreis um 43 €. Mo Ruhetag.

Osteria da Alfreda, eine typische Trattoria mit freundlichem Service und der ganz traditionellen Hausmannskost. Im Sommer isst man auf dem Platz unter der Pergola. Nur mittags geöffnet, Do geschlossen. Largo Torre di Lavello.

Eine hübsche Kneipe, in der Sie auch Kaffee trinken und sich mit Crêpes stärken können, ist **La Meridiana** auf der Pzza. G. Matteotti (Trattoria und Pizzeria).

Zwei berühmte ehrwürdige Kirchen der frühen Romanik liegen etwas außerhalb der Stadt (gut ausgeschildert) malerisch in die reizvolle Landschaft eingebettet. Die **Basilica di Santa Maria Maggiore** aus dem 8.–13. Jh. und die **Basilica San Pietro** aus dem 9.–13. Jh. sind unbedingt einen Besuch wert.

Öffnungszeiten Okt. bis April 9–13 und 14–17 Uhr; Mai bis Sept. 9–13 und 15–19 Uhr.

Vulci

Zum Wahrzeichen des südlichen Etruriens ist die uralte Brücke geworden, die über eine Schlucht zur Abtei-Burg dell'Abbadia führt. In der Umgebung gräbt man weiträumig die Reste des etruskischen Stadtstaates Vulci mit den größten bekannten Nekropolen aus.

Vulci war eine der größten und mächtigsten Städte von ganz Etrurien. Die qualitativ hochwertigen Erz- und Keramikarbeiten wurden in den ganzen Mittelmeerraum exportiert und machten die Stadt wohlhabend und berühmt.

Der eindrucksvolle **Ponte dell'Abbadia** überspannt in einem kühnen Bogen die 32 Meter tiefe Schlucht des Flüsschens Fiora. An dieser Stelle errichteten bereits die Etrusker im 4. Jh. v. Chr. eine Brücke, die zum nördlichen Stadttor von Vulci führte. Römische Architekten ersetzten sie 90 v. Chr. durch den bis heute im Kern unveränderten Steinbau. Sie verstärkten dafür die etruskischen Fundamente.

Die Brücke führt zum **Castello dell'Abbadia**, einer kleinen Burg, die Zisterzienser-Mönche im 13. Jh. an diesem wichtigen Übergang erbauten. Bis 1850 war sie päpstliche Zollstation an der Grenze des Kirchenstaates zur Toskana. Heute ist hier ein kleines Heimatmuseum mit etruskischen Fundstücken untergebracht.

- *Öffnungszeiten* Mo geschlossen, sonst 8.30–19 Uhr. Im Museum erfahren Sie auch, welche Nekropolen gerade für eine Besichtigung freigegeben sind. Informationen und Anmeldung eines Besuchs der Nekropolen unter ✆ 0766/879942 bzw. 0766/89298; www.vulci.com.
- *Eintritt* 2 €, reduziert (18–25 Jahre) 1 €, für Personen unter 18 und über 65 Jahre (mit Ausweis) freier Eintritt.

Auf der anderen Seite der Brücke führen beschilderte Wanderwege vorbei an Feldern zum etwa 2 km entfernten Ausgrabungsgebiet der Stadt Vulci und einiger weit verstreut liegender Nekropolen.

- *Verbindungen* Über die Via Aurelia Richtung Norden, kurz vor Montalto di Castro rechts abbiegen (Staatsstraße SS 312 in Richtung Valentano, Lago di Bolsena) und dann der Beschilderung folgen. 53 km von Viterbo, 123 km von Rom entfernt.

Latium
Karte S. 428/429

Der Osten von Latium

Die stille Bergregion östlich der Autobahn A 1 – dazu gehören Teile der Provinz Rom und weiter nordöstlich die Provinz Rieti – ist vom Tourismus noch kaum entdeckt. Die abwechslungsreiche Landschaft ist hier weniger zersiedelt, an den kleinen Ortschaften, die sich malerisch an Berghänge schmiegen oder auf steilen Felsnadeln thronen, scheinen die letzten Jahrhunderte spurlos vorübergegangen zu sein.

Die Provinzhauptstadt **Rieti** ist schon allein wegen ihrer Lage vor der großartigen Kulisse der hohen Monti Reatini einen Aufenthalt wert und außerdem ein idealer Ausgangspunkt für Ausflüge ins Gebirge. In der Umgebung von Rieti findet man abgeschieden im Grünen oder weit sichtbar an einer Felswand vier sehenswerte Franziskanerklöster.

Eine der anmutigsten Landschaften Latiums begegnet Ihnen in den **Sabiner Bergen**, nordöstlich von Rom, im Dreieck zwischen der Autobahn A 1 und der Via Salaria. Die meisten kennen diese Region nur aus der antiken Geschichte vom legendären Raub der Sabinerinnen. Dabei sind die bewaldeten Hügel, die Städtchen in luftiger Höhe und immer wieder die silbrig schimmernden Olivenhaine landschaftlich kaum weniger reizvoll als die Toskana, nur wesentlich unberührter, obwohl Rom gerade mal 35 Kilometer entfernt ist. Aus dieser Gegend kommt Olivenöl allerfeinster Qualität.

Rieti

(ca. 41.000 Einwohner)

Die Provinzhauptstadt Rieti im Osten Latiums ist der geografische Mittelpunkt Italiens. Das zauberhafte mittelalterliche Zentrum vor eindrucksvoller Bergkulisse und die umliegenden Franziskanerklöster lohnen einen mehrtägigen Aufenthalt. Man kann auch abwechslungsreiche Ausflüge durch die vielfältige Natur, hoch ins Gebirge und zu sehenswerten Dörfern unternehmen, in die nur selten Touristen kommen.

Die Zeugnisse der vergangenen Epochen sind durch mehrere schwere Erdbeben in den letzten Jahrhunderten zum größten Teil zerstört worden. Nur die Altstadt und dort besonders die Via del Porto sowie die Via San Rufo haben noch weitgehend den mittelalterlichen Charme bewahrt. An der Stelle der zentralen Piazza vor dem Dom befand sich in der Antike das Forum. Am nördlichen Rand der Altstadt trotzt bis heute die Stadtmauer aus dem 13. Jh. dem Wandel der Zeit.

• *Information* **Azienda di Promozione Turistica**, auf der zentralen Pzza. Vittorio Emanuele in der Altstadt, ✆ 0746/203220, Öffnungszeiten: Mo–Sa 9.30–13 und 16–18 Uhr, Sa 9.30–13 Uhr.

• *Verbindungen* Von Rom über die gut ausgebaute Via Salaria, 80 km.

Busverbindung nach Rom ab Busbahnhof an der Pzza. Mazzini, am Rand der Altstadt beim Bahnhof (von Rom aus Abfahrt am Bahnhof Tiburtina, zu dem Sie mit der Metro Linie B gelangen).

Bahnverbindungen nach Rom, L'Aquila, Terni, Ancona. Bahnhof an der Pzza. della Stazione gegenüber von der Pzza. Mazzini. Informationen ✆ 848/88088 oder 0746/203143.

• *Übernachten* Direkt beim Dom im Zentrum der Altstadt liegt das **Grande Albergo Quattro Stagioni**. Das geräumige, elegante Gebäude mit komfortablen Zimmern und modernen Bädern wurde um 1900 erbaut und ist wohl das beste Hotel der Stadt. 4 Sterne, 43 Zimmer, DZ ca. 82–98 €, inklusive reichhaltiges Frühstücksbuffet. Pzza. C. Battisti 14, 02100 Rieti, ✆ 0746/271071, 📠 0746/271090, www.hotelquattrostagioni.rieti.it.

Empfehlenswert und etwas günstiger ist das Hotel **Miramonti**, pittoresk mitten in der Altstadt, wenige Schritte vom Bahnhof entfernt. Das historische Gebäude steht auf römischem Mauerwerk. Die gediegen eingerichteten Zimmer haben den üblichen Komfort; schön ist der stimmungsvolle große Kamin in der Halle. Das Beste ist jedoch der Blick auf das Bergmassiv des Terminillo. Sehr freundlicher Service, 4 Sterne, 27 Zimmer, DZ ca. 68–88 € inklusive Frühstück. Pzza. Oberdan 5, 02100 Rieti, ✆ 0746/201333, 📠 0746/205790, www.hotelmiramonti.rieti.it.

Das **Hotel Cavour** liegt auf der anderen Seite des Flüsschens Velino, gegenüber von der Altstadt an der zentralen Pzza. Cavour, ebenfalls mit Blick auf den Terminillo. 3 Sterne, 38 helle Zimmer, DZ ca. 62 €, Frühstück inklusive. Via Velinia, 02100 Rieti, ✆ 0746/485252, 📠 0746/484072.

Hotel Europa, in einer ruhigen Gasse der Altstadt oberhalb des Flüsschens Velino, ist etwas kitschig, aber die Zimmer sind ordentlich, und es gibt eine Garage. 3 Sterne, 25 Zimmer, DZ 60 €. Via S. Rufo 49, 02100 Rieti, ✆ 0746/495149, 📠 0746/274474, www.rieti.it.

• *Essen/Trinken* Das große, traditionsreiche **Ristorante da Checco al Calice d'Oro** in einem alten Gewölbe aus dem 16. Jh. bietet mit Holz und textiler Raumdekoration gediegenes Ambiente. Neben dem berühmten Kochfleisch mit grüner Soße (Bollitto misto al carello con salsa verde) sind auch die Cannelloni alla Checco und die Dolci ganz vorzüglich. Menü ca. 33 €. Mo Ruhetag. Via Marchetti 10, ✆ 0746/204271.

Das **Ristorante Bistrot**, mitten in der Altstadt ist elegant, aber etwas überdekoriert. Menü ca. 27 €. So und Montagmittag geschlossen. Pzza. San Rufo 25, ✆ 0746/498798, www.bistrotrieti.it.

Die Wine Bar **Vino al Vino** bietet eine gelungene Mischung aus mittelalterlichem Gemäuer mit Gewölbedecke und moderner Möblierung bei diskreter Beleuchtung, in einer engen Gasse unterhalb des Domplatzes gelegen. Die Weinauswahl ist ausgezeichnet dazu gibt es eine Tagessuppe, und kleine Gerichte. Menü um 18 €. So und Mo geschlossen. Viccolo Arco Santa Lucia 1, Ecke Via del Porto.

• *Einkaufen* Leckeren, sehr süßen Kuchen bekommen Sie in der **Konditorei Vittoria** in der Via Garibaldi.

Über den Dächern von Rieti

Sehenswertes

Von Rom kommend erreicht man den Rand der Altstadt am Flüsschen Velino. Hier können Sie auf der Piazza Cavour parken und die Altstadt über den Ponte Romano betreten. Rechts sieht man im Wasser noch Reste der antiken Römerbrücke. Von hier führt die Via Roma, eine lebhafte, gepflegte Fußgängerzone mit vielfältigen Geschäften, hinauf zur zentralen Pzza. Vittorio Emanuele, wo die beiden Haupttreffpunkte der Stadt sind. Hier liegt auch das **Rathaus** (Palazzo Comunale), in dem nach langer Restaurierung kürzlich das **städtische Museum** (Museo Civico – Sezione Storico-Artistica) wieder eröffnet wurde. Zu sehen sind hauptsächlich Gemälde und Plastiken aus der Zeit vom 14. bis zum 19. Jh. sowie bedeutende Goldschmiedearbeiten.

Öffnungszeiten **Museo Civico – Sezione Storico-Artistica**, Mo geschlossen, Di–Do 8.30–13.30 Uhr, Fr und Sa 8.30–13.30 und 16–19 Uhr, So 10.30–13 und 16–19 Uhr; Eintritt 4,13 €, reduziert 2 €.

Die archäologische Abteilung der umfangreichen städtischen Sammlung ist jetzt im ehemaligen Kloster von Santa Lucia untergebracht. Ausgestellt werden dort Funde aus 48 Nekropolen der Umgebung.

Öffnungszeiten **Museo Civico Archeologico**, Via S. Anna (zweigt von der Via del Porto ab) Öffnungszeiten und Eintrittspreise wie im Rathaus.

Die Pzza. Vittorio Emanuele geht in den Domplatz (Pzza. Cesare Battisti) mit Aussichtsterrasse über. Man hat einen wunderbaren Blick auf die verschachtelten Ziegeldächer der Altstadt und die waldreiche Landschaft im Hintergrund. Der **Mariendom** wurde 1225 geweiht – 114 Jahre nach der Grundsteinlegung. Von diesem ursprünglich romanischen Bau ist nur noch der Glockenturm (1252 fertig gestellt) und das zentrale Portal in der Vorhalle erhalten. Die Fassade ist eine Rekonstruktion aus dem Jahr 1941. Den Innenraum dekorierte man im 17. Jh. nach damaligem

Geschmack mit barocken Elementen komplett um. Sehenswert ist die noch erhaltene Krypta von 1157, bei ihrem Bau verwendete man antike Säulen des römischen Forums (Zugang zur Krypta vom rechten Seitenschiff). Im Baptisterium des Doms ist heute der **Domschatz** untergebracht.

Öffnungszeiten **Museo Diocesano, Tesoro del Duomo**, Eingang von der Vorhalle; Sa und So 10–12 Uhr, Mo–Fr 10–12 und 16–18 Uhr.

Eindrucksvoll ist der annähernd unverändert erhaltene mittelalterliche **Bischofspalast** rechts hinter dem Dom (Bauzeit 1283–1288).

Über die engen Gassen der Altstadt erreicht man die hübsche kleine **Pzza. San Rufo**, wo sich der „Nabel Italiens" (Umbilicus Italiae), also den Mittelpunkt des Landes befinden soll, wie die Steintafel an der Hauswand in 20 Sprachen behauptet.

Die Franziskanerklöster

In der Umgebung von Rieti kann man sich auf die Spuren des heiligen Franziskus begeben. Nach seinem Weggang aus Assisi lebte und predigte er für einige Jahre im Tal von Rieti. An den Stätten seines Wirkens wurden nach seinem Tod die vier Klöster Fonte Colombo im Süden von Rieti, La Foresta am Fuß des Terminillo, San Giacomo bei Póggio Bustone und die Abtei Di San Pastore bei Gréccio errichtet. Sie liegen abgeschieden im Grünen oder kleben weit sichtbar an einer Felswand. Ihre Kirchen sind klein und ohne festliche Pracht, aber dafür liebevoll gepflegt und offensichtlich Mittelpunkt eines aktiven religiösen Lebens.

Póggio Bustone: Das Kloster liegt 17 km nördlich von Rieti im Wald am Berghang (zunächst der Landstraße Nr. 79 in Richtung Leonessa folgen). Hier kam Franziskus 1208 mit einer Handvoll Gefährten aus Assisi an und fand Unterkunft in einer Einsiedelei. An einem schwer zugänglichen Berghang entdeckte er bei seinen Wanderungen Höhlen, in die er sich zur Meditation zurückzog. Im Gebet soll Gott ihm offenbart haben, dass seine Sünden vergeben seien und ihm bald eine große Anhängerschar folgen werde.

Die Klosterkirche besteht aus einem schlichten Raum mit offener Balkendecke. Der Bau geht auf das 13. Jh. zurück, wie auch der Kreuzgang im Kloster rechts daneben. Sehenswert sind hier Fresken in den Bogenfeldern, die Szenen aus dem Leben des heiligen Franziskus schildern. Vom Klosterparkplatz aus führt der Weg zur Grotte der Offenbarung (Santuario superiore). Der Weg dauert gut eine halbe Stunde, es sind dabei 300 Höhenmeter zu überwinden. Unterwegs zeigen sechs Andachtsstellen Szenen der Heiligenlegende. Die eigentliche Höhle ist mit einer Kapelle überbaut.

Öffnungszeiten **Santuario di Póggio Bustone**, 9–12 und 15–18 Uhr; Eintritt frei; ✆ 0746/688916.

Fonte Colombo: Die Wallfahrtskirche mit dem Kloster liegt etwa 5 km südlich von Rieti in einer waldreichen Gegend. Hier entwarf Franziskus nach 40-tägigem Fasten im September 1223 die grundlegenden Regeln seiner Glaubensgemeinschaft.

Das schlichte Innere der 1450 geweihten Kirche ähnelt dem von Poggio Bustone. Bemerkenswert sind an der linken Seitenwand die Abbildung der Ordensregeln und eine Holzskulptur, die die Billigung des Ordensstatuts durch Christus darstellt. Als der Heilige gerade den Felsspalt mit dem fertigen Manuskript verließ, soll ihm Christus an einer Steineiche erschienen sein, um die Regeln abzusegnen. Nachdem die Eiche 1622 umgefallen war, soll die Skulptur aus ihrem Holz geschnitzt worden sein.

Öffnungszeiten **Santuario di Fonte Colombo**, im Winter 7–18 Uhr, im Sommer 7–20 Uhr; Führungen durch das Kloster und zur Heiligen Grotte im Winter in der Zeit von 8.30–12 und 15.30–18 Uhr, im Sommer 8.30–12 und 15.30–20 Uhr; Eintritt frei; ✆ 0746/210125.

Gréccio: Der wohl eindrucksvollste Wallfahrtsort ist die **Abtei** beim Örtchen **Gréccio**, 15 km westlich von Rieti, oberhalb der Straße in Richtung Terni. Die Klosteranlage klebt schon von weitem sichtbar an einer steilen Felswand.

Zu Weihnachten 1223 hatte Franziskus die Idee, in einer Felsgrotte oberhalb des Dorfes Jesu Geburt in all ihrer Bescheidenheit bildlich darzustellen. Er ließ Ochsen, Esel und eine Futterkrippe herauf schaffen und alles wie im Stall von Bethlehem herrichten. Den Bauern erzählte er die Weihnachtsgeschichte und betete zusammen mit ihnen an der Krippe. Christi Geburt war nun nicht mehr ein abstraktes, fernes Ereignis, sondern für jeden begreiflich. Die Nachricht, Gréccio sei das neue Bethlehem, sprach sich rasch herum. Von überall her kamen Menschen, um Weihnachten unmittelbar zu erleben. Der Brauch, eine Weihnachtskrippe aufzustellen, war entstanden und verbreitete sich schnell.

Im historischen Klostergebäude sieht man den Ort, am dem die erste Krippe stand. Schon 1228, zwei Jahre nach dem Tod des Franziskus, wurde hier aus Anlass seiner Heiligsprechung eine Kapelle gebaut. Ebenfalls zu sehen sind Räume, in denen Franziskus mit seinen Glaubensbrüdern wohnte und im Stockwerk darüber die kargen hölzernen Verschlägen, in denen der heilige Bonaventura und der heilige Bernardin von Siena lebten.

Von der oberen Terrasse aus betritt man die 1959 erbaute Kirche mit zahllosen Krippendarstellungen. In der lebensgroßen Krippe gegenüber vom Altarraum heben dramatische Lichteffekte einzelne Szenen der Weihnachtsgeschichte hervor.

• *Öffnungszeiten* **Santuario di Gréccio**, im Winter 9–12.45 und 15–17.45 Uhr, im Sommer 9–12.45 und 15–18.45 Uhr; Eintritt frei; ✆ 0746/750127, ℡ 0746/751776.

• *Information* **Ufficio Informazioni e Promozione Turistica Pro-Loco, Piazzale Santuario Francescano** (am oberen Parkplatz vor dem Klostereingang). Hier bekommen Sie Informationen über die Franziskanerklöster und über die gesamte Provinz von Rieti; Öffnungszeiten: Mi geschlossen, im Winter 9.45–12.30 und 15.45–17.30 Uhr, im Sommer 9.45–12.30 und 16.15–18 Uhr, ℡ 0746/750640, www.greccio.comunelazio.net.

La Foresta: Das Kloster liegt 4 km nördlich von Rieti, von schönen Eichen- und Kastanienwäldern umgeben. Hier war Franziskus im Jahr 1225 bei einem Pfarrer zu Gast, um sich vor der anstehenden Augenoperation etwas zu erholen. Der Aufenthalt des prominenten Predigers ließ sich nicht lange verbergen und schon bald strömten Scharen von Menschen herbei, die ihn sehen und hören wollten. Die begeisterten Massen zertrampelten in dem Gedränge den Weinberg und stärkten sich an den Trauben. Der Hausherr wurde zornig, weil er seine Ernte vernichtet sah. Franz, dem das peinlich war, betete für den Pfarrer, der dann doch noch aus den Resten einen hervorragenden Wein machte. Eine Tradition wurde allerdings nicht daraus; die Methode der Mengenreduzierung zur Qualitätssteigerung setzte man bei der Weinerzeugung erst sehr viel später gezielt ein. Zur Erinnerung an das Traubenwunder des heiligen Franz baute man an dieser Stelle das Kloster, das bis heute ein beliebter Wallfahrtsort ist. Nach Bombenschäden im Zweiten Weltkrieg hat man den Ort originalgetreu rekonstruiert.

Öffnungszeiten **Santuario de La Foresta**, im Winter 8.30–12 und 14.30–18 Uhr, im Sommer 8.30–12 und 15–19 Uhr; es werden Führungen angeboten, Eintritt frei; ℡ 0746/200085.

Rundfahrt durch das Gebirge

Rieti bietet sich auch an als Ausgangspunkt für Ausflüge hoch in die Berge durch einsame Natur mit phantastischen Ausblicken, vorbei an kleinen, vom Tourismus

Latium
Karte S. 428/429

fast unberührten Ortschaften. Die **Monti Reatini** im Norden von Rieti erreichen mit ihrem höchsten Berg, dem Monte Terminillo, eine Höhe von bis zu 2213 Metern. Hier hat sich mit dem Skiort Pian de'Valli inzwischen eines der wichtigsten Wintersportzentren Mittelitaliens etabliert.

Die folgende **Rundfahrt** kann man bequem an einem Tag von Rieti aus unternehmen:

Von Rieti folgt man der Landstraße Nr. 79 knapp 20 km in Richtung Terni bis kurz nach dem Tunnel zur Abzweigung nach **Labro**, der ersten Station. In dem mittelalterlichen Dörfchen mit seinen hellen Bruchsteinhäusern und den engen Treppengassen stört kein einziges modernes Detail das geschlossene Ortsbild. So intakt findet man das sonst kaum in Mittelitalien. Herrlich sind die Ausblicke zum Lago di Piediluco und in die Berge, besonders vom höchsten Platz aus bei der Kirche.

▸ Von Labro aus führt die Straße mit vielen Serpentinen durch eine immer einsamer werdende Gegend, vorbei am Monte Corno rechts (1736 m) hoch nach **Leonessa** (974 m), dem Hauptort der Monti Reatini. Das kleine mittelalterliche Städtchen betritt man durch die rosafarbene Porta Spoletina mit gotischen Stilelementen. Von hier aus führt der Corso San Giuseppe schnurgerade zur großen Pzza. VII Aprile 1944, die im unteren Teil von mittelalterlichen Laubengängen und Gebäuden aus dem 15. und 16. Jh. gesäumt ist, im oberen Teil ragt vor dem Bergpanorama der Glockenturm der Kirche **San Pietro** in den Himmel. Dank des weißen Pflasters wirkt der Platz wie schneebedeckt. Sonst beherrscht der rosa Marmor zusammen mit den apricotfarbenen Häuserfassaden in verschiedenen Schattierungen das alpin wirkende Ortsbild. Während der Skisaison ist der ansonsten eher beschauliche Ort gut besucht. Mit neun Abfahrtspisten (insgesamt 6,5 km Länge) und mehreren Langlaufstrecken finden Wintersportler hier eine weniger überlaufene Alternative zu dem rummeligen, benachbarten Skigebiet von Terminillo. Man kann Skiausrüstungen ausleihen. Im Sommer ist Leonessa ein guter Ausgangspunkt für Wanderungen.

• _Essen/Trinken_ Einen Besuch ist Leonessa schon wegen des herrlichen kleinen Restaurants **Leon d'Oro** wert. In dem gepflegten Gastraum mit dem Kreuzgewölbe aus grob gehauenem Naturstein und dem offenen Kamin kann man sich von dem freundlichen Service so richtig verwöhnen lassen. Bei den Antipasti gehören die crostate zu den Spezialitäten des Hauses. Von den Primi sind besonders die Tagliatelle (mit schwarzem Trüffel oder mit Steinpilzen) zu empfehlen. Bei den Secondi überzeugt alles Gegrillte. Man kann zuschauen, wie es am Kamin über dem offenen Feuer zubereitet wird, und der Duft steigert dabei die Vorfreude. Menü um 25 €. Mo geschlossen. Corso S. Giuseppe 120, ✆ 0746/923320.

▸ Von Leonessa aus führt über eine steile, kurvenreiche Panoramastraße mit phantastischen Ausblicken auf die karge Gebirgslandschaft um den **Monte Terminillo**: herum (ca. 22 km) bis zu den Wintersportorten **Campoforogna** (1775 m) sowie **Pian de'Valli** (1614 m) und von dort aus hinab zurück nach Rieti. Im Winter besteht hier oft Lawinengefahr und im Sommer kann es zu Steinschlag kommen. Da das Skigebiet des Terminillo von Rom aus bequem zu erreichen ist, herrscht hier an den Wochenenden im Winter Hochbetrieb. Man könnte dann meinen, man sei in den Alpen, und auch die zahlreichen Hotelkomplexe gleichen denen der typischen Wintersportzentren. Nur die wenigsten Hotels haben das ganze Jahr über geöffnet, die meisten schließen in den regenreichen Frühlings- und Herbstmonaten.

Die Sabiner Berge um Farfa

Die kontrastreiche Region der Sabiner Berge mit ihren Wäldern, steilen und kurvigen Straßen, dem Auf und Ab zwischen Städtchen in luftiger Höhe und schattigen Tälern hat noch eine augenfällige Besonderheit zu bieten, die charakteristisch ist für diese uralte Kulturlandschaft: die sich mancherorts über Berg und Tal hinstreckenden Olivenhaine. Ob am frühen Morgen in nebligem Graugrün, mittags in flirrendem Silber und am Abend fast golden schimmernd, der Anblick der oftmals jahrhundertealten Baumreihen trägt ganz erheblich zum Landschaftseindruck bei und begründet mit den Ruf der Sabiner Berge als eine der schönsten Gegenden Latiums. Hier wird Olivenöl von allerfeinster Qualität hergestellt. Jährlich gehen höchste Auszeichnungen an Öle aus Sabina. Der kalkhaltige, steinige und durchlässige Boden sowie das ausgewogene Klima machen die Lagen zwischen Viterbo und Rieti zu den bedeutendsten Anbaugebieten des hochwertigsten Öls, des Olio Extra Vergine.

Castelnuovo di Farfa (930 Einwohner)

Der kleine Ort mit dem mittelalterlichen Kern ist nicht nur wegen seiner malerischen, engen Gassen, sondern vor allem wegen des außergewöhnlichen **Olivenölmuseums** einen Besuch wert. Es ist ganz anders als die rund 3000 Museen, die es in Italien zu diesem Thema gibt. Fünf namhafte moderne Künstler setzen sich im Palazzo Perelli (aus dem 16. Jh.) auf höchst phantasievolle und eigenwillige Art mit dem „goldenen Öl" auseinander, dem die Region ihren Wohlstand verdankt.

- *Öffnungszeiten* **Museo dell'Olio della Sabina**, Besichtigung nur im Rahmen einer Führung, Mo–Do nach Anmeldung für Gruppen ab 5 Personen (✆/📠 0765/36370), Fr 15–20 Uhr (im Winter bis 19.30 Uhr), Sa 10–20 Uhr, So 10–13.30 und 14.30–18.30 Uhr; die Führungen finden stündlich statt; Eintritt 5,16 €.
- *Verbindungen* Von der Via Salaria, der Landstraße Nr. 4 von Rom nach Rieti, bei der Ausfahrt Osteria Nuova ab und noch etwa 11 km weiter.
- *Einkaufen* Direkt an der Ausfahrt der Via Salaria liegt eine Schokoladenfabrik mit Werksverkauf. Besonders preiswert ist der leckere Bruch.
- *Essen/Trinken* **Il Cantinone**, Via Roma Est 5, ✆ 0765/36283, Di geschlossen.

Latium
Karte S. 428/429

Abtei von Farfa

Wenige Kilometer hinter Castelnuovo di Farfa sieht man links der Straße auf der gegenüberliegenden Seite des Tals mit dem Flüsschen Farfa am Hang der Sabiner Berge die Benediktinerabtei von Farfa, umgeben von Wäldern und Olivenbäumen. Sie war im Mittelalter eines der bedeutendsten Klöster Europas und ist heute die wichtigste Sehenswürdigkeit der Region. Zur Abtei gehört auch ein winziges Dorf mit niedrigen mittelalterlichen Häuschen in einheitlichem Stil. Es besteht hauptsächlich aus einer Straße parallel zum Kloster, die an ihren Enden jeweils von Stadttoren begrenzt wird. Der heutige Klosterkomplex geht im Wesentlichen auf das 15. bis 17. Jh. zurück. Die Ursprünge aber reichen noch viel weiter zurück.

Geschichte: In der Antike befand sich an dieser Stelle ein Tempel und ein römisches Landgut. Das erste klösterliche Leben entstand im 5. Jh., Ende des 8. Jh. wurde eine große Basilika gebaut, von der heute nur noch wenige Spuren erhalten sind. Karl der Große erhob im Zuge seines Machtkampfes gegen Rom das Kloster zur ersten Reichsabtei (803). Die damit verbundenen Rechte machten die Mönche weitgehend unabhängig vom Papst. Nach unruhigen Jahre mit Angriffen, Plünderungen, Zerstörung durch Sarazenen und der Neugründung erlebte Farfa ab dem

Jahr 1000 einen gewaltigen Aufschwung. Das Skriptorium war in ganz Europa berühmt. Die kunstvollen Handschriften und Kopien von Kodizes aus Farfa gehören bis heute zu den wertvollsten Kirchenschätzen der Welt. Nach dem Inventarverzeichnis aus dieser Zeit gehörten der Abtei 683 Kirchen, 18 Städte, 315 Dörfer, 137 Burgen und 82 Mühlen. Ab dem Jahr 1400 geriet Farfa unter päpstliche Herrschaft. Die Besitztümer der Abtei wurden als Pfründe an die bedeutendsten Adelsfamilien Roms vergeben, die dadurch ihren Reichtum kräftig mehrten. Einige investierten aber auch. So ließen die Orsini die alte Klosterkirche abreißen und nach vierjähriger Bauzeit 1496 die neue Kirche weihen. Etwa 60 Jahre später wurde das Kloster der Aufsicht der Abtei von Montecassino unterstellt, und seine Bedeutung schwand. Im 19. Jh. wurde es verlassen, verstaatlicht und schließlich privatisiert. Nach dem Ersten Weltkrieg etablierte sich erneut ein Kloster. Seither leben hier wieder Benediktinermönche.

Rundgang: Durch das spätromanische Eingangsgebäude betritt man den ersten Hof mit dem Eingang zur Kirche. Das reich verzierte Eingangsportal aus Marmor wird vom Wappen der Orsini gekrönt. Die Säulen im dreischiffigen Innenraum sind antiken Ursprungs. Die prachtvolle Kassettendecke mit dem Wappen der Orsini im Zentrum entstand 1495. Bemerkenswert sind die Fresken im Chor, die noch aus dem Vorgängerbau stammen. In der zweiten Seitenkappelle rechts wird die Ikone der Madonna von Farfa (14. Jh.) besonders verehrt. Vor dem Hauptaltar ist ein Teil des großartigen Cosmatenfußbodens der früheren Kirche erhalten. Die schwarzen Säulen des Ziboriums über dem Altar sind aus römischer Zeit.

Rechts hinter der Kirche hat man vom langobardischen Kreuzgang mit wieder verwendeten romanischen Bauteilen einen schönen Blick auf die Apsis und den Glockenturm. Links der Apsis befindet sich der große Kreuzgang (17. Jh.). Von dort aus betritt man die Krypta der alten Kirche (9. Jh.) mit originalen Freskenfragmenten aus dieser Zeit. Sehenswert ist im Vorraum der Krypta ein gut erhaltener römischer Sarkophag mit Szenen eines Kampfes berittener römischer Soldaten gegen Barbaren.

Vom Kreuzgang aus erreicht man die Bibliothek und das **Museum**. Dieses ist auch für Kinder sehr interessant. In einer langen, freistehenden Vitrine wird die Klostergeschichte in 12 Stationen sehr künstlerisch mit Figuren phantasievoll und anschaulich illustriert. Erläuterungen gibt dazu die Stimme eines Märchenerzählers – leider nur in italienischer Sprache. Die Nebenräume sind wie ein begehbares Kinderbuch gestaltet. Die gemalten Kulissen beinahe in Lebensgröße berichten über mittelalterlichen Handel, Kostüme und das vornehme Leben mit Banketten und Musik. Daneben sind auch drei prachtvoll dekorierte, original erhaltene Bibliotheksräume zu besichtigen.

• *Öffnungszeiten* **Abbazia di Farfa**, Führungen durch das Kloster, die Basilika und die Bibliothek: Mo geschlossen, Di–Sa 10, 11 und 12 Uhr, So zwischen 10 und 12.30 Uhr halbstündlich; Eintritt 2,50 €. Information: ✆ 0765/277065, www.abbaziadifarfa3000.it.

• *Essen/Trinken* Die **Trattoria da Lupi**, schräg gegenüber vom Eingang zur Abtei, ist ein großes Ausflugslokal mit überdachter Terrasse. Die Gerichte sind für die Region typisch, allerdings ist der Massenbetrieb spürbar, und man wird bisweilen an Kantinenessen erinnert. Die Preise sind aber noch vergleichsweise moderat.

Fara in Sabina (ca. 11.000 Einwohner)

Von Farfa aus führt eine Panoramastraße auf den Hügel hinauf zu dem beschaulichen Städtchen Fara in Sabina. Man betritt den Ort durch das untere Stadttor und folgt der Hauptstraße (Via della Repubblica) bis zur Pzza. del Duomo mit der Barockkirche San Antonio. Von der Piazza aus hat man einen phantastischen Blick über die römische Landschaft. Bei klarem Wetter kann man in der Ferne links Tivoli und Rom mit der Kuppel von St. Peter erkennen.

• *Übernachten* Ein Hotel gibt es in Fara zwar nicht, doch dafür bieten zahlreiche **Agriturismi** in der zauberhaften Landschaft viele (allerdings nicht immer preiswerte) Übernachtungsmöglichkeiten, z. B.:

Agriturismo la Raja mit Restaurant (Halbpension ist möglich), DZ ca. 58 €. Loc. Arci, Passo Corese, ✆ 0765/487036, ℻ 0765/488513.

Le Sabine Agriturismo mit Pool, DZ 40–67 €. Passo Corese, Via Forense bei km 2.800, ✆/℻ 0765/487059.

Sehr phantasievoll, bisweilen sogar skurril eingerichtet sind die Zimmer des **Agriturismo Ille Roif** mit Restaurant (Halbpension möglich) und Pool, DZ ca. 56 €. Loc. Coltodino (liegt beim Ort Talocci), ✆ 0765/386749, ℻ 0765/386383, www.ille-roif.it.

• *Essen/Trinken* Einen phantastischen Blick bei gutem Essen und herzlichem Service genießt man im **Ristorante-Pizzeria Il Belsito**, wenige Schritte vom unteren Stadttor entfernt an der Zufahrtsstraße. Empfehlenswert ist neben den hausgemachten Nudelgerichten die reichhaltige Grillplatte; Menü um 22 €. Mi Ruhetag. Via Rieti 18, ✆ 0765/277052.

Eine gute Pizza bekommen Sie im **Ristorante e Pizzeria da Pietro**, Via Antonio Gramsci 15, außerhalb im Ortsteil Passo Corese, ✆ 0765/487374, Mi Ruhetag.

• *Einkaufen* **L'Antico Forno** (an der Pzza. del Duomo) backt nach alter Tradition und fühlt sich einem besonderen Reinheitsgebot verpflichtet. Die herrliche weiße Pizza (ohne Belag) ist in der ganzen Gegend bekannt und beliebt.

Tivoli

(ca. 46.000 Einwohner)

Das lebhafte Städtchen hoch oben auf einer Anhöhe der Tiburtiner Berge war schon in der Antike ein beliebter Erholungsort. Am Fuß des Hügels in der Ebene breiten sich die eindrucksvollen Ruinen der gigantischen Residenz Kaiser Hadrians aus. Fürsten und Kardinälen verdankt Tivoli die berühmten Wasserspiele der Villa d'Este. Wegen dieser Sehenswürdigkeiten ist Tivoli ein beliebtes Ziel von Tagestouristen aus Rom.

Da der Ort strategisch günstig an einem natürlichen Durchgangsweg zu den östlichen Bergregionen liegt, war er wohl schon zur Eisenzeit bewohnt. Ab dem 6. Jh. v. Chr. sind jedenfalls Siedlungen verschiedener Stämme nachgewiesen. Mit den Römern und dem Bau der Via Tiburtina nahm die Bedeutung von Tibur, wie Tivoli damals hieß, noch zu. Man erschloss die vielen Quellen, leitete deren Wasser über Aquädukte nach Rom und nutzte bereits die Heilbrunnen zu Kuren. Noch heute verbreitet das stark schwefelhaltige Wasser der Heilquelle bei dem wenig attraktiven Dorf Bagni di Tivoli unmittelbar an der Autobahn seinen fauligen Geruch.

• *Information* Touristenbüro mit Informationen über die Region Rom, Largo Garibaldi, ✆ 0774/311249, ℻ 0774/331294.

• *Verbindungen* Von Rom aus über die Via Tiburtina oder über die Autobahn in Richtung L'Aquila oder Pescara (A 24), Abfahrt Tivoli.

Parkmöglichkeiten bestehen entlang der Festung Rocca Pia (gebührenpflichtig).

Bahnverbindung ab Rom: ab Bahnhof Tiburtina alle 40 bis 60 Minuten.

• *Übernachten* **Hotel Sirene**, von der Terrasse dieses schönen Hauses hat man einen Blick auf das Tal des Aniene-Flusses und den kleinen Vesta-Tempel darüber, den man von vielen romantischen Gemälden deutscher Maler kennt. 4 Sterne, 31 Zimmer, Parkmöglichkeit; DZ 125–145 €, Frühstück inklusive. Piazza Massimo 4, 00019 Tivoli, ✆ 0774/330605, ℻ 0774/330608.

Preiswert und sauber, aber ohne jeden Komfort (1 Stern) ist das kleine Hotel (7 Zimmer) **Monte Ripoli**, DZ 50 €. Via Colle Ripoli 1, 00019 Tivoli, ✆/℻ 0774/313238.

Latium
Karte S. 428/429

• *Essen/Trinken* **Antica Hostaria de'Carrettitieri**, gehobenes Restaurant; besonders empfehlenswert sind die Rigatoni all'amatriciana, die Gnocchi (mit Käsesoße), das Rindfleisch mit Zwiebeln oder die wunderbaren frittierten Gemüse mit Käse; auch die hausgemachten Desserts sind sehr lecker; gute Weinauswahl. Menü ca. 37 €. Mi geschlossen. Via D. Giuliani 55, ✆ 0774/330159.
L'Angolino, gute, traditionelle Küche; Menü um 23 €. Via della Missione, ✆ 0774/22027.
Vor dem Eingang der Villa Gregoriana finden Sie das Restaurant **Le Cinque Statue**, Menüpreis um 35 €. Fr Ruhetag. Largo S. Angelo 1, ✆ 0774/20366.
Außerhalb der Stadt, in der Nähe der Villa Adriana befindet sich die Trattoria/Pizzeria **Villa Esedra**. Sehr gut sind hier die Vorspeisen. Sehr zu empfehlen außerdem: das Risotto, die hausgemachten Nudeln und die fabelhaften Desserts. Menüpreis um 25 €. Pizze gibt es natürlich nur abends. Mi Ruhetag. Adriana 51, ✆ 0774/534716.

Sehenswertes

Kurz nach dem Ortsanfang oben auf dem Berg haben Sie von dem promenadenartigen Platz aus eine weite Fernsicht. An der Pzza. Trento steht die Kirche **Santa Maria Maggiore** aus dem 15. Jh. Von den Umbauten im 16. Jh. verschont geblieben sind die gotischen Rosetten in der Fassade und das Eingangsportal. Sehenswert ist der mit wundervoller Cosmatenarbeit verzierte Fußboden. Im rechten Kirchenschiff gibt es ein schönes Triptychon (14. Jh.), vermutlich eine Arbeit von Baccio da Montelupo. Rechts neben Santa Maria Maggiore liegt der Eingang zur Villa d'Este.

▶ **Villa d'Este**: Ihre weltberühmten, kunstvollen Wasserspiele gehören seit 400 Jahren zu den am meisten bewunderten Attraktionen Latiums. Der Bau der Villa, bestehend aus einem Palazzo und terrassenartigen Parkanlagen mit unzähligen Brunnen, wurde von Kardinal Ippolito d'Este 1550 veranlasst. Um Platz für die Anlage zu schaffen, wurde ein erheblicher Teil der mittelalterlichen Innenstadt, darunter sogar mehrere Kirchen, abgerissen. Die *Säle des Palazzo* schmückten bekannte Künstler, wie die Brüder Zuccari, Musiano, Agresti u. a., mit hervorragenden Fresken. Die Loggia gewährt einen herrlichen Ausblick. Ansonsten sind die Räume nicht mehr möbliert, und die noch vorhandene Wandbemalung ist teilweise stark beschädigt. Im Mittelsalon zeigt ein großes Wandgemälde, wie das Areal im 16. Jh. ausgesehen hat. Nachdem Sie die „Appartamenti" durchquert haben, gelangen Sie in den Garten mit den prachtvollen Brunnenanlagen.

Von den symmetrischen Terrassen aus erreicht man zunächst die **Allee der Hundert Springbrunnen** (Viale delle Cento Fontane), die von einem Ovalbrunnen rechts und der **Rometta** (Kleines Rom) begrenzt ist. Dort hat sich Kardinal Ippolito einen Abschnitt des Tibers mit Insel und einigen antiken Ruinen im Modell nachbauen lassen. Die Gartenanlage ist seit der Fertigstellung vor über 400 Jahren im Konzept unverändert erhalten. Die ausgeklügelten Brunnen- und Kaskadensysteme haben immer eine große Faszination ausgeübt. Von Mai bis September werden die Brunnen an bestimmten Abenden ab 21 Uhr beleuchtet – ein reizvolles Schauspiel, das man sich nicht entgehen lassen sollte, zumal dann die Schäden dank geschickter Ausleuchtung viel weniger auffallen.

• *Öffnungszeiten* **Villa d'Este**, 9–20 Uhr, im Winter bis Sonnenuntergang; Mo geschlossen. Ab Ende April ist das Gelände während der Sommerzeit an einigen Tagen bis 23 Uhr geöffnet (Info beim Touristenbüro in Rom oder direkt unter ✆ 0774/312070).
• *Eintritt* 5 €. Wenn bei Wassermangel ein größerer Teil der Brunnen außer Funktion ist, kann es zu Preisermäßigungen kommen.

▶ **Villa Adriana**: 6 km vor dem heutigen Tivoli, am Fuß des Berges, ließ sich Kaiser Hadrian (117–138 n. Chr.), entrückt vom Lärm und einfachen Volk der Hauptstadt,

Die berühmten Wasserspiele in der Villa d'Este

seine Palastanlage erbauen. Es ist die größte Sommerresidenz eines Herrschers, die jemals errichtet wurde. 20.000 Menschen konnten hier im Gefolge des Kaisers gleichzeitig wohnen. Die gigantischen Ruinen in diesem herrlichen archäologischen Park vermitteln noch immer eine Vorstellung vom prachtvollen Luxus der weitläufigen Anlage.

Die verschiedenen Thermenanlagen, Bibliotheken, Tempel, Säle, Gärten und Wasserbecken wurden nicht, wie sonst üblich, in einem zentralen Gebäude untergebracht, sondern in einem Park großzügig verteilt. Bögen, Kuppeln, Arkadenreihen und Durchgänge sorgten mit komplizierten Grundrissen für wirkungsvoll kalkulierte optische Effekte und Durchblicke. Dieses Konzept, das auf Ideen und Wünschen des Kaisers beruhte, war für die Architektur ähnlich revolutionierend wie Hadrians Pantheon in Rom.

Die Plünderungen, die Nutzung als Steinbruch im Mittelalter und die Schatzsuche zur Zeit der Renaissance haben den Bauten schwer zugesetzt. Die einst prachtvolle Ausstattung (es wurden allein 300 Statuen von allererster Qualität ausgegraben) ist heute auf viele Museen in der ganzen Welt verteilt. Für einen Eindruck reichen aber die vorhandenen monumentalen Ruinen noch aus.
In dem Gebäude nahe des Eingangs können Sie sich anhand des Modells der rekonstruierten Villa einen Überblick verschaffen.

• *Öffnungszeiten* **Villa Adriana**, 9–20 Uhr (im Winter bis 16 Uhr); jeweils Mo, am 25.12., 1.1., 25.4., 1.5., am ersten So im Juni und am 15.8. geschlossen. Eintrittspreis 6 €.

• *Verbindungen* Die Villa liegt ca. 6 km vor Tivoli, knapp 30 km von Rom entfernt, rechts der Via Tiburtina, kurz bevor die Straße den Berg hinaufführt.

Von Tivoli aus fahren Sie mit dem Bus Linie 4 ab Largo Garibaldi (fragen Sie sicherheitshalber den Fahrer, da die Linien 4a oder 4/ in eine andere Richtung fahren)

Latium
Karte S. 423/429

Subiaco

(ca. 9.000 Einwohner)

Die kleine mittelalterliche Stadt Subiaco liegt malerisch im Tal des Flüsschens Aniene. Hier gründete der heilige Benedikt den ersten Mönchsorden und ersann die grundlegenden Regeln klösterlichen Lebens. Die Benediktinerklöster sind die Hauptattraktion Subiacos.

Die Stadt hat einen pittoresken alten Kern mit einer zentralen Piazza. Da die Straßen eng und meist überfüllt sind, sollten Sie Ihr Fahrzeug in den Randbezirken stehen lassen und zu Fuß ins Zentrum gehen. Der Spaziergang lässt sich rundum in die bewaldete Hügellandschaft ausdehnen.

- *Information* Via Cadorna 59, ✆/℻ 0774/822013; Öffnungszeiten: Mo 8–14 Uhr, Di–Sa 8–14 und 15.30–19.30 Uhr, So 9–12 Uhr.
- *Verbindungen* Von Rom aus über die A 24, Abfahrt Vicovaro-Mandela, dann Richtung Subiaco. Reizvoller ist es aber, wenn Sie bis nach Arsoli weiterfahren und von dort aus die oben beschriebene Panoramastraße vorbei an Cervara di Roma wählen. **Busverbindungen** nach Rom und Fiuggi.
- *Übernachten* **Hotel Aniene**, mit Restaurant (s. u.), 3 Sterne, 6 Zimmer, DZ ca. 50 €. Via Cavour 21, 00028 Subiaco, ✆/℻ 0774/85565.
- *Essen/Trinken* **Ristorante Aniene**, (rechts neben der Kirche S. Andrea; auch Hotel, s. o.), die Auswahl ist groß, die Preise sind günstig; vorzüglich sind z. B. die hausgemachten Nudeln und die Forellen (Trota alla mugnaie). Im Sommer können Sie auf der Terrasse sitzen. Von dort und vom etwas ungemütlich großen Speisesaal haben Sie einen schönen Blick in das Tal der Aniene. Di geschlossen. ✆ 0774/85565.

Ristorante Belvedere, einfache, vorzügliche Küche, z. B. auf verschiedene Arten zubereitete Forellen (La Trota in vari modi). Eine gute Weinkarte und ein freundlicher Service runden das Ganze ab. Menüpreis um 25 €. Mo Ruhetag. Via dei Monasteri 33, ✆ 0774/85531,.

Empfehlenswert ist auch die **Trattoria Romania** in der Via Vittorio Veneto 48.

Gute Pizza bietet **Il Scattore** in der Via Cadorna 37.

Geschichte/Sehenswertes

Das erste Domizil an dieser Stelle des Aniene-Tals ließ sich Kaiser Nero bauen. Er war hierher gekommen, um die damals längste römische Wasserleitung (87 km) in einem Festakt durch den Anschluss an die Quelle freizugeben. Die Landschaft muss ihm gefallen haben, denn er gab den Befehl, den Fluss zu drei Seen aufzustauen und ihm am Ufer ein luxuriöses Wochenendhaus zu bauen. Die Seen sind inzwischen verschwunden, und auch von Neros Haus sind nur noch wenige Überreste erhalten. Sie liegen 2 km östlich der Stadt unterhalb des Klosters Santa Scolastica. Der Name der Stadt leitet sich noch von den antiken Seen ab (lat. *sub lacu* = unterhalb des Sees).

Wenn Sie am Ufer des Aniene entlanggehen, kommen Sie im Osten der Stadt an die romantische mittelalterliche **Steinbrücke des heiligen Franziskus.** Auf der anderen Flussseite gelangt man zur gleichnamigen Kirche mit sehenswerten Fresken und einem wertvollen Triptychon.

Auf der Hauptstraße steht ein Triumphbogen zu Ehren von Papst Pius VI., der hier vor seiner Wahl zum Papst als Abt herrschte. Am Ende der Hauptstraße rechts der Piazza den Hügel hinauf, erreicht man ein malerisches mittelalterliches Viertel. Einen Besuch wert ist das Kirchlein San Pietro mit einem Kreuzgang aus dem 11. Jh.

Auf der Spitze des Hügels überragt die Felsenabtei **Rocca Abbaziale** die Stadt. Sie war ein festungsartig ausgebauter Palast, der den Äbten als komfortable Wohnung diente.

Hauptattraktion des Ortes sind die 3 km außerhalb liegenden Benediktinerabteien. Der Weg dahin ist gut ausgeschildert (Monastero di Santa Scolastica und Monastero di San Benedetto).

Als von Neros Ferienhaus längst nur noch Ruinen standen, kam der **heilige Benedikt** an diesen Ort. Am Ende der Antike geboren (um 480), lebte er in einer Zeit des Umbruchs, in der die letzten heidnischen Riten verboten wurden. Der junge Benedikt empfand Abscheu für das Chaos und die Haltlosigkeit in Rom, und er suchte als „Aussteiger" die Einsamkeit, um zu meditieren. Ein befreundeter Gesinnungsgenosse zeigte ihm eine beinahe unzugängliche Felsnische. Dort lebte der Heilige drei Jahre lang in vollkommener Abgeschiedenheit, versorgt nur von seinem Vertrauten, der gelegentlich Lebensmittel in einem Körbchen vom höher gelegenen Felsen herabseilte. Schließlich entdeckten einige Hirten Benedikt, und selbst ernannte Schüler eilten aus der ganzen Umgebung herbei. Daraufhin gab Benedikt die Isolation auf und predigte zu den Gläubigen. Seine gewonnenen Erkenntnisse schrieb er später in der Regula Benedicti auf, die die Kirche maßgebend beeinflussen sollte. Benedikt lehrte, dass Menschen, die ihr Leben Gott weihen wollen, in Zurückgezogenheit, aber gleichzeitig in Gemeinschaft (er wusste, wovon er sprach) leben sollten. Damit entwickelte er die Grundregeln klösterlichen Lebens. Bisher gab es nämlich hauptsächlich Eremiten, die sich in Einsiedeleien zurückzogen oder sich als Wanderprediger betätigten. Gemeinschaften von Gläubigen existierten ohne feste Regeln. Seinem Motto *„Ora et labora"* – „bete und arbeite" – fühlen sich bis heute die Mönche seines Ordens verpflichtet.

▶ **Kloster Santa Scolastica**: Von Subiaco aus erreichen Sie zuerst die große Klosteranlage. Es ist das einzig erhaltene von 13 Klöstern, die der heilige Benedikt hier im 6. Jh. gründete.

Die Eingangsfassade des Klosters am Parkplatz musste nach dem amerikanischen Bombenangriff vom 15. Februar 1944 komplett rekonstruiert werden. Direkt dahinter kommen Sie in den **ersten Kreuzgang** im Stil der Renaissance (1580 begonnen und 1689 beendet), der zum Glück unbeschädigt blieb. Nach einem Durchgang erreichen Sie den zweiten, **gotischen Kreuzgang** (14. Jh.). Der verarbeitete Marmor stammt aus Neros Villa. Von hier kann man einen Blick auf den romanischen Glockenturm von 1052 und auf die Kirchenfassade werfen. Rechts geht es weiter zum **Cosmaten-Kreuzgang** (13. Jh.) mit herrlichen Säulen. Der Brunnen in der Mitte besteht aus antiken Fundstücken.

Früher befanden sich hier insgesamt fünf Kirchen. Abgesehen von wenigen Fundamentresten sind aber nur zwei von ihnen erhalten. Die heutige Hauptkirche wurde im klassizistischen Stil errichtet und nach 1960 komplett renoviert. Darunter befinden sich mehrere Kapellen der alten Kirche mit schönen Fresken.

• *Öffnungszeiten* Das Kloster kann man von 9–12.30 und 16–19 Uhr in Begleitung eines Mönchs besichtigen (dazu müssen Sie beim Pförtner nachfragen, kostenlose Besichtigungstouren etwa alle halbe Stunde).

• *Einkaufen* In der Eingangshalle befindet sich ein kleiner Laden (**Erboristeria S. Scolastica**), in dem sakrale Souvenirs und Klostererzeugnisse verkauft werden.

▶ **Kloster San Benedetto**: Hoch über dem Tal befand sich der Felsvorsprung, wo Benedikt meditierte und die ersten Klosterregeln ersann. Um diesen heiligen Ort herum entstand später auf mehreren Etagen, teilweise ganz in den Berghang gehauen, die Felsenkirche mit dem Kloster des heiligen Benedikt (auch *Sacro Speco* genannt). Eine schöne Allee aus uralten Steineichen säumt den steilen Weg zum Gebäudetrakt.

Karte S. 428/429

Da es im 12. Jh. immer mehr Pilger zur Meditationshöhle des Heiligen zog, entstand auch dort, dicht an den Fels geschmiegt, eine Abtei. Für eine große Kirche reichte der Platz jedoch nicht aus, und so unterteilte man sie in einen oberen und einen unteren Bereich.

Die drei Gänge hinter dem Eingang sind wie die gesamte Anlage reich mit Fresken geschmückt, die den Gläubigen als „Literatur" dienten, da damals nur wenige lesen konnten. Hier werden in Bildergeschichten Passagen aus der Bibel und lehrreiche Episoden aus dem Leben des Ordensgründers erzählt. Wenn Sie sich etwas Zeit beim Betrachten nehmen, werden Sie viel über das Christentum im Mittelalter erfahren. Gegenüber vom Altar der Oberkirche führt eine aus dem Felsen gehauene Treppe zur unteren Kirche. Dort liegt auch der Eingang zur Grotte, in der der heilige Benedikt drei Jahre lebte. Eine Statue aus der Barockzeit erinnert an den Ordensgründer.

Öffnungszeiten 9–12.30 und 15–18 Uhr, So wegen Messe geschlossen. Man muss läuten, um das Kloster in Begleitung eines Mönches besichtigen zu können.

Vom Kloster führt ein schmaler Weg auf die **Bergspitze**, von der man einen schönen Blick auf Subiaco und die Burg der Äbte hat.

Olevano Romano (ca. 6.000 Einwohner)

Von Subiaco führt eine kurvenreiche Straße in Richtung Rocca San Stefano nach Olevano Romano. Das kleine Städtchen am Berghang weist keine außerordentlichen Sehenswürdigkeiten auf, doch war es einst wegen seiner Lage und der herrlichen Landschaft bekannt. Im 19. Jh. kamen hauptsächlich deutsche Landschafts- und Genremaler der Romantik hierher. Wenn im Sommer die Hitze in Rom unerträglich wurde, zog es sie aufs Land, wo sie in der römischen Campagna mit den pittoresken Bergdörfern stimmungsvolle Motive fanden. In Olevano Romano traf sich in den heißen Monaten eine Kolonie von über 100 Malern und Dichtern.

Nicht nur die Umgebung, auch der Ort selbst mit seinem kleinen mittelalterlichen Kern, in dem sich die grauen Häuser dicht aneinander drängen, lädt zu einem Spaziergang ein. An einigen Stellen sind Reste einer vorzeitlichen Zyklopenmauer zu erkennen. Die **Burgruine** aus dem 18. Jh., erbaut von der Familie Colonna, überragt die Stadt. Der Schlüssel zum Burghof hängt frei zugänglich am Fensterbrett (Haus Nr. 23) gegenüber vom Zugang zur Ruine.

- *Übernachten* **Albergo Il Boschetto**, familiär geführtes, einfaches, sauberes Hotel (1 Stern) mit passablem Restaurant. 11 Zimmer, DZ 40–50 €, Halbpension ist möglich. Via S. Francesco d'Assisi 27 (direkt am Nordausgang des Tunnels), 00035 Olevano Romano, ✆ 06/9564025, 📠 06/9562652.
- *Essen/Trinken* **Sora Maria e Arcangelo**, dieses einladende Restaurant an der Hauptstraße des Dorfes gehört zu den anerkannt Besten der Region. Das Ambiente der Gasträume ist ländlich elegant, dazu passend die Küche, die der Tradition der Gegend folgt, aber raffiniert verfeinert ist. Zu den Spezialitäten des Hauses gehören die hervorragenden Antipasti (z. B. geräucherte Gänsebrust mit Ziegenkäse). Die Nudelgerichte sind alle empfehlenswert (z. B. mit Kaninchenragout oder Artischocken und Krebsfleisch), die gelungenen kreativen Secondi orientieren sich am gerade frischen Angebot der Saison (z. B. Rebhühner in der Kasserolle gegart, mit Weinbrand und Steinpilzen – Pernice in casseruola glassata al Brandy con porcini). Sehr gute Käse- und Dessertauswahl. Die reichhaltige Weinkarte ist kundenfreundlich kalkuliert. Menüpreis um 35 €; sehr empfehlenswert ist das etwas preiswertere Tagesmenü. Mo und Mi geschlossen. Via Roma 42, ✆ 06/9564043, www.soramariaearcangelo.com.
- *Einkaufen* **Bäckerei Paoletti**, neben sehr gutem Brot (im Holzofen gebacken) gibt es hervorragende Kekse und traditionelles Festtagsgebäck. Via Cairoli 7.

Palestrina

(ca. 16.000 Einwohner)

Die Stadt am Südhang der Prenestini-Berge zählt zu den ältesten Siedlungen Latiums. Das historische Zentrum mit den Treppenwegen schmiegt sich an den Hang mit den schon aus der Ferne sichtbaren Terrassen eines gewaltigen antiken Heiligtums.

Für einen italienischen Autofahrer bedeuten die vielen Treppen der Altstadt im Prinzip zwar kein ernsthaftes Hindernis, doch die meisten respektieren das Verbot, sie zu befahren. Am besten ist es, auch Sie lassen Ihr Auto im unteren, neueren Teil der Stadt stehen und machen sich zu Fuß auf den beschwerlichen Weg nach oben. Hier befinden sich die berühmten Ruinen des imposanten antiken **Heiligtums der Fortuna Primigenia**, auf dessen terrassenartiger Anlage heute ein Teil der Stadt liegt. Auf der obersten Ebene steht der Barockpalast der Familie Colonna, der die Stadt einst gehörte. Von hier oben reicht der Blick weit über das zersiedelte Tal, bei guter Sicht sogar bis zum Meer.

• *Verbindungen* Von Rom über die Autobahn A 1 in Richtung Neapel, Ausfahrt Fiuggi oder über die Via Prenestina (32 km) oder schneller über die besser ausgebaute Via Casilina (40 km) zu erreichen.

Busverbindungen nach Rom; Abfahrt in Rom vom Busbahnhof an der Metrostation Anagnina (Linie A), etwa stündlich.

• *Übernachten* **Albergo Stella**, ordentliches, kleines Hotel mit einfachen Zimmern, überwiegend renoviert, und familiärer Atmosphäre (3 Sterne, 28 Zimmer, DZ 60–70 €); Garage vorhanden; es gibt auch ein Restaurant. Piazzale della Liberazione 3, 00036 Palestrina, ✆ 06/9538172, ℻ 06/9573360, www.hotelstella.it

• *Essen/Trinken* Abgesehen von den vielen, meist guten Osterien und Trattorien im Zentrum finden Sie in der Nähe des Domes das **Ristorante Il Palestrina**. Dieses gehobene Restaurant mit entsprechenden Preisen ist für seine Fischspezialitäten bekannt. Mo Ruhetag. Via E. Todi, ✆ 06/9534615.

Empfehlenswert ist die **Taverna degli Anici**, ein hübsches, familiär geführtes Lokal mit herzlichem Service. Die gehobene Küche bietet Traditionelles (sehr gut z. B. die mit Käse gefüllten Auberginen-Rouladen – involtini melanzane con ripieno di formaggio. Menü um 32 €. Mo geschlossen. Via Anicia 39, ✆ 06/95310061.

Ebenfalls gut: **Farina**. Empfehlenswert sind das Nudelgericht „Giglietti" und der hausgemachte Kuchen. Pzza. Garibaldi 16, ✆ 06/9638916.

• *Einkaufen* Ausgezeichnete Wurstwaren und Spezialitäten bei **Cilia**, Viale Ungheria 35.

Geschichte

Bereits im 8. Jh. v. Chr. spielte der Ort im latinischen Städtebund eine wichtige Rolle. Für verschiedene Volksstämme war es ein heiliger Platz mit einer Orakelstätte, die der von Delphi durchaus vergleichbar war. Lange Zeit verteidigten die Bewohner ihre Pilgerstätte gegen die aufstrebenden Römer, doch 499 v. Chr. ließ sich wenigstens eine Föderation mit Rom nicht mehr abwenden. Verhängnisvoll war die Unterstützung von Marius im römischen Bürgerkrieg (82 v. Chr.). Der siegreiche Sulla ließ aus Rache die Stadt zerstören und alle Männer hinrichten. Um dabei nicht die Gottheit des Heiligtums gegen sich aufzubringen, gab Sulla den Befehl, den heiligen Bezirk größer und prachtvoller, als je zuvor wieder aufzubauen. Platz war ja nach der Zerstörung der Stadt genug, und die Anlage konnte nun auf vier Terrassen, die durch gigantische Stützmauern gesichert wurden, fast den ganzen Berghang bedecken. Bei der Gelegenheit übernahmen die Römer auch gleich den Orakelkult und widmeten ihn der Göttin **Fortuna Primigenia**. Im Mittelalter nisteten sich Wohnhäuser in den Tempelanlagen ein und überwucherten den Bezirk, der in Vergessenheit geriet

Gegen Ende des Zweiten Weltkriegs, als die deutschen Besatzungstruppen auf ihrem Rückzug von amerikanischen Flugzeugen verfolgt wurden, trafen deren Bomben auch Palestrina schwer. Nach Kriegsende räumte man die Trümmer beiseite und entdeckte darunter die Reste der antiken Tempelanlage. Ab 1952 begann die systematische Freilegung, sodass heute die riesigen Ausmaße dieses faszinierenden antiken Heiligtums wieder erkennbar sind. Auch an einigen Stellen des mittelalterlichen Ortskerns, der von den Bomben verschont blieb, sind noch antike Mauerreste zu sehen.

Sehenswertes

Den besten Eindruck erhalten Sie, wenn Sie den Rundgang unten beginnen und nach der Porta del Sole der Via degli Arconi folgen. Links vom Stadttor erstreckt sich die **untere Stützmauer.** In deren Mitte sind noch einige Reste des ehemaligen Eingangs zu sehen. Rechts davon befinden sich Gewölbe, die zu kleinen Läden führten. Die Pilger versorgten sich hier mit Opfergaben. Die riesigen Steinquader des Zyklopenmauerwerks stammen aus vorrömischer Zeit (6. Jh. v. Chr.). Am Viale Pio XII., auf den die Via degli Arconi trifft, befand sich in dem Gebäude gegenüber von der Kapelle Santa Lucia eine **Cisterna**, also ein Wasserreservoir, das wahrscheinlich zu dem Militärposten gehörte, den Sulla nach seinem Sieg hier einrichten ließ.

Auf der *zweiten Terrasse* steht an der zentralen Piazza Regina Margherita der **Dom**. An der Stelle gab es bereits eine frühchristliche Kirche, die man in den Ruinen des antiken Juno-Tempels, wahrscheinlich genau im Mittelpunkt des Fortuna-Heiligtums erbaute. Von dem romanischen Nachfolgebau aus dem 12. Jh. sind heute nur noch der Glockenturm und die Fassade mit einigen integrierten antiken Fundstücken erhalten. Das Deckengemälde des Hauptschiffs zeigt den Sieg des Christentums über den heidnischen Kult (der sich auch durch die Lage der Kirche ausdrückt). Das Tor neben dem Dom gehört zum ehemaligen bischöflichen Seminar. Die vier Säulen an der Außenseite schmückten in der Antike die Aula des Orakels, die im Weihebezirk des Tempels lag. Im Hof des Seminars soll sich in einer Felsnische die **Orakelgrotte** befunden haben. Man entdeckte hier prachtvolle Fußbodenmosaike. Das wertvollste ist das Nilmosaik, das sich heute im Museum des Palazzo Colonna auf der obersten Tempelebene befindet.

Die *dritte Terrasse* ist meist geschlossen und kann deshalb in der Regel nicht besichtigt werden. Sie war über zwei noch gut erhaltene Rampen erreichbar. Auf der *obersten Terrasse* befindet sich heute die Piazza della Cortina. Hier stand eine halbkreisförmige Säulenhalle, geschmückt mit Statuen und Votivtafeln. Von ihr sind nur noch die Grundmauern zu erkennen. An der Stelle des heutigen Colonna-Barberini-Palastes befand sich früher ein kleiner Rundtempel, in dessen Mitte die Statue der Fortuna untergebracht war. Seit 1956 beherbergt der Palazzo das sehenswerte **Museo Nazionale Archeologico Prenestino** mit wertvollen archäologischen Funden aus der Gegend von Palestrina. Hauptattraktion ist das faszinierende, aus winzigen, farbintensiven Steinchen gelegte **Nilmosaik.** Unzählige Details berichten über die bunte Vielfalt des Lebens am Nil während der alljährlichen Überschwemmung. Man sieht Pflanzen, Boote auf dem Fluss, Jagdszenen, einen Tempel mit Soldaten und ein munteres Bankett in einer berankten Laube

Öffnungszeiten **Museum**, Di–Sa 9–14 Uhr, So 9–12 Uhr, Mo geschlossen, Eintritt 3 €.

Blick auf den Albaner See

Albaner Berge

Die Hügellandschaft vulkanischen Ursprungs, die das Panorama Roms im Südosten begrenzt, nur wenige Kilometer außerhalb des Autobahnrings, ist seit der Antike ein beliebtes Ferienziel. An den Hängen wächst der römische Hauswein Frascati, der längst über Italien hinaus bekannt ist. Die beiden tiefen, in üppigem Grün eingebetteten Seen Lago Albano und Lago di Nemi werden hoch oben auf den Kraterrändern von Dörfern umsäumt.

Viele der Ortschaften in den Albaner Bergen haben noch mittelalterliche Strukturen. Ihre schmalen Häuschen scharen sich häufig auf einer Hügelkuppe oder am Hang um eine Burg herum. Da so die Dörfer aus der Entfernung selbst wie wehrhafte Burganlagen aussehen, nennt man sie auch „**Castelli Romani**". Am meisten trifft das auf die verschachtelte Altstadt von Rocca di Papa mit den steilen Treppengassen zu. Leider sind die Castelli heute nicht mehr so unverfälscht erhalten wie viele andere Städtchen Latiums, und manche moderne Zutat stört in den historischen Stadtzentren das geschlossene Bild. Obwohl die Albaner Berge zu den Zielen des Massentourismus gehören und im Sommer Tagesausflügler die bekannten Orte Frascati und der päpstlichen Sommerresidenz Castel Gondolfo überschwemmen, sind sie eine Reise wert. Besonders am Abend, wenn die Busgesellschaften ihre Gäste wieder eingesammelt und die Souvenirhändler ihre Stände abgebaut haben, kann man hier herrlich flanieren und die Aussicht von einer Restaurantterrasse aus genießen, wie die Römer es nach Feierabend an lauen Sommerabenden gerne tun. Dann ist die einst so gepriesene Romantik der Albaner Berge durchaus noch zu erahnen.

Latium
Karte S. 428/429

Frascati

(ca. 19.000 Einwohner)

Diese größte und bekannteste Stadt der Castelli Romani liegt terrassenförmig an einem Hang der Albaner Berge. Das Zentrum ist von engen, lauschigen Gassen und schmalen, alten Häusern geprägt. Einen reizvollen Kontrast dazu bilden die prachtvollen Villen mit den großzügigen Parkanlagen.

Seine Berühmtheit verdankt Frascati dem gleichnamigen trockenen, leichten Weißwein, der hier unter idealen Bedingungen gedeiht. Ihn können Sie in der Stadt überall kaufen und probieren. Nahezu jede Pauschalreise hat inzwischen einen Ausflug nach Frascati im Programm. Zur Hauptreisezeit sagt man hier deshalb auch: „Am Nachmittag ist Frascati voll von Deutschen, und am Abend sind die Deutschen voll von Frascati." Bei solch erhöhter Nachfrage ist es natürlich kein Wunder, dass der Wein hier oft spürbar teurer als in Rom ist. Lohnend ist ein Besuch von Frascati allerdings auch wegen der bezaubernden Parkanlagen und der weiten Ausblicke.

Information/Verbindungen/Übernachten/Diverses

• *Information* **Tourist Information**, Piazzale G. Marconi 1, ✆ 06/9420331, 📠 06/9425498; Öffnungszeiten: Mo 9–13 Uhr, Di–Fr 9–13 und 15–18 Uhr, Sa 9–13 Uhr, So geschlossen.

• *Verbindungen* Von Rom auf dem Autobahnring (G.R.A.) bei Ausfahrt 21 ab, dann über die Via Tuscolana (SS 215).

Busverbindung: Von Rom vom Busbahnhof Anagnina an der Metrohaltestelle gleichen Namens.

• *Übernachten* In der kleinen Stadt existieren fast 20 Hotels.

Das kleine, moderne **Hotel Colonna** liegt mitten im Zentrum. Die 20 Zimmer sind sehr gepflegt; im obersten Stockwerk Sonnenterrasse mit schönem Blick. Parkmöglichkeiten. 3 Sterne, DZ 105–125 €. Pzza. del Gesù 12, 00044 Frascati, ✆ 06/94018088, 📠 06/94018730, www.hotelcolonna.it.

Einen phantastischen Blick bei zentraler Lage und funktionalen Zimmern haben Sie im **Hotel Bellavista**. Garage vorhanden. 3 Sterne, DZ 85–110 €. Pzza. Roma 2, 00044 Frascati, ✆/📠 06/9421068.

Ein vergleichsweise günstiges Preis-Leistungs-Verhältnis bietet das **Hotel Eden Tuscolano**, ruhig in einem parkähnlichen Garten gelegen. Die Zimmer sind ordentlich, die Bäder klein, Restaurant und Parkmöglichkeit vorhanden. 2 Sterne, 36 Zimmer, DZ 60–80 €. Via Tuscolana 15, 00044 Frascati, ✆ 06/9408589, 📠 06/9408591.

• *Einkaufen* **Molinari**, sehr gutes Brot (aus dem Holzofen) und Gebäck (z. B. den typischen Honigkuchen „Pupazza", in Form einer Frau mit drei Brüsten). Via Giuseppe Calasanzio.

Modeboutiquen in der Via Cairoli.

• *Feste/Veranstaltungen* In den Sommermonaten Juni bis August finden Ausstellungen und Konzerte in den Parks der Villen Aldobrandini und Torlonia statt. Das Weinfest beginnt Ende September. An jedem ersten Sonntag im Monat gibt es auf den Straßen im Zentrum einen Flohmarkt.

• *Spezialitäten* Zu den Spezialitäten gehört neben dem Weißwein und dem gefüllten Spanferkel („Porchetta") ein Backwerk (aus Biskuit oder Honigkuchen), das eine Frau mit drei Brüsten darstellt, die dritte gibt Wein, natürlich den aus Frascati, was beweist, dass man hier den Wein schon mit der Muttermilch aufnimmt.

Essen/Trinken

Cacciani, dieses Restaurant existiert bereits seit über 50 Jahren und gehört bestimmt zu den besten und immer noch authentischen Lokalen in den Castelli Romani. Von der Terrasse, wo im Sommer serviert wird, bietet sich ein phantastischer Blick; in der Ferne sieht man sogar die Kuppel von St. Peter. Zu den besonderen Spezialitäten gehören die frittierten Gemüse und der für Frascati typische Honigkuchen „Pupazza"; Menüpreis ca. 45 €. Mo geschlossen. Via A. Diaz 42, ✆ 06/9417449, www.cacciani.it.

Zaraza, in diesem familiär geführten Restaurant bekommen Sie außergewöhnlich gute, traditionelle römische Küche und eine gute Auswahl an Weißweinen der Region zu vergleichsweise niedrigen Preisen (um 25 € pro Menü). Spezialitäten des Hauses sind Polenta mit in Tomaten geschmorten Schweinerippen (con le spuntature), köstliche Rigatoni mit Darmstücken vom Milchlamm (con pajata) sowie Stockfisch in Tomaten und frischen Kräutern geschmort (Baccalà in umido). Im Sommer sitzt man draußen und hat einen phantastischen Blick bis nach Rom. So abends, Mo und im August geschlossen. Viale Regina Margherita 45, ✆ 06/9422053.

• *Enoteca/Winebar* **Enoteca Frascati**, diese Enoteca mit ca. 500 italienischen, aber auch ausländischen Etiketten hat sich in den letzten Jahren zu einem richtigen Restaurant mit sehr guter Küche entwickelt. Angeboten werden einige kleine Vorspeisen, Suppen und Nudelgerichte, hausgemachte Pasteten; als Hauptgang bekommt man Salami, Schinken und verschiedene Käsesorten. So Ruhetag, im August geschlossen, sonst nur abends geöffnet; Preis für das Essen ca. 34 €. Via A. Diaz 42, ✆ 06/9417449, www.enotecafrascati.it.

Frascati-Wein können Sie fast überall kaufen, empfehlenswert ist z. B. **Grappolo d'Oro**, Pzza. Fabio Filzi 3.

Typisch für Frascati, aber sehr touristisch sind auch die zahlreichen Weinkeller („**Fraschette**"), in denen man den lokalen Wein meist zu schamlos überhöhten Preisen probieren kann.

Sehenswertes

Weil man hier am Hang der Albaner Berge im Sommer nicht nur frischere Luft hatte, sondern auch das nahe Rom und den päpstlichen Hof schnell über die Via Tuscolana erreichen konnte, wenn es notwendig erschien, ließen sich reiche Kardinäle und die vornehmsten adligen Familien in Frascati prachtvolle **Sommerpaläste** mit großzügigen Gartenanlagen bauen. Bis heute zeugen die Villen der Aldobrandini, Falconieri, Lancellotti, Tuscolana, Torlonia und Sora vom unvorstellbaren Luxusleben römischer Würdenträger. Leider sind die Villen nicht für Besucher geöffnet. Die **Villa Torlonia** wurde bei einem Bombenangriff 1943 komplett zerstört. Ihre Gartenanlagen sind heute öffentlicher **Stadtpark** (Eingang am unteren Ende der Piazzale G. Marconi, gegenüber der Aussichtsterrasse). Neben dem Nymphäum sind im Park noch einige der alten Brunnen erhalten. Sehenswert ist die **Villa Aldobrandini**, die mächtig an einem Hang oberhalb des Piazzale G. Marconi das Stadtbild beherrscht. Mit der Planung der repräsentativen Villa hatte Kardinal *Aldobrandini*, der Neffe von Papst Clemens VIII., 1598 die erfolgreichsten Architekten der damaligen Zeit beauftragt. Leider sind auch hier die mit Fresken ausgemalten Innenräume nicht öffentlich zugänglich. Zu besichtigen ist aber der herrliche Park mit einer kulissenhaften Brunnenanlage mit Statuen und Grotten auf der Rückseite der Villa. Hier ist der zum Garten gerichtete Mittelteil der Fassade mit Loggien prachtvoll gegliedert. Von der Aussichtsterrasse neben dem Gebäude hat man wohl den schönsten Blick bis nach Rom sowie auf Frascati und die Parkanlagen am Hang vor der Villa.

• *Eingang/Öffnungszeiten* Zum Betreten des Parks ist eine Erlaubnis erforderlich, die vom Touristenbüro am Piazzale G. Marconi sofort und kostenlos ausgestellt wird. Der Eingang liegt nur oberhalb der Villa (kein Zugang von der Piazzale G. Marconi aus!). Dazu folgt man (mit Blick auf die Villa) links vom Piazzale G. Marconi der Straße nach Monte Porzio Catone (Via Catone, dann rechts gegenüber vom Largo Pistricci in die Via G. Massaia).

Die Besichtigung des quirligen Kleinstädtchens kann man mit einem Blick auf Rom und die benachbarten Albaner Berge von der Panoramaterrasse am Piazzale G. Marconi beginnen. Neben dem Piazzale liegt die Pzza. Roma, von der die Einkaufsstraße Via Battisti zur Pzza. San Pietro mit der Kathedrale aus dem 17. Jh. abgeht.

Latium
Karte S. 428/429

Den Brunnen auf dem Platz und die Kirchenfassade entwarf Girolamo Fontana. Im Inneren befinden sich an den Pfeilern bemerkenswerte klassizistische Grabplatten und Epitaphe. An der benachbarten Pzza. Gesù ist in der Chiesa del Gesù die Illusionsmalerei aus dem 17. Jh. von Andrea Pozzo sehenswert. Hinter dem Altar wird eine große Kuppel vorgetäuscht. Im Palazzo Vescovile (15. Jh.) an der Pzza. Paolo III residiert heute die Kirchenverwaltung. Rechts führt eine Treppe hinab zur Kirche Santa Maria in Vivario aus dem 9. Jh. mit einem schlichten Innenraum; Freskenreste in der Apsis stellen die Krönung Marias dar. Vor der Kirche halblinks hat man von der Pzza. San Rocco einen wunderbaren Blick geradeaus auf die Kuppel von St. Peter in Rom.

Rocca di Papa (ca. 12.500 Einwohner)

Der kleine Ort, der im oberen Teil hauptsächlich aus Treppen besteht, liegt am steilen Nordhang des Berges Caro in 681 Metern Höhe. Von hier aus bietet sich bei klarem Wetter ein weiter Blick auf das Meer, nach Rom und die Hügellandschaft der Albaner Berge. Wegen der frischen Luft und der waldreichen Umgebung ist Rocca di Papa ein beliebter Luftkurort. Die verschachtelte Altstadt mit schmalen Treppengassen, in denen kaum zwei Personen nebeneinander gehen können, hat mittelalterliche Strukturen. Die Enge der Straßen bildet einen reizvollen Kontrast zu den sich immer wieder ergebenden weiten Ausblicken. Der Dorfkern steht heute zwar komplett unter Denkmalschutz, doch kam das in vielen Fällen zu spät. Häufig sind die Häuser modernisiert, mit allen unschönen Folgen. Zudem wird das Zentrum im unteren Teil von einigen modernen Betonbauten gesäumt.

Im Mittelalter war Rocca di Papa eine uneinnehmbare Festung. Die Burg am höchsten Punkt des Ortes, heute nur noch eine Ruine, ließ Papst Eugen III. im Jahr 1145 errichten. Er und einige seiner Nachfolger fanden hier eine sichere Rückzugsmöglichkeit.

• *Verbindungen* Von Frascati in Richtung Marino (SS 216), bei Grottaferrata links auf die SS 218 abbiegen.

• *Parken* entlang der Durchgangsstraße beim Ortseingang, kostenpflichtig, die erste Stunde und die Zeit von 13–16 Uhr ist frei.

• *Übernachten* Empfehlenswert ist das **Hotel Europa** wegen seiner hellen Zimmer und des schönen Blicks. Die Einrichtung ist eher einfach, aber ordentlich, ein Restaurant ist vorhanden; 3 Sterne, 38 Zimmer, DZ 50–80 €. Pzza. della Repubblica 20, 00040 Rocca di Papa, ✆ 06/94749361.

Pension Villa Ortensie, das Haus liegt am Waldrand, bietet einen herrlichen Blick auf den Albaner See und hat eine schöne Terrasse. Die Zimmer sind funktional. 3 Sterne, 53 Zimmer, DZ 62–78 €. Loc. Madonna del Tufo (Richtung Nemi), Via Ariccia 19, 00040 Rocca di Papa, ✆ 06/94749108, 📠 06/9495155.

• *Essen/Trinken* Eine sehr schlichte Osteria befindet sich die gerade Hauptstraße hinauf an dem kleinen Platz bei der Kurve. Zugegeben, der mit allerlei Kitsch dekorierte Gastraum ist etwas schmuddelig, doch die Gerichte sind frisch, gut zubereitet und preiswert. Die Chefin ist freundlich, und es geht familiär zu.

Im gehobenen Restaurant **Villa Fiorita**, wird die typische traditionelle Küche der Castelli von hoher Qualität (hauptsächlich Steinpilz-, Lamm- und auch einige Fischgerichte) angeboten (Menüpreis um 30 €). Di Ruhetag. Via Frascati 254, ✆ 06/9497051.

Albaner See

Der See ist der größere der beiden Kraterseen in den Albaner Bergen. Er hat eine elliptische Form und einen Umfang von 10 km. Gespeist wird er von unterirdischen Wasserquellen, einen natürlichen Abfluss besitzt er nicht.

Oben am Kraterrand bietet sich abschnittsweise von der Straße aus ein herrlicher Blick auf das gesamte Becken des Albaner Sees. Die beste Aussicht haben Sie von der Panoramastraße „ai Laghi" (Staatsstraße SS 217), die Marino mit Velletri verbindet, oder von der Panoramaterrasse in Castel Gandolfo.

Besucher schätzen das Gebiet wegen des Klimas und der waldreichen Landschaft, die zu Spaziergängen animiert. Auch Wassersportler kommen gerne her. Während der Olympischen Sommerspiele von 1960 fanden auf dem See die Ruderwettbewerbe statt. Nach der Absenkung des Wasserspiegels in den 1990er Jahren ist am westlichen Seeufer, an der Seite unterhalb von Castel Gandolfo bis nach Marino, ein schwarzer Sandstrand entstanden. Hier reihen sich jetzt Strandbäder, Bars und Bootsverleiher (viele Tretboote) dicht aneinander. Im Sommer wird es voll und auf dem schwarzen Sand auch sehr heiß. Abkühlung bietet das Wasser. Der See ist mit einer Tiefe von bis zu 170 Metern schon nach kurzer Entfernung vom Ufer sehr kalt. Den Strandabschnitt erreicht man über eine schmale, steile Straße am Ortseingang von Castel Gandolfo (von Marino kommend).

Castel Gandolfo (ca. 7.000 Einwohner)

Castel Gandolfo am Albaner See ist neben Frascati der bekannteste Ort der Castelli Romani, weil sich hier die Sommerresidenz des Papstes befindet. Traditionell verlagert der Heilige Vater ab Juli, wenn die Hitze in Rom unerträglich werden kann, seinen Hof in die luftige Höhe von Castel Gandolfo mit dem wunderbaren Blick auf den tiefen Kratersee und die umliegenden grünen Hügel.

Der **päpstliche Sommersitz** ist sehr viel größer, als die Eingangsfassade vermuten lässt. Dazu gehört ein großer gepflegter Park mit ausgedehnten Gemüsegärten, ein Schwimmbad und ein Observatorium, mit dem man dem Himmel auch auf weltliche Weise nahe ist. Der ganze, von einer hohen wehrhaften Mauer umgebene Komplex gehört als exterritorialer Bereich zum Vatikanstaat und ist nicht zu besichtigen. Die Häuser des Örtchens sind meist hell und großzügig gebaut und kleben nicht so dicht aneinander, wie man es von den mittelalterlichen Ortschaften Latiums kennt.

Im Sommer kommen mit dem Heiligen Vater auch Busladungen von Touristen und mit ihnen die Souvenirverkäufer. Deren Stände mit dem aus Rom bekannten Sakralkitsch sind allgegenwärtig. Die Hauptstraße des Ortes mit vielen Cafés führt direkt auf den Palast zu. An ihr liegt auch die Kirche **San Tommaso da Villanova**. Sie ist, wie auch der Brunnen davor auf der Piazza del Plebiscito, ein Werk Berninis.

Latium Karte S. 428/429

• *Verbindungen* Von Rom auf dem Autobahnring (G.R.A.) bei Ausfahrt 23 ab, dann über die Via Appia (SS 7).

Busverbindungen: Von Rom ab Busbahnhof Anagnina an der Metrohaltestelle gleichen Namens.

• *Übernachten* Es gibt einige teure Hotels. Außerhalb des Ortes am Seeufer befindet sich das **Hotel Culla del Lago** mit eigenem Zugang zum Wasser und Parkplatz; 3 Sterne, 15 Zimmer, DZ ca. 115 €; Via Spiaggia del Lago 36, 00040 Castel Gandolfo, ✆ 06/93668231, ℻ 06/93668243.

• *Essen/Trinken* Wunderbar ist das seit 1882 bestehende Antico Ristorante **Pagnanelli**. In gehobenem Ambiente und mit freundlichem, lockerem Service, der kompetent berät, kann man hier nicht nur vorzügliche Küche, sondern auch einen herrlichen Blick über den ganzen See genießen. Im Sommer wird auch draußen auf dem schmalen Balkon serviert. Besondere Spezialitäten sind Wildschweinschinken mit Trüffelöl (Prosciutto di cinghiale con olio al tartufo), hausgemachte Fettuccine, verschiedene gratinierte Gemüse (Misto di verdure gratinate) und Fische aus dem See; gute gehobene Weinkarte; Menüpreis um 40 €. Di Ruhetag. Via. A. Gramsci 4, direkt am Ortseingang aus der Richtung Marino kommend), ✆ 06/9360004, www.pagnanelli.it.

Es gibt auch einige andere Restaurants mit schönem Blick, die aber meist deutlich auf Touristen eingestellt sind.

Albano Laziale (ca. 33.000 Einwohner)

Die Kleinstadt Albano Laziale erstreckt sich entlang der Via Appia, der wichtigsten Verkehrsverbindung in Richtung Süden (Staatsstraße SS 7), die im Ort zugleich auch noch die Haupteinkaufsstraße ist. Das führt beinahe ständig zu einem Verkehrschaos und am Abend sowie an den Wochenenden zu langen Staus, die viel Geduld erfordern. Immerhin kann man in der Zeit Leute und Schaufenster betrachten. Den Italienern scheint das nur wenig auszumachen, denn sie kommen aus der ganzen Umgebung zum Einkaufsbummel hierher. Die Läden sind auch eleganter als in den anderen Orten der Albaner Berge, und in den Boutiquen sind, wie in Rom, die Marken der angesagten Labels vertreten. Einige bekannte römische Läden unterhalten sogar eigene Filialen in Albano.

Wer nicht zum Einkaufen herkommt, findet in den ruhigeren Parallel- und Seitenstraßen trotz der Zerstörungen durch die Bombenangriffe im Zweiten Weltkrieg Reste der alten Strukturen und der antiken Vergangenheit. Auch die Lage in der hügeligen Landschaft mit dem Wald und dem See machen einen Aufenthalt reizvoll.

• *Information* Viale Risorgimento 1 (neben dem Eingang zum Museum), Öffnungszeiten: Mo 9–13 Uhr, Di–Fr 9–13 und 15–18 Uhr, Sa 9–13 Uhr, So geschlossen.

• *Verbindungen* Über die Via Appia; **Busverbindungen** nach Rom, Frascati, Velletri.

• *Parken* Am Ortseingang (aus Richtung Castel Gandolfo kommend) oder links davon auf der Pzza. Luigi Sabatini. Die erste Stunde ist hier kostenlos, donnerstags ist der Platz gesperrt.

• *Übernachten* Das **Hotel Miralago** liegt ruhig am Waldrand, hat ein ordentliches Restaurant und einen schönen Garten, in dem man im Sommer frühstücken kann, der Service ist freundlich und die Atmosphäre beinahe familiär, die Zimmer wurden kürzlich renoviert. 3 Sterne, 45 Zimmer, DZ 80–120 €, Frühstück inklusive. Via dei Capuccini, 1200041 Albano Laziale, ✆ 06/9321018, 📠 06/9322253.

• *Essen/Trinken* Zu empfehlen ist das Restaurant **Antica Abazia**. Es gibt eine sehr große Auswahl an traditionellen, gut zubereiteten Gerichten, abends kommt noch ein reiches Pizzaangebot hinzu. Zu empfehlen sind z. B. die Ravioli mit Zucchiniblüten (Ravioli ai fiori di zucca), die grünen Gnocchi mit Paprika und Rucola (Gnocchi verdi con peperoni e rughetta) sowie die sehr guten Desserts. Menü um 27 €. Mo geschlossen. Via S. Filippo Neri 19, ✆ 06/9323187.

Familiär mit etwas herbem Charme, so geht's in der **Osteria de'San Paolo** zu. Hierher kommen die Handwerker der Umgebung, aber auch Geschäftsleute und essen gut zubereitete, frische Hausmannskost. Es gibt nur einen Speiseraum mit 25 Plätzen (aber dann wird es richtig eng), im Sommer finden auch auf der Straße ein paar Tische Platz. Der Liter offener Hauswein aus den Castelli kostet 3 €, das Menü ca. 13 €. Via A Saffi 67.

• *Einkaufen* Corso G. Matteotti, aber auch in der weniger hektischen Parallelstraße, der Via Cavour, und in der Via de Gasperi gibt es gute Einkaufsmöglichkeiten.

• *Markt* jeden Donnerstag auf der Pzza. Luigi Sabatini

Sehenswertes: Der Hauptstraße (Corso G. Matteotti) aus Richtung Castel Gandolfo folgend sieht man rechts, etwas tiefer gelegen, die Kirche **San Pietro Apostolo** mit romanischem Glockenturm. Der Bau entstand im 6. Jh. über den Ruinen der Thermen des Caracalla (212–217 n. Chr. erbaut). An den Seiten des Eingangsportals zum Langschiff sind antike Marmorgesimse, reich mit Blattwerk verziert, aus den Thermen verwendet worden. Der schlichte Innenraum ist mit einer offenen Balkendecke geschlossen. Oben an der Altarwand sind Freskenreste zu erkennen. Als Schranke des Altarraums dienen ebenfalls antike Marmorgesimse. Das unverputzte Mauerwerk belegt die zahlreichen baulichen Veränderungen und die Einbeziehung antiker Strukturen.

Schräg gegenüber, auf der linken Seite des Corso Matteotti führt die Via Settimio Severo zur **Porta Pretoria**, dem Haupttor des unter Kaiser Septimius Severus Ende des 2. Jh. n. Chr. angelegten Militärlagers. Das Tor war ursprünglich 36 Meter breit, wurde von zwei Türmen eingerahmt und bestand aus drei Bogendurchgängen. Die Reste eines Bogens kamen durch Bombenschäden im Zweiten Weltkrieg zum Vorschein. Das gesamte Lager war etwa 10 Hektar groß. Starke Mauern aus grauen Steinquadern umschlossen eine Fläche von 435 x 232 Metern. An den Ecken befanden sich Rundtürme, quadratische Türme säumten die Mauern. Stationiert waren hier 6000 Elitesoldaten der Legion Albani. Von diesem Lager ist in der Via Saffi (den Hügel hinauf rechts) auch noch der **Cisterone** erhalten, ein riesiges, in den Fels gehauenes Wasserreservoir mit einem Fassungsvermögen von 10.000 Kubikmetern. Durch den vergitterten Eingang erkennt man zwei in die Wand eingelassene Mosaike. Die Grabungsfunde sind im Museum ausgestellt, dort kann man sich auch zur Besichtigung des Cisterone anmelden. Weiter oberhalb, an der Straße zum See, kommt man zu den Resten des **Amphitheaters** (erbaut im 3. Jh. v. Chr.). In der Zeit, als das Militärlager genutzt wurde, konnten sich hier 15.000 Zuschauer unterhalten lassen.

In der Via della Rotonda (zweigt links von der Via Saffi ab) befindet sich die Kirche **Santa Maria della Rotonda** mit einem runden Grundriss und mittelalterlichen Anbauten sowie einem romanischen Glockenturm. Errichtet wurde die Kirche auf einem Nymphäum aus der Zeit Kaiser Domitians (1. Jh. n. Chr.). Sehenswert ist in der Vorhalle ein zweifarbiges antikes Mosaik, das eine Seeschlange zeigt. Um die Kirche zu besichtigen, kann man sich an das Museum wenden.

Folgt man dem Corso Matteotti in Richtung Ortsausgang (in Richtung Ariccia), sieht man links oberhalb einer kleinen Parkanlage die klassizistische Villa Ferraioli von 1834, die heute das **Museum** beherbergt. Ausgestellt sind Funde der Umgebung aus prähistorischer bis römischer Zeit, hauptsächlich aus dem Militärlager. Hier kann man sich auch nach Besichtigungsmöglichkeiten des Cisterone, des Nymphäums und der Kirche Santa Maria della Rotonda erkundigen.

Öffnungszeiten Mo–Fr 9–13 Uhr, Mi und Do auch 16–19 Uhr, Sa 8–14 Uhr, So 9–13 Uhr; Adresse: Viale Risorgimento 3.

Latium
Karte S. 423/429

Ariccia (ca. 17.000 Einwohner)

Zwischen zwei hohen Brücken der Via Appia und eingerahmt von Albaner See und Nemi-See liegt auf einem kleinen Felsplateau das Städtchen Ariccia. Der Ort erlangte wegen der Schönheit seiner Lage und des harmonischen Zusammenspiels von Landschaft, Brücken und einem einzigartigen Architekturensemble große Beliebtheit bei den Malern der Romantik und ist auf vielen Gemälden und Stichen aus der Zeit in herrlichen Perspektiven zu sehen. Hauptattraktion ist der Palazzo Chigi, der zusammen mit einem urban angelegten Platz und dem kuppelbekrönten Rundbau der Kirche Santa Maria dell'Assunta eine beeindruckende bauliche Einheit bildet.

- *Verbindungen* Von Rom 26 km südöstlich, über die Via Appia.
- *Essen/Trinken/Spezialitäten* **Ai Cacciatori**, Spezialität ist „Porchetta" (geröstetes Spanferkel). Mo geschlossen. Via Flora 16, ✆ 06/9330646.

Für diese besondere Spezialität wird im Ort am ersten Sonntag im September sogar ein eigenes Fest gefeiert („Sagra della Porchetta"). Um diesen Termin herum gibt es überall Spanferkel und dazu den derben, trockenen Castelli-Wein.

Von Albano aus führt die Via Appia über eine mächtige Brücke, die Papst Pius IX. 1854 bauen ließ. Sie besteht aus drei übereinander liegenden Bogengängen und überspannt auf einer Länge von 300 Metern ein kleines Tal. Die Brücke führt direkt auf die Platzanlage mit dem Chigi-Palast. Das Ensemble wurde 1664–1672 von Gianlorenzo Bernini im Auftrag Papst Alexander VII. erbaut. Erforderlich wurde dazu die Umstrukturierung des ganzen Örtchens. Die Kirche **Dell'Assunta** gegenüber des Palazzo Chigi ist ein barocker Rundbau mit direkt aufgesetzter Kuppel, der Vorbau mit Pfeilern und Dreiecksgiebel verweist direkt auf das Vorbild des Pantheons in Rom. Profane Seitenbauten der Kirche vervollständigen die Platzanlage. Eine kulissenhafte Scheinarchitektur verbindet beide Seitengebäude, bildet einen haushohen Halbkreis hinter der Kirche und verbirgt das mittelalterliche Gefüge des Städtchens dahinter, sodass ein rein barocker Anblick entsteht.

▸ **Der Palazzo Chigi**: Der Palast ist so eindrucksvoll, weil er eine fast unveränderte Ausstattung birgt. Mobiliar, Gemälde und Skulpturen sowie viele persönliche Gegenstände erinnern an die Adelsfamilie, die hier bis 1918 lebte. Seitdem hier 1962 Szenen zu Viscontis Film „Der Leopard" nach dem gleichnamigen Roman von Tomasi de Lampedusa gedreht wurden, ist der Palast regelmäßig Schauplatz unterschiedlichster Filmhandlungen. 1998 wurden aufwendige Restaurierungsarbeiten beendet, und das Gebäude zeigt sich wieder im originalen Himmelblau, die „color dell'aria", die im Rom während der Barockzeit groß in Mode war. Der sehr zu empfehlende Rundgang durch die historischen Räume führt u. a. durch den illusionistisch ausgemalten Sommer-Frühstücksraum, in dem man sich fühlt wie in einer Gartenlaube mit paradiesischer Flora und Fauna, durch Räume mit originaler Wandbespannung aus geprägtem und bemaltem Leder (aus dem 17. Jh.) sowie, in Europa fast nicht mehr zu finden, durch eine Schlossapotheke, deren Wände unzählige Porträtminiaturen der Chigi zieren. Der weitläufige Schlosspark war ebenfalls Gegenstand der Sammelleidenschaft der Familie. Hier finden sich botanische Raritäten, z. B. amerikanische Mammutbäume, die noch aus dem 16. Jh. stammen.

• *Öffnungszeiten* **Palazzo Chigi** nur im Rahmen einer Führung zu besichtigen, die etwa 45 Min. dauert. 1.4.–30.9.: Di–Fr 11, 16, 17.30 Uhr, Sa u. So von 10.30 bis 12.30 Uhr und von 16 bis 19 Uhr jeweils stündlich; 01.10.–31.3.: Di–Fr 11, 16, 17.30 Uhr, Sa u. So von 10.30 bis 12.30 Uhr und von 15 bis 18 Uhr jeweils stündlich. Eintritt: 7 €. **Park des Palazzo Chigi** nur im Sommer (1.4.–30.9.) und auch nur im Rahmen einer Führung zu besichtigen: Di–Fr nur für Gruppen ab 15 Personen nach Anmeldung (✆ 06/933053, ✆ 06/9330988), Sa u. So 10–12 und 15.30–18.30 Uhr jeweils stündlich.

Lago di Nemi

Der Nemi-See liegt klein (die Oberfläche beträgt nur 1,56 km²) und dunkelblau in einem tiefen Kessel, der von dicht bewaldeten, steil abfallenden Kraterwänden umschlossen ist.

An den fruchtbaren Ufern des Sees wachsen die für ihr Aroma bekannten Erdbeeren. Einige Obst- und Gemüsegärten reichen sogar direkt bis an das Wasser heran, ansonsten ist das Ufer überwiegend schilfbewachsen. Zum Baden eignet sich der See nicht, es gibt aber einen Bootsverleih beim Museo delle Navi (Näheres zum Museum s. u.). Von Genzano aus führt eine Straße zum Seeufer und zum Museum hinab. Die von dort ausgeschilderte Straße nach Nemi ist sehr eng und hat extreme Schlaglöcher. Da der letzte Teil gesperrt ist, kommt man nur über einen Wanderweg vom Seeufer bis hinauf nach Nemi. Der Ort ist deshalb nur direkt von Genzano aus über die Straße zu erreichen, die auf dem Kraterrand um den ganzen See herumführt.

Der für seine exzentrischen Ideen bekannte Kaiser **Caligula** (37–41 n. Chr.) ließ im See zwei riesige Schiffe (70 m lang, 20 m breit) verankern, die reich mit vergoldeter Bronze dekoriert waren und wie schwimmende Paläste ausgesehen haben sollen. Die Schiffe, irgendwann morsch geworden, versanken zwar, doch ihr Andenken lebte in Sagen fort. Unter Mussolini gelang es, die Wracks zu orten und unter gewaltigem Aufwand zwischen 1928 und 1933 zu heben. Eigens baute man ein Museum für diese noch erstaunlich gut erhaltenen Zeugnisse des dekadenten Lebens der antiken Kaiser. Im Zweiten Weltkrieg kam es hier zu Kämpfen. Einige Granaten trafen das Museum, und die antiken Schiffe verbrannten vollständig. Erhalten sind nur noch einige Stücke Holz und feingearbeitete Bronzeappliken, die Episoden aus der griechischen Mythologie zeigen. Eine Dokumentation zu den Schiffen, Rekonstruktionen von Details und einige gerettete Originalteile zeigt das **Museum** am Seeufer. Vor der Halle ist der in Originalgröße rekonstruierte Kiel eines Schiffes zu sehen.

• *Öffnungszeiten* Museo delle Navi, Mo–Sa 9–17.30 Uhr, So 9–13 Uhr.

• *Zufahrt* nur von Genzano aus möglich.

Die wertvolleren Reste der Bronzedekoration sind heute im römischen Nationalmuseum im Palazzo Massimo zu besichtigen.

Nemi (ca. 1.400 Einwohner)

Der Ort, der den Namen des Sees trägt, liegt 100 Meter hoch über dem See auf einem Vorsprung vulkanischer Herkunft, umgeben von Wald. Er ist klein und für die Gegend der Castelli Romani ungewöhnlich ruhig, ein Eindruck, der durch den kleinen, tiefen Kratersee und die dunkelgrünen Wälder noch verstärkt wird. Im alten, dicht gedrängten Zentrum steht auf der Piazza Umberto I das Schloss der Familie Ruspoli im Renaissancestil mit einem mächtigen Rundturm. Noch heute ist er in Privatbesitz, man kann den Palast mit herrlicher Gartenterrasse und großen Räumen im klassizistischen Stil daher leider nicht besichtigen. Von außen wirkt der Bau inzwischen nur notdürftig in Stand gehalten.

Sehenswert sind am Ortseingang die Kapelle des Kruzifixes und im Zentrum die Kirche Santa Maria Assunta (17. Jh.) mit einem bedeutenden Triptychon aus dem 15. Jh. Das Beste aber ist der Blick von der Promenade, an der die Bars kleine Tische aufgestellt haben und man bei einem Aperitif über den See nach Genzano auf dem gegenüberliegenden Kraterrand und darüber hinaus bis zum Meer sehen kann. Reizvoll ist auch ein Spaziergang durch die engen Gassen den Hügel hinauf. Am höchsten Punkt des Ortes befindet sich ein Waschplatz mit alten Bassins, die in neuerer Zeit überdacht wurden (leider durch Vandalismus beschädigt und verschmiert). Vom Belvedere dahinter genießt man den Fernblick in aller Stille.

Oberhalb des Waschhauses beginnt der Wald. Es gibt mehrere beschilderte naturkundliche **Wanderwege** (z. T. mit Seeblick), einer führt sogar bis zum See hinab.

• *Verbindungen* Von Rom aus über die Via Appia bis Genzano di Roma und von dort aus der Beschilderung bis Nemi folgen, von Marino die Panoramastraße „ai Laghi" (Staatsstraße SS 217) in Richtung Velletri und von dort Abzweigung nach Nemi.

• *Übernachten* Das beste Hotel ist das **Diana Park**, eine gut ausgestattete Villa mit herrlicher Aussichtsterrasse und Park, ein gehobenes, etwas überdekoriertes Restaurant ist vorhanden. 4 Sterne, 31 Zimmer, DZ 135 €, Frühstück inkl. Via Nemorense 44, 00040 Nemi, ✆ 06/9364041, ℻ 06/9364063, www.hoteldiana.com.

Weniger komfortabel, aber auch etwas preiswerter ist das **Hotel Al Refugio** außerhalb des Ortes an der Straße nach Genzano, ebenfalls mit phantastischem Seeblick. Das Haus liegt ruhig, es gibt einen Garten mit Kinderspielplatz und ein Restaurant. 2 Sterne, 28 Zimmer, DZ ca. 88 €, Frühstück inkl. Via Nemorense 30, 00040 Nemi, ✆ 06/93659026, ℻ 06/93659025.

• *Essen/Trinken* **Trattoria Capriccio sul Lago**, hier kann man vorzüglich speisen, besonders empfehlenswert sind die Gerichte mit frischen Pilzen, Wild oder Süßwasserfischen. Mo Ruhetag (im Sommer immer geöffnet). Via del Lago 13.

• *Feste* Einen Besuch wert ist das **Erdbeerfest** am 1. Sonntag im Juni.

Latium Karte S. 428/429

Der Süden von Latium

An der südlichen Küste Latiums beginnt bald nach dem Hafenstädtchen Anzio die Dünenlandschaft des Nationalparks Circeo mit breiten weißen Sandstränden. Jenseits des bekannten Badeorts Terracina wird die Küste dann abwechslungsreicher und felsiger. Von den Bergen sieht man in der Ferne die Pontinischen Inseln, von denen nur die Hauptinseln Ponza und Ventotene bewohnt sind. Sehenswerte Städtchen archaischen Ursprungs mit kolossalen Mauern und Bauwerken aus dem 10. bis 13. Jh. finden Sie in der Provinz Frosinone, nördlich der Autobahn A 1.

Latina

(ca. 114.000 Einwohner)

Die Provinzhauptstadt Latina wurde in der Zeit des Faschismus komplett auf dem Reißbrett geplant und mitten in den ehemaligen Pontinischen Sümpfen sieben Kilometer vom Meer entfernt gebaut. Der Ort hat also keinerlei historische Wurzeln und somit auch keine Altstadt – für Latium ist das höchst ungewöhnlich.

Schon immer war die Pontinische Ebene südlich von Rom zwischen dem Meer und den Lepinischen Bergen ein von Malaria verseuchtes Sumpfgebiet, das Reisende, die auf der Via Appia unterwegs waren, möglichst schnell hinter sich bringen wollten. Erst unter Mussolini gelang die Trockenlegung. Er kommandierte 60.000 Arbeiter ab und ließ 268 Entwässerungsgräben ausheben. Durch das ausgeklügelte Kanalsystem verwandelte sich der Morast in fruchtbares Ackerland, das durch ein rechtwinklig angelegtes Straßennetz von über 500 km Länge erschlossen wurde. Mitten im ehemaligen Sumpf ließ Mussolini innerhalb von vier Jahren die neue Hauptstadt Littoria bauen, das heutige Latina. Benannt war die Stadt nach dem Rutenbündel mit Axt, dem antiken Zeichen der Staatsgewalt, das die Faschisten als Symbol übernahmen. Am 18. Dezember 1932 weihte Mussolini persönlich Littoria ein. Drei weitere Stadtgründungen folgten (Sabaudia, Pontina und Aprilia).

Littoria war das Prestige-Projekt des Duce, bei dem er seine städtebaulichen Vorstellungen umsetzen konnte, ohne Rücksicht auf bestehende Strukturen nehmen zu müssen. Befremdlich wirken heute viele erhaltene Zeugnisse des Faschismus, weshalb man Latina auch „Mussolini-Wunderland" genannt hat. Hier werden beispielsweise an der Fassade des Rathauses noch immer Volk und Führer gegrüßt und die Kanaldeckel ziert das faschistische Rutenbündel. Vor dem Gebäude in Form eines „M" für Mussolini steht eine dralle Marmormutter mit vielen gesunden, lebhaften Kindern, und am Anfang des Viale dell'Aviatore, der Straße der Luftfahrt, zeigt auf einem Sockel ein Flugzeug mit den Nationalfarben senkrecht in den Himmel.

Ungewöhnlich ist auch die ganze Stadtanlage, die etwa achteckig einem Spinnennetz gleicht und in der alle großen Straßen radial auf die Piazza del Popolo zustreben. Im Zentrum dieses großen Verkehrskreisels befindet sich eine symmetrische Grünanlage mit nüchternem Brunnen. Auch in anderer Hinsicht unterscheidet sich Latina von anderen Städten Latiums: Die Straßen wirken sauber, sind breit und haben viele Parkplätze. Direkt im Zentrum gibt es große Bau-, Elektro- und Supermärkte. In den neueren Randlagen überwiegen phantasielose, billige Betonbauten. Die Theater- und Musikszene ist vielfältig und lebendig. Die Wirtschaft wächst und mit ihr die Stadt, in der heute ca. 114.000 Menschen leben.

Obwohl die Landschaft in der Pontinischen Ebene recht eintönig ist und Industrieansiedlungen Teile der landwirtschaftlichen Strukturen verdrängt haben, ist die Lage von Latina geradezu ideal. Schnell erreicht man den Nationalpark Circeo mit einem Dünenstreifen zwischen dem Meer und den schmalen Binnenseen, an denen eine reiche Artenvielfalt existiert. Eine gut ausgebaute Straße führt beim Küstenort **Lido di Latina** zum Strand. Im Sommer pendeln fast permanent Busse auf dieser Strecke, entsprechend stark überlaufen ist dann dieser typische, aber wenig reizvolle Bade- und Hotelort.

• *Information* Pzza. del Popolo, ✆ 0773/480672, oder Via Duca del Mare 19 (5. Stock), 9–13 Uhr, ✆ 0773/695404, 📠 0773/661266, www.aptlatinaturismo.it.

• *Anreise* Von Rom über die gut ausgebaute Via Pontina (Staatsstraße SS 148); von der Autobahn A 1 (Rom–Neapel), Abfahrt Frosinone, weiter über die Staatsstraße SS 156).

• *Entfernungen* Nach Rom 68 km, nach Neapel 175 km.

• *Hotels im Zentrum* Im Zentrum von Latina gibt es kaum attraktive Übernachtungsmöglichkeiten. In den meisten Hotels steigen Geschäftsleute ab, die Touristen zieht es an den nahen Strand.

Das beste Hotel in zentraler Lage ist wohl das **Cami Hotel**, ein Bau aus den 1960er Jahren, mit passablem Restaurant, kleiner Grünanlage, Garage und gut ausgestatteten Zimmern. 4 Sterne, 68 Zimmer, DZ 83–135 €. Via Canova 12, 04100 Latina, ✆ 0773/661281, 📠 0773/661153, www.camihotel.com.

• *Hotels in Lido di Latina* **Hotel Gabriele**, liegt unmittelbar am Strand. Die zweckmäßig eingerichteten Zimmer haben Balkon mit Meerblick. Auf dem hoteleigenen Strand gibt es ein Beachvolleyball-Feld und manchmal Strand-Disco. 3 Sterne, 39 Zimmer, DZ mit Frühstück ca. 45–85 €. Lungomare Foceverde 346, 04100 Latina, ✆ 0773/645800, 📠 0773/648696.

Empfehlenswert ist auch das kleine familiäre **Mediterraneo** mit nur 15 ordentlich ausgestatteten Zimmern (3 Sterne), Pool, eigenem Zugang zum Strand, Restaurant und Parkplatz. DZ 45–80 € inklusive Frühstück. Via Valmontone Foceverde, 04100 Latina, ✆ 0773/645044, 📠 0773/404114.

• *Campingplätze* Allein in Lido di Latina gibt es neun Plätze in Strandnähe, zahlreiche weitere reihen sich entlang der ganzen Küste aneinander. Die Auswahl ist so groß, dass außerhalb der Ferienmonate von Mitte Juli bis Ende August problemlos für jeden Anspruch ein passendes Plätzchen zu finden ist. Fast alle Campingplätze öffnen im April oder Mai und schließen Ende September.

Stella Mare, 15 ha für bis zu 500 Personen, dichter Baumbestand, gute Ausstattung (allerdings kein Pool), für 2 Pers. 12–20 €. Geöffnet von April bis September. Via Lungomare 80, 04100 Latina, ✆/📠 0773/273302.

Fogliano, 60 ha für bis zu 800 Personen; mit Abstand größter Platz der Umgebung, Bungalows, Laden und Restaurant (kein Pool), für 2 Pers. 14–23 €, Bungalow 20–32 €. Geöffnet von Mai bis September. Via Casilina Sud, 04100 Latina, ✆ 0773/273359.

• *Essen/Trinken* Die **Enoteca dell'Orologio** in einem Gebäude aus faschistischer Zeit an der zentralen Pzza. del Popolo (Nr. 20) ist ein elegantes Restaurant mit vorzüglicher Küche, die der Jahreszeit angepasst ist. Köstlich sind die stets frischen Fischgerichte, vielfältig die Desserts. Menü zu einem wirklich angemessenen Preis um 30 € (mit Fisch etwas teurer). So und Mo geschlossen, ✆ 0773/473684.

Ristorante Impero, traditionsreiches, aber einfaches Lokal mit bodenständiger Küche; Menü um 22 €. So abends und Mo geschlossen. Pzza. della Libertà 19, ✆ 0773/693140.

La Siele, preiswertes Restaurant mit qualitätvollen Gerichten, denen man die Frische der Zutaten anmerkt, empfehlenswert sind z. B. die Vorspeisen mit Meeresfrüchten oder die Nudelgerichte mit herrlichen Soßen. Mo geschlossen. Via Piave 49, ✆ 0773/665867.

• *Unterhaltung* Es gibt jede Menge Diskotheken und Clubs, deren Namen, Betreiber, Ausstattung und Beliebtheit häufig wechseln; die meisten liegen außerhalb an den großen Verbindungsstraßen oder einsam auf dem Land. In der Stadt gibt es z. B. die Diskothek **Felix Club** in der Via Don Torello oder das **New Bird Lives** am Corso Matteotti. Beliebt sind im Sommer auch die Strandpartys, die durch Plakate unübersehbar angekündigt werden.

Latium Karte S. 428/429

Die Küste der Provinz Latina

Die tyrrhenische Küste südlich von Rom ist mit Ferienhäusern, gesichtslosen Appartementanlagen und Badeanstalten fast durchgehend gesäumt. Im Sommer sind die Straßen zugeparkt und total überfüllt, im Winter wirkt alles verlassen und öde. Erst nach der Hafenstadt Anzio ist das Meeresufer nicht mehr so dicht bebaut, die Küste wird abwechslungsreicher und die Strände attraktiver. Von den Badeorten haben die beiden Städtchen Anzio und Nettuno noch ein hübsches altes Zentrum. Dank der Beliebtheit der Orte bei den Römern wuchern aber auch hier in den rasch wachsenden Außenbezirken hässliche Betonbauten. So sind Anzio und Nettuno inzwischen zusammengewachsen.

Parco Nazionale del Circeo

Südlich von Lido di Latina beginnt der Nationalpark Circeo, der sich an der Küste entlang bis San Felice Circeo erstreckt und heute eine der schönsten und interessantesten Naturlandschaften Italiens ist.

Der Park ist seit 1934 gesetzlich geschützt und dient dazu, einen Teil der einzigartigen Tier- und Pflanzenwelt zu erhalten, wie sie hier vor Trockenlegung der Pontinischen Sümpfe bestand. Wahrzeichen des Parks ist der schmale Dünenstreifen mit dem feinen, weißen Sandstrand, der das Meer von den Küstenseen trennt. Der strenge Schutz in den inneren Zonen, die nur mit Sondergenehmigungen betreten werden können, hat inzwischen zu Erfolgen geführt: Man sieht eine Vielzahl unterschiedlichster Vogelarten, darunter auch die seltenen Seidenreiher.

Im Süden begrenzt das steile Felsenmassiv der Circe mit einer Höhe von 541 Metern den Park. Ursprünglich war der Berg einmal eine Insel, auf der nach der Mythologie die Zauberin **Circe** gelebt haben soll. Die Dame soll die Gefährten des Odysseus vorübergehend in Schweine verwandelt und den Helden mit ihrem Gesang sprichwörtlich bezirzt haben. Aus dem lustvollen Jahr seines Aufenthalts sollen gleich mehrere Söhne hervorgegangen sein, die dann mehrere bedeutende Städte in der Umgebung gründeten.

San Felice Circeo (ca. 8.000 Einwohner)

Die Küstenstraße führt im Landesinnern um den Monte Circeo herum. Von hier aus gelangen Sie über eine sehr steile Serpentinenstraße zu dem kleinen Ort San Felice Circeo mit der hübschen Altstadt und der phantastischen Aussicht auf die Küste bis nach Terracina. In der Mitte des gepflegten Stadtkerns an der Pzza. Lanzuisi steht der Torre dei Templari mit dem Palazzo Baronale aus dem 13. Jh. Die Strada delle Crocette steigt zur höchsten Stelle des Berges hinauf, wo die Reste einer Zyklopenmauer und einer Akropolis zu sehen sind. Die Strada del Faro führt zum Südhang und bietet weite Ausblicke über den Nationalpark und die Dünenlandschaft. Der **weiße Sandstrand** führt schnurgerade über eine Strecke von 15 km bis nach Terracina. Die parallele Promenade säumen viele Hotels und Appartementhäuser, die in der Hauptsaison fest in römischer und deutscher Hand sind. In den Sommermonaten ist der Strand gut besucht, Strandverkäufer und lärmende Radios sind allgegenwärtig. Die Restaurants sind ganz auf Tourismus eingestellt. Ab dem Herbst sind fast alle Geschäfte und Restaurants geschlossen, die Küste wirkt dann recht einsam und verlassen.

• *Übernachten* Im historischen Zentrum hoch über dem Meer liegt das kleine, bescheidene **Hotel Giardini degli Ulivi** mit Restaurant; 2 Sterne, 22 Zimmer, DZ mit Früh-

Die Dünenlandschaft im Nationalpark Circeo

stück 65–80 €. Via XXIV Maggio 13, 04017 San Felice Circeo, ✆ 0773/548034.

• *Essen/Trinken* **La Veranda del'Hotel Maga Circe** ist ein seit 70 Jahren bestehender Familienbetrieb. Man sitzt herrlich auf der Terrasse mit Meerblick; Schwerpunkt der Küche sind die frischen Fischgerichte, es gibt aber auch Fleisch und Gemüse. Via Ammiraglio Bergamini 7, San Felice Circeo, ✆ 0773/546224 außerhalb der Saison ist Mo geschlossen, Menü um 35 €.

Terracina

(ca. 35.000 Einwohner)

Terracina mit seiner charakteristischen Felsnadel und dem Plateau des Jupiter-Tempels ist der wohl bekannteste Badeort an der tyrrhenischen Küste.

Wo die Ausläufer der Ausoni-Berge das Meer berühren, auf etwa halber Strecke zwischen Rom und Neapel, trifft man an der Via Appia auf die Stadt Terracina. Ein deutlicher Gegensatz besteht zwischen dem höher gelegenen, mittelalterlichen Stadtkern mit Resten der Antike und dem größeren, industrialisierten Teil mit modernen Wohnanlagen zwischen Via Appia und dem Meer.

Latium
Karte S. 428/429

Verbindungen/Diverses

• *Verbindungen* Autobahn Rom–Neapel (A 1), Abfahrt Frosinone, weiter über die Staatsstraße SS 156 in Richtung Terracina; von Rom über die Via Appia, oder von Latina über die Superstrada (SS 148).

Busverbindungen nach Latina. Entfernungen: nach Rom ca. 100 km, nach Neapel ca. 120 km, nach Latina 40 km.

Schiffsverbindungen zu den Pontinischen Inseln: Informationen bei Linea Mazzella, Via del Moro, ✆ 0773/723406. Verbindungen von Terracina nach Ponza (etwa 30,5 Seemeilen, d. h. 57 km entfernt): von Juni bis 15. September zwei Abfahrten am Morgen in Terracina und am Nachmittag zwei Rückfahrttermine von Ponza. Außerhalb der Saison nur eine Hin- und Rückfahrt pro Tag.

• *Märkte/Feste* Wochenmarkt Do 7–13 Uhr, Antik- und Flohmarkt an jedem 3. Sonntag im Monat.

• *Wassersportmöglichkeiten* Es gibt mehrere **Tauchschulen**, z. B. Pianeta mare, Via Olmata 18, ✆ 0773/709430, oder Diving Costazzurra bei dem gleichnamigen Campingplatz (s. u.).

Bootsverleih, Noleggio imbarcazioni Nautica Badino, Porta Badino, ✆ 0773/764877.

Übernachten

• *Hotels* **Grand Hotel Palace**, zentral an der östlichen Hafenpromenade unterhalb des Jupiter-Tempels bei der Bucht am Hafen gelegen. Die Zimmer zur Seeseite haben Balkone; gute Ausstattung, Restaurant, Garage und hoteleigener Strand. Das Beste ist aber wohl der grandiose Blick auf den Jupiter-Tempel und das Meer von der Dachterrasse. 4 Sterne, 72 Zimmer, DZ mit Frühstück 80–120 €, Voll- und Halbpension sind möglich. Lungomare Matteotti 2, 04019 Terracina, ✆ 0773/709523, 📠 0773/709623.

Ebenfalls über einen eigenen Strand verfügt das **Hotel L'Approdo**, zentrale Lage, Zimmer zur Seeseite mit Balkonen; 3 Sterne, 52 Zimmer, DZ außerhalb der Saison ab 70 €, im Sommer ab 100 €. Viale Circe, 04019 Terracina, ✆ 0773/726221, 📠 0773/723598, www.approdohotel.com.

• *Campingplätze* Es gibt insgesamt 15 Campingplätze im Gebiet von Terracina, die aber alle nur während der Saison von April bis September oder Mitte Oktober geöffnet sind. Empfehlenswert ist z. B. **Costazzurra**, mit Gras- und Sandboden, mittlerem Baumbestand, Pool, Tauchcenter, Restaurant, Laden, 52 kleinen Bungalows. 2 Pers. 28–41 €, Bungalow für 2 Pers. 66–105 €. Località Acqua Santa, an der Via Appia bei km 104 und direkt am Meer gelegen, 04019 Terracina, ✆ 0773/702589, 📠 0773/700839, www.costazzurravillaggio.it.

Essen/Trinken

Ristorante Il Caminetto da Nazareno, trotz der vielen Touristen im Ort ist dies eine typische italienische Trattoria nach bester Tradition geblieben. Geboten wird vorzügliche, traditionelle Meeresküche und alternativ dazu auch andere kreative Speisen, die ihresgleichen suchen. Menüpreis ca. 36 € (mit Langusten etwas mehr). Mo geschlossen. Via Cavour 19–21 (ganz in der Nähe der Felsnadel), ✆ 0773/702623.

L'Enoteca del Caminetto ist ein Weinausschank mit Restaurant, der im Jahr 2002 als Zweigstelle des Restaurants (s.o.) eröffnet wurde. Hier können Sie Wein kaufen, glasweise probieren und kleine, sehr gute Gerichte ganz in der Tradition des Restaurants bekommen. Menü preiswerter als im Restaurant, ca. 26 €. Mo und Di geschlossen. Via Marconi 22, telefonisch ist nur das Restaurant zu erreichen, dort können Sie aber auch für die Enoteca reservieren.

Bottega Sarra 1932 ist ein traditionsreicher Familienbetrieb mitten in der Altstadt. Geboten wird traditionelle Küche auf sehr hohem Niveau mit Schwerpunkt auf Meeresfrüchten. Verwendet wird nur frischer Tagesfang, und auch alle anderen Zutaten sind von außerordentlicher Qualität und Frische. Menü à la carte ca. 37 €, Tagesmenü je nach Angebot um 30 €. Mo Ruhetag. Via Villafranca 34, ✆ 0773/702045.

Rund um die **Pzza. della Repubblica** finden Sie mindestens ein halbes Dutzend Trattorien und Pizzerien. Am besten gehen Sie dorthin, wo die meisten Italiener sitzen. Zu empfehlen ist die **Pizzeria La Marina**. Am Abend meist gut besucht, dann isst man draußen auf dem Platz recht gute Pizza oder andere traditionelle Gerichte (darunter auch Fischgerichte, wie z. B. „Fritto misto di mare"); Menüpreis ca. 20 €. Mo Ruhetag. Pzza. della Repubblica 16–17, ✆ 0773/702424. **Universal Frullati**, dies ist eine sehr gute Alternative zu den anderen Restaurants. Es ist eine Mischung aus Birreria, Spaghetteria, Paninoteca, American Bar und Gastronomia, kurzum, man bekommt einfach alles, was schnell geht und nicht teuer ist, vom Cocktail bis zum Teller Spaghetti – und ein gutes Bier vom Fass. Via Fontana Vecchia (nähe Hauptpost).

Geschichte/Sehenswertes

Die herrliche Lage zog schon in der Antike viele Erholungssuchende an. Es entstand eine mondäne Villenstadt für die reiche römische Prominenz. Häufig gesehener Gast war auch Kaiser Trajan, der die Via Appia und den alten Hafen ausbauen ließ. Im Mittelalter sicherten sich die Päpste den Ort als ihren Privatbesitz. Etwa aus dieser Zeit stammt der größte Teil der heutigen Altstadt. Im Zweiten Weltkrieg gab es mehrere Bombentreffer, unter dem Schutt entdeckte man Reste antiker römischer Gebäude.

Auf dem zentralen Platz der Altstadt, der **Piazza del Municipio** sehen Sie Zeugnisse aus unterschiedlichsten Epochen auf engstem Raum versammelt: In der Antike befand sich an dieser Stelle das Forum der Stadt. Die Pflasterung mit Steinquadern stammt aus der Zeit Kaiser Trajans (98–117 n. Chr.), und auch ein Stück der originalen Via Appia ist erhalten. Gegenüber vom Dom am Corso Anita Garibaldi sind nach Bombenangriffen im Jahr 1944 die Reste des kapitolinischen Tempels aus dem 1. Jh. v. Chr. mit Treppe und Mauern der Cella zutage gekommen. Das Mittelalter ist auf dem Platz vertreten mit dem gotischen Palazzo Venditi (Ende 13. Jh.), dem alten Getreideturm Torre dei Rosa (leider umbaut vom modernen Rathaus) und der sehenswerten Kathedrale San Cesareo. Sie steht auf den Fundamenten des größten Tempels am Forum, der der Göttin Roma und dem vergöttlichten Augustus geweiht war. Aus der Zeit der Erbauung der Kirche im 12. Jh. stammt noch die Fassade und der Glockenturm. Den Innenraum passte man im 18. Jh. dem Zeitgeschmack des Barock an. Erhalten blieben die herrlichen Cosmatenarbeiten, der Mosaikfußboden, der einzigartige Osterleuchter (von 1265) und die Kanzel über vier auf Löwen ruhenden Säulen. Die Säulen zwischen Haupt- und Seitenschiffen sind, wie auch die Säulen des Altarbaldachins, antik und stammen wohl aus dem Forumstempel. Ob die Moderne an diesem ehrwürdigen Platz nun durch den klobig düsteren Betonbau des Rathauses würdig vertreten ist, mag jeder Besucher selbst beurteilen. Von dessen Terrasse aus hat man aber immerhin einen sehr schönen Ausblick. Im Rathaus mit dem umbauten mittelalterlichen Turm befindet sich das **Archäologische Museum**. Die Sammlung umfasst Fundstücke von Ausgrabungen der Umgebung, darunter einige Marmorstatuen, Sarkophage, Urnendeckel und Inschriftentafeln.

Das Wahrzeichen Terracinas – die Felsnadel Pisco Montano

Öffnungszeiten **Archäologisches Museum**, von Mai bis September Mo–Sa 9.30–13.30 Uhr, Di–Sa zusätzlich 15–21 Uhr, So 10–13 Uhr; von Oktober bis April Mo–Sa 9–13, zusätzlich Di–Sa 15–19 Uhr, So 9–13 Uhr. Eintritt: 1,55 €, für Personen unter 18 und über 60 Jahre Eintritt frei. ✆ 0773/707313.

Folgen Sie von der Pzza. del Municipio dem Corso A. Garibaldi, so erreichen Sie die sehenswerte Kirche del Purgatorio und können von hier aus weitere Gassen der kleinen Altstadt durchstreifen. Überall begegnet man Mauerresten aus der Römerzeit, z. B. an der Via A. Martucci den Ruinen eines **Amphitheaters.**

Am südlichen Stadtausgang stehen Sie vor einem der beiden Wahrzeichen der Stadt: Es ist die 36 Meter hohe Felsnadel **Pisco Montano**. Abends wird der Felsen angestrahlt und erscheint dann in einem warmen, gelben Licht.

Ursprünglich reichte das Bergmassiv an dieser Stelle bis ins Meer. In der frühen Antike mussten Reisende auf dem Weg nach Süden beschwerlich den steilen Berg überwinden. Kaiser Trajan ordnete deshalb an, den Berg zu durchschneiden und die Via Appia an der Küste weiterzuführen.

Einen einzigartigen Blick auf den Pisco Montano, die Stadt, das Meer und den Strand haben Sie vom Gipfel des **Monte Sant'Angelo** hoch über der Stadt. Hier befindet sich das zweite Wahrzeichen Terracinas, die schon von weitem zu sehende Ruine des riesigen **Jupiter-Anxur-Tempelbezirks**. Erhalten ist nur noch die auf zwölf Pfeilerbögen ruhende, kolossale Terrasse, auf der etwas zurückgesetzt die Basis des eigentlichen Tempels zu erkennen ist. Mit seinem Bau begann man schon zur Zeit der Republik (1. Jh. v. Chr.), vollendet wurde er erst gut hundert Jahre später unter Augustus.
Einen Besuch des Tempels sollten Sie nicht versäumen. Die Ruinen sind beeindruckend, und vor allem die Aussicht ist einmalig schön. Bei gutem Wetter sind sogar die Pontinischen Inseln zu sehen. Im Sommer ist die kleine Bar auf dem höchsten Punkt des Berges ein beliebtes Ausflugsziel.

▶ **Abtei von Fossanova**: Von Terracina kann man einen Ausflug zu der unbedingt sehenswerten Klosteranlage von Fossanova unternehmen. Die Anfang der 1990er Jahre aufwendig restaurierte Abtei ist das älteste und berühmteste Bauwerk Italiens im gotisch-zisterziensischen Stil. Die schlichte Architektur, die gelbe Tönung des Steins, der beschauliche Kreuzgang und die liebevoll gepflegten Gärten erinnern an die Tochtergründung Casamari (siehe S. 516f.). Die Abtei wurde im 9. Jh. gegründet und ging 1133 an die Zisterzienser. Den Grundstein für die Kirche legten die Mönche 1187. Gut zwanzig Jahre später wurde sie von Papst Innozenz III. geweiht.
Über dem Portal an der Fassade befindet sich eine herrliche Rosette. Im schlichten, hellen Innenraum bilden die Pfeiler den einzigen Schmuck. Die drei kahlen Schiffe haben keine Seitenkapellen, die den Blick des Besuchers ablenken und so seine Andacht stören könnten. Der Chor ist viereckig und nicht, wie sonst üblich, halbrund. Die Vierung krönt ein achteckiger Turm. Die Ruhe dieses feierlichen Ortes überträgt sich sofort auf den Besucher.
Vom rechten Seitenschiff aus gelangen Sie in das **Klostergebäude.** Der Weg führt durch den Kapitelsaal mit seiner Harmonie aus gotischen Formen und romanischen Mauern sowie durch das Refektorium. Ein Schild weist zu einem kahlen, hohen Raum des Gästehauses, in dem der berühmte Kirchenlehrer *Thomas von Aquin* am 7. März 1274 starb.

Von der Kirche aus betreten Sie den herrlichen **Kreuzgang** mit einem Brunnen in der Mitte und einer offenen Taufkapelle. Drei Seiten sind im romanischen Stil, eine ist im gotischen Stil ausgeführt. Die gotischen Säulen sind teilweise reich verziert und haben gedrehte Schäfte. Von hier aus gelangen Sie auch zum Refektorium, in dem gerade Ausgrabungen stattfinden.

• *Öffnungszeiten* April bis September: 8–12 und 16–19.30 Uhr; Oktober bis März: 8–12 und 15.30–17.30 Uhr.

• *Verbindungen* Von Terracina über die Via Appia in Richtung Rom, nach ca. 14 km rechts ab, dann noch etwa 10 km in Richtung Priverno.

▶ **Die Küstenstraße** von Terracina weiter nach Süden in Richtung Gaeta ist landschaftlich besonders reizvoll. Auf der einen Straßenseite ragen steile Berge empor, auf der anderen liegen Sandstrände. Manchmal gewinnt die Straße eine beachtliche

Höhe und man sieht tief unten Buchten und Strände. Das Wasser ist nur schwer zu erreichen. Große Teile der Küste gehören zu Privathäusern, Hotels oder Campingplätzen. Ab und zu kann man aber dennoch über eine kleine, beschilderte Straße zu freien Stränden hinunterfahren. Unten gibt es allerdings jeweils nur wenige Parkmöglichkeiten, lassen Sie Ihr Fahrzeug deshalb am besten oben am Straßenrand stehen.

Sperlonga (ca. 3.000 Einwohner)

Etwa auf halbem Weg zwischen Terracina und Gaeta drängt sich die malerische Altstadt von Sperlonga auf dem ins Meer hineinragenden, steilen Felsrücken des Monte San Magno.

Östlich und westlich von Sperlonga gibt es weiße Sandstrände, an denen die modernen Teile des beliebten Badeortes liegen. In der Bucht unterhalb des Felsens (in Richtung Gaeta) befinden sich der Yacht- und Fischerhafen und daneben ein besonders breiter Strandabschnitt. Bei Sperlonga ist die Küstenstraße außergewöhnlich schön, sie gibt an vielen Stellen einen Blick in romantische, felsige Buchten mit kleinen Sandstränden frei. Schroffe Berge erheben sich zum Teil direkt aus dem Meer.

• *Information* Pzza. della Rimembranza, ✆ 0771/54796, 📠 0771/549798.

• *Busverbindungen* Nach Terracina, Fondi und Gaeta.

• *Parken* Entweder unten am Strand und von dort Aufstieg in die Altstadt oder von der Via Flacca aus in Richtung centro storico bis zum (gebührenpflichtigen) Parkplatz an der Porta Roma, dem Stadttor am höchsten Punkt des Ortes.

• *Übernachten* An den beiden Stränden im modernen Teil von Sperlonga existiert eine Fülle von Hotels, die fast alle über einen eigenen Strandzugang verfügen.

Erholsam ist z. B. ein Aufenthalt im **Hotel Aurora**, das letzte Haus am westlichen Strand direkt unterhalb der Altstadt. Die Zimmer sind ordentlich ausgestattet. 3 Sterne, 44 Zimmer, DZ mit Frühstücksbuffet 70–140 €, in der Hauptsaison 80–160 €. In der Straße gibt es weitere Hotels und angenehme Restaurants. Via C. Colombo 114, 04029 Sperlonga, ✆ 0771/549266, 📠 0771/548014, www.aurorahotel.it.

Ebenfalls am Weststrand befindet sich im Vorort Fiorelle das **Parkhotel Fiorelle**, umgeben von einem Garten mit Pool, direkter Strandzugang, Restaurant. 3 Sterne, 33 Zimmer, DZ ohne Frühstück ca. 95 €. Località Fiorelle, 04029 Sperlonga, ✆/📠 0771/548092.

• *Camping* Sehr empfehlenswert ist der **Campingplatz Nord-Sud**. Das 45 ha große Gelände (mittlere Beschattung durch Olivenbäume) liegt direkt am Meer, ist sauber, hat gute Sanitäranlagen und verfügt über eine ansprechende Ausstattung (Bungalows für 4 Pers., Laden, Restaurant, Pizzeria, Sportmöglichkeiten). Für 2 Pers. 15–18 €, in der Hauptsaison 31–36 €; Bungalow für 4 Pers. 50–70 €, in der Hauptsaison 85–130 €. Geöffnet von April bis September. Via Flacca bei km 15,300, am Ortsrand, 04029 Sperlonga, ✆ 0771/548255.

• *Essen/Trinken* Spezialität der Gegend und in fast jedem Restaurant zu bekommen ist der aus Büffelmilch hergestellte **Mozzarella**. Zubereitet mit Öl, Tomaten und Basilikum schmeckt er besonders gut zu einem kräftigen Weißwein aus den Albaner Bergen.

Ristorante Agli Archi, dieses kleine, hübsche Restaurant an einem malerischen Plätzchen mitten im historischen Zentrum bietet eine kleine Speisekarte, die je nach Saison und Marktangebot gekonnt zusammengestellt wird; der Menüpreis von ca. 45 € ist fair. Mi Ruhetag. Via Ottaviano 17, ✆ 0771/548300, www.gliarchi.com.

Am Weststrand (in Richtung Terracina) gibt es mehrere gute Restaurants. Empfehlenswert ist z. B. das **Ristorante Tramonto**, wo man auf der Terrasse mit Blick auf das Meer und die Altstadt wunderbar Fischgerichte (und anderes, abends z. B. auch Pizza) genießen kann; Menü um 35 €. Mi Ruhetag. Via C. Colombo 53, ✆ 0771/549597.

• *Klettern/Wandern* Die Gegend um Sperlonga und Gaeta gilt inzwischen als eines der schönsten Kletter- und Wandergebiete Italiens. Die Mehrzahl der Routen erreicht den fünften Schwierigkeitsgrad. Für Bergwanderer sind 48 Wanderwege ausgewiesen, entweder entlang der Küste mit schwindelerregenden Tiefblicken oder in die Berge mit sagenhafter Fernsicht.

Latium Karte S. 428/429

Geschichte/Sehenswertes

Der Ursprung Sperlongas geht wohl auf die antike kaiserliche Villa des Tiberius zurück, die an der Via Flacca lag, einer Küstenstraße, die der Zensor Lucius Valerius Flaccus im Jahr 184 v. Chr. hatte anlegen lassen. Da es hier in den Ausläufern der Aurunci-Berge viele Quellen gab, siedelten sich auf dem strategisch günstig gelegenen Felsvorsprung Fischer und Bauern an. Wegen der häufigen Plünderungen durch Seeräuber wurde der Ort durch hohe Mauern und mächtige Stadttore befestigt. Die Tore sind noch gut erhalten, an der Porta Carrese in der Via dello Torre del Nibbio sieht man das Wappen der Herzöge von Caetani, zu deren Besitztümern Sperlonga gehörte, und die Jahreszahl 1317.

Die **Altstadt** von Sperlonga gehört wohl zu den schönsten dieses Küstenabschnitts. In den labyrinthartigen schmalen Treppengassen mit Durchgängen, Unterführungen und Brücken stehen dicht gedrängt weiß gekalkte mittelalterliche Häuser. In die Gassen fällt kaum ein Sonnenstrahl, so ist es auch im Sommer noch angenehm temperiert. Die Häuser sind durchweg gepflegt und behutsam restauriert. Keine modernen Zutaten stören das geschlossene Erscheinungsbild.

Etwa 2 km hinter dem Ortsausgang auf der Küstenstraße (Via Flacca, Staatsstraße SS 213) nach Gaeta entdeckte man 1957 zufällig bei Straßenbauarbeiten die Reste einer antiken Villa und am Strand die **Höhle des Tiberius.**

Kaiser Tiberius hielt sich nur äußerst ungern in Rom auf und bevorzugte seinen abgeschiedenen Palast auf Capri. Im Jahr 21 n. Chr. verbrachte er ein Jahr auf dem Festland in seiner Villa bei Sperlonga. Zu dem Anwesen gehörte eine nur vom Meer aus zugängliche, luxuriös ausgestattete Höhle. Nach antiken Geschichtsschreibern, die mitunter auch gerne deftigen Klatsch verbreiteten, sollen hier maßlose Orgien verbunden mit schrecklichen Opferkulten stattgefunden haben. Der Schriftsteller Tacitus berichtet, wie einmal während eines Gelages ein Offizier der Garde den Kaiser vor einem herabstürzenden Felsen rettete. Mehrere Gäste und Bedienstete seien erschlagen worden.

Das **Grabungsgebiet** mit einem kleinen, modernen **Museum** liegt direkt an der Straße unmittelbar vor dem ersten Tunnel und kann leicht übersehen werden.

In dem Licht durchfluteten Museumsbau sind Grabungsfunde aus der Villa ausgestellt, darunter vier kolossale Skulpturengruppen, die Szenen aus dem Leben des Odysseus darstellen. Von den herausragenden Marmorarbeiten im späthellenistischen Stil fand man ca. 15.000 Bruchstücke, die man mühsam zusammengesetzt und zum Teil ergänzt hat. Auch wenn vieles fehlt, reichen die vorhandenen Fragmente doch aus, um die einstige Schönheit der Kunstwerke zu erfassen.

Vom Museum aus gelangt man durch den Garten hinab zum Grabungsgelände mit der Grotte. Herrlich ist der Blick auf das Meer, die gegenüber auf dem Felsen liegende Altstadt von Sperlonga und die Berge im Hintergrund. Die kaiserliche Villa zog sich den steilen Hang bis zum Meer hinab. Von den Mauern sind nur noch wenige Reste zwischen Olivenbäumen und Kakteen erhalten. Gut zu sehen ist die Höhlenapsis mit dem künstlichen, runden Teich, in dessen Mitte sich eine Insel befand. Die Nischen waren einst mit den Statuengruppen geschmückt.

• *Öffnungszeiten* täglich ab 9 Uhr, von April bis September zwischen 17 und 19 Uhr und von Oktober bis März um 16 Uhr geschlossen (✆ 0771/548028).

• *Eintritt* 2 €, reduziert 1 €, für Personen unter 18 und über 60 Jahren ist der Eintritt frei; die Eintrittskarte gilt sowohl für das Museum als auch für die Ausgrabungen.

Gaeta

(ca. 21.000 Einwohner)

Wie für den Reiseprospekt geschaffen liegt der quirlige Badeort Gaeta mit Festungsanlage und charakteristischem Glockenturm malerisch auf einer Landzunge ausgebreitet, die eine langgestreckte Bucht begrenzt. Die Stadt wurde im Zweiten Weltkrieg zwar beschädigt, doch blieben wesentliche Teile der Altstadt unversehrt erhalten.

Folgt man von Sperlonga der Via Flacca in Richtung Neapel etwa 15 km, erreicht man die Halbinsel Gaeta mit dem Monte Orlando (171 m hoch). Dieser Ausläufer der Aurunci-Berge teilt die Küste mit den feinen, weißen Sandstränden in zwei Abschnitte. In Richtung Sperlonga gibt es sieben Strände, die jeweils durch Felsvorsprünge begrenzt sind. In Richtung Formia markiert die Landzunge mit dem Fischer- und Yachthafen den Beginn des Golfs von Gaeta, einer langgestreckten, stark zersiedelten Bucht mit breitem Strand und vielen Hotel- und Campinganlagen.

Der Monte Orlando teilt Gaeta in zwei Gebiete. Der nördliche, ausschließlich moderne Teil hat einen langen, weißen Sandstrand, im südlichen Bereich mit der Altstadt liegen an der Hafenpromenade einige Fischkutter. An den Ausläufern der Berge am südlichen Ortsausgang ein Stück vom Meer entfernt, wo terrassenartig Wohnblocks den Berg hinaufstreben, wuchert das neue Gaeta mit Ferienappartements, die hauptsächlich von Römern genutzt werden. Die Spitze der Landzunge ist leider unzugängliches militärisches Sperrgebiet, denn hier befindet sich ein Marinehafen.

• *Information* Pzza. Traniello 19, ✆ 0771/462767, 📠 0771/465738; Mo–Fr 9–12 und 17–20 Uhr. Im Sommer öffnet zusätzlich ein Touristenbüro in der Via Cavour, ✆ 0771/461165.

• *Übernachten* Vergleichsweise noch preiswerte ist das große **Hotel Serapo**, 3 Sterne, 176 Zimmer, die einfach, aber sauber sind und Meerblick haben. Es gibt eine Garage, Schwimmbad, Tennisplätze und einen hoteleigenen Strand. DZ mit Frühstück ca. 55–80 €, zur Hauptsaison um 110 €. Via Firenze 11 (im Stadtteil Spiaggia di Serapo), 04024 Gaeta, ✆ 0771/450037, 📠 0771/311003, www.hotelserapo.com.

Zwischen Gaeta und Formia liegt die **Pensione Villa Maria Teresa**, eine weiße klassizistische Strandvilla mit märchenhaften Dachterrassen, phantastischem Blick auf die Altstadt von Gaeta, Garten und Pool. Die 22 Zimmer dieses von Nonnen geleiteten Hauses sind eher karg, doch dafür gibt es direkten Strandzugang, Liegeterrasse und Pool. DZ mit Frühstück ca. 50–70 €. Via Unita d'Italia, 04024 Gaeta, ✆/📠 0771/770557, www.villamariateresa.com.

Eine gepflegte Hotelanlage mit gut ausgestatteten Zimmern und hoteleigenem Strand ist **Il Ninfeo** an der Via Flacca bei km 22,700, etwa 3 km von Gaeta entfernt. 3 Sterne, 42 Zimmer, DZ ohne Frühstück 70–120 €, zur Hauptsaison 100–140 €. 04024 Gaeta, ✆ 0771/742291, 📠 0771/740736, www.grandhotelilninfeo.it.

• *Camping* In der Umgebung gibt es 9 größere Plätze. Über einen eigenen Strand (auf der anderen Straßenseite) verfügt **Cajetas** an der Via Flacca (SS 213) bei km 20, im Vorort S. Agostino, 04024 Gaeta, ✆ 0771/743040, 📠 0771/465040, geöffnet von Mai–September, 2 Pers. ca. 13–18 €, zur Hauptsaison ca. 18–31 €.

• *Essen/Trinken* **Antico Vico**, das sympathische Fischlokal befindet sich im Herzen der Altstadt von Gaeta und bietet hervorragend zubereiteten frischen Fisch. Kleine Weinkarte. Sehr fairer Preis, um 35 € à la carte, das Tagesmenü ist oft preiswerter. Mi Ruhetag. Vic. del Cavallo 2, ✆ 0771/465116.

Hervorzuheben ist auch die **Taverna del Marinaio**, wo es feine Fisch- und Nudelgerichte gibt, die Nachtischauswahl ist ebenfalls beachtlich und lecker. Der Menüpreis von ca. 27 € ist angemessen. Mi Ruhetag. Via Faustina 36, ✆ 0771/461342.

Latium Karte S. 428/429

Zu den empfehlenswerten Lokalen gehört zudem die Trattoria **La Cianciola**. Probieren Sie z. B. Nudeln mit Auberginen und Garnelen (Pasta con le melanzane e crostacei) oder Linguine mit Meeresfrüchten; sympathischer Service, das Menü um 26 €. Mo Ruhetag. Vico 2 Buonomo 16, ✆ 0771/466190.

Geschichte

In der Antike nutzte man den Naturhafen von Gaeta für die benachbarte römische Siedlung im heutigen Formia, und entlang der Straße standen große vornehme Villen. Die bewegte Geschichte Gaetas begann im Mittelalter, als die Stadt ein Herzogtum wurde, das mit Byzanz verbunden war. Aus dieser Blütezeit zwischen dem 9. und 12. Jh. sind einige mittelalterliche Bauten erhalten, denen man den byzantinischen Einfluss ansieht (z. B. der Glockenturm des Doms und das Kirchlein San Giovanni a Mare). Später wechselten die Besatzer häufig, mal herrschten hier die Franzosen, dann die Spanier, die von den Österreichern abgelöst wurden. Ab 1734 gehörte Gaeta zum Königreich Neapel. Auf der Flucht vor den herannahenden Freiheitskämpfern suchte König Ferdinand II. von Neapel 1861 mit seiner Gattin Maria Sofia und dem gesamten Hofstaat in der Festung Schutz. Die Königin (die Schwester von Kaiserin Sissi) erwarb sich hohes Ansehen, als sie bei den schweren Kämpfen der Bevölkerung tatkräftig beistand. Auf die Dauer war Gaeta aber nicht zu halten. Am 13. Dezember 1861 fiel mit der Kapitulation das letzte Bollwerk des Königreichs Neapel, das dann im vereinigten Königreich Italien aufging.

Noch einmal wurde Gaeta im Zweiten Weltkrieg Schauplatz von Kampfhandlungen. Die erheblichen Bombenschäden erklären, warum das Stadtbild nicht einheitlich ist und viele neuere Bauten aufweist.

Sehenswertes

Nähert man sich dem Zentrum, sollte man etwa auf der Höhe der Hafenanlage bei der großen Piazza della Libertà einen kleinen Spaziergang durch ein eigenständiges, pittoreskes Stadtviertel unternehmen. Hauptstraße ist die **Via Indipendenza**, in der im Mittelalter Handwerker lebten und arbeiteten. Heute ist sie eine beliebte Geschäftsstraße. Auch die Seitengassen besitzen die typische Atmosphäre einer südländischen Kleinstadt. Oberhalb der Via Indipendenza sieht man Reste einer **antiken Villa** sowie die Ruine eines Grabmals.

Zum alten Stadtkern an der zum Golf von Gaeta ausgerichteten Seite der Landzunge flaniert man über die Uferpromenade der Via Giovanni Caboto. Dabei fällt die mächtige, merkwürdig übertrieben wirkende Fassade der Kirche **San Francesco** auf, in rosa und ockerfarbenen Tönen. König Ferdinand II. von Neapel hat sie an die Stelle einer alten Kirche aus dem 13. Jh. bauen lassen. Der Aufstieg zum Kirchenportal über die pompöse, recht ramponierte Treppenanlage lohnt schon allein wegen des schönen Blicks über die Bucht und die Altstadt.

Am Ende der Via Giovanni Caboto beginnt die kleine mittelalterliche Altstadt mit engen Gassen und Häuser aus dem 12. und 13. Jh. Von dem ursprünglich romanischen **Dom** aus dem 12. Jh. ist nur noch der 57 Meter hohe Glockenturm mit ungewöhnlichen byzantinischen Stilelementen in seiner alten Form erhalten, der Rest wurde 1778 umgestaltet. Der Turm, der Wahrzeichen Gaetas ist, enthält im unteren Teil viele antike Fragmente (z. B. Säulen, Marmorbruchstücke und Inschriften). Im Innenraum der Kirche ist besonders der 3,50 Meter hohe **Osterleuchter** aus Marmor sehenswert.

Die mächtige **Burg** über der Stadt am Hang der Landzunge gehört zum Sperrgebiet der Kaserne der Finanzpolizei und ist deshalb leider nicht zu besichtigen. Eine

Im Hafen von Gaeta

kleine, kurvenreiche Straße führt zum **Gipfel** des 171 Meter hohen Bergs Orlando. Hier steht das Grabmausoleum des **Lucius Munatius Plancus** (85–15 v. Chr.). Eine schönere letzte Ruhestätte hätte sich der erfolgreiche Feldherr, der mit Caesar Frankreich eroberte und die Städte Lyon und Basel gegründet hat, nicht aussuchen können. Die Aussicht ist phantastisch. Der mit Steinplatten verkleidete Zylinder hat einen Durchmesser von knapp 30 Metern und ist etwa 11 Meter hoch.

Der Hügel gehört seit 1986 zu einem 53 Hektar großen **Naturpark.** Im Wald und am Hang stößt man auf zahlreiche Militäranlagen, die bis zur italienischen Staatsgründung vielfach ausgebaut wurden. Man sieht Geschützstellungen, Laufgänge, Pulverkammern und Artilleriestellungen.

Weiter führt die Straße zu den gewaltigen Felsspalten mit einem Benediktinerheiligtum, dem **Santuario della Montagna Spaccata**, am äußersten Südwesthang des Berges.

Links neben dem Eingang befindet sich die kleine Dreifaltigkeitskirche (SS. Trinità). In einem Gang, der zur engen, aber teilweise begehbaren Felsspalte führt, sind Kreuzwegstationen auf Majolikakacheln aus dem 19. Jh. dargestellt. Über Treppen geht es hinein zu einem Kapellchen, das genau in den Riss eingepasst ist. In einer Felswand sehen Sie an einer Stelle den etwas plumpen Umriss einer Hand. Hier soll sich ein türkischer Matrose, der nicht an den göttlichen Ursprung der Spalten glauben wollte, abgestützt haben. Durch ein Wunder versank seine Hand im Fels und hinterließ diesen Abdruck.

Öffnungszeiten **Santuario**, 8–12 und 15–19 Uhr im Sommer; 8–12 und 15–17 Uhr im Winter.

Wenn Sie zum Eingang zurückkehren, gelangen Sie gegenüber von der Dreifaltigkeitskirche zur **Türkengrotte**, einer riesigen Erosionshöhle. Ihren Namen erhielt sie von den Piratenbooten, die sich hier im Mittelalter versteckten und nachts die Küste plünderten. Vom Eingang aus führt ein sehr steiler Weg mit einer Treppe bis zum Meer hinab.

Latium
Karte S. 428/429

Formia

(ca. 35.000 Einwohner)

Fast übergangslos gelangt man von Gaeta nach Formia. Der Bade- und Luftkurort liegt bezaubernd an der Bucht von Gaeta zwischen dem Meer und den kargen, steilen Hängen der Monti Aurunci.

Das Stadtbild ist überwiegend modern, da Formia im Zweiten Weltkrieg zu mehr als Dreivierteln zerstört wurde. Daher gibt es heute nicht viele historische Sehenswürdigkeiten. Formia ist hauptsächlich ein Bade- und Hafenstädtchen. Von hier bestehen regelmäßige Fährverbindungen zu den Pontinischen Inseln und nach Ischia. Außerdem besitzt der Ort eine wichtige Bahnstation an der Hauptstrecke zwischen Rom und Neapel. Trotz der vielen Neubauten fallen immer wieder antike Details auf. Sie stammen aus den zahlreichen feudalen Villen bedeutender antiker Persönlichkeiten wie Cicero und Maecenas. Schon in der Antike war dieser Teil der Bucht von Gaeta im Windschatten der hohen Berge mit dem guten Klima und herrlichen Panorama als Ferienort hoch geschätzt. Zumindest daran hat sich nichts geändert. Formia erfreut sich als Badeort großer Beliebtheit und ist im Sommer daher recht voll. Er verfügt allerdings auch über besonders schöne **Badestrände.** Im Westen liegen sie in kleinen Buchten und gehören oft zu Hotels, während sie im Osten langgestreckt und flach sind. Im Hintergrund befindet sich immer die hohe Bergkulisse.

• *Verbindungen* Autobahn Rom–Neapel (A 1), Abfahrt Cassino, weiter über die Staatsstraße SS 630; eine Alternative sind die kurvenreiche, aber landschaftlich schöne Staatsstraße SS 82 bei der Abfahrt Ceprano oder die Küstenstraße von Terracina. Entfernung nach Rom 110 km, nach Neapel 93 km, nach Latina 80 km.

Bahnlinie: Rom–Neapel; Bahnhof an der Pzza. IV Novembre.

Busverbindungen nach Gaeta, Terracina, Fondi und Neapel.

Schiffsverbindungen zu den Pontinischen Inseln Ponza und Ventotene, nach Capri und Ischia. Beachten Sie die saisonabhängigen Fahrzeiten.

Linie Caremar von Formia nach Ponza und Ventotene mit Fähre oder Tragflächenboot (Auskünfte unter ✆ 0771/22710 bzw. 0771/23800). Die Fahrt von Formia nach Ponza dauert ca. 2,5 Std. (36,7 Seemeilen), nach Ventotene ca. 2 Std. (28,5 Seemeilen); schneller ist ein **Tragflächenboot** („aliscafo"). Während der Saison gibt es in jeder Richtung zwei Fährverdungen, sodass man einen Tagesausflug unternehmen kann.

• *Übernachten* Hotel **Fagiano Palace**, ca. 3 km östlich am Meer gelegen. Modernes, größeres Hotel mit eigenem Strandzugang und 2 Tennisplätzen, von den 57 Zimmern haben viele Meerblick, von der Frühstücksterrasse aus hat man eine phantastische Sicht auf Formia bis nach Gaeta auf der anderen Seite der Bucht. 3 Sterne, DZ ca. 70–95 €. Via Appia 80 (SS 7), 04023 Formia, ✆ 0771/720900, ✆ 0771/723517, www.grandhotelfagiano.it.

Preiswert ist das **Hotel del Golfo** im Zentrum beim Bahnhof; 2 Sterne, 35 Zimmer, Parkmöglichkeit, DZ 35–45 € (keine Frühstücksmöglichkeit). Piazzale della Stazione 1, 04023 Formia, ✆ 0771/790037, ✆ 0771/771874.

• *Camping* Es stehen drei Campingplätze zur Verfügung, die jeweils von Juni bis September geöffnet sind. Der größte Platz ist **Gianola** in der Località Gianola, 04023 Formia, ✆/✆ 0771/720223; 2 Pers. 12–26 €. Die anderen Plätze sind **La Foce**, Località Gianola, 04023 Formia, ✆ 0771/720025, 2 Pers. 12–20 €, und **Internazionale Santojanni** in der Località S. Janni, Via Appia bei km 138, 04023 Formia, ✆ 0771/723037, 2 Pers. 15–28 €.

• *Essen/Trinken* Die Auswahl an Trattorien und Restaurants ist groß.

Zu den besten Restaurants der Region gehört der sympathische Familienbetrieb **Sirio**. Im Sommer kann man auch draußen sitzen. Auf der am Angebot der Saison orientierten Karte stehen vorzüglich zubereitete Fisch-, Fleisch- und Gemüsegerichte, oft raffiniert und ungewöhnlich zusammengestellt. Menü um 35 €. Im Winter Mo abends und Di, im Sommer Di und Mi mittags geschlossen. Viale Unità d'Italia, ✆ 0771/790047, www.ristorantesirio.it.

Chinappi, es gibt täglich wechselnde Menüs, am besten lassen Sie sich von dem freundlichen Service beraten (besonders die Desserts sind herrlich); Menüpreis à la carte ca. 45 €, das Tagesmenü ist häufig preiswerter. Außerhalb der Sommermonate Do geschlossen. Via Anfiteatro 8, ✆ 0771/790002, www.chinappi.it.

Eine gediegen schöne Atmosphäre mit Gewölbe drinnen und einem gepflegten Garten draußen bietet das **Ristorante Il Gatto & la Volpe** in der Altstadt. Sehr gut ist die Weinauswahl; angeboten werden Tagesmenüs, die Nudeln sind frisch und hausgemacht. Menüpreis um 35 €. Mi Ruhetag. Via Abate Tosti 83, ✆ 0771/21354.

Die Pontinischen Inseln

Ungefähr 60 km westlich von Formia liegt die felsige Inselgruppe, die sich wegen ihrer großartigen Landschaft zu einem Anziehungspunkt für Touristen entwickelt hat.

Die Pontinischen Inseln sind vulkanischen Ursprungs und unterteilt in eine nordwestliche Gruppe, zu der *Ponza, Palmarola, Gavi* und *Zannone* gehören, und eine südöstliche Gruppe, bestehend aus *Ventotene* und *Santo Stefano*. Bewohnt sind lediglich die Hauptinseln Ponza und Ventotene, nur zwischen ihnen und dem Festland besteht eine regelmäßige Fährverbindung. Die karge Vegetation der wasserarmen Inseln und die schroffen Felsformationen sind von einmaliger Schönheit.

Bereits in der Antike hatten Etrusker, Phönizier, Griechen und später auch die Römer hier ihre Stützpunkte. Die Römer schufen erste künstliche Hafenanlagen und nutzten die Inseln hauptsächlich als Verbannungsort. Kaiser Augustus schickte beispielsweise im Jahr 2 n. Chr. seine Tochter Julia hierher, und Domitian schob seine Nichte Flavia Domitilla nach Ponza ab, weil sie sich den Christen angeschlossen hatte. Von den Villen der antiken Prominenz sind nur noch auf Ventotene wenige Steinbrocken erhalten.

Später wurden die Inseln zum Unterschlupf für sarazenische und türkische Piraten. Im Jahr 1734 erbten die Bourbonen die Felsgruppe im Meer und bauten 1795 auf Santo Stefano ein Gefängnis für 900 Insassen, das bis 1965 genutzt wurde. Angeblich ist in der ganzen Zeit keinem einzigen Häftling die Flucht gelungen.

In den 1970er Jahren begann auf Ponza langsam der Tourismus, der ein gutes Jahrzehnt später auch zögerlich auf Ventotene einzog. Heute sind die Touristen die Haupteinnahmequelle. Von Mai bis September vervielfacht sich die Zahl der Menschen auf Ponza. In den Herbst- und Wintermonaten wird es einsam, und die Insulaner leben hauptsächlich von ihren Ersparnissen aus der Sommersaison.

Latium
Karte S. 428/429

- *Verbindungen* Fährschiffe von Formia, Gaeta und Terracina das ganze Jahr über, von Anzio und S. Felice Circeo aus vom 1. Juni bis zum 15. September.
- *Übernachten* Es gibt gute, aber auch recht teure Hotels auf Ponza. Die Hotels von Ventotene sind ebenfalls teuer, aber von der Ausstattung her eher bescheidener.

In Ponza Am Rand des Hafens mit Blick auf die Bucht und den Landungssteg befindet sich das kleine Hotel **Gennarino a Mare**. Der Gastraum des Restaurants ruht auf Pfählen über dem Wasser. 3 Sterne, 12 gut ausgestattete Zimmer, DZ mit Frühstück 120–170 €, zur Hauptsaison 180–220 €. Via Dante, 04027 Ponza, ✆ 0771/80071, ℻ 0771/80140.

Etwa 100 m vom Hafen entfernt, mit herrlichem Blick auf die Bucht und Abstiegsmöglichkeit zum hoteleigenen Strand, gibt es das Hotel **La Torre dei Borboni**. 3 Sterne, 49 Zimmer, DZ mit Frühstück 100–150 €, zur Hauptsaison 145–200 €. Via Madonna, 04027 Ponza, ✆ 0771/809763, ℻ 0771/809884, www.torredeiborboni.com.

An einer hübschen Bucht auf der anderen Seite der Insel liegt verteilt auf würfelförmige Bungalows die Hotelanlage **Chiaia di Luna**. Die Ausstattung der Zimmer ist gut, der Blick sehr schön, es gibt ein Schwimmbad und kostenlosen Bustransport zum Hafen von Ponza. 3 Sterne, 65 Zimmer, DZ mit Frühstück ca. 80–140 €, zur Hauptsaison 100–210 €. Via Panoramica, 04027 Ponza, ✆ 0771/80113, ℻ 0771/809821.

Eine preiswertere Unterkunft ist **Pensione Silvia** am Strand von Santa Maria (am nördlichen Ende der Bucht von Ponza). 1 Stern, 12 schlichte Zimmer mit Bad, kein Restaurant, DZ ohne Frühstück um 60 €, zur Hauptsaison ca. 75–80 €. Loc. S. Martino, 04027 Ponza, ✆ 0771/80075, 📠 0771/80742.

In Ventotene Im Zentrum der Insel mit herrlich weitem Blick auf die Bucht von Cala Battaglia befindet sich das **Hotel Cala Battaglia.** Es gibt einen Garten und einen Buszubringer zur Ortschaft Ventotene, Restaurant; 3 Sterne, 12 Zimmer, DZ mit Frühstück 60–80 €, zur Hauptsaison 90–130 €. Via Olivi 126, 04020 Ventotene, ✆ 0771/85195, 📠 0771/85196, www.calabattaglia.it.

Am Hauptplatz des Ortes mit Blick auf den Hafen, Restaurant und Garten liegt **Hotel Mezzatorre**. 2 Sterne, 12 Zimmer, DZ mit Frühstück 80–110 €, zur Hauptsaison 110–130 €; Pzza. Castello 5, 04020 Ventotene, ✆ 0771/85294, 📠 0771/85315.

Wegen der herrlichen Fernsicht ist auch das ansonsten bescheidene Hotel **Il Cacciatore** mit Restaurant im Zentrum der Insel zu empfehlen. 1 Stern, 17 Zimmer, DZ mit Frühstück 50–60 €, zur Hauptsaison 60–70 €. Loc. Montagnozzo, 04020 Ventotene, ✆ 0771/85055.

• *Essen/Trinken (in Ponza)* Einen besonders schönen Blick auf die Bucht und das Meer haben Sie von der Terrasse des **Orèstorante**. Auch hier gibt es natürlich Fisch und Krustentiere, herrlich frisch und vorzüglich zubereitet. Menü um 60 €, nur abends geöffnet. Loc. Porto, Via dietro la Chiesa 3, ✆ 3388135730, www.orestorante.it.

Gennarino a mare, am Abend kommt es einem vor, als würde man im Meer speisen, so nah sitzt man am Wasser. Aber nicht nur der herrlichen Lage wegen ist dieses Lokal zu empfehlen, auch das Essen ist vorzüglich, z. B. die Spaghetti mit Scampi oder das Risotto mit Meeresfrüchten (alla pescatore); Menü um 30 €; außerhalb der Sommermonate ist Do geschlossen. Ponza Porto, ✆ 0771/80071.

La Laterna da Silverio, hier bekommen Sie die wahre Küche Ponzas serviert, so wie sie die Hausfrau auch ihrer Familie vorsetzen würde. Empfehlenswert sind z. B. die ganz einfachen Spaghetti mit Tomatensoße oder der Reis mit Fischsoße und als Hauptgang frittierte oder gefüllte Tintenfische. Wenn Sie Glück haben, können Sie auch in den Genuss von Fischfrikadellen (polpette di pesce) kommen, einer Glanzleistung des Küchenchefs. Guter Hauswein und ein angemessener Preis von ca. 23 € pro Menü. Kein Ruhetag. Corso C. Pisacane.

▶ **Ponza**: Die größte Insel mit einer Fläche von 7,3 Quadratkilometern ist Ponza. Sie ist etwa 8 km lang und 300 bis 1800 Meter breit. Der höchste Punkt auf dem Monte della Guardia im Süden der Insel erreicht eine Höhe von 280 Meter. Der halbkreisförmige, von den Bourbonen im 18. Jh. angelegte Hafen liegt im gleichnamigen Hauptort mit den charakteristischen kleinen, weiß und rosa getönten Häusern, die sich an schmalen, weiß gekalkten Gässchen und Treppen den Hang hinaufziehen. Zum besten Strand der Insel führt von der Hafenpromenade aus ein 168 Meter langer Tunnel, den schon die Römer angelegt haben, um die früheren beiden Häfen der Insel miteinander zu verbinden.

Von Ponza aus können Sie eine Rundfahrt über die Insel unternehmen. Die schmale, kurvenreiche Straße ist allerdings nur 12 km lang. Noch schöner ist eine Wanderung zu den zahlreichen Buchten und Grotten der Insel, die von schroffen Felsen umgeben und oft nur über steile Treppen zugänglich sind. Die kleinen Hügel sind mit niedrigen Grünpflanzen bewachsen. Im Frühling, wenn der Ginster blüht, leuchtet es überall gelb. Es gibt sogar kleine Weinberge und Gemüsegärten, die sich terrassenförmig an die Hügel schmiegen. Die Insel ist auch bei Sporttauchern beliebt. Manche der Hotels organisieren Tauchausflüge.

▶ **Ventotene**: Sie ist die zweitgrößte Insel (2,7 km lang, maximal 850 m breit und bis zu 139 m hoch) und wesentlich beschaulicher als Ponza, weil sie erst seit einigen Jahren für den Tourismus erschlossen wird. Die Infrastruktur befindet sich daher noch in der Entwicklung. Die Insel besteht aus roten, senkrecht ins Meer abfallenden Felsen, die nicht schroff und zerklüftet aussehen, sondern eher wie aus dem Stein gehauene Blöcke. Es gedeihen Feigenkakteen und Linsen, die hier besonders

Malerisch – der Hafen von Ponza

gut sein sollen. Die Kirche auf der Insel ist 1765 gebaut worden. In der Nähe der Bucht Punta del Pertuso befindet sich ein winziger Hafen aus der Römerzeit, der noch heute von kleinen Booten benutzt wird. Die Ortschaft mit den rosarot und weiß gestrichenen Häuschen und den schmalen Gassen wirkt wie ein neapolitanisches Dorf. Über steile Gassen gelangt man hinauf zur Kirche Santa Candida, wo man einen herrlichen Blick hinüber zur Nachbarinsel Santo Stefano hat. Über die Via Roma und die Via Ulivi erreicht man die Pzza. Castello, benannt nach dem Beobachtungsturm aus dem 18. Jh., mit dem Rathaus. Dort werden im kleinen archäologischen Museum Funde aus den römischen Villen und aus Schiffswracks gezeigt.

Öffnungszeiten **Museo Storico Archeologico**, nur zur Hauptsaison 9–13 Uhr (zur Information ✆ 0771/85365); Eintritt: 2 €, reduziert 1 €.

Latium Karte S. 428/429

Ciociaria

Nach der „*ciocia*", der geschnürten Sandale römischer Legionäre, die im Mittelalter wieder populär wurde und sich hier als gängige Fußbekleidung durchsetzte, wird die Region rund um Frosinone noch heute „Land der Sandalenträger" genannt.

Die Ciociaria erstreckt sich über das Tal des **Flüsschens Sacco**, das etwa parallel zur Küstenlinie verläuft. Im Süden wird es durch die Kette der Lepinischen Berge von der Pontinischen Ebene getrennt und im Norden durch die Monti Ernici begrenzt, die in die hohen Berge der Abruzzen und von Molise übergehen. Die Bevölkerung lebte in dieser früher landwirtschaftlich geprägten, ärmlichen Gegend immer sehr isoliert, und so konnten sich jahrhundertealte Volksbräuche bis zur einsetzenden Industrialisierung nach dem Zweiten Weltkrieg halten. Das Vorurteil, die Leute seien hier etwas hinterwäldlerisch, ist zumindest bei den Römern noch verbreitet. Der Tradition verpflichtet ist jedenfalls die **Küche** der Ciociaria. Zahlreiche einfache Lokale bieten nach uralten Rezepten zubereitete Gerichte mit unverfälschtem Geschmack an. Ansonsten hat sich in den letzten Jahrzehnten viel verändert. Die einst rückständige Ciociaria ist heute die am stärksten industrialisierte Region Latiums. Die Papier- und Wollindustrie sowie das große Fiat-Werk bei Cassino haben Wohlstand gebracht, der sich in der totalen Zersiedlung des Tals unschön bemerkbar macht.

Frosinone

(ca. 45.000 Einwohner)

Größte Stadt der Ciociaria und gleichzeitig Provinzhauptstadt ist Frosinone. Wegen seiner günstigen Lage an der Via Casilina und der nahen Autobahn hat sich der Ort rasant zu einer der wichtigsten Industrie- und Handelsstädte Latiums entwickelt. Besondere Sehenswürdigkeiten gibt es nicht, doch als Ausgangspunkt für Ausflüge ist der Ort gut geeignet.

Frosinone besteht heute aus zwei sehr unterschiedlichen Teilen: der modernen, ausufernden Unterstadt und der Altstadt, die fast schon etwas abgerückt vom städtischen Leben im Tal auf der Höhe eines Berges liegt.

Das moderne, eher gesichtslose Frosinone wuchert scheinbar ungeordnet an den Durchgangsstraßen entlang. Es erinnert an amerikanische Städte, die für Fußgänger ungeeignet sind. Hier liegen verstreut auch die Hotels und die meisten Restaurants, wobei amerikanische Fast-Food-Ketten überwiegen. So etwas wie ein Zentrum bildet der Verkehrsknotenpunkt des Piazzale de Matthaeis, von dem aus über eine Brücke der Viale Roma den Berg hinauf zur Altstadt führt. Am Piazzale de Matthaeis endet auch die Via Aldo Moro, die Hauptgeschäftsstraße der Stadt. Die Läden bieten aber nur Durchschnittliches und sind daher nur mäßig interessant.

Die Hauptstraßen führen am Hang hinauf, um den Kern der Altstadt herum. Da dies Einbahnstraßen sind, muss man sich rechtzeitig zum Parken entscheiden, bevor man den Berg zwangsläufig wieder ganz hinunter geleitet wird und die Runde erneut beginnen muss. Das kostet zu den Hauptverkehrszeiten morgens, mittags und abends wegen der Staus viel Zeit und Geduld. Am besten parken Sie bereits an der Pzza. San Tommaso d'Aquino oder etwas weiter an der zentralen Pzza. VI Dicembre mit dem Rathaus (19. Jh.). Darüber, von der Panoramaterrasse des Corso della Repubblica, bietet sich ein weiter Blick in die *Sacco-Ebene*. Von weitem sichtbares Wahrzeichen der Altstadt ist der Glockenturm der **Kathedrale von Santa Maria** an der gleichnamigen Piazza. Anders als in vielen anderen Ortschaften Latiums ist in Frosinone auch die Altstadt mit modernen Gebäuden durchsetzt und am Rand gibt es sogar einige Hochhäuser.

• *Anfahrt/Verbindungen* Autobahn A 1 Rom–Neapel (Ausfahrt Frosinone), über die Staatsstraßen SS 214 und 156 zum Meer bei Latina.

Züge nach Rom, Cassino und Neapel; der Bahnhof liegt am Rand des neueren Stadtteils unterhalb der Altstadt.

Busverbindungen nach Rom (dort bis zur Metrostation Anagnina) ab dem Busbahnhof am Piazzale de Matthaeis; weitere Verbindungen nach Latina, Alatri, Anagni, Cassino und Fiuggi.

• *Information* **APT**, Via Aldo Moro 465, ✆ 0775/83381, 0775/833837, www.apt.frosinone.it.

• *Übernachten* Die Hotels befinden sich alle im modernen Teil von Frosinone und werden hauptsächlich von Geschäftsleuten an Werktagen genutzt. Am Wochenende lassen sich manchmal Rabatte aushandeln.

Wenige Meter von der Kreuzung der Via Casilina (Richtung Rom, Anagni) und der Straße zur Autobahn A 1 liegt verkehrsgünstig das **Hotel Astor**. Die Zimmer des 1970er-Jahre-Hauses sind ordentlich und funktional eingerichtet und verfügen über Balkone. Parkmöglichkeiten sowie ein Restaurant sind vorhanden; der Frühstücksservice ist recht bescheiden. 3 Sterne, 52 Zimmer, DZ mit Frühstück 70–90 €. Via M. Tullio Cicerone 220, 03100 Frosinone, ✆ 0775/270132, ✆ 0775/270135, www.astorhotel.fr.it.

Mehrere Hotels liegen in der Nähe des Piazzale de Matthaeis an der Straße in Richtung Sora, z.B.:

Sehr amerikanisch und etwas kitschig wirkt das **Hotel Ristorante Palombella**. Die Zimmer sind ordentlich und haben Balkone. 3 Sterne, 34 Zimmer, DZ inklusive Frühstück ca. 70 €. Via Maria 234, 03100 Frosinone, ✆ 0775/872163, ✆ 0775/270402, www.palombella.com.

Bescheidener ist das kleine **Hotel Giardino Bracaglia**, 2 Sterne, 16 Zimmer, DZ ohne Frühstück 47–68 €. Via Maria 146, 03100 Frosinone, ✆ 0775/874396.

• *Essen/Trinken* In der Altstadt ist die helle und gepflegte **Hosteria Tittino** wohl das empfehlenswerteste Restaurant. Freundlich und charmant berät die Chefin bei der Zusammenstellung des Menüs und der Weinauswahl. Die gehobene Küche orientiert sich an Traditionellem und dem aktuellen Marktangebot. Sehr gut und vergleichsweise noch günstig sind die Gerichte mit Krustentieren, zu Recht beliebt sind auch die frittierten Gemüse. Menü um 35 €; So Ruhetag. Vicolo del Cipresso 2 (bei der Pzza. IV Novembre), ✆/✆ 0775/251227.

Das große **Ristorante Palombella** im Hotel gleichen Namens (s. o.) im neueren Teil der Stadt, an der Straße nach Sora, wirkt mit dem Flügel auf einem Podest im Eingangsbereich, den üppigen Obstkörben und anderen kunstvollen Arrangements etwas überdekoriert und wie ein gehobenes amerikanisches Restaurant. Die Gerichte sind aber ordentlich zubereitet und der Service sehr professionell. Menü um 27 €.

• *Enoteca/Winebar* **Enoteca Bar Celani**, selbst die offenen Weine zu sehr zivilen Preisen sind von ungewöhnlich guter Qualität. Ein Mittagsimbiss (sehr gute Salami und vielfältige Käsesorten) kostet etwa 15 €. So geschlossen. Via Aldo Moro 401, ✆/✆ 0775/250383.

Enoteca Pane e Vino, in hübschem Ambiente wird eine täglich wechselnde, schmackhafte Küche serviert. Zu der ausgezeichneten Weinauswahl werden vorzügliche kalte und warme Kleinigkeiten serviert (z. B. Käse- oder Salamiplatten, Büffelmilch-Mozzarella oder Nudelgerichte). Empfehlenswert ist z. B. das schnelle Mittagessen, „Pranzo veloce". Nur mittags geöffnet, So geschlossen. Menüpreis um 18 €. Via Tiburtina 11, ✆/✆ 0775/872070.

Karte S. 428/429

Ferentino

(ca. 20.000 Einwohner)

Die Altstadt von Ferentino auf einem 393 Meter hohen Hügel über der Via Casilina hat ihr pittoreskes mittelalterliches Stadtbild innerhalb der vollständig erhaltenen Stadtmauer bewahrt. Eindrucksvoll sind die mächtigen Zyklopenmauern und darüber die Schichten aus römischer und mittelalterlicher Zeit.

Wie bei vielen anderen Orten der Region ist über den Ursprung Ferentinos nicht viel bekannt. Die Befestigung durch das mächtige zyklopische Mauerwerk stammt jedenfalls vom latinischen Volk der Herniker. Diese verloren im Jahr 361 v. Chr. ihre Unabhängigkeit an die Römer. Aus der Zeit als wichtige römische Provinzstadt an der Via Casilina sind heute noch viele Spuren erhalten. Schon im 4. Jh. wird Ferentino als Bischofssitz urkundlich erwähnt. Besondere Bedeutung erlangte die Stadt im 12. und 13. Jh., aus dieser Zeit stammen auch die bedeutendsten Kirchen.

• *Anfahrt* von Frosinone über die Via Casilina (Staatsstraße SS 6) oder landschaftlich reizvoller über die Panoramastraße von Alatri.

• *Information* Via Regina Margherita 7, ✆/✆ 0775/245775.

• *Übernachten* Unterhalb der Stadt an der Via Casilina liegt das moderne **Hotel Bassetto**, das gerne von Geschäftsreisenden genutzt wird. Die Zimmer entsprechen üblichem Standard, es gibt auch ein großes, empfehlenswertes Restaurant. 3 Sterne, 99 Zimmer, DZ mit Frühstück 70–90 €; Via Casilina Sud bei km 74,6, 03013 Ferentino, ✆ 0775/244931, ✆ 0775/244399.

• *Essen/Trinken* Am besten essen Sie im **Restaurant des Hotels Bassetto** mit regionaler und internationaler Küche; im Sommer wird auch draußen serviert; Menü um 25 €.

Sehenswertes

Der empfohlene Rundgang beginnt am oberen Stadttor (an der Panoramastraße nach Fumone und Alatri), der **Porta Montana**. Folgen Sie der ansteigenden Straße nach rechts, dann sehen Sie in der Via G. Morosini eine offene **römische Markthalle** (1. Jh. v. Chr.) mit Tonnengewölbe. Durch die fünf Bögen an der rechten Seite betrat man die Läden. Die Straße endet am höchsten Punkt des Ortes, wo sich in der Antike die **Akropolis** befand und seit dem 12. Jh. der **Dom** steht. Vom Platz davor hat man einen schönen Blick ins Tal, rechts sieht man Reste des Tempels der Akropolis mit Säulenbasen aus der Spätzeit der römischen Republik. Die Säulen befinden sich im Inneren der Kirche, das im 17. Jh. umgestaltet wurde. Erhalten sind der Fußboden, die Chorschranken und der Altar mit schönen Cosmatenarbeiten. Bemerkenswert ist der von antiken Säulen getragene Altarüberbau von feinster Steinmetzkunst (Beginn 13. Jh.). Rechts der Kirche führt durch ein Tor der Weg hinab an kolossalen Gemäuern antiken Ursprungs vorbei. Von der Terrasse unterhalb des Bogendurchgangs ist das römische Mauerwerk der Akropolis besonders gut zu sehen. Der Weg führt zur Piazza Giuseppe Mazzini, einem **Aussichtspunkt** mit Blick über die Altstadt mit den Treppengassen und der Stadtmauer. Gut erkennt man den Verlauf der sehenswerten Stadtmauer. Die schmale Gasse die dem Verlauf der Stadtmauer folgt, führt an **Santa Lucia** vorbei. Das Kirchlein ist der älteste christliche Bau der Stadt und geht auf das 4. Jh. zurück. Das jetzige Gebäude stammt aus dem Mittelalter, in der Krypta sind alte Mauerreste erkennbar. Hinter der Kirche sieht man auf einer (nicht zugänglichen) Freifläche Reste eines römischen Theaters. Sehenswert ist im weiteren Verlauf der Gasse rechts die **Porta Sanguinaria**. Blickt man hier von außen auf die Stadtmauer, erkennt man sehr schön die unterschiedlichen Bauweisen während der Stadtentwicklung: Der untere Teil besteht aus den mächtigen, unregelmäßigen, individuell eingepassten, glatt geschliffenen Steinquadern der Herniker. Darüber, den Bogen des Tores bildend, folgen die exakten, beinahe auf Normgröße gearbeiteten Steine der Römer. Darauf wurden im Mittelalter nur noch unbearbeitete Bruchsteine geschichtet. Es folgt die **Porta Casamari**. Außerhalb der Mauern sieht man zwei Bögen aus dem 1. Jh., die zu einer römischen Befestigung gehörten. Am Wegrand in der Nähe ist eine römische Inschrift mit dem **Testament** des Römers Aulus Quintilus (52–117 n. Chr.) erhalten, in dem er der Stadt den Ertrag seines Landguts vererbte.

Anagni

(ca. 19.000 Einwohner)

Die kleine Stadt war im Mittelalter Residenz mehrerer Päpste und trägt darum bis heute den Titel „Stadt der Päpste". Sie liegt auf einem Plateau, das in das Sacco-Tal hineinragt.

Anagni ist ein gemütlicher Ort, dessen Zentrum die Piazza Bonifacio VIII und die sich anschließende Piazza June Cento bilden. Dort spielt sich, besonders am Abend, das öffentliche Leben ab. Anagni besitzt neben seinem sehr sehenswerten Dom noch einige mittelalterliche Viertel, die an seine bedeutende Vergangenheit erinnern.

• *Verbindungen* über die Via Casilina.

Busverbindungen nach Frosinone und Rom (dort bei der Metrostation Anagnina).

• *Information* Pzza. Innocenzo III, ✆/℻ 0775/727852.

• *Übernachten* **Hotel Federico**, recht einfaches, aber ordentliches Hotel mit Restaurant; 2 Sterne, 15 Zimmer, DZ ca. 55 € ohne Frühstück. Via Anticolana 85, 03012 Anagni, ✆/℻ 0775/705049, ℻ 0775/705079, www.ristorantefederico.it.

• *Essen/Trinken* Das **Ristorante Lo Schiaffo** in einem ehemaligen Karthäuserkloster im Zentrum, verbindet gekonnt die traditionelle Küche der Ciociaria mit innovativen Ideen. Empfehlenswert sind die Antipasti aus Gemüse und die Fleischgerichte (z. B. das Lamm mit Bohnen, gewürzt mit Minze oder schlicht mit Kräutern, oder das Kaninchen). Zum Schluss sollte man sich unbedingt noch eines der köstlichen Desserts gönnen. Menü ca. 28 €; Di Ruhetag. Via Vittorio Emanuele 270, ✆/℻ 0775/739148.

Ristorante del Gallo, eine Spezialität des Hauses sind die Fettuccine mit Schinken in einer Form gebacken (Timballo di fettuccine). Di Ruhetag. Via Emanuele 164, ✆/℻ 0775/727309.

Geschichte/Sehenswertes

Die Ursprünge Anagnis sind ungeklärt, nachgewiesen sind Siedlungen der *Herniker*, eines mit den Latinern verbündeten eigenständigen Stammes, auf der Spitze des Tuffsteinhügels. Die Römer unterwarfen die Stadt im Jahr 306 v. Chr. und errichteten die wuchtigen Befestigungsanlagen. Ein Teil der bis zu 3 Meter dicken Mauern umgibt die Stadt bis heute. Im Mittelalter blühte die Stadt noch einmal auf. Anagni war ein direkt vom Papst abhängiger Bischofssitz und stand deshalb nie im Mittelpunkt des Interesses der konkurrierenden Adelshäuser Latiums. Ihre herausragende Bedeutung verdankt sie dem Schicksal, zur Heimat von vier Päpsten zu geworden zu sein. Es war nicht nur die verkehrsgünstige Lage, die Anagni zum geeigneten und sicheren Rückzugsort für die Päpste machte, sondern es lag auch daran, dass die gräfliche Familie des Ortes, die Conti di Segni, in relativ kurzer Zeit gleich drei Päpste stellte, und man sich hier eher als in anderen Orten auf den Schutz der Bevölkerung verlassen konnte. Auch der vierte Papst, der in Anagni residierte, Bonifaz VIII., wurde hier geboren.

Papst Bonifaz VIII. an der Domfassade

Dom Santa Maria e San Magno: In einer Zeit, die von heftigen Machtkämpfen zwischen Papst und Kaiser geprägt war, wurde die Kathedrale 1062 bis 1104 anstelle christlicher Vorgängerbauten und eines antiken Mithräums errichtet. Die komplexe Baugruppe mit Anbauten, Treppenanlagen und vielen Durchgängen lässt die Atmosphäre der Papstfestung noch erahnen, obwohl viele der alten Gebäudetrakte, die zwischen Dom und Papstpalast lagen, heute nicht mehr existieren. Bemerkenswert ist die thronende Statue Bonifaz VIII. in einem offenen, säulengetragenen Erker an der hohen

Südseite der Kirche. Durch die Hanglage wirkt auch die Apsis steil und burgartig, erst hoch oben öffnet sie sich zu einer kleinen Galerie.

Im **Inneren** ist die Domkirche ein klar gegliederter, dreischiffiger romanischer Bau mit drei Apsiden und Querschiff. 1250 wurden die gotischen Bögen in Mittel- und Querschiff eingefügt, auch hier kam es im 17. Jh. zu einer tiefgreifenden Barockisierung der Innendekoration, wobei wertvolle Fresken aus der Zeit der Erbauung zerstört wurden. Reste davon finden sich innen über dem Haupteingang (Madonnendarstellung) und auf der Säule links neben dem Hauptaltar. Unverändert blieb der Cosmatenboden (1227–1231) sowie im Altarraum das Ziborium und der marmorne Papstthron Er wird von zwei Löwen getragen und ist reich mit farbigen und vergoldeten Mosaiksteinen versehen. Die Rückenlehne wird gekrönt von einer kreisrunden Scheibe, die hinter dem Thronenden wie ein Heiligenschein gewirkt haben muss.

Im **Seitenschiff** links liegt die Kapelle der Familie Gaetani, aus der Papst Bonifaz VIII. stammt, errichtet 1296. Hier führt eine Treppe hinab in die Krypta der Stadtheiligen San Magno (Bischof und Märtyrer aus dem 3. Jh.), Santa Secondina (von Magno bekehrt und getauft, ebenfalls Märtyrertod), San Pietro v. Anagni, (Bischof und Erbauer des Doms) sowie der Santa Oliva, einer frommen Einsiedlerin aus der Umgebung der Stadt.

Die **Krypta San Magno** nimmt die ganze Breite des Altarraums ein. Man betritt sie von der Schmalseite, sodass sich der Eindruck von drei Schiffen ergibt, die quer zu den drei Apsiden angeordnet sind. Schlichte Säulen mit glatten, bemalten Kapitellen unterteilen das Gewölbe in 21 Felder, in denen wie auf aufgespannten Teppichen eine unbeschreiblich reich ornamentierte, farbige Bilderwelt den Betrachter in ihrer Fülle überwältigt. Auch die Wände sind in die Gliederung mit einbezogen. Entstanden sind die Fresken wahrscheinlich 1227–1231. Die Krypta umfasst verschiedene Bildzyklen, die in ihrer tiefgehenden Symbolhaftigkeit und vielschichtigen theologischen Mehrdeutigkeit kaum zu erfassen sind. Es ist ohne Zweifel, dass hier Gelehrte des päpstlichen Hofes den hochintellektuellen Bildplan festgelegt haben müssen.

Öffnungszeiten **Kathedrale**: im Sommer 9–13 und 16–19 Uhr, im Winter 9–13 und 15–18 Uhr, letzter Einlass: halbe Stunde vor Schließung; **Krypta**: alle 15 Minuten von 9–12.30 und 16–18.30 Uhr für maximal 25 Personen; Eintritt Krypta: 3 €, für Kinder 1,30 € (zusammen mit Schatzkammer und Klosterhof: 8 €; ab Gruppen von 5 Personen: 7 € pro Person).

Noch benommen von der mystischen Bilderwelt der Krypta San Magno betritt man wieder die kleine Piazza vor der Kirche mit dem freistehenden Campanile. Rechts neben der Kirche befindet sich der Eingang zum **Museum** und dem **Klosterhof** mit Resten schöner Cosmatenarbeiten und anderen Fragmenten aus der Baugeschichte der Kathedrale sowie Fundstücken aus römischen Katakomben und denen des nahen Vico Miricino.

Die **Schatzkammer** in den oberen Stockwerken birgt wertvolle Reliquiare, Miniaturen und Elfenbeinarbeiten sowie eine Textilsammlung mit Stoffen teilweise noch aus byzantinischer Zeit. Beeindruckend sind das Tafelbild einer Madonna mit Kind von 1325 und der prachtvolle, golddurchwirkte Chormantel Bonifaz VIII. aus dem 12. Jh.

Öffnungszeiten **Museum**, im Sommer 9–13 und 16–19 Uhr, im Winter 9–13 und 15–18 Uhr; Eintritt: Klosterhof im Rahmen einer ca. 15-minütigen Führung 3 €; **Schatzkammer** nur im Rahmen einer ca. 20-minütigen Führung 3 €, zusammen mit Krypta 8 €; ab Gruppen von 5 Personen: 7 € pro Person; für Kinder reduziert: jeweils 1,30 €.

Die wohl eindrucksvollste Festung des Montefeltro – San Leo (sb) ▲▲
Bei Urbino – typische Hügellandschaft der Marken (sb) ▲

▲▲ Die »Rückseite« von Urbinos elegantem Palazzo Ducale (sb)
▲ Am Strand von Numana (sb)

Einsamer Angler in der Gola del Furlo (sb) ▲▲

Trotzt dem Trubel des Fährhafens: ▲▲
der Trajans-Bogen in Ancona (sb)

Blick auf die Monti Sibillini (sb) ▲

▲ Vielleicht doch lieber mit dem Boot? Entscheidung am Passo del Lupo (kv)

Die Treppen hinab, geht der Weg um die Kirche herum auf der Hauptstraße weiter in die Altstadt hinein, wo bald links und etwas zurückgesetzt die Reste des **Papstpalastes** aus dem 13. Jh. zur Besichtigung einladen. Heute gehören sie zum Kloster der Zisterzienser Schwestern. Hier fand das Versöhnungstreffen Kaiser Friedrich II. mit Papst Gregor IV. (1227-1241) statt, und hier erhielt Papst Bonifaz VIII. für seine Machtgier am 17. September 1303 von Fürst Sciarra Colonna eine schallende Ohrfeige, die als **„Schialto di Anagni"** berühmt wurde. Von der einstmals prachtvollen Ausstattung des Palastes zeugen heute nur noch in einigen Räumen im ersten Stock die Reste sehr dekorativer, ornamentaler Wandmalereien. Die bescheidene, von den Nonnen liebevoll gepflegte Ausstellung zeigt alte Fotografien der Gebäude, kleinere archäologische Funde und allerlei Zusammengetragenes über die Päpste, Anagni und den Zisterzienserorden.

Öffnungszeiten im Sommer 9.30–13 und 15.30–18.30 Uhr, im Winter 9.30–13 und 15–18 Uhr; Eintritt 2 €, Personen über 65 Jahre: 1,50 €, Kinder von 6–13 Jahren: 1 €.

In der Via Maggiore (Nr. 291, 293) und am Corso Vittorio Emanuele II stehen sehenswerte mittelalterliche Bürgerhäuser, von denen das **Haus Barnekow** (14. Jh.) besonders charakteristisch ist (Corso Vittorio Emanuele II Nr. 89).

Fiuggi

(ca. 8.000 Einwohner)

An einem Hang der Monti Ernici liegt umgeben von Kastanienwäldern eines der ältesten Thermalbäder Europas. Seit der Antike sind die Heilquellen bekannt. Die mondäne Pracht der Belle Epoque um 1900 ist zwar längst verblichen, doch die Kurgäste kommen noch immer.

Wie Funde von Gebäuden und Straßen aus der Antike belegen, nutzten schon die Römer die Thermalquellen von Fiuggi. Plinius der Ältere erwähnt das Heilwasser in einer Schrift aus dem Jahr 27 n. Chr. Aufgrund des geringen Mineralgehalts ist das Wasser bei der Entgiftung sowie bei Nieren- und Gichtkrankheiten wirksam. Regelmäßig kam Papst Bonifaz VIII. (1294–1303) wegen seiner Nierensteine nach Fiuggi und auch Michelangelo ließ sich hier 1549 behandeln.

Das Quellengebiet liegt in **Fuiggi Fonte**, im Tal unterhalb der kleinen mittelalterlichen Altstadt Fiuggi Città auf dem Felsplateau. Zum beliebtesten Thermalbad Italiens wurde Fiuggi, als der König des gerade geeinten Italiens hier mit seiner Familie regelmäßig Urlaub machte. Damit setzte in Fiuggi Fonte eine rege Bautätigkeit ein. Die breiten Straßen, die Grünanlagen und die im üppigen Jugendstil dekorierten Villen stammen aus dieser Zeit. Das Tal ist heute zersiedelt. Durch die neueren Bauten hat Fiuggi Fonte Schick und Flair verloren. Dank des Rufs aus der vorletz ten Jahrhundertwende kommen aber während des Kurbetriebes von April bis November immer noch viele italienische Touristen. Zahlreiche vermögende Rentner verbringen in diesem gesunden Klima mehrere Monate des Jahres.

Es gibt zwei Quellenbezirke, die beide in Parkanlagen liegen und nur gegen Eintrittsgebühr zugänglich sind:

Die größte Kuranlage mit einem Park von 80 Hektar Größe ist der **Fonte Bonifacio VIII.** mit Eingang an der zentralen Piazza Frascara. Die Quellen wurden hier erst ab 1870 eingefasst und um 1900 in eine Jugendstilarchitektur integriert. Heute befindet sich die Quelle in einem futuristischen Komplex. Man wandelt durch offene und geschlossene Hallen aus Stahlbeton. Das Gebiet der **Fonte Anticolana** ist

Latium Karte S. 428/429

kleiner. Der etwa 14 Hektar große Park mit hohen Bäumen und exotischen Pflanzen hat ein Freilufttheater, in dem im Sommer Veranstaltungen stattfinden.

• *Information* In Fiuggi Fonte: Pzza. Frascara 4 (der zentrale Platz am Eingang zur Terme, ✆/📠 0775/515019, 📠 0775/506647; in der Altstadt: Pzza. Teatro Trento e Trieste.

• *Verbindungen* Über die Via Casilina, dann ab Anagni der gut ausgebauten und beschilderten Hauptstraße folgen.

Busverbindungen nach Rom (dort bis zur Metrostation Anagnina) ab dem Bahnhofsplatz. Weitere Buslinien nach Frosinone, Subiaco, Anagni und Alatri.

• *Schwimmbad* Piscina Comunale Via Val Madonne, ✆/📠 0775/547536.

• *Übernachten* Kaum vorstellbar, aber der kleine Ort verfügt über 212 Hotels, von denen nur eines in der Altstadt liegt. Die (häufig nur einst) prachtvollen Villen, die meist aus der Zeit um 1900 stammen, sind fast ausnahmslos Hotels. Da die Unterkünfte in Fiuggi entweder extrem überteuert oder sehr schlecht sind, sollte man den Kurort als Schlafplatz meiden.

• *Camping* Fiuggi besitzt einen der wenigen Campingplätze dieser Region, den **Eurocamping 2000**. Dieser mit einem Laden, Schwimmbad und 4 Bungalows gut ausgestattete Platz liegt in einem feuchten Tal, nicht weit vom Eingang zur Kuranlage Fonte Bonifacio VIII.; 3,7 ha für ca. 400 Personen; für zwei Pers. ca. 18 €; von Ende April bis Ende September. Via delle Felci 1, 03014 Fiuggi, ✆/📠 0775/514420, 📠 0775/547233.

• *Essen/Trinken* Wie in den Hotels sind auch in den Restaurants von Fiuggi Fonte die Preise überzogen und die Angebote mittelmäßig bis schlecht. Eine Ausnahme finden Sie allerdings am großen zentralen Platz in der Altstadt neben dem Rathaus. Im eleganten Ristorante **La Torre al Centro Storico** wird man nie enttäuscht. Die Eigentümer sind stets herzlich, und die Karte bietet immer wieder angenehme Überraschungen, je nach Jahreszeit und Marktangebot. Zu empfehlen ist das Tagesmenü, man kann aber auch à la carte essen. Menü um 45 €; So abends und Di geschlossen. Pzza. Trento e Trieste 29, ✆/📠 0775/515382, www.ristorantelatorre.biz.

Sehenswertes: Die mittelalterlichen Strukturen der **Altstadt** auf dem Felsen 120 Meter über Fiuggi Fonte sind noch weitgehend erhalten. Man sieht sogar Reste von Wohntürmen und der Befestigungsanlage.

Man erreicht die Altstadt bei der großen **Piazza Trento e Trieste** mit dem 1910 fertig gestellten, ehemaligen **Grand Hotel** im verspielten Stil der Belle Epoque. Der gewaltige Bau, der sich über mehrere Etagen den Hang hinunter erstreckt, war glanzvoller Treffpunkt der vornehmen Gesellschaft, als der König hier Urlaub zu machen pflegte. Heute ist das Hotel nicht mehr in Betrieb, das Gebäude wird von kommunalen Einrichtungen genutzt. An der Piazza befindet sich mit Zinnenkranz und Uhrturm in der Fassadenmitte auch das Rathaus, erbaut 1925 im damals populären Stil der Neorenaissance. Gegenüber beginnt die Hauptstraße der kleinen Altstadt, von der viele verwinkelte, stimmungsvolle Treppengassen abzweigen.

Alatri (ca. 26.000 Einwohner)

Auf einem Bergkegel inmitten von Olivenhainen liegt das mittelalterliche Alatri dichtgedrängt innerhalb der Stadtmauern aus vorrömischer Zeit. Im Zentrum wird das Plateau der antiken Akropolis von einzigartigen, gigantischen Zykplopenmauern umfasst.

Ferdinand Gregorovius notierte, überwältigt beim Anblick der Mauern, seinen ersten Eindruck: „Ein erstaunliches Denkmal jener Kulturepoche, ohnegleichen unter allen Städten Latiums, sodass ein so wunderbares, ägyptischen Bauten völlig zu vergleichendes Werk gesehen zu haben, eine tagelange mühevolle Reise belohnt."

Der Ausblick von der Akropolis über die hügelige Landschaft mit verstreut liegenden Dörfern gehört zu den großartigsten in ganz Latium. Unter sich hat man das Gewirr der mittelalterlichen Häuser mit den roten Ziegeldächern und den

Gässchen, die von den Stadttoren auf die Akropolis zuführen. Die Altstadt hat noch immer die Ausmaße des antiken Alatriums.
Rund um die Stadt herum führen Spazierwege durch die Olivengärten und Felder zu abgelegenen Kapellen.

• *Verbindungen* Von Frosinone über die Staatsstraße SS 214 in Richtung Sora bis zur Abzweigung nach Alatri (SS 155).
Busverbindungen nach Frosinone (13 km entfernt).

• *Information* Via Battisti, ☏/📠 0775/435318.

• *Essen/Trinken* **La Rosetta**, in dem gepflegten Familienbetrieb gibt es typische Gerichte aus der Ciociaria. Menüpreis um 22 €. Di geschlossen. Via Duomo 35, ☏/📠 0775/434568.
Zum Restaurant gehört auch noch die Pizzeria **Da Massimo La Rosetta**. Hier gibt es die neapolitanische und damit die authentische Variante der Pizza mit dickem Teig und weichem Rand. Es heißt, die Pizza sei hier so gut, dass man meinen könnte, man wäre in Neapel. Ein größeres Lob gibt es für „die wahren Pizza-Kenner" nicht. Di Ruhetag, sonst nur abends geöffnet. Via Duomo 31, ☏/📠 0775/434642.
Ristorante Pizzeria La Conca ist ein sehr großes Lokal mit mehreren Gasträumen und bodenständigen, gut zubereiteten Gerichten. Die Portionen sind außergewöhnlich groß. Der mäßige Hauswein wird in Flaschen serviert. Pizza gibt es nur abends. Menü um 16 €. Via Roma 7, ☏/📠 0775/434650.

• *Markt* jeden Freitag auf der zentralen Pzza. S. Maria Maggiore.

Geschichte/Sehenswertes: Man nimmt an, dass Alatri im 7. Jh. v. Chr. von den Hernikern gegründet wurde und sich dann zu einer ihrer Hauptstädte entwickelte. Bis zum 4. Jh. v. Chr. errichteten sie die soliden zyklopischen Stadtmauern sowie die Ringmauern um die Akropolis, die noch heute vollständig erhalten sind. Die Türme und Befestigungsanlagen der Stadtmauer fügte man im Mittelalter hinzu. Später wurde Alatri 484 v. Chr. ein römisches Munizipium und schon kurz nach Ende der Christenverfolgung Bischofssitz. Nach Plünderung durch die Ostgoten im Jahr 543 und Belagerungen durch Langobarden und Sarazenen, erlebte Alatri im 13. Jh. seine Blüte. Aus dieser Zeit des Wohlstands sind heute noch bemerkenswerte Bauten erhalten. Im Zuge einer Verwaltungsreform teilte man die Stadt im Mittelalter in neun Bezirke (Rioni) ein, auch sie haben bis in die Gegenwart Bestand. In den Machtkämpfen mit den Kaisern hielt sich Alatri immer treu an der Seite des Papstes und geriet später, wie die meisten Orte des Kirchenstaates, unter die Herrschaft verschiedener Adelsfamilien.

An der zentralen Pzza. **Santa Maria Maggiore** steht die gleichnamige Kirche, deren Ursprünge bis auf das 5. Jh. zurückreichen. Die spätere romanische Kirche wurde im 13. Jh. so umgestaltet, wie sie sich noch heute darstellt, mit klar gegliederter Fassade, Rosettenfenster über dem Hauptportal und schlankem Turm.
Über die Via Matteoti mit einigen mittelalterlichen Bürgerhäusern kommt man an der Verzweigung der Hauptstraße Corso Vittorio Emanuele und dem Corso Cavour zu dem massiven mittelalterlichen **Palazzo Gottifredo**. Das gotische Gebäude, das wegen seiner herausragenden Größe sofort auffällt, wurde im 13. Jh. für den Kardinalsdiakon und reichen Feudalherrn von Alatri, Gottifredo Raynaldi, erbaut. Heute zeigt hier das städtische **Museum** etruskische und römische Funde sowie einige mittelalterliche Kunstwerke.

Öffnungszeiten **Museo Civico**, Mo geschlossen, sonst 9–13 und 15–19 Uhr; Eintritt 1,55 €, Personen unter 15 und über 60 Jahre haben freien Eintritt.

Wichtigste Sehenswürdigkeit Alatris ist der perfekt erhaltene, massive Mauerring um die **Akropolis**. Noch bis ins Mittelalter fand die Bevölkerung hier Schutz und konnte der Belagerung durch die Truppen Heinrichs VI., des Sohnes Barbarossas, widerstehen. Beeindruckend ist die Größe der gigantischen Steinblöcke, die in vor-

Latium
Karte S. 428/429

römischer Zeit passgenau behauen und ohne Mörtel zu einer vollkommen glatten Wand zusammengefügt wurden. Zwei Tore in der Mauer führen auf das trapezförmige Plateau der Akropolis. Das größere ist die **Porta Maggiore**, es befindet sich im Stadtteil Santa Lucia (Rione 7), von der Hauptstraße Corso Vittorio Emanuele kommend auf der südlichen Rückseite der Akropolis. Der Torsturz besteht aus einem einzigen, 3,50 Meter langen Monolith. Rechts davon an der Ecke sind die Mauern am höchsten. Schmaler als die Porta Maggiore ist die **Porta Minore** auf der gegenüberliegenden Seite der Akropolis, oberhalb der Via del Duomo, doch dafür ist sie tiefer und bildet einen Gang aus Steinblöcken. Die Akropolis selbst hat eine Fläche von 19.000 Quadratmetern. Auf den Fundamenten des antiken Haupttempels errichtete man im frühen Mittelalter die **Kathedrale von San Paolo** mit dem Bischofspalast. Was man heute sieht, ist das Ergebnis der vollständigen barocken Umgestaltung im 18. Jh. Um die Kathedrale und den Bischofspalast herum ist ein Park mit Picknickplatz angelegt. Allein wegen des herrlichen Blicks lohnt hier eine Rast.

Abtei von Casamari

Das berühmte Zisterzienserkloster gilt als Musterbeispiel gotischer Architektur und gehört zu den wichtigsten Klöstern Latiums. Hinter der Mauer, die das Gelände mit Kirche, Kreuzgängen, Kloster, Nebengebäuden und Gärten umschließt, scheinen die letzten Jahrhunderte spurlos vorübergegangen zu sein.

• *Verbindungen* Von Frosinone über die Staatsstraße SS 214 in Richtung Sora, die Zufahrt zur Abtei ist gut ausgeschildert.

• *Übernachten/Essen/Trinken* Von Frosinone kommend, zweigt vor Casamari rechts eine Straße in das 420 m hoch gelegene **Monte San Giovanni Campano** ab. Im Schatten eines Kastells liegt wunderschön und sehr ruhig das schlichte, kleine Hotel **Albergo L'Orione**. Die Ausstattung ist zwar eher bescheiden, doch dafür geht es familiär zu. Das Restaurant bietet typische Gerichte der Region. 2 Sterne, 11 Zimmer, DZ mit Frühstück ca. 55–95 €. Via Corte 5, 03025 Monte San Giovanni Campano, ✆/℻ 0775/288677.

Im Jahr 1005 gründeten vier Priester des Benediktinerordens hier das erste Kloster auf den Ruinen eines größeren antiken Komplexes. Nach schwer durchschaubaren Wirren mit Machtkämpfen der ständig wechselnden Äbte übernahmen die Zisterzienser die Abtei, in deren Besitz sie sich bis heute befindet. In fünf Jahrzehnten erbauten sie mühevoll die bis heute unveränderte, schlichte Kirche nach dem Vorbild der Abtei von Fossanova. Papst Honorius III. weihte sie im Jahr 1217 ein. Mehrfach wurde das Kloster belagert, geplündert und beschädigt. Im Jahr 1623 überlebten nur acht Mönche ein Massaker. Doch bis auf die kurze Phase der französischen Besatzung von 1811 bis 1814 findet hier seit dem 13. Jh. kontinuierlich ein Klosterleben statt. Seit 1930 wirken die Zisterziensermönche auch als Missionare in Äthiopien, den USA und Südamerika. Insgesamt gehören 16 Klöster mit insgesamt 200 Mönchen zur Ordensgemeinschaft von Casamari.

• *Rundgang* Die Klosteranlage betreten Sie links von der Straße durch ein *Torhaus*. Dort führt die Tür links zu einem kleinen *Laden*, in dem u.a. Klostererzeugnisse verkauft werden.

Vom Torhaus gelangen Sie zunächst auf den Vorhof der Kirche, man sieht die Fassade mit strengen architektonischen Formen. Links des Haupteingangs befindet sich hinter einer Mauer der kleine Klosterfriedhof. Folgen Sie vom Vorhof aus dem Weg nach rechts, so kommen Sie zum mächtigen Klostergebäude. Ein Torbogen mit schönem Kreuzgewölbe führt zum sorgfältig gepflegten Garten. Er bildet einen reizvollen, bunten Farbfleck innerhalb der hellen Sandsteinmauern. Im Durchgang links zum Kreuzgang können Sie die alte, noch immer betriebene *Apotheke* bewundern (geöffnet 8.30–13 und 16–19.30 Uhr). Sie wurde 1761 gegründet.

Der **Kreuzgang** ist der stillste Ort der Anlage. Die Formen und die warmen Farben des Steins ergänzen sich harmonisch. Beachtenswert sind die zweibogigen Öffnungen zum Innenhof mit ganz unterschiedlich gestalteten, schlanken Säulenpaaren. Gegenüber vom Eingang sehen Sie ein interessantes kleines Detail: In die Kapitelle eines Säulenpaares sind drei Köpfe eingemeißelt. Es soll sich um Porträts von Kaiser Friedrich II., dem erbitterten Gegner des Papstes, seiner Frau Konstanze von Aragon und des Abts von Casamari handeln.

Der **Innenraum** der Kirche in reiner Zisterzienser-Gotik ist von würdevoller Schlichtheit. Einziger Schmuck sind die schlanken Bündelpfeiler. Der gelblich-goldene Stein strahlt in einheitlich warmem Farbton, der durch die dünnen, bräunlich geäderten Alabasterscheiben der Fenster noch intensiviert wird. Die Wände der Basilika sind vollkommen schmucklos. Nichts lenkt den Besucher von der besinnlichen Atmosphäre ab.

• Öffnungszeiten **Abtei**, 9–12 und 15–18 Uhr, Eintritt frei, eine Spende wird am Ende der Besichtigung erwartet; ✆/📠 0775/282371, www.casamari.it.

Pastena

(ca. 1.600 Einwohner)

Bekannt geworden ist Pastena durch das erst 1926 vollständig erforschte, phantastische **Höhlensystem** etwa 5 km außerhalb des Ortes. Anfang der 1980er Jahre legte man Wege an, beleuchtete die Grotten und erschloss sie für Besichtigungstouren. Selbst an der weit entfernten Küste und überall an der Autobahn stellte man zahllose Hinweisschilder („Grotte di Pastena“) auf. Ein Besuch dieser „Unterwelt“ ist allerdings auch wirklich lohnend.

Die Höhlen liegen in einem weiten Tal, das von den Ausoni-Bergen umgeben ist. Sie bestehen aus einem höher gelegenen, fossilen Abschnitt und einer tieferen, wesentlich längeren Höhlenkette, durch die der Wassergraben Mastro („Fosso Mastro“) fließt. Wenn er nicht außergewöhnlich viel Wasser führt, sind von diesem Bereich 600 Meter begehbar. Die Besuchergruppen werden durch verschiedene Höhlen mit unterschiedlichsten Tropfsteinformationen mit manchmal funkelnden Kristallen aus Calzit oder in besonders schönen Farben in allen Erdtönen geführt. Früher suchten hier die Bewohner der Umgebung Schutz vor Naturkatastrophen und Kriegen. Im Zweiten Weltkrieg befand sich in einem Abschnitt das Hauptquartier des deutschen Generals Kesselring, der die Wehrmachttruppe bei Montecassino befehligte.

• Verbindungen Autobahn A 1 von Rom nach Neapel, Abfahrt Ceprano.

• Öffnungszeiten Im Sommer 8–20 Uhr, im Winter 9–17 Uhr. In den Höhlen herrscht gleichbleibend eine Temperatur von 15–16 Grad bei einer Luftfeuchtigkeit um 95 %. Die Führung auf dem etwa 1 km langen Weg dauert rund 45 Minuten. Fotografieren und Filmen ist verboten.

• Eintritt 7,50 €, Kinder bis 6 Jahre haben freien Eintritt, Kinder von 6–12 Jahren 4 € (im Preis enthalten ist der Eintritt für das Heimatmuseum in Pastena)

• Information ✆/📠 0776/546322, www.grottepastena.it.

Cassino

(ca. 32.000 Einwohner)

Die im letzten Krieg in schrecklichen Schlachten zerstörte Stadt Cassino wurde modern und großzügig wieder aufgebaut. Heute ist die Universitätsstadt eines der wichtigsten Industrie- und Handelszentren Süditaliens. Vollständig rekonstruiert wurde die weltberühmte Abtei von Montecassino, die schon allein eine längere Anreise lohnt.

Die Stadt Cassino liegt im Tal des Flüsschens Rapido, am Fuß des Bergkegels mit der berühmten Benediktinerabtei. Die modernen Wohnblocks reichen zwar bis auf

Latium Karte S. 428/429

die Hänge der umliegenden Hügel, trotzdem ist die Landschaft mit den kargen Bergen noch immer reizvoll.

• *Information* Via G. Di Biasio 54, ✆/℻ 0776/221292, ℻ 0776/25692.

• *Verbindungen* Autobahn A 1 von Rom in Richtung Neapel, Ausfahrt Cassino.
Busverbindungen nach Frosinone.
Zugverbindungen nach Frosinone, Sora, Rom und Neapel. Bahnhof: Piazza Garibaldi, ✆/℻ 0776/21107.

• *Übernachten* **Hotel Alba**, dieses etwas antiquiert wirkende, kleine Hotel befindet sich zentral am Fuß des Berges; familiäre Atmosphäre, zweckmäßig ausgestattete Zimmer, Garage und ein empfehlenswertes Restaurant („Da Mario") bei recht gutem Preis-Leistungs-Verhältnis; einige Zimmer haben Balkon; 3 Sterne, 26 Zimmer, DZ ca. 80 € inklusive Frühstück. Via G. Di Biasio 53, 03043 Cassino, ✆/℻ 0776/21873, ℻ 0776/270000, www.albahotel.it.

Das größere **Hotel Rocca** liegt gut 1 km vom Stadtrand entfernt an der Straße in Richtung des deutschen Soldatenfriedhofs. Wegen des starken Verkehrs und fehlender Gehwege ist die Innenstadt zu Fuß kaum erreichbar. Dafür bietet das Hotel aber viele Freizeitmöglichkeiten: Es gibt einen Tennisplatz, Fitnessraum und eine Sauna. Gleich nebenan ist ein großes Freibad (Parco acquatico) mit mehreren Becken und langer Rutsche; für Hotelgäste ist der Eintritt frei. Auch ein Restaurant und ein großer Parkplatz sind vorhanden. 3 Sterne, 70 Zimmer, DZ mit Frühstück 65–80 €. Via Sferracavalli 105, 03043 Cassino, ✆ 0776/311212, ℻ 0776/25427.

• *Camping* Schön gelegener Platz bei den Thermen am südlichen Stadtrand, gleich hinter dem Bahnhof; die Plätze sind durch die dichten Bäume schattig und regelmäßig sehr feucht. 20 ha, 140 Stellplätze; Preis für 2 Pers. 14–16 €; ganzjährig geöffnet. Terme Varroniane, Via delle Terme 5, 03043 Cassino, ℻ 0776/22144.

• *Essen/Trinken* Herausragende Restaurants gibt es in Cassino nicht. Empfehlenswert ist aber die einfache **Osteria La Cantina**. Hier erhält man die typischen, unverfälschten Gerichte der Region. Das Bruschetta kommt ungefragt auf den Tisch (und nicht auf die Rechnung), die Portionen und der offene Hauswein sind ordentlich und die Preise sehr günstig; So geschlossen. Via de Nicola 66 (zentrale Lage, in der Nähe der Pzza. de Gaspari), ✆/℻ 0776/278126.

Ein anspruchsvolleres Restaurant finden Sie etwas außerhalb (weiter südlich auf der Via Casilina), in **San Vittore del Lazio**: Restaurante **All'Oliveto**, Via Passegeri 1, ✆/℻ 0776/335226; Mo geschlossen.

Geschichte/Sehenswertes

Schon in vorgeschichtlicher Zeit waren Berg und Tal besiedelt. Im 4. Jh. v. Chr. war hier eine Handelsmetropole des Stamms der Samniten, die das Interesse der Römer weckte, und denen im Jahr 309 v. Chr. unter großen Anstrengungen die Eroberung gelang. Durch die günstige Lage an der Via Casilina, die Rom mit Capua verband, blühte die Stadt zur Zeit der Republik weiter auf. Die Lage sicherte ihr über den Untergang des römischen Imperiums hinaus eine gewisse Bedeutung. Die Menschen hielten hier auch dann noch an ihren überlieferten Religionen fest, als die heidnischen Kulte zu Gunsten des Christentums bereits verboten waren. Einige Tempel wurden noch genutzt, als der heilige Benedikt im Jahr 529 mit seinen Gefährten im Ort erschien und, auch als Zeichen des siegreichen Christentums, auf dem hohen Berg weithin sichtbar an der Stelle des Apollo-Tempels ein Kloster gründete, das später das Mutterkloster des abendländischen Mönchtums wurde.

Im Zweiten Weltkrieg tobten in der Gegend von Januar bis Mai 1944 furchtbare Schlachten zwischen der deutschen Wehrmacht und den von Süden nach Rom vorrückenden alliierten Truppen. Die Stadt sowie die weltberühmte Abtei wurden dabei vollständig zerstört und die ganze Region verwüstet. Nur im kleinen Gebiet der **Archäologischen Zone „Casinum"** blieben einige antike Überreste von den Bombardements verschont. Dieses Areal befindet sich an der Straße, die

Die traditionsreiche Abtei von Montecassino

zur Abtei von Montecassino hinaufführt. Dazu gehören die Ruinen eines **Amphitheaters** aus der 2. Hälfte des 1. Jh. v. Chr., das von der Matrone Ummidia Quadratilla finanziert wurde, sowie ihr **Grabmal**, das vom Grundriss her an ein Kreuz erinnert und im 10. Jh. als Kirche diente. Nahezu vollständig erhalten ist ein halbkreisförmiges **Theater** aus der Zeit des Kaisers Augustus (27 v. Chr.–14 n. Chr.), dessen Zuschauerränge nach Art der griechischen Vorbilder an den Hang gebaut wurden. Heute finden hier im Sommer Freiluftaufführungen statt. Die zerstörte römische Stadt Casinum lag früher ein Stück den Berghang hinauf, terrassenförmig oberhalb des Theaters. Von ihr ist heute leider außer einem Stück Straßenpflasterung nichts mehr erhalten.

Öffnungszeiten **Parco Archeologico di Casinum**, täglich 9–19 Uhr (im Winter bis 17 Uhr), Eintritt 2 €, für Personen unter 18 und über 65 Jahre frei.

Das Zentrum der Stadt liegt um die **Piazza de Gasperi**, an der sich auch einige der neuen öffentlichen Gebäude befinden. Kleine Parks gibt es in der Via Leopardi und am Corso della Repubblica. Ansonsten hat die Stadt nicht viel zu bieten. Die meisten Besucher kommen nur her, um die gewaltige Abtei auf dem Berg zu besuchen. Zu ihr gelangt man über die links von der Hauptstraße abzweigende Via Montecassino (9 km). Zunächst führt sie an der archäologischen Zone vorbei, dann geht es in steilen Serpentinen den kahlen Hang hinauf. Immer wieder bieten sich herrliche Ausblicke. Ungefähr auf halber Strecke sehen Sie rechts die kümmerlichen Reste der ehemals mächtigen Burg **Rocca Janula**. Sie wurde im 10. Jh. von Abt Aligerno zum Schutz der Abtei errichtet.

Abtei von Montecassino

In seiner langen Geschichte hat das Kloster des heiligen Benedikt schon mehrere Neuanfänge erlebt. Nachdem der ursprüngliche Bau des Ordensgründers aus dem

Latium
Karte S. 428/429

Jahr 529 bereits 48 Jahre später von den Langobarden zerstört worden war, ordnete Papst Gregor II. 718 den Wiederaufbau an. Neben vielen anderen Persönlichkeiten war im Jahr 787 Karl der Große hier zu Gast, der die Mönche mit weitreichenden Privilegien ausstattete und damit die Grundlage für den Wohlstand des Klosters schuf. Der zog etwa hundert Jahre später plündernde Sarazenenbanden an, die alles in Schutt und Asche legten. Um 950 kehrten die Mönche zurück und bauten das Kloster mit päpstlicher Förderung über Jahrhunderte zu einem der bedeutendsten kulturellen Zentren Europas aus. Hier trafen sich zahlreiche Gelehrte, im Skriptorium entstanden prachtvollste Handschriften und in den Werkstätten kostbare Kunstschätze. Ein verheerendes Erdbeben im Jahr 1349 zerstörte das Kloster zum dritten Mal. Dieses Mal baute man es sofort wieder auf und nutzte die Gelegenheit für bauliche Erweiterungen und Verschönerungen. Knapp 600 Jahre vergingen bis zur katastrophalen Vernichtung durch die amerikanischen B-17 Bomber. Schon ab 1947 wurde unter großem Aufwand nach dem ursprünglichen Bauplan mit dem Wiederaufbau begonnen. Am 24. Oktober 1964 weihte Papst Paul VI. die fast authentisch wiederhergestellte Klosteranlage mit der majestätischen Basilika ein.

Öffnungszeiten **Abtei**, 8.30–12 und 15.30–18 Uhr (im Winter bis 17 Uhr); freier Eintritt (nicht in Shorts und Top), das Fotografieren mit Blitz oder Stativ ist verboten. Mehrere bewachte, gebührenpflichtige Parkplätze stehen zur Verfügung.

Rundgang: Der Haupteingang zum Kloster führt zum ersten Kreuzgang, dem ältesten Teil des Vorgängerbaus. An dieser Stelle befand sich in der Antike der Tempel des Apollo. Benedikt ließ ihn zu einer Kapelle und später zum Oratorium ausbauen, wo er sich mit seinen Mönchen zum Gebet traf. Nach der Überlieferung starb er hier „aufrecht, von einigen Mönchen gestützt, nachdem er die Eucharistie empfangen hatte“. Daran erinnert die von Konrad Adenauer gestiftete Figurengruppe aus dem Jahr 1952 im Zentrum des Kreuzgangs.

Es schließt sich der zweite Kreuzgang des Bramante an, den dieser große Renaissance-Baumeister im Jahr 1595 entwarf. Von der Loggia des Balkons aus genießt man einen wundervollen Ausblick.

Gegenüber vom Balkon führt eine breite Treppe in den oberen Kreuzgang vor den Eingang zur Basilika. Die Statuen am Fuß der Treppe zeigen links den heiligen Benedikt, eines der wenigen unversehrten Originale aus dem Jahr 1736, das die Bombardements überstand. Die Statue seiner Schwester Scholastica rechts ist eine originalgetreue Replik.

Von den drei Bronzetoren, die in die Basilika hineinführen, ist das mittlere ein Original aus dem 11. Jh. (die Tafel im rechten Flügel unten, zwischen den beiden Kreuzen, besagt, dass die Tür im Jahr 1066 in Konstantinopel angefertigt wurde). Die Schrifttafeln listen die Besitztümer des Klosters im 11. und 12. Jh. auf. Die Seitentüren stammen aus dem Jahr 1954.

Das pompöse **Innere** der barocken Basilika ist mit Marmorintarsien und vergoldetem Stuck nach den Plänen aus dem 16. Jh. exakt nachgebildet. Die verwendeten Materialien konnten zum Teil aus den Trümmern der alten Kathedrale geborgen werden. Da jedoch die Fresken verloren waren, entschloss man sich, diese durch zeitgenössische Werke zu ersetzen.

Über dem Eingang sehen Sie das 40 Quadratmeter große Fresko des bekannten Malers Pietro Annigoni aus dem Jahr 1979. Dargestellt ist der von heiligen Kirchenoberen umgebene, in göttlichem Licht stehende Benedikt. In der Mitte unter ihm sind drei Päpste zu sehen. Es sind der heilige Gregor der Große, der eine erste Biografie über Benedikt veröffentlichte, der heilige Viktor III., früherer Abt und späterer Förderer des Klosters, und Papst Paul VI., als einziger ohne Heiligenschein, der 1964 die wiederhergestellte Basilika einweihte und Benedikt bei diesem Anlass zum Schutzpatron Europas ernannte. Auf der zum Chor gewandten Rückseite des Hauptaltars befindet sich die Bronzeurne mit der Asche des heiligen Benedikt und seiner Zwillingsschwester. Bei der letzten Zerstörung rollte eine Bombe bis direkt vor den Altar, detonierte jedoch nicht.

Über dem Altar erhebt sich die Kuppel mit den 1982 vollendeten Fresken des Malers Annigoni.

Im Chorraum hinter dem Altar sehen Sie die prachtvoll verzierte Orgel mit 6000 Orgelpfeifen und das kunstvoll geschnitzte Chorgestühl aus dem 17. Jh. Die Wandgemälde zeigen wieder Szenen aus dem Leben Benedikts.

Vom Hauptaltar gelangen Sie links durch ein Marmorportal in die Sakristei. Die schwere Holzverkleidung der Wände ist eine exakte Rekonstruktion der zerstörten früheren Ausstattung. Im Hintergrund sehen Sie die modern gestaltete Reliquienkapelle. Eine Treppe führt hinauf zum Presbyterium und zur Kapelle der Barmherzigkeit mit Altarbildern aus dem 18. Jh.

Beim Hauptaltar führt der Weg in die unter dem Chorraum gelegene **Krypta**. Der Raum wurde im Jahr 1544 nachträglich in den Felsen geschlagen. Die unansehnlich gewordene Ausstattung hat man 1913 durch Mosaike aus der Benediktinerschule des Klosters Beuren in Deutschland ersetzt. Deutlich sind Einflüsse des Symbolismus und des ausklingenden Jugendstils erkennbar. Weiter sehen Sie in der Krypta die Wappen der Ritterorden des Mittelalters, die sich an den Regeln Benedikts orientierten, darunter auch das des Deutschherrenordens.

Wenn Sie die Kirche verlassen, gelangen Sie links (vom Kircheninneren aus gesehen) zum sehenswerten **Museum**. Im Eingangsbereich befindet sich eine kleine Ausstellung verschiedener, besonders prachtvoller Urkunden. Von hier aus kommen Sie in die einzelnen Abteilungen mit antiken Fundstücken, sakralen Kunstwerken, mittelalterlichen Handschriften, Zeichnungen, Stichen, Dokumenten zur Klostergeschichte, kostbaren Messgewändern, Teilen des Kirchenschatzes und einer Fotodokumentation über die Zerstörung am 15. Februar 1944. Gelegentlich finden Sonderausstellungen statt.

Öffnungszeiten **Museum**, 9–12 und 15.30–18 Uhr (im Winter bis 17 Uhr), vom 1. November bis 31. März nur an Sonn- und Feiertagen geöffnet. Eintritt 1,50 €.

Rings um Cassino liegen eine Reihe von schmerzlich eindrucksvollen **Soldatenfriedhöfen**. Auf dem Weg zur Abtei kommt man am polnischen Friedhof (Cimitero Polacco) vorbei, dessen Eingang sich unterhalb der Abtei befindet. Hier ruhen 1052 Soldaten des 11. Korps der polnischen Armee. Der deutsche Friedhof mit spiralförmig angelegten, zu einem großen Kreuz hinführenden Gräbern liegt auf der anderen Seite des Berges von Montecassino. Auf diesem größten und bedeutendsten deutschen Soldatenfriedhof in Italien sind 20.035 deutsche Gefallene beigesetzt. Der Weg dorthin ist von der Auffahrt zur Abtei gut beschildert. In der Nähe befinden sich auch die Friedhöfe der italienischen, französischen und englischen Soldaten.

Latium
Karte S. 428/429

Repubblica di San Marino

Der imposante Fels des Monte Titano beherrscht die hügelige Landschaft geradezu. Auf seinem Rücken bilden drei Türme – die Wahrzeichen von San Marino – eine markante Silhouette, drum herum erstrecken sich die bescheidenen 61 Quadratkilometer dieses einzigartigen Staates.

Von La Rocca, einem der drei Türme, überblickt man nahezu das gesamte Staatsgebiet der ältesten Republik der Welt: die „Hauptstadt" San Marino und umliegende Dörfer, Pinienwälder und grüne Wiesen. Bei guter Sicht reicht der Blick sogar bis an die Küste Riminis.

San Marino zieht jährlich etwa drei Millionen Besucher an. Man kommt zum Sightseeing und billigen Shoppen (keine Mehrwertsteuer), entsprechend dicht gedrängt geht es in den schmalen und steilen Gassen der Stadt am Hang zu. Der Tagestourismus boomt im Zwergstaat und stellt mittlerweile die wichtigste Einnahmequelle seiner Einwohner, der etwa 26.000 *Sammarinesi,* dar. Leder- und Elektronikläden, Parfümerien und Juweliergeschäfte prägen das Bild der Stadt heute ebenso wie unzählige Snackbars, in denen man nicht selten schlechtes Essen zu horrenden Preisen vorgesetzt bekommt.

Geschichte

Das Gebiet um den Monte Titano war vermutlich bereits in vorchristlicher, wenn nicht sogar in vorgeschichtlicher Zeit besiedelt. Die Gründung des Gemeinwesens, aus dem später die Republik San Marino entstand, wird auf das Wirken eines Eremiten namens Marino zurückgeführt, der sich Anfang des 4. Jh. hier in der Einsamkeit niederließ. Schon bald gesellte sich eine Schar christlicher Glaubensbrüder hinzu, aus der sich in den folgenden Jahrhunderten weitgehend unbemerkt von der Welt eine kleine Ansiedlung entwickelte.

Die erste urkundliche Erwähnung datiert aus dem Jahr 754. Dort ist die Rede von einem *Castellum Sancti Marnini,* und in einer Urkunde aus dem Jahr 885 wird dann nicht nur die Existenz eines Klosters San Marino dokumentiert, sondern diesem auch der rechtmäßige Besitz von Ländereien um den Monte Titano zuerkannt. Es entwickelte sich schnell eine kommunale politische Ordnung, die auf demokratischen Grundsätzen beruhte. Bereits seit 1244 werden die Namen der beiden für jeweils sechs Monate gewählten *Capitani Reggenti* (anfangs noch *Consules* genannt) schriftlich festgehalten, die Verfassung der winzigen Republik stammt im Kern aus dem Jahr 1250.

Aus dem Ringen zwischen den Malatesta und den Montefeltro ging San Marino gestärkt hervor und konnte durch geschicktes Taktieren das Staatsgebiet erweitern. Zweimal wurde die Republik von päpstlichen Truppen besetzt (1503 und 1739), ansonsten konnte San Marino seine Unabhängigkeit bis heute bewahren. Die Republik ist UN- und Europaratmitglied, außerdem unterhält man diplomatische Vertretungen in 35 Ländern der Welt. Haupteinnahmequelle San Marinos ist der Tourismus.

• *Information* **Info-Büro** nahe dem Palazzo Governo (Piazza della Libertà) in der Contrada del Collegio. Umfangreiches Informationsmaterial, tägl. 9–18 Uhr geöffnet.

• *Verbindungen* 8x tägl. **Busse** von und nach Rimini, Haltestelle am Piazzale Calcigni (unterhalb der Porta San Francesco bei Parkplatz 1).

• *Parken* Rund um die Altstadt gibt es nicht weniger als 8 Parkplätze (pro Stunde ca. 1,50 €, ca. 8 € für den ganzen Tag). Man kann auch im nordwestlich unterhalb gelegenen Ort Borgo Maggiore parken und sich mit der Seilbahn (hin und zurück 4 €) nach oben ins Zentrum bringen lassen.

• *Autovermietung* z. B. bei *Euro Rent Car*, ✆ 0549/900289. Via V. Febbraio.

• *Erste Hilfe* Ospedale nahe dem Campingplatz (in Cailungo), ✆ 0549/994111; Servizio Medico in der Stadt, ✆ 0549/997348.

• *Polizei* am Parkplatz 3, ✆ 0549/887777 oder 0549/888888.

• *Post* Viale Antonio Onofri.

• *Übernachten (Karte S. 524/525)* Wer aus dem Ausland anrufen bzw. faxen und beispielsweise ein Zimmer reservieren will, muss die **Landesvorwahl 00378** mitwählen!

Da die wenigsten Gäste über Nacht bleiben, ist das Angebot nicht gerade umwerfend:

**** **Hotel Titano (3)**, der Tipp für gehobene Ansprüche. Traditionshotel im Herzen der Altstadt, sehr schönes Terrassenrestaurant, noble Zimmer mit Bad, TV, Minibar, manche auch mit Balkon. DZ 120 €, EZ 90 €, Frühstück inbegriffen. Contrada del Collegio 31 (etwas unterhalb der Piazza della Libertà), 47890 San Marino, ✆ 0549/991006, ℻ 0549/991375.

** **Albergo La Rocca (2)**, auf dem Weg zur Rocca (Torre Guaita), schöner Blick, nahegelegener Parkplatz, die Zimmer (Bad und TV) sind o.k. DZ mit Frühstück um 70 €, EZ ca. 60 €. Salita alla Rocca 34, ✆ 0549/991166.

*** **Hostaria Da Lino (1)**, im unterhalb gelegenen Ort Borgo Maggiore, Seilbahn ins Zentrum. Das DZ mit Bad kostet 80 €, das EZ 60 €, Frühstück inkl. Mit empfehlenswertem Restaurant. Piazza Grande 47, Borgo Maggiore, ✆ 0549/903975, ℻ 0549/906630.

Camping Centro Turistico San Marino, ca. 5 km von Borgo Maggiore. Großes Gelände mit Pool (und Blick aufs Krankenhaus). Restaurant, Tennisplatz und Beachvolleyball, es werden auch Bungalows vermietet. Pro Person 8 €, Zelt 8 €, Wohnmobil 12 €, Wohnwagen 10 €, Auto 5 €, Bungalows nur wochenweise ab ca. 300 €. Ganzjährig geöffnet, Strada San Michele 50, 47893 Cailungo, ✆ 0549/903964, ℻ 0549/907120. *Anfahrt:* Von Borgo Maggiore zunächst auf der Straße Richtung Rimini/San Leo, dann links ab nach Cailungo und der Beschilderung zum Camping folgen.

San Marino: Zwergstaat und älteste Republik der Welt

• *Essen/Trinken* Im Zentrum herrscht viel Nepp, es ist schwierig, ein nettes und einigermaßen günstiges Restaurant zu finden. Sehr empfehlenswert ist die **Hostaria Da Lino (1)** an der Piazza in Borgo Maggiore (Adresse s. o.): gute Küche, angemessenes Preisniveau, mittags und abends geöffnet (abends gibt es Pizza).

Sehenswertes

Beim Bummel durch die Altstadt fühlt man sich unweigerlich an Disneyland erinnert: zinnengekrönte Mauern und Türme, die Wachablösung am Palazzo del Governo (bzw. Palazzo Pubblico) wie fürs Publikum inszeniert, Souvenirstände ohne Ende. Wer – wie die meisten – San Marino im Rahmen eines Tagesausflugs besucht, wird die Vielzahl an Sehenswürdigkeiten inklusive der staatlichen und privaten Museen kaum bewältigen können. Auf keinen Fall auslassen sollte man aber:

Palazzo Pubblico (Palazzo del Governo): Das Herz der Republik. Der elegante Regierungspalast im neugotischen Stil ziert die Piazza della Libertà (auf ihr die „Frei-

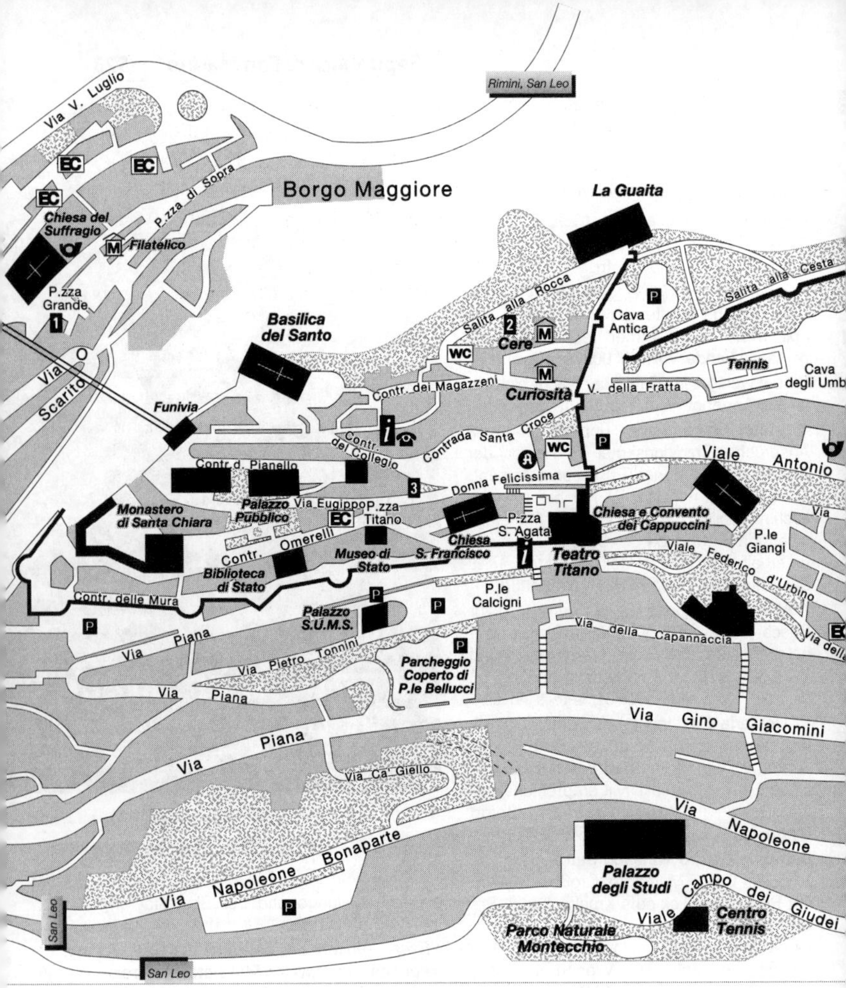

heitsstatue" von San Marino) mit herrlichem Weitblick. Im Inneren des 1894 von Giosué Carducci eingeweihten Palazzo kann man neben der repräsentativen Halle mit Wappen und Gedenktafeln im ersten Stock auch den *Saal des Großen Rates* besichtigen – ein außerordentlich stilvoller Raum, in dem das Regieren eine Freude ist. Ein riesiges Wandgemälde an der Stirnseite erinnert die Parlamentarier, wem sie ihren Staat zu verdanken haben: dem Heiligen Marinus, der hier zum Volk herunterschwebt. Immer zur halben Stunde findet vor dem Palazzo die Wachablösung der 1754 gegründeten Garde statt.

Öffnungszeiten Tägl. 8–20 Uhr, im Winter 9–16.30 Uhr. Eintritt 2 € (gelbes Sammelticket, das auch das Museo San Francesco einschließt) oder 3 € (rotes Sammelticket, zusätzlich Museo di Stato).

Die Türme: Das Wahrzeichen der Republik sind die drei Türme *Guaita, Cesta* und *Montale* (von West nach Ost). Die *Rocca* (*La Guaita*) stammt aus dem 13. Jh. und liegt am höchsten Punkt des Monte Titano. Von den begehbaren Mauern oder vom

Glockenturm (Achtung: steile Leiter) bietet sich ein herrlicher Blick auf die Umgebung. Die *Rocca Guaita* war einst die wichtigste Befestigung San Marinos und wurde im Laufe der Jahrhunderte mehrfach erweitert und umgebaut.

Von hier geht es über den *Passo delle Streghe,* den „Hexenpass“, zum *Torre La Cesta,* dem mittleren Turm, in dem sich heute ein kleines Waffenmuseum befindet. Auch hier kann man auf den Befestigungsmauern umhergehen und die Aussicht auf die beiden benachbarten Türme und auf die Stadt genießen, in nordöstlicher Richtung reicht der Blick bis Rimini. Über einen gepflasterten Pfad, die *Salita al Montale,* geht es in ca. 10 Minuten zum dritten Turm, dem *Torre Montale,* der zwar nicht mehr zugänglich ist, aber allein des schönen Spaziergangs wegen einen Abstecher lohnt.

Öffnungszeiten Im Sommer tägl. 8–20 Uhr, ansonsten 9–17 Uhr. Auch für die beiden Türme La Guaita und La Cesta gibt es ein Sammelticket für 3 € (einzeln je 2 €).

Museo di Stato: Auf vier Stockwerken bietet das Staatsmuseum an der Piazza Titano ein breites Spektrum an Exponaten von der Vorgeschichte bis ins 19. Jh. Im Erd- und Untergeschoss befinden sich die Abteilungen für prähistorische, etruskische, griechische und römische Funde, Interessant ist auch die Abteilung mit alten sanmarinesischen Münzen (UG). In den beiden oberen Stockwerken sind Ikonen und hauptsächlich Gemälde aus verschiedenen Epochen vom 15. bis ins 19. Jh. zu sehen, außerdem einige Keramiken.

Öffnungszeiten Im Sommer tägl. 8–20 Uhr, im Winter 9–17 Uhr, Eintritt 2 € (Sammelticket mit Palazzo Pubblico 3 €).

Basilica del Santo: Oberhalb der Piazza della Libertà liegt der Dom mit seiner klassizistischen Fassade, zuvor befand sich hier vermutlich ein romanischer Vorgängerbau. Im Inneren mit korinthischen Säulen, Kassettendecke und Stuck werden in einer goldenen Urne die Gebeine von Marinus aufbewahrt. In der Kapelle *San Pietro* nebenan kann man noch den Fels besichtigen, in dessen ausgeschlagenen Nischen Marinus und Leo geschlafen haben sollen.

Öffnungszeiten Beide Kirchen sind ganztägig geöffnet.

Darüber hinaus gibt es in San Marino u. a. ein **Foltermuseum**, ein **Wachsfigurenkabinett**, ein **Reptilarium** und ein **Kuriositätenmuseum.** Nähere Informationen erteilt das Touristenbüro.

Repubblica di San Marino
Karte S. 524/525

Für die Marken typische Hügellandschaft – hier im Süden

Die Marken

„Italien in einer Region" werben die Marken für sich: mit alpinem Ambiente auf bis zu 2.500 m Höhe ganz im Südwesten, dramatisch abfallender Felsküste zwischen den endlosen Sandstränden der Adria, einem wahren Hügelmeer zwischen Küste und Apennin, gemütlichen Kulturstädtchen und kulinarischen Hochgenüssen gleichermaßen.

Die Marken liegen genau dort, wo die Wade im italienischen Stiefel am dicksten ist. Lange war dieser Küstenabschnitt als Teutonengrill verschrien, und in der Tat: die Adriaküste – mit Ausnahme der einzigartigen *Riviera del Conero* und ihren versteckten Badebuchten – sollte nicht das eigentliche Ziel einer Markenreise sein. Zu eintönig reihen sich Hotelkomplexe mit unverwechselbarem 70er-Jahre-Charme aneinander, und schier endlose Sandstrände sorgen nicht unbedingt für Abwechslung. Wer seinen Aufenthalt darauf beschränkt, verpasst das Beste. Zum Beispiel die Abgeschiedenheit und Ruhe im Nationalpark der Sibillinischen Berge an der Grenze zu Umbrien oder aber die unzähligen, meist auf einem Hügel thronenden quirligen Kleinstädte und natürlich die gar nicht mal heimliche „Kulturhauptstadt" Urbino mit ihrem beeindruckenden *Palazzo Ducale,* einem der bedeutendsten Zentren des italienischen Humanismus.

Erhabene Palazzi und wehrhafte Festungen findet man in den Marken zuhauf. Dazu aber auch immer wieder Relikte aus römischer Zeit, als die durch die Region verlaufende Via Flaminia eine wichtige Verbindungsstraße in den Norden und Osten des Imperium Romanum war. Und darüber hinaus natürlich Kirchenkunst ohne Ende – schließlich war das Gebiet der heutigen Marken einst ein wichtiger Bestandteil des Kirchenstaats.

Die Region erstreckt sich – grob gesagt – zwischen den Flüssen *Marécchia* im Nordwesten und *Tronto* (Mündung in Porto d'Áscoli) im Süden. Weit ragt das historisch bedeutsame Gebiet des *Montefeltro* in nordwestlicher Richtung an die Grenzen der Emilia-Romagna und der Toscana heran, im Südwesten reichen die oft schneebedeckten Sibillinischen Berge bis ins benachbarte Umbrien und zu den Abruzzen im Süden. Dazwischen fällt der Apennin in unzähligen Wellen sanft zur flachen Adriaküste hin ab. Knapp ein Dutzend größere Flüsse haben sich von den Bergen den Weg zur Adria gegraben und stellenweise eindrucksvolle Schluchten hinterlassen, z. B. die *Gola del Furlo* bei Fossombrone oder die *Gola di Frasassi* mit den berühmten gleichnamigen Höhlen.

Die mittelitalienische Region präsentiert sich also äußerst facettenreich, sodass es kaum möglich ist, „Le Marche" (vom deutschen Wort *Mark* im Sinne von Grenzland), die schon dem Namen nach nur im Plural auftreten, auf ein herausragendes Merkmal zu reduzieren. Der „große Tourismus" – wie z. B. in der benachbarten Toscana – hat die Region nie erschlossen. Außer in Urbino und an der Adriaküste stößt man in den Marken nur selten auf größere touristische Zentren, umso öfter aber auf den beschaulichen Ort in einem entlegenen Tal, das romanische Kirchlein am Wegesrand oder aber auf die liebenswerte und familiäre Dorftrattoria, in der sich der Padrone persönlich um das Wohl seiner Gäste sorgt.

Die Marken (Marche) auf einen Blick

Fläche: 9.694 km², mit einer Küstenlinie von 180 km.

Einwohner: Knapp 1,4 Millionen.

Hauptstadt: Ancona mit 106.000 Einwohnern.

Bevölkerungsdichte: 144 Einwohner pro km² (italienischer Durchschnitt: 190 Einw./km²).

Verwaltung: Die Region ist in vier Provinzen unterteilt: Ancona, Ascoli Piceno, Macerata, Pesaro-Urbino.

Das Montefeltro

Der nordwestliche Zipfel der Marken ist ein dünn besiedelter und abgeschiedener Landstrich, geprägt von nicht enden wollenden Hügelketten mit vielen Wiesen, Äckern, etwas Wald und immer wieder auch schroff aus der Landschaft aufsteigenden Felsformationen.

Auffälligste Erhebungen des Montefeltro sind die Felsen von San Marino und von San Leo; ganz im Westen und schon halb auf toscanischem Gebiet ragen die beiden wuchtigen Felsen der Berge *Sasso Simone e Simoncello* (Regionalpark) weit aus dem Wald heraus. Höchster Berg des Montefeltro ist mit 1415 m der Monte Carpegna, an dessen nordöstlichen Hängen im Winter Ski gefahren wird. Bodenerosionen haben vielerorts eine bizarre Mondlandschaft hinterlassen.

Die Gegend nordwestlich von Urbino ist die Heimat des Fürstengeschlechts der Montefeltro, das sich erst in Carpegna, dem Hauptort, und dann in San Leo niedergelassen und dieser Landschaft ihren Namen gegeben hat. Besiedelt wurde das Gebiet vermutlich von den Umbrern. Ab dem 3. Jh. v. Chr. entstanden zahlreiche römische Siedlungen, im 4. Jh. wurde die Gegend von Eremiten wie dem heiligen Leo christianisiert. Im Mittelalter verschanzte man sich hier so gut wie möglich vor den einfallenden „Barbaren". Seine Glanzzeit erlebte das Montefeltro im 15. Jh., was

Die Marken
Karte S. 528/529

EMILIA-ROMAGNA
San Marino
Coriano
Monte San Bartolo
PESARO
Gradara
Sarsina
San Leo
Novafeltria
Fano
Mercatino Conca
Sant' Agata Feltria
Montefeltro
Eremo del Monte Giove
Marecchia
M. Carpegna 1415
Macerata Feltria
Fóglia
Pennabilli
Cartoceto
Marotta
Metauro
Sassocorvaro
Carpegna
Simoncello 1221
Urbino
Fossombrone
Piandimeleto
Lunano
Fóglia
TOSCANA
Urbania
Fermignano
Gola del Furlo
Corinald
Metauro
Sant'Ángelo in Vado
Suasa
Abbadia San Vincenzo
Acqualagna
San Lorenzo in Campo
Mercatello sul Metauro
Piòbbico
Pergola
Misa
Sansepolcro
M. Nerone 1525
Apécchio
Cagli
Montecaro
Frontone
Eremo di Fonte Avellana
Arcévia
Tevere
Bocca Serriola 1730
Cantiano
Cupramontana
Genga
Esino
Città di Castello
Sasso-ferrato
Grotte di Frasassi
Gubbio
Fabriano
Chiáscio
UMBRIEN
Matélica
Esino
Gualdo Tadino
Esanatóglia
Umbértide
Passignano sul Trasimeno
Fiuminata
Camerino
Rocca da Varano
Lago di Polverina
Lago Trasimeno
Magione
PERUGIA
Chiáscio
Castiglione del Lago
Chienti
Nocera Umbra
Assisi
Topino
Foligno
Tevere (Tiber)
Puglia
Teverone
Nera
LATIUM
Norci
ORVIETO
Lago di Corbara
Todi
Spoleto
3bis
16
A 14
3
423
424
258
73bis
257
360
221
257
452
298
219
76
256
219
318
298
416
3bis
361
256
318
75bis
147
75
3bis
71
220
77
209
209
396
820
A 1

Adria
Senigallia
Monte-marciano
Falconara Marittima
ANCONA
Chiaravalle
Portonovo
Poggio
Badia di San Pietro
M. Conero 572
Sirolo
Numana
Esino
Osimo
Castel-fidardo
Porto Recanati
Loreto
Recanati
Potenza
Potenza Picena
Porto Potenza Picena
Cingoli
Civitanova Marche
Civitanova Alta
Macerata
Treia
Pollenza
Chienti
Porto Sant'Elpidio
Castello della Rancia
Abbadia di Fiastra
Sant' Elpidio a Mare
Tolentino
Urbisaglia
Porto San Giorgio
Lago delle Grázie
Torre di Palme
Fermo
San Ginesio
Fiastrella
Servigliano
Parco
Fiastrone
Monastero
Lago di Fiastra
Sarnano
Cupra Marittima
Aso
Ripatransone
Grottammare
Abbazia dei Ss. Rufino e Vitale
Acquaviva Picena
M. Amandola 1706
Amandola
San Benedetto del Tronto
Comunanza
Offida
Gola dell'Infernaccio
Tenna
Montefortino
Porto d'Ascoli
Castorano
Ascoli Piceno
Martinsicuro
Tronto
Monti Sibillini
Alba Adriatica
ABRUZZEN
Acquasanta Terme
Arquata del Tronto
Giulianova
Campli
Téramo
5 km
Marken

durch zahlreiche bedeutende Bauwerke – meist im Auftrag von Federico da Montefeltro entstanden – eindrucksvoll unter Beweis gestellt wird.

Touristische Highlights des Montefeltro sind das romantische **San Leo** und die wunderschöne Renaissancestadt **Urbino**.

San Leo

(2.650 Einwohner)

Der sicherlich schönste Ort des Montefeltro liegt auf einem schon von weitem sichtbaren Felsen. Von der Festung hat man einen herrlichen Blick auf die Gegend und hinüber nach San Marino.

Nach Durchfahrt durch das schmale Stadttor landet man unvermittelt auf einer beschaulichen Piazza, die man auf dem trutzigen Felsen so nicht erwarten würde. Zur Festung, in der einst der berühmte Graf Cagliostro eingekerkert war, führt eine steile Straße hinauf, im Ort selbst gibt es mit dem Dom und der Pfarrkirche zwei bedeutende romanische Sakralbauten. Die aufregende Lage der Burg – und ihre Nähe zu den Badeorten um Rimini – haben auch zahlreiche Tagestouristen schon bemerkt. Im Sommer ist es hier entsprechend voll, am Abend hat man das sympathische kleine Städtchen allerdings fast wieder für sich alleine und flaniert in aller Ruhe über die romantische Piazza Dante. Dass man dem großen italienischen Dichter den Hauptplatz von San Leo gewidmet hat, kommt nicht von ungefähr: Dante verewigte den mächtigen Felsen in seiner „Göttlichen Komödie".

In römischer Zeit war San Leo unter dem Namen *Mons Feretri* bekannt, hier befand sich einst ein Tempel des „Jupiter Feretrus" – geweiht dem Kriegsgott, der den Römern im Jahr 220 v. Chr. einen wichtigen Sieg über die Gallier beschert haben soll. Im 4. Jh. kam der heilige Leo aus Dalmatien hierher, nach ihm wurde der später benannt. Schon im 5. Jh. war der imposante Kalkfelsen ein strategisch wichtiger Stützpunkt, der bis ins 6. Jh. nicht eingenommen werden konnte. Im Jahr 963 musste sich hier der italienische König Berengar II. im Kampf um sein letztes Rückzugsgebiet dem deutschen Kaiser Otto I. geschlagen geben. Im Hochmittelalter war San Leo ein Teil des Kirchenstaates, bis sich die Familie Carpegna hier im 12. Jh. niederließ. Aus ihnen gingen die Montefeltro hervor, nach deren Niedergang das gesamte Gebiet im Jahr 1508 an die Familie della Rovere fiel. Um 1500 nahm Cesare Borgia den Ort im Auftrag der Kirche ein, zu deren Besitztümern San Leo bis zur Gründung des italienischen Nationalstaats im Jahr 1860 zählte. Seit dem Mittelalter bis ins 20. Jh. hinein diente die Festung auch als Gefängnis, bekanntester Häftling war der berühmte *Graf Cagliostro,* der hier seine letzten Jahre eingekerkert war. Der prominentste Besucher, der den schroffen Kalkfelsen von San Leo je bestiegen hat, war der heilige *Franz von Assisi*: Er predigte hier im Jahr 1213, eine Gedenktafel erinnert an seinen Aufenthalt.

• *Information* **Ufficio Turistico** im Erdgeschoss des Palazzo Mediceo an der Piazza Dante, tägl. 9–19 Uhr geöffnet (auch im Winter), sonn- und feiertags bis 19.30 Uhr. Gut ausgerüstet, sehr viel Informationsmaterial. ✆ 0541/916306.

• *Verbindungen* 2x tägl. (morgens und mittags) fährt ein **Bus** nach Novaféltria, allerdings nicht während der Schulferien. Außerdem 4x tägl. mit der Privatlinie Benedettini (✆ 0541/924035) nach Pietracuta (an der N 258), hier umsteigen nach Rimini. Abfahrt an der Piazza Dante, Tickets im Bus.

• *Parken/Wohnmobile* Unterhalb des Centro storico (hier durchfahren) befindet sich ein großer Parkplatz. Noch ein Stück weiter unterhalb, gibt es einen Stellplatz für Wohnmobile (mit Wasserversorgung).

• *Übernachten* ** **Albergo Castello**, an der Piazza Dante, viele Zimmer hinaus zum Platz, alle mit modernem Bad und TV, DZ ca. 60 €, Frühstück an der Bar im EG. Netter

Besitzer, zum Hotel gehört auch ein Ristorante mit Terrasse. Mittags und abends geöffnet, Do geschlossen. Piazza Dante Alighieri 11/12, ✆ 0541/916214, 📠 0541/926926.

** **Albergo La Rocca**, ähnliches Preisniveau wie Castello, alle Zimmer mit Bad, das Hotel liegt jedoch etwas abgeschiedener als obiges, mit Restaurant (s. u.). Auf dem Weg zur Rocca auf der rechten Seite, Via Leopardi 6, ✆ 0541/916241, 📠 926914, www.paginegialle.it/laroccasanleo.

Agriturismo La Lama, nur 7 geschmackvoll eingerichtete, gepflegte Zimmer, Blick hinauf zur Festung von San Leo. DZ mit Bad ca. 65–70 €, ohne Bad ca. 55–60 €, Frühstück inbegriffen. Mit Restaurant, dieses in der Nebensaison allerdings Übernachtungsgästen vorbehalten. Strada per Pugliano 4, ✆/📠 0541/926928. Anfahrt: Etwa 1 km außerhalb von San Leo geht es auf der Straße Richtung Villagrande/Urbino rechts ab, beschildert.

• *Essen/Trinken* **Ristorante La Rocca**, Tipp! Gemütlich-rustikaler Speisesaal mit Stil und Kaminfeuer, im Sommer mit Terrasse. Umfangreiche Weinkarte, vielfältige Auswahl in allen Preisklassen, fachkundige Beratung. Hervorragende Pasta (z. B. Tortelloni di San Leo mit Ricotta und Mangold), bei den Secondi auch Lamm (um 12 €), die Panna Cotta con Frutta di Bosco ein Gedicht. Aufmerksamer Service, tägl. mittags und abends geöffnet, Mo geschlossen, Jan./Feb. Ferien. Adresse s. o.

Taverna delle Ghiande, ebenfalls ein Tipp! Auch hier phantastische Pasta (z. B. Ravioli mit Käsefüllung), frische Salate, die Weinkarte bietet neben märkischen u. a. auch sehr viele toskanische Weine. Im Erdgeschoss befindet sich die rustikalere Taverna, Osteria im Untergeschoss. Mittleres bis gehobenes Preisniveau, es werden auch Menüs zu ca. 25–30 € angeboten. Ganzjährig mittags und abends geöffnet, im Winter Mo geschlossen. Mit Terrasse. Bei der Piazza Dante im Zentrum, Via Michele Rosa 3, ✆/📠 0541/916158, www.tavernadelleghiande.com.

Locanda San Leone, schön im Grünen gelegen, oft empfohlene Osteria mit ausgezeichneter Küche, in der Pilze und Trüffel eine besondere Rolle spielen. Mit Terrasse, nur abends geöffnet, sonntags auch mittags, Mo/Di Ruhetag, Reservierung empfohlen unter ✆ 0541/912194. Strada S. Antimo 102. Anfahrt: von San Leo die schmale Straße hinunter nach Novaféltria, nach 4 km rechts ab, beschildert.

Bar Cagliostro, nur im Sommer (1.4.–30.9.) geöffnet, hier kann man diverse Liköre aus der Produktion von Besitzer Leonardo Leardini probieren, verkauft werden die Spirituosen zwei Häuser weiter in seinem Geschäft **Liquorificio**: U. a. steht hier der bekannte Likör *Antico Balsamo di Cagliostro* für ca. 10 € zum Verkauf. Via Michele Rosa 60 (Eckhaus), ✆ 0541/916219.

Sehenswertes

La Rocca (Fortezza)/Museo Civico della Fortezza: Die berühmte Festung von San Leo bietet einen ganz wunderbaren Blick auf das gesamte Montefeltro bis hinüber nach San Marino, ins breite Valmarécchia und letztlich auch auf den beschaulichen Ort San Leo selbst – eine Aussicht, die man nicht versäumen sollte. Zweiter, aber nicht weniger gewichtiger Grund für einen Besuch ist natürlich die Festung selbst. Entworfen wurde sie 1479 vom berühmten Renaissance-Architekten Francesco di Giorgio Martini im Auftrag von Federico da Montefeltro; eine trutzige Wehranlage mit hoher Wallmauer zur Landseite und zwei riesigen Wachtürmen, die aber immer noch genug Eleganz ausstrahlte, um fortan als Vorbild militärischer Architektur zu dienen.

Im Inneren der Festung befindet sich heute das *Museo Civico della Fortezza.* Der *Torrione Maggiore,* einer der beiden Türme, beherbergt die Abteilung mit Rüstungen und Waffen aus dem 14.–19. Jh. In den weiteren Ausstellungsräumen und der Pinakothek im ersten Stock kann man sich u. a. eine (allerdings leere) Folterkammer, diverse historische Dokumente, alte Bilder und Möbel sowie die Küche der Festung anschauen. Hier befindet sich auch die *Cella del Tesoro,* in der Cagliostro zeitweise inhaftiert war. Der zweite Stock ist dann ganz Giuseppe Balsamo alias

Conte di Cagliostro gewidmet, zu sehen sind u. a. medizinische Geräte aus dem 17. und 18. Jh. sowie das *Laboratorio dell'Alchimista.*

• Öffnungszeiten Das **Museo Civico della Fortezza** ist tägl. von 9–18.30 Uhr geöffnet, am Wochenende bis 19 Uhr (im Winter nur bis 18 Uhr). Eintritt 6,20 €, über 65 J. 5 €, Kinder unter 14 J. 2,50 €.

Etwa 1 km vom Zentrum, es gibt auch einen Fußweg. Großer Parkplatz beim Eingang.

Pieve Preromanica: Die sehr schlichte, dreischiffige Pfarrkirche an der Piazza Dante stammt wahrscheinlich aus dem 9. Jh. und wurde im 10. Jh. ausgebaut. Ursprünglich befand sich hier eine von Leo gebaute unterirdische Kapelle aus dem 4. Jh., in der der Heilige auch gewohnt haben soll. Im Inneren der Kirche mit ihrer uralten Holzdecke und Säulen mit korinthischen Kapitellen ist keinerlei Schmuck zu finden. Das Ciborium, der viersäulige Aufbau über dem Altar, wurde Ende des 9. Jh. von Herzog Orso gestiftet.

Öffnungszeiten Tägl. 9–12.30 und 15–18.30 Uhr.

Duomo: Dieser ebenfalls völlig schmucklose Bau (etwas zurückversetzt von der Piazza Dante und neben der Pieve) entstand ab 1173 und wurde im lombardisch-romanischen Stil errichtet. Eine ausgestaltete Fassade fehlt völlig, Eingang des Domes ist eine unauffällige Tür im Seitenschiff des dreischiffigen Bauwerkes. Der Legende nach haben sich hier die Gebeine des heiligen Leo befunden, die Kaiser Heinrich II. im Jahr 1014 über die Alpen nach Norden schaffen wollte. Schon bei Ferrara in der Emilia-Romagna fand die Reise der sterblichen Überreste Leos jedoch ein vorzeitiges Ende, da die Pferde des Transporttrupps keinen Meter weiter zu bewegen waren, so die Legende. Die Gebeine ruhen seither in San Leo di Vogheza, einzig der Sargdeckel von Leos Grab ist noch in der Krypta des Domes zu sehen. Neben dem Dom befindet sich der romanische Glockenturm (12. Jh.). Von hier nur ca. 100 m weiter, kommt man zu einem Aussichtspunkt mit Soldaten-Denkmal.

Öffnungszeiten Tägl. 9–12.30 und 15–18.30 Uhr.

Südlich von San Leo

Carpegna (1.600 Einwohner)

Der Hauptort des Montefeltro wird vom riesigen *Palazzo dei Principi* dominiert. Das etwas heruntergekommene Gebäude an der zentralen Piazza Conti wird noch bewohnt und ist daher der Öffentlichkeit nicht zugänglich. Historisches findet man in Carpegna ansonsten nicht allzu viel; sehenswert ist allerdings die romanische *Pieve di San Giovanni Battista* aus dem späten 12. Jh. (südöstlich außerhalb des Ortes). Carpegna gibt sich nüchtern-funktional, nichts für Romantiker.

Die Grafen Carpegna, aus denen später die Montefeltro hervorgingen, sollen sich hier schon im 12. Jh. niedergelassen haben. 1675 ließ Kardinal *Gaspare di Carpegna* besagten Palazzo bauen, die Grafen blieben hier bis Mitte des 18. Jh. an der Macht. Seine Unabhängigkeit gegenüber dem Kirchenstaat konnte sich Carpegna sogar bis 1819 bewahren.

Der Ort am Südhang des Monte Carpegna (1415 m) ist ein idealer Ausgangspunkt für Wanderfreunde. Markierte Wege führen um den mächtigen Berg herum, auf den Gipfel und bis nach Villagrande; darüber hinaus kann man im *Parco Regionale Sasso Simone e Simoncello* wandern. Kartenmaterial und Informationen zur Gegend erhalten Sie im Besucherzentrum des Parks im Nachbarort Ponte Cappuccini (an der Durchgangsstraße, geöffnet Di–So 10–12 Uhr, Do sowie Sa/So auch 16–18 Uhr, im Winter nur am Wochenende, ✆/℻ 0722/75350, www.parcosimone.org).

• *Information* **Pro Loco** gegenüber dem Palazzo dei Principi an der Piazza Conti, geöffnet ca. 15.6.–15.9. tägl. 9.30–13 und 16–19.30 Uhr, ✆ 0722/727065.

• *Verbindungen* **Bus** 5x tägl. über Sassocorvaro nach Pesaro. Haltestelle an der Piazza Conti. Infos zu Abfahrtszeiten unter ✆ 0541/820194.

• *Einkaufen* Carpegna ist berühmt für seine Schinken: *San Leo* (mild) und *La Ghianda* (etwas stärker). Zu kaufen gibt es Schinken auch in zahlreichen Geschäften in Carpegna. Markttag ist Mittwoch.

• *Übernachten* *** **Hotel Ulisse**, Tipp für Carpegna! Beliebtes Hotel, nur wenige Schritte von der Piazza Conti entfernt. Mit kleinem Pool und Restaurant. Recht komfortable Zimmer (mit Bad und TV), DZ 62 €, EZ 42 €, jeweils inkl. Frühstück. Netter Service, ganzjährig geöffnet (das Ristorante allerdings nur im Sommer und an Feiertagen). Via Amaducci 16, 61021 Carpegna, ✆/℻ 0722/77119, www.hotelulisse.it.

*** **Anna** (✆ 0722/77171), ** **Aurora** (✆ 0722/727014 oder 77624) und ** **Jolly** (✆ 0722/77528) sind drei weitere Hotels mehr oder minder im Zentrum, die Preise für ein DZ liegen bei ca. 45–50 €, die Hotels sind im Ort ausgeschildert.

Camping Paradiso, stufenförmige Anlage am Ortsrand, alles etwas eng, viel Schatten. Der obere Bereich des Platzes ist für Zelte vorgesehen. Mit Bar, Restaurants im Ort. 4,20 € pro Person, Stellplatz 7,30 €. Ganzjährig geöffnet, ✆/℻ 0722/727017. An der Umgehungsstraße von Carpegna (unterer Ortsrand).

Camping Cippo, für sehr spartanische Ansprüche, auf 1021 m Höhe und mitten im schattigen Wald gelegen. Einfache sanitäre Einrichtungen, außerhalb des Geländes gibt es eine Bar (nur bei schönem Wetter im Sommer geöffnet), das war's dann auch schon. 1.6.–31.8. geöffnet, pro Person 4 €, Stellplatz ebenfalls 4 €, ✆ 0722/727031. Anfahrt: Im Zentrum der Beschilderung „Loc. Cippo" folgen, knapp 4 km auf schmaler Asphaltstr. in vielen Serpentinen durch den Wald bergauf. Die Straße endet am Campingplatz, von hier kann man auf den Monte Carpegna wandern.

Am Sasso Simone

• *Essen/Trinken* **Ristorante Vecchio** Montefeltro, gleich bei der Piazza Conti. Gute regionale Küche, einfach-rustikales Ambiente, netter Service, sehr günstig. Empfehlenswert auch der Hauswein (besonders der rote). Mittags und abends geöffnet, im Winter dienstags geschlossen, Via Roma 52, ✆ 0722/77136.

• *Übernachten/Essen in der Umgebung* ** **Rocca dei Malatesta**, im 9 km südöstlich von Carpegna gelegenen Weiler Frontino. Dort an der Hauptgasse Via Giovanni XXIII, kaum zu übersehen. Angenehmes Hotel mit nettem Service, Bar im Innenhof, empfehlenswertes Ristorante mit regionaltypischer Küche (mittags und abends geöffnet, Mo geschlossen). Relativ schlichte Zimmer in historischem Gemäuer, alle mit Bad und TV, Preise inkl. Frühstück: EZ 35 €, DZ 47 €, Dreier 62 €, Vierer 75 €. Ganzjährig geöffnet, dennoch sollte man unbedingt vorher anrufen, ✆/℻ 0722/71121.

Die Marken
Karte S. 528/529

Sassocorvaro

(3.450 Einwohner)

Der Ort liegt östlich von Carpegna oberhalb des Stausees von Mercatale auf einem Hügel. Sassocorvaro selbst ist nicht zwingend einen Besuch wert, wäre da nicht die mächtige *Rocca Ubaldinesca* aus dem Jahr 1475, die als ein Meisterwerk des Renaissance-Architekten Francesco di Giorgio Martini gilt.

Die Rocca – ein kurioses Bauwerk mit dem „Grundriss" einer Schildkröte, die seinerzeit als Symbol für Stärke galt – ist nur im Rahmen einer ca. 30-minütigen Führung zu besichtigen. Der Rundgang in der trutzigen Festung führt durch das *Teatrino le Corte,* ein wirklich rührend kleines „Theaterchen" aus dem frühen 18. Jh. In der *Pinacoteca* (dem Schwanz der Schildkröte) aus dem 17. Jh. findet sich neben zahlreichen sakralen Gemälden aus dem 14.–17. Jh. auch die kleine Kapelle mit dem einzigen noch erhaltenen Fresko der Rocca. Durch den Schacht in der Raummitte soll der Fürst übrigens Befehle an seine Soldaten hinuntergebrüllt haben. Der „Kopf" der Schildkröte wurde im 15. Jh. als kleiner Garten konzipiert. Abschließend kann man noch das Untergeschoss mit Lager und Pferdestall besichtigen.

- *Verbindungen* 4x tägl. mit dem **Bus** nach Pesaro, 5x nach Carpegna. Haltestelle am Parkplatz neben der Festung.
- *Öffnungszeiten der Rocca Ubaldinesca* 1.4.–30.9. täglich, Führungen finden um 9.30, 12.30, 15 und 19 Uhr statt, in den Wintermonaten nur am Wochenende. Eintritt ca. 2,60 €, Kinder (6–12 J.) ca. 1,50 €. ✆ 0722/76177.

Urbino

(ca. 15.000 Einwohner)

Die Stadt zwischen den beiden Hügeln zählt kulturhistorisch zu den Highlights nicht nur der Marken, sondern ganz Mittelitaliens. Ein harmonisches, geschlossenes Stadtbild in Ocker und lebhaftes studentisches Treiben innerhalb der Stadtmauern begeistern viele Besucher.

Urbino steht bei Bildungsreisenden ganz oben auf der Besichtigungsliste, schließlich hat man hier zum Glanz der italienischen Renaissance nicht unerheblich beigetragen: *Raffael* erblickte in Urbino das Licht der Welt, *Bramante,* berühmt als Bauherr der Peterskirche in Rom, wurde nur wenige Kilometer entfernt im Nachbarort Fermignano geboren, und Fürst *Federico da Montefeltro* träumte in seinem Palazzo Ducale von der Idealstadt der Renaissance, der *città ideale.* Jahrhunderte später brachte Urbino mit *Clemens XI.* auch noch einen Papst hervor, aber das spielt bei der Fülle kunst- und kulturhistorischer Errungenschaften aus der Blütezeit der Stadt im Quattrocento (15. Jh.) nur noch eine untergeordnete Rolle.

Das Herz der Universitätsstadt schlägt an der Piazza della Repubblica, z. B. im Caffè Centrale, unter dessen Arkaden man stundenlang sitzen und das Geschehen beobachten kann. Studiert wird hier hauptsächlich Jura, BWL und Pharmazie, aber auch geisteswissenschaftliche Disziplinen und Umweltwissenschaften. Während der Semesterferien im Sommer wird die Uni von Sprachschülern aus aller Welt besucht.

Wann genau das heutige Stadtgebiet besiedelt wurde, ist nicht zweifelsfrei geklärt, und auch was die Herkunft des Namens Urbino anbelangt, ist man sich nicht sicher. Vermutlich wurde er abgeleitet von *urbs bina,* was so viel bedeutet wie „beide Städte" – damit ist die Lage Urbinos auf zwei Hügeln gemeint. Belegt ist, dass *Urvinum Metaurense* (benannt nach dem nahe verlaufenden Fluss Metauro) im 3. Jh. v. Chr. zum Munizipium erhoben wurde. Im 6. Jh. besiegte Belisar hier die Goten. Bei den Auseinandersetzungen zwischen Papst- und Kaisertum stand Urbino auf der Seite der kaisertreuen Ghibellinen. 1155 unterstützte Antonio da Montefeltro Friedrich I. Barbarossa entscheidend bei der Niederschlagung eines Aufstandes und erhielt zum Dank die Stadt Urbino als Lehen – der Grundstein für dreieinhalb Jahrhunderte nahezu uneingeschränkter Macht der Montefeltro war gelegt, die ihren Herrschaftsbereich in der Folgezeit auch auf die benachbarten Städte Cagli und Gubbio und schließlich auf das gesamte Gebiet des Montefeltro ausdehnen konnten. Oddantonio da Montefeltro wurde im 15. Jh. vom Papst sogar zum Herzog ernannt. Ansonsten brachte er allerdings wenig zu Stande, verschwendete die Haushaltsgelder des Herzogtums und zog damit den Unmut der Familie und des Hofes auf sich. Folgerichtig formierte sich Widerstand, der im Juli 1444 letztlich zur Ermordung Oddantonios und zwei seiner Minister führte. Von nun an übernahm eine Persönlichkeit die Geschicke des Hofes von Urbino, von dessen Ruhm die Stadt noch heute zehrt: Federico II. da Montefeltro.

Federico da Montefeltro – der Mann mit Profil

Beim ritterlichen Wettbewerb um Ruhm und Ehre passierte es: Federico verlor durch einen gegnerischen Treffer mit der Lanze nicht nur das rechte Auge, sondern auch den oberen Teil seiner Nase, was ihm fortan ein ganz und gar nicht edelmännisches Aussehen verlieh. Auch die Hofmaler seiner Zeit waren in ihrer künstlerischen Freiheit stark eingeschränkt: Der große Fürst von Urbino musste immer im Profil gemalt werden und immer von links. Zu besichtigen ist die berühmte Seitenansicht des Fürsten z. B. im Palazzo Ducale (s. S. 540), aber auch in den Uffizien von Florenz (s. S. 76 ff.), wo das wohl berühmteste Bild Federicos (nebst Gattin Battista Sforza) von *Piero della Francesca* (ca. 1420–1492) zu bewundern ist.

Federico wurde 1422 unehelich geboren, Machtansprüche konnte er erst anmelden, als sein Halbbruder Oddantonio ermordet worden war und er selbst 1444 das Amt des Fürsten übernahm. Bis dahin hatte Federico allerdings schon ein immenses Vermögen als *Condottiere* gemacht, als bezahlter Söldnergeneral. Mit Amtsantritt kam der Wandel zum Förderer von Kunst und Kultur – wobei ihm nicht zuletzt seine humanistische Bildung zugute kam. Urbino erlebte einen rasanten Aufstieg, und Federico versammelte an seinem Hof viele Künstler und Gelehrte von Rang und Namen. Sich selbst sah er am liebsten als Feldherrn, der liest: ein erfolgreicher Condottiere und feingeistiger Humanist gleichermaßen. Federico starb überraschend im Jahr 1482, durch geschicktes Taktieren gelang es aber, den Machtbereich des Vaters für seinen erst zehnjährigen Sohn Guidubaldo so zu erhalten, dass das Herzogtum Urbino – zumindest bis zu Guidubaldos erbenlosem Tod im Jahre 1508 – weiterhin in vollem Glanz erstrahlte. Aus dieser Zeit stammt auch eines der bedeutendsten Bücher über den italienischen Humanismus: „Il libro del Cortegiano" („Das Buch vom Hofmann"), in dem *Baldassare Castiglione* (1478–1529) das kulturelle Leben und Konversationen am Hof von Urbino beschreibt.

Die Marken
Karte S. 528/529

1508 übernahm Francesco Maria I. della Rovere das Herzogtum Urbino, ihm folgten weitere Herrscher der Familie della Rovere, bis 1631 der letzte Duca starb. Erben hatte er keine, Urbino wurde dem Kirchenstaat zugeschlagen und versank in der Bedeutungslosigkeit. Bis zur Entstehung des Königreiches Italien im Jahr 1860 blieb Urbino Teil des Kirchenstaates.

Information/Verbindungen/Diverses

• *Information* **I.A.T. Urbino**, Piazza Rinascimento 1 (gegenüber von Palazzo Ducale und Dom), 61029 Urbino, ✆ 0722/2613, ℻ 0722/2441, www.comune.urbino.ps.it. Mo–Sa 9–13 und 15–18 Uhr geöffnet (im Sommer länger), sonntags 9–13 Uhr. Massenhaft Informationsmaterial zu Urbino und dem Montefeltro, dazu ein kostenloser Stadtplan, Hotel- und Privatzimmerverzeichnis etc.

• *Verbindungen* **Busse** am Borgo Mercatale, hier fahren sowohl die kleinen orangefarbenen Stadtbusse als auch die Überlandbusse ab. Etwa stündlich mit SOGET (✆ 0721/371318) nach Pesaro, Endhaltestelle am Bahnhof; eine weitere Verbindung nach Pesaro (mit Autolinee Bucci, ✆ 0721/33235) besteht 8x tägl. via Fermignano, Fossombrone und Fano. Darüber hinaus 1x tägl. nach Arezzo in der Toscana sowie 4x wöchentlich nach Perugia in Umbrien (telefonische Reservierung unter 0975/79033 erforderlich).

Taxis am Borgo Mercatale (✆ 0722/327949) oder an der Piazza della Repubblica im Zentrum (✆ 0722/2550).

• *Krankenhaus* Etwa 1 km nördlich des Zentrums in der Via Bonconte da Montefeltro (Straße Richtung Pallino, San Leo/San Marino), ✆ 0722/3011 oder 301272.

• *Autoverleih* **Emme Autonoleggi Urbino**, etwas außerhalb gelegen in der Via Battista Sforza (Loc. Piantata), der Beschilderung Richtung Pallino und zum Ospedale folgen. Kleinwagen ab 35 € am Tag, 3 Tage 96 €, 224 € pro Woche, im Sommer (Mai–Sept.) werden auch Scooter (ab ca. 16 € pro Tag) vermietet. ✆ 0722/377392, mobil unter 349/3175982.

• *Polizei* Borgo Mercatale, nahe der Porta Valbona, ✆ 0722/328821.

• *Post* Via Bramante 28, Mo–Sa 8.30–19 Uhr.

• *Sprachkurse* Alljährlich im August veranstaltet die **Universität Urbino** Italienischkurse sowohl für Anfänger als auch für Fortgeschrittene, die Kurse dauern vier Wochen und kosten ca. 450 €. Unterbringung im Studentenwohnheim kann organisiert werden (ca. 155 € por Woche im EZ oder DZ), darüber hinaus werden Unterkünfte im Hotel, Appartement oder Privatzimmer vermittelt. Informationen beim Segreteria dell'Università degli Studi di Urbino, Via Saffi 2, 61029 Urbino, ✆ 0722/305250, ℻ 0722/305287, www.uniurb.it. Informationen in deutscher Sprache unter ✆ 0722/305360 (Sig. Vogt).

• *Einkaufen* **Enoteca Magia Ciarla**, am oberen Ende der Via Raffaello, Haus Nr. 54. Viele Weine aus den Marken, auch glasweise, geöffnet Mo–Sa 9–12 und 16–19.30 Uhr, So geschlossen. ✆/℻ 0722/328438, www.magiaciarla.com.

• *Feste/Veranstaltungen* **Festival Internazionale di Musica Antica**, in den letzten beiden Juliwochen finden Konzerte mit Renaissancemusik statt. Infos und Programme bei der I.A.T.

Festa del Duca, drittes Wochenende im August, am Samstag Reitturnier wie zu Zeiten des Fürsten Federico, am Sonntag dann ein großer Umzug in historischen Kostümen.

Festa dell'Aquilone, am ersten Septemberwochenende steigen auf den nahegelegenen Colline Monti delle Cesane (ca. 3 km von Urbino, nahe Camping Pineta) sämtliche Drachen der Stadt. Die Contrade (Stadtviertel) von Urbino treten gegeneinander zum Wettbewerb an, prämiert wird der schönste Drachen.

Übernachten (s. Karte S. 538/539)

**** **Hotel Bonconte (10)**, eines der besten in Urbino, zentrale, aber ruhige Lage an der Stadtmauer. Zimmer mit teilweise herrlichem Blick, geschmackvolle Einrichtung, im Erdgeschoss der Salon mit Terrasse und kleinem Garten. Zimmer mit Bad, TV, Tel. und Kühlschrank, EZ ca. 70 €, DZ um 130 €, Frühstück 8 € pro Person. Ganzjährig geöffnet. Via delle Mura 28, ✆ 0722/2463, ℻ 0722/4782, www.viphotels.it.

*** **Hotel Raffaello (3)**, im oberen Teil der Altstadt (unterhalb der Fortezza Albornoz). Modernes Interieur in historischem Gebäude, viel Marmor. Nehmen Sie ein Zimmer im dritten Stock (toller Blick auf die Stadt). Alle Zimmer mit Bad, Tel., TV und Aircon.,

z. T. auch Balkon, EZ 52–88 €, DZ 90–115 €, Dreier ca. 140 €, Frühstück inkl. Ganzjährig geöffnet. Vicolino S. Margherita 40, ✆ 0722/4896 oder 4784, ℻ 0722/328540, www.poliedrosnc.com/hotelraffaellourbino.

*** **Albergo Italia (6)**, frisch renoviert, zentral gelegen bei der Piazza della Repubblica. Modern und schick, die Zimmer äußerst komfortabel, netter Service, EZ 55–67 €, DZ 85–115 €, alle 43 Zimmer mit Bad, TV, Tel. und Kühlschrank, Frühstück 7,50 € pro Person. Ganzjährig geöffnet. Corso Garibaldi 32, ✆ 0722/2701, ℻ 0722/322664, www.albergo-italia-urbino.it bzw. www.albergo-italia-urbino.com.

** **Albergo San Giovanni (4)**, ähnlich zentral wie das Italia, in einer Seitengasse der Piazza della Repubblica. Relativ günstig, recht schlichte Zimmer (z. T. mit schönem Blick), EZ 33 €, DZ 50 €, kein Frühstück, Bar nebenan. Netter Service, mit Restaurant. Via Barocci 13, ✆ 0722/2827, ℻ 0722/329622.

* **Pensione Fosca (2)**, schlichte Herberge im obersten Stockwerk eines Hauses in der steilen Via Raffaello. Nur 19 Betten, EZ 21 €, DZ 35 €. Da die „Rezeption" nicht durchgehend besetzt ist, sollte man unbedingt vorher unter ✆ 0722/329622 anrufen. Via Raffaello 67.

• *Übernachten/Außerhalb* *** **Ristorante-Albergo Nenè (1)**, weit unterhalb von Urbino im Tal, recht abgeschieden – man sollte motorisiert sein. Rustikal-gemütliches Ambiente im Ristorante mit Terrasse, bei den Urbinati ziemlich beliebt: gute Küche zu günstigen Preisen. Zimmer mit viel dunklem Holz, modernen Bädern und TV, das DZ kostet 47 €, das EZ ca. 30–35 €, Frühstück 5 € pro Person. Strada Rossa Crocicchia 30, ✆ 0722/2996, ℻ 0722/350161, www.neneurbino.com. Anfahrt: von Urbino die Straße Richtung S. Giustino/Arezzo nehmen, 300 m nach dem Borgo Mercatale links ab, der Beschilderung „Sogesta" folgen. Knapp 3 km hinunter ins Tal, das Nenè ist dann gut ausgeschildert.

*** **Camping Pineta**, netter Platz, 3,5 km außerhalb von Urbino auf einem Hügel gelegen, teilweise schöner Blick auf die Stadt. Viel Schatten unter Pinien, am Camping Bar und Mini-Market. Pro Person ca. 5,50 €, Kinder 4,50 €, Stellplatz 11 €. Geöffnet von Ostern bis Ende September. Ab Urbino (Borgo Mercatale) ca. stündlich Stadtbus Nr. 7. Via San Donato (Loc. Monti delle Cesane), ✆/℻ 0722/4710, campinetaurbino@mail.omnitel.it. Anfahrt: Der Campingplatz ist ab der großen Kreuzung unterhalb von Urbino (hier zweigen die Straßen Richtung Pesaro und Rom ab) gut beschildert, die gleiche Straße führt in Richtung Mausoleo dei Duchi.

Essen/Trinken/Nachtleben (s. Karte S. 538/539)

• *Essen/Trinken* **Vecchia Urbino (9)**, stilvolles Ambiente im kühlen, sorgsam restaurierten Gemäuer eines alten Handwerksbetriebes, edel gedeckte Tische und hervorragender Service – Blick auf die Hügellandschaft um Urbino inbegriffen. Spezialitäten aus der Region, u. a. auch Wild (vor allem im Herbst) und Fisch, dazu erlesene Weine. Primi ca. 8–15 €, Secondi ca. 16–20 €, Fischgerichte teurer. Mittags und abends geöffnet, dienstags geschlossen, während der Sommermonate sollte man für abends reservieren. Via dei Vasari 3/5, ✆ 0722/4447, www.vecchiaurbino.it.

Il Cortegiano (7), gegenüber von Dom und Palazzo Ducale, mit Garten, Bar. Regionale Küche, Trüffel aus den Marken, hausgemachte Pasta. Für abends sollte man unter ✆ 0722/320307 reservieren. Via Puccionotti 13.

La Vecchia Fornarina (5), mitten im Zentrum (quasi an der Piazza della Repubblica), mittleres bis gehobenes Preisniveau, umfangreiches Angebot an Weinen aus der Region, rustikales Ambiente. Mittags und abends geöffnet, Di geschlossen. Via Mazzini 14, ✆/℻ 0722/320007.

Antica Hostaria La Balestra (8), nette, kleine Osteria mit sympathischem Service, in nicht gerade auf Hochglanz polierter Gasse nahe dem Dom. Schlichte Ausstattung in Natursteingemäuer, karierte Tischdecken, gemütlich. Gute und relativ günstige Küche, die Auswahl allerdings nicht riesig. Pizza gibt es auch mittags, am Wochenende allerdings nicht. Montags geschlossen, Via Valerio 16, ✆ 0722/2942.

Ristorante-Pizzeria Al Cantuccio (11), kleines Lokal im Souterrain, an Sommerabenden oft bis auf den letzten Platz besetzt. Eher junges Publikum, auch bei Touristen beliebt. Flotter Service, recht einfache, aber gute Küche, hervorragende (und große) Pizza. Auf den Hauswein ist Verlass, mittleres Preisniveau, Secondi nicht ganz günstig. Mittags und abends geöffnet, Di geschlossen. Via Budassi 64, ✆ 0722/2521.

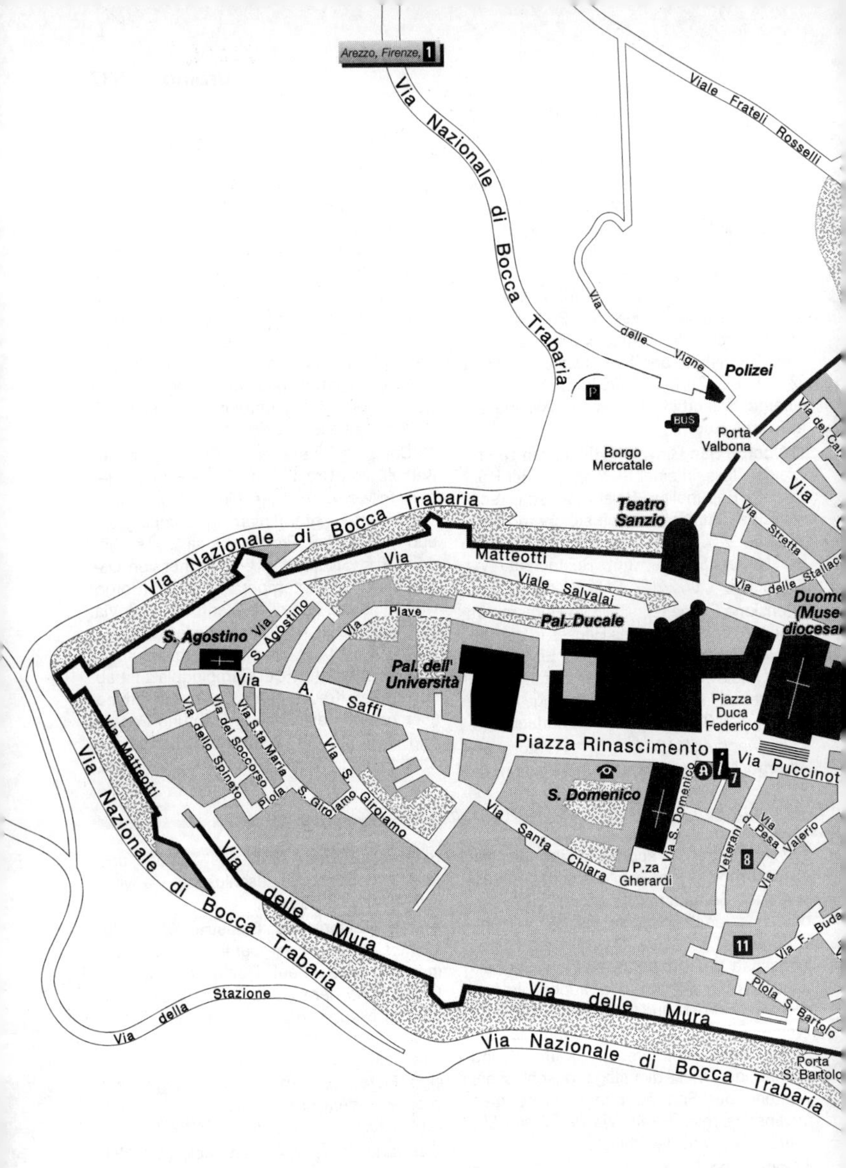

Übernachten

1 Albergo Nené
2 Pension Fosca
3 Raffaello
4 San Giovanni
6 Italia
10 Bonconte

Essen & Trinken

1 Ristorante Nené
5 La Vecchia Fornarina
7 Il Cortegiano
8 La Balestra
9 Vecchia Urbino
11 Al Cantuccio

A14 Ancona, Bar… Fano, Foligno, Ro… Gubbio, Perugia, As…

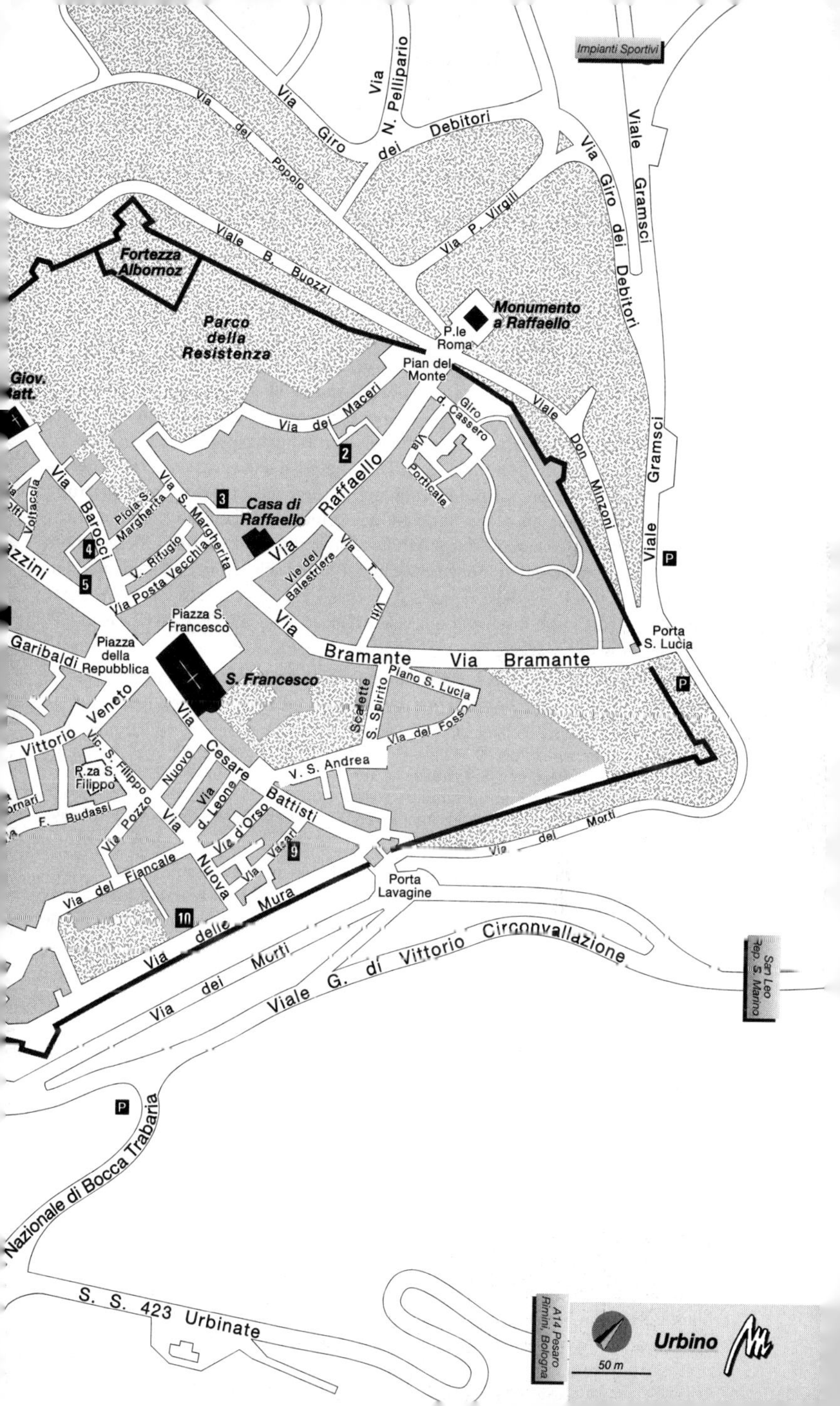
Impianti Sportivi
Via N. Pellipario
Via Giro dei Debitori
Via dei Popolo
Viale Gramsci
Via Giro dei Debitori
Viale B. Buozzi
Via P. Virgili
Fortezza Albornoz
Parco della Resistenza
Monumento a Raffaello
P.le Roma
Pian del Monte
Giov. Batt.
Via dei Maceri
Giro d. Cassero
Viale Don Minzoni
Via Porticale
Via Barocci
Voltaccia
Ploia S. Margherita
Via S. Margherita
Casa di Raffaello
Via Raffaello
V. Rifugio
V. Posta Vecchia
Vie del Balestriere
Via T. Viti
Piazza S. Francesco
Piazza della Repubblica
Garibaldi
Via Bramante
Via Bramante
Porta S. Lucia
S. Francesco
Piano S. Lucia
Scalette S. Spirito
Via del Fosso
V. S. Andrea
Vittorio Veneto
Vic. S. Filippo
P.za S. Filippo
Via Cesare Battisti
Via Nuovo
Via d. Leone
Via d'Orso
Via Vasari
F. Budassi
Via Pozzo Nuova
Via del Fiancale
Via delle Mura
Via dei Morti
Porta Lavagine
Viale G. di Vittorio
Circonvallazione
San Leo Rep. S. Marino
Nazionale di Bocca Trabaria
S. S. 423 Urbinate
A14 Pesaro Rimini, Bologna
50 m
Urbino

Caffè Centrale, hier an der Piazza della Repubblica lässt es sich hervorragend aushalten. Man sitzt unter Arkaden an der Piazza, drinnen diverse Törtchen und Gebäck in der Vitrine. Auch Gelateria. ✆ 0722/2448.

• Außerhalb Siehe oben unter „Albergo-Ristorante Nenè".

• Nachtleben z. B. im **Bosom Pub** in der Via Budassi 24: laut, Rock, Bier. Bar und Gewölbe, junges Publikum. Von der Piazza della Repubblica Richtung Dom/Palazzo Ducale, dann links ab in die Via Nazario Sauro, dann rechts ab. Kaum zu verfehlen.

Sehenswertes

Palazzo Ducale (Galleria Nazionale delle Marche): Mit diesem alles dominierenden Gebäudekomplex hat Federico da Montefeltro sich selbst ein würdiges Denkmal gesetzt. Der Palazzo mit schlichter ockerfarbener Fassade zur Piazza Rinascimento hin bietet dem Betrachter von der Westseite ein ganz anderes Bild: zwei Rundtürme flankieren symmetrisch die dreistöckige Loggia und gelten als Wahrzeichen der Stadt. Auch vermutet man hinter dem Eingangsportal weit weniger, als ein Rundgang durch die fürstliche Residenz bietet: der elegante *Cortile d'Onore* (Ehrenhof) mit Säulengang, rund 200 Räume mit teilweise prächtiger Ausstattung und immer wieder der herrliche Blick auf das grüne Hügelland um Urbino. Nicht zuletzt die *Galleria Nazionale delle Marche* – im ersten und zweiten Obergeschoss des Palazzo untergebracht – lohnt unbedingt eine Besichtigung: Mit bedeutenden Gemälden u. a. von Piero della Francesca, Tizian, Federico Barocci, Giovanni Santi, dem Vater Raffaels, und zwei Werken von Raffael selbst gilt sie als wichtigste Gemäldesammlung der Marken.

Im Erdgeschoss befindet sich außerdem ein kleines **Archäologisches Museum**, im zweiten Stock ist u. a. eine **Keramiken- und Majolikensammlung** untergebracht.

• Öffnungszeiten Di–So 8.30–19.15 Uhr, Mo 8.30–14 Uhr, Einlass jeweils bis 90 Min. vor Schließung. An Feiertagen und Samstagen im Sommer bis 23 Uhr geöffnet. Fotografieren (mit Ausnahme des Hofes) verboten, Führungen nur für Gruppen und auf Anfrage (beim Touristenbüro, ✆ 0722/2613). Eintritt 4 €, Studenten 2 €, für Jugendliche unter 18 und Senioren über 65 J. ist der Eintritt frei. ✆ 0722/322625. Der Bookshop des Palazzo Ducale befindet sich im Untergeschoss.

Dom und Museo Albani: Die heutige, fast strahlend weiße klassizistische Fassade täuscht: Ursprünglich war der **Dom** ein Auftragswerk von Federico da Montefeltro, Baumeister war *Francesco di Giorgio Martini*. Federico ließ sogar einen Durchgang zum benachbarten Palazzo Ducale errichten. Die Kuppel wurde 1604 angefügt, hielt aber kaum 200 Jahre, da sie bei einem Erdbeben 1789 einstürzte und dabei große Teile des Bauwerks in Mitleidenschaft zog. *Giuseppe Valadier* (1762–1839) wurde mit dem Wiederaufbau des Doms beauftragt, die Fassade hat er 1802 vollendet. Im Inneren sind in den Seitenaltären zwei Werke von *Federico Barocci* zu sehen, in der Krypta außerdem eine marmorne Pietà (Ende 16. Jh.).

Im angeschlossenen **Museo Albani**, das dem gleichnamigen Kardinal gewidmet ist, beeindrucken in der alten Sakristei die Freskenfragmente aus der gegenüberliegenden Chiesa di San Domenico und die prachtvoll ausgestattete neue Sakristei. Neben Altargegenständen (überwiegend aus dem 18. Jh.) sind im Museum außerdem einige Gemälde (meist 17. und 18. Jh.) zu sehen.

Öffnungszeiten Der Dom ist normalerweise ganztägig geöffnet, Eintritt frei. Das Museum ist tägl. von 9–12 und von 14.30–17.30 Uhr geöffnet, Eintritt 1,50 €.

Casa Natale di Raffaello: In diesem eleganten Renaissancebau in der Via Raffaello erblickte Raffaello Sanzio als Sohn des Malers Giovanni Santi und dessen Frau Magia Ciarla am 6. April 1483, einem Karfreitag, das Licht der Welt. An seinem 37. Geburtstag (wiederum am Karfreitag, dem 6. April 1520) starb er in Rom. Dazwischen lag die grandiose Karriere eines der bedeutendsten Renaissancekünstler Italiens. Erste Lehrstunden in Sachen Malerei erteilte ihm sein Vater, der als Hofmaler am Palazzo Ducale hohes Ansehen genoss. Nach dem frühen Tod der Eltern wurde Raffael in die Werkstatt Peruginos nach Perugia geschickt, um 1505 ging er nach Florenz, wo er Michelangelo und Leonardo da Vinci begegnete. 1508 wurde der damals 25-Jährige von Papst Julius II. zur Gestaltung der päpstlichen Gemächer („le stanze") in den Vatikanischen Palast berufen, zur gleichen Zeit – und nur wenige Räume von Raffaels Arbeitsstätte entfernt – war Michelangelo mit den Deckengemälden der Sixtinischen Kapelle beschäftigt. Damals war Raffael bereits als großartiger Porträtmaler bekannt, die drei Gemächer, an denen er in den Jahren 1508–1517 arbeitete, gelten jedoch als ein Höhepunkt seines Schaffens. Nach dem Tod Bramantes wurde Raffael auch zum Baumeister der Peterskirche ernannt, schmückte u. a. die Villa Farnesina und zahlreiche Kirchen mit Fresken und Deckengemälden aus, wobei er meist auf antike oder biblische Szenen zurückgriff, und fertigte darüber hinaus zahlreiche Studien zu römischen Bauwerken an. Sein Tod im Jahr 1520 kam überraschend; die Kirchenobersten huldigten ihrem großen Künstler mit einer prächtigen Grabstätte im römischen Pantheon. Auf der Inschrift des Grabes ist zu lesen: „Hier ruht Raffael; Zeit seines Lebens befürchtete Mutter Natur, dass er sie besiegen würde und dass sie mit ihm sterben würde, wenn ihn der Tod ereilte."

Blick vom Balkon des Duca

Seiner Heimatstadt hat er außer den beiden Originalen im Palazzo Ducale kaum etwas hinterlassen. Lediglich eine Madonnendarstellung ist in seinem Geburtszimmer zu sehen, doch hier ist die Urheberschaft nicht zweifelsfrei geklärt. Ansonsten kann man sich im Geburtshaus Raffaels zahlreiche Gemälde aus dem 15. und 16. Jh. anschauen, außerdem zeitgenössische Möbel und die sorgsam wiederhergestellte Innenausstattung des Bürgerhauses. Die 1873 gegründete *Accademia Raffaello* hat im oberen Stockwerk ihren Sitz. Ihr verdankt die Stadt auch das **Monumento a Raffaello** (1897) auf dem Piazzale Roma am oberen Ende der Via Raffaello: der Künstler in Bronze mit Pinsel und Palette.

Öffnungszeiten 9.3.–31.10. täglich 9–13 und 15–19 Uhr, von November bis Ende Januar 9–14 Uhr, sonntags immer 10–13 Uhr. 1.2.–8.3. geschlossen. Eintritt 2,50 €, Studenten 1 €, Kinder unter 14 J. frei. ✆ 0722/310105 oder 0722/320105.

Die Marken
Karte S. 528/529

Chiesa di San Bernardino degli Zoccolanti (Mausoleo dei Duchi): Der Ziegelbau – ca. 3 km von Urbino – entstand Ende des 15. Jh. Im kargen Inneren stößt man gleich am Eingang auf die beiden Sarkophage: links der von Federico da Montefeltro, rechts ruht sein Sohn Guidubaldo. Die beiden Grabstätten wurden erst 1620 im barocken Stil angefertigt. Eines der größten Werke von Piero della Francesca, eine Madonnendarstellung mit Kind, ehemals am Hauptaltar zu bewundern, befindet sich heute in der Pinacoteca di Brera in Mailand.

- *Anfahrt* Folgen Sie ab der großen Kreuzung (hier Abzweigungen nach Pesaro und Rom) der Beschilderung zum Camping, weitere Schilder führen zur Kirche bzw. zum Mausoleum.
- *Öffnungszeiten* tägl. 8–18 h.

Südlich von Urbino

Urbania (6.500 Einwohner)

Recht idyllisch an einer weiten Schleife des Metauro gelegene Kleinstadt, hier lohnt die Besichtigung des mächtigen Palazzo Ducale im Zentrum, und auch zum Essen lohnt ein Stopp in Urbania, schließlich gibt es hier eine der schönsten Osterie der ganzen Region (s. unten). Vor allem im 16. Jh. war der Ort berühmt für seine Majoliken, zu besichtigen im Palazzo Ducale. Das traditionelle Kunsthandwerk wird in Urbania noch heute ausgeübt.

- *Information* **Ufficio Turismo**, Corso Vittorio Emanuele II 21, neben dem Palazzo Ducale im Zentrum. Mo–Sa 8.30–13.30 und 15.30– 19 Uhr, sonntags 10–12 Uhr.
- *Verbindungen* 4x fährt ein **Bus** durch das Metauro-Tal bis nach Lámoli, in der Gegenrichtung nach Urbino. Tickets im Bus.
- *Einkaufen* **Longhi**, Corso Vittorio Emanuele II 59. Trüffel und Pilze aus der Gegend.
- *Übernachten* ** **Hotel Bramante**, knapp 1 km vom Zentrum in wenig idyllischer Umgebung an der Straße Richtung Sassocorvaro. Neubau, Bar, DZ mit Bad ca. 40–45 €. Via Roma 92, ✆ 0722/319562, 📠 0722/311140.
- *Essen/Trinken* **Osteria del Cucco**, **Tipp**! Die Ur-Osteria schlechthin, mit langen Tischen und Bänken, Geselligkeit inklusive. Verfeinerte lokale Küche aus biologischem Anbau, begleitet von verschiedenen selbst gebackenen Broten. Nur 25 Plätze, mittleres Preisniveau, mittags und abends geöffnet, Sonntagabend und Mo geschlossen, ✆ 0722/317412. Via Betto de Medici 9, von der zentralen Piazza San Cristoforo die Gasse hinein, gleich auf der linken Seite.

Palazzo Ducale: Die spätere Residenz der Montefeltro entstand bereits im 14. Jh. und war damals Sitz der Brancaleoni. Im Auftrag von Federico da Montefeltro wurde sie im 15. Jh. umgebaut. Wer den Andrang am Palazzo Ducale in Urbino kennt, wird sich hier entspannen: Besucher gibt es nur wenige, man ist oft allein in den herzoglichen Gemächern, von wo sich ein netter Blick auf den Fluss auftut. Neben zahlreichen Majoliken sind in der *Pinacoteca* sakrale Gemälde (hauptsächlich 16.–17. Jh.) sowie diverse Skizzen und Studien zu sehen. Darüber hinaus sind diverse Landkarten und Globen ausgestellt, u. a. die *Mappamondi del Mercatore* aus dem 16. Jh., bestehend aus Erd- und Himmelskugel.

Öffnungszeiten Tägl. 10–12.30 und 15–18.30 Uhr, Mo geschlossen. Eintritt 3,50 €, unter 6 J. frei, über 65 J. 2,55 €. Corso Vittorio Emanuele II, ✆ 0722/313151.

▸ **Von Urbania ins obere Metaurotal**: Zunächst geht es durch ein breites und wenig idyllisches, im weiteren Verlauf aber immer lieblicheres Tal in westliche Richtung. Auf der Strecke zum Grenzpass nach Umbrien, der *Bocca Trabaria* (1049 m), liegen **Sant'Ángelo in Vado**, berühmt als einer der wichtigsten Trüffelorte der Marken, das beschauliche **Mercatello sul Metauro** und – in immer anmutigerer, grünerer Landschaft – die ruhigen Weiler **Borgo Pace** und **Lámoli**. Die letzten 13 km zum Pass geht es meist durch Wald in Serpentinen stetig bergauf, bis sich in luftiger Höhe ein weiter Blick auf die Ebene des Tibers in Nordumbrien eröffnet.

• *Übernachten* **Lesertipp**: „Auf meiner letzten Reise durch die Marken habe ich eine wirklich empfehlenswerte Adresse in der Nähe von Sant'Ángelo in Vado entdeckt: die **Villa dell'Agata**, wobei die Bezeichnung 'Villa' missverstanden werden könnte, es handelt sich um einen restaurierten Bauernhof in wunderschöner Alleinlage. Die Besitzerin ist übrigens Deutsche, heißt Ricarda und lebt seit vielen Jahren in Italien", schrieb uns ein begeisterter Leser. Das Anwesen verfügt über Pool und Sonnenterrasse, im Angebot sind Reiten und Massage. Appartement ab 60 € pro Tag (mind. 3 Tage Aufenthalt), DZ ab 50 €, EZ ab 40 €. In Sant' Ángelo ab der Metauro-Brücke beschildert, 5 km vom Ort entfernt. Villa dell'Agata, 61048 Sant'Ángelo in Vado, ✆ 0722/88768, 📠 0722/819350, www.villa-agata.de.

• *Übernachten/Essen* **La Diligenza da Rodolfo**, in *Borgo Pace*. Saisonal viele Wild- und Pilzgerichte (und Trüffel), angemessenes Preis-Leistungs-Verhältnis. Mittags und abends geöffnet, Mi geschlossen, ✆ 0722/89124. Im angeschlossenen Albergo kostet das DZ mit Bad 45–50 €.

Oasi San Benedetto, an der Benediktinerabtei San Michele (10. Jh.) von *Lámoli*, wirklich eine kleine Oase. 15 Zimmer, alle mit Bad, DZ mit Frühstück 45–50 €. Vom Albergo werden Wanderungen und MTB-Exkursionen organisiert, darüber hinaus stellt man Ihnen Kartenmaterial zur Verfügung. Mit Ristorante, alles sehr einladend und gemütlich, wenn auch nicht luxuriös. Ganzjährig geöffnet, ✆ 0722/80133, 📠 0722/80226.

Fossombrone (9.550 Einwohner)

Das hübsche Städtchen liegt direkt am Metauro. Auffälligstes Gebäude im mittelalterlichen Stadtkern ist der Corte Alta (heute Museo Civico), der ehemalige Sitz der Montefeltro. Oberhalb der Stadt liegen die Ruinen der Rocca Malatestiana. Die Montefeltro hatten Fossombrone 1445 von den Malatesta gekauft und der Stadt ihr heutiges Aussehen mit zahlreichen Renaissance-Palazzi verliehen. Das historische Zentrum mit seinen Arkadengängen am Corso Garibaldi und den Gässchen den Berg hinauf lädt zum Spaziergang ein.

Die Stadt entstand um 130 v. Chr. unter dem Volkstribun und Reformer Gaius Sempronius Gracchus. Die Überreste des römischen *Forum Sempronii* befinden sich am Rand der Stadt und sind heute noch zu besichtigen.

• *Information* **Ufficio Turismo** an der Piazza Dante im Zentrum. Geöffnet tägl. 9–12 Uhr, ✆/📠 0721/716324.

• *Verbindungen* 9x tägl. mit dem **Bus** nach Fano und Pesaro, 6x nach Cagli sowie Verbindungen nach Urbino.

• *Übernachten/Essen* *** **Mancinelli**, zentral am Corso Garibaldi 160, nur 7 Zimmer, DZ mit Bad und TV um 50 €. Zum Hotel gehört auch ein Restaurant. ✆ 0721/715591 oder 716550.

Gola del Furlo

Das landschaftliche Highlight der Provinz – der Fluss Candigliano hat sich zwischen steil aufragende Berge hindurchgegraben und eine höchst eindrucksvolle Schlucht hinterlassen.

Die Strecke durch die Gola del Furlo (lat. *forulus* = Felsloch) ist 3 km lang und führt auf der alten Römerstraße **Via Flaminia** (220 v. Chr. von Konsul Gaius Falminius gebaut) durch einen echt antiken Tunnel, der allerdings erst 76 n. Chr. unter Kaiser Vespasian entstand. Damals war die Straße eine der militärischen Hauptadern zu den Gebieten im Nordosten des Imperium Romanum, sie verband Rom mit dem Adriahafen Fano. Heute laden zahlreiche Parkbuchten im Verlauf der nur wenig befahrenen Straße zum Fotostopp ein. Nach 3 km öffnet sich die Schlucht recht abrupt, auf der linken Seite der Straße befindet sich ein kleiner, sehr netter Park am

Ufer, der zu Picknick und Sonnenbad geradezu auffordert. Wer professionelle Gastronomie vorzieht, wird am westlichen Schluchtende beim Ort **Furlo** fündig.

Abteikirche San Vincenzo al Furlo: Die schlichte romanische Kirche aus dem 9./10. Jh. ist das einzige bauliche Überbleibsel der im 6. Jh. gegründeten gleichnamigen Abtei (links der Straße, ganztägig geöffnet).

• *Anfahrt* Wenn Sie durch die Gola del Furlo fahren wollen, sollten Sie die entsprechende Ausfahrt der N 3 hinter Fossombrone nicht verpassen. Andernfalls geraten Sie in den langen Straßentunnel und kommen erst ein Stück hinter der Schlucht heraus.

• *Übernachten* ** **Birra al Pozzo**, einziges Albergo nahe der Gola del Furlo in San Vincenzo. Zweckmäßige Zimmer mit Bad und TV, DZ ca. 45 €, EZ ca. 30 €, mit Ristorante (s. u.). Via Pianacce 12, 61041 Acqualagna, ✆ 0721/700084 oder 0721/700042.

• *Essen/Trinken* **Ristorante del Furlo**, am Ausgang der Schlucht auf der rechten Seite, kaum zu übersehen. Nobles und teures Restaurant, Spezialität Trüffel, Menü um 40 €. Mittags und abends geöffnet, Montagabend und Di geschlossen. ✆ 0721/700096. **Bar** nebenan.

Birra al Pozzo, im gleichnamigen Albergo (s. o.). Gute Küche, Trüffel zu humanen Preisen, netter und aufmerksamer Service, eher einfaches Ambiente. Mit Terrasse, mittags und abends geöffnet, Mi geschlossen.

Acqualagna (4.000 Einwohner)

Der Ort mit Industriegebiet nennt sich ganz selbstbewusst „Capitale del Tartufo" – hier findet alljährlich im Herbst eine der wichtigsten Trüffelmessen der Region statt. Acqualagna war schon zu römischer Zeit besiedelt, Relikte aus dieser Epoche sucht man aber vergebens. Der Ort wirkt nüchtern und modern.

• *Verbindungen* **Busse** (ab Zentrum) 7x tägl. via Fossombrone nach Fano und Pesaro, 4x Pergola, 7x Cagli, 6x Urbino, 2x Ancona, 4x Pióbbico und Apécchio, 2x Rom. Tickets im Bus.

• *Einkaufen* Trüffel (frisch oder eingelegt) bekommen Sie in Acqualagna in mehreren Geschäften, z. B. bei **Le Trifole**, Via Alcide De Gasperi 88 (im Zentrum).

• *Essen/Trinken* Diverse Restaurants in Acqualagna bieten natürlich hauptsächlich Trüffelgerichte in allen möglichen Variationen an, z. B. die **Osteria il Parco** (mittags und abends geöffnet), Via Mochi 11, ✆ 0721/797353.

Cagli (9.350 Einwohner)

Beim Bummel durch die schmalen Straßen des Centro storico werden Freunde sakraler Kunst in den zahlreichen Kirchen Caglis den einen oder anderen kleinen Schatz entdecken – zumeist hat hier Gaetano Lapis (1706–1773) seine Handschrift hinterlassen. Einen besonderen Reiz übt auch das schon reichlich mit Patina belegte *Teatro Comunale* aus dem Jahr 1787 aus (nahe Piazza Matteotti). Eindrucksvollstes Bauwerk der Stadt ist jedoch zweifelsohne der wuchtige *Torrione* aus der Zeit der Herrschaft Federicos da Montefeltro.

Das antike *Cale* war vermutlich schon im 4. Jh. v. Chr. besiedelt, damals allerdings etwas höher am Berg gelegen. Bedeutendstes Zeugnis aus römischer Zeit ist der *Ponte Mallio* am östlichen Ortseingang. Im 6. Jh., war Cagli Teil der *Pentapolis annonaria* mit Fossombrone, Gubbio, Urbino und Jesi. Ende des 13. Jh. baute man die Stadt an heutiger Stelle neu auf.

• *Information* **Pro Loco** auf der rechten Seite des Palazzo Comunale, nur im Sommer geöffnet, dann tägl. 10–12 und 16–18 Uhr, ✆ 0721/787457.

• *Verbindungen* **Busse**, große Station ca. 200 m unterhalb des Torrione. 8x tägl. Acqualagna, Fossombrone, Fano und Pesaro, 4x Urbino, 1x Urbania, 2x Rom, 3x Città di Castello in Umbrien, 3x Frontone und Pergola, 7x Cantiano sowie 4x nach Serravalle (am Monte Nerone). Tickets im Bus, der Fahrplan hängt aus, ansonsten Infos unter ✆ 0721/32401.

• *Feste* Jedes Jahr Mitte August findet auf

der Piazza Matteotti der **Palio dell'Oca** statt – mittelalterliche Spiele für Groß und Klein.

• *Übernachten* *** **Hotel Pineta**, angenehmes Haus schräg gegenüber dem Torrione, wenn auch nicht mehr taufrisch. Alle Zimmer mit Bad und TV, das DZ mit Frühstück kostet 62 €, das EZ 41 €. Ganzjährig geöffnet, mit Bar und Ristorante, freundlicher Service. Viale della Vittoria 15, 61043 Cagli, ✆ 0721/787387, ℻ 0721/787639.

*** **Tre Pozzi**, von der Lage deutlich idyllischer als das Pineta, allerdings außerhalb. Rustikales Ambiente am Fluss, mit Ristorante. DZ mit Bad und TV ca. 65 €, EZ ca. 40 €, Frühstück inklusive. Ganzjährig geöffnet, Strada Civita 5, ✆ 0721/790310, ℻ 0721/790121. 1,5 km außerhalb von Cagli an der Straße Richtung Pianello auf der rechten Seite (beschildert).

• *Essen/Trinken* **Squaquà**, an der zentralen Piazza Matteotti, auch nett zum Draußensitzen. Beste Lage, diverse Biere und Pizza aus dem Holzofen. Mi geschlossen. Via Celli 9, ✆ 0721/790418.

Kloster Fonte Avellana

Allein die wunderschöne, völlig abgeschiedene Lage des Klosters am Fuß des Monte Catria lohnt den Besuch. Ein ruhiger und entspannender Ort am Waldrand, den Dante im „Paradies" seiner „Göttlichen Komödie" verewigt hat.

Im Jahr 980 wurde hier vom heiligen Romualdo die erste Einsiedelei gegründet. Dante Alighieri soll hier Anfang des 14. Jh. nach seiner Verbannung aus Florenz eine Zeit lang im Exil gewesen sein (eine Büste erinnert an ihn). Während die ältesten Teile der Anlage noch aus dem 11. Jh. stammen, wurde der Glockenturm erst Ende des 15. Jh. angebaut. Seit Mitte des 16. Jh. ist das Kloster im Besitz der Kamaldulenser, heute leben hier noch zwölf Mönche.

Das Kloster kann nur im Rahmen einer Führung besichtigt werden. Zu sehen bekommt man dabei die romanische Kirche und Krypta, das Skriptorium und die beeindruckende *Biblioteca Dante Alighieri* mit über 10.000 Büchern (viele aus dem 16./17. Jh.) sowie den klösterlichen Kreuzgang.

• *Anfahrt* Von Frontone über Serra San Abbóndio. Keine Busverbindung!

• *Öffnungszeiten* Täglich 9.30–11.30 und 15–17 Uhr. Führungen nach Bedarf.

• *Einkaufen/Bar* **Antica Farmacia dei Monaci Camaldolesi**, beim Parkplatz. Verkauft werden hier Kosmetika aller Art (Haarshampoo, Cremes, Seifen, Parfüm usw.), Kräutertees und andere Kräuterprodukte, Öle, Likör, Honig, Marmelade etc. – alles sehr heilsam und ideal als Souvenir. Geöffnet tägl. 9–18.30 Uhr. Nebenan gibt es eine **Bar** mit gleichen Öffnungszeiten.

• *Essen/Trinken* **Ristoro Le Cafanne** auf halber Strecke zum Kloster (4 km von Serra San Abbóndio) auf der linken Seite, eine kleine Brücke führt über den Fluss. Große Auswahl an regionaltypischen Speisen, viele Kräuter und Pilze, viel Gemüse. Mittleres Preisniveau. Im Sommer mit Terrasse. Mittags und abends geöffnet, im Winter nur mittags (am Wochenende auch abends), Mo geschlossen. ✆ 0721/730706 oder 0721/730137.

Einsames Kloster Fonte Avellana

Die Marken
Karte S. 528/529

Im Valcesano Richtung Küste

Pergola

(ca. 7.000 Einwohner)

Die kleine Stadt liegt schön zwischen den Weinbergen im Tal des Cesano – hier wird der *Vernaculum* bzw. *Vernacolo* angebaut, eine rote Vernaccia-Rebe. Der mittelalterliche Stadtkern stammt in Teilen noch aus dem 13. Jh., zu sehen sind zahlreiche gut erhaltene Palazzi aus dieser Zeit, seine Blüte erlebte Pergola jedoch im 17./18. Jh., als die Stadt Handelszentrum zwischen Umbrien und den Adria-Orten war. Berühmtheit erlangte die Stadt im Jahr 1946 durch einen außergewöhnlichen Fund: eine vergoldete Bronzegruppe aus der Antike, die sog. **Bronzi Dorati**, die zwei Brüder bei der Feldarbeit hier entdeckten.

Museo dei Bronzi Dorati e della Città di Pergola: Das einzige Museum der Stadt wurde eigens für die berühmte Bronzegruppe eingerichtet. Zu sehen sind außerdem Gemälde von *Claudio Ridolfi* (1570–1644) sowie römische Mosaike und Büsten verschiedener Päpste und Heiliger.

Das Herzstück des Museums, die berühmten *Bronzi Dorati da Cartoceto di Pergola*, so der vollständige Name, sind in einem gesonderten Raum mit einer konstanten Temperatur von 18 °C untergebracht. Wen genau die vier Figuren darstellen und wie sie auf einen unbedeutenden Acker in der Provinz gelangten, ist nicht geklärt und gab Anlass zu diversen Theorien. Man nimmt heute an, dass es sich bei den dargestellten Personen um Mitglieder der kaiserlichen Familie im 1. Jh. n. Chr. handelt, gegen die eine *damnatio memoriae* ausgesprochen wurde: Im alten Rom bedeutete dies die Auslöschung sämtlicher Abbildungen der geächteten Personen. Man geht davon aus, dass die *Bronzi Dorati* daraufhin aus Rom wegtransportiert wurden und – wie auch immer – auf einem Acker bei Pergola landeten. Eine andere Theorie besagt, dass die Figurengruppe gar nicht in Rom, sondern in der Bronzegießerei des etwa 18 km entfernten Sentinum (bei Sassoferrato, s. S. 574) angefertigt wurde.

• Öffnungszeiten Tägl. 9.30–12.30 und 15.30–19.30 Uhr, Mo geschlossen. Eintritt ca. 6 €, Kinder die Hälfte.

• Verbindungen **Zug** 3x täglich über Sassoferrato nach Fabriano, der Bahnhof liegt etwas außerhalb an der Straße Richtung Fabriano (beschildert).

Busse fahren im Zentrum am Anfang des Viale Martiri della Libertà ab. 8x tägl. via San Lorenzo in Campo und Fano nach Pesaro, 4x via Cagli nach Urbino, 3x nach Fabriano. Tickets im Bus, Fahrplan in der Bar Anna gegenüber der Haltestelle.

Die Küste von Gabicce bis Ancona

Das landschaftliche Highlight dieses kurzen Küstenabschnitts ist der Regionalpark Monte San Bartolo, wo es auch die abwechslungsreichsten Strände und nettesten Orte der Gegend gibt.

Gut baden kann man aber auch im etwas nördlich des Regionalparks gelegenen **Gabicce Mare** – sehr familienfreundlich und mit unzähligen Hotels aller Kategorien. Wer urbanes Leben mit Strandanschluss sucht, ist in **Pesaro** oder **Fano** an der richtigen Adresse, wobei Fano sicherlich noch eine Spur attraktiver ist. Südlich von Fano schließen sich die beiden Badeorte **Torrette** und **Marotta** ohne nennenswerte Attraktionen an, sieht man einmal von den breiten Stränden ab. Auf keinen Fall versäumen sollten Sie einen Besuch der **Festung Gradara** nur wenige Kilometer von Gabicce und Pesaro entfernt: eine eindrucksvolle und geschichtsträchtige Burg aus dem 15. Jh.

Festung Gradara

Zinnengekrönt thront die mächtige Burg auf einem Hügel direkt neben der Autobahn A 14. Bekannt ist die Festung der Malatesta vor allem wegen der tragischen Liebesgeschichte von Paolo und Francesca, von der Dante in seiner „Göttlichen Komödie" erzählt.

Die Festung Gradara umfasst nicht nur die wehrhafte Burg, sondern auch eine kleine Stadt innerhalb eines geschlossenen Mauerrings (700 m Umfang) mit 16 Türmen. Der älteste Teil der Festung stammt aus dem 12. Jh. Ende des 13. Jh. errichteten die Malatesta hier eine erste Residenz, die aber erst ab Mitte des 15. Jh. unter Sigismondo Pandolfo Malatesta (1417–1468) weiter ausgebaut und von einem äußeren Mauerring, dem *Girone* (= „großer Kreis"), umgeben wurde. Bis Ende des 15. Jh. wurde auch die kleine Stadt zwischen erstem und zweitem Mauerring fertig gestellt.

1463 fiel die Festung erst an die Montefeltro, dann an die Sforza. Strategisch geschickt heiratete Giovanni Sforza hier 1493 Lucrezia Borgia (die Tochter von Papst Alexander VI.) und erhielt Gradara als päpstliches Lehen. 1497 wurde die Ehe wegen Kinderlosigkeit annulliert, Giovanni vom Papst für impotent erklärt. Die Kirche entzog den Sforza daraufhin neben Gradara auch die Herrschaft über Pesaro, und erst nach dem Tod Alexanders im Jahr 1504 konnte Giovanni zurück auf seine Burg. 1512 fiel Gradara an die della Rovere, 1631 übernahm die Kirche hier wieder die Macht.

Die Geschichte von Paolo und Francesca

Unter Tränen erzählt Francesca im fünften Gesang in Dantes „Inferno" der „Göttlichen Komödie" die Geschichte ihrer Liebe zu Paolo: Eine jahrelange Fehde zwischen ihrer Familie, den *da Polenta* (aus Ravenna), und den *Malatesta* sollte durch die Heirat zwischen Francesca und Gianciotto Malatesta beigelegt werden. Gianciotto war nicht mehr der Jüngste, nicht besonders ansehnlich, und obendrein hinkte er, sodass man befürchtete, die schöne, junge Francesca könnte sich ihm verweigern und den Frieden zwischen den Familien gefährden. Man präsentierte ihr eine angenehmere Erscheinung: Gianciottos jüngeren Bruder Paolo. Francesca willigte sofort in die Heirat ein und verliebte sich unsterblich in Paolo. Groß war der Schock, als sie kurz darauf ihren eigentlichen Gatten zu Gesicht bekam.

Das frisch getraute Paar zog in der Festung Gradara ein, die Ehe nahm ihren wenig romantischen Lauf, bald jedoch zog sich Gianciotto immer öfter nach Pesaro zurück, wo er seiner ehrenvollen Aufgabe als *Podestà* nachkam. Paolo kam immer öfter zu Besuch nach Gradara, die Liebe zwischen ihm und seiner Schwägerin entflammte aufs Neue – bis Gianciotto das Paar eines Morgens in flagranti ertappte. Der Gatte, nicht für Zimperlichkeiten bekannt, tötete beide mit einem Schwertstreich und vereinigte die Liebenden so auch im Tod.

Zugetragen hat sich die wahre Geschichte von Paolo und Francesca Ende des 13. Jh. 1275 fand die Hochzeit statt, 1287 entledigte sich Gianciotto von Ehefrau und Bruder – er selbst wurde 100 Jahre alt. Die Geschichte erfuhr Dante von der Familie *da Polenta*, mit der er eng befreundet war. Paolo war er während seiner Jugend in Florenz sogar schon selbst begegnet, als dieser *Capitano* der Stadt war.

Karte S. 528/529

Ein **Rundgang** führt vom unteren Tor, der *Porta del Castello*, über die Via Umberto I. (hier zahlreiche Souvenirshops und Snackbars) und über eine Zugbrücke zur Rocca. Vom Innenhof mit **Bookshop**, *Folterkammer* (einer der ältesten Räume der Festung) und *Wachraum* der Soldaten führt die Treppe hinauf zum *Piano Nobile*, hier in den Repräsentanzräumen und Gemächern diverse Renaissancegemälde- und -fresken, Schauplatz der tragischen Liebesgeschichte von Francesca und Paolo ist die *Camera di Francesca.*

• *Anfahrt/Parken* Am besten von Gabicce aus, 6 km, beschildert. Eine Stunde am oberen Parkplatz kostet ca. 1 €, weiter unten kann man auch kostenlos parken.

• *Verbindungen* Im Sommer stündlich (6.30– 19 Uhr) **Busse** ab Gabicce Mare.

• *Information* **Pro Loco** an der Via Umberto I, gleich am Eingangstor links. Mo–Fr 9–13 Uhr geöffnet, im Sommer auch am Wochenende 9–13 Uhr. ✆ 0541/964115.

• *Öffnungszeiten* Mo 8.30–14, Di–So 8.30–19.15 Uhr, in der Hochsaison jeden Samstag bis 23 Uhr. Im Winter eingeschränkte Öffnungszeiten. Eintritt 5 €, von 18–25 J. 2,50 €, unter 18 und über 65 J. frei. Viele Schulklassen.

Gabicce Mare/Gabicce Monte (ca. 5.300 Einwohner)

Ansprechender Badeort mit schönem Sandstrand, nicht so riesig wie die anderen Adria-Orte, aber mit hohem Freizeitwert: Gabicce ist der ideale Ausgangspunkt für Ausflüge in die nördlichen Marken. Der Regionalpark Monte San Bartolo liegt vor der Haustür. Das alte Fischerdorf hat schon längst voll auf Tourismus umgerüstet, lediglich im alten Hafen dümpelt noch das eine oder andere Fischerboot. Das kompakte und verkehrsberuhigte Ortszentrum bietet alles, was das Urlauberherz begehrt: zahlreiche Restaurants, Cafés, Gelaterie, Pubs und eine Nobeldisco oberhalb am Hang. Wesentlich älter als der Badeort ist das oberhalb gelegene Gabicce Monte, das als *Castellum Ligati* bereits in den Chroniken des 10. Jh. auftaucht.

• *Information* **I.A.T.** im Palazzo Turismo im Zentrum (an der Hauptstraße Viale della Vittoria 14, auf der rechten Seite), in der Hochsaison durchgehend geöffnet, ✆ 0541/954424, ℻ 0541/953500.

• *Verbindungen* Der nächste **Bahnhof** befindet sich in Cattolica. Busverbindungen: von 6.30–19.30 Uhr stündlich nach Pesaro, Gradara und Cattolica. Abfahrt der Busse an der Via Aldo Moro (beim Kreisel am Ortseingang), Tickets im Bus. Die orangefarbenen **Stadtbusse** fahren im Sommer ca. halbstündlich nach Gabicce Monte und auf der Panoramastraße des Monte San Bartolo (mit Stopp in Fiorenzuola, Casteldimezzo und bei den Campingplätzen) nach Pesaro. Abfahrt am Viale della Vittoria, Tickets im Bus.

• *Übernachten* **** **Posillipo**, Nobelherberge in *Gabicce Monte* mit herrlichem Blick auf die Küste. Mit Pool, Terrasse, Bar, Ristorante (s. u.). Komfortable Zimmer mit Meerblick, viele mit Balkon. DZ mit Bad, TV, Kühlschrank, Aircon. und inkl. Frühstück 156 €, EZ ist etwa 15 % günstiger. 3 Tage Mindestaufenthalt. Via Dell' Orizzonte 1, 61011 Gabicce Mare, ✆ 0541/953373, ℻ 0541/953095, www.hotelposillipo.com.

*** **Marinella**, nahe der Piazza Matteotti im Zentrum, direkt am Strand. Ausgesprochen netter Service (Signore Walter spricht Deutsch) und hübscher kleiner Garten. Tiefgarage, Fahrradverleih. Zimmer mit Bad, TV und Balkon, DZ mit Frühstück ca. 90 €, EZ ca. 75 €. Via Vittorio Veneto 127, ✆ 0541/954571, ℻ 0541/950426.

• *Essen/Trinken* **Ristorante Posillipo**, gehört zum gleichnamigen Hotel (s. o.), nobles Ambiente mit tollem Blick auf die Küste (v. a. abends), Ober der alten Schule, Schwerpunkt Fisch, relativ teuer. Mi geschlossen.

Osteria della Miseria, von Gabicce Monte auf der Panoramastraße Richtung Casteldimezzo. Terrasse, bodenständige Küche, persönliche Atmosphäre, das Preis-Leistungs-Verhältnis stimmt – für ein Menü sollten Sie um 20 € pro Person rechnen. Nur abends geöffnet, Mo geschlossen. Via Mandorli 2, ✆ 0541/958308.

La Cambusa, auf Fisch spezialisiertes Restaurant am alten Hafen von Gabbice Mare, gehobenes Preisniveau, es gibt allerdings auch Pizza. Nettes Lokal, mittags und abends geöffnet, Mi geschlossen. Via del Porto 37 (beim Leuchtturm), ✆ 0541/954748.

Il Traghetto, ähnliches Niveau wie das Cambusa: ebenfalls viel Fisch, Blick auf den Hafen, Traditionsrestaurant in Gabicce. Via del Porto 27, ✆ 0541/958151. Mittags und abends geöffnet, im Winter Mi geschlossen.

Parco Regionale Monte San Bartolo

Das kleine Vorgebirge zwischen Gabicce und Pesaro erstreckt sich auf 10 km Länge und fällt stellenweise von bis zu 200 m Höhe steil zum Meer hin ab.

Der Regionalpark Monte San Bartolo umfasst eine Fläche von 1600 ha. Für Seevögel ein Paradies – es gibt nur wenige Strände, wenig Bebauung und somit wenig Störung. Vor allem in den Wintermonaten bietet der Küstenabschnitt Schutz u. a. für Möwen, Kormorane und Eistaucher, im Frühjahr legen Störche und Reiher hier eine Pause ein. Eine Fahrt auf der *Strada Panoramica* von Gabicce nach Pesaro führt durch die hübschen kleinen Orte **Casteldimezzo** und **Fiorenzuola di Focara** mit altem Stadttor und viel historischer Bausubstanz im winzigen Centro storico. Bademöglichkeiten finden sich in der **Baia Vallugola**, dem alten Römerhafen, und südlich von Fiorenzuola.

• *Verbindungen* S. unter „Gabicce/Verbindungen".

• *Camping* *** **Camping Paradiso**, viel Grün, ausreichend Schatten, an der Panoramastraße, es werden auch Holzbungalows vermietet (für 2–4 Personen zu 40–70 € pro Nacht). Pro Person 7 €, Wohnwagen oder Zelt 7,50 €, Wohnmobil 9 €, Auto 2,50 €. Mit Bar, Ristorante, Mini-Market, ganzjährig geöffnet. Strada Panoramica, 61010 Casteldimezzo/Pesaro, ✆/📠 0721/208579. 5 km von Gabicce Monte, knapp 1 km vor Casteldimezzo auf der linken Seite.

*** **Camping Panorama**, zusätzlich mit Pool. Viel Schatten, Bar, Ristorante, Mini-Market. Zum Naturstrand führt ein Fußpfad. Bungalow 80 € (4–6 Personen), Stellplatz 8 €, Wohnmobil 11 €, Auto 2,50 €. Busse nach Gabicce und Pesaro. Ganzjährig geöffnet, Strada Panoramica, 61010 Pesaro, ✆/📠 0721/208145. Lage: 3 km südlich von Fiorenzuola di Focara.

• *Essen/Trinken* **Taverna del Pescatore**, in Casteldimezzo. Bekanntes Restaurant, spezialisiert auf Fisch. Grandioser Blick auf Meer und Hinterland, rustikale Einrichtung, ziemlich teuer (v. a. Fisch). Mo–Fr nur abends geöffnet (Fr–So auch mittags), Mi geschlossen. ✆ 0721/208116 oder 208100.

La Canonica, viel gelobtes Restaurant mit Terrasse, schickes Ambiente im alten Pfarrhaus von Casteldimezzo. Menü um 30 €. Nur abends geöffnet, Mo geschlossen. ✆ 0721/209017.

Ristorante La Rupe, an der Piazza von Fiorenzuola di Focara, mit Terrasse über dem Meer. Mittags und abends geöffnet, ✆ 0721/208344.

Pesaro

(ca. 90.000 Einwohner)

Ein 4 km langer Sandstrand und dennoch städtisches Leben. Alljährlich im August findet mit dem „Rossini Opera Festival" das wichtigste und bekannteste Kulturereignis der gesamten Region statt.

Aber auch sonst bleibt die Erinnerung an den berühmtesten Sohn der Stadt bestens erhalten: Das *Teatro Rossini* an der Piazza Lazzarini zählt zu den schönsten Opernhäusern Italiens, ganz in der Nähe befindet sich das *Conservatorio Rossini*, und Opernfans werden im Geburtshaus Gioacchino Rossinis (1792–1868) sicherlich ihre Freude haben.

Um die zentrale *Piazza del Popolo* herum gruppieren sich in mehr oder minder großem Umkreis die Sehenswürdigkeiten der Stadt. Wer Strandleben mit Stadtanschluss vorzieht, ist am endlos langen *Viale Trieste* mit seinen unzähligen Hotels, Restaurants, Snackbars und der sonstigen badetouristischen Infrastruktur richtig aufgehoben. Pesaro lebt hauptsächlich von der Möbelindustrie, darüber hinaus spielt

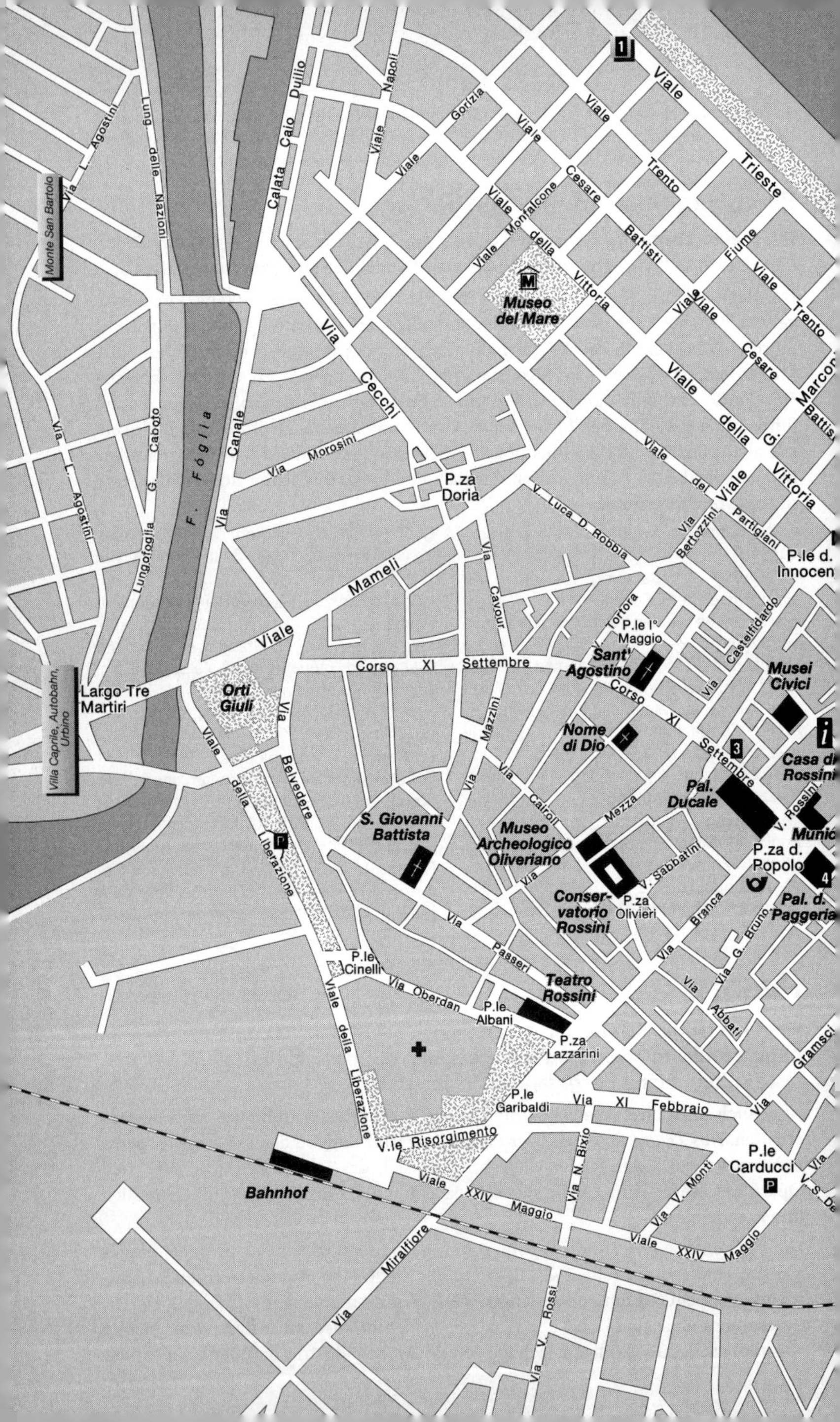

1
Viale Trieste
Viale Trento
Viale Cesare Battisti
Viale Fiume
Viale Gorizia
Viale Napoli
Viale Monfalcone
Viale della Vittoria
Calata Caio Duilio
Lung. delle Nazioni
Via L. Agostini
Monte San Bartolo
Museo del Mare
Via Cecchi
Viale G. Marconi
Via Canale
F. Fóglia
Via G. Caboto
Lungofoglia
Via Morosini
P.za Doria
Viale dei Partigiani
V. Luca D. Robbia
Via Bertozzini
P.le d. Innocen
Viale Mameli
Via Cavour
Corso XI Settembre
Largo Tre Martiri
Villa Caprile, Autobahn, Urbino
Orti Giuli
Via Belvedere
Viale della Liberazione
V. Tortora
P.le I° Maggio
Sant' Agostino
Via Castelfidardo
Musei Civici
Nome di Dio
Via Mazzini
Via Cairoli
3
Casa di Rossini
Pal. Ducale
V. Rossini
Munic
S. Giovanni Battista
Museo Archeologico Oliveriano
Mezza
V. Sabbatini
P.za d. Popolo
4
Conser-vatorio Rossini
P.za Olivieri
Via Branca
Pal. d. Paggeria
Via G. Bruno
Via Passeri
P.le Cinelli
Via Oberdan
Teatro Rossini
P.le Albani
Via Abbati
P.za Lazzarini
Gramsci
P.le Garibaldi
Via XI Febbraio
V.le Risorgimento
Via N. Bixio
P.le Carducci
Bahnhof
Viale XXIV Maggio
Via V. Monti
Via Miralfiore
Via V. Rossi
V. S. De

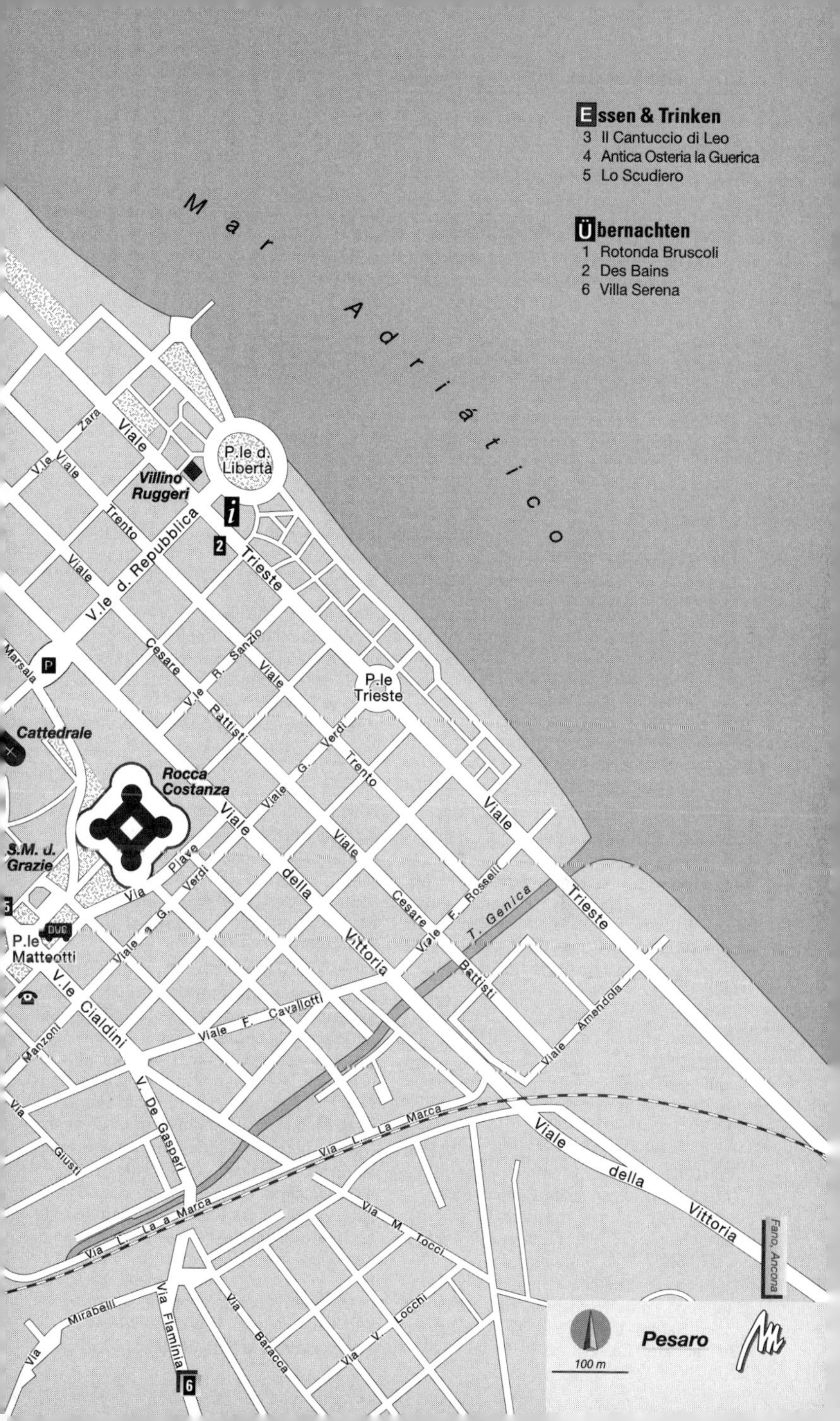
Essen & Trinken
3 Il Cantuccio di Leo
4 Antica Osteria la Guerica
5 Lo Scudiero
Übernachten
1 Rotonda Bruscoli
2 Des Bains
6 Villa Serena
Mar Adriático
P.le d. Libertà
Villino Ruggeri
Viale Trieste
V.le d. Repubblica
Viale Trento
Viale Zara
P.le Trieste
Viale R. Sanzio
Viale Cesare Battisti
Viale G. Verdi
Cattedrale
Rocca Costanza
S.M. d. Grazie
Via Piave
Viale della Vittoria
P.le Matteotti
V.le Cialdini
Viale F. Cavallotti
Viale F. Rosselli
T. Genica
Viale Amendola
Manzoni
Via Giusti
V. De Gasperi
Via L. La Marca
Via M. Tocci
Via Mirabelli
Via Flaminia
Via Baracca
Via V. Locchi
Marsala
Fano, Ancona
100 m
Pesaro

der Tourismus eine nicht unbedeutende Rolle. An das Stadtgebiet schließt nördlich ein kleiner Hafen an, der Markt der Stadt findet jeden Vormittag (außer Sonntag) im großen Innenhof hinter der Post statt.

Rossini Opera Festival (ROF)

Mit dem alljährlich im August stattfindenden Festival hat die Stadt ihrem größten Sohn ein würdiges Denkmal gesetzt. Das ROF ist weit über die Grenzen der Marken hinaus bekannt, Opernfreunde kommen aus der ganzen Welt eigens zu diesem Kulturereignis angereist. Aufgeführt werden – selbstverständlich – die Opern Gioacchino Rossinis, darunter auch viele der weniger bekannten (und nur selten der „Barbier von Sevilla"), sowie klassische Konzerte anderer Meister.

Das Festival wurde 1980 ins Leben gerufen, zu den stimmungsvollsten Aufführungsorten zählt sicherlich das 1818 eröffnete *Teatro Rossini*. Um Tickets (20–125 € + 10 % Vorverkaufsgebühr) sollte man sich frühzeitig bemühen, Buchungen sind ab Ende April unter folgender Adresse möglich: Biglietteria del Festival, Servizio Prenotazioni, Via Rossini 37, I-61100 Pesaro, ✆ 0721/30979, boxoffice@rossinioperafestival.it. Allgemeine Informationen bekommen Sie unter www.rossinioperafestival.it.

• *Information* **Im Zentrum**: Via Rossini 41, nahe der Piazza del Popolo, geöffnet Mo–Sa 9–13 und 15–19 Uhr, ✆ 0721/359501. **An der Uferpromenade**: Viale Trieste 164, ✆ 0721/69341, gleiche Öffnungszeiten.

• *Verbindungen* **Zug**: Der Bahnhof liegt ca. 1,5 km vom Meer, etwa stündlich nach Rimini und Ancona (via Senigallia). Von Falconara Marittima (kurz vor Ancona) mehrmals täglich über Jesi und Fabriano nach Rom.

Bus: Ca. stündlich nach Urbino, stündlich via Monte San Bartolo (Campingplätze) nach Gabicce und von dort nach Gradara und Rimini, 9x tägl. nach Fossombrone und Cagli, 8x nach Pergola und stündlich nach Fano. Abfahrt der Busse am Piazzale Matteotti (nahe Rocca) und am Bahnhof.

Taxi: Stände u. a. an der Piazza del Popolo (✆ 0721/31430), am Piazzale Matteotti (✆ 0721/34053) und am Bahnhof (✆ 0721/31111).

• *Erste Hilfe* In den Sommermonaten (Juni–Sept.) gibt es eine Erste-Hilfe-Station für Touristen in der Via Trento 300, ✆ 0721/21344.

• *Übernachten (Karte S. 550/551)* *** **Des Bains (2)**, an der Uferpromenade (Viale Trieste 221), historisches Gebäude mit 119 Betten. Alle Zimmer mit Bad, TV, Aircon., Kühlschrank, DZ 92 €, EZ 62 €. Mit Garage. ✆ 0721/34957, ✆ 0721/35062.

*** **Rotonda Bruscoli (1)**, relativ günstige Herberge am Nordende des Strandes (beim Hafen). DZ mit Bad ab 50 €, EZ mit Bad ab 40 €. Calata Caio Duilio 96, ✆ 0721/400080, ✆ 0721/402100.

*** **Villa Serena (6)**, *Tipp*! 4 km vom Zentrum in südwestlicher Richtung, also nicht am Meer gelegen. Herrliches Landhaus mit ebenso herrlichem Park (300 qm), Pool. Stilvolles Ambiente, mit Ristorante (nur für Gäste der Villa). 10 Zimmer, DZ um 150 €, EZ ca. 100 €, Frühstück inkl. Eine Vorausbuchung für die Hochsaison ist unbedingt empfehlenswert, ganzjährig geöffnet. ✆ 0721/55211, ✆ 0721/55927, www.villa-serena.it.

*** **Camping Marinella**, größerer Platz südlich von Pesaro, auf halber Strecke nach Fano am Meer. Mit Bar, Restaurant, Mini-Market. Adriatica km 244, ✆ 0721/50876, ✆ 0721/55795.

Weitere Campingplätze in der Umgebung von Pesaro, s. S. 552 und 555.

• *Essen/Trinken (Karte S. 550/551)* **Lo Scudiero (5)**, Spitzenrestaurant beim Piazzale Matteotti im Zentrum. Man kocht u. a. nach den Rezepten von Komponist und Gourmet Rossini (der ein begnadeter Koch war). Menü ca. 50 €, unbedingt reservieren. Mittags und abends geöffnet, So geschlossen, Via Baldassini 2, ✆ 0721/64943.

Il Cantuccio di Leo (3), nur wenige Schritte von der Piazza del Popolo im Zentrum entfernt, sympathisches Lokal, auch hier eine hervorragende Weinkarte, das Preis-Leistungs-Verhältnis stimmt: Menü ca. 30 €. Mittags und abends geöffnet, Di geschlossen. Via Perfetti 18, ✆ 0721/68088.

Antica Osteria la Guercia (4), an der Piazza

In der Nebensaison oft menschenleer – der Strand von Pesaro

del Popolo. Historisches Ambiente mit Wandgemälden und Mosaiken zu traditioneller pesaresischer Küche. Im Sommer kann man auch draußen sitzen. Günstig. Mittags und abends geöffnet, So geschlossen, Via Baviera 33, ✆ 0721/33463.

Sehenswertes

Erster Anlaufpunkt der Stadt ist die Piazza del Popolo mit dem **Palazzo Ducale** (nicht zugänglich) aus dem Jahr 1465, der zunächst von den Sforza gebaut, bald darauf aber von den della Rovere umgestaltet wurde. Der herrliche Brunnen **Fontana dei Tritoni** mit den Pferden stammt ursprünglich von Lorenzo Ottoni aus dem Jahr 1685 (Rekonstruktion). Nur wenige Meter in östlicher Richtung (zum Strand) stößt man auf den **Dom**, wo jüngst zwei große, übereinander liegende römische Mosaikböden freigelegt wurden. Sich von hier rechts haltend, gelangt man gleich darauf zur **Rocca Costanza** (nicht zugänglich). Die Burg mit ihren vier Rundtürmen entstand im Auftrag der Sforza in den Jahren 1474–87 unter der Leitung des Architekten Luciano Laurana, der zeitweise auch Bauherr des Palazzo Ducale in Urbino war.

Ein Spaziergang zum Meer führt zum Piazzale della Libertà mit der **Sfera Grande** (Weltkugel) von Arnaldo Pomodoro; am gleichen Platz sollten Sie einen Blick auf die Jugendstilvilla **Villino Ruggeri** werfen. Außerdem sehenswert:

Musei Civici: Wertvollstes Exponat des städtischen Museums samt Pinakothek ist die „Krönung der Jungfrau" („Pala di Pesaro") von Giovanni Bellini aus dem Jahr 1474. Darüber hinaus sind im angeschlossenen Keramikmuseum zahlreiche Ausstellungsstücke aus der Umgebung von Pesaro zu sehen, viele davon aus dem 16. Jh.

Öffnungszeiten Mi, Fr, Sa, So 9.30–12.30 und 17–20 Uhr, Di + Do 9.30–12.30 und 17–23 Uhr, Mo geschlossen. Eintritt 2,60 €, Jugendliche unter 25 und Rentner über 65 J. frei. Das Kombiticket (Musei Civici + Casa di Rossini) kostet 4,20 €. Via Toschi Mosca 29.

Casa di Rossini: Das schlichte Haus, in dem Gioacchino Antonio Rossini am 29. 2. 1792 das Licht der Welt erblickte, beherbergt heute ein kleines Museum mit allerlei Erinnerungsstücken und z. T. originalen Möbeln.

Öffnungszeiten/Eintritt Wie Musei Civici (s. o.). Via Rossini 34.

Fano

(ca. 57.000 Einwohner)

Eines der schönsten Städtchen an der Küste mit großem Fischereihafen und sauberen Stränden. Dicke Stadtmauern umgeben noch heute das hübsche, größtenteils zur Fußgängerzone erklärte historische Zentrum. In der Antike endete hier die Via Flaminia.

Die drittgrößte Stadt der Marken ist dem 12 km nördlich gelegenen Pesaro als Badeort vorzuziehen: Gute Strände (knapp 500 m von der Altstadt entfernt) und touristische Infrastruktur sind vorhanden, dazu eine stimmungsvolle Altstadt, in der man abends dem Flanieren nachgeht. Am nördlichsten Punkt der Stadt befindet sich der geschäftige Fischereihafen, der den Strand in zwei Zonen unterteilt: nördlich die *Spiaggia Lido*, südlich die *Spiaggia Sassonia* – beide Abschnitte mit zahlreichen Unterkünften.

Das römische *Fanum Fortuna* wurde nach dem berühmten Tempel der Fortuna benannt, den man hier 207 v. Chr. nach dem Sieg über den Karthager Hasdrubal aufstellte. Entscheidend geprägt hat jedoch Kaiser Augustus das Stadtbild der von ihm neu gegründeten *Colonia Julia Fanestris*: Noch immer betritt man die Stadt durch den *Arco di Augusto*, und auch von den *Augusteischen Stadtmauern* ist ein Teil noch erhalten.

Wie viele andere auch wurde die Stadt im 6. Jh. von den Goten zerstört. Später wurde Fano Mitglied der byzantinischen Pentapolis und brachte es im 14. Jh. zur freien Stadtrepublik. 1357 übernahmen die Malatesta hier die Macht, mussten sie aber bereits nach gut einem Jahrhundert (1463) an den übermächtigen Federico da Montefeltro wieder abtreten. Dennoch hinterließen die Malatesta deutliche Spuren im ganzen Stadtgebiet – u. a. durch den Bau des *Palazzo della Ragione* und der *Rocca Malatestiana*, durch die das Stadtgebiet gleichzeitig auch vergrößert wurde.

• *Information* **A.P.T.** am Viale Battisti 10 (zwischen Bahnhof und Strand). Im Sommer lange geöffnet, ✆ 0721/803534.

• *Verbindungen* **Züge** etwa stündlich via Pesaro nach Rimini (teilweise weiter nach Bologna), ebenfalls stündlich nach Ancona (via Senigallia). Umsteigebahnhof auf der Strecke ist Falconara Marittima, von dort mehrmals täglich Züge über Jesi und Fabriano nach Rom. Der Bahnhof befindet sich am östlichen Rand der Altstadt zum Meer hin (wenige hundert Meter vom Strand entfernt).

Mit dem **Bus** etwa stündlich nach Pesaro und in die südlichen Vororte Torrette und Marotta (von hier nach Senigallia). Darüber hinaus 5x tägl. via Pergola und Sassoferrato nach Fabriano sowie 3x nach Fossombrone und Urbino. Busbahnhof Via Gramsci, Ecke Via Roma.

Taxistand am Bahnhof.

Parken, am besten an einem der größeren Parkplätze an der Meerseite der Altstadt.

• *Erste Hilfe* Touristen-Notarzt, Via Caduti del Mare 18, ✆ 0721/806403 (außerhalb der Saison unter ✆ 0721/882244).

• *Veranstaltungen* Bekanntestes Ereignis ist sicherlich das Festival **Fano Jazz by the Sea**, das alljährlich Anfang Juli stattfindet. Den oft kostenlosen Konzerten kann man u. a. im Corte Malatestiana lauschen. Infos: Ufficio Festival, ✆/℻ 0721/820275.

Im Februar/März **Carnevale** mit großem Umzug, es wird eine wahre Bonbon- und Schokoladenschlacht ausgetragen. Dazu unzählige Veranstaltungen wie z. B. der Maskenball auf der Piazza XX. Settembre – die Stadt steht Kopf zur Faschingszeit.

• *Übernachten* Im historischen Zentrum schwierig, die meisten Hotels liegen in der Neustadt und mehr oder minder am Strand bzw. in den Vororten Torrette und Marotta.

**** **Augustus**, an Kanal und Fischereihafen gelegen. Schick, mit Restaurant, Parkplatz, komfortable Zimmer mit Bad, Aircon. und TV. EZ mit Frühstück 60 €, DZ 80 €, in den Sommermonaten mit Halbpension: EZ 65–80 €, DZ 100–130 €. Ganzjährig geöffnet, Via G. Puccini 2, 61032 Fano, ✆ 0721/809781, ℻ 0721/825517.

*** **Amelia**, an der Spiaggia Lido gelegen, ebenfalls nahe Fischereihafen. 24 Zimmer mit Bad, EZ 54 €, DZ 80 €, von ca. Ostern bis Ende September geöffnet. Viale Cairoli 80, ✆ 0721/824040.

*** **Astoria**, direkt beim Amelia, Strandhotel, keine EZ, DZ mit Bad und Frühstück 72 €. Ebenfalls Ostern bis Ende September geöffnet, Viale Cairoli 86, ✆ 0721/803474.

** **Sassonia**, am gleichnamigen Strand, in der 2-Sterne-Kategorie durchaus empfehlenswertes Haus mit 27 Zimmern (mit Bad), relativ günstig: EZ ab 34 €, DZ ab 44 €. Ganzjährig geöffnet, Viale Adriatico 88, ✆ 0721/828229.

*** **Orfeo**, relativ zentral bei der Rocca Malatestiana gelegen. Nur 16 Zimmer (alle mit Bad), EZ 38 €, DZ 56 €. Ganzjährig geöffnet, Corso Matteotti 5, ✆ 0721/803522.

• *Camping* Am südlichen Stadtrand liegen die Plätze **Fano** (Foce del Metauro 1, ✆ 0721 /802652, ℻ 0721/8522844) und **Madonna Ponte** (Via delle Brecce 25, ✆ 0721/804520), weitere 7 Campingplätze in Torrette und Marotta, den beiden Vororten von Fano.

• *Essen/Trinken* **Al Pesce Azzurro**, günstiges Selbstbedienungslokal der örtlichen Fischerkooperative „Coomarpesca", einfaches Ambiente. 1.4.–30.9. mittags und abends geöffnet, Mo geschlossen. Viale Adriatico 48 (beim Hafen), ✆ 0721/823644.

Casa Nolfi, auch hier Fisch und Meeresfrüchte, gute Weine. Degustationsmenüs für ca. 30–38 €. Mittags und abends geöffnet, Sonntagabend und Mo geschlossen, Via Gasparoli 59, ✆ 0721/827066.

Da Maria, familiäre Trattoria ein wenig außerhalb der Altstadt, immer frischer Fisch, auch in ausgefallenen Variationen. Mit Terrasse und nettem Garten, offener Hauswein, mittleres Preisniveau. Mittags und abends geöffnet, im Winter So geschlossen. Via IV. Novembre 86, ✆ 0721/808962.

Caffè Centrale, beliebtes Café am Corso Matteotti 104, überzeugende Auswahl an Kalorienbomben

Senigallia

(ca. 40.000 Einwohner)

Spiaggia di Velluto („Samtstrand") heißt der helle Sandstrand von Senigallia, dem beliebtesten und sicherlich auch attraktivsten Badeort des Küstenabschnitts nördlich von Ancona.

Tourismus hat in Senigallia Tradition: Bereits Mitte des 19. Jh. brachte man es hier auf eine beachtliche Zahl an Badegästen, mittlerweile ist Senigallia einer der wichtigsten Fremdenverkehrsorte der Region. Am herrlichen Strand mit der auf Pfählen gebauten *Rotonda a Mare* weht durchaus noch ein Hauch vergangener Noblesse.

Senigallia geht auf eine Gründung aus dem 4. Jh. v. Chr. zurück und war die erste römische Kolonie an der Küste. Mitte bis Ende des 15. Jh. verhalfen Sigismondo Malatesta und nach ihm Giovanni della Rovere der zwischenzeitlich daniederliegenden Stadt zu neuem Aufschwung, man baute Festung (1480) und Stadtmauern (z. T. noch erhalten), Palazzi und den Kanalhafen, durch den sich hier ein wichtiges Handelszentrum entwickelte, das seine Glanzzeit im 17. und 18. Jh. erlebte.

• *Information* **A.P.T.** am Piazzale Morandi 2 (zwischen Bahnhof und Strand), geöffnet im Sommer tägl. 9–13 und 16–19 Uhr, ✆ 071/7922725.

• *Verbindungen* Bahnhof im Zentrum (zwischen Altstadt und Strand): etwa stündlich **Züge** nach Ancona und via Fano und Pesaro nach Rimini.

Busse: ca. halbstündlich nach Ancona, 5x tägl. Torrette (von hier nach Fano/Pesaro), 5x Sassoferrato. Große Haltestelle vor dem Bahnhof, hier stoppen alle Busse in die Umgebung und auch die Stadtbusse. Der Busbahnhof liegt beim Stadion (nahe Kanal/Ponte Garibaldi).

Taxistände an der Piazza Roma (✆ 071/63377), der Piazza Saffi (✆ 071/60794) und am Bahnhof (✆ 071/64946).

Erste Hilfe, ✆ 071/7909443.

• *Übernachten* Etwa 80 Hotels (1–4 Sterne), außerdem 17 Campingplätze, von denen die meisten am Lungomare Leonardo da Vinci liegen.

**** **Hotel Duchi della Rovere**, zentrale Lage, elegantes Ambiente, Pool, Garage und Bar, Restaurant. Alle Zimmer mit Bad, Aircon., TV, Kühlschrank etc., DZ 136 €, EZ 98 €, je inkl. Frühstück. Viale Corridoni 3, 60019 Senigallia, ✆ 071/60785, ℻ 071/7927784.

Die Marken
Karte S. 528/529

*** **Hotel Continental**, Strandhotel am Lungomare. Zimmer mit Fliesenboden, Bad und TV, z. T. mit Balkon. DZ mit Frühstück ab 88 €, EZ mit Frühstück ab 57 €. Lungomare D. Alighieri 126, ✆ 071/60047, 📠 7926518.

• *Camping* **Spiaggia di Velluto** (✆ 071/-64873) mit viel Schatten und relativ gehobener Ausstattung; **Mare Verde**, der kleinste Platz der Gegend, relativ einfache Einrichtungen (Lungomare Leonardo da Vinci 95, ✆ 071/7929544) oder aber **Liana** (Lungomare L. da Vinci 54, ✆ 071/65206) und **Holiday** (Lungomare L. da Vinci, ✆ 071/64740). Alle mehr oder minder am Meer, geöffnet ca. Mai–September.

• *Essen/Trinken* **Uliassi**, an Strand und Kanalhafen gelegen, Fisch in allen möglichen Variationen, gehobenes Preisniveau, mittags und abends geöffnet, außerhalb der Saison Mo geschlossen. Banchina di Levante 6, ✆ 071/65463.

Cucinamariano, angenehme Osteria bei der Rocca Roveresca, nettes Ambiente. Preiswert, Menü um 20 €, gute und günstige Weine. Mittags und abends geöffnet, Mo geschlossen. Via Manni 25, ✆ 071/7926659.

La Madonnina del Pescatore, nobles Fischrestaurant im südöstlichen Vorort Marzocca am Meer (ca. 6 km von Senigallia). Extravagante Küche, die natürlich ihren Preis hat: Degustationsmenü ca. 70 €. Mittags und abends geöffnet, Mo geschlossen. Lungomare Italia 11, ✆ 071/698267.

Ancona

(ca. 106.000 Einwohner)

Hinter dem wenig ansehnlichen Hafen versteckt sich eine hübsche Altstadt, die die Durchreisenden auf dem Weg nach Griechenland meist keines Blickes würdigen. Die Hauptstadt der Marken ist gleichzeitig auch ihr wirtschaftliches Zentrum und der größte Handels- und Passagierhafen der mittleren Adria.

Dabei lässt sich bereits vom Hafen aus eine gewisse historische und kulturelle Bedeutung Anconas erahnen: Auf dem Monte Guasco thront, quasi als Wahrzeichen der Stadt, der romanisch-gotische *Duomo San Ciriaco*, unterhalb davon – auf dem Hafengelände – befindet sich mit dem *Arco di Traiano* das eindrucksvollste römische Bauwerk Anconas. Und wer aus nördlicher Richtung zum Hafen fährt, wird kaum die ehemalige Quarantänestation *Lazzaretto* am Rand der unansehnlichen Zona Industriale übersehen.

In der Altstadt stößt gleich hinter der verkehrsreichen Piazza della Repubblica auf einige beschaulichere Plätze wie z. B. die schöne und autofreie *Piazza del Plebiscito*, nach der der imposanten und ernst wirkenden Statue von Papst Clemens XII. aus dem Jahr 1737 auch „Piazza del Papa" genannt. In östlicher Richtung (zur *Piazza IV. Novembre* hin) werden die Plätze und Straßen dann größer und offener, hier – besonders auf dem Corso Garibaldi und den umliegenden Straßen – liegt das geschäftliche Zentrum der Stadt mit zahlreichen Bekleidungsläden. Ein Bummel lohnt vor allem durch die Altstadt und hinauf zum Monte Guasco mit dem Duomo San Ciriaco, von wo sich ein schöner Rundblick auf Ancona und den Hafen bietet.

Die strategisch günstige Lage des natürlichen Hafens von Ancona haben die griechischen Kolonisten aus Syrakus bereits im 4. Jh. v. Chr. erkannt. Damals kontrollierte man vom Monte Guasco aus die Gegend. Eine bedeutende militärische Rolle spielte der Ort unter den Römern: 90 v. Chr. wurde die Stadt römisches Munizipium, der Hafen wurde ausgebaut und zum wichtigen Stützpunkt bei militärischen Auseinandersetzungen, z. B. bei den Dakerkriegen Anfang des 2. Jh. n. Chr. Aus dieser Zeit stammt auch der Trajansbogen im Hafen (115 n. Chr.).

Im 6. Jh. trat Ancona der byzantinischen Pentapolis bei. Im 9. Jh. nahmen die Sarazenen die Stadt ein, es folgte bald darauf ein verheerendes Erdbeben. Nach dem Wiederaufbau erlangte Ancona schon im 11. Jh. den Status einer freien Stadt, die es durch rege Handelsbeziehungen mit dem östlichen Mittelmeer zu beachtlichem

Wohlstand brachte. Dieser Reichtum lockte auch Friedrich I. Barbarossa an, der die Stadt 1167 vergeblich belagerte – wie nach ihm auch die Malatesta und die Sforza. Nach einer weiteren Phase des Wohlstandes fiel Ancona bereits 1532 in den Herrschaftsbereich des Kirchenstaats, zu dem es bis zur Einigung Italiens im Jahr 1860 gehören sollte.

Eine große Katastrophe ereilte die Stadt am Abend des 14. Juni 1972: Ein gewaltiges Erdbeben legte binnen Sekunden weite Teile der Altstadt in Schutt und Asche. Den schwersten Schaden erlitt das Viertel am Monte Guasco, zuvor ein über die Jahrhunderte gewachsener Stadtteil mit besonderem Charme, den es so heute nicht mehr gibt.

• *Information* **A.P.T.R.** in der Via Thaon de Revel 4, nahe der Piazza 4 Novembre (Passetto). Hier bekommen Sie auch einen Stadtplan. Mo–Sa 9–13 und 15–18 Uhr, So und feiertags 9–13 Uhr, ✆ 071/358991, ℻ 071/3589929. Darüber hinaus gibt es in den Sommermonaten (Juni bis Ende September) jeweils ein **Informationsbüro** am Hafen (tägl. 8–20 Uhr geöffnet) und am Bahnhof.

Bahn: Der Bahnhof liegt ca. 1,5 km nordwestlich des Zentrums: 10x tägl. über Jesi und Fabriano nach Rom, etwa halbstündlich über Pesaro (z. T. auch Senigallia und Fano) nach Rimini. Entlang der Küste Richtung Süden bestehen gute Verbindungen nach Pescara (mind. 8x tägl.). Stadtbus 1 oder 1/4 vom und zum Zentrum.

Busse: Haltestelle an der Piazza Cavour am Rand der Altstadt. Verschiedene Busgesellschaften, Tickets gibt es u. a. in der Tabaccheria Galeazzi an der Piazza Cavour 15. Etwa stündlich nach Sirolo, Numana und Marcelli, 5x tägl. nach Porto Recanati, 3x Castelfidardo, 6x Loreto, ca. halbstündlich nach Senigallia und 3x täglich weiter nach Pesaro, außerdem mind. stündlich über Falconara und Chiaravalle nach Jesi.

Stadtbusse: Nr. 1 und Nr. 1/4 vom Bahnhof zum Hafen und durch das Zentrum zur Piazza IV. Novembre; Nr. 11 vom Zentrum zum Dom.

Taxi: am Bahnhof (Piazza Rosselli) und an der Piazza Roma im Zentrum, ✆ 071/43321.

• *Einkaufen* **Wein**: Eine der ersten Adressen der Gegend ist die *Azienda Agricola Moroder*, schon auf halbem Weg zum Monte Conero gelegen. Via Montacuto 112, 60029 Ancona, ✆ 071/898232, ℻ 071/2800367, www.moroder-vini.it. Geöffnet Mo–Sa meist 9–12 und ca. 14–18 Uhr. Anfahrt: Von Ancona auf der Strada Provinciale Richtung Portonovo, rechts ab nach Montacuto, dann links ab (beschildert).

• *Veranstaltungen* **Ancona Jazz**, das älteste Jazzfestival der Marken findet alljährlich im November statt.

• *Übernachten (Karte S. 558/559)* **** **Grand Hotel Passetto (10)**, sehr nobel, am östlichen Stadtrand an der Piazza IV. Novembre gelegen. Mit kleinem Pool und Parkgarage (ca. 8 €/Tag), Restaurant. Zimmer mit Bad und Meerblick, z. T. mit Balkon, TV, Aircon., Kühlschrank. DZ um 150 €, EZ um 100 €, jeweils inkl. Frühstücksbuffet (üppig). Via Thaon de Revel 1, ✆ 071/31307, ℻ 071/32856.

*** **Roma e Pace (3)**, etwas altertümliches Hotel mitten im Zentrum, Parkplätze vor der Haustür. DZ ca. 95 €, EZ ca. 60 €, 3er ca. 115 €, 4er um 130 €. Zimmer mit Bad und TV, Frühstück ist im Preis inbegriffen. Via Leopardi 1, ✆ 071/202007, ℻ 071/2074736.

*** **City (6)**, ähnlich zentral wie Roma e Pace, modernes Hotel mit kleiner Terrasse, die Zimmer mit Bad, Aircon., Kühlschrank und TV, EZ 61 €, DZ 97 €, 3er 105 €, Frühstück inkl. Via Matteotti 112, ✆ 071/2070949, ℻ 071/2070372, www.hotelcityancona.it.

* **Centrale (5)**, ebenfalls in der Altstadt, einfaches Haus mit nur 10 Zimmern, DZ mit Bad 52 €, ohne Bad 35 €, EZ ohne Bad 25 €. Via Marsala 10, ✆ 071/54388.

** **Fiore (8)**, am Bahnhof, mit Parkmöglichkeiten. DZ mit Bad ab 37 €, ohne Bad um 30 €, EZ mit Bad ca. 25 € (ohne Bad ab 20 €). Piazza Rosselli 24–25, ✆ 071/43390.

** **Gino (7)**, nur wenige Schritte vom Fiore entfernt, etwas teurer: DZ mit Bad 47 € (ohne Bad ca. 35 €), EZ mit Bad um 30 € (ohne Bad ab 22 €). Via Flaminia 4, ✆/℻ 071/42179.

• *Jugendherberge* **Ostello della Gioventù (9)**, nur wenige Schritte vom Bahnhof entfernt in der Via Lamaticci 7. ✆ 071/42257.

• *Camping* Siehe unter Portonovo, S. 563.

• *Essen/Trinken (Karte S. 558/559)* **Antica Trattoria La Moretta (2)**, rustikales Ambiente am schönsten Platz der Stadt: Piazza del Plebiscito. Primi ab 6 €, Secondi ab ca. 10 €. Mittags und abends geöffnet, So geschlossen, ✆ 071/202317.

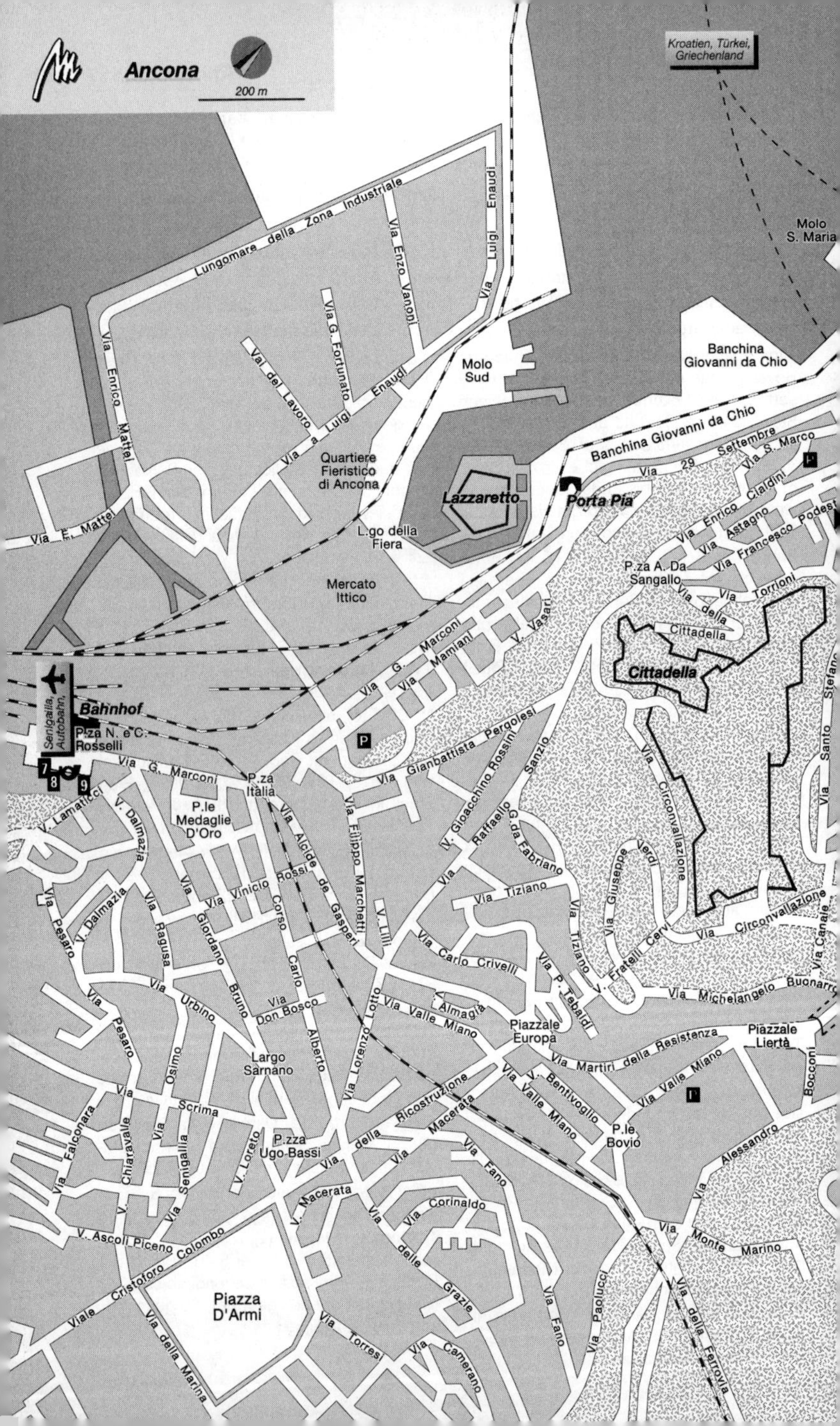

Ancona
200 m
Kroatien, Türkei, Griechenland
Molo S. Maria
Lungomare della Zona Industriale
Via Luigi Enaudi
Via Enzo Vanoni
Via G. Fortunato
Via del Lavoro
Via Enrico Mattei
Via a Luigi Enaudi
Molo Sud
Banchina Giovanni da Chio
Banchina Giovanni da Chio
Quartiere Fieristico di Ancona
Lazzaretto
Porta Pia
Via 29 Settembre
Via S. Marco
Via E. Mattei
L.go della Fiera
Mercato Ittico
Via Enrico Cialdini
Via Astagno
Via Francesco Podestà
P.za A. Da Sangallo
Via Torrioni
Via della Cittadella
Cittadella
Via G. Marconi
Via Mamiani
V. Vasari
Senigallia, Autobahn
Bahnhof
P.za N. e C. Rosselli
7
8
9
Via G. Marconi
Via Gianbattista Pergolesi
Via Gioacchino Rossini
Sanzio
P.za Italia
P.le Medaglie D'Oro
V. Lamaticci
V. Dalmazia
Via Circonvallazione
Via Santo Stefano
Via Alcide de Gasperi
Via Filippo Marchetti
V. Raffaello
G. da Fabriano
Via Giuseppe Verdi
Via Vinicio Rossi
Corso Carlo Alberto
Via Tiziano
Via Tiziano
Via Circonvallazione
Via Pesaro
V. Dalmazia
Via Ragusa
Via Giordano Bruno
V. Lilli
Via Carlo Crivelli
Via P. Tebaldi
V. Fratelli Cervi
Via Canale
Via Urbino
Via Don Bosco
V. Almagià
Via Valle Miano
Via Michelangelo Buonarroti
Via Pesaro
Via Osimo
Largo Sarnano
Via Lorenzo Lotto
Piazzale Europa
Via Martiri della Resistenza
Piazzale Libertà
Via Valle Miano
Bocconi
Via Scrima
Via della Ricostruzione
Via Valle Miano
V. Bentivoglio
Via Falconara
Chiaravalle
Via Senigallia
V. Loreto
P.zza Ugo Bassi
Via Macerata
Via Fano
P.le Bovio
Via Alessandro
V. Macerata
Via Corinaldo
Via Monte Marino
V. Ascoli Piceno
Viale Cristoforo Colombo
Via delle Grazie
Via Paolucci
Via della Ferrovia
Piazza D'Armi
Via della Marina
Via Torresi
Via Camerano
Via Fano

Übernachten
3 Roma e Pace
5 Centrale
6 City
7 Gino
8 Fiore
9 Jugendherberge
10 Grand Hotel Passetto
Essen & Trinken
1 La Cantineta
2 Antica Trattoria La Moretta
4 Teatro Strabacco
Banchina Nazzario
P.za del Duomo
San Ciriaco (und Museum)
Arco di Traiano
P.za del Senato
P.za Dante Alighieri
P.za Stracca
Il Gesù
S. Francesco alle Scale
P.za S. Maria
P.za S. Francesco
S. Maria della Piazza
Polizei
Piazza delle Erbe
P.za Roma
San Cosma
L.go Curiel
Ospedale Pronto Soccorso
Piazza Stamira
Piazza Cavour
BUS
L.go Cappelli
L.go 24 Maggio
L.go Bevilacqua
L.go Belvedere
Piazza Don Minzoni
Piazza Armando Diaz
Parco Pubblico
P.za Fontana
Stadio Dorico
P.za 4 Novembre
Via Cardeto
Via Panoramica
Via Montegrappa
Via Rismondo
Via Trieste
Via Podgora
Via Isonzo
Via Rodi
Via Rovereto
Via Gino Tommasi
Viale della Vittoria
Corso Giovanni Amendola
Corso Carlo Maratta
Via Circonvallazione
Via Tagliamento
Via del Conero
Via Avvenati
Via Francesco Angelini
Via Marsigliani
Strada Vecchia di Pietra Lacroce
Via Pola
Via Thaon de Revel
Monte Conero

La Cantineta (1), traditionelle Trattoria im Herzen Anconas, einfach und günstig, gute Küche, Spezialität des Hauses ist Stockfisch (Stoccafisso all'anconetana), dazu gibt es Hauswein. Mittags und abends geöffnet, So geschlossen. Via Gramsci 1c, ✆ 071/201107.

Teatro Strabacco (4), nettes Ambiente bei günstigen Preisen. Mittags und abends geöffnet, Mo geschlossen. Via Oberdan 2, ✆ 071/56748.

Sehenswertes in der Altstadt

Cattedrale San Ciriaco/Museo Diocesano: Der Dom Anconas steht auf dem Fundament eines Venustempels aus dem 4. oder 3. Jh. v. Chr. Im 6. Jh. n. Chr. baute man hier eine Basilika, der heutige Dom stammt aus dem 11./12. Jh. und gilt als eindrucksvoller Stilmix zwischen Romanik und Gotik.

Gleich am Hauptportal fallen die beiden gut erhaltenen Löwen aus Veroneser Marmor auf, die erst im 13. Jh. angefügt wurden – wie auch der Campanile des Doms. Im Inneren herrscht Schlichtheit – trotz bemalter Decke, Säulenkapitellen und der drei Seitenkapellen. In der Krypta befinden sich die Reliquien des heiligen Ciriaco, Ortspatron von Ancona und Namensgeber des Domes. Beachtenswert ist hier auch der Fußboden mit Einlegearbeiten.

Das angeschlossene *Museo Diocesano* beherbergt heute zahlreiche Sarkophage, die ursprünglich im Dom zu sehen waren. Zum Museum gehört außerdem eine kleine Gemäldegalerie.

• *Anfahrt/Öffnungszeiten* Mit dem Auto ab Zentrum der Beschilderung folgen. Tägl. von 8–12 und von 15–18 Uhr geöffnet, im Sommer bis 19 Uhr. Stadtbus Nr. 11 ab Zentrum. Das Museum ist nur an Sonn- und Feiertagen von 16–18 Uhr geöffnet, es wird eine Spende erwartet.

Museo Archeologico Nazionale delle Marche: Das Museum ist im sehenswerten *Palazzo Ferretti* (um 1565) untergebracht: Pellegrino Tibaldi entwarf diese Residenz für Fürst Angelo Ferretti, die Fresken im Piano Nobile (1. Stock) stammen von den Brüdern Zuccari. Mitte des 18. Jh. verpasste Luigi Vanvitelli dem Palazzo ein repräsentatives Portal und den Balkon.

Das Museum beherbergt in etwa 25 Räumen zahlreiche Funde aus dem Neolithikum bis in die römische Zeit, fast alle stammen aus der Umgebung von Ancona. Im Erdgeschoss wurde für die *Bronzi Dorati* (Näheres hierzu auf S. 546) ein eigener Raum eingerichtet, in dem eine Kopie der Figurengruppe eindrucksvoll in Szene gesetzt ist.

Während die Sammlung im 2. und 3. Stock der prähistorischen Zeit gewidmet sind, beherbergt die Abteilung im 1. Stock Exponate aus der Zeit ab ca. 500 v. Chr., die meisten stammen aus der Gegend um Sirolo und Numana (Monte Conero), darunter auch der „Guerriero di Numana“, eine gut erhaltene kleine Kriegerskulptur aus der Zeit der Picener.

Öffnungszeiten Di–So 8.30–19.30 Uhr, Mo geschlossen. Eintritt 4 €, Jugendliche zwischen 18 und 25 J. die Hälfte, alle unter 18 und über 65 J. haben freien Eintritt. Getränkeautomat und Sitzecke im 2. Stock. Via Ferretti 6 (Piazza del Senato), ✆ 071/202602.

Pinacoteca Civica „Francesco Podesti“: Das Museum ist im *Palazzo Bosdari* untergebracht. In den zwei Sälen des Cinquecento (16. Jh.) sind bedeutende Werke u. a. von Carlo Crivelli (ca. 1435–1500), Lorenzo Lotto (ca. 1480–1557) und Tizian (um 1480–1576) zu sehen. Im Erdgeschoss neben dem Kassenraum ist eine eigene kleine Abteilung den alten Stadtansichten von Ancona gewidmet.

Öffnungszeiten Mo 9–13, Di–Fr 9–19, Sa 8.30–18.30, So 15–19 Uhr, an Feiertagen geschlossen. Eintritt 2,60 €. Via Pizzecolli 17, ✆ 071/2225041.

An der Riviera del Conero

Riviera del Conero

Zweifelsohne der schönste Küstenabschnitt der ganzen Region, wenn nicht sogar einer der schönsten der gesamten Adria. Beschauliche Orte hoch über dem Meer, kaum zugängliche Badebuchten und ausgezeichnete Wander- und Wassersportmöglichkeiten üben große Anziehungskraft aus.

Die Gegend wird vom dicht bewaldeten, 572 m aus dem Meer herausragenden Monte Conero dominiert. Während der mächtige Kalkfelsen auf der Ostseite zum Meer hin dramatisch abfällt, wellen sich in westlicher Richtung sanfte Hügel, an denen der bekannte *Rosso Conero* angebaut wird.

Wer von Ancona kommt, sollte auf jeden Fall die Panoramastraße an der Küste entlangfahren, von der sich immer wieder herrliche Ausblicke eröffnen – an einigermaßen klaren Tagen schweift der Blick bis hinüber zu den Monti Sibillini an der Grenze nach Umbrien. Als Standorte bieten sich **Portonovo**, nur 12 km von Ancona entfernt, **Sirolo** und **Numana** an, wobei Sirolo der vielleicht charmanteste Ort an der Riviera del Conero ist. Südlich von Numana schließt mit **Marcelli** ein angenehmer Badeort an – mit riesigem Sandstrand und Flaniermeile, die an den Abenden im Sommer aus allen Nähten platzt. Fast schon ein Muss ist der Bootsausflug zum Traumstrand der „Due Sorelle", der beiden Schwestern vor eindrucksvoller Steilküste. Im Sommer ist die schwer zugängliche Bucht bestens besucht von Bootstouristen (u. a. ab Numana und Marcelli, s. unter den Orten), es führt auch ein schmaler Wanderpfad an der Steilküste entlang zum Strand (dieser zuletzt jedoch wegen Abbruchgefahr gesperrt).

Kunsthistorisch bedeutend sind hier u. a. die Kirche *Santa Maria di Portonovo* und die *Badia di San Pietro* beim Gipfel des Monte Conero. Darüber hinaus eignet sich das Gebiet hervorragend als Ausgangspunkt für Ausflüge in die Umgebung: Der Wallfahrtsort **Loreto** liegt keine 20 km von Sirolo entfernt, außerdem ist auch **Recanati** einen Abstecher wert.

Parco Naturale del Conero

Der etwa 6000 ha große Regionalpark wurde bereits 1987 gegründet und ist somit das älteste Naturschutzgebiet der Region. Beabsichtigt war eine Integration von Kultur- und Naturraum, und so finden sich ordentlich angelegte Felder samt Gehöften und ganze Dörfer mit unverkennbar touristischer Ausrichtung ebenso wie dichter Wald und zum Meer hin völlig unzugängliche felsige Abschnitte mit seltener Flora, wo einige sonst kaum noch vorkommende Vögel ungestörte Nistplätze finden.

Gut ausgebaute und markierte **Wanderwege** erlauben den Besuchern einen leichten Zugang zum Regionalpark. Eine gut brauchbare Wanderkarte (3 €) gibt es im Besucherzentrum des Parks in Sirolo.

Das **Centro Visite Parco Monte Conero** ist in Sirolo ab der Hauptstraße Richtung Monte Conero beschildert (rechts ab), vom 15.6. bis 15.9. tägl. 9–13 und 16–19 Uhr geöffnet, ansonsten nur 9–13 Uhr (sonntags und im Jan./Feb. geschlossen). Das Centro bietet geführte Wanderungen im Park an, die Halbtagestour kommt auf 6,50 €, ganztägig 8 € (Kinder unter 14 J. gratis); ebenfalls im Programm sind Mountainbike-Touren. Via Peschiera 30/A, 60020 Sirolo, ✆ 071/9331879.

Portonovo

Die kleine Bucht bei Ancona ist wunderschön, an den Sommerwochenenden aber auch brechend voll.

Eine steile Stichstraße führt am fast senkrecht abfallenden Hang entlang hinunter nach Portonovo. Unten angekommen, erwartet Sie ein zersiedeltes Feriendörfchen ohne eigentliches Zentrum, aber mit viel Schatten spendendem Pinienbestand. Zu den wenigen (teuren) Hotels und den zwei Campingplätzen gesellen sich einige hervorragende Fischrestaurants. Portonovo ist allerdings in keinerlei Hinsicht günstig.

Im 11. Jh. wurde hier die versteckt liegende Abtei *Santa Maria di Portonovo* gegründet: Die elegante romanische Kirche mit byzantinischen Stilelementen erstrahlt im weißen Kalkstein des Monte Conero – ein wirklich idyllisches Plätzchen zwischen Schatten spendenden Bäumen und an der abfallenden Küste. Auffälligstes Gebäude der Siedlung ist der schon von weitem sichtbare Wehrturm *Torre Clementina* (nicht zugänglich), der im Jahr 1716 unter Papst Clemens XI. zur Verteidigung gegen Piraten gebaut wurde. Knapp ein Jahrhundert später gab Napoleon hier eine weitere Verteidigungsanlage in Auftrag: 1808–1813 entstand das trutzige *Fortino Napoleonico* zum Schutz gegen die englische Flotte, heute ein Nobelhotel.

Verbindungen/Diverses

• Anfahrt/Verbindungen Auf der Panoramastraße von Ancona an einer großen Kreuzung links ab (beschildert). **Shuttle-Bus** von der Abzweigung (hier auch ein kostenloser Parkplatz und Touristen-Info): im Sommer alle 20 Minuten (bis ca. 18 Uhr abends), die Hin- und Rückfahrt kostet 0,60 €. **Busse** etwa stündlich von und nach Ancona, Sirolo, Numana und Marcelli, Haltestelle an der großen Kreuzung.

• *Parken* Die Kapazitäten in Portonovo sind begrenzt, pro Tag ca. 5 €, kommen Sie früh am Morgen!

• *Bootsverleih* **La Torre**, am Strand zwischen Torre Clementina und Hotel Fortino Napoleonico. 1.6. bis 30.9. täglich 8–20 Uhr geöffnet, nur 8 Boote, Motorboot (5 PS) 95 € am Tag, halber Tag 80 €, Schlauchboot mit Außenborder (4 PS) 85 €/Tag, 70 € für einen halben Tag, Benzin ist im Preis inbegriffen. In der Hochsaison frühzeitig reservieren. ✆ 071/801403, mobil unter 338/9304023.

Übernachten/Essen/Trinken

• *Übernachten* Portonovo ist ein teures Pflaster, und für die Hochsaison (Mitte Juli bis Ende August) sollte man frühzeitig zu reservieren.

**** **Hotel Fortino Napoleonico**, stilvolles Ambiente am Meer, in der wuchtigen napoleonischen Festung (aus dem Jahr 1813) untergebracht. Garten mit kl. Pool, zum Strand sind es nur wenige Minuten (der Strand beim Hotel nicht so toll). Bar mit Kamin, schön eingerichtetes Restaurant, komfortabel mit dunklem Mobiliar eingerichteten Zimmer (Bad, TV, Aircon., Minibar). EZ 155 €, DZ 220 €, Frühstück ist im Preis inbegriffen. Via Poggio, 60020 Portonovo, ✆ 071/801450, ℻ 071/801454, www.hotelfortino.it.

**** **Excelsior Hotel La Fonte**, am Kreisel gleich an der Einfahrt nach Portonovo gelegen, sehr komfortabel und mit schickem Pool. EZ 100 €, DZ 125 €, jeweils inkl. Frühstück. Zimmer mit Bad, Veranda, Aircon., TV. In der Hochsaison muss man mind. 7 Nächte bei obligatorischer HP (100 € p. P., im Einzel 120 €) bleiben. ✆ 071/801470, ℻ 071/801474, www.excelsiorlafonte.it.

*** **Hotel Internazionale**, am Hang (beim Kreisel) gelegener Natursteinbau. Mit schickem Ristorante und netten Zimmern mit viel Rot, Bad, TV, Aircon. Für Portonovo relativ günstig: EZ 92 €, DZ 118 €, Dreier 133 €, Frühstück im Preis inbegriffen. ✆ 071/801001, ℻ 071/2139029, www.hotel.internazionale.com.

** **Camping La Torre**, angenehm schattiger Platz in Bestlage fast am Meer (nahe der Torre Clementina), ausgeschildert. Mit Bar und Ristorante, kein Mini-Market. Pro Person 5,50 €, Stellplatz Wohnwagen/Wohnmobil 8,50 €, Stellplatz Zelt 6,50 €, Auto 5 €. Geöffnet 1.6.–15.9., ✆ 071/801257, ℻ 071/801075.

* **Camping Adriatico**, kleiner als La Torre und ein wenig günstiger, ebenfalls ganz in Strandnähe gelegen, ausgeschildert. Geöffnet 1.6.–15.9., ✆ 071/801170, ℻ 071/34371.

• *Essen/Trinken* **Il Laghetto**, Holzhaus am Meer, mit Terrasse und großer Fensterfront zum Meer. Fisch und Meeresfrüchte (u. a. eine hervorragende Fischsuppe), entsprechend legt man bei der Weinauswahl den Schwerpunkt auf Weißweine aus der Region. Menü ca. 25–30 €, mittags und abends geöffnet, außerhalb der Hochsaison Mo geschlossen. Via Poggio, ✆ 071/801183.

Giacchetti, preislich in etwa wie das Laghetto, ebenfalls mit Terrasse und riesiger Fensterfront. Guter Service, auch hier viel Fisch und Meeresfrüchte, die Weine halten sich preislich im Rahmen. 1.4.–31.10. geöffnet (mittags und abends), Mo geschlossen, von Juni bis Ende August täglich geöffnet. ✆ 071/801384.

Il Clandestino, gemütliches Haus am Strand, tagsüber leger (diverse Snacks und Pastagerichte), abends elegantes Fischrestaurant. Nette Atmosphäre, nur im Sommer und bei gutem Wetter geöffnet. Teuer. ✆ 071/801422.

Ostoria del Poggio, in Poggio (Abzweigung an der Straße nach Sirolo). Geschmackvoll-rustikales Ambiente, gute Weinauswahl, es gibt auch ein Tagesmenü, für das Gebotene nicht zu teuer: um 20 €. Mittags und abends geöffnet, Mi geschlossen, ✆ 0712/139018.

Baden

Portonovo wird regelmäßig mit der Umweltfahne *Bandiera Blu* ausgezeichnet, kein Wunder, der schneeweiße Kieselstrand wirkt jederzeit wie frisch geputzt und poliert. Diverse Strandbäder vermieten Liegen und Sonnenschirme für ca. 12–14 € am Tag, im Sommer kann es am stellenweise recht schmalen Strand (mit Surfschule) schon mal eng werden.

Eine Bade-Alternative bietet vielleicht der etwas größere nordwestliche Nachbarstrand Mezzavalle. An der Straße Richtung Ancona befindet sich nach wenigen hundert Metern ein Parkplatz, von hier führt ein Fußweg hinunter zum Strand. Mit Restaurant am Meer (Ristorante Mezzavalle, ✆ 0712/139031).

Auf den Monte Conero

Eine kurvenreiche Straße führt an der Südwestseite des dicht bewaldeten Bergrückens steil hinauf. Beim Gipfel warten zwei Bars, die sehenswerte Klosterkirche *San Pietro* und das sicherlich schönste Hotel der Gegend. Über die markierten Wanderwege erreicht man ab dem Parkplatz in wenig anstrengenden Spaziergängen schöne Aussichtspunkte mit Weitblick auf die Riviera del Conero. Achtung: Es gibt **keine Busverbindung** auf den Monte Conero!

Badia di San Pietro: Die romanische Klosterkirche geht auf eine benediktinische Gründung aus dem Jahr 1038 zurück. Später gehörte zum Kloster auch eine Einsiedelei (Grotte *Pietra dell'Abate*, nicht zugänglich), in die sich ein Teil der Kamaldulensermönche der Abtei zurückzog. Die Kirchenfassade, wie sie heute zu sehen ist, stammt aus dem 17. Jh. Sehenswert im Inneren der Kirche sind die zahlreichen Säulen mit ihren aufwendig verzierten Kapitellen in der Krypta und der Oberkirche.

• *Öffnungszeiten der Kirche* Unregelmäßig, wenn verschlossen, fragen Sie im Hotel nebenan nach.

• *Übernachten* *** **Hotel Monteconero**, uneingeschränkter Tipp für die Gegend! Das geschmackvoll eingerichtete Hotel ist im Gebäude des ehemaligen Konvents untergebracht. Absolute Ruhe am Conero-Gipfel, Bar und Ristorante mit phantastischem Weitblick, mit Pool und Garten sowie Tennisplatz – ideal für Erholungsbedürftige. Großzügige und stilvoll gestaltete Zimmer, alle mit Bad, TV, Aircon., EZ 87 €, DZ 124 €, jeweils inkl. Frühstück. Halbpension ist empfehlenswert: EZ 94–110 €, DZ 168 €. Geöffnet von Mitte März bis Anfang November, ✆ 071/9330592, ✆ 071/9330365, www.fastnet.it/monteconerohotel.

Sirolo (ca. 3.000 Einwohner)

Sicherlich der schönste Ort am Monte Conero – klein und überschaubar, allabendlich flaniert man an der herrlichen Piazza Belvedere, die wie ein riesiger Balkon über der Küste thront. Grandiose Aussicht.

Sirolo ist einer der exklusivsten Urlaubsorte der Marken, schließlich verbietet die Lage auf einem Hügel südlich des Monte Conero an sich schon eine allzu große touristische Expansion. Schöne Strände gibt es trotzdem, und dass es sich hier bestens aushalten lässt, ist in Italien schon lange kein Geheimnis mehr. An Sommerwochenenden scheint der Ort aus allen Nähten zu platzen.

Mit Sehenswürdigkeiten ist Sirolo nicht gerade im Überfluss ausgestattet; herausragendstes Bauwerk im Zentrum ist die *Chiesa San Nicolò di Bari* (Piazza Vittorio Veneto) aus dem Jahr 1765. Beim Bummel durch die Hauptgasse Corso Italia fällt auch die barocke *Chiesa Madonna del Rosario* aus dem 16. Jh. ins Auge, in deren restauriertem Inneren Fresken zu sehen sind. Der Corso führt zum mittelalterlichen *Arco Gotico* aus dem Jahr 1050, am gleichen Platz befindet sich auch das 1908 fertig gestellte *Teatro Cortesi*.

Information/Verbindungen

• *Information* **A.P.T.** an der Piazza Vittorio Veneto, der großen Piazza im Zentrum, in der Hochsaison (Juli/August) tägl. 9–13 und 16–23 Uhr geöffnet, in der Nebensaison 9–13 und 16–20 Uhr, im Winter stark eingeschränkt. ✆ 071/9330611.

• *Verbindungen* Busse halten an der Kirche San Nicoló im Zentrum (Via Giulietti). Im Sommer tägl. 9–13 und 15.20–19 Uhr halbstündlich **Stadtbusse** zu den Stränden Sassi Neri und Urbani (s. unter „Baden"), Tickets im Bus. Außerdem im Sommer mind. stündl. nach Ancona und nach Numana/Marcelli, werktags 5x nach Porto Recanati, 3x nach Castelfidardo und 6x nach Loreto. Tickets in der Gelateria Grillo in der Via Giulietti.

Taxis sind mobil unter ✆ 349/7946648 jederzeit zu erreichen.

• *Parken* Am Anfang der Via Giulietti befindet sich ein großer Parkplatz, in der Via Dante weiter unten am Hang kann man auch unbehelligt umsonst parken.

Übernachten

Für alle Unterkünfte in Sirolo (auch Campingplätze!) gilt: Frühzeitige Buchung für die Hochsaison ist unbedingt notwendig.

*** **Locanda Rocco**, eine der besten Unterkünfte in Sirolo. Schöner Natursteinbau aus dem 14. Jh. mitten im Zentrum (nahe der Spiaggia Urbani), ruhig und stilvoll, mit erstklassigem Restaurant. Elegantes Ambiente, jedes der sieben Zimmer hat seine eigene Note (alle mit Bad, TV und Aircon.). Im Sommer speist man auf der Piazzetta vor dem Hotel. DZ mit Frühstück 130 €, keine Einzel. Restaurant s. unten. Via Torrione 1 (am Arco Gotico), 60020 Sirolo, ✆/℻ 071/9330558, www.locandarocco.it.

*** **Hotel Sirolo**, noch recht neues Hotel in ähnlich ruhiger und zentraler Lage wie die Locanda Rocco, dazu aber mit kleinem Pool und „Centro Benessere": Sauna, Massage und türkisches Bad. Helle Zimmer zum Wohlfühlen, z. T. mit tollem Weitblick, alle mit Bad, Balkon, TV, Aircon. EZ 80 €, DZ 134 €, inkl. Frühstücksbuffet. Via Grilli 26 (an der Kirche S. Nicoló) rechts ab, ✆ 071/9330665, ℻ 071/9330373, www.hotelsirolo.it.

*** **Hotel Stella**/** **Hotel Parco**, beide an der Via Giulietti, der Einfallstraße ins Zentrum. Dennoch nach hinten hinaus relativ ruhig, Zimmer mit Bad und TV, im Stella DZ ca. 95 €, im Parco ca. 90 €. Hotel Stella: Via Giullietti 9, ✆/℻ 071/9330704, Hotel Parco: Via Giullietti 58, ✆/℻ 071/9330733.

Villa Ghirardelli, schattiger Garten (Liegematte und Hollywoodschaukel), nettes Besitzerpaar, persönliche Atmosphäre, v. a. die Zimmer im ersten Stock sind sehr ansprechend (hier teilen sich allerdings zwei Zimmer ein Bad). Nur 6 Zimmer, alle mit Bad, DZ ca. 60 €. Via Peschiera 32, ✆ 071/7360491. Die Villa liegt neben dem Centro Visite del Parco und dem Camping Green Garden: von Numana aus geht es kurz vor der Abzweigung Richtung Sirolo-Zentrum rechts ab in eine schattige Allee (beschildert).

**** **Camping Internazionale**, Bestlage zwischen Sirolo und der Spiaggia San Michele, schattiges Gelände, terrassenartig am Hang gelegen, professionell geleitet, mit Bar, Pizzeria und Mini-Market. Auch Bungalows (ca. 80–110 € pro Tag, 2–4 Personen). Camping: pro Person 7 €, Kinder 5 €, Stellplatz fürs Zelt 14 €, Stellplatz für Wohnmobile 16 €, Auto 5 €. Ostern bis 30.9. geöffnet. Via S. Michele 10, ✆ 071/9330884, www.campinginternazionale.com. Von der Hauptstraße Via Giullietti links ab und steil den Berg hinunter zum Camping (beschildert).

Sirolo – die Piazza Belvedere

*** **Camping Green Garden**, gut organisierter Platz, am Pool (stark gechlort) mit Bar lässt es sich aushalten, unzählige Bambini sorgen für Action. Relativ große Anlage mit ausreichend Schatten, Tennisplatz, Bar, Ristorante, Mini-Market, es werden auch einige Appartements (2 Personen, ca. 80 €/Tag) und Bungalows (4 Personen, ca. 115 €/Tag) vermietet. Camping: 9 € pro Person, Kinder 5 €, Zelt 13 €, Wohnwagen 16 €, Auto 4 €. 1.5.–20.9. geöffnet, Via Peschiera 3 (ausgeschildert), ✆ 071/9331317, ℻ 071/9339257, www.greengardencamping.it.

** **Camping Reno**, kleiner, schattiger Platz ca. 200 m unterhalb vom Zentrum (von der

Die Marken
Karte S. 528/529

Piazza Belvedere), in Sirolo ausgeschildert. Mit Pizzeria und Bar, familiäre Atmosphäre. Nur ca. 50 Stellplätze, es werden auch einige Appartements vermietet (2er-Studio mit Küche/Bad 90 €/Tag, in der Hochsaison nur wochenweise). Ganzjährig geöffnet, günstigster Platz in Sirolo: pro Person 6,80 €, Kinder 4 €, Zelt 9–10,50 €, Wohnwagen/-mobil 12,50 €, Auto ca. 3 €. Via Moricone 7, ✆ 071/7360315.

Essen/Trinken

• *Essen/Trinken* **Locanda Rocco**, gehört zum gleichnamigen Hotel (s. o.). Sehr empfehlenswert, guter Service, gehobenes Preisniveau, von April bis Ende Oktober geöffnet (mittags und abends), außerhalb der Hochsaison Di geschlossen. ✆ 071/9330558.

Il Grottino, Hostaria an der Piazza Belvedere, Treppe hinunter in den kleinen, gemütlichen Gastraum, im Sommer mit Terrasse an der Piazza. Mittleres bis leicht gehobenes Preisniveau, außerhalb der Hochsaison Di geschlossen. Via Ospedale, ✆ 071/9331218.

Osteria Sara, beliebtes Lokal im Zentrum (Corso Italia 9, an der Piazza Vittorio Veneto), bereits zum Mittagessen bis auf den letzten Platz besetzt. Bodenständiges, ursprüngliches Ambiente, nicht gerade günstig. Mittags und abends geöffnet, Mi geschlossen, ✆ 071/9330716.

La Taverna, neben der Osteria Sara und etwas günstiger. Freundlicher Service, kleine Terrasse auf der Piazza, innen sehr gemütlich. Nicht allzu große Auswahl, gutes Preis-Leistungs-Verhältnis. Mittags und abends geöffnet, in der Nebensaison Mo geschlossen. Piazza V. Veneto 10, ✆ 071/9331382.

Ristorante della Rosa, direkt am Arco Gotico, mit großer überdachter Terrasse, abends (außer Sa) auch Pizza, das Degustationsmenü Fisch kostet 27 €. Mittleres bis gehobenes Preisniveau, mittags und abends geöffnet, Mo geschlossen, ✆ 071/9330689.

Tory's, beliebte Pizzeria im Zentrum (in der Via Verdi, zweigt bei der Kirche San Nicoló rechts ab), netter Garten. Mittags und abends geöffnet.

Da Silvio, schattiges Terrassenristorante unterm Mattendach in phantastischer Lage oberhalb der Spiaggia San Michele. Auf den Tisch kommen überwiegend Fisch und Meeresfrüchte, Primi ca. 10 €, Secondi um 15 €. Nur Juni–September (je nach Wetterlage) täglich mittags und abends geöffnet; zur Essenszeit kann man auch mit dem Auto die steile Straße hinunter zum Restaurant fahren (ansonsten ist die Straße per Schranke gesperrt!). ✆ 071/7360507. Zufahrt ab dem Hotel Beatrice (hier abbiegen), am Friedhof vorbei.

Baden

Man hat die Wahl zwischen zwei überaus schönen Buchten: die etwas weitläufigere **Spiaggia San Michele (Sassi Neri)** nördlich von Sirolo, ein Fußweg führt durch den kleinen Stadtpark hinunter; und die kleinere **Spiaggia Urbani** (Bus-Shuttle ab Zentrum, s. o. unter „Verbindungen“). Beide Strände mit Sonnenschirm- und Liegestuhlverleih sowie Bars/Restaurants. Zur Spiaggia Urbani führt eine schmale Straße hinunter, zwei gebührenpflichtige Parkplätze liegen auf dem Weg. Zu Fuß zur Urbani-Bucht sind es ca. 15 Minuten.

Numana (ca. 3.000 Einwohner)

Südlich unterhalb von Sirolo gelegen, ebenfalls mit schöner Piazza weit über dem Meer ausgestattet. Der Ort besteht aus dem älteren Numana Alta am Berg und Numana Bassa am Meer (mit Yachthafen).

An der Piazza del Santuario im Ortszentrum stehen der dominante *Palazzo Pubblico* und eine zugegebenermaßen gewöhnungsbedürftige moderne Kirche einander gegenüber. Die Via Roma, Flaniermeile mit zahlreichen Geschäften, verläuft von der zentralen Piazza zum *Arco di Torre*, dem mittelalterlichen Torbogen des Ortes. Hier befindet sich auch der „Balkon“ von Numana: ein kleiner Platz mit herrlichem Ausblick. Von der Via Roma zweigt auch das pittoreske Treppengässchen *Costarella* (jetzt Via IV. Novembre) zum Meer hinunter ab, einst der Fußweg der Fischer zu ihrem Arbeitsplatz.

Im Hafen von Numana

Unter den Picenern war Numana ein wichtiger Hafen. Später trieb man hier Handel mit den Griechen; der Ort wurde im 3 Jh. v. Chr. römische Kolonie und Anfang des 1. Jh. v. Chr. zum römischen Munizipium.

Information/Verbindungen

• *Information* **I.A.T.** im Palazzo Comunale an der Piazza del Santuario im Zentrum. Geöffnet 1.6.-15.9. tägl. 9.30–12.30 und 16–19 Uhr. ✆/📠 071/9330612.

• *Verbindungen* Im Sommer etwa stündlich **Busse** über Sirolo nach Ancona und nach Marcelli, 5x tägl. nach Porto Recanati, 3x nach Castelfidardo und 6x nach Loreto. Stopp an der Piazza del Santuario, bei der Bäckerei hier werden auch Tickets verkauft. Von der Piazza del Santuario außerdem ein Bus-Shuttle zur Spiaggiola.

• *Ausflugsboote* Sie starten u. a. am Yachthafen von Numana, Fahrt zu den Due Sorelle (letzte Rückfahrt 16 Uhr) 13 €, Kinder bis 8 J. 6 €, 1x wöchentlich findet auch eine Abendtour an der Küste entlang zur Baia di Portonovo statt (8 €). Kleines Büro am Yachthafen, geöffnet nur 15.6.–15.9., ✆ 071/9331795.

Übernachten/Essen/Trinken

• *Übernachten* Auch hier gilt: Im August hat man ohne vorherige Reservierung fast keine Chance. Halbpension ist während der Hochsaison oft obligatorisch!

*** **Hotel Scogliera**, erstes Haus am Platz, oberhalb des Porto Turistico, mit Pool. Professionell geleitet, schöne Terrasse, komfortable Zimmer mit Bad, TV und Aircon., z. T. auch mit Balkon. Obligatorische Vollpension im Juli/August 95–110 € pro Person (Strandservice inbegriffen), im Mai/Juni und September gibt es das DZ für 110 €. Via del Golfo 21, 60026 Numana, ✆ 071/9330622, 📠 071/9331403, www.emmeti.it/Hscogliera.

*** **Villa Sirena**, am Porto Turistico, nur wenige Häuser entfernt. Sympathisches und typisches Strandhotel (zum eigenen Strandabschnitt nur über die Straße), DZ mit obligatorischer Halbpension 150 €, außerhalb der Hochsaison 88 € (mit Frühstück). Zimmer mit Bad, TV und Ventilator. Via del Golfo 24, ✆/📠 071/9330850.

*** **Hotel Eden Gigli**, im oberen Ortsteil. Mit Privatstrand, Pool und großem Sport- und

Die Marken
Karte S. 528/529

Wellnessangebot, am Ortsrand von Numana, Fußweg zur eigenen Bucht. DZ mit obligatorischer HP 186–192 €, EZ ca. 100 €, geöffnet April–Oktober. Via Moretti 11 (geht von der zentralen Piazza del Santuario ab), ✆ 071/9330652, 071/9330930, www.giglihotels.com.

*** **Majestic**, mitten im Zentrum. Nicht mehr ganz taufrisch, für die Gegend allerdings relativ günstig: EZ 80 € (mit Bad), DZ 87 €. Via Roma 4, ✆ 071/9330614, 071/9330167.

*** **Bellavista**, ebenfalls im Zentrum. Von der Terrasse genießt man tatsächlich einen wunderschönen Blick. Nur wenige Meter zum Strand und der Piazza Torre, ruhige Lage, freundlicher Service. DZ 90 € mit Bad/ Balkon, Frühstück inklusive. Via C. Colombo 5, ✆ 071/9330636, 071/9331099.

*** **Camping Riviera**, einziger Platz in Numana, ca. 1 km vom Zentrum am Rand des Neubaugebietes, daher kaum idyllisch. Pro Person 9 €, Zelt 13 €, Auto 4 €, Wohnwagen 16 €. Von Numana aus beschildert. 1.5.–20.9. geöffnet. Via Montalbano 20, ✆ 071/ 9330521, 071/9339152, www.campingriviera.it.

• *Essen/Trinken* **Ristorante La Torre**, eindeutig der beste Blick in Numana. Mittleres Preisniveau, Primo ab ca. 10 €, Secondo ab 15 €. Mittags und abends geöffnet, man sollte reservieren. Via La Torre 1, ✆ 071/9330747.

Trattoria da Alvaro, nobel und teurer, direkt am Arco di Torre gelegen (am gleichen Platz wie obiges Ristorante). Auf den edel gedeckten Tisch kommt meistens Fisch, der Service ist zuvorkommend. Mittags und abends geöffnet, für abends sollte man reservieren. Mo geschlossen. Via La Torre 30, ✆ 071/9330749.

Pizzeria La Fenice, der Tipp für alle, die bodenständiges Ambiente und ebensolche Preise vorziehen. Bei den Bewohnern Numanas sehr beliebt, angenehme Atmosphäre und freundlicher Service, auch nett zum Draußensitzen. Via La Fenice 8 (parallel unterhalb der Via Roma), ✆ 071/9330590.

Baden

Die Via Cristoforo Colombo führt hinunter zum Ortsstrand **Spiaggiola** mit Sonnenschirm- und Liegestuhlverleih (Bus ab Piazza del Santuario, auch zu Fuß bequem zu erreichen). Beim Yachthafen unterhalb des Ortes beginnt der riesige und breite Sandstrand, der sich von hier endlos Richtung Süden zieht.

▸ Marcelli: Moderner Badeort am langen Sandstrand, unzählige Strandbäder, Pizzerie, Snackbars usw. Zu sehen gibt es im südlichen Vorort von Numana nichts, es sei denn, man ist am Abend hier: Dann wird die Hauptstraße Via Litoranea für den Verkehr gesperrt und zur Flaniermeile. Unzählige Geschäfte für Bademoden, Sportkleidung, Beach-Accessoires usw. erleichtern das Geldausgeben, es herrscht Rummelplatzatmosphäre.

• *Information* **I.A.T.** bei der Piazza Miramare im Zentrum, Via Litoranea. 15.5.–15.9. tägl. 9.30–12.30 und 16–19 Uhr geöffnet. ✆ 071/7390179.

• *Verbindungen* Im Sommer etwa stündlich **Busse** über Numana und Sirolo nach Ancona, 5x tägl. nach Porto Recanati, 3x nach Castelfidardo und 6x nach Loreto. Bushaltestelle in der Via Litoranea.

• *Ausflugsboote* Die „Leone d'Oro" startet morgens an den Strandbädern Orlando und Amedeo, Fahrt zu den Due Sorelle (letzte Rückfahrt 16 Uhr) 13 €, Kinder bis 8 J. 6 €, 1x wöchentlich findet auch eine Abendtour an der Küste entlang zur Baia di Portonovo statt (8 €). Nur 15.6.–15.9., weitere Infos und Reservierung unter ✆ 071/9331795.

• *Übernachten* *** **Hotel Marcelli**, eines der besten Hotels im Ort. Sehr gepflegt, mit Pool am Strand, DZ mit obligatorischer Halbpension in der Hochsaison ca. 200 €, ansonsten kostet das DZ ca. 130 €. Via Litoranea 65, ✆ 071/7390125, 071/7391322.

*** **Hotel Mimosa**, in einer Sackgasse am Ortsrand, ca. 1 km vom Meer. Sehr ruhig, mit Pool und Bar. Zimmer mit Bad, Balkon, TV und Ventilator, DZ 75 €, EZ 60 €, jeweils inklusive Frühstück. Via Ischia 115, ✆ 071/7391135, 071/7391480. Vom Zentrum aus beschildert.

• *Essen/Trinken* Als bestes Restaurant der Gegend gilt **Il Saraghino** in der Via Litoranea 209 (Uferstraße Richtung Porto Recanati). Kreative Fischküche, nicht gerade günstig, mit Terrasse am Meer. Mittags und abends geöffnet, Mo geschlossen, für abends sollte man reservieren. ✆ 071/ 7391596.

Loreto

(ca. 10.500 Einwohner)

Die Basilika des Wallfahrtsortes überragt weithin sichtbar die flache Küstenebene südlich des Monte Conero. Jährlich finden über eine Million Pilger den Weg zur berühmten „Santa Casa", einem der meistbesuchten Pilgerziele Europas.

Das alte Zentrum ist von einer Stadtmauer umgeben, Einlass gewähren die beiden Stadttore Porta Mare (Ostseite) und Porta Romana (Südwestseite). Die Befestigung stammt aus dem frühen 16. Jh., einer Zeit, als die Basilika dringend vor Überfällen geschützt werden musste.

In der Altstadt, die die meisten Besucher durch die Porta Romana betreten, wirkt zunächst alles sehr eng, bis man – über die Hauptgasse Corso Boccalini mit zahlreichen Pilgersouvenirshops – unvermittelt auf der weiten Piazza della Madonna steht: Ein überaus eleganter Platz, mit *Fontana della Madonna* (samt wasserspeiender Drachen) in der Mitte, und einer beeindruckenden Bronzestatue des sitzenden Papstes Sixtus V. (1585–1590) mit segnender Geste. Erheblich zur Eleganz der Piazza della Madonna trägt auch der zweistöckige Arkadengang des *Palazzo Apostolico* bei, der auf Pläne Bramantes zurückgeht.

Die Legende der Santa Casa

In der *Santa Casa* wurde der Legende nach Maria geboren, Jesus soll hier seine Kindheit verbracht haben. Im Jahr 1291, nachdem Nazareth in islamische Hände gefallen war, hoben vier Engel das „Heilige Haus" in die Lüfte und entschwebten damit Richtung Adria. Ob das Ziel der Reise zu diesem Zeitpunkt bekannt war, lässt die Legende offen, jedenfalls landete das Haus zunächst an der dalmatischen Küste, wo man ihm jedoch nur minimale Aufmerksamkeit schenkte. Zu wenig, befanden die Engel und hoben mit ihrem schweren Gepäck ein weiteres Mal ab: diesmal in die Nähe von Recanati, nur wenige Kilometer südlich von Loreto. Zwar kamen zahlreiche Gläubige, um das Heiligtum gebührend zu bewundern, mit ihnen aber auch Plünderer, sodass das Haus ein weiteres Mal wegflog – in den Garten zweier Brüder, die sofort in heftigen Zwist über die Eigentumsfrage des Himmelsgeschenks gerieten. Die Odyssee hatte ein Ende, als die Engel zum vierten und letzten Kraftakt anhoben und das Haus am 10. Dezember 1294 an seinen heutigen Standort brachten.

Soweit die Legende. Wissenschaftler im Auftrag der Kirche haben nachgewiesen, dass die Steine des „Heiligen Hauses" identisch sind mit denen der Felsgrotte in Nazareth, wo sich das Haus ursprünglich befunden haben soll; ebenso gilt es als historisch gesichert, dass vor dem 10. Dezember 1294 an besagter Stelle in Loreto kein Gebäude zu finden war. Man geht davon aus, dass die *Santa Casa* zu Zeiten der Kreuzzüge ganz profan mit dem Schiff hierher gebracht wurde. Dabei bestand die Fracht nur aus drei Außenwänden, da das Haus in Nazareth an der vierten Seite an die Felsgrotte angebaut war. Gewölbe und vierte Wand des Hauses wurden in Loreto im 16. Jh. hinzugefügt. Zuvor schon entstand die prächtige Marmorverkleidung der *Santa Casa* nach Plänen von Bramante.

Die Marken
Karte S. 528/529

Als *Villa Loreti* wird der Ort erstmals im frühen 14. Jh. erwähnt. Damals errichtete man einen Schutzwall um das „Heilige Haus“ (und die hier zahlreich niedergelegten wertvollen Weihegaben), zum Bau der alles dominierenden Basilika um die *Santa Casa* herum kam es 1468 zunächst unter dem Bischof von Recanati, dann unter Papst Julius II., der persönlich die Arbeiten an dem Gotteshaus betreute. Ihm ist es zu verdanken, dass am Bau der Basilika viele hochkarätige Renaissance-Architekten mitwirkten, unter ihnen auch Bramante, der einen ersten Entwurf für den Palazzo Apostolico und die Fassade der Basilika lieferte. Die Bauarbeiten an der Basilika samt Palazzo und Piazza zogen sich bis ins späte 16. Jh. hinein, zwischenzeitlich (Anfang des 16. Jh.) wurde der Ort mit einer dicken Stadtmauer und den beiden Bastionen versehen, und es entstanden zahlreiche Pilgerherbergen und Krankenhäuser. Loreto wurde 1586 zum Bischofssitz erklärt, unter Papst Sixtus V. wurde das Pilgerstädtchen dann über die Befestigungsmauern hinaus ausgebaut.

• *Information* **I.A.T.** an der Piazza Basili (Südseite der Stadtmauer). Von Juni bis Ende Sept. tägl. 9–13 und 16–19.30 Uhr geöffnet, sonntags nur 9–13 Uhr. Im Winter eingeschränkt. ✆ 071/970276.

Pro-Loco-Büro auf dem Corso Boccalini im Zentrum, unregelmäßig geöffnet.

• *Verbindungen* **Busse** etwa stündl. nach Ancona, Recanati und Macerata, nur werktags auch nach Camerino, Sarnano und Tolentino (je 1x tägl.). Abfahrt an den Arkaden in der Via Brancondi (Piazza Leopardi/Porta Romana). Etwa stündlich fährt der **Stadtbus** ab der Piazza Basili (an der Bastion) zum Bahnhof Loreto Stazione. Bustickets in der Tabaccheria gegenüber der I.A.T.

Etwa 10x tägl. hält der **Zug** auf der Strecke Ancona–Pescara in Loreto Stazione (ca. 1 km außerhalb). Zu Fuß über die Scala Santa hinunter erreicht man den Bahnhof in wenigen Minuten, vom Bahnhof hinauf ist das Ganze allerdings etwas mühsamer.

• *Krankenhaus* In der Via S. Francesco etwas südlich vom Zentrum, ✆ 071/75091; **Post** in der Via Porta Romana im Zentrum.

• *Übernachten* Hotels gibt es genug, viele sind auf Pilgergruppen eingerichtet und in der Regel ganzjährig geöffnet.

*** **Hotel Pellegrino e Pace**, Piazza della Madonna 10, empfehlenswertes Haus. DZ mit Bad, TV und Aircon. 73 €, EZ 52 €, Dreier 100 €. Im Restaurant gibt es ein Mittagsmenü für nur 9 €! 60025 Loreto, ✆ 071/977106, 📠 978252.

** **Hotel Bellevue & Marchigiano**, Traditionshaus, hier legten sich schon Giulietta Masina, George Harrison und andere Berühmtheiten zu Bett. Zentral an der Bastion gelegen. DZ mit Bad 72 €, EZ mit Bad 49 €, Frühstück inbegriffen. Mit Restaurant und Terrasse. Piazza Squarcia, ✆ 071/970165, www.hotelmarchigiano.com.

Ostello per la Gioventù, die Jugendherberge von Loreto liegt südlich der Stadtmauern in der Via Aldo Moro 6. Übernachtung um 14–20 €, ✆ 071/7501026.

• *Essen/Trinken* Die meisten Restaurants sind auf Pilger ausgerichtet und bieten günstige Menüs. Ein sehr empfehlenswertes Restaurant befindet sich in Loreto Stazione: **Vecchio Glicine**, schönes Ambiente, hauptsächlich Fischküche, leicht gehobenes Preisniveau. Mittags und abends geöffnet, Mi geschlossen, Via Rampolla 44, ✆ 071/7500114.

Sehenswertes

Basilica della Santa Casa: Allein die Renaissance-Fassade der mächtigen Kirche mit einer Fläche von 67 mal 97 Metern beeindruckt, sie wurde im Jahr 1587 vollendet. Die Kuppel der Basilika befindet sich direkt über dem „Heiligen Haus“ und entstand 1499/1500 in nur acht Monaten Bauzeit. Der Glockenturm links der Basilika gehört zum Palazzo Apostolico und wurde erst wesentlich später, im Jahr 1750, an Stelle eines älteren und weniger repräsentativen Campanile angebaut. Bauherr des Glockenturms war Luigi Vanvitelli, der auch im nahegelegenen Ancona städtebaulich äußerst aktiv war.

Beim Betreten der Basilika fallen die mächtigen Bronzeportale auf, die um 1600 entstanden und alttestamentarische Szenen zeigen. Hauptwerk im Inneren ist na-

Loreto – elegante Piazza della Madonna mit Basilika

türlich die berühmte *Santa Casa* in der Mitte der Kirche: Die prachtvolle Marmorverkleidung wurde von Papst Julius II. in Auftrag gegeben. Bramante kam 1507 für diese Arbeit nach Loreto und fertigte einen Entwurf, der bis 1538 von Andrea Sansovino, Aurelio Lombardo Giuliano und Antonio da Sangallo sowie den Brüdern della Porta vollendet wurde. Letztere haben u. a. die zehn Sibyllen (in den oberen Nischen der Marmorverkleidung) wie auch den Moses geschaffen. Darüber hinaus sind auf der prachtvollen Verkleidung auch Szenen aus dem Leben Marias und eine Darstellung vom Flug des „Heiligen Hauses" mit den Engeln zu sehen.

Das Innere der *Santa Casa* beherbergt die Statue der Madonna mit dem Kind, die nach einem Brand im Jahr 1921 allerdings nur noch in Nachbildung zu sehen ist. Ursprünglich stammte die Madonna aus dem 14. Jh. Des Weiteren finden sich im Inneren einige Fresken (14. Jh.) mit Madonnendarstellungen, außerdem ein Holzkreuz aus dem 13. Jh. Das „Heilige Haus" ist meist mit Betenden gefüllt, man sollte sich daher still verhalten.

Öffnungszeiten Täglich 6–19 Uhr geöffnet, die Santa Casa ist mittags von 12.30–14.30 Uhr geschlossen. Zutritt nur in angemessener Kleidung (lange Hosen/langer Rock, nicht bauch- oder schulterfrei), Handy- und Fotografierverbot.

Zum nur wenige Kilometer südlich gelegenen 18.000-Einwohner-Städtchen **Recanati** s. S. 579 ff.

Der Westen der Marken

Das Monte-Cucco-Massiv (Regionalpark) schiebt sich von Westen an den Rand der Ebene von Fabriano, nordöstlich bietet die tief eingeschnittene Gola di Frasassi einen besonderen landschaftlichen Reiz. Die berühmten Grotte di Frasassi in der gleichnamigen Schlucht sind das größte zugängliche Höhlensystem Italiens und dementsprechend gut besucht.

Die Marken
Karte S. 528/529

Nördlich davon findet man in **Sassoferrato** ein geschichtsträchtiges römisches Ausgrabungsgelände – hier fand eine entscheidende Schlacht auf dem Wege Roms zur Weltmacht statt.

Fabriano

(ca. 29.000 Einwohner)

Die „Papierstadt" der Marken, von der auch das – fast – fälschungssichere Wasserzeichen seinen Weg in die Welt hinaus antrat, liegt in einem weiten Tal zwischen dem Monte-Cucco-Massiv (1566 m) im Westen und dem Monte San Vitino (1479 m) im Osten.

Fabriano war im Mittelalter ein wichtiges wirtschaftliches Zentrum der europäischen Papierherstellung – die Kreuzfahrer brachten die Technik aus Vorderasien hierher. Zur Blütezeit der Papierherstellung, die der Stadt über die Jahrhunderte einen relativ großen Wohlstand einbrachte, waren in Fabriano 40 Betriebe ansässig. Heute hat nur noch die Firma *Miliani* eine größere wirtschaftliche Bedeutung, ihr Fabrikkomplex ziert den Stadtrand. Die Geschichte des Gewerbes wird im *Papier- und Wasserzeichenmuseum* der Stadt sehr anschaulich dargestellt.

Zentraler Punkt der Stadt ist die abschüssige Piazza del Comune mit dem Bogengang des *Loggiato di San Francesco* (17. Jh.) auf der rechten und dem *Palazzo Vescovile*, dem ehemaligen Bischofssitz der Stadt (1545), auf der linken Seite. Am unteren Ende wird die Piazza vom eindrucksvollen zinnengekrönten *Palazzo del Podestà* (mit Torbogen), dem ehemaligen Rathaus aus dem Jahr 1255, begrenzt, davor sieht man einen Brunnen aus dem Jahr 1285. Schräg gegenüber befindet sich das elegante *Teatro Gentile* aus dem 19. Jh. (Zugang durch den Palazzo Comunale). Von der Piazza del Comune links hinauf gelangt man zur ruhigen Piazza Umberto I. mit dem *Duomo* (*Cattedrale*), der ursprünglich aus dem 14. Jh. stammt, aber im 17. Jh. grundlegend umgestaltet wurde.

Wenn man von der Piazza del Comune durch den Torbogen des *Palazzo del Podestà* geht, wird es ruhiger, vom vielen Verkehr ist kaum noch etwas zu spüren. Ein kurzes Stück weiter auf dem hier beginnenden Corso della Repubblica (Einkaufsmeile) geht es links ab zur langgezogenen Piazza Garibaldi, dem Marktplatz der Stadt, auf dem jeden Samstag die Verkaufsstände aufgebaut werden. Ein netter, ruhiger Platz am nördlichen Rand der Altstadt ist die Piazza Cairoli.

• *Information* **A.P.T.** im Papiermuseum am Largo Spacca. Geöffnet Mo–Fr 9–13 Uhr, Di u. Do auch 15–18 Uhr, Sa/So geschlossen, ✆ 0732/625067. Stadtplan und jede Menge Prospekte erhältlich. Ein **Ufficio Turistico** gibt es auch an der Piazza del Comune im Zentrum.

• *Verbindungen* Der Bahnhof liegt knapp 1 km außerhalb der Altstadt an der Straße Richtung Sassoferrato. Fabriano liegt an der **Zugstrecke** Ancona–Rom, es bestehen etwa 10x tägl. Verbindungen. Des Weiteren etwa 10x tägl. Züge über San Severino Marche, Tolentino und Macerata zur Küste nach Civitanova Marche. 3x tägl. fährt ein Bummelzug über Sassoferrato nach Pergola.

Die **Busse** starten an der Piazza Matteotti am Rand der Altstadt. Verschiedene Busgesellschaften teilen sich die Routen. Ein Fahrplan hängt aus, Tickets bekommt man beim Tabacchi an der Busstation oder im Zeitschriftenladen drei Geschäfte weiter. 4x tägl. mit der Gesellschaft Vitali via Sassoferrato und Arcévia nach Pergola und weiter nach San Lorenzo in Campo. 1x tägl. via Jesi nach Ancona. Mit CON.TR.AM 6x tägl. Camerino und 2x Matélica. BINNI fährt 7x tägl. nach Esanatóglia, hier Umsteigemöglichkeit nach Ancona und Macerata. Darüber hinaus 4x tägl. Busse zu den Frasassi-Höhlen und nach San Vittore Terme.

Taxis warten an der Piazza del Comune (✆ 0732/21211) oder am Bahnhof (✆ 0732/5550).

• *Einkaufen* Papier natürlich – was sonst? Edles Briefpapier und Karten, Kladden, Aquarellpapier oder einfache Blöcke, in Fabriano findet man alles, auch das Besondere, bestens geeignet auch als Souvenir. Papierwaren der Firma *Miliani* werden im **Papiermuseum** (s. u.) verkauft, Papier vom Feinsten wird auch bei **Bartolini** (zwischen Piazza del Comune und Domplatz) angeboten. Günstiger gibt es Papier in der **Antica Cartolibreria Lotti**: große Auswahl, darüber hinaus aber auch ein gutes Sortiment an Straßen- und Wanderkarten zur gesamten Region. Corso della Repubblica im Zentrum, drei Häuser unterhalb der Touristen-Information.

• *Übernachten* Die Auswahl an Übernachtungsmöglichkeiten ist beschränkt, dafür kann man in Fabriano umso besser Essen. Eine Übernachtungsalternative könnte z. B. Matélica (s. S. 588) sein.

**** **Hotel Janus**, moderner Bau mit modern schmalen Fenstern, zentral gelegen, dennoch einigermaßen ruhig. Eher auf Geschäftsreisende als auf Touristen ausgerichtet, mit Restaurant und eigenem Parkplatz. DZ mit Bad, TV und Aircon. um 110 €, EZ 57–72 €, Frühstück jeweils inbegriffen. Piazzale Matteotti 45, 60044 Fabriano, ✆ 0732/4191-2, ℻ 0732/5714.

*** **Hotel Aristos**, ebenfalls ziemlich zentral, persönlicher als das Janus, nur 10 Zimmer, freundlicher Service, Parkmöglichkeit. Das Hotel wurde vor einigen Jahren renoviert. DZ mit Bad und TV 88 €, EZ 62 €, Frühstück inbegriffen. Eckhaus in der Via Cavour 103, ✆ 0732/22308.

Einen **Camperstellplatz** findet man am Ortseingang von Fabriano (aus Richtung Ancona kommend) rechts ab, beschildert.

• *Essen/Trinken* **Trattoria Marchegiana**, Tipp! Stilvolles Restaurant mit kleiner Terrasse an der Piazza Cairoli 1 (Centro storico), elegant-rustikales Ambiente im Gewölbe, freundlicher Service. Hervorragende traditionelle marchigianische Küche zu angemessenen Preisen, Primi (z. B. köstliche *mezzelune*) ab 6 €, Secondi ab 9–11 €, abends wird auch der Pizza-Ofen angeschürt. Mittags und abends geöffnet, Mo geschlossen, ✆ 0732/250088.

Trattoria Marcellini, ebenfalls eine Empfehlung wert. In dem einfachen Lokal in der Via Miliani 12 im Zentrum gibt's traditionelle *cucina casalinga*, und das zu außerordentlich attraktiven Preisen. Mittags und abends geöffnet, So geschlossen, ✆ 0732/21263.

Sehenswertes

Museo della Carta e della Filigrana: Das 1984 eröffnete Papier- und Wasserzeichenmuseum der Stadt ist am Rand der Altstadt im ehemaligen Kloster San Domenico aus dem 15. Jh. untergebracht. Ein Besuch ist unbedingt lohnenswert, schließlich wird man ausführlich in das traditionelle Handwerk der Herstellung edlen Papiers eingeweiht, darüber hinaus sind zahlreiche Dokumente zu besichtigen, die eindrucksvoll die Bedeutung Fabrianos als alte „Papierhauptstadt" Europas belegen. Ein Rundgang führt zunächst zur ersten fabrianesischen Papiermaschine (Saal 1), der sog. „Hammermühle" aus dem 13. Jh. Hier ist auch der gesamte Herstellungsablauf eines handgeschöpften Papierbogens zu sehen. Zur Illustration für die Besucher wird aus einem großen Bottich geschöpft, bevor der fertige Bogen gepresst, aufgehängt bzw. in die 120 °C heiße Trockenmaschine gegeben und schließlich versiegelt wird. Im ersten Stock des Museum kann man sich vorwiegend dem Wasserzeichen, das übrigens von den Brüdern Zonghi aus Fabriano erfunden wurde, widmen. Ausgestellt sind unglaublich filigrane Rahmen (Vorlagen) für die – fast fälschungssicheren – Wasserzeichen verschiedener Königshäuser, des Vatikans, aber auch diverser Bankhäuser.

• *Öffnungszeiten* Das Museum liegt am Largo Spacca, nur wenige Schritte vom Zentrum, hier kann man auch parken. Di–Sa 10–18 Uhr, sonn- und feiertags 10–12 und 16–19 Uhr (im Winter nachmittags 14–17 Uhr), Mo geschlossen. Eintritt 3,60 €, Kinder unter 6 J. frei. Die Besichtigung des Museums kann im Rahmen einer kostenlosen Führung (in ital./engl. Sprache) erfolgen, wer gerne auf Deutsch geführt werden möchte, sollte vorher unter ✆ 0732/709297 einen Termin vereinbaren Den Besuchern des Museums wird auf Wunsch auch ein etwa halbstündiger Film zur Geschichte der Papierherstellung in der Stadt vorgeführt. Informationen im Internet unter www.museodellacarta.com.

Die Marken
Karte S. 528/529

Sassoferrato

(ca. 7.300 Einwohner)

Die beiden Stadtteile Borgo und Castello könnten kaum gegensätzlicher sein: das Borgo (unten) ein moderner und hektischer Marktfleck, im mittelalterlichen Castello (oben) dagegen viel Ruhe.

Der Ort am Fluss Sentino war einst eine römische Siedlung (Ausgrabungsgelände am Ortsrand), und 295 v. Chr. trug sich hier die entscheidende *Schlacht von Sentino* zu, bei der die Römer Gallier und Samniten besiegten, um sich danach ungehindert in Mittelitalien ausbreiten zu können. Später hatten hier die Familien Malatesta und Montefeltro das Sagen, dann wurde Sassoferrato dem Kirchenstaat zugeschlagen.

Wer die verkehrsreiche Unterstadt verlässt, gelangt über eine steile Straße hinauf zum Castello, hier befinden sich auch die einzigen Sehenswürdigkeiten von Sassoferrato (sieht man einmal von den Überresten des römischen Sentinum ab, s. u.): Gleich am Eingang des oberen Stadtteils steht die gotische *Chiesa di San Francesco* aus dem 13./14. Jh., in deren Innerem Fresken von Malern der „Schule von Fabriano" zu sehen sind. Nur wenige Meter weiter gelangt man zur zentralen Piazza Matteotti (Parkplatz) mit Bogengängen und dem *Palazzo dei Priori* aus dem 14. Jh., in dem heute ein kleines *archäologisches Museum* mit Funden aus dem römischen Sentinum untergebracht ist (zuletzt wegen Restaurierung geschlossen).

Das relativ kleine Ausgrabungsgelände *Area Archeologica Sentinum* liegt ca. 2 km südlich von Sassoferrato an der Straße nach Fabriano auf der linken Seite. Zu sehen sind noch Teile römischer Straßen und Überreste einiger Häuser – nichts, was darauf hinweisen würde, dass hier eine bedeutende Schlacht gegen die Gallier gewonnen wurde, die den territorialen Expansionsbestrebungen Roms den Weg ebnete (bisher nur im Sommer Mo–Sa jeweils vormittags geöffnet, Eintritt frei).

• *Information* Eine provisorische Touristeninformation ist im Palazzo Comunale an der Kopfseite der Piazza Matteotti (Castello) untergebracht. Mo–Fr jeweils vormittags geöffnet, nachmittags nur unregelmäßig. 1. Tür auf der rechten Seite.

• *Verbindungen* **Busse** fahren in Castello ab der Piazza Matteotti, in Borgo ab der Piazza Bartolo, ein Fahrplan hängt an der Piazza Matteotti aus, Tickets kauft man im Bus. 5x tägl. nach Fabriano, 4x Arcévia, 3x die Route Arcévia–Senigallia–Ancona, 2x Pergola, 1x Genga, 1x Jesi. Außerdem etwa 10x tägl. **Stadtbusse** zwischen Borgo und Castello.

Züge fahren jeweils 3x tägl. nach Fabriano und Pergola.

• *Übernachten* Es gibt nur zwei schlichte Hotels, beide im Zentrum des Borgo:

** **Albergo Appennino**, Piazza Gramsci, mit recht einfachem, aber dennoch empfehlenswertem Ristorante, DZ mit Bad ca. 40 €, EZ ab 25 €, ✆ 0732/9232.

• *Essen/Trinken* **Hostaria della Rocca**, in Castello bei der Festung, gepflegt-rustikales Ambiente, mit Terrasse. Bei den Bewohnern von Sassoferrato sehr beliebt. Mittags und abends geöffnet, Di geschlossen, ✆ 0732/95444.

Gola di Frasassi

Die Schlucht mit den gleichnamigen Höhlen verläuft auf 2 km Länge zwischen fast senkrecht aufragenden Kalkfelsen. Die Straße führt in der engen Gola di Frasassi am Fluss Sentino entlang, einige Parkbuchten und Rastplätze laden zum Stopp ein. Auf dem Weg lohnt ein Abstecher zur *Grotta del Santuario* (beschildert), in der Giuseppe Valadier im Auftrag von Papst Leo XII. einen oktogonalen Tempel (*Tempio Valadier*) aus Travertinstein bauen ließ (1828).

Hoch über der Schlucht – der Tempio Valadier

San Vittore Terme/San Vittore delle Chiuse

Der kleine Thermalort San Vittore Terme am südwestlichen Ausgang der Gola di Frasassi besteht nur aus wenigen Häusern, darunter ein Hotel und mehrere Restaurants. Hauptattraktion ist die romanische Kirche *San Vittore delle Chiuse* (an der Straße) aus dem frühen 11. Jh., die als eine der wichtigsten romanischen Kirchenbauten der gesamten Region gilt. Der schlichte rechteckige Bau mit drei Apsiden weist auch byzantinische Einflüsse auf, wesentlich später erst wurde der wuchtige Campanile angebaut. Ganztägig geöffnet.

Grotte di Frasassi

Das größte zugängliche Höhlensystem des Landes ganz oben auf der Besichtigungsliste – eine bizarre Welt aus Stalagmiten und Stalagtiten, die alljährlich Hunderttausende Besucher anzieht.

Entsprechend viele Schulklassen und andere Ausflugsgruppen sind anzutreffen, der Andrang ist enorm. Wer es vom überlaufenen Parkplatz am Schluchtausgang im Shuttle-Bus durch den Stollengang zu den Grotte geschafft hat, weiß auch gleich, warum er Rummel und Wartezeiten auf sich genommen hat. Dem Besucher eröffnet sich eine riesige Halle, bei deren Anblick man zunächst sprachlos ist: der *Abisso Ancona* (Abgrund von Ancona), mit einer Länge von 180 m, einer Breite von 120 m und rund 200 m Höhe die größte bekannte Tropfsteinhöhle Europas! Hier wäre, so hat man errechnet, der Mailänder Dom bequem unterzubringen, und an der höchsten Stelle gäbe es sogar ausreichend Platz für den Eiffelturm. Im Rahmen einer geführten Besichtigung sind dem „normalen" Höhlentouristen etwa 1,5 km des unterirdischen Labyrinths zugänglich. Die *Grüne Route* (Standardbesichtigung, ca. 70 Min.) führt durch den *Abisso Ancona* und dort zum *Lago Cristallizzato*, einem wie zugefroren wirkenden See mit einzigartigem Lichterspiel auf der Oberfläche. An den *Giganti* (hier auch der riesige weiße, in der Bewegung erstarrte Wasserfall *Niagara*) vorbei gelangt man zur *Grotte 200* (benannt nach ihrer Länge) mit bizarren Skulpturen wie dem „Hexenschloss" oder dem „Dromedar". Besonders sehenswert ist auch die *Sala delle Candeline* (Kerzengrotte) – wie in einer Kathedrale sind hier unzählige Kerzen „aufgestellt".

Achtung: Bei einer konstanten Temperatur von 14 °C sollte man lange Hosen, Jacke oder Pullover nicht vergessen!

• Verbindungen **Zug** von Genga Stazione (2 km von den Höhlen, neben dem großen Parkplatz/Ticketverkauf) 12x tägl. nach Ancona und 11x nach Fabriano, 3x fährt der Zug nach Rom weiter.

Busse lediglich 2x tägl. nach Fabriano, 3x Sassoferrato (Haltestelle beim Hotel Frasassi Le Grotte in der Hauptdurchgangsstraße); vom Parkplatz/Ticketverkauf in Genga Stazione zu den Höhlen wird man mit dem **Shuttle-Bus** gebracht.

• Information/Ticketverkauf Riesiger Parkplatz mit Biglietteria am südwestlichen Ausgang der Schlucht, immenser Andrang, rechnen Sie zumindest im Sommer mit langen Warteschlangen. Informationen auch unter ✆ 0732/97211 oder www.frasassi.com.

• Öffnungszeiten Die Höhlen sind von März bis Oktober 6x tägl. (9.30–18 Uhr etwa alle eineinhalb Stunden) zu besichtigen, im August von 8–18.30 Uhr alle 10 Minuten, im Winter eingeschränkt. Eintritt 10,50 €, Kinder unter 6 J. frei, Kinder von 6–14 J. und Studenten mit ISIC 8,50 €. Reservierungen unter ✆ 0732/90080 oder 0732/90090 oder viel Zeit und Geduld mitbringen.

• Übernachten *** **Hotel Frasassi Le Grotte**, blassrosa Bau an der Hauptdurchgangsstraße von Genga Stazione. Mit Ristorante, komfortable Zimmer mit Bad, TV, Aircon. DZ mit Frühstück 88 €, EZ ca. 55–60 €. Via Marconi 33, 60040 Genga, ✆ 0732/905003-07, Fax 0732/905914.

Jesi

(ca. 41.000 Einwohner)

Das wirtschaftliche Zentrum der Gegend bietet innerhalb seiner gut erhaltenen und mächtigen Stadtmauern ein hübsches Centro storico, das zum ziellosen Bummeln einlädt. Untrennbar mit Jesi ist der „Verdicchio dei Castelli di Jesi" verbunden, einer der bekanntesten Weine Italiens.

Die von vielen Renaissancebauten geprägte Altstadt erstreckt sich lang auf einem Hügel nördlich des Esino. Ausgehend von der Piazza Federico II. (hier und in seiner Umgebung auch die wichtigsten Sehenswürdigkeiten) und über die Piazza della Repubblica mit dem bedeutenden *Teatro Pergolesi* (1796) gelangt man auf der Längsachse *Corso Matteotti*, der wichtigsten Einkaufsstraße der Stadt, zum *Arco Clementino* am südwestlichen Ende des Centro storico. Der Torbogen stammt aus dem Jahr 1734 und ist Papst Clemens XII. gewidmet.

Nicht nur in wirtschaftlicher, auch in kultureller Hinsicht ist Jesi eines der Zentren in der Provinz Ancona. Seit 1967 findet in der Stadt die *Stagione Lirica* statt, die zu Ehren von Giovanni Battista Pergolesi, einem der berühmtesten Söhne der Stadt, ins Leben gerufen wurde. Pergolesi, bedeutender Opernkomponist des 18. Jh., wurde 1710 in Jesi geboren und starb im Alter von nur 26 Jahren bei Neapel. Er gilt als Wegbereiter der *Opera buffa*.

• Information **I.A.T.** an der Piazza della Repubblica. Sehr nette englischsprachige Mitarbeiter. Mo–Sa 9–13 und 17–19.30 Uhr geöffnet, So geschlossen. ✆ 0731/59788.

• Verbindungen Jesi liegt an der Strecke Ancona–Fabriano–Rom, fast jede Stunde **Züge** nach Ancona und Fabriano, 5x tägl. auch nach Rom. Der Bahnhof liegt ca. 600 m vom Zentrum entfernt.

Busse fahren an der Porta Valle (an der Stadtmauer) ab, mindestens stündliche Verbindungen nach Ancona (mit SACSA/Crognaletti), Tickets in umliegenden Tabaccherie oder Kiosken (Edicole).

Prachtvolle Fassade – Santa Maria di Collemaggio in L'Aquilla (st) ▲▲
99 Wasserspeier – Fontana delle 99 Canelle in L'Aquilla (st) ▲

▲▲ Schäferidyll bei Pescasséroli ... (sb)
▲ ... und Fischeralltag an der Küste bei Giulianova (st)

Sulmonas »Kapital«: Ovid ... ▲▲

... und Konfekt (sb) ▲▲

Markante Silhouette: Pacentro (st) ▲

▲▲ Auf der Rocca di Calascio (st)

▲ Fresko in der Kirche Santa Maria in Piano/Loreto Aprutino (sb)

▲▲ Sonntagsspaziergang in Civitella Alfedena (sb)

Die öffentliche Geburt

Eigentlich war Konstanze zu alt zum Kinderkriegen – unwahrscheinlich, dass die Gattin von Heinrich VI. (Sohn des berühmten Friedrich Barbarossa) mit 42 Jahren ihrem Mann noch einen Stammhalter würde schenken können. Die Echtheit ihrer Schwangerschaft (und somit die Legitimität des Nachfolgers) jedenfalls wurde angezweifelt, Konstanze sah sich in Bringschuld und ließ für die Geburt kurzerhand ein Zelt auf der heutigen Piazza Federico II. aufstellen. Am 26. Dezember 1194 gebar sie in aller Öffentlichkeit ihren ersten und einzigen Sohn, keinen Geringeren als Friedrich II. von Hohenstaufen, später König von Sizilien und ab 1220 Kaiser des deutschen-römischen Reiches.

Friedrich II., der immer wieder mit der Kirche im Zwist lag und von Papst Gregor IX. gleich zweimal mit dem Kirchenbann geächtet wurde, ging auch als politischer Reformer und Feingeist in die Geschichte ein. In seinem süditalienischen „Modellstaat“ (Sizilien und Apulien) sorgte er für die Schaffung effektiver Verwaltungsstrukturen, sodass ein fast modern anmutender Beamtenstaat entstand. Dokumentiert ist ein umfangreicher Schriftwechsel mit arabischen Gelehrten, darüber hinaus verfasste Friedrich eine Abhandlung über die Falkenjagd und Gedichte in sizilianischem Dialekt. Unter seiner Herrschaft entstanden in Apulien zahlreiche Burgen und Kastelle, von denen das *Castel del Monte* sicherlich das berühmteste ist. Friedrich II. starb am 13. Dezember 1250 in Fiorento (Apulien).

• *Veranstaltungen* **Stagione Lirica**, alljährlich Ende September bis dritte Novemberwoche finden die Opernfestspiele von Jesi im traditionsreichen Teatro Pergolesi statt. Tickets im Theater, die Biglietteria ist tägl. 9–12.30 und 17–19.30 Uhr geöffnet, ✆ 0731/538355.

• *Übernachten* ****** Hotel Federico II.**, ca. 3 km außerhalb an der Straße nach Ancona gelegen, beschildert. Moderner, professionell geleiteter Hotelkomplex mit 260 Betten, Pool, Garten, Sauna, Hallenbad, Restaurant, Bar. Schicke Zimmer mit dunklem Teppich, Bad, Aircon. und TV, das Ganze hat allerdings seinen Preis: DZ ab 115 €, EZ ab 80 €, Frühstücksbuffet inkl. Ganzjährig geöffnet, Via Ancona 100, ✆ 0731/211079, ✆ 0731/57221, www.hotelfederico2.it.

*** **Italia**, gleich beim Bahnhof, solide Mittelklasse, nur 13 angenehme Zimmer, alle mit Bad, die Preise beinhalten Frühstück: EZ 50 €, DZ 60 €. Ganzjährig geöffnet, Viale Trieste 28, ✆ 0731/4844, ✆ 0731/59004.

*** **Mariani**, zentralstes Hotel der Stadt, nahe der Piazza della Repubblica. 33 Zimmer mit Bad und Aircon., EZ 52 €, DZ 70 €, Dreier 90 €, Frühstück jeweils inkl. Ganzjährig geöffnet, Via dell'Orfanotrofico 10, ✆ 0731/ 07286, ✆ 0731/200011.

Ostello Villa Borgognoni, sehr schöne Villa mit Garten in der Via Crivelli 1 (relativ zentrumsnah, beschildert, auch mit dem Stadtbus zu erreichen). Jugendherbergsausweis ist erforderlich, eine „Tessera“, die zur Über nachtung berechtigt, kann hier auch erworben werden. Übernachtung 16,50 € pro Person, Frühstück und Bettwäsche sind im Preis inbegriffen. ✆ 0731/214088, ✆ 0731/ 223702.

• *Essen/Trinken/Enoteche* **Osteria Forno Ercoli**, von der Piazza Federico II. ein Stück hinunter (Richtung Porta Valle), eher eine Enoteca, in der auch kleine Köstlichkeiten der Region angeboten werden, z. B. Wurst, Käse und kleinere Gemüsegerichte. Unbedingt probieren sollte man hier den *Verdicchio dei Castelli di Jesi*, aber auch die Weine der weiteren Umgebung: den *Verdicchio di Matélica* oder den *Lacrima (= Träne) di Morro d'Alba* aus dem Anbaugebiet ca. 15 km nördlich von Jesi. Mittleres Preisniveau, nur abends ab ca. 19 Uhr geöffnet, Mo geschlossen. Piazza Nova 8, ✆ 0731/56960.

Hostaria Santa Lucia, bekannt für hervorragende und außergewöhnliche Fischgerichte, dazu gute Weine, täglich wechselnde

Menüs, mittleres bis leicht gehobenes, aber angemessenes Preisniveau. Nur abends geöffnet, Mo geschlossen. Via Marche 2B (zwischen nördlicher Stadtmauer und Viale della Vittoria), ✆ 0731/64409.

Enoteca Pubblica della Regione Marche, im Palazzo Balleani beim Dom untergebracht (Via Federico Conti 5). In dieser von der Region und der Gemeinde Jesi eingerichteten Enoteca kann man nicht nur die hervorragenden Weine Jesis (und der ganzen Region) probieren und kaufen, sondern auch kulinarische Spezialitäten wie Käse, Wurst und Schinken. Tägl. 17–21 Uhr, von Juni bis August 18–23 Uhr geöffnet, Mi geschlossen. ✆ 0731/213386.

Zwei weitere empfehlenswerte Enotheken: **Enoteca La Serva Padrona** (benannt nach der berühmten Pergolesi-Oper) an der Piazza Pergolesi im Zentrum und die **Enoteca Trieste** auf dem Viale Trieste (Straße zum Bahnhof).

Sehenswertes

Einen Rundgang durch die Altstadt beginnt man am besten an der zentralen und geschichtsträchtigen Piazza Federico II.: Der **Duomo** stammt ursprünglich aus dem 13. Jh., wurde aber im neoklassizistischen Stil umgestaltet. Das **Museo Diocesano** nebenan lohnt nur bedingt einen Besuch (werktags ca. 10–12 Uhr geöffnet, ✆ 0731/56625); zu sehen sind diverse sakrale Gegenstände, darunter auch ein hölzernes Kreuz aus dem 14. Jh. Der Brunnen mit Obelisk auf der Piazza mit den wasserspeienden Löwinnen stammt aus dem Jahr 1845. Nur wenige Schritte entfernt stößt man an der Piazza Colocci auf den **Palazzo della Signoria** (auch *Palazzo dei Priori*), eines der bedeutendsten Bauwerke der Stadt, das in den Jahren 1486–1498 unter der Leitung des Montefeltro-Architekten Francesco di Giorgio Martini entstanden ist; von ihm soll auch die Darstellung des sich aufrichtenden Löwen über dem Eingangsportal stammen. Heute ist in dem repräsentativen Palazzo die umfassende städtische Bibliothek (ca. 100.000 Bücher) untergebracht.

Über die Via Pergolesi gelangt man zur Piazza dell'Indipendenza und zu zwei Palazzi aus dem 16. Jh., dem *Palazzo Comunale* und dem *Palazzo Ricci*, dazwischen der Arco del Magistrato. Über die südwestlich anschließende Piazza della Repubblica – das eindrucksvolle **Teatro Pergolesi** an der Kopfseite des Platzes lässt man links liegen – geht es in die Via XV. Settembre zum **Palazzo Pianetti** gleich auf der rechten Seite. Er stammt aus dem frühen 18. Jh. und beeindruckt allein schon durch seine Fassade mit ihren über 100 Fenstern. Drinnen geht es im Überfluss weiter, im ersten Stock beeindrucken pompösen Rokoko-Stuckarbeiten. Heute sind im Palazzo, zu dem auch ein kleiner Park gehört, die Gemäldegalerie und das archäologische Museum der Stadt untergebracht. Ein Besuch der *Pinacoteca* im ersten Stock lohnt hauptsächlich wegen der Werke von Lorenzo Lotto (s. auch S. 581). Das bedeutendste ist sicherlich die große „Pala di Santa Lucia“, ein Altarbild mit verschiedenen Szenen aus dem Leben der Lucia, außerdem eine „Verkündigung“, „Heimsuchung“ und „Grablegung“, alle entstanden im Zeitraum von 1512 bis 1532. Darüber hinaus ist in der Pinakothek eine eigene Abteilung der zeitgenössischen Kunst mit Werken u. a. von Renato Guttuso, Enrico Paolucci und Ennio Morlotti gewidmet.

Das *Museo Civico-Archeologico* befindet sich im Erdgeschoss und einem Seitentrakt des Palazzo Pianetti. Zu sehen sind römische Funde aus der Gegend um das antike Aesis, darunter einige Statuen und Kleinfunde aus der Kaiserzeit sowie Bodenmosaike aus dem 1. Jh. n. Chr.

• *Öffnungszeiten* Di–Sa 10–13 und 16–19 Uhr, sonn- und feiertags 10–13 und 17–20 Uhr, von Mitte Juni bis Mitte September bis 23 Uhr. Mo geschlossen. Eintritt 3,20 €, Kinder unter 12 J. frei. ✆ 0731/538342.

Recanati

(ca. 18.500 Einwohner)

Das Provinzstädtchen ist italienweit als Geburtsort des großen Dichters Giacomo Leopardi bekannt. Recanati liegt auf einer Bergkuppe in luftigen 300 m Höhe zwischen den Flüssen Musone und Potenza.

Wer nach Recanati kommt, dem werden sofort die kleinstädtische Enge und eine gewisse Verschlafenheit auffallen. Die urbane Geschäftigkeit, die man in den anderen Städtchen der Region vorfindet, fehlt hier, Recanati ist merkwürdig still. Dennoch hat der Ort zwei italienische Ausnahmekünstler hervorgebracht: besagten Leopardi, dem man wirklich an fast jeder Ecke der Stadt begegnet, und Beniamino Gigli, den berühmten italienischen Tenor (1890-1957), der im Dom der Stadt als Chorknabe den Grundstein für seine grandiose Karriere legte.

Der traurige Poet

Das Unglück steht ihm förmlich ins Gesicht geschrieben. Das Denkmal von Giacomo Leopardi an der gleichnamigen Pizza bestätigt, was jedes italienische Schulkind weiß: Der größte Sohn der Stadt – und einer der berühmtesten Dichter Italiens – war ein pessimistischer, durch und durch unglücklicher und am Leben verzweifelnder Mensch.

Geboren wurde Giacomo am 29. Juni 1798 als ältester Sohn des Grafen Monaldo Leopardi und dessen Gattin Adelaide. Bereits im Alter von 11 Jahren hatte Giacomo Horaz übersetzt und bald darauf seinen Hauslehrer in die Arbeitslosigkeit geschickt, in den folgenden Jahren studierte er sich auf eigene Faust durch die damals schon rund 20.000 Bände umfassende Bibliothek des Vaters. Sein berühmtes Gedicht „L'Infinito" datiert aus dem Jahr 1819, Leopardi war damals 21 Jahre alt. 1822 verließ er zum ersten Mal die Enge seiner Heimatstadt und ging für einige Monate zu seinem Onkel nach Rom. Es folgten mehr oder minder kurze Aufenthalte in Mailand, Bologna, Florenz und Pisa, die trostlosen Winter verbrachte er jedoch zumeist in Recanati. 1830 siedelte er – ausgestattet mit einer kleinen Rente, die Freunde und Bewunderer für ihn ausgesetzt hatten – nach Florenz um, wo er in Antonio Ranieri einen Freund fand, mit dem er 1833 nach Neapel zog. Am 14. Juni 1837 starb der Dichter bei Neapel an einem Asthmaanfall.

„Unheilbaren Weltschmerz" attestiert das Kindler-Literaturlexikon dem dichterischen Werk Leopardis, dessen Lyrik gemeinhin als schwer übersetzbar gilt, was sicherlich ein Grund für seinen relativ geringen Bekanntheitsgrad außerhalb Italiens ist. Der Stellenwert des Dichters in der italienischen Literatur wird beim Besuch des Geburtshauses allerdings mehr als deutlich: Schulklassenweise pilgert man hierher, ein Ausflug nach Recanati gehört zum Pflichtprogramm.

Die Marken
Karte S. 528/529

• *Information* **I.A.T.** im Palazzo Comunale an der Piazza Leopardi, Mo–Sa 9.15–13 Uhr, Mo, Mi und Sa auch nachmittags 16.30–19 Uhr, So geschlossen. Im Winter eingeschränkt. ✆ 071/981471.

• *Verbindungen* **Bus** von 5–21 Uhr ca. stündlich via Loreto nach Ancona, außerdem von 6–20 Uhr ca. stündlich nach Macerata und nach Porto Recanati. Abfahrt an der Ringstraße (Viale Filippo Corridoni) bei der Via Porta Cerasa, nur wenige Schritte von der Piazza Leopardi entfernt.

• *Übernachten* *** **La Ginestra**, bei der Piazza Leopardi, mit kleinem Garten und

Bar/Restaurant, alle Zimmer mit Bad und TV, EZ 45 €, DZ 70 €, Dreier 90 €, mit Frühstück. Ganzjährig geöffnet, Via Calcagni 2, 62019 Recanati, ✆ 071/980355, 📠 071/980594.

** **Emilio**, einige Häuser unterhalb vom La Ginestra (Richtung Piazza) in einer Seitengasse. Eher einfach, dafür günstig und mit freundlichem älterem Besitzerpaar. Zimmer mit Bad und TV, EZ 38 €, DZ 55 €, Frühstück extra. Via Belvedere 6/8, ✆ 071/981291, 📠 071/981992.

Il Telaio, vier kleine, aber sehr modern und komfortabel ausgestattete Appartements. Mit Küchenzeile, Bad, TV und Terrasse/Balkon. Mindestaufenthalt 2 Tage, ein Appartement kostet 65–85 €. Piazzuola Sabato del Villaggio 5, ✆/📠 071/7573380, mobil unter ✆ 338/6568989. Man kann auch im Souvenirshop nebenan fragen.

Jugendherberge Villa Colloredo, am Eingang des gleichnamigen Parks bei Dom und Museum. 44 Betten, Unterbringung im Mehrbettzimmer, es gibt auch ein DZ, das man jedoch mind. 2–3 Tage vorher reservieren sollte. Übernachtung 12 € pro Person, wer keinen Jugendherbergsausweis hat, kann ihn hier für 18 € erwerben. Kein Frühstück. Ganzjährig geöffnet, Via Campo dei Fiori 5, ✆ 071/7573203.

Recanati – die zentrale Piazza Leopardi

• *Essen/Trinken* **Ristorante Borgo Antico**, eines der wenigen Restaurants im Zentrum, in einem Seitengässchen der Via Falleroni (Straße zum Dom) gelegen. Kellergewölbe, gute Pizza, auch Salat und Dessert sollte man nicht auslassen, mittleres Preisniveau. Nur abends geöffnet, Di geschlossen. Vicolo dell'Achilla 2, ✆ 071/7574286.

Im Zentrum gibt es einige **Bars** und Takeaway-Pizzerien (**Pizza al taglio**) für den Hunger zwischendurch.

Abends trifft man sich an der Piazza Leopardi in der **Palory Bar** mit Tischen und Bänken auf dem Platz.

Sehenswertes

Casa Leopardi: Das Geburtshaus des Dichters – ein eindrucksvoller Barockpalazzo aus dem 18. Jh. – wird noch immer von Mitgliedern der Familie Leopardi bewohnt. Die Ausstellung (Mostra) im Erdgeschoss dokumentiert die Lebensstationen Leopardis, dazu Erinnerungsstücke, diverse Dokumente und Texte des Dichters: über Eltern, Geschwister, die Natur, die Liebe etc.

Die *Bibliothek* der Familie Leopardi im ersten Stock des Gebäudes ist während des ca. 25-minütigen Rundgangs mit Führung zu sehen. Auf vier Räume sind hier ungefähr 25.000 Bücher und Schriften verteilt, darunter auch die Werke des Dichters selbst. Obwohl die Führungen ausschließlich auf Italienisch angeboten werden, ist es sehr lohnend, sich hier anzuschließen: Allein das Ambiente in der *Biblioteca* ist beeindruckend und erlaubt eine genaue Vorstellung von Leopardis Jugendjahren, als er den größten Teil seiner Zeit hier verbrachte.

• *Öffnungszeiten* Der Palazzo Leopardi liegt an der Piazzuola Sabato del Villaggio, von der Piazza Leopardi der Via Cavour und

Via Calcagni folgen und dann rechts ab in die Via Roma, beschildert. Im Sommer tägl. 9–19 Uhr geöffnet, im Winter tägl. 9.30–12.30 und 14.30–18 Uhr. Eintritt: Mostra 4 €, Kinder und Jugendliche unter 15 J. sowie Rentner über 65 J. 2 €, Biblioteca ebenfalls 4 € (ermäßigt 2 €). Empfehlenswert ist das Kombiticket für beides zum Preis von 6,50 € (ermäßigt 3 €). Tickets im Souvenirshop schräg gegenüber.

Colle dell'Infinito: Eine Ahnung von Leopardis Schwermut erlangt man beim Besuch des berühmten „Hügels der Unendlichkeit“: Ein Stück unterhalb dröhnt es auf der viel befahrenen Ringstraße um Recanati, der *colle* (Hügel) selbst ist wenig gepflegt, und an Weitsicht ist wegen vieler Büsche und Bäume kaum zu denken. Ein *„ermo colle“*, ein „öder Hügel“, wie der Dichter vor fast 200 Jahren schon befand. Wegen seiner angeschlagenen Gesundheit hat sich Leopardi die meiste Zeit seines Lebens im Haus aufhalten müssen und von seinem Fenster auf den Hügel geblickt. Über einen Pfad (vom Palazzo aus beschildert) kann man den – ziemlich kleinen – Hügel umrunden, eine Gedenktafel auf seiner Spitze erinnert an das berühmte Gedicht, für das er die Kulisse bot: *„Sempre caro mi fu quest'ermo colle ...“*

Museo Villa Colloredo Mels – Pinacoteca Comunale: Ein Besuch in dem vorbildlich aufgebauten Museum lohnt hauptsächlich wegen der Werke des Renaissancekünstlers Lorenzo Lotto. Zu sehen sind hier u. a. der „Polittico di San Domenico“ (1506–1508), ein riesiges Polyptychon (Flügelaltar) und die „Annunciazione“ („Verkündigung“) aus der Zeit um 1528: Das als ein Meisterwerk Lottos geltende Gemälde zeigt die Ankunft des Erzengels Gabriel auf der Erde, bei der sogar die Katze vor Schreck zur Seite springt. Eben diese Katze hat sich das Museum übrigens zum Logo gemacht.

Lorenzo Lotto (ca. 1480–1556) wurde in Venedig geboren und kam während seiner künstlerischen Laufbahn immer wieder in die Marken, wo einige seiner Werke auch in kleineren Provinzmuseen zu besichtigen sind. Erst im 20. Jh. hat man die Bedeutung seines Gesamtwerkes für die Renaissance entdeckt. Beeinflusst war Lotto von Giovanni Bellini und Albrecht Dürer, aber auch von Raffael. Lorenzo Lotto gilt als einer der phantasievollsten, eigenwilligsten Maler und als großartiger Porträtkünstler seiner Zeit, als einer der Ersten, der seinen Figuren Dramatik und Seele einhauchte, statt sie idealisierend darzustellen. Nach knapp zweijährigem Aufenthalt im dortigen Kloster starb Lotto 1556 verarmt in Loreto.

• *Öffnungszeiten* Die Villa Colloredo Mels liegt am nordwestlichen Rand der Altstadt, von der Piazza Leopardi den Corso Persiani (Hauptstraße) hinunter und links ab auf die Via Falleroni. Das Museum befindet sich neben dem Dom, Via Gregorio XII., ✆ 071/7570410. Im Sommer (Juli/Aug.) Di–So 9–13 und 15–21 Uhr, Rest des Jahres Di–So 9–12 und 15–19 Uhr. Mo geschlossen. Eintritt 4,50 €, ermäßigt 3 €, ein Audioguide auch in deutscher Sprache ist im Preis inbegriffen.

Cattedrale San Flaviano/Museo Diocesano: Neben der Villa Colloredo Mels erhebt sich der im 18. Jh. grundlegend erneuerte Dom, der in Teilen in das Gebäude des Bischofssitzes aus dem 17. Jh. integriert wurde. Der alte Kirchenbau aus dem 14. Jh. nebenan beherbergt – ebenfalls nach einigen Umbauten – heute das Diözesanmuseum mit allerlei Gemälden aus dem 15.–17. Jh. sowie sakralen Gegenständen. Unregelmäßige Öffnungszeiten, erkundigen Sie sich im Büro der I.A.T.

Chiesa di San Domenico: Die ursprünglich romanische Kirche an der Piazza Leopardi wurde in der Renaissance umgebaut und erhielt im Jahr 1481 ihr eindrucks-

Die Marken
Karte S. 528/529

volles Portal. Freunde Lorenzo Lottos werden im Inneren ein weiteres Meisterwerk des Künstlers finden: Das Fresko „San Vincenzo Ferrer in Gloria“ aus dem Jahr 1513 (zweiter Altar auf der linken Seite).

Museo Gigli: Auch dem zweiten berühmten Sohn der Stadt hat man in Recanati ein Museum gewidmet. Beniamino Gigli wurde am 20. März 1890 in einem Palazzo ganz in der Nähe der Cattedrale San Flaviano geboren, seiner Heimat blieb der berühmte Tenor immer verbunden. Gigli brachte es auf 41 Jahre Bühnenkarriere, darunter ein jahrelanges Engagement an der New Yorker Met und ein Repertoire von über 40 Opern. Gigli starb 1957 in Rom, sein Grab befindet sich heute in einer äußerst prachtvollen kleinen Pyramide am Rand des Friedhofes von Recanati.

Öffnungszeiten Im Juli/Aug. Di–So 10–13 und 15–20 Uhr, ansonsten nachmittags nur bis 18 Uhr. Mo geschlossen. Eintritt 2,50 €, ermäßigt 1,50 €. Im Palazzo Comunale (Piazza Leopardi), ✆ 071/7570410.

Macerata

(ca. 44.000 Einwohner)

Die Provinzhauptstadt mit langgezogener Peripherie liegt auf einem Hügel zwischen dem Tal des Potenza im Norden und dem Chienti-Tal im Süden. Macerata ist in der Region (und darüber hinaus) vor allem auch für das sommerliche Opernfestival bekannt.

Die Universitätsstadt verfügt über ein kompaktes und lebhaftes Centro storico, das von einer fast durchgehenden Stadtmauer mit einigen bestens erhaltenen Stadttoren umgeben ist. Viele eindrucksvolle Palazzi (besonders auf dem Corso Matteotti), ruhige Straßen und teilweise steile Treppen laden zum Erkundungsgang rund um die zentrale Piazza della Libertà ein. Ein interessanter Spaziergang außerhalb des Centro storico führt von der *Porta Romana* und vorbei an der *Piazza Garibaldi* auf den *Corso Cavour* mit seinen repräsentativen Palazzi aus dem frühen 20. Jh.

Macerata ist ein überaus sympathisches und relativ junges Städtchen. Von provinzieller Verschlafenheit wie z. B. im nördlich gelegenen Recanati ist hier nichts zu spüren. Die Universität macht sich bemerkbar – es gibt viele auf jugendliche Kundschaft ausgerichtete Geschäfte und ein gutes Angebot für die Abendunterhaltung, z. B. wenn italienische Pop-Bands an Sommerwochenenden auf der Piazza Mazzini zum Open Air bitten. Unumstrittener kultureller Höhepunkt sind allerdings die hiesigen Opernfestspiele.

Macerata Opera

Die „Stagione Lirica“ im *Sferisterio*, dem wohl außergewöhnlichsten Bauwerk der Stadt, findet alljährlich etwa von 20. Juli bis 15. Aug. statt. Gegeben werden meist Klassiker in Sachen Oper, z. B. „La Traviata“ oder „Rigoletto“, das Programm wechselt jährlich. Zwar kann das *Sferisterio* am unteren (südöstlichen) Rand der Altstadt etwa 3000 sitzende Opernfreunde beherbergen (darüber hinaus gibt es auch noch Stehplätze), aber dennoch: Wer eine Aufführung besuchen will, sollte sich frühzeitig um Eintrittskarten bemühen.

Informationen/Tickets Die Biglietteria des Sferisterio befindet sich vor dem Eingang an der Piazza Mazzini, geöffnet Mo–Sa 10.30–12 und 16–18 Uhr, ✆ 0733/230735. Reservierungen können nur schriftlich per ✆ (0733/261570) entgegengenommen werden (Kreditkartenzahlung), Karten 30–100 €, „Balconata“ (Stehplätze ohne Reservierung) 15 €. **Achtung**: Hotels sind zu dieser Zeit weit im Voraus ausgebucht!

Schön gelegen – die Provinzhauptstadt Macerata

• *Information* **I.A.T.** an der Piazza della Libertà im Zentrum, Mo–Sa 9–13 und 15–18 Uhr, nur im Sommer auch Sonntagvormittag 9–13 Uhr. ✆ 0733/234807, ℻ 0733/266631.

• *Verbindungen* Der Bahnhof liegt ca. 800 m südlich vom Centro storico (von der Porta Umberto I. den Viale Don Bosco hinunter) an der Piazza XXV. Aprile, ✆ 0733/240354 oder 848/888088. **Züge** 10x tägl. nach Fabriano (via Tolentino, San Severino Marche, Matélica) und ebenfalls ca. 10x zur Küste nach Civitanova Marche.

Große Busstation bei den Giardini Diaz (Aufzug zur Altstadt), von hier ca. stündlich **Busse** nach Civitanova Marche, außerdem über Recanati und Loreto nach Porto Recanati, darüber hinaus mehrmals tägl. nach Ancona, Tolentino und San Severino Marche. Der **Stadtbus** von Macerata fährt vom Zentrum zum Bahnhof.

Taxis an der Piazza della Libertà im Zentrum (✆ 0733/233570), am Bahnhof (✆ 0733/240353) und beim Park Giardini Diaz (✆ 0733/231339).

• *Autoverleih* **Avis** in der Via Roma 189, ✆ 0733/260422, ℻ 0733/367331.

• *Übernachten (Karte S. 584/585)* ** **Hotel Arena (8)**, unser *Tipp*! Direkt an den wuchtigen Mauern des Sferisterio, moderne und gemütliche Zimmer mit Bad, TV, Kühlschrank, günstig: EZ ab 37 €, DZ um 60–65 €, Frühstück inbegriffen. Vicolo Sferisterio 16, 62100 Macerata, ✆ 0733/230931, ℻ 0733/236059.

**** **Hotel Claudiani (4)**, vermutlich das beste Haus der Stadt, im Zentrum. 40 Zimmer, alle mit Bad, TV, Aircon., EZ 85 €, DZ 120 €, Frühstück inbegriffen; es gibt eine Bar. Via Ulissi 8 (Seitenstraße des Corso Matteotti), ✆ 0733/261400, ℻ 0733/261380, www.hotelclaudiani.it.

*** **Hotel Arcadia (6)**, nahe Sferisterio, Zimmer mit Bad und TV, die meisten auch mit Aircon., allerdings kein Frühstück. Einige der Zimmer sind auch mit Küchenecke ausgestattet (Aufpreis). EZ 52 €, DZ 78 €, Dreier 99 €. Via Padre Matteo Ricci 134, ✆ 0733/235961, ℻ 0733/235962.

** **Hotel Lauri (5)**, am westlichen Ende des Corso Matteotti, also ebenfalls ziemlich zentral. Für das Gebotene nicht zu teuer, die Zimmer teilweise sehr ansprechend und gemütlich. Alle mit Bad und TV, z. T. auch mit Küchenecke. EZ 36 €, DZ 67 €, Dreier 87 €. Kein Frühstück. Via Tommaso Lauri 6, ✆ 0733/232376, www.hotellauri.com.

*** **Albergo da Rosa (3)**, am nördlichen Rand der Altstadt in der ruhigen Via Amaroli, mit empfehlenswerter Trattoria gegenüber (s. u.). Günstig: EZ 40 €, DZ 60 €, Frühstück inkl. Via Armaroli 94, ✆ 0733/232670.

Die Marken
Karte S. 528/529

Ostello Asilo Ricci (7), nahe dem Sferisterio, einfach und günstig, sehr freundlicher Padrone. Übernachtung 14,50 € pro Person (Mehrbettzimmer), Frühstück inkl. Via dell'Asilo 36, ✆/℻ 0733/232515.

• *Essen/Trinken* **Ristorante Da Secondo (2)**, stilvolles, gemütliches Ambiente mit viel dunklem Holz, davor eine Terrasse. Ausgefallene Gerichte, viel Fisch, allerdings nicht gerade günstig. Mittags und abends geöffnet, Mo geschlossen. Via Peschiera Vecchia 26–28 (von der Piazza della Libertà die Via Don Minzoni hinunter), ✆ 0733/26091.

Osteria dei Fiori (10), in einer ruhigen Gasse parallel oberhalb zur Piazza Mazzini. Sehr beliebte Osteria, die mit „piatti della tradizione maceratese" wirbt. Dazu zählt z. B. auch das köstliche Zitronenhuhn (Pollo al limone alla maceratese). Nette Einrichtung, karierte Tischdecken, kleine Terrasse davor, ausgesprochen günstig: Primi schon ab 6–7 €, Secondi ab 9–10 €. Mittags und abends geöffnet, So geschlossen. Via Lauro Rossi 61, ✆ 0733/260142.

Trattoria Da Rosa (1), eher einfaches Ambiente, jedoch wird hier hervorragende märkische Küche serviert. Dieses Lokal ist sicher der richtige Ort, um die typischen *Vincisgrassi* zu probieren. Je nach Saison sind auch Trüffel und Fisch im Angebot. Mittleres Preisniveau, für das Gebotene angemessen. Mittags und abends geöffnet, So geschlossen, für abends reservieren. Via Amaroli 17, ✆ 0733/260124.

Pizzeria-Ristorante Il Sorriso (9), gute Pizza im Kellergewölbe direkt beim Sferisterio. Vicolo Sferisterio 2, ✆ 0733/232567.

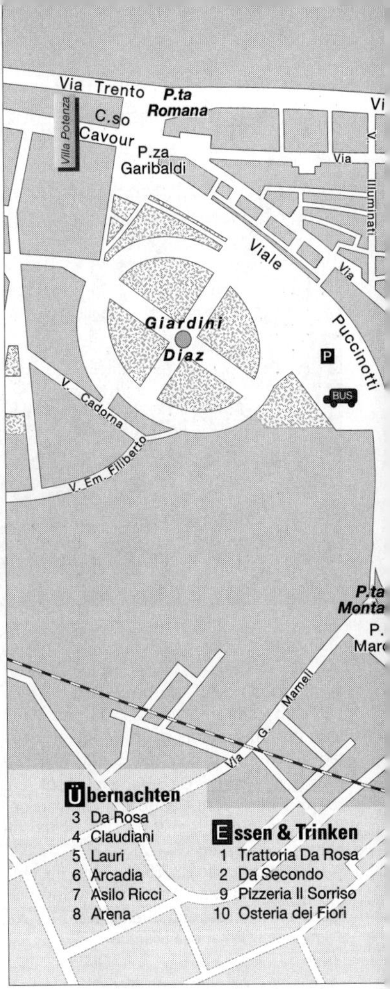

Sehenswertes

Duomo (Cattedrale): Der Dom an der Piazza Strambi datiert ursprünglich ebenfalls aus dem 15. Jh., der benachbarte Campanile ist noch im Original erhalten. Der Dom selbst wurde Ende des 18. Jh. durch Cosimo Morelli grundlegend umgestaltet und erweitert, wobei die Fassade unvollendet blieb (bis heute). Gewidmet ist das Bauwerk dem Stadtheiligen San Giuliano.

Öffnungszeiten Tägl. 7–12 und 15.30–20 Uhr.

Sferisterio: Der Name dieser langgestreckten und halb ovalen Arena rührt von ihrem ursprünglichen Verwendungszweck her: *Sphaeristerium* bedeutet so viel wie „Ballspielsaal". Tatsächlich wurde das Sferisterio in den Jahren 1819–1829 als Arena für den „Pallone a Bracciale" gebaut, ein traditionelles Ballspiel der Gegend. Die einen langen Halbkreis bildende untere Außenmauer ist im Inneren mit dorischen Säulen unterteilt, auf zwei Stockwerken befinden sich hier insgesamt 104 Logen.

Öffnungszeiten Das Sferisterio ist Mo–Sa von 10.30–12 und von 16–18 Uhr zu besichtigen, Eintritt 1 €, Tickets in der Biglietteria an der Piazza Mazzini.

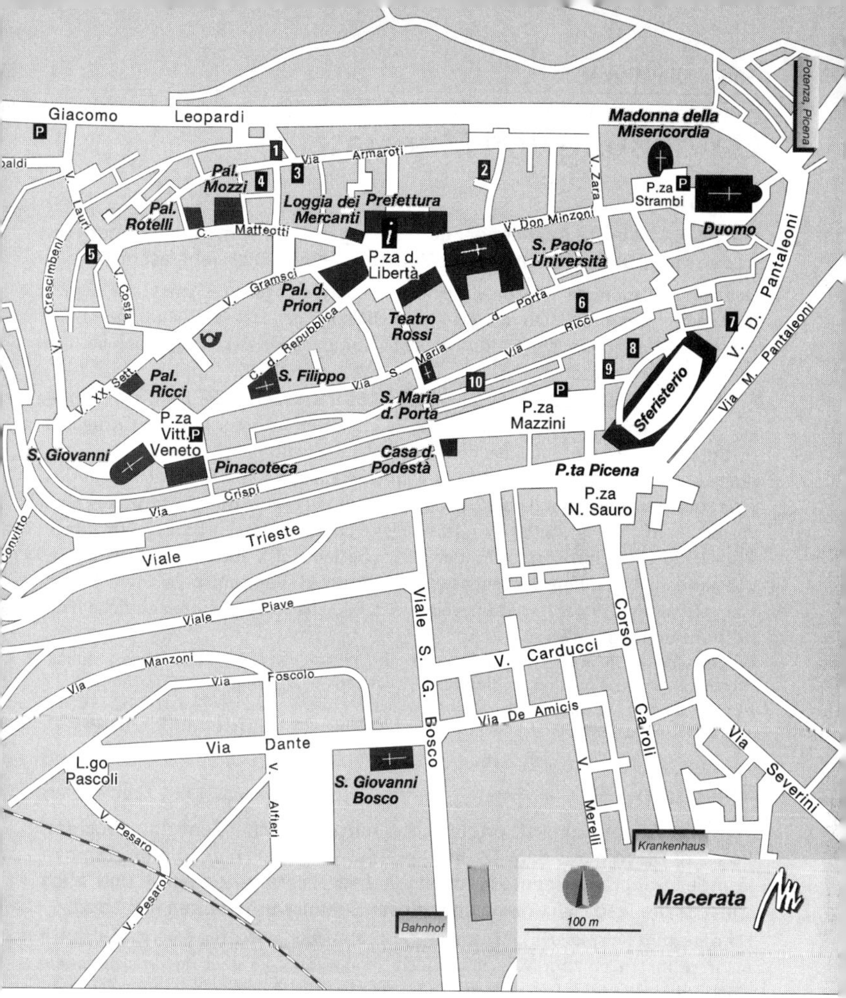

Museen an Piazza Vittorio Veneto: An dieser Piazza am unteren Ende des Corso della Repubblica finden sich praktischerweise alle Museen der Stadt; zur Auswahl stehen: die *Pinacoteca Comunale* mit Gemälden aus dem 14.–19. Jh. (darunter eine berühmte „Madonna col Bambino" von Carlo Crivelli) sowie wechselnden Ausstellungen; im gleichen Gebäude das *Museo Civico* mit picenischen und römischen Funden sowie zahlreichen Fotografien von Macerata im Wandel der Zeit; der *Palazzo Ricci* mit einer Gemäldesammlung berühmter Künstler vor allem des frühen 20. Jh. sowie zeitgenössischer Kunst; das *Museo della Carrozza* mit einer teilweise prachtvolle Exemplare umfassenden Kutschenausstellung.

• Öffnungszeiten Für **Pinacoteca** Comunale, **Museo Civico** und **Museo della Carrozza** gelten folgende Öffnungszeiten: Di–Sa 9–13 und 16–19 Uhr, Sonntagnachmittag und Montagvormittag geschlossen, im Hochsommer Di–So 9–19 Uhr durchgehend geöffnet. Eintritt frei. Piazza Vittorio Veneto 2, ✆ 0733/256361.

Palazzo Ricci: Di, Do und Sa 10–12 und 16–18 Uhr, im Hochsommer tägl. 10–13 und 17–20 Uhr geöffnet, Eintritt frei. Via Domenico Ricci 1, ✆ 0733/261484.

Umgebung von Macerata

Cingoli (ca. 10.500 Einwohner)

Eindeutig die beste Aussicht der ganzen Gegend, die vom Monte Conero bis zu den Monti Sibillini reicht – mehr Marken auf einen Blick geht fast nicht.

Das schöne Panorama hat Cingoli seiner exponierten Lage auf 631 m Höhe zu verdanken, der Ort trägt auch den Beinamen „Balkon der Marken". Den besten Blick von Cingoli auf die weite Landschaft hat man am Ende der Via Cavour bei der *Chiesa San* Francesco.

Ein Bummel durch die Altstadt führt bergauf über den Corso Garibaldi mit zahlreichen eleganten Palazzi aus dem 16.–18. Jh., darunter auch der *Palazzo Castiglioni* (heute Privatmuseum, Infos bei der I.A.T.). An der zentralen Piazza Vittorio Emanuele II. – hier befand sich einst das römische Forum – stößt man dann auf den *Palazzo Municipale* aus dem 12. Jh. (im 16. Jh. umgebaut) mit Uhrturm aus dem späten 15. Jh. Hier ist das *Museo Archeologico Statale* untergebracht (geöffnet tägl. 8.30–13.30 Uhr, Eintritt frei). An der Piazza befindet sich auch der *Dom* von Cingoli aus dem 17. Jh. Eine der sehenswertesten, ältesten und romantischsten Straßen Cingolis ist die *Via del Podestà* (zweigt beim Rathaus ab): viel mittelalterliche Bausubstanz und wenig Verkehr.

• *Information* **I.A.T.** in der Via Ferri 17, wochentags vormittags geöffnet, ✆ 0733/602444.

• *Verbindungen* **Busse** nach Macerata, Jesi und San Severino Marche.

• *Übernachten* *** **Hotel Diana**, zentrale Unterkunft in Cingoli. Das DZ mit Bad, TV und Frühstück kostet 72 €, das EZ 53 €. Via Cavour 21, 62011 Cingoli. ✆ 0733/602313, ℻ 0733/603479.

Tolentino (ca. 18.500 Einwohner)

Wer von Süden kommt, erreicht das mittelalterliche Zentrum über den Ponte di Diavolo aus dem 13. Jh. Der „Teufelsbrücke" hält Tolentino seinen Wunder vollbringenden Stadtheiligen San Nicolà entgegen – und auch sonst ist die Stadt am Chienti an kuriosen Sehenswürdigkeiten nicht arm.

Da wäre zum Beispiel der Uhrturm an der zentralen Piazza della Libertà, der gleich mehrere Instanzen zum Messen der Zeit heranzieht, oder aber das *Internationale Karikaturenmuseum.* Passenderweise findet alle zwei Jahre in Tolentino die *Biennale Internazionale dell'Umorismo nell'Arte* statt, bei der Künstler aus aller Welt zum Wettstreit um den Humor in der Kunst antreten. Hauptsehenswürdigkeiten des Wallfahrtsortes Tolentino ist aber die riesige *Basilica San Nicolà* mit den Reliquien des Heiligen. Im *Palazzo della Pace* (in der gleichnamigen Via) wurde 1797 der „Frieden von Tolentino" zwischen Napoleon Bonaparte und Papst Pius VI. besiegelt, welcher den Kirchenstaat entscheidend schwächte.

• *Information* **I.A.T.** an der Piazza della Libertà im Zentrum, ✆ 0733/972937.

• *Verbindungen* Der Bahnhof von Tolentino befindet sich ca. 1 km nördlich der Altstadt, folgen Sie dem Viale Matteotti stadtauswärts. Tolentino liegt an der Strecke Civitanova Marche – Fabriano, ca. 8x tägl. **Züge** nach Civitanova (über Macerata), ebenfalls ca. 8x nach Fabriano (via San Severino Marche und Matélica).

Busse mehrmals täglich nach San Ginesio und Camerino. Abfahrt an der Piazza della Libertà.

• *Übernachten* **** **Hotel 77**, modernes und komfortables Haus ohne besonderen Flair ein Stück außerhalb auf dem Viale Buozzi (Straße Richtung San Severino, beschildert), mit Restaurant. DZ mit Bad, TV und Frühstück 90 €, das EZ 57 €. Viale Buozzi 90, 62029 Tolentino, ✆ 0733/967400, ℻ 0733/960147.

**** Albergo Milano**, hier kostet das DZ mit Bad und TV 59 €, das EZ 36 €, kleines Frühstück 3 € pro Person. Via Roma 13/15 (nahe der Piazza della Libertà), ✆ 0733/973014, ℻ 0733/973077. Zum Zeitpunkt der Recherche befand sich das Hotel in Renovierung.

• *Essen/Trinken* Für einen kurzen Stopp eignet sich die traditionsreiche Bar an der Piazza della Libertà, im Zentrum auch einige Lokale.

Sehenswertes

Basilica San Nicolà: Die Kirche aus dem 13. Jh. (im 14. Jh. umgebaut) liegt nur wenige Schritte von der Piazza della Libertà entfernt. Sofort ins Auge sticht das gotische Portal, berühmt ist die Basilika allerdings für den prächtigen Freskenzyklus mit Szenen aus dem Leben von San Nicolà in der gleichnamigen Kapelle (auf der rechten Seite). Die Fresken stammen aus dem 14. Jh. und werden gemeinhin der „Rimineser Schule" zugeordnet, der Urheber des Kunstwerks ist allerdings unbekannt – man nennt ihn der Einfachheit halber „Meister von Tolentino". In der Krypta sind die Reliquien des Stadtheiligen zu sehen. Zur Kirche gehört auch ein Kreuzgang aus dem 13./14. Jh. (Zugang über die Kapelle San Nicolà).

San Severino Marche

(ca. 13.000 Einwohner)

Das Herz der Stadt schlägt an der riesigen, ellipsenförmigen Piazza del Popolo mit Geschäften unter den stilvollen Arkaden. Der alte Ortskern Castello liegt dagegen still und verlassen auf dem Hügel Monte Nero.

Das Leben von San Severino spielt sich fast ausschließlich im unteren Ortsteil *Borgo* ab, der zwar bereits im 13. Jh. entstand, im Vergleich zum Ortsteil *Castello* jedoch geradezu jung ist. Hier unten befinden sich die bedeutenden Sehenswürdigkeiten, darunter der *Duomo Nuovo* (oder *Duomo San Agostino*) aus dem 13. Jh. Im Inneren sind einige sehenswerte Sakralgemälde aus dem 16.–17. Jh. zu sehen. In der *Chiesa San Lorenzo in Doliolo* bei der gleichnamigen Porta sind die wohl kostbarsten Kirchenschätze der Stadt zu besichtigen: In der Krypta stößt man auf Fresken der aus San Severino stammenden Brüder Lorenzo und Jacopo Salimbeni. Ein Spaziergang durch San Severino sollte unbedingt auch den oberen Ortsteil Castello mit einbeziehen. Hier wurde in den letzten Jahren viel restauriert, alles ist recht ruhig und stellenweise geradezu idyllisch. Sehenswert ist hier oben neben dem alles überragenden *Torre Comunale* (13./14. Jh.) der *Duomo Vecchio* aus der Mitte des 10. Jh., der bereits im Jahr 1061 erstmals umgebaut wurde.

• *Information* Büro der **I.A.T.** an der Piazza del Popolo 43, ✆ 0733/638414, geöffnet überwiegend werktags vormittags.

• *Verbindungen* **Züge** ca. 8x tägl. nach Civitanova Marche (über Tolentino und Macerata), ebenfalls ca. 8x nach Fabriano (via Matélica). Der Bahnhof liegt knapp 500 m von der Piazza del Popolo entfernt.

Busse 7x tägl. nach Camerino und Macerata, Abfahrt an der Piazza del Popolo.

• *Feste* **Palio dei Castelli**, das mittelalterliche Fest mit Wettstreit der Stadtteile findet alljährlich in der ersten Juniwoche statt.

• *Übernachten* ***** Hotel Due Torri**, mit vorzüglichem Ristorante (s. u.), liegt im idyllischen alten Ortsteil Castello (ein Stück vom Duomo Vecchio entfernt). Ruhige Lage, komfortable Zimmer, alle mit Bad und TV, EZ 42 €, DZ 55 €, Frühstück inkl. Via San Francesco 15/21, 62027 San Severino Marche, ✆ 0733/645419, ℻ 0733/645139.

***** Hotel Feronia**, der Palazzo liegt direkt an der Piazza del Popolo, das Hotel befindet sich im 2. Stock. Riesige Zimmer, nicht mehr ganz neu, aber gut gepflegt, alle mit Bad und TV. Das DZ kostet 57 €, das Einzel 47 €, Frühstück 3 € pro Person. Mit Restaurant (s. u.). Piazza del Popolo 96, ✆/℻ 0733/645762.

• *Essen/Trinken* **Due Torri**, Traditionsrestaurant des obigen Hotels, gute regionale und vielfältige Küche, freundlicher Ser-

Die Marken
Karte S. 528/529

vice, dazu hauptsächlich Weine aus den Marken. Mittleres bis leicht gehobenes Preisniveau, angemessen. Mittags und abends geöffnet, Mo geschlossen.

Ristorante Feronia, im Gewölbe des Untergeschosses im gleichnamigen Hotel an der Piazza del Popolo. Gediegenes Ambiente, vielleicht etwas kühl, zuvorkommender Service, gute Küche zu mittleren Preisen. Mittags und abends geöffnet, Di geschlossen.

Matélica (ca. 10.000 Einwohner)

Ein beschauliches, nettes Landstädtchen mit Flair, ungefähr auf halber Strecke zwischen Fabriano und Camerino gelegen.

Matélica liegt auf einer kleinen Anhöhe in der Anbauregion des *Verdicchio di Matélica*, ein frischer Weißwein, der auch in einem Direktverkauf am nördlichen Ortseingang angeboten wird (Hinweisschild „Vendita Diretta"). Es ist ein wenig spektakulärer Ort, aber sehr typisch für die Region. Im Zentrum an der salonhaften Piazza Mattei mit schönem Brunnen lässt es sich trotz Verkehr gut aushalten. Der *Palazzo Pretorio* samt Torre stammt aus dem Jahr 1270, die elegante *Loggia degli Ottoni* wurde im frühen 16. Jh. angefügt. Bewegt man sich von der Piazza Mattei in südliche Richtung, kommt man an mehreren Kirchen vorbei, von denen die *Chiesa San Francesco* in der gleichnamigen Straße sicherlich am sehenswertesten ist (im Inneren einige kunstvolle Altargemälde aus dem 16. und 17. Jh.).

• Information **Ufficio Turistico** an der Piazza Mattei, unregelmäßig geöffnet, meistens vormittags. ✆ 0737/85671.

• Verbindungen Matélica liegt an der Strecke Civitanova Marche – Fabriano, ca. 8x tägl. **Züge** nach Fabriano und ca. 8x über San Severino, Tolentino und Macerata an die Küste. Der Bahnhof befindet sich einige hundert Meter östlich vom Centro.

Busse 8x tägl. nach Camerino (z. T. mit Umsteigen), 2x nach Fabriano. Abfahrt an der Piazza.

• Übernachten *** **Hotel della Loggia**, nettes Kleinstadthotel an der Piazza, der Eingang in einer schmalen Seitengasse. Etwas kitschig, Zimmer mit Bad und TV. Fragen Sie nach Zimmer 108, das einzige mit Balkon (zur Piazza). DZ 47 €, an der Bar kann man morgens Cappuccino und Brioche bekommen. Via S. Maria 3/A, 62024 Matélica, ✆ 0737/85830, ℻ 0737/787239.

• Essen/Trinken **La Taverna della Torre**, an der Piazza, man sitzt gemütlich in den herrlichen Arkaden der Loggia. Bei der Weinauswahl steht Ihnen der Padrone hilfreich zur Seite, hausgemachte Pasta (ab 6 €), Fleisch-Secondo ab ca. 10 €, es gibt auch zwei Degustationsmenüs (25 und 35 €) und abends Pizza. Mittags und abends geöffnet, Di geschlossen. Via Leopardi 3, ✆ 0737/786063.

Sehr gut essen kann man auch in **Esanatóglia**, ein wirklich malerischer kleiner Ort in absoluter Randlage, knapp 7 km westlich von Matélica. Unser Tipp ist die traditionelle **Osteria La Cantinella** (Corso Italia 9), in der man hervorragend und vergleichsweise günstig Spezialitäten der Gegend (u. a. auch Fisch und Flusskrebse aus dem Esino) probieren kann. Mittags und abends geöffnet, Do geschlossen, ✆ 0737/889585.

Camerino (ca. 8.500 Einwohner)

Einer der schönsten Orte im Westen der Marken und das „Sprungbrett" zu den Monti Sibillini. Majestätisch thront das Universitätsstädtchen mit eindrucksvoller Silhouette auf einem Hügel auf 667 m Höhe.

Das Bild der Stadt wird leider aber auch von zahlreichen Baukränen geprägt, denn Camerino war – wie auch Fabriano – vom Erdbeben des Jahres 1997 stärker betroffen als andere Orte der Umgebung. Wer die endlosen Kurven hier hinauf geschafft hat, findet sich unversehens auf der zentralen Piazza Cavour mit regem (studentischem) Leben wieder, insgesamt zählt man in Camerino, übrigens schon seit dem 14. Jh. Universitätssitz, an die 10.000 Studenten. Hier befinden sich auch einige der wichtigsten Gebäude der Stadt: Rechter Hand der *Dom* (davor die Statue von Papst Sixtus V.)

Corsa alla Spada – das Mittelalterspektakel in Camerino

und nebenan der *Palazzo Arcivescovile* (Erzbischofpalast), links der *Palazzo Ducale*, heute Sitz der Universität. Hinter der Piazza geht Camerino dann zum gemütlichen Teil über: enge und teilweise dunkle Gassen, fast kein Verkehr, beschauliche Plätze, das überaus elegante *Teatro Marchetti* aus dem Jahr 1856 und ganz am Westrand der Altstadt die *Rocca Borgesca* (Anfang 16. Jh. unter Cesare Borgia gebaut) mit Park, Kinderspielplatz und wunderschöner Aussicht auf die Monti Sibillini.

• *Information* **I.A.T.** an der Piazza Cavour, im Sommer (Juli–Sept.) tägl. 8.30–12.30 und 17–20 Uhr geöffnet, So geschlossen. ✆ 0737/632534.

• *Verbindungen* Haltestelle an der Piazza Cavour, ca. halbstündlich **Busse** nach Castelraimondo, darüber hinaus 2x tägl. Ancona, 3x Fiastra, 3x Fabriano, 7x Macerata (z. T. umsteigen), 8x Matélica (z. T. umsteigen), 7x San Severino (z. T. umsteigen), 6x Tolentino, 5x Visso, 2x Rom. Die Abfahrtszeiten hängen an der Piazza aus, Bus- und Zugtickets werden im Reisebüro *Camars Viaggi* an der Piazza Cavour (neben der Post) verkauft, geöffnet Mo–Fr 9–13 und 15.30–19 Uhr, Sa 9–12.30 Uhr, So geschlossen.

Der nächste Bahnhof befindet sich in Castelraimondo (10 km nördlich), ab hier je ca. 8x tägl. **Züge** nach Fabriano und Macerata.

• *Feste* **Corsa alla Spada**, großes mittelalterliches Stadtfest in der letzten Maiwoche.

• *Übernachten* *** **Hotel I Duchi**, komfortables Hotel im Zentrum. Gemütlich sind die Zimmer im zweiten Stock mit Dachschräge, alle mit Bad, TV und Minibar, das DZ kostet 62 €, EZ ca. 45 €, Frühstück extra. Bar im EG (zum Frühstücken) und Ristorante, Parkplätze vorhanden. Im Centro storico (Richtung Rocca), Via Varino Favorino 72, 62032 Camerino, ✆/℻ 0737/630440.

** **Albergo Roma**, wenig idyllisches Hotel an der wenig idyllischen Piazza Garibaldi, relativ günstig: EZ 31 €, DZ 45 €, alle Zimmer mit Bad und TV. Restaurant mit schmucklosem, lautem Speisesaal im EG. Piazza Garibaldi 6, ✆ 0737/632592, ℻ 0737/630125.

*** **Albergo Ristorante Del Cacciatore**, 7 km südlich von Camerino im Zentrum des kleinen Ortes Múccia (kaum zu übersehen). Sehr einladendes und freundliches Hotel mit bekannt gutem Ristorante (s. u.). Komfortable und günstige Zimmer mit Bad und TV, EZ 33 €, DZ 53 €, Frühstück inkl. Via Spinabello 13, 62034 Múccia, ✆ 0737/646121, ℻ 0737/647002.

• *Essen/Trinken* **Osteria dell'Arte**, eines der besten Restaurants der Stadt, versteckt in einer winzigen Seitengasse des Corso Vitt.

Die Marken
Karte S. 528/529

Emanuele II. gelegen. Urige und nette Atmosphäre, gute Küche zu mittleren bis leicht gehobenen Preisen, abends gibt es ein Degustationsmenü, wochentags am Mittag ein Festpreismenü für ca. 12 € (!). Abends unbedingt reservieren. Mittags und abends geöffnet, Fr geschlossen. Via Dell' Arco della Luna 7, ✆ 0737/633558.

Birreria-Pizzeria Apogeo, wenn es mal nicht so viel kosten soll, empfehlen wir dieses Lokal in der Via Vergelli. Schlichte Einrichtung, Fernseher läuft, laut, aber dabei sehr sympathisch und vor allem bei Studenten beliebt. Sehr gute Pizza in einem preislichen Rahmen von 4–6 €. ✆ 0737/636728.

Ristorante Del Cacciatore , 7 km südlich von Camerino im Zentrum des kleinen Ortes Múccia. Sehr empfehlenswertes Restaurant mit gemütlichem Speisesaal, netter Service, mittleres Preisniveau, empfehlenswert. Mittags und abends geöffnet, Adresse s. oben unter gleichnamigem Albergo.

Sehenswertes

Cattedrale (Duomo)/Museo Diocesano: Der alte Dom an der Piazza Cavour wurde beim Erdbeben von 1799 völlig zerstört, zu sehen ist heute ein „Neubau" aus den Jahren 1802–1832. Sehenswert im Inneren ist die Krypta (wurde vom Erdbeben verschont) mit dem prächtigen Grab des heiligen Ansovinus aus dem 14. Jh., des Weiteren eine hölzerne Madonnenskulptur aus dem 15. Jh. (mit Ausnahme der Mittagszeit von 12–15 Uhr ganztägig geöffnet).

Convento di San Domenico (Museo e Pinacoteca Civici): Der ehemalige Klosterkomplex an der Piazza Costanti am nordöstlichen Rand der Altstadt (ein gutes Stück unterhalb der Piazza Cavour) entstand bereits im 13. Jh. durch Dominikanermönche, ab 1811 zogen sich hier Mönche des Augustinerordens zurück. Mittlerweile sind hier das städtische Museum und die Pinacoteca untergebracht. Zu sehen sind u. a. Funde aus den Ausgrabungsstätten der Umgebung, darunter auch ein römisches Mosaik aus Camerino. Die Pinakothek beherbergt einige wertvolle Gemälde aus dem 15. Jh., darunter auch Werke von Girolamo di Giovanni, einer der wichtigsten Vertretern der märkischen Malerei im 15. Jh.

Öffnungszeiten Di–So 10–13 und 16–19 Uhr (im Winter 15–18 Uhr), Mo geschlossen. Eintritt 3 €, ermäßigt 2 €. ✆ 0737/402310.

Rocca da Varano

Sehenswertes in der Umgebung

Rocca Da Varano: Die trutzige Festung der alten Herrscherfamilie Da Varano liegt hoch über dem Tal mit der verkehrsreichen N 77, zur Westseite fällt der 449 m hohe Berg steil ab. Die Burg entstand bereits im 13. Jh. und wurde im 14. Jh. ausgebaut. Leider ist die Ruine geschlossen und nur zu Ausstellungen und Aufführungen im Sommer für die Öffentlichkeit zugänglich.

Anfahrt Die Burg liegt ca. 6 km von Camerino entfernt an der Straße Richtung Tolentino. Kurz vor Sfercia geht es links hinauf, das letzte Stück muss man zu Fuß gehen.

Rundfahrt in den Monti Sibillini

Eine Tour durch die imposante Bergwelt des Apennin ganz im Südwesten der Region zählt zu den besonderen Highlights einer Reise in die Marken. Bizarre, hoch aufragende Felsformationen und die mächtigen Buckel der bis zu 2500 m hohen Berge, dazwischen brettflache Hochebenen und tiefe Schluchten hinterlassen bleibende Eindrücke.

Höchster Berg der Monti Sibillini ist der **Monte Vettore** (2476 m) im Südosten der Bergregion; der Norden und Nordwesten sind als Skigebiete in ganz Mittelitalien bekannt. Bewegt man sich von hier in Richtung Süden, stößt man bei Castelluccio auf die vielleicht eindrucksvollste Naturschönheit der Sibillini: die riesigen Ebenen des **Piano Grande** und des **Piano Perduto**, die in der letzten Eiszeit noch einen riesigen See bildeten, der später austrocknete. Einen im Verlauf der Jahrtausende ebenfalls ausgetrockneten Gletscher „begeht" man bei der Wanderung zum sagenumwobenen **Lago di Pilato** auf 1945 m Höhe.

Die hier beschriebene Rundfahrt führt quasi gegen den Uhrzeigersinn von **Visso** über **Castelluccio** zur **Forca di Presta**, dem südlichsten und mit 1543 m auch höchsten Punkt der Panoramastraße. Ab hier geht es dann an der schattigen Ostseite des Monte Vettore und des Monte Sibilla (2175 m) entlang und dann nach **Amandola** und **Sarnano** schon fast wieder ins Flachland.

Parco Nazionale dei Monti Sibillini

Der rund 70.000 ha Fläche und an die 20 Zweitausender umfassende Nationalpark wurde 1993 gegründet. In den 18 Gemeinden des Parco leben ca. 18.000 Menschen, das Gebiet ist eine der bevölkerungsärmsten Gegenden in ganz Europa, das zum Teil als Acker- und Weideland genutzt wird.

Neben einer reichen Flora mit zahlreichen seltenen Blumen wie Türkenbund, Edelweiß, verschiedenen Orchideenarten und natürlich viel Wald (überwiegend Buchen) kann sich auch die Fauna des Parks in den Augen kritischer Naturschützer sehen lassen: Heimisch sind Wölfe, Wildkatzen und Stachelschweine, vor einigen Jahrzehnten wurden auch Rehe wieder angesiedelt (Bären gibt es allerdings nicht mehr, s. auch im Kapitel „Abruzzen", S. 608 ff.). Auf dem Gebiet des Nationalparks finden sich zahlreiche endemische Arten, deren kuriosestes Exemplar sicherlich der *Chirocephalus Marchesonii* ist: ein kleines Krustentier, das im Lago di Pilato auf fast 2000 m Höhe gerne immer wieder mal auftaucht und nur hier in diesem See vorkommt.

Die Nationalparkverwaltung hat diverse Informationsstellen eingerichtet, diese sog. **Case del Parco** sind allerdings meist nur in den Monaten Juli und August regelmäßig geöffnet (tägl. 9.30–12.30 und 16–19 Uhr), für generelle Informationen zum Thema Wandern/Mountainbiking kann man sich auch unter ✆ 0737/972711 an die Zentrale der Parkverwaltung wenden; hier werden auch ganztägige **Exkursionen** angeboten (ca. 12 € pro Person).

• *Straßenverhältnisse* Die Straße durch die Sibillinische Bergwelt ist durchgehend asphaltiert und bestens befahrbar, führt aber an höchster Stelle über einen Pass von 1543 m Höhe. Sie sollten damit rechnen, dass hier ab Ende Oktober Schnee liegen

In den Monti Sibillini – Blick auf Castelluccio

kann und die Straße unpassierbar wird. Das Gleiche gilt für die Zeit vor Mitte April.

- *Öffentliche Verkehrsmittel* Schwierig, eigentlich sogar unmöglich. Zwar gibt es einen Bus von Sarnano/Amandola bis Montemonaco und von Camerino nach Visso, jedoch keine Möglichkeit, mit dem Bus von Visso nach Montemonaco (oder umgekehrt) zu gelangen.
- *Tanken* Man braucht für die Sibillini-Rundfahrt bei weitem keine ganze Tankfüllung. Tankstellen findet man in Visso oder Montefortino.
- *Übernachten* Für die Rundfahrt sollte man mindestens 2 Tage einplanen, dazu bieten sich diverse Übernachtungsmöglichkeiten auf fast allen Abschnitten der Strecke an. **Achtung**: Besonders im Hochsommer ist die frische Luft in den Bergen bei Übernachtungsgästen beliebt, für diesen Zeitraum sollte man daher unbedingt reservieren. Zum Problem könnte es bei einigen Unterkünften werden, dass in der Hauptsaison manchmal nur wochenweise und/oder mit obligatorischer Halbpension vermietet wird.
- *Essen/Trinken* Deftige Wurst, Käse und Schinken kommen in der herben Bergregion auf den Tisch, zu Saisonzeiten gibt's auch Wild. Eine Spezialität sind auch Forellen.

Visso

(ca. 1.450 Einwohner)

Gut 30 km südlich von Camerino liegt Visso zwischen hoch aufragenden und dicht bewaldeten Bergen – ein ausgesprochen gemütlicher Ort.

Zentrum des von zwei Türmen überragten Ortes auf 600 m Höhe ist die schöne Piazza Capuzi mit Geschäften, Bar und Pizzeria, die praktisch in die Piazza Martiri Vissani übergeht. Hier befindet sich auch die *Collegiata Santa Maria* (12. Jh., aber mehrfach umgebaut), deren romanisches Portal von zwei eindrucksvollen Löwen bewacht wird. Im Inneren fällt ein großes Fresko aus dem 14. Jh. auf (dargestellt ist der heilige Christophorus), außerdem ein romanisches Taufbecken in der Taufkapelle.

Ein Abstecher ins nahegelegene **Ussita** am Fuß des eindrucksvollen Monte Bove (2112 m) lohnt vor allem im Sommer nur bedingt: ein zersiedelter Ort ohne Attraktionen. Von Ussita führt eine Straße nach ca. 9 km ins Skizentrum **Pian dell' Arco/Frontignano**, eines der bekanntesten Mittelitaliens.

• *Information* Visso ist der Hauptsitz der Nationalparkverwaltung der Monti Sibillini, die **Casa del Parco** befindet sich an der Piazza Capuzi. Sehr hilfsbereite Mitarbeiter, dazu umfassendes Informationsmaterial – für einen Besuch des Nationalparks sehr hilfreich, auch Exkursionen. Im Juli und August tägl. 9.30–12.30 und 16–19 Uhr geöffnet, ansonsten nur Sa/So 9.30–12.20 und 15.30–18.30 Uhr. ✆ 0737/95262.

• *Verbindungen* **Busse**, 6x tägl. nach Camerino, 7x Tolentino (z. T. umsteigen), 7x Caldarola, 6x Castelsantángelo sul Nera, 7x Ussita. 1-2x tägl. nach Foligno und Perugia in Umbrien sowie Rom und Ancona, alle zumeist aber mit Umsteigen in Maddalena bei Camerino. Haltestelle am Largo Corridoni, Fahrplan hängt aus, Tickets bei der Api-Tankstelle am Largo.

• *Übernachten* *** **Hotel Ristorante Elena**, relativ zentral nahe dem Largo Corridoni gelegen. Zimmer mit Bad und TV, EZ 55 €, DZ 70 €, Frühstück 5 € pro Person. Via Rosi 20, 62039 Visso, ✆/℻ 0737/95321.

• *Essen/Trinken* An der Piazza Capuzi gibt es eine **Pizzeria** und eine **Bar/Gelateria**, an der Piazza Martiri Vissani eine **Enoteca.** Besonders empfehlenswert ist auch die **Trattoria Da Richetta** an der Piazza Garibaldi 7 (der Platz vor der Porta Santa Maria): schmackhafte und bodenständige Küche, deftige Spezialitäten der Gegend, je nach Saison stehen auch Trüffel auf dem Programm. Typische ländliche Trattoria, günstig und gut, mittags und abends geöffnet, Mo geschlossen, ✆ 0737/79339.

• *Wandern* Ein Teilstück des großen Rundwanderweges durch die Monti Sibillini (*G.A.S.*) führt von Visso auf gut markierter, schöner Strecke hinauf zum *Santuario della Madonna di Macereto* auf einem Plateau in 998 m Höhe.

Castelsantángelo sul Nera

Nach rund 7 km Fahrt im schmalen Tal des Flusses Nera erreicht man den winzigen Ort mit romanischer Kirche und einigen idyllischen Ecken, ansonsten aber kaum Spektakulärem. Immerhin bietet sich hier eine gute Übernachtungsmöglichkeit:

** **Hotel dal Navigante**, schlichtes, aber sympathisches Haus mit Bar und beliebtem Ristorante (großer Speisesaal). Freundlicher Service, außerordentlich günstig: EZ 23 €, DZ 42 € (inkl. Frühstück), alle Zimmer mit Bad und TV. Im Ortsteil Nocelleto im Grünen gelegen (Nocelleto ist von Castelsantángelo aus beschildert, ca. 1 km).

Gualdo

Ein ausgesprochen idyllischer Ort am Hang, den man von Castelsantángelo über viele Serpentinen hinauf erreicht. Leider ist das einzige Restaurant von Gualdo (im oberen Ortsteil) nicht immer geöffnet und die schöne Kirche sogar meist verschlossen. Von Gualdo erreicht man – stetig und oft in Serpentinen bergauf – bald den *Passo di Gualdo* (oder *Forca di Gualdo*) auf 1496 m Höhe, von dem sich unvermittelt ein ganz herrliches Panorama auf die Ebene des *Piano Perduto*, die umliegenden Berge und Castelluccio eröffnet: einfach grandios.

• *Übernachten* **Hotel Ristorante La Fiorita**, am Spina di Gualdo auf 1300 m Höhe gelegen. Bar, Ristorante und Albergo mit netter Terrasse. Schon etwas älteres und einfaches Haus, liegt sehr einsam. Wer hier übernachtet, wird wahrscheinlich auch hier essen, die Zimmer werden ohnehin nur mit obligatorischer Halbpension vermietet: EZ 44 €, DZ 88 €. Etwa auf halber Strecke zwischen Guildo und Passo di Guildo links der Straße gelegen. Ganzjährig geöffnet, ✆ 0737/970064.

Camping Monte Prata, idyllischer Wald- und Wiesencamping, absolute Ruhe. Mit Bar, Mini-Markt und Tennisplatz. Nur im Sommer geöffnet (15.6.–15.9.), was bei einer Höhenlage von über 1200 m durchaus verständlich ist. Pro Person ca. 5 €, Stellplatz 9–10 €. Von Gualdo kommend, nach einer Kehre links ab, beschildert, das letzte Stück auf Schotter. Loc. Schianceto, ✆ 0737/970062.

Die Marken
Karte S. 523/529

Zum Ort **Castelluccio** s. im Kapitel „Umbrien" auf S. 347.

Weiterfahrt von Castelluccio: Von Castelluccio führt die Straße hinunter ins Piano Grande, das sich im Frühsommer in ein rotes Klatschmohnfeld verwandelt, weite Teile sind mit Linsenfeldern überzogen. Dazwischen weiden immer wieder Pferde oder Schafe, das Piano Grande zeichnet ein wirklich außergewöhnliches Bild von Mittelitalien.

Auf der Ebene geht es nun links ab Richtung Arquata del Tronto und Ascoli Piceno. Am Westhang des Monte Vettore (2476 m) entlang führt die Straße aus der Ebene heraus, und nach der Engstelle *Forca di Presta* auf 1543 m Höhe bietet sich bald wieder das gewohntere Bild der mittelitalienischen Gebirgswelt: felsige Berge und ein weiter Blick ins Tal ganz unten, dann durch lichten Wald. Kurz darauf bietet sich an der Abzweigung rechts ab ein Abstecher ins 6 km südlich gelegene **Arquata del Tronto** an (s. S. 607). Geradeaus weiter führt die Straße am Osthang des Monte Vettore entlang durch lichten Nadelwald nach **Montegallo**, einer für die Gegend relativ lebendigen Streusiedlung und einem Campingplatz.

Camping Vettore, am Eingang des Ortsteils Balzo auf der linken Seite oberhalb der Siedlung gelegen (beschildert). Moderne Campinganlage im kleinen Stil, Feriendorf-Ambiente, mit Ristorante. Moderne Einrichtung, allerdings nicht gerade lauschig. Es werden auch Bungalows vermietet. Pro Person 5 €, Stellplatz 8 €, Bungalows ca. 60 € (2–4 Personen). Auch Mountainbikeverleih. Geöffnet 1.5.–30.9., ✆ 0736/807007, www.campingvettore.it.

Von Montegallo führt die Straße zunächst hinunter ins Tal des Fluvione, dann noch einmal über einen Pass und ins Tal des Aso, bis es schließlich in vielen Serpentinen bergauf nach Montemonaco geht, das man schon von ferne auf dem Bergkamm liegen sieht.

Montemonaco

Herrliche Lage mit tollem Blick auf den Monte Sibilla (2175 m) und ins Tal – ein hübsches, kleines Bergdorf auf fast 1000 m Höhe mit einigen Lebensmittelgeschäften, der obligatorischen Bar, einem Pro-Loco-Büro, einem Informationszentrum des Nationalparks und zwei bescheidenen Hotels im Zentrum. Der Ort eignet sich auch gut als Ausgangspunkt für Wanderungen in den Monti Sibillini. Allerdings: Das touristische Angebot ist nicht unbedingt auf Anspruchsvolle zugeschnitten, mit dem Essen verhält es sich ähnlich.

Beim Spaziergang durch Montemonaco gelangt man schnell zum höchsten Punkt des Ortes, dem kleinen *Parco Comunale* und den beiden Kirchen (15. Jh.). Tagsüber spielt sich etwas Leben entlang der Hauptstraße ab, abends ist der Ort wie ausgestorben.

• *Verbindungen* **Bus**, werktags 1x tägl. nach Ascoli Piceno sowie 1x tägl. über Montefortino nach Amandola.

• *Übernachten* ** **Albergo Monti Azzurri**, an der Hauptstraße, frisch renoviert, freundliche Wirtsleute, mit Ristorante. Alle Zimmer mit Bad und TV, EZ 40 €, DZ 60 €, Frühstück inklusive. Via Roma 18, 63048 Montemonaco, ✆ 0736/856127.

* **Albergo Sibilla**, einfacher als das Carlini, nur 10 schlichte Zimmer mit Bad und TV. DZ 40 €, kein Frühstück. Abendessen für 10 € pro Person, einfacher Tischwein ist inbegriffen. Wenige Häuser vom Carlini entfernt, Via Roma 52, ✆ 0736/856144.

*** **Albergo Il Guerrin Meschino**, von Montemonaco Richtung Montegallo, dann rechts ab Richtung Foce und nach ca. 1,5 km (im Ortsteil Rocca) auf der rechten Seite. Eine der komfortableren Unterkünfte der Gegend, das DZ mit Bad kostet 52 €, das EZ 35 €. Mit Restaurant. Im August oft ausgebucht, man sollte frühzeitig reservieren! Fraz. Rocca, ✆ 0736/856218 oder 0736/856356.

* **Taverna della Montagna**, in Foce (5 km ab der Abzweigung, ausgeschildert). Oft von Wandergruppen belegt, daher ist im Sommer auch hier eine Reservierung ratsam. Mit Bar und Restaurant, DZ 45 €, EZ 30 €, alle Zimmer mit Bad. Mehr Rifugio als Hotel. Foce di Montemónaco, ✆ 0736/856327.

• Essen/Trinken In Montemonaco nur die beiden Hotelrestaurants, bodenständige Küche, nicht unbedingt für Gourmets.

Einige Kilometer von Montemonaco entfernt (Richtung Montegallo) befindet sich im Tal das Restaurant **Locanda della Trota**, Spezialität natürlich Forellen.

Montefortino

Auf der Strecke von Montemonaco nach Montefortino geht es auf kurviger Straße stetig bergab. Das sehenswerte Dorf auf 575 m Höhe mit Stadtmauer, Stadttor und engen mittelalterlichen Gässchen lädt unbedingt zu einem Erkundungsgang ein, man stößt hier sogar auf eine kleine Pinakothek (nur im Sommer geöffnet). Am höchsten Punkt des Ortes thront die *Chiesa San Francesco* (zuletzt wegen Restaurierung geschlossen). 7 km entfernt liegt in einem idyllischen Tal die Wallfahrtskirche *Santuario Madonna dell'Ambro* (s. u.).

• Verbindungen **Busse** 1x tägl. über Montemonaco nach Ascoli Piceno sowie 1x tägl. nach Amandola, an Sonntagen keine Verbindungen.

• Übernachten Drei Unterkünfte befinden sich auf dem Weg zur bzw. bei der Wallfahrtskirche Madonna dell'Ambro:

Locanda Sullavalle, links der Straße, mit Garten, komfortable und recht große Appartements mit Küchenecke und Bad, um 70 € am Tag (max. 4 Personen). ✆ 0736/859160, ℻ 0736/848585, www.residencesullavalle.com.

** **Albergo Ambro**, am großen Parkplatz der Wallfahrtskirche, recht schlichte Zimmer, absolute Ruhe, mit Bar und Restaurant. DZ mit Bad und obligatorischer Halbpension 60 €, EZ ca. 35 €. Februar bis Ende Oktober geöffnet. ✆ 0736/859170.

* **Da Peppinè**, schräg gegenüber und ebenfalls mit Bar und Restaurant. DZ mit Bad ab 40 €, EZ die Hälfte, Frühstück inkl. ✆ 0736/859171.

Camping Montespino, langgestreckter Platz in netter Lage (Blick auf Montefortino) etwas außerhalb. Ausreichend Schatten, Ristorante, Mini-Market und Bar, es werden auch einige Bungalows vermietet (30–50 €). Pro Person 4,50 €, Stellplatz ca. 6–7 €. Von Montemonaco aus wenige Kilometer vor Montefortino an der Straße, nicht zu verfehlen. Geöffnet 1.6.–30.9., ansonsten nur an Wochenenden. ✆ 0736/859238, ℻ 0736/859224, www.campingmontespino.it.

▸ **Santuario Madonna dell'Ambro**: Eine erste Wallfahrtskirche im beschaulichen Tal des Ambro wurde nach einer Marienerscheinung im Jahr 1073 gebaut, heute befindet sich hier eine überaus sehenswerte und reich ausgeschmückte Barockkirche aus dem 17. Jh. Nebenan ein kleiner Laden mit Pilgersouvenirs, die Kirche ist täglich von 7.30–12 und von 15.30–19.30 Uhr geöffnet, dreimal täglich findet eine Messe statt.

Wandern Ab der Kirche starten verschiedene Wanderwege (teilweise markiert): einmal ins schmale Tal des oberen Ambro oder aber die große Rundwanderung auf der Höhe oberhalb des Tals (Kartenmaterial im Souvenirshop der Kirche).

Amandola

(ca. 4.100 Einwohner)

Recht lebendiger Ort an der Ostseite der Berge auf nur noch 550 m Höhe. Amandola eignet sich als Standort für Ausflüge in die Monti Sibillini.

Das Leben spielt sich in Amandola an der Piazza Risorgimento mit der barocken *Porta San Giacomo* ab. Unter den Arkaden am Platz befindet sich eine Bar, von der sich hervorragend das Ortsgeschehen beobachten lässt. Im oberen Teil des Dorfes ist es dagegen sehr ruhig, ein Spaziergang hier hinauf führt – vorbei am *Kloster San Francesco* – zur ruhigen Piazza Umberto I. mit kleinem Park, Uhrturm (14. Jh.) und dem *Teatro Comunale.* Leider war auch Amandola vom Erdbeben des Jahres 1997 betroffen, sodass die äußerst sehenswerte *Klosterkirche San Francesco* (ursprünglich 12. Jh., im 17. Jh. umgebaut) mit ihrem Freskenzyklus aus dem 15. Jh. wegen Renovierung geschlossen ist. Das Gleiche gilt für das im Kloster untergebrachte *Museo Civilta Contadina.* Kirchenfreunde kommen in der *Chiesa Sant'Agostino* (14. Jh.) oberhalb der Piazza Risorgimento dennoch auf ihre Kosten: Hier findet sich u. a. ein Polyptychon von Carlo und Vittore Crivelli aus dem 15. Jh.

• *Information* **Touristeninformation** an der Piazza Risorgimento unter den Arkaden. Mitte Juni bis Anfang September an Wochenenden, im August tägl. geöffnet: 10.30–12.30 und 16.30–18.30 Uhr.

Casa del Parco, von der Piazza Risorgimento die Via Indipendenza hinauf, nach 150 m auf der rechten Seite. Nur 1.7.–31.8. tägl. 9.30–12.30 und 16–19 Uhr geöffnet. Via Indipendenza 73, ✆ 0736/848598.

• *Verbindungen* **Busse** ab Piazza Risorgimento, 2x tägl. Rom, 5x Ascoli Piceno (über Montefortino, Montemonaco, Montegallo, Arquata del Tronto), 7x Sarnano. Tickets in der Bar Risorgimento oder im Bus.

• *Übernachten* **Bed & Breakfast Il Palazzo**, Übernachtungstipp für die Gegend. Oberhalb der Piazza in der Via Indipendenza gelegen, geschmackvolles Interieur in einem alten Palazzo, moderne Bäder. EZ 40 €, DZ 80 €, Dreier 110 €, Frühstück ist inklusive. Es gibt auch einen Mountainbikeverleih (8 €/Tag). Via Indipendenza 59–61, 63021 Amandola, ✆ 0736/847082, www.palazzopecci.com.

Sarnano

(ca. 3.500 Einwohner)

In dem kleinen Kurort auf 536 m Höhe ist vom Gebirgsflair der Monti Sibillini kaum noch etwas zu spüren. Im modernen Stadtteil von Sarnano befinden sich auch die Thermalquellen des Ortes. Im alten Borgo scheint dagegen die Zeit stehen geblieben zu sein. Gleich beim Betreten durch das altes Stadttor *Brunforte* stößt man auf das ehemalige *Convento San Francesco,* heute der *Palazzo Comunale,* in dem die drei kleinen Museen des Ortes untergebracht sind. Nebenan, in der *Chiesa San Francesco,* kann man sich die herrliche „Madonna adorante il Bambino“ von Vittore Crivelli anschauen. Die interessantesten Bauwerke der Stadt befinden sich am höchsten Punkt des Ortes, der Piazza Alta: der *Palazzo Podestà,* der *Torre Civica,* der *Palazzo dei Priori* und die *Chiesa Santa Maria Assunta* (13. Jh.) mit eindrucksvollem gotischem Portal, in deren Innenraum zahlreiche Fresken meist aus dem 14. Jh. zu bewundern sind. Alles etwas glattrenoviert.

• *Information* **I.A.T.** am Largo Enrico Ricciardi 1, beschildert, oberhalb der Piazza della Libertà am Rand des Centro storico. Im Sommer Mo–Sa 9–13 und 15.30–18.30 Uhr geöffnet, So geschlossen. ✆ 0733/657144. Hier hängt auch ein Busfahrplan aus.

• *Verbindungen* **Busse** fahren am oberen Ende der Piazza della Libertà ab, Tickets im Bus. 7x tägl. Amandola, 12x Macerata.

• *Essen/Trinken* **Ristorante Il Vicolo**, gegenüber dem Palazzo Comunale unten am Stadttor. Mit Garten, hervorragende Küche zu angemessenen Preisen, probieren Sie eines der Wildschweingerichte. Mittags und abends geöffnet (außerhalb der Hochsaison Di geschlossen). Via Brunforte 191/A, ✆ 0733/658565.

San Ginesio

(ca. 4.500 Einwohner)

Ab Sarnano geht es auf der N 78 am Fluss Fiastrella entlang in nördliche Richtung nach Macerata. Bevor man nach der idyllischen Ruhe in den Monti Sibillini hinter sich lässt, sollte man unbedingt noch einen Abstecher nach San Ginesio machen:

Allein der herrliche Blick auf die Monti Sibillini lohnt einen Zwischenstopp in dem mittelalterlichen Ort – nicht ganz zu Unrecht nennt sich San Ginesio selbstbewusst „Balkon der Sibillini". Aber auch in dem Städtchen gibt es durchaus Sehenswertes: z. B. die *Porta Picena* (14. Jh.) und gleich daneben das *Pilgerhospital* (15. Jh.) mit eleganter Loggia. An der Piazza Gentili im Zentrum kann man die eindrucksvolle gotische *Collegiata* aus dem frühen 15. Jh. kaum übersehen, und natürlich gibt es auch hier eine *Pinacoteca* mit durchaus beachtenswerter Gemäldesammlung.

- *Information* **Pro Loco** im Zentrum, Corso Gentili 4, ✆ 0733/656014.
- *Verbindungen* Mehrmals täglich **Busse** nach Macerata und Tolentino.
- *Übernachten* *** **Albergo Centrale**, empfehlenswertes Hotel mit Ristorante an der zentralen Piazza Gentili. Nur 10 Zimmer, freundlicher Service, angenehme Einrichtung, ansprechendes Restaurant, günstig: DZ mit Bad und TV 55 €, EZ 36 €, Frühstück ist inbegriffen. Piazza A. Gentili 10, 62026 San Ginesio, ✆ 0733/656832, ℻ 0733/652119.

In San Ginesio

Die südliche Küste der Marken

Porto Sant'Elpidio/Sant'Elpidio a Mare

Porto Sant'Elpidio am Meer bietet einen nicht allzu breiter Kiesstrand, einen alten Wehrturm aus der Zeit der Piratenüberfälle im 16. Jh. und Schuhfabriken – ansonsten gibt es über die 20.000 Einwohner-Stadt kaum Nennenswertes zu berichten. Der Ort ist ein beliebtes Ziel für Camper.

Wesentlich sehenswerter und historisch interessanter ist der 10 km landeinwärts auf rund 250 m Höhe gelegene Ort Sant'Elpidio a Mare mit nettem Centro storico. Durch die *Porta Marina* (das „Tor zum Meer") gelangt man zur zentralen Piazza Matteotti, an der die wichtigsten Bauwerke des Ortes zu sehen sind: der wuchtige *Turm der Cavalieri Gerosolimitani* aus dem 14. Jh., daneben die reich ausgeschmückte *Chiesa Maria della Misericordia* (Ende 16. Jh.) und die *Kollegiatskirche* (ursprünglich 14. Jh.), die Mitte des 17. Jh. ausgebaut wurde und in deren Innerem sich ein römischer Sarkophag aus dem 3. Jh. befindet, dessen gut erhaltenes Relief eine Löwenjagd zeigt.

- *Information* **Ufficio Turistico** auf dem Corso Baccio 32, im Sommer tägl. 9–13 und 16–20 Uhr geöffnet, Mi nur nachmittags. ✆ 0734/810008.
- *Verbindungen* Der regionale **Bummelzug** auf dem Weg nach Ancona bzw. Pescara (Abruzzen) hält ca. 7x täglich auch in Porto Sant'Elpidio. **Busse** von Porto Sant'Elpidio nach Sant'Elpidio a Mare.
- *Camping* **La Risacca**, Villaggio Turistico, ca. 1 km nördlich am Kiesstrand. Komfortabler Platz mit Bar, Ristorante, Mini-Mar-

Die Marken
Karte S. 528/529

ket, Pool mit Rutsche, Tennisplatz, Boccia, Wassersport. Pro Person 6 €, Stellplatz 12 €, Bungalow für 4 Personen ca. 90 €, für 6 Personen um 115 €. Mai–September geöffnet, Via Gabbie 6, 63018 Porto Sant'Elpidio, ✆ 0734/991423, 📠 997276, www.larisacca.it.

Le Mimose, am südlichen Ortsrand, ähnliches Niveau wie La Risacca (auch preislich), auch hier Bungalows. Geöffnet Mai–Sept., Via Faleria 15, ✆ 0734/993379 oder 0734/900604, 📠 0734/992958.

Porto San Giorgio

(ca. 15.500 Einwohner)

Ein typischer Adria-Badeort mit breitem Sandstrand und langgestreckter, erfreulicherweise autofreier Uferpromenade. Zwischen mäßig attraktiven Zweckbauten tauchen immer wieder Palmen und Pinien sowie gepflegte Häuser der vorletzten Jahrhundertwende und prächtige Villen im Art-nouveau-Stil auf – damals gehörte Porto San Giorgio zu den schickeren Seebädern der Adria. Etwas südlich liegt der große Yachthafen. Wer im Juli in der Gegend ist, sollte sich die *Sagra del Pesce* nicht entgehen lassen: Gebrutzelt wird der Fisch in einer riesiger Pfanne, vor der die Köche wie Liliputaner wirken (genaue Termine bei der I.A.T.).

• *Information* **I.A.T.** in der Via Oberdan (Nähe Bahnhof). ✆ 0734/678461.

• *Verbindungen* Gute **Zugverbindungen**: ca. 8x tägl. nach Ancona und (meist mit Halt in Cupra Marittima und Grottammare) nach San Benedetto del Tronto, die meisten Züge fahren weiter nach Giulianova und Pescara. Bahnhof in Zentrum.

Busse ca. halbstündlich ins 7 km landeinwärts gelegene Fermo, außerdem ca. stündlich mit dem Küstenbus in südliche Richtung über Cupra Marittima und Grottammare nach San Benedetto del Tronto bzw. in nördliche Richtung über Porto Sant'Elpidio nach Civitanova Marche.

• *Übernachten* **** **Hotel Garden**, wenige Schritte zum Strand, komfortabel und mit nettem Garten. Zimmer mit Bad, TV, Aircon., EZ 72 €, DZ 109 €, Frühstück inkl. Via Battisti 6, 63017 Porto San Giorgio, ✆ 0734/679414, 📠 0734/676457.

*** **Hotel Piceno**, am Meer, relativ günstig, freundlicher Service. Die Zimmer sind mit Bad, Balkon und TV ausgestattet, DZ 65 €, Frühstück inbegriffen. Nur wenige Minuten nördlich vom Bahnhof am Lungomare. Via Nazario Sauro 32, ✆ 0734/678001, 📠 0734/677860.

Camping La Capannina, am südlichen Ortsrand zwischen Bahngleisen und Strand gelegen, Villaggio Turistico mit entsprechender Ausstattung. Pro Stellplatz bis max. 4 Personen um 30 €, Bungalow ab 70 €. Geöffnet Juni–Sept., Via San Martino 3, ✆ 0734/677003, 📠 0734/678644.

• *Essen/Trinken* Eines der besten Lokale der Stadt liegt am Hügel über dem Meer: **Damiani & Rossi**. Schöner Blick, nettes Ambiente, guter Service. Nur abends und sonntagmittags geöffnet, Via della Misericordia 1, ✆ 0734/674401.

Fermo

(ca. 35.000 Einwohner)

Eine Schönheit auf dem Hügel, bei der man die wenig ansprechende Peripherie außer Acht lassen sollte – wie bei so vielen Städten der Region. Dagegen das Centro storico: Mittelalter und Renaissance pur, dazu eine herrliche Piazza.

Am höchsten Punkt der Stadt thront auf 321 m der Dom, umgeben von einem kleinen Park nebst Aussichtsterrasse, von der man einen wahrlich erhabenen Blick auf die idyllische Landschaft und zum Meer hin genießt. Das urbane Leben spielt sich aber unterhalb an der wunderschönen Piazza del Popolo ab: ein malerischer Platz mit Arkadengängen, in deren Cafés es sich hervorragend aushalten lässt. Neben der eleganten *Loggia di San Rocco* (1528) fallen am unteren Ende der Piazza del Popolo vor allem zwei Gebäude ins Auge: der *Palazzo degli Studi* (16./17. Jh.), Sitz der alten Universität von Fermo, und der *Palazzo dei Priori* (1590) mit der Statue von Papst

Sixtus V., der aus dem wenige Kilometer südlich gelegenen Ort Grottammare stammte und von 1571 bis 1577 Bischof von Fermo war.

Einen Rundgang durch die Altstadt beginnt man am besten am unteren Ende der Piazza del Popolo. Von dort geht es dann über den Corso Cefalonia (vorbei am eindrucksvollen *Palazzo Azzolino*) und den anschließenden Corso Cavour (gleich an dessen Anfang der *Torre Mateucci* aus dem 13. Jh.) mit seinen herrschaftlichen Patrizierhäusern zur *Chiesa Sant'Agostino*. Die Kirche stammt ursprünglich aus dem 13. Jh., wurde aber mehrfach umgebaut, zuletzt Mitte des 18. Jh. Im Inneren sind noch zahlreiche Fresken aus dem 13.–15. Jh. erhalten. Die vermutlich älteste Kirche Fermos, *San Zenone* (1171), befindet sich am Largo Fogliani ein Stück oberhalb.

Verlässt man die Piazza del Popolo am anderen Ende, gelangt man über die Via Mazzini und vorbei am *Teatro L'Aquila* aus dem Jahr 1790 hinauf zum Piazzale del Girfalco mit dem *Duomo*. Unbedingt einen Besuch wert sind auch die römischen Zisternen nur wenige Schritte von der Piazza del Popolo entfernt. Wer am 15. August in der Gegend ist, sollte sich auf jeden Fall auch den *Palio dell'Assunta* (Reiterspiele in mittelalterlichen Kostümen) anschauen!

• Information **I.A.T.**, Piazza del Popolo 1 (Palazzo dei Priori), im Sommer tägl. 10–13 und 15.30–19.30 Uhr geöffnet, So geschlossen. ✆ 0734/217140 oder 0734/284327.

• Verbindung Ca. halbstündl. **Busse** nach Porto San Giorgio, 6x nach Porto Sant'Elpidio, 1x nach Torre di Palme, außerdem 8x tägl. nach Macerata, 6x nach Amandola (Monti Sibillini) und 2x tägl. über Cupra Marittima, Grottammare und San Benedetto del Tronto nach Ascoli Piceno, der Bus fährt weiter nach Rom.

• Parken In der Regel ausreichend gebührenpflichtige Parkplätze um das Centro storico, ebenso am Piazzale Girfalco am höchsten Punkt der Stadt.

• Übernachten *** **Astoria**, nur wenige Schritte von der Piazza del Popolo, solide Mittelklasse, mit Parkplatz. Schöne Aussicht, EZ mit Bad, TV und Aircon. 60 €, DZ 90 €, Frühstück inbegriffen. Viale V. Veneto 8, 63023 Fermo, ✆ 0734/228601, ℻ 0734/228602. Angeschlossen ist ein empfehlenswertes Hotelrestaurant.

*** **Casina delle Rose**, weiter oberhalb bei Dom und Park, freundlicher Service. EZ 50 €, DZ 73 €, alle Zimmer mit Bad und TV, Frühstück ist im Preis inbegriffen. Via Girfalco 16, ✆/℻ 0734/228932.

• Essen/Trinken **L'Enoteca – Bar a Vino**, angenehmes Lokal an der Piazza del Popolo, auch für den kleineren Hunger geeignet, es gibt aber auch ein Degustationsmenü für ca. 20 € und den einen oder anderen guten Tropfen aus den Marken. Mittags ab 12 Uhr bis spätabends geöffnet, Mo geschlossen (nicht in der Hochsaison). Piazza del Popolo 39.

Cupra Marittima (ca. 4.000 Einwohner)

Die Marken
Karte S. 528/529

Der Ort besteht aus einen modernen Teil am Meer mit einem guten Dutzend Hotels sowie einigen Campingplätzen und einem malerischen historischen Zentrum oben am Hügel (Cupra Alta). Cupra war der Name einer picenischen Göttin, die man hier in einem Tempel auf dem Berg verehrte. Ein Ausflug die steilen Gassen hinauf in den mittelalterlichen Ortsteil lohnt wegen einiger gut erhaltener Bauwerke (meist 15. Jh.) und wegen des *Museo Archeologico del Territorio* mit zahlreichen Funden aus der Umgebung (nur im Sommer ab spätnachmittags geöffnet, ✆ 0735/778561). Im modernen Cupra Marittima befindet sich das *Museo Malacologico* mit über einer halben Million ausgestellten Muscheln aus aller Welt (Via Adriatica Nord 20, im Sommer tägl. 16–22.30 Uhr geöffnet, Eintritt 6 €, Kinder und Studenten die Hälfte).

• Information **I.A.T.** an der Piazza della Libertà im Zentrum, im Sommer tägl. 9–13 und 16–20 Uhr geöffnet, ✆ 0735/779193.

• Verbindungen Der regionale **Bummelzug** auf dem Weg nach Ancona bzw. Pescara (Abruzzen) hält ca. 7x täglich auch in Cupra

Marittima. Von hier in nördliche Richtung nach Porto San Giorgio und gen Süden nach Grottammare und San Benedetto del Tronto (dort umsteigen nach Ascoli Piceno).

Busse ca. stündlich ab Zentrum nach Porto San Giorgio und die Küste hoch bis Civitanova Marche), ebenfalls etwa stündlich in südliche Richtung nach Grottammare und San Benedetto del Tronto.

• *Übernachten* 15 Hotels listet die A.P.T., die meisten am Meer, z. B.:

*** **Hotel Cristal**, nur über die Uferstraße zum Strand, 7-stöckiger Bau mit Pool und kleinem Garten, recht nettes Strandhotel, nicht vom Gebäude abschrecken lassen. Zimmer mit Bad, Balkon, TV und Aircon., DZ mit obligatorischer Halbpension (nur in der Hochsaison) 115 €. Viale Romita 26, 63012 Cupra Marittima, ✆/℻ 0735/777942.

** **Hotel Luciana**, sympathisches, kleines Familienhotel (nur 15 Zimmer) am ziemlich schmalen Strand, Zimmer mit Bad und TV, das DZ inkl. Frühstück kostet 92 €, Strandausrüstung (Liegestühle und Sonnenschirm) inkl. Via N. Sauro 52, ✆/℻ 0735/777162.

• *Camping* Empfehlenswert z. B. der Camping **Terrazzo sul Mare** etwas nördlich und ca. 300 m vom Meer, dafür in schöner Terrassenlage (✆ 0735/777859, ℻ 0735/777191), oder aber auch **Verde Cupra** 1 km westlich, ebenfalls in Panoramalage (ganzjährig, ✆/℻ 0735/777666). Das Preisniveau ist generell etwas höher, die meisten Plätze sind von Mai–September geöffnet, Bungalows werden bei fast allen Campingplätzen vermietet (im Sommer nur wochenweise).

• *Essen/Trinken* Gut 1 km außerhalb von Cupra Marittima kommt man zur **Oasi degli Angeli**, einem wirklich sehr schönen Bauernhof. Auf den Tisch kommen fast ausschließlich Erzeugnisse aus eigener Produktion, das Ganze ziemlich günstig und sehr frisch. Leider nur am Wochenende (Fr–So jeweils abends, So auch mittags) geöffnet. Contrada Sant'Egidio 50, ✆ 0735/778569.

Grottammare (ca. 11.000 Einwohner)

„La Perla dell'Adriatico", wie sich Grottammare selbst nennt, ist ein ansprechender Badeort mit Palmenpromenade und viel Grün, einigen schönen Villen am Meer und einem gepflegten Strand, der seit einigen Jahren regelmäßig mit der *Bandiera Blu* für besondere Sauberkeit und Umweltverträglichkeit ausgezeichnet wird. Dementsprechend herrscht an der breiten Uferpromenade mit zahlreichen Hotels und den angrenzenden Strandbädern ziemlich viel Trubel. Wer dem entfliehen möchte, sollte sich unbedingt in den mittelalterlichen Ortsteil (Monte Castello) auf der Anhöhe hinter dem modernen Zentrum hinaufbegeben und hier in idyllischer Atmosphäre am besten auch gleich zu Abend essen – es lohnt sich.

• *Information* **Ufficio Informazioni** im Zentrum, Piazza Fazzini, im Sommer tägl. 9–13 und 16–20 Uhr geöffnet, ✆ 0735/631087; außerdem in der Via Pasoli 26 (gleiche Öffnungszeiten), ✆ 0735/583166.

• *Verbindungen* Der **Regionalzug** auf dem Weg nach Ancona bzw. Giulianova/Pescara (Abruzzen) hält ca. 7–8x täglich auch in Grottammare. Von hier in nördliche Richtung über Cupra Marittima nach Porto San Giorgio; in südliche Richtung nach San Benedetto del Tronto (dort umsteigen nach Ascoli Piceno).

Busse ca. stündlich an der Küste entlang nach Cupra Marittima und Porto San Giorgio (bis Civitanova Marche), ebenfalls etwa stündlich in südliche Richtung nach San Benedetto del Tronto, außerdem 8x täglich nach Ripatransone.

• *Übernachten* Grottammare hat an die 30 Hotels (ein bis vier Sterne) zu bieten, sodass jeder das Passende für Geschmack und Geldbeutel findet. Eine kleine Auswahl:

**** **Parco dei Principi**, gehobenes Hotel am Meer, modernes Gebäude mit Pool und Liegewiese, gepflegter Strandabschnitt, Tennisplatz, Fahrradverleih. 54 überaus komfortable Zimmer, alle mit Bad, Balkon (Meerblick), Aircon. und Sat-TV, DZ mit obligatorischer Vollpension (gilt für den Monat August) 184 €. Lungomare De Gasperi 70, 63013 Grottammare, ✆ 0735/735066, ℻ 0735/735080.

*** **Villa Helvetica**, nette Villa der vorletzten Jahrhundertwende, jüngst renoviert, ca. 150 m vom Meer, relativ zentral, alle Zimmer mit Bad, TV und Aircon., die Einrichtung ist allerdings Geschmacksache, ganzjährig geöffnet, DZ mit Frühstück 90 €, mit

Halbpension 140 €, EZ ca. jeweils die Hälfte. Via Salvi 1, ✆ 0735/631293, 📠 0735/735491.

*** **Caraibi**, hellblaues Gebäude am Meer, typisches Strandhotel, aber durchaus empfehlenswert. Im August leider nur mit obligatorischer Vollpension zu buchen, DZ 150 €, Strandservice inkl. Ansonsten kostet das DZ mit Frühstück 70 €, im Juli mit obligatorischer Halbpension 110 €. Alle Zimmer mit Bad, Balkon, TV und Aircon. Lungomare De Gasperi 166, ✆/📠 0735/582157. Ganzjährig geöffnet.

** **Velia**, günstige Übernachtungsmöglichkeit in Grottammare, fünfstöckiger Bau am Meer mit Garten und Terrasse, Zimmer mit Bad und Balkon, DZ 65 €, EZ 55 €, Frühstück inkl. Lungomare De Gasperi 10, ✆ 0735/633541, 📠 0735/633542.

Darüber hinaus gibt es auch noch den **Campingplatz Don Diego** (am Meer, 1 km südlich), ✆ 0735/583266, 📠 0735/583166, www.campingdondiego.it.

• *Essen/Trinken* Zwei überaus empfehlenswerte Restaurants im alten Ortsteil:

Osteria dell'Arancio, an der malerischen kleinen Piazza Peretti gelegen (mit Terrasse), hervorragende Küche, allerdings nicht ganz billig, aber durchaus den Preis wert. Nur abends geöffnet, Mi geschlossen. ✆ 0735/631059.

Locanda Borgo Antico, ein wenig von der Osteria dell'Arancio entfernt. Von den Tischen in der Gasse schöner Meerblick, mindestens genauso empfehlenswert wie die Osteria dell'Arancio und etwas günstiger. Ebenfalls nur abends geöffnet (und Sonntagmittag), Di geschlossen. Via Santa Lucia 1, ✆ 0735/634357.

San Benedetto del Tronto (ca. 45.000 Einwohner)

Der größte und bekannteste Badeort der Marken besitzt auch einen bedeutenden Fischereihafen mit Werften und Fisch verarbeitender Industrie.

An der über 2 km langen Uferpromenade zählt man etwa 7000 Palmen, außerdem wachsen hier Oleander und Pinien, dahinter finden sich einige Parkanlagen und Villen aus der Zeit des noblen Seebades an der Wende vom 19. zum 20. Jh. Das Meer lockt mit einem feinsandigen und breiten Strand, der sich etwa 8 km weit nach Norden und Süden erstreckt und nur vom Hafen im Zentrum unterbrochen wird. Der südliche Strandabschnitt (hier auch die meisten Hotels) ist dem nördlichen vorzuziehen. Das ältere Zentrum von San Benedetto liegt einige hundert Meter landeinwärts leicht erhöht hinter dem Corso Mazzini. Hier befindet sich der *Torre dei Gualtieri* aus dem 14. Jh., eines der ältesten erhaltenen Bauwerke der Stadt, die bereits in römischer Zeit ein wichtiger Handelsplatz und Hafen war.

Etwas Abwechslung vom Strandleben bietet das *Meeresmuseum „Augusto Cariotti“* (*Museo Ittico*) beim Fischmarkt und Hafen (geöffnet 9–12 Uhr und 15.30–19 Uhr, So geschlossen).

• *Information* **I.A.T.**, Viale delle Tamerici 5, ✆ 0735/592237, tägl. 9–13 und 15–19 Uhr, in der Hochsaison länger.

• *Verbindungen* Mindestens 10x tägl. **Züge** die Küste hoch nach Ancona (Regional- und Lokalzüge halten in fast jedem Ort auf der Strecke), außerdem gute Verbindungen nach Pescara (Abruzzen) sowie ca. 10x tägl. nach Ascoli Piceno (35 Min., dem Bus vorzuziehen!). Bahnhof im Zentrum zwischen Corso Mazzini und Hafen.

Busse, hervorragende Verbindungen, von 6–23 Uhr ca. halbstündlich nach Ascoli Piceno, außerdem etwa stündlich die Küste hinauf über Grottammare, Cupra Marittima, Torre di Palme, Porto San Giorgio und Porto Sant'Elpidio bis nach Civitanova Marche, mind. 10x tägl. nach Acquaviva Picena, 8x nach Ripatransone und 7x tägl. nach Offida.

• *Übernachten* Die Auswahl ist gigantisch: 116 Hotels im Ein- bis Vier-Sterne-Bereich (die meisten drei Sterne), aber nur ein Campingplatz. Im Juli und August ist man in fast allen Häusern zumindest zur Halbpension verpflichtet. Ein Tipp:

*** **Hotel Progresso**, am südlichen Strandabschnitt gelegen, schöne Villa an der Uferstraße, Zimmer mit Bad und TV, Parkplatz, das EZ kostet 50 €, das DZ 78 € (mit Frühstück), im August allerdings nur mit obligatorischer Halbpension: DZ 150 €, EZ 87 €. Viale Trieste 40, 63039 San Benedetto

Karte S. 528/529

del Tronto. ✆ 0735/83815, 📠 0735/83980.

Camping Seaside, einziger Platz am Ort, klein, schlicht und relativ ruhig, nur ca. 100 m vom Meer. Pro Person ca. 6 €, Stellplatz 9–13 €. Juni bis September geöffnet, Via dei Mille 127, ✆ 0735/659505, 📠 0735/655325.

• Essen/Trinken **Trattoria Lelii**, einfaches Fischrestaurant beim Bahnhof, relativ preiswert, So geschlossen. Via Roma 81.

Trattoria del Molo Sud, eher einfach, ebenfalls auf Fisch und Meeresfrüchte spezialisiert (was sonst in San Benedetto), vielleicht der richtige Ort, um die regionstypische Fischsuppe *brodetto* zu probieren. Günstig. Mittags und abends geöffnet (für abends reservieren), Viale delle Tamerici 15, ✆ 0735/587325.

Messer Chichibio, im Zentrum (nahe der Piazza Matteotti), teurer als die anderen, selbstverständlich wird auch hier überwiegend Fisch serviert, wofür das Lokal einen ausgezeichneten Ruf genießt. Mittags und abends geöffnet, Mo geschlossen, Via L. Tiepolo, ✆ 0735/584001 (Reservierung im Sommer unerlässlich!).

Umgebung von San Benedetto del Tronto

Acquaviva Picena: Das ruhige und beschauliche Mittelalterdorf (ca. 3.000 Einwohner) auf über 350 m Höhe liegt rund 8 km westlich von San Benedetto. Dominiert wird der Ort von seiner mächtigen Rocca aus dem 14./15. Jh., von der sich ein herrlicher Weitblick bietet. Busse verkehren etwa 7x tägl. von San Benedetto del Tronto nach Acquaviva Picena und weiter nach Offida.

Im Tal des Tronto nach Ascoli Piceno

Das eigentlich recht anmutige Tal des Tronto zwischen den vielen Hügeln wird leider durch die beiden viel befahrenen Straßen nach Ascoli Piceno verunziert. Früher verlief im Tronto-Tal übrigens die römische Handelsstraße *Via Salaria*. Wer sich von San Benedetto del Tronto in die Provinzhauptstadt begibt, sollte ungefähr auf halber Strecke rechts ab einen Abstecher in das hübsche Hügelstädtchen Offida unternehmen.

Offida (ca. 5.500 Einwohner)

Das reizvolle Städtchen liegt nördlich des Tronto-Tals auf einem Hügel und ist in der Region vor allem für seine Spitzen bekannt, den flinken Klöpplerinnen hat man im Ort sogar ein Denkmal gewidmet. Dabei hat Offida auch eine wunderschöne, ruhige und höchst idyllische Altstadt mit zahlreichen historischen Bauwerken, ein interessantes archäologisches Museum sowie den fast schon obligatorischen Panoramablick auf die umliegende Hügellandschaft zu bieten.

Mittelpunkt des Centro storico ist die Piazza Vittorio Emanuele II., an der der repräsentative *Palazzo Comunale* (15. Jh.) mit eleganter Loggia zu bewundern ist (im Innenhof das *Teatro Serpente Aureo* aus dem frühen 19. Jh.). Nur wenige Schritte entfernt (in der Via Roma 17) befindet sich das *Museo Archeologico „Guglielmo Allevi"*, in dem eine umfangreiche und sehenswerte Sammlung prähistorischer, picenischer und römischer Funde aus der Umgebung präsentiert wird (tägl. 10–12.30 und 16–19.30 Uhr geöffnet, Eintritt ca. 2 €, ✆ 0736/888609). Weiter auf der Via Roma stößt man schließlich auf die etwas außerhalb stehende *Chiesa di Santa Maria della Rocca* im romanisch-gotischen Stil, die hier Anfang des 14. Jh. von Benediktinermönchen gebaut wurde.

• Information **Ufficio Turistico** auf dem Corso Serpente Aureo 79, ✆ 0736/889381.

• Verbindungen 7x täglich **Busse** via Acquaviva Picena nach San Benedetto del Tronto, außerdem 4x tägl. nach Ascoli Piceno.

Ascoli Piceno

(ca. 54.000 Einwohner)

Zwei Worte sagen alles: La Piazza. Um den vermutlich schönsten Platz Mittelitaliens schnell zu erreichen, sollte man die triste Peripherie samt Blechlawinen links liegen lassen und sich ohne Umwege in die malerische Altstadt von Ascoli begeben.

Das Centro storico der Provinzhauptstadt liegt auf einem Plateau zwischen den beiden Flüssen Tronto und Castellano, die östlich der Altstadt zusammenfließen. Travertinstein, leider oft schon ziemlich schwarz, dominiert das Zentrum mit seinen vielen hochkarätigen Sehenswürdigkeiten, von denen die *Piazza del Popolo* zweifelsohne herausragend ist: einer der schönsten und harmonischsten Plätze in Italien. Hier spielt sich – vor allem am Abend – ein großer Teil des urbanen Lebens in Ascoli ab. Hauptstraße der Altstadt ist der von Geschäften gesäumte Corso Mazzini, der schon in römischer Zeit die Hauptachse der Stadt war.

Doch sollte man bei aller Begeisterung für die Piazza die anderen Sehenswürdigkeiten Ascolis nicht außer Acht lassen: der Dom und seine Piazza, die vielen meist romanischen Kirchen, einige römische Überreste und drei Museen.

Wer sich auf einen Streifzug durch die Altstadt macht, findet im nördlichen Teil zwei sehr sehenswerte mittelalterliche Straßen: die *Via Solestà* und die *Via Soderini.* Überhaupt wechseln sich im Zentrum die geradlinigen Straßen der alten Römerstadt mit mittelalterlichen Gässchen und noch einigen erhaltenen Geschlechtertürmen ab, dazwischen finden sich aber auch bauliche Zeugnisse der Renaissance und des Barock. Immer wieder stößt man auf Brücken, die über den Tronto in die Neustadt führen: diesen Teil Ascolis können Sie sich allerdings getrost sparen.

Information/Verbindungen/Diverses

• *Information* **I.A.T.** im Palazzo dei Capitani dol Popolo an der Piazza del Popolo. Stadtpläne und Prospektmaterial zur gesamten Region, Mo–Fr 8.30–13.30 und 15–19 Uhr, Sa 9–13 und 15–19 Uhr, So nur vormittags 9–13 Uhr geöffnet. ✆ 0730/253045.

• *Verbindungen* **Züge** mind. 10x tägl. nach San Benedetto del Tronto, einige fahren weiter bis Ancona. Vom Bahnhof ins Zentrum ca. 800 m über den Ponte Maggiore (oder Stadtbus 2 und 3).

Busse von 6–23.30 Uhr ca. halbstündlich nach San Benedetto del Tronto, 12x tägl. nach Acquasanta Terme, 8x nach Arquata del Tronto, 4x nach Offida, 2x nach Fermo (via San Benedetto del Tronto, Grottammare und Cupra Marittima), des Weiteren besteht 4x tägl. (1x davon nachts) eine Busverbindung nach Rom (Fahrtdauer 3 Std.). Abfahrt am Viale Gasperi (hinter dem Dom) und/oder vom Bahnhof. Information unter ✆ 0736/263053.

Taxis am Bahnhof (✆ 0736/42444) oder im Zentrum in der Via XX. Settembre (✆ 0736/259084).

• *Feste* **Palio della Quintana**, die Reiterwettspiele von Ascoli Piceno findet alljährlich am ersten Sonntag im August statt. Die halbe Stadt wirft sich aus diesem Anlass in mittelalterliche Kluft, der Wettkampf selbst findet nach den strengen Regeln des Jahres 1377 statt. Dabei treten die sechs Stadtviertel zum Lanzenstechen gegeneinander an, eingestochen wird auf eine schwarze Puppe, den „Moro“, der vermutlich als Symbol für die an der hiesigen Küste einfallenden Sarazenen des 9. Jh. steht. Begleitet wird das populärste Fest in Ascoli von viel Rummel bis spät in die Nacht. Unbedingt sehenswert.

Am Faschingswochenende findet der berühmte **Carnevale von Ascoli** statt.

• *Einkaufen* Die **Gastronomia Migliori** ist eine der besten Adressen, wenn es um Feinkost geht. Hier gibt es auch die berühmten *olive all' ascolana* (s. u.) in allen möglichen Variationen. Außerdem Wein, Salami, Schinken, Käse etc. Piazza Arringo 2.

Die Marken
Karte S. 528/529

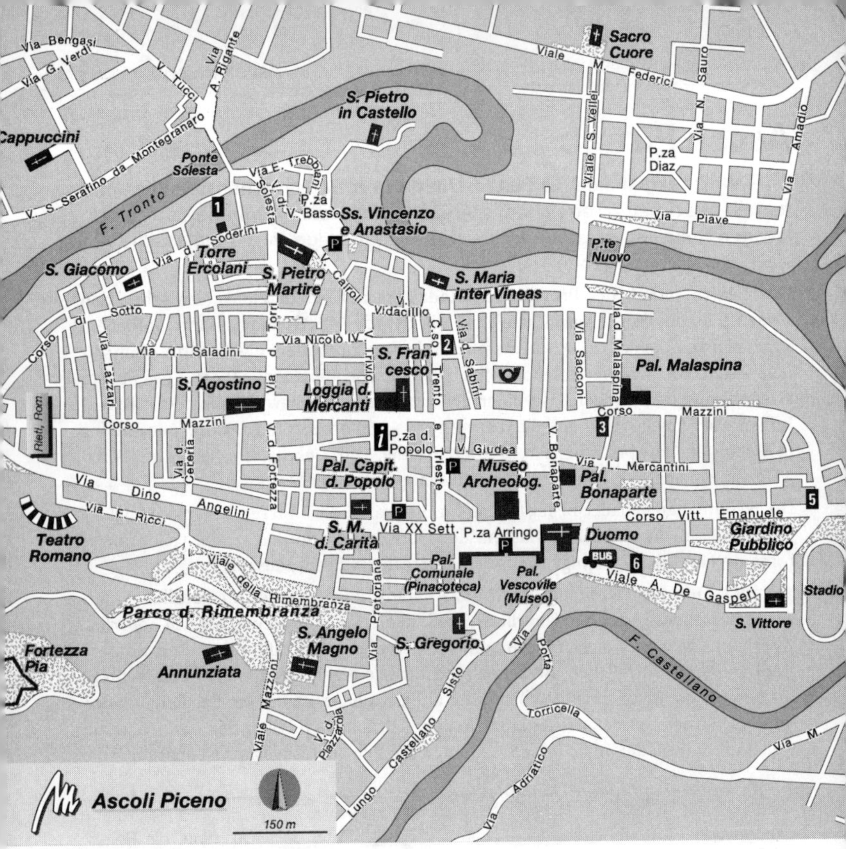

Übernachten/Essen/Trinken

• *Übernachten* Es sieht nicht besonders gut aus in Ascoli: nur zwei Hotel im Zentrum, zwei weitere je ca. 15 Minuten (zu Fuß) entfernt. Alle drei nicht besonders romantisch, das gilt auch für die Jugendherberge am Nordrand des Centro storico.

**** **Gioli (6)**, modernes Haus, recht komfortabel, mit Parkplatz und Garten. Zimmer mit Bad, TV und Aircon., EZ 65 €, DZ 100 €, Frühstück inbegriffen. Viala De Gasperi 14, 63100 Ascoli Piceno, ✆/℻ 0736/255550.

*** **Marche (4)**, ein Stück östlich des Bahnhofs gelegen, ca. 15 Minuten ins Zentrum, relativ günstig: EZ 46 €, DZ 67 €, alle Zimmer mit Bad und TV, Frühstück ist im Preis inbegriffen. Via Kennedy 34, ✆ 0736/45475, ℻ 0736/342812.

*** **Pennile (7)**, ähnliches Niveau wie das Marche, vom Bahnhof den Viale Marconi nehmen (Richtung Colle San Marco), nach ca. 500 m links in die Via Napoli und gleich rechts in die Via Spalvieri. ✆ 0736/41645, ℻ 0736/342755.

Ostello de Longobardi (1), die Jugendherberge ist im Palazzetto Longobardo, dem höchsten Mittelalterturm des Centro storico, untergebracht. Nur 8-Bett-Zimmer, Übernachtung 16 € pro Person, Hauswirt von herbem Charme. Via dei Soderini 26, an der Brücke über den Tronto, ✆ 0736/259007.

• *Essen/Trinken* Was an Übernachtungsmöglichkeiten fehlt, wird auf kulinarischem Gebiet wieder ausgeglichen: ausreichend gute Restaurants im Zentrum und – für alle, die motorisiert sind – an der Straße zu Colle San Marco. Spezialität von Ascoli sind die besonders dicken *olive all'ascolana*, paniert und frittiert, die Füllung besteht aus Hackfleisch, Eiern, Parmesan und Trüffeln. Sie können durchaus ein Hauptgericht ersetzen.

Zum Essen passt hervorragend ein *Rosso Piceno*, schließlich befinden Sie sich in einer Weingegend.

Gallo d'Oro (5), sehr beliebtes Restaurant am Corso Vittorio Emanuele 13, ausgewogenes Preis-Leistungs-Verhältnis, viele Spezialitäten der Region, an manchen Tagen auch Fisch, gute Weine. Rundum-Tipp. Mittags und abends geöffnet, Mo geschlossen, ✆ 0736/253520.

Ristorante del Corso (3), in dem eher schlichten Restaurant gibt es viel Fisch, selbst die berühmten Oliven sind damit gefüllt – und das 30 km vom Meer entfernt.

Dennoch: Was auf den Tisch kommt, ist frisch und hervorragend zubereitet. Günstig. Mittags und abends geöffnet, Sonntagabend und Mo geschlossen. Corso Mazzini 277, ✆ 0736/256760.

La Locandiera (2), kleine und schlichte Trattoria zwischen Piazza del Popolo und Ponte Nuovo, täglich wechselnde Gerichte, je nachdem, was der Markt gerade anzubieten hat. Nette Atmosphäre, günstiger Hauswein, manchmal auch Fisch, erfreuliche Preise. Mittags und abends geöffnet, Sonntagabend und Mo geschlossen, Via Goldoni 2, ✆ 0736/262509.

Caffé Meletti, unangefochtene Nr. 1 der Stadt – ein Jugendstilcafé wie aus dem Bilderbuch, noch dazu in perfekter Lage an der Piazza del Popolo, was will man mehr? Der ideale Ort für einen Aperitif mit Blick auf das Treiben an der Piazza. Ganztägig und bis ca. Mitternacht geöffnet, im Sommer auch länger.

C'era una Volta (8), eine der besten und beliebtesten Trattorie im Umkreis von Ascoli. Die Küche ist traditionell-bodenständig, auf den Tisch kommen lokale Spezialitäten (u. a. auch Kutteln und gekochte Schweineschwarte), der Service ist überaus freundlich, die Preise für das Gebotene absolut angemessen, man sollte reservieren. Mittags und abends geöffnet, Di geschlossen. Via Piagge 336, ✆ 0736/261780. An der Straße zum Colle San Marco in Piagge (ca. 6 km von Ascoli) gelegen.

I Mille Sapori (10), ebenfalls an der Straße zum Colle San Marco, auch hier gute ascolanische Küche, netter Service, gutes Preis-Leistungs-Verhältnis. Nur abends geöffnet, am Wochenende auch mittags, Mo geschlossen, Via Piagge 292, ✆ 0736/42368.

Cefelò (9), das dritte uneingeschränkt empfehlenswerte Lokal auf dem Weg zum Colle. Ähnliches Preisniveau, besonders leckere *olive all'ascolane*, sehr freundlicher Service, gute Weine. Mittags und abends geöffnet, Di geschlossen, Via Piagge 275, ✆ 0736/254525.

Die Marken
Karte S. 528/529

Sehenswertes

Piazza del Popolo: Die wunderschöne Piazza liegt mitten im verkehrsberuhigten Teil der Altstadt. Ein beeindruckend eleganter Platz mit glattgewetztem Travertinboden und niedrigen Arkadengängen, der bereits im 13. Jh. entstand – heute der Salon Ascoli Picenos, in dem sich vor allem abends die halbe Stadt trifft. Herausragendes Gebäude ist der *Palazzo dei Capitani del Popolo* an der westlichen Längs-

La Piazza von Ascoli Piceno

seite, das Rathaus der Gemeinde in den Jahren 1400–1546. An der gleichen Seite befindet sich das *Caffè Meletti*, das traditionsreiche Jugendstilcafé der Stadt. Die *Loggia dei Mercanti* (neben der Chiesa San Francesco) entstand in der Renaissance.

An der nördlichen kurzen Seite wird die Piazza von der im Inneren weitgehend schmucklosen *Chiesa San Francesco* begrenzt, mit deren Bau zwar im 13. Jh. begonnen wurde, die aber erst wesentlich später fertig gestellt war. Einzig die aufwendig gearbeiteten Portale heben sich von der schlichten Fassade der Franziskanerkirche mit ihren gewölbten Apsiden ab, über dem Portal zur Piazza thront Papst Julius II. An der Rückseite der *Chiesa San Francesco* stößt man auf den schönen Kreuzgang *Chiostro Maggiore* (1565–1623), in dessen Hof vormittags der Obst- und Gemüsemarkt der Stadt abgehalten wird.

Piazza Arringo mit Duomo Sant'Emidio und Museen: Der zweite überaus sehenswerte Platz der Stadt, ebenfalls quasi autofrei. An der Piazza Arringo – hier befand sich zu Römerzeiten übrigens das Forum – ist heute der barocke *Palazzo Comunale* (17./18. Jh.) zu sehen, das Rathaus, in dem auch die sehenswerte städtische *Pinakothek* (s. u.) untergebracht ist. Hier finden sich Arbeiten zahlreicher märkische Meister sowie Werke von Tizian und van Dyck. Herausragend ist aber sicherlich die „Madonna mit Kind" von Carlo Crivelli (tägl. 9–13 und 15.30–19.30 Uhr geöffnet, So nur bis 19 Uhr, Mo geschlossen, Eintritt 4 €).

Das *Diözesanmuseum* ist gleich nebenan im *Palazzo Vescovile*, einem Gebäude?komplex aus dem 15.–18. Jh., zu finden. Gezeigt wird sakrale Kunst des 14.–17 Jh., darunter auch einige Fresken und Skulpturen (zuletzt nur zweimal wöchentlich geöffnet, nähere Infos beim Touristenbüro).
Wer die Museumstour vervollständigen will: An der gleichen Piazza beherbergt der *Palazzo Panichi* (17. Jh.) das *archäologische Museum* mit Funden aus Ascoli und Umgebung von prähistorischer bis in die römische Zeit (im Winter Mo–Sa 8.30–13.30 Uhr, So geschlossen; im Sommer Di–Sa 9–19.30, So 14.30–19.30 Uhr, Mo geschlossen; Eintritt 2 €).

Der *Duomo Sant'Emidio* an der östlichen Stirnseite wurde im 15. Jh. auf den Fundamenten eines älteren Kirchenbaus errichtet, die Fassade stammt aus dem 16. Jh. Gewidmet ist der Dom dem Märtyrer und Ortspatron Emidius, dessen Gebeine sich in der Krypta befinden. Im rechten Seitenschiff (in der Cappella del

Sacramento) stößt man auf ein besonders wertvolles Polyptychon (1473) von Carlo Crivelli, das als eines seiner Hauptwerke gilt. Der Venezianer Crivelli (um 1430 bis ca. 1500) wirkte ab ca. 1460 in den Marken und war berühmt für seine meisterhaften Altarbilder. Links des Domes befindet sich der achteckige Bau des *Baptisteriums* aus dem 12. Jh.

Nördlich der Piazza del Popolo: Bei einem Spaziergang in Richtung des Flusses Tronto (z. B. von der Piazza del Popolo über die Via Trivio) stößt man an der Piazza Basso auf die *Chiesa Ss. Vincenzo e Anastasio* aus dem 11. Jh. (im 13. Jh. ausgebaut) mit einer Fassade ganz und gar aus quadratischen Blöcken, die früher angeblich mit Fresken ausgeschmückt waren. Die Krypta der Kirche ist wesentlich älter, man vermutet, dass sie aus dem 6. Jh. stammt. *Ss. Vincenzo* ist eine der ältesten Kirchen der Stadt. Schräg gegenüber liegt die *Chiesa San Pietro Martire* aus dem 14. Jh. Wendet man sich von der Piazza Basso nach rechts, gelangt man nach wenigen Minuten zur romanischen *Chiesa Santa Maria inter Vineas* (13. Jh.) mit zahlreichen Fresken aus dem 13. und 14. Jh. Lohnenswerter ist es jedoch, sich von der Piazza Basso links zu halten: Hier beeindrucken der hohe *Torre Ercolani* (11. Jh.), einer der besterhaltenen Patriziertürme der Stadt, und der *Palazzo Longobardo*, in dem heute die Jugendherberge untergebracht ist. Biegt man in die mittelalterliche Via Solesta ein, sind es nur wenige Schritte zum *Ponte Solesta*, einer römischen Brücke über das tiefe Tal des Tronto.

Von Ascoli Piceno nach Arquata del Tronto

Acquasanta Terme: Es riecht nicht gut im 4000-Einwohner-Ort mit der viel befahrenen Durchgangsstraße N 4. Die Gerüche der heißen Schwefelquellen dringen in den Kurort hinauf, etwas weniger geruchsintensiv geht es im kleinen, unspektakulären Centro storico oberhalb zu. Das heilsame Wasser von Acquasanta (= „Heiliges Wasser") war schon den Römern bekannt.

- *Verbindungen* Mehrmals tägl. **Busse** nach Ascoli Piceno.
- *Übernachten* *** **Hotel Ristorante Il Passo**, gerade erst frisch renoviert, sehr komfortable Zimmer mit Bad, TV und Aircon., empfehlenswertes Ristorante, EZ 40 €, DZ 62 €, Piazza Terme 9, 63041 Acquasanta Terme, ✆ 0736/801099. An der Durchgangsstraße, kaum zu übersehen.

** **Hotel Terme**, an der gleichen Piazza, einfacher als das Passo, ebenfalls mit Ristorante. Zimmer mit Bad, TV und Aircon., EZ 36 €, DZ 52 €. Piazza Terme 20, ✆ 0736/801263.

Arquata del Tronto: Ganz am Südwestrand der Region (am „Dreiländereck" Umbrien-Latium-Marken) liegt der kleine, von der eindrucksvollen *Rocca* überragte 2000-Einwohner-Ort am Fuß der Monti Sibillini. Als Fotomotiv wirkt die Gesamtansicht von Arquata unglaublich malerisch, ist man erst einmal dort, stellt sich doch schnell etwas Langeweile ein. Die Übernachtungsmöglichkeiten sind bescheiden, und für gutes Essen muss man ebenfalls einige Kilometer fahren (allerdings gibt es eine Bar im Zentrum). Von Arquata del Tronto führt eine steile Straße hinauf in die Monti Sibillini (s. S. 591 ff.). Die unterhalb verlaufende N 4 ist bestens ausgebaut und führt auf schnellstem Weg nach Norcia in Umbrien.

- *Verbindungen* Mehrmals tägl. **Busse** via Acquasanta Terme nach Ascoli.
- *Übernachten* *** **Albergo Regina Giovanna**, an der Straße Richtung Acquasanta unterhalb des alten Arquata gelegen. Wenig romantischer Neubau, für einen Zwischenstopp aber o.k. Mit freundlichem Service. DZ mit Bad und TV 42 €. Borgo di Arquata del Tronto, 63043 Arquata del Tronto, ✆ 0736/809148, ℻ 0736/809844.

Die Marken
Karte S. 528/529

Fotoshooting auf dem „Balkon" von Civitella del Tronto

Die Abruzzen

Das wilde Herz Italiens – majestätische Bergmassive mit wuchtigen Granitstöcken, dichte Wälder mit ungeahnter Artenvielfalt, versteckte romanische Kirchen am Wegesrand, römische Ruinen vor grandiosen Kulissen, endlose Hügelketten und saubere Adriastrände.

Kaum verständlich, dass die Abruzzen im großen Italien-Tourismus nur eine untergeordnete Rolle spielen. Keine italienische Region konnte in den letzten Jahren so viele „Blaue Flaggen" (*Bandiere Blu*), die Auszeichnung für besonders saubere und intakte Küstenabschnitte, sammeln wie die Abruzzen. Diese Strände sind diesseits der Alpen fast unbekannt, in Italien allerdings kein Geheimtipp mehr, und im Hochsommermonat August kann es hier ganz schön voll werden. Zu dieser Zeit flieht man sowieso besser in die Berge – sei es zum Wandern oder auf Besichtigungstour zu den unzähligen mittelalterlichen Dörfern und Städtchen oder aber in die Hauptstadt L'Aquila. Die Stadt der 99 Castelli ist nämlich wider aller Erwartungen an eine (Fast-)Großstadt ganz und gar nicht hektisch oder unansehnlich, sondern

Die Abruzzen (Abruzzo) auf einen Blick

Fläche: 10.794 km², mit einer Küstenlinie von gut 130 km.

Einwohner: 1,38 Millionen.

Hauptstadt: L'Aquila mit ca. 67.000 Einwohnern.

Bevölkerungsdichte: 120 Einwohner pro km² (italienischer Durchschnitt: 190 Einw./km²).

Verwaltung: Die Region ist in vier Provinzen unterteilt: L'Aquila, Chieti, Pescara, Teramo.

ein sympathisches Städtchen mit viel historischer Bausubstanz und mediterranem Flair, und das trotz abseitiger Lage mitten im Gebirge. Von hier ist es nur einen Katzensprung hinauf zum berühmten *Campo Imperatore*, der ausladenden Hochebene von karger Schönheit zu Füßen des mächtigen Gran Sasso.

Doch auch die zahllosen anderen Kleinstädte im Landesinneren warten auf Entdeckung, bevor man sich der wohl größten Attraktion der Region widmet: dem *Parco Nazionale d'Abruzzo, Lazio e Molise*, einer einzigartigen Landschaft mit streng geschützten Naturräumen. Kaum weniger spektakulär ist der *Parco Nazionale della Majella*, dominiert vom mächtigen Buckel des gleichnamigen Berges, der – wie auch der Gran Sasso etwas nördlich – ganze Landstriche beherrscht. Es ist die intakte Natur, die die meisten Gäste weg von der Küste ins Landesinnere zieht, nicht von ungefähr steht ein Großteil der abruzzesischen Bergwelt unter Naturschutz.

Die Nationalparks der Abruzzen

Weite Gebiete der abruzzesischen Bergwelt sind als Nationalparks unter besonderen Schutz gestellt. Im Norden erstreckt sich der *Parco Nazionale Gran Sasso e Monti della Laga*, der nach Süden hin in den *Parco Nazionale della Majella* übergeht. Ganz im Süden liegt der *Parco Nazionale d'Abruzzo, Lazio e Molise*. Daneben gibt es neben zahlreichen regionalen Naturschutzgebieten (*Riserva Naturale*) den *Parco Regionale Sirente-Velino*.

Der älteste Nationalpark ist der *Parco Nazionale d'Abruzzo, Lazio e Molise*, er wurde bereits 1922 eingerichtet und erstreckt sich, wie der Name schon sagt, über die Grenzen der Regionen Abruzzen, Molise und Latium, wobei drei Viertel der Gesamtfläche auf abruzzesischem Gebiet liegen (insgesamt 44.000 Hektar). Die Parkverwaltung befindet sich in Pescasséroli im Herzen des Nationalparks. In den waldreichen Tälern leben neben Gämsen, Rot- und Dammwild sowie Wildschweinen auch Wölfe und sogar ein recht stattlicher Bestand an Bären.

Mit fast 150.000 Hektar ist der 1995 gegründete *Parco Nazionale Gran Sasso e Monti della Laga* der größte Nationalpark Mittelitaliens. Zu kleineren Teilen auch auf dem Gebiet Latiums und der Marken gelegen, erstreckt er sich über die grandiose Gebirgswelt des Gran Sasso d'Italia. Die Gipfel des Corno Grande und Corno Piccolo liegen im Herzen des Nationalparks wie auch die Hochebene Campo Imperatore.

Ebenfalls 1995 wurde der *Parco Nazionale della Majella* gegründet, der im Süden, auf der anderen Seite des Fiume Pescara, an den Gran-Sasso-Nationalpark anschließt. Die 74.000 Hektar Fläche erstrecken sich über die wilden Schluchten, steilen Abhänge und harschen Höhen des Majella-Massivs, in dessen Mitte sich der Monte Amaro erhebt. Auch hier gibt es Rückzugsraum für Bären, Wölfe und Steinadler.

Vor Bären und Wölfen müssen sich Wanderer in den Nationalparks übrigens nicht fürchten. Die Tiere sind sehr scheu und gehen Menschen aus dem Weg.

Zwischen Hochgebirge und den gut 130 Kilometern Adriaküste der Region erstreckt sich ein wahres Hügelmeer. Zahlreiche wehrhafte Kleinstädte aus dem Mittelalter thronen hier teilweise in Sichtweite zueinander auf den Hügelkämmen – darunter Civitella del Tronto mit seiner wuchtigen Renaissancefestung, Atri mit

Die Abruzzen
Karte S. 610/611

seiner bedeutenden Cattedrale oder aber Chieti, wo das abruzzesische Nationalmuseum für Archäologie zu Hause ist. Sie alle laden ebenso zum Tagesausflug von der Küste wie auch zum längeren Aufenthalt ein. Viele Touristen wird man hier allerdings auch im Hochsommer kaum antreffen. Anders als in den bekannteren Kulturstädtchen beispielsweise in der Toscana oder in Umbrien kann man hier fast alleine durch die malerischen alten Gassen schlendern.

Civitella del Tronto

(ca. 5.000 Einwohner)

Die über tausend Jahre alte Festung überragt die Landschaft schon von weitem. Ein mächtiges Bollwerk auf einem felsigen Berg, an dessen Hang sich der einladende Ort mit seiner herrlichen Panoramapiazza erstreckt.

Civitella verfügt nicht nur über eine der bedeutendsten – und am härtesten umkämpften – Festungen Mittelitaliens, sondern auch über die schmalste Gasse Italiens mit nicht mal einem Meter Breite – genannt *„la Ruetta, la via più stretta d'Italia"* (von der zentralen Piazza Pepe ausgeschildert). Ein Spaziergang durch das beschauliche Dorf beginnt an der Porta Napoli, durch die man in das (fast) autofreie Centro storico gelangt. Vorbei an der Kirche San Lorenzo aus dem 16. Jh. betritt man den Balkon von Civitella: die Piazza Filippi Pepe, allgemeiner Treffpunkt mit phantastischem Panoramablick bis hin zum mächtigen Gebirgsstock des Gran Sasso im Süden. Durch malerische Gassen geht es steil hinauf zur Festung mit sehenswertem Museum.

Fortezza Spagnola: Die Festung über dem Ort erstreckt sich auf fast 500 Meter Länge und 645 Meter Höhe über den gesamten Hügelkamm – ein unzugänglicher Verteidigungsbau, von dicken Mauern umgeben und mit einer Gesamtfläche

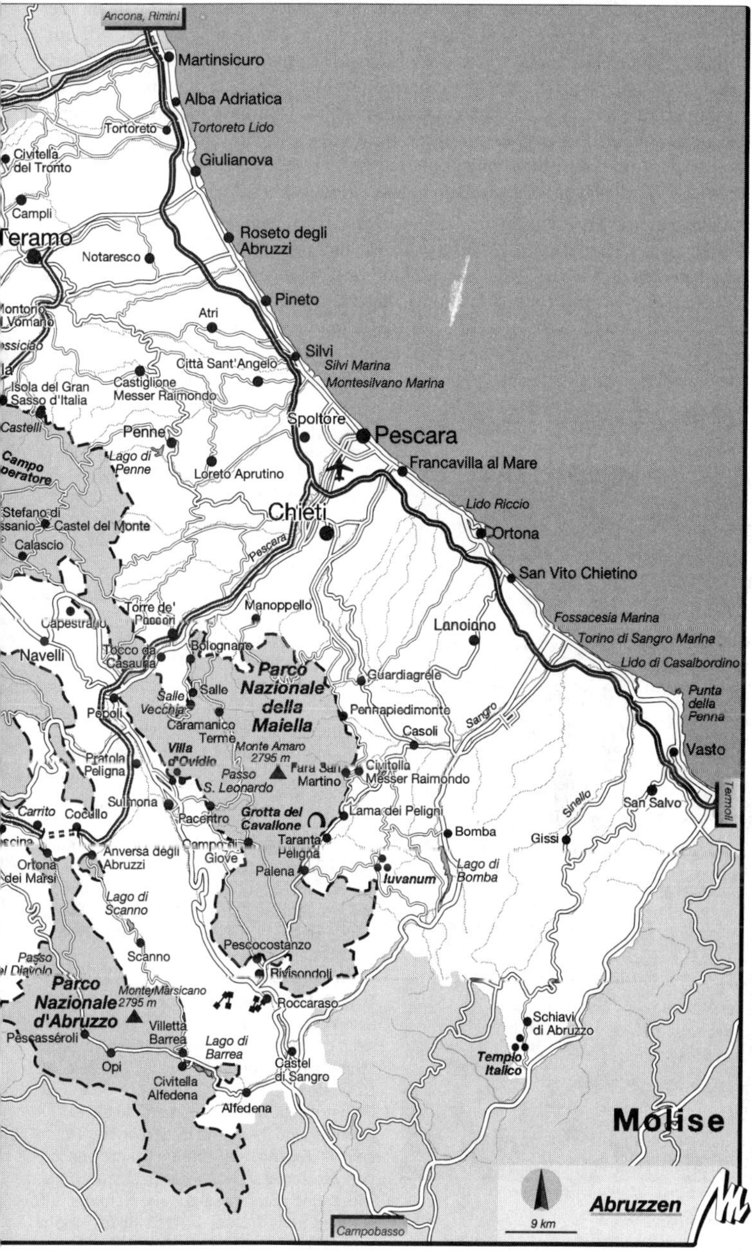
Ancona, Rimini
Martinsicuro
Alba Adriatica
Tortoreto
Tortoreto Lido
Civitella del Tronto
Giulianova
Campli
Teramo
Roseto degli Abruzzi
Notaresco
Pineto
Atri
Silvi
Silvi Marina
Città Sant'Angelo
Montesilvano Marina
Isola del Gran Sasso d'Italia
Castiglione Messer Raimondo
Castelli
Penne
Spoltore
Pescara
Lago di Penne
Loreto Aprutino
Francavilla al Mare
Campo Imperatore
Chieti
Lido Riccio
Ortona
Castel del Monte
Calascio
Pescara
San Vito Chietino
Torre de' Passeri
Manoppello
Capestrano
Lanciano
Fossacesia Marina
Torino di Sangro Marina
Navelli
Tocco da Casauria
Bolognano
Parco Nazionale della Maiella
Lido di Casalbordino
Guardiagrele
Salle Vecchia
Salle
Punta della Penna
Popoli
Caramanico Terme
Pennapiedimonte
Sangro
Casoli
Monte Amaro 2795 m
Vasto
Villa d'Ovidio
Pratola Peligna
Passo S. Leonardo
Fara San Martino
Civitella Messer Raimondo
Termoli
Sulmona
Carrito
Cocullo
Pacentro
Grotta del Cavallone
Lama dei Peligni
Sinello
San Salvo
Campo di Giove
Taranta Peligna
Bomba
Gissi
Anversa degli Abruzzi
Ortona dei Marsi
Palena
Iuvanum
Lago di Bomba
Lago di Scanno
Pescocostanzo
Scanno
Rivisondoli
Passo del Diavolo
Parco Nazionale d'Abruzzo
Monte Marsicano 2795 m
Roccaraso
Schiavi di Abruzzo
Villetta Barrea
Pescasseroli
Lago di Barrea
Tempio Italico
Opi
Castel di Sangro
Civitella Alfedena
Alfedena
Molise
Abruzzen
9 km
Campobasso

von rund 25.000 Quadratmetern. Die Verteidigungsanlage entstand im 13. Jh. (der Ort selbst bereits im 10. Jh.) und war im Laufe der Zeit immer wieder heiß umkämpft, u. a. gleich zweimal von napoleonischen Truppen (1798 und 1805). Zuletzt wehrten sich hier im Jahr 1861 die Bourbonen heftig gegen die piemontesischen Truppen und deren Feldzug für ein geeintes Italien. Von besonderer strategischer Bedeutung war die Festung wegen ihrer unmittelbaren Nähe zur Grenze zwischen Kirchenstaat und dem bourbonischen Königreich beider Sizilien, die kaum einen Kilometer nördlich von hier durch den Fluss *Salinello* verlief.

Man betritt die Fortezza an der Ostseite. Von hier geht es vorbei an den drei Waffenplätzen über das riesige Festungsareal Richtung Museum. In den noch erhaltenen Räumlichkeiten finden wechselnde Ausstellungen statt (z. B. in der Kirche San Giacomo). Im ehemaligen Artillerie-Magazin ist heute das **Museo Storico delle Armi** untergebracht, welches sich in weiten Teilen dem Risorgimento widmet (Dokumente, Waffen, alte Lage- und Angriffspläne, u. a. auch von Napoleon). Am Westende der Anlage erreicht man die Vista Panoramica am höchsten Punkt der Festung mit phantastischem Ausblick.

Verwinkelt und eng – Civitella del Tronto

Öffnungszeiten Im Mai 10–19 Uhr, Juni–September 10–20 Uhr, Oktober–März 10–13 Uhr und 14.30–17.00 Uhr, im April bis 18 Uhr, täglich geöffnet. Eintritt 4 € (inkl. Museum), Kinder 5–10 Jahre 1 €. Im Souvenirshop gegenüber vom Museum werden gekühlte Getränke verkauft.

• *Information* Prospekte gibt es auf Anfrage beim Souvenirshop an der Piazza Pepe und am Eingang zur Fortezza.

• *Verbindungen* 7x tägl. **Busse** nach Teramo.

• *Parken* Ausreichend kostenlose Parkplätze unterhalb des *Centro storico*.

• *Übernachten* **** **Hotel Zunica**, erstes Haus am (zentralen) Platz, mit empfehlenswertem Ristorante (s. unten). Eindrucksvolles und einladendes fünfstöckiges Gebäude. Zimmer mit Bad, TV und Kühlschrank, relativ günstig: EZ 45 €, DZ 80 €, jeweils inkl. Frühstück, Halbpension 55 € pro Person (ab 3 Tage Aufenthalt). Piazza Filippi Pepe 14, 64010 Civitella del Tronto, ✆/📠 0861/91319 oder 918150, www.hotelzunica.it.

B & B Dal Poeta, im oberen Ortsteil in einem Gässchen, noch recht neues B & B, sehr geschmackvoll eingerichtet (wir empfehlen die „Camera del Poeta" mit Balkon). EZ 35–50 €, DZ 45–60 €, Dreier 55–70 €, inkl. Frühstücksbuffet, Kinderbett 10 €. Nur 4 Zimmer (und 3 externe Bäder), in der Hochsaison reservieren! Freundlicher Service, von der Terrasse herrlicher Blick auf Hügel, Meer und Gran Sasso. Via Roma, 64010 Civitella del Tronto, ✆ 0861/918428, mobil 349/0746558, www.bbdalpoeta.it. Etwas unterhalb der Fortezza gelegen, keine Beschilderung, fragen Sie sich durch.

** **Hotel Fortezza**, eher einfaches Albergo in der zentralen Gasse Corso Mazzini, schlichte Zimmer mit Bad und z. T. Balkon, teilweise toller Blick, Bar im EG, auch Ristorante (s. unten). EZ 38 €, DZ 46 €, Dreier 58 €, Vierer 65 €, jeweils inkl. bescheidenem Frühstück. Corso Mazzini 26–32, 64010 Civitella del Tronto, ✆ 0861/91321, ℻ 0861/918221.

• *Essen/Trinken* Das **Ristorante Zunica** im gleichnamigen Hotel bietet gehobene Küche in feinem Ambiente. Man hat die Wahl zwischen dem kleinen *Menu Civitellese* für 20 €, dem *Menu di Degustazione* für 30 € und dem *Menu Abruzzese* mit Wein-Degustation für 35 €. Mittags und abends geöffnet.

Ristorante Fortezza, im Hotel Fortezza: sehr günstig, Menü mit Hauswein ca. 12–15 € pro Person, eine Pizza Capricciosa gibt es schon für 4,50 €.

Enoteca Fortezza, gegenüber des gleichnamigen Hotels am schmalen Corso Mazzini, kühles Gemäuer, zur Auswahl stehen hauptsächlich abruzzesische Gewächse (Montepulciano d'Abruzzo), aber auch andere italienische Weine und Spumanti.

Civitella/Umgebung

Gole del Salinello/Grotta di Sant'Angelo: Auf dem westlich gegenüberliegenden Hügel gelangt man in das einsame Dorf *Ripe*, von wo aus eine eindrucksvolle Wanderung in die Gole del Salinello führt (beschildert): eine immer enger werdende Schlucht mit Wasserfall; gleich am Anfang auf der rechten Seite geht es zur Grotta Sant'Angelo, einer kleinen Einsiedel-Höhle mit vielen Stalagmiten und Stalaktiten. Westlich von Ripe beginnt der **Parco Nazionale del Gran Sasso e Monti della Laga**, mit 150.000 Hektarn einer der größten Nationalparks in Italien.

• *Anfahrt* Von Civitella ins Tal hinunter Richtung Teramo, an der Abzweigung rechts und bald darauf links ab nach Ripe (beschildert). Keine Busse.

• *Essen/Trinken* In Ripe empfehlenswert ist das **Ristorante Le Grotte**, etwas unterhalb der Durchgangsstraße (beschildert). Rustikaler Gastraum mit tollem Blick durch die Fensterfront, freundlicher Service, glückliche Gäste vor dampfenden Nudelbergen. Spezialität: Trüffel, Wild, Pilze. Relativ günstig. Mittags und abends geöffnet, Mo geschlossen. Via Rotabile 22, ✆ 0861/91604.

Campli: Etwa auf halbem Weg zwischen Civitella del Tronto und Teramo zweigt ostwärts die Straße nach Campli ab. Zunächst geht es etwa zwei Kilometer schnurstracks geradeaus, bevor die Strecke kurvig wird und hinauf auf den Höhenrücken führt, auf dem der alte Ort thront. Im Centro storico ist ein schönes Ensemble von Bauten aus der Renaissance erhalten. Sehenswert sind vor allem der zentrale *Palazzo Farnese*, heute auch *Palazzo del Parlamento*, aus dem 14. Jh. mit seinen weiten Arkaden, die gegenüberliegende Kirche *Santa Maria in Platea* ebenfalls aus dem 14. Jh., das *Archäologische Museum* von Campli, in dem u. a. bemerkenswerte Funde aus einer nahegelegenen Nekropole aus vorrömischer Zeit ausgestellt sind, und nicht zuletzt die *Scala Santa*, die Heilige Treppe, in der Kirche San Paolo.

• *Öffnungszeiten des Museums* Tägl. 8–13.30 Uhr und 15–20 Uhr, Mo geschlossen. Eintritt 2 €, erm. 1 €. Piazza S. Francesco, ✆ 0861/569158. Erklärungen nur auf Italienisch, Tafeln in englischer Sprache sind geplant.

• *Essen/Trinken* **Il Pozzo dei Farnese**, Ristorante und Pizzeria, regionale Küche in historischem Gebäude (Palazzo Farnese), freundlich. Piazza Vittorio Emanuele 2, ✆ 0861/569777.

La Locanda del Pompa, urgemütliche, mehrfach ausgezeichnete Locanda in einem hübschen roten, allein stehendem Landhaus, an der Verbindungsstraße zwischen Civitella del Tronto und Teramo gelegen (von der Abzweigung nach Campli etwa 600 m Richtung Teramo, dann links 200 m auf Schotter, spärlich beschildert). Hervorragende Küche in stilvollem Ambiente, zur Saison mittags und abends (ab 19.15 Uhr) geöffnet, außerhalb der Saison eingeschränkt, Mi Ruhetag; auch Zimmer. Loc. Bivio Campli, ✆ 0861/569011.

Karte S. 610/611

Teramo

(ca. 52.000 Einwohner)

Unspektakuläre Provinzhauptstadt am Zusammenfluss von Tordino und Vezzola, die schon von den Picenern und Römern besiedelt war. Touristisch spielt Teramo kaum eine Rolle.

Unter den Römern war das antike *Interamnia Praetutiorum* ein bedeutendes Zentrum, Reste des **Teatro Romano** aus dem 1. Jh. v. Chr. nahe der Cattedrale sind noch zu besichtigen, auch einige Überreste des *Amphitheaters* mit einst mächtigen Aus-

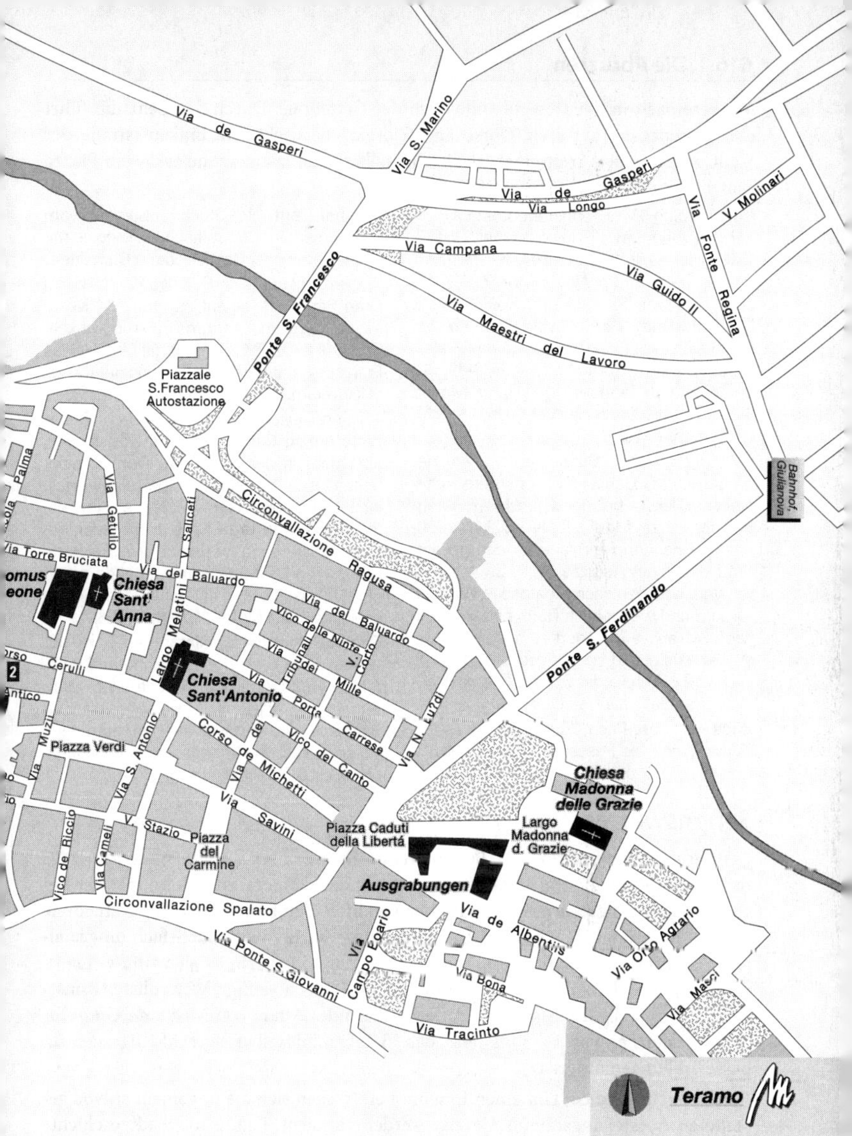

maßen sind noch zu sehen. Später fiel die Stadt in die Hände der Langobarden, dann der Herzöge von Spoleto und im 11. Jh. an die Normannen, die Teramo zwar bald an Apulien abtreten mussten, aber eine ziemlich zerstörte Stadt hinterließen. Eine große Blüte erlebte Teramo im 19. Jh., nachdem die Stadt dem Königreich Neapel angegliedert wurde.

Der heutige Eindruck entspricht einem verschlafenen Provinzstädtchen mit vielen gesichtslosen und wenig reizvollen Neubauten, idyllische alte Gassen findet man nur vereinzelt in der Gegend südöstlich der Cattedrale. Durch das Zentrum führt der überwiegend autofreie Corso San Giorgio, die wichtigste Einkaufsstraße der Stadt. Allgemeiner Treffpunkt ist die ebenfalls zur Fußgängerzone erklärten Piazza Martiri della Libertà rund um die Cattedrale.

• Information Zwei Touristenbüros: **I.A.T.** in der Via Oberdan 16, im Sommer (15.05.–15.09.) Mo–Sa 9–13 Uhr und 16–19 Uhr geöffnet, So 9–13 Uhr. Im Winter Mo–Fr 9–13 Uhr und 15–18 Uhr, Sa 9–13 Uhr. ✆ 0861/244222. Das **Info-Büro der Provinz Teramo** befindet sich in der Via Carducci (neben Palazzo Delfino), im Sommer Mo–Sa 8–19 Uhr durchgehend geöffnet, im Winter Mo–Sa 8–14 Uhr, Di+Do auch 15–18 Uhr. ✆ 0861/255057 oder 243202.

• Verbindungen **Busse** fahren an der großen Piazza Garibaldi ab (mehrere Haltestellen), Tickets bei der Agenzia ARPA am Eck der Piazza, Mo–Sa 6.20–19.30 Uhr geöffnet, hier hängen Fahrpläne für den gesamten Norden der Abruzzen aus. Etwa stündlich Verbindungen nach Montorio al Vomano, L'Aquila und weiter nach Rom, halbstündlich nach Giulianova (von dort zu anderen Orten an der Küste und nach Pescara), 11x tägl. Campli, 7x Civitella del Tronto, 7x Castelli, 7x Isola Gran Sasso, 4x Pescara direkt.

Züge: 11x tägl. nach Giulianova (Dauer ca. 25 Minuten), 5x Pescara, 4x Sulmona, 3x Chieti, 1x Termoli (Molise). Der kleine Sackbahnhof liegt ein Stück außerhalb vom Zentrum an der Straße nach Giulianova, mit empfehlenswerter **Bar/Ristorante Capolinea**.

• Übernachten (Karte S. 614/615) *** **Hotel Gran Sasso (1)**, eigentlich eher **-Niveau, ruhige Lage im Zentrum, Parkmöglichkeit. EZ ca. 50 €, DZ 70 €, Zimmer mit Bad, kleines Frühstück inbegriffen. Via Vinciguerra 12, 64100 Teramo, ✆ 0861/245747, ✆ 0861/245897.

• Essen/Trinken (Karte S. 614/615) **Ristorante Antico Cantinone (3)**, etwas abseits, aber ganz in der Nähe vom Dom in einer Seitengasse. Kühles Gewölbe mit viel Hellblau, leider keine Terrasse. Nettes Ambiente, wechselnde Tageskarte, nicht teuer, gehört den gleichen Besitzern wie „La Pompa" (s. S. 613). Mittags und abends geöffnet, Mi geschlossen (im Juli/August So geschlossen). Via Ciotti 5, ✆ 0861/248863.

Enoteca Centrale (2), hinter dem Dom, nur wenige Gerichte, ungewöhnliche und empfehlenswerte Antipasti-Platte für 9 €. Gute Weine auch glasweise (3 €), aufmerksamer Service, kleine Terrasse auf dem autofreien Corso Cerulli 24. Mittags und abends geöffnet. ✆ 0861/243633.

Sehenswertes

Cattedrale San Berardo: Das dominierende Bauwerk am unteren Ende des zentralen Corso San Giorgio an der Piazza Martiri della Libertà, zum Zeitpunkt der Recherche wegen Restaurierung leider nur von außen zu besichtigen. Die Kathedrale stammt ursprünglich aus dem 12. Jh. und wurde im 14./15. Jh. mehrfach umgestaltet, das Portal von *Diodato Romano* aus dem Jahr 1332 befindet sich auf der heutigen Rückseite, der spitze Giebel wurde erst im 15. Jh. angefügt. Wertvollstes Kunstwerk im Inneren ist das silberne **Antependium** des Altars von *Nicola da Guardiagrele* aus der Zeit von 1433 bis 1448, das 35 Tafeln mit teilweise recht filigranen Bibeldarstellungen umfasst.

Museo Archeologico: Um einen Innenhof erstrecken sich die ungemein stilvoll gestalteten Ausstellungsräume. Gezeigt werden vor allem Funde zur Stadtgeschichte aus römischer Zeit (Erdgeschoss). Die Säulenkapitelle und -reste lassen die Größe und Bedeutung des Forums von Teramo erahnen. Schmuckstück ist das prächtige Löwen-Mosaik, *del Leone*. Im ersten Stock sind Funde aus der Umgebung zu sehen (römische Zeit bis ins Mittelalter). Erklärungen nur auf Italienisch.

Öffnungszeiten Di–So 10–13 Uhr und 16–20 Uhr, Mo und an Feiertagen geschlossen. Eintritt 5 €, ermäßigt 4 €. Via Delfico 30, ✆ 0861/247772.

Ein Spaziergang durch das untere Zentrum (über den Corso Cerulli, südöstlich der Cattedrale) führt zur sehenswerten **Chiesa Sant'Anna**. Auf Fundamenten eines römischen Tempels erbaut, verfügt sie z. T. noch über römische Säulen sowie ein romanisches Gewölbe und ein sehenswertes Fresko hinter dem Altar (Lichtschalter am Eingang links). Die unscheinbare Kirche am gleichnamigen Platz ist ganztägig geöffnet. Nebenan befindet sich das Ausgrabungsareal **Domus Leone**, wo das berühmte Löwenmosaik gefunden wurde (nicht zugänglich).

Auf dem Corso Cerulli geht es – vorbei an der romanischen **Chiesa Sant'Antonio** (über Mittag geschlossen) mit barockem Inneren – hinunter auf den Corso de Michetti. Durch die Porta Reale gelangt man aus der Altstadt hinaus auf einen großen Platz (auch hier Ausgrabungen), an dessen unterem Ende die **Chiesa Madonna delle Grazie** liegt. Ursprünglich als Benediktinerinnen-Kloster im 12. Jh. entstanden, ging sie im 15. Jh. an Ordensbrüder über, später hat man hier hemmungslos und in verschiedenstem Stil restauriert. Am Altar ist eine hölzerne Madonna mit Kind zu sehen, das Silvestro dell'Aquila zugeschrieben wird.

Öffnungszeiten Tägl. 6.30–12.00 Uhr und 15.30–19.00 Uhr.

Südlich und südwestlich von Teramo

Auf bestens ausgebauter Straße (N 80) geht es zum 14 Kilometer südlich gelegenen Montorio al Vomano und dann auf schmaler Straße durch recht liebliche Landschaft nach **Tossicia**, das wegen seiner *Kirche Sant'Antonio* mit sehenswertem gotischem Portal (rechts der Durchgangsstraße) in jedem Fall einen kurzen Stopp lohnt. Auf der Strecke nach Süden – die Nordseite des mächtigen *Gran Sasso* und der östlich gelegenen *Camicia* (2564 m) immer vor Augen – kommt man außerdem am **Santuario di San Gabriele dell'Addolorato** vorbei. Dieser meistbesuchte Pilgerort der Abruzzen, wurde vom *Hl. Franz von Assisi* im Jahr 1215 gegründet.

Isola del Gran Sasso: In der Tat wie eine Insel liegt der Ort zwischen den Flüssen *Mavone* und *Vomano* am Fuß des mächtigen Gebirgszuges. Vom Centro storico des Ortes sollte man nicht allzu viel erwarten, viele Häuser stehen leer und verfallen zusehends. Einzige Unterkunft ist das einfache ***Hotel Teresa** an der Ausfallstraße Richtung Castelli (DZ ca. 45–50 €, ✆ 0861/976246). 7x tägl. fahren Busse von und nach Teramo.

Castelli: Der Ort an den Ausläufern des *Monte Camicia* (2564 m) ist in der ganzen Region für seine Keramiken bekannt, für die Castelli schon seit dem frühen 17. Jh. ein bedeutendes Zentrum ist. Dank der schönen Lage auf einem Hügel am Fuß des mächtigen Bergmassivs und der pittoresken Altstadt mit Panoramapiazza ist Castelli ein beliebter Ausflugsort, zahlreiche Keramikläden und -stände säumen die Hauptstraße.

Verbindungen 7x täglich **Busse** von und nach Teramo.

Die Abruzzen
Karte S. 610/611

Von Isola del Gran Sasso und Castelli auf die Hauptstraße N 491 in das Mavone-Tal Richtung Küste abbiegend, stößt man an der Straße auf gleich zwei kunsthistorisch bedeutsame Kirchen am Wegesrand: Links der Straße sieht man die **Chiesa San Giovanni ad Insulam** aus dem 12. Jh. (Fassade aus dem 13. Jh.) aufragen, nebenan sind noch die Überreste des dazugehörigen Benediktinerklosters aus dem Mittelalter zu sehen.

Nur sechs Kilometer weiter flussabwärts auf der N 491 geht es dann rechts ab nach Ronzano: die **Chiesa Santa Maria di Ronzano** aus dem Jahr 1181 zählt dank ihrer kunstfertigen Fassade und der aufwendigen Fensterdekorationen zu den bedeutendsten romanischen Kirchenbauten der Abruzzen. Bereits 1183 wurde das angeschlossene Benediktinerkloster bei einem Brand zerstört, die Kirche selbst blieb verschont. Im Inneren der – leider meist verschlossenen – Kirche sind einige alte Fresken aus dem 13. Jh. zu sehen. Von der Hauptstraße beschildert, ca. 200 Meter oberhalb gelegen und kaum zu übersehen.

Nordseite des Gran-Sasso-Massivs

Südwestlich von Teramo geht es ab Montorio al Vomano auf der N 80 Richtung Westen durch das landschaftlich überaus reizvolle obere Vomano-Tal: Auf halber Höhe führt die Straße an der waldreichen Schlucht entlang, hoch oben thronen die alten halbverlassenen Dörfer auf den Felsen, Karl-May-Ambiente. Von der N 80 geht es links steil in Serpentinen hinauf nach **Fano Adriano**, einer beliebten Sommerfrische der Römer auf 750 Meter Höhe. Gut essen kann man hier in der *Taverna 7 F (Sette Effe)* am Ortsrand, mit herrlicher Terrasse (Via Moreni 2, ✆ 0861/95269).

Wunderbare und spektakuläre Ausblicke auf das Gran-Sasso-Massiv bietet die *Verbindungsstraße von Fano Adriano nach Pietracamela.*

Pietracamela: Beliebter Ausflugsort auf 1005 Meter Höhe in schöner grüner Lage an der Nordseite des Gran Sasso. Ein Spaziergang führt durch schmale Gassen und Torbögen, teilweise sehr pittoresk. Einige der Häuser wurden in den letzten Jahren aufwendig zu Sommerresidenzen hergerichtet, andere erscheinen jedoch sehr baufällig: Wie viele andere Orte auch, war Pietracamela stark von der Abwanderung betroffen. Im Sommer ist der Ort ein guter Ausgangspunkt für Wanderungen, im Winter quartierten sich hier Skitouristen ein.

• *Information* **Punto Informativo** des *Parco Nazionale Gran Sasso e Monti della Laga,* Besuchszentrum des Nationalparks mitten im Ort (beschildert). Hier kann man auch Wanderkarten kaufen und Bergführer für größere Touren buchen (Preise auf Anfrage), derzeit baut man zudem an einem kleinen *Museo Alpinistico.* Im Sommer 9–13 Uhr und 14–18 Uhr geöffnet, Di und Fr vormittags und Mittwoch geschlossen, im Winter eingeschränkte Öffnungszeiten. ✆ 0861/955005.

• *Übernachten/Essen/Trinken* ** **Albergo/ Ristorante Antica Locanda**, Eckhaus bei der zentralen Piazza, 9 Zimmer mit dunklen Holzböden, Bad und TV, DZ 60 € (mit Frühstück), Halbpension 50 € pro Person. Im EG urgemütliches Ristorante mit Fernseher in der Ecke, Kamin und nur 6 Tischen – oft bis auf den letzten Platz besetzt. Ziemlich günstig, empfehlenswert. Mittags und abends geöffnet, Mittwoch geschlossen. Via Vicolo Stretto 1, 64047 Pietracamela, ✆ 0861/955120, ℻ 0861/955275, www.anticalocandaonline.it.

** **Residence Gran Sasso**, im Zentrum (bei Antica Locanda) über der gleichnamigen Bar/ Ristorante. 9 moderne Mini-Appartements mit Küche, Bad, TV, für 1 Person 33 €, 2 Personen 66 €, Frühstück extra (gibt's in der Bar). Via XXIV Maggio, 64047 Pietracamela, ✆ 0861/ 955109, ℻ 0861/959669, www.MontautiHotel.it.

Prati di Tivo: Endlos schraubt sich die sechs Kilometer lange Straße immer höher hinauf zur großen „Wiese" (= *Prati*): Prati di Tivo (1450 m) ist ein weit auseinander gezogenes Retortendorf mit einer Handvoll unschöner Hotelklötze, Snack-Bars und

Restaurants, mehr Areal als Dorf. Vier Lifte führen von hier zu den Pisten, der Gran Sasso ist zum Greifen nah. Ein träger Einer-Sessellift schaukelt auch im Sommer langsam hinauf zur Bergstation, von hier geht es auf dem Wanderweg Nr. 5 zum *Rifugio Franchetti* auf 2432 Meter Höhe (20 Betten, geöffnet 15.6.–15.9.). Dies ist der Ausgangspunkt für hochalpine Touren im Gran-Sasso-Massiv an der Nordostseite, an der auch der *Ghiacciaio del Calderone*, der südlichste Gletscher Europas und einziger auf dem Apennin, zu finden ist.

Einfacher und gemütlicher ist die Wanderung von Prati di Tivo auf dem Weg Nr. 2 V (Abzweig zwischen Talstation Sessellift und Hotel Prati di Tivo): In etwa 1 Std. geht es zu einem kleinen Wasserfall und ein Stück weiter zur Quelle des Rio Arno. Von hier gelangt man auf der Nr. 2 in einer weitaus anspruchsvolleren Tour durch das Val Maone zum *Rifugio Garibaldi* (2252 m).

Öffnungszeiten Sessellift Im Sommer Mo–Fr 9–17 Uhr, Sa/So 8.30–17.30 Uhr, hin/rück 8 €, einfach 6 €, Kinder unter 8 Jahren (bzw. 1,40 m Größe) frei. **Bar** und **Liegestühle** an der Talstation des Sessellifts.

Zum westlich gelegenen Lago di Campotosto s. S. 631 ff.

Prati di Tivo

Die Küste von Martinsicuro bis Pescara

Endlose und sanft abfallende Sandstrände, gute Wasserqualität und ein umfangreiches touristisches Angebot – an der nördlichen Küste der Abruzzen liegen einige der schönsten Badeorte der Region.

Allein auf dem Küstenabschnitt von der Tronto-Mündung (Grenze zu den Marken) und der größten Stadt Pescara hat man 2004 gleich siebenmal die *Bandiera Blu* für besondere Umweltverträglichkeit und Wasserqualität vergeben: Ausgezeichnet wurden Martinsicuro, Alba Adriatica, Tortoreto, Giulianova, Roseto degli Abruzzi, Pineto und Silvi. Überhaupt lässt sich feststellen, dass die schönsten Strandorte der Region im Norden liegen, je weiter man nach Süden Richtung Pescara kommt, desto reizloser wird die Gegend, obwohl auch hier die Wasserqualität den Anforderungen noch vollauf genügt.

Alba Adriatica: Ein sehr beliebter Badeort in den nördlichen Abruzzen mit endlosem feinen und breiten Sandstrand (die *'spiaggia d'argento'*), an dem die Strandbäder dicht auf dicht aufeinander folgen – frei zugänglichen Strand findet man nur nördlich und südlich der Hauptpromenade. An die 50 Hotels und Residenzen reihen sich entlang des Lungomare und in den Straßen in zweiter Reihe, dazu Restaurants, Bars, Spielhöllen, Hüpfburgen, Souvenirshops usw. – ein ganz typisches, aber sehr gepflegtes Adriabad. Ein kleines Pinienwäldchen hinter dem Strand lädt zum Spaziergang unter schattigen Bäumen ein. Wer es sportlicher mag, kann am Strand entlang bis hinauf nach Martinsicuro radeln. Umfangreiches (Wasser-)Sportangebot am Strand.

• *Information* **I.A.T.** am oberen (nördlichen) Ende der Uferpromenade, beim Fluss (Rotonda Nilo). Lungomare Marconi 1, 64011 Alba Adriatica, ✆/℻ 0861/712426. Ein Info- und Buchungspavillon der Hotelvereinigung Albatour (Hotelverzeichnis erhältlich) befindet sich am Lungomare Marconi bei der Rotonda Via Trieste, ✆/℻ 0861/752825.

• *Verbindungen* **Busse** ab mehreren Haltestellen entlang des Lungomare (u. a. Rotonda Via Trieste, Piazzale Abruzzo etc.), ca. stündlich nach Teramo und Giulianova, 12x tägl. Martinsicuro, 7x tägl. San Benedetto del Tronto, 10x Ascoli Piceno. Alba Adriatica liegt an der **Bahnlinie** Ancona–Pescara, gute Verbindungen zu den anderen Küstenorten.

Giulianova (ca. 22.000 Einwohner)

Die größte Stadt an der nördlichen Abruzzenküste teilt sich in das nicht sehr idyllische, aber bestens besuchte *Giulianova Lido* am Meer und das alte *Giulianova Paese* (*Giulianova Alta*) auf der Anhöhe dahinter. Dazwischen verlaufen die Adriaküstenstraße SS 16 und die Bahnlinie.

Während im etwas gesichtslosen Giulianova Lido das Strandleben mit vollständiger touristischer Infrastruktur pulsiert, ist in Giulianova Paese durchaus noch die eine oder andere ruhige Ecke zu entdecken. Sehenswert ist hier in jedem Fall der *Duomo di San Flaviano* aus dem 15. Jh., und auf der Terrasse des *Gran Caffè De' Baroni* direkt an der Piazza Belvedere lässt es sich bei Aperitivo und Meerblick ganz gut aushalten – auch wenn die Ansicht des modernen unteren Stadtteiles idyllischer sein könnte.

Giulianova geht auf einen antiken römischen Hafen namens *Castrum Novum* zurück, 290 v. Chr. wurde der Ort römische Kolonie. Im 15. Jh. hat man Giulianova etwas nördlich der alten römischen Siedlung am Hang aufgebaut.

• *Informationen* **I.A.T.** gegenüber vom Bahnhof (Piazza Roma) in der Seitengasse Via Mamiani. Im Sommer Mo–Sa 9–13 Uhr und 16–19 Uhr, So 9–13 Uhr geöffnet, im Winter Mo–Fr 9–13 Uhr und 15–18 Uhr. ✆ 085/8003013.

• *Verbindungen* **Zug**: Bahnhof im Zentrum, mind. stündlich mit der Regionalbahn via Roseto degli Abruzzi und Pineto nach Pescara, ca. stündlich über Alba Adriatica und San Benedetto del Tronto nach Ancona, etwa alle 1,5 Stunden nach Teramo.

Busse fahren vor dem Bahnhof ab: von 5–22 Uhr etwa halbstündlich nach Teramo, mind. stündlich nach Pescara, 16x tägl. Alba Adriatica, 10x Martinsicuro, 7x San Benedetto del Tronto, 6x Ascoli Piceno, 8x Roseto degli Abruzzi, 9x L'Aquila und ca. 8x nach Rom (teilweise nonstop). Tickets bei der ARPA-Biglietteria am Bahnhof.

• *Parken* In Giulianova Lido kann man am großen kostenlosen Parkplatz an der Mole parken, in Giulianova Alta an der Piazza della Libertà.

• *Übernachten* An die 40 Hotels entlang der Uferpromenade, die meisten im ***-Bereich, z. B. am nördlichen Lungomare Zara: *** **Hotel Avila**, DZ mit Vollpension in der Hochsaison 160 €, in der Nebensaison bis zu 40 % günstiger (Lungomare Zara, 64022 Giulianova, ✆ 085/8000126, ℻ 085/8000011, www.avilahotel.it) oder das *** **Hotel Smeraldo**, zusätzlich mit Pool, DZ mit Vollpension im Hochsommer 164 €, in der Vor- und Nachsaison nur etwa die Hälfte (Lungomare Zara 119, 64022 Giulianova, ✆ 085/8000077, ℻ 085/8000114, www.hotel-smeraldo.it).

Knapp 3 km nördlich der zentralen Piazza Dalmazia (Fischerhafen) folgen gleich 6 **Campingplätze** aufeinander (z. B. Golden Beach und Baviera), ein weiterer Platz am südlichen Ortsrand (Tam Tam).

• *Essen/Trinken* **Osteria dal Moro**, an der südlichen Promenade Lungomare Spalato

74 (etwas südlich der Mole). Schlauchartiges kleines Lokal mit Wintergarten, nettes Ambiente, leider keine Terrasse, sehr gute Küche zu mittleren Preisen, unbedingt reservieren. Mittags und abends geöffnet, Mo/Mi nur abends, Di geschlossen. ✆ 085/8004973.

Osteria La Stracciavoce, in der Parallelstraße zum Lungomare, nette Terrasse an kleiner Piazza (Parkplatz), allerdings in wenig idyllischer Umgebung. Fischküche auf hohem Niveau zu mittleren bis gehobenen Preisen, zuvorkommender Service. Mittags und abends geöffnet. Via Trieste 159 (vom Lungomare auf Höhe der Molo Sud in die Via Sorrento hinein), ✆ 085/8005326. Reservierung empfohlen.

▶ **Roseto degli Abruzzi**: Dank endloser feiner Sandstrände und über 30 Hotels (sowie einem halben Dutzend Campingplätze, darunter ein Eurocamping) einer der beliebtesten Badeorte an diesem Küstenabschnitt. Südlich davon mündet der Vomano ins Meer. Historische Bausubstanz sucht man hier vergeblich: Roseto ist ein moderner, touristisch bestens erschlossener Ort, der vor allem bei Familien beliebt ist.

▶ **Pineto**: Nochmal einige Kilometer weiter südlich, alles eine Nummer kleiner als in Roseto (und Giulianova), mit Pinienwäldchen und eindrucksvoller *Torre*, außerdem einigen reizvollen Abschnitten an der Uferpromenade. Recht ruhiger und gemütlicher Badeort, sicherlich einer der empfehlenswertesten an diesem Teil der Küste.

Küstenhinterland

Endlose Hügel, oft gekrönt von pittoresken kleinen Städtchen. Die sehenswertesten findet man zwischen Pescara und dem Gran-Sasso-Massiv, das auch hier allgegenwärtig ist.

Neben der kulturhistorisch besonders interessanten alten Römerstadt **Atri** (s. unten) lohnt auch Città Sant'Angelo mit seiner besonders schönen *Collegiata San Michele* aus dem 14. Jh. einen Abstecher. Nur ein Stück südwestlich gelangt man – durch landwirtschaftlich intensiv bewirtschaftetes Gebiet – zu den beiden Orten Penne und Loreto Aprutino.

Penne, wie die anderen Kleinstädte im Hinterland der Küste eindrucksvoll auf einem Hügel gelegen, beeindruckt durch ein großes intaktes Centro storico zwischen mehreren Hügelkuppen und mit zahlreichen malerischen Gassen und sehenswerten Kirchen (allen voran die Cattedrale ursprünglich aus dem 11. Jh.). Außerhalb in einer Senke zu Füßen des Gran-Sasso-Massivs liegt der beschauliche Lago di Penne: zwar kein wirklicher Badesee, aber dennoch beliebtes Ausflugsziel mit zahlreichen Spazier- und Wanderwegen. Einzige Übernachtungsmöglichkeit in Penne ist das moderne *****Hotel dei Vestini** am Rand der Altstadt (DZ mit Frühstück 70 €, ✆/℻ 085/8278200). Gut essen kann man in der gemütlichen **Osteria del Leone** (Mo geschlossen, ✆ 085/8213224) an der Piazzetta XX Settembre mitten im Zentrum.

Auch das etwas südöstlich von Penne gelegene kleine Städtchen **Loreto Aprutino** bietet eine malerische Altstadt, samt herrlichem Panoramablick über das Hügelland zum Meer hin. Die eigentliche Attraktion des Ortes liegt aber ein Stück außerhalb: die *Chiesa Santa Maria in Piano* mit ihrem berühmten Fresko des „Jüngsten Gerichts“ (etwa 13./14. Jh.) an der Eingangswand. Leider ist es nur noch in Teilen erhalten, diese aber sind wunderschön und mit vielen überraschenden Details ausgestattet – z. B. der schmalen Brücke zum Paradies. Sehr sehenswert! Die Kirche liegt gut einen Kilometer von Loreto Aprutino auf dem benachbarten Hügel (beschildert, ganztägig geöffnet).

• _Übernachten_ **** **Castello Chiola**, Nobelhotel im alten Schloss an der höchsten Stelle von Loreto Aprutino (beschildert). Stilvoll und aufwendig hergerichtet, mit glasüberdachtem Innenhof, die Zimmer etwas altmodisch, aber sehr elegant in Creme eingerichtet, sehr komfortabel, 2 Restaurants, Pool mit Terrasse und Weitblick, absolute Ruhe. EZ 127 €, DZ 180 €, Frühstück inklusive. Castello Chiola, 65014 Loreto Aprutino, ✆ 085/8290690, 📠 085/8290677, www.castellochiolahotel.com.

B & B Lauretum, nur wenige Meter vom Castello entfernt im oberen Ortsteil, in einem altem Palazzo untergebracht, sympathische Leitung, familiäre Atmosphäre, pro Stockwerk ein Badezimmer (insgesamt nur 5 Zimmer), EZ 36 €, DZ 60 €, Dreier 80 €, mit Frühstück. Via del Baio 3, 65014 Loreto Aprutino, ✆/📠 085/8292000, www.bedbreakfastlauretum.com.

Atri (ca. 11.500 Einwohner)

Etwa zwölf Kilometer landeinwärts vom Küstenort Pineto thront das anmutige Renaissancestädtchen auf 442 Meter Höhe – Panoramablick auf die Hügellandschaft inklusive.

Im Zentrum stößt man unweigerlich auf die weite Piazza Duomo, das große Wohnzimmer der Stadt, an dessen unterem Ende sich der eindrucksvolle Dom (Cattedrale *Santa Maria Assunta*) befindet. Hinter der strengen und schmucklosen Fassade mit Fensterrose verstecken sich in der Apsis einige meisterhafte Fresken aus der Zeit um 1450, die die Besucher in Scharen anlocken (s. auch unter „Sehenswertes"). Die Piazza selbst und der anschließende Corso Adriano sind angenehmerweise autofrei, überhaupt herrscht in der Stadt eine ruhige und entspannte Atmosphäre, die einen Besuch hier so lohnenswert macht.

Wer aus westlicher Richtung nach Atri kommt, wird die durch Erosionen entstandenen Bodenfalten namens *Calanchi* kaum übersehen. Diese Wüsten- und Mondlandschaft neben intensiv bewirtschaftetem Ackerland hinterlässt durchaus Eindruck und wurde 1995 zum Naturschutzgebiet erklärt.

Die Stadt Atri blickt auf eine große Vergangenheit zurück. Bereits im 5. Jh. v. Chr. befand sich hier eine Siedlung, erstmals dokumentiert wurde das antike *Hatria* im Jahr 290 v. Chr. Als treue Verbündete Roms kämpfte die Kolonie schon gegen den Karthager Hannibal, später wurde Hatria zum wichtigen und wohlhabenden Handelszentrum. Angeblich soll Hatria Namenspate für die gesamte Adriaküste gestanden haben, gesicherte Erkenntnisse hierzu fehlen allerdings. Dafür stammte die Familie des späteren Kaisers Hadrian von hier. Zahlreiche mittelalterliche Gebäude wurden auf Fundamenten des antiken Ortes gebaut, die teilweise noch zu sehen sind, u. a. an der Piazza Duomo.

Im Mittelalter übernahmen hier u. a. die Langobarden die Macht, nach ihnen kamen die Herzöge von Spoleto in Umbrien, dann die Franken und die Normannen, schließlich stritten abwechselnd Kirchenstaat, Staufer und die Anjou um Atri. Im Jahr 1251 wurde die Stadt auf Betreiben eines Kardinals von *Papst Innozenz IV.* zur Diözese erhoben, eine neue kulturelle Blütezeit setzte ein. 1395 kaufte *Antonio Acquaviva*, der Duca des nahegelegenen San Flaviano (bei Giulianova) die Stadt auf und legte den Grundstein für eine rege Bautätigkeit, wovon in den beschaulichen Gassen im Zentrum noch zahlreiche Spuren erhalten sind. Die wichtigste Hinterlassenschaft ist sicherlich der *Palazzo dei Duchi d'Acquaviva* (14. Jh.) an der gleichnamigen Piazza am Corso Adriano, in dem das Rathaus der Stadt untergebracht ist.

• *Verbindungen* Beste **Busverbindungen** an die Küste, ca. 10x tägl. Pineto, Giulianova und Pescara, 8x Roseto degli Abruzzi, 4x direkt nach Teramo, ansonsten in Giulianova umsteigen.

• *Parken* Parkplätze (meist mit Parkscheibe) an der Zufahrtsstraße zum Zentrum Viale Umberto I, hier und in den Seitenstraßen gute Parkmöglichkeiten.

• *Übernachten* *** **Hotel Du Parc**, sehr einladendes und empfehlenswertes Haus am unteren Ende des Viale Umberto I, beim Parco Comunale. Guter Standard, äußerst beliebt bei italienischen Gästen. Gutes Ristorante, Halbpension ist üblich, aber nicht obligatorisch. Mit Pool. Zimmer mit Bad und TV, EZ 62 €, DZ 87 €, Frühstück inklusive, Halbpension kostet in der Hochsaison 60 € pro Person. Ganzjährig geöffnet. Viale Umberto I 6, 64032 Atri, ✆ 085/870260, 📠 085/8798326, www.hotelduparc.it.

* **San Francesco**, etwas einfacheres, aber gepflegtes Albergo oberhalb der Piazza Duomo am autofreien Corso Adriano, mitten im Zentrum. Hätte eigentlich 2 Sterne verdient: 38 ordentliche Zimmer mit Bad und TV, zum Hotel gehören auch Dachterrasse und im EG Bar und Trattoria. EZ 32 €, DZ 47 €, Dreier 65 €, kein Frühstück. Corso Adriano 38, 64032 Atri, ✆ 085/87473, 📠 085/870305.

• *Essen/Trinken* **Locanda Duca d'Atri**, gemütliches Restaurant unter einer Gewölbedecke, dekorierte, regionaltypische Küche. Mittags und abends geöffnet, Di Ruhetag. Von der Piazza Duomo aus beschildert oder vom südlichen Stadtrand durch die Porta San Domenico auf die gleichnamige Via (Hausnr. 54), ✆ 085/8797586 oder 328/4769733.

Bar del Teatro, hier sitzen Sie in der ersten Reihe, Logenplatz an der wirklich wunderschönen ruhigen Piazza Duomo, dem großen Wohnzimmer der Stadt. Halb Atri schlendert hier zur Passegiata, und auf der Terrasse der Bar lässt es sich mit Aperitivo und Nüsschen wirklich stundenlang aushalten.

Macoba, schicke Wine- und Cocktailbar nur wenige Schritte von der Piazza Duomo in der Via Ferrante 12. Cocktails schon ab 3 €, das Glas Wein ab 2,50 €. Tägl. 17–2 Uhr geöffnet.

Das Wohnzimmer der Stadt – die Piazza Duomo

Sehenswertes

Cattedrale Santa Maria Assunta: Die Kathedrale an der Piazza Duomo beeindruckt mit ihrer beige-gelben Steinfassade, deren gleichförmige Schlichtheit nur durch das aufwendige Portal mit der Fensterrose darüber unterbrochen wird. Im dreischiffigen Inneren setzt sich zunächst die Schlichtheit fort, bis man zum Chor mit dem herausragenden Freskenzyklus aus dem 15. Jh. gelangt. Er stammt von *Andrea Delitio*, einem bedeutenden abruzzesischen Maler, der auch in Umbrien und der Toscana gewirkt hat. Der Freskenzyklus von Santa Maria Assunta gilt als sein Meisterwerk (s. u.).

Achtung: Die Cattedrale war zuletzt wegen Restaurierungsarbeiten geschlossen, der Zugang zum Chor mit Freskenzyklus war jedoch über das Museo Capitolare (s. unten) möglich. Zeitpunkt der Wiedereröffnung der Cattedrale war zur Recherche 2004 noch nicht zu erfahren.

Die Cattedrale entstand in den Jahren von 1264 bis 1305 auf den Fundamenten eines älteren Kirchenbaus aus dem 9. Jh., vermutlich befand sich hier eine römische Zisterne, worauf Funde in der Krypta hinweisen (Zugang zur Zisterne über Museo Capitolare).

Museo Capitolare: Das Kapitularmuseum im Kloster neben dem Dom beherbergt zahlreiche sakrale Kunstwerke (alte Schriften und Dokumente, Gewänder, Gemälde, Statuen, Madonnendarstellungen, Majoliken usw.). Der Besuch erfolgt jedoch meist aus anderen Motiven: Vom ersten Obergeschoss des – an sich schon sehr sehenswerten – Kreuzganges führt ein Zugang zum Chor mit den meisterhaften Fresken von *Andrea Delitio*: In der Zeit um 1450–1460 schuf er hier insgesamt 26 Szenen aus dem Leben des Heiligen Joseph und der Heiligen Maria, davon am drastischsten und eindrucksvollsten sicherlich der grausige „Kindermord von Bethlehem“ (wenn man hereinkommt links oben). Die drei Wände sind von oben bis unten mit Fresken ausgemalt und bergen viele überraschende Details – unbedingt sehenswert!

Vom Erdgeschoss des Kreuzgangs gelangt man auch zur alten Krypta der Kathedrale: An dieser Stelle befand sich die riesige **Cisterna Romana**, die die Wasserversorgung der römischen Bäder sicherte. Auch im Mittelalter war hier ein riesiges Wasserreservoir untergebracht. In der Krypta sind ebenfalls noch einige alte Fresken zu sehen.

Öffnungszeiten Im Sommer täglich 10–12 und 16–20 Uhr, im Winter (1.10.–31.5.) Di–So 10–12 und 15–17 Uhr, Mo geschlossen. Eintritt 3 €, Kinder 6–12 Jahre 1 €, unter 6 Jahren frei. Eintritt nur für Kreuzgang, Zisterne und Delitio-Fresken im Dom 2 €. Via A. de Litio.

Museo Archeologico: Im Erdgeschoss ist hier in einigen Räumen die so genannte „Collezione Rosati“, eine Sammlung prähistorischer Funde aus der Umgebung, untergebracht: Waffen, Schmuck, Gefäße, Votivgaben sowie zwei Skelette mit Grabbeigaben. Schautafeln und Fotografien dokumentieren die Grabungen, leider jedoch nur in italienischer Sprache. Im ersten Stock des Museums ist die **Pinacoteca** der Stadt untergebracht, die zuletzt allerdings wegen Renovierung geschlossen war.

Öffnungszeiten Im Sommer Di–So 10.30–12.30 und 17–20 Uhr, im Winter Di–So 10–13 Uhr, Mo geschlossen. Eintritt 3 €, Kinder 6–14 Jahre 1 €, unter 6 Jahren frei. Via dei Musei, ✆ 085/8797875.

Sehenswertes/Umgebung

Abbazia di Santa Maria di Propezzano: Angeblich soll hier am 10. Mai des Jahres 715 die Muttergottes erschienen sein, woraufhin bald eine erste Kirche errichtet wurde. Die heute zu bewundernde romanische Kirche in reizvoller Einzellage am Hang des Vomano-Tales stammt aus dem Jahr 1285, als hier auch ein Kloster entstand. Das Innere der Kirche ist gotisch, interessant sind die Fresken (15. Jh.) auf der linken Seite.

Anfahrt/Öffnungszeiten Von Atri in nördliche Richtung über Fontanelle ins Vomano-Tal und von dort Richtung Notaresco. Die Kirche liegt an der Straße nach Notaresco auf der rechten Seite. Keine Busverbindungen. Die Kirche ist normalerweise verschlossen, den Schlüssel bekommt man in der Bar nebenan (am Parkplatz).

Markt in L'Aquila

L'Aquila

(ca. 67.000 Einwohner)

Die Hauptstadt der Region ist in jedem Fall einen Abstecher in die abruzzesische Bergwelt wert. Zum einen eignet sie sich hervorragend als Standort für Ausflüge, zum anderen bietet L'Aquila selbst eine ganze Reihe von Sehenswürdigkeiten nebst sympathischem Kleinstadtflair.

L'Aquila liegt auf immerhin 721 Meter Höhe auf einem Plateau zwischen mächtigen Bergrücken, nordöstlich erhebt sich das Gran-Sasso-Massiv (mit dem gleichnamigen Nationalpark), etwas südlich schließt der Regionalpark Sirente-Velino mit einem der wichtigsten Skigebiete der Abruzzen, dem **Campo Felice**, an. Die Stadt selbst bietet einen reizvollen Kontrast zwischen moderner Hauptstadt-Geschäftigkeit und beschaulicher Ruhe in den engen Gassen des Centro storico mit seinen zahlreichen sehenswerten alten Palazzi.

Früher betrat man die Stadt auf der Anhöhe über die Costa Masciarelli, eine überaus steile Treppengasse, die direkt zur zentralen Piazza del Duomo führt – einen malerischeren Flecken wird man in L'Aquila kaum irgendwo finden. Heute gelangt man bequem vom modernen Bus-Terminal auf einem Laufband durch einen Tunnel mitten ins Herz der Stadt auf die Piazza del Duomo. Von hier zweigt die belebte Shoppingmeile und Fußgängerzone Corso Vittorio Emanuele ab, die geradewegs zur alten französischen Festung führt. Wenig ansehnlich ist die verkehrsreiche Neustadt von L'Aquila außerhalb der alten Stadtmauern.

Verglichen mit den zahlreichen römischen Siedlungen in der Umgebung ist die Geschichte L'Aquilas verhältnismäßig jung: Der Hohenstaufer *Friedrich II.* gab die Stadtanlage im 13. Jh. in Auftrag, zu Ende gebracht wurde sie von seinem Sohn *Konrad IV.* 1257 ernannte Papst *Alexander IV.* die Stadt zum Bischofssitz, 1272 wurde die Basilica Santa Maria di Collemaggio gebaut und 1294 darin ein Papst gekrönt – für das damalige Italien ein Ereignis von immenser Bedeutung, das auch die Stadt aufwertete. Zu kultureller Blüte kam es im 15. Jh. mit der Gründung der Universität von L'Aquila, im 16. Jh. rückten aber schon die Spanier an, denen die unabhängige Stadt in den Bergen ein Dorn im Auge war. Von ihnen stammt die beeindruckende Festung am Rand der Altstadt, mit der man der aufmüfpigen Bevölkerung Respekt einzuflößen versuchte. Zum Katastrophenjahr für L'Aquila wurde das Jahr 1703, als ein Erdbeben weite Teile der Stadt – und viele wichtige Bauwerke – in Schutt und Asche legte.

Information/Verbindungen/Diverses

• *Information* **A.P.T.R.**, Informationsbüro der Region, aber auch für L'Aquila, in den Sommermonaten (15.5.–15.9.) Mo–Sa 9–13 Uhr und 16–19 Uhr, So 9–13 Uhr geöffnet, ansonsten Mo–Fr 9–13 Uhr und 15–18 Uhr, Sa 9–13 Uhr, So geschlossen. Ausreichend Infomaterial, man bekommt auch einen Stadtplan. Piazza S. Maria Paganica 5, 67100 L'Aquila, ✆ 0862/410808, ℻ 0862/65442. Ein Info-Büro der **I.A.T.** (gleiche Öffnungszeiten) befindet sich in der Via XX Settembre 8, ✆ 0862/22306. Am oberen Ende der Piazza del Duomo gibt es außerdem einen Info-Stand der Stadt (im Sommer).

• *Verbindungen* **Zug**: Bahnhof weit unterhalb vom Zentrum, erreichbar mit den Stadtbussen Nr. 8 und Nr. 11 ab dem großen Bus-Terminal (s. unten). 13x tägl. Züge nach Sulmona, 11x via Rieti nach Terni in Latium. Nur regionaler Zugverkehr.

Busse: Moderner großer Terminal etwas unterhalb der Altstadt nahe der Kirche S. Maria di Collemaggio, mit der Piazza Duomo durch einen unterirdischen Gang samt Laufband verbunden. Bar, Tourist-Information, Wartesaal und Biglietteria im EG, die Überlandbusse starten in der Tiefgarage: 6x tägl. über Rocca di Mezzo nach Avezzano, ca. 10x tägl. Pescara (teilweise über die Autobahn A 25), mind. 4x tägl. nach Sulmona, 8x Teramo (z. T. über Autobahn A 24), außerdem ca. stündlich nach Rom (Stazione Tiburtina) in nur rund 1,5 Stunden Fahrtzeit. ✆ 0862/412808.

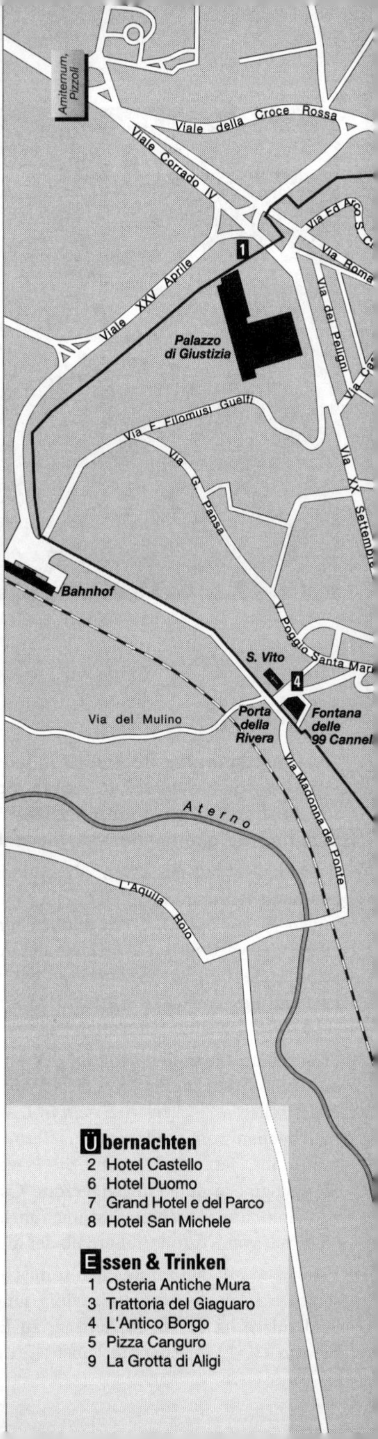

Viale della Croce Rossa
Viale Ovidio
Stadio Comunale
Assergi, Gran Sasso
Piazza S. Basilio
Viale Nizza
V.le Ovidio
Viale Gran Sasso
Viale Duca degli Abruzzi
Viale San Giovanni Bosco
S. Silvestro
Via S. Silvestro
Via Pretatti
Via Roma
Via Tre Spighe
Piazza S. Amico
Fontana Luminosa
Castello Museo Nazionale
Viale delle Medaglie d'Oro
Via Rustici
Via Garibaldi
S. Pietro
Via dei Guelfi
Viale Giovanni XXIII
Via dei Marrucini
S. Domenico
Via Cascina
Via S. Martino
Piazza S. M. Paganica
S. Maria Paganica
Via Paganica
Corso Vittorio Emanuele
Via Castello
Porta Castello
Pza. Angioina
Universität
Via Buccio da Ranallo
Via Antonelli
S.Margherita
Via A. Bafile
Via Camponeschi
Teatro Comunale
Via Zara
Via Vittorio Veneto
Via G. Verdi
C.so Umberto I
Piazza Palazzo
Viale Giovanni XXIII
Via Fonteseco
Via Sallustio
Biblioteca
Via San Bernardino
S. Bernardino
Via Panfilo Tedeschi
Via Sassa
Via Cesura
Via Roio
Via Persichetti
Via Dulb
Via Tre Marie
C.so Vitt. Emanuele
Via S. Crisante
Via delle Grazie
Via Fortebraccio
Scalinata Bernardino
Porta Leone
Via Teramo
Via Malella
Piazza Bernardino
Duomo
Piazza del Duomo
Via del Cardinale
Via San Marciano
Via Nicolò
XX Settembre
S.M. del Suffragio
V. Cimino
Via Crispomonti
Via Fortebraccio
Piazza G.Matteotti
Via Rocca di Corno
Via Duone Novelle
Piazza della Prefettura
Via Santa Giusta
Costa Masciarelli
Via Federico
Largo Corsica
V. San Fr. di Paola
S.Agostino
S. Giusta
Via Strinella
Via XX Settembre
Via S. Agostino
Corso
Via Celestino
Via S. Andrea
Via Campo di Fossa
Via San Michele
V. d. Giardini
Tunnel zum Zentrum (Fußgänger)
Piazzale Pasquale Paoli
Via Gen. Francesco Rossi
Viale Luigi Rendina
Villa Comunale
Viale Fr. Crispi
Via Michele Jacobucci
TAXI
BUS
P
Viale Giacomo Caldora
Via Colagrande
Via Corridoni
Viale Francesco Crispi
Viale di Collemaggio
Ospedale S. Maria di Collemaggio
Via Piave
Via Filippo
Via P.
V.le D'Annunzio
Viale XXIV Maggio
Via G. Belusari
Piazzale di Collemaggio
S. Maria di Collemaggio
Via Porta Napoli
Navelli, Popoli, Sulmona
L'Aquila
2
3
5
6
7
8
9

Stadtbusse: Ebenfalls am Terminal, Nr. 80 nach Amiternum (röm. Ausgrabungen); Nr. 76 nach Paganica, dort Umsteigen nach Fonte Cerreto zur Seilbahn-Talstation zum Gran Sasso; Nr. 8 und Nr. 11 zum Bahnhof.

Taxis am Busbahnhof und an der Piazza Duomo (Ecke Corso Vittorio Emanuele), gelegentlich auch vor dem Bahnhof. ✆ 0862/22115.

• Parken Im Zweiten UG des Bus-Terminal für 1 €/Stunde, ansonsten in der Altstadt eher schwierig, da teilweise *zona traffico limitato* oder ebenfalls gebührenpflichtig. Bei den meisten Hotels Parkmöglichkeiten.

• Autovermietung Beide etwas außerhalb, Autos können gebracht werden: **Hertz**, an der SS 80 km 2,3, ✆ 0862/319436; **Avis** an der SS 615, ✆ 0862/410415.

• Erste Hilfe Krankenhaus San Salvatore etwas außerhalb an der Straße Richtung Amiternum, ✆ 0862/3681, die Guardia Medica ist unter ✆ 0862/410790 zu erreichen.

• Internet **Internet Point** im EG der Bibliothek am Corso Umberto I (zweigt vom Corso Vittorio Emanuele ab).

• Einkaufen Werktags vormittags (bis ca. 13 Uhr) großer **Lebensmittelmarkt** an der Piazza Duomo, hervorragendes frisches Obst und Gemüse. Am oberen Ende der Piazza Duomo können Sie im Traditionsgeschäft der **Fratelli Nurzia** ganz köstliche und weiche *Torrone al Cioccolato* sowie andere unwiderstehliche Kalorienbomben kaufen. Piazza Duomo 74–75.

Übernachten/Essen/Trinken (s. Karte S. 626/627)

• Übernachten *** **Hotel Duomo (6)**, unser Tipp für L'Aquila! Mitten im Zentrum, aber noch relativ ruhig in einer Seitengasse an der Piazza Duomo, einige Zimmer auch zur Piazza. 30 gemütliche und komfortable, eher kleine Zimmer, mit Bad und TV. Freundlicher Service, eigener Parkplatz (5 €/Tag). EZ 60 €, DZ 90 €, Dreier 110 €, Vierer 140 €, Frühstücksbuffet inklusive. Ganzjährig geöffnet. Via Dragonetti 6–10, 67100 L'Aquila, ✆ 0862/410769, ℻ 0862/413058, www.hotel-duomo.it.

**** **Grand Hotel e del Parco (7)**, etwas in die Jahre gekommene Nobelherberge hinter unscheinbarer moderner Backsteinfassade, unterhalb der Piazza Duomo und gegenüber des kleinen Stadtparks gelegen, noch im Zentrum. Innen herrscht gediegene Eleganz, EZ 76 €, DZ 120 €, Frühstück inklusive. Corso Federico II 74, 67100 L'Aquila, ✆ 0862/413248, ℻ 0862/65938.

*** **Hotel San Michele (8)**, ebenfalls ziemlich zentral gelegen, relativ ruhig. Moderne und komfortable Zimmer, EZ 65 €, DZ 90 €, Frühstück inklusive. Eckhaus in einer verkehrsarmen Parallelstraße des Corso Federico II. Via dei Giardini 6, 67100 L'Aquila, ✆ 0862/420260, ℻ 0862/27060, www.stmichelehotel.it.

*** **Hotel Castello (2)**, an der viel befahrenen Piazza Battaglione Alpini, schräg gegenüber des mächtigen Castellos. Kostenlose Parkplätze vor der Tür, in der hoteleigenen Garage 8 €/Tag. Im Jahr 2004 wurden die Zimmer frisch renoviert, alle mit Bad, TV, Aircon. und Doppelglasfenstern. Nicht gerade romantischer Hotelkasten, aber durchaus komfortabel. EZ 75 €, DZ 95 €, mit Frühstück. Piazza Battaglione Alpini, 67100 L'Aquila, ✆ 0862/419147, ℻ 0862/419140, www.hotelcastelloaq.com.

• Außerhalb **** **Villa Dragonetti**, großzügige und geschmackvoll hergerichtete Villa aus dem 16. Jh., hinter hohen Mauern an der Hauptstraße in Paganica (knapp 10 km von L'Aquila Richtung Assergi). Stilvolle Einrichtung mit edlem Mobiliar, teilweise noch mit originalen Fresken ausgemalt. Nur 14 Zimmer, mit Garten, für 2005 sind Pool und Wellness-Bereich geplant. Netter und hilfsbereiter Service. EZ ca. 130 €, DZ 145 €, Frühstücksbuffet inklusive. Via Oberdan 4, 67016 Paganica, ✆ 0862/680222, ℻ 0862/681902, www.villadragonetti.it.

• Essen/Trinken **Osteria Antiche Mura (1)**, urige Einrichtung wie in einem Trödelladen, dabei aber sehr stilvoll und elegant, eines der besten Restaurants der Stadt. Die Lage (etwas zurückversetzt an der Hauptausfallstraße nach Westen) ist nicht ideal, durch den kleinen Vorgarten aber dennoch recht ruhig. Mittagsmenü 28 €, abends etwas teurer. Mittags und abends geöffnet, So geschlossen, Reservierung erbeten. Neben dem hässlichen Justizpalast. Viale XXV Aprile 2, ✆ 0862/62422.

La Grotta di Aligi (9), sehr gemütliches Restaurant im Gewölbe, beliebter Treffpunkt von Geschäftsleuten zum Mittagessen, freundlicher Service, große Auswahl, gute Weine. Gehobenes Preisniveau, liegt gegenüber des wenig ansehnlichen Stadtparks, ums Eck vom Grand Hotel (ca. 5 Minuten von der Piazza Duomo). Reservierung ratsam. Mittags und abends geöffnet, So geschlossen. Viale Rendina 2, ✆ 0862/65260.

L'Antico Borgo (4), sympathisches Ristorante bei der Fontana delle 99 Canelle, vielleicht mit einem Ausflug dorthin zu verbinden – bevor man sich wieder auf den steilen Weg hinauf ins Zentrum macht. Kleines gemütliches Lokal mit Terrasse, auch mittags bis auf den letzten Platz mit glücklichen Gästen besetzt. Degustationsmenü inkl. Wasser, Wein (Karaffe) und Caffè 25 €, ansonsten Antipasto, Primo und Secondo je um 8 €. Mittags und abends geöffnet, kein Ruhetag. Reservierung ratsam (auch mittags). Piazza San Vito 1, ✆ 0862/22005.

Trattoria del Giaguaro (3), beliebte Trattoria wie aus dem Bilderbuch, sehr netter Service, schönes bodenständig-schnörkelloses Ambiente, gute Küche zu günstigen Preisen: köstliche hausgemachte Ravioli mit Ricotta-Gemüse-Füllung für 5 €, das Scaloppine al Limone ein Gedicht, ein halber Liter Hauswein kommt für 2,50 € auf den Tisch. Mittags und abends geöffnet, Montagabend und Di geschlossen. Piazza Santa Maria Paganica 4, ✆ 0862/28249 oder 24001.

Bei **Pizza Canguro (5)** an der Piazza Duomo gibt es hervorragende, sehr saftige *Pizza a taglio*, erkennbar ist der winzige Laden an der langen Menschenschlange jeden Mittag. Relativ günstig.

Auf der Piazza del Duomo in L'Aquila

Sehenswertes

Castello (Museo Nazionale d'Abruzzo): Am nordöstlichen Rand der Altstadt liegt mitten im kleinen *Parco del Castello* die mächtige Festung der Stadt (zu erreichen über den Corso Vittorio Emanuele Richtung Norden). Die wuchtige, streng symmetrische Anlage mit ihren vier Bastionen wurde im 16. Jh. von den Spaniern errichtet. Noch immer ist das Castello von einem tiefen Burggraben umgeben, und auch heute noch gibt es nur einen einzigen Zugang über eine Steinbrücke. Fast überflüssig zu erwähnen, dass die Festungsanlage nie eingenommen wurde. Im Inneren ist eines der bedeutendsten Museen der Region untergebracht: Das **Museo Nazionale d'Abruzzo** bietet in teils stilvollem Ambiente ein interessantes Spektrum an Exponaten. Dazu gehören z. B. das Skelett eines Mammuts in der paläontologischen Abteilung sowie bedeutende archäologische Funde aus römischer Zeit (beide im Erdgeschoss). In den oberen Stockwerken sind mittelalterliche Kunstwerke zu sehen, darunter auch Schmucksättel und Sänften aus dem 16./17. Jh., sowie eine Abteilung für sakrale Kunst mit kostbaren Reliquiaren (ab dem 14. Jh.). *Sacra arte* findet sich auch im Gewölbekeller. Komplettiert wird das Museum durch eine Galerie moderner Kunst. Weitere Ausstellungsräume sind in Arbeit. Die Informationstafeln sind zum Teil dreisprachig (ital., engl., dt.).

Öffnungszeiten Di–So 9–20 Uhr, Mo geschlossen. Eintritt 4 €, ermäßigt 2 €. An den Wochenenden finden auch Führungen statt, Infos unter ✆ 0862/633226.

Die Abruzzen Karte S. 610/611

Chiesa Santa Maria di Collemaggio: Die bedeutendste Kirche der Stadt (etwas außerhalb vom Zentrum, gleich beim großen Bus-Terminal) wurde im Jahr 1287 von *Pietro da Morrone* in Auftrag gegeben. Er stieg im August 1294 als *Coelestin V.* auf den Papstthron, gekrönt wurde er in L'Aquila, hier in Santa Maria di Collemaggio. Auffällig an der Kirche ist allein schon die Fassade mit weiß-roter Steinverkleidung und den drei Portalen mit Fensterrosen darüber. Im Inneren wurde die zwischenzeitlich barockisierte Kirche wieder in ihren ursprünglichen Stil „zurückrenoviert“, es dominiert die kahle Gotik, nur wenige barocke Elemente sind erhalten geblieben. In der rechten Chorkapelle befindet sich das Mausoleum des Papstes Coelestin. Ihm zu Ehren feiert alljährlich die ganze Stadt Ende August ein großes Fest namens „La Perdonanza“. Am Abend des 28. Augusts wird die Porta Santa geöffnet, die „Heilige Pforte“ der Kirche: Wer hindurchschreitet, wird von seinen Sünden freigesprochen – und kann danach umso ausgelassener feiern.

Öffnungszeiten Tägl. 8.30–13 Uhr und 15–18 Uhr, sonntags bis 20 Uhr.

Piazza del Duomo: An der abfallenden großen Piazza schlägt das Herz der Stadt: Hier trifft man sich allmorgendlich zum Einkauf am Markt, diverse Cafés laden zu Cappuccino oder – später – zum Aperitivo, und die Piazza del Duomo ist Ausgangs- und Endpunkt für Shoppingtouren entlang des Corso Vittorio Emanuele. In den lauen Sommernächten finden gelegentlich Konzerte statt, aber auch an ganz „normalen“ Abenden ist der Platz voller Menschen, die hier der *Passegiata*, dem abendlichen Flanieren nachgehen. Wichtigstes Bauwerk der Piazza del Duomo ist natürlich der Dom am unteren Ende des Platzes: Die heute schneeweiße *Cattedrale San Massimo* stammte ursprünglich aus dem 13. Jh. und wurde bei einem Erdbeben im Jahr 1703 vollkommen zerstört. Die heutige schneeweiße Cattedrale wurde erst im 19. Jh. wieder aufgebaut. An der Südseite der Piazza befindet sich die spätbarocke *Chiesa del Suffragio*, deren Kuppel Anfang des 19. Jh. von Giuseppe Valadier konzipiert wurde.

Basilica di San Bernardino: Ca. 200 Meter östlich vom Corso Vittorio Emanuele (von dort in die Via San Bernardino einbiegen) befindet sich die zweite kunsthistorisch bedeutende Kirche der Stadt. Auch San Bernardino fiel in weiten Teilen dem Erdbeben von 1703 zum Opfer, stehen geblieben ist aber die eindrucksvolle Renaissancefassade aus dem frühen 16. Jh. Dahinter verbirgt sich heute eine weitgehend barocke, reich ausgeschmückte Kirche. Aus der Zeit von vor 1703 sind im Kircheninneren allerdings noch das Grabmal des Hl. Bernardino mit den Gebeinen des Kirchenstifters erhalten, die 1472 hierher überführt wurden.

Öffnungszeiten Tägl. 7–12 Uhr und 15.30–19 Uhr (im Winter kürzer).

Am Fuß der riesigen **Freitreppe** vor der Kirche (*Scalinata di San Bernardino)* finden im Sommer regelmäßig Konzerte statt.

Fontana delle 99 Canelle: Eine der bekanntesten und meistfotografierten Sehenswürdigkeiten von L'Aquila liegt gut versteckt an der alten Stadtmauer, weit unterhalb vom Zentrum. 99 Castelli sollen angeblich an der Stadtgründung L'Aquilas beteiligt gewesen sein, jedes mit eigener Kirche und eigenem Brunnen, so die Legende. Sicher weiß man, dass es die Fontana delle 99 Canelle mit ihren wasserspeienden Masken hier schon seit 1272 gibt. Die Stadtwappen wurden im 15. Jh. angefügt, 1744 wurde die Brunnenanlage nach Erdbebenschäden restauriert. Nachzählen kann man sich übrigens sparen: Es sind nur 93 Masken. Gegenüber der Fontana steht einsam und verlassen die kleine romanische Kirche *San Vito* (meist verschlossen). Zu Fuß gelangt man von der Via XX Settembre über die Via Borgo Rivera hinunter zum Brunnen. Anstrengend ist der Rückweg hinauf in die Stadt!

Rundfahrten entlang der Südseite des Gran Sasso

Zwei reizvolle Autotouren führen von L'Aquila in den Nationalpark Gran Sasso e Monti della Laga: die eine nördlich von L'Aquila zum Lago di Campotosto und über Assergi zurück, die andere ebenfalls über Assergi und über die Hochebene Campo Imperatore (mit Abstecher zum Albergo Duca degli Abruzzi) nach Castel del Monte und über Calascio und San Stefano Sessanio wieder zurück.

Geteiltes Badevergnügen am Lago di Campotosto

▸ **Tour 1 – zum Lago di Campotosto** (ca. 105 km): Bevor man auf gewundener Straße ins Gebirge hinauffährt lohnt es sich etwa neun Kilometer nördlich von L'Aquila einen frühen Zwischenstopp einzulegen. Knapp hinter **San Vittorino** (hier befindet sich die Kirche *San Michele*, unter der sich Katakomben mit Märtyrer-Gräbern aus dem 4. Jh. erstrecken) liegt **Amiternum**:

Die antike Stadt ging auf eine Gründung der Sabiner zurück und markierte die südlichste Ausdehnung des uralten italischen Volkes. Im 3. Jh. v. Chr. von den Römern eingenommen, erlangte sie Berühmtheit als Geburtsort des großen römischen Historikers *Sallust*. Erhalten sind die Reste des Theaters und des Amphitheaters. Das Theater liegt direkt an der Straße Richtung Pizzoli hinter San Vittorio (hier auch Parkplätze); das Gelände ist meist abgeschlossen, aber vom Zaun aus gut einsehbar – den besten Blick hat man, wenn man linker Hand den Feldweg ein wenig hinaufgeht. Sehenswerter ist das Amphitheater auf der anderen Flussseite (Anfahrt: ein kurzes Stück die *N 80* weiter, wenn diese auf die *N 80 dir* trifft, links ab und etwa 500 Meter zurück nach Süden, dann auf der linken Seite). Das Gelände, auf dem die eindrucksvollen Reste des Amphitheaters liegen, ist meist frei zugänglich und ein beliebtes Ausflugsziel von Schulklassen – dementsprechend ein wenig Geduld mitbringen, wenn die geschichtsträchtige Arena kurzerhand in ein Fußballfeld verwandelt wird.

Zurück Richtung Norden führt die *N 80* über den Gran Sasso nach Teramo. Ein Abstecher ins nahe **Pizzoli** lohnt nur bedingt, das Hotel ist geschlossen, das Castello Privatbesitz, die Kirche unspektakulär. Die Straße hinauf zum Gran Sasso hingegen ist durchaus spektakulär und herrlich zu fahren. Sie windet sich durch den dichten Laubwald hinauf, dessen sattes Grün immer wieder von blendend weißen Felsen

Die Abruzzen
Karte S. 610/611

durchbrochen wird. Nähert man sich dem Kamm, hinter dem sich die Hochebene erstreckt, ändert sich plötzlich die Vegetation: Nur noch vereinzelt stehen Bäume inmitten einer kargen, grandiosen Landschaft. Von Weitem wird die Staumauer des **Lago di Campotosto** sichtbar. Eine Straße zweigt von der *N 80* ab, sie führt direkt auf die hohe Wand zu, nahe an ihr vorbei und auf kurviger Strecke hinauf zum weitläufigen Stausee. An seinen Stränden finden sich zahllose Parkplätze. An sonnigen Sommertagen sieht man hier zahlreiche Männer neben ihren Autos stehen und grillen, während die Frauen den Campingtisch decken. So weitläufig sich der See erstreckt, so überschaubar ist der gleichnamige Ort an seiner Nordseite. Nichtsdestotrotz ist *Campotosto* die einzig nennenswerte Siedlung in der einsamen Gegend. An der zentralen Piazza mit dem schlichten Namen „Kirchplatz" befindet sich alles, was ein Ort benötigt: Kirche, Rathaus und eine nette Bar (sehr freundlicher Service, Sitzgelegenheit auch auf der Piazza).

• *Information* Im Sommer ist beim Rathaus ein **Info-Point** des Nationalparks geöffnet (vormittags); Infos im Internet unter www.comunedicampotosto.it.

• *Tanken* am Ortseingang befindet sich eine Zapfsäule.

• *Übernachten* **Ristorante/Albergo Valle**, am Ortsausgang hoch über dem See gelegen mit herrlichem Panoramablick. Sehr beliebtes Ristorante, vor allem wegen der Fischgerichte. DZ mit Bad und Frühstück 45 €. Via Roma 57, 67013 Campotosto, ✆ 0862/900119.

Nicht minder beliebt ist die **Trattoria Barilotto** an der zentralen Piazza, man kann entweder von Lauben beschattet an der Straße, im urigen Innenraum oder dem kühlen Keller sitzen, um auf die dampfenden Nudelberge zu warten. Auch Pension mit einfachen Zimmern (DZ mit Bad und Frühstück 35 €). Via Roma 18, 67013 Campotosto, ✆/℻ 0862/900141.

• *Fahrradverleih* im „Tante-Emma-Laden" an der kleinen Piazza, MTBs 4 €/Std.

Wieder zur *N 80* gelangt man, indem man entweder von Campotosto aus auf gleichem Weg zurückfährt oder einmal den See umrundet. Auf der N 80 geht es etwa vier Kilometer zurück in Richtung L'Aquila, dann zweigt eine Straße nach Osten ab, die über die weite Hochebene Richtung Assergi bzw. Campo Imperatore führt. Die Strecke verläuft über 20 Kilometer durch eine phantastische Gebirgslandschaft: rau, panoramareich und einsam. Schafherden und Rinder mit mächtigen Hörnern weiden vereinzelt auf dem steinigen Boden der sanft gewellten Hochebene. Im Hintergrund erheben sich karg die nahen Gipfel des Gran Sasso. Schließlich trifft man auf die Straße, die von der Hauptstadt der Abruzzen hier heraufführt. Links geht es zur Talstation der Seilbahn, rechts an Assergi vorbei (beide siehe Tour 2) durch ein enges Tal hinab und zurück nach L'Aquila.

▶ **Tour 2 – auf den Campo Imperatore** (ca. 125 km): Die Tour beginnt ebenfalls in L'Aquila und führt zunächst nach **Assergi**. Der kleine Ort hoch über der Straße, in dessen Nähe die Autobahn im Berg verschwindet, lohnt einen Zwischenstopp. Zwar verfügt er über keinerlei touristische Infrastruktur, dafür versprühen die stillen, engen Gassen umso mehr Charme. Nördlich von Assergi befindet sich die Talstation der Seilbahn, die über 1000 Höhenmeter hinauf auf die nördliche Schwelle des *Campo Imperatore* führt. Im Sommer ist dies ein beliebtes „Basislager" für Wanderer, im Winter treffen sich hier die Skisportler. Bei der Talstation gibt es zwei Hotels, Restaurants und einen hübschen Campingplatz.

• *Verbindung* **Bus** von L'Aquila werktags stündlich, sonn- und feiertags 5x tägl.

• *Seilbahn* **Funivia del Gran Sasso**, tägl. 8–17 Uhr alle halbe Stunde (Sa/So bis 18 Uhr), Mitte März bis Mitte/Ende Juni geschlossen. 9 € (hin und zurück), Kinder zw. 7 und 16 Jahren die Hälfte, Kinder bis 6 Jahren frei.

• *Übernachten/Essen/Trinken* Am Platz unterhalb der Talstation versammeln sich mehrere Hotels von vergleichbarem Niveau, alle nicht mehr ganz neu, alle mit Bar und Restaurant, alle mit der gleichen Adresse: Fonte Cerreto – L'Aquila, Base della Funivia del Gran Sasso. Das **Hotel Fiordigigli** und das **Hotel Villetta** gehören zum Hotel Duomo in L'Aquila (in beiden: DZ mit Bad und TV ca. 80 €, ✆ 0862/606171, ℻ 0862/606674); im **Hotel Cristallo** kostet das DZ mit Bad und TV 110 €, ✆ 0862/606678, ℻ 0862/606688.

• *Camping* **Fonte Cerreto**, gemütlicher kleiner Wald- und Wiesencampingplatz mit ausreichend Schatten, ein Stück unterhalb der Talstation, bei Italienern und Deutschen gleichermaßen beliebt. 6,60 € pro Person, Zelt ab 4,70 €, Wohnmobil 7,80 €, Auto 1 €. ✆/℻ 0862/606163 oder 348/0312329 (mobil).

Nicht nur die Seilbahn, auch eine Straße führt hinauf auf den Campo Imperatore. Allerdings muss man mit dem Auto einen gehörigen Umweg nehmen, um zur Bergstation der Seilbahn zu gelangen: Nach 17 Kilometern und gut 500 Höhenmetern zweigt eine Straße ab (dann weitere 10 km), das letzte Stück windet sich die Straße in steilen Serpentinen hinauf. Bei der **Bergstation** der Seilbahn (2130 m) befindet sich das *Albergo Campo Imperatore*, das heute auch ein beliebtes Ausflugslokal beherbergt und einst durch den unfreiwilligen Aufenthalt Mussolinis Berühmtheit erlangte. Nachdem nämlich der „Duce" im Zuge der Landung englischer Truppen gefangen genommen war, wurde er ab dem 28. August hier unter Arrest gestellt. Am 12. 9.1943 befreiten ihn Spezialeinheiten der deutschen Wehrmacht und brachten ihn nach Norditalien, wo er als Marionette Hitlers das letzte Kapitel seiner Diktatur aufschlug.

Eine Landschaft von karger Schönheit – am Gran-Sasso-Massiv

Von der Bergstation führt ein schweißtreibender Fußpfad hinauf zum *Rifugio Duca degli Abruzzi* auf 2388 Meter Höhe, von hier aus bieten sich grandiose Ausblicke auf die Gebirgszüge des Gran Sasso. Die weiter führenden Wanderwege, darunter zum **Corno Grande**, mit 2912 Metern der höchste Gipfel des Apennin, sind nur für erfahrene Bergwanderer geeignet.

• *Übernachten/Essen/Trinken* **Hotel Campo Imperatore**, das Zimmer, in dem Mussolini untergebracht war, kann besichtigt werden (3 € pro Person), im Shop werden geschmacklose Duce-Souvenirs angeboten. Das gediegene Ristorante ist sehr beliebt (Touristenmenü 15 €), DZ mit Bad 110 €, Mai und Okt. geschlossen. ✆ 0862/400000, ℻ 0862/400004, www.hotelcampoimperatore.too.it.

Ostello Campo Imperatore, neben der Bergstation, einfache Zimmer für 15 € pro Person (Reservierung ratsam), auch Selbstbedienungs-Restaurant, ganzjährig geöffnet, ✆ 0862/400011.

Rifugio Duca degli Abruzzi, wenn draußen auch im Hochsommer ein kalter Wind weht, ist es in dem kleinen Gastraum des Rifugios umso gemütlicher, geöffnet von Mitte Juni bis Mitte Sept. Kleinere, auch warme Gerichte, Übernachtung möglich (Matratzenlager), 16 € pro Person, 21 € mit Frühstück, ✆ 347/6232101.

Die Abruzzen Karte S. 610/611

Zurück auf der Hochebene eröffnen sich weiterhin über viele Kilometer grandiose Ausblicke auf eine gottverlassene Gegend. Weites steiniges Weideland erstreckt sich über den Campo Imperatore, flankiert von den Höhenzügen des Gran Sasso. Eine fast unwirkliche Landschaft von karger Schönheit. Am südöstlichen Ende der Ebene zweigt eine Piste nach Norden zum *Rifugio Fonte Vetica* ab. An der Kreuzung befindet sich ein sehr beliebtes winziges Ristoro, vor dem *Arrosticini*, die traditionellen Hammelspieße, gegrillt werden. Die Straße wendet sich nun nach Süden, gewinnt noch ein wenig an Höhe, bevor sie kurvenreich vom Campo Imperatore hinab nach **Castel del Monte** führt. Oberhalb der großen Piazza ziehen sich winzige verwinkelte Gassen durch den historischen Ortskern, der sich über eine kleine Hügelkuppe erstreckt. Touristisch geht es hier nicht zu, im Gegensatz zu Assergi ist man hier aber Besucher durchaus gewöhnt.

• Übernachten/Essen/Trinken **Osteria del Lupo**, sympathische Locanda, sehr freundlicher Besitzer, traditionelle Küche, Menü mit Hauswein 15–18 €. Auch vier Zimmer (DZ mit Bad und Frühstück 50 €), im Winter Mo Ruhetag. Viale della Vittoria 34, 67030 Castel del Monte, ✆ 0862/938136 oder 338/2244437 (mobil).

Albergo Miramonti, an der großen Piazza, DZ mit Bad 44 €, auch Ristorante, alles etwas einfach. Piazza XX Settembre 20, 67030 Castel del Monte, ✆/℻ 0862/938142.

B&B Casa Tuccella, in einem hübschen Haus mit kleiner Terrasse gibt es drei gemütliche Zimmer (DZ mit TV und Frühstück sowie Bad im Flur 60 €), geöffnet von Ende Mai bis Ende Okt. oder auf Anfrage. Das B&B liegt etwas versteckt, von der großen Piazza in die Via Cesare Battisti, bei der Porta Ubaldo die Treppe runter und auf die Via della Pineta (Hausnr. 6), 67030 Castel del Monte, ✆ 0862/938453 oder 338/4574851 (mobil).

Acht Kilometer südlich liegt das halb verlassene **Calascio**. Oberhalb des kleinen Ortes, in dem im Winter kaum noch ein Dutzend Häuser bewohnt sind, erhebt sich auf schroffem Fels die noch immer trutzige Festung *Rocca di Calascio*. Eine gewundene Straße führt hinauf, zuerst zu einem idyllisch verfallenen Ortsteil, der seit kurzem zum Teil wieder aufgebaut und bewohnt wird (hier auch das Rifugio della Rocca). Von hier aus führt ein Fußpfad zu der sehenswerten Feste. Vier mit Mauern verbundene Rundtürme bilden die Befestigung für den quadratischen zentralen Turm. Von der höchstgelegenen Festung in den Abruzzen eröffnen sich grandiose Ausblicke.

• Übernachten/Essen/Trinken **Rifugio della Rocca**, unser Tipp: In den Ruinen des alten Dorfes unter der Festung ist dieses liebevoll restaurierte Albergo entstanden. Sieben stilvolle Zimmer stehen zur Verfügung (DZ mit Bad und Frühstück 80 €), sowie ein Schlafsaal (15 € pro Person) und Appartements (für 4 Personen mit Küche und Bad 100 €), auch ein Restaurant (mittags und abends); MTB-Verleih, im Winter Langlauf- und Tourenski (beide15 €/Tag), ganzjährig geöffnet, im Winter nur am Wochenende und/oder auf Vorbestellung. Loc. Rocca Calascio, 67020 Calascio – L'Aquila, ✆ 0862/930423 oder 338/8059430, www.roccacalascio.it.

Malerisch ist der Nachbarort **Santo Stefano di Sessanio**, den man von Calascio aus auf einer hoch über dem Tal sich entlang ziehenden Straße erreicht (etwa 6 km westlich von Calascio). In den Hügeln am Rand des Nationalparks gelegen, ist Santo Stefano auf Besucher eingestellt. In den engen, verwinkelten und teils überdachten Gassen finden sich Bars, Tavernen und Souvenirläden. Die winzige Gasse *La Bruscella* könnte der so genannten „kleinsten Gasse Italiens" in Civitella del Tronto (s. S. 610) ihren Titel sogar streitig machen.

• Übernachten/Essen/Trinken **Ostello del Cavaliere**, sehr schönes Ristorante und Albergo, wechselndes Menü mit traditionellen Gerichten, mittags und abends geöffnet (Do Ruhetag), die Zimmer teils mit Panorama-Balkon (DZ mit Bad 55 €), Reservierung ratsam. Via della Giudea, Santo Stefano di Sessanio, ✆ 0862/89679, ostellodelcavaliere@tiscalinet.it.

Auf der Rocca di Calascio

Von Santo Stefano sind es noch 10 Kilometer hinab nach **Barisciano** im Tal. Dann geht es auf der N 17 zurück zum Ausgangspunkt der Tour nach L'Aquila.

Südliche Umgebung von L'Aquila

Grotte di Stiffe: Die Höhlen am Rand der weiten Aterno-Ebene erstrecken sich in einer Ausdehnung von 650 Metern – mit zahlreichen kleinen Seen und Wasserfällen, Stalagtiten und Stalagmiten. Eine Besichtigung des Höhlensystems ist nur mit Führung (in italienischer Sprache) möglich, die wie folgt aussieht: Tickets an der Bar oberhalb des großen Parkplatzes kaufen, wieder zum Parkplatz, in den Shuttle-Bus steigen, der Sie zu den Grotte bringt. Dort werden Sie dann von einem kundigen Höhlenführer in Empfang genommen. Dauer der Besichtigung ca. eine Stunde, warmen Pullover nicht vergessen!

• *Anfahrt* Von L'Aquila auf der SS 17 nach Bazzano, hier rechts ab nach Monticchio. Von Monticchio Richtung Villa Sant'Angelo, dann beschildert. Ca. 15 km von L'Aquila, Anfahrt durch schöne und einsame Landschaft.

• *Öffnungszeiten* Täglich, auch im Winter von 10–13 Uhr und 15–18 Uhr geöffnet. Eintritt 9 €, Kinder 6–10 Jahre 7,50 €, unter 6 Jahre frei. Fotografieren/Filmen verboten. ✆ 0862/86142, www.grottestiffe.it.

Von L'Aquila nach Sulmona: Eine reizvolle Strecke in südöstliche Richtung ist die SS 17 nach Popoli, die zunächst fast schnurgerade durch eine menschenleere Hochebene nach **Navelli**, dem wichtigsten italienischen Anbaugebiet für Safran, verläuft. Dort kann man – bei Navelli links ab – entweder im weiten Bogen durch die Berglandschaft auf der SS 153 hinunter ins Pescara-Tal nach Popoli gelangen oder – bei Navelli geradeaus – auf der Nebenstraße über einen einsamen Pass und über viele Serpentinen hinunter nach Popoli (s. S. 644) fahren. Von Popoli geht es auf unspektakulärer Strecke rund 20 Kilometer nach Sulmona (s. S. 644 ff.).

Zum *Parco Regionale Sirente-Velino* s. S. 653, zu **Celano** s. S. 652 f.

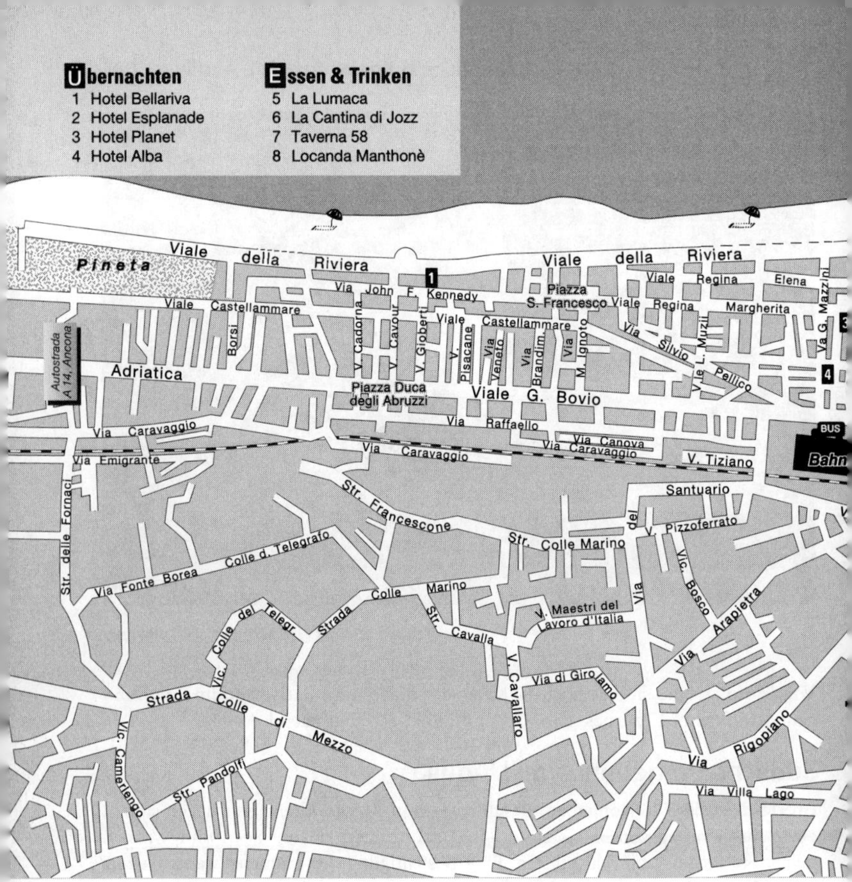

Pescara

(ca. 120.000 Einwohner)

Eines vorneweg: Pescara ist sicher nicht der geeignete Ort für einen Abruzzen-Urlaub, die Stadt ist alles andere als entspannend. Hektik, viel Beton und noch mehr Verkehr, nur wenige beschauliche Ecken.

Die größte Stadt der Abruzzen wurde im Sommer 1944 bei Bombenangriffen zu rund 80 % zerstört. Historische Bausubstanz ist kaum noch zu sehen, es dominieren moderne etwa fünfstöckige Häuser entlang geradliniger breiter Straßen. Das moderne Zentrum der Stadt erstreckt sich zwischen Corso Vittorio Emanuele und Lungomare Matteotti, genauer gesagt um den schicken Corso Umberto I, hier gibt es auch einige elegante Geschäfte. Ein wenig „altes" Pescara entdeckt man dagegen am ehesten um die Piazza Unione am Kanal, von wo die Via delle Caserme und der Corso Manthonè, zwei der ältesten Straßen der Stadt, abgehen. Empfindlich gestört wird diese beschauliche Ecke allerdings durch die direkt oberhalb verlaufende Zubringertrasse zur Autobahn.

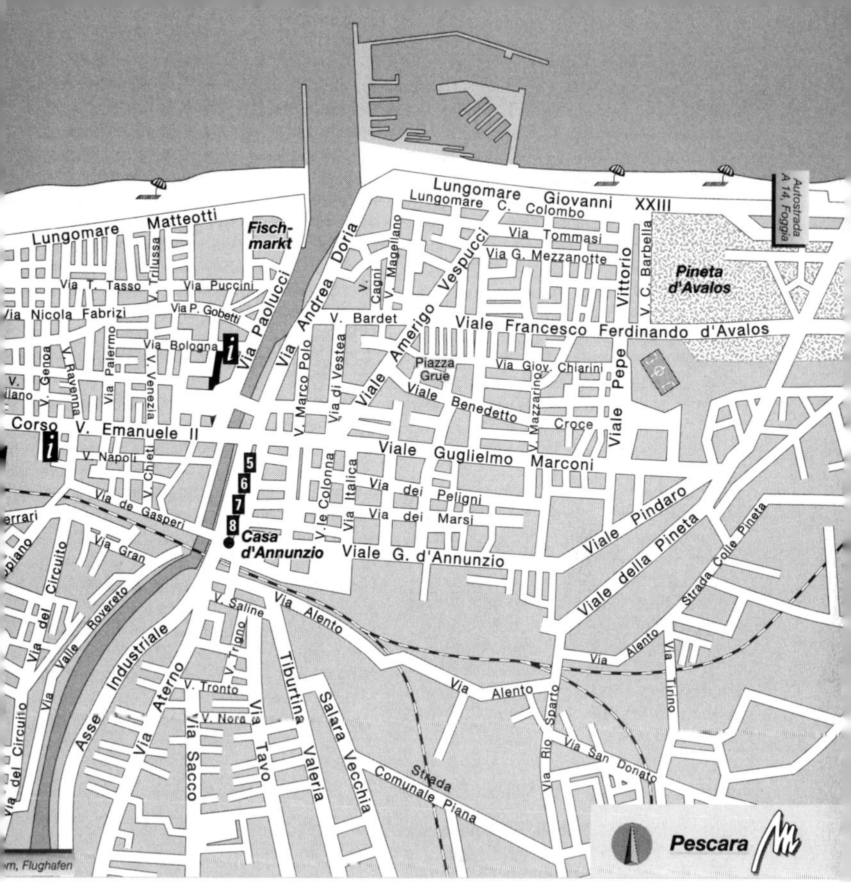

Erwähnenswert ist bei aller Betonwüste aber sicher noch der über zehn Kilometer lange Sandstrand mit diversen Strandbädern, Bars und sonstigen Einrichtungen. Vor allem an der Uferstraße Lungomare Matteotti, die nach Norden in den Viale della Riviera (mit kleinem Pinienwäldchen) übergeht, kann es in der Hochsaison jedoch recht voll werden.

Eine der wenigen bedeutenderen Sehenswürdigkeiten Pescaras ist das **Geburtshaus** des wohl größten, aber nicht unumstrittenen Sohnes der Stadt: **Gabriele d'Annunzio** (1863–1938). Besichtigt werden können das Elternzimmer und Zimmer des jungen Gabriele, Salon und Studierzimmer. In weiteren Räumen sind in diversen Vitrinen Dokumente zum Leben des Dichters ausgestellt. Corso Manthonè 116, täglich nur vormittags 9–13.30 Uhr (So bis 12.30 Uhr) geöffnet, Eintritt 2 €, ermäßigt 1 €, ✆ 085/60391.

Information/Verbindungen/Diverses

• *Information* **I.A.T.** im Eckhaus des Corso Vittorio Emanuele II zur großen Bahnhofspiazza. Unterkunftsverzeichnis und Stadtplan, zahlreiche Prospekte liegen aus. Mo–Fr 8–21 Uhr geöffnet, Sa 8–14 Uhr, So geschlossen. Corso Vittorio Emanuele II 301, ✆ 085/

42900212. Hauptbüro der I.A.T. in der Via Paolucci 3, Mo–Fr 9–13 Uhr und 16–19 Uhr (im Winter 15–18 Uhr), Sa 9–13 Uhr, So geschlossen. ✆ 085/4219981.

• *Verbindungen* **Flughafen**: Der Aeroporto von Pescara liegt einige Kilometer landeinwärts, hier landen zahlreiche Billigairlines, ansonsten inneritalienischer Flugverkehr. Mit dem Stadtbus Nr. 38 in ca. 20–25 Minuten ab Bahnhof zum Flughafen (einfach 0,90 €), mit dem Taxi ca. 15 €. Autoverleiher am Flughafen (s. unten).

Bahn: Die Stazione im Zentrum von Pescara ist die größte in den Abruzzen, von hier beste Verbindungen entlang der Küste nach Ancona und hinunter bis Bari (jeweils mit diversen Zwischenstopps), außerdem mit dem schnellen und teuren Eurostar mehrmals täglich nach: Mailand, Turin, Lecce, Bari und Taranto. Nach Rom direkt nur mit dem Regionalzug (4 Std.), wer dorthin Eurostar fahren will, muss erst nach Ancona. Es bestehen außerdem gute Verbindungen nach: Chieti (ca. halbstündlich), Sulmona (ca. stündlich), Teramo und Vasto (je ca. alle 1,5 Stunden), L'Aquila (alle 2 Stunden, Umsteigen in Sulmona), Avezzano und Tagliacozzo (ca. alle 2 Stunden, Zug fährt weiter nach Rom).

Busse: Großer Busbahnhof an der Bahnhofspiazza, 8x tägl. via Chieti Scalo und Avezzano nach Rom (Tiburtina), 3x tägl. über Sulmona nach Neapel, 1x tägl. über Ancona, Pesaro, Rimini und Bologna bis nach Genua, 4x tägl. nach Teramo, alle 15 Minuten nach Chieti, stündlich nach Giulianova, 11x tägl. Lanciano, stündlich Città Sant'Angelo, ca. 10x tägl. L'Aquila, 5x Caramanico Terme, 4x Sulmona, mind. stündlich Ortona, ca. 10x Atri, 2x Avezzano. Tickets (auch für Stadtbusse) beim Zeitungskiosk im Bahnhof.

Taxi am Bahnhof (✆ 085/4211870) und am Flughafen (✆ 085/53748).

• *Parken* Riesiger, gebührenpflichtiger Parkplatz am Bahnhof, Parken kann man teilweise auch an der Uferpromenade (Parkscheinautomaten).

• *Autoverleih* **Autoeuropa** (✆ 085/4318089) und **Sixt** (✆ 085/4313690) am Flughafen, **Maggiore Rent** (✆ 085/389167) am Bahnhof.

• *Erste Hilfe* Das Ospedale von Pescara liegt nahe Fluss und Bahnhof, ✆ 085/4251 (Zentrale) oder ✆ 085/4252450 (Ambulanz), Notrufstation am Flughafen unter ✆ 085/4324216, in den Monaten Juli/August gibt es auch eine **Assistenza Medica ai Turisti** in der Via Rieti (nahe Bahnhof), ✆ 085/4254060.

Übernachten/Essen/Trinken (s. Karte S. 636/637)

• *Übernachten* ******Hotel Esplanade (2)**, erstes Haus am Platz, fast am Meer und ziemlich zentral. 150 komfortable Zimmer, teilweise mit Seeblick, EZ 100 €, DZ 140 €, Frühstück inklusive. Piazza 1. Maggio 46, 65100 Pescara, ✆ 085/292141, ℻ 085/4217540, www.esplanade.net.

***** Hotel Alba (4)**, zentrale, aber relativ ruhige Lage im Zentrum, nur 300 m zum Meer. Angenehmes Hotel, nette Zimmer mit Bad und TV, EZ 54 €, DZ 82 €, Dreier 105 €, Vierer 130 €, Frühstück jeweils inklusive. Am Wochenende (außer Juli/August) Sondertarife: EZ 44 €, DZ 60 €. Garage 8 €/Tag. Via M. Forti 14, 65100 Pescara, ✆ 085/389145, ℻ 085/292163, www.hotelalba.pescara.it.

***** Hotel Bellariva (1)**, an der nördlichen Uferpromenade, nur über die Straße zum Strand, EZ 55 €, DZ 75 €, Frühstück inklusive. Zeitweise mit obligatorischer Halbpension, dann um 65–70 € pro Person und Tag. Viale Riviera 213, 65100 Pescara, ✆ 085/4712641, ℻ 085/73628.

*** Hotel Planet (3)**, für einfache Ansprüche, mitten im Zentrum, EZ um 20 €, DZ um 40 € (mit Dusche). Via Piave 142, 65100 Pescara, ✆ 085/4211657.

• *Essen/Trinken* Die empfehlenswertesten Restaurants der Stadt liegen ganz dicht beieinander am Corso Manthonè bzw. in der Via delle Caserme, beide autofrei und in der wohl schönsten Ecke von Pescara. Zur Auswahl stehen:

La Cantina di Jozz (6) in der Via delle Caserme 61 (Sonntagabend und Mo geschlossen) und fast nebenan in der Via delle Caserme 51 **La Lumaca (5)**, etwas günstiger und nur abends geöffnet (Di geschlossen).

Am parallel verlaufenden Corso Manthonè 58 befinden sich die etwas teurere **Locanda Manthonè (8)** und die **Osteria dei Miracoli**: recht günstig, nur abends geöffnet, Di geschlossen. Einige Schritte weiter stößt man schließlich noch auf die **Taverna 58 (7)**, Corso Manthonè 46, mittags und abends geöffnet, So geschlossen.

Vor allem abends ist die Gegend hier ein beliebter Treffpunkt.

Weite Hügel prägen die Landschaft im Osten der Abruzzen

Chieti

(ca. 55.000 Einwohner)

Auf 330 Meter Höhe thront die Stadt auf einem Hügel, gerade mal 14 Kilometer landeinwärts von Pescara. Die Peripherie wird von unschönen und waghalsig am Hang klebenden Hochhäusern dominiert, das Centro storico gibt sich dagegen überraschend beschaulich.

Rückgrat der Stadt ist der belebte Corso Marrucino mit seinen Portici und zahlreichen Geschäften sowie einigen Cafés. Hier am Corso befindet sich auch das gleichnamige Theater im neoklassizistischen Stil aus der Zeit um 1815. Mitten im Zentrum sind zudem einige antike Überreste wie die römischen Tempel (s. unten) oder das römische Theater zu entdecken. Das besonders sehenswerte Archäologische Nationalmuseum liegt am Stadtrand in einer eindrucksvollen Villa (s. unten).

Chieti geht auf eine uralte vorrömische Siedlung namens Teate zurück, neolithische Funde beim römischen Theater datieren auf das 3. Jt. v. Chr. Unter den Römern war *Teate* ein wichtiger Bündnispartner, der gleich an drei bedeutenden Straßen lag: Via Tiburtina, Via Valeria, Via Claudia. Entsprechend wohlhabend war die Stadt vor allem zur römischen Kaiserzeit, wovon u. a. die Überreste von Theater und Thermen noch Zeugnis liefern. Im 16. Jh. wurde Chieti zum Bischofssitz.

• *Information* **I.A.T.**, in einer Seitenstraße des Corso Marrucino, der Via B. Spaventa 29. Umfangreiches Info-Material, freundliche Mitarbeiter, Stadtplan. 15.6.–15.9. Mo–Sa 9–13 Uhr und 15–18 Uhr, So 9–13 Uhr, außerhalb der Saison Samstagnachmittag und sonntags geschlossen. ✆ 0871/63640, 📠 0871/63647.

• *Verbindungen* **Bahn**: Der Bahnhof liegt unterhalb im Tal in Chieti Scalo. Von hier etwa halbstündlich nach Pescara, in Gegenrichtung etwa alle 2 Stunden nach Sulmona, Avezzano, Rom. Häufig Stadtbusse hinauf ins Zentrum.

Busse: Bus-Terminal unterhalb vom Zentrum (Rolltreppe hinauf zur Via Asinio Herio),

u. a. folgende Verbindungen: mind. alle halbe Stunde nach Pescara und Francavilla, ca. 8x tägl. nach Lanciano, 3x Ortona.

Taxis am Corso Marrucino und am Bahnhof in Chieti Scalo, ✆ 0871/348787 oder 330333.

• *Übernachten* *** **Grand Hotel Abruzzo (3)**, professionell geführtes, empfehlenswertes Haus im Zentrum, komfortable, etwas altmodisch eingerichtete Zimmer mit Bad und TV, im UG gutes Restaurant namens **Akileas** mit Terrasse und Weitblick. EZ 65 €, DZ 94 €, Dreier 125 €, Frühstück inbegriffen. Via Asinio Herio 20, 66100 Chieti, ✆ 0871/42041, 📠 0871/41960, www.albergoabruzzo.it.

Hotel Garibaldi (1), an der gleichnamigen Piazza, für einfache Ansprüche. Zimmer mit Bad, EZ 39 €, DZ 55 €. Piazza Garibaldi 25, 66100 Chieti, ✆ 0871/345318.

• *Essen/Trinken* **Caffè Vittoria (2)**, nett zum Sitzen unter den Portici am Corso, Kellner der alten Schule, innen gediegen. Auch Mittagstisch. Corso Marrucino 82.

Trattoria Nonna Elisa, gute abruzzesische Landküche zu angemessenen Preisen. Mittags und abends geöffnet, Mo geschlossen. Ca. 9 km außerhalb in Brecciarola (N 5 Richtung Popoli). Für abends Reservierung ratsam unter ✆ 0871/684152.

Sehenswertes

Cattedrale San Giustino: Ursprünglich soll sich hier, am höchsten Punkt der Stadt, ein Herkules-Tempel befunden haben. Ein erster Kirchenbau stammt aus dem 11. Jh. Die Cattedrale in ihrer heutigen Form datiert aus der Mitte des 14. Jh., ebenso der Glockenturm, dessen Aufbau allerdings erst Ende des 15. Jh. angefügt wurde. Im Innenraum herrscht dagegen pures Barock, mit Ausnahme der sehenswerten Krypta aus dem 11. Jh., die teilweise mit Fresken ausgestattet ist.

Öffnungszeiten Tägl. 7.30–12 Uhr und 16–19 Uhr.

Museo Archeologico Nazionale d'Abruzzo: Am südlichen Stadtrand, inmitten eines netten Parks, residiert das sehenswerte Museum in einer neoklassizistischen Villa aus den 1830ern. Gleich im EG im hinteren Saal stößt man auf

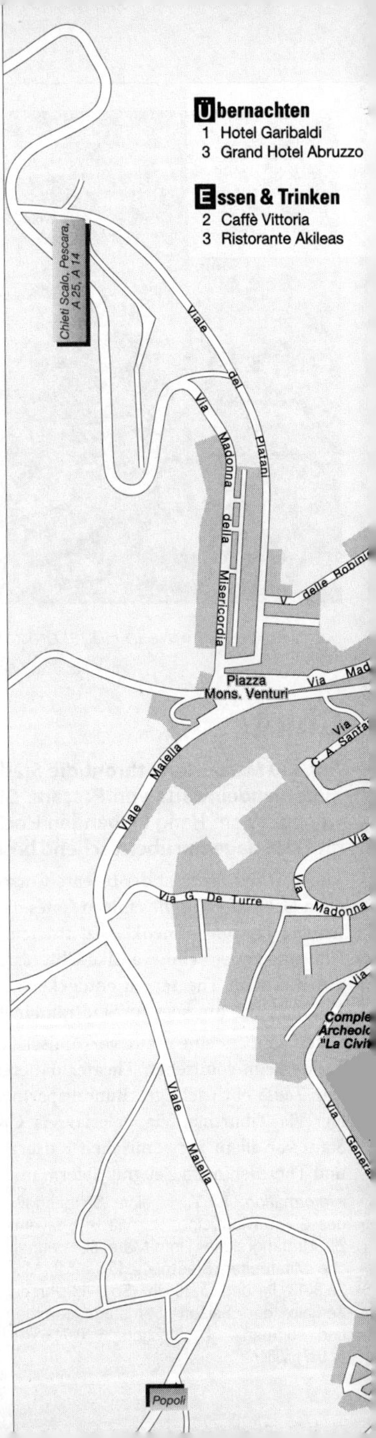

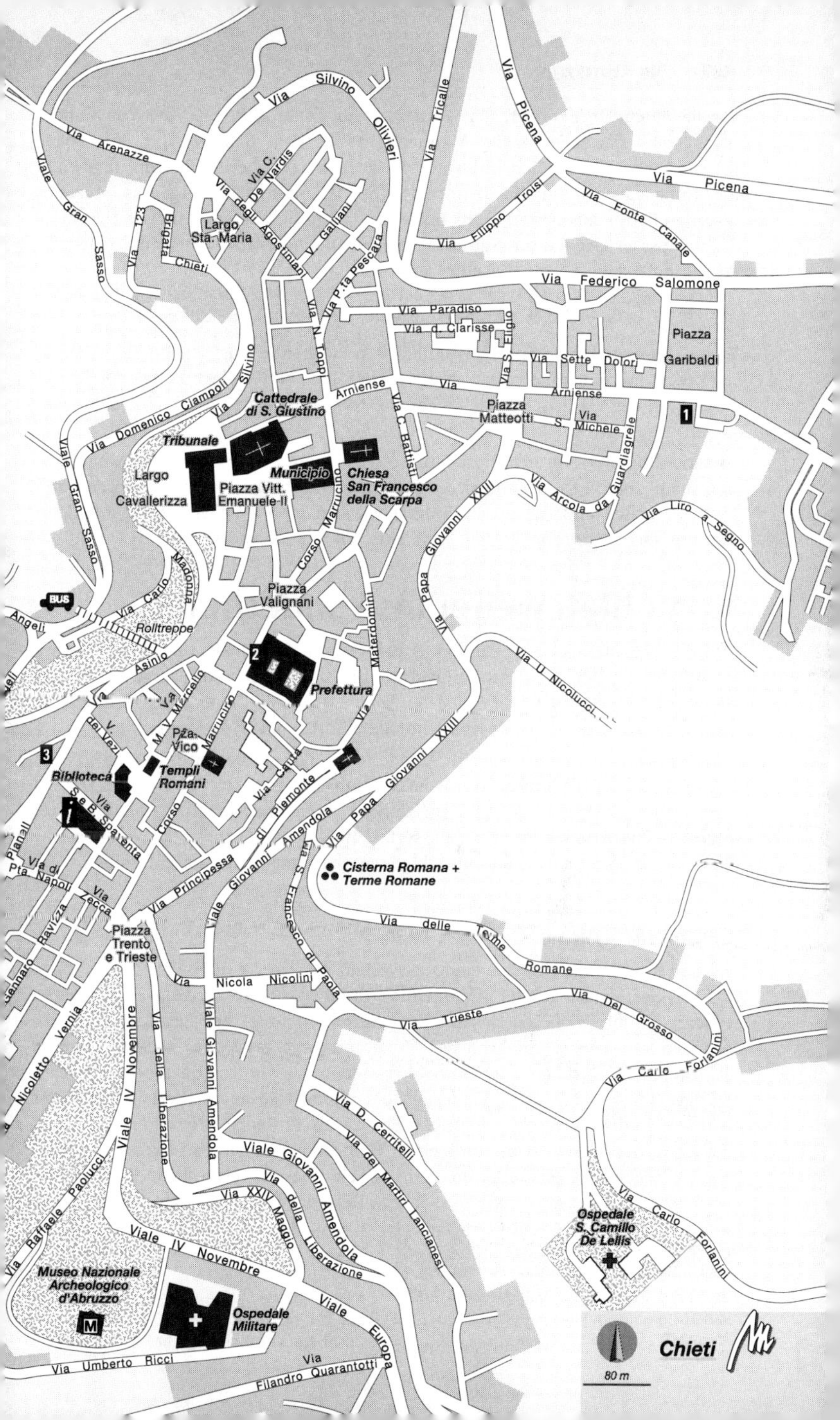

Via Silvino Olivieri
Via Arenazze
Viale Gran Sasso
Via 123 Brigata Chieti
Via C. De Nardis
Via degli Agostiniani
Largo Sta. Maria
V. Galliani
Via P.ta Pescara
Via Tricalle
Via Picena
Via Filippo Troisi
Via Fonte Canale
Via Federico Salomone
Via Paradiso
Via d. Clarisse
Via S. Eligio
Via Sette Dolori
Piazza Garibaldi
Via N. Toppi
Via Arniense
Piazza Matteotti
Via S. Michele
Via C. Battisti
Via Guardiagrele
Via Arcola da
Via Liro a Segno
Via Domenico Ciampoli
Via Silvino
Cattedrale di S. Giustino
Tribunale
Largo Cavallerizza
Piazza Vitt. Emanuele II
Municipio
Chiesa San Francesco della Scarpa
Corso Marrucino
Via Papa Giovanni XXIII
Via Madonna
Via Carlo
BUS
Angeli
Rolltreppe
Asinio
Piazza Valignani
Materdomini
Via U Nicolucci
Prefettura
Via Marcello
V. dei Vezi
M. V.
Pza. Vico
Templi Romani
Biblioteca
Via S. e B. Spaventa
Via Cauta
Via di Piemonte
Viale Amendola
Via Principessa
Via Pianell
Via di Pta Napoli
Via Zecca
Ravizza
Piazza Trento e Trieste
Viale Giovanni Amendola
Via S. Francesco di Paola
Cisterna Romana + Terme Romane
Via delle Terme Romane
Via Nicola Nicolini
Via Trieste
Via Del Grosso
Via Carlo Forlanini
Gennaro
Nicoletto Vernia
Viale IV Novembre
Via Ixelia Liberazione
Via D. Cerritelli
Via dei Martiri Lancianesi
Via XXIV Maggio
Via della Liberazione
Viale Raffaele Paolucci
Museo Nazionale Archeologico d'Abruzzo
Ospedale Militare
Viale Europa
Via Umberto Ricci
Via Filandro Quarantotti
Ospedale S. Camillo De Lellis
80 m
Chieti

das bedeutendste Exponat, den „Guerriero di Capestrano“ (Krieger von Capestrano), eine überlebensgroße Männerfigur aus dem 6. Jh. v. Chr. mit voller Rüstung, aber erstaunlich unförmiger Figur: der Po überdurchschnittlich dick, die Taille dagegen im Wespenformat. Des Weiteren beherbergt das Museum wichtige Funde aus Alba Fucens (s. S. 653 f.) und u. a. eine bronzene Herakles-Statue aus der Gegend um Sulmona, außerdem eine interessante numismatische Abteilung. Sehenswertes Museum!

Öffnungszeiten Di–So 9–20 Uhr (letzter Einlass 19.30 Uhr), Mo geschlossen. Eintritt 4 €, ermäßigt 2 €, unter 18 und über 65 Jahre frei. Villa Comunale 2, ✆ 0871/331668.

Templi Romani: Umgeben von Wohnhäusern in einer Seitenstraße im Zentrum hat man recht gut erhaltene Überreste römischer Tempel freigelegt. Piazza dei Templi Romani in der Via Priscilla (kleine Parallelstraße zum Corso Marrucino). Nur von außen einsehbar.

Cisterna Romana: Nur für speziell Interessierte lohnt ein Abstecher zur Ringstraße unterhalb des Zentrums, zumal die Zisternen seit Jahren restauriert werden und nur von außen einzusehen sind. Umgeben von modernen vielstöckigen Mietshäusern, nicht sehr romantisches Ambiente. Via delle Terme Romane.

Von Chieti weiter ins Landesinnere

Auf der **N 5** (parallel zur Autobahn) geht es von Chieti Richtung Landesinnere nach **Sulmona**, der Geburtsstadt Ovids, durch die eindrucksvolle karge Landschaft der **Marsica** zur brettflachen *Ebene von Fucino* (Piana del Fucino) und nicht zuletzt auch zum wunderschönen **Parco Nazionale d'Abruzzo, Lazio e Molise**.

Auf der Strecke lohnen mehrere Abstecher, z. B. zum bekanntesten abruzzesischen Kurbad **Caramanico Terme** in traumhafter Lage an der Nordwestflanke der wuchtigen Majella oder aber zur wunderschönen romanischen Abtei **San Clemente a Casauria** bei Torre de' Passeri. Gute Übernachtungsmöglichkeiten finden sich in Sulmona, Celano und Tagliacozzo, Letzteres schon auf halbem Weg nach Rom.

Caramanico Terme (ca. 2.300 Einwohner)

Kurbad und Sommerfrische, eindrucksvoll an der Nordwestflanke des mächtigen Buckels der Majella gelegen: Caramanico Terme lohnt den Abstecher vom weiten Pescara-Tal hierher in die einsame Berglandschaft, in der sich herrliche Ausblicke eröffnen – zunächst auf liebliches Hügelland, erst das letzte Stück wird etwas schroffer. Das Dorf selbst ist eher ruhig – eben ein Kurort, von dessen schwefelhaltigen Quellen man sich Linderung bei Rheuma sowie bei Erkrankungen der Atem- und der Harnwege verspricht. Das autofreie Centro storico erstreckt sich am Hang, der Verkehr wird durch einen Tunnel an Caramanico Terme vorbeigeleitet. Zu sehen gibt es wenig, im Zentrum ein paar mittelalterliche Kirchen, das war's. Die Kuranlagen (schon etwas älteren Datums) liegen am Ortsrand.

• Information **I.A.T.** am Viale Fontegrande 5 im Zentrum, geöffnet 1.6.–30.9. Mo–Sa 9–13 Uhr und 16–19 Uhr, So 9–13 Uhr. Im Winter stark eingeschränkte Öffnungszeiten. ✆ 085/922202. Im Sommer werden von der I.A.T. auch MTB-Touren angeboten.

• Verbindungen **Busse**: 5x tägl. nach Chieti Scalo und weiter nach Pescara, Abfahrt von der oberen Piazza.

• Übernachten Die Hotels sind natürlich auf Kurgäste eingerichtet, es herrscht in der Regel Verpflichtung zur Halbpension.

*** **Hotel Maiella e delle Terme**, neben den Kuranlagen und jüngst renoviert. 100 Zimmer mit Bad und TV, EZ 69 €, DZ 110 €, jeweils inkl. obligatorischer Halbpension. Via Roma 29, 65023 Caramanico Terme, ✆ 085/92301, 📠 085/9230610, www.albergomaiella.it.

*** **Pesco Falcone**, gegenüber der Terme und schlichter als obiges Hotel, auch nur mit Frühstück möglich: EZ 35 €, DZ 60 €. Zimmer mit Bad und TV, teilweise auch Balkon. Via Roma 50, 65023 Caramanico Terme, ✆/📠 085/9290103 oder 9231944.

▸ Als **Alternativroute** zurück ins Pescara-Tal bietet sich die Strecke über Salle an: Nach etwa fünf Kilometern auf dem gleichen Rückweg biegt man bei der Abzweigung Richtung Salle links ab. Nach etwa einem Kilometer stößt man auf die *Chiesa San Tommaso* auf der rechten Seite, eine wunderschöne romanische Kirche aus der Zeit um 1200, aus deren schlichter Fassade das Relief mit Christus und den Zwölf Aposteln sofort ins Auge fällt (die Kirche ist ganztägig geöffnet).

Die Apostel über dem Portal der Chiesa San Tommaso

Die Straße schlängelt sich weiter bergab durch menschenleere Landschaft, kurz vor dem Dorf **Salle** überquert man die eindrucksvolle tiefe Schlucht des *Orta* mit ihren steil aufragenden Felswänden. Schon wieder lieblicher wird die Landschaft bei **Musellaro**, einem unspektakulär-beschaulichen Ort mit schönem Blick vom „Balcone" auf die Majella, aber ohne jegliche touristische Ambition. Einen Stopp lohnt **Tocco da Casauria**: Auch dieser Ort – schon deutlich lebhafter als die oben genannten – hat einen eigenen „Balkon", eine exponierte Piazza mit Weitblick: Hier sieht man tief hinunter ins Pescara-Tal und nach Südwesten auf die eindrucksvolle Popoli-Schlucht, durch die sich die Autobahn auf Stelzen hindurchzwängen muss und an deren Ausgang der größere Ort Popoli liegt. Im Zentrum von Tocco da Casauria gibt es einige Bars.

Die Abruzzen
Karte S. 610/611

San Clemente a Casauria

Die alte Zisterzienserabtei im Ort Torre de' Passeri (auf der anderen Seite des Flusses Pescara) zählt zu den bedeutendsten mittelalterlichen Kirchenbauten der Abruzzen. Zu sehen ist heute ein eleganter romanischer Bau aus dem späten 12. Jh., gegründet wurde die Abtei aber bereits im Jahr 871. Herausragend ist neben dem bronzenen Portal (1192) auch die über dem Portal dargestellte Gründungsgeschichte der Abtei, auf der auch der Abt Leonas, der Auftraggeber des Bauwerks abgebildet ist. Im überaus schlichten romanischen Kircheninneren mit dunkler Holzdecke fällt sofort der Altar aus dem 12. Jh. auf, sehenswert ist auch die Krypta.

Anfahrt/Öffnungszeiten Von Tocco da Casauria auf der N 5 Richtung Chieti, dann links ab und über die Autobahn nach Torre de' Passeri (beschildert). Die Kirche ist ganztägig geöffnet.

Popoli (ca. 5.500 Einwohner)

Umgeben von vielen Hügeln liegt das Landstädtchen in einer Senke am Rand der steilen Popoli-Schlucht. Überragt wird es von einem verfallenen Castello aus dem 11. Jh., zu dem ein Fußweg hinaufführt. Die wichtigsten Sehenswürdigkeiten im Zentrum gruppieren sich um die Piazza della Libertà: die barocke *Chiesa San Francesco* und nur wenige Schritte entfernt die *Taverna Ducale* aus dem 14. Jh., erst das Erntelager der Stadt, war hier später die Postkutschenstation untergebracht.

Zwei Kilometer westlich von Popoli entspringt der Fluss Pescara, eine kraftvolle Quelle, die gleich darauf recht breit wird. Umgeben von einem kleinen Park ist das Quellgebiet heute ein beliebtes Ausflugsgebiet (ab Popoli-Zentrum der Beschilderung „Sorgenti di Pescara" folgen).

Sulmona (ca. 24.000 Einwohner)

Die Geburtsstadt Ovids liegt eingebettet in einer Ebene zwischen hohen Berghängen. Im kompakten Centro storico herrscht kleinstädtische Eleganz, man flaniert allabendlich über den langen Corso Ovidio. Italienweit bekannt ist Sulmona für seine „Confetti".

Die Hauptstraße Corso Ovidio wird von den bunten Konfekt-Sträußen der Süßwarengeschäfte gesäumt – Confetti zu Sonnenblumen gebunden, verschiedenfarbige Sträuße für Hochzeit, Verlobung oder Geburt, bunte Bouquets etc. Abends, wenn der Corso im Centro storico zur Fußgängerzone wird, trifft sich hier die ganze Stadt und schlendert vom eindrucksvollen Palazzo SS. Annunziata zur Piazza Garibaldi, an der immer mittwochs und samstags der große Lebensmittelmarkt stattfindet. Wer zur Osterzeit in der Gegend unterwegs ist, sollte sich die Feierlichkeiten in Sulmona auf keinen Fall entgehen lassen: nicht nur wegen der besonders eindrucksvollen Karfreitagsprozession, sondern auch und besonders wegen der Prozession mit der „Madonna che scappa in piazza" – der „eilenden Madonna" auf der Piazza Garibaldi am Ostersonntag. Am letzten Juliwochenende findet in Sulmona die „Giostra Cavalleresca" statt: mittelalterliche Ritterspiele auf der großen Piazza im Zentrum.

Die Stadt geht vermutlich auf eine italische Gründung zurück und wurde im Jahr 90 v. Chr. zum *municipium* erhoben. Bekannt war das antike *Sulmo* in römischer

Zeit hauptsächlich als Geburtsort Ovids, spielte politisch aber keine besondere Rolle. *Friedrich II.* nahm sich der Stadt Anfang des 13. Jh. an, nachdem sie sich als staufertreu erwiesen und eine Belagerung abgewehrt hatte. Friedrich dankte durch zahlreiche Privilegien, die der Stadt zu Wohlstand verhalfen – damals entstand u. a. das Aquädukt an der Piazza Garibaldi. Im 15. Jh. folgten Pest und Erdbeben, das letzte größere Beben erlebte Sulmona am 3. November 1706, bei dem mehrere bedeutende Bauwerke dem Erdboden gleichgemacht wurden.

SMPE – Sulmo mihi patria est

Ihrem größten Sohn huldigen die Bewohner Sulmonas auf ganz besondere Art: Ovids Vers „Sulmo mihi patria est" – 'Sulmona ist meine Heimat' ziert als *SMPE* das Wappen der Stadt. Damit nicht genug, dem bedeutenden Dichter wurden auch gleich zwei Statuen im Zentrum gewidmet: Eine aus dem Jahr 1474 am Palazzo Annunziata, die den Dichter mit einem Buch in der Hand darstellt, und eine weitere an der Piazza XX. Settembre aus dem Jahr 1925: Ovid in Denkerpose. Darüber hinaus hat man die Hauptstraße zum Corso Ovidio ernannt, es gibt eine Confetti-Fabrik namens „Fabbrica di Confetti Ovidio", eine Immobilienagentur – Ovidio wohin man auch blickt.

Geboren wurde der bedeutende römische Dichter nach eigenen Angaben am 20. März 43 v. Chr., die spärlichen Überreste seines vermutlichen Geburtshauses (oberhalb der Badia Morronese ca. 7 km außerhalb, s. unten) sind allerdings kaum einen Besuch wert. *Publius Ovidius Naso,* so der volle Name, startete in Rom eine vielversprechende Karriere als Politiker, die er aber bald schon aufgab, um sich der Dichtung zu widmen. Berühmt wurde er für seine Liebesdichtungen *Amores* und *Heroides,* besonders aber für die 15 Bücher umfassenden *Metamorphosen* (um 1 n. Chr.), die die griechische und römische Mythologie zum Thema haben und die im Mittelalter eines der bekanntesten und populärsten Werke der Antike waren. Im Jahr 8 n. Chr. wurde Ovid von Kaiser Augustus nach *Tomis* am Schwarzen Meer (heute Constanta/Rumänien) verbannt, die genauen Gründe dafür blieben jedoch im Dunkeln. Auch Tiberius, Augustus' Nachfolger nach dessen Tod im Jahr 14 n. Chr., hob den Bann nicht auf – Ovid konnte nie mehr nach Rom zurückkehren. Ab 17 n. Chr. verlieren sich die Spuren des Dichters, man geht davon aus, dass er 17 oder 18 n. Chr. in Tomis gestorben ist.

• *Information* Zwei Informationsbüros im Zentrum: das **Info-Büro der Comune** im Palazzo Annunziata am Corso Ovidio, im Sommer tägl. 9–13 Uhr und 16–20 Uhr geöffnet, ✆ 0864/210216 – Stadtpläne und Infomaterial, freundliche Mitarbeiter. Das **I.A.T.-Büro** liegt ein Stück weiter am Corso Ovidio 208, im Sommer Mo–Sa 9–13 Uhr und 16–19 Uhr, So 9–13 Uhr, im Winter Mo–Fr 9–13 Uhr und 15–18 Uhr, Sa 9–13 Uhr, So geschlossen, ✆ 0864/53276, auch hier sehr hilfreiches Info-Material und hilfsbereite Mitarbeiter.

• *Verbindungen* **Bahn**: Der Bahnhof von Sulmona liegt gut 1,5 km außerhalb (Straße Richtung Popoli), Regionalzüge nach: etwa stundlich via Popoli und Chieti Scalo nach Pescara (davon 4x weiter bis Teramo), 13x tägl. L'Aquila (davon 5x weiter bis Rieti/Latium), 7x tägl. via Avezzano nach Rom, 4x tägl. via Isernia (Molise) nach Neapel. Stadtbusse ins Zentrum.

Busse: Haltestelle an der Via Roosevelt (bei der Cattedrale, gegenüber des kleinen Parks), am Ponte Capograssi und beim Bahnhof, Tickets beim Edicola oder Tabacchaio im Zentrum. Gute Verbindungen in die Umgebung: ca. 8x Anversa degli Abruzzi, 3x Cocullo, ca. 8x Scanno, ca. 4x Pescocostanzo, ca. 9x Popoli, je ca. 8x Pescara (via Chieti Scalo) und L'Aquila sowie ca. 10x Pacentro.

Taxis u. a. an der Piazza Stazione (Bahnhof) und der Piazza XX. Settembre im Zentrum, ✆ 0864/31746 oder 31748.

• *Parken* In der Stadt ein Problem – enge Gassen, durch die man sich mit Pkw kaum hindurchzwängen kann, die meisten Z.T.L., der Corso Ovidio wird ab dem späten Nachmittag zur Fußgängerzone. Die besten Parkmöglichkeiten gibt es entlang der Ringstraße (Via Circonvallazione) um das Centro storico, ab hier nur wenige Minuten zu Fuß. An der Piazza Garibaldi kostet Parken 0,50 €/Std.

• *Übernachten* *** **Albergo/Ristorante Stella**, frisch renoviert und seit Sommer 2004 wieder eröffnet, im EG Ristorante und Enoteca, mitten im Zentrum in ruhiger Gasse gelegen. Nur 10 schöne und moderne Zimmer mit Bad und TV, EZ 40 €, DZ 60 €, Dreier 75 €, jeweils mit Frühstück, man sollte reservieren. Via Panfilo Mazara 18, 67039 Sulmona, ✆/℻ 0864/52653.

** **Hotel Italia**, typische Traveller-Herberge, wie man sie in Italien nicht mehr allzu häufig antrifft, und schon gar nicht an der winzigen Piazza hier im Herzen Sulmonas. Schlichte Zimmer mit Bad, EZ 43 €, DZ 54 €, kein Frühstück. Piazza Salvatore Tommasi, 67039 Sulmona, ✆/℻ 0864/52308.

• *Essen/Trinken* **Ristorante Gino**, unser Tipp! Gediegen-schicker Speisesaal im Gewölbe, immer bis auf den letzten Platz belegt. Freundlicher Familienbetrieb, in dem man sich mit viel Engagement um das Wohlergehen der Gäste kümmert, sehr beliebt. Lage: schräg gegenüber der Chiesa S. Maria della Tomba unweit des Corso Ovidio. Sehr gute Küche zu angemessenen Preisen (mittleres bis leicht gehobenes Preisniveau), gute Weine, gute Stimmung. Einziges Manko: nur mittags geöffnet. So geschlossen. Piazza Plebiscito 12, ✆ 0864/52289. Hervorragende Feinkost gibt es im dazugehörigen **Soldo di Cacio**, hier auch Wein. Über Mittag 13–16 Uhr geschlossen, Piazza Plebiscito 7.

Ristorante Clemente, gehobenes Restaurant in einer Seitenstraße am Anfang des Corso Ovidio (Via Solimo, dann links in den Vico Quercia), nahe des kleinen Stadtparks. Stilvolle Einrichtung, auch hier Gewölbe, freundlicher und zuvorkommender Service, Küche auf höchstem Niveau, entsprechend nicht ganz billig, aber angemessen. Gute Weine. Mittags und abends geöffnet, Do geschlossen. Vico Quercia 5, ✆ 0864/52284.

Nur ein Stück weiter auf der Via Solimo gelangt man zum Traditionsristorante **Cesidio** auf der rechten Seite, an der Piazza Solimo (mit Parkplatz): großer Speisesaal, bodenständige abruzzesische Küche zu mittleren Preisen. Mittags und abends geöffnet, Mo geschlossen. Via Solimo 25, ✆ 0864/52724.

• *Einkaufen* Selbstverständlich **Confetti**, die Läden mit den süßen Sträußen aus Schokolade, Mandeln und bunter Glasur reihen sich entlang des Corso Ovidio auf. Preislich gibt es keine nennenswerten Unterschiede, fast alle Confetti-Geschäfte (*Di Carlo*, *Giorgi* und *Pepino*) sind durchgehend geöffnet.

Sehenswertes

Die wichtigsten Sehenswürdigkeiten der Stadt liegen entlang des Corso Ovidio in der Altstadt – man muss ihn im Prinzip nur einmal „ablaufen“.

Cattedrale di San Panfilo: Am Nordende der Altstadt ganz am Anfang des Corso Ovidio, gegenüber befindet sich der nette kleine Stadtpark. Die Kathedrale geht vermutlich auf einen Vorgängerbau aus dem 8. Jh. zurück, dokumentiert ist das Jahr 1076 als Entstehungsdatum der romanischen Kirche. Neben dem sehenswerten gotischen Portal (1391) ist es vor allem die Krypta (11. Jh.) mit einem bemerkenswerten Madonnen-Fresko aus dem 14. Jh., die einen Besuch lohnt Das dreischiffige Innere von San Panfilo wurde später barockisiert, die romanischen Säulen sind jedoch noch zu sehen. Ganztägig geöffnet.

Von der Cattedrale auf dem Corso stadteinwärts fällt nach dem Park der Blick nach rechts in die *Via Porta Romana* und hinunter zum alten römischen Stadttor.

Palazzo SS. Annunziata: Nur wenige Meter weiter stadteinwärts, der elegante Palast (Baubeginn war 1415) ist kaum zu übersehen, ursprünglich war hier ein Lazarett untergebracht. Im Laufe der Jahrhunderte wurden Gotik, Renaissance und Barock zu einem eindrucksvollen Stilmix vereint. Reines Barock findet man dagegen in der angrenzenden **Chiesa SS. Annunziata**, die nach dem Erdbeben von 1706 wieder aufgebaut wurde. Sowohl die Kirche als auch das im Palazzo SS. Annunziata untergebrachte **Museo Civico** waren zuletzt wegen Restaurierungsarbeiten geschlossen, der Zeitpunkt der Wiedereröffnung konnte noch nicht in Erfahrung gebracht werden.

Piazza Garibaldi (und Umgebung): Hier oberhalb der Piazza befinden sich die *Fontana del Vecchio* aus dem Jahr 1474. An den Brunnen schließt das mittelalterliche *Aquedotto* (Aquädukt) mit seinen 21 eleganten Bögen an (um 1250), das die Fontana einst versorgt hat. Gegenüber erstrahlt eines der imposantesten Kirchenportale der Abruzzen, das aber kurioserweise nirgendwohin führt: Das Portal ist alles, was von der romanischen Kirche *San Francesco della Scarpa* übrig geblieben ist, die bei mehreren Erdbeben schwer beschädigt wurde. Heute stößt man hier an Stelle des alten Gotteshauses auf einen barocken Kirchenraum hinter gotischer Fassade (Zugang über Via Mazara). Die riesige *Piazza Garibaldi* selbst gibt sich – zumindest außerhalb der Marktzeiten am Mittwoch und Samstag – etwas kahl und unbelebt.

Italia – Traveller-Herberge im Herzen Sulmonas

Confetti Pelino: Am südwestlichen Ortsausgang (Richtung Avezzano) liegt die traditionsreiche Süßwarenfabrik. Hier befinden sich nicht nur die Verkaufsräume, in denen das Konfekt auch zu Sträußen gebunden wird, sondern auch ein kleines Museum mit Ausstellungsstücken zur über 200 Jahre währenden Firmengeschichte. Zugang über eine Treppe im hinteren Verkaufsraum linker Hand, von der man auch einen Blick in die Herstellungshalle werfen kann.

Öffnungszeiten Ganzjährig Mo–Sa 8–12.30 Uhr und 15–18 Uhr. Eintritt frei. Via Introdacqua 55, ✆ 0864/52741, www.pelino.it.

Umgebung von Sulmona

Die riesige Klosteranlage in **Badia Morronese**, etwas mehr als fünf Kilometer nördlich von Sulmona, war zum Zeitpunkt der Recherche wegen umfassenden Restaurationsarbeiten geschlossen, wann diese zum Abschluss kommen, ist ungewiss. Von hier aus führt eine kleine Straße zu den römischen Ausgrabungen *Ercole Curino*. Zu sehen sind die Reste eines Tempels, auch als „Villa des Ovid“ bezeichnet. Das ganze Gelände ist allerdings recht verwahrlost und daher nur bedingt sehenswert (vom Parkplatz am Ende der Straße führt ein Fußweg hinab). Bemerkenswert allerdings sind die Aussicht ins Tal und der Blick hinauf zur ehemaligen Einsiedelei des Hl. Zölestin. **San Onofrio** ist hoch über dem steilen Abhang in den Fels gebaut. Hier lebte der eigenwillige Zölestin als Eremit, bevor er Ende des 13. Jh. wider Erwarten zum Papst gewählt wurde – schon bald aber tat er etwas Unerhörtes: Er trat zurück und verließ Rom, um sich in seiner Eremitage wieder der Askese zu verschreiben.

Westlich von Sulmona befindet sich das malerische **Pacentro**. Auf einem Hügelrücken am Rand der Majella gelegen, erheben sich die drei Türme des mittelalterlichen Castellos zu einer markanten Silhouette über die braun-grauen Dächer des alten Ortes. Zum Zeitpunkt der Recherche war die Burg zwar geschlossen (wann die Restaurationsarbeiten abgeschlossen sein werden, steht noch offen), nichtsdestotrotz lohnt sich ein Spaziergang durch das enge Gassengewirr unterhalb des Castellos. Hier sind nicht nur zahlreiche Bars, Pubs und Restaurants zu finden, auch einige Restauratoren und Antiquitätengeschäfte haben sich in Pacentro niedergelassen.

• *Übernachten/Essen/Trinken* **Taverna dei Caldora**, ungemein stilvolles, weit über die Ortsgrenzen hinaus bekanntes Restaurant in einem Gewölbesaal mit verglaster Außenfront und grandiosem Panorama. Gehobene Küche, sehr freundlicher Service. Dienstag und Sonntagabend geschlossen. Hinter dem Tor zur Piazza Umberto I betritt man rechter Hand durch eine Glastür das Restaurant, dann die Treppe runter. Piazza Umberto I 13, ✆ 0864/41139, ℻ 0864/410944.

La Furnacella, am oberen Ortsausgang mit toller Aussicht auf Ort und Castello, bodenständige Küche, auch Zimmer (DZ mit Bad und TV 45 €, teils mit Blick auf die Burg). Via della Montagna, ✆/℻ 0864/41137. Ein weiteres dazugehöriges Restaurant befindet sich im Ortszentrum an der Piazza del Popolo, ✆/℻ 0864/41537.

Von Sulmona Richtung Piana del Fucino

Die A 25 von Pescara nach Rom (auf halber Strecke Abzweigung der A 24 nach L'Aquila) führt kurz nach Sulmona schwindelerregend an den kahlen Hängen des *Monte Prezza* entlang. Bei Cocullo verschwindet sie dann in einem langen Tunnel, aus dem sie bei Carrito wieder herauskommt. Deutlich reizvoller ist die Stecke über Landstraße, zumal sich hier die Möglichkeit zu einigen lohnenden Abstechern ergibt: von **Anversa degli Abruzzi** durch die spektakuläre *Sagittario-Schlucht* nach **Scanno**, einem der beliebtesten Ausflugsorte der Abruzzen; oder aber nach **Cocullo**, das verschlafene Bergnest, in dem alljährlich eine berühmte Schlangenprozession stattfindet. Landschaftlich besonders schön ist der Abschnitt auf der N 479 zwischen Cocullo und Pescina: tolle weite Panoramen auf bis zu 1300 m Höhe, umgeben von glatt gestriegelten Bergrücken, absolute Einsamkeit. Schon fast in der Ebene des Fuciner-Sees lohnt auch ein Abstecher nach **Ortona dei Marsi** auf rund 1000 m Höhe, hier vorbei verläuft auch die Straße nach **Pescasséroli** im Herz des *Parco Nazionale d'Abruzzo, Lazio e Molise* (s. S. 656 ff.).

• *Verbindungen* Ohne eigenes Fahrzeug zwar machbar, aber schwierig, vor allem, wenn man Zwischenstopps in mehreren kleinen Orten einplant und nicht zurück nach Sulmona fahren will. Von dort bestehen gute **Busverbindungen**: ca. 8x tägl. nach Anversa degli Abruzzi, 3x Cocullo, ca. 8x Scanno, allerdings keine Verbindung unter den einzelnen Orten. 7x tägl. verkehrt ein **Regionalzug** von Sulmona nach Avezzano und weiter nach Rom.

• *Essen/Trinken* **Trattoria La Fiaccola**, sehr familiäres Lokal mit gemütlichem kleinen Gastraum im Herzen von *Anversa degli Abruzzi* (am engsten Punkt der Ortsdurchfahrt). Sympathischer Service, sehr günstig, auf den Tisch kommt bodenständige abruzzesische Küche mit hausgemachten Nudeln und deftigen Fleischgerichten (Lamm, Würste, Kaninchen etc.). Von Juni bis September täglich mittags und abends geöffnet, von Oktober bis Mai nur Sa/So und Feiertage mittags und abends. Via Duca degli Abruzzi 6, ✆ 0864/49474.

Bars für einen Snack gibt es neben *Anversa degli Abruzzi* auch in *Cocullo*.

Scanno

(ca. 2.000 Einwohner)

Zwei Straßen führen nach Scanno, beide sind ein Erlebnis: von Norden durch die wilde Sagittario-Schlucht (Gole del Sagittario), von Süden über den 1630 Meter hohen Passo Godi.

Die meisten Gäste kommen von Norden und im Rahmen eines Tagesausflugs in das wohl am meisten besuchte Bergdorf der Abruzzen. Kaum ein Ort in der Region liegt so spektakulär und schwer zugänglich – auf 1015 Meter Höhe, umgeben von schroffen Bergen und oberhalb einer steilen Schlucht. Dass die alten Frauen von Scanno auch heute noch in ihrer traditionellen Tracht anzutreffen sind, tut der Attraktivität des Ortes sicher keinen Abbruch und macht sich auch gut fürs Erinnerungsfoto. Kurz: Scanno ist – zumindest in den Sommermonaten – touristisch bestens erschlossen, Ruhe kehrt erst am Abend ein, wenn die Tagesgäste wieder verschwunden sind.

Ein Bummel durch das alte Dorf könnte von der Piazza Santa Maria della Valle mit der gleichnamigen Renaissancekirche auf der schmalen Via Abrami (dann Via Tanturri) zur netten Piazza San Rocco führen. Über die Via Silla geht es hinauf (vorbei am eindrucksvollen Arco della Nocella), dann steil nach rechts die schmale Via Ciorla hinunter und links ab über die Via De Angelis und Via Roma zurück zur Piazza. Auf dem Weg passiert man die schönsten Kirchen und Palazzi des uralten Bergdorfes, die meisten davon aus dem Mittelalter und der Renaissance, teilweise wurde im Barock umgebaut. Im Hochsommer und im Winter kann man mit dem Sessellift (Talstation am oberen Ortsrand) auf den *Monte Rotondo* (1877 m) hinaufgondeln und eine ganz herrliche Aussicht genießen.

In Scanno

Nur wenige Kilometer nördlich vom Ort befindet sich mit dem **Lago di Scanno** ein beliebtes Ausflugsziel. Dementsprechend viel Trubel kann hier herrschen. Vor allem am Südufer ist einiges los: großer (gebührenpflichtiger) Parkplatz, Picknick-Areal, MTB-Verleih (4 €/1 Std.), das *Hotel Lago* mit Tennisplatz. Am Westufer befinden sich weiterhin eine Strandbar mit Liegestühlen und ein Kajak-/Tretboot-Verleih (10 €/1 Std.) sowie etwas oberhalb ein Campingplatz. Der Lago ist keine kürzlich entdeckte Sommerfrische, Hotels und Bars sind schon ein wenig in die Jahre gekommen und könnten eine Verjüngungskur vertragen.

Die Abruzzen
Karte S. 610/611

Nördlich des Sees beginnt die spektakuläre Strecke durch das Tal. Zunächst ragt das beschauliche *Villalago* auf einem hoch aufragenden Felssporn, der nach Norden hin steil ins Tal abbricht. Darunter windet sich die Straße in unzähligen Kurven hinab nach Anversa, manchmal hoch über dem Fluss, manchmal hart am Fels. Das Tal verengt sich mehr und mehr zu einer Schlucht, bis zwischen den aufragenden Steilwänden nur noch der Fluss Platz hat und für die Straße ein Tunnel durch den Fels getrieben werden musste.

• *Information* **I.A.T.** an der Piazza Santa Maria della Valle, mitten im Zentrum. Im Sommer Mo–Sa 9–13 Uhr und 16–19 Uhr, So 9–13 Uhr. Im Winter Samstagnachmittag und So geschlossen. ✆ 0864/74371.

• *Verbindungen* **Busse**: Haltestelle oberhalb vom Zentrum in der Via Napoli (Durchgangsstraße). Etwa 8x tägl. von und nach Sulmona, 4x nach Rom.

• *Parken* Gebührenpflichtig nur an der Via Napoli, der Durchgangsstraße, umsonst kann man auf dem großen Parkplatz unterhalb des Centro storico parken.

• *Übernachten* Mehrere Hotels im Ort und am Ortsrand, gute Übernachtungsmöglichkeiten finden sich auch am 2 km nördlich gelegenen Lago di Scanno.

** **Albergo Centrale**, fast an der zentralen Piazza in Scanno, schon etwas älter, aber bestens gepflegt, alle Zimmer mit Bad, EZ 39 €, DZ 70 €, inkl. Frühstück. Mit Ristorante. Viale del Lago 1, 67038 Scanno, ✆ 0864/747529, ℻ 0864/74532, www.albergocentrale.com.

Einen schönen Blick hat man vom *** **Hotel Vittoria** etwas außerhalb in der Via Domenico di Rienzo. DZ mit Bad, TV und Frühstück 75 €. Mit Ristorante. Via Domenico di Rienzo 46, 67038 Scanno, ✆ 0864/74398, ℻ 0864/747179.

** **Albergo Rifugio del Lupo**, sympathisches Haus, von Scanno kommend noch ein Stück vor dem See gelegen (Abzweigung rechts, beschildert), ruhig, freundlich, allerdings Halbpension obligatorisch, DZ mit Bad und TV 80 €, Loc. Dente S. Nicola, 67038 Scanno, ✆/℻ 0864/74397, www.ilrifugiodellupo.it.

*** **Hotel Del Lago**, am Südufer des Sees, etwas in die Jahre gekommen, DZ mit Bad, TV und obligatorischer Vollpension ca. 120 €, im August 180 €. Via del Lago 202, 67038 Scanno, ✆ 0864/747529, ℻0864/74532, www.albergocentrale.com. Zu dem Hotel gehört auch das Drei-Sterne-Haus **Stella Alpina** am Fuß des Centro storico von Villalago, deutlich günstiger (DZ mit Bad, TV und Vollpension 90 €, nur Frühstück 70 €, im August (nur VP) 130 €. Beide Juni bis September geöffnet. Via Roma, 67030 Villalago, ✆ 0864/740132, ℻0864/740344, www.stellalpinahotel.com.

*** **Albergo Acquevive**, ebenfalls am Südufer, von Scanno kommend am See links. Gediegenes Hotel, freundlicher Service, mit Restaurant, DZ mit Bad und TV 60 € (erste und letzte Augustwoche 70 €, Mitte August 80 €), Frühstück pro Person 5 €, geöffnet Juni bis September. Via Circumlacuale, 67038 Scanno, ✆/℻ 0864/74388.

• *Camping* **I Lupi**, großer Wiesencamping am Westufer des Lago di Scanno (beschildert), nicht allzu viel Schatten, aber nett über dem See gelegen, freundliche Betreiber, Erw. 5 €, Kinder 4,50 €, Zelt 8,80 €, Auto 2,50 €, Caravan 7 €, auch Bungalows, Riviera di Villalago, 67030 Villalago, ✆ 0864/740100, ℻ 0864/747705, www.campingilupi.it.

• *Essen/Trinken* **Osteria di Costanza e Roberto**, ziemlich schickes und einladendes Restaurant, bei der Einrichtung stand wohl Laura Ashley Pate. Für das Gebotene sehr günstig: Antipasti 5 €, Primi 6–7 €, Secondi um 10 €. Gleich bei der zentralen Piazza Santa Maria della Valle gelegen, im Sommer täglich mittags und abends geöffnet, außerhalb der Hochsaison Mo und Di geschlossen. Via Roma 15, ✆ 0864/74345.

Ristorante La Fonte, neben der alten Fontana Sarracco gelegen. Schönes und gemütliches Lokal im Herzen von Scanno, gute abruzzesische Küche, mittleres Preisniveau (Menü um 25–28 €). Mittags und abends geöffnet, Mi geschlossen. Via Fontana Sarracco 3, ✆ 0864/747390.

Enoteca La Volpe e L'Uva, hervorragenden Vino (auch glasweise) und wechselnde kleine Gerichte, sehr sympathischer Service, einige Tische auch draußen auf der Piazza San Rocco. Leider nur am Wochenende (Fr–So) geöffnet, dann von 11–4 Uhr.

• *Einkaufen* Pan dell'Orso, das „Bärenbrot" ist die süße Spezialität von Scanno, die man am besten – in hübscher Schachtel verpackt – bei **Gino di Masso** auf dem Viale del Lago 20 kauft. Vor dem gleichnamigen Caffè gibt es eine große Terrasse, im Inneren überzeugende Auswahl in der Vitrine (auch andere Kuchen und Gebäck). ✆ 0864/74475, www.pandellorso.com.

La Processione dei Serpari – Schlangenprozession in Cocullo

Der 300-Seelenort Cocullo am Nordrand des Abruzzen-Nationalparks (zwischen Sulmona und Celano) ist in ganz Italien für seine Schlangenprozession bekannt. Alljährlich am ersten Donnerstag im Mai pilgern Tausende von Gläubigen, Touristen und Schaulustigen in den kleinen Ort, um bei der Prozession der Schlangenbeschwörer dabei zu sein: Dann nämlich wird – nach der Messe – die über und über mit (lebenden!) Schlangen behängte Holzstatue des Ortsheiligen *San Domenico* durch das Dorf getragen. Bei den Schlangen handelt es sich ausnahmslos um ungiftige Ringelnattern bzw. Streifennattern, die die Dorfbewohner in den Wochen vor der Prozession einsammeln (und danach wieder freilassen), und die sie sich zur Prozession auch um den Hals legen.

Blick auf Cocullo

Der Kult um die Schlangen – die in der Bibel ja nichts Gutes verheißen – geht auf heidnische Riten zurück. Hier in der *Marsica*, wie der Höhenzug in der Umgebung von Cocullo genannt wird, lebte einst der Volksstamm der *Marsen*, die ihrerseits die Göttin *Angizia* verehrten. Angizia konnte Schlangenbisse heilen und ihr zu Ehren wurde immer im Frühling ein großes Fest gefeiert. Im Christentum war es dann der *Heilige Domenico*, ein umbrischer Benediktinermönch (Anfang 11. Jh.), der als Schutzpatron des Ortes Cocullo und Wunderheiler gegen Schlangenbisse erkoren wurde: Er soll dem Dorf einen seiner Backenzähne als Reliquie geschenkt haben, ein „guter Zahn" also, der wie ein Gegengift gegen die „bösen Bisse" wirken soll. Gemeint sind damit nicht nur die Schlangenbisse, sondern alle Gefahren, die von wilden Tieren und der Natur im Allgemeinen ausgehen. San Domenicos Zahn wird noch heute in der gleichnamigen Kirche am unteren Ortsrand aufbewahrt.

• *Anfahrt* Der Ort auf 897 Meter Höhe inmitten schroffer Bergwelt hat eine eigene Autobahnausfahrt (A 25 Pescara – Rom), deutlich beschaulicher reist man auf der Landstraße von Anvera degli Abruzzi an (5 km). Ab Avezzano/Piana del Fucino erreicht man Cocullo am schnellsten durch den langen Autobahntunnel, die Landstraße über einen Pass bietet zwar spektakuläre Aussichten auf über 1200 Meter Höhe, zieht sich aber ewig. 3x täglich fahren Busse ab Sulmona.

Die Abruzzen
Karte S. 610/611

Marsica und Piana del Fucino

Hat man aus Osten kommend das Hochland überwunden, bietet sich ein überraschender Anblick. Weit erstreckt sich die Ebene von Fucino (Piana del Fucino), gesäumt von Hügeln, die in schroffe Höhenzüge übergehen. Der Grund der Ebene aber ist brettflach.

Wie mit dem Lineal gezogen führen Wege über die Ebene und unterteilen die im Sommer farbenfrohen Felder. Dass das fruchtbare Land (für die Abruzzen) unerwartet flach ist, hat einen Grund: Bis ins 19. Jh. bedeckte die Ebene einer der größten Binnenseen Italiens.

Die Trockenlegung des Fuciner Sees

Die Projektidee war uralt. Bereits *Julius Caesar* wollte den Fuciner See trockenlegen, um Ackerland zu schaffen – das mächtige Rom war allzu sehr abhängig von auswärtigen Getreidelieferungen. Kaiser *Claudius* versuchte die Idee in der Mitte des ersten Jahrhunderts durchzuführen, aber nach Jahren der Bautätigkeit scheiterte das ehrgeizige Projekt. Diverse Male sollte die Idee wieder ausgegraben und verworfen werden, bis es endlich gelang. Nach jahrelangen Arbeiten und intensiven Investitionen („Entweder ich lege den Fucino trocken oder der Fucino legt mich trocken", soll der Bauherr gesagt haben) wurden die Wassermassen des großen, fischreichen Sees 1875 abgelassen. Die markante Seenlandschaft auf der Ebene, die *Alexandre Dumas d. Ä.* noch 1835 ein „Meer, das zwischen die Berge gelegt wurde", genannt hatte, war verschwunden und fruchtbares Ackerland geschaffen.

Nördlich der Piana del Fucino und in den ansteigenden Hügeln liegt die 11.000-Einwohner-Stadt **Celano**. Mächtig thront das weithin sichtbare Castello über dem Ort. Wuchtig erhebt sich die Wehranlage über einen rechteckigen Grundriss, jede Ecke mit einem von Zinnen gekrönten Turm bestückt und von einer Ringmauer umgeben. Das Castello aus dem 15. Jh. stellt eine der eindrucksvollsten Burgen in den Abruzzen dar. Heute ist darin das sehenswerte *Museo d'Arte Sacra della Marsica* untergebracht. Hier ist aber nicht nur Kirchenkunst zu bewundern, auch römische Ausgrabungsstücke aus Alba Fucens und anderen Siedlungen um den See sind ausgestellt. Zudem kann man sich über die Geschichte der Trockenlegung des Fuciner Sees und das schwere Erdbeben von 1915 informieren (alle Tafel auch auf Englisch). Auch die *Arte-Sacra*-Sektion hängt direkt mit dem Erdbeben zusammen, denn hier sind die wertvollen (v. a. Fresken-)Reste der damals zerstörten Kirchen der Gegend zusammengetragen.

Öffnungszeiten Di–So 9–20 Uhr, Mo geschlossen. Eintritt 2 €, unter 18 Jahren und über 65 frei.

• *Übernachten/Essen/Trinken* ****Hotel **Le Gole**, eines der besten Hotels in der Gegend, wenn nicht in der gesamten Region, die stilvollen Zimmer verteilen sich um einen stilvollen, kreuzgangähnlichen Innenhof, DZ mit Bad, TV und Frühstück 100 €, EZ 70 €. Etwas außerhalb, südlich von Celano gelegen. Dazu gehört das sehr beliebte und nicht minder noble Ristorante *Da Guerrinuccio*. Via Sardellino Celano, 67043 Aielli, ✆ 0863/711009, ℻ 0863/711101, www.hotellegole.it.

***Hotel **Lory**, gutes Mittelklasse-Hotel etwas unterhalb des Zentrums, relativ zentral und dabei günstig, zudem freundlich. Da an der Straße gelegen, lohnt es sich, um ein nach hinten gelegenes Zimmer zu bitten. DZ mit Bad, TV und Frühstück 70 €, EZ 50 €, 3er 90 €, Via O. Ranelletti 279, 67043 Celano, ✆ 0863/793656, 0863/793055, www.loryhotel.it.

Nördlich von Celano führt eine gewundene Straße hinauf nach **Ovindoli** und **Rocca di Cambio**, zwei kleinen Orten mitten im *Parco Regionale Sirente-Velino*. Rocca di Cambio hat ein hübsches Ortsbild, ist aber wie das 13 km entfernte Ovindoli recht unspektakulär. Nichtsdestotrotz erfreuen sich beide Dörfer einer gewissen Beliebtheit, zum einen als Sommerfrische, vor allem aber als Skigebiet.

• *Essen/Trinken* **Il Caminetto**, einfaches Lokal mit rustikalem Charme, kleiner gemütlicher Gastraum, tägl. 12.30–14.30 Uhr und 19.30–22.30 Uhr geöffnet (Sept.–Juni Mi geschlossen). Via Duca degli Abruzzi 2, 67047 Rocca di Cambio, ✆ 0862/918113, www.roccadicambio.it.

Der größte Ort der Ebene ist **Avezzano**. Dass die 38.000-Einwohner-Stadt recht unansehnlich ist, verdankt sie dem verheerenden Erdbeben vom 13. Januar 1915, das das alte Avezzano dem Erdboden gleich gemacht hatte. Den grauen Wiederaufbau kann man getrost umfahren. In der Umgebung der Kleinstadt aber verbergen sich zwei bedeutende Sehenswürdigkeiten: *Alba Fucens* und die Kirche *Santa Maria in Valle Porclaneta*.

13. Januar 1915, 7.53 Uhr

Genau zu diesem Zeitpunkt bebte in den Abruzzen die Erde. Das Epizentrum lag in der *Piana del Fucino*, zu spüren war das Beben von mindestens der Stärke 7 auf der Richterskala (Grad 11 auf der damals noch üblichen Mercalli-Skala) jedoch in ganz Mittelitalien und sogar in Rom. Zwar waren (und sind) Erdbeben in Mittelitalien fast schon eine Art traurige Gewohnheit, doch im Januar des Jahres 1915 erwies sich das Beben als besonders fatal. Insgesamt 30.000 Menschen verloren bei und nach den Erdstößen ihr Leben, dazu kamen Zehntausende Verletzte und Obdachlose. Zu allem Überfluss setzten am Tag nach dem Beben starke Schneefälle ein, die die Bergungsarbeiten erschwerten und weitere Opfer forderten – auf eine solche Katastrophe war selbst im Erdbebengebiet Mittelitalien niemand vorbereitet. Und auch der Wiederaufbau des zerstörten Gebietes verlief schleppend: Kurz nach dem Beben trat Italien in den Zweiten Weltkrieg ein, die Wirtschaft des Landes befand sich in einer schwierigen Lage, worunter auch das zerstörte Gebiet der Piana del Fucino zu leiden hatte.

Schwere Erdbeben gab es im Laufe der Jahrhunderte in den Abruzzen immer wieder: Bereits 69 n. Chr. berichteten römische Geschichtsschreiber von einem Beben. Im Jahr 1461 wurde ein Erdbeben dokumentiert, dass in L'Aquila rund 200 Menschenleben forderte, im Jahr 1703 legte ein weiteres Beben weite Teile der Stadt in Schutt und Asche. 1627 starben bei Erdstößen um Chieti rund 5000 Menschen. Dennoch, das Beben von 1915 blieb das schwerste, das die Region erlebt hat.

Alba Fucens

Das Ausgrabungsgelände liegt knapp 10 Kilometer nördlich von Avezzano bei dem kleinen Örtchen *Albe*. Alba Fucens ist eine antike Römerstadt von beachtlicher Größe, die zum Teil wieder freigelegt wurde. Das Forum, der städtische Mittelpunkt für bis zu 30.000 Bewohner, ist größer als das Forum in Pompeji. Um 300 v. Chr. gegründet, gewann Alba Fucens bald an Bedeutung. Mit einer Festungsanlage auf dem Hügel ausgestattet und von einer fast drei Kilometer langen, fünf Meter hohen und bis zu drei Meter dicken, turmlosen Mauer umschlossen, diente die wehrhafte Stadt auch als Gefängnis: *Perseus*, Sohn *Phillips V.* und letzter König Mazedoniens, war hier nach dem 3. Mazedonischen Krieg inhaftiert worden und starb in Gefangenschaft um 162 v. Chr.

Heute legt sich meist Stille über die freigelegten Grundmauern und Straßenzüge. Relativ gut erhalten ist das etwas abseits gelegene Amphitheater. Zahlreiche auf dem Gelände ausgegrabene Funde sind in den Museen in Celano und vor allem in Chieti zu sehen.

Öffnungszeiten Das Gelände ist tägl. durchgängig geöffnet und frei zugänglich, am Rand der Ausgrabungsstätte im Dorf Albe befindet sich ein Informationsbüro, hier kann man u. a. Erläuterungen und einen Lageplan erhalten (1,30 €), www.albaFucens.info.

Sehenswert ist auch die Kirche **San Pietro d'Albe**, etwas oberhalb auf dem Hügel gelegen. Auch dieses Gotteshaus war von dem Erdbeben 1915 schwer beschädigt worden, die Innenausstattung aber ist noch immer bemerkenswert. Sollte die Kirche verschlossen sein, erhält man unter ✆ 340/6255973 den Schlüssel.

• *Übernachten/Essen/Trinken* **Ristorante/Albergo Borgo Medioevale**, von der Zufahrtsstraße nach Albe zweigt ein kleiner Weg zum ehemaligen Castello ab, wo sich die sympathische Locanda befindet. Gute Küche, freundlicher Service, von manchen Tischen ein toller Ausblick. Auch Zimmer, DZ mit Bad und Frühstück 50 €, EZ 35 €. Strada Provinciale 24, 67050 Alba Fucens, ✆ 0863/449701 oder 333/1914005, www.borgomedioevale.com.

Santa Maria in Valle Porclaneta

Etwa zwölf Kilometer nordwestlich findet sich ein Kleinod unter den Kirchen Mittelitaliens. **Santa Maria in Valle Porclaneta** duckt sich von außen unscheinbar in den Talschluss hinter *Rosciolo*. In ihrem Inneren aber überrascht das Gotteshaus mit beeindruckendem Detailreichtum. Wann die Santa Maria gegründet wurde, ist strittig; die entsprechenden Vorschläge reichen bis in die Zeit der Christenverfolgung zurück. Erstmals erwähnt wurde die Kirche 1048. Um all den kunstvollen Details der Kirche Beachtung zu schenken, muss man ein wenig Zeit mitbringen. Bemerkenswert sind vor allem die verzierte steinerne Kanzel, die Fresken (die ältesten stammen aus dem 12. Jh.) und die einzigartige Ikonostasis.

Anfahrt Kurz hinter Magliano rechts ab Richtung Rosciolo und dann bis zum Talende durchfahren (nochmals etwa 2,5 km hinter Rosciolo, beschildert). Sollte die Kirche verschlossen sein, Signora Costanza sperrt auf, ✆ 0863/517691 oder 348/8882866.

Tagliacozzo (ca. 6.500 Einwohner)

Der Mantel der Geschichte streifte den kleinen Ort am 23. August 1268, als der letzte Staufer in die Hände seiner Feinde fiel. Die Schlacht von Tagliacozzo fand sogar Eingang in Dantes „Göttliche Komödie".

Im 28. Gesang der Hölle schrieb Dante über „all die Menschen", die in Italien „ihr Blut vergossen", darunter auch „bei Tagliacozzo, wo ohne Schwert der greise Alart siegte." Gemeint ist *Karl von Anjou*, der die Schlacht gegen den letzten Staufer, genannt *Konradino*, Enkel *Friedrichs II.*, durch eine List gewann. Der erst 16-jährige Konradino wurde gefangen genommen und wenig später hingerichtet.

Das 6.500-Einwohner-Städtchen (im Sommer deutlich mehr) besteht aus einer charmanten Altstadt, deren enge, verwinkelte Gassen sich den steilen Hang hinauf-

Außerordentlich detailreich – Santa Maria in Valle Porclaneta

ziehen, und einer etwas in die Jahre gekommen Neustadt unterhalb. Unbedingt lohnenswert ist ein Spaziergang durch das stimmungsvolle Centro storico – ausgehend von den ineinander übergehenden Plätzen *Piazza Argoli* und *Piazza dell'Obelisco,* dem pittoresken Zentrum direkt hinter den Stadttoren. Hier befinden sich auch zahlreiche Cafés und Restaurants. Am oberen Ende des Platzes gelangt man über eine schmale Gasse rechter Hand zur Kirche *San Francesco,* im idyllischen Kreuzgang des angeschlossenen Klostergebäudes sind ein paar sehenswerte Fresken zu finden. Der nahegelegene Palazzo Ducale kann nicht besichtigt werden, da er seit Jahren wegen Restaurierung geschlossen ist.

• *Information* **I.A.T.**, geöffnet Mo–Sa 9.30 13 Uhr, 15–18 Uhr, So 9–13 Uhr (Mitte Juni bis Mitte Sept., Rest des Jahres nur Mo–Fr und Samstagvormittag, So geschlossen), neben dem Ristorante Al Corradino di Svevia, Piazza dell'Obelisco 49, ✆ 0863/610318.

• *Verbindungen* Tagliacozzo liegt an der **Bahnverbindung** Rom – Pescara, 10x tägl. nach Avezzano (6x weiter nach Pescara) und 10x tägl. nach Rom (Tiburtina).

• *Übernachten* *** **Marina**, ruhig aber zentrumsnah gelegenes Haus mit dem Charme eines in die Jahre gekommenen Kurhotels, die Sterne sind schon ein wenig verblasst. DZ mit Bad, TV und (meist) Balkon 60 €, EZ 35 €. Via G. Matteotti 14, ✆ 0863/619627, 📠 0863/68630, 67069 Tagliacozzo, www.albergomarina.it.

** **Gatto d'Oro**, an der Straße, die vom Bahnhof zum Zentrum führt, sympathisches kleines Hotel, zu dem auch ein beliebtes Restaurant gehört. DZ mit Bad und TV 52 €, EZ 30 €. Viale Aldo Moro 18, ✆ 0863/610369, 📠 0863/610579, 67069 Tagliacozzo.

• *Essen/Trinken* **La Cantina del Brigante**, sehr beliebtes Ristorante, direkt am unteren Stadttor, nur abends geöffnet, Mi Ruhetag. Piazza Argoli 6/7, ✆ 0863/66699.

Al Corradino di Svevia, freundliches Lokal direkt an der Piazza dell'Obelisco, gute Pizza, nicht teuer, tägl. mittags und abends geöffnet, Di Ruhetag, ✆ 0863/68246, www.alcorradinodisvevia.it.

La Vecchia Posta, ebenfalls an der Piazza dell'Obelisco (am oberen Ende), edel, dabei aber erstaunlich günstig, mittags und abends geöffnet, Mo Ruhetag, ✆ 0863/66611.

Die Abruzzen
Karte S. 610/611

Parco Nazionale d'Abruzzo, Lazio e Molise

Der über 44.000 Hektar große Nationalpark um das obere Sangro-Tal zählt sicherlich zu den Highlights einer Abruzzen-Reise: blühende Wiesen und dichte Buchenwälder, in denen die letzten Braunbären Italiens wie auch Wölfe, Wildkatzen, Luchse, Rehe, Hirsche und Gämsen, Adler, Eulen und Uhus ein streng geschütztes Refugium gefunden haben.

Das war nicht immer so. Vor allem in den wirtschaftswunderhaften 1960er Jahren trieb man hier – im Zuge einer möglichst raschen touristischen Erschließung – immensen Raubbau an der Natur. 120.000 Buchen fielen damals dem Bau von Straßen, Ferienanlagen und Skipisten zum Opfer, insgesamt wurden rund 3000 Hektar Naturschutzgebiet zerstört. Erst in den 1970er Jahren kehrte man dank zahlreicher Maßnahmen und Verordnungen zum Ursprungsziel Naturschutz zurück. Die einst so gefährdeten Bestände des Marsica-Braunbären (*Ursus arctos marsicasnus*) haben sich erholt. Etwa 50–80 Exemplare soll es hier geben, von denen man aber mit allergrößter Wahrscheinlichkeit keines zu Gesicht bekommen wird. Die Bären sind überaus scheu (und lassen sich auch nur ungern zählen, daher die ungenauen Schätzungen), dennoch hat man im Jahr 2003 gleich vier Todesfälle durch Menschenhand beklagen müssen: zwei Bären wurden erschossen, zwei vergiftet.

Auch der Apennin-Wolf (*Canis lupus italicus*) hat sich nach jahrhundertelanger erbarmungsloser Verfolgung in Mittelitalien wieder ein wenig ausbreiten dürfen, im gesamten Apennin schätzt man 400 bis 500 Exemplare, etwa 50 davon im Nationalpark. Auch ihm wird man kaum begegnen, ebensowenig wie dem Luchs (*Lynx* lynx), der sich in die unzugänglichsten Ecken des Gebietes verzogen hat, dann schon eher der Abruzzen-Gämse (*Rupicapra ornata*), einst vom Aussterben bedroht und heute wieder mit etwa 600 Exemplaren im Park vertreten. Gute Chancen auf eine Begegnung hat man bei Wanderungen in den Bergen um die *Camosciara*.

Der Nationalpark wurde 1922 gegründet und 1923 per staatlichem Erlass abgesegnet. Aus 18.000 Hektar Fläche wurden 1925 28.000 Hektar und 1970 40.000 Hektar, zwischenzeitlich hat man um das Kerngebiet des Parkes zusätzlich einen Schutzgürtel von weiteren 60.000 Hektar gezogen, 1990 fand dann die bislang letzte Erweiterung des Parkes auf nunmehr 44.000 Hektar statt. Mehr als drei Viertel des *Parco Nazionale d'Abruzzo, Lazio e Molise* liegen auf abruzzesischem Gebiet (Provinz L'Aquila), ein kleiner Teil gehört zur Provinz Frosinone in Latium, ein noch kleinerer Teil zur Provinz Isernia in der Molise.

Mit jährlich rund einer Million Besuchern erfreut sich der Park außerordentlicher Beliebtheit. Vor allem zu Ferienzeiten (Ostern und im August) wird es hier richtig voll, Unterkünfte sollte man für diesen Zeitraum lange im Voraus buchen. Die wichtigsten Orte des Parkes sind Pescasséroli (hier auch der Hauptsitz der Parkverwaltung) und Civitella Alfedena mit seinem Wolfsmuseum und -reservat. Nur in diesen beiden Orten und in Villetta Barrea bzw. in Barrea am gleichnamigen See finden sich ausreichend Unterkünfte.

Pescasséroli (ca. 2.200 Einwohner)

Der Hauptort des Nationalparks liegt umgeben von dichten Wäldern in einer Senke auf immerhin 1167 Meter Höhe, was Pescasséroli nicht nur zur beliebten Sommerfrische, sondern auch zu einem nicht unbedeutenden Wintersportort macht.

Von der Talstation (einige Kilometer außerhalb des Dorfes) geht es mit dem Sessellift auf knapp 2000 Meter hinauf, zur Verfügung stehen 13 Pisten diverser Schwierigkeitsgrade. Beliebt ist der Ort besonders bei Römern, die hier ein verlängertes Wochenende verbringen, und vor allem im August ist Pescasséroli bestens besucht. Dann schlendern am Abend wahre Menschenmassen durch das kleine Centro storico und über die große Piazza S. Antonio, die hier nur Piazza Centrale genannt wird. Fliegende Händler bauen ihre Stände auf, die Bars und Cafés an der Piazza sind bis auf den letzten Platz besetzt.

Etwas außerhalb des Ortes auf einem Hügel sind noch heute die Reste des mittelalterlichen *Castello Manfredi* zu sehen (Fußweg ab Pescasséroli). Größte Sehenswürdigkeit im Ort ist die Pfarrkirche *Ss. Pietro e Paolo* aus dem 16. Jh. (Via della Chiesa).

• *Information* **I.A.T.**, in einer Seitenstraße der zentralen Piazza S. Antonio, im Sommer Mo–Sa 9–13 Uhr und 16–19 Uhr geöffnet, So nur 9–13 Uhr; im Winter Mo–Fr 9–13 Uhr und 15–18 Uhr, am Wochenende eingeschränkt. Via Piave, ✆ 0863/910461 oder 0863/910097. Das **Info-Zentrum des Nationalparks** befindet sich in der Via Vico Consultore, schräg gegenüber der Pension Al Castello an der zentralen Piazza. Ganzjährig tägl. 10–13 Uhr und 15–19 Uhr, im Winter nur bis 17 Uhr geöffnet. ✆ 0863/9113242. Hier kann man eine Wanderkarte für den Nationalpark kaufen (6 €), außerdem werden Exkursionen veranstaltet, Programme im Info-Zentrum.

• *Verbindungen* **Busse** fahren vor dem Municipio vor der zentralen Piazza ab: 5x tägl. nach Castel di Sangro (hier umsteigen nach Sulmona, Popoli, Chieti, Pescara und Neapel), 1x tägl. (abends) nach Rom, 6x Avezzano.

• *Übernachten* ***** **Villa Mon Repos**, edle Villa mit neogotischen Türmchen in kleinem Park, alles sehr privat. Zimmer mit Kamin, sehr behaglich, besonders im Winter. Nur 14 Zimmer, beliebt ist das Hotel vor allem bei Römern, die hier im Kurzurlaub entspannen. EZ 88–124 €, DZ 176–248 €, Frühstück inbegriffen, das Degustationsmenü erscheint mit 25 € geradezu günstig. Via Santa Lucia 2, 67032 Pescasséroli, ✆ 0863/912858, ✆ 0863/912830, www.villamonrepos.it.

**** **Sport Hotel Daniel**, etwas außerhalb, an der Straße zum Sessellift auf der linken Seite, etwa 15–20 Minuten zu Fuß ins Zentrum. Komfortables Hotel mit Gartenpool, nur 16 Zimmer, DZ mit Frühstück 100 €. Viale Colli dell'Oro, 67032 Pescasséroli, ✆/✆ 0863/912896, www.hoteldaniel.it.

*** **Valle dell'Oro**, ebenfalls an der Straße zum Lift, nahe dem Daniel. Solide Mittelklasse mit angenehmen Zimmern (z. T. frisch renoviert), alle mit Bad und TV, besonders nett sind die Zimmer unterm Dach, wenn auch etwas kleiner. EZ ab 30 €, DZ 50–70 €, jeweils mit Frühstück, EZ mit Halbpension 40 €, DZ ca. 80 €. Viale Colli dell'Oro, 67032 Pescasséroli, ✆ 0863/91750, ✆ 0863/911594.

** **Al Castello**, unser Tipp! Zentrale Lage schräg gegenüber vom Info-Zentrum des Nationalparks (hinter dem gelben Municipio). Sehr freundliche und familiäre Pension, DZ mit Bad 42 €, mit Halbpension 84 €. Via G. D'Annunzio 1, 67032 Pescasséroli, ✆ 0863/910757.

• *Camping* **La Panoramica**, an der Straße zum Lift auf der linken Seite. mäßig Schatten, es werden auch Bungalows vermietet. Pro Person 6 €, Zelt/Wohnwagen oder -mobil je 6 €, Bungalow für 2 Personen 50–90 €. Ganzjährig geöffnet. Viale Colli dell'Oro, 67032 Pescasséroli, ✆/✆ 0863/910750.

S. Andrea, am Ortsrand an der Straße Richtung Opi rechts ab, beschildert. Viele Dauercamper, ganzjährig geöffnet, nicht mehr ganz neu. Pro Person 7 €, Zelt/Wohnwagen oder -mobil je 7 €. 67032 Pescasséroli, ✆ 0863/912725.

L'Aquila Reale, der am professionellsten geführte Platz der Gegend, von S. Andrea noch ein Stück weiter auf der gleichen Straße. Sehr beliebt, auch MTB-Verleih, ganzjährig geöffnet. Pro Person 5 €, Zelt 6,50 €, Wohnwagen/-mobil 8 €. Via San Donato 1, 67032 Pescasséroli, ✆ 0863/910641, www.aquilareale.net.

• *Essen/Trinken* **Ristorante Alle Vecchie Arcate**, sehr beliebtes Lokal im Gewölbekeller, das gleichnamige Albergo liegt nur wenige Häuser entfernt. Gemütliche Trattoria, Familienbetrieb, in dem sehr gute abruzzesische Küche geboten wird, diese zu angemessenen Preisen, Menü um 25 €. Im Centro storico von Pescasséroli, kaum zu übersehen. Mittags und abends geöffnet, Mo geschlossen. Via della Chiesa 41, ✆ 0863/910781.

Die Abruzzen
Karte S. 610/611

Da Giuseppe, Tipp fürs kleinere Budget, abends meist bis auf den letzten Platz besetzt. Rustikale Einrichtung, im Sommer auch einige Plätze in der Gasse. Freundlicher Service, bodenständige gute Küche der Abruzzen, bekannt für das Fleisch vom Grill. Mittags und abends geöffnet, Do geschlossen. In kleiner Gasse nahe der zentralen Piazza. IX Traversa Sangro 6, ✆ 0863/912205.

▸ **Zoo und Parkmuseum**: Für Kinder sicher ein Erlebnis ist der Besuch im „Centro Natura" des Nationalparks (gegenüber Villa Mon Repos). Hier wohnen einige der Bären des Parks, die man verletzt oder vom Muttertier verlassen (wie die Bärendame „Lauretta") aufgefunden hat, darüber hinaus auch Rehe und Hirsche, Stachelschweine usw. Vor allem im Sommer herrscht riesiger Andrang.

Öffnungszeiten Tägl. 9.30–19 Uhr. Eintritt 6 €, Kinder 4 €.

Auf der SS 83, der „Marsicana", geht es an der Strecke zwischen Pescasséroli und Villetta Barrea (hier verengt sich das Tal) rechts ab zur **Camosciara** (beschildert). Man parkt das Auto bereits am großen Parkplatz nahe der Straße (hier auch MTB-Verleih), ab hier geht es dann zu Fuß in etwa 1 Std. zum sog. Piazzale della Camosciara (Beschilderung Nr. 29) und weiter auf dem Weg zum *Rifugio Belvedere della Liscia* (nochmal ca. 1 Std.). Es bieten sich wunderschöne Ausblicke u. a. auf das weite, wie ein „Amphitheater" wirkende Hochtal. Wer Glück hat, sieht auch einige Rehe, Hirsche oder auch Gämsen. Die Camosciara gilt als Herzstück des Parco Nazionale d'Abruzzo, was den zahlreichen Parkbesuchern allerdings nicht verborgen geblieben ist: Vor allem an Sommerwochenenden ist man auf der Suche nach Ruhe und Einsamkeit hier ganz sicher nicht allein.

Civitella Alfedena (ca. 300 Einwohner)

Der Ort am Berg oberhalb des Barrea-Stausees ist vor allem wegen seines Wolfsgeheges am unteren Ortsrand bekannt. Der Besucherandrang ist groß, die meisten kommen aber vergebens: Die drei Wölfe hier zeigen sich, wenn überhaupt, dann nur in ruhigen Zeiten bei entsprechend wenig Andrang (also morgens und abends). Das Gleiche gilt für die Luchse im Gehege auf der anderen Seite des Dorfes: Auch sie glänzen hauptsächlich durch Abwesenheit.

Ansonsten gibt sich Civitella Alfedena sympathisch unspektakulär. Im quasi autofreien kleinen Centro storico gibt es einige nette Ecken, und damit das auch so bleibt, wird aufwendig an allen Enden restauriert. Oberhalb des Dorfes befindet sich einen Reiterhof, der auch Ausritte für Touristen anbietet.

• *Information* **Ufficio Turistico**, unterhalb vom Centro storico an der Straße gelegen (Via Duca della Vittoria), Mo–Sa 10–13 Uhr und 15–19 Uhr, So geschlossen. ✆ 0864/890194.

• *Verbindungen* 5x tägl. **Busse** ab Zentrum über Villetta Barrea und Opi nach Pescasséroli, 5x über Barrea und Alfedena nach Castel di Sangro (dort Umsteigen Richtung Pescara/Küste). Tickets in der Bar bzw. im Edicola.

• *Parken* Beim Wolfsgehege am unteren Ortsrand pauschal 2 €, oberhalb des Ortes gibt es einen großen kostenlosen Parkplatz.

• *Übernachten* *** **Albergo „ai 4 camosci"**, was soviel bedeutet wie „zu den vier Gämsen". Sympathisches Haus im oberen Zentrum, 22 Zimmer mit Bad und TV, teilweise auch mit Balkon zur oberen Piazza. EZ 29 €, DZ 58 €, Dreier 71 €, Vierer 83 €, Frühstück jeweils inbegriffen. Ganzjährig geöffnet. Via Nazionale 25, 67030 Civitella Alfedena, ✆ 0864/890262, www.ai4camosci.it.

Außerhalb des Ortes gibt es auch zwei einfache **Campingplätze**.

In Villetta Barrea kann man im *****Hotel Il Vecchio Pescatore** bei gutem Standard für 110 € (DZ, mit Bad, Balkon, TV) übernachten, obligatorische Halbpension inbegriffen und auch ratsam, da es in der Umgebung nicht allzu viele Restaurants gibt. Mittags und abends geöffnet. Via B. Virgilio 175 (Einfallstraße von Pescasséroli), 67030 Villetta Barrea, ✆ 0864/89274, ☏ 0864/89255, www.ilvecchiopescatore.net.

• *Essen/Trinken* **Lupo Cerviero**, am oberen Ende des Centro storico, in kühlem Gewölbe. Mittags und abends geöffnet, Mi geschlossen. Via Nazionale 58, ✆ 0864/890171.

Trattoria del Pescatore, ein echter Tipp im ansonsten nicht besonders aufregenden Ort Villetta Barrea: gemütlicher Gastraum, Familienbetrieb, freundlicher und aufmerksamer Service, auf den Tisch kommt schmackhafte und bodenständige Abruzzenküche: hausgemachte Pasta, Zünftiges vom Grill, guter Hauswein, das alles recht günstig. Bei den Bewohnern des Ortes beliebt. Angeschlossenes Hotel (s. o.).

▶ **Museo del Lupo**: Schönes und nett aufbereitetes Museum rund um den Wolf, sehr aufschlussreich und auch für Kinder verständlich, ein besonderer Schwerpunkt liegt hier auf dem Mythos vom „bösen Wolf" und der Jagd darauf. Sehenswerte Ausstellung. An der Zufahrtsstraße von Villetta Barrea kommend gleich am Ortseingang auf der linken Seite. Das Freigehege der Wölfe befindet sich nebenan.

Öffnungszeiten Im Sommer tägl. 10–13 Uhr und 15–19 Uhr, im Winter eingeschränkt. Eintritt 3 €, Kinder 8–14 Jahre 2 €, unter 8 Jahren frei.

Malerisch – der Lago di Barrea

Barrea

(ca. 850 Einwohner)

Ein hübscher Ort in toller Aussichtslage auf 1066 Meter Höhe an der Südostseite des gleichnamigen Stausees. Über den langen Corso Duca degli Abruzzi – mit Panorama-"Balcone" und diversen Bars, Pizzerie und Lebensmittelgeschäften – gelangt man ins Centro storico: stille Gassen, alte Palazzi und Kirchen, von einer Stelle hat man einen tollen Blick hinunter auf die schmale Schlucht des Sangro, der sich hier gleich nach dem Staudamm verengt.

• *Verbindungen* 5x tägl. **Busse** nach Pescasséroli und 5x über Alfedena nach Castel di Sangro (dort Umsteigen Richtung Pescara/Küste).

• *Übernachten* **Ostello dagli Elfi**, nicht zu verfehlen an der Hauptgasse des Centro storico. Relativ neues Ostello, schlichte, aber gepflegte Doppel- und Mehrbettzimmer, vom Frühstücksraum toller Blick auf den See. DZ 55 €, im Mehrbettzimmer 20 € pro Person, Frühstück jeweils inklusive. Via Leonardo di Loreto, 67030 Barrea, ✆ 0864/88408, www.albergodaglielfi.it.

Von Barrea führt die aussichtsreiche Straße N 83 über den 1164 Meter hohen Pass *Colle della Croce* und hinunter nach **Alfedena** – den Ort muss man nicht unbedingt gesehen haben. Ab Alfedena erreicht man nach neun Kilometern **Castel di Sangro**, das lebhafte, aber nicht besonders ansprechende Zentrum der Gegend und wichtiger Verkehrsknotenpunkt (Busse und Bahn nach Pescara).

Pescocostanzo

Kurios – ein ganz und gar barockes Dorf auf 1395 Meter Höhe, umgeben von der kargen und abweisenden Hochebene *Cinquemiglia* und schroffen Bergen. Im historischen Zentrum des Bergdorfes angekommen, überraschen sorgfältig gepflasterte Straßen und elegante Palazzi, eine wunderschöne Piazza del Municipio und ganz herrliche Barockkirchen mit prunkvoller Ausstattung.

Pescocostanzo erfreut sich großer Beliebtheit besonders bei Tagesausflüglern, entsprechend viele Prodotti-tipici-Läden und Kunstgalerien säumen die Hauptstraße des autofreien Centro storico. Auch im Winter herrscht Hochbetrieb – dann allerdings ein Stück weiter oberhalb am Skilift, der von etwas trostlosen Hotelbauten umgeben ist. Auch die Neubaugebiete von Pescocostanzo auf dem Weg hier hinauf wirken nicht unbedingt einladend, kein Vergleich zum wirklich sehenswerten alten Zentrum.

Man betritt das alte Pescocostanzo über den steil bergauf führenden Viale Fanzago (*Strada Vulpes*), der an der sehenswerten **Collegiata di Santa Maria del Colle** vorbeiführt: Treppen führen hinauf zum imposanten romanischen Portal, dahinter verbirgt sich im Innenraum des Gotteshauses pure Barockkunst mit einer filigran gearbeiteten Holzdecke und einer überaus eindrucksvollen Seitenkapelle (*Cappellone*) mit viel Stuck, Marmor und Engelsfiguren (die Kirche ist über Mittag 12–17 Uhr geschlossen). Gleich nebenan stößt man auf die Kirche **Santa Maria Suffragio dei Morti** (ganztägig geöffnet) – ein sehr düsteres barockes Kirchenhaus, man beachte beispielsweise die drastischen Darstellungen in den Kassettenfeldern der Holzdecke. Über die Hauptstraße gelangt man bald zur Piazza del Municipio mit elegantem Palazzo Comunale samt Glockenturm. Im Palazzo Fanzago schräg gegenüber ist das **Museo del Merletto a Tombolo**, das Klöppelmuseum des Ortes, untergebracht. Neben dem Goldschmiedehandwerk und der Holzschnitzerei ist Pescocostanzo vor allem auch für seine kunstvollen Klöppelarbeiten bekannt.

Pescocostanzo ist ein relativ junges Dorf, man geht davon aus, dass es in der Zeit um 1000 n. Chr. gegründet wurde. Im 15. Jh. zerstörte ein verheerendes Erdbeben weite Teile des Ortes, beim Wiederaufbau und dem späteren barocken Ausbau des Ortes war unter anderem die reiche Adelsfamilie der *Colonna* behilflich. Oberhalb des Ortes thront auf einem Felsen das Castello von Pescocostanzo, das aber kaum einen Abstecher lohnt.

• *Information* **I.A.T.** an der zentralen Piazza del Municipio, im Sommer Mo–Sa 9–13 Uhr und 16–19 Uhr geöffnet, So 9–13 Uhr. Im Winter eingeschränkt. Vico delle Carceri 4, ✆ 0864/641440. An der gleichen Piazza hat auch ein **Infozentrum** des Parco Nazionale della Majella, im Sommer tägl. 10–13 Uhr und 17–20 Uhr geöffnet.

• *Verbindungen* **Busse**: mind. 8x tägl. nach Rivisondoli und Roccaraso, ca. 4x tägl. weiter nach Sulmona (z. T. mit Umsteigen). 6x nach Castel di Sangro, 1x (frühmorgens) nach L'Aquila. Abfahrt am großen Parkplatz. Wer durch die herrliche Berglandschaft mit dem **Zug** anreisen will: Zwischen dem Nachbarort Rivisondoli und Pescocostanzo gibt es einen Bahnhof, ab dort 4x tägl. nach Castel di Sangro und 4x nach Sulmona.

• *Parken* Ein großer kostenloser Parkplatz befindet sich außerhalb des fast autofreien Centro storico, von hier nur wenige Minuten zu Fuß.

• *Übernachten* **** **Hotel Le Torri**, nobles Albergo in einer Seitenstraße der Piazza del

Municipio, in einem Palazzo des frühen 17. Jh. Sehr moderne Zimmer mit Bad und TV, allerdings nicht ganz günstig: DZ 155–165 €, Dreier 210–225 €, Frühstück inbegriffen, keine EZ. Mit Ristorante. Via Vallone 4/Corso Roma 21, 67033 Pescocostanzo, ✆ 0864/642040, 📠 0864/641573, www.letorrihotel.it.

*** **Albergo Archi del Sole**, von der Piazza del Municipio nur wenige Schritte Richtung Castello, auf der rechten Seite. Sympathisches Haus, nette Zimmer mit Bad und TV, Ristorante vorhanden. DZ 85–100 €, Dreier 115 €, Vierer 145 €, Frühstück inkl., keine EZ. Ganzjährig geöffnet. Via Porta di Berardo 9, 67033 Pescocostanzo, ✆/📠 0864/640007, www.archidelsole.it.

• Essen/Trinken **Ristorante 3 Frati**, sehr beliebtes Restaurant am unteren Ende des Viale Fanzago (nahe des großen Parkplatzes). Hervorragende Küche, mittleres Preisniveau. Mittags und abends geöffnet, kein Ruhetag. Viale Cosimo Fanzago, ✆ 0864/641473.

Ristorante Da Paolino, im Centro storico, stilvolles Lokal, etwas gehobener. Mittags und abends geöffnet, Mo geschlossen. Strada Vulpes 34, ✆ 0864/640080.

Sehr eindrucksvoll und schön ist die Strecke **von Pescocostanzo** auf der N 84 in nordöstliche Richtung nach **Palena**: Zunächst geht es über die weite Hochebene, dann durch den Wald in vielen Kurven und Serpentinen hinunter ins Tal, den mächtigen Buckel der Majella ständig vor Augen.

Pastore Abruzzese – der abruzzesische Hirtenhund

Ein mächtiges Tier mit weißem Zottelfell und einer Aura der Gemütlichkeit: Fast jedes abruzzesische Bergdorf hat seinen *Pastore Abruzzese*, und gerade in den Sommermonaten sieht man ihn meist träge im Schatten eines Baumes an der Dorfpiazza liegen, müde und vielleicht ein wenig erschöpft. Den abruzzesischen Hirtenhund gibt es in diversen Rasseformen, z. B. als *Marsicano*, ein robustes Tier von bis zu 75 cm Schulterhöhe und 40–60 Kilo Gewicht, als mächtigen *Aquilano*, der bis zu 80 Kilo (!) auf die Waage bringt, und als den wendigeren *Tipo Pescocostanzo*, einen echten Arbeitshund. Auch der hauptsächlich in der Toscana anzutreffende *Maremmano* stammt vom Abruzzenhund ab und wird dort heute hauptsächlich als Wachhund eingesetzt.

Früher wurden die abruzzesischen Hirtenhunde noch im großen Stil zur Abwehr der Wölfe als Begleit- und Hütehunde für die Schafsherden in den Bergen eingesetzt. Über die Tiere wurde übrigens bereits in der Antike berichtet. Teilweise finden sich auch an den Kapitellen romanischer Kirchen Darstellungen von Schafen und ihren mächtigen weißen Beschützern.

Entlang der Ostflanke der Majella

Grandiose Ausblicke ergeben sich entlang der Ostflanke des Massivs. Daneben zählen die Grotte del Cavallone und die Schlucht bei Fara San Martino zu den landschaftlichen Höhepunkten. Besonders sehenswert im Norden ist das Städtchen Guardiagrele.

Einstmals die Zuflucht von Banditen und Eremiten, erstreckt sich heute der *Parco Nazionale della Majella* über den schroffen Höhenzug. Von Pescocostanzo kommend verläuft die Straße auf einer Höhe von über 1000 Metern quer durch den südöstlichen Ausläufer des Parks, bevor sie dann hinter Palena panoramareich am Rand des Nationalparks nach Norden führt.

Die Abruzzen
Karte S. 610/611

Fara San Martino

Zwischen Palena und Lama dei Peligni liegen die **Grotte del Cavallone**. Die Tropfsteinhöhle, deren hoch gelegener Einstieg nur über eine Seilbahn zu erreichen ist, reicht tief in Berg hinein. Knapp einen Kilometer ist sie entlang eindrucksvoller Steinformationen für Besucher begehbar.

• *Öffnungszeiten* Die Grotte sind nur im August und an wenigen Tagen im Juli und Anfang September geöffnet. Etwa 6 km hinter Palena zweigt eine Straße links ab und führt zur Seilbahn. Diese fährt, wenn auch die Grotte geöffnet ist, zwischen 9 und 16 Uhr (letzter Einstieg), Dauer ca. 20 Min. Von der Bergstation sind es nochmals etwa 20 Min. zu Fuß bis zu den Grotte. Einlass ist 10.30, 11.20, 12.15, 13, 14.10, 15, 16 und 16.45 Uhr. Die Besichtigungstour dauert etwa eine Stunde. Da in den Grotte konstant 10 °Celsius herrschen, ist warme Kleidung empfehlenswert. Preise: Seilbahn (hin und rück) 9 €, Kinder 6–17 Jahren 7.50 €, unter sechs Jahren frei; Eintritt/Grotte 5 €, bzw. 4 €. Infos in Casoli, Corso Vittorio Emanuele 42, ✆ 0872/983255.

Hinter Lama dei Peligni folgt als nächster Ort **Fara San Martino**. Beide Dörfer lohnen nur bedingt einen Zwischenstopp. In Letzterem befindet sich allerdings nicht nur das einzige Hotel der näheren Umgebung, sondern auch der enge Einstieg in eine spektakuläre Schlucht, die sich weit in das Gebirge hineinzieht. Die Schlucht bietet sich für einen kurzen Spaziergang ebenso an wie für eine längere Wanderung (allerdings nur bei gutem Wetter!).

• *Übernachten/Essen/Trinken* **Hotel del Camerlengo**, großes modernes Haus in Fara San Martino, mit Restaurant (etwas ungemütlich), Pool und Tennisplatz, der Service lässt allerdings zu wünschen übrig, DZ mit Bad, TV und Frühstück 80 €. Loc. Macchia del Fresco, 66015 Fara San Martino, ✆ 0872/980136, 📠 0872/980080, www.camerlengo.it.

Weiter an der Ostflanke der Majella entlang gelangt man nach ca. 20 Kilometern auf kurvenreicher Strecke nach **Pennapiedimonte**, dessen Häuser sich spektakulär an den steilen Hang klammern, und schließlich nach Guardiagrele, das sich bereits ein Stück weg vom Massiv in den Hügeln befindet.

Guardiagrele

Wehrhaft reckt sich die alte Stadt über einen langen Hügelrücken. Guardiagrele besitzt zwar nicht den patinareichen Charme so manch anderer mittelalterlichen Stadt in den Abruzzen – Ende des 18. Jh. hat die Stadt bei Kämpfen schweren Schaden genommen –, nichtsdestotrotz lohnt ein Besuch in den engen, verwinkelten Gassen. Wer eine zentrale Piazza sucht, sucht vergeblich. Die Gassen Guardiagreles erstrecken sich zwischen dem grün umrahmten Largo Garibaldi mit der Turmruine und der Via San Giovanni, die vom Stadttor bis zu einem kleinen Park führt, dem Balcone der Stadt mit phantastischer Aussicht (folgerichtig Largo Belvedere genannt). Beide Enden verbindet wie eine Achse die Via Roma, in deren Mitte das vielleicht bedeutendste Bauwerk der Stadt steht, die Kirche **Santa Maria Maggiore**, deren Anfänge bis ins 12. Jh. zurückreichen. Flankiert wird die sehenswerte Kirche von Arkaden, linker Hand mit Freskenresten verziert. In der Kathedrale befindet sich das kleine, liebevoll gestaltete Dommuseum. Hier sind normalerweise auch die kostbaren Beschläge des Prozessionskreuzes zu sehen, das der seinerzeit bekannte Goldschmied *Nicola da Guardiagrele* Anfang der 15. Jh. seiner Heimatstadt stiftete (zur Zeit der Recherche leider in Restauration).

Öffnungszeiten Juli–Sept. 17–20 Uhr, im August auch 10–12.30 Uhr, sowie ganzjährig Sa/So und feiertags 10–12.30 Uhr, Eintritt 1 €. Gleiche Öffnungszeiten für den Dom (natürlich kein Eintritt).

Die Stadt ist der Tradition des Kunsthandwerks übrigens treu geblieben. Auch heute noch ist Guardiagrele ein Zentrum der Schmiedekunst, sichtbar vor allem um das Stadttor **Porta San Giovanni**, wo zahlreiche Kunstschmiede ihre Waren ausstellen.

• *Information* **Linea Verde**, privates Informationsbüro (in erster Linie kleiner Souvenirshop), in einer winzigen Seitengasse der Via Roma etwas oberhalb der Kathedrale, geöffnet von 9–12 Uhr, in der Hauptsaison auch 16–20 Uhr. Zimmervermittlung, außerdem gibt es hier brauchbare Stadtpläne, Vicolo Iacobitti 6, ✆/℻ 0871/800023.

• *Übernachten* ***** Villa Maiella**, elegantes Hotel etwas außerhalb Richtung Bocca di Valle, schöne Zimmer mit Balkon, teils mit herrlichem Panorama-Blick. Das edle Restaurant im Haus hat montags und sonntagabends geschlossen, freundliche Atmosphäre. DZ mit Bad, TV und Frühstück 89 €, EZ 47 €. Via Sette Dolori 30, 66016 Guardiagrele, ✆/℻ 0871/809319, www.villamaiella.it.

**** Albergo/Ristorante Bocca di Valle**, Mittelklassehotel in Bocca di Valle (direkt an der Abzweigung nach Pennapiedimonte, mit Restaurant. DZ mit Bad, TV und Frühstück 80 €. Via Bocca di Valle 66, 66016 Guardiagrele, ✆/℻ 0871/808002, www.hotelboccadivalle.com.

• *Essen/Trinken* **Santa Chiara**, ungemein gemütlich, in einem alten Gewölbe in der Via Roma (unterer Teil, Nähe Stadttor), ausgezeichnete Küche, für das Gebotene nicht teuer, auch ausgefallene Gerichte, zuvorkommender Service. Via Roma 10, ✆ 0871/801139, www.tiscalinet.it/santachiara.

Die Küste von Pescara bis Vasto

Den endlosen Sandstrand wie an der nördlichen Küste der Abruzzen findet man auch hier, dazwischen aber auch einige zerklüftete Abschnitte und kleine Buchten, allen voran die fotogene „Costa dei Trabocchi".

Etwas eintönig gibt sich der Küstenabschnitt zwischen Pescara und Ortona, der hier hauptsächlich vom Badetourismus und ein wenig zersiedelter Industrie bestimmt wird. Steil zu einem Felsplateau geht es dann hinauf nach Ortona, südlich davon erstreckt sich die Costa dei Trabocchi: viel Grün und eine zerklüftete Küstenlinie, die breiten Sandstrände sind zugunsten kleinerer Kiesbuchten gewichen, es ist nicht mehr so viel Platz vorhanden. Eine nette Ecke ist hier die noch ein Stück weiter südlich gelegene *Punta Aderci* (*Punta della Penna*) mit einigen einsamen Buchten, bevor man sich in Vasto, schon fast an der Grenze zur Molise gelegen, wieder ins übliche Strandleben stürzen kann: breite Sandstrände mit unzähligen Stabilimenti Balneari (Strandbäder), Bars und Cafès. Vasto eignet sich hervorragend als Standort an der südlichen Küste.

Die Abruzzen
Karte S. 610/611

Die traditionellen Pfahlbauten finden sich bis heute entlang der Küste

La Costa dei Trabocchi

Trabocchi heißen die merkwürdigen, aber überaus fotogenen Pfahlbauten, die man hier an der Küste immer wieder sieht, gehäuft treten sie zwischen Ortona und Fossacesia Marina (u. a. bei der *Punta Cavalluccio*) auf. Die filigrane Konstruktion aus dürren Stangen, Seilen und Fischernetzen ist für Laien allerdings kaum zu begreifen. An der unteren Adria werden sie seit Mitte des 19. Jh. für den Fischfang eingesetzt. Der ideale Standort für einen Trabocco ist einige Meter vor der felsigen Küste, das Wasser sollte aber noch nicht zu tief sein – hier tummeln sich nämlich die meisten Fischschwärme. Der Fang wird dann mit einer komplizierten Zug- und Windenkonstruktion nach oben gezogen.

▸ **Francavilla al Mare**: Ein weit auseinander gezogener, großer Badeort (ca. 14.000 Einwohner) mit endlosem Sandstrand zwischen den Flussmündungen des *Alento* und des *Foro*. Am südlichen Strandabschnitt gibt es nur einige wenige Stabilimenti und Bars, mehr touristisches Treiben findet sich an der nördlichen Uferpromenade. Francavilla wurde im Zweiten Weltkrieg stark zerstört, historische Bausubstanz ist kaum noch vorhanden. Regelmäßige Busverbindungen (Stadtbus Nr. 1) bestehen nach Pescara.

Ortona **(ca. 22.000 Einwohner)**

Die Hafenstadt mit ihrem eindrucksvollen, aber leider schon ziemlich verfallenen *Castello Aragonese* liegt auf einem Plateau auf 62 Meter Höhe. Der Hafen unterhalb ist nicht sonderlich ansehnlich; von hier starten Ausflugsschiffe zu den Tremiti-Inseln vor der Küste von Termoli (Molise). Doch auch im Zentrum auf dem Hügel halten sich die Sehenswürdigkeiten in Grenzen: Neben besagtem Castello aus dem 15. Jh. gehört vor allem die *Cattedrale San Tommaso* mit einem schönen gotischen Portal aus dem frühen 14. Jh. dazu. Im Inneren befinden sich die Gebeine des *Hl. Thomas.* Ansonsten ist Ortona überwiegend modern, und das nicht ohne Grund: Von 5. bis 18. Dezember 1943 fand hier die „Schlacht von Ortona" zwischen Deutschen und Alliierten statt, wobei rund 2.000 Bewohner der Stadt ums Leben kamen und Ortona fast vollständig zerstört wurde.

• *Information* **I.A.T.** im Zentrum im EG des Palazzo Municipale. Im Sommer Mo–Sa 9–13 Uhr und 16–19 Uhr, So 9–13 Uhr, im Winter nur Mo–Fr 9–13 Uhr und 15–18 Uhr. Piazza della Repubblica 9, ✆ 085/9063841.

• *Verbindungen* **Zug**: Bahnhof unten am Hafen, ca. 8x tägl. nach Pescara, 6x nach Vasto.

Busse fahren an der Piazza del Plebiscito am Rand des Centro storico ab. Ca. 8x tägl. nach Chieti (teilweise mit Umsteigen in Francavilla al Mare), mindestens stündlich nach Francavilla al Mare, ca. 10x nach Lanciano und mind. stündlich nach Pescara.

Ausflugsboote: Nur von Ende Juni bis Anfang September werden Ausflüge mit dem Schnellboot zu den Tremitis angeboten. Tägliche Fahrten, Abfahrt ab Ortona um 8 Uhr, Ankunft Tremiti 10 Uhr, retour ab Tremiti 16.45 Uhr (an Ortona 18.45 Uhr). Hin und zurück 41,80 €, Kinder 4–11 Jahre zahlen die Hälfte, unter 4 Jahren frei. Infos bei der Agenzia Fratino, Via Porto 34, ✆ 085/9063885.

• *Übernachten* Mehrere Hotels am nicht sehr attraktiven Badestrand der Stadt namens *Lido di Riccio* ein paar Kilometer nördlich, hier 6 Alberghi und 5 Campingplätze.

Einzige Unterkunft im Zentrum ist das *** **Hotel Ideale**, sehr empfehlenswert, frisch renoviert, nette Zimmer mit Bad, TV und tollem Ausblick aufs Meer, EZ 55 €, DZ 80 €, Frühstück inklusive. Mit Garage, sehr freundlicher und zuvorkommender Service. An der Hauptzufahrtsstraße zur Innenstadt gelegen, man sollte daher möglichst ein Zimmer nach hinten hinaus nehmen. Corso Garibaldi 65, 66026 Ortona, ✆ 085/9063735, ℻ 085/9066153, www.hotel-ideale.it.

• *Essen/Trinken* **Ristorante Miramare**, im Palazzo Farnese am Anfang der Passegiata Orientale untergebracht, unser Tipp! Ganz hervorragende Fischküche, nettes Ambiente und bester Service. Preisbeispiel: Antipasto „Miramare" für 7,50 €, Bavette mit Muscheln 8 €, die Dorade in Acquapazza 12,50 €, alles sehr köstlich, dazu kommt guter weißer Hauswein auf den Tisch. Mittags und abends geöffnet, Mo geschlossen, im Winter auch Sonntagabend geschlossen, in der Hochsaison am Wochenende abends reservieren. Palazzo Farnese 6, ✆ 085/9066556.

Abstecher ins Hinterland: Lanciano

Auf Höhe des Badeortes San Vito Chietino (bzw. Marina di San Vito) führt die N 84 gut 13 Kilometer ins Landesinnere nach Lanciano, einem lebhaften 35.000-Einwohner-Städtchen und kleinen wirtschaftlichen Zentrum der Gegend, was unschwer an den unschönen Fabriken und anderen Betrieben der Peripherie zu erkennen ist.

Das sehenswerte Centro storico erreicht man über den langen Corso Trento e Trieste, an dessen unteren Ende man auf die große Piazza Plebiscito stößt. Rechter Hand befindet sich hier die an sich schon sehenswerte **Basilica Santa Maria del Ponte** aus dem 14. Jh., die eigentliche Attraktion der Stadt liegt aber links der Piazza in der unscheinbaren **Chiesa di San Francesco** (*Santuario San* Francesco): Hier soll sich im 8. Jh. beim Abendmahl eine Hostie tatsächlich in Fleisch und Blut verwandelt haben. Die dunkelbraune, klumpige Reliquie ist hinter dem Altar zu sehen (die Kirche ist über Mittag 12.30–16.00 Uhr geschlossen, Eingang am Corso Roma). Westlich der Piazza Plebiscito erstreckt sich die Altstadt von Lanciano.

Die Stadt war bereits unter den Römern ein bedeutender Wirtschaftsstandort und soll seinerzeit sogar deutlich größer als heute gewesen sein. Im frühen Mittelalter

Die Abruzzen
Karte S. 610/611

Endloser Sandstrand an der Küste der Abruzzen

wurde Lanciano von den Goten, dann von den Sarazenen heimgesucht. Später kam man jedoch wieder zu Wohlstand, unter den Anjou erhielt die Stadt sogar das Münzprägerecht und bald danach erhoben die Aragon Lanciano zu einem wichtigen Marktzentrum.

• *Information* **I.A.T.** im Zentrum, im Sommer Mo–Sa 9–13 Uhr und 16–19 Uhr geöffnet, So nur 9–13 Uhr, im Winter Mo–Fr 9–13 Uhr und 15–18 Uhr, Sa 9–13 Uhr, So geschlossen. Piazza Plebiscito 51, ✆ 0872/717810.

• *Verbindungen* Großer **Busbahnhof** gleich neben der Chiesa di San Francesco, ca. stündlich nach Marina San Vito, dort Umsteigen nach Pescara, einige Busse fahren auch bis Pescara weiter (via Ortona und Francavilla).

Zug: Bahnhof etwas außerhalb vom Zentrum, ca. 5x tägl. nach Pescara, ansonsten häufige Verbindungen bis San Vito, dort Umsteigen in die Adriabahn zwischen Pescara und Vasto.

• *Essen/Trinken* Guten Mittagstisch gibt es z. B. im **Caffè ai Portici**, unter den Arkaden etwas oberhalb der Piazza Plebiscito. Corso Trento e Trieste 2, ✆ 0872/719422.

In einem alten Gewölbe gleich neben der Chiesa San Francesco befindet sich das Restaurant **Il Chiostro**: mittags günstiger Self-Service, abends Restaurant mit diversen Menüangeboten (Festpreismenü ca. 13–20 €). Täglich mittags und abends geöffnet. Via dei Tribunali 9–10, ✆ 0872/719350.

Fossacesia Marina (5.000 Einwohner)

Der Ort liegt an einem der schönsten Küstenabschnitte der südlichen Abruzzen am *Golfo di Venere*. Im Hinterland erheben sich liebliche grüne Hügel, Olivenhaine und Weinberge, etwas nördlich am felsigen Küstenvorsprung *Punta Cavalluccio* sind noch einige der pittoresken Trabocchi zu sehen. Im Ort selbst geht es unspektakulär zu: langer Strand, viele Ferienwohnungen und Hotels, weitläufige Promenade. Die Attraktion der Gegend liegt am Hang nur wenige hundert Meter Luftlinie vom Strand entfernt: die romanische Kirche und Abtei **San Giovanni in Venere**.

Chiesa San Giovanni in Venere

In wunderbarer Lage ein Stück oberhalb der Küste und inmitten eines Olivenhaines erhebt sich die romanische Kirche aus dem frühen 13. Jh. an der Stelle eines früheren Venus-Tempels, daher auch der Name. Unterhalb vom Balkon hinter der Apsis (herrlicher Blick) befindet sich ein uralter Olivenbaum, der hier bereits 1871 zum nationalen Monument ernannt wurde – wie übrigens auch die Kirche selbst.

Von der recht schmucklosen Fassade der Kirche fällt einzig das „Portale della Luna" mit seinen Marmorreliefs auf: Es gilt als eines der schönsten in den gesamten Abruzzen und stammt aus der Zeit um 1225–1230, dargestellt sind Szenen aus dem Leben *Johannes des Täufers*. Schmucklos gibt sich auch das dreischiffige Innere, man sollte jedoch einen Blick in die Krypta werfen: Hier finden sich besonders schöne Fresken aus dem späten 12. und frühen 13. Jh. Sehenswert ist auch der Kreuzgang des angeschlossenen Klosters.

Anfahrt/Öffnungszeiten Von Fossacesia Marina die Straße nach Fossacesia, dann gleich rechts ab, nicht zu verfehlen. Die Kirche ist ganztägig ca. 8–20 Uhr geöffnet, keine Mittagspause. Gegenüber befindet sich die Bar L'Angolo d'Abruzzo mit nettem schattigen Garten, hier auch Snacks (ganztägig geöffnet, ✆ 0872/607137).

Vasto/Marina di Vasto (ca. 33.000 Einwohner)

Die einzig größere Stadt im Süden der Abruzzen mit malerischer Altstadt auf einem Plateau auf 144 Meter Höhe – tolles Panorama. Unterhalb erstreckt sich der beliebte Badeort Marina di Vasto mit seinem endlosen Sandstrand.

Zwar quält sich der Verkehr scheinbar unaufhörlich über den Corso Garibaldi, die Hauptachse durch die Altstadt von **Vasto**, doch sollte man sich davon nicht abschrecken lassen, das Auto parken und das lebendige Centro storico mit seinen beschaulichen Gassen zu Fuß erkunden. Allgemeiner Treffpunkt ist die Fußgängerzone (und wichtigste Shoppingstraße) Corso De Parma, wo man sich im gleichnamigen Caffè allabendlich zum Aperitivo trifft. Von hier geht es in einem netten kleinen Spaziergang zum „Balcone" der Stadt, der Loggia Ambling, von der sich vor allem abends, wenn die Küstenorte wie in ein Lichtermeer getaucht sind, ein traumhafter Blick bietet. In Vasto gibt es einige gute Restaurants, die allein einen abendlichen Ausflug hierher lohnen.

Das Strandleben spielt sich im drei Kilometer unterhalb gelegenen **Marina di Vasto** ab. Die langgestreckten Sandstrände entlang des *Lungomare Cordella* (nördlich) bzw. des *Viale degli Abruzzi* (südlich) lassen kaum Wünsche offen: Strandbäder, Sportmöglichkeiten, Bars, ein Pinienwäldchen usw. Marina di Vasto wird seit Jahren mit der *Bandiera Blu* für besondere Umweltverträglichkeit ausgezeichnet.

Vasto war schon zu römischer Zeit besiedelt und wurde unter dem Namen *Histonium* zum römischen Municipium erhoben, Funde aus dieser Zeit sind im Archäologischen Museum (s. unten) zu sehen, bauliche Überreste der Römer sind auch in der Stadt noch vereinzelt vorzufinden. Die bedeutendsten Herrscher über die Stadt waren die *d'Avalos*, die 300 Jahre lang die Geschicke Vastos bestimmten, bis die Stadt 1798 von den Franzosen eingenommen wurde.

Karte S. 610/611

• *Information* **I.A.T.** im alten Zentrum gegenüber des Palazzo d'Avalos. Sehr freundlicher deutschsprachiger Service, hier bekommt man auch einen Stadtplan. Im Sommer Mo–Sa 9–13 Uhr und 16–19 Uhr, So nur 9–13 Uhr, im Winter Mo–Fr 9–13 Uhr. Piazza del Popolo 18, ✆ 0873/367312. In Marina di Vasto befindet sich ein Info-Büro an der Piazza Rodi/Viale Dalmazia; Öffnungszeiten wie oben, im Sommer abends länger, im Winter geschlossen.

• *Verbindungen* **Zug**: Der Bahnhof von Vasto befindet sich in Marina di Vasto, ab hier jeweils etwa stündlich nach Termoli (Molise) und hinauf nach Pescara.

Überlandbusse fahren etwas außerhalb des Zentrums von Vasto am Busterminal beim Friedhof ab (Via dei Conti Ricci), dorthin gelangt man vom Zentrum mit dem Stadtbus Nr. 4. Überlandverbindungen: 5x tägl. nach Rom, 4x nach Pescara, 8x nach Chieti, 6x nach Lanciano.

Stadtbusse fahren an der Piazza Verdi im Zentrum ab (Corso Garibaldi), Nr. 1 und Nr. 4 pendeln mind. stündlich zwischen Vasto und Marina di Vasto.

• *Parken* In Marina di Vasto kein Problem, an der Uferpromenade jedoch meist gebührenpflichtig (frei Parken in den Seitenstraßen). In Vasto gibt es einige Parkplätze seitlich des viel befahrenen Corso Garibaldi, z. B. die Piazza Marconi. Mit Parkwächter, der auch kassiert: ca. 1 €/Std.

• *Übernachten* In Vasto selbst gibt es nur ein empfehlenswertes Hotel, das **Panoramic (***)**, das zum Zeitpunkt unserer Recherchen allerdings wegen Renovierung geschlossen war. Wiedereröffnung soll noch im Jahr 2005 sein. Via Smargiassi 1 (gleich hinter der Loggia Ambling im Zentrum, bei der Piazza Marconi), ✆ 0873/367700, ℻ 0873/367152.

Groß ist die Auswahl dagegen in Marina di Vasto: Hier gibt es rund 30 Hotels und einige Campingplätze (empfehlenswert z. B. Camping Europa).

***** Baiocco**, typisches und recht günstiges Badehotel in der Parallelstraße zum Lungomare, guter Standard, 32 nicht mehr ganz neue Zimmer mit Bad, TV und Balkon, EZ 55 €, DZ 70 €, Frühstück inbegriffen, in der Hauptsaison kostet das Zimmer mit obligatorischer Vollpension 60–70 € pro Person. Liegestühle und Sonnenschirm am privaten Strandabschnitt sind im Preis eingeschlossen. Ganzjährig geöffnet. Viale Dalmazia 137, 66055 Vasto Marina, ✆ 0873/801976, ℻ 0873/802376, www.hotelbaiocco.com.

*** La Bitta**, am nördlichen Strandabschnitt (Lungomare Cordella), für das kleinere Budget, etwas schlichter, günstig. Nur 20 Zimmer, EZ 30–40 €, DZ 50–60 €, Frühstück inkl. Geöffnet 01.04.–30.09. Lungomare Cordella 18, 66055 Vasto Marina, ✆ 0873/801979.

• *Essen/Trinken* Spezialität von Vasto ist *Brodetto*, die Fischsuppe.

Ristorante Castello Aragona, herausragendes Restaurant etwas südlich vom Zentrum in zinnengekröntem Nobelpalazzo. Im Garten und auf der Panoramaterrasse (wunderschöner Blick) speist gediegenes Publikum bei tollem Ambiente, das Ganze natürlich zu entsprechend gehobenen Preisen – Menü um 40 €. Mittags und abends geöffnet, Mo geschlossen, Reservierung erwünscht. Via San Michele 105, ✆ 0873/69885. Anfahrt: In Vasto Zentrum dem Corso Garibaldi in südliche Richtung folgen, er geht in die Via San Michele über, die (beschilderte) Einfahrt zum Restaurant befindet sich auf der linken Seite. Parkplatz im Hof.

All'Hostaria del Pavone, nur wenige Schritte von der Cattedrale in einer schmalen Gasse im Centro storico. Nette Atmosphäre im Gewölbe, gute abruzzesische Fischküche zu angemessenen Preisen (Menü 25–30 €). Mittags und abends geöffnet,

Di geschlossen. Via Barbarotta 15–17 (das ist die zweite Parallelstraße hinter der Cattedrale), ✆ 0873/60227.

Ristorante Le Cisterne, am oberen Ende der panoramareichen Loggia Ambling, von der Terrasse herrlicher Blick, im Inneren sitzt man zwischen den antiken Resten der über 2000 Jahre alten Wasserversorgung der Stadt – daher auch der Name des Restaurants. Antipasti um 7 €, Primi 6 €, Secondi um 12 €, abends gibt es auch leckere Pizza aus dem Holzofen ab 6 €. Mittags und abends geöffnet, kein Ruhetag. Vico Moschetto 10/12, ✆ 0873/362926.

Pizzeria Ippocampo, in Marina di Vasto an der Durchgangsstraße Viale Dalmazia. Sehr gute und saftige Riesenpizza, üppig belegt, zum Festpreis von 17 € für 2 Personen. Mit Terrasse. Nur abends geöffnet. Viale Dalmazia 52, ✆ 0873/802402.

Sehenswertes

Die wichtigsten Sehenswürdigkeiten in der lebendigen Altstadt von Vasto liegen nahe beieinander und können in einem kleinen Stadtspaziergang gemütlich „abgelaufen" werden.

An der großen Piazza Rossetti fällt zunächst die mächtige **Torre di Bassano** aus dem 15. Jh. auf, in der heute ein Juweliergeschäft untergebracht ist. Schräg unterhalb thront das schon etwas baufällige **Castello Caldoresco**, ursprünglich aus dem 13. Jh., das aber im 15. und frühen 18. Jh. umgebaut wurde (nur von außen zu besichtigen). Die Fußgängerzone Corso De Parma hinunter geht es zur **Cattedrale San Giuseppe** mit dem Grundriss eines lateinischen Kreuzes, sie stammt ursprünglich aus dem Jahr 1293, von der alten Fassade ist jedoch nur das Portal im lombardischen Stil erhalten. 1890 unterzog man die Cattedrale einer Generalsanierung.

Schräg unterhalb der Cattedrale entstand ebenfalls im 13. Jh. zunächst ein Augustinerkloster, das 1427 von *Jacopo Caldora* zu seiner Residenz ausgebaut wurde und dann in den Besitz der *d'Avalos* überging: der **Palazzo d'Avalos**. Hier im Erdgeschoss des großzügigen Palazzo befindet sich das **Archäologische Museum** der Stadt mit zahlreichen interessanten Funden aus dem römischen *Histonium*. Über den Innenhof gelangt man zu den oberen Stockwerken des Palasts mit dem **Museo del Costume** (Kostümmuseum) und wechselnden Ausstellungen. Besonders sehenswert ist auch der zweite Stock des Palazzo mit Balcone.

Öffnungszeiten In der Hochsaison (Juli/August) tägl. 10.30–12.30 Uhr und 18–24 Uhr, ansonsten Di–So 9.30–12.30 Uhr und 16.30–20.00 Uhr, Mo geschlossen, Besuch im Garten des Palazzo inbegriffen. Eintritt 1,05 €, Kinder unter 10 Jahren frei. Piazza Lucio Valerio Pudente, ✆ 0873/367773.

An der Piazza Pudente führt eine Gasse nach rechts zur panoramareichen *Loggia Ambling*, die wie ein langer Balkon um die halbe Altstadt herumführt. Dahinter verbirgt sich ein Gewirr aus schmalen und düsteren Gassen. Einen Abstecher wert ist hier sicherlich die **Chiesa Santa Maria Maggiore** mit wertvollen Gemälden im Kircheninneren. Wer sich am oberen Ende der Loggia Ambling zum Essen im Ristorante Le Cisterne niederlässt, sieht hier noch Überreste der alten römischen Wasserleitungen.

Von der Piazza Pudente am Palazzo d'Avalos weiter hinunter zur Piazza del Popolo und dann gleich nach links in die Via Adriatica trifft man kurz darauf auf das kuriose **Portale San Pietro**: Ursprünglich gehörte es zu einer Kirche aus dem 13. Jh., die aber bei einem Erdrutsch zerstört wurde. Noch ein Stück weiter die gleiche Straße hinunter stößt man auf die **römischen Thermen** (*Terme Romane*) und die **Arena**, die aber meist nur von außen einzusehen sind (unregelmäßige Öffnungszeiten, bei der I.A.T. nachfragen).

Die Abruzzen
Karte S. 610/611

Etwas Italienisch

Aussprache

Einige Abweichungen von der deutschen Aussprache:

c: vor e und i immer *"tsch"* wie in *rutschen,* z. B. *centro* (Zentrum) = *"tschentro"*. Sonst wie *"k"*, z. B. *cannelloni* = *"kannelloni"*.

cc: gleiche Ausspracheregeln wie beim einfachen **c**, nur betonter: *faccio* (ich mache) = *"fatscho"*; *boccone* (Imbiss) = *"bokkone"*.

ch: wie *"k"*, *chiuso* (geschlossen) = *"kiuso"*.

cch: immer wie ein hartes *"k"*, *spicchio* (Scheibe) = *"spikkio"*.

g: vor e und i *"dsch"* wie in *Django*, vor a, o , u als *"g"* wie in *gehen;* wenn es trotz eines nachfolgenden dunklen Vokals als *"dsch"* gesprochen werden soll, wird ein i eingefügt, das nicht mitgesprochen wird, z. B. in *Giacomo* = *"Dschakomo"*.

gh: immer als *"g"* gesprochen.

gi: wie in *giorno* (Tag) = *"dschorno"*, immer weich gesprochen.

gl: wird zu einem Laut, der wie *"lj"* klingt, z. B. in *moglie* (Ehefrau) = *"mollje"*.

gn: ein Laut, der hinten in der Kehle produziert wird, z. B. in *bagno* (Bad) = *"bannjo"*.

h: wird am Wortanfang nicht mitgesprochen, z. B. *hanno* (sie haben) = *"anno"*. Sonst nur als Hilfszeichen verwendet, um c und g vor den Konsonanten i und e hart auszusprechen.

qu: im Gegensatz zum Deutschen ist das u mitzusprechen, z. B. *acqua* (Wasser) = *"akua"* oder *quando* (wann) = *"kuando"*.

r: wird kräftig gerollt!

rr: wird noch kräftiger gerollt!

sp und **st**: gut norddeutsch zu sprechen, z. B. *specchio* (Spiegel) = *"s-pekkio"* (nicht *schpekkio)*, *stella* (Stern) = *"s-tella"* (nicht *"schtella")*.

v: wie *"w"*.

z: immer weich sprechen wie in *Sahne*, z. B. *zucchero* (Zucker) = *"sukkero"*.

Die Betonung liegt meistens auf der vorletzten Silbe eines Wortes. Im Schriftbild wird sie bei der großen Mehrzahl der Wörter nicht markiert. Es gibt allerdings Fälle, bei denen die italienischen Rechtschreibregeln Akzente als Betonungszeichen vorsehen, z. B. bei mehrsilbigen Wörtern mit Endbetonung wie *perché* (= weil, warum).

Elementares

Frau …	*Signora*
Herr …	*Signor(e)*
Guten Tag, Morgen	*Buon giorno*
Guten Abend (ab nachmittags!)	*Buona sera*
Guten Abend/ gute Nacht (ab Einbruch der Dunkelheit)	*Buona notte*
Auf Wiedersehen	*Arrivederci*
Hallo/Tschüss	*Ciao*
Wie geht es Ihnen?	*Come sta?/Come va?*
Wie geht es dir?	*Come stai?*
Danke, gut.	*Molto bene, grazie/ Benissimo, grazie*
Danke!	*Grazie/Mille grazie/ Grazie tanto*
Entschuldigen Sie	*(Mi) scusi*
Entschuldige	*Scusami/Scusa*
Entschuldigung, können Sie mir sagen …?	*Scusi, sa dirmi …?*

Entschuldigung, könnten Sie mich durchlassen/ mir erlauben ...	*Permesso ...*
ja	*si*
nein	*no*
Ich bedaure, tut mir leid	*Mi dispiace*
Macht nichts	*Non fa niente*
Bitte! (im Sinne von *gern geschehen*)	*Prego!*
Bitte (als Einleitung zu einer Frage oder Bestellung)	*Per favore ...*
Sprechen Sie Englisch/Deutsch/ Französisch?	*Parla inglese/ tedescso/ francese?*
Ich spreche kein Italienisch	*Non parlo italiano*
Ich verstehe nichts	*Non capisco niente*
Könnten Sie etwas langsamer sprechen?	*Puo parlare un po` più lentamente?*
Ich suche nach...	*Cerco ...*
Okay, geht in Ordnung	*va bene*
Warte/ Warten Sie!	*Aspetta/ Aspetti!*
groß/klein	*grande/piccolo*
Es ist heiß	*Fa caldo*
Es ist kalt	*Fa freddo*
Geld	*i soldi*
Ich brauche ...	*Ho bisogno ...*
Ich muss ...	*Devo ...*
in Ordnung	*d'accordo*
Ist es möglich, dass ...	*È possibile ...*
mit/ohne	*con/senza*
offen/geschlossen	*aperto/chiuso*
Toilette	*gabinetto*
verboten	*vietato*
Was bedeutet das?	*Che cosa significa?*
Wie heißt das?	*Come si chiama?*
zahlen	*pagare*

Fragen

Gibt es/Haben Sie ...?	*C'è ...?*
Was kostet das?	*Quanto costa?*
Gibt es (mehrere)	*Ci sono?*
Wann?	*Quando?*
Wo? Wo ist?	*Dove?/ Dov'è?*
Wie?/Wie bitte?	*Come?*
Wieviel?	*Quanto?*
Warum?	*Perché?*

Smalltalk

Ich heiße ...	*Mi chiamo ...*
Wie heißt du?	*Come ti chiami?*
Wie alt bist du?	*Quanti anni hai?*
Das ist aber schön hier	*Meraviglioso!/Che bello!/Bellissimo!*
Von woher kommst du?	*Di dove sei tu?*
Ich bin aus München/Hamburg	*Sono di Monaco/ di Amburgo*
Bis später	*A più tardi!*

Orientierung

Wo ist bitte...?	*Per favore, dov'è..?*
... die Bushaltestelle	*...la fermata*
... der Bahnhof	*...la stazione*
Stadtplan	*la pianta della città*
rechts	*a destra*
links	*a sinistra*
immer geradeaus	*sempre diritto*
Können Sie mir den Weg nach ... zeigen?	*Sa indicarmi la direzione per ...?*
Ist es weit?	*È lontano?*
Nein, es ist nah	*No, è vicino*

Bus/Zug/Fähre

Fahrkarte	*biglietto*	Abfahrt	*partenza*
Stadtbus	*bus*	Ankunft	*arrivo*
Überlandbus	*pullman*	Gleis	*binario*
Zug	*treno*	Verspätung	*ritardo*
hin und zurück	*andata e ritorno*	aussteigen	*scendere*
Ein Ticket von X nach Y	*un biglietto da X a Y*	Ausgang	*uscita*
Wann fährt der nächste?	*Quando parte il prossimo?*	Eingang	*entrata*
... der letzte?	*...l'ultimo?*	Wochentag	*giorno feriale*
		Feiertag	*giorno festivo*

Auto/Motorrad

Auto	*macchina*	Reifen	*gomme*
Motorrad	*moto*	Kupplung	*frizione*
Tankstelle	*distributore*	Lichtmaschine	*dinamo*
Volltanken!	*Il pieno, per favore!*	Zündung	*accensione*
Bleifrei	*benzina senza piombo*	Vergaser	*carburatore*
Diesel	*gasolio*	Mechaniker	*meccanico*
Panne	*guasto*	Werkstatt	*officina*
Unfall	*incidente*	funktioniert nicht	*non funziona*
Bremsen	*freni*		

Baden

See	*lago*	sauber	*pulito/netto*
Strand	*spiaggia*	tief	*profondo*
Stein	*pietra*	Ich gehe schwimmen	*Faccio il bagno*
Kies	*ghiaia*	braungebrannt	*abbronzata (f)/ abbronzato (m)*
schmutzig	*sporco*		

Bank/Post/Telefon

Geldwechsel	*cambio*	ein Telegramm aufgeben	*spedire un telegramma*
Wo ist eine Bank?	*Dove c' è una banca*	Postkarte	*cartolina*
Ich möchte wechseln	*Vorrei cambiare*	Brief	*lettera*
Ich möchte Reiseschecks einlösen	*Vorrei cambiare dei traveller cheques*	Briefpapier	*carta da lettere*
Wie ist der Wechselkurs	*Qual'è il cambio?*	Briefkasten	*buca (delle lettere)*
Postamt	*ufficio postale*	Briefmarke(n)	*francobollo/i*
		Wo ist das Telefon?	*Dov' è il telefono?*
		Ferngespräch	*communicazione interurbana*

Camping/Hotel

Haben Sie ein Einzel/ Doppelzimmer?	*C'è una camera singola/doppia?*
Können Sie mir ein Zimmer zeigen?	*Può mostrarmi una camera?*
Ich nehme es/wir nehmen es	*La prendo/ la prendiamo*
Zelt	*tenda*
kleines Zelt	*canadese*
Schatten	*ombra*
Schlafsack	*sacco a pelo*
warme Duschen	*docce calde*
Gibt es warmes Wasser?	*C'è l'acqua calda?*
mit Dusche/Bad	*con doccia/ bagno*
ein ruhiges Zimmer	*una camera tranquilla*
Wir haben reserviert	*Abbiamo prenotato*
Schlüssel	*la chiave*
Vollpension	*pensione (completa)*
Halbpension	*mezza pensione*
Frühstück	*prima colazione*
Hochsaison	*alta stagione*
Nebensaison	*bassa stagione*
Haben Sie nichts Billigeres?	*Non ha niente che costa di meno?*

Zahlen

der erste	*il primo*
zweite	*il secondo*
dritte	*il terzo*
einmal	*una volta*
zweimal	*due volte*
halb	*mezzo*
ein Viertel	*un quarto di*
ein Paar	*un paio di*
einige	*alcuni*

0	*zero*
1	*uno*
2	*due*
3	*tre*
4	*quattro*
5	*cinque*
6	*sei*
7	*sette*
8	*otto*
9	*nove*
10	*dieci*
11	*undici*
12	*dodici*
13	*tredici*
14	*quattordici*
15	*quindici*
16	*sedici*
17	*diciassette*
18	*diciotto*
19	*diciannove*
20	*venti*
21	*ventuno*
22	*ventidue*
30	*trenta*
40	*quaranta*
50	*cinquanta*
60	*sessanta*
70	*settanta*
80	*ottanta*
90	*novanta*
100	*cento*
101	*centuno*
102	*cento e due*
200	*duecento*
1.000	*mille*
2.000	*duemila*
100.000	*centomila*
1.000.000	*un milione*

Uhr & Kalender

Uhrzeit

Wie spät ist es?	*Che ore sono?*
mittags	*mezzogiorno* (für 12 Uhr gebräuchlich)
Mitternacht	*mezzanotte*
Viertel nach	*... e un quarto*
Viertel vor	*... meno un quarto*
halbe Stunde	*mezz'ora*

Tage/Monate/Jahreszeit

Tag	*giorno*
Woche	*settimana*
Monat	*mese*
Jahr	*anno*
halbes Jahr	*mezz'anno*
Frühling	*primavera*
Sommer	*estate*
Herbst	*autunno*
Winter	*inverno*

Wochentage

Montag	*lunedì*
Dienstag	*martedì*
Mittwoch	*mercoledì*
Donnerstag	*giovedì*
Freitag	*venerdì*
Samstag	*sabato*
Sonntag	*domenica*

Monate

Januar	*gennaio*
Februar	*febbraio*
März	*marzo*
April	*aprile*
Mai	*maggio*
Juni	*giugno*
Juli	*luglio*
August	*agosto*
September	*settembre*
Oktober	*ottobre*
November	*novembre*
Dezember	*dicembre*

Gestern, heute, morgen ...

heute	*oggi*
morgen	*domani*
übermorgen	*dopodomani*
gestern	*ieri*
vorgestern	*l'altro ieri*
sofort	*subito*
später	*più tardi*
jetzt	*adesso*
der Morgen	*la mattina*
der Nachmittag	*il pomeriggio*
der Abend	*la sera*
die Nacht	*la notte*

Maße & Gewichte

ein Liter	*un litro*
ein halber Liter	*un mezzo litro*
ein Viertelliter	*un quarto di un litro*
ein Gramm	*un grammo*
100 Gramm	*un etto*
200 Gramm	*due etti*
Kilo	*un chilo, due chili*

Einkaufen

Haben Sie	*Ha...?*
Ich hätte gern...	*Vorrei...*
etwas davon	*un poco di questo*
dieses hier	*questo qua*
dieses da, dort	*questo là*
Was kostet das?	*Quanto costa questo?*

Geschäfte

Apotheke	*farmacia*
Bäckerei	*panetteria*
Buchhandlung	*libreria*
Fischhandlung	*pescheria*
Laden, Geschäft	*negozio*

Metzgerei	*macelleria*
Reinigung (chemische)	*lavanderia/ lavasecco*
Reisebüro	*agenzia viaggi*
Touristen-information	*informazioni turistiche*
Schreibwarenladen	*cartoleria*
Supermarkt	*alimentari, supermercato*

Drogerie/Apotheke

Seife	*sapone*
Tampons	*tamponi, o.b.*
Binden	*assorbenti*
Waschmittel	*detersivo*
Shampoo	*shampoo*
Toilettenpapier	*carta igienica*
Zahnpasta	*pasta dentifricia*
Schmerztabletten	*qualcosa contro il dolore*
Kopfschmerzen	*mal di testa*
Abführmittel	*lassativo*
Sonnenmilch	*crema solare*
Pflaster	*cerotto*

Arzt/Krankenhaus

Ich brauche einen Arzt	*Ho bisogno di un medico*
Hilfe!	*Aiuto!*
Erste Hilfe	*pronto soccorso*
Krankenhaus	*ospedale*
Schmerzen	*dolori*
Ich bin krank	*sono malato*
Biss/Stich	*puntura*
Fieber	*febbre*
Durchfall	*diarrea*
Erkältung	*raffreddore*
Halsschmerzen	*mal di gola*
Magenschmerzen	*mal di stomaco*
Zahnweh	*mal di denti*
Zahnarzt	*dentista*
verstaucht	*lussato*

Im Restaurant

Haben Sie einen Tisch für x Personen?	*C'è uno tavolo per x persone?*
Die Speisekarte, bitte	*Il menu/la lista, per favore*
Was kostet das Tagesmenü?	*Quanto costa il piatto del giorno?*
Ich möchte gern zahlen	*Il conto, per favore*
Gabel	*forchetta*
Messer	*coltello*
Löffel	*cucchiaio*
Aschenbecher	*portacenere*
Mittagessen	*pranzo*
Abendessen	*cena*
Eine Quittung, bitte	*Vorrei la ricevuta, per favore*
Es war sehr gut	*Era buonissimo*

Speisekarte

Extra-Zahlung für Gedeck, Service und Brot	*coperto/pane e servizio*
Vorspeise	*antipasto*
erster Gang	*primo piatto*
zweiter Gang	*secondo piatto*
Beilagen zum zweiten Gang	*contorni*
Nachspeise (Süßes)	*dolci*
Obst	*frutta*
Käse	*formaggio*

Getränke

Wasser	*acqua*
Mineralwasser	*acqua minerale*
mit Kohlensäure	*con gas (frizzante)*
ohne Kohlensäure	*senza gas*
Wein	*vino*
weiß	*bianco*
rosé	*rosato*
rot	*Rosso*
Bier	*birra*
hell/dunkel	*chiara/scura*
vom Fass	*alla spina*
Saft	*succo di...*
Milch	*latte*
heiß	*caldo*
kalt	*freddo*
(einen) Kaffee	*un caffè*
(einen) Cappuccino	*un cappuccino*
(mit aufgeschäumter Milch, niemals mit Sahne!)	
(einen) Kaffee mit wenig Milch	*un latte macchiato*
(einen) Eiskaffee	*un caffè freddo*
(einen) Tee	*un tè*
mit Zitrone	*con limone*
Cola	*coca*
Milkshake	*frappè*
(ein) Glas	*un bicchiere di...*
(eine) Flasche	*una bottiglia*

Essen und Trinken

Alimentari/Diversi – Lebensmittel, Verschiedenes

aceto	*Essig*
bombolone	*Pfannkuchen*
brodo	*Brühe*
burro	*Butter*
frittata	*Omlett*
gnocchi	*kleine Kartoffelklöße*
marmellata	*Marmelade*
minestra/zuppa	*Suppe*
minestrone	*Gemüsesuppe*
olio	*Öl*
olive	*Oliven*
Olivenöl	*olio di oliva*
pane	*Brot*
panino	*Brötchen*
saccarina	*Süßstoff*
salame	*Salami*
salsiccia	*Frischwurst*
l'uovo/le uova	*Ei/Eier*
zabaione	*Wein-Eier-Creme*
zucchero	*Zucker*

Erbe – Gewürze

aglio	*Knoblauch*
alloro	*Lorbeer*
basilico	*Basilikum*
capperi	*Kapern*
origano	*Oregano*
pepe	*Pfeffer*
peperoni	*Paprika*
prezzemolo	*Petersilie*
rosmarino	*Rosmarin*
sale	*Salz*
salvia	*Salbei*
senape	*Senf*
timo	*Thymian*

Preparazione – Zubereitung

affumicato	*geräuchert*
ai ferri	*gegrillt*
al forno	*überbacken*
alla griglia	*ü. Holzkohlefeuer*
con panna	*mit Sahne*
alla pizzaiola	*Tomaten/Knobl.*
allo spiedo	*am Spieß*
al pomodoro	*mit Tomatensauce*
arrosto	*gebraten/geröstet*
bollito	*gekocht/gedünstet*
alla casalinga	*hausgemacht*
frutta cotta	*Kompott*
cotto	*gekocht*
duro	*hart/zäh*
fresco	*frisch*
fritto	*frittiert*
grasso	*fett*
in umido	*im Saft geschmort*
lesso	*gekocht/gedünstet*
morbido	*weich*
piccante	*scharf*
tenero	*zart*

Contorni – Beilagen

asparago	*Spargel*
barbabietole	*Rote Beete*
bietola	*Mangold*
broccoletti	*wilder Blumenkohl*
carciofo	*Artischocke*
carote	*Karotten*
cavolfiore	*Blumenkohl*
cavolo	*Kohl*
cetriolo	*Gurke*
cicoria	*Chicoree*
cipolla	*Zwiebel*
fagiolini	*grüne Bohnen*
fagioli	*Bohnen*
funghi	*Pilze*
finocchio	*Fenchel*
insalata	*allg. Salat*
lattuga	*Kopfsalat*
lenticchie	*Linsen*
melanzane	*Auberginen*
patate	*Kartoffeln*
piselli	*Erbsen*
polenta	*Maisbrei*
pomodori	*Tomaten*
riso	*Reis*
risotto	*Reis mit Zutaten*
sedano	*Sellerie*
spinaci	*Spinat*
zucchini	*Zucchini*

Pasta – Nudeln

cannelloni	*gefüllte Teigrollen*
farfalle	*Schleifchen*
fettuccine	*Bandnudeln*
fiselli	*kleine Nudeln*
lasagne	*Schicht-Nudeln*
maccheroni	*Makkaroni*
pasta	*allg. Nudeln*
penne	*Röhrennudeln*
tagliatelle	*Bandnudeln*
tortellini	*gefüllte Teigtaschen*
tortelloni	*große Tortellini*
vermicelli	*Fadennudeln ("Würmchen")*
gnocchi	*(Kartoffel-) Klößchen*

Pesce e frutti di mare – Fisch & Meeresgetier

aragosta	*Languste*	pesce spada	*Schwertfisch*
aringhe	*Heringe*	polpo	*Krake*
baccalà	*Stockfisch*	razza	*Rochen*
calamari	*Tintenfische*	salmone	*Lachs*
cozze	*Miesmuscheln*	sardine	*Sardinen*
dentice	*Zahnbrasse*	seppia/totano	*großer Tintenfisch*
gamberi	*Garnelen*	sgombro	*Makrele*
granchio	*Krebs*	sogliola	*Seezunge*
merluzzo	*Schellfisch*	tonno	*Thunfisch*
muggine	*Meeräsche*	triglia	*Barbe*
nasello	*Seehecht*	trota	*Forelle*
orata	*Goldbrasse*	vongole	*Muscheln*
ostriche	*Austern*		

Carne – Fleisch

agnello	*Lamm*	lombatina	*Lendenstück*
anatra	*Ente*	maiale	*Schwein*
bistecca	*Beafsteak*	maialetto	*Ferkel*
capretto	*Zicklein*	manzo	*Rind*
cervello	*Hirn*	pernice	*Rebhuhn*
cinghiale	*Wildschwein*	piccione	*Taube*
coniglio	*Kaninchen*	pollo	*Huhn*
fagiano	*Fasan*	polpette	*Fleischklöße*
fegato	*Leber*	trippa	*Kutteln*
lepre	*Hase*	vitello	*Kalb*
lingua	*Zunge*		

Frutta – Obst

albicocca	*Aprikose*	limone	*Zitrone*
ananas	*Ananas*	mandarino	*Mandarine*
arancia	*Orange*	mela	*Apfel*
banana	*Banane*	melone	*Honigmelone*
ciliegia	*Kirsche*	more	*Brombeeren*
cocomero	*Wassermelone*	pera	*Birne*
dattero	*Dattel*	pesca	*Pfirsich*
fichi	*Feigen*	pompelmo	*Grapefruit*
fragole	*Erdbeeren*	uva	*Weintrauben*
lamponi	*Himbeeren*		

Verlagsprogramm

Deutschland
- Allgäu
- Altmühltal
- Berlin & Umgebung
- *MM-City* Berlin
- Bodensee
- Franken
- Fränkische Schweiz
- Mainfranken
- Nürnberg, Fürth, Erlangen
- Ostseeküste – von Lübeck bis Kiel
- Rügen, Stralsund, Hiddensee
- Schwäbische Alb

Niederlande
- *MM-City* Amsterdam
- Niederlande
- Nordholland – Küste, IJsselmeer, Amsterdam

Nord(west)europa
- England
- Südengland
- Cornwall & Devon
- *MM-City* London
- Schottland
- Irland
- Island
- Norwegen
- Südnorwegen
- Südschweden

Osteuropa
- Baltische Länder
- Bulgarien – Schwarzmeerküste
- Polen
- Polnische Ostseeküste
- *MM-City* Prag
- Südböhmen
- Westböhmen & Bäderdreieck
- Ungarn

Balkan
- Mittel- und Süddalmatien
- Kroatische Inseln & Küste
- Nordkroatien – Kvarner Bucht
- Slowenien

Griechenland
- Amorgos & Kleine Ostkykladen
- Athen & Attika
- Chalkidiki
- Griechenland
- Griechische Inseln
- Karpathos
- Kefalonia & Ithaka
- Korfu
- Kos
- Kreta
- Kreta – der Osten
- Kreta – der Westen
- Kykladen
- Lesbos
- Naxos
- Nord- u. Mittelgriechenland
- Paros/Antiparos
- Peloponnes
- Rhodos
- Samos
- Santorini
- Skiathos, Skopelos, Alonnisos, Skyros – Nördl. Sporaden
- Thassos, Samothraki
- Zakynthos

Türkei
- *MM-City* Istanbul
- Türkei – gesamt
- Türkei – Mittelmeerküste
- Türkei – Südküste
- Türkei – Westküste
- Türkische Riviera – Kappadokien

Frankreich
- Bretagne
- Côte d'Azur
- Elsass
- Haute-Provence
- Korsika
- Languedoc-Roussillon
- *MM-City* Paris
- Provence & Côte d'Azur
- Südfrankreich
- Südwestfrankreich

Italien
- Apulien
- Chianti – Florenz, Siena
- Dolomiten – Südtirol Ost
- Elba
- Gardasee
- Golf von Neapel
- Italien
- Italienische Riviera & Cinque Terre
- Kalabrien & Basilikata
- Liparische Inseln
- Marken
- Mittelitalien
- Oberitalien
- Oberitalienische Seen
- Piemont & Aostatal
- *MM-City* Rom
- Rom & Latium
- Sardinien
- Sizilien
- Südtirol
- Südtoscana
- Toscana
- Umbrien
- *MM-City* Venedig
- Venetien & Friaul

Nordafrika u. Vorderer Orient
- Ägypten
- Sinai & Rotes Meer
- Tunesien

Spanien
- Andalusien
- *MM-City* Barcelona
- Costa Brava
- Costa de la Luz
- Ibiza
- Katalonien
- Madrid & Umgebung
- Mallorca
- Nordspanien
- Spanien

Kanarische Inseln
- Gomera
- Gran Canaria
- *MM-Touring* Gran Canaria
- Lanzarote
- La Palma
- *MM-Touring* La Palma
- Teneriffa
- *MM-Touring* Teneriffa

Portugal
- Algarve
- Azoren
- Madeira
- *MM-City* Lissabon
- Lissabon & Umgebung
- Nordportugal
- Portugal

Lateinamerika
- Dominikanische Republik
- Ecuador

Österreich
- *MM-City* Wien
- *Wachau*

Schweiz
- Genferseeregion
- Tessin

Malta
- Malta, Gozo, Comino

Zypern
- Zypern

Aktuelle Informationen zu allen Reiseführern finden Sie im Internet unter www.michael-mueller-verlag.de

Gerne schicken wir Ihnen auch das aktuelle Verlagsprogramm zu.

Michael Müller Verlag GmbH, Gerberei 19, 91054 Erlangen, Tel. 0 91 31 / 81 28 08-0; Fax 0 91 31 / 20 75 41; E-Mail: mmv@michael-mueller-verlag.de

Kartenverzeichnis

Zeichenerklärung für die Karten und Pläne

Autobahn	Badestrand	Post
mehrspurige Straße	Campingplatz	Bank/Geldautomat
Asphaltstraße	Leuchtturm	Apotheke
Bahnlinie	Turm	Öffentliches WC
Fähre	Sehenswürdigkeit	Krankenhaus
Strand	Kirche/Kapelle	Parkplatz
Gewässer	Burg/Schloss	Bushaltestelle
Grünanlage	Antike Sehenswürdigkeit	Taxistandplatz
Berggipfel	Ruine/Ausgrabung	Flughafen
Aussicht	Museum	Hafen
	Information	Seilbahn

Sach- und Personenregister

Geographisches Register

Was haben Sie entdeckt?

Wo war Ihre Lieblingstrattoria, in welchem Hotel haben Sie sich wohl gefühlt, welchen Campingplatz würden Sie wieder besuchen?

Bitte schreiben Sie uns, wenn Sie Empfehlungen, Anregungen, Verbesserungen oder Kritik haben.

Michael Müller Verlag
Stichwort Mittelitalien
Gerberei 19
91054 Erlangen
mmv@michael-mueller-verlag.de